Cher lecteur,

Le Guide Michelin vous propose, dans chaque catégorie de confort et de prix, une sélection des meilleurs hôtels et restaurants. Cette sélection est effectuée par une équipe d'inspecteurs, professionnels de formation hôtelière, qui sillonnent le pays toute l'année pour visiter de nouveaux établissements et ceux déjà cités afin d'en vérifier la qualité et la régularité des prestations. Salariés Michelin, les inspecteurs travaillent en tout anonymat et en toute indépendance.

Les équipements et services sont signalés par des symboles, langage international qui vous permet de voir en un coup d'œil si un hôtel dispose, par exemple, d'un parking ou d'une piscine. Pour bien profiter de cette très riche source d'information, plongez-vous dans l'introduction. Un texte décrivant l'atmosphère de l'hôtel ou du restaurant complète ces renseignements.

L'inscription dans le guide est totalement gratuite. Chaque année, les hôteliers et restaurateurs cités remplissent le questionnaire qui leur est envoyé, nous fournissant les dates d'ouverture et les prix pour l'année à venir. Près de 100 000 informations sont mises à jour pour chaque édition (nouveaux établissements, changements de tarif, dates d'ouverture).

Une grande aide vient aussi des commentaires des lecteurs avec près de 45 000 lettres et Email par an, pour toute l'Europe.

Merci d'avance pour votre participation et bon voyage avec le Guide Michelin 2004.

Consultez le Guide Michelin sur
www.Viamichelin.com
et écrivez-nous à :
leguidemichelin-suisse@ch.michelin.com

Sommaire

Le choix d'un hôtel, d'un restaurant

Ce guide vous propose une sélection d'hôtels et restaurants établie à l'usage de l'automobiliste de passage. Les établissements, classés selon leur confort, sont cités par ordre de préférence dans chaque catégorie.

Catégories

	XXXXX	*Grand luxe et tradition*
	XXXX	*Grand confort*
	XXX	*Très confortable*
	XX	*De bon confort*
	X	*Assez confortable*
		Simple mais convenable
sans rest garni, senza rist		*L'hôtel n'a pas de restaurant*
avec ch mit Zim, con cam		*Le restaurant possède des chambres*

Agrément et tranquillité

Certains établissements se distinguent dans le guide par les symboles rouges indiqués ci-après.
Le séjour dans ces hôtels se révèle particulièrement agréable ou reposant.
Cela peut tenir d'une part au caractère de l'édifice, au décor original, au site, à l'accueil et aux services qui sont proposés, d'autre part à la tranquillité des lieux.

à	*Hôtels agréables*
XXXXX à X	*Restaurants agréables*
	Hôtel très tranquille ou isolé et tranquille
	Hôtel tranquille
lac	*Vue exceptionnelle*
	Vue intéressante ou étendue.

Les localités possédant des établissements agréables ou très tranquilles sont repérées sur les cartes pages 90 à 93.
Consultez-les pour la préparation de vos voyages et donnez-nous vos appréciations à votre retour, vous faciliterez ainsi nos enquêtes.

L'installation

Les chambres des hôtels que nous recommandons possèdent, en général, des installations sanitaires complètes et le téléphone. Il est toutefois possible que dans les catégories 🏠 et 🏠, certaines chambres en soient dépourvues.

30 ch (Zim, cam)	*Nombre de chambres*
	Ascenseur
	Air conditionné (dans tout ou partie de l'établissement)
TV, vidéo	*Télévision, magnétoscope dans la chambre*
	Établissement en partie réservé aux non-fumeurs
	Prise modem dans la chambre
	Chambres accessibles aux personnes à mobilité réduite
	Équipement d'accueil pour les enfants
	Repas servis au jardin ou en terrasse
	Wellness centre : bel espace de bien-être et de relaxation
	Balnéothérapie, cure thermale
	Salle de remise en forme, Sauna
	Piscine : de plein air ou couverte
	Plage aménagée – Jardin de repos
	Parc
18	*Tennis à l'hôtel – Golf et nombre de trous*
	Ponton d'amarrage
15/150	*Salles de conférences : capacité minimale et maximale des salles*
	Garage dans l'hôtel (généralement payant)
P	*Parking réservé à la clientèle*
P	*Parking clos réservé à la clientèle*
	Accès interdit aux chiens (dans tout ou partie de l'établissement)
mai-oct. – Mai-Okt. maggio-ottobre	*Période d'ouverture, communiquée par l'hôtelier*
saison nur Saison stagionale	*Ouverture probable en saison mais dates non précisées. En l'absence de mention, l'établissement est ouvert toute l'année.*

La table

Les étoiles

Certains établissements méritent d'être signalés à votre attention pour la qualité de leur cuisine. Nous les distinguons par les étoiles de bonne table.

Nous indiquons, pour ces établissements, trois spécialités culinaires et des vins locaux qui pourront orienter votre choix.

✿✿✿ **Une des meilleures tables, vaut le voyage**

On y mange toujours très bien, parfois merveilleusement. Grands vins, service impeccable, cadre élégant... Prix en conséquence.

✿✿ **Table excellente, mérite un détour**

Spécialités et vins de choix... Attendez-vous à une dépense en rapport.

✿ **Une très bonne table dans sa catégorie**

L'étoile marque une bonne étape sur votre itinéraire. Mais ne comparez pas l'étoile d'un établissement de luxe à prix élevés avec celle d'une petite maison où à prix raisonnables, on sert également une cuisine de qualité.

Le nom du chef de cuisine figure après la raison sociale lorsqu'il exploite personnellement l'établissement.

Exemple : XX ✿ **Panorama** (Martin)...

Consultez les cartes des établissements à étoiles ✿✿✿, ✿✿, ✿ (pages 90 à 93) et leur liste correspondante (pages 84 et 85).

Le "Bib Gourmand"

Repas soignés à prix modérés

Vous souhaitez parfois trouver des tables plus simples, à prix modérés ; c'est pourquoi nous avons sélectionné des établissements proposant, pour un rapport qualité-prix particulièrement favorable, un repas soigné.

Ces maisons sont signalées par le "Bib Gourmand", **Repas**, **Menu** *ou* **Pasto**

Ex : **Repas** 45/55.

Consultez les cartes des établissements "Bib Gourmand" *(pages 90 à 93) et leur liste correspondante (pages 86 et 87).*

Voir aussi page 10

La carte des vins

Carte offrant un choix particulièrement attractif

Parmi les restaurants que nous avons sélectionnés, dans toutes les catégories, certains proposent une carte des vins particulièrement attractive. Mais attention à ne pas comparer la carte présentée par le sommelier d'un grand restaurant avec celle d'une auberge dont le patron se passionne pour les vins de sa région.

Les vins et les mets : voir p. 81 à 83.

L'hébergement

Le "Bib Hôtel"

Bonnes nuits à petits prix

Vous cherchez un hôtel pratique et accueillant offrant une prestation de qualité à prix raisonnable ?
Ces adresses possèdent une majorité de chambres pour deux personnes, petits déjeuners compris, à moins de 180 CHF.

Elles vous sont signalées par le "Bib Hôtel" *et* ch, Zim *ou* cam
Ex : 26 ch *87/190*

Consultez la liste des "Bib Hôtel" *pages 88 et 89 et repérez-les sur les cartes pages 90 à 93.*

Les prix

Les prix que nous indiquons dans ce guide ont été établis en été 2003 et s'appliquent à la ***haute saison****. Ils sont susceptibles de modifications, notamment en cas de variations des prix des biens et services. Ils s'entendent taxes et services compris. Aucune majoration ne doit figurer sur votre note, sauf éventuellement la taxe de séjour.*

A l'occasion de certaines manisfestations commerciales ou touristiques (voir page 522) les prix demandés par les hôteliers risquent d'être sensiblement majorés dans certaines villes jusqu'à leurs lointains environs.

Les hôtels et restaurants figurent en caractères gras lorsque les hôteliers nous ont donné tous leurs prix et se sont engagés, sous leur propre responsabilité, à les appliquer aux touristes de passage porteurs de notre guide.

Hors saison, certains établissements proposent des conditions avantageuses, renseignez-vous lors de votre réservation.

Entrez à l'hôtel ou au restaurant le guide à la main, vous montrerez ainsi qu'il vous conduit là en confiance.

Repas

∞	*Établissement proposant un plat du jour à moins de* 20 CHF
Repas *18,50* **(Menu – Pasto)**	**Plat du jour :** *Prix moyen du plat du jour généralement servi au repas de midi, en semaine, au café ou à la brasserie.*
Repas 36/80 **(Menu – Pasto)**	**Menus à prix fixe :** *minimum* 36 *maximum* 80
Repas à la carte 50/95 **(Menu – Pasto)**	**Repas à la carte :** *Le premier prix correspond à un repas normal comprenant entrée, plat garni et dessert. Le 2e prix concerne un repas plus complet (avec spécialité) comprenant : deux plats, fromage et dessert.*

Chambres

29 ch ☕ 100/200 (Zim – cam)	*Prix minimum* 100 *pour une chambre d'une personne/prix maximum* 200 *pour une chambre de deux personnes en* ***haute saison****, petit-déjeuner compris. (Suites et junior suites : se renseigner auprès de l'hôtelier.)*
Basse saison Vorsaison ☕ 80/160 Bassa stagione	*Prix des chambres pratiqués en basse saison. Dans tous les cas, il est indispensable de s'entendre par avance avec l'hôtelier pour conclure un arrangement définitif.*
☕ 20	*Prix du petit-déjeuner*

Demi-pension

½ P suppl. 30 (Zuschl. – sup.)	*Ce supplément par personne et par jour s'ajoute au prix de la chambre pour obtenir le prix de 1/2 pension. La plupart des hôtels saisonniers pratiquent également, sur demande, la pension complète.*

Les arrhes

Certains hôteliers demandent le versement d'arrhes. Il s'agit d'un dépôt-garantie qui engage l'hôtelier comme le client. Bien faire préciser les dispositions de cette garantie.
Demandez à l'hôtelier de vous fournir dans sa lettre d'accord toutes précisions utiles sur la réservation et les conditions de séjour.

Cartes de crédit

AE D MC VISA JCB	*Cartes de crédit acceptées par l'établissement : American Express – Diners Club – MasterCard (Eurocard) – Visa – Japan Credit Bureau*

Les villes

	Armoiries du canton indiquées au chef lieu du canton
(BIENNE)	*Traduction usuelle du nom de la localité*
3000	*Numéro de code postal de la localité*
✉ *3123 BELP*	*Numéro de code postal et nom de la commune de destination*
C - K	*Chef-lieu de canton*
Bern (BE)	*Canton auquel appartient la localité*
551 16	*Numéro de la Carte Michelin et numéro du pli*
1 057 h. (Ew. – ab.)	*Population*
alt. (Höhe) 1 500	*Altitude de la localité*
Kurort Stazione termale	*Station thermale*
Wintersport Sport invernali	*Sports d'hiver*
1 200/1 900	*Altitude minimum et maximum atteinte par les remontées mécaniques*
2	*Nombre de téléphériques ou télécabines*
14	*Nombre de remonte-pentes et télésièges*
	Ski de fond
	Localité interdite à la circulation
BY b	*Lettres repérant un emplacement sur le plan*
18	*Golf et nombre de trous*
	Panorama, point de vue
	Aéroport
	Localité desservie par train-auto. Renseignements au numéro de téléphone indiqué
	Information touristique
	Touring Club Suisse (T.C.S.)
	Automobile Club de Suisse (A.C.S.) *(voir page 16)*

Les curiosités

Intérêt

★★★	*Vaut le voyage*
★★	*Mérite un détour*
★	*Intéressant*

Les musées sont généralement fermés le lundi

Situation

Voir Sehenswert Vedere	*Dans la ville*
Environs Ausflugsziel Dintorni	*Aux environs de la ville*
	La curiosité est située :
Nord, Sud, Süd,	*au Nord, au Sud de la ville*
Est, Ost,	*à l'Est de la ville*
Ouest, West, Ovest,	*à l'Ouest de la ville*
② ④	*On s'y rend par la sortie ② ou ④ repérée par le même signe sur le plan du Guide et sur la carte*
2 km	*Distance en kilomètres*

Manifestations locales

Sélection des principales manifestations culturelles, folkloriques ou sportives locales.

Les cartes de voisinage

Avez-vous pensé à les consulter ?

Vous souhaitez trouver une bonne adresse, par exemple, aux environs de BERNE ?

Consultez la carte qui accompagne les ressources de la ville.

La « carte de voisinage » (ci-contre) attire votre attention sur toutes les localités citées au Guide autour de la ville choisie, et particulièrement celles qui sont accessibles en automobile en moins de 20 minutes (limite de couleur).

Les « cartes de voisinage » vous permettent ainsi le repérage rapide de toutes les ressources proposées par le Guide autour des métropoles régionales.

Nota :

Lorsqu'une localité est présente sur une « carte de voisinage », sa métropole de rattachement est imprimée en BLEU sur la ligne des distances de ville à ville.

Exemple :

Vous trouverez Langnau im Emmental sur la carte de voisinage de BERN.

LANGNAU IM EMMENTAL *3550 Bern (BE)*
551 L7 – *8 833 Ew. – Höhe 673.*
Sehenswert : *Dürsrütiwald★.*
Bern 31 – Interlaken 63 – Luzern 63 – Solothurn 45.

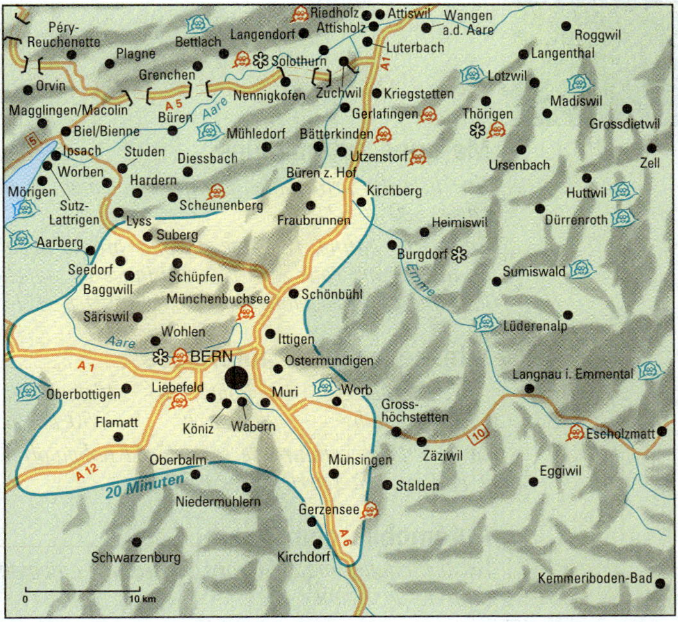

Tableau d'assemblage des cartes de voisinage

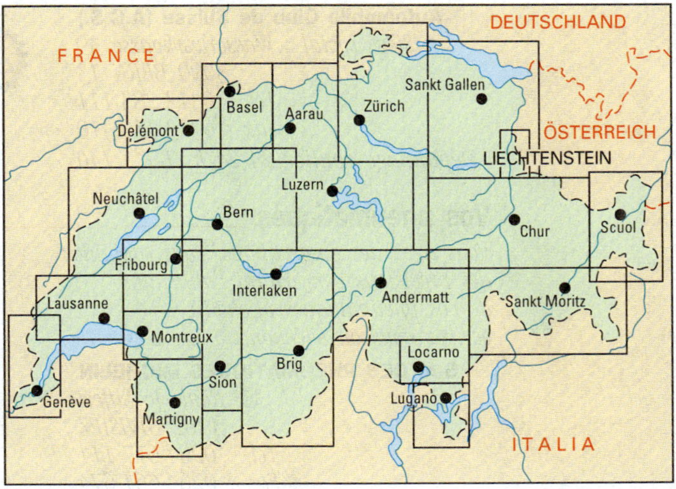

La voiture, les pneus

Marques automobiles

Une liste des principales marques automobiles figure pages 520 et 521.

En cas de panne, l'adresse du plus proche agent de la marque vous sera communiquée en appelant le numéro de téléphone indiqué, entre 9 h et 17 h.

Vitesse : limites autorisées

Autoroute	*Route*	*Agglomération*
120 km/h	*80 km/h*	*50 km/h*

Le port de la ceinture de sécurité est obligatoire à l'avant et à l'arrière des véhicules.

Automobile clubs

Les principales organisations de secours automobile dans le pays sont :

Touring Club Suisse (T.C.S.)
Siège social : 4 ch. de Blandonnet
1214 VERNIER
Tél. : 0224 172 030
Fax : 0224 172 042

Automobile Club de Suisse (A.C.S.)
Siège social : Wasserwerkgasse 39
3000 BERN 13
Tél. : 0313 283 111
Fax : 0313 110 310

Dépannage routier 24/24 h. Tél. : 140

Vos pneumatiques

Vous avez des observations, vous souhaitez des précisions concernant l'utilisation de vos pneumatiques Michelin, écrivez-nous ou téléphonez-nous à :

S.A. DES PNEUMATIQUES MICHELIN
36, Route Jo Siffert
1762 GIVISIEZ
Tél. : 0264 677 111
Fax : 0264 661 674

Les plans

- *Hôtels*
- *Restaurants*

Curiosités

Bâtiment intéressant

Édifice religieux intéressant :
Catholique – Protestant

Voirie

Autoroute

Voie à chaussées séparées

Grande voie de circulation

Voie en escalier – Allée piétonnière – Sentier

Rue piétonne – Rue impraticable, réglementée

Sens unique – Tramway

Dunant P P/R *Rue commerçante – Parking – Parking Relais*

Porte – Passage sous voûte – Tunnel

Gare et voie ferrée

Funiculaire, voie à crémaillère

Téléphérique, télécabine

Signes divers

Information touristique

Mosquée – Synagogue

Tour – Ruines

Jardin, parc, bois – Cimetière

Stade – Golf – Hippodrome – Patinoire

Piscine de plein air, couverte – Port de plaisance

Vue – Panorama – Table d'orientation

Monument – Fontaine – Usine – Centre commercial

Aéroport – Station de métro – Gare routière

Transport par bateau :
passagers et voitures, passagers seulement

(3) *Repère commun aux plans et aux cartes Michelin détaillées*

Bureau principal de poste restante

Hôpital – Marché couvert

Bâtiment public repéré par une lettre :

G H *– Police cantonale (Gendarmerie) – Hôtel de ville*

J M *– Palais de justice – Musée*

P T U *– Préfecture – Théâtre – Université, grande école*

POL. *– Police municipale*

4m4 (18) *Passage bas (inf. à 4 m 50) – Charge limitée (inf. à 19 t)*

Touring Club Suisse (T.C.S.)

Automobile Club de Suisse (A.C.S.)

E. Baret / Michelin - (06 - Roubion)

☐ a. ***Über die Départementale D17***

☐ b. ***Über die Nationale N202***

☐ c. ***Über die Départementale D30***

Sie suchen noch nach dem richtigen Weg?
Die Michelin-Karten werden Sie ans Ziel bringen!

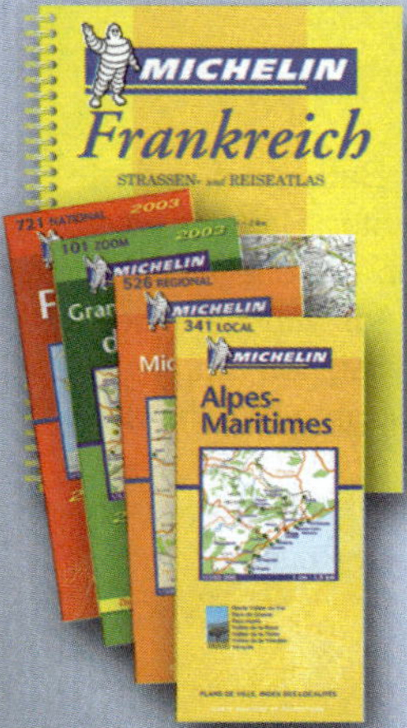

Mit unseren Karten-Kollektionen NATIONAL, REGIONAL, LOCAL und ZOOM sowie den Michelin-Atlanten können Sie problemlos Ihre Route planen.
Zuverlässige Begleiter auf allen Ihren Fahrten!

Lieber Leser

Der Michelin-Führer bietet Ihnen in jeder Komfort-und Preiskategorie eine Auswahl der besten Hotels und Restaurants. Diese Auswahl wird von einem Team von Inspektoren mit Ausbildung in der Hotellerie erstellt, die das Jahr hindurch das ganze Land bereisen. Ihre Aufgabe ist es, die Qualität und die Leistung der empfohlenen und der neu aufzunehmenden Hotels und Restaurants zu überprüfen. Als Angestellte bei Michelin arbeiten die Inspektoren anonym und völlig unabhängig.

Die Einrichtung und der gebotene Service der Betriebe wird durch Symbole gekennzeichnet –eine internationale Sprache, die auf einen Blick erkennen lässt ob ein Hotel beispielsweise einen Parkplatz oder ein Schwimmbad besitzt. Um diese umfangreiche Information voll nutzen zu können, werfen Sie einen Blick in die Einleitung. Der Text, der die Atmosphäre eines Hotels oder Restaurants beschreibt, ergänzt die Symbole.

Die Empfehlung im Michelin-Führer ist absolut kostenlos. Alle empfohlenen Hotel und Restaurant füllen jedes Jahr einen Fragebogen aus, in dem uns die Schließungszeiten und die aktuellen Preise für das nächste Jahr genannt werden. Nahezu 100 000 Veränderungen für jede Ausgabe ergeben sich daraus (neue Betriebe, veränderte Preise und Schließungszeiten).

Eine sehr große Hilfe sind jedoch auch Sie, unsere Leser –mit beinahe 45 000 Briefen und E-Mail aus ganz Europa.

Wir bedanken uns im Voraus für Ihre Hilfe und wünschen Ihnen eine gute Reise mit dem Michelin-Führer 2004.

Die Auswahl des Michelin-Führers finden Sie auch im Internet unter : ***www.Viamichelin.com***
Sie erreichen uns unter :
leguidemichelin-suisse@ch.michelin.com

Inhaltsverzeichnis

Wahl eines Hotels, eines Restaurants

Die Auswahl der in diesem Führer aufgeführten Hotels und Restaurants ist für Durchreisende gedacht. Sie sind nach ihrem Komfort klassifiziert. In jeder Kategorie drückt die Reihenfolge dieser Betriebe eine weitere Rangordnung aus.

Kategorien

	XXXXX	*Grosser Luxus und Tradition*
	XXXX	*Grosser Komfort*
	XXX	*Sehr komfortabel*
	XX	*Mit gutem Komfort*
	X	*Mit standard Komfort*
		Familiär geführter Gasthof
sans rest garni, senza rist		*Hotel ohne Restaurant*
avec ch mit Zim, con cam		*Restaurant vermietet auch Zimmer*

Annehmlichkeiten

Manche Häuser sind im Führer durch rote Symbole gekennzeichnet (s. unten). Der Aufenthalt in diesen ist wegen der schönen, ruhigen Lage, der nicht alltäglichen Einrichtung und Atmosphäre sowie dem gebotenen Service besonders angenehm und erholsam.

bis	*Angenehme Hotels*
XXXXX bis X	*Angenehme Restaurants*
	Sehr ruhiges oder abgelegenes und ruhiges Hotel
	Ruhiges Hotel
< Berge	*Reizvolle Aussicht*
<	*Interessante oder weite Sicht*

Die Übersichtskarten S. 90 bis 93, auf denen die Orte mit besonders angenehmen oder sehr ruhigen Häusern eingezeichnet sind, helfen Ihnen bei der Reisevorbereitung.

Teilen Sie uns bitte nach der Reise Ihre Erfahrungen und Meinungen mit. Sie helfen uns damit, den Führer weiter zu verbessern.

Einrichtung

Die meisten der empfohlenen Hotels verfügen über Zimmer, die alle oder doch zum grössten Teil mit Bad oder Dusche und Telefon ausgestattet sind. In den Häusern der Kategorien, und kann dies jedoch in einigen Zimmern fehlen.

30 Zim (ch, cam)	*Anzahl der Zimmer*
	Fahrstuhl
	Klimaanlage (im ganzen oder Teilen des Hauses)
Video	*Fernsehen, Videorecorder im Zimmer*
	Haus teilweise reserviert für Nichtraucher
	Modemanschluss
	Zimmer, die für körperlich beeinträchtigte Personen leicht zugänglich sind
	Spezielle Einrichtungen / Angebote für Kinder
	Garten-, Terrassenrestaurant
	Wellness centre : schöner Bereich zum Wohlfühlen und Entspannen
	Badeabteilung, Thermalkur
	Fitnessraum, Sauna
	Freibad, Hallenbad
	Strandbad – Liegewiese, Garten
	Park
18	*Hoteleigener Tennisplatz – Golfplatz und Lochzahl*
	Bootssteg
15/150	*Konferenzräume (Mindest- und Höchstkapazität)*
	Hotelgarage (wird gewöhnlich berechnet)
	Parkplatz reserviert für Gäste
	Gesicherter Parkplatz für Gäste
	Hunde sind unerwünscht (im ganzen Haus bzw. in den Zimmern oder im Restaurant)
Mai-Okt. – mai-oct. maggio-ottobre	*Öffnungszeit, vom Hotelier mitgeteilt*
nur Saison saison - stagionale	*Unbestimmte Öffnungszeit eines Saisonhotels. Fettgedruckte Häuser ohne Angabe von Schliessungszeiten sind ganzjährig geöffnet.*

Küche

Die Sterne

Einige Häuser verdienen wegen ihrer überdurchschnittlich guten Küche Ihre besondere Beachtung. Auf diese Häuser weisen die Sterne hin.

Bei den mit Stern ausgezeichneten Betrieben nennen wir drei kulinarische Spezialitäten und regionale Weine, die Sie probieren sollten.

✿✿✿ **Eine der besten Küchen : eine Reise wert**

Man isst hier immer sehr gut, öfters auch exzellent. Edle Weine, tadelloser Service, gepflegte Atmosphäre... entsprechende Preise.

✿✿ **Eine hervorragende Küche : verdient einen Umweg**

Ausgesuchte Menus und Weine... angemessene Preise.

✿ **Eine sehr gute Küche : verdient Ihre besondere Beachtung**

Der Stern bedeutet eine angenehme Unterbrechung Ihrer Reise.

Vergleichen Sie aber bitte nicht den Stern eines sehr teuren Luxusrestaurants mit dem Stern eines kleineren oder mittleren Hauses, wo man Ihnen zu einem annehmbaren Preis eine ebenfalls vorzügliche Mahlzeit reicht.

Wenn ein Hotel oder Restaurant vom Küchenchef selbst geführt wird, ist sein Name (in Klammern) erwähnt.
Beispiel : XX ✿ **Panorama** (Martin)...

Siehe Karten der Häuser mit Stern ✿✿✿, ✿✿, ✿ (S. 90 bis 93) und der Liste (S. 84 bis 85).

Der "Bib Gourmand"

Sorgfältig zubereitete, preiswerte Mahlzeiten

Für Sie wird es interessant sein, auch solche Häuser kennenzulernen, die eine etwas einfachere gute Küche zu einem besonders günstigen Preis/Leistungs-Verhältnis bieten.

Im Text sind die betreffenden Restaurants durch das rote Symbol "Bib Gourmand" *und* Menu, Repas *oder* Pasto *kenntlich gemacht*

Bsp : Menu 45/55.

Siehe Karten der Häuser mit "Bib Gourmand" *(S. 90 bis 93) und deren Liste (S. 86 bis 87).*

Siehe auch auf Seite 28

Die Weinkarte

Weinkarte mit besonders attraktivem Angebot

Einige der von uns empfohlenen Restaurants bieten eine besonders interessante Weinauswahl. Aber bitte vergleichen Sie nicht die Weinkarte, die Ihnen vom Sommelier eines großen Hauses präsentiert wird, mit der Auswahl eines Gasthauses dessen Besitzer die Weine der Region mit Sorgfalt zusammenstellt.

Welcher Wein zu welchem Gericht : siehe S. 81 bis 83.

Übernachtung

Der "Bib Hotel"

Hier übernachten Sie gut und preiswert

Suchen Sie ein praktisches und gastfreundliches Hotel, das Ihnen Zimmer zu einem guten Preis-Leistungsverhältnis bietet?
In diesen Hotels kostet die Mehrzahl der Zimmer für zwei
Personen mit Frühstück weniger als 180 CHF.

Diese Häuser werden durch den "Bib Hotel" *und* Zim, ch *oder* cam *gekennzeichnet.*
Bsp : 26 Zim *87/190*

Alle "Bib Hotel" *finden Sie auf der Liste S. 88-89 und auf den Übersichtskarten S. 90 bis 93.*

Preise

Die in diesem Führer genannten Preise wurden uns im Sommer 2003 angegeben und beziehen sich auf die **Hochsaison**. *Sie können sich mit den Preisen für Waren und Dienstleistungen ändern.*
Sie enthalten MWSt. und Bedienung. Es sind Inklusivpreise, die sich nur noch durch die evtl. zu zahlende Kurtaxe erhöhen können.
Erfahrungsgemäss werden bei grösseren Veranstaltungen, Messen und Ausstellungen (siehe Seite 522) in vielen Städten und deren Umgebung erhöhte Preise verlangt.
Die Namen der Hotels und Restaurants, die ihre Preise genannt haben, sind fett gedruckt. Gleichzeitig haben sich diese Häuser verpflichtet, die von den Hoteliers selbst angegebenen Preise den Benutzern des Michelin-Führers zu berechnen.

Halten Sie beim Betreten des Hotels oder des Restaurants den Führer in der Hand. Sie zeigen damit, dass Sie aufgrund dieser Empfehlung gekommen sind.

Mahlzeiten

Häuser die einen Tagesteller unter 20 CHF *bieten*

Tagesteller :

Menu *18,50* (Repas – Pasto)

Mittlere Preislage des Tagestellers im allgemeinen mittags während der Woche in der Gaststube oder Brasserie serviert

Feste Menupreise :

Menu 36/80 (Repas – Pasto)

Mindestpreis 36, *Höchstpreis* 80

Mahlzeiten « à la carte » :

Menu à la carte 50/95 (Repas – Pasto)

Der erste Preis entspricht einer einfachen Mahlzeit und umfasst Vorspeise, Hauptgericht, Dessert.
Der zweite Preis entspricht einer reichlicheren Mahlzeit (mit Spezialität) bestehend aus : Vorspeise, Hauptgang, Käse und Dessert.

Zimmer

29 Zim ☕ 100/200 (ch – cam)

*Mindestpreis 100 für ein Einzelzimmer/Höchstpreis 200 für ein Doppelzimmer in der **Hochsaison**, inkl. Frühstück (Suiten und Junior Suiten : sich erkundigen)*

Vorsaison Basse saison ☕ 80/160 Bassa stagione

Zimmerpreis in der Vorsaison Auf jeden Fall sollten Sie den Endpreis vorher mit dem Hotelier vereinbaren.

☕ 20

Preis des Frühstücks

Halbpension

½ P Zuschl. 30 (suppl. - sup.)

Dieser Zuschlag wird pro Person und pro Tag dem Zimmerpreis hinzugefügt und ergibt den Halbpensionspreis.

Anzahlung

Einige Hoteliers verlangen eine Anzahlung. Diese ist als Garantie sowohl für den Hotelier als auch für den Gast anzusehen. Bitten Sie den Hotelier, dass er Ihnen in seinem Bestätigungsschreiben alle seine Bedingungen mitteilt.

Kreditkarten

AE ⓓ MC VISA JCB

Vom Haus akzeptierte Kreditkarten : American Express – Diners Club – MasterCard (Eurocard) – Visa – Japan Credit Bureau

Städte

	*Wappen des Kantons am Hauptort des Kantons angegeben*
(BIENNE)	*Gebräuchliche Übersetzung des Ortschaftsnamens*
3000	*Postleitzahl*
✉ 3123 BELP	*Postleitzahl und Name des Verteilerpostamtes*
K - C	*Kantonshauptort*
(Bern) (BE)	*Kanton, in dem der Ort liegt*
551 I6	*Nummer der Michelin-Karte und Faltseite*
1 057 Ew. (h. – ab.)	*Einwohnerzahl*
Höhe (alt.) 1 500	*Höhe*
Station thermale – Stazione termale	*Kurort*
Sports d'hiver – Sport invernali	*Wintersport*
1 200/1 900	*Minimal- und Maximal-Höhe, die mit Kabinenbahn oder Skilift erreicht werden kann*
2	*Anzahl der Luftseil- und Gondelbahnen*
14	*Anzahl der Schlepp- und Sessellifts*
	Langlaufloipen
	Für den Autoverkehr nicht zugängliche Ortschaft
BY b	*Markierung auf dem Stadtplan*
18	*Golfplatz und Anzahl der Löcher*
	Rundblick – Aussichtspunkt
	Flughafen
	Ladestelle für Autoreisezüge – Nähere Auskunft unter der angegebenen Telefonnummer
	Informationsstelle
	Touring Club der Schweiz (T.C.S.)
	Automobil Club der Schweiz (A.C.S.) *(siehe Seite 34)*

Sehenswürdigkeiten

Bewertung

★★★	*Eine Reise wert*
★★	*Verdient einen Umweg*
★	*Sehenswert*
	Museen sind im allgemeinen montags geschlossen

Lage

Sehenswert **Voir** **Vedere**	*In der Stadt*
Ausflugsziel, **Environs** **Dintorni**	*In der Umgebung der Stadt*
Nord, Süd, Sud,	*Im Norden, Süden der Stadt*
Ost, Est,	*Im Osten der Stadt*
West, Ouest, Ovest,	*Im Westen der Stadt*
② ④	*Zu erreichen über die Ausfallstrasse ② bzw. ④, die auf dem Stadtplan und auf der Michelin-Karte identisch gekennzeichnet sind*
2 km	*Entfernung in Kilometern*

Lokale Veranstaltungen

Auswahl der wichtigsten kulturellen, folkloristischen und sportlichen lokalen Veranstaltungen.

Umgebungskarten

Denken Sie daran sie zu benutzen

Wenn Sie beispielsweise in der Nähe von BERN eine gute Adresse suchen, hilft Ihnen dabei unsere Umgebungskarte.

Diese Karte (siehe rechts) ermöglicht Ihnen einen Überblick über alle im Michelin erwähnten Orte, die in der Nähe von Bern liegen.

Die innerhalb der blau markierten Grenze liegenden Orte sind in weniger als 20 Autominuten erreichbar.

Anmerkung :

Auf der Linie der Entfernungen zu anderen Orten erscheint im Ortstext die jeweils nächste Stadt mit Umgebungskarte in BLAU.

Beispiel :

Sie finden Langnau im Emmental auf der Umgebungskarte von BERN.

LANGNAU IM EMMENTAL *3550 Bern (BE)*
551 L7 – 8 833 Ew. – Höhe 673.
Sehenswert : *Dürsrütiwald*★.
Bern 31 – Interlaken 63 – Luzern 63 – Solothurn 45.

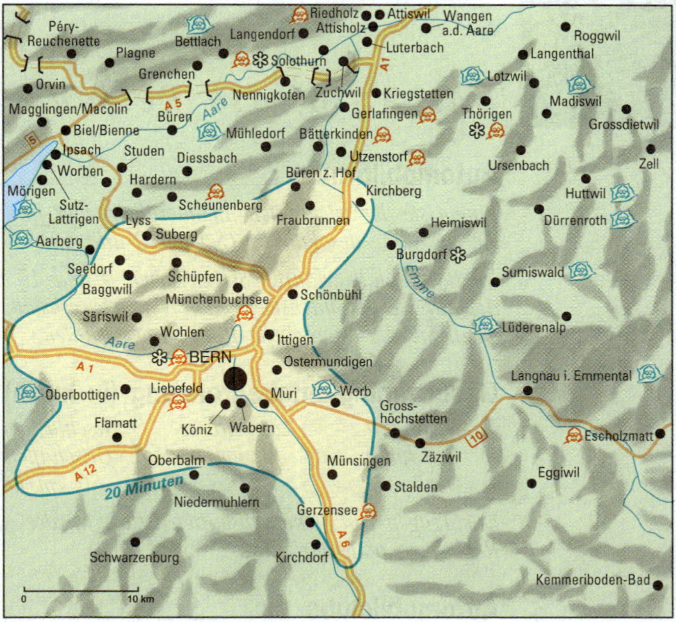

Übersicht
der Umgebungskarten

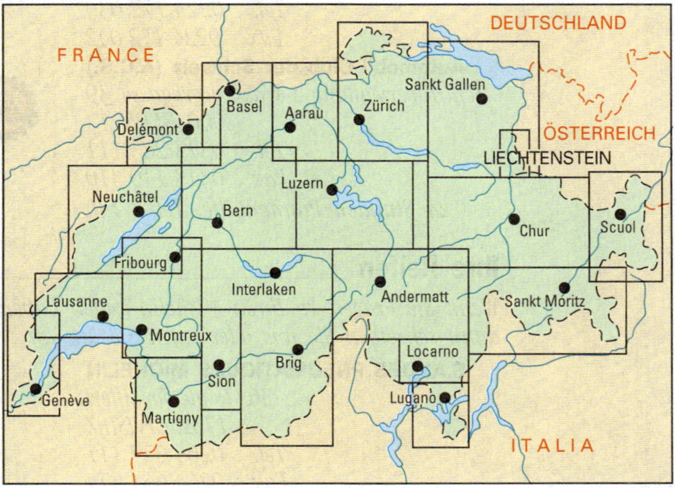

Das Auto, die Reifen

Automobilfirmen

Eine Liste der wichtigsten Automobilhersteller finden Sie am Ende des Führers (Seite 520 und 521).

Im Pannenfall erfahren Sie zwischen 9 und 17 Uhr die Adresse der nächstgelegenen Vertragswerkstatt, wenn Sie die angegebene Rufnummer wählen.

Geschwindigkeitsbegrenzung (in km/h)

Autobahn	Landstrasse	Geschlossene Ortschaften
120 km/h	80 km/h	50 km/h

Das Tragen von Sicherheitsgurten ist auf Vorder- und Rücksitzen obligatorisch.

Automobilclubs

Die wichtigsten Automobilclubs des Landes sind :

Touring Club der Schweiz (T.C.S.)
Zentralverwaltung : 4 ch. de Blandonnet
1214 VERNIER
Tel. : 0224 172 030
Fax : 0224 172 042

Automobil Club der Schweiz (A.C.S.)
Zentralverwaltung : Wasserwerkgasse 39
3000 BERN 13
Tel. : 0313 283 111
Fax : 0313 110 310
24 Stunden Pannenhilfe. Tél. : 140

Ihre Reifen

Wenn Sie Fragen zu Ihren Michelin-Reifen haben, dann schreiben Sie uns oder rufen Sie uns an :

S.A. DES PNEUMATIQUES MICHELIN
36, Route Jo Siffert
1762 GIVISIEZ
Tel. : 0264 677 111
Fax : 0264 661 674

Stadtpläne

- *Hotels*
- *Restaurants*

Sehenswürdigkeiten

- *Sehenswertes Gebäude*
- *Sehenswerte katholische bzw. evangelische Kirche*

Strassen

- *Autobahn*
- *Strasse mit getrennten Fahrbahnen*
- *Hauptverkehrsstrasse*
- *Treppenstrasse – Fussweg – Weg, Pfad*
- *Fussgängerzone – Gesperrte Strasse, mit Verkehrsbeschränkungen*
- Dunant *Einbahnstrasse – Strassenbahn – Einkaufsstrasse*
- P *Parkplatz, Parkhaus – Park-and-Ride-Plätze*
- *Tor – Passage – Tunnel*
- *Bahnhof und Bahnlinie*
- *Standseilbahn, Zahnradbahn*
- *Seilbahn, Kabinenbahn*

Sonstige Zeichen

- *Informationsstelle*
- *Moschee – Synagoge*
- *Turm – Ruine*
- *Garten, Park, Wäldchen – Friedhof*
- *Stadion – Golfplatz – Pferderennbahn – Eisbahn*
- *Freibad – Hallenbad – Jachthafen*
- *Aussicht – Rundblick – Orientierungstafel*
- *Denkmal – Brunnen – Fabrik – Einkaufszentrum*
- *Flughafen – U-Bahnstation – Autobusbahnhof*
- *Schiffsverbindungen : Autofähre – Personenfähre*
- 3 *Strassenkennzeichnung (identisch auf Michelin Stadtplänen– und Abschnittskarten)*
- *Hauptpostamt (postlagernde Sendungen)*
- *Krankenhaus – Markthalle*
- *Öffentliches Gebäude, durch einen Buchstaben gekennzeichnet :*
  - G H *– Kantonspolizei – Rathaus*
  - J M P *– Justizpalast – Museum – Kantonale Verwaltung*
  - T U *– Theater – Universität, Hochschule*
  - POL. *– Stadtpolizei*
- 4m4 18 *Unterführung (Höhe bis 4,50 m) – Höchstbelastung (unter 19 t)*
- *Touring Club der Schweiz (T.C.S.)*
- *Automobil Club der Schweiz (A.C.S.)*

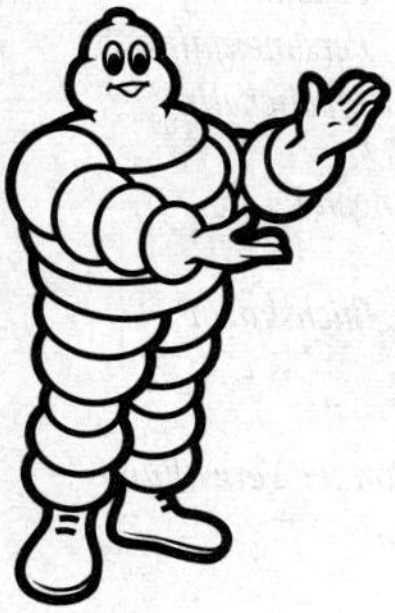

Caro lettore,

La Guida Michelin le propone, per ogni categoria di confort e di prezzo, una selezione dei migliori alberghi e ristoranti effettuata da un'équipe di professionisti del settore. Gli ispettori, dipendenti Michelin, attraversano il paese tutto l'anno per visitare nuovi esercizi e verificare la qualità e la regolarità delle prestazioni di quelli già citati, lavorando nel più stretto anonimato e in tutta autonomia.

Le attrezzature ed i servizi sono indicati da simboli, un immediato linguaggio internazionale che ti permetterà di capire in un attimo se, per esempio, un albergo dispone di parcheggio o di piscina. Per trarre il meglio da questa ricca fonte d'informazioni, le consigliamo di consultare l'introduzione. Le indicazioni sono poi completate da un testo che descrive l'atmosfera dell'albergo o del ristorante.

L'iscrizione nella guida è completamente gratuita. Ogni anno gli albergatori e i ristoratori citati compilano un questionario inviato loro per fornirci i periodi di apertura e i prezzi per l'anno a venire. Circa 100 000 dati sono aggiornati ad ogni edizione (nuovi esercizi, variazioni di tariffe, periodi di apertura).

Di grande aiuto sono anche i commenti dei lettori che ci inviano circa 45 000 lettere ed e-mail all'anno da tutta l'Europa.

Grazie sin d'ora per la sua partecipazione e buon viaggio con la Guida Michelin 2004.

Consultate la Guida Michelin sul sito
www.Viamichelin.com
e scriveteci presso
leguidemichelin-suisse@ch.michelin.com

Sommario

La scelta di un albergo, di un ristorante

Questa guida propone una selezione di alberghi e ristoranti per orientare la scelta dell'automobilista. Gli esercizi, classificati in base al confort che offrono, vengono citati in ordine di preferenza per ogni categoria.

Categorie

	XXXXX	*Gran lusso e tradizione*
	XXXX	*Gran confort*
	XXX	*Molto confortevole*
	XX	*Di buon confort*
	X	*Abbastanza confortevole*
		Semplice, ma conveniente
senza rist sans rest garni		*L'albergo non ha ristorante*
con cam avec ch, mit Zim		*Il ristorante dispone di camere*

Amenità e tranquillità

Alcuni esercizi sono evidenziati nella guida dai simboli rossi indicati qui di seguito. Il soggiorno in questi alberghi si rivela particolarmente ameno o riposante.

Ciò puo dipendere sia dalle caratteristiche dell'edificio, dalle decorazioni non comuni, dalla sua posizione e dal servizio offerto, sia dalla tranquillità dei luoghi.

a	*Alberghi ameni*
XXXXX a X	*Ristoranti ameni*
	Albergo molto tranquillo o isolato e tranquillo
	Albergo tranquillo
lago	*Vista eccezionale*
	Vista interessante o estesa

Le località che possiedono degli esercizi ameni o molto tranquilli sono riportate sulle carte da pagina 90 a 93.
Consultatele per la preparazione dei vostri viaggi e, al ritorno, inviateci i vostri pareri ; in tal modo agevolerete le nostre inchieste.

Installazioni

Le camere degli alberghi che raccomandiamo possiedono, generalmente, delle installazioni sanitarie complete e telefono. È possibile tuttavia che nelle categorie, e alcune camere ne siano sprovviste.

30 cam (ch, Zim)	*Numero di camere*
	Ascensore
	Aria condizionata (in tutto o in parte dell'esercizio)
TV video	*Televisione, videoregistratore in camera*
	Esercizio riservato in parte ai non fumatori
	Presa modem in camera
	Camere accessibili alle persone con difficoltà motorie
	Attrezzatura per accoglienza e ricreazione dei bambini
	Pasti serviti in giardino o in terrazza
	Wellness centre : Centro attrezzato per il benessere ed il relax
	Cura termale, Idroterapia
	Palestra, Sauna
	Piscina : all'aperto, coperta
	Spiaggia attrezzata – Giardino
	Parc
18	*Tennis appartenente all'albergo – Golf e numero di buche*
	Pontile d'ormeggio
15/150	*Sale per conferenze : capienza minima e massima delle sale*
	Garage nell'albergo (generalmente a pagamento)
P	*Parcheggio riservato alla clientela*
P	*Parcheggio chiuso riservato alla clientela*
	Accesso vietato ai cani (in tutto o in parte dell'esercizio)
maggio-ottobre mai-oct. – Mai-Okt.	*Periodo di apertura, comunicato dall'albergatore*
stagionale saison nur Saison	*Probabile apertura in stagione, ma periodo non precisato. Gli esercizi senza tali menzioni sono aperti tutto l'anno.*

La tavola

Le stelle

Alcuni esercizi meritano di essere segnalati alla vostra attenzione per la qualità particolare della loro cucina ; li abbiamo evidenziati con le « stelle di ottima tavola ».

Per ognuno di questi ristoranti indichiamo tre specialità culinarie e alcuni vini locali che potranno aiutarvi nella scelta.

✿✿✿ **Una delle migliori tavole, vale il viaggio**

Vi si mangia sempre molto bene, a volte meravigliosamente. Grandi vini, servizio impeccabile, ambientazione accurata... Prezzi conformi.

✿✿ **Tavola eccellente, merita una deviazione**

Specialità e vini scelti... Aspettatevi una spesa in proporzione.

✿ **Un'ottima tavola nella sua categoria**

La stella indica una tappa gastronomica sul vostro itinerario.

Non mettete però a confronto la stella di un esercizio di lusso, dai prezzi elevati, con quella di un piccolo esercizio dove, a prezzi ragionevoli, viene offerta una cucina di qualità.

Il nome dello chef figura dopo la ragione sociale quando si occupa personalmente dell'esercizio.

Esempio : XX ✿ **Panorama** (Martin)...

Consultate le carte degli esercizi con stelle ✿✿✿, ✿✿, ✿ (pagine 90 a 93) e la lista corrispondente (pagine 84 a 85).

Il "Bib Gourmand"

Pasti accurati a prezzi contenuti

Per quando desiderate trovare delle tavole più semplici a prezzi contenuti abbiamo selezionato dei ristoranti che, per un rapporto qualità-prezzo particolarmente favorevole, offrono un pasto accurato.

Questi ristoranti sono evidenziali nel testo con il "Bib Gourmand" *e* **Pasto**, **Repas** *o* **Menu**.

Es. : **Pasto** 45/55.

Consultate le carte degli esercizi con "Bib Gourmand" *(pagine 90 a 93) e la lista corrispondente (pagine 86 e 87).*

Vedere anche a pagina 44

La carta dei vini

Carta con proposte particolarmente interessanti

Tra i ristoranti che noi abbiamo selezionato in tutte le categorie, alcuni propongono una carta dei vini particolarmente interessante. Attenzione a non confrontare la carta presentata da un sommelier in un grande ristorante con quella di una trattoria dove il proprietario ha una grande passione per i vini della regione.

Il vini e le vivandi : vedere p. 81 a 83.

Dove alloggiare

Il "Bib Hotel"

Un buon riposo a prezzi contenuti

Cercate un albergo funzionale ed accogliente in grado di offrire una prestazione di qualità a prezzi contenuti? Questi esercizi dispongono di camere per due persone, prima colazione incluso, a meno di 180 CHF.

Sono segnalati dal "Bib Hotel" *e* cam, ch *o* Zim
Es : 26 cam *87/190*

Consultate la lista dei "Bib Hotel" *da pagina 88 a pagina 89 e localizzateli sulle carte da pagina 90 a pagina 93.*

I prezzi

I prezzi indicati in guida, stabiliti nell'estate 2003, si riferiscono ***all'alta stagione****. Potranno pertanto subire delle variazioni in relazione ai cambiamenti dei prezzi di beni e servizi. Essi s'intendono comprensivi di tasse e servizio. Nessuna maggiorazione deve figurare sul vostro conto, salvo eventualmente la tassa di soggiorno.*

In occasione di alcune manifestazioni commerciali o turistiche (vedere pagine 522), i prezzi richiesti dagli albergatori potrebbero subire un sensibile aumento nelle località interessate e nei loro dintorni.

Gli alberghi e i ristoranti vengono menzionati in carattere grassetto quando gli albergatori ci hanno comunicato tutti i loro prezzi e si sono impegnati sotto la propria responsabilità, ad applicarli ai turisti di passaggio, in possesso della nostra guida.

In bassa stagione, certi esercizi applicano condizioni più vantaggiose, informatevi al momento della prenotazione

Entrate nell'albergo o nel ristorante con la Guida in mano, dimostrando in tal modo la fiducia in chi vi ha indirizzato.

Pasti

Esercizio che offre un piatto del giorno per meno di 20 CHF

Pasto *18,50* **(Repas – Menu)**

Piatto del giorno :
Prezzo medio del piatto del giorno generalmente servito a pranzo nei giorni settimanali alla « brasserie ».

Pasto 36/80 **(Repas – Menu)**

Menu a prezzo fisso :
minimo 36 *massimo* 80

Pasto à la carte 50/95 **(Repas – Menu)**

Pasto alla carta :
Il primo prezzo corrisponde ad un pasto semplice comprendente : antipasto, piatto con contorno e dessert. Il secondo prezzo corrisponde ad un pasto più completo (con specialità) comprendente : due piatti, formaggio e dessert.

Camere

29 cam ☕ 100/200
(ch – Zim)

Prezzo minimo 100 per una camera singola e prezzo massimo 200 per una camera per due persone in **alta stagione** *prima colazione compresa (suite e junior suite : informarsi presso l'albergatore)*

Bassa stagione
Vorsaison ☕ 80/160
Basse saison

Prezzi delle camere praticati in bassa stagione. È comunque indispensabile prendere accordi preventivi con l'albergatore per stabilire le condizioni definitive.

☕ 20

Prezzo della prima colazione

Mezza pensione

½ P sup. 30
(suppl. – Zuschl.)

Questo supplemento per persona al giorno va aggiunto al prezzo della camera per ottenere quello della ½ pensione. La maggior parte degli alberghi pratica anche, su richiesta, la pensione completa.

La caparra

Alcuni albergatori chiedono il versamento di una caparra. Si tratta di un deposito-garanzia che impegna sia l'albergatore che il cliente. Vi consigliamo di farvi precisare le norme riguardanti la reciproca garanzia di tale caparra. Chiedete all'albergatore di fornirvi nella sua lettera di conferma, ogni dettaglio sulla prenotazione e sulle condizioni di soggiorno.

Carte di credito

AE ⓓ MC VISA JCB

American Express – Diners Club – MasterCard (Eurocard) – Visa – Japan Credit Bureau

Le città

	Stemma del cantone e capoluogo cantonale
(BIENNE)	Traduzione in uso dei nomi di comuni
3000	Codice di avviamento postale
✉ 3123 BELP	Numero di codice e sede dell'ufficio postale di destinazone
C - K	Capoluogo cantonale
Bern (BE)	Cantone a cui la località appartiene
551 I6	Numero della carta Michelin e numero della piega
1 057 ab. (h. – Ew.)	Popolazione
alt. (Höhe) 1500	Altitudine della località
Station thermale Kurort	Stazione termale
Sports d'hiver Wintersport	Sport invernali
1 200/1 900	Altitudine minima e massima raggiungibile con gli impianti di risalita
2	Numero di funivie e cabinovie
14	Numero di sciovie e seggiovie
	Sci di fondo
	Località chiusa al traffico
BY b	Lettere indicanti l'ubicazione sulla pianta
18	Golf e numero di buche
	Panorama, vista
	Aeroporto
	Località con servizio auto su treno. Informarsi al numero di telefono indicato
	Ufficio informazioni turistiche
	Touring Club Svizzero (T.C.S.)
	Club Svizzero dell'Automobile (A.C.S.) (vedere pagina 50)

Luoghi d'interesse

Grado di interesse

★★★	*Vale il viaggio*
★★	*Merita una deviazione*
★	*Interessante*

I musei sono generalmente chiusi il lunedì

Ubicazione

Vedere **Voir** **Sehenswert**	*Nella città*
Dintorni **Environs** **Ausflugsziel**	*Nei dintorni della città*
	Il luogo si trova :
Ouest, West, Ovest,	*a Ovest della località*
Nord, Sud, Süd.,	*a Nord, a Sud della località*
Est, Ost,	*a Est della località*
② ④	*Ci si va dall'uscita ② o ④ indicata con lo stesso segno sulla pianta della guida e sulla carta stradale*
2 km	*Distanza chilometrica*

Manifestazioni locali

Selezione delle principali manifestazioni culturali, folkloristiche e sportive locali.

Le carte dei dintorni

Sapete come usarle ?

Se desiderate, per esempio, trovare un buon indirizzo nei dintorni di BERNA, la « carta dei dintorni » (qui accanto) richiama la vostra attenzione su tutte le località citate nella Guida che si trovino nei dintorni della città prescelta, e in particolare su quelle raggiungibili in automobile in meno di 20 minuti (limite di colore).

Le « carte dei dintorni » permettono la localizzazione rapida di tutte le risorse proposte dalla Guida nei dintorni delle metropoli regionali.

Nota :

Quando una località è presente su una « carta dei dintorni », la città a cui ci si riferisce è scritta in BLU nella linea delle distanze da città a città.

Esempio :

Troverete Langnau im Emmental sulla carta dei dintorni di BERNA.

LANGNAU IM EMMENTAL *3550 Bern (BE)*
551 L7 *- 8 833 Ew. - Höhe 673.*
Sehenswert : *Dürsrütiwald*★
Bern 31 - Interlaken 63 - Luzern 63 - Solothurn 45.

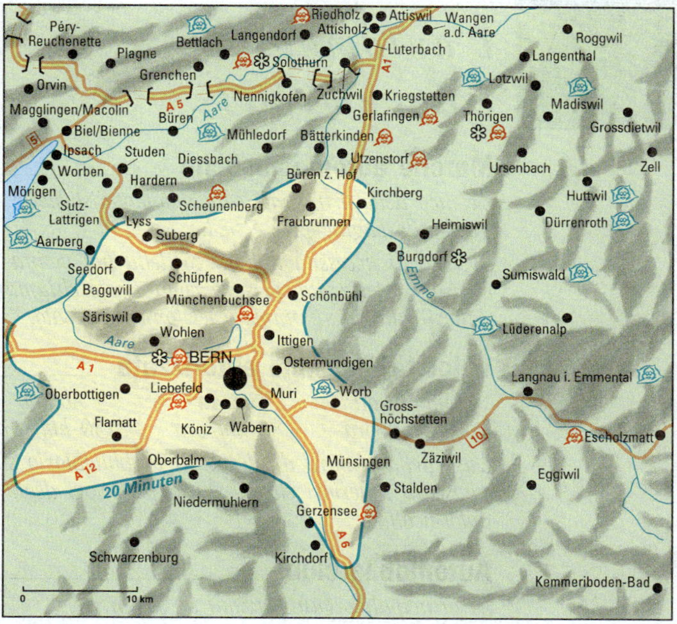

Quadro d'insieme delle carte dei dintorni

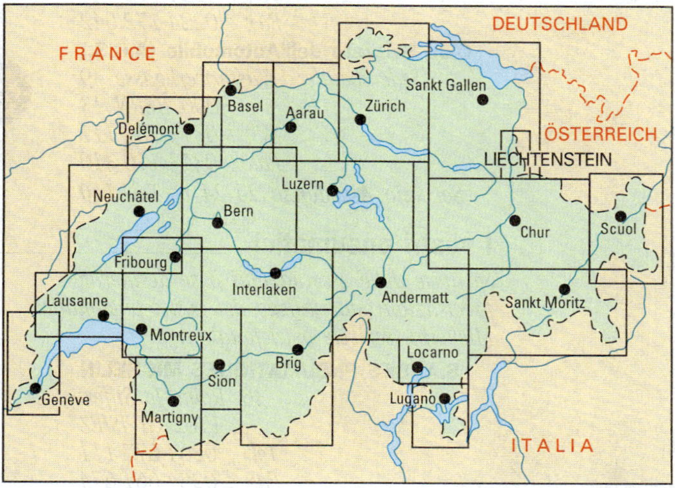

L'automobile, I pneumatici

Marche automobilistiche

L'elenco delle principali case automobilistiche si trova alle pagine 520 e 521.

In caso di necessità l'indirizzo della più vicina officina autorizzata, vi sarà comunicato chiamando, dalle 9 alle 17, il numero telefonico indicato.

Velocità massima autorizzata

Autostrada	*Strada*	*Abitato*
120 km/ora	*80 km/ora*	*50 km/ora*

L'uso della cintura di sicurezza è obbligatorio sia sui sedili anteriori che su quelli posteriori degli autoveicoli.

Automobile clubs

Le principali organizzazioni di soccorso automobilistico sono

Touring Club Svizzero (T.C.S.)
Sede sociale : 4 ch. de Blandonnet
1214 VERNIER
Tél. : 0224 172 030
Fax : 0224 172 042

Club Svizzero dell'Automobile (A.C.S.)
Sede sociale : Wasserwerkgasse 39
3000 BERN 13
Tél. : 0313 283 111
Fax : 0313 110 310
Servizio Assistenza 24/24 o. Tel. 140

I vostri pneumatici

Se avete delle osservazioni o se desiderate precisazioni sull'utilizzo dei vostri pneumatici Michelin, scrivete o telefonate a :

S.A. DES PNEUMATIQUES MICHELIN
36, Route Jo Siffert
1762 GIVISIEZ
Tél. : 0264 677 111
Fax : 0264 661 674

Le piante

Alberghi
Ristoranti

Curiosità

Edificio interessante
Costruzione religiosa interessante : Cattolica – Protestante

Viabilità

Autostrada
Strada a carreggiate separate
Grande via di circolazione
Via a scalini – Passeggiata – Sentiero
Via pedonale – Via impraticabile, a circolazione regolamentata
Senso unico – Tranvia
Dunant *Via commerciale – Parcheggio – Parcheggio Ristoro*
Porta – Sottopassaggio – Galleria
Stazione e ferrovia
Funicolare, Ferrovia a cremagliera – Funivia, Cabinovia

Simboli vari

Ufficio informazioni turistiche
Moschea – Sinagoga
Torre – Ruderi
Giardino, parco, bosco – Cimitero
Stadio – Golf – Ippodromo – Pista di pattinaggio
Piscina : all'aperto, coperta – Porto per imbarcazioni da diporto
Vista – Panorama – Tavola d'orientamento
Monumento – Fontana – Fabbrica – Centro commerciale
Aeroporto – Stazione della Metropolitana – Autostazione
Trasporto con traghetto :
- passeggeri ed autovetture, solo passeggeri
③ *Simbolo di riferimento comune alle piante ed alle carte Michelin particolareggiate*
Ufficio centrale di fermo posta
Ospedale – Mercato coperto
Edificio pubblico indicato con lettera :
G H *– Polizia cantonale – Municipio*
J M P *– Palazzo di Giustizia – Museo – Prefettura*
T U *– Teatro – Università*
POL. *– Polizia*
4m4 18 *Sottopassaggio (altezza inferiore a m 4,50) – Portata limitata (inf. a 19 t)*
Touring Club Svizzero (T.C.S.)
Club Svizzero dell'Automobile (A.C.S.)

Dear Reader

The Michelin Guide offers a selection of the best hotels and restaurants in many categories of comfort and price. It is compiled by a team of professionally trained inspectors who travel the country visiting new establishments as well as those already listed in the guide. Their mission is to check the quality and consistency of the amenities and service provided by the hotels and restaurants throughout the year. The inspectors are full-time Michelin employees and their assessments, made anonymously, are therefore completely impartial and independant.

The amenities found in each establishment are indicated by symbols, an international language which enables you to see at a glance whether a hotel has, for example, a car park or swimming pool. To take full advantage of the wealth of information contained in the guide, consult the introduction. A short descriptive text complements the symbols.

Entry in the Michelin Guide is completely free of charge and every year the proprietors of those establishments listed complete a questionnaire giving the opening times and prices for the coming year. Nearly 100,000 pieces of information are updated for each annual edition.

Our readers also contribute through the 45,000 letters and e-mails received annually commenting on hotels and restaurants throughout Europe.

Thank you for your support and please continue to send us your comments. We hope you enjoy travelling with the Michelin Guide 2004.

Consult the Michelin Guide at
www.Viamichelin.com
and write to us at :
leguidemichelin-suisse@ch.michelin.com

Contents

Choosing a hotel or restaurant

This guide offers a selection of hotels and restaurants to help motorists on their travels. In each category establishments are listed in order of preference according to the degree of comfort they offer.

Categories

	XXXXX	*Luxury in the traditional style*
	XXXX	*Top class comfort*
	XXX	*Very comfortable*
	XX	*Comfortable*
	X	*Quite comfortable*
		Simple comfort
sans rest, garni, senza rist		*The hotel has no restaurant*
	avec ch mit Zim, con cam	*The restaurant also offers accommodation*

Peaceful atmosphere and setting

Certain establishments are distinguished in the guide by the red symbols shown below. Your stay in such hotels will be particularly pleasant or restful, owing to the character of the building, its decor, the setting, the welcome and services offered, or simply the peace and quiet to be enjoyed there.

to	*Pleasant hotels*
XXXXX to X	*Pleasant restaurants*
	Very quiet or quiet, secluded hotel
	Quiet hotel
lac	*Exceptional view*
	Interesting or extensive view

The maps on pages 90 to 93 indicate places with such very peaceful, pleasant hotels and restaurants. By consulting them before setting out and sending us your comments on your return you can help us with our enquiries.

Hotel facilities

In general the hotels we recommend have full bathroom, toilet facilities and telephone in each room. This may not be the case, however, for certain rooms in categories, and .

30 ch (Zim, cam)	*Number of rooms*
	Lift (elevator)
	Air conditioning (in all or part of the hotel)
TV video	*Television, video recorder in room*
	Establishment partly reserved for non-smokers
	Modem point in the bedrooms
	Bedrooms accessible to those with restricted mobility
	Special facilities for children
	Meals served in garden or on terrace
	Wellness centre : an extensive facility for relaxation and wellbeing
	Hydrotherapy
	Exercise room, Sauna
	Outdoor or indoor swimming pool
	Beach with bathing facilities – Garden
	Park
18	*Hotel tennis court – Golf course and number of holes*
	Landing stage
15/150	*Equipped conference hall (minimum and maximum capacity)*
	Hotel garage (additional charge in most cases)
P	*Car park for customers only*
P	*Enclosed car park for customers only*
	Dogs are excluded from all or part of the hotel
mai-oct. Mai-Okt. maggio-ottobre	*Dates when open, as indicated by the hotelier*
saison nur Saison stagionale	*Probably open for the season – precise dates not available.* *Where no date or season is shown, establishments are open all year round.*

Cuisine

Stars

Certain establishments deserve to be brought to your attention for the particularly fine quality of their cooking. Michelin stars are awarded for the standard of meals served.
For such restaurants we list three culinary specialities and a number of local wines to assist you in your choice.

✿✿✿ **Exceptional cuisine, worth a special journey**
One always eats here extremely well, sometimes superbly. Fine wines, faultless service, elegant surroundings. One will pay accordingly !

✿✿ **Excellent cooking, worth a detour**
Specialities and wines of first class quality. This will be reflected in the price.

✿ **A very good restaurant in its category**
The star indicates a good place to stop on your journey.
But beware of comparing the star given to an expensive "de luxe" establishment to that of a simple restaurant where you can appreciate fine cooking at a reasonable price.
The name of the chef appears between brackets when he is personally managing the establishment.
Example : XX ✿ **Panorama** (Martin)...

Please refer to the map of star-rated restaurants ✿✿✿, ✿✿, ✿ (pp 90 to 93) and their list (pp 84 and 85).

The "Bib Gourmand"

Good food at moderate prices

You may also like know of other restaurants with less elaborate, moderately priced menus that offer good value for money and serve carefully prepared meals.

In the guide such establishments bear the "Bib Gourmand" *and* Menu, Repas *or* Pasto.
Ex. : Menu 45/55.

Please refer to the "Bib Gourmand" *(pp 90 to 93) and their list (pp 86 and 87).*

See also on page 60

Wine list

A particularly interesting wine list

Some of the restaurants we have chosen, across all categories, offer a particularly interesting wine list. Beware, however, of comparing the list presented by the sommelier of a grand restaurant with that of simple inn where the owner has a passion for wine.

Food and wine : see pp 81 to 83

Accommodation

The "Bib Hotel"

Good accommodation at moderate prices

For those looking for a friendly hotel which offers a good level of comfort and service at a reasonable price. These establishments have mostly double rooms costing up to 180 CHF. Breakfast included.

Look for the "Bib Hotel" *and* ch, Zim *or* cam

Eg : 26 ch *87/190*

All the "Bib Hotel" *are listed on pages 88 to 89 and are marked on the maps on pages 90 to 93.*

Prices

The prices indicated in this Guide, supplied in summer 2003, apply to ***high season.***
Changes may arise if goods and service costs are revised.
The rates include tax and service and no extra charge should appear on your bill, with the possible exception of visitors' tax.
In the case of certain trade exhibitions or tourist events (see page 522), prices demanded by hoteliers are liable to reasonable increases in certain cities and for some distance in the area around them.
Hotels and restaurants in bold type have supplied details of all their rates and have assumed responsibility for maintaining them for all travellers in possession of this guide.
Out of season certain establishments offer special rates. Ask when booking.

Your recommendation is selfevident if you always walk into a hotel or restaurant Guide in hand.

Meals

Establishment serving a dish of the day under 20 CHF

Dish of the day :

Repas *18,50* **(Menu – Pasto)** — *Average price of midweek dish of the day, usually served at lunch in the "café".*

Set meals :

Repas 36/80 **(Menu – Pasto)** — *Lowest* 36 *and highest* 80 *prices for set meals*

« A la carte » meals :

Repas à la carte 50/95 **(Menu – Pasto)** — *The first figure is for a plain meal and includes hors-d'œuvre, main dish and dessert.*
The second figure is for a fuller meal (with "spécialité") and includes 2 main courses, cheese and dessert.

Rooms

29 ch 100/200 **(Zim – cam)**	*Lowest price* 100 *for a single room* *and highest price* 200 *for a double including breakfast,* *in* **high season** *(Suites and Junior suites : ask the hotelier)*
Basse saison **Vorsaison** 80/160 **Bassa stagione**	*Room prices in low season.* *It is essential to agree terms with the hotelier* *before making a firm reservation.*
20	*Price of continental breakfast*

Half board

½ P suppl. 30 (Zuschl. - sup.)	*This supplement per person per day* *should be added to the cost of the room* *in order to obtain the half board price.* *Most hotels also offer full board terms on request.*

Deposits

Some hotels will require a deposit, which confirms the commitment of customer and hotelier alike. Make sure the terms of the agreement are clear. Ask the hotelier to provide you, in his letter of confirmation, with all terms and conditions applicable to your reservation.

Credit cards

AE D MC VISA JCB	*Credit cards accepted by the establishment :* *American Express – Diners Club –* *MasterCard (Eurocard) – Visa – Japan Credit Bureau*

Towns

	*Coat of arms of "Canton" indicated on the capital of "Canton"*
(BIENNE)	*Usual translation for the name of the town*
3000	*Local postal number*
✉ *3123 BELP*	*Postal number and name of the postal area*
C - K	*Capital of "Canton"*
Bern (BE)	*Canton in which a town is situated*
551 I6	*Number of the appropriate sheet and fold of the Michelin road map*
1 057 h. Ew. – ab.	*Population*
alt. Höhe 1 500	*Altitude (in metres)*
Station thermale Kurort Stazione termale	*Spa*
Sports d'hiver Sport invernali	*Winter sports*
1 200/1 900	*Lowest and highest point reached by lifts*
2	*Number of cablecars*
14	*Number of ski and chairlifts*
	Cross-country skiing
	Traffic is forbidden in this area
BY b	*Letters giving the location of a place on the town plan*
18	*Golf course and number of holes*
	Panoramic view. Viewpoint
	Airport
	Places with motorail pick-up point. Further information from phone No. listed
	Tourist Information Centre
	Touring Club Suisse (T.C.S.)
	Automobil Club der Schweiz (A.C.S.) *(see p 66)*

Sights

Star-rating

★★★ *Worth a journey*

★★ *Worth a detour*

★ *Interesting*

Museums and art galleries are generally closed on Mondays

Location

Voir Sehenswert Vedere	*Sights in town*
Environs Ausflugsziel Dintorni	*On the outskirts*
Nord, Sud, Süd.,	*The sight lies north, south of the town*
Est, Ost,	*The sight lies east of the town*
Ouest, West, Ovest,	*The sight lies west of the town*
② ④	*Sign on town plan and on the Michelin road map indicating the road leading to a place of interest*
2 km	*Distance in kilometres*

Local events

Selection of the main cultural, traditional and sporting events.

Local maps

May we suggest that you consult them

Should you be looking for a hotel or restaurant not too far from BERN, for example, you can consult the map along with the selection.

The local map (opposite) draws your attention to all places around the town or city selected, provided they are mentioned in the Guide. Places located within a 20 minutes drive are clearly identified by the use of a different coloured background.

The various facilities recommended near the different regional capitals can be located quickly and easily.

Note :

Entries in the Guide provide information on distances to nearby towns. Whenever a place appears on one of the local maps, the name of the town or city to which it is attached is printed in BLUE.

Example :

Langnau im Emmental is to be found on the local map BERN.

LANGNAU IM EMMENTAL *3550 Bern (BE)*
551 L7 *- 8 833 Ew. - Höhe 673.*
Sehenswert : *Dürsrütiwald★*
Bern 31 - Interlaken 63 - Luzern 63 - Solothurn 45.

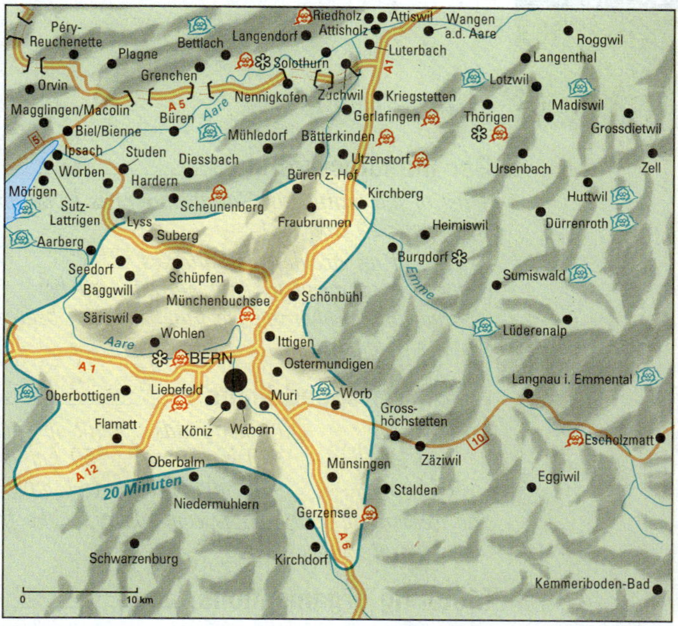

Layout diagram of the local maps

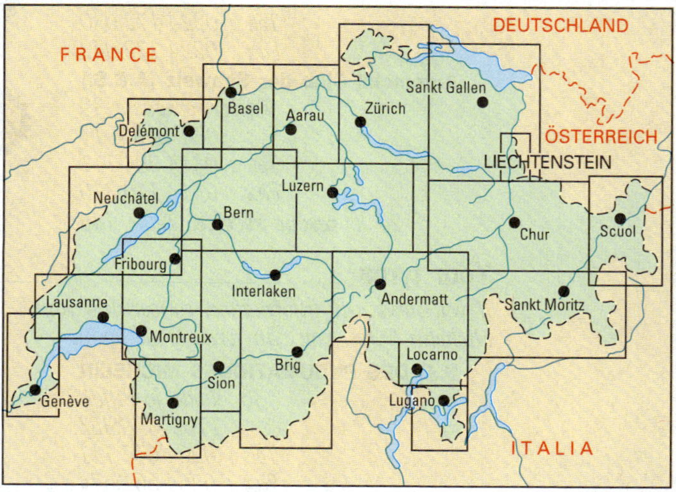

Car, tyres

Car manufacturers

A list of the main Car Manufacturers is to be found on pages 520 and 521.

In case of an accident the address of the nearest agent for that marque can be obtained by telephoning the number given between 9 am – 5 pm.

Maximum speed limits

Motorways	All other roads	Built-up areas
120 km/h	80 km/h	50 km/h
(74 mph)	(50 mph)	(31 mph)

The wearing of seat belts is compulsory in the front and rear of vehicles.

Motoring organisations

The major motoring organisations in Switzerland are

Touring Club Suisse (T.C.S.)
4 ch. de Blandonnet
1214 VERNIER
Tél. : 0224 172 030
Fax : 0224 172 042

Automobil Club der Schweiz (A.C.S.)
Wasserwerkgasse 39
3000 BERN 13
Tél. : 0313 283 111
Fax : 0313 110 310
24 h. rescue service. Tél. : 140

Your tyres

If you need any information concerning your Michelin Tyres, you can write to or phone :

S.A. DES PNEUMATIQUES MICHELIN
36, Route Jo Siffert
1762 GIVISIEZ
Tél. : 0264 677 111
Fax : 0264 661 674

Town plans

- Hotels
- Restaurants

Sights

Place of interest

Interesting place of worship : Catholic – Protestant

Roads

Motorway

Dual carriageway

Major thoroughfare

Stepped street – Footpath – Path

Pedestrian street – Unsuitable for traffic, street subject to restrictions

One-way street – Tramway

Dunant P P R Shopping street – Car park – Park and Ride

Gateway – Street passing under arch – Tunnel

Station and railway

Funicular, rack railway

Cablecar, cable way

Various signs

Tourist Information Centre

Mosque – Synagogue

Tower – Ruins

Garden, park, wood – Cemetery

Stadium – Golf course – Racecourse – Skating rink

Outdoor or indoor swimming pool

Pleasure boat harbour

View – Panorama – Viewing table

Monument – Fountain – Factory – Shopping centre

Airport – Underground station – Coach station

Ferry services : passengers and cars, passengers only

③ Reference number common to town plans and Michelin maps

Main post office with poste restante

Hospital – Covered market

Public buildings located by letter :

G H – Local Police Station – Town Hall

J M P – Law Courts – Museum – Offices of cantonal authorities

T U – Theatre – University, College

POL. – Police

4m4 (18) Low headroom (15 ft. max.) – Load limit (under 19 t)

Touring Club Suisse (T.C.S.)

Automobil Club der Schweiz (A.C.S.)

Chara lectura, char lectur

La « Guida Michelin » As propuona üna selecziun dals meglders hotels e restorants in mincha categoria e per mincha predsch.

Quista selecziun vegn realisada d'ün' equipa d'inspecturs da professiun, scolats ill'hotelleria. Dürant tuot on sun els in viadi tras tuot il pajais per visitar nouvas impraisas. Quellas chi sun cuntschaintas vegnan eir visitadas e verifichadas davart lur qualità e regularità da las prestaziuns. Ils inspecturs lavuran directamaing per Michelin e sun cun quai independents ed anonims.

L'infrastructura ed il servizzis sun segnats a man da simbols internaziunals, chi permettan a minch'ün da savair cun ün sguard, scha l'hotel ha üna plazza da perkegi o ün bogn. Per pudair profitar da las vastas infuormaziuns in quista guida, legiai l'introducziun, perchè pro minch'impraisa as rechatta ün pitschen text chi dess descriver l'hotel o restorant.

L'inscripziun in quista guida es tuottafat gratuita. Minch'on retschaivan ils hoteliers e restoraturs ün formular per cumplettar lur inscripziun cun las nouvas datas d'uvertüra ed ils nouvs predschs per l'on chi vain. Bod 100 000 infuormaziuns vegnan actualisadas per minch'ediziun (nouvs indrizs, müdamaints da predsch e datas d'uvertüra).

Ün grond agüd surgnina eir da passa 45 000 chartas ed E-mails da lecturs chi'ns scrivan da tuot l'Europa.

Grazcha ouravant da Lur participaziun e bun viadi culla « Guida Michelin 2004 ».

Quista tscherna s'as rechatta eir suot
www.Viamichelin.com
e comentars as po laschar suot :
leguidemichelin-suisse@ch.michelin.com

Les cantons suisses

La Confédération Helvétique regroupe 23 cantons dont 3 se divisent en demi-cantons. Le « chef-lieu » est la ville principale où siègent les autorités cantonales. Berne, centre politique et administratif du pays, est le siège des autorités fédérales (voir Le Guide Vert Suisse).
Le 1er août, jour de la Fête Nationale, les festivités sont nombreuses et variées dans tous les cantons.

APPENZELL (AR/AI)

AARGAU (AG)

BASEL-LAND (BL)

BASEL-STADT (BS)

BERN (BE)

FRIBOURG (FR)

GENÈVE (GE)

GLARUS (GL)

GRAUBÜNDEN (GR)

JURA (JU)

LUZERN (LU)

NEUCHÂTEL (NE

Die Schweizer Kantone

Die Schweizer Eidgenossenschaft umfasst 23 Kantone, wobei 3 Kantone in je zwei Halbkantone geteilt sind. Im Hauptort befindet sich jeweils der Sitz der Kantonsbehörden. Bern ist verwaltungsmässig und politisch das Zentrum der Schweiz und Sitz der Bundesbehörden (siehe Der Grüne Führer Schweiz). Der 1. August ist Nationalfeiertag und wird in allen Kantonen festlich begangen.

ZÜRICH (ZH)

ZUG (ZG)

VAUD (VD)

VALAIS (VS)

URI (UR)

OBWALDEN OW)

ST. GALLEN (SG)

SCHAFFHAUSEN (SH)

SCHWYZ (SZ)

SOLOTHURN (SO)

TICINO (TI)

THURGAU (TG)

NIDWALDEN (NW)

I cantoni svizzeri

La Confederazione Elvetica raggruppa 23 cantoni, dei quali 3 si dividono in semi-cantoni. Il "capoluogo" è la città principale dove risiedono le autorità cantonali. Berna, centro politico ed amministrativo del paese, è sede delle autorità federali (vedere La Guida Verde Svizzera in francese, inglese, tedesco). Il 1° Agosto è la festa Nazionale e numerosi sono i festeggiamenti in tutti i cantoni.

Ils chantuns svizzers

La Confederaziun Helvetica cumpiglia 23 chantuns dals quals 3 èn dividids en mezs chantuns. La "chapitala" è la citad nua che las autoritads civilas sa chattan. Berna, il center politic ed administrativ dal pajais, è la sedia da las autoritads federalas (vesair Guid Verd Svizra). Il prim d'avust, il di da la festa naziunala, dat i en tut ils chantuns numerasas festivitads da different gener.

Swiss Districts (Cantons)

The Helvetica Confederation comprises 23 cantons of which 3 are divided into half-cantons. The "chef-lieu" is the main town where the district authorities are based. Bern, the country's political and administrative centre, is where the Federal authorities are based (see The Green Guide to Switzerland). On 1st August, the Swiss National Holiday, lots of different festivities take place in all the cantons.

Les langues parlées

Outre le « Schwyzerdütsch », dialecte d'origine germanique, quatre langues sont utilisées dans le pays : l'allemand, le français, l'italien et le romanche, cette dernière se localisant dans la partie ouest, centre et sud-est des Grisons. L'allemand, le français et l'italien sont considérés comme langues officielles administratives et généralement pratiqués dans les hôtels et restaurants.

Die Sprachen

Neben dem "Schwyzerdütsch", einem Dialekt deutschen Ursprungs, wird Deutsch, Französisch, Italienisch und Rätoromanisch gesprochen, wobei Rätoromanisch im westlichen, mittleren und südöstlichen Teil von Graubünden beheimatet ist. Deutsch, Französisch und Italienisch sind Amtssprachen ; man beherrscht sie in den meisten Hotels und Restaurants.

Le lingue parlate

Oltre allo "Schwyzerdütsch", dialetto di origine germanica, nel paese si parlano quattro lingue : il tedesco, il francese, l'italiano ed il romancio ; quest'ultimo nella parte ovest, centrale e sud-est dei Grigioni. Il tedesco, il francese e l'italiano sono considerate le lingue amministrative ufficiali e generalmente praticate negli alberghi e ristoranti.

Ils lingvatgs

Ultra il "Schwyzerdütsch", in conglomerat da dialects d'origin german, vegnan quatter linguas utilisadas : il tudestg, il franzos, il talian ed il rumantsch che è derasà en la part vest, sid-ost e la part centrala dal Grischun.

Il tudestg, il franzos ed il talian èn renconuschids sco linguatgs uffizials ed en general san ins discurrer quels en hotels ed ustarias.

Spoken Languages

Apart from "Schwyzerdütsch", a dialect of German origin, four languages are spoken in the country: German, French, Italian and Romansh, the latter being standard to the West, Centre and South-East of Grisons.
German, French and Italian are recognised as the official administrative languages and generally spoken in hotels and restaurants.

Le fromage en Suisse

La Suisse est un pays de fromages, sa fabrication absorbe la moitié du lait fourni par les paysans. Les fromageries, souvent artisanales, font partie intégrante des villages helvétiques, on en compte environ 1100. La plupart de ces fromages sont élaborés à partir de lait cru frais qui confère aux pâtes traditionnelles leur plénitude d'arôme et favorise leur conservation prolongée.

Der Käse in der Schweiz

Die Schweiz ist ein Land des Käses, die Hälfte der Milch, welche die Bauern abliefern, wird zu Käse verarbeitet. Die ca. 1100, häufig noch handwerklich arbeitenden Käsereien, sind Teil des schweizerischen Dorfbilds. Die meisten dieser Käse werden aus frischer Rohmilch hergestellt, sie verleiht ihnen volles Aroma und eine längere Haltbarkeit.

Il formaggio in Svizzera

La Svizzera è un paese di formaggi, la metà del latte consegnato dai contadini viene trasformato in formaggio.
I caseifici, spesso artigianali, sono parte integrante dei villaggi svizzeri, se ne contano circa 1100. La maggior parte de questi formaggi sono fabricadi con latte crudo fresco che conferisce un aroma particolarmente pieno e favorisce una conservazione prolongata.

The cheese in Switzerland

Switzerland is a land of cheeses. In all there are around 1100 cheese dairies, most of whom use local traditional methods, and which together account for half of the national milk production.
The majority of their cheeses are made from fresch raw milk, which gives them their strong flavours and helps preserve them longer.

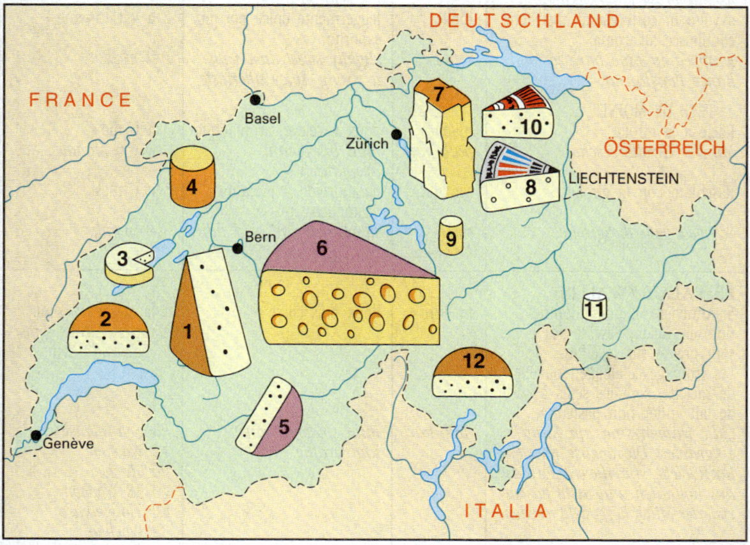

Principaux fromages Suisses
Wichtigste Schweizerkäse
Principali formaggi Svizzeri
Main Swiss cheeses

(leur numéro fait référence à la carte) (ihre Nummer bezieht sich auf die Karte) (il numero fa riferimento alla carta) (number refers to the map)	PÂTE *TEIG* PASTA *TEXTURE*	GOÛT *GESCHMACK* GUSTO *TASTE*	MATURATION *REIFEZEIT* STAGIONATURA *PERIOD OF MATURING*
LA ROMANDIE			
1. GRUYERE			
Peu ou pas de trous, doux ou salé	dure	fin, corsé, racé	4 à 12 mois et plus
Wenige oder keine Löcher, mild oder rezent	*hart*	*fein, kräftig, würzig*	*4 bis 12 Monate und mehr*
Con pochi o senza buchi, dolce o salato.	dura	fine, saporito	4 a 12 mesi e più
Few or no holes, sweet or salted	*hard*	*full-bodied*	*4-12 months and more*
2. VACHERIN FRIBOURGEOIS	mi-dure	doux, crémeux puis corsé et un peu acide	2 à 4 mois
	halb-hart	*mild, cremig bis kräftiger, leicht säuerlich*	*2 bis 4 Monate*
	semidura	dolce, cremoso poi saporito, acidulo	2 a 4 mesi
	semi-hard	*sweet, creamy then strong and with a slightly acid aftertaste*	*2-4 months*
3. VACHERIN MONT-D'OR			
Entouré d'une écorce d'épicéa qui contribue à l'arôme	molle	légèrement doux puis plus relevé voire fort	2 à 4 semaines
mit Tannenrinde die das Aroma prägt eingebunden	*weich*	*leicht süsslich später bis sehr kräftig*	*2 bis 4 Wochen*
avvolto in corteccia di abete che contibusce all'aroma.	molle	leggermente dolce poi più saporito	2 a 4 settimane
wrapped in pine bark to enhance the flavour	*soft*	*slightly sweet then with a strong, spicy aftertaste*	*2-4 weeks*
4. TÊTE DE MOINE			
Râclé à la girolle	mi-dure	doux à relevé, aromatique	3 à 6 mois
Mit der Girolle geschabt	*halb-hart*	*mild bis pikant, aromatisch*	*3 bis 6 Monate*
Raschiato con la girolle	semidura	da morbido a piccante, aromatico	3 a 6 mesi
Scraped with the girolle	*semi-hard*	*sweet, fragrant and full bodied*	*3-6 months*
LE VALAIS (WALLIS)			
5. Anniviers, Bagnes, Conthey, Gomser, Heida, Savièse...les noms sont gravés sur le talon. Les fromages d'alpage, souvent de raclette, sont les seuls à base de lait entier non pasteurisé.	mi-dure	doux puis corsé	à la coupe 12 sem. à raclette 16-18 sem. à rebibes 32 sem.
...die Namen sind am Rand eingraviert. Die Alpkäse, meistens für Raclette, sind die einzigen die aus Rohmilch und nicht pasteurisierter Milch hergestellt werden.	*halb-hart*	*mild später pikant und kräftig*	*für Schnittkäse 12 Wochen* *für Raclette 16-18 Wochen* *für Hobbelkäse 32 Wochen*

...i nomi sono marchiati sul tallone. I formaggi di alpeggio, speso da raclette, sono i soli a base di latte intero non pastorizzato	semidura	morbido poi saporito	al taglio 12 settimane da raclette 16-18 settimane, in trucioli 32 settimane
...the names are stamped into the rind. These mountain cheeses, often used for raclette, are the only cheeses made with fresh raw milk and not pasteurized milk	*semi-hard*	*sweet then full-flavoured*	*eating 12 weeks raclette 16-18 weeks in shaving 32 weeks*
BERN			
6. EMMENTAL			
Nombreux trous de 1 à 3 cm.	dure	doux, saveur de noisettes puis corsé	le jeune 4 ou 5 mois le mûr 7 à 10 mois, l'extra dur jusqu'à 17 mois
zahlreiche Löcher von 1 bis 3 cm	*hart*	*milder, nussig später kräftig, würzig*	*jung 4 bis 5 Monate reif 7 bis 10 Monate extra-hart bis 17 Monate*
numerosi buchi da 1 a 3 cm.	dura	dolce, gusto di noce poi robusto	il giovane 4 o 5 mesi il maturo 7 a 10 mesi, il extra duro fino a 17 mesi
Many holes, 1-3 cm .	*hard*	*sweet, nutty then full-flavoured*	*young 4 or 5 months mature 7-10 months extra-mature 17 months*
ZENTRAL SCHWEIZ (SUISSE CENTRALE)			
7. SBRINZ			
Fromages à rebibes, à casser ou à râper	extra dure	racé, aromatique, évoque la noix	1 à 2 ans ou plus
Hobel oder Reibkäse	*extra hart*	*rassig, aromatisch, nussig*	*1 bis 2 Jahre und mehr*
Da spezzare o grattugiare	extradura	saporito, aromatico, gusto di noce	1 a 2 anni o più
sraped, crumbled or grated	*extra hard*	*fruity and fragrant, slightly nutty*	*1-2 years and more*
OST SCHWEIZ (SUISSE ORIENTALE)			
8. APPENZELL			
Passage dans une saumur aux herbes	mi-dure	épicé, aromatique, fruité, doux puis très corsé	6 à 8 mois pour l'extra
mit einer gewürzten Lake behandelt	*halb-hart*	*Rässkäse aromatisch, würzig mild später kräftig*	*6 bis 8 Monate für den Extra*
passato in una marinata a base di erbe	semidura	speziato, aromatico, fruttato, dolce poi molto robusto	6 a 8 mesi per il extra
washed in a pickle with herbs	*semi-hard*	*spiced and fragrant, fruity, sweet then with a strong aftertaste*	*6-8 months for extra*
9. SCHABZIGER			
Fromage compact écrémé, mélangé au beurre à tartiner, ou sec et râpé en saupoudreur pour l'assaisonnement.	aux herbes	corsé, piquant, inimitable	4 à 12 semaines
Kompakter Magermilchkäse als Aufstrich mit Butter vermischt sowie getrocknet und gerieben in Streudose zum würzen	*mit Kräutern*	*kräftig, pikant, unnachahmlich*	*4 bis 12 Wochen*
Formaggio compatto scremato, mescolato con burro da spalmare, o secco e grattugiato per condimento	alle erbe	robusto, piccante, inimitabile	4 a 12 settimane

Compact skimmed cheese, for spreading herbed ordried and grated for sprinkling/seasoning	*with herbs*	*an unmistakable, full-bodied,piquant flavour*	*4-12 weeks*
10 TILSIT SUISSE Trous ronds	mi-dure	un peu acide, doux à corsé	
runde Löcher	*halb-hart*	*leicht säuerlich, mild bis sehr kräftig*	
buchi rotondi	semidura	acidulo, da dolce a saporito	
round holes	*semi-hard*	*slightly acid, sweet to full-bodied*	
a. étiquette rouge *rote Etikette* etichetta rossa *red label*			a. lait cru 3-5 mois. *Rohmilch 3-5 Monate* latte crudo 3-5 mesi *raw milk 3-5 months*
b. étiquette verte *grüne Etikette* etichetta verde *green label*			b. lait pasteurisé 1-2 mois *pasteurisierter Milch 1 bis 2 Monate* latte pastorizzato 1-2 mesi *pasteurized milk 1-2 months*
c. étiquette jaune *gelbe Etikette* etichetta gialla *yellow label*			c. à la crème 1-2 mois *cremig 1-2 Monate* alla panna 1-2 mesi *creamy 1-2 months*
GRAUBÜNDEN (GRISONS / GRIGIONI)			
11. Fromages d'alpage : Andeer, Brigels, Bivio, Ftan, Mustaïr... Au lait de vache ou de chèvre	mi-dure	corsé	4 à 8 semaines
Alpkäse, aus Kuh oder Ziegenmilch	*halb-hart*	*sehr kräftig*	*4 bis 8 Wochen*
Formaggi di alpeggio, di latte di mucca o Capra	semidura	robusto	4 a 8 settimane
Mountain cheeses, cow or goats milk	*semi-hard*	*full-flavoured*	*4-8 weeks*
TICINO (TESSIN)			
Formaggini : petits fromages, quelquefois aux herbes et à l'huile d'olive, lait de chèvre ou de vache, cru ou pasteurisé	fromage frais	plus ou moins prononcé ou aromatique	de quelques jours à un mois
...kleine Käse, manchmal mit Olivenoel und Kräutern eingelegt, Ziege oder Kuhmilch, roh oder pasteurisiert	*Frischkäse*	*mehr oder weniger kräftig oder aromatisch*	*einige Tage bis 1 Monat*
...A volte alle erbe e all'olio d'oliva, latte di capra o mucca, crudo o pastorizzato	formaggio fresco	più o meno pronunciato o aromatico	da qualche giorno a un mese
...Small cheeses, some with herbs and olive oil, goats or cows milk, raw or pasteurized	*fromage frais*	*characteristic, aromatic flavours*	*from a few days up to 1 month*
12. VALMAGGIA : dans le Locarnese, Campo la Torba, Zania... constitué avec 1/3 lait de chèvre, 2/3 lait de vache.	mi-dure	corsé à piquant	3 à 4 mois
... im Locarnese, hergestellt aus 1/3 Ziegenmilch und 2/3 Kuhmilch.	*halb-hart*	*sehr kräftig bis pikant*	*3 bis 4 Monate*
... nel Locarnese, 1/3 latte di capra, 2/3 latte di mucca.	semidura	da saporito a piccante	3 a 4 mesi
... from Locarnese, made with 1/3 goats milk, 2/3 cows milk.	*semi-hard*	*full-bodied, piquant*	*3-4 months*

Le vignoble suisse

La production vinicole suisse, est estimée à 1,2 million d'hectolitres, moitié en vins blancs, moitié en vins rouges. Le relief tourmenté du pays rend difficile l'exploitation du vignoble, mais assure une grande variété de climats et de terroirs (voir page 79). Cépage blanc typique de Suisse romande et peu cultivé ailleurs, le Chasselas est sensible à toute nuance de terroir et de vinification, d'où une grande variété de caractères selon les régions. Pinot, Gamay et Merlot sont les principaux cépages rouges cultivés dans le pays. La réglementation d'« Appellation d'Origine Contrôlée », dans le cadre des ordonnances fédérales sur la viticulture et sur les denrées alimentaires, est de la compétence des cantons. Elle existe déjà dans les cantons d'Argovie, Fribourg, Genève, Neuchâtel, Schaffhouse, Tessin, Vaud, Valais et la région du lac de Bienne.

2000 est le meilleur des millésimes récents

Das Schweizer Weinanbaugebiet

Die Weinproduktion in der Schweiz wird auf 1,2 Millionen Hektoliter, je zu 50 % Weisswein und Rotwein geschätzt. Die Topographie der Schweiz macht den Weinanbau zwar schwierig, sorgt jedoch für eine grosse Vielfalt verschiedener Klimazonen und Böden (Siehe Seite 79). Der Chasselas, eine typische weisse Rebsorte aus der Westschweiz, die woanders kaum angebaut wird, reagiert sehr unterschiedlich auf den Boden und die Verarbeitung des Weins. Daher variert der Charakter dieses Weins sehr stark je nach Region, in der er angebaut wird. Blauburgunder, Gamay und Merlot sind die wichtigsten roten Rebsorten. Die Regelung zur kontrollierten Ursprungsbezeichnung, im Rahmen der Wein-und Lebensmittelverordnung, wurde vom Bund an die Kantone übertragen und existiert schon für die Kantone Aargau, Freiburg, Genf, Neuenburg, Schaffhausen, Tessin, Waadt, Wallis und die Region Bielersee.

2000 ist der Beste der letzten Jahrgänge

La Svizzera vinicola

La produzione vinicola svizzera è stimata a 1,2 milioni d'ettolitri, la metà dei quali di vino bianco e l'altra metà di vino rosso. Il rilievo accidentato del paese rende difficoltosa l'attività vitivinicola, ma assicura una grande varietà di climi e terreni (Vedere pagina 79). Vitigno bianco tipico della Svizzera romanda e poco coltivato altrove, lo Chasselas è sensibile a tutte le sfumature del terreno e della vinificazione ; da ciò deriva una grande varietà di caratteristiche. Pinot, Gamay e Merlot sono i principali vitigni rossi coltivati nel paese. La normativa sulla "Denominazione d'Origine Controllata", nell'ambito delle disposizioni federali sulla viticoltura e sui generi alimentari, è di competenza dei cantoni, ma già esiste, nei cantoni di Argovia, Friburgo, Ginevra, Neuchâtel, Sciaffusa, Ticino, Vaud, Vallese e nella regione del lago di Bienne.

2000 è il migliore dei millesimi recenti

Swiss Wine

Swiss wine production is estimated at 1.2 million hectolitres per year, half white wine and half red wine.
The tortuous relief of the country makes cultivation of vineyards difficult but ensures a great variation in climate and soil (See page 79).
The Chasselas, a typical white Swiss grape little grown elsewhere, is sensitive to the slightest variation in soil or fermentation ; hence its noticeable change in character according to the region in which it is grown. Pinot, Gamay and Merlot are the main red grapes grown in the country
Under federal regulation for viticulture and foodstuffs, each district is responsible for the administration of the "Appellation d'Origine Contrôlée". It already exists in the districts of Aargau, Friburg, Geneva, Neuchâtel, Schaffhausen, Ticino, Valais, Vaud and the region of Bienne.
2000 is the best of the recent vintages

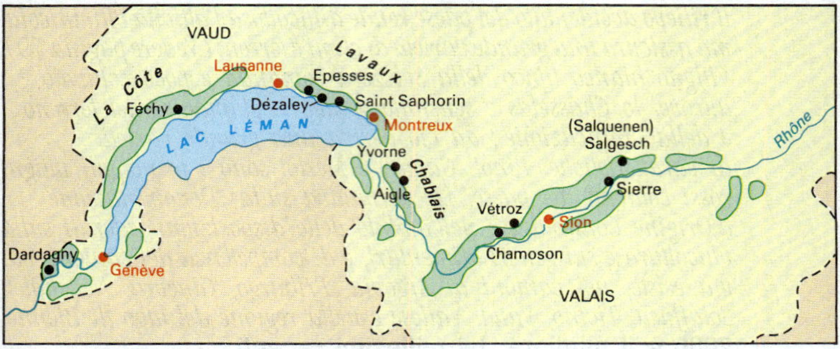

Principaux vins et spécialités régionales
Wichtigste Weine und regionale Spezialitäten
Principali vini e specialità regionali
Main wines and regional specialities

Principaux cépages *Wichtigste Rebsorten* Principali vitigni *Main grape stock* (*)	Caractéristiques *Charakteristiken* Caratteristiche *Characteristics*	Mets et principales spécialités culinaires régionales *Gerichte und wichtigste regionale kulinarische Spezialitäten* Vivande e principali specialità culinarie regionali *Food and main regional culinary specialities*
GENÈVE (Genf) (GE)		
Chasselas (b)	fruité, léger, frais *fruchtig, leicht, mundig frisch*	Poissons du lac (omble chevalier), Fondue, Gratin genevois *Süsswasserfische (Saibling), Käse-Fondue, Genfer Auflauf*
Gamay (r)	frais, souple, fruité *mundig frisch, zart, fruchtig*	Viandes blanches, Ragoût de porc (fricassée) Longeole au marc (saucisse fumée) *helles Fleisch, Schweinsragout (Frikassee),* « Longeole » *(geräucherte Wurst)*
GRAUBÜNDEN (Grisons) (Grigioni) (GR)		
Blauburgunder (Pinot noir) (r)	velouté *körperreich, samtig*	Bœuf en daube – *Bündner Beckribraten,* Viande de bœuf séchée des Grisons – *Bündnerfleisch*
NEUCHÂTEL (Neuenburg) (NE)		
Chasselas, Chasselas sur lie (b)	nerveux *feine Säure*	Palée : Féra du lac de Neuchâtel *Felchen aus dem Neuenburgersee*
Pinot noir (r) *(Blauburgunder)*	bouqueté, racé *blumig, rassig*	Viandes rouges *dunkles Fleisch*
Œil de Perdrix (rosé de Pinot noir) *Rosé von Blauburgunder*	vif *anregend-frisch*	Tripes à la Neuchâteloise *Kutteln nach Neuenburger Art*
TICINO (Tessin) (TI)		
Merlot bianco (b)	fruité, frais, léger *fruchtig, frisch, leicht* *fruttato, fresco, leggero*	Poissons d'eau douce *Süsswasserfische*
Merlot (r)	corsé, équilibré *kräftig, ausgeglichen* *robusto, equilibrato*	Viandes rouges, Gibier à plumes, fromages, Polpettone (viandes hachées aromatisées) *dunkles Fleisch, Wildgeflügel, Käse,* « *Polpettone* » *(gewürztes Hackfleisch)*

(*) (b) (w) : *blanc, weiss, bianco, white* (r) : *rouge, rot, rosso, red*

Principaux cépages *Wichtigste Rebsorten* Principali vitigni *Main grape stock (*)*	Caractéristiques *Charakteristiken* Caratteristiche *Characteristics*	Mets et principales spécialités culinaires régionales *Gerichte und wichtigste regionale kulinarische Spezialitäten* Vivande e principali specialità culinarie regionali *Food and main regional culinary specialities*
TICINO (Tessin) (TI)		
Merlot rosato (rosé)	fruité, frais *fruchtig, mundig frisch* *fruttato, fresco*	Poissons d'eau douce, Pesci in carpione (Fera en marinade) *Süsswasserfische, Pesci in carpione, Felchen in einer Marinade*
VALAIS (Wallis) (VS)		
Fendant (Chasselas) (b)	rond, équilibré, fruité, parfois perlant *füllig, ausgeglichen, fruchtig,* *gelegentlich perlend*	Poissons, Raclette, Filets de truite *Fische, Raclette, Forellenfilets*
Petite Arvine (b)	certains secs, d'autres doux *einige trocken, andere mild*	Vins secs : Poissons, fromages de chèvre *Trockene Weine : Fische, Ziegenkäse*
Amigne (b)	corsé, sapide, parfois sec, très souvent doux *kräftig, harmonisch, voll, manchmal trocken, oft mild*	Vins doux : Foie gras, desserts *Milde Weine :* *Ente-, Gänseleber, Desserts*
Johannisberg (b) (Sylvaner)	sec ou doux *trocken oder mild*	
Malvoisie flétrie (Pinot gris vendanges tardives, *Grauburgunder Beerenauslese)* (b)	moelleux, riche *weich, rund gehaltvoll*	Vin d'apéritif et de dessert, *Aperitif- und Dessert-Wein* Foie Gras *Ente-, Gänseleber*
Dôle (assemblage de Pinot noir et de Gamay) *(Mischung aus Blauburgunder und Gamay)* (r)	robuste, ferme, bouqueté *robust, verschlossen, bukettreich*	Assiette valaisanne (viande séchée, jambon et fromage) *Walliserteller (Trockenfleisch, Schinken, Hobel-, und Bergkäse)*
Cornalin (r)	corsé, tanique *kräftig, gerbstoffhaltig*	Gibiers : cerf, chevreuil, sanglier *Wild : Hirsch, Reh, Wildschwein* Fromages - *Käse*
Humagne rouge	charnu, généreux *kernig, edel*	

(*) (b) (w) : *blanc, weiss, bianco, white* (r) : *rouge, rot, rosso, red*

Principaux cépages *Wichtigste Rebsorten* Principali vitigni *Main grape stock (*)*	Caractéristiques *Charakteristiken* Caratteristiche *Characteristics*	Mets et principales spécialités culinaires régionales *Gerichte und wichtigste regionale kulinarische Spezialitäten* Vivande e principali specialità culinarie regionali *Food and main regional culinary specialities*
VAUD (Waadt) (VD)		
Chasselas (b)	équilibré, fruité *ausgeglichen fruchtig*	Truite, brochet, perche ; Fondue (vacherin et gruyère) *Forelle, Hecht, Egli, Käse-Fondue (Vacherin und Greyerzer)*
Salvagnin (r) *(assemblage de Pinot noir et de Gamay) (Mischung aus Blauburgunder und Gamay)*	harmonieux, velouté *harmonisch, samtig*	Viandes blanches, Papet vaudois (poireaux, p. de terre, saucissons) *helles Fleisch, Waadtländer Papet (Lauch, Kartoffeln, Würste)*
ZÜRICH (ZH) **SCHAFFHAUSEN** (Schaffhouse) (SH) **THURGAU** (Thurgovie) (TG) **SANKT-GALLEN** (Saint-Gall) (SG) **AARGAU** (Argovie) (AG)		
Riesling-Sylvaner (w)	parfum délicat, léger, sec *feines Aroma, leicht, trocken*	Zürich- und Bodenseefische *Poissons des lacs de Zurich et Constance*
Blauburgunder (Pinot noir) (r)	léger, aromatique *leicht, aromatisch*	Cochonailles. *Deftige Wurstwaren* Emincé de veau *Geschnetzeltes Kalbfleisch* Potée aux choux, *Zürcher Topf (verschiedene Fleischsorten mit Kohl)* Assiette bernoise (viandes diverses, choucroute, choux, haricots, pommes de terre) *Berner Platte (verschiedene Fleischsorten Sauerkraut, Kohl, Bohnen, Kartoffeln)*

(*) (b) (w) : *blanc, weiss, bianco, white* (r) : *rouge, rot, rosso, red*

Les établissements à étoiles
Die Stern-Restaurants
Gli esercizi con stelle
Starred establishments

✿✿✿

Crissier (VD)	*Hôtel de Ville - Philippe Rochat*
Montreux / Brent (VD)	*Le Pont de Brent*

✿✿

Basel (BS)	*Bruderholz*
Cossonay (VD)	*Cerf*
Cully (VD)	*Le Raisin*
Ftan (GR)	*Haus Paradies*
Klosters (GR)	*Walserhof*
Küsnacht (ZH)	*Petermann's Kunststuben*
La Punt-Chamues-Ch. (GR)	*Chesa Pirani*
Sankt Moritz/Champfèr (GR)	*Jöhri's Talvo*
Satigny / Peney-Dessus (GE)	*Domaine de Châteauvieux*
Sierre / Corin-de-la-Crête (VS)	*La Côte*
Uetikon am See (ZH)	*Wirtschaft zum Wiesengrund*
Vevey (VD)	*Denis Martin*
Vufflens-le-Château (VD)	*L'Ermitage*

✿

Altnau (TG)	*Urs Wilhelm's Rest.*
Anières (GE)	*Auberge de Floris*
Aran (VD)	*Le Guillaume Tell*
Arbon (TG)	*Frohsinn*
Ascona / Losone (TI)	*Osteria Dell'Enoteca*
Bäch (SZ)	*Zur Faktorei*
Baden/Dättwil (AG)	*Pinte*
Bad Ragaz (SG)	*Kuriger's Paradies*
Basel (BS)	*Les Quatre Saisons*
Basel (BS)	*Rest. Der Teufelhof*
Basel / Riehen (BS)	*Schürmann's*
Bellinzona (TI)	*Orico*
Bern (BE)	*Wein und Sein*
Bulle / La Tour-de-Trême (FR)	*de la Tour*
Burg im Leimental (BL)	*Bad-Burg*
Burgdorf (BE)	*Emmenhof*
Crans-Montana (VS)	*Host. du Pas de l'Ours*
Davos-Wolfgang / Laret (GR)	*Hubli's Landhaus*
Dielsdorf (ZH)	*Zur Sonne*
Euthal (SZ)	*Bürgi's Burehof*
Flüh (SO)	*Martin*
Flüh (SO)	*Zur Säge*
Fribourg (FR)	*Le Pérolles / P.-A. Ayer*

Fribourg / Bourguillon (FR)	*Des Trois Tours*
Gattikon (ZH)	*Sihlhalde*
Genève (GE)	*Le Béarn*
Genève (GE)	*Buffet de la Gare des Eaux-Vives*
Genève (GE)	*Les Continents*
Genève (GE)	*Le Cygne*
Genève (GE)	*Le Neptune*
Genève (GE)	*Parc des Eaux-Vives*
Genève / Cologny (GE)	*Aub. du Lion d'Or*
Genève / Lully (GE)	*La Colombière*
Genève/ Petit-Lancy (GE)	*Host. de la Vendée*
Genève/Thônex (GE)	*Le Cigalon*
Greppen (LU)	*Rigi*
Gstaad (BE)	*Chesery*
Haegendorf (SO)	*Lampart's Art of Dining*
Hurden (SZ)	*Adler - Markus Gass*
Küsnacht (ZH)	*Ermitage am See*
Lausanne (VD)	*La Grappe d'Or*
Lausanne (VD)	*A la Pomme de Pin*
Lausanne (VD)	*La Table du Palace*
Locarno (TI)	*Centenario*
Lömmenschwil (SG)	*Thuri's Blumenau*
Lugano / Sorengo (TI)	*Santabbondio*
Magden (AG)	*Pöschtli*
Martigny (VS)	*Le Gourmet*
Mels (SG)	*Schlüssel*
Menzingen (ZG)	*Löwen*
Le Mont-Pèlerin (VD)	*Le Trianon*
Montreux (VD)	*Le Jaan*
Montreux / Clarens (VD)	*L'Ermitage*
Nebikon (LU)	*Adler*
Neuchâtel / Saint-Blaise (NE)	*Au Boccalino*
Niedergösgen (SO)	*Zum Schloss Falkenstein*
Le Noirmont (JU)	*Georges Wenger*
Oensingen (SO)	*Frohsinn*
Olten / Trimbach (SO)	*Traube*
Orsières (VS)	*Les Alpes*
Rehetobel (AR)	*Zum Gupf*
Saas-Fee (VS)	*Waldhotel Fletschhorn*
Sankt Gallen (SG)	*Rest. Jägerhof*
Sankt Moritz (GR)	*Jörimann's Refugium*
Santa Maria (GR)	*Piz Umbrail*
Schaffhausen (SH)	*Rheinhotel Fischerzunft*
Schwyz/Steinen (SZ)	*Adelboden*
Sion / Vex (VS)	*L'Argilly*
Solothurn (SO)	*Zum Alten Stephan*
Sonceboz (BE)	*du Cerf*
Stein am Rhein (SH)	*Sonne*
Sugnens (VD)	*Aub. de Sugnens*
Taverne (TI)	*Motto del Gallo*
Thörigen (BE)	*Löwen*
Triesen (FL)	*Schatzmann*
Vacallo (TI)	*Conca Bella*
Verbier (VS)	*Roland Pierroz*
Vevey / Saint Légier (VD)	*Le Petit*
Vouvry (VS)	*Aub. de Vouvry*
Walchwil (ZG)	*Sternen*
Weesen (SG)	*Fischerstube*
Weite (SG)	*Heuwiese*
Wetzikon (ZH)	*Il Casale*
Wigoltingen (TG)	*Taverne zum Schäfli*

"Bib Gourmand"

Repas soignés à prix modérés
Sorgfältig zubereitete, preiswerte Mahlzeiten
Pasti accuarti aprezzi contenuti
Good food at moderate prices

Repas

Aeschi b. Spiez / Aeschiried (BE)	*Panorama (im Restaurant)*
Airolo (TI)	*Forni*
Altdorf (UR)	*Goldener Schlüssel*
Anières (GE)	*Auberge de Floris (au Bistrot)*
Apples (VD)	*Aub. de la Couronne (au Café)*
Bad Ragaz (SG)	*Kuriger's Paradies (im Fluppe)*
Basel (BS)	*Au Violon*
Bätterkinden (BE)	*Krone (im Dorfbeizli)*
Bellinzona (TI)	*Castelgrande (al Grottino San Michele)*
Bern (BE)	*Kirchenfeld*
Bern / Liebefeld (BE)	*Landhaus (in der Taverne Alsacienne)*
Birmenstorf (AG)	*Zum Bären (in der Gaststube)*
Bonaduz (GR)	*Grischunata*
Bottmingen (BL)	*Basilicum*
Bülach (ZH)	*Zum Goldenen Kopf*
Bulle / La Tour-de-Trême (FR)	*Rest. de la Tour (à la Brasserie)*
Cadro (TI)	*La Torre del Mangia*
Cossonay (VD)	*Cerf (à La Fleur de Sel)*
Courgenay (JU)	*Boeuf*
Courgenay (JU)	*Aub. de la Diligence (à la Brasserie)*
Crans-Montana (VS)	*Host. du Pas de l'Ours (au Bistrot des Ours)*
Crans-Montana (VS)	*Miedzor*
Ebnat-Kappel (SG)	*Post*
Escholzmatt (LU)	*Rössli (im Chrüter Gänterli)*
Fribourg (FR)	*Aub. de Zähringen (à la Brasserie)*
Genève (GE)	*Bistrot du Bœuf Rouge*
Genève / Cologny (GE)	*Aub. du Lion d'Or (au Bistro)*
Genève / Petit-Lancy (GE)	*Host. de la Vendée (au Bistro)*
Gerlafingen (SO)	*Frohsinn*
Gerzensee (BE)	*Bären*
Grächen (VS)	*Bärgji-Alp*
Grindelwald (BE)	*Fiescherblick*
Haegendorf (SO)	*Lampart's Art of Dining (im Bistro)*
Interlaken (BE)	*Stocker's Degusta*
Intragna (TI)	*Stazione « da Agnese »*
Joux (Vallée de) / Les Bioux (VD)	*Trois Suisses*
Kandersteg (BE)	*Ruedihus*
Kilchberg (ZH)	*Oberer Mönchhof*
Laax (GR)	*Straussennest*
Lauerz (SZ)	*Rigiblick (im Restaurant)*
Lausanne (VD)	*A la Pomme de Pin (au Café)*
Lugano / Massagno (TI)	*Grotto della Salute*
Lugano-Paradiso (TI)	*Calprino*

Luzern (LU)	*Galliker*
Mammern (TG)	*Schiff*
Martigny (VS)	*Forum (à la Brasserie L'Olivier)*
Martigny / Chemin (VS)	*Le Belvédère*
Meiringen (BE)	*Victoria*
Mels (SG)	*Waldheim*
Mendrisio / Salorino (TI)	*Grotto Baldovana*
Mézières (VD)	*Du Jorat*
Münchenbuchsee (BE)	*Moospinte (in der Gaststube)*
Murten (FR)	*Ringmauer*
Netstal (GL)	*Schwert (im Glarnerstübli)*
Niedergösgen (SO)	*Schloss Falkenstein (im Bistro)*
Oensingen (SO)	*Frohsinn (in der Gaststube)*
Ollon (VD)	*Hôtel de Ville*
Orbe (VD)	*Guignard*
Orsières (VS)	*Hôtel des Alpes (à la Brasserie)*
Orvin / Les Prés-d'Orvin (BE)	*Le Grillon*
Ottenbach (ZH)	*Reussbrücke (im Bistro)*
La Plaine (GE)	*Les Platanes*
Poschiavo (GR)	*Suisse*
Reichenbach (BE)	*Bären*
Riedholz (SO)	*Post*
Riedholz / Attisholz (SO)	*Attisholz (in der Gaststube)*
Ried-Muotathal (SZ)	*Adler*
Riken (AG)	*Rössli (im Beizli)*
Saint-Cergue (VD)	*Hôtel de la Poste*
Samnaun-Ravaisch (GR)	*Hohmann*
Sankt Gallen (SG)	*Nett's Schützengarten*
Sankt Niklausen (OW)	*Alpenblick (in der Kräuterstube)*
Sarnen / Kägiswil (OW)	*Adler (in der Gaststube)*
Satigny (GE)	*Café de Peney*
Sax (SG)	*Schlössli (im Bier Stübli)*
Schaffhausen (SH)	*Theater Restaurant*
Scheunenberg (BE)	*Sonne (im Bistro)*
Scuol (GR)	*Engiadina (in der Ustaria)*
Scuol / Sent (GR)	*Rezia*
Sedrun (GR)	*La Cruna*
Sézegnin (GE)	*Au Renfort*
Sierre / Venthône (VS)	*Le Château de Venthône*
Solothurn (SO)	*Zum alten Stephan (in der Stadtbeiz)*
Sonceboz (BE)	*du Cerf (à la Brasserie)*
Stans (NW)	*Zur Linde (im Feldschlösschen)*
Stans (NW)	*Zur Rosenburg*
Steinhausen (ZG)	*Zur Linde (im Carpe Diem)*
Sullens (VD)	*Auberge Communale*
Thun (BE)	*Arts Schloss Schadau (im Bistro)*
Thun / Hünibach (BE)	*Chartreuse*
Thun / Steffisburg (BE)	*Panorama (in der Gaststube)*
Thörigen (BE)	*Nik's Wystube*
Ulmiz (FR)	*Jäger*
Urnäsch (AR)	*Sonne (in der Bauernstube)*
Utzenstorf (BE)	*Bären*
Verbier (VS)	*Le Sonalon*
Vevey /Chardonne (VD)	*A la Montagne*
Vevey / Jongny (VD)	*Les 3 Suisses*
Vouvry (VS)	*Auberge de Vouvry (au Bistrot)*
Wil (SG)	*Hof zu Wil*
Zermatt (VS)	*Zum See*
Zug (ZG)	*Rathauskeller (im Bistro)*
Zürich (ZH)	*Caduff's Wine loft*
Zürich (ZH)	*Rosaly's*
Zürich (ZH)	*Vorderer Sternen*

"Bib Hôtel"

Bonnes nuits à petits prix
Hier übernachten Sie gut und preiswert
Un buon riposo a prezzi contenuti
Good accommodation at moderate prices

ch

Aarberg (BE)	*Krone*
Airolo (TI)	*Forni*
Arbon (TG)	*Römerhof*
Arbon (TG)	*Seegarten*
Arnegg (SG)	*Arnegg*
Bad Ragaz (SG)	*Rössli*
Balgach (SG)	*Bad Balgach*
Beinwil am See (AG)	*Seehotel Hallwil*
Bellwald (VS)	*Bellwald*
Bergün (GR)	*Bellaval*
Bern, Oberbottigen (BE)	*Bären*
Bettlach (SO)	*Urs + Viktor*
Bex (VD)	*Le Cèdre*
Blatten b. Naters (VS)	*Blattnerhof*
Bonaduz ((GR)	*Grischunata*
Bosco Gurin (TI)	*Walser*
Breil (GR)	*Alpina*
Bremgarten (AG)	*Sonne*
Brig, Naters (VS)	*Alex*
Bulle (FR)	*Cheval Blanc*
Buriet (SG)	*Schiff*
Charmey (FR)	*L'Etoile*
La Chaux-de-Fonds (NE)	*du 1er Mars*
Coinsins (VD)	*Aub. de la Réunion*
Davos, Sertig Dörfli (GR)	*Walserhuus*
Degersheim (SG)	*Wolfensberg*
Delémont (JU)	*La Tour Rouge*
Disentis Muster (GR)	*Cucagna*
Disentis Muster (GR)	*Montana*
Dürrenroth (BE)	*Kreuz und Bären*
Entlebuch (LU)	*Drei Könige*
Eschikofen (TG)	*Thurtal*
Fiesch/Fiescheralp (VS)	*Eggishorn*
Fiesch, Fieschertal (VS)	*Alpenblick*
Fuldera (GR)	*Staila*
Genève (GE)	*Bel'Espérance*
Genève, Thônex (GE)	*de Villette*
Golino (TI)	*Ca'Vegia*
Grächen (VS)	*Hannigalp*
Grächen (VS)	*Walliserhof*
Guarda (GR)	*Val Tuoi*
Guggisberg (BE)	*Sternen*
Güttingen (TG)	*Seemöwe*
Hildisrieden (LU)	*Zum roten Löwen*
Huttwil (BE)	*Mohren*
Langnau i. Emmental (BE)	*Hirschen*
Le Locle (NE)	*Trois Rois*
Lotzwil (BE)	*Bad Gutenburg*
Madiswil (BE)	*Bären*
Martigny (VS)	*Forclaz Touring*
Martigny, Ravoire (VS)	*Ravoire*
Meiringen (BE)	*Victoria*
Menzberg (LU)	*Menzberg*
Mörigen (BE)	*Seeblick*
Mühledorf (SO)	*Kreuz*
Muri (AG)	*Ochsen*
Müstair (GR)	*Liun*
Neftenbach (ZH)	*Löwen*
Oberbipp (BE)	*Eintracht*
Olivone (TI)	*Arcobaleno*
Onnens (VD)	*Bellevue*
Ovronnaz (VS)	*L'Ardève*
Porrentruy (JU)	*Bellevue*
Poschiavo (GR)	*Suisse*
Regensdorf (ZH)	*Hirschen*
Rorschach, Rorschacherberg (SG)	*Rebstock*
Rougemont (VD)	*Commune*
Santa Maria i. M. (GR)	*Alpina*
Sax (SG)	*Schlössli*
Schmerikon (SG)	*Strandhotel*

Schwarzenburg (BE) *Sonne*
Sedrun (GR) *La Cruna*
Sedrun (GR) *Soliva*
Seengen (AG) *Hallwyl*
Sempach Station (LU) *Sempacherhof*
Sion (VS) *Rhône*
Sion, Granois (VS) *Château de la Soie*
Stans (NW) *Engel*
Suhr (AG) *Zum Kreuz*
Sumiswald (BE) *Bären*
Sumiswald, Lüderenalp (BE) *Lüderenalp*
Thun, Hünibach (BE) *Chartreuse*
Thyon-les-Collons, Les Collons (VS) *La Cambuse*
Triesenberg (FL) *Kulm*
Unterbäch (VS) *Alpenhof*
Vaduz (FL) *Mühle*
Visp/Visperterminen (VS) *Rothorn*
Vissoie (VS) *Anniviers*
Wermatswil (ZH) *Puurehuus*
Widnau (SG) *Metropol*
Wildegg (AG) *Aarhof*
Worb (BE) *Zum Löwen*
Zürich (ZH) *Hirschen*

✻✻✻ *Les étoiles*
✻✻ *Die Sterne*
✻ *Le stelle*
The stars

Repas
Menu
Pasto
45/55

"Bib Gourmand"
Repas soignés à prix modérés
Sorgfältig zubereitete preiswerte Mahlzeiten
Pasti accurati a prezzi contenuti
Good food at moderate prices

ch
Zim
Cam
87/190

"Bib Hôtel"
Bonnes nuits à petits prix
Hier übernachten Sie gut und preiswert
Un buon riposo a prezzi contenuti
Good accommodation at moderate prices

...

L'agrément
Annehmlichkeit
Amenità e tranquillità
Peaceful atmosphere and setting

Carte de voisinage : voir à la ville choisie
Stadt mit Umgebungskarte
Città con carta dei dintorni
Town with a local map

FRANCE
Belfort
N 19
D 419
RHEIN
A 35
Basel
Riehen
Binningen
Bottmingen
Flüh
Bad Schauenburg
Burg im Leimental
Porrentruy
Courgenay
Delémont
18
A 16
A 36
Doubs
Oensingen
Oberbipp
6
Riedholz
Solothurn
A 1
Besançon
Le Noirmont
Sonceboz
Bettlach
A 5
St-Imier
Gerlafingen
N 57
Les Prés-d'Orvin
Mühledorf
D 461
Biel/Bienne
Bätterkinden
Utzenstorf
La Chaux-de-Fonds
Mörigen
Scheunenberg
Monruz
Aarberg
Münchenbuchsee
Le Locle
Neuchâtel
St-Blaise
A 1
Bern
Ulmiz
Liebefeld
Worb
Meyriez
Murten
Oberbottigen
Lac de Neuchâtel
Môtiers
Gerzensee
5
Schwarzenburg
A 6
Aare
Onnens
Fribourg
Bourguillon
Thun
A 1
Hünibach
Guggisberg
Schwefelberg Bad
Pont-la-Ville
A 12
Orbe
Sugnens
11
Charmey
Bulle
Reichenbach
Cossonay
Les Bioux
Sullens
Mézières
La Tour-de-Trême
Schönried
Lausanne
Rougemont
Adelboden
A 9
Château d'Oex
Gstaad
Lenk
A 1
St-Cergue
Montreux
LAC LEMAN
Coinsins
Leukerbad
N 5
Prangins
N 5
A 9
Plans-Mayens
Montana
Crans
Villars-s-O.
Ollon
Sion
Bex
Granois
Anières
Bellevue
Ovronnaz
A 9
Rhône
Vex
Cologny
Peney
Genève
Thyon-Les Collons
La Plaine
Thônex
Les Marécottes
FRANCE
Martigny
Verbier
Ravoire
Chemin
Sézegnin
Lully
Petit Lancy
A 40
Orsières
Chamonix

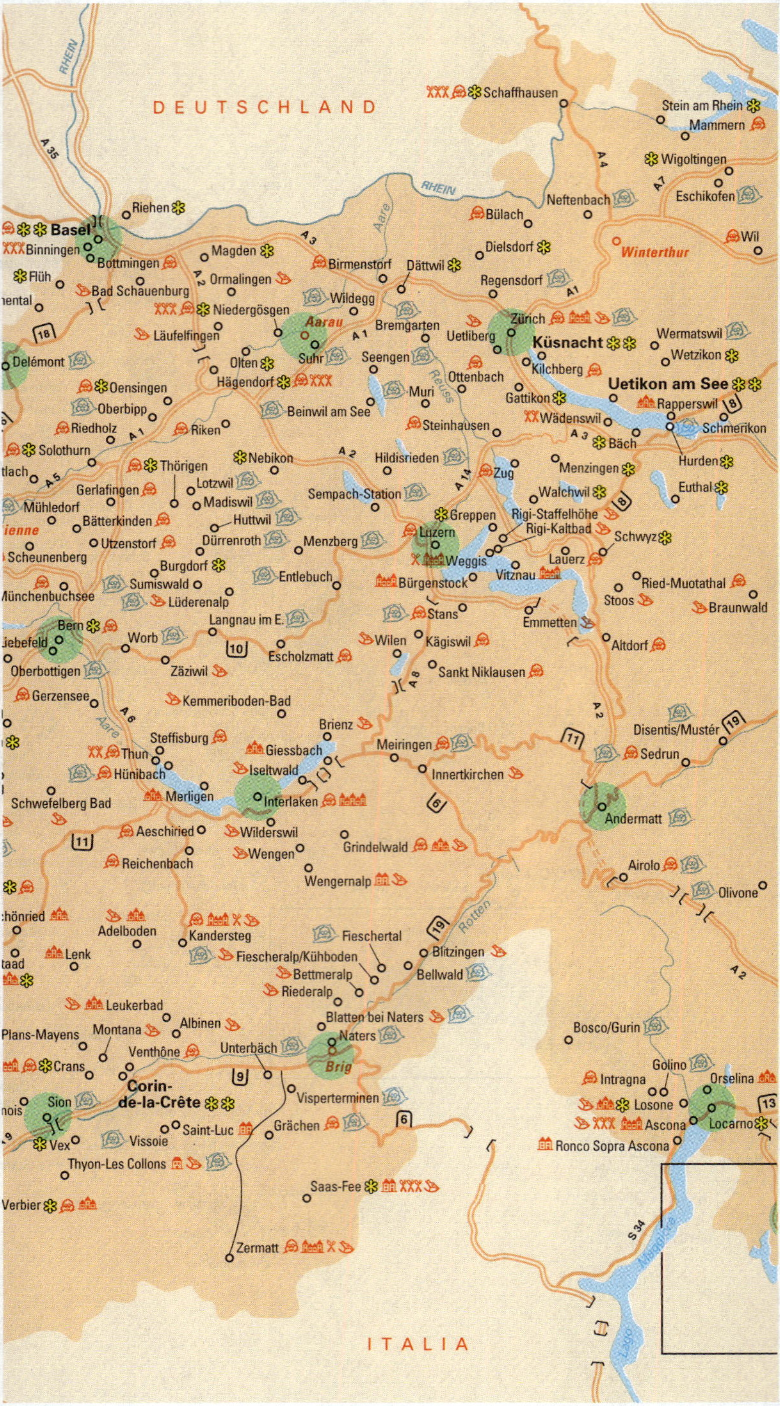

DEUTSCHLAND
ITALIA
RHEIN
Schaffhausen
Stein am Rhein
Mammern
Wigoltingen
Eschikofen
Neftenbach
Bülach
Wil
Winterthur
Dielsdorf
Riehen
Basel
Binningen
Bottmingen
Magden
Birmenstorf
Dättwil
Regensdorf
Flüh
Bad Schauenburg
Ormalingen
Wildegg
Niedergösgen
Aarau
Bremgarten
Zürich
Küsnacht
Wermatswil
Läufelfingen
Uetliberg
Wetzikon
Delémont
Olten
Suhr
Seengen
Kilchberg
Ottenbach
Uetikon am See
Hägendorf
Oensingen
Muri
Gattikon
Rapperswil
Oberbipp
Beinwil am See
Wädenswil
Schmerikon
Riedholz
Riken
Steinhausen
Bäch
Solothurn
Nebikon
Hildisrieden
Hurden
Thörigen
Zug
Menzingen
Lotzwil
Gerlafingen
Sempach-Station
Walchwil
Euthal
Madiswil
Mühledorf
Greppen
Rigi-Staffelhöhe
Bätterkinden
Huttwil
Rigi-Kaltbad
Luzern
Utzenstorf
Dürrenroth
Menzberg
Schwyz
Scheunenberg
Weggis
Lauerz
Burgdorf
Vitznau
Entlebuch
Ried-Muotathal
Sumiswald
Bürgenstock
Stoos
Münchenbuchsee
Lüderenalp
Braunwald
Stans
Emmetten
Bern
Langnau im E.
Worb
Wilen
Kägiswil
Altdorf
Escholzmatt
Oberbottigen
Zäziwil
Sankt Niklausen
Gerzensee
Kemmeriboden-Bad
Brienz
Disentis/Mustér
Steffisburg
Meiringen
Giessbach
Thun
Sedrun
Iseltwald
Innertkirchen
Hünibach
Schwefelberg Bad
Merligen
Interlaken
Andermatt
Aeschiried
Wilderswil
Grindelwald
Wengen
Reichenbach
Airolo
Wengernalp
Olivone
Adelboden
Kandersteg
Fieschertal
Lenk
Fiescheralp/Kühboden
Blitzingen
Bettmeralp
Bellwald
Riederalp
Leukerbad
Blatten bei Naters
Albinen
Bosco/Gurin
Plans-Mayens
Montana
Naters
Venthône
Unterbäch
Brig
Golino
Crans
Intragna
Orselina
Corin-de-la-Crête
Visperterminen
Losone
Sion
Saint-Luc
Grächen
Ascona
Locarno
Vex
Vissoie
Ronco Sopra Ascona
Thyon-Les Collons
Saas-Fee
Verbier
Zermatt
Aare
Reuss
Rotten
Lago Maggiore

DEUTSCHLAND
ÖSTERREICH
FÜRSTENTUM LIECHTENSTEIN
ITALIA
Konstanz
Bodensee
Altnau
Güttingen
Arbon
Bregenz
Lömmenschwil
St. Pelagiberg
Goldach
Buriet
Arnegg
Rorschacherberg
Abtwil
Rehetobel
Sankt Gallen
Balgach
Degersheim
Widnau
Appenzell
Wald b. St. Peterzell
Urnäsch
Sax
Ebnat-Kappel
St. Anton
Vaduz
Weesen
Weite
Triesenberg
Triesen
Netstal
Mels
Samnaun-Ravaisch
Bad Ragaz
Rhein
Klosters
Sent
Chur
Flims-Waldhaus
Laret
Ftan
Guarda
Scuol
Laax
Bonaduz
Tarasp
Arosa
Sagogn
Breil/Brigels
Sertig Dörfli
Müstair
Sporz
Bergün
Fuldera
Zuoz
Santa Maria im M.
La Punt-Chamues-Ch.
Sankt Moritz
Pontresina
Champfèr
Sils Maria
Fex-Crasia
Poschiavo
Soazza
Bellinzona
Lugano
Como
Lago di Como
Lago Maggiore
Taverne
Cadro
Bosco Luganese
Massagno
Magliaso
Sorengo
Caslano
Lago di Lugano
Rovio
Vico
Serpiano
Salorino
Vacallo
A 96-E 43
A 12
A 14
S16
A 1
A 13
A 3
A 2
S 38
S 36
28
27
3

Villes

classées par ordre alphabétique

Les renseignements sont exprimés dans la langue principale parlée sur place.

Städte

in alphabetischer Reihenfolge

Die Informationen sind in der lokalen Sprache angegeben.

Città

in ordine alfabetico

Le informazioni sono indicati nella lingua che si parla in prevalenza sul posto.

Towns

in alphabetical order

Information is given in the local language.

AARAU 5000 K Aargau (AG) 551 N4 – 15 299 Ew. – Höhe 383.

Ausflugsziel : Schloss Hallwil★ über ③ : 18 km.

Entfelden in Oberentfelden, ✉ 5036, ☎ 0627 238 984, Fax 0627 238 436, über ④ : 4 km ; Heidental in Stüsslingen, ✉ 4655 (März - Nov.) ☎ 0622 858 090, Fax 0622 858 091, Süd-West : 9 km über Erlinsbach-Stüsslingen.

Lokale Veranstaltungen

01.07 - 02.07 : "Maienzug", alter Brauch

17.09 : "Bachfischet", alter Brauch und Volksfest.

aarau info Verkehrsbüro, Graben 42, ☎ 0628 247 624, mail@aarauinfo.ch, Fax 0628 247 750.

Rathausgasse 2, ☎ 0628 382 100, Fax 0628 382 109.

Tellistr. 55, ☎ 0628 360 404, Fax 0628 360 405.

Bern 78 ④ – Basel 56 ① – Luzern 47 ④ – Zürich 47 ②

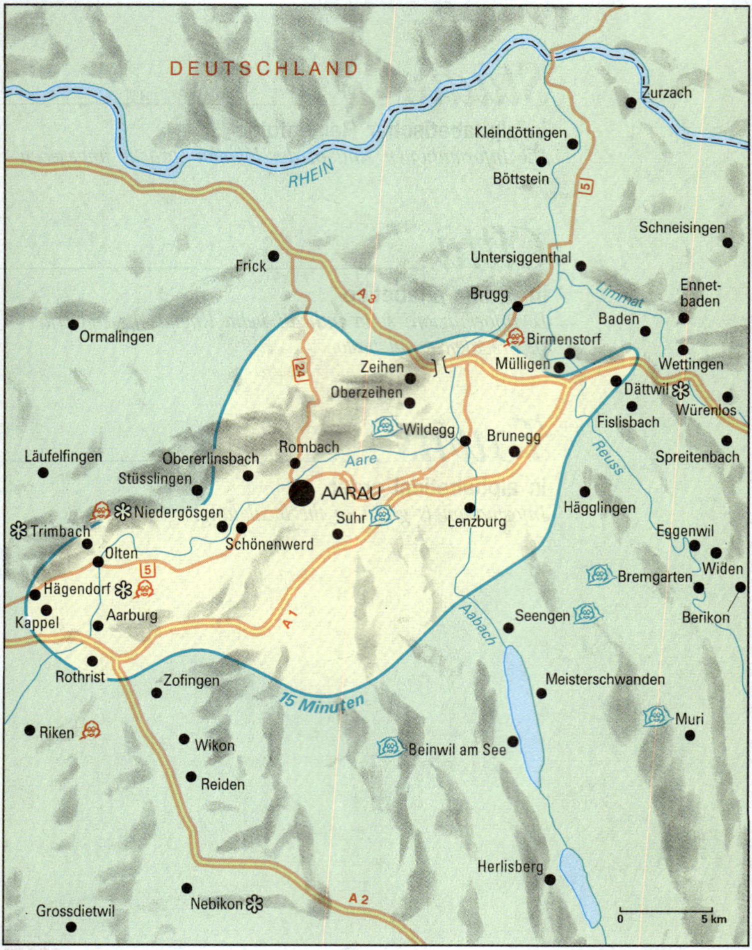

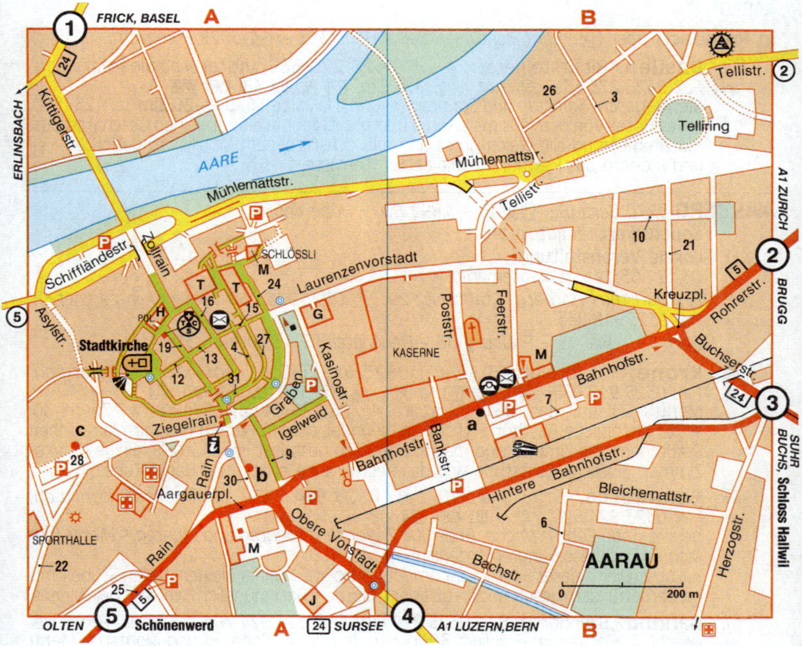

Aumattweg	B	3	Kronengasse	A	13	Schönwerderstr.	A	25
Färbergasse	A	4	Laurenzentorgasse	A	15	Sengelbachweg	B	26
Frey-Herose-Strasse	B	6	Metzgergasse	A	16	Storchengasse	A	27
Güterstrasse	B	7	Rathausgasse	A	19	Viehmarktplatz	A	28
Hintere Vorstadt	A	9	Rössligutstrasse	B	21	Vordere Vorstadt	A	30
Hunzikerstrasse	B	10	Schachenallee	A	22	Zwischen den Toren	A	31
Kirchgasse	A	12	Schlossplatz	A	24			

Aarauerhof, Bahnhofstr. 68, ✆ 0628 378 300, *aarauerhof@bestwestern.ch, Fax 0628 378 400,* – |♿|, ⇆ Zim, ▤ Rest, TV P – 15/45. AE ⓓ ⓜⓒ VISA JCB. ⊘ Rest B a

geschl. 23. Dez. - 4. Jan. – **Menu** 18.50 - 40 (mittags) und à la carte 46/88 – **81 Zim** ☕ 185/275.

◆ In dem Geschäftshotel gegenüber dem Bahnhof bietet man Ihnen gepflegte Zimmer, die in Einrichtung und technischer Ausstattung den Bedürfnissen von heute angepasst sind. Im Hotelrestaurant reicht man eine Karte mit traditionellen Gerichten.

Chez Jeannette, Vordere Vorstadt 17, ✆ 0628 227 788, *info@chez-jeannette.ch, Fax 0628 227 788,* – AE ⓓ ⓜⓒ VISA A b

geschl. Mitte Juli - Anfang Aug. und Sonntag – ***1. Etage* : Menu** 26 - 75 und à la carte 62/116.

◆ Über eine steinerne Wendeltreppe gelangt man in das in zwei Räume geteilte Restaurant, in dem gutbürgerliche Gerichte in traditioneller Art und Weise zubereitet werden.

Mürset, Schachen 18, ✆ 0628 221 372, *restaurant@muerset.ch, Fax 0628 242 988,* – AE ⓓ ⓜⓒ VISA A c

***Alte Stube* : Menu** 32 - 42 (mittags)/90 und à la carte 53/99 – ***Brasserie* : Menu** 19.50 und à la carte 40/81 – ***Weinstube* : Menu** 19.50 - 59 (abends) und à la carte 50/88 🍇.

◆ Die Alte Stube ist ein vollständig in Holz gehaltener, schöner Speiseraum mit origineller, leicht rustikaler Dekoration. Das Angebot ist zeitgemäss. Brasserie in typischer Gestaltung. Bruchsteinmauern und Weinflaschen prägen das Ambiente in der Weinstube.

in Rombach *über ① : 1 km Richtung Basel – Höhe 383 – ✉ 5022 Rombach :*

Basilea, Bibersteinerstr. 4, ✆ 0628 273 636, *hotel@basilea-aarau.ch, Fax 0628 273 539,* – ‖, Zim, ♿. AE MC VISA
Menu *(geschl. Samstag und Sonntag)* 17 und à la carte 36/84 – **26 Zim** 125/210.
◆ Das Hotel, von dem aus man Aarau überblickt, liegt in einem kleinen Geschäftshaus. Die Zimmer sind alle gleich gross und mit lachsfarbenem Mobiliar eingerichtet. Hell und modern das Restaurant mit netter Terrasse.

AARBERG *3270 Bern (BE)* 551 I6 *– 3 892 Ew. – Höhe 449.*

Sehenswert *: Stadtplatz★.*

Lokale Veranstaltung
03.12 - 05.12 : "Chlousemärit".

Tourismus Aarberg, Stadtplatz 29, ✆ 0323 926 060, vva@mein-partner.ch, Fax 0323 919 965.

Bern 19 – Biel 15 – Fribourg 36 – Neuchâtel 35 – Solothurn 31.

Krone, Stadtplatz 29, ✆ 0323 919 966, *info@krone-aarberg.ch, Fax 0323 919 965,* – ‖ TV P – 15/150. AE MC VISA
Menu 17 - 42 (mittags)/85 und à la carte 46/96 – **25 ch** 115/190 – ½ P Zuschl. 30.
◆ Der historische Gasthof a. d. 14. Jh. befindet sich im Herzen des mittelalterlichen Städtchens. Die Zimmer sind meist neuzeitlich gestaltet, im 3. Stock : einige Deluxe-Zimmer. Einfache Gaststube und das Restaurant Fischer- und Jägerstube.

Commerce, Stadtplatz 20, ✆ 0323 924 545, *commerce@kobru.ch, Fax 0323 924 520,* – AE MC VISA.
geschl. Ende Feb. 1 Woche, Ende Juli 2 Wochen, Sonntag und Montag – **Menu** *(nur Menu)* (Tischbestellung erforderlich) 17 - 45/100.
◆ Hübsch liegt dieses Restaurant am Altstadtplatz. In einer kleinen, hellen Stube - mit modernen Bildern geschmückt - offeriert man dem Gast mündlich zwei saisonale Menüs.

Bahnhof, Bahnhofstr. 5, ✆ 0323 924 888, *Fax 0323 924 704,* – P. AE MC VISA
geschl. 2 Wochen im Frühling, 3 Wochen im Herbst, Sonntag und Montag – **Menu** *(nur Menu)* (Tischbestellung erforderlich) 17 - 65/95.
◆ Der heimelige Gastraum wird immer neu dekoriert. Hier schlägt der Chef Gerichte und Menüs vor, die in der Küche mit viel Liebe zubereitet werden. Wechselnde Ausstellungen.

AARBURG *4663 Aargau (AG)* 551 M5 *– 6 204 Ew. – Höhe 412.*

Bern 65 – Aarau 18 – Basel 53 – Luzern 48 – Solothurn 34.

Krone, Bahnhofstr. 52, ✆ 0627 915 252, *info@krone-aarburg.ch, Fax 0627 913 105* – Zim, TV P – 15/80. AE MC VISA
geschl. 8. - 20. Feb., 15. Juli - 6. Aug. – **Menu** *(geschl. Montag)* 17 - 36 (mittags)/73 und à la carte 52/98 – **25 Zim** 150/200 – ½ P Zuschl. 42.
◆ Das Haus liegt gegenüber dem Bahnhof. Drei der Zimmer im Haupthaus sind im Louis XV Stil elegant eingerichtet, die übrigen in einer gehobenen, rustikalen Schweizer Machart. Gediegen eingerichtet zeigt sich das Restaurant.

Bären, Städtchen 16, ✆ 0627 916 840, *Fax 0627 916 821,* – AE MC VISA
geschl. Samstagabend und Sonntag – **Menu** 16 - 39 (mittags)/59 und à la carte 36/87.
◆ Der Eingang in das ortstypische Dorfgasthaus öffnet den Weg zur rustikalen Gaststube und zum Bistro. Dahinter liegt das gehobenere Stübli mit kleinem klassischem Angebot.

L'ABBAYE *Vaud* 552 C9 *– voir à Joux (Vallée de).*

ABTWIL *9030 Sankt Gallen (SG)* 551 O6 *– Höhe 658.*

Bern 196 – Sankt Gallen 6 – Bregenz 45 – Frauenfeld 47 – Konstanz 36.

Säntispark, Wiesenbachstr. 5, ✆ 0713 131 111, *hotel@saentispark.ch, Fax 0713 131 113,* – ‖, Zim, TV ♿ P – 15/80. AE MC VISA. Rest
geschl. 21. - 27. Dez. – ***Gourmet*** **: Menu** 35 (mittags)/78 und à la carte 56/89 – ***Parkrestaurant*** **: Menu** 22 und à la carte 37/74 – **72 Zim** 185/270.
◆ Das Hotel liegt neben dem grössten Freizeitpark der Schweiz. Der Eintritt ist im Arrangement inbegriffen. Identisch geschnittene, helle Zimmer bieten dem Gast viel Platz. Das Gourmet ist im Stil der 80er Jahre eingerichtet. Etwas einfacher : das Parkrestaurant.

Nord : *3 km – ✉ 9030 Abtwil :*

Panoramahotel Säntisblick, Grimm 27, ☎ 0713 132 525, *mail@panorama-saentisblick.ch, Fax 0713 132 526,* ← Säntis und Glarner Alpen, – video P. AE MC VISA JCB
Menu *(geschl. Montag)* 24 - 48/78 und à la carte 43/96 – **14 Zim** 150/250 – ½ P Zuschl. 45.
• Der Landgasthof liegt über dem Dorf in absolut ruhiger Umgebung und bietet einen herrlichen Blick über St. Gallen, den Säntis und die Glarner Alpen. Einfache Zimmer. Restauranträume in Biedermeier und rustikal, Wintergarten mit Panoramasicht.

ADELBODEN *3715 Bern (BE)* 551 J10 – *3 650 Ew. – Höhe 1 356 – Wintersport : 1 353/2 400 m 3 17.*

Sehenswert : *Engstligenfälle★★★ – Lage★★.*

Adelboden Tourismus, Dorfstr. 23, ☎ 0336 738 080, info@adelboden.ch, Fax 0336 738 092.

Bern 70 – Interlaken 49 – Fribourg 104 – Gstaad 81.

Parkhotel Bellevue, ☎ 0336 738 000, *info@parkhotel-bellevue.ch, Fax 0336 738 001,* ← Berge, – P. AE MC VISA.
geschl. Mai – **Menu** 42/74 und à la carte 34/82 – **45 Zim** 205/400, Vorsaison 160/300, 5 Suiten – ½ P Zuschl. 30.
• Ein Hotel mit gepflegter Gartenanlage, ruhig am Wald gelegen. Herrliche Natur, geschmackvoll eingerichtete Zimmer und eine eindrucksvolle Wellnessabteilung erwarten Sie ! Das Restaurant ist im Stil eines klassischen Speisesaals gestaltet.

Ramada-Treff Hotel Regina, Dorfstr. 7, ☎ 0336 738 383, *regina-adelboden@ramada-treff.ch, Fax 0336 738 380,* ←, – Zim, P. AE MC VISA. Rest
14. Dez. - 12. April und 30. Mai - 16. Okt. – ***La Tosca*** – italienische Küche – *(nur Abendessen) (geschl. Dienstag und Mittwoch im Sommer)* **Menu** à la carte 43/75 – **91 Zim** 180/390, Vorsaison 105/260 – ½ P Zuschl. 35.
• Das Hotel wurde 1990 nach einem Brand renoviert und der obere Teil neu aufgebaut. Die mit dunklem Holz funktionell möblierten Zimmer variieren nur in Grösse und Lage. La Tosca gefällt mit südlichem Flair und ebensolcher Küche.

Sporthotel Adler, Dorfstr. 19, ☎ 0336 734 141, *adler.adelboden@bluewin.ch, Fax 0336 734 239,* ←, – P. AE MC VISA. Rest
geschl. 19. April - 3. Juni und 25. Okt. - 4. Nov. – **Menu** *(geschl. Mittwoch von Anfang Nov. - Mitte Dez.)* 17.50 - 45/68 und à la carte 37/85 – **43 Zim** 144/288, Vorsaison 104/212 – ½ P Zuschl. 38.
• Das schöne Chalethotel liegt im Ortszentrum. Seine Zimmereinrichtung ist modern-rustikal, vollständig in Arvenholz gehalten und mit zeitgemässen Accessoires ausgestattet. Im traditionellen Stil zeigt sich das Restaurant.

Beau-Site, Dorfstr. 5, ☎ 0336 732 222, *hotelbeausite@bluewin.ch, Fax 0336 733 333,* ←, – Zim, P. AE MC VISA.
Mitte Dez. - Mitte April und Mitte Juni - Mitte Okt. – **Menu** 22 - 40 und à la carte 47/84 – **38 Zim** 115/280, Vorsaison 80/216 – ½ P Zuschl. 30.
• Die Quartiere des am Dorfrand gelegenen Ferienhotels sind meist mit hellen Holzmöbeln funktionell ausgestattet und alle mit Balkon versehen. Besonders geräumig : die Südzimmer. An den Salon der Reception anschliessend : das unterteilte Restaurant.

Bristol, Obere Dorfstr. 6, ☎ 0336 731 481, *bristol@bluewin.ch, Fax 0336 731 650,* ←, – Zim, video P. AE MC VISA JCB. Rest
geschl. 20. April - 24. Mai und 20. Okt. - 17. Dez. – **Menu** 23 - 38 und à la carte 49/80 – **31 Zim** 145/270, Vorsaison 100/220 – ½ P Zuschl. 36.
• In ruhiger Lage oberhalb der Kirche finden Reisende ein gepflegtes Domizil, dessen Zimmer freundlich im rustikalen Stil möbliert und zeitgemäss ausgestattet sind. Im Sommer ergänzt eine Terrasse zum Garten das neuzeitlich gestaltete Restaurant.

Bären, Dorfstr. 22, ☎ 0336 732 151, *hotel@baeren-adelboden.ch, Fax 0336 732 190,* ←, – AE MC VISA JCB
19. Dez. - 18. April und 11. Juni - 14. Nov. – **Menu** *(geschl. Donnerstag ausser 15. Juli - 10. Aug., 1. - 15. Okt. und 20. Dez. - 15. März)* 22 - 38 und à la carte 36/92 – **14 Zim** 135/290, Vorsaison 75/160 – ½ P Zuschl. 38.
• 1569 wurde der Bären als erster Gasthof Adelbodens erbaut. Heute finden Besucher in den mit hellem Holz eingerichteten Zimmern ein sympathisches Heim auf Zeit. Im Parterre befindet sich die rustikale Gaststube des Hauses.

Waldhaus-Huldi, Dorfstr. 77, ☎ 0336 731 531, *info@waldhaushuldi.ch, Fax 0336 732 843,* < Berge, 🌳, – 🛗 📺 P. AE ◑ MC VISA. ✈ Rest *21. Dez. - 11. April und 30. Mai - 8. Okt.* – **Menu** *(nur ½ Pens. für Hotelgäste)* – **50 Zim** 85/310, Vorsaison 69/250 – ½ P Zuschl. 35.
◆ Die beiden Chalets mit schönem Bergblick liegen am Ende des Dorfes. Im Waldhaus sind die Zimmer mit massiven Eichenmöbeln, im Huldi mit Arve ebenfalls gemütlich eingerichtet.

Alpenblick, Dorfstr. 9, ☎ 0336 732 773, *Fax 0336 732 598,* <, 🌳 – P. AE ◑ MC VISA. ✈
geschl. 15. Juni - 12. Juli, 18. Nov. - 4. Dez., Dienstag im Sommer und Montag – **Menu** 21 - 78 und à la carte 41/95.
◆ Schöner Parkettboden, moderne, stoffbezogene Polsterstühle und gut eingedeckte Tische prägen das Ambiente in diesem Restaurant. Imposant : die Aussicht auf die Umgebung.

ADLIGENSWIL *6043 Luzern (LU)* 551 O7 – *4 944 Ew. – Höhe 540.*

Bern 117 – Luzern 6 – Aarau 53 – Schwyz 33 – Zug 30.

Rössli, Dorfstr. 1, ☎ 0413 701 030, *info@roessli-adligenswil.ch, Fax 0413 706 814,* 🌳 – P. AE MC VISA
geschl. 11. - 26. Feb., 12. - 29. Juli, Mittwochabend und Donnerstag – **Menu** 16.50 - 39 (mittags)/72 und à la carte 39/92.
◆ Das schöne Dorfgasthaus liegt im Ortskern. Durch die rustikale Gaststube erreicht man das gehobene Restaurant im ländlichen Stil mit Cheminée und Sommerterrasse.

ADLISWIL *8134 Zürich (ZH)* 551 P5 – *15 821 Ew. – Höhe 451.*

Bern 130 – Zürich 9 – Aarau 52 – Luzern 51 – Rapperswil 32 – Schwyz 48.

Ibis, Zürichstr. 105, 1 km Richtung Zürich, ☎ 017 118 585, *hotelibis@bluewin.ch, Fax 017 118 586,* 🌳 – ⇔ Zim, ▤ Rest, 📺 ☎ ♿ P. AE ◑ MC VISA
Menu 16.50 und à la carte 36/66 – ☕ 15 – **73 Zim** 119.
◆ Der moderne Flachbau liegt etwas ausserhalb des Ortes in der Nähe der Autobahn Zürich - Chur. Die Zimmer von einheitlicher Grösse sind mit hellem Ibis-Mobiliar eingerichtet.

AESCH *4147 Basel-Landschaft (BL)* 551 K4 – *9 801 Ew. – Höhe 318.*

Bern 102 – Basel 10 – Delémont 28 – Liestal 22.

Gasthof Mühle, Hauptstr. 61, ☎ 0617 561 010, *mail@muehle-aesch.ch, Fax 0617 561 000,* 🌳 – 🛗 📺 ☎ ♿ 🚗 – 🎓 15/80. AE ◑ MC VISA
geschl. 24. - 31. Dez. – **Menu** 18.50 - 35 (mittags) und à la carte 44/92 – **18 Zim** 140/220.
◆ Das moderne Hotel im Zentrum des Ortes bietet seinen Gästen praktische Zimmer, einheitlich mit hellem Holz eingerichtet. Auch für Tagungen stehen die passenden Räume bereit. Bistroähnlich gestaltetes Restaurant - mit Terrasse hinterm Haus.

AESCHI BEI SPIEZ *3703 Bern (BE)* 551 K9 – *1 918 Ew. – Höhe 859.*

Bern 45 – Interlaken 23 – Brienz 42 – Spiez 5 – Thun 15.

Aeschi Park 🐌, Dorfstrasse, ☎ 0336 559 191, *info@aeschipark.ch, Fax 0336 559 192,* < Thunersee und Berge, 🌳, ≘s – 🛗 📺 ☎ 🚗 P. – 🎓 40. AE ◑ MC VISA. ✈ Rest – **Menu** 17 - 29 (mittags)/45 und à la carte 42/83 – **44 Zim** 130/200, 6 Suiten – ½ P Zuschl. 35.
◆ Vom Hotel aus hat man eine wundervolle Aussicht auf den Thunersee und die Berge. Die Zimmer sind in hellem Massivholz möbliert und verfügen meist über einen Balkon. Gepflegtes Restaurant mit schönem Ausblick.

in Aeschiried *Süd-Ost : 3 km – Höhe 1 000 – ✉ 3703 Aeschi bei Spiez :*

Panorama, Scheidmatti, ☎ 0336 542 973, *rindisbacher_d@bluewin.ch, Fax 0336 542 940,* < Berge, 🌳 – P. AE ◑ MC VISA
geschl. 13. - 22. April, 21. Juni - 14. Juli, 25. Okt. - 4. Nov., Montag und Dienstag – ***Gourmet* :** Menu 25 - 57 und à la carte 46/103 – ***Restaurant*** – Pastaspezialitäten – Menu 19 und à la carte 39/84.
◆ Das Haus mit Sommerterrasse liegt auf einem Plateau und bietet schöne Bergsicht. Eine moderne Ausstattung kennzeichnet die Einrichtung des Gourmet-Restaurants. Im Restaurant werden unter anderem hausgemachte Pastagerichte zubereitet.

AESCHIRIED *Bern* **551 K9** – *siehe Aeschi bei Spiez.*

AGARN *3951 Wallis (VS)* **552 K11** – *804 Ew. – Höhe 650.*
Bern 179 – Brig 27 – Aosta 125 – Montreux 95 – Sion 26.

Central, Dorfstrasse, ☎ 0274 731 495, *info@central-wallis.ch, Fax 0274 734 494,* – *Rest*
Menu *19* - 39 und à la carte 33/95 – **15 Zim** 95/150 – ½ P Zuschl. 25.
◆ Das Hotel mit den schönen Holzbalkonen findet man mitten im kleinen Dorf. Die Zimmer von unterschiedlicher Grösse sind einheitlich mit dunklem Eichenholzmobiliar eingerichtet. Im Parterre befindet sich die rustikale Gaststube, dahinter der kleine Speisesaal.

AGARONE *6597 Ticino (TI)* **553 R12** – *alt. 350.*
Bern 257 – Locarno 14 – Bellinzona 11 – Lugano 39.

Grotto Romitaggio, ☎ 0918 591 577, *info@romitaggio.ch, Fax 0918 591 600,* – AE MC VISA
chiuso lunedì e martedì a mezzogiorno, e in alta stagione solo aperto la sera – **Pasto** (prenotare) *18* - 55 ed alla carta 42/73.
◆ Grotto ticinese dall'ambiente ospitale grazie ai tavoli in legno massiccio ed al crepitio del fuoco nel camino. Cucina tradizionale e, in estate, grigliate all'aperto.

AGIEZ *Vaud* **552 D8** – *rattaché à Orbe.*

AGNO *6982 Ticino (TI)* **553 R13** – *3 558 ab. – alt. 274.*
Bern 284 – Lugano 6 – Bellinzona 29 – Locarno 41.

La Perla, via Pestarizo 2, ☎ 0916 111 010, *booking@hotellaperla.ch, Fax 0916 111 020,* , – , cam, – 15/180. AE MC VISA JCB.
Pasto *(chiuso domenica) 18* - 35 (mezzogiorno) ed alla carta 44/116 – **96 cam** 180/275 – ½ P sup. 50.
◆ Accanto all'aeroporto, albergo di tono commerciale e congressuale. Ampie camere luminose, di buon confort. Preferite quelle sul giardino. Ambiente intimo al ristorante, pur vocato all'attività banchettistica ; grande terrazza esterna. Carta tradizionale.

AIGLE *1860 Vaud (VD)* **552 G11** – *7 586 h. – alt. 404.*
18 Montreux, ☎ 0244 664 616, Fax 0244 666 047.
Bern 100 – Montreux 16 – Evian-les-Bains 37 – Lausanne 42 – Martigny 32 – Thonon-les-Bains 47.

Nord, 2 r. Colomb, ☎ 0244 681 055, *info@hoteldunord.ch, Fax 0244 681 056* – . AE MC VISA
Repas *(fermé 1 sem. en déc., 2 sem. en août, vend. soir, sam. et dim.) 16* - 31/48 et à la carte 36/98 – **19 ch** 115/240 – ½ P suppl. 28.
◆ Un café, situé à l'entrée de l'hôtel, tient lieu de réception. Les chambres des étages supérieurs ont vue sur les toits de la ville et les vignes. Plus de quiétude côté cour. Salle à manger vous conviant à un repas traditionnel sans effets de manches.

AIROLO *6780 Ticino (TI)* **553 P10** – *1 726 ab. – alt. 1 142 – Sport invernali : 1 175/2 250 m 2 4 .*
Dintorni : *Strada★★ del passo della Novena Ovest – Strada★ del San Gottardo Nord verso Andermatt e Sud-Est verso Giornico – Museo nazionale del San Gottardo★ – Val Piora★ : Est 10 km.*
Leventina Turismo, via Stazione, ☎ 0918 691 533, info@leventinaturismo.ch, Fax 0918 692 642.
Bern 188 – Andermatt 26 – Bellinzona 60 – Brig 73.

Motta senza rist, via S. Gottardo, ☎ 0918 692 211, *info@hotelmotta.ch, Fax 0918 692 225* – – 20. AE MC VISA
chiuso dal 1º al 26 novembre – **30 cam** 80/170.
◆ Stabile completamente rifatto e integrato al centro commerciale "Motta". Stile tra il rustico ed il moderno che si ripete nelle spaziose camere.

Forni, via Stazione, ☎ 0918 691 270, *info@forni.ch, Fax 0918 691 523*, ← – |‡| TV P – 🏋 15/40. AE ⓓ MC VISA JCB
chiuso dal 3 novembre al 9 dicembre – **Pasto** *(chiuso mercoledì da gennaio ad aprile)* 20 - 32/88 ed alla carta 55/99 – **20 cam** ⊐ 90/180 – ½ P sup. 30.
◆ Ubicato nella parte bassa del paese, di fronte alla stazione, offre camere tutte diverse per dimensioni, arredate con mobili chiari e funzionali. Nella sala da pranzo classica viene proposta una cucina a carattere regionale, rivisitata in chiave moderna.

ALBINEN *Wallis* 552 K11 – *siehe Leukerbad.*

ALDESAGO *Ticino* 553 R13 – *vedere Lugano.*

ALLSCHWIL *4123 Basel-Landschaft (BL)* 551 K3 – *18 207 Ew. – Höhe 287.*
Bern 106 – Basel 6 – Belfort 62 – Delémont 48 – Liestal 26 – Olten 52.

Rössli, Dorfplatz 1, ☎ 0614 869 696, *hotel@roessli-allschwil.ch, Fax 0614 818 545*, 🍽 – TV 📞 P – 🏋 15/80. AE MC VISA
Menu 19 - 45 (mittags)/80 und à la carte 56/98 – **23 Zim** ⊐ 180/220.
◆ Das Haus steht im Zentrum eines Vorortes von Basel nicht weit von Wäldern und Weihern. Es warten zweckmässige Zimmer mit funktionellem Holzmobiliar auf den Gast. Hell eingerichtetes Restaurant mit Sommerterrasse zur Strasse.

Mühle, Mühlebachweg 41, ☎ 0614 813 370, *muehle_allschwil@hotmail.com, Fax 0614 838 395*, 🍽 – AE ⓓ MC VISA
geschl. 22. - 29. Feb. und 25. Juli - 8. Aug., Sonntag und Montag – **Menu** 20 - 54 (mittags)/108 und à la carte 54/119.
◆ Das Fachwerkhaus mit der historischen Hostienmühle a. d. 17. Jh. hat sich seine urtümliche Gemütlichkeit bewahrt. Müllerstube und Buurestube verbreiten rustikale Atmosphäre.

ALPNACH *6055 Obwalden (OW)* 551 O7 – *4 959 Ew. – Höhe 452.*
Bern 97 – Luzern 14 – Altdorf 38 – Brienz 40.

Küchler, Brünigstr. 25, ☎ 0416 701 712, *casagrande@restaurantkuechler.ch, Fax 0416 701 713*, 🍽 – P. MC VISA
geschl. Jan. 1 Woche, Juli 3 Wochen, Sonntagabend und Montag – **Menu** 17.50 und à la carte 45/96.
◆ An den kleinen, in Holz gehaltenen Gaststubenbereich schliesst der rustikale à la carte-Teil mit geschnitzten Stühlen und massiven Holztischen an. Walliser Spezialitäten.

ALTDORF *6460* K *Uri (UR)* 553 Q8 – *8 623 Ew. – Höhe 447.*

Sehenswert : *Telldenkmal und Museum.*

Lokale Veranstaltung
14.08 - 16.10 : Tellspiele (200 Jahre Wilhelm Tell von F. Schiller).

Tourist Info Uri, Schützengasse 11, ☎ 0418 720 450, mail@i-uri.ch, Fax 0418 720 451.

Bahnhofstr. 1, ☎ 0418 704 741, Fax 0418 707 393.

Bern 152 – Luzern 42 – Andermatt 34 – Chur 133 – Interlaken 92 – Zürich 74.

Höfli, Hellgasse 20, ☎ 0418 750 275, *info@hotel-hoefli.ch, Fax 0418 750 295*, 🍽 – |‡|, ⊁ Zim, TV 📞 ♿ P – 🏋 15/50. MC VISA
Menu *(geschl. 26. Feb. - 14. März, Dienstag und Mittwoch jeweils mittags)* 21 - 55 und à la carte 40/82 – **32 Zim** ⊐ 90/180 – ½ P Zuschl. 35.
◆ Das gut geführte Hotel bietet seinen Gästen Zimmer verschiedener Kategorien - von schlicht-rustikal im Haupthaus bis modern-komfortabel im neueren Gästehaus. Der gastronomische Bereich teilt sich in ein bürgerliches Restaurant und eine Pizzeria.

Goldener Schlüssel mit Zim, Schützengasse 9, ☎ 0418 712 002, *info@hotelschluessel.ch, Fax 0418 701 167* – |‡| TV P MC VISA
geschl. 20. Dez. - 4. Jan. – **Menu** *(geschl. Sonntag und Montag)* 18.50 - 48 (mittags)/87 und à la carte 50/97 – **21 Zim** ⊐ 140/210 – ½ P Zuschl. 38.
◆ Parkett, Holzmobiliar, Kachelofen und Bilder geben dem Restaurant im 1. Stock des a. d. 18. Jh. stammenden Hauses einen rustikal-eleganten Touch. Gepflegte, praktische Zimmer.

Lehnhof, Lehnplatz 18, ✆ 0418 701 229, *info@lehnhof.ch, Fax 0418 711 810,* – AE MC VISA
geschl. Jan. 2 Wochen, Sonntag und Montag – ***Primero*** (1. Etage) **Menu** 32 (mittags)/78 – ***Bistro* : Menu** *17.50* - 28 (mittags) und à la carte 45/93.
◆ Im ersten Stock des Lehnhofs befindet sich das helle, leicht elegant wirkende Primero - eine mit Büchern bestückte Schrankwand ziert den Raum. Im Bistro : blanke, mit Sets eingedeckte Tische und neuzeitliches Dekor.

ALTENDORF *8852 Schwyz (SZ)* 551 R6 – *4 372 Ew. – Höhe 412.*

Bern 164 – Zürich 39 – Glarus 35 – Rapperswil 7 – Schwyz 34.

Hecht mit Zim, Seestattstr. 23, ✆ 0554 510 100, *info@seehotel-hecht.ch, Fax 0554 510 101,* < Zürichsee, , – TV P. AE MC VISA. Zim
geschl. Samstagabend und Sonntag von Okt. bis März – **Menu** *32* - 90 (abends) und à la carte 59/117 – **8 Zim** 130/190.
◆ Das Riegelhaus liegt direkt am See. Vom Flur aus gelangt man in das renovierte Restaurant mit Panoramafenstern, die einen schönen Blick über den Zürichsee gestatten.

Steinegg, Steineggstr. 52, ✆ 0554 421 318, *Fax 0554 421 318,* – P. MC VISA
geschl. 29. Dez. - 6. Jan., 17. Mai - 2. Juni, 27. Sept. - 12. Okt., Montag und Dienstag – **Menu** *34* - 52 (mittags)/85 und à la carte 59/116.
◆ Im ehemaligen Bauernhaus aus dem 18. Jh. speisen Sie in den mit Liebe eingerichteten Stuben mit ihren typischen, niedrigen Decken. Ländliches, modern ausgelegtes Angebot.

ALTNAU *8595 Thurgau (TG)* 551 T3 – *1 810 Ew. – Höhe 409.*

Bern 204 – Sankt Gallen 31 – Arbon 18 – Bregenz 49 – Frauenfeld 37 – Konstanz 12 – Winterthur 54.

Urs Wilhelm's Restaurant mit Zim, im Schäfli (neben der Kirche), ✆ 0716 951 847, *Fax 0716 953 105,* – P. AE MC VISA
geschl. 26. Jan. - 13. Feb., Dienstag und Mittwoch – **Menu** (abends Tischbestellung ratsam) *38* - 59 (mittags)/135 und à la carte 67/151 – **4 Zim** 170/280.
◆ In dem gemütlichen, mit vielen Bildern dekorierten Lokal herrscht eine heimelige Atmosphäre. Raffiniert bereitet Ihnen der Chef feine, klassisch inspirierte Speisen zu. **Spez.** Urs Wilhelm's besonderer Salat mit vielen Kräutern und Kalbsmilken (März - Nov.). Garnelenschwänze an rassiger Currysauce. Französische Hausente nach Grossmutterart gebraten. **Weine** Iselisberger, Diessenhofener

ALT SANKT JOHANN *9656 Sankt Gallen (SG)* 551 U6 – *1 473 Ew. – Höhe 894 – Wintersport : 900/1 730 m* 4 .

Lokale Veranstaltung
20.05 - 30.05 : internationales Musikfestival der Naturstimmen.

Tourist-Info, Hauptstr. 413, ✆ 0719 991 888, altstjohann@toggenburg.org, Fax 0719 991 833.

Bern 215 – Sankt Gallen 53 – Bregenz 57 – Chur 63 – Zürich 83.

Schweizerhof, Dorf, ✆ 0719 991 121, *info@hotelschweizerhof.ch, Fax 0719 999 028,* , – P – 40. MC VISA
21. Dez. - 14. April und 11. Mai - 24. Okt. – **Menu** *28* und à la carte 48/89 – **25 Zim** 85/170 – ½ P Zuschl. 25.
◆ Das Haus abseits der Durchgangsstrasse verfügt im Hauptgebäude über Zimmer mit einfachem Holzmobiliar. In der Dépendance sind die Räume etwas anspruchsvoller und geräumiger. Im vorderen Teil der Stube wird nicht eingedeckt, hinten lockt ein schönes Couvert.

Rössli, ✆ 0719 992 460, *hotel@roessli-toggenburg.ch, Fax 0719 992 240,* – P. AE MC VISA. Zim
geschl. 6. - 17. Dez., 21. Juni - 11. Juli und Mittwoch – **Menu** *22* und à la carte 39/94 – **16 Zim** 80/180, Vorsaison 70/150 – ½ P Zuschl. 30.
◆ Von aussen ist das Hotel mit Schindeln verkleidet. Im Inneren bietet man seinen Gästen zum Teil mit Holz getäferte, saubere und mit Standardmobiliar eingerichtete Zimmer. Die Restauration ist in verschiedene Bereiche unterteilt, im Sommer mit Gartenterrasse.

Hirschen, ✆ 0719 991 271, Fax 0719 993 834, – P. AE D MC VISA
geschl. 19. Mai - 9. Juni, 17. Nov. - 8. Dez., Montag und Dienstag in der Zwischensaison – **Menu** 17.50 und à la carte 33/64 – **11 Zim** 65/150 – ½ P Zuschl. 20.
◆ Fünf der Zimmer des familiär geführten Hauses im Zentrum des Toggenburger Ortes sind mit bemalten Bauernmöbeln nett und wohnlich eingerichtet, die übrigen recht einfach. Der Gastraum ist mit viel Holz gestaltet, das Buurestübli hat eine schöne Holzdecke.

ALTSTÄTTEN *9450 Sankt Gallen (SG)* 551 V5 – *10 264 Ew. – Höhe 430.*

Tourismusbüro, Bahnhof AB Stadt, ✆ 0717 500 023, sg-rheintal@bluewin.ch, Fax 0717 500 024.

Bern 234 – Sankt Gallen 25 – Bregenz 26 – Feldkirch 20 – Konstanz 61.

Frauenhof, Marktgasse 56, ✆ 0717 551 637, *frauenhof@bluewin.ch, Fax 0717 551 737,* – AE MC VISA
geschl. 28. Dez. - 6. Jan., 11. Juli - 3. Aug., Sonntag und Montag – **Menu** (1. Etage) *(nur Abendessen)* 65 und à la carte 59/96 – ***Frauenhof-Stube*** : **Menu** 18 - 25/50 und à la carte 37/78.
◆ In der ersten Etage des Steinhauses aus dem Jahre 1450 liegt das gediegen holzvertäferte Restaurant. Die klassischen Speisen sind dem heutigen Trend angepasst. Die Frauenhof-Stube ist eine rustikale Alternative.

AMDEN *8873 Sankt Gallen (SG)* 551 T6 – *1 566 Ew. – Höhe 908 – Wintersport : 950/1 650 m* 7 .

Tourismus Amden-Weesen, Dorfstr. 22, ✆ 0556 111 413, tourismus@amden.ch, Fax 0556 111 706.

Bern 192 – Sankt Gallen 66 – Chur 69 – Feldkirch 70 – Luzern 93 – Zürich 67.

in Arvenbüel *Ost : 3 km – Höhe 1 259 – ✉ 8873 Amden :*

Arvenbüel , Arvenbüelstr. 47, ✆ 0556 116 010, *info@arvenbuel.ch, Fax 0556 112 101,* , , – TV . AE D MC VISA. Zim
geschl. 29. März - 30. April, 15. Nov. - 22. Dez. und Montag – **Menu** 27 - 38 und à la carte 32/71 – **21 Zim** 105/220 – ½ P Zuschl. 38.
◆ Das Haus liegt idyllisch am Rand des Bergdorfes im Grünen. Die Zimmer sind mit dunklem Eichenmobiliar bestückt und unterscheiden sich in Lage und Grösse. Meist mit Balkon. Das Ausflugsrestaurant bietet von seiner Terrasse einen schönen Blick auf die Berge.

ANDERMATT *6490 Uri (UR)* 551 P9 – *1 338 Ew. – Höhe 1 438 – Wintersport : 1 444/3 000 m* 2 7 .

Sehenswert : *Lage*★.

Ausflugsziel : *Göscheneralpsee*★★ *Nord : 15 km – Schöllenen*★★ *Nord : 3 km.*

Andermatt - Sedrun, Information ✆ 0418 887 511.

Verkehrsbüro, Gotthardstr.2, ✆ 0418 871 454, info@andermatt.ch, Fax 0418 870 185.

Bern 173 – Altdorf 24 – Bellinzona 84 – Chur 89 – Interlaken 91.

Stadtplan siehe gegenüberliegende Seite

3 Könige & Post, Gotthardstr. 69, ✆ 0418 870 001, *hotel@3koenige.ch, Fax 0418 871 666,* , – TV P. AE D MC VISA JCB. Rest
20. Dez. - 13. April und 28. Mai - 24. Okt. – **Menu** 18.50 und à la carte 35/92 – **21 Zim** 115/230, Vorsaison 95/190 – ½ P Zuschl. 40.
◆ Das Haus liegt mitten im Dorf an der historischen Reussbrücke, dem ehemaligen Knotenpunkt für Postkutschen bei Alpenüberquerungen. Zimmer mit rustikalem Mobiliar. Einfacher Gastraum und komfortable Stube.

Monopol-Metropol, Gotthardstr. 43, ✆ 0418 871 575, *hotel-monopol@bluewin.ch, Fax 0418 871 923,* , – TV P. AE D MC VISA
20. Dez. - 11. April und 8. Mai - 10. Okt. – **Menu** 19.50 - 49 (abends) und à la carte 46/89 – **33 Zim** 105/230, Vorsaison 85/190, 4 Suiten – ½ P Zuschl. 40.
◆ Gepflegtes Mobiliar prägt den Charakter der Zimmer dieses Hauses. Zum Teil wurden die Räume mit Sitzgruppen ausgestattet. Auch Maisonnette-Suiten stehen zur Verfügung. Die unterteilte Restauration für Hotelgäste und Passanten hat klassischen Charakter.

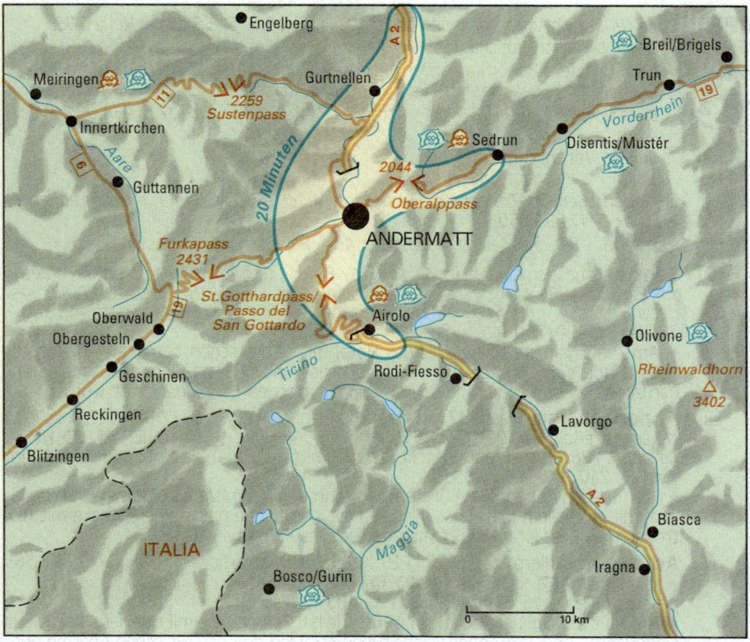

Sonne, Gotthardstr. 76, ✆ 0418 871 226, *sonne.andermatt@bluewin.ch, Fax 0418 870 626,* – *20. Dez. - 17. April und 21. Mai - 31. Okt.* – **Menu** 17.50 und à la carte 33/62 – **20 Zim** 105/190 – ½ P Zuschl. 35.

◆ Das alte Holzhaus mit schöner Fassade liegt an der Durchgangsstrasse im Ortskern. Die Zimmer von ordentlicher Grösse sind mit Naturholz rustikal und wohnlich ausgestattet. Zwei ländlich gestaltete Stuben erwarten die hungrigen Gäste.

Kronen, Gotthardstr. 64, ✆ 0418 870 088, *info@kronenhotel.ch, Fax 0418 871 838,* – 35. *geschl. 11. April - 1. Mai und 20. Okt. - 15. Nov.* – ***Tre Passi* : Menu** 17.50 - 59 und à la carte 34/79 – **43 Zim** 95/220 – ½ P Zuschl. 35.

◆ Hinter der Fassade mit den Holzfensterläden stehen praktisch ausgestattete Gästezimmer mit unterschiedlichem Mobilar zum Einzug bereit - eine saubere und gepflegte Unterkunft. Holz, warme Farben und mit Sets eingedeckte Tische prägen den Stil des Tre Passi.

ANIÈRES *1247 Genève (GE)* 552 B11 – *2 065 h. – alt. 410.*

Bern 168 – Genève 12 – Annecy 55 – Thonon-les-Bains 25.

Auberge de Floris (Legras), 287 rte d'Hermance, ✆ 0227 512 020, *contact@auberge-de-floris.com, Fax 0227 512 250,* ≤ lac, – *fermé 24 déc. au 4 janv., 11 au 19 avril, 31 oct. au 16 nov., dim. et lundi* – **Repas** 62 (midi)/135 et à la carte 101/162 – **Repas** (voir aussi ***Le Bistrot*** ci-après).

◆ Élégante table au goût du jour procurant vue splendide sur le lac. Salle à manger panoramique garnie de meubles de style. Confortable restaurant d'été perché tel un belvédère.

Spéc. Bouillabaisse à la façon du chef (oct. à mai). Le pressé de poissons du Lac Léman et sa vinaigrette tiède aux écrevisses. Les langoustines de la Mer d'Irlande. **Vins** Anières

Le Bistrot - ***Auberge de Floris***, 287 rte d'Hermance, ✆ 0227 512 020, *contact@auberge-de-floris.com, Fax 0227 512 250,* – *fermé 24 déc. au 4 janv., 11 au 19 avril, 31 oct. au 16 nov., dim. et lundi* – **Repas** (prévenir) 18 - 45 et à la carte 58/98.

◆ Une belle carte de préparations actuelles s'emploie à calmer votre faim au bistrot de l'Auberge de Floris. D'intéressantes quinzaines à thème jalonnent l'année.

APPENZELL 9050 K Appenzell Innerrhoden (AI) 551 U5 – 5 535 Ew. – Höhe 789.

Sehenswert : *Hauptgasse★.*

Ausflugsziel : *Hoher Kasten★★ : Panorama★★ Süd-Ost : 7 km und Luftseilbahn – Ebenalp★★ : Seealpsee★★ Süd : 7 km und Luftseilbahn.*

in Gonten, ✉ 9108 (April - Okt.) ✆ 0717 954 060, Fax 0717 954 061, West : 4 km.

Lokale Veranstaltung

25.04 : Landsgemeinde.

Appenzellerland Tourismus, Hauptgasse 4, ✆ 0717 889 641, info.ai@appenzell .ch, Fax 0717 889 650.

Bern 218 – Sankt Gallen 20 – Bregenz 41 – Feldkirch 35 – Konstanz 57.

Säntis, Landsgemeindeplatz 3, ✆ 0717 881 111, *romantikhotelsaentis@bluewin .ch, Fax 0717 881 110,* – Zim, – 15/25. AE VISA JCB
geschl. 12. Jan. - 10. Feb. – **Menu** (1. Etage) 26 - 62/110 und à la carte 49/108 – **37 Zim** 120/260 – ½ P Zuschl. 40.
◆ Am Landsgemeindeplatz fällt das Hotel mit seiner schön bemalten Appenzeller Holzfassade auf. Geboten werden : moderne Junior Suiten, Romantik- oder Standardzimmer. Das Restaurant ist im regionaltypischen Stil eingerichtet worden.

Appenzell, Hauptgasse 37, am Landsgemeindeplatz, ✆ 0717 881 515, *info@ho tel-appenzell.ch, Fax 0717 881 551,* – Zim, AE VISA
geschl. 4. - 26. Nov. – **Menu** *(geschl. Dienstagmittag)* 24 und à la carte 34/68 – **16 Zim** 125/210 – ½ P Zuschl. 30.
◆ Das Hotel im Appenzeller Stil steht am zentralen Dorfplatz. Die Zimmer sind geräumig, mit rustikalem Massivholz eingerichtet und haben meist eine Sitzecke mit Bistrotisch. Im Restaurant spürt man gediegenes Kaffeehausflair.

Adler garni, Adlerplatz, ✆ 0717 871 389, *info@adlerhotel.ch, Fax 0717 871 365* – Zim, AE VISA
geschl. 9. Feb. - 15. März – **21 Zim** 105/190.
◆ Das Haus mit eigener Bäckerei/Konfisserie hat Zimmer, die mit dunklem Massivholz eingerichtet sind. Die Appenzeller Stuben strahlen den ortstypischen Charme aus.

Rössli, Postplatz, ✆ 0717 871 256, *Fax 0717 871 256,* – AE VISA
geschl. Mitte Jan. - Mitte Feb., Montag und Dienstag – **Menu** 27 (mittags)/79 und à la carte 46/93.
◆ Die "Beiz", wo das ortsansässige Urgestein neben dem Touristen "jasst" (Karten spielt) ! Hinter der Gaststube schliesst der à la carte Teil mit kleinem regionalen Angebot an.

in Schlatt b. Appenzell *Nord : 5 km – Höhe 921 – ✉ 9050 Appenzell :*

Bären mit Zim, ✆ 0717 871 413, *info@baeren-schlatt.ch, Fax 0717 874 933,* ← Alpsteinmassiv, – VISA. Zim
geschl. 9. - 25. Feb., 5. - 21. Juli, Dienstag und Mittwoch – **Menu** 52 und à la carte 40/73 – **4 Zim** 90/160 – ½ P Zuschl. 35.
◆ Der Landgasthof liegt am Dorfrand in der Hügellandschaft. Von der Terrasse aus hat man einen Blick auf das Alpsteinmassiv. In zwei Stuben offeriert man ein typisches Angebot.

in Weissbad *Süd-Ost : 4 km – Höhe 820 – ✉ 9057 Weissbad :*

Hof Weissbad , ✆ 0717 988 080, *hotel@hofweissbad.ch, Fax 0717 988 090,* ←, – Zim, – 25. AE VISA. Rest
geschl. 18. März - 18. April – ***Schotte-Sepp Stube*** (Tischbestellung ratsam) **Menu** 34 - 50 und à la carte 55/95 – **86 Zim** 220/400 – ½ P Zuschl. 40.
◆ Das Gesundheitshotel ruht am Fusse des Alpsteingebirges in einem idyllischen Dorf. Mit farbigem Mobiliar eingerichtete Zimmer unterstreichen den Charakter des modernen Hauses. Zum Speisen steht die rustikal-elegante Schotte-Sepp Stube bereit.

Süd-West : *4 km – ✉ 9050 Appenzell :*

Kaubad , ✆ 0717 874 844, *info@kaubad.ch, Fax 0717 871 553,* ←, – – 20. AE VISA JCB
geschl. 27. Nov. - 27. Dez., Montag ausser Hochsaison und auch Dienstag in Jan., Feb. und Nov. – **Menu** 25 - 38 und à la carte 38/68 – **18 Zim** 85/150 – ½ P Zuschl. 35.
◆ Abseits von Verkehr und Lärm stösst man inmitten von Wiesen auf das Hotel mit schönem Ausblick. Ruhige Zimmer mit dunklem Mobiliar und Sitzecke. Das Hotelrestaurant besticht mit schöner Aussicht. Terrasse.

APPLES *1143 Vaud (VD)* 552 D9 – *1 131 h. – alt. 642.*

Bern 128 – Lausanne 24 – Genève 50 – Pontarlier 64 – Yverdon-les-Bains 48.

XXX **Auberge de la Couronne** avec ch, ☏ 0218 003 167, *info@couronne-apples.ch, Fax 0218 005 328,* – AE MC VISA
fermé 24 déc. au 5 janv., 24 juil. au 17 août, dim. et lundi – **Repas** 45 (midi)/160 et à la carte 116/162 – ***Café :*** **Repas** 18 - 45/60 et à la carte 51/85 – **5 ch** 100/200.

◆ Le patron a converti l'ex-maison communale en plaisante auberge. Salles contemporaines, assorties au tempérament de la goûteuse cuisine. Chambres au diapason. Dans la partie ancienne du bâtiment, café misant sur un choix de spécialités suisses à prix sages.

ARAN *1603 Vaud (VD)* 552 E10 – *alt. 468.*

Bern 98 – Lausanne 5 – Montreux 18 – Yverdon-les-Bains 42.

XX **Le Guillaume Tell** (Velen), 5 rte de la Petite Corniche, ☏ 0217 991 184, *guillaume.tell@bluewin.ch, Fax 0217 993 498,* – AE MC VISA
fermé 1er au 17 janv., 27 juil. au 17 août, dim. et lundi – **Repas** (prévenir) 37 - 62 (midi)/115 et à la carte 78/120.

◆ Pimpante maison rose à dénicher au coeur d'un petit village de vignerons. Cuisine innovante servie dans une salle à manger simple et coquette.

Spéc. Dos de lotte rôti au caviar d'aubergine sur purée d'ail des ours (printemps). Coeur de caille en choux de blette et foie gras (automne). Fondant chocolat chaud coulant et glace lavande sur ses coulis. **Vins** Villette

ARBON *9320 Thurgau (TG)* 551 V4 – *13 144 Ew. – Höhe 399.*

Verkehrsverein, Schmiedgasse 6, ☏ 0714 401 380, infoarbon@bluewin.ch, Fax 0714 401 381.

Bern 212 – Sankt Gallen 14 – Bregenz 32 – Frauenfeld 45 – Konstanz 27.

Metropol, Bahnhofstr. 49, ☏ 0714 478 282, *hotel@metropol-arbon.ch, Fax 0714 478 280,* < Bodensee, , , , , , – , Zim, – 15/60. AE MC VISA
geschl. Dez. - Jan. 3 Wochen – ***Gourmet :*** **Menu** 32 und à la carte 51/98 – ***Bistro :*** **Menu** 23 und à la carte 34/86 – **42 Zim** 160/260 – ½ P Zuschl. 35.

◆ Das Haus liegt in der Arboner Bucht direkt am Ufer. Die mit dunklen Möbeln funktionell eingerichteten Zimmer auf der Seeseite bieten eine sehr schöne Aussicht. Restaurant mit edlem Ambiente und schönem Blick zum See.

Seegarten , Seestr. 66, ☏ 0714 475 757, *info@hotelseegarten.ch, Fax 0714 475 758,* , , – – 15/60. AE MC VISA
geschl. 20. Dez. - 4. Jan. – **Menu** 17.50 - 60 (abends) und à la carte 43/84 – **42 Zim** 125/195 – ½ P Zuschl. 35.

◆ Das Haus liegt ruhig, etwas ausserhalb des Ortes, umgeben von Wiesen und Bäumen. Die zweckmässigen Zimmer sind einheitlich mit braunem Standardholzmobiliar eingerichtet. Das Restaurant zeigt sich freundlich und modern.

XX **Frohsinn** (Surbeck) mit Zim, Romanshornerstr. 15, ☏ 0714 478 484, *frohsinn@tele-net.ch, Fax 0714 464 142,* – AE MC VISA
geschl. (ausser Hotel und Braukeller) 21. - 30. Dez., 26. Jan. - 8. Feb., 12. Juli - 8. Aug., Sonntag und Montag – ***Rest. Martin Surbeck*** *(nur Menu)* **Menu** 61/130 – ***Bistro :*** **Menu** 28 und à la carte 53/92 – ***Braukeller :*** **Menu** 14.50 und à la carte 41/86 – **12 Zim** 115/175.

◆ In gemütlichem Rahmen mit Komfort geniessen Sie erlesene Lustbarkeiten, die in einer kreativen Cuisine du marché geradezu komponiert werden - dazu ein guter Wein. Eine legere Alternative : das Bistro.

Spez. Eglifilets auf der Kartoffelseite gebraten mit Rosmarinbutter. Pochierte Scampi mit frischen Mandeln und Sommerzwiebeln. Kalbsfleisch-Lasagne. **Weine** Thaler

XX **Römerhof** mit Zim, Freiheitsgasse 3, ☏ 0714 473 030, *info@gasthausroemerhof.ch, Fax 0714 473 031,* – AE MC VISA
geschl. 25. Jan. - 4. Feb., 25. Juli - 8. Aug. und 3. - 18. Okt. – **Menu** *(geschl. Sonntag und Montag)* 35 - 75 und à la carte 63/107 – **10 Zim** 130/180.

◆ Das restaurierte Riegelhaus aus dem 16. Jh. mit moderner Einrichtung war früher Teil der Stadtmauer. Nun finden Sie die Terrasse dort. Moderne Speisen in nettem Ambiente.

ARDON *1957 Valais (VS) 552 H12 – 2315 h. – alt. 488.*
Bern 160 – Martigny 21 – Montreux 59 – Sion 9.

Relais du Petit Bourg, 31 route du Simplon, ✆ 0273 068 600, *bourgeoisl@netplus.ch, Fax 0273 068 601,* – – 15/60. AE MC VISA. rest
Repas 15 - 50 (midi)/90 et à la carte 68/94 – **33 ch** 70/130 – ½ P suppl. 20.
• Cet hôtel oeuvrant sur la traversée du bourg fournit un hébergement très convenable aux voyageurs ne souhaitant pas trop bourse délier avant de lever le camp. Restaurant complété d'une pizzeria où l'addition ne vous fâchera pas non plus avec votre banquier !

Coq en Pâte, 291 rte Cantonale, ✉ 1963 Vetroz, ✆ 0273 462 233, *Fax 0273 462 122,* – P. MC VISA
fermé 21 déc. au 6 janv., dim., lundi et fériés – **Repas** 15 - 55 et à la carte 41/82.
• Aux portes d'Ardon, restaurant où l'on se sent en effet un peu comme un "coq en pâte", tant l'accueil et le service sont avenants. Engageante carte traditionnelle.

ARVENBÜEL *Sankt Gallen 551 T6 – siehe Amden.*

ARLESHEIM *4144 Basel-Landschaft (BL) 551 K4 – 8605 Ew. – Höhe 330.*
Sehenswert : *Stiftskirche★.*
Bern 103 – Basel 7 – Baden 68 – Liestal 23 – Olten 49 – Solothurn 72.

Zum Ochsen, Ermitagestr. 16, ✆ 0617 065 200, *gasthof@ochsen.ch, Fax 0617 065 254* – , Zim, – 15/40. AE MC VISA
Menu *(geschl. 11. Juli - 8. Aug.)* 25 - 54 (mittags)/98 und à la carte 58/124 – **35 Zim** 144/255 – ½ P Zuschl. 45.
• Das moderne Gasthaus liegt an einem ruhigen Platz im Zentrum des Dorfes. Die Zimmer unterschiedlicher Grösse sind alle mit hellen, massiven Einbaumöbeln ausgestattet. Das Restaurant wirkt rustikal mit heimischem Ulmentäfer und Holzdecke.

ARNEGG *9212 Sankt-Gallen (SG) 551 U4 – Höhe 621.*
Bern 196 – Sankt Gallen 16 – Bregenz 54 – Frauenfeld 37 – Konstanz 30.

Arnegg garni, Bischofszellerstr. 332, ✆ 0713 887 676, *info@hotel-arnegg.ch, Fax 0713 887 677* – P. AE MC VISA
14 Zim 105/170.
• Ein Wohnhaus beherbergt die in der Grösse unterschiedlichen Zimmer, die mit hellem Einbaumobiliar funktionell eingerichtet sind. Eine zeitgemässe und preiswerte Unterkunft.

Ilge, Bischofszellerstr. 336, ✆ 0713 885 900, *info@ilge.ch, Fax 0713 885 951,* – P. AE MC VISA
Menu 88 und à la carte 57/126.
• Ein schönes Schindelhaus mit zwei Restaurants : Das Elsersäli mit grün getäferten Wänden, runden Tischen und gediegenem Ambiente sowie die einfachere Arnegg-stube.

AROLLA *1986 Valais (VS) 552 J13 – alt. 2003 – Sports d'hiver : 2003/2980 m 6.*
Office du Tourisme, ✆ 0272 831 083, info@arolla.com, Fax 0272 832 270.
Bern 192 – Sion 39 – Brig 90 – Martigny 69 – Montreux 108.

du Pigne, ✆ 0272 837 100, *hotel.pigne@bluewin.ch, Fax 0272 837 105,* – P. AE MC VISA
fermé 3 nov. au 14 déc. et merc. hors saison – **Repas** 16 et à la carte 32/75 – **12 ch** 102/164 – ½ P suppl. 33.
• Chalet jouxtant une petite galerie marchande, au coeur d'un village fréquenté par les amateurs d'air pur. Chambres lambrissées, de style alpin ou actuel. Ample restaurant complété d'un coin carnotset. Cuisine traditionnelle, avec un penchant pour le Valais.

AROSA 7050 Graubünden (GR) 553 W9 – 2 342 Ew. – Höhe 1 739 – Wintersport : 1 800/2 653 m 3 13.

Sehenswert : *Lage★★★ – Weisshorn★★ mit Seilbahn.*

Ausflugsziel : *Strasse von Arosa nach Chur★ über ① - Strasse durch das Schanfigg★ über ①.*

(Juni - Mitte Okt.) 0813 774 242, Fax 0813 774 677.

Lokale Veranstaltung

Anfang Dez. : Aroser Humor-Festival.

Arosa Tourismus, Poststrasse, 0813 787 020, arosa@arosa.ch, Fax 0813 787 021.

Bern 278 ① – Chur 31 ① – Davos 102 ① – St. Moritz 119 ①

Tschuggen Grand Hotel, Sonnenbergstrasse, 0813 789 999, *tschuggen@arosa.ch, Fax 0813 789 990,* Arosa und Berge, – Zim, P – 25. Rest AZ a
1. Dez. - 4. April – ***La Vetta*** *(nur Abendessen)* **Menu** - italienische Küche - 60 und à la carte 66/105 – ***La Provence*** *(nur Mittagessen)* **Menu** 25 et à la carte 41/92 – ***Bündnerstube*** *(geschl. Montag in der Zwischensaison) (nur Abendessen)* **Menu** à la carte 56/106 – **129 Zim** 365/700, Vorsaison 315/620, 4 Suiten – ½ P Zuschl. 40.
◆ Ein moderner Bau in schöner, ruhiger Lage mit Blick auf Arosa und die Berge bietet sich mit neuzeitlichen Zimmern und Suiten mit gekalktem Eichenmobiliar zur Erholung an. Im gediegenen La Vetta serviert man abends italienische Gerichte.

Arosa Kulm, 0813 788 888, *info@arosakulm.ch, Fax 0813 788 889,* Berge, – P – 15/60. Rest AZ b
6. Dez. - 11. April und 19. Juni - 18. Sept. – ***Ahaan Thaï*** - thailändische Küche - *(geöffnet Mitte Dez. - Ende März ; geschl. Sonntag und mittags)* **Menu** à la carte 56/107 – ***Taverne*** *(nur Abendessen)* **Menu** 24 und à la carte 46/98 – ***Muntanella*** *(nur Mittagessen)* **Menu** 19 und à la carte 38/80 – **123 Zim** 265/600, Vorsaison 165/360, 14 Suiten – ½ P Zuschl. 20.
◆ Am Ende der Skipisten befindet sich das Kulm Hotel, das einen schönen Blick auf die Berge bietet. Die neueren Zimmer im Ostbau sind mit hellem Einbaumobiliar ausgestattet. Authentisch dekoriert zeigt sich das Ahaan Thai. Rustikal : die Taverne.

Waldhotel National, 0813 785 555, *info@waldhotel.ch, Fax 0813 785 599,* Arosa und Berge, – Zim, P – 15/100. Rest BY d
6. Dez. - 12. April und 20. Juni - 19. Sept. – **Menu** (siehe auch ***Kachelofa-Stübli***) – ***Fondue Hütte*** *(geschl. im Sommer und Freitag) (nur Abendessen)* **Menu** à la carte zirka 47 - Fondue und Käsespezialitäten – **94 Zim** 240/470, Vorsaison 220/410 – ½ P Zuschl. 25.
◆ Das Haus liegt oberhalb des Ortes mit schönem Blick über die Bergwelt. Die Zimmer mit Balkon haben eine wohnliche Atmosphäre und sind mit Arvenmobiliar eingerichtet. Schweizer Käsespezialitäten probieren Sie in der Fondue-Hütte.

BelArosa garni, Prätschlistrasse, 0813 788 999, *hotel@belarosa.ch, Fax 0813 788 989,* Berge, – P – 15.
6. Dez. - 17. April und 19. Juni - 2. Okt. – **6 Zim** 350/400, Vorsaison 115/230, 16 Suiten.
◆ Eine gelungene Kombination von Moderne und rustikalem Charme. Sehr ansprechend : die hellen, freundlichen Räume, der schöne Freizeitbereich und die beeindruckende Sicht. BY h

Excelsior, 0813 771 661, *info@hotel-excelsior.ch, Fax 0813 771 664,* Berge und Arosa, – P – 20. Rest BZ f
6. Dez. - 12. April – **Menu** 48 (abends) und à la carte 50/94 – **72 Zim** 155/520, Vorsaison 140/300, 3 Suiten – ½ P Zuschl. 30.
◆ Das ruhig gelegene Haus bietet eine schöne Aussicht in die Umgebung. Ein Teil der Zimmer ist renoviert und mit modernem Mobiliar bestückt, der andere älter mit dunklen Möbeln. Im Speisesaal mit Panoramafenstern erklingt zum Diner zweimal wöchentlich das Piano.

Blatter's Bellavista, Untere Waldpromenade, 0813 786 666, *info@blatterbellavista.ch, Fax 0813 786 600,* Berge, – P – 25. Rest BZ e
12. Dez. - 14. April – **Menu** *(nur Abendessen)* à la carte 51/88 – **80 Zim** 260/400, Vorsaison 175/310 – ½ P Zuschl. 30.
◆ Am oberen Ortsrand finden Sie das Hotel in ruhiger Lage. Der grösste Teil der Zimmer ist mit gediegenem Eichenholzmobiliar wohnlich ausgestattet. Speisesaal und Stube mit schönem Arventäfer und geschnitzter Decke.

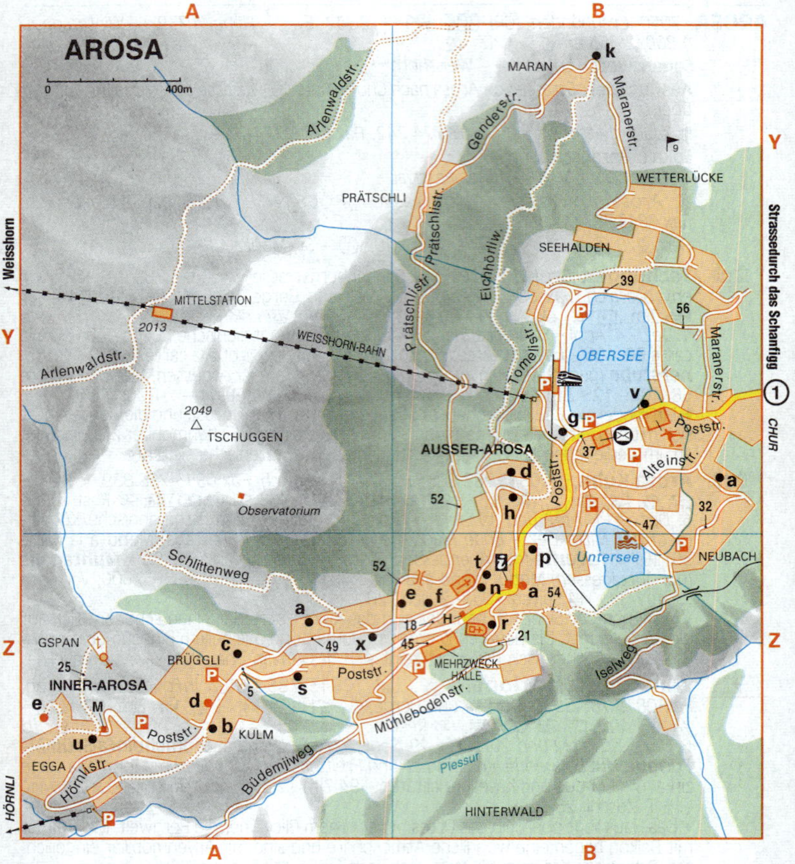

Brüggli Platz . . . . **AZ** 5	Neubachstrasse . . . . **BYZ** 32	Sonnenbergstrasse . . . . . **ABZ** 49
Hohe Promenade . . . . **BZ** 18	Oberseeplatz . . . . **BY** 37	Untere Waldpromenade . . . . . . **BYZ** 52
Hubelstrasse . . . . **BZ** 21	Oberseepromenade . . . . **BY** 39	Unterseestrasse . . . . **BYZ** 54
Kirchweg . . . . **AZ** 25	Schulhausstrasse . . . . **BZ** 45	Waldstrasse . . . . **BY** 56
	Seewaldstrasse . . . . **BZ** 47	

Hof Maran, in Maran, Nord : 2 km, 0813 785 151, *hofmaran@arosa.ch*, *Fax 0813 785 100*, < Berge, – 30. AE VISA. Rest **BY k**
19. Dez. - 12. April und 18. Juni - 19. Sept. – **Menu** à la carte 47/120 – **52 Zim** 140/450, Vorsaison 75/280 – ½ P Zuschl. 30.
◆ In erhöhter Lage am Golfplatz bietet das Haus absolute Erholung. Die mehr oder weniger rustikalen Zimmer unterscheiden sich hauptsächlich in Grösse und Zuschnitt. Essen Sie gemütlich im Fonduestübli, in der Stüva oder auf der rustikalen Veranda.

Arve Central, Hubelstrasse, 0813 785 252, *info@arve-central.ch*, *Fax 0813 785 250*, <, – 30. AE VISA. Rest **BZ r**
geschl. 18. April - 18. Mai – **Menu** 18.50 - 96 und à la carte 47/104 – **47 Zim** 154/308, Vorsaison 93/184 – ½ P Zuschl. 31.
◆ Das Haus bietet Zimmer, die in ortstypischer Manier in Arve wohnlich eingerichtet sind und teilweise über einen Balkon verfügen. Die Lage unterhalb der Promenade ist günstig. In gemütliche Nischen ist das Arvenstübli unterteilt.

Cristallo, Poststrasse, 0813 786 868, *cristalloarosa@swissonline.ch*, *Fax 0813 786 869*, < Untersee und Berge, – AE VISA. Rest BZ p
5. Dez. - 17. April und 26. Juni - 9. Okt. – ***Le Bistro :*** **Menu** 18.50 - 66/88 und à la carte 52/102 – **32 Zim** 175/410, Vorsaison 115/250 – ½ P Zuschl. 40.
◆ Das Hotel ist unweit des Untersees gelegen und offeriert Ihnen Zimmer, die mit unterschiedlichem Mobiliar nett eingerichtet sind. Hübsch : die Südzimmer mit Balkon. Das gemütliche Le Bistrost mit getrockneten Blumensträussen dekoriert.

Posthotel, Oberseepromenade, 0813 785 000, *mail@posthotel-arosa.ch*, *Fax 0813 774 043*, < Obersee und Berge, , – 20. AE VISA BY g
6. Dez. - 21. April und 15. Juni - 28. Sept. – ***Grill zur Alten Post*** *(geschl. Sommer, Montag, Dienstag und mittags)* **Menu** à la carte 40/110 – ***Da Giacomo*** *(nur Abendessen)* **Menu** (Pizzeria) 15 und à la carte 42/74 – **62 Zim** 175/430, Vorsaison 90/200 – ½ P Zuschl. 35.
◆ Die Besonderheit dieses Hotels ist die schöne Dachterrasse mit Blick auf Obersee und Berge. Die Gästezimmer überzeugen mit funktioneller und wohnlicher Einrichtung. Das Hauptlokal, Grill zur Alten Post, ist ländlich gestaltet.

Hohenfels, Hohe Promenade, 0813 770 101, *info@hohenfels.ch*, *Fax 0813 771 489*, < Arosa und Berge, – AE VISA. Rest BZ n
6. Dez. - 18. April – **Menu** *(nur Abendessen)* 42 – **50 Zim** 149/326, Vorsaison 124/276 – ½ P Zuschl. 35.
◆ Die ruhige Hanglage sowie renovierte, funktionelle Gästezimmer, teils mit Terrasse, machen dieses im Bauhausstil errichtete Hotel aus. Kleines Restaurant mit klassisch-französischer Karte und Blick in die Küche.

Alpensonne, Poststrasse, 0813 771 547, *alpensonne@swissonline.ch*, *Fax 0813 773 470*, < Berge, , – – 25. AE VISA JCB AZ s
geschl. 15. April - 1. Juli und 15. Okt. - 1. Dez. – **Menu** 20 und à la carte 39/84 – **33 Zim** 160/370, Vorsaison 85/240 – ½ P Zuschl. 25.
◆ Das Haus an der Ortsdurchfahrt hat Zimmer, die mit unterschiedlichen Möbeln praktisch und nett ausgestattet sind - einige verfügen auch über einen Balkon. Rustikal gibt sich das Restaurant mit Bar und Sonnenterrasse.

Belri, Schwellistrasse, 0813 787 280, *belri@bluewin.ch*, *Fax 0813 787 290*, < Berge, – AE VISA. Rest AZ u
7. Dez. - 19. April und 3. Juli - 19. Sept. – **Menu** *(nur ½ Pens. für Hotelgäste)* – **15 ch** 130/270, Vorsaison 110/260 – ½ P Zuschl. 30.
◆ Rustikal mit Arvenholz eingerichtete Zimmer beziehen Sie in diesem Haus, das ruhig in Inner-Arosa, unweit der Skilifte liegt. Hübscher Blick auf den "Hausberg" Tschuggen.

Hohe Promenade, Hohe Promenade, 0813 787 700, *hopro@bluewin.ch*, *Fax 0813 787 707*, < Arosa und Berge, – . VISA. Rest BZ t
14. Dez. - 12. April und 13. Juli - 28. Aug. – **Menu** *(nur ½ Pens. für Hotelgäste)* – **30 Zim** 130/320, Vorsaison 90/220 – ½ P Zuschl. 25.
◆ Das Haus befindet sich am oberen Ortsrand und bietet eine schöne Aussicht auf die Gipfel. Die modern eingerichteten Zimmer verfügen teilweise über einen Balkon.

Obersee, Äussere Poststrasse, 0813 771 216, *hotel.obersee@bluewin.ch*, *Fax 0813 774 566*, < Obersee und Berge, – . AE VISA BY v
7. Dez. - 12. April und 20. Juni - 10. Okt. – **Menu** *(geschl. Montag im Sommer)* 52 (abends) und à la carte 47/97 – **21 Zim** 99/288, Vorsaison 75/170 – ½ P Zuschl. 35.
◆ Das Haus liegt am Ufer des Obersees, auf den sich eine schöne Sicht mit Bergpanorama auftut. Die Zimmer unterscheiden sich in der Grösse und sind in hellem Holz möbliert. Von der Gaststube etwas abgesetzt liegt der gediegen-rustikale Teil des Restaurants.

Allegra Isla, Neubachstr. 30, 0813 771 213, *isla@arosa.ch*, *Fax 0813 774 442*, < Arosa und Berge – VISA. Rest BY a
5. Dez. - 6. April – **Menu** *(nur Abendessen)* 49 – **45 Zim** 175/360 – ½ P Zuschl. 30.
◆ An einem sonnenverwöhnten Hang liegt das Haus zwischen Ober- und Untersee und heisst seine Gäste willkommen. Lackiertes Arvenholz bestimmt die Zimmereinrichtung. Die kleine, schön getäferte Stube ist typisch für diese Alpenregion.

Panarosa, Sonnenbergstrasse, 0813 787 575, *panarosa@arosa.ch*, *Fax 0813 787 570*, < Berge, – AE VISA. Rest AZ x
8. Dez. - 14. April und 19. Juni - 17. Okt. – **Menu** *(nur ½ Pens. für Hotelgäste)* – **31 Zim** 169/348, Vorsaison 65/194 – ½ P Zuschl. 35.
◆ Viele Spazier- und Wanderwege nehmen in unmittelbarer Nähe dieses Hauses ihren Anfang. Die Zimmer sind mit älterem hellem Holzmobiliar zweckmässig eingerichtet.

Sonnenhalde garni, Sonnenbergstrasse, ✆ 0813 771 531, *hotelsonnenhalde@bluewin.ch, Fax 0813 774 455,* < Berge, – AE MC VISA AZ c
29. Nov. - 17. April und 26. Juni - 9. Okt. – **21 Zim** 120/244, Vorsaison 80/160.
◆ Das Chalethaus weiss mit hell möblierten Zimmern in ausreichender Grösse zu gefallen. Die ruhige Lage oberhalb des Ortes spricht für sich.

Gspan , ✆ 0813 771 494, *gspan@bluewin.ch, Fax 0813 773 608,* < Arosa und Berge, – MC VISA AZ e
6. Dez. - 18. April und 10. Juli - 17. Okt. – **Menu** *(geschl. Montagabend und Dienstag im Sommer)* 18 - 60 (abends) und à la carte 41/104 – **15 Zim** 140/270, Vorsaison 85/200.
◆ Im Jahre 1621 wurde das Gspan im typischen Schweizer Chaletstil erbaut. Heute kann man seinen Gästen gemütliche, individuelle Zimmer mitten im Skigebiet anbieten. Einfaches Restaurant und Grillhütte neben der Skipiste.

Kachelofa-Stübli - *Waldhotel National,* ✆ 0813 785 555, *info@waldhotel.ch, Fax 0813 785 599,* – AE MC VISA BY d
6. Dez. - 12. April und 20. Juni - 19. Sept. – **Menu** *(geschl. abends im Sommer)* 24 - 80/105 (abends) und à la carte 69/127.
◆ Im mittleren Hausbereich befindet sich ein elegant-rustikales Restaurant. Mittags werden Gerichte mit regionalem Charakter angeboten, abends liegt die klassische Karte auf.

Stüva Cuolm - Trattoria Toscana, ✆ 0813 788 890, *info@arosakulm.ch, Fax 0813 788 889,* – AE MC VISA AZ d
Anfang Dez. - Ende März – **Menu** - italienische Küche - (Tischbestellung ratsam) (mittags kleine Karte) à la carte 57/111.
◆ Schon fast auf der Skipiste, 200 m vom Hotel Kulm entfernt, stossen Sie auf das schön gestaltete Restaurant mit rustikaler Einrichtung und italienisch ausgelegtem Angebot.

Bajazzo, Poststrasse, im Casino, ✆ 0813 772 115, *bajazzoarosa@bluewin.ch, Fax 0813 770 675* – AE MC VISA BZ a
geschl. Juni, Nov., Montag und Dienstagmittag im Sommer – **Menu** - italienische Küche - 25 - 35 (mittags)/98 und à la carte 52/128.
◆ Das modern gestaltete, leicht unterteilte Lokal im Casinogebäude bietet auf seiner Karte Gerichte, die an die italienische Küche angelehnt sind. Entsprechend die Weine.

ARZIER *1273 Vaud (VD)* 552 B10 – *1 745 h. – alt. 842.*
Bern 146 – Genève 35 – Lausanne 42 – Lons-le-Saunier 82 – Yverdon-les-Bains 66.

Bel Horizon , 23 rte de Saint-Cergue, ✆ 0223 661 520, *belhor@bluewin.ch, Fax 0223 661 520,* <, – AE MC VISA
fermé 20 déc. au 5 janv., 21 fév. au 1er mars et jeudi – **Repas** 16 - 38/48 et à la carte 38/80 – **7 ch** 60/120 – ½ P suppl. 20.
◆ Aux abords d'Arzier, chalet où vous serez hébergés dans une ambiance familiale. Chambres lambrissées, souvent dotées d'un balcon offrant une jolie vue sur les Alpes. Mignonne salle de restaurant où l'on vient se repaître de préparations traditionnelles.

ASCONA *6612 Ticino (TI)* 553 Q12 – *4 977 ab. – alt. 210.*
Dintorni : *Circuito di Ronco★★ per strada di Losone* X – *Isole de Brissago★* Z.
18 ✆ *0917 912 132, Fax 0917 910 706, Est : 1,5 km* Y 18 *Gerre Losone ad Losone,* ✉ *6616,* ✆ *0917 851 090, Fax 0917 851 091, nord-ovest : 5 km per Losone e strada Centovalli.*
Manifestazioni locali
25.06 - 04.07 : New Orleans Jazz Ascona (NOYA)
26.08 - 15.10 : Settimane musicali.
Ente turistico Lago Maggiore, Casa Serodine, ✆ *0917 910 091, buongiorno@maggiore.ch, Fax 0917 851 941.*
Bern 269 ② – Locarno 3 ② – Bellinzona 23 ② – Domodossola 51 ① – Lugano 43 ②

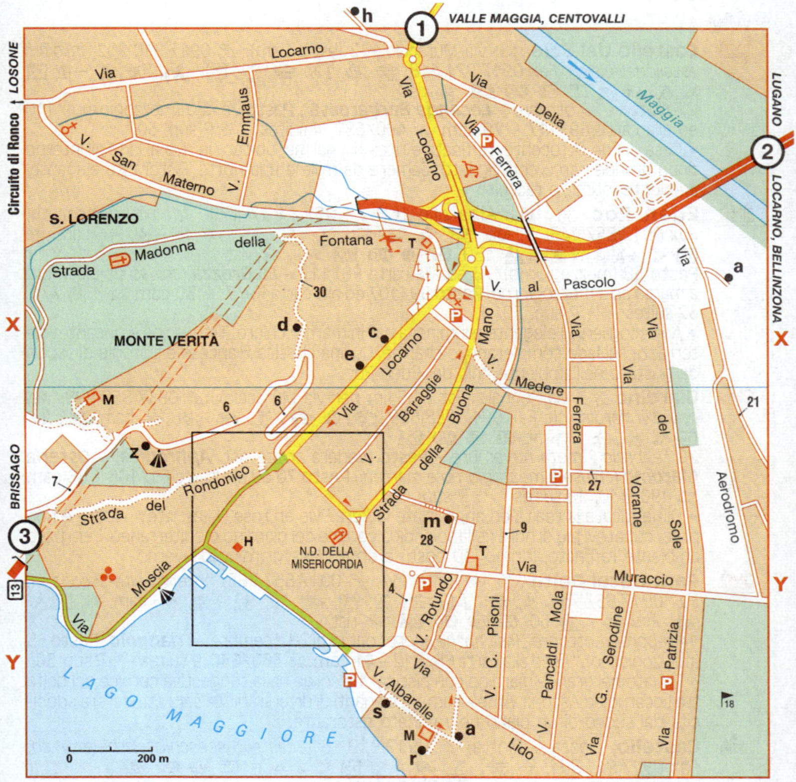

ASCONA

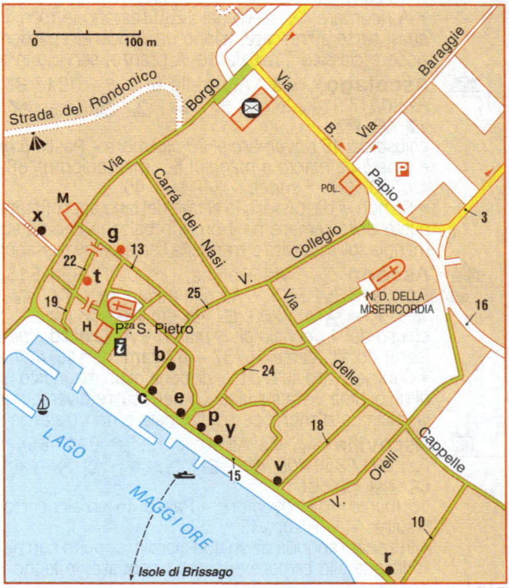

I nomi delle principali vie commerciali sono scritti in rosso all'inizio dell'indice toponomastico delle piante di città.

Castello del Sole, via Muraccio 142 (est : 1 km), 0917 910 202, *info@castellodelsole.ch*, *Fax 0917 921 118*, – TV AE VISA. rist
27 marzo - 23 ottobre – ***Locanda Barbarossa :*** **Pasto** 30 - 50 (mezzogiorno)/110 ed alla carta 69/117 – **79 cam** 460/680, 4 suites – ½ P sup. 30.
• Casa di fine Ottocento, raffinata e ricca di charme, ubicata in riva al lago all'interno di un grande parco con vigneto. Camere da mille e una notte. Ristorante elegante, ambiente intimo e raccolto.

Eden Roc, via Albarelle 16, 0917 857 171, *info@edenroc.ch*, *Fax 0917 857 143*, lago, – cam, TV – 150. AE VISA JCB. rist Y r
Pasto 58 (mezzogiorno)/76 ed alla carta 68/117 – ***La Brezza*** *(chiuso da dicembre a marzo ed a mezzogiorno)* **Pasto** 59/107 ed alla carta 59/71 – **50 cam** 350/770, 32 suites – ½ P sup. 50.
• Ad accogliervi, l'elegante e luminosa hall in marmo chiaro. Tre piscine e l'incantevole terrazza sul lago completano lo charme. Cucina classica francese e sinfonie di sapori da gustare nell'ambiente chic dell'Eden Roc.

Giardino, via Segnale (Est : 1,5 km per via Muraccio), 0917 858 888, *welcome@giardino.ch*, *Fax 0917 858 899*, – cam, cam, TV AE VISA
28 febbraio - meta novembre – **Pasto** (vedere anche rist. ***Aphrodite***) – ***Osteria Giardino*** *(chiuso a mezzogiorno e martedì)* **Pasto** 70 ed alla carta 61/106 – **56 cam** 490/730, 18 suites – ½ P sup. 40.
• Dimenticate la realtà ed apprezzate la vera "vie en rose" ! Lasciatevi viziare e non preoccupatevi più di nulla nella splendida cornice del giardino mediterraneo. Per i pasti ambiente raffinato, intimo (30 posti) e un sublime giardino d'inverno.

Park Hotel Delta, via Delta 137, 0917 857 785, *hotel@delta-ascona.ch*, *Fax 0917 857 735*, – cam, TV – 60. AE VISA. rist X a
14 febbraio - ottobre ; Rist. anche aperto dal 13 al 28 dicembre – ***Triangolo :*** **Pasto** 55 (mezzogiorno)/98 ed alla carta 65/112 – **41 cam** 360/630, 9 suites – ½ P sup. 50.
• Situato nel grande giardino con piscina che sorge nella suggestiva cornice del delta tra Locarno ed Ascona. Ampie camere eleganti di diversi stili. La sera atmosfera addolcita dal suono di un piano nel raffinato ristorante.

Castello, piazza G. Motta, 0917 910 161, *castello-seeschloss@bluewin.ch*, *Fax 0917 911 804*, – TV AE VISA Z r
marzo - metta novembre – ***De Chiriglioni :*** **Pasto** 28 - 48/78 ed alla carta 57/95 – **45 cam** 184/548 – ½ P sup. 38.
• A ricordare il castello del 1250 restano le torri, in parte d'origine. Qui le camere, quasi tutte affrescate, hanno un'atmosfera particolare ma...nessun fantasma ! Grazioso e classico il ristorante. A pranzo, servizio in terrazza.

Ascolago, via Albarelle 6, 0917 858 200, *hotel@ascolago.ch*, *Fax 0917 914 226*, – rist, TV AE VISA Y s
chiuso dal 15 novembre al 20 dicembre – **Pasto** *(chiuso dal 3 novembre al 10 marzo e lunedì da marzo a maggio)* 56 (mezzogiorno)/88 ed alla carta 60/107 – **17 cam** 280/390, 5 suites – ½ P sup. 45.
• Se non vi bastassero le acque del lago approfittate della piscina semi coperta. Gran parte delle camere ha il proprio balcone che dà sul giardino e sul lago. D'estate si mangia sull'accurata e tranquilla terrazza ove assaporare una cucina classica francese.

Ascona, via Collina, 0917 851 515, *booking@hotel-ascona.ch*, *Fax 0917 851 530*, Ascona e lago, – rist, TV – 15/200. AE VISA. rist X d
chiuso dal 4 gennaio al 1º marzo – ***Al Grotto*** *(chiuso domenica sera)* **Pasto** 19 - 45 (sera) ed alla carta 46/87 – **67 cam** 146/444 – ½ P sup. 25.
• Sopraelevato sulla città, dispone di un magnifico giardino con piscina da cui godere di un'ottima vista sul lago. Camere tutte diverse per stile e dimensioni. Al ristorante la cucina è d'impronta tradizionale e non tralascia i prodotti nostrani.

Ascovilla, via Albarelle 15, 0917 854 141, *reservation@ascovilla.ch*, *Fax 0917 854 400*, – cam, TV – 25. AE VISA. rist Y a
13 marzo - 1º novembre – **Pasto** 45 ed alla carta 47/88 – **52 cam** 195/330, 5 suites – ½ P sup. 35.
• In zona tranquilla dà su due giardini ognuno con piscina. Dalla hall abbellita da marmi si accede alle camere in parte rinnovate, in legno di quercia e di colori vari.

Mulino, via delle Scuole 17, 0917 913 692, *welcome@hotel-mulino.ch, Fax 0917 910 671*, – – 60. rist Y m
16 marzo - 30 ottobre – **Pasto** 33 - 49 ed alla carta 46/100 – **32 cam** 150/300 – ½ P sup. 32.
◆ Hotel sito in un quartiere residenziale vicino al centro. La maggior parte delle camere è spaziosa con un arredamento pratico e moderno. Dalla reception dell'hotel, accedete alla sala da pranzo che si apre su una terrazza estiva. Cucina attuale.

Sasso Boretto, via Locarno 45, 0917 869 999, *sasso-b@sutter-hotels.com, Fax 0917 869 900*, – – 35. rist X c
chiuso dal 3 gennaio al 22 febbraio – **Pasto** 25 - 50 (sera) ed alla carta 56/104 – **44 cam** 200/360 – ½ P sup. 40.
◆ Lungo la strada che conduce al centro, hotel di taglio tradizionale che dispone di ampie camere, chiare e luminose dai diversi colori ! L'offerta culinaria è piuttosto tradizionale ma si differenzia da quella standard, per turisti.

Tamaro, piazza G. Motta 35, 0917 854 848, *ascona@hotel-tamaro.ch, Fax 0917 912 928*, – rist, – 20. Z v
2 marzo - mezzo novembre – **Pasto** 19 ed alla carta 40/92 – **51 cam** 110/290 – ½ P sup. 33.
◆ Varcate la soglia ed ammirate le bellezze fiorite della corte interna ! Le camere variano tra loro per il mobilio, di volta in volta in stile o rustico. Una vetrata ha reso la corte interna dell'hotel un giardino d'inverno adibito a ristorante colmo di fiori.

Carcani Mövenpick, piazza G. Motta, 0917 851 717, *hotel.carcani@moevenpick.com, Fax 0917 851 718*, – cam, Z c
Pasto alla carta 38/75 – **30 cam** 120/240.
◆ Direttamente sulla passeggiata, rilassatevi e godetevi la vista dalla terrazza adiacente. Camere funzionali e moderne. Chiedete quelle con vista lago : più grandi ! La carta del ristorante propone la classica offerta arricchita di sapori locali.

Al Porto, piazza G. Motta, 0917 858 585, *info@alporto-hotel.ch, Fax 0917 858 586*, – rist, Z p
Pasto *(chiuso da mezzo novembre a mezzo dicembre e mercoledì da novembre a febbraio)* 37/59 ed alla carta 42/96 – **36 cam** 128/300 – ½ P sup. 36.
◆ Insieme di quattro antiche case ticinesi, la principale sulla passeggiata. La maggior parte delle camere dà sulla corte interna o sul giardino. Dal piccolo balcone al primo piano del ristorante, vista sublime sulla piazza. Specialità locali rivisitate.

Schiff - Battello, piazza G. Motta 21, 0917 912 533, *mail@hotel-schiff-ascona.ch, Fax 0917 921 315*, – Z e
Albergo : chiuso dal 7 gennaio al 20 febbraio – **Pasto** *(chiuso lunedì dal 10 novembre al 15 marzo esclusi i giorni festivi)* 19.50 ed alla carta 41/71 – **15 cam** 165/275 – ½ P sup. 32.
◆ Edificio che sorge proprio sul lungolago. Dalla reception si accede alle funzionali camere, in parte più moderne ed ammobiliate in legno chiaro, in parte più rustiche. Il ristorante propone piatti di stampo tradizionale e locale, secondo l'offerta stagionale.

Michelangelo, via Collina 81, 0917 918 042, *michelangelo@ticino.com, Fax 0917 916 732*, – Y z
chiuso dal 1º dicembre al 31 gennaio – **Pasto** *(chiuso dal 1º novembre al 15 marzo, mercoledì ed a mezzogiorno)* 42 ed alla carta 50/84 – **17 cam** 180/280 – ½ P sup. 35.
◆ Piccolo hotel molto personalizzato ; camere con mobilio in stile o più attuale. La piscina può esser usata anche d'inverno, grazie ad una copertura mobile. Il patio del ristorante è la cornice ideale per assaporare una cucina mediterranea con proposte di pesce.

Riposo, scalinata della Ruga 4, 0917 913 164, *info@hotel-riposo.ch, Fax 0917 914 663*, su Ascona, – rist Z x
21 marzo - 24 ottobre – ***Arlecchino*** *(chiuso mercoledì)* **Pasto** 28 - 39 ed alla carta 50/88 – **32 cam** 155/290 – ½ P sup. 28.
◆ Vecchia costruzione ricca di fascino. Camere personalizzate rendono l'atmosfera davvero speciale. Sublime vista su Ascona dal roof garden e piscina...sul tetto ! Nella corte interna, sotto i fiori del vecchio glicine, per apprezzare una cucina locale.

Golf senza rist, vicolo Sacchetti 2, 0917 910 035, *info@golf-garni.ch, Fax 0917 910 055*, – video. Z b
aprile - ottobre – **21 cam** 140/250.
◆ Albergo situato nel centro storico in una stradina laterale, pedonale. Ambiente rustico, essenziale e pratico così come le camere dal taglio più contemporaneo.

Al Faro, piazza G. Motta 27, ✆ 0917 918 515, *info@hotel-al-faro.ch, Fax 0917 916 577*, ←, 🍽 – 📺. AE MC VISA Z y
16 febbraio - ottobre – **Pasto** *(chiuso martedì da marzo ad aprile)* 28 ed alla carta 50/87 – **9 cam** ☐ 150/250 – ½ P sup. 28.
◆ Lungo la passeggiata, in zona pedonale. Possibile l'accesso con l'auto per chi alloggerà in una delle 9 camere, piccole, accoglienti e ben arredate. L'ambiente rustico del ristorante è l'ideale per una pizza dal forno a legna o le proposte di cucina italiana.

Sport senza rist, via Locarno 25, ✆ 0917 910 031, *garnisport@hotmail.com, Fax 0917 910 074* – 📺 ✆ 🚗. AE MC VISA X e
16 marzo - 30 ottobre – **19 cam** ☐ 150/190.
◆ Un albergo mignon per dimensioni, gusti e prezzi ! In prossimità del centro città, troverete reception e sala colazione al secondo piano. Camere e bagni piccoli ma moderni.

Aphrodite - *Hotel Giardino*, via Segnale (1,5 km per via Muraccio), ✆ 0917 858 888, *welcome@giardino.ch, Fax 0917 858 899*, 🍽, – ✆ 🚗 P. AE ⓓ MC VISA.
28 febbraio - meta novembre – **Pasto** 68 (mezzogiorno)/128 ed alla carta 73/137.
◆ Ambiente elegante per il ristorante dell'hotel Giardino. Cucina variata, classica ed elaborata da gustare nella gradevole atmosfera mediterranea dell'ameno giardino fiorito.

della Carrà, Carrà dei Nasi, ✆ 0917 914 452, *risto.carra@bluewin.ch, Fax 0917 914 452*, 🍽 – AE ⓓ MC VISA Z g
chiuso domenica escluso la sera da Pasqua a ottobre – **Pasto** 75 ed alla carta 48/97.
◆ Un grazioso ristorante rustico, nella parte vecchia della città, preceduto da una corte interna. Cucina di taglio moderno a cui si aggiungono specialità alla piastra.

Hostaria San Pietro, Passaggio San Pietro 6, ✆ 0917 913 976, 🍽 – ⊁. AE ⓓ MC VISA Z t
chiuso dal 7 gennaio al 7 febbraio e lunedì esclusi i giorni festivi – **Pasto** 22 ed alla carta 42/80.
◆ Piccola e raffinata osteria, situata nella parte vecchia della città, in una stradina laterale. La cucina è tradizionale con offerte regionali a prezzi favorevoli.

a Losone *Nord-Ovest : 2 km per ① X – alt. 240 – ✉ 6616 Losone :*

Losone 🐴, via dei Pioppi 14, ✆ 0917 857 000, *info@albergolosone.ch, Fax 0917 857 007*, 🍽, 🏊, 🌳, 🎾 – 🛗, ⊁ rist, 📺 ✆ ♿ P – 150. AE ⓓ MC VISA. rist X h
20 marzo - 31 ottobre – **Pasto** 69 (sera) ed alla carta 53/97 – **77 cam** ☐ 235/420 – ½ P sup. 49.
◆ Nel verde dei campi, un po' fuori Losone, struttura ideale per tutta la famiglia con immenso giardino, piscina e zoo. Ampie camere di stile mediterraneo. Al ristorante ambiente solare, dalle forti tinte ; bella terrazza e piscina. Offerta classica.

Elena 🐴 senza rist, via Gaggioli 25, ✆ 0917 916 326, *Fax 0917 922 922*, 🏊, 🌳 – 📺 P
16 marzo - 30 ottobre – **20 cam** ☐ 150/190.
◆ Costruzione che sorge in una tranquilla zona residenziale. Godetevi le calde serate estive sotto le arcate, di fronte alla piscina ed al giardino con le palme.

Osteria Dell'Enoteca, contrada Maggiore 24, ✆ 0917 917 817, *enoteca@nikko.ch, Fax 0917 917 817*, 🍽 – P. AE ⓓ MC VISA.
chiuso dal 1º gennaio al 11 marzo, lunedì e martedì – **Pasto** *(solo menu)* (coperti limitati - prenotare) 58 (mezzogiorno)/115.
◆ Nel cuore del centro storico, casa colonica dall'ambiente rustico-signorile il cui fresco pergolato vi accoglie in estate. Cucina creativa, personalizzata.
Spec. Fileto di San Pietro con Pak Choy e salsa di pompelmo rosa. Fileto di coniglio in camicia di melanzane con salsa alle olive. Torta di papavero con ciliege e gelato alla vaniglia. **Vini** Merlot del Ticino

Centrale, via Locarno 2, ✆ 0917 921 201, 🍽 – P. AE ⓓ MC VISA
chiuso dal 29 dicembre al 11 gennaio, dal 31 luglio al 22 agosto, sabato e giorni festivi a mezzogiorno e domenica – **Pasto** 19 ed alla carta 43/73.
◆ Voglia di sfuggire al turismo e di assaporare la proverbiale accoglienza ticinese uesto ristorante fa al caso vostro. Ottima cucina casalinga a prezzi accessibilissimi.

sulla strada Panoramica di Ronco *Ovest : 3 km :*

Casa Berno, ✉ 6612 Ascona, ☎ 0917 913 232, *hotel@casaberno.ch, Fax 0917 921 114*, ≤ Lago Maggiore e monti, – 35. AE MC VISA. rist
aprile - ottobre – **Pasto** 58 (sera) ed alla carta 42/101 – **62 cam** 245/472 – ½ P sup. 20.
◆ Beneficiate della posizione privilegiata delle colline sopra al lago per ammirare i dintorni. Le eleganti camere alternano uno stile moderno ad uno più tradizionale. Il ristorante panoramico offre una ricca cucina e gustosa.

ASUEL *2954 Jura (JU)* 551 I4 – *238 h. – alt. 573.*
Bern 87 – Delémont 19 – Basel 46 – Belfort 49 – Montbéliard 46.

Au Cheval Blanc, ☎ 0324 622 441, *Fax 0324 623 253*, – P. MC VISA.
fermé lundi et mardi – **Repas** 16 - 72 et à la carte 54/75.
◆ Dans un petit village, restaurant champêtre réchauffé par un âtre. De la terrasse, vous pourrez même garder un oeil sur vos enfants jouant sur la place. Cuisine française.

aux Rangiers *Sud : 5 km par rte de Delémont – alt. 859 – ✉ 2954 Asuel :*

Les Rangiers, ☎ 0324 266 651, *Fax 0324 267 937*, – P. MC VISA
fermé 20 déc. au 20 janv. – **Repas** *(fermé mardi)* 16 et à la carte 35/67 – **11 ch** 80/130 – ½ P suppl. 25.
◆ Petite adresse bien échue pour trouver le sommeil du juste, d'autant plus que le col a gagné en quiétude depuis la construction de l'autoroute. Chambres pratiques. Repas classico-traditionnels, en salle aussi bien qu'en terrasse, lorsque perce le soleil.

à la Caquerelle *Sud : 5 km par rte de La Chaux-de-Fonds – ✉ 2954 Asuel :*

La Caquerelle, ☎ 0324 266 656, *Fax 0324 267 317*, – P – 20. MC VISA JCB
fermé 27 janv. au 27 fév. – **Repas** *(fermé jeudi d'oct. à avril et merc.)* 16 et à la carte 35/64 – **10 ch** 53/110 – ½ P suppl. 20.
◆ Cette maison alanguie dans la campagne est idéale pour se reposer en famille : pré aménagé en terrain de "swing golf" et espace ludique dédié aux enfants. Chambres fraîches. Restaurant de mise simple mais convivial. Choix de recettes traditionnelles.

ATTISHOLZ *Solothurn* 551 K5 – *siehe Riedholz.*

ATTISWIL *4536 Bern (BE)* 551 K5 – *1 360 Ew. – Höhe 467.*
Bern 44 – Basel 62 – Langenthal 20 – Solothurn 7.

Bären, Oltenstr. 4, ☎ 0326 371 535, *office@gasthof-baeren.ch, Fax 0326 372 888*, – P. AE MC VISA
geschl. Montag – **Menu** 17.50 - 42 (mittags)/80 und à la carte 37/93.
◆ Der schöne Landgasthof liegt im Dorfzentrum. Vorne die urchige Attiswiler-, dahinter die Bärenstube, eine renovierte Scheune, wo ebenfalls gutbürgerliche Kost angeboten wird.

AU *9358 Sankt Gallen (SG)* 551 W5 – *6 521 Ew. – Höhe 405.*
Bern 232 – Sankt Gallen 28 – Altstätten 12 – Bregenz 15 – Dornbirn 11 – Feldkirch 28 – Konstanz 51.

Isebähnli mit Zim, Rheinstr. 3, ☎ 0717 475 888, *coq-d-or@bluewin.ch, Fax 0717 475 889*, – P. AE MC VISA
geschl. 15. - 29. März – ***Coq d'Or*** *(geschl. Sonntagabend und Montag)* **Menu** 49/75 und à la carte 46/97 – **6 Zim** 85/140 – ½ P Zuschl. 25.
◆ Das Coq d'Or liegt an einer Bahnlinie. Im hellen, durch Holzrundbögen unterteilten Lokal kann man Speisen von einer traditionellen Karte bestellen.

Ihre Meinung über die von uns empfohlenen Restaurants, deren Spezialitäten sowie die angebotenen regionalen Weine, interessiert uns sehr.

AUBONNE 1170 Vaud (VD) 552 C10 – 2 597 h. – alt. 502.

Bern 129 – Lausanne 25 – Genève 40 – Montreux 56 – Yverdon-les-Bains 48.

Le Manoir, 20 r. du Chêne, ☎ 0218 087 111, *Fax 0218 087 111,* – AE VISA
fermé 20 déc. au 13 janv., 9 au 12 avril, sam. midi, dim. soir et lundi – **Repas** 20 - 39 (midi)/96 et à la carte 62/102.
◆ Un magnifique jardin borde la terrasse de cette ancienne maison de notable (18e s.). Élégantes salles à manger dans les tons pastel. Cuisine classique française.

L'Esplanade, 42 r. du Chêne, ☎ 0218 085 250, *esplanade.aubonne@bluewin.ch, Fax 0218 087 109,* ← lac, – AE VISA
fermé 23 déc. au 7 janv., 23 fév. au 3 mars, dim. soir, mardi soir et merc. – **Repas** 18.50 - 42/68 (soir) et à la carte 50/90.
◆ Pavillon du 17e s. agrémenté d'une terrasse et d'une véranda d'où vous embrasserez du regard le lac Léman. Répertoire culinaire classique français.

AUGIO 6547 Grigioni (GR) 553 S11 – alt. 1 034.

Bern 279 – Sankt Moritz 160 – Bellinzona 32 – Chur 122 – San Bernardino 49.

Cascata , ☎ 0918 281 312, *albergoristorante@lacascata.ch, Fax 0918 281 354,* ←, – VISA
Pasto *(chiuso lunedì da gennaio a maggio e da settembre a dicembre)* 18 - 25 ed alla carta 28/60 – **10 cam** 55/140 – ½ P sup. 25.
◆ Alberghetto che sorge in un piccolo e idilliaco villaggio di montagna, nei pressi di una cascata. Camere dal confort semplice con un certo charme. Ristorante rustico che ben si integra nella realtà locale.

AUSSERBERG 3938 Wallis (VS) 552 L11 – Höhe 1 008.

Bern 184 – Brig 17 – Andermatt 107 – Saas Fee 33 – Sion 52.

Sonnenhalde , ☎ 0279 462 583, *info@sonnenhalde-ausserberg.ch, Fax 0279 461 805,* ←, – AE VISA. Rest
geschl. 31. Jan. - 1. März – **Menu** *(geschl. Mittwoch und Donnerstag von Nov. - Jan.)* 24 - 48 und à la carte 52/91 – **15 Zim** 86/148 – ½ P Zuschl. 38.
◆ Das Haus liegt am oberen Dorfrand und bietet von der Sonnenterrasse Ausblick auf die Walliser Alpen. Die modernen Zimmer sind mit hellem Mobiliar funktionell eingerichtet. Im rustikalen Restaurant kümmert man sich um das leibliche Wohl der Gäste.

AUVERNIER Neuchâtel 552 G7 – *rattaché à Neuchâtel.*

Les AVANTS Vaud 552 G10 – *rattaché à Montreux.*

AVENCHES 1580 Vaud (VD) 552 G7 – 2 510 h. – alt. 475.

Voir : *Musée romain★ Musée romain de Vallon : mosaïques★★.*

Manifestation locale

09.07 - 23.07 : Festival d'opéra aux arènes d'Avenches : Carmen.

Office du Tourisme, 3 pl. de l'Église, ☎ 0266 769 922, info@avenches.ch, Fax 0266 753 393.

Bern 40 – Neuchâtel 37 – Fribourg 18 – Lausanne 58.

Couronne, 20 r. Centrale, ☎ 0266 755 414, *couronneavenches@vtx.ch, Fax 0266 755 422,* – , rest, – 15/50. AE VISA
fermé 26 déc. au 26 janv. – **Repas** *(fermé dim. soir et jeudi soir sauf juil. - août)* 16 - 45 (midi)/89 et à la carte 47/91 – **12 ch** 120/210 – ½ P suppl. 35.
◆ Maison de caractère nichée au coeur de la cité historique. Teintes pastel et toiles contemporaines président au décor des chambres. Restaurant traditionnel au cadre moderne et chaleureux. Dégustations de vins dans la cave voûtée.

Lacotel, Les Joncs, Nord : 3 km par route de Salavaux, ☎ 0266 753 444, *lacotel@lacotel-avenches.ch, Fax 0266 751 188,* , , , – – 15/40. AE VISA
fermé 21 déc. au 1er fév. – **Repas** 95 et à la carte 53/98 – ***Brasserie*** **: Repas** 17.50 - 53 et à la carte 44/89 – **40 ch** 170 – ½ P suppl. 38.
◆ À 300 mètres du lac et pas loin d'une zone de loisirs, hôtel aux chambres fonctionnelles à bon prix. Salles de séminaires en annexe. Confortable restaurant servant des repas classiques de bon aloi. Brasserie décontractée misant sur des plats traditionnels.

des Bains, 1 rte de Berne, ✆ 0266 753 660, *zurcher@restaurantdesbains.ch, Fax 0266 751 537,* – P. AE VISA
fermé 1er au 14 mars, 6 au 19 sept., dim. soir et lundi – **Repas** 17 - 55/90 et à la carte 62/110.
◆ Si la visite des proches arènes romaines vous a donné les crocs, venez donc vous attabler dans cette salle néo-rustique dont le nom évoque les anciens thermes d'Aventicum.

BÄCH *8806 Schwyz (SZ)* 551 Q6 – *Höhe 411.*
Bern 157 – Zürich 32 – Glarus 42 – Rapperswil 9 – Schwyz 32.

Zur Faktorei (Frau Büeler), Seestr. 41, ✆ 017 840 316, *Fax 017 861 849,* – P. AE VISA
geschl. 24. Dez. - 6. Jan., 25. Juli - 15. Aug., 3. - 17. Okt., Sonntag, Montag und Dienstag – **Menu** - Fischspezialitäten - *(Tischbestellung ratsam)* à la carte 56/117.
◆ Die ehemalige Salzfaktorei mit rustikaler Einrichtung diente früher der Salzverteilung Richtung Schwyz. Heute werden hier gekonnt zubereitete Fischspezialitäten dargeboten.
Spez. Langustinen mit frischen, hausgemachten Nudeln. Fischgratin im Kartoffelpureekranz. Steinbuttfilet grilliert auf einem Rahm-Lauchbett. **Weine** Leutschner (Eigenbau), Räuschling

Seeli, Seestr. 189, ✆ 017 840 307, *info@see.li, Fax 017 847 325,* – P. AE VISA
geschl. 23. Dez. - 6. Jan., Sonntag und Montag – **Menu** - Fischspezialitäten - (Tischbestellung ratsam) 59/92 und à la carte 58/109.
◆ Das typische Zürcher Riegelhaus liegt direkt am See. Die vier historischen Stuben mit gehobenem Komfort sind über eine Aussentreppe zu erreichen. Klassische Karte mit Fisch.

BADEN *5400 Aargau (AG)* 551 O4 – *15 984 Ew. – Höhe 396 – Kurort.*
Sehenswert : *Lage★ – Altstadt★ : Blick★ von der Hochbrücke* Z.
Museum : *Stiftung "Langmatt" Sydney und Jenny Brown★* Y.
in Schinznach Bad, ✉ *5116 (April - Okt.)* ✆ *0564 431 226, Fax 0564 433 483, über ④ : 14 km.*
Info Baden, Oberer Bahnhofplatz 1, ✆ *0562 109 191, welcome@badentourismus.ch, Fax 0562 109 100.*
Theaterplatz 3, ✆ *0562 037 979, Fax 0562 037 980.*
Bern 105 ③ – Aarau 27 ③ – Basel 65 ④ – Luzern 66 ③ – Zürich 24 ②

Stadtplan siehe nächste Seite

du Parc, Römerstr. 24, ✆ 0562 031 515, *office@duparc.ch, Fax 0562 220 793,* – ⊁ Zim, – 15/60. AE VISA JCB Y a
geschl. 23. Dez. - 2. Jan. – ***Grill* : Menu** 26 - 45 (mittags) und à la carte 50/95 – **106 Zim** 195/280 – ½ P Zuschl. 35.
◆ Am Rand des Zentrums finden Sie das rote Haus. Die modernen Studios sind mit dunklem elegantem Holz gestaltet, die restlichen Zimmer, auch dunkel möbliert, sind etwas älter. Gediegenes Ambiente umgibt Sie im Grill.

Atrium-Hotel Blume , Kurplatz 4, ✆ 0562 225 569, *info@blume-baden.ch, Fax 0562 224 298,* – AE VISA JCB Y b
geschl. 21. Dez. - 11. Jan. – **Menu** 45 und à la carte 37/74 – **34 Zim** 140/240 – ½ P Zuschl. 35.
◆ Das Hotel hat einen atriumähnlichen Innenhof und eine Einrichtung im Stil der Jahrhundertwende. Schöne moderne Zimmer, aber auch etwas ältere zeitgemässe stehen zur Auswahl. Um das Atrium herum wurde das Restaurant angelegt.

Goldener Schlüssel, Limmatpromenade 29, ✆ 0562 109 290, *info@goldenerschluessel.ch, Fax 0562 109 291,* – AE VISA Y c
geschl. 1. - 9. Feb., 18. - 30. Juli, Samstagmittag, Sonntag und Montag – **Menu** 35 (mittags)/100 und à la carte 57/110.
◆ Viel dunkles Holz und ein rustikaler Charakter kennzeichnen dieses nette Restaurant. Passend zum Interieur : die mit Stoffläufern belegten Tische.

BADEN

Bäderstrasse	Y	
Badstrasse	YZ	
Bahnhofstrasse	YZ	
Bruggerstrasse	YZ	
Cordulaplatz	Z	3
Ehrendingerstrasse	YZ	
Gartenstrasse	Y	4
Gstühlstrasse	Z	6
Haselstrasse	Y	
Kronengasse	Z	7
Kurplatz	Y	9
Landstrasse	Y	
Promenade	YZ	
Mellingerstrasse	Z	
Neuenhoferstrasse	Z	
Oberdorfstrasse	Y	
Oelrainstrasse	Z	
Parkstrasse	Y	
Römerstrasse	Y	
Rütistrasse	Z	
Schartenstrasse	Z	10
Schlossbergplatz	Z	
Schulhausplatz	Z	12
Seminarstrasse	Z	
Sonnenbergstrasse	YZ	
Stadtturmstrasse	YZ	
Theaterstrasse	Z	13
Untere Halde	Z	15
Weite Gasse	Z	16
Wettingerstrasse	Z	

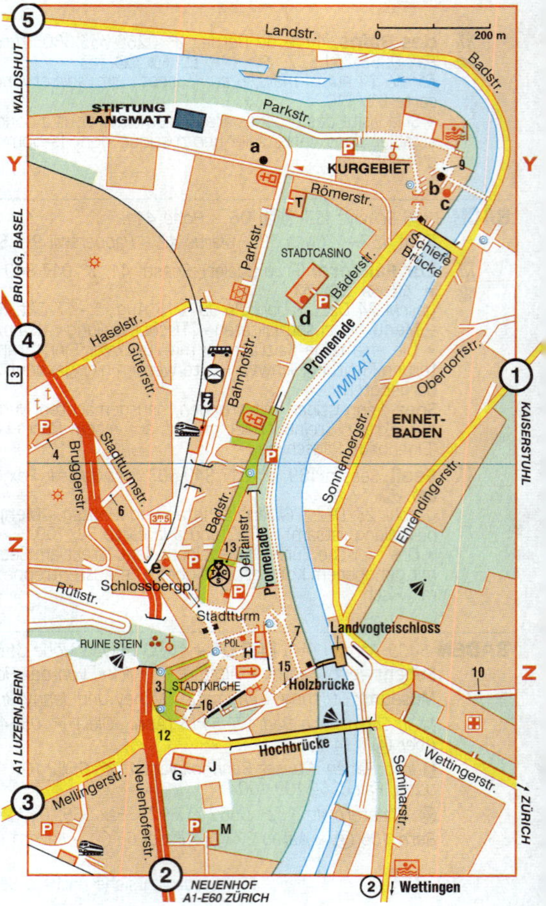

Grand Casino, Haselstr. 2, ✆ 0562 040 808, *restaurant@grandcasinobaden.ch*, *Fax 0562 040 807*, – AE VISA Y d

Menu *17.50* - 33 (mittags)/55 und à la carte 49/100.

◆ Modernes, halbrund gebautes Restaurant mit grosser Fensterfront und Terrasse zum Park. Man serviert Gerichte der klassischen und mediterranen Küche.

Isebähnli, Bahnhofstr. 10, ✆ 0562 225 758, – AE VISA. Z e

geschl. Sonntag und Montag – **Menu** *27* und à la carte 45/91.

◆ Mittags wird im Gastraum mit typischer Brasserie-Einrichtung nur ein reduziertes Angebot serviert. Am Abend erweiterte Bistrokarte. Im Innenhof liegt ein Gartenrestaurant.

in Ennetbaden *Nord-Ost : 2 km Richtung Freienwil – Höhe 359 – ✉ 5400 Baden 1 :*

Hertenstein, Hertensteinstr. 80, ✆ 0562 211 020, *info@hertenstein.ch*, *Fax 0562 211 029*, ≤ Baden, – P. AE VISA

geschl. Feiertage am Abend, Sonntag und Montag – **Menu** *27* - 55/108 und à la carte 60/96.

◆ Das Haus liegt erhöht über Baden und ermöglicht von der Terrasse einen schönen Ausblick über den Ort. Im Lokal kann man Speisen von einer gutbürgerlichen Karte auswählen.

in Dättwil *Süd-West über ③ : 3,5 km – Höhe 432 – ✉ 5405 Baden 5 :*

XXX ✿ **Pinte** (Bühlmann), Sommerhaldenstr. 20, ✆ 0564 932 030, *mail@pinte.ch, Fax 0564 931 466,* – P. AE ⓓ MC VISA
geschl. 10. - 25. April, 25. Sept. - 10. Okt., Samstag, Sonn- und Feiertage – ***Bacchusstube*** (Tischbestellung ratsam) **Menu** 59 (mittags)/140 und à la carte 80/144 – ***Pinte* : Menu** 20 - 35 (mittags) und à la carte 58/114.
◆ In der Scheune des stattlichen Bauernhauses befindet sich nun die Bacchusstube. In dem eleganten Lokal serviert man eine sorgfältig zubereitete zeitgemässe Küche. Die legere Pinte lockt mit modern-rustikalem Flair und schattigem Garten.
Spez. Jakobsmuscheltartar mit Vanille und Olivenöl, Ruccola-Kirschtomatensalat. Süsswasserfisch-Pot-au-feu mit Flusskrebsen und jungem Gemüse. Ballotine von Rehrücken und Perlhuhn auf Rotkohl mit Orange. **Weine** Badener, Tegerfeldener

---

BAD RAGAZ *7310 Sankt Gallen (SG)* 551 V7 – *4 936 Ew. – Höhe 502 – Kurort.*

Ausflugsziel : *Taminaschlucht★★ Süd-West.*
18 (März - Nov.) ✆ 0813 033 717, Fax 0813 033 727.
Lokale Veranstaltung
02.05 : Maibär, alter Brauch.
Bad Ragaz Tourismus, Maienfelderstr. 5, ✆ 0813 021 061, info@badragaz-tourismus.ch, Fax 0813 026 290.
Bern 227 – Chur 24 – Sankt Gallen 76 – Vaduz 24.

Grand Hotel Quellenhof, ✆ 0813 033 030, *reservation@resortragaz.ch, Fax 0813 033 033,* 18, – Zim, Rest, – 15/100. AE ⓓ MC VISA JCB. Rest
***Bel - Air* : Menu** 60 (mittags)/90 und à la carte 76/150 – **97 Zim** 495/730, 9 Suiten – ½ P Zuschl. 70.
◆ Ein Neubau, der mit klassischem Luxus beeindruckt. Ein elegantes Thermalbad im römischen Stil mit modernem Health- und Beauty-Center und komfortable Suiten stehen bereit. Das Restaurant ist ein edler Speiseraum in unaufdringlichen Rottönen.

Grand Hotel Hof Ragaz, ✆ 0813 033 030, *reservation@resortragaz.ch, Fax 0813 033 033,* 18, – Rest, – 15/150. AE ⓓ MC VISA JCB.
Menu (siehe auch Rest. ***Aebtestube***) – ***Olives*** - italienische Küche - **Menu** à la carte 41/76 – ***Zollstube*** - schweizer Küche - **Menu** 21 - 63 und à la carte 39/103 – **126 Zim** 290/570, 7 Suiten – ½ P Zuschl. 50.
◆ Die schönen Zimmer des Hauses verteilen sich auf das stimmungsvolle Palais und den Neubau mit Superior-Ausstattung. Elegantes Thermalbad mit Wellnessbereich. Trendig mediterran und edel im Design : das Olives. Urchige Atmosphäre in der rustikalen Zollstube.

Tamina, Am Platz 3, ✆ 0813 028 151, *info@hotel-tamina.ch, Fax 0813 022 308,* – – 30. AE ⓓ MC VISA. Rest
***Locanda* : Menu** 45 (abends) und à la carte 48/86 – ***Brasserie* : Menu** 16.50 und à la carte 41/82 – **37 Zim** 180/340, 7 Suiten – ½ P Zuschl. 40.
◆ Das klassische Hotelgebäude am Dorfplatz verfügt über Zimmer, die teils im Jugendstil mit weissem Holzmobiliar, teils aber auch in rustikalem Naturholz eingerichtet sind. Ein Bijou aus der Belle Epoque : die Locanda mit gemütlicher Gartenterrasse.

Schloss Ragaz, Süd-Ost : 1,5 km Richtung Landquart, ✆ 0813 022 355, *info@hotelschlossragaz.ch, Fax 0813 026 226,* – P. AE ⓓ MC VISA. Rest
geschl. 16. Nov. - 22. Dez. – **Menu** 28 - 36 (mittags)/70 und à la carte 41/86 – **58 Zim** 129/302 – ½ P Zuschl. 29.
◆ Das Hotel liegt ruhig im schönen Park mit Freibad und Wellnesspavillon. Die Zimmer im Schloss sind mit Möbeln im klassischen Stil, die in den Pavillons teils modern gestaltet. Ein schöner saalartiger Raum fungiert als Restaurant.

Bristol, Bahnhofstr. 38, ✆ 0813 037 777, *info@bristolhotel.ch, Fax 0813 037 778,* – Rest, P – 15/60. AE ⓓ MC VISA. Rest
Menu 14 - 23 (mittags) und à la carte 43/110 – **27 Zim** 140/260 – ½ P Zuschl. 35.
◆ Ein Hotel im Belle Epoque-Stil in Bahnhofsnähe. Man bietet komfortable Zimmer von guter Grösse, eingerichtet mit weissem, elegantem Mobiliar. Der Restaurantbereich teilt sich in das helle, elegante Miroir und das einfachere Bistro. Terrasse zum Garten.

Sandi, Bahnhofstr. 47, ✆ 0813 034 500, *info@hotelsandi.ch, Fax 0813 034 501*, , – TV P – 15/50. AE VISA. Rest
geschl. 10. Dez. - 10. Jan. – **Menu** 18.50 und à la carte 40/77 – **54 Zim** 95/250 – ½ P Zuschl. 30.
◆ Ein grosser Teil der Zimmer dieses in der Nähe des Bahnhofs gelegenen Hauses wurde mit braunem Mobiliar wohnlich ausgestattet. Ein Plus : der grosse Garten. Speisesaal und rustikale Gaststube mit Terrasse.

Ochsen garni, Bartholoméplatz 4, ✆ 0813 307 920, *ochsen@spin.ch, Fax 0813 307 921*, – TV P VISA
geschl. 18. Juli - 1. Aug. – **10 Zim** 90/180.
◆ Hinter der roten Fassade des nach dem Brand wieder aufgebauten Hauses stehen für die Gäste modern ausgestattete, in dezenten Farben gehaltene Räume zur Verfügung.

Rössli, Freihofweg 3, ✆ 0813 023 232, *kellenberger@spin.ch, Fax 0813 004 284*, – TV P VISA. Rest
geschl. 21. Dez. - 13. Jan. und 4. - 20. Juli – **Menu** *(geschl. Sonntag und Montag)* 17 - 47 (mittags)/82 und à la carte 52/102 – **11 Zim** 75/150 – ½ P Zuschl. 25.
◆ Das kleine Hotel im Ortszentrum beherbergt Sie in hellen, in Pastellgelb gehaltenen, modernen Zimmern, teils dienen grosse Landschaftsgemälde als Dekor. Dunkle Brauntöne, klare Linien und ein auf das Wesentliche reduzierte Design prägen das Restaurant.

Torkelbündte garni, Fläscherstr. 21 a, ✆ 0813 004 466, *info@torkelbuendte.ch, Fax 0813 004 479* – TV P AE VISA
geschl. über Weihnachten – **12 Zim** 86/162.
◆ Das kleine Haus in ruhiger Lage, umgeben von viel Grün, hat Zimmer, die mit dunklem Standardholzmobiliar einfach ausgestattet sind und über Balkon oder Terrasse verfügen.

XXX **Aebtestube** - *Grand Hotel Hof Ragaz*, ✆ 0813 033 030, *reservation@resortragaz.ch, Fax 0813 033 033* – . AE VISA JCB
geschl. Juli - Aug. 4 Wochen, Sonntag und Montag – **Menu** *(nur Abendessen)* (Tischbestellung ratsam) 98 und à la carte 88/145.
◆ Das gehobene Restaurant im ehemaligen Palast der Stadthalterei aus dem 18. Jh. bietet mit viel Holz eine beinahe intime Atmosphäre. Klassische, mediterran geprägte Küche.

XX **KURIGER'S Paradies,** Süd-Ost : 2 km Richtung Landquart, Fluppenstr. 28, ✆ 0813 022 424, *info@kurigers.ch, Fax 0813 025 230*, – P. AE VISA
geschl. Jan. 3 Wochen, Juli 2 Wochen, Dienstag und Mittwoch – **Menu** (siehe auch Rest. ***Fluppe***) – ***Wintergarten :*** **Menu** 27 - 45 (mittags)/127 und à la carte 78/121.
◆ In dem modernen Restaurant Wintergarten - hell und ganz in Weiss gehalten - offeriert man drei feine zeitgemässe Menüs. Schöne, schattige Sommerterrasse.
Spez. Scampi auf knusprigen Nudeln und Zitronengrasschaum. Wartauer Lammrücken unter der Kräuterkruste mit Frühlingskartoffeln und Kefen. Limonen-Quarkterrine mit Erdbeeren und Vanillesauce

XX **Löwen,** Löwenstr. 5, ✆ 0813 021 306, *gasth.loewen@bluewin.ch, Fax 0813 307 201*, – AE VISA
geschl. 21. März - 12. April, 24. Okt. - 14. Nov., Sonntag und Montag – **Menu** 22 - 82 (abends) und à la carte 46/113.
◆ Hinter der gemütlichen Gaststube befindet sich im Haus, das hübsch an der Tamina liegt, das gehobene neo-rustikale Restaurant mit schöner Holzdecke.

X **Fluppe** - *KURIGER'S Paradies*, Süd-Ost : 2 km Richtung Landquart, Fluppenstr. 28, ✆ 0813 022 424, *info@kurigers.ch, Fax 0813 025 230*, – P. AE VISA
geschl. Jan. 3 Wochen, Juli 2 Wochen, Dienstag und Mittwoch – **Menu** 23 - 54 und à la carte 46/91.
◆ Modern und rustikal gibt sich das Restaurant Fluppe mit einer kleinen, preiswerten Auswahl an sorgfältig zubereiteten zeitgemässen Gerichten.

BAD SCHAUENBURG *Basel-Landschaft* 551 K4 – *siehe Liestal.*

BAGGWIL *Bern* 551 I7 – *siehe Seedorf.*

BÂLE *Basel-Stadt* 551 K3 – *voir à Basel.*

BALGACH *9436 Sankt Gallen (SG)* 551 W5 – *4 019 Ew. – Höhe 410.*
Bern 240 – Sankt Gallen 31 – Altstätten 8 – Bregenz 18 – Lustenau 6.

Bad Balgach mit Zim, Hauptstr. 73, ✆ 0717 271 010, *hotel@badbalgach.ch, Fax 0717 271 011,* – Zim, TV P. AE VISA. Zim
geschl. 1. - 16. Jan. und Samstagmittag – **Menu** 49 (mittags)/90 und à la carte 57/111 – **10 Zim** 115/170.
◆ Das historische Haus aus dem Jahre 1834 hat zwei rustikal getäferte, gemütliche Gaststuben im traditionellen Stil. Klassisches Speisenangebot. Mit wohnlichen Zimmern.

BALLWIL *6275 Luzern (LU)* 551 O6 – *2 175 Ew. – Höhe 515.*
Bern 110 – Luzern 15 – Aarau 39 – Baden 48 – Cham 17 – Zürich 56.

Zur Sonne, Dorfstr. 13, ✆ 0414 481 318, *zur.sonne@swiss-window.ch, Fax 0414 482 118,* – P. AE VISA
geschl. 22. Feb. - 1. März., 1. - 23. Aug., Sonntag und Montag – **Menu** 17 - 48 (mittags)/116 und à la carte 50/125.
◆ Das Wirtshaus liegt im Zentrum des Dorfes. Im Gastraum wie im kleinen Stübli werden Gerichte von der klassischen Karte mit Rohprodukten vom benachbarten Bauern serviert.

BALSTHAL *4710 Solothurn (SO)* 551 K5 – *5 589 Ew. – Höhe 499.*
Ausflugsziel : *Passwanggipfel : Panorama★★ Nord : 14 km.*
Bern 53 – Basel 48 – Solothurn 22 – Zürich 80.

Kreuz, Falkensteinerstr. 1, ✆ 0623 868 888, *kreuz@seminarhotelkreuz.ch, Fax 0623 868 889,* – TV P – 15/130. AE VISA
Menu 24 - 32 (mittags) und à la carte 43/118 – **79 Zim** 105/180.
◆ Das Hotel besteht aus vier einzelnen Gebäuden. Die Zimmer im Rössli sind ländlich, die des Motels modern mit dunklem Furnier, die im Kornhaus mit hellem Holz eingerichtet. Verschiedene Restaurants und eine Terrasse erwarten den Gast.

BANCO-NEROCCO *Ticino* 553 R13 – *vedere Bedigliora..*

BASEL (BÂLE)

4000 🅺 *Basel-Stadt (BS)* **551** K3 *– 164 850 Ew. – Höhe 277*

Bern 100 ⑤ – Aarau 56 ⑤ – Belfort 79 ⑦ – Freiburg im Breisgau 72 ① – Schaffhausen 99 ⑤.

Basel Tourismus, im Stadtcasino, am Barfüsserplatz, ☎ 0612 686 868, info@baseltourismus.ch, Fax 0612 686 870 BY.
Steinentorstr. 13, ☎ 0612 059 999, Fax 0612 059 970 BZ.
Birsigstr. 4, ☎ 0612 723 933, Fax 0612 813 657 BZ.
EuroAirport, ☎ 0613 253 111, Basel (Schweiz) über zollfreie Strasse 8 km und in Saint-Louis (Frankreich), ☎ (0033) 389 90 25 11 T.

Fluggesellschaften
Swiss International Air Lines Ltd., *☎ 0848 852 000.*
British Airways *EuroAirport ☎ 0848 845 845, Fax 0613 252 952.*

Lokale Veranstaltungen
27.01 : Vogel Gryff, alter Brauch.
01.03 – 03.03 : Fasnacht, "Morgenstraich".

18 in Hagenthal-le-Bas (Frankreich), ✉ F-68220 (März-Nov.) ☎ (0033) 389 68 50 91, Fax (0033) 389 68 55 66, Süd-West : 10 km.

18 Markgräferland in Kandern (Deutschland), ✉ D-79400 (März-Nov.) ☎ (0049) 7626 97 79 90, Fax (0049) 97 79 922, Nord : 23 km.

Sehenswert : *Zoologischer Garten★★★* AZ *– Altstadt★ : Münster★★* CY, *Blick★ von der Pfalz, Fischmarktbrunnen★* BY, *Alte Strassen★* BY *– Hafen* T *: Blick★ von der Aussichtsterrasse auf dem Siloturm der Schweizerischen Reederei* AX **G** *– Rathaus★* BY **H**.

Museen : *Kunstmuseum★★★* CY *– Museum der Kulturen★* BY **M1** *– Historisches Museum★★* BY *– Antikenmuseum und Sammlung Ludwig★★* CY *– Basler Papiermühle★* DY **M6** *– Haus zum Kirschgarten★* BZ *– Museum Jean Tinguely★* T **M8**.

Ausflugsziele : *Römische Ruinen in Augst★★ Süd-Ost : 11 km – St.-Chrischona-Kapelle★ : 8 km über ② – Wasserturm Bruderholz★* U *– Riehen 6 km über ② : Fondation Beyeler★★, Spielzeugmuseum★.*

Schreiben Sie uns...
Ihre Meinung, sei es Lob oder Kritik, ist stets willkommen.
Jeder Ihrer Hinweise wird durch unsere Inspektoren sorgfältigst in den betroffenen Hotels und Restaurants überprüft.
Dank Ihrer Mithilfe wird Der Rote Michelin-Führer immer aktueller und vollständiger.
Vielen Dank im Voraus !

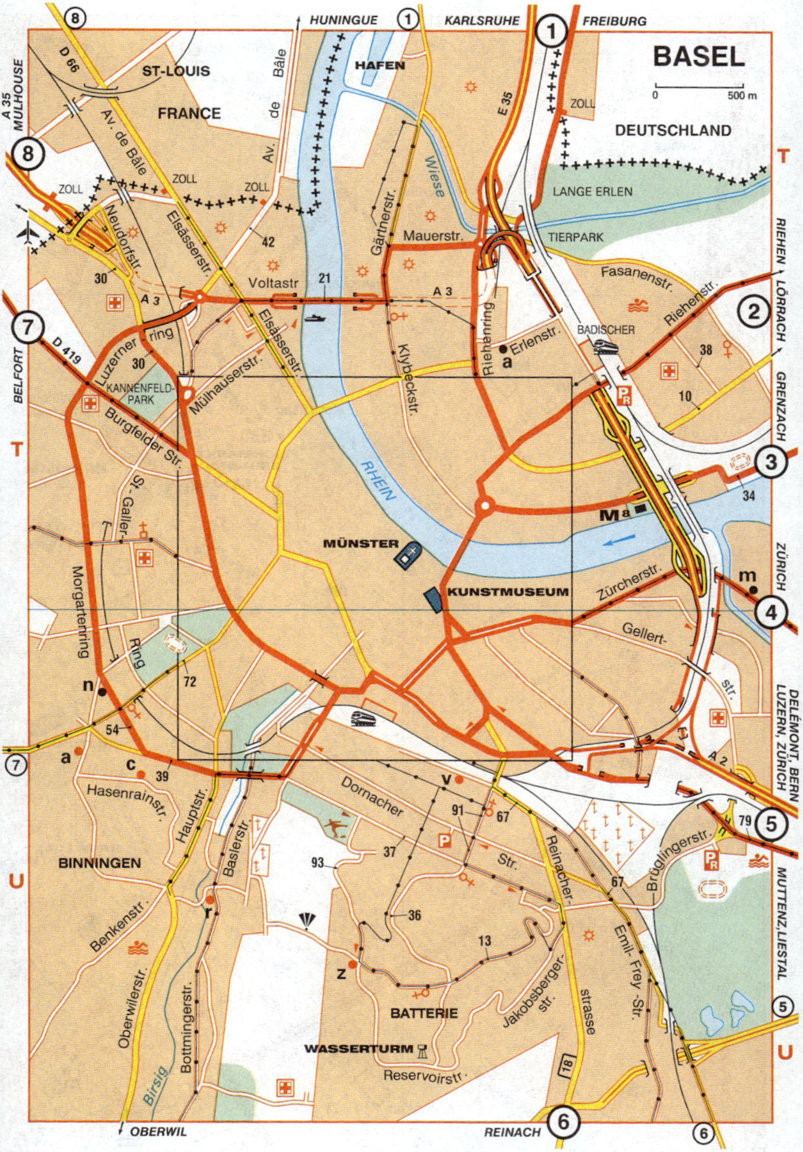

Bäumlihofstrasse . . . . T 10
Bruderholzallee . . . . U 13
Brüglingerstrasse . . . . U
Burgfelderstrasse . . . . T
Dornacherstrasse . . . . U
Dreirosenbrücke . . . . T 21
Elsässerstrasse . . . . T
Emil Frey-Strasse . . . . U
Erlenstrasse . . . . T
Fasanenstrasse . . . . T
Flughafenstrasse . . . . T 30
Gärtnerstrasse . . . . T
Gellertstrasse . . . . U
Grenzacherstrasse . . . . T 34
Gundeldingerrain . . . . U 36
Gundeldingerstrasse . . . . U 37
Hirzbrunnenstrasse . . . . T 38
Holeestrasse . . . . U 39
Hüningerstrasse . . . . T 42
Jakobsbergerstrasse . . . . U
Klybeckstrasse . . . . T
Laupenring . . . . U 54
Luzernerring . . . . T
Mauerstrasse . . . . T
Morgartenring . . . . TU
Mülhauserstrasse . . . . T
Münchensteinerstrasse . . . . U 67
Neubadstrasse . . . . U 72
Reinacherstrasse . . . . U
Reservoirstrasse . . . . U
Riehenring . . . . T
Riehenstrasse . . . . T
St.Galler-Ring . . . . TU
St.Jakobs-Strasse . . . . U 79
Thiersteinerallee . . . . U 91
Unterer Batterieweg . . . . . . U 93
Voltastrasse . . . . T
Zürcherstrasse . . . . TU

A
B
X
Y
Z
0
200 m
Kannenfeldpl.
Metzerstr.
Johanns-
Ring
St.
Spitalstrasse
Johanns-
Johanniterbrücke
Feldbergstr.
Klybeckstr.
St. Antonius-Kirche
Mittlere
St.
FRAUENSPITAL
Schanzenstr.
Spitalstrasse
Vorstadt
Klingelbergstr.
46
G
Burgfelderplatz
KANTONSSPITAL
Blumen-
rain
Str.
M
M
Missionsstr.
graben
Petersgasse
Mittlere Rheinbrücke
12
Peterskirche
e
P
28
Rhein
Peterspl.
FISCHMARKT-BRUNNEN
61
24
Martinskirche
Nonnenweg
a
c
84
U
M
87
H
sprung
Birmannsgasse
Spalentor
5
Marktpl.
6
82
c
M
Socinstr.
Schützen-
85
Peters-
Spalenberg
x
76
Gerbergasse
P
s
Freie
70
Ahornstr.
Spalenring
str.
M
31
Heuberg
93
27
Str.
69
Eulerstr.
g
M
Socinstr.
graben
55
90
Allschwilerstr.
Austr.
Holbeinstr.
Steinengraben
V
M
Schützenmatt-
57
51
HISTORISCHES MUSEUM
Weiherweg
Schützen-
d
s
M
Steinenberg
Austr.
Leimenstr.
52
92
Steinenvorstadt
T
SCHÜTZENMATT-PARK
HAUS ZUM KIRSCHGARTEN
Bundesstr.
Steinenring
Auberg
Holbeinstr.
Brennerstr.
88
49
b
Arnold Böcklin-Str.
Bundespl.
Birsigstr.
Birsigstr.
Elisabethenstr.
Rütimeyer-
63
str.
43
Viaduktstr.
str.
Bachlettenstr.
18
c
m
16
Vivarium
25
k
d
f
Binningerstr.
Margarethenstr.
18
Oberwiler-
ZOOLOGISCHER GARTEN
Bernerring
Güterstr.
Dornacherstr.
A
B

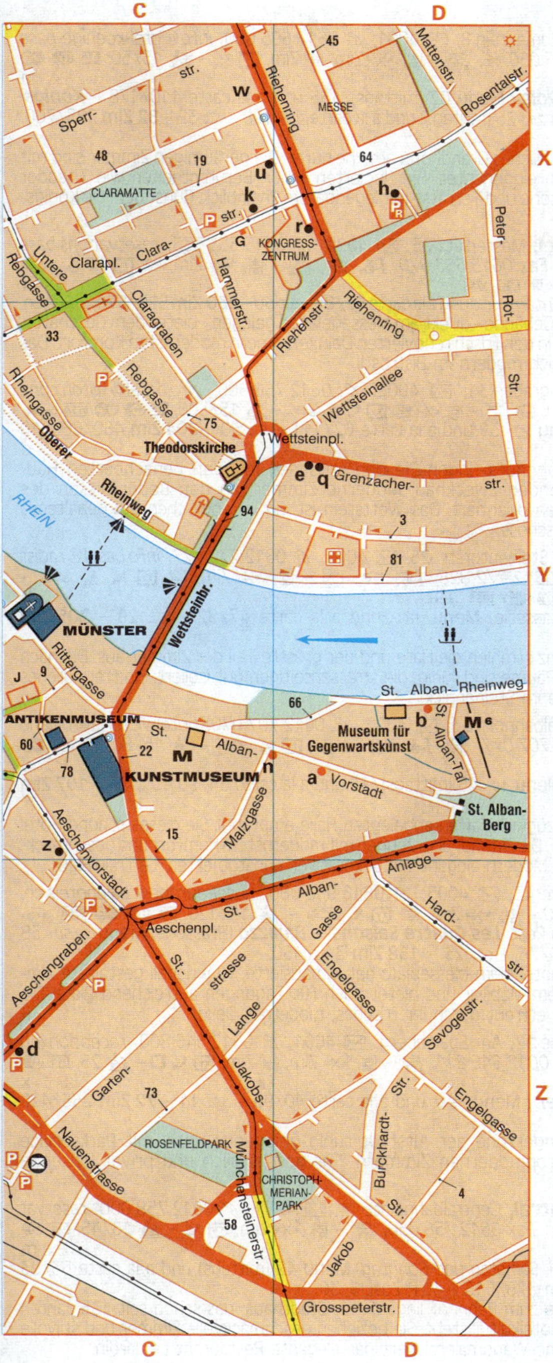

BASEL

Es ist empfehlenswert, in der Hauptsaison und vor allem in Urlaubsorten, Hotelzimmer im voraus zu bestellen.

Drei Könige, Blumenrain 8, ✉ 4001, ☎ 0612 605 050, *info@drei-koenige-basel.ch, Fax 0612 605 060,* <, – |‡|, ⁄ Zim, ▤ Zim, TV ✆ – 🏛 15/50. AE ◐ MC VISA JCB BY a

Rôtisserie des Rois : **Menu** 62 (mittags)/155 und à la carte 110/178 – ***Königsbrasserie :*** **Menu** *21* - 25 (mittags) und à la carte 49/108 – ☕ 32 – **82 Zim** 285/700, 6 Suiten.

◆ Altes, traditionsreiches Grandhotel am Rheinufer. Die geräumigen Zimmer sind mit original Stilmöbeln eingerichtet. Hier logierten schon Berühmtheiten wie Theodor Herzl. Noble Rôtisserie und Terrasse mit legendärem Rheinblick. Günstiger : die Königsbrasserie.

Swissôtel Basel, Messeplatz 25, ✉ 4021, ☎ 0615 553 333, *reservations.basel@swissotel.com, Fax 0615 553 970,* – |‡|, ⁄ Zim, ▤ TV ✆ ♿ – 🏛 15/35. AE ◐ MC VISA DX r

Menu *(geschl. Sonntag) 16.50* und à la carte 52/81 – ☕ 30 – **230 Zim** 520/570, 8 Suiten.

◆ Das weitläufige Gebäude - direkt am Messegelände gelegen - bietet dem Geschäftsreisenden speziell in den frisch renovierten Deluxezimmern modernsten Komfort. Das Restaurant gibt sich modern im Bistrostil.

Hilton, Aeschengraben 31, ✉ 4002, ☎ 0612 756 600, *info.basel@hilton.com, Fax 0612 756 650,* – |‡| ⁄ ▤ TV ✆ ♿ – 🏛 15/300. AE ◐ MC VISA JCB

Wettstein : **Menu** *29* - 39 und à la carte 62/111 – ☕ 30 – **204 Zim** 460/660, 10 Suiten. CZ d

◆ Unweit des Bahnhofs finden Sie den stilistisch mit den benachbarten Häusern harmonierenden Zweckbau. Moderne Zimmer, an den Bedürfnissen des Geschäftsreisenden orientiert. Das Wettstein ist ein im englischen Stil gehaltenes Lokal im Untergeschoss.

Radisson SAS, Steinentorstr. 25, ✉ 4001, ☎ 0612 272 727, *info.basel@radissonsas.com, Fax 0612 272 828,* – |‡|, ⁄ Zim, ▤ TV ✆ ♿ – 🏛 15/150. AE ◐ MC VISA JCB BZ b

Steinenpick (Brasserie) **Menu** *18.50* und à la carte 47/92 – ☕ 29 – **205 Zim** 460/600.

◆ Schlichte Eleganz strahlen die Halle und der grösste Teil der Zimmer aus. Die nach innen gelegenen Räume sind ruhig, die strassenseitigen gut isoliert. Ein freundliches Umfeld finden Sie im Steinenpick.

Victoria, Centralbahnplatz 3, ✉ 4002, ☎ 0612 707 070, *hotel-victoria@balehotels.ch, Fax 0612 707 077,* – |‡| ⁄ ▤ TV ✆ – 🏛 15/80. AE ◐ MC VISA JCB BZ d

Le Train Bleu : **Menu** *19* - 45 (mittags)/75 und à la carte 54/90 – ☕ 23 – **107 Zim** 340/450.

◆ Mit einer grosszügigen, offen angelegten Halle empfängt Sie dieses schöne Hotel direkt am Bahnhof. Die Zimmer überzeugen mit modernstem Komfort und geschmackvoller Einrichtung. Modern-elegant, mit dekorativen Kunstobjekten : Le Train Bleu.

Europe, Clarastr. 43, ✉ 4005, ☎ 0616 908 080, *hotel-europe@balehotels.ch, Fax 0616 908 880* – |‡|, ⁄ Zim, ▤ TV ✆ – 🏛 15/120. AE ◐ MC VISA JCB

Menu (siehe auch Rest. ***Les Quatre Saisons***) – ***Bajazzo*** (Brasserie) **Menu** *19.50* - 38 und à la carte 43/76 – ☕ 23 – **158 Zim** 340/450.

◆ Das Geschäftshotel beim Messeplatz hat klimatisierte, funktionell gestaltete Zimmer mit modernem Mobiliar und bietet auch für Tagungen ausreichend Platz. Die Brasserie Bajazzo erfreut durch ihr frisches, modernes Dekor. CX k

Basel, Münzgasse 12, Am Spalenberg, ✉ 4001, ☎ 0612 646 800, *reception@hotel-basel.ch, Fax 0612 646 811,* – |‡|, ⁄ Zim, ▤ Zim, TV ✆ P – 🏛 25. AE ◐ MC VISA BY x

Brasserie Steiger : **Menu** *18.50* und à la carte 40/99 – ☕ 14 – **72 Zim** 255/420 – ½ P Zuschl. 45.

◆ In der Fussgängerzone der Altstadt ruhig gelegenes Hotel mit Parkservice und eleganten, topmodernen Zimmern. Für geschäftlich und privat Reisende geeignet.

Euler und Central, Centralbahnplatz 14, ✉ 4051, ☎ 0612 758 000, *reservation@hoteleuler.ch, Fax 0612 758 050,* – |‡|, ⁄ Zim, TV ✆ – 🏛 15/45. AE ◐ MC VISA JCB BZ m

Le Jardin *(geschl. Samstag und Sonntag)* **Menu** 42 (mittags) und à la carte 53/93 – ☕ 28 – **66 Zim** 375/515 – ½ P Zuschl. 30.

◆ In direkter Nähe zum Bahnhof liegt dieses Stadthaus, das schon seit 135 Jahren für traditionelle Hotelkultur steht. Sie beziehen geschmackvolle Zimmer und stilvolle Suiten. Eine schöne Wandmalerei ziert das elegante Restaurant Le Jardin.

Central, Küchengasse 7, ✉ 4051, ✆ 0612 758 000, *hotelcentral@hoteleuler.ch, Fax 0612 758 050* – TV ✆. AE VISA JCB BZ c
19 – **23 Zim** 156/247 – ½ P Zuschl. 30.
◆ Als Alternative zum Hotel Euler bietet das Hotel Central seinen Gästen etwas schlichtere, funktionell eingerichtete Gästezimmer.

Ramada Plaza Basel, Messeplatz 12, ✉ 4058, ✆ 0615 604 000, *basel.plaza@ramada-treff.ch, Fax 0615 605 555*, ← – Zim, TV ✆ – 15/500. AE VISA. Rest DX h
Filou **: Menu** *18.50* - 28 (mittags) und à la carte 48/108 – 28 – **230 Zim** 240/270.
◆ Businesshotel im Messeturm. Modernes Design, viel Glas und interessante Licht-Effekte begleiten Sie vom Empfang bis in die funktionellen, in warmen Farben gehaltenen Zimmer. Das Filou : ein gläserner Vorbau über dem Messeplatz mit elegantem Ambiente.

Palazzo garni, Grenzacherstr. 6, ✉ 4058, ✆ 0616 906 464, *mail@hotel-palazzo.ch, Fax 0616 906 410*, – TV ✆. AE VISA JCB DY e
30 Zim 220/320.
◆ Das moderne Hotel verfügt unter anderem über eine Indoor Golfanlage. Zur Strasse hin klimatisierte Zimmer. Nach hinten - zum kleinen Garten hin gelegen - der Wintergarten.

St. Gotthard garni, Centralbahnstr. 13, ✉ 4002, ✆ 0612 251 313, *reception@st-gotthard.ch, Fax 0612 251 314* – TV ✆. AE VISA BZ f
103 Zim 220/360.
◆ Beim Bahnhof wurde aus zwei Hotels eines. Nach erfolgten Umbauten bietet man Zimmer an, die zeitlos in hellem Holz eingerichtet sind und über gute Schallisolierung verfügen.

Der Teufelhof, Leonhardsgraben 47, ✉ 4051, ✆ 0612 611 010, *info@teufelhof.com, Fax 0612 611 004* – ✆ – 20. AE VISA BY g
geschl. Weihnachten – **Menu** (siehe auch Rest. ***Der Teufelhof***) – **29 Zim** 180/365, 4 Suiten.
◆ Im Kunsthotel werden die Zimmer im 3-Jahres-Turnus neu gestaltet. Im Galeriehotel sehen sie wechselnde Kunstausstellungen. Vinothek zwischen alten Stadtmauerfundamenten.

Merian, Rheingasse 2, ✉ 4005, ✆ 0616 851 111, *kontakt@merian-hotel.ch, Fax 0616 851 101*, ←, – Zim, TV ✆ – 15/80. AE VISA JCB
Café Spitz - Fischspezialitäten – **Menu** *19* - 54/82 und à la carte 49/95 **63 Zim** 230/305 – ½ P Zuschl. 35.
◆ Traditionsreiches Haus direkt am Rheinufer. Die flussseitigen, ruhiger gelegenen Zimmer gewähren einen schönen Ausblick auf das Grossbasler Ufer und das Basler Münster. Das Café Spitz lockt mit Fischgerichten und sonniger Rheinterrasse. BY b

Dorint, Schönaustr. 10, ✉ 4058, ✆ 0616 957 000, *info.basbas@dorint.com, Fax 0616 957 100* – Zim, TV ✆ – 15/80. AE VISA JCB.
Rest T a
Olive Tree **: Menu** *18* - 33 (mittags) und à la carte 42/90 – 22 – **171 Zim** 270/405 – ½ P Zuschl. 30.
◆ Die modernen, funktionellen Zimmer mit grossen Schreibflächen und guter Technik sowie die Nähe zu Messe und Kongresszentrum machen das Hotel für Geschäftsreisende interessant.

BildungsZentrum 21, Missionsstr. 21, ✉ 4055, ✆ 0612 602 121, *info@bildungszentrum-21.ch, Fax 0612 602 122*, , – TV ✆ P – 15/90. AE VISA.
Menu *(nur für Hotelgäste)* 25 – **70 Zim** 185/305. AY a
◆ Dieses Domizil am Rande der Innenstadt - ein altes, renoviertes Missionshaus - liegt in einer grossen Grünanlage. Hier beziehen Sie moderne, funktionelle Gästezimmer.

Drachen, Aeschenvorstadt 24, ✉ 4010, ✆ 0612 702 323, *info@drachen.ch, Fax 0612 702 324*, – Zim, TV ✆. AE VISA JCB CY z
Menu - italienische Küche - à la carte 51/110 – **43 Zim** 205/290.
◆ Das Haus liegt am Rande des Stadtzentrums bei den Basler Grossbanken in einem Einkaufskomplex. Schöne und aufwendige Illusionsmalereien zieren Zimmer und Flure. Zwei Restaurants - gehoben und rustikal - bieten eine Vielfalt italienischer Speisen.

Rochat, Petersgraben 23, ✉ 4051, ✆ 0612 618 140, *info@hotelrochat.ch, Fax 0612 616 492*, – Zim, TV ✆ – 15/75. AE VISA BY e
Menu (alkoholfrei) *15* und à la carte 30/59 – **50 Zim** 135/210 – ½ P Zuschl. 25.
◆ Im Namen des Genfer Pfarrers Rochat, Gründer des Blauen Kreuzes, werden Hotel und Restaurant heute wie vor 100 Jahren alkoholfrei geführt. Zimmer mit zeitgemässem Komfort. Nettes Restaurant mit Gartensitzplatz.

Wettstein garni, Grenzacherstr. 8, ✉ 4058, ✆ 0616 906 969, *mail@hotel-wettstein.ch, Fax 0616 910 545* – AE MC VISA JCB DY q
40 Zim 200/190.
◆ Zeitgemässes Hotel mit funktionell eingerichteten Zimmern und hellem Frühstücksraum. Hübscher Hofgarten. In den umliegenden Gebäuden Appartements für Dauermieter.

Münchnerhof, Riehenring 75, ✉ 4058, ✆ 0616 917 780, *info@muenchnerhof.ch, Fax 0616 911 490,* – AE MC VISA JCB CX u
Menu *16* und à la carte 35/84 – **32 Zim** 264/367.
◆ Ein Stadthaus am Messegelände, dessen Zimmer ausreichend gross, frisch renoviert und mit hellem Holzmobiliar praktisch ausgestattet sind. Moderne Badezimmer. Im unterteilten Hotelrestaurant werden bürgerliche Speisen angeboten.

Metropol garni, Elisabethenanlage 5, ✉ 4002, ✆ 0612 067 676, *hotel@metropol-basel.ch, Fax 0612 067 677* – AE MC VISA BZ a
geschl. 22. Dez. - 12. Jan. – **46 Zim** 240/330.
◆ Nicht weit von Bahnhof und Stadtzentrum gelegen, bietet das Hotel zumeist modern renovierte Zimmer und im 8. Stock einen Frühstücksraum mit schöner Panoramasicht über Basel.

Balade, Klingental 8, ✉ 4058, ✆ 0616 991 900, *info@hotel-balade.ch, Fax 0616 991 220,* – Zim, AE MC VISA BX e
Menu *(geschl. Samstagmittag und Sonntag)* *18.50* - 48 (mittags) und à la carte 42/87 – 15 – **24 Zim** 170/230.
◆ Das moderne Gebäude mit der roten Fassade - nahe Stadt- und Münstermuseum - beherbergt schlicht gestaltete und praktisch ausgestattete Gästezimmer. Zur Halle hin offenes Restaurant im Bistrostil.

Spalentor garni, Schönbeinstr. 1, ✉ 4056, ✆ 0612 622 626, *info@hotelspalentor.ch, Fax 0612 622 629* – AE MC VISA AY c
geschl. 22. Dez. - 4. Jan. – **40 Zim** 185/235.
◆ Ein modernes Stadthotel in zentraler Lage nahe dem namengebenden Spalentor. Saubere und neuzeitlich ausgestattete Gästezimmer mit Laminatfussboden stehen zum Einzug bereit.

Steinenschanze garni, Steinengraben 69, ✉ 4051, ✆ 0612 725 353, *info@steinenschanze.ch, Fax 0612 724 573,* – AE MC VISA BY s
geschl. 24. Dez. - 4. Jan. – **54 Zim** 180/250.
◆ Nicht weit von der Innenstadt bietet Ihnen diese Adresse schlichte, praktisch eingerichtete Zimmer. An warmen Sommertagen geniesst man das Frühstück auf der Gartenterrasse.

Bâlegra, Reiterstr. 1, ✉ 4054, ✆ 0613 067 676, *info@balegra.ch, Fax 0613 067 677* – video – 15. AE MC VISA U n
Menu *(geschl. Weihnachten)* *18* - 45 (abends) und à la carte 35/71 – **26 Zim** 190/300 – ½ P Zuschl. 25.
◆ Das gut erreichbare Hotel mit hellen, funktionell möblierten Zimmern liegt an der Ringstrasse, 10 Minuten vom Stadtzentrum entfernt. In der Nähe : grosszügige Grünanlagen.

Au Violon, im Lohnhof 4, ✉ 4051, ✆ 0612 698 711, *auviolon@iprolink.ch, Fax 0612 698 712,* – AE MC VISA BY v
geschl. 22. Dez - 8. Jan. ; Rest. auch 27. Juni - 6. Juli, Montag, Sonn- und Feiertage – **Menu** *20* und à la carte 45/84 – 14 – **20 Zim** 100/180.
◆ Ehemaliges Untersuchungsgefängnis der Stadt Basel mit Lift direkt vom Barfüsserplatz zur Reception. Eine ebenso spezielle wie auch günstige Unterkunft im Herzen von Basel. An Stelle eines Blechnapfes erwarten Sie ein nettes Gedeck und gut zubereitetes Essen.

XXXX ✿✿ **Bruderholz,** Bruderholzallee 42, ✉ 4059, ✆ 0613 618 222, *bruderholz@bluewin.ch, Fax 0613 618 203,* , – P. AE MC VISA JCB U z
geschl. 24. Feb. - 8. März, Sonntag und Montag (ausser Messen) – **Menu** 68 (mittags)/195 und à la carte 148/228.
◆ Ein imposantes Herrenhaus oberhalb Basels, klassisch-komfortabel eingerichtet und mit schönem Blumengarten, empfiehlt sich mit kreativen Menüs für den wahren Geniesser.
Spez. Soupe crémeuse aux truffes noires du Périgord et sa royale de volaille (automne - hiver). La queue de langoustine grillée au velours d'anchois citronné et émulsion de poivrons doux (printemps - été). La poularde de Bresse poêlée, jus de cuisson au foie gras, coussinets maigres aux épinards

Les Quatre Saisons - ***Hotel Europe***, Clarastr. 43 (1. Etage), ✉ 4005, ✆ 0616 908 720, *hotel-europe@balehotels.ch, Fax 0616 908 880* – ▤. AE ⓓ MC VISA JCB. ✂ CX k
geschl. 26. Juli - 23. Aug. und Sonntag (ausser Messen) – **Menu** 63 (mittags)/135 und à la carte 81/145.
◆ Modern gestyltes Restaurant im 1. Stock des Europe, wo sich der Gast von geschultem Servicepersonal mit internationalen Genüssen auf hohem Niveau verwöhnen lassen kann.
Spez. Périgord-Trüffel im Strudelteig. Gedeckte Kalbsmilken-Torte mit schwarzem Trüffel und Lauch. Pithiviers mit Sanglé und Tannenhonig

Rest. Der Teufelhof - ***Hotel Der Teufelhof***, Leonhardsgraben 47, ✉ 4051, ✆ 0612 611 010, *info@teufelhof.com, Fax 0612 611 004*, – . AE ⓓ MC VISA BY g
geschl. Weihnachten – ***Bel Etage*** *(geschl. 1. - 6. Jan., Juli - Aug., Samstagmittag, Sonntag und Montag (ausser Messen)* **Menu** 77 (mittags)/180 und à la carte 91/164
– ***Weinstube :*** **Menu** 70 und à la carte 66/102.
◆ In den gediegenen Stuben mit schönem Parkett erwartet Sie eine moderne, äusserst kreative Küche. Eine grosse Auswahl an ausgesuchten Weinen rundet das Ess-Kulturerlebnis ab. Durch den Innenhof erreicht man die gemütliche Weinstube mit einfacher Karte.
Spez. Gänseleber-Tiramisù mit Quittengelée und Schalottenconfit. Gegrilltes Loup de Mer mit Olivennage, Orecchiette und Artischocken. Holunderblütenkaltschale mit Schokoladencannelloni und Erbeereis

Zum Schützenhaus, Schützenmattstr. 56, ✉ 4051, ✆ 0612 726 760, *restaurant@schuetzenhaus-basel.ch, Fax 0612 726 586*, – . AE ⓓ MC VISA AY d
Gartensaal : **Menu** 59/75 und à la carte 75/138.
◆ Das historische Zunfthaus beherbergt den mit Holzvertäfelung und nettem Dekor klassisch-rustikal gestalteten Gartensaal sowie eine schlichtere Brasserie - beide mit Terrasse.

Zum Goldenen Sternen, St. Alban-Rheinweg 70, ✉ 4052, ✆ 0612 721 666, *info@sternen-basel.ch, Fax 0612 721 667*, – AE ⓓ MC VISA JCB DY b
geschl. 23. - 30. Dez. – **Menu** 27 - 62 und à la carte 61/111.
◆ Inmitten alter Fachwerkhäuser liegt das Bürgerhaus am Rhein. Die Speiseräume haben teilweise wunderschöne Holzdecken. Hübsch : die Terrassen vor und hinter dem Haus.

Chez Donati, St. Johanns-Vorstadt 48, ✉ 4056, ✆ 0613 220 919, *Fax 0613 220 981*, – BX g
geschl. 29. Feb. - 8. März, 11. Juli - 9. Aug., Sonntag und Montag – **Menu** - italienische Küche - 25 und à la carte 72/127.
◆ Das Innere des alten Hauses zeigt sich im klassischen Stil des ausgehenden 19. Jahrhunderts. Kronleuchter, Bilder, Stuck und viel Holz verleihen dem Raum eine elegante Note.

Charon, Schützengraben 62, ✉ 4051, ✆ 0612 619 980, *Fax 0612 619 909* – ▤. AE ⓓ MC VISA JCB AY s
geschl. 21. - 29. Dez., 8. - 12. April, 11. Juli - 8. Aug., Samstag von Mai - Sept., Montag von Okt. - April, Sonn- und Feiertage – **Menu** 30 - 95 (abends) und à la carte 62/120.
◆ Ein kleines sympathisches Restaurant mit Bistro-Ambiente und hübscher Pflanzendekoration. Häufig wechselndes, auf ausgewählten Frischprodukten basierendes Angebot.

Hong Kong, Riehenring 91, ✉ 4058, ✆ 0616 918 814, *info@restaurant-hongkong.ch, Fax 0616 918 836*, – AE ⓓ MC VISA JCB CX w
geschl. Weihnachten, Ostern und Juli – **Menu** - chinesische Küche - 19.50 - 50 (mittags)/86 und à la carte 52/90.
◆ Von Kanton bis Szechuan ! Der Gast kann hier aus einem breitgefächerten Angebot an chinesischen Spezialitäten wählen. Das Ambiente ist typisch fernöstlich.

St. Alban-Stübli, St. Alban-Vorstadt 74, ✉ 4052, ✆ 0612 725 415, *Fax 0612 740 488*, – AE ⓓ MC VISA DY a
geschl. 24. Dez. - 5. Jan., 30. Juli - 8. Aug., Samstag (ausser abends von Sept. - Juni) und Sonntag – **Menu** (mittags nur kleine Karte) (Tischbestellung ratsam) 28 - 48 (mittags)/90 und à la carte 59/112.
◆ Im gemütlichen ortstypischen Stübli oder im Garten geniesst man traditionelle gutbürgerliche Gerichte. Danach führt der Weg die Treppe hinauf ins kleine Zigarrenzimmer.

XXX **Zur Schuhmachernzunft,** Hutgasse 6 (1. Etage), ✉ 4001, ✆ 0612 612 091, *mschneiter@digi-com.ch, Fax 0612 612 591* – ▤. AE ⓓ ⓜ VISA BY c
geschl. 24. - 28. Dez., 26. Juni - 15. Aug., Samstag (ausser Nov. - Dez.) und Sonntag (ausser Messen und Fasnacht) – **Menu** (Tischbestellung ratsam) 87 und à la carte 64/116.
• Im 1. Stock eines alten Stadthauses finden Sie dieses freundich geführte Restaurant. Die alte Holztäfelung, viele Bilder, ein Flügel und ein gutes Couvert prägen das Ambiente.

X **Sakura,** Centralbahnstr. 14, ✉ 4051, ✆ 0612 720 505, *info@bahnhofrestaurants.ch, Fax 0612 953 988* – ▤. AE ⓓ ⓜ VISA BZ k
geschl. 5. Juli - 15. Aug., Samstagmittag, Sonn- und Feiertage – **Menu** - japanische Küche - ***Teppanyaki* : Menu** 64/114 und à la carte 37/93 – ***Yakitori* : Menu** 15 - 47/85 und à la carte 53/108.
• Das Lokal steht im Zeichen der aufgehenden Sonne. Im Bahnhofsgebäude gelegen, lädt es mit japanischer Höflichkeit zu fernöstlichen Genüssen ein. Vor Ihren Augen werden im Teppanyaki die Speisen von flinken Köchen kunstvoll präsentiert.

X **St. Alban-Eck,** St. Alban-Vorstadt 60, ✉ 4052, ✆ 0612 710 320, *pluess@st-alban-eck.ch, Fax 0612 738 609* – AE ⓓ ⓜ VISA CY n
geschl. 17. Juli - 9. Aug., Samstagmittag und Sonntag – **Menu** 24 - 43 (mittags)/91 und à la carte 67/115.
• Das alte Eckhaus mit Fachwerkfassade liegt in einer ruhigen Wohngegend in Rheinnähe. Viel Holz gibt dem Lokal seinen bürgerlich-rustikalen Charakter.

X **Gundeldingerhof,** Hochstr. 56, ✉ 4053, ✆ 0613 616 909, *dominic@gundeldingerhof.ch, Fax 0613 618 399,* 🌳 – AE ⓓ ⓜ VISA U v
geschl. 25. Dez. - 3. Jan., 22. - 29. Feb., Samstagmittag und Montag – **Menu** (mittags nur kleine Karte) 28 - 50 (mittags)/98 und à la carte 56/105.
• In dem hellen, freundlichen Quartierrestaurant kann man aus einem ansprechenden Angebot sowohl an Speisen, wie auch an ausgesuchten Weinen wählen.

in Riehen *über ② : 5 km – Höhe 288 – ✉ 4125 Riehen :*

XXX ✿ **Schürmann's,** Äussere Baselstr. 159, ✆ 0616 431 210, *Fax 0616 431 211,* 🌳 – AE ⓓ ⓜ VISA
geschl. 1. - 7. März, 26. Juli - 7. Aug., 4. - 16. Okt., Sonntag und Montag (ausser grossen Messen) – **Menu** *(nur Abendessen)* 95 und à la carte 74/137.
• Im modernen Restaurant mit wechselnden Bilderausstellungen und auf der Gartenterrasse werden aus frischen Zutaten kreierte, wohlschmeckende Speisenfolgen angeboten.
Spez. Spezialitäten mit weissem Albatrüffel (Herbst - Winter). Badische Spargeln (Frühling). Reh und Wildsau aus der Region (Sommer - Herbst)

in Birsfelden *Ost über ④ : 3 km – Höhe 260 – ✉ 4127 Birsfelden :*

🏠 **Alfa,** Hauptstr. 15, ✆ 0613 156 262, *alfa.birsfelden@bluewin.ch, Fax 0613 156 263* – |♦| TV ✆ P – 🏛 15/80. AE ⓓ ⓜ VISA T m
Menu *(geschl. Sonntag)* 22 (mittags) und à la carte 36/110 – **51 Zim** ☕ 105/200.
• In 15 Minuten erreichen Sie von hier aus das Zentrum mit der Strassenbahn. Die funktionellen Zimmer des Hauses bieten eine günstige Alternative zu den Stadthotels.

XX **Waldhaus** mit Zim, Ost : 2 km Richtung Rheinfelden, ✆ 0613 130 011, *Fax 0613 789 720,* 🌳, 🌲 – TV 🚗 P – 🏛 15/30. AE ⓓ ⓜ VISA
geschl. 22. Dez. - 5. Jan., Sonntagabend und Montag – **Menu** 20 - 55/66 und à la carte 57/103 – **8 Zim** ☕ 126/192.
• Idyllisch ist die Lage dieses schönen Fachwerkhauses in einer Parkanlage am Rheinufer. Für Kinder ist ein Spielplatz vorhanden, Spaziergänge in der nahen Hard bieten sich an.

in Muttenz *über ⑤ : 4,5 km – Höhe 271 – ✉ 4132 Muttenz :*

🏨 **Baslertor,** St. Jakobs-Str. 1, ✆ 0614 655 555, *hotel-baslertor@balehotels.ch, Fax 0614 655 550,* 🌳, 🏋 – |♦|, ⚹ Zim, TV ✆ 🚗 – 🏛 15/20. AE ⓓ ⓜ VISA
Menu *(geschl. Samstag und Sonntag) (nur Abendessen)* à la carte zirka 43 – ☕ 13 – **43 Zim** 270/330, 4 Suiten.
• Im grossen Gebäudekomplex mit Einkaufszentrum stehen moderne Zimmer mit grosszügigem Platzangebot wie auch Appartements mit vollständig eingerichteter Küche zur Verfügung.

in Binningen *2 km* U *– Höhe 284 – ✉ 4102 Binningen :*

XXX **Schloss Binningen,** Schlossgasse 5, ✆ 0614 212 055, *wdammann@schloss-binningen.ch, Fax 0614 210 635,* , – P AE VISA JCB U r
geschl. 21. Feb. - 8. März, Sonntag und Montag (ausser Messen und Feiertage) – **Menu** 32 - 50 (mittags)/98 und à la carte 65/130.
◆ Dinieren im Empire Salon, ein trautes tête-à-tête in der Schlossstube und vieles mehr ist in dem alten, stilvoll eingerichteten Rittergut in einer Parkanlage möglich.

XXX **The Castle,** Hasenrainstr. 59, ✆ 0614 212 430, *welcome@thecastle.ch, Fax 0614 217 709,* < – P AE VISA U c
geschl. 2 Wochen im Aug., Samstagmittag, Montag und Dienstag – **Menu** 55 (mittags)/138 und à la carte 89/132.
◆ Parkett, Gemälde und ein gutes Couvert tragen zum eleganten, englisch inspirierten Stil des durch Säulenbögen unterteilten Restaurants bei. Beeindruckender Blick über Basel !

XX **Gasthof Neubad** mit Zim, Neubadrain 4, ✆ 0613 020 705, *gasthof.neubad@datacomm.ch, Fax 0613 028 116,* – Zim, TV P AE VISA U a
geschl. 21. Feb. - 6. März und Mittwoch – **Menu** 22 - 50 (mittags)/90 und à la carte 49/112 – **6 Zim** 125/240.
◆ 1742 begann die Geschichte dieses schönen Hauses als Bade- und Gasthof. Heute speist man hier gutbürgerlich, auch im hübschen Gartenrestaurant.

BASSECOURT *2854 Jura (JU)* 551 I5 *– 3 444 h. – alt. 478.*

Bern 76 – Delémont 11 – Basel 56 – Biel 41 – Montbéliard 57.

Croix Blanche, 51 r. Colonel Hoffmeyer, ✆ 0324 267 189, *office@ob-jobin.ch, Fax 0324 266 049,* – TV P – 50. AE VISA
fermé 25 juil. au 15 août et 24 au 26 déc. – **Repas** *(fermé sam. midi et dim.)* 16.50 - 45/95 et à la carte 39/99 – **9 ch** 75/150 – ½ P suppl. 25.
◆ Grande maison de pays établie sur la traversée du village. Chambres certes un tantinet désuètes, mais d'une tenue irréprochable. Salon en mezzanine. Restaurant d'esprit rustique. Préparations traditionnelles et choix de grillades.

BÄTTERKINDEN *3315 Bern (BE)* 551 J6 *– 2 630 Ew. – Höhe 472.*

Bern 24 – Biel 33 – Burgdorf 14 – Olten 45 – Solothurn 11.

X **Krone** mit Zim, Bahnhofstr. 1, ✆ 0326 653 434, *info@kronebaetterkinden.ch, Fax 0326 653 483,* – TV P AE VISA
geschl. Mittwoch – **Menu** 16 und à la carte 40/75 – 10 – **3 Zim** 90/160.
◆ In dieser rustikalen Trendadresse kommen Sie in den Genuss kulturell-kulinarischer Veranstaltungen. Das Beizli bietet einfache sorgfältig zubereitete zeitgemässe Speisen.

BAUEN *6466 Uri (UR)* 551 P7 *– 228 Ew. – Höhe 440.*

Sehenswert : *Lage★.*

Bern 164 – Luzern 50 – Altdorf 11.

XX **Zwyssighaus,** ✆ 0418 781 177, *zemp@zwyssighaus.ch, Fax 0418 781 077,* < See und Berge, – AE VISA
geschl. 16. Feb. - 2. März, Nov. - Mitte Dez., Montag und Dienstag – **Menu** (Tischbestellung ratsam) 75/95 und à la carte 52/103.
◆ Heimelige Atmosphäre herrscht im Geburtshaus des Komponisten der Schweizer Nationalhymne, Alberik Zwyssig. Von hier aus hat man auch einen schönen Blick auf See und Berge.

BAUMA *8494 Zürich (ZH)* 551 R5 *– 4 200 Ew. – Höhe 639.*

Bern 163 – Zürich 40 – Frauenfeld 38 – Rapperswil 22 – Winterthur 25.

Heimat, Seewadel, Richtung Rapperswil : 1 km, ✆ 0523 861 166, *Fax 0523 862 560,* – TV P AE VISA
geschl. 9. Jan. - 17. Feb. – **Menu** *(geschl. Montag) (nur Abendessen ausser Samstag und Sonntag)* 78 und à la carte 35/80 – **14 Zim** 70/150 – ½ P Zuschl. 30.
◆ Der Landgasthof befindet sich ausserhalb des Ortes - ein gut geführtes kleines Hotel mit gepflegten und solide möblierten Gästezimmern. Bürgerlich-rustikales Restaurant mit traditioneller Küche.

BEATENBERG *3803 Bern (BE)* 551 L9 – *1 203 Ew.* – *Höhe 1 150.*

Sehenswert : *Niederhorn★★.*

Lokale Veranstaltungen

22.08 : Alphorntreffen

17.09 : "Chästeilet", Volksfest.

Tourist-Center, Hälteli, 0338 411 818, info@beatenberg.ch, Fax 0338 411 808.

Bern 66 – Interlaken 10 – Brienz 28.

Dorint Blüemlisalp, 0338 414 111, *info@dorint.ch*, *Fax 0338 414 144*, ≤ Thunersee und Berneralpen, – 15/80. Rest

Menu *18.50* - 25 (mittags)/41 und à la carte 38/92 – **29 Zim** 136/245, 104 Suiten – ½ P Zuschl. 40.

◆ Das ruhige Hotel mit Blick auf Thunersee und Alpen stellt seinen Gästen Studios mit hellem Einbaumobiliar und wohnlich eingerichtete Maisonnette-Appartements zur Verfügung. Grosses, frisch renoviertes Restaurant.

Gloria, 0338 410 000, *info@hotelgloria.ch*, *Fax 0338 410 001*, ≤ Jungfraugebiet, – Zim,

geschl. 8. - 24. Dez., Sonntagabend und Montag von Okt. - Jan. – **Menu** *16* und à la carte 39/87 – **16 Zim** 85/140 – ½ P Zuschl. 25.

◆ Kleines Hotel in schöner Aussichtslage. Die Zimmer sind älter, aber gepflegt, ausreichend gross und mit dunklem Eichenfurnier eingerichtet. Rustikales Restaurant mit Terrasse.

in Waldegg *Ost : 1 km – Höhe 1 200 – ✉ 3802 Waldegg :*

Beausite, 0338 411 941, *ferien@hotel-beausite.ch*, *Fax 0338 411 943*, ≤ Jungfraugebiet, – Rest

geschl. 18. April - 2. Mai und 15. Nov. - 18. Dez. – **Menu** *(geschl. Mittwoch) (kleine Karte) 17* - 38 (abends) und à la carte 30/56 – **11 Zim** 65/134 – ½ P Zuschl. 26.

◆ Die Zimmer dieses Hotels sind mit neo-rustikalen Bauernmöbeln nett eingerichtet. Auf die schöne Lage mit Blick auf das Jungfraugebiet weist schon der Name des Hauses hin. Einfaches Restaurant mit Terrasse.

Eiger garni, 0338 411 212, *hotel-eiger@bluewin.ch*, *Fax 0338 411 756*, ≤ Jungfraugebiet, –

geschl. 1. - 19. Dez., 8. März - 2. April und 25. Okt. - 23. Dez. – **6 Zim** 70/140.

◆ Ein regionstypisches, holzverkleidetes Chalet, das vor allem Urlauber anspricht, die eine familiäre, private Atmosphäre vorziehen. Auch für Kleinseminare gut geeignet.

BECKENRIED *6375 Nidwalden (NW)* 551 P7 – *2 868 Ew.* – *Höhe 435* – *Wintersport : 1 600/2 001 m 1 8.*

Lokale Veranstaltung

04.12 : "Samichlaus Märcht und Umzug".

Tourismusbüro, Seestr. 1, 0416 203 170, info@tourismus-beckenried.ch, Fax 0416 203 205.

Bern 135 – Luzern 22 – Andermatt 39 – Brienz 57 – Schwyz 34 – Stans 12.

Sternen, Buochserstr. 54, 0416 245 555, *seehotel-sternen@bluewin.ch*, *Fax 0416 245 556*, ≤ Vierwaldstättersee, –

Menu *20* und à la carte 60/95 – **41 Zim** 110/200 – ½ P Zuschl. 45.

◆ Ein eigener Fährbetrieb gehört zu diesem schön gelegenen Seehotel. Die Zimmer sind mit hellem Naturholz ausgestattet und bieten teils einen Ausblick auf Wasser und Berge. Sie speisen in verschiedenen rustikalen Stuben oder auf der Terrasse.

BEDIGLIORA *6981 Ticino (TI)* 553 R13 – *488 ab.* – *alt. 615.*

Bern 290 – Lugano 14 – Bellinzona 37 – Locarno 50 – Varese 26.

a Banco-Nerocco *Nord : 2 km – alt. 582 – ✉ 6981 Banco :*

Osteria la Palma, a Nerocco, 0916 081 118, –

chiuso dal 25 dicembre al 2 gennaio, dal 3 febbraio al 3 marzo, martedì (salvo luglio ed agosto) e mercoledì – **Pasto** alla carta 37/67.

◆ Costruzione di campagna con una piccola sala ed un più grande servizio estivo all'aperto, sotto un fiorito pergolato in legno. Pochi piatti genuini, tipicamente ticinesi.

BEGNINS *1268 Vaud (VD)* **552 B10** *– 1 318 h. – alt. 541.*
Bern 129 – Lausanne 34 – Champagnole 61 – Genève 29.

Auberge de l'Ecu Vaudois avec ch, 1 rte de Saint-Cergues, ✆ 0223 664 975, *auberge@ecuvaudois.ch, Fax 0223 664 963,* – – 15/100. AE VISA
Rest : fermé dim. soir et lundi – **Repas** 48 (midi)/110 et à la carte 61/100 – ***Café :*** **Repas** *16* et à la carte 52/76 – **5 ch** 110/225.
• Ancienne auberge communale rénovée abritant quelques chambres modernes et une salle à manger contemporaine où l'on vient faire des repas soignés, dans le tempo actuel. Brasserie présentant une carte traditionnelle. Caveaux et "Carnotzet des Vignerons".

BELALP *Wallis* **552 M11** *– siehe Blatten bei Naters.*

BEINWIL AM SEE *5712 Aargau (AG)* **551 N5** *– 2 572 Ew. – Höhe 519.*
Bern 100 – Aarau 22 – Luzern 31 – Olten 36 – Zürich 53.

Seehotel Hallwil mit Zim, Seestr. 79, ✆ 0627 658 030, *hotel@seehotel-hallwil.ch, Fax 0627 658 040,* ←, – – 60. AE VISA.
geschl. 24. Dez. - 7. Jan. – **Menu** *(geschl. Montag von Okt. - Mitte Mai)* à la carte 46/98 – **12 Zim** 115/175 – ½ P Zuschl. 45.
• Zwei ruhig am See gelegene Gebäude bilden das Hotel. Die im motelartigen Neubau untergebrachten Zimmer sind modern mit heller Einrichtung und haben alle einen Balkon.

BELLEVUE *Genève* **552 B11** *– rattaché à Genève.*

BELLINZONA *6500 Ticino (TI)* **553 S12** *– 16 757 ab. – alt. 240.*
Vedere : *Castelli★ : castello di Montebello★, ←★ dal castello di Sasso Corbaro.*
Manifestazioni locali
27.02 - 04.03 : "Rabadan" corteo mascherato ed animazione carnevalesca
28.04 - 06.06 : Pianoforte, festival pianistico.
Ente turistico di Bellinzona e dintorni, Palazzo Civico, piazza Nosetto 5, ✆ 0918 252 131, info@bellinzonaturismo.ch, Fax 0918 214 120.
viale Stazione 8A, ✆ 0918 216 160, Fax 0918 216 150.
Bern 247 – Locarno 20 – Andermatt 84 – Chur 115 – Lugano 28.

Unione, via Generale Guisan 1, ✆ 0918 255 577, *info@hotel-unione.ch, Fax 0918 259 460,* – , cam, rist, – 15/120. AE VISA.
rist
chiuso dal 20 dicembre al 20 gennaio – ***Da Marco*** *(chiuso domenica)* **Pasto** *29* - 37/75 ed alla carta 45/78 – **33 cam** 170/230 – ½ P sup. 30.
• Ubicato lungo la strada principale, comodo hotel indicato anche per una clientela d'uomini d'affari. Camere funzionali e dal confort attuale. Il ristorante propone una carta tradizionale con orientamento internazionale, in un ambiente semplice.

Castelgrande, Salita al Castello, ✆ 0918 262 353, *info@castelgrande.ch, Fax 0918 262 365,* – . AE VISA JCB
chiuso lunedì – **Pasto** *(chiuso anche domenica sera dal 31 ottobre al 31 marzo)* 45 (mezzogiorno)/98 ed alla carta 72/135 – ***Grottino San Michele*** *(chiuso anche la sera dal 31 ottobre al 31 marzo)* **Pasto** *20* ed alla carta 36/63.
• Lasciatevi sorprendere dal modernissimo ristorante racchiuso nel contesto medievale del castello. Cucina raffinata e ampia scelta di vini. Una bella alternativa al Ristorante Castelgrande il grotto San Michele che propone una cucina tradizionale.

Orico (Albrici), via Orico 13, ✆ 0918 251 518, *info@locandaorico.ch, Fax 0918 251 519* – AE VISA.
chiuso dal 1° al 6 gennaio, dal 18 luglio al 16 agosto, domenica e lunedì – **Pasto** *28* - 39 (mezzogiorno)/95 ed alla carta 76/114.
• Un locale attraente, piccolino, con due sale curate ed eleganti dove lasciarsi stupire da una cucina italiana ricercata e ricca d'inventiva.
Spec. Ravioloni al Fegato d'anatra spadellato, burro alle erbette fresche (primavera). Dorata Reale, dadolata di carciofi spinosi e finocchi, cipolle fondenti candite allo zafferano (autunno). Lombatina di agnello dei Pirenei in crosta di tartufo nero, salsa Périgueux (inverno). **Vini** Merlot del Ticino

Corona, via Camminata 5, ☎ 0918 252 844, *Fax 0918 252 148*, – AE ⓓ MC VISA.
chiuso domenica – **Pasto** 16 - 23 (mezzogiorno) ed alla carta 38/66.
◆ Nel cuore dell'incantevole centro storico della città, "coronate" la vostra golosità! Ristorante semplice, frequentato dagli habitués. Linea di cucina tradizionale.

Osteria Sasso Corbaro, Salita al Castello Sasso Corbaro, Est : 4 km, ☎ 0918 255 532, *athosluzzi@bluewin.ch*, – P. AE ⓓ MC VISA.
chiuso dal 20 dicembre al 14 marzo, domenica sera e lunedì – **Pasto** (prenotare) alla carta 54/87.
◆ Dimenticate il presente nell'amena cornice medievale del più alto dei tre castelli : in estate mangiate nella stupenda corte interna. Cucina di stampo locale.

Pedemonte, via Pedemonte 12, ☎ 0918 253 333, *Fax 0918 253 333*, – MC VISA
chiuso una settimana in febbraio, dal 5 luglio al 17 agosto, sabato mezzogiorno e lunedì – **Pasto** (prenotare) 15 ed alla carta 50/81.
◆ Ambiente intimo per cenette "tête-à-tête". Scoprite i nuovi sapori della lista letta a voce, creati con prodotti locali, rispettando il susseguirsi delle stagioni.

Osteria Malakoff, Carrale Bacilieri 10, Ravecchia (presso dell'ospedale), ☎ 0918 254 940, *Fax 0918 263 714* – MC VISA
chiuso dal 1º al 11 gennaio, agosto, domenica e giorni festivi – **Pasto** 18 - 35 (mezzogiorno)/68 ed alla carta 49/72.
◆ A pranzo menù fisso ma la sera apprezzate le numerose proposte alla carta, più elaborate, in questo simpatico locale a conduzione familiare.

sull'autostrada N2 (direzione Nord) *Sud-Ovest : 2 km :*

Mövenpick Benjaminn senza rist, Area di servizio Bellinzona Sud, ✉ 6513 Monte Carasso, ☎ 0918 570 171, *hotel.benjaminn@moevenpick.com*, *Fax 0918 577 635* – TV P. – 20. AE ⓓ MC VISA
16 – **55 cam** 110/160.
◆ Tappa ideale per chi viaggia in direzione del Gottardo : vi si accede unicamente dall'area di servizio Bellinzona sud. Camere tutte identiche, funzionali e ben isolate.

a Carasso *Nord-Ovest : 2 km – ✉ 6503 Carasso :*

Osteria Nord, via alle Torri 15, ☎ 0918 262 095, – P. MC VISA.
chiuso dal 20 gennaio al 10 febbraio, dal 10 al 20 agosto, sabato a mezzogiorno e domenica – **Pasto** 14 - 60 ed alla carta 45/75.
◆ Piccola ed accogliente osteria dall'ambiente semplice, rustico che propone piatti della cucina italiana, rielaborati con un pizzico di fantasia.

BELLWALD *3997 Wallis (VS)* 552 N11 – *462 Ew. – Höhe 1 560.*

Bern 157 – Brig 26 – Domodossola 89 – Interlaken 103 – Sion 79.

Bellwald , ☎ 0279 701 283, *info@hotel-bellwald.ch*, *Fax 0279 701 284*, ← Berge und Rhonetal, – TV P. AE ⓓ MC VISA
19. Dez. - 23. April und 30. Mai - 29. Okt. – **Menu** *(geschl. Montag in Juni und Sept.)* 26 - 58 und à la carte 40/86 – **16 Zim** 115/170, Vorsaison 90/140 – ½ P Zuschl. 30.
◆ Die zwei ruhig gelegenen Chalets befinden sich auf einer Hochterrasse im Ort und bieten einen schönen Ausblick auf das Rhonetal und die Berge. Zimmer mit hellem Holzmobiliar. Rustikales Holz prägt das Ambiente im Restaurant.

BERGÜN (BRAVUOGN) *7482 Graubünden (GR)* 553 W10 – *507 Ew. – Höhe 1 372.*

Bern 291 – Sankt Moritz 32 – Chur 54 – Davos 39.

Bellaval garni, ☎ 0814 071 209, *bellaval@berguen.ch*, *Fax 0814 072 164*, ←, – TV P. AE MC VISA.
geschl. April und Nov. – **7 Zim** 70/150.
◆ Dieses nette kleine Hotel beherbergt Sie in geräumigen Zimmern, die mit hellem Naturholz und Laminatboden modern und funktionell eingerichtet sind - mit Balkon oder Terrasse.

Die wichtigsten Einkaufsstrassen sind im Strassenindex der Stadtpläne in rot gekennzeichnet

BERIKON *8965 Aargau (AG)* 551 O5 *– 4 393 Ew. – Höhe 550.*

Bern 114 – Aarau 36 – Baden 17 – Dietikon 14 – Wohlen 12 – Zürich 18.

Stalden mit Zim, Friedlisbergstr. 9, ✆ 0566 331 135, *hotel@stalden.com, Fax 0566 337 188,* –
geschl. 9. - 15. Feb., 18. Juli - 8. Aug., Montag und Dienstag – **Menu** 19.50 (mittags)/72 und à la carte 41/72 – **8 Zim** 80/110.

◆ Der Gasthof liegt versteckt am Ende des Ortes. Im netten Umfeld des Restaurants oder auf der Terrasse können Sie moderne Gerichte mit asiatischem Einfluss geniessen.

BERLINGEN *8267 Thurgau (TG)* 551 S3 *– 761 Ew. – Höhe 403.*

Bern 184 – Sankt Gallen 67 – Frauenfeld 20 – Konstanz 16 – Schaffhausen 34 – Singen 23.

Seehotel Kronenhof, Seestr. 101, ✆ 0527 625 400, *info@seehotel-kronenhof.ch, Fax 0527 625 481,* ≤ Bodensee, , , , , – – 15/100.
geschl. 21. Dez. - 27. Jan. – **Menu** *(geschl. 1. Dez. - 28. Feb.)* 20 - 65 (abends) und à la carte 37/82 – **47 Zim** 160/260 – ½ P Zuschl. 38.

◆ Direkt am Ufer befindet sich das Neubau-Hotel. Die Zimmer mit schönem Blick auf den Untersee sind im gleichen Stil mit neuzeitlich-zweckmässigen Möbeln eingerichtet. Als Restaurant fungiert ein modern eingerichteter Raum.

BERN (BERNE)

3000 Ⓚ *Bern (BE)* 551 J7 *– 122 469 Ew. – Höhe 548*

Biel 35 ① – Fribourg 34 ③ – Interlaken 59 ② – Luzern 111 ② – Zürich 125 ①.

Bern Tourimus, Im Bahnhof, ☎ 0313 281 212, info-res@bernetourism.ch, Fax 0313 281 277 DY.

Bern Tourimus, Am Bärengraben FZ.

Thunstr. 63, ☎ 0313 563 434, Fax 0313 563 435 FZ.

Theaterplatz 13, ☎ 0313 113 813, Fax 0313 112 637 EZ

Bern-Belp, ☎ 0319 602 128 BX.

Fluggesellschaft

Swiss International Air Lines Ltd., *☎ 0848 852 000.*

Lokale Veranstaltung

22.11 : Zwiebelmarkt.

18 Blumisberg in Wünnewil ✉ 3184 (Mitte März-Mitte Nov.) ☎ 0264 963 438 Fax 0264 963 523. Süd-West 18 km über ③.

9 in Oberburg ✉ 3414 (März-Nov.) ☎ 0344 241 030, Fax 0344 241 034, Nord-Ost : 20 km Richtung Burgdorf.

Sehenswert : *Alt-Bern★★ : Marktgasse★* DZ, *Zeitglockenturm★* EZ **C**, *Kramgasse★* EZ, *Ausblicke★ von der Nydeggbrücke* FY, *Bärengraben★* FZ, *Münster St. Vinzenz★* EZ *: Bogenfeld★★, Rundblick★★ vom Turm* EZ *– Rosengarten* FY *: Blick★ auf die Altstadt – Botanischer Garten★* DY *– Tierpark im Dählhölzli★* BX *– Bruder-Klausenkirche★* BX **B**.

Museen : *Kunstmuseum★★ : Paul-Klee-Sammlung★★* DY *– Naturhistorisches Museum★★* EZ *– Bernisches Historisches Museum★★* EZ *– Schweizerisches Alpines Museum★★* EZ *– Museum für Kommunikation★* EZ.

Ausflugsziele : *Gurten★★* AX.

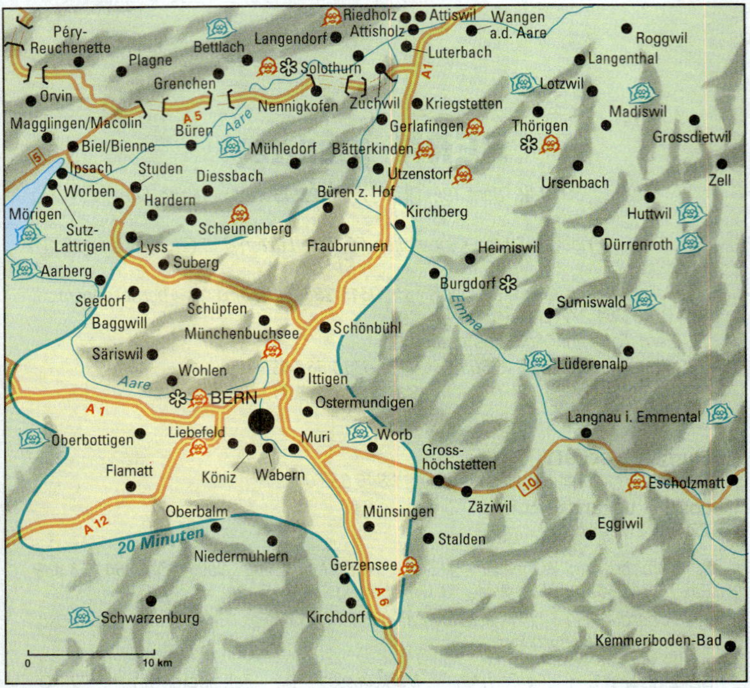

🏨🏨🏨🏨🏨 **Bellevue Palace,** Kochergasse 3, ✉ 3001, ✆ 0313 204 545, *direktion@bellevue-palace.ch, Fax 0313 114 743,* ≤, 🌳 – |‡|, ▤ Zim, TV ☎ ♿ – 🏛 15/350. AE ⓓ
MC VISA JCB. ✗ Rest EZ p
Bellevue Grill / Bellevue Terrasse (Grill : *geschl. mittags und im Sommer ; Terrasse : geschl. abends im Winter)* **Menu** 38 - 68 (mittags)/125 und à la carte 72/118 – **115 Zim** ☕ 350/540, 15 Suiten.

◆ Ein Hauch Noblesse durchzieht das nach einem Umbau wieder eröffnete Luxushotel. Die Kombination von Moderne und Klassik macht es zu einer exklusiven Residenz. Von der Terrasse des Restaurants geniessen Sie einen wunderschönen Blick auf die Aare.

🏨🏨🏨🏨 **Schweizerhof,** Bahnhofplatz 11, ✉ 3011, ✆ 0313 268 080, *info@schweizerhof-bern.ch, Fax 0313 268 090* – |‡|, ⚡ Zim, ▤ Zim, TV ☎ – 🏛 15/120. AE ⓓ MC
VISA JCB DY e
Menu (siehe auch Rest. ***Schultheissenstube*** und ***Jack's Brasserie***) – **78 Zim** ☕ 310/495, 6 Suiten.

◆ Ein Altstadtgebäude gegenüber dem Bahnhof. Die grossen Zimmer sind unterschiedlich im Schnitt, teils mit elegantem dunklem Mobiliar, teils mit älteren Stilmöbeln eingerichtet.

🏨🏨🏨 **Allegro,** Kornhausstr. 3, ✉ 3013, ✆ 0313 395 500, *allegro@kursaal-bern.ch, Fax 0313 395 510,* ≤, 🌳, 🏋, ≘s – |‡|, ⚡ Zim, ▤ Zim, TV ☎ ♿ P – 🏛 15/350.
AE ⓓ MC VISA JCB EY a
Menu (siehe auch Rest. ***Meridiano***) – ***Allegretto* : Menu** 18 und à la carte 41/82 – ***Carrousel* : Menu** 18 und à la carte 38/94 – ***Wok-In*** - asiatische Küche *(geschl. Samstag und Sonntag)* **Menu** à la carte 35/62 – ☕ 25 – **171 Zim** 215/450.

◆ Eines der neuesten und interessantesten Hotels der Stadt vereinigt unterschiedliche Stilrichtungen - von modern bis trendig-japanisch - unter seinem Dach. Im Allegretto : frisches Ambiente und Showküche. Terrasse des Carrousel : mit Blick auf Bern und Berge.

STRASSENVERZEICHNIS FÜR DEN STADTPLAN BERN

Strasse	Feld	Nr.
Aarbergergasse	DY	
AargauerStalden	FY	
Aarstrasse	DEZ	
Aegertenstrasse	EZ	
Altenbergrain	DEY	
Altenbergstrasse	EFY	
Amthausgasse	DEZ	3
Bahnhofplatz	DY	
Bärenplatz	DZ	
Belpstrasse	CZ	
Bernstrasse	AX	
Bernstrasse (Ostermundigen)	BX	
Beundenfeldstrasse	EFY	
Bethlehemstrasse	AX	4
Blumenbergstrasse	EFY	
Bollingenstrasse	BX	
Bollwerk	DY	
Breitenrainstrasse	EY	
Brunngasse	EY	6
Brunngasshalde	EY	
Bubenbergplatz	DZ	
Bühlstrasse	CY	
Bundesgasse	DZ	
Bundesplatz	DZ	
Bundesterrasse	DZ	7
Casinoplatz	EZ	
Christoffelgasse	DZ	9
Dalmaziquai	DZ	
Dufourstrasse	EZ	
Effingerstrasse	CZ	
Eigerplatz	CZ	
Eigerstrasse	CDZ	
Elfenstrasse	FZ	
Ensingerstrasse	FZ	
Gerberngasse	FZ	
Gerechtigkeitsgasse	EYZ	
Gesellschaftsstrasse	CY	
Greyerzstrasse	EY	
Halenstrasse	AX	
Hallerstrasse	CY	
Helvetiaplatz	EZ	10
Helvetiastrasse	EZ	
Hirschengraben	CZ	
Holderstrasse	DY	
Jubiläumsstrasse	EZ	12
Jungfraustrasse	FZ	
Junkerngasse	EFZ	
Kapellenstrasse	CZ	
Kasernenstrasse	FY	
Kirchenfeldbrücke	EZ	
Kirchenfeldstrasse	EFZ	
Kirchstrasse	AX	
Kochergasse	DEZ	13
Könizstrasse	AX	
Kornhausbrücke	EY	
Kramgasse	EZ	
Kreuzgasse	EZ	15
Längassstrasse	CY	
Laubeggstrasse	FY	
Laupenstrasse	CZ	
Lorrainebrücke	DY	
Lorrainestrasse	DY	
Luisenstrasse	EZ	
Marienstrasse	EZ	
Marktgasse	DEZ	
Marzilistrasse	DZ	
Mittelstrasse	CY	
Monbijoubrücke	DZ	
Monbijoustrasse	CZ	
Moserstrasse	EY	
Mühlemattstrasse	CZ	
Mühlenplatz	FZ	
Münstergasse	EZ	16
Münsterplatz	EZ	18
Muristalden	FZ	
Muristrasse	FZ	
Murtenstrasse	AX	19
Nägeligasse	DY	20
Neubrückstrasse	CDY	
Neuengasse	DY	
Nordring	EY	
Nydeggasse	FY	22
Ostermundigenstrasse	BX	24
Ostring	BX	25
Papiermühlestrasse	BX	27
Postgasse	EY	
Postgasshalde	EY	
Rathausgasse	EY	28
Rathausplatz	EY	30
Schanzenstrasse	CYZ	
Schänzlistrasse	EY	
Schauplatzgasse	DZ	
Schifflaube	EY	
Schlossstrasse	AX	31
Schosshaldenstrasse	FZ	33
Schüttestrasse	DEY	
Schwarzenburgstrasse	CZ	34
Schwarztorstrasse	CZ	36
Seftigenstrasse	CZ	37
Seminarstrasse	FZ	
Speichergasse	DY	
Spitalackerstrasse	EFY	
Spitalgasse	DZ	
Stadtbachstrasse	CY	
Standstrasse	BX	
Sulgenbachstrasse	CZ	
Sulgeneckstrasse	CDZ	
Thunstrasse	EFZ	
Tiefenaustrasse	DY	
Untertorbrücke	FY	39
Viktoriaplatz	EY	
Viktoriarain	EY	
Viktoriastrasse	EFY	
Waisenhausplatz	DY	40
Waldhöheweg	EY	
Weissensteinstrasse	AX	42
Winkelriedstrasse	BX	43
Worblaufenstrasse	BX	45
Worbstrasse	BX	
Zähringerstrasse	CY	
Zeughausgasse	DY	46
Zieglerstrasse	CZ	48

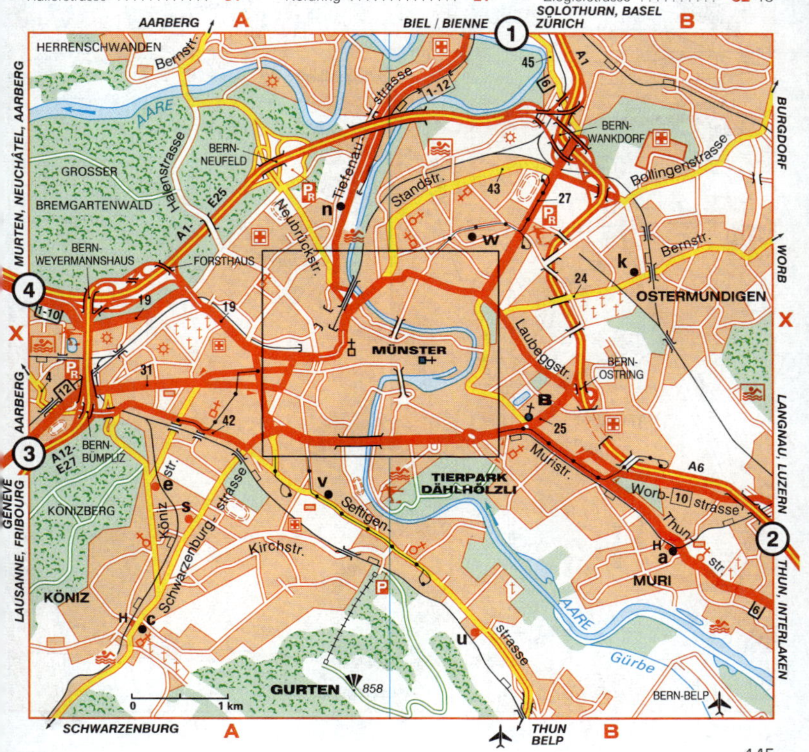

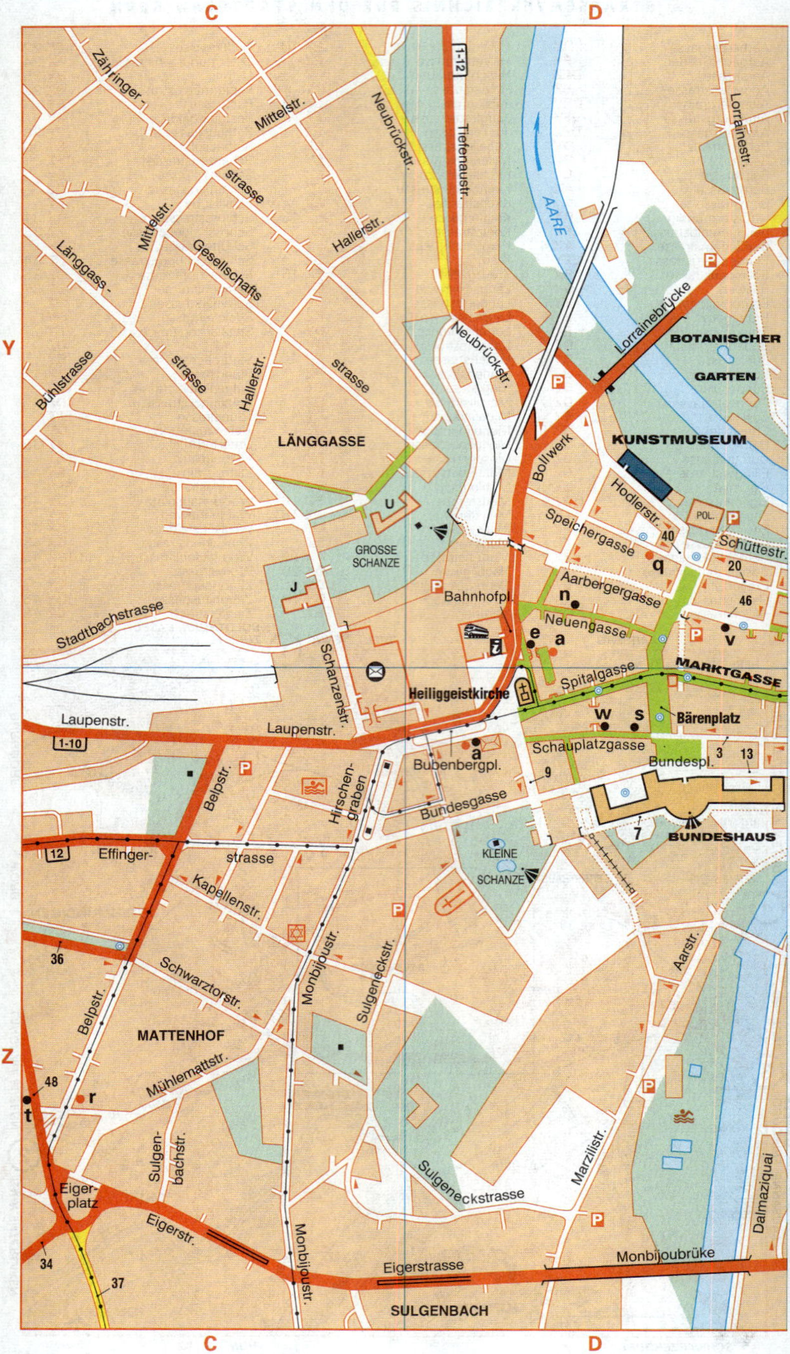

C
D
Y
Z
Zähringer-
Mittelstr.
strasse
Neubrückstr.
Tiefenaustr.
1-12
Lorrainestr.
AARE
Hallerstr.
Mittelstr.
Gesellschafts
Länggass-
strasse
Hallerstr.
strasse
Bühlstrasse
Neubrückstr.
Lorrainebrücke
BOTANISCHER
GARTEN
LÄNGGASSE
Bollwerk
KUNSTMUSEUM
Hodlerstr.
POL.
Speichergasse
Schüttestr.
GROSSE
SCHANZE
Aarbergergasse
Bahnhofpl.
Neuengasse
MARKTGASSE
Stadtbachstrasse
Schanzenstr.
Heiliggeistkirche
Spitalgasse
Bärenplatz
Laupenstr.
Laupenstr.
1-10
Bubenbergpl.
Schauplatzgasse
Bundespl.
Belpstr.
Hirschengraben
Bundesgasse
BUNDESHAUS
12
Effinger-
strasse
KLEINE
SCHANZE
Kapellenstr.
Aarstr.
Schwarztorstr.
Monbijoustr.
Sulgeneckstr.
Belpstr.
MATTENHOF
Mühlemattstr.
Sulgenbachstr.
Marzilistr.
Eigerplatz
Sulgeneckstrasse
Dalmaziquai
Eigerstr.
Monbijoustr.
Monbijoubrüke
Eigerstrasse
SULGENBACH

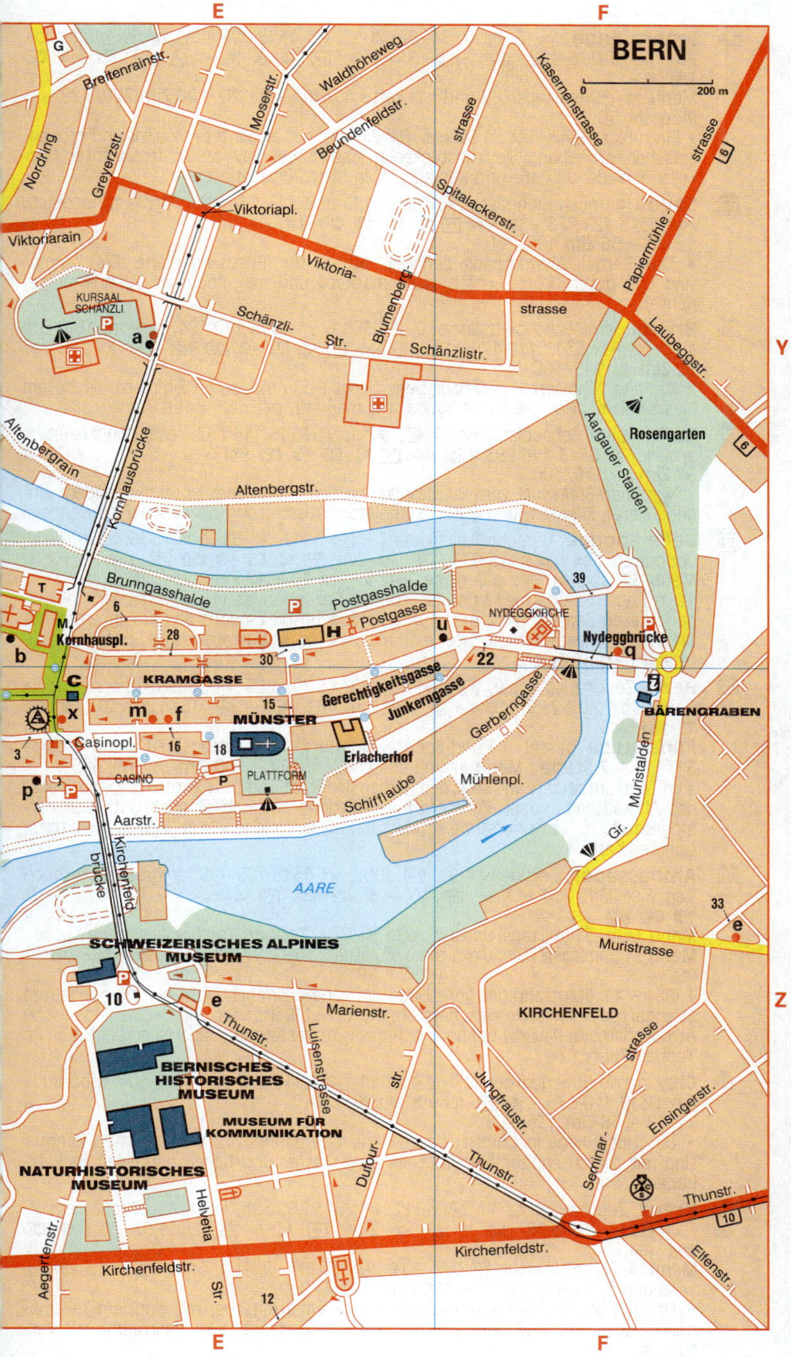
BERN
200 m
Nordring
Breitenrainstr.
Greyerzstr.
Moserstr.
Waldhöheweg
Beundenfeldstr.
Kasernenstrasse
Viktoriapl.
Viktoriarain
Viktoria-
strasse
Spitalackerstr.
Papiermühle-
Laubeggstr.
KURSAAL SCHÄNZLI
Schänzli-
Str.
Blumenberg.
Schänzlistr.
Rosengarten
Aargauer Stalden
Altenbergrain
Kornhausbrücke
Altenbergstr.
Brunngasshalde
Postgasshalde
Postgasse
NYDEGGKIRCHE
Nydeggbrücke
Kornhauspl.
KRAMGASSE
Gerechtigkeitsgasse
Junkerngasse
MÜNSTER
Erlacherhof
Gerberngasse
BÄRENGRABEN
Casinopl.
CASINO
PLATTFORM
Mühlenpl.
Schifflaube
Muristalden
Aarstr.
Kirchenfeldbrücke
AARE
Muristrasse
SCHWEIZERISCHES ALPINES MUSEUM
Marienstr.
Thunstr.
KIRCHENFELD
BERNISCHES HISTORISCHES MUSEUM
Luisenstrasse
MUSEUM FÜR KOMMUNIKATION
Jungfraustr.
Seminarstrasse
Ensingerstr.
NATURHISTORISCHES MUSEUM
Dufourstr.
Helvetiastr.
Aegertenstr.
Kirchenfeldstr.
Elfenstr.

Innere Enge, Engestr. 54, ✉ 3012, ☎ 0313 096 111, *info@zghotels.ch*, *Fax 0313 096 112*, – , Zim, – 20. AE MC VISA JCB AX n
Menu 22 - 50 (mittags)/68 und à la carte 49/100 – 20 – **26 Zim** 220/420 – ½ P Zuschl. 50.
◆ Ein ruhiges Haus fast im Grünen. Die Zimmer mit elegantem Mobiliar und provenzalischer Farbgebung. Sie frühstücken im historischen Pavillon. Stadtbekannter Jazzkeller. Einladend : Café und Restaurant im Bistro-Brasseriestil.

Savoy garni, Neuengasse 26, ✉ 3011, ☎ 0313 114 405, *info@zghotels.ch*, *Fax 0313 121 978* – . AE MC VISA JCB DY n
20 – **56 Zim** 195/260.
◆ Das Berner Altstadthaus befindet sich in der Fussgängerzone. Die Zimmer sind von guter Grösse, frisch, geschmackvoll und mit moderner Technik eingerichtet.

Bristol garni, Schauplatzgasse 10, ✉ 3011, ☎ 0313 110 101, *reception@bristolbern.ch*, *Fax 0313 119 479*, – . AE MC VISA JCB DZ w
92 Zim 190/300.
◆ Das alte renovierte Stadthaus beherbergt Sie in modernen Zimmern mit hellem Massivholzmobiliar. Die kleine Sauna teilt man sich mit dem Hotel Bern.

Bären garni, Schauplatzgasse 4, ✉ 3011, ☎ 0313 113 367, *reception@baerenbern.ch*, *Fax 0313 116 983* – . AE MC VISA JCB DZ s
57 Zim 170/300.
◆ Nur einen Steinwurf vom Bundesplatz entfernt gelegenes Hotel mit modern eingerichteten Zimmern und guter, kompletter Ausstattung für Geschäftsreisende.

Belle Epoque, Gerechtigkeitsgasse 18, ✉ 3011, ☎ 0313 114 336, *info@belle-epoque.ch*, *Fax 0313 113 936* – , Zim, . AE MC VISA JCB FY u
Menu 62 (abends) und à la carte 46/96 – 19 – **17 Zim** 225/320.
◆ Ein Haus mit Charme ! Von der schönen Rezeption bis in die geschmackvoll eingerichteten Zimmer trifft man auf viele Jugendstilelemente und auf interessante Originale. Im Restaurant serviert man mittags Snacks und abends als Spezialität Bratenstück vom Wagen.

Bern, Zeughausgasse 9, ✉ 3011, ☎ 0313 292 222, *hotelbern@hotelbern.ch*, *Fax 0313 292 299*, – , Zim, – 15/120. AE MC 15 VISA JCB EY b
Kurierstube *(geschl. Juli und Sonntag)* **Menu** 27 - 33 (mittags)/70 und à la carte 51/115 – ***7 Stube*** **: Menu** 17 und à la carte 36/92 – **100 Zim** 245/325.
◆ Im Zentrum situiert und stolz den Namen der Stadt und des Kantons tragend, bietet das Altstadthaus neben Zimmern mit funktionellem Mobiliar auch gute Seminarmöglichkeiten. Die Kurierstube ist klassisch-elegant eingerichtet. 7-Stube mit traditioneller Karte.

Ambassador, Seftigenstr. 99, ✉ 3007, ☎ 0313 709 999, *ambassador@fhotels.ch*, *Fax 0313 714 117*, , , – , Rest, – 15/150. AE MC VISA JCB. AX v
Menu 18.50 - 31 (mittags) und à la carte 50/76 – ***Teppan Taishi*** - japanische Küche - **Menu** 31 (mittags)/79 und à la carte 51/90 – 18 – **97 Zim** 165/225 – ½ P Zuschl. 28.
◆ Dieses am Stadtrand gelegene Haus bietet helle Zimmer. Nicht nur die gepflegten Steingärten vermitteln geschäftlich wie privat Reisenden eine kühle japanische Atmosphäre. Im Pavillon befindet sich das Hotelrestaurant. Japanisch kocht man im Teppan Taishi.

City garni, Bubenbergplatz 7, ✉ 3011, ☎ 0313 115 377, *city-ab@fhotels.ch*, *Fax 0313 110 636* – . AE MC VISA JCB DZ a
18 – **58 Zim** 135/205.
◆ Das Hotel liegt in unmittelbarer Nähe des Bahnhofs. Die modernen Zimmer sind mit schlichten, zeitlosen Möbeln ausgestattet und haben durchweg Parkettboden.

Kreuz, Zeughausgasse 41, ✉ 3011, ☎ 0313 299 595, *info@hotelkreuz-bern.ch*, *Fax 0313 299 596*, – , Zim, – 15/120. AE MC VISA JCB DY v
Menu (1. Etage) *(geschl. 19. Dez. - 11. Jan., 5. Juli - 9. Aug., Samstag und Sonntag)* 18.50 und à la carte 32/59 – **100 Zim** 145/210.
◆ Das Kongresshotel Kreuz hat grösstenteils neuzeitliche, mit dunklem Holzmobiliar ausgestattete Zimmer. Es stehen auch verschiedene Seminarräume zur Verfügung.

Astoria, Zieglerstr. 66, ✉ 3007, ☎ 0313 786 666, *info@astoria-bern.ch, Fax 0313 786 600,* – |♦|, Zim, TV P – 15/50. AE VISA JCB. Rest **Menu** *(geschl. 20. Dez. - 5. Jan., Samstagmittag, Sonn- und Feiertage)* 18.50 und à la carte 36/68 – **63 Zim** 95/195. CZ t

◆ Dem hellen Empfangsbereich mit Sitzgruppe schliesst sich der Frühstücksraum an. Die in dunklem Holz gehaltenen Zimmer weisen moderne Technik auf und sind schallisoliert. Das Restaurant ist neuzeitlich im Bistrostil gestaltet.

Jardin, Militärstr. 38, ✉ 3014, ☎ 0313 330 117, *info@hotel-jardin.ch, Fax 0313 330 943,* – |♦| TV P – 15/80. AE VISA BX w

Menu *(geschl. 5. Juli - 2. Aug., Samstagabend und Sonntag)* 16 und à la carte 31/72 – **18 Zim** 107/147 – ½ P Zuschl. 22.

◆ Das familiär geführte Haus liegt in einem Wohnquartier am Rande des Kasernenareals. Die Zimmer sind schlicht, gepflegt und mit neuzeitlicher Technik ausgestattet. Quartierrestaurant mit einfacher Karte.

Schultheissenstube - ***Hotel Schweizerhof***, Bahnhofplatz 11 (1. Etage), ✉ 3011, ☎ 0313 268 080, *info@schweizerhof-bern.ch, Fax 0313 268 090* – AE VISA JCB DY e

geschl. Juli - Aug., Samstag, Sonn- und Feiertage – **Menu** 39 - 85 (mittags)/145 und à la carte 84/149.

◆ Im 1. Stock des Schweizerhofs. Ein kleiner Raum mit gutem Couvert. Nach hinten die schöne rustikale Simmentalerstube mit gemütlicher, originaler Einrichtung.

Meridiano - ***Hotel Allegro***, Kornhausstr. 3, ✉ 3013, ☎ 0313 395 245, *allegro@kursaal-bern.ch, Fax 0313 395 510,* ≤ Bern und Berge, – P. AE VISA JCB EY a

geschl. Juli, Samstagmittag, Sonntag und Montag – **Menu** 48 (mittags)/135 und à la carte 78/136.

◆ Das modern-elegante Ambiente und die Panoramaterrasse mit einzigartigem Blick auf Bern und die Berge machen das Restaurant in der 5. Etage des Hotel Allegro so interessant.

Scala, Schweizerhofpassage 7, ✉ 3011, ☎ 0313 264 545, *antimo@ristorante-scala.ch, Fax 0313 264 546* – AE VISA JCB DY a

geschl. Mitte Juli - 5. Aug., Montag (ausser Dez. und Sommer) und Sonntag – **Menu** à la carte 53/95.

◆ Hell und modern im italienisch-eleganten Stil präsentiert sich das im ersten Stock einer Geschäftspassage gelegene Restaurant - Parkettboden unterstreicht das nette Ambiente.

Jack's Brasserie - ***Hotel Schweizerhof***, Bahnhofplatz 11, ✉ 3011, ☎ 0313 268 080, *info@schweizerhof-bern.ch, Fax 0313 268 090* – . AE VISA JCB DY e

Menu 33 - 88 (abends) und à la carte 59/114.

◆ Das im Stil einer gehobenen Brasserie mit Polsterbänken eingerichtete Lokal liegt im Parterre des Hotels Schweizerhof. Separater Eingang, modernes Küchenangebot.

Mille Sens, in der Markthalle, Bubenbergplatz 9, ✉ 3011, ☎ 0313 292 929, *info@millesens.ch, Fax 0313 292 991* – AE VISA DZ a

geschl. Sonn- und Feiertage, in Juli - Aug. auch Montag und Samstagmittag – **Menu** 59 (mittags)/125 und à la carte 68/112 – ***Marktplatz :*** **Menu** 19.50 und à la carte 51/86.

◆ Ein Zentrum mit zahlreichen Geschäften beherbergt dieses moderne Restaurant mit schwarzen Lederstühlen, weiss gedeckten Tischen, Parkettboden und Lüftungsrohren an der Decke. Das einfache Bistro Marktplatz mit kleiner, günstiger Karte.

Kirchenfeld, Thunstr. 5, ✉ 3005, ☎ 0313 510 278, *Fax 0313 518 416,* – AE VISA EZ e

geschl. Sonntag und Montag – **Menu** 17.50 - 47 (mittags)/62 und à la carte 50/91.

◆ Das im Stil des Neubarock erbaute Haus birgt in seinen Mauern ein Café mit "Gärtli" und einen abgesetzten Hauptraum. In beiden Bereichen wird eine zeitgemässe Küche serviert.

Wein und Sein (Blum), Münstergasse 50, ✉ 3011, ☎ 0313 119 844, *blum@weinundsein.ch* – . VISA. EZ f

geschl. 21. - 29. Dez., 18. Juli - 9. Aug., Sonntag und Montag – **Menu** *(nur Abendessen)* (Tischbestellung erforderlich) (nur Menu) 88.

◆ In einem für Bern so typischen, neu eingerichteten Kellerrestaurant mit Weinbar serviert man am Abend dem Feinschmecker ein interessantes, täglich wechselndes Menu.

Spez. Berner Trüffel (Okt. - Nov.). Wild aus der Sommerjagd (Mai - Juli). Gebackene Desserts (Winter)

Frohsinn, Münstergasse 54, ✉ 3011, ☎ 0313 113 768, *frohsinn-bern@bluewin.ch, Fax 0313 112 052,* – AE MC VISA JCB EZ m
geschl. 4. - 12. April, 18. Juli - 1. Aug., Sonntag und Montag – **Menu** 18.50 - 78 und à la carte 40/91.
◆ Frohen Sinnes verlässt man dieses typische Berner Altstadtrestaurant, nachdem man im rustikal eingerichteten, heimeligen Gastraum seine Mahlzeit genossen hat.

Lorenzini, Theaterplatz 5, ✉ 3011, ☎ 0313 117 850, *info@lorenzini.ch, Fax 0313 123 038,* – AE MC VISA EZ x
geschl. Sonn- und Feiertage – **Menu** - italienische Küche - 16 - 26 (mittags) und à la carte 47/105.
◆ Nicht weit vom Bundeshaus entfernt liegt das im Bistro-Brasseriestil eingerichtete italienische Restaurant mit eleganten "Salotti" und schöner Innenhofterrasse.

La Tavola Pronta, Laupenstr. 57, ✉ 3008, ☎ 0313 826 633, *Fax 0313 815 693* – AE MC VISA
geschl. Juli - Aug., Sonntag, Montagabend und Dienstagabend – **Menu** (Tischbestellung ratsam) 28 - 40 und à la carte 59/90.
◆ Sehr nett ist die Atmosphäre in diesem kleinen Kellerrestaurant, einer gemütlichen Stube mit Kamin. Die typisch piemontesischen Speisen sind auf einem Spiegel angeschrieben.

Gourmanderie Moléson, Aarbergergasse 24, Speichergasse 21, ✉ 3011, ☎ 0313 114 463, *info@moleson-bern.ch, Fax 0313 120 145,* – AE MC VISA DY q
geschl. Samstagmittag, Sonn- und Feiertage – **Menu** 25 - 59 und à la carte 46/99.
◆ "Tafeln wie zu Grossmutters Zeiten" ist das Motto des Altstadtrestaurants, in dem traditionelle Berner Küche auf Platten angerichtet wird. Im 1. Stock die Greyerzer Stube.

Frohegg, Belpstr. 51, ✉ 3007, ☎ 0313 822 524, *Fax 0313 822 527,* – AE MC VISA CZ r
geschl. Sonntag – **Menu** (Tischbestellung ratsam) 17 - 49 (mittags)/58 und à la carte 44/91.
◆ Der unterteilte Gastraum des Quartierrestaurants in einem Aussenbezirk ist ansprechend eingerichtet und hat eine kleine Terrasse zum Hinterhof. Einfaches günstiges Angebot.

Schosshalde, Kleiner Muristalden 40, ✉ 3006, ☎ 0313 524 523, *Fax 0313 521 091,* – P. AE MC VISA FZ e
geschl. 19. Juli - 15. Aug., Samstagmittag und Sonntag – **Menu** - italienische Küche - (Tischbestellung ratsam) 14.50 - 60 und à la carte 53/96.
◆ Ein kleiner, gemütlicher Speiseraum mit italienischem Dekor erwartet die hungrigen Gäste. Das Speisenangebot ist umfangreich und bietet viele Fischgerichte.

Brasserie Bärengraben, Grosser Muristalden 1, ✉ 3006, ☎ 0313 314 218, *edy-juillerat@hotmail.com, Fax 0313 312 560* – AE MC VISA FY q
Menu (Tischbestellung ratsam) 18.50 - 36 und à la carte 34/99.
◆ Eine der beliebtesten und typischsten Brasserien der Stadt ist im historischen Zollhäuschen untergebracht. Von der Nydeggbrücke hat man einen schönen Blick auf die Altstadt.

in Ittigen *Nord-Ost : 6 km – Höhe 529 – ✉ 3063 Ittigen :*

Arcadia, Talgut-Zentrum 34, ☎ 0319 216 030, *arcadia@arcadia-ittigen.ch, Fax 0319 247 112,* – AE MC VISA
geschl. Montag – **Menu** - italienische Küche - 19.50 und à la carte 43/85.
◆ Das Restaurant ist in ein grosses Einkaufszentrum integriert. Dunkler Steinfussboden, helle Wände und moderne Bilder lassen den Raum recht sachlich wirken. Italienische Küche.

auf der Autobahn A1 *Nord-Ost : 8 km – Höhe 529 – ✉ 3063 Ittigen :*

Grauholz garni, ☎ 0319 151 212, *restaurant.grauholz@bluewin.ch, Fax 0319 151 213,* – P – 25. AE MC VISA JCB
62 Zim 130/180.
◆ Der moderne, ausserhalb gelegene Rundbau ist nur von der Autobahn A1 aus zu erreichen. Die Zimmer sind zeitgemäss und mit hellem, funktionellem Holzmobiliar eingerichtet.

in Ostermundigen *Ost : 5 km* - BX – *Höhe 558* – ✉ *3072 Ostermundigen :*

Bären, Bernstr. 25, ☎ 0319 391 010, *welcome@baeren-ostermundigen.ch, Fax 0319 391 020,* – Zim, Rest, – 15/80. AE VISA JCB BX k

Wintergarten : **Menu** 25 - 36 (mittags) und à la carte 41/79 – ***Grotto*** - italienische Küche - *(geschl. 28. Juni - 9. Aug., Samstag und Sonntag)* **Menu** 69 und à la carte 44/86 – **26 Zim** 110/185.

◆ Der Landgasthof in der Nähe des Stadtzentrums strahlt bürgernahe Atmosphäre aus. Die rustikal eingerichteten Zimmer sind funktionell, im Obergeschoss kürzlich renoviert. Der Wintergarten ist modern gestaltet. Typisches Ambiente im Grotto.

in Muri *Süd-Ost : 3,5 km* - BX – *Höhe 560* – ✉ *3074 Muri bei Bern :*

Sternen, Thunstr. 80, ☎ 0319 507 111, *info@sternenmuri.ch, Fax 0319 507 100,* – – 15/120. AE VISA BX a

Menu 17.50 - 40 (mittags) und à la carte 42/75 – **44 Zim** 170/230.

◆ Das Haus im ländlichen Berner Stil steht im Zentrum des Dorfes. Die Zimmer - verteilt auf Haupthaus und Anbau - sind zeitgemäss und funktionell ausgestattet. Läubli und Gaststube bieten eine traditionelle Küche.

in Wabern *Süd : 5 km Richtung Belp* - BX – *Höhe 560* – ✉ *3084 Wabern :*

Maygut, Seftigenstr. 370, ☎ 0319 613 981, *info@maygut.ch, Fax 0319 610 098,* – AE VISA BX u

Kreidolfstube : **Menu** 48 (mittags)/89 und à la carte 55/104 – ***Gaststube :*** **Menu** 17.50 und à la carte 35/87.

◆ Den Eingang zur rustikal-eleganten Kreidolfstube finden Sie hinter der Konfiserietheke des typischen Berner Gutshauses. Sie wählen aus einem zeitgemässen Speisenangebot. Eine einfachere Alternative : die Gaststube.

in Liebefeld *Süd-West : 3 km Richtung Schwarzenburg* - AX – *Höhe 563* – ✉ *3097 Liebefeld :*

Landhaus, Schwarzenburgstr. 134, ☎ 0319 710 758, *landhausliebefeld@freesurf.ch, Fax 0319 720 249,* – AE VISA AX s

geschl. Montag, Sonn- und Feiertage – **Menu** (Tischbestellung ratsam) ***Rôtisserie :*** **Menu** 93 und à la carte 78/117 – ***Taverne Alsacienne :*** **Menu** 17.50 - 47 (abends) und à la carte 49/85.

◆ Die ehemalige Landvogtei aus dem Jahre 1641 beherbergt diese hübsche, angenehm hell gestaltete Rôtisserie. Im alten Gefängniskeller lagern gute Weine. Zeitgemässe Küche. Die Taverne Alsacienne offeriert u. a. Elsässer Flammkuchen in rustikalem Umfeld.

Haberbüni, Könizstr. 175, ☎ 0319 725 655, *info@haberbueni.ch, Fax 0319 725 745,* – AE VISA AX e

geschl. Sonn- und Feiertage – **Menu** *(mittags nur kleine Karte)* (Tischbestellung ratsam) 19.50 - 51/77 und à la carte 50/83.

◆ Im renovierten Dachstock (Bühni) des Bauernhauses lässt es sich gut "habere"(essen). Nehmen Sie an der Bar in modern-rustikalem Rahmen den Apéro aus dem guten Weinangebot.

in Köniz *Süd-West : 4 km Richtung Schwarzenburg* – AX – *Höhe 572* – ✉ *3098 Köniz :*

Sternen, Schwarzenburgstr. 279, ☎ 0319 710 218, *sternenkoeniz@rel-rutschi.ch, Fax 0319 718 684,* – Rest, AE VISA AX c

Menu 16.50 und à la carte 31/68 – **20 Zim** 115/184.

◆ Zeitgemässes Hotel unweit des Vorortbahnhofs. Im Haupthaus renovierte, wohnliche Zimmer mit frischen Farben und modernem Mobiliar, die Standardzimmer sind eher zweckmässig. Das Restaurant gefällt mit neuzeitlicher Einrichtung.

in Oberbottigen *West : 9 km über Bern Bümpliz* – ✉ *3019 Bern 19 :*

Bären , Matzenriedstr. 35, ☎ 0319 261 424, *hotel@baeren-oberbottigen.ch, Fax 0319 261 425,* – VISA

geschl. 22. Dez. - 5. Jan. – **Menu** *(geschl. Sonntag und Montag)* 17.50 und à la carte 42/84 – **12 Zim** 115/170.

◆ Ein typischer renovierter Berner Landgasthof in ruhiger Lage. Die Gäste wohnen in Zimmern, die mit hellen Naturholzmöbeln modern und zugleich rustikal eingerichtet sind. Man speist in der getäferten Gaststube oder im rustikalen Restaurant.

BERNECK *9442 Sankt Gallen (SG)* **551** **W5** *– 3 343 Ew. – Höhe 427.*

Bern 246 – Sankt Gallen 36 – Altstätten 11 – Bregenz 21 – Dornbirn 14 – Feldkirch 28.

Ochsen, Neugasse 8, ✆ 0717 474 721, *info@ochsen-berneck.ch, Fax 0717 474 725,* – AE VISA.
geschl. 18. Juli - 9. Aug. und Donnerstag – ***Zunftstube*** (1. Etage) **Menu** 34 - 42 (mittags)/79 und à la carte 43/103 – ***Dorfstübli*** **: Menu** 19 und à la carte 34/73.
◆ Die Zunftstube im 1. Stock des Ochsen ist ein heller Raum mit schönen dunklen Deckenbalken und solidem Mobiliar. Die Tische werden hübsch in Weiss gedeckt. Das Dorfstübli ist das einfachere Restaurant mit rustikalem Umfeld.

BETTLACH *2544 Solothurn (SO)* **551** **J6** *– 4 660 Ew. – Höhe 441.*

Bern 35 – Delémont 60 – Basel 82 – Biel 14 – Solothurn 9.

Urs und Viktor, Solothurnstr. 35, ✆ 0326 451 212, *walker@ursundviktor.ch, Fax 0326 451 893,* – Zim, – 15/70. AE VISA. Zim
Menu 16.50 - 35 (mittags) und à la carte 34/85 – **75 Zim** 90/180 – ½ P Zuschl. 30.
◆ Der alte Landgasthof mit Tavernenrecht seit 1542 hat einen neueren Anbau und beherbergt in funktionellen Zimmern Reisende zu günstigen Konditionen. Sie speisen in der Gaststube, im St. Ursesäli oder auf der Gartenterrasse.

BETTMERALP *3992 Wallis (VS)* **552** **M11** *– Höhe 1 950 – – Wintersport : 1 900/2 643 m 4 9*

Bettmeralp Tourismus, ✆ 0279 286 060, info@bettmeralp.ch, Fax 0279 286 061.

Bern 160 – Brig 14 – Andermatt 83 – Domodossola 80 – Sion 67.

mit Luftseilbahn ab Betten FO erreichbar

La Cabane garni, ✆ 0279 274 227, *lacabane@bettmeralp.ch, Fax 0279 274 440,* – AE VISA.
4. Dez. - 17. April und 25. Juni - 30. Sept. – **12 Zim** 195/330.
◆ Das moderne Hotel liegt ruhig am Ende des Dorfes und überzeugt mit einer geschmackvollen rustikalen Einrichtung. Die grossen Zimmer mit Parkettboden bieten wohnlichen Komfort.

Bettmerhof , ✆ 0279 286 210, *hotel@bettmerhof.ch, Fax 0279 286 215,* Berge und Tal, – VISA. Zim
14. Dez. - 17. April und 20. Juni - 16. Okt. – ***AlpuTräff*** **: Menu** 20 und à la carte 42/83 – ***Picco Bello*** (Pizzeria) *(geschl. Sonntag) (im Sommer nur Abendessen)* **Menu** à la carte 36/78 – **21 Zim** 110/260, Vorsaison 80/200 – ½ P Zuschl. 35.
◆ Sie finden das Haus am Rande des Dorfes, am Ende der Skipisten. Die Zimmer sind wohnlich eingerichtet und verfügen teils über Balkone mit Sicht auf Berge und Tal. Heimelige Atmosphäre umgibt Sie im AlpuTräff. Im Picco Bello gibt's Pizza aus dem Holzofen.

Alpfrieden, ✆ 0279 272 232, *mail@alpfrieden.ch, Fax 0279 271 011,* Berge, – AE VISA. Zim
15. Dez. - 13. April und 26. Juni - 17. Okt. – **Menu** 20 und à la carte 56/102 – **22 Zim** 150/305, Vorsaison 100/200 – ½ P Zuschl. 35.
◆ Das Hotel ist im traditionellen Chaletstil gebaut und liegt im Dorfzentrum. Die hell getäferten Zimmer sind mit Massivholzmobiliar rustikal eingerichtet. Das Restaurant hat eine schöne Terrasse.

Waldhaus , ✆ 0279 272 717, *waldhaus@bettmeralp.ch, Fax 0279 273 338,* Berge, , – AE VISA. Rest
16. Dez. - 16. April und 17. Juni - 3. Okt. – **Menu** 48 (abends) und à la carte zirka 60 – **19 Zim** 140/330, Vorsaison 100/280 – ½ P Zuschl. 40.
◆ Direkt am Waldrand liegt dieses Hotel in traumhafter Ruhe. Frisch und gemütlich gestaltete Zimmer ermöglichen dem Gast einen Aufenthalt in heimeliger Atmosphäre. Im Restaurant speisen Sie in rustikalem Rahmen.

Die in diesem Führer angegebenen Preise folgen der Entwicklung der allgemeinen Lebenshaltungskosten. Lassen Sie sich bei der Zimmerreservierung den endgültigen Preis vom Hotelier mitteilen.

BEVER *7502 Graubünden (GR)* **553 X10** – *626 Ew. – Höhe 1 714 – Wintersport :*

Tourismusverein, Staziun, 0818 524 945, info@bevertourismus.ch, Fax 0818 524 917.

Bern 339 – Sankt Moritz 11 – Chur 76 – Davos 63.

Chesa Salis, Bügls Svot 2, 0818 524 838, *reception@chesa-salis.ch, Fax 0818 524 706*, – . AE VISA. Rest
20. Dez. - 11. April und 20. Juni - 16. Okt. – **Menu** 62/85 und à la carte 54/105 – **17 Zim** 180/330, Vorsaison 137/240 – ½ P Zuschl. 49.
◆ Das Engadiner Patrizierhaus aus dem 16. Jh. liegt ruhig am Dorfrand und hat eine schöne rustikale Einrichtung. Die Zimmer sind liebevoll mit Originalmöbeln ausgestattet. Sie speisen in den drei ländlichen Stuben im 1. Stock oder im Grill.

BEX *1880 Vaud (VD)* **552 G11** – *5 611 h. – alt. 411.*

Voir : *Mine de sel★.*

Bern 112 – Martigny 20 – Évian-les-Bains 37 – Lausanne 49 – Sion 46 – Thonon-les-Bains 56.

Le Cèdre, 24 av. de la Gare, 0244 630 111, *cedre@hotel-cedre.ch, Fax 0244 634 288*, – , ch, – 15/80. AE VISA
Repas *(fermé Noël, sam., dim. et fériés)* 17 et à la carte 44/81 – **37 ch** 160/180, 3 suites – ½ P suppl. 38.
◆ Immeuble hôtelier construit autour d'un cèdre centenaire venu du Liban. Installations répondant à vos attentes de bien-être. Chambres contemporaines d'un bon gabarit. Plaisante salle de restaurant entretenant une atmosphère feutrée.

route de Saint-Maurice *Sud : 2,5 km :*

Le St-Christophe avec ch, 0244 852 977, *Fax 0244 852 445*, – AE VISA. rest
fermé Noël, 4 au 26 juil., dim. et lundi – **Repas** 50 (midi)/145 et à la carte 86/147 – ***La Tourelle :*** **Repas** 18 - 50 et à la carte 40/85 – **10 ch** 90/130.
◆ Ancienne ferme fortifiée (18e s.) devenue une plaisante table : vieilles pierres, belle charpente, oeuvres d'art et mets classiques actualisés. Chambres de plain-pied. Répertoire culinaire traditionnel à La Tourelle.

BIASCA *6710 Ticino (TI)* **553 S11** – *5 853 ab. – alt. 304.*

Dintorni : *Malvaglia : campanile★ della chiesa Nord : 6 km.*

Ente Turistico Biasca e Riviera, Contrada Cavalier Pellanda 4, 0918 623 327, info@biascaturismo.ch, Fax 0918 624 269.

Bern 227 – Andermatt 64 – Bellinzona 24 – Brig 111 – Chur 131.

Al Giardinetto, via A. Pini 21, 0918 621 771, *info@algiardinetto.ch, Fax 0918 622 359*, – , cam, – 15. AE VISA
Pasto - Pizzeria - 15 - 22 (mezzogiorno) ed alla carta 42/69 – ***La Barchetta*** *(chiuso dal 14 giugno al 1° settembre ; aperto : venerdì sera, sabato sera e domenica)* **Pasto** alla carta 58/90 – **25 cam** 135/185 – ½ P sup. 30.
◆ Direttamente in centro, lungo un asse trafficato. Camere di buona ampiezza, arredate con mobilio funzionale. Accanto al ristorante-pizzeria dell'hotel, il ristorante alla carta propone un'ampia scelta culinaria orientata piuttosto sul pesce. Cantina ticinese.

BIEL (BIENNE) *2500 Bern (BE)* **551 I6** – *49 802 Ew. – Höhe 437.*

Sehenswert : *Altstadt★* BY.

Museum : *Schwab★* AY **M¹**.

Ausflugsziel : *St. Petersinsel★★ Süd-West – Taubenlochschlucht★ über ② : 3 km.*

Lokale Veranstaltung
25.06 - 27.06 : "Braderie", Volksfest.

Tourismus Biel Seeland, Bahnhofplatz 12, 0323 298 484, outlet@tbsinfo.ch, Fax 0323 298 485.

Aarbergstr. 95, 0323 287 050, Fax 0323 287 059.

Hugi-Str. 2, 0323 231 525, Fax 0323 237 169.

Bern 35 ③ – Basel 91 ① – La Chaux-de-Fonds 44 ① – Montbéliard 96 ① – Neuchâtel 35 ④ – Solothurn 22 ②

BIEL BIENNE

Biel	Bienne	
Adam Göuffi-Strasse	R. Adam Göuffi	BY 3
Bahnhofstrasse	R. de la Gare	ABZ 4
Bözingenstrasse	Rte de Boujean	BY 6
Brühlstrasse	R. du Breuil	BY 7
Burggasse	R. du Bourg	BY 9
Florastrasse	R. de Flore	BY 10
Freiburgstrasse	R. de Fribourg	BZ 12
General Guisan-Platz	Pl. du Gén. Guisan	AZ 13
Gerbergasse	R. des Tanneurs	BY 15
Güterstrasse	R. des Marchandises	BZ 16
Industriegasse	R. de l'Industrie	ABY 18
Jakob Rosius-Strasse	R. Jakob Rosius	ABY 19
Juravorstadt	Faubourg du Jura	BY 21
Kanalgasse	R. du Canal	BY 22
Karl Stauffer-Strasse	R. Karl Stauffer	BY 24
Kreuzplatz	Pl. de la Croix	BZ 25
Logengasse	R. de la Loge	BY 27
Marktgasse	R. du Marché	BY 28
Mittelstrasse	R. du Milieu	BY 29
Murtenstrasse	R. de Morat	BZ 30
Neumarktplatz	Pl. du Marché-Neuf	BY 31
Nidaugasse	R. de Nidau	BY 33
Obergasse	R. Haute	BY 34
Quellgasse	R. de la Source	ABY 36
Reuchenettestrasse	Rte de Reuchenette	BY 37
Rüschlistrasse	R. de Rüschli	ABY 39
Schüsspromenade	Prom. de la Suze	AYZ 40
Silbergasse	R. de l'Argent	BZ 42
Spitalstrasse	R. de l'Hôpital	AYZ 43
Tschärisplatz	Pl. de la Charrière	AY 45
Unionsgasse	R. de l'Union	ABY 46
Unterer Quai	Quai du Bas	AZ 48
Untergasse	R. Basse	BY 49
Zentralplatz	R. Centrale	BY 51
Zentralstrasse	R. Centrale	BZ

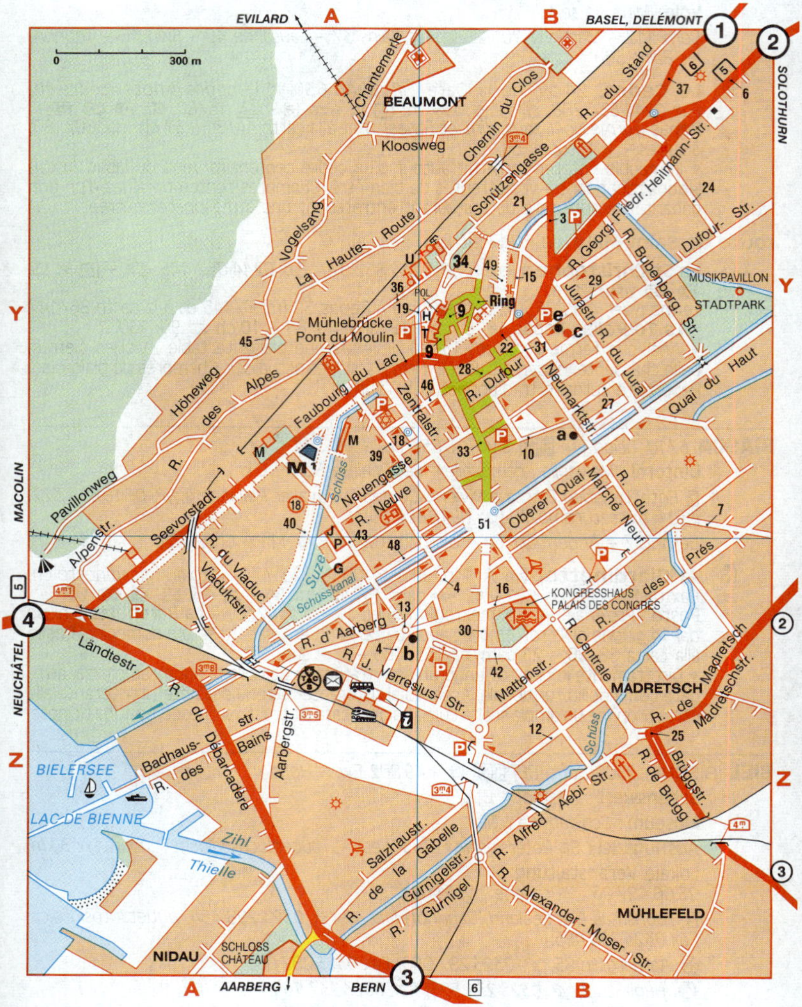

Die Stadtpläne sind eingeordnet (Norden = oben).

Elite, Bahnhofstr. 14, ✉ 2501, ✆ 0323 287 777, *mail@hotelelite.ch, Fax 0323 287 770* – |♦| TV ✆ – 15/150. AE ① MC VISA JCB ABZ b
Menu (siehe auch Rest. ***Rôtisserie de l'Amphitryon***) – ***Baramundo*** *(geschl. 11. Juli - 8. Aug.)* **Menu** 15.50 und à la carte 39/66 – **71 Zim** ☕ 190/320, 3 Suiten – ½ P Zuschl. 40.
◆ Das zentral gelegene Haus wurde 1997 renoviert. Die Zimmer unterscheiden sich in der Grösse und sind mit modernem, hellem Holzmobiliar funktionell und wohnlich ausgestattet. Mit neuzeitlichem Design : das neue Restaurant Baramundo.

Ramada Hotel Biel Plaza, Neumarktstr. 40, ✉ 2502, ✆ 0323 286 868, *biel-plaza@ramada-treff.ch, Fax 0323 286 869,* – |♦|, Zim, TV ✆ ♿ P – 15/150. AE ① MC VISA BY a
Menu 17 - 38 (abends) und à la carte 49/93 – ☕ 20 – **105 Zim** 160/260.
◆ Einheitlich mit dunklem Furnierholzmobiliar komfortabel eingerichtete Zimmer und die zentrale Lage am Rande der Innenstadt machen das Haus zu einem attraktiven Stadthotel. Das Restaurant Barrique mit Vinothek bietet lokale und internationale Speisen.

Atlantis garni, Mittelstr. 10, ✉ 2502, ✆ 0323 424 411, *hatlantis19@hotmail.com, Fax 0323 424 429* – |♦| TV. AE ① MC VISA. BY e
16 Zim ☕ 110/170.
◆ Dieses kleine, städtische Hotel liegt in einer Seitenstrasse des Zentrums. Die Zimmer mit ausreichendem Platzangebot sind mit hellem Einbaumobiliar zweckmässig eingerichtet.

Rôtisserie de l'Amphitryon - ***Hotel Elite***, Bahnhofstr. 14, ✉ 2501, ✆ 0323 287 777, *mail@hotelelite.ch, Fax 0323 287 770* – AE ① MC VISA JCB. ABZ b
geschl. Ostern, 11. Juli - 8. Aug. und Sonntag – **Menu** 30 - 45/120 und à la carte 72/112.
◆ Das typische gehobene Stadthotel-Restaurant liegt im Parterre des Hauses und hat einen eigenen Eingang. In gediegenem Ambiente erhält man Speisen von einer zeitgemässen Karte.

Opera Prima, Jakob-Stämpflistr. 2, ✉ 2502, ✆ 0323 420 201, *Fax 0323 420 533,* – P. AE ① MC VISA
geschl. Samstagmittag, Sonntag und Montag – **Menu** - italienische Küche - 28 - 55 (mittags)/75 und à la carte 57/100.
◆ In einem Geschäftshaus am Ende des Stadtparks hat man dieses moderne Restaurant mit grossen Fenstern und verglaster Küche eingerichtet. Nett : die lockere Atmosphäre.

Da Ma'Rita, Dufourstr. 41, ✉ 2502, ✆ 0323 414 481, *Fax 0323 414 482,* – AE ① MC VISA BY c
geschl. Samstagmittag und Sonntag – ***La Tavola Calda*** - italienische Küche - **Menu** 16 - 49 und à la carte 46/87 – ***L'Entrecôte*** - Entrecôte Spezialität - **Menu** à la carte zirka 60 .
◆ Teil des Da Ma'Rita ist das La Tavola Calda, ein schlicht gestaltetes italienisches Restaurant. Eine Antipasti-Vitrine stimmt Sie auf das Angebot ein. Vorbild des L'Entrecôte ist die gleichnamige Adresse in Genf.

Süd-West *Richtung Neuchâtel über ④ : 2 km :*

Gottstatterhaus, Neuenburgstr. 18, ✉ 2505 Biel, ✆ 0323 224 052, *info@gottstatterhaus.ch, Fax 0323 226 046,* < Bielersee, , ⚓ – P. AE ① MC VISA
geschl. 27. Dez. - 15. Jan., Donnerstag (ausser im Sommer) und Mittwoch – **Menu** 28 - 34 (mittags)/53 und à la carte 42/90.
◆ In der kleinen, gut gedeckten à la carte-Stube und auf der schönen Terrasse mit wundervollem Ausblick erhält man traditionelle Gerichte und Fisch aus dem See.

BIENNE *Bern* 551 I6 – *voir Biel.*

BINII *Valais* 552 I11 – *rattaché à Sion.*

BINNINGEN *Basel-Landschaft* 553 K4 – *siehe Basel.*

BIOGGIO *6934 Ticino (TI)* **553** **R13** *– 1 535 ab. – alt. 292.*
Bern 272 – Lugano 7 – Bellinzona 28 – Locarno 40 – Varese 28.

XX **Grotto Antico,** via Cantonale 10, ☎ 0916 051 239, *Fax 0916 051 239,* – P. AE VISA
chiuso Natale – **Pasto** (prenotare) alla carta 43/93.
◆ Caseggiato rustico ed allo stesso tempo signorile, risalente al 1800. Immerso nel verde propone un servizio estivo in terrazza. Piatti di stagione, cucina d'impronta francese.

XX **Stazione** con cam, via Stazione, ☎ 0916 051 167, *isabellapiazza@bluewin.ch, Fax 0916 051 167,* – rist, TV P. VISA. cam
Pasto *(chiuso domenica sera (luglio ed agosto anche a mezzogiorno) e lunedì dal 3 febbraio al 1° marzo)* 25 - 38/58 ed alla carta 49/76 – 10 –, 5 suites 80/160 – ½ P sup. 28.
◆ In estate, accogliente servizio esterno con giardino fiorito. L'offerta gastronomica segue la cadenza stagionale ed ha una linea costante di tipo italiano.

X **Usteria dal Prevat,** via Cademario, (nord-ovest : 1,5 km), ☎ 0916 054 923, – P. VISA.
chiuso dal 10 al 25 agosto e domenica – **Pasto** (coperti limitati - prenotare) 40 (estate)/50 ed alla carta 52/80.
◆ Osteria di ambiente rustico e familiare in zona verdeggiante, era la casa del prete ; oggi vi manca solo il vin santo. Oltre 120 etichette accompagnano una cucina regionale.

Les BIOUX *Vaud* **552** **C9** *– voir à Joux (Vallée de).*

BIRMENSTORF *5413 Aargau (AG)* **551** **O4** *– 2 280 Ew. – Höhe 384.*
Bern 95 – Aarau 22 – Baden 6 – Zürich 27 – Luzern 54.

XXX **Zum Bären** mit Zim, Kirchstr. 7, ☎ 0562 014 400, *zumbaeren@smile.ch, Fax 0562 014 401,* – TV P – 30. AE VISA. Zim
geschl. 19. Juli - 1. Aug. ; Rest. auch Montag und Samstagmittag – ***Orangerie* :** **Menu** 79 und à la carte 59/109 – ***Gaststube* :** **Menu** 19 und à la carte 44/82 – 15 – **8 Zim** 120/160.
◆ Im Winter knistert ein Feuer im Cheminée der Orangerie, im Sommer geniessen Sie die frische Luft unter einem schützenden Dach - zu jeder Zeit fast so schön wie draussen ! Nostalgisches Ambiente erleben Sie in der urchigen Gaststube.

BIRSFELDEN *Basel-Landschaft* **551** **K4** *– siehe Basel.*

BISCHOFSZELL *9220 Thurgau (TG), Sankt Gallen (SG)* **551** **U4** *– 5 518 Ew. – Höhe 506.*
27 in Waldkirch, ✉ 9205, ☎ 0714 346 767, Fax 0714 346 768, Richtung Gossau : 9 km.
Bern 199 – Sankt Gallen 22 – Frauenfeld 35 – Konstanz 24 – Romanshorn 18.

XX **MuggensturM,** Thurfeldstr. 16, Richtung Niederhelfenschwil : 1,5 km, ☎ 0714 221 247, *restaurant@muggensturm.ch, Fax 0714 226 447,* – P. AE VISA.
geschl. 25. - 31. Jan., 11. - 26. Juli, 3.-11 Okt., Sonntagabend und Montag – **Menu** 85 (abends) und à la carte 54/106.
◆ Im schönen Riegelbau, einem ehemaligen Bauernhof aus dem 17. Jh., werden in gemütlich-rustikalem Umfeld Gerichte von klassischer Karte mit modernen Einflüssen serviert.

BISSONE *6816 Ticino (TI)* **553** **R14** *– 769 ab. – alt. 274.*
Bern 282 – Lugano 9 – Bellinzona 38 – Locarno 50 – Varese 30.

Campione, via Campione 62 (Nord : 2 km), ☎ 0916 401 616, *info@hotel-campione.ch, Fax 0916 401 600,* lago e monti, – TV – 35. AE VISA JCB
chiuso dal 28 novembre al 25 dicembre – ***All'Arco*** *(chiuso mercoledì a mezzogiorno e in inverno lunedì - venerdì a mezzogiorno)* **Pasto** 24 - 38 ed alla carta 33/73 – **34 cam** 112/224, 5 suites – ½ P sup. 35.
◆ Dal bordo della bella piscina e dalle ampie camere classiche, arredate con gusto, godrete di un'imperdibile vista sul lago e i monti. Rinnovato di recente, ristorante moderno e luminoso con servizio estivo sulla terrazza panoramica.

La Palma, piazza Borromini, 0916 498 406, *info@bordognaweb.com, Fax 0916 496 769,* lago, – TV. AE VISA. rist
Pasto 65 ed alla carta 42/100 – 10 – **12 cam** 89/135 – ½ P sup. 30.
• Comodamente raggiungibile, offre un bel servizio estivo sulla terrazza-giardino in riva al lago da cui si gode di un'ottima vista. Carta italiana e camere a disposizione.

Ticino con cam, piazza Borromini 21, 0916 495 150, *Fax 0916 495 150,* – TV. AE VISA
chiuso mercoledì – **Pasto** - specialità di mare - 32 - 65/98 ed alla carta 65/120 – 18 – **6 cam** 70/140.
• Nella casa natale di Francesco Borromini, propone una carta a base di pesce di lago e di mare, servito nella bella sala. Sei camere moderne e luminose a disposizione!

Elvezia, via Cantonale 5, 0916 497 374, *Fax 0916 497 368,* – P. AE VISA
chiuso dal 15 gennaio al 28 febbraio e lunedì – **Pasto** 19.50 ed alla carta 41/79.
• Due sale, una invernale, più elegante e una primaverile, piena di luminosità nonché uno spazio all'esterno, vi accoglieranno per apprezzare una cucina di stampo tradizionale.

BIVIO *7457 Graubünden (GR)* 553 W11 – *232 Ew. – Höhe 1 799.*

Bern 305 – Sankt Moritz 22 – Chiavenna 59 – Chur 65 – Davos 87.

Post, Julierroute, 0816 591 000, *mail@hotelpost-bivio.ch, Fax 0816 591 001,* – TV P. AE VISA
geschl. 3. Mai - 11. Juni und 18. Okt. - 3. Dez. – **Menu** 23 und à la carte 32/91 – **44 Zim** 109/230, Vorsaison 82/178 – ½ P Zuschl. 34.
• Der historische Gasthof an der Julierpassstrasse bietet helle, modern-rustikale Zimmer im Haupthaus und einfachere, aber charmante, getäferte Arvenholzzimmer im Gästehaus. Schlichte Gaststube und gehobener Speiseraum mit gut gedeckten Tischen.

BLATTEN IM LÖTSCHENTAL *3919 Wallis (VS)* 552 L10-11 – *323 Ew. – Höhe 1 540.*

Bern 208 – Brig 38 – Domodossola 55 – Sierre 34 – Sion 49.

Edelweiss , 0279 391 363, *hoteledelweiss@rhone.ch, Fax 0279 391 053,* Tal und Langgletscher, – TV P. AE VISA
geschl. 19. April - 15. Mai, 8. Nov. - 11. Dez. und Donnerstag in der Zwischensaison – **Menu** 40 (abends) und à la carte 31/67 – **22 Zim** 110/210 – ½ P Zuschl. 33.
• Das Chalet befindet sich in ruhiger Lage im hinteren Dorfteil. Alle Zimmer, ausser den älteren Familienzimmern, sind mit hellem, rustikalem Mobiliar eingerichtet. Eine einfache nette Gaststube mit Terrasse erwartet Sie zum Essen.

BLATTEN BEI MALTERS *Luzern (LU)* 551 N7 – *6102 Malters.*

Bern 115 – Luzern 7 – Aarau 55 – Altdorf 45 – Interlaken 66.

Krone, 0414 980 707, *info@krone-blatten.ch, Fax 0414 980 701,* – P. AE VISA
geschl. 15. Feb. - 1. März, 25. Juli - 9. Aug., Sonntagabend und Montag – **Menu** 45 (mittags)/98 und à la carte 61/105 – ***Gaststube* : Menu** 19.50 und à la carte 40/71.
• Das Restaurant im völlig erneuerten Gasthof ist von schlichter Eleganz. Der Gast hat die Möglichkeit im Lokal oder auf der Terrasse von einer zeitgemässen Karte zu wählen. Ungezwungene Atmosphäre herrscht in der Gaststube.

BLATTEN BEI NATERS *3914 Wallis (VS)* 552 M11 – *Höhe 1 322 – Wintersport : 1 322/3 100 m 1 10 .*

Lokale Veranstaltung
Juli : Gletscherzirkus.

Belalp Tourismus, 0279 216 040, info@belalp.ch, Fax 0279 216 041.
Bern 172 – Brig 10 – Andermatt 85 – Domodossola 70 – Sion 64.

Blattnerhof, 0279 238 676, *blattnerhof@belalp.ch, Fax 0279 230 254,* , , – Zim, TV P. VISA. Zim
geschl. 26. April - 9. Mai und 18. Okt. - 3. Dez. – **Menu** à la carte 40/80 – **20 Zim** 85/170 – ½ P Zuschl. 30.
• Das renovierte Haus stammt aus der Pionierzeit und bietet neben seiner zentralen Lage in unmittelbarer Nähe der Luftseilbahn modern ausgestattete Gästezimmer. Eine Gartenterrasse mit Grilladen und ein Kinderspielplatz ergänzen das Restaurant.

auf Belalp *mit Luftseilbahn und 30 Min. Spaziergang erreichbar :*

Belalp, 0279 242 422, *info@hotelbelalp.ch, Fax 0279 242 363,* Berge und Aletschgletscher, – 25
19. Dez. - 12. April und 11. Juni - Mitte Okt. – **Menu** à la carte 36/70 – **20 Zim** 90/180 – ½ P Zuschl. 33.
◆ Das sehr ruhig gelegene Berghotel mit sensationellem Blick auf die Walliser Alpen und den nahegelegenen Aletschgletscher bietet funktionelle Zimmer mit einfachem Komfort. Restaurant mit Panoramaterrasse.

BLAUSEE-MITHOLZ *Bern* 551 K10 – *siehe Kandersteg.*

BLITZINGEN *3981 Wallis (VS)* 552 N10 – *104 Ew. – Höhe 1 296.*
Bern 141 – Andermatt 51 – Brig 24 – Interlaken 87 – Sion 77.

Castle, Nord : 2,5 km, 0279 701 700, *info@hotel-castle.ch, Fax 0279 701 770,* Rhonetal und Berge, , , – , Zim, . AE VISA. Rest
15. Dez. - 3. April und 30. Mai - 23. Okt. – ***Schlossrestaurant :*** **Menu** 58/105 und à la carte 55/95 – **34 Zim** 135/270 – ½ P Zuschl. 30.
◆ Eine sehr ruhige Übernachtungsmöglichkeit finden Sie in diesem, hoch über dem Dorf gelegenen Hotel. Die Studios und Appartements bieten viel Platz und guten Komfort. Elegante Einrichtung und schöne Terrasse sind die Vorzüge des Schlossrestaurants.

BLONAY *Vaud* 552 F10 – *rattaché à Vevey.*

BLUCHE *Valais* 552 J11 – *rattaché à Crans-Montana.*

Les BOIS *2336 Jura (JU)* 551 G6 – *1 007 h. – alt. 1 029.*
Bern 81 – Delémont 49 – Biel/Bienne 46 – La Chaux-de-Fonds 13 – Montbéliard 73.

Auberge de l'Ours, 18 Milieu du Village, 0329 611 445, *Fax 0329 611 445* – VISA
fermé Noël, Nouvel An, 4 au 20 juil., mardi midi, dim. soir et lundi – **Repas** 16 - 56/84 et à la carte 43/91.
◆ Tout respire la campagne dans ce petit restaurant jurassien, qu'il s'agisse de la coquette salle ou de la cuisine traditionnelle du marché teintée d'un accent régional.

BONADUZ *7402 Graubünden (GR)* 553 U8 – *2 444 Ew. – Höhe 659.*
Bern 255 – Chur 14 – Andermatt 80 – Davos 59 – Vaduz 51.

Grischunata mit Zim, Versamerstr. 5, 0816 411 174, *welcome@grischunata-hotel.ch, Fax 0816 411 655,* – AE VISA
Menu - Bündner Spezialitäten - *(geschl. Sonntag)* à la carte 46/72 – **15 Zim** 75/140, 4 Suiten – ½ P Zuschl. 45.
◆ Im Grischunata serviert man in rustikalem Ambiente sorgfältig zubereitete Gerichte aus dem Bündnerland sowie einige auf einer Tafel angeschriebene Tagesspezialitäten.

Alte Post mit Zim, Versamerstr. 1, 0816 411 218, *btheus@netcomag.ch, Fax 0816 412 932,* – – 50. AE VISA
geschl. 2. Jan. - 7. Feb. – **Menu** *(geschl. Dienstag von Nov. - April und Mittwoch)* 19.50 und à la carte 40/79 – **13 Zim** 80/160 – ½ P Zuschl. 35.
◆ Nicht weit vom Ort, wo sich Hinter- und Vorderrhein zum Strom vereinen, trifft man auf das Restaurant, das in Gaststube und à la carte-Bereich unterteilt ist.

BÖNIGEN *Bern* 551 L9 – *siehe Interlaken.*

BOSCO GURIN *6685 Ticino (TI)* 553 P11 – *86 ab. – alt. 1 506.*
Bern 267 – Andermatt 140 – Brig 190 – Bellinzona 60 – Locarno 41.

Walser, 0917 590 202, *grossalp@bluewin.ch, Fax 0917 590 203,* , , , – . AE VISA JCB
chiuso dal 19 al 25 aprile – **Pasto** 18 ed alla carta 36/74 – **13 cam** 100/140 – ½ P sup. 24.
◆ Nel comune più alto del cantone, a 1506 m.s.m., vi accoglie questo hotel con le sue 13 confortevoli camere. A fine giornata, approfittate di sauna e fitness. Il grande ristorante dell'albergo propone, accanto alla cucina regionale, anche pizze.

BOSCO LUGANESE *6935 Ticino (TI)* **553** **R13** – *338 ab. – alt. 443.*
Bern 275 – Lugano 10 – Bellinzona 31 – Locarno 43.

Villa Margherita ⑤, ✆ 0916 115 111, *margherita.ch@bluewin.ch, Fax 0916 115 110,* ≤ Lago Maggiore, di Lugano e monti, ☂, ⌂, ⛱, ⛱, ♣ – TV ✆ P – 🏔 30. AE ⓞ ⓜⓒ VISA. ✈ rist
8 aprile - 9 ottobre – **Pasto** 78 (sera) ed alla carta 58/130 – **31 cam** ☕ 246/484 – ½ P sup. 58.
◆ Signorile dimora immersa nella cornice del parco, gode della sublime vista su lago e dintorni. Le camere, eleganti e discrete, sono state in parte rinnovate. Allo stile classico della sala da pranzo preferite, d'estate, il parco illuminato all'esterno.

BOTTMINGEN *4103 Basel-Landschaft (BL)* **551** **K4** – *5 471 Ew. – Höhe 292.*
Bern 105 – Basel 5 – Aarau 60 – Baden 69 – Belfort 67 – Liestal 25.

XXX **Weiherschloss,** Schlossgasse 9, ✆ 0614 211 515, *gischig@schlossbottmingen.ch, Fax 0614 211 915,* ☂, ♣ – P. AE ⓞ ⓜⓒ VISA
geschl. 23. Dez. - 6. Jan., 22. Feb. - 4. März, 18. Juli - 2. Aug., Sonntag und Montag – **Menu** 59 (mittags)/118 und à la carte 81/139.
◆ Die im Barockstil renovierte Wasserburg ist der Mittelpunkt einer schönen Parkanlage. Im schlicht-eleganten Restaurant im Stil Louis XVI wird eine klassische Karte aufgelegt.

XX **Basilicum,** Margrethenstr. 1, ✆ 0614 217 070, *Fax 0614 238 777,* ☂ – P. ⓜⓒ VISA
geschl. 24. Dez. - 2. Jan., 5. - 18. Juli, Montagabend, Samstagmittag, Sonn- und Feiertage – **Menu** 19 - 74 (abends) und à la carte 55/92.
◆ Im Parterre eines Hochhauses stösst der Gast auf ein modern gestaltetes Restaurant, das freundlich eingerichtet ist. Die zeitgemässe Karte reicht von regional bis mediterran.

BÖTTSTEIN *5315 Aargau (AG)* **551** **O4** – *3 688 Ew. – Höhe 360.*
Bern 111 – Aarau 31 – Baden 20 – Basel 59 – Schaffhausen 49.

Schloss Böttstein ⑤, Schlossweg 20, ✆ 0562 691 616, *info@schloss-boettstein.ch, Fax 0562 691 666,* ☂ – TV video P – 🏔 15/30. AE ⓞ ⓜⓒ VISA
Menu *(geschl. Montag)* 18 - 50 (mittags)/99 und à la carte 60/106 – **39 Zim** ☕ 100/190 – ½ P Zuschl. 35.
◆ Im schlossartigen Patrizierhaus aus dem Jahre 1615 mit Barockkapelle werden die Gäste heute im Annexe in modernen Zimmern mit hellem Holzmobiliar untergebracht. Elegante Leuchter und ein schöner Kachelofen zieren das Restaurant.

BOUDEVILLIERS *2043 Neuchâtel (NE)* **552** **G6** – *654 h. – alt. 756.*
Bern 58 – Neuchâtel 7 – Biel/Bienne 44 – La Chaux-de-Fonds 15.

La Croisée, à Malvilliers, Nord : 2 km, ✆ 0328 581 717, *croisee@vtx.ch, Fax 0328 581 700,* ≤, ☂ – |‡| TV ✆ ♿ P – 🏔 15/120. AE ⓜⓒ VISA
Repas 14.50 - 24 (midi)/50 et à la carte 31/74 – **26 ch** ☕ 120/170 – ½ P suppl. 25.
◆ Sur la route menant à la "Vue des Alpes", bâtisse moderne alliant bois naturel, béton et baies vitrées. Chambres à prix assez sages. Équipements modernes. Vaste restaurant traditionnel offrant une perspective sur le Val de Ruz. Grand choix de menus.

BOURGUILLON *Fribourg* **552** **H8** – *rattaché à Fribourg.*

Le BRASSUS *Vaud* **552** **B9** – *voir à Joux (Vallée de).*

Dans ce guide
un même symbole, un même mot,
imprimé en rouge ou en noir,
n'ont pas tout à fait la même signification.
Lisez attentivement les pages explicatives.

BRAUNWALD *8784 Glarus (GL)* **551** S8 – *453 Ew. – Höhe 1 280 – – Wintersport : 1 300/2 000 m 6 2 .*

Lokale Veranstaltungen
15.02 : Hornschlittenrennen
03.07 - 09.07 : Musikwoche.

Braunwald Tourismus, 0556 536 585, tourismusinfo@braunwald.ch, Fax 0556 536 586.

Bern 215 – Chur 95 – Altdorf 51 – Glarus 20 – Vaduz 82 – Zürich 90.

mit Standseilbahn ab Linthal erreichbar

Rubschen, über Wanderweg in Rubschen : 30 min, 0556 431 534, *Fax 0556 431 535,* Tal und Berge, , – . Zim
21. Dez. - 19. März und 1. Juni - 19. Okt. – **Menu** 25 und à la carte 39/92 – **11 Zim** 105/210 – ½ P Zuschl. 45.
◆ In einer autofreien Gegend können Sie hier ungestörte Urlaubstage verleben. Die Gäste werden in teils neuzeitlich möblierten Zimmern mit schöner Aussicht untergebracht. Grosse Gaststube und kleiner, gemütlicher à la carte-Raum mit rustikalem Dekor.

BREIL (BRIGELS) *7165 Graubünden (GR)* **553** S9 – *1 289 Ew. – Höhe 1 289 – Wintersport : 1 257/2 418 m 7 .*

Center Turistic, 0819 411 331, info@brigels.ch, Fax 0819 412 444.

Bern 225 – Andermatt 52 – Chur 50 – Bellinzona 112.

La Val, 0819 292 626, *hotel@laval.ch, Fax 0819 292 627,* , , , – AE VISA
geschl. 13. April - 27. Mai und 1. Nov. - 10. Dez. – **Menu** 49 und à la carte 36/76 – **32 Zim** 144/228, Vorsaison 69/115 – ½ P Zuschl. 32.
◆ Die beiden unterirdisch miteinander verbundenen, ruhig gelegenen Häuser bieten den Gästen im Annexe grosse Zimmer mit Sitzecke, Balkon und meist mit Küche. Modern-rustikale Stuben bilden das Restaurant.

Crestas, 0819 411 131, *hotel@crestas.ch, Fax 0819 412 171,* , , , – . AE VISA. Rest
21. Dez. - 15. April und 27. Mai - 17. Okt. – **Menu** 20 - 36 und à la carte 37/82 – **21 Zim** 103/194, Vorsaison 80/184 – ½ P Zuschl. 24.
◆ Das Haus im Chaletstil empfängt seine Gäste an einer rustikalen Reception mit offenem Kamin und Sitzecke. Die verschieden geschnittenen Zimmer sind mit dunklem Holz möbliert. In der Arvenstube kann der Gast Speisen von einer traditionellen Karte wählen.

Alpina, 0819 411 413, *info@alpina-brigels.ch, Fax 0819 413 144,* – . AE VISA
Menu 16.50 - 28 (abends) und à la carte 28/63 – **10 Zim** 69/144, Vorsaison 52/108 – ½ P Zuschl. 24.
◆ Das mit Holz verkleidete ältere Haus steht im Ortskern am Kirchplatz. Die acht renovierten Zimmer in der ersten Etage sind mit gutem Mobiliar modern ausgestattet. An die Gaststube schliesst sich das holzgetäferte Restaurant an.

BREMGARTEN *5620 Aargau (AG)* **551** O5 – *5 177 Ew. – Höhe 386.*

Bern 108 – Aarau 30 – Baden 20 – Luzern 50 – Zürich 21.

Sonne, Marktgasse 1, 0566 488 040, *hotel@sonne-bremgarten.ch, Fax 0566 488 041,* , – – 15/50. AE VISA. Zim
geschl. 24. Dez. - 11. Jan. – **Menu** *(geschl. Sonntagabend)* 17 - 37 (mittags)/74 und à la carte 45/100 – **15 Zim** 130/175.
◆ Das Altstadthaus, ruhig in der Fussgängerzone gelegen, erwartet seine Besucher mit Zimmern, die mit Nussbaummobiliar im Stil der 80er Jahre ausgestattet sind. Bogestube mit langer, moderner Theke und Sunnestube mit gediegen-rustikalem Ambiente.

Ihre Meinung über die von uns empfohlenen Restaurants, deren Spezialitäten sowie die angebotenen regionalen Weine, interessiert uns sehr.

Les BRENETS *2416 Neuchâtel (NE)* **552 F6** – *1 137 h. – alt. 876.*

Bern 85 – Neuchâtel 34 – Besançon 79 – La Chaux-de-Fonds 16 – Yverdon les Bains 67.

du Lac et Rest. du Doubs, 26 Pré du Lac, 0329 321 266, *rives-du-doubs@bluewin.ch, Fax 0329 321 239*, – 40. AE VISA
Repas *(fermé lundi de nov. à avril)* 15 - 26 (midi) et à la carte 29/66 – **15 ch** 95/150 – ½ P suppl. 26.
◆ Ce gros chalet élevé au bord du lac des Brenets renferme des chambres fonctionnelles sans reproche. Ponton où vous pourrez amarrer votre bateau. Restaurant panoramique concoctant quelques recettes malgaches en "guest star"et des tartes affriolantes.

BRENT *Vaud* **552 F10** – *rattaché à Montreux.*

BRIENZ *3855 Bern (BE)* **551 M8** – *2 921 Ew. – Höhe 566.*

Sehenswert : *Brienzer Rothorn★★★ – Giessbachfälle★★ – Ballenberg★★, Schweizerisches Freilichtmuseum – Brienzer See★, Nordufer★ – Oltschibachfall★.*

Tourist Information Brienz-Axalp, Hauptstr. 143, 0339 528 080, Fax 0339 528 088.

Bern 77 – Interlaken 18 – Luzern 52 – Meiringen 15.

Lindenhof, Lindenhofweg 15, 0339 522 030, *info@hotel-lindenhof.ch, Fax 0339 522 040*, Berge und See, – 15/40. AE VISA JCB
geschl. 2. Jan. - 6. März – **Menu** 19 - 60 und à la carte 44/79 – **40 Zim** 150/250 – ½ P Zuschl. 40.
◆ Die Zimmer des Hotels im Chaletstil verteilen sich auf fünf Gebäude - oberhalb des Ortes. Individuelle Themenzimmer, teils mit schönem Ausblick und/oder Terrasse zum See. Zum Speisen stehen zur Wahl : das Alpstübli, der Wintergarten oder die Terrasse.

Brienzerburli-Löwen, Hauptstr. 11, 0339 511 241, *hotel@brienzerburli.ch, Fax 0339 513 841*, – Rest, AE VISA
Menu 20 und à la carte 35/83 – **32 Zim** 120/220, 3 Suiten – ½ P Zuschl. 28.
◆ Das Hotel, im Herzen des Ortes am See gelegen, hat Zugang zur Promenade. Die Zimmer im Haupthaus sind rustikal in Holz gehalten. Im Löwen stehen Appartements zur Verfügung. Verschiedene Speiselokale werden durch eine schöne Terrasse ergänzt.

Schönegg garni, Talstr. 8, 0339 511 113, *Fax 0339 513 813*, Brienzersee, – VISA
9. April - 31. Okt. – **16 Zim** 60/170.
◆ Die zwei ruhig gelegenen Chalets gewähren einen schönen Blick über den Brienzersee. In beiden Häusern befinden sich rustikale Zimmer.

in Giessbach *Süd-West : 6 km – Höhe 573 – 3855 Brienz :*

Grandhotel Giessbach, 0339 522 525, *grandhotel@giessbach.ch, Fax 0339 522 530*, See und Giessbachfälle, – 15/70. AE VISA
25. April - 23. Okt. – ***Chez Florent*** *(geschl. Montag)* **Menu** 85/145 und à la carte 68/139 – ***Parkrestaurant* : Menu** 21 - 36 (mittags)/78 und à la carte 58/113 – **70 Zim** 170/380 – ½ P Zuschl. 70.
◆ Die Lage am See und den Wasserfällen sowie die Einrichtung im Stil der Jahrhundertwende geben dem Haus seinen Charme. Sehr schön die Zimmer vorne, die Waldzimmer etwas dunkel. Im Chez Florent : schlichte Eleganz, aufmerksamer Service und schöne Sicht zum See.

in Hofstetten *Nord-Ost : 3 km – Höhe 642 – 3858 Hofstetten :*

Alpenrose, 0339 511 410, *info@landgasthof-alpenrose.ch, Fax 0339 514 481*, – Zim, – 30. VISA
geschl. 1. Jan. - 6. Feb. – **Menu** 16.50 - 43/75 und à la carte 41/76 – **12 Zim** 100/200 – ½ P Zuschl. 38.
◆ Ein hübscher kleiner Landgasthof im alpenländischen Stil mit hundertjähriger Tradition : Die Zimmer wirken hell und frisch und sind zeitgemäss eingerichtet. Gemütliche, mit Schnitzereien verzierte Gaststube.

BRIG *3900 Wallis (VS)* **552 M11** *– 11 597 Ew. – Höhe 678.*

Sehenswert : *Stockalperschloss : Hof★ Z.*

Ausflugsziel : *Simplonpass★★ über ② : 23 km.*

Brig Tourismus, Bahnhofplatz 1, ✆ 0279 216 030, info@brig-tourismus.ch, Fax 0279 216 031.

Bahnhofplatz 1, ✆ 0279 242 300, Fax 0279 216 031.

Bern 167 ① – Andermatt 90 ① – Domodossola 66 ② – Interlaken 110 ③ – Sion 53 ③

Stadthotel Simplon, Sebastiansplatz 6, ✆ 0279 222 600, *simplon@wallis.ch, Fax 0279 222 605,* – Rest, – 15/50. AE VISA JCB Z m
geschl. 5. - 26. Jan. – ***Rest. de Ville :*** **Menu** 50 (mittags)/110 und à la carte 65/98 – ***Bistro :*** **Menu** *20* - 25 und à la carte 44/84 – **32 Zim** 135/220 – ½ P Zuschl. 25.
◆ Das Haus steht im Ortskern, einige Schritte von einem Parkhaus entfernt. Die Zimmer des Geschäftshotels sind mit anthrazitfarbenen Möbeln zeitgemäss eingerichtet. Das Rest. de Ville im 1. Stock ist ein schlicht-eleganter Raum mit edlem Holzdekor.

Good Night Inn, Englischgruss-Str. 6, ✆ 0279 212 100, *gni@brig-wallis.ch, Fax 0279 212 199,* – P. AE VISA JCB Z b
Menu *(geschl. Sonntag im Winter) 15* und à la carte 37/76 – **100 Zim** 79/99 – ½ P Zuschl. 15.
◆ Das moderne Hotel ist in einem Einkaufzentrum situiert. Die Zimmer von durchschnittlicher Grösse sind zeitgemäss mit hellem Buchenholzmobiliar ausgestattet.

du Pont, Marktplatz 1, ✆ 0279 231 502, *dupont.brig@datacomm.ch, Fax 0279 239 572,* – AE VISA JCB Z a
geschl. 24. Dez. - 20. Jan. – **Menu** *25* - 50 und à la carte 37/85 – **17 Zim** 120/210 – ½ P Zuschl. 27.
◆ Das Gebäude liegt beim Marktplatz. Die mit massivem Nussbaummobiliar ausgestatteten Zimmer unterscheiden sich lediglich in der Grösse und sind funktionell eingerichtet. Getäferte Wände machen das Restaurant gemütlich.

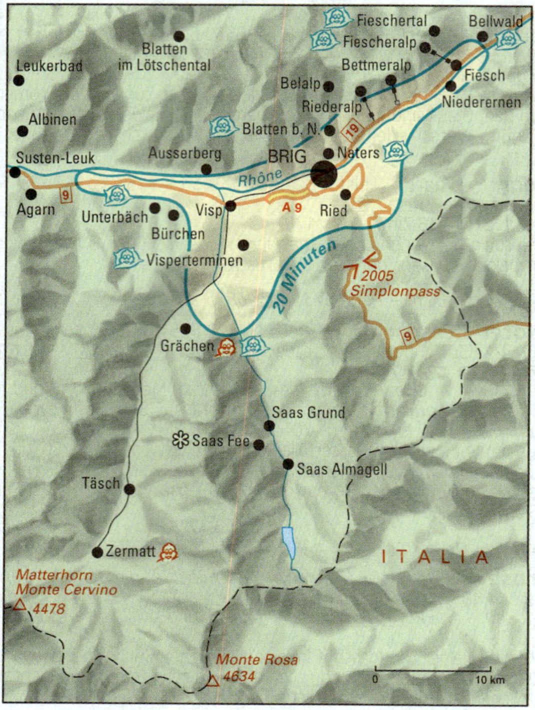

BRIG

Alte Simplonstrasse	Z	
Bachstrasse	Z	3
Bahnhofstrasse	YZ	4
Belalpstrasse	Y	6
Chavezweg	Y	7
Dammweg	Y	
Englisch-Gruss-Strasse	Z	8
Furkastrasse	YZ	
Gliserallee	Z	
Glismattenstrasse	Z	
Kapuzinerstrasse	Z	
Kehrstrasse	Y	
Kettelerstrasse	Z	
Mariengasse	Z	9
Neue Simplonstrasse	Z	
Nordstrasse	Y	
Oberer Saltinadamm	Z	12
Rhodaniastrasse	Y	
Rhonesandstrasse	Y	
Saflischstrasse	Y	13
Saltinaplatz	Z	15
Saltinapromenade	YZ	16
Schlossstrasse	Z	18
Schulhausstrasse	Z	19
Sebastiansgasse	Z	21
Sebastiansplatz	Z	22
Spitalweg	Z	
Termerweg	Z	
Tunnelstrasse	YZ	
Überlandstrasse	YZ	
Untere Briggasse	Z	
Viktoriastrasse	Y	24
Winkelgasse	Z	25
Zenhäusernstrasse	Z	

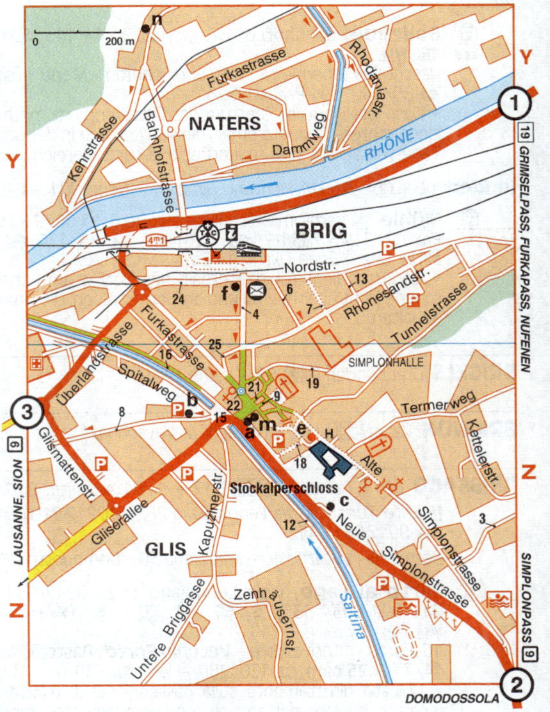

Benachrichtigen Sie sofort das Hotel, wenn Sie ein bestelltes Zimmer nicht belegen können.

Schlosshotel garni, Kirchgasse 4, 0279 229 595, *schlosshotel@rhone.ch, Fax 0279 229 596,* – Z c
23 Zim 115/170.
◆ Das Hotel in Nähe des Stockalperpalastes sieht von aussen aus wie ein normales Wohnhaus. Im Inneren werden jedoch Zimmer mit rustikalem Nussbaummobiliar angeboten.

Victoria, Bahnhofstr. 2, 0279 231 503, *hotel_victoria@swissonline.ch, Fax 0279 242 169,* – Y f
geschl. 10. Nov. - 18. Dez. und 5. - 20. März – **Menu** *18* - 45 und à la carte 38/92 – **37 Zim** 140/240 – ½ P Zuschl. 35.
◆ Die Zimmer dieses Hauses, das so verkehrsgünstig gegenüber dem Bahnhof liegt, sind einheitlich mit dunklem, zeitgemässem Holzmobiliar funktionell eingerichtet. Das moderne, frisch gestaltete Speiserestaurant hat einen Wintergarten.

Schlosskeller, Alte Simplonstr. 26, 0279 233 352, *Fax 0279 236 975,* – Z e
geschl. 4. - 20. Jan., 4. - 20. Juli, Sonntagabend und Montag – **Menu** *17* und à la carte 48/94.
◆ Beim Bereten des Schlosses kommt man zuerst in die Gaststube, wo auch der Zugang zur Terrasse liegt, dahinter das gehobene Restaurant mit alter Holzdecke.

in Naters *Nord : 1 km – Höhe 673 – 3904 Naters :*

Alex, Furkastr. 88, 0279 224 488, *hotel.alex@oberwallis.ch, Fax 0279 242 544,* – Zim, – 60.
Menu *(geschl. Sonntag) (nur Abendessen)* à la carte 35/96 – **34 Zim** 94/158 – ½ P Zuschl. 30.
◆ Das Hochhaus, das seinen Gästen modern ausgestattete Zimmer zur Verfügung stellt, ist ein idealer Ausgangspunkt für Ausflüge zum Aletschgletscher oder Gotthard.

Bellevue, Bahnhofstr. 27, ✆ 0279 244 446, *Fax 0279 242 557* – |‡| TV P. MC VISA
geschl. 2 Wochen Anfang Juli und Sonntag – **Menu** 16.50 und à la carte 38/88 – **9 Zim** 80/140 – ½ P Zuschl. 25.
Y n
◆ Das Hotel liegt im Zentrum des Ortes und hat mit hellem Holzmobiliar funktionell eingerichtete Doppelzimmer, die sich lediglich in der Grösse unterscheiden. Einfaches Tagesrestaurant und moderner à la carte-Bereich mit gutem Gedeck.

in Ried *über ② : 3,5 km Richtung Simplon – Höhe 901 – ✉ 3911 Ried-Brig :*

Mühle garni, im Ortsteil Brei, Bleike 6, ✆ 0279 233 838, *info@hotel-muehle.ch, Fax 0279 243 785,* ←, – TV P – 15/120. MC VISA
Mitte Dez. - Ende Okt. – **14 Zim** 75/120.
◆ Das Haus liegt ruhig oberhalb des Dorfes am Föhrenwald und bietet eine sehr schöne Sicht über das Tal und die Berner Alpen. Die Zimmer sind im Stil der 70er Jahre gehalten.

BRIGELS *Graubünden* 553 S9 – *siehe Breil.*

BRIGNON *Valais* 552 I12 – *rattaché à Veysonnaz.*

BRISSAGO *6614 Ticino (TI)* 553 Q12 – *1 781 ab. – alt. 210.*

Ente Turistico, via Leoncavallo 25, ✆ 0917 910 091, buongiorno@maggiore.ch, Fax 0917 851 941.

Bern 275 – Locarno 10 – Bellinzona 30 – Domodossola 62 – Lugano 49 – Verbania 28.

Mirto al Lago, viale Lungolago 2, ✆ 0917 931 328, *info@hotel-mirto.ch, Fax 0917 931 333,* ←, , , – |‡|, rist, rist, TV P. MC VISA.
16 marzo - 1º novembre – ***Vecchio Porto :*** **Pasto** 33 (mezzogiorno)/55 ed alla carta 44/77 – **25 cam** 120/280 – ½ P sup. 30.
◆ Ubicato direttamente sulla passeggiata, di fronte al lago. Le camere si differenziano tra loro per ampiezza ed arredamento : moderno e dai colori diversi. Dal lungolago, accesso diretto al ristorante, semplice e tutto in legno. Proposte culinarie tradizionale.

Rivabella senza rist, via R. Leoncavallo 43, ✆ 0917 931 137, *Fax 0917 932 537,* ←, , , – |‡| P. MC VISA.
22 marzo - 30 ottobre – **18 cam** 75/150.
◆ Sito in riva al lago, oltre alla bella terrazza-giardino offre una spiaggetta di ciottoli privata. Camere d'aspetto semplice ed abbastanza confortevoli.

Osteria al Giardinetto, Muro degli Ottevi 10, ✆ 0917 933 121, – AE MC VISA
chiuso a mezzogiorno e mercoledì – **Pasto** 68 ed alla carta 47/83.
◆ Antico edificio nel centro del paese è un ristorante per la sera. Intima sala con camino o servizio estivo sotto il piccolo e grazioso patio. Carta interessante ma limitata.

a Piodina *Sud-Ovest : 3 km – alt. 360 – ✉ 6614 Brissago :*

La Favorita , via Ghiridone 5, ✆ 0917 930 040, *Fax 0917 930 113,* ← Lago Maggiore, , , , – |‡| TV P. AE MC VISA. rist
chiuso dal 1º gennaio al 1º marzo – **Pasto** *(solo per clienti alloggiati)* 40 (sera) – **21 cam** 140/160 – ½ P sup. 19.
◆ Costruzione ubicata in posizione dominante sopra il lago Maggiore, in una zona residenziale. Camere arredate con mobilio funzionale, in parte rinnovate.

Osteria Grotto Borei, via Ghiridone, Ovest : 3 km, alt. 850, ✆ 0917 930 195, ← lago e monti, – P. MC VISA.
chiuso dal 1º dicembre al 18 marzo e giovedì ; in novembre solo aperto il weekend – **Pasto** (prenotare) alla carta 38/71.
◆ Grotto di ambiente familiare, da cui godrete della vista di tutto il lago in un solo colpo d'occhio ! Offerta semplice, tipica e cucina rigorosamente casalinga.

BRONSCHHOFEN *Sankt Gallen* 551 S4 – *siehe Wil.*

BRUGG *5200 Aargau (AG)* **551 N4** *- 9113 Ew. - Höhe 352.*

Bern 101 - Aarau 20 - Basel 55 - Luzern 65 - Waldshut-Tiengen 22 - Zürich 34.

Terminus, Bahnhofplatz 1, ✆ 0564 602 525, *Fax 0564 418 220* - 25. AE VISA. Zim
geschl. 20. Dez. - 11. Jan. und Rest. auch Mitte Juli - Anfang Aug. - **Menu** *(geschl. Samstag und Sonntag)* 16 - 41 und à la carte 33/82 - **53 Zim** 115/190.
◆ Das Geschäftshotel liegt direkt gegenüber dem Bahnhof und verfügt über Zimmer mit dunklem Holzmobiliar. Bei Interesse zeigt der Chef seine grosse Modelleisenbahn. Die Restauration umfasst das moderne Café, die Brasserie und den Speisesaal.

Da Lorenzo, Ecke Aarauer- und Fröhlichstrasse, ✆ 0564 411 030, *Fax 0564 411 030*, - AE VISA
geschl. 5. Juli - 1. Aug., Sonntag und Montag - **Menu** - italienische Küche - (Tischbestellung ratsam) 25 - 66 und à la carte 48/102.
◆ Etwas vom Bahnhof entfernt, dem Gleis folgend, stösst man auf das Restaurant mit seiner kleinen, typisch italienischen Stube, wo man Spezialitäten der Toscana geniessen kann.

BRUNEGG *5505 Aargau (AG)* **551 N4** *- 435 Ew. - Höhe 434.*

Unterm Schloss, ✆ 0564 644 848, Fax 0564 644 850.

Bern 93 - Aarau 15 - Luzern 61 - Olten 28.

Zu den drei Sternen, Hauptstr. 3, ✆ 0628 872 727, *info@hotel3sternen.ch, Fax 0628 872 728*, , - Zim, Rest, - 15/60. AE VISA
geschl. 5. - 19. April - ***Bruneggstube* : Menu** 17.50 - 44 (mittags)/96 und à la carte 46/103 - **23 Zim** 120/198.
◆ Der renovierte Gasthof aus dem 16. Jh. liegt am Ende des Dorfes. Sie beziehen Quartier in Zimmern, die teils mit massiver Eiche, teils mit Fichtenholz eingerichtet sind. Die Bruneggstube bietet angenehmes Umfeld und ein Gärtli mit altem Brunnen.

BRUNNEN *6440 Schwyz (SZ)* **551 Q7** *- Höhe 439.*

Sehenswert : *Lage★★ - Die Seeufer★★.*

Lokale Veranstaltung

10.09 - 12.09 : eidgenössisches Blasmusikfestival.

Brunnen Tourismus, Bahnhofstrasse, ✆ 0418 250 040, info@brunnentourismus.ch, Fax 0418 250 049.

Waldstätterquai 2, ✆ 0418 220 607, Fax 0418 220 609.

Bern 156 - Luzern 40 - Altdorf 13 - Schwyz 7.

Seehotel Waldstätterhof , Waldstätterquai 6, ✆ 0418 250 606, *info@waldstaetterhof.ch, Fax 0418 250 600*, Vierwaldstättersee, , , , , , , - , Zim, - 15/150. AE VISA
***Rôtisserie* : Menu** 75 und à la carte 61/101 - ***Sust-Stube* : Menu** à la carte 43/85 - **105 Zim** 180/430 - ½ P Zuschl. 50.
◆ In schöner Lage wurde dieses Hotel Ende des 19. Jahrhunderts am See erbaut. Einige Zimmer sind mit grauem, funktionellem, der Grossteil aber mit hellem Mobiliar ausgestattet. Die Rôtisserie ist das gehobene Restaurant an der Seeseite des Hauses.

Schmid und Alfa, Axenstr. 5, ✆ 0418 201 882, *mail@schmidalfa.ch, Fax 0418 201 131*, , - . AE VISA
März - Okt. - **Menu** *(geschl. Dienstag und Mittwoch von 19. Feb. - Ostern)* à la carte 30/70 - **27 Zim** 85/190 - ½ P Zuschl. 30.
◆ Die zwei Gebäude befinden sich im Zentrum des Ortes. Die Zimmer im Hotel Schmid sind mit einfachem weissem Mobiliar ausgestattet, die des Alfa moderner, ebenfalls in Weiss. Das schlichte, bürgerliche Restaurant befindet sich im Haus Schmid.

Weisses Rössli, Bahnhofstr. 8, ✆ 0418 201 022, *weisses.roessli.brunnen@bluemail.ch, Fax 0418 201 122*, - . AE VISA
geschl. März, Montag und Dienstag von Nov. - Ostern - **Menu** 18.50 und à la carte 43/89 - **17 Zim** 120/180 - ½ P Zuschl. 30.
◆ Das Gasthaus wurde im 15. Jh. gegründet und 1865 von Ludwig II. bewohnt. Ein Zimmer mit seinem Namen und der Bayerisch-Königlichen Farbwahl blau/weiss/gold erinnern daran. Die Dorfschenke hat sich im Lauf der Zeit zu einem schönen Restaurant entwickelt.

BRUSINO ARSIZIO *6827 Ticino (TI)* **553 R14** *– 444 ab. – alt. 276.*
Bern 257 – Lugano 21 – Bellinzona 49 – Milano 99.

Chalet San Giorgio con cam, via Cantonale, 0919 962 155, *Fax 0919 962 155*, – VISA
chiuso dal 20 dicembre al 20 febbraio e lunedì (salvo la sera in estate) – **Pasto** 82 ed alla carta 53/86 – **3 cam** 80/140 – ½ P sup. 30.
◆ Costruzione rustica le cui due sale da pranzo sono accoglienti e curate ; d'estate servizio in riva al lago. Cucina di stampo italiano con proposte classiche e pizza.

BUBENDORF *4416 Basel-Landschaft (BL)* **551 L4** *– 4 307 Ew. – Höhe 360.*
Bern 78 – Basel 25 – Aarau 44 – Liestal 5 – Olten 31.

Bad Bubendorf, Kantonsstr. 3, 0619 355 555, *info@badbubendorf.ch*, *Fax 0619 355 566*, – Zim, – 15/120. AE VISA
Badhüsli : Menu 44 (mittags)/70 und à la carte 47/90 – ***Zum Bott :*** Menu *18* und à la carte 42/78 – **29 Zim** 135/190.
◆ 1641 wurde die Heilquelle zum ersten Mal amtlich erwähnt und hundert Jahre später das erste Badhaus errichtet. Heute schläft man hier in modernen, wohnlichen Zimmern. Das Badhüsli : grosser Wintergarten im Stil der Belle Epoque. Zum Bott : mit Kreuzgewölbe.

Murenberg, Krummackerstr. 4, 0619 311 454, *murenberg@bluewin.ch*, *Fax 0619 311 846*, – AE VISA
geschl. 1. - 19. März, 27. Sept. - 15. Okt., Mittwoch und Donnerstag – **Menu** - Fischspezialitäten - *38* - 60/113 und à la carte 51/110.
◆ Das Haus liegt leicht erhöht und zurückversetzt am Dorfeingang. In einem grossen, rustikalen Speisesaal kann der Gast Gerichte von einer monatlich wechselnden Karte wählen.

BUBIKON *8608 Zürich (ZH)* **551 R5** *– 5 377 Ew. – Höhe 509.*
Bern 156 – Zürich 27 – Rapperswil 7 – Uster 17 – Winterthur 42.

Gasthof Löwen mit Zim, Wolfhauserstr. 2, 0552 431 716, *loewen.bubikon@bluewin.ch*, *Fax 0552 433 716*, – – 20. AE VISA. Rest
geschl. Feb. 2 Wochen, Juli - Aug. 3 Wochen, Sonntag und Montag – ***Apriori :*** Menu 58 (mittags)/115 und à la carte 49/97 – ***Gaststube :*** Menu *18.50* und à la carte 49/97 – **8 Zim** 110/160.
◆ Hell und grosszügig wirkt das Restaurant Apriori mit zeitgemässer Einrichtung. Schön gedeckte Tische und ein kreatives Speisenangebot erwarten Sie. In der getäferten Gaststube bietet man eine regionale Küche.

BUCHBERG *8454 Schaffhausen (SH)* **551 Q4** *– 801 Ew. – Höhe 489.*
Bern 145 – Zürich 37 – Baden 37 – Schaffhausen 20 – Winterthur 21.

Engel, Dorfstr. 6, 018 671 919, *team@engelbuchberg.ch*, *Fax 018 671 944*, – VISA. – *geschl. März 1 Woche, Nov. 2 Wochen, Dienstag und Mittwoch* – **Menu** *17.50* - 40 (mittags)/66 und à la carte 40/95.
◆ Das Restaurant liegt in einem ruhigen Dorf. In der Gaststube und im gehobenen Teil mit ländlicher Einrichtung werden Speisen von einer saisonal variierenden Karte serviert.

BUCHS *9470 Sankt Gallen (SG)* **551 V6** *– 10 255 Ew. – Höhe 447.*
Tourist Info Werdenberg, Bahnhofstr. 4, 0817 400 540, touristinfo@werdenberg.ch, Fax 0817 400 728.
Bern 237 – Sankt Gallen 52 – Bregenz 47 – Chur 46 – Vaduz 6.

Buchserhof, Grünaustr. 2, 0817 557 070, *info@buchserhof.ch*, *Fax 0817 557 071*, – , Zim, – 15/40. AE VISA
Menu *16.50* und à la carte 30/68 – **55 Zim** 95/186, 4 Suiten – ½ P Zuschl. 25.
◆ Unweit des Bahnhofs liegt diese praktische Unterkunft. Es stehen mit älterem Standardmobiliar zweckmässig ausgestattete Zimmer und grosse Appartements zur Verfügung. Zum Speisen dient das unterteilte Restaurant.

City garni, Bahnhofstr. 43, 0817 505 710, *hotelgarnicitybuchs@deep.ch*, *Fax 0817 505 730* – – 15. AE VISA
15 – **17 Zim** 85/140.
◆ Das Hotel befindet sich in einem Einkaufszentrum. Die Zimmer sind mit hellem, funktionellem Mobiliar modern eingerichtet. Gutes Preis-Leistungs-Verhältnis.

Schneggen, Fallengässli 6, ✆ 0817 561 122, *rest.schneggen@bluewin.ch, Fax 0817 563 296,* ≤, – P. AE ⓓ ⓜⓒ VISA
geschl. 18. - 29. Feb., 19. Sept. - 10. Okt., Samstagmittag, Sonntagabend und Mittwoch – **Menu** 25 - 98/125 und à la carte 51/130.
◆ Mitten im Wald liegt dieses Lokal auf der Anhöhe oberhalb von Buchs und bietet von der Terrasse Ausblick auf das Rheintal. Im rustikalen Gastraum : viel Fisch und Grilladen.

BUCHS *8107 Zürich (ZH)* 551 P4 – *4 213 Ew. – Höhe 424.*
Bern 115 – Zürich 21 – Baden 13 – Schaffhausen 56 – Winterthur 34.

Weinberg, Weinbergstr. 1, ✆ 018 440 660, *weinberg@info.ch, Fax 018 444 819,* – P. AE ⓓ ⓜⓒ VISA
geschl. Samstagmittag, Sonn- und Feiertage – **Menu** 95 und à la carte 43/116.
◆ Das Gasthaus liegt versteckt oberhalb der Kirche. Über eine Treppe erreicht man den getäferten und leicht unterteilten Raum. Auch auf der Terrasse bürgerliche Karte.

BUGNAUX *Vaud* 552 C10 – *rattaché à Rolle.*

BÜLACH *8180 Zürich (ZH)* 551 Q4 – *13 777 Ew. – Höhe 428.*
Bern 128 – Zürich 21 – Baden 27 – Schaffhausen 28 – Winterthur 19.

Zum Goldenen Kopf, Marktgasse 9, ✆ 018 724 646, *mail@zum-goldenen-kopf.ch, Fax 018 724 600,* – TV P – 15/80. AE ⓓ ⓜⓒ VISA – **Menu** *(geschl. Weihnachten)* 20 - 54 (mittags)/125 und à la carte 37/117 – **34 Zim** 125/235.
◆ Der sehr schöne, renovierte Riegelbau mit Erker und Türmchen birgt in seinem modernisierten Inneren Zimmer mit hellen Schleiflackmöbeln oder funktionellem Mobiliar. Eine interessante Karte reicht man Ihnen im heimeligen Restaurant und im Stübli.

BULLE *1630 Fribourg (FR)* 552 G9 – *11 419 h. – alt. 771.*
Voir : *Musée Gruérien★★.*
18 Gruyère à Pont-la-Ville, ✉ 1649 (mars - déc.) ✆ 0264 149 460, Fax 0264 149 461, Nord-Est, par route de Fribourg - Echarlens : 15 km.
Manifestations locales
18.05 - 22.05 : Francomanias, concerts chansons françaises
09.06 - 13.06 : Salon des Goûts et Terroirs de Suisse Romande.
Office du Tourisme, 4 av. de la Gare, ✆ 0269 128 022, tourisme@info-bulle.ch, Fax 0269 128 883.
La Gare, ✆ 0269 130 515, Fax 0269 130 513.
Bern 60 – Fribourg 30 – Gstaad 42 – Montreux 35 – Yverdon-les-Bains 80.

Cheval Blanc, 16 rue de Gruyères, ✆ 0269 196 444, *cheval.blanc@bluewin.ch, Fax 0269 196 443,* – TV P – 15/60. AE ⓓ ⓜⓒ VISA
fermé 24 déc. au 12 janv. et dim. – **Repas** 16 - 50 et à la carte 38/73 – **18 ch** 98/210 – ½ P suppl. 35.
◆ Vieille maison bulloise rénovée où vous trouverez le sommeil du juste dans des chambres claires et spacieuses. La meilleure d'entre elles s'offre même l'agrément d'un jacuzzi. Restaurant misant sur une carte traditionnelle.

Les Alpes, 3 r. Nicolas-Glasson, ✆ 0269 129 292, *hotel@alpesgruyere.ch, Fax 0269 129 992,* – TV. AE ⓓ ⓜⓒ VISA JCB
Repas 15 et à la carte 35/68 – 15 – **35 ch** 95/240 – ½ P suppl. 25.
◆ Pas loin de la gare, hôtel rafraîchi et bien pratique pour les utilisateurs du rail. Les chambres, de mise simple, sont dotées d'une bonne isolation phonique. Salle de restaurant à l'ambiance "chalet gruérien". Choix de "panini", "tapas", "plancha", etc.

Le Rallye, 16 rte de Riaz, ✆ 0269 198 040, *lerallye@worldcom.ch, Fax 0269 198 044,* – TV P. AE ⓓ ⓜⓒ VISA
fermé 22 au 25 déc. – **Repas** *(fermé dimanche et fériés)* 15 - 25 et à la carte 32/66 – **25 ch** 95/200 – ½ P suppl. 25.
◆ Rien ne sert de "speeder" au Rallye : il offre détente au salon-véranda et repos dans ses chambres confortables. Le soir, un tour de piste au dancing s'impose. Table dont le décor, sémillant et moderne, met en appétit. Terrasse ajoutant une touche romantique.

de L'Ecu, 5 r. Saint-Denis, ✆ 0269 129 318, *Fax 0269 129 306* – AE MC VISA
fermé 24 fév. au 2 mars, 10 au 24 août et mardi – **Repas** 17 - 55/92 et à la carte 74/106.
◆ Affaire familiale au cadre néo-rustique oeuvrant de longue date dans la rue principale de Bulle. Un grand café devance la salle à manger où l'on fait des repas classiques.

Les Halles, 44 r. de la Promenade, ✆ 0269 127 256, *les_halles@bluewin.ch, Fax 0269 127 276,* – MC VISA
fermé 22 au 29 fév., 18 juil. au 8 août, dim. soir et 3e dim. midi de chaque mois – **Repas** 18 - 40 (midi)/75 et à la carte 39/77.
◆ Pas loin de l'église St-Pierre, imposante maison de pays dont la façade s'anime d'une galerie à arcades. Cuisine traditionnelle de saison. Plusieurs salle à manger.

à Morlon *Nord-Est : 2 km – alt. 751 – ✉ 1638 Morlon :*

Le Gruyérien, 2 Clos d'Amont, ✆ 0269 127 158, *legruyerien@bluewin.ch, Fax 0269 121 684,* – TV P – 20. AE MC VISA
fermé 12 au 29 janv., dim. soir de nov. à avril et mardi – **Repas** 16 - 54 et à la carte 48/91 – **13 ch** 95/170 – ½ P suppl. 35.
◆ Vous vous sentirez un peu comme à la maison dans ce chalet en harmonie avec la verte Gruyère environnante. Chambres vastes, lambrissées et dotées de balcons. À table, répertoire traditionnel faisant la part belle au gibier en saison de chasse.

à La Tour-de-Trême *Sud-Est : 2 km – alt. 746 – ✉ 1635 La Tour-de-Trême :*

de la Tour (Thürler) avec ch., 57 r. Ancien-Comté, ✆ 0269 127 470, *thurler-latour@bluewin.ch, Fax 0269 125 998* – TV P. AE MC VISA JCB
fermé 22 déc. au 6 janv., 12 juil. au 3 août, dim. soir, lundi et mardi – **Repas** 60 (midi)/120 et à la carte 80/133 – **Repas** (voir aussi ***Brasserie*** ci-après) – **5 ch** 90/150.
◆ Cet établissement sobrement décoré, situé au centre du lieu-dit, vous régale d'une cuisine au goût du jour parfaitement maîtrisée. Quelques chambres à l'étage.
Spéc. Millefeuille de thon rouge mariné aux artichauts et tomate confite. Gibier (oct. - nov.). Sandre du lac de la Gruyère à l'infusion de verveine et persil (mai - sept.)

Brasserie - *Rest. de la Tour*, 57 r. Ancien-Comté, ✆ 0269 127 470, *thurler-latour@bluewin.ch, Fax 0269 125 998* – P. AE MC VISA JCB
fermé 2déc au 6 janv., 12 juil. au 3 août, dim. soir, lundi et mardi – **Repas** *(midi seul. petite carte)* 18.50 - 27 (midi)/55 et à la carte 46/93.
◆ L'autre formule de la Tour permet d'apprécier, dans un cadre rustique, des recettes plus traditionnelles que celles du restaurant gastronomique, à découvrir sans se ruiner.

à Le Pâquier *Sud : 3 km – alt. 748 – ✉ 1661 Le Pâquier :*

Le Castel avec ch, ✆ 0269 127 231, *le-castel@bluewin.ch,* <, – P. AE MC VISA
fermé 5 au 20 janv., 30 août au 7 sept., dim. soir et lundi – **Repas** 52/110 et à la carte 80/112 – ***Brasserie :*** **Repas** à la carte 46/66 – **6 ch** 90/130.
◆ Auberge familiale dont la salle à manger, agrandie d'une véranda, s'ouvre sur un délicieux spectacle champêtre. Attrayante cuisine résonnant d'échos français. Brasserie misant sur un éventail de préparations traditionnelles.

BUOCHS *6374 Nidwalden (NW)* 551 07-J6 *– 4 894 Ew. – Höhe 435.*

Verkehrsverein, Beckenriederstr. 7, ✆ 0416 220 055.

Bern 130 – Luzern 19 – Altdorf 24 – Cham 41 – Engelberg 23 – Stans 5.

Rigiblick am See, am Seeplatz 3, ✆ 0416 244 850, *info@rigiblickamsee.ch, Fax 0416 206 874,* < Vierwaldstättersee, – TV P – 15/70. AE MC VISA
geschl. Jan. ; Rest. : auch Montag (ausser Juli - Aug.) und Dienstag von Okt. - April – **Menu** 18.50 und à la carte 45/94 – **18 Zim** 185/265 – ½ P Zuschl. 45.
◆ In schöner, ruhiger Lage am See wurde das Hotel im ortstypischen Stil erbaut. Die Zimmer sind mit solidem dunklem Holzmobiliar und Rattanstühlen ausgestattet. Restaurant und Gaststube mit Terrasse.

Krone (Gästehaus) garni, Dorfplatz 2, ✆ 0416 200 820, *info@kronebuochs.ch, Fax 0416 201 729,* – TV P – 15/40. AE MC VISA
27 Zim 100/160.
◆ Die Zimmer des alten Gasthofs befinden sich im modernen Anbau. Sie wirken sehr gepflegt und vermitteln mit heller Naturholzmöblierung eine schlicht-kühle Atmosphäre.

BUONAS *6343 Zug (ZG)* **551 P6** *– Höhe 417.*
Bern 130 – Luzern 22 – Zug 12 – Zürich 43.

Wildenmann, ✆ 0417 903 060, *wildenmann.buonas@datazug.ch,* *Fax 0417 905 141,* ≤ Zugersee, – P. AE MC VISA
geschl. Jan. - Feb., Sonntag und Montag – **Menu** à la carte 60/106.
◆ Ein typisches altes Zuger Haus beherbergt mehrere gemütliche Stuben, in denen man eine klassische Speisekarte reicht, die durch zahlreiche Fischgerichte bereichert wird.

BÜRCHEN *3935 Wallis (VS)* **552 L11** *– 680 Ew. – Höhe 1 340.*
Bern 185 – Brig 18 – Sierre 37 – Sion 50 – Zermatt 38.

Bürchnerhof, in Zenhäusern, Ronalpstr. 86, ✆ 0279 342 434, *info@buerchner hof.ch, Fax 0279 343 417,* ≤, , , , – TV P – 40. AE MC VISA. Rest *22. Dez. - 11. April und 31. Mai - 23. Okt. –* **Menu** *(geschl. Montag und Dienstagmittag in der Zwischensaison)* 58/75 und à la carte 49/96 – **20 Zim** 112/214 – ½ P Zuschl. 37.
◆ Das Haus liegt ruhig oberhalb des Ortes, von der Strasse zurückversetzt, und bietet einen schönen Ausblick auf das Tal. Sie beziehen freundlich und wohnlich gestaltete Zimmer. Das Restaurant ist gemütlich und mit viel Liebe zum Detail eingerichtet.

BÜREN AN DER AARE *3294 Bern (BE)* **551 I6** *– 3 052 Ew. – Höhe 443.*
Bern 26 – Biel 14 – Burgdorf 33 – Neuchâtel 50 – Solothurn 15.

Zum Baselstab, Aareweg 1, an der historischen Holzbrücke, ✆ 0323 511 236, *Fax 0323 515 883,* ≤, – P. MC VISA
geschl. 1. - 15. Feb., 25. Sept. - 20. Okt., Donnerstag und Freitagmittag – **Menu** 16 - 75 und à la carte 39/91.
◆ Das Haus liegt an der alten Holzbrücke über die Aare. Vorne die Terrasse, dahinter der Wintergarten und die Gaststube, daneben der à la carte-Bereich. Traditionelle Küche.

BÜREN ZUM HOF *3313 Bern (BE)* **551 J6** *– 396 Ew. – Höhe 506.*
Bern 21 – Biel 30 – Burgdorf 12 – Solothurn 16.

Rössli, Dorfstr. 14, ✆ 0317 678 296, *herzog@vino-thek.ch, Fax 0317 679 665,* – P. AE MC VISA – *geschl. 19. - 25. Juli, 22. Sept. - 15. Okt., Mittwoch und Donnerstag –* **Menu** 16 und à la carte 38/108.
◆ Im typischen Berner Dorfgasthaus mit Fachwerk liegt linker Hand die einfache Gaststube mit kleiner Terrasse und nach rechts das ländliche Restaurant. Traditionelle Auswahl.

BURG IM LEIMENTAL *4117 Basel-Landschaft (BL)* **551 J4** *– 234 Ew. – Höhe 480.*
Bern 96 – Basel 22 – Delémont 30 – Liestal 37 – Reinach 88.

Bad-Burg (Gianora), Badweg 24, ✆ 0617 312 131, *gasthaus@bad-burg.ch,* *Fax 0617 312 131,* – P. AE MC VISA
geschl. 1. Jan. - 22. März und Montag – **Menu** 82/120 und à la carte 84/135.
◆ Man spürt die Liebe zum Detail, mit der Ihre Gastgeber ihr Restaurant gestaltet haben. Die klassischen Kreationen der Küche machen den Besuch zum rundum angenehmen Erlebnis.
Spez. Eierschwämmli auf Salat (Mai - Aug.). Steinbutt vom Grill mit Rahmrisotto. Südafrikanische Scampis à la provençale

BURGDORF *3400 Bern (BE)* **551 K7** *– 14 379 Ew. – Höhe 533.*
Ausflugsziel : *Aussichtspunkt Lueg★ Nord-Ost : 8,5 km.*
in Oberburg, ✉ 3414 (März - Nov.) ✆ 0344 241 030, Fax 0344 241 034, Süd : 3,5 km Richtung Langnau.
Tourist Office, Bahnhofstr. 44, ✆ 0344 236 905, touristoffice.burgdorf@rm-rail.ch, Fax 0344 236 901.
Bahnhofstr. 6, ✆ 0344 239 393, Fax 0344 273 735.
Bern 23 – Aarau 63 – Basel 85 – Biel/Bienne 41 – Brienz 98 – Luzern 67.

Stadthaus, Kirchbühl 2, ✆ 0344 288 000, *info@stadthaus-group.ch,* *Fax 0344 288 008,* – , Zim, TV P – 15/60. AE MC VISA
La Pendule *(geschl. Sonntagabend)* **Menu** 53 (mittags)/95 und à la carte 68/123 – ***Stadtcafé*** **: Menu** 17.50 und à la carte 41/93 – **18 Zim** 230/380 – ½ P Zuschl. 45.
◆ Das renovierte Stadthaus mit geschmackvoller Einrichtung liegt in der verkehrsberuhigten Zone. Die Zimmer mit Ausstattung im Stile Louis XV / XVI bieten viel Platz. Das Pendule dient auch als Frühstücksraum und ist mit Stilmobiliar modern eingerichtet.

Berchtold, Bahnhofstr. 90, 0344 288 428, *info@stadthaus-group.ch, Fax 0344 288 484,* – , Zim, – 15/20.
Menu *(geschl. Sonntagabend)* 17.50 und à la carte 44/81 – **36 Zim** 160/250 – ½ P Zuschl. 37.
◆ Das moderne Hotel liegt unweit des Bahnhofs. Die frischen Zimmer unterscheiden sich kaum, bieten viel Platz und sind mit hellem Buchenholzmobiliar zeitgemäss eingerichtet.

Emmenhof (Schürch), Kirchbergstr. 70, 0344 222 275, *emmenhofburgdorf@tiscalinet.ch, Fax 0344 234 629* – .
geschl. 18. Juli - 18. Aug., Montag und Dienstag – **Menu** 70 (mittags)/160 und à la carte 72/142 – ***Gaststube :*** **Menu** 16.50 und à la carte 41/80.
◆ Das à la carte-Restaurant des Emmenhofs ist grosszügig bestuhlt und hat ein modernes Dekor. In edler Atmosphäre wählen Sie erlesene Gerichte von der zeitgemässen Karte. Die Gaststube hat eine eher rustikale Einrichtung ; das Angebot steht auf einer Tafel.
Spez. Turbot rôti Cancalaise. Agneau de Schangnau rôti au four. Volaille fermière du Tessin

in Heimiswil *Ost : 3 km – Höhe 618 – 3412 Heimiswil :*

Löwen, Dorfstr. 1, 0344 223 206, *daniel.luedi@loewen-heimiswil.ch, Fax 0344 222 635,* – .
geschl. 2. - 17. Feb., 19. Juli - 10. Aug., Montag und Dienstag – **Menu** 16.50 - 75 und à la carte 42/91.
◆ Ein Bijou für Nostalgiker : Ein historischer Berner Landgasthof, in dem man in diversen authentisch eingerichteten Stuben in die gute alte Zeit versetzt wird.

Einzelheiten über die in diesem Reiseführer angegebenen Preise finden Sie in der Einleitung.

BÜRGENSTOCK *6363 Nidwalden (NW)* 551 O7 *– Höhe 874.*

(Mai - Okt.) *0416 102 434.*
Bern 135 – Luzern 23 – Beckenried 11 – Stans 10.

Park Hotel , 0416 129 010, *information@buergenstock-hotels.ch, Fax 0416 129 011,* Luzern und Vierwaldstättersee, , , , , , , , , – – 15/100.
geschl. Nov. - März – ***Le Club*** *(geschl. Ende Okt. - Anfang Mai, Montag und Dienstag)* **Menu** *(nur für Hotelgäste) (nur Abendessen)* 65/140 und à la carte 73/134 0416 129 073 – ***da Tintoretto*** *(geschl. Sonntagabend)* **Menu** 79 und à la carte 61/113 - italienische Küche - – **58 Zim** 410/660 – ½ P Zuschl. 65.
◆ Der aus mehreren Gebäuden bestehende weitläufige Hotelkomplex beeindruckt mit Eleganz und Luxus, einem attraktiven Freizeitbereich und einzigartigem Ausblick. Klassisch-stilvoll und exklusiv : Le Club, abends mit Livemusik. Mediterran gibt sich das Tintoretto.

Waldhotel , 0416 110 383, *info@waldhotel-buergenstock.ch, Fax 0416 106 466,* Bergpanorama, , , , , – – 15/50.
Menu *(geschl. Sonntagabend von Okt. - April)* 35/85 und à la carte 39/93 – **55 Zim** 112/360 – ½ P Zuschl. 35.
◆ Das moderne Hotel liegt sehr ruhig inmitten der Natur und bietet einen exzellenten Panoramablick. Die Zimmer sind teils wohnlich-nobel, teils modern, manche auch einfacher. Frische, kräftige Farben verschönern das grosse Restaurant.

BURIET-THAL *Sankt Gallen (SG)* 551 V4 *– 5 960 Ew. – Höhe 423 – 9425 Thal.*

Bern 228 – Sankt Gallen 21 – Bregenz 15 – Dornbirn 20 – Vaduz 47.

Schiff, Burietstr. 1, 0718 884 777, *hotel@schiff-buriet-rorschach.ch, Fax 0718 881 246,* , , – Zim, – 20.
Rôtisserie Torggel : **Menu** 89 und à la carte 62/96 – ***Fischer-Bistro :*** **Menu** 20 und à la carte 44/95 – **36 Zim** 116/190 – ½ P Zuschl. 35.
◆ Ein traditioneller Landgasthof im Rebbauerndorf. Sie können im chaletähnlichen Anbau komfortable Zimmer mit hellbraunem Holzmobiliar beziehen, im Haupthaus einfachere Zimmer. Klassisches Ambiente in der Rôtisserie. Das Fischer-Bistro mit Schiffsdekoration.

BURSINEL *1195 Vaud (VD)* 552 C10 - *335 h. - alt. 434.*
Bern 132 - Lausanne 28 - Champagnole 76 - Genève 35.

A la Clef d'Or avec ch, 0218 241 106, *Fax 0218 241 759*, ≤ lac, - . AE VISA
fermé 5 janv. à début fév., dim. soir et lundi - **Repas** 25 - 56 et à la carte 49/84 - 10 - **8 ch** 95/200.
◆ Auberge communale officiant dans une région viticole, en surplomb du lac. Salle de restaurant moderne, agréable terrasse et belle vue. Recettes traditionnelles.

BURSINS *Vaud* 552 C10 - *rattaché à Rolle.*

BUSSIGNY-PRÈS-LAUSANNE *1030 Vaud (VD)* 552 D9 - *7 355 h. - alt. 407.*
Bern 112 - Lausanne 11 - Pontarlier 63 - Yverdon-les-Bains 31.

Novotel, 35 rte de Condémine, 0217 035 959, *h0530@accor-hotels.com, Fax 0217 022 902*, , , - , ch, rest, - 15/200. AE VISA
Repas 20 - 35 (midi)/88 et à la carte 40/74 - 20 - **98 ch** 155/185.
◆ Établissement de chaîne hôtelière situé à proximité de l'autoroute. Chambres actuelles et bonnes installations pour décompresser, se divertir et entretenir sa forme.

CADEMARIO *6936 Ticino (TI)* 553 R13 - *579 ab. - alt. 770.*
Dintorni : *Monte Lema★ : ✳★★ per seggiovia da Miglieglia.*
Bern 278 - Lugano 13 - Bellinzona 34 - Locarno 46 - Varese 34.

Cacciatori , Nord-Est : 1,5 km, 0916 052 236, *info@hotelcacciatori.ch, Fax 0916 045 837*, ≤, , , - - 60. AE VISA
28 marzo - 1º novembre - **Pasto** 20 ed alla carta 42/87 - **30 cam** 130/250 - ½ P sup. 40.
◆ Vecchio grotto rinnovato, ha due tipi di camere : alcune più recenti, altre più rustiche. Tutte sono spaziose e confortevoli. Bel giardino ombreggiato. Due sale da pranzo ; una ha una grande vetrata che dà sul giardino. Oltre all'offerta tradizionale, pizzeria.

CADRO *6965 Ticino (TI)* 553 S13 - *1 626 ab. - alt. 456.*
Bern 287 - Lugano 10 - Bellinzona 35 - Locarno 48 - Como 39.

La Torre del Mangia, via Margherita, 0919 433 835, *torre_del_mangia@caramail.com*, - VISA
chiuso dal 30 dicembre al 13 gennaio, dal 4 al 18 marzo, dal 14 luglio al 11 agosto, domenica a mezzogiorno da giugno a settembre e martedì - **Pasto** 56 ed alla carta 53/76.
◆ Locale recente sito nella zona residenziale. Sala da pranzo quasi circolare, dominata da una struttura fatta di travi, arredata in stile contemporaneo. Buona cucina regionale.

CAGIALLO *6955 Ticino (TI)* 553 R13 - *542 ab. - alt. 535.*
Bern 266 - Lugano 10 - Bellinzona 24 - Locarno 34.

Osteria San Matteo, 0919 435 197, *sanmatteo@tiscalinet.ch, Fax 0919 300 541*, - AE VISA.
chiuso dal 14 febbraio al 1º marzo, dal 22 agosto al 13 settembre, domenica e lunedì - **Pasto** *(chiuso a mezzogiorno)* (coperti limitati - prenotare) 75 ed alla carta 80/112.
◆ Una piacevole sorpresa quest'accogliente osteria dall'ambiente rustico-signorile, racchiusa in un edificio settecentesco nel piccolo borgo. Carta regionale che varia spesso.

CAMORINO *6528 Ticino (TI)* 553 S12 - *2 240 ab. - alt. 258.*
Bern 212 - Locarno 21 - Andermatt 85 - Chur 118 - Lugano 26.

La Bolla, a Comelina, Sud-Ovest : 1 km, 0918 576 595, *labolla@ticino.com, Fax 0918 582 202*, - AE VISA
chiuso dal 1º al 12 gennaio, dal 1º al 16 agosto, sabato a mezzogiorno e domenica - **Pasto** 18 - 25 (mezzogiorno)/75 ed alla carta 52/96 .
◆ In aggiunta alle proposte di una cucina decisamente d'impronta italiana classica, provate le specialità sarde, da assaporare in un ambiente familiare.

CAPOLAGO *6825 Ticino (TI)* 553 R14 – *695 ab. – alt. 274.*
Bern 288 – Lugano 15 – Bellinzona 43 – Como 16 – Varese 24.

Svizzero, via Scacchi, ✆ 0916 481 975, *info@bordognaweb.com, Fax 0916 481 753,* – – 40. AE MC VISA.
Pasto - pizzeria e specialità fondues - alla carta 41/102 – **23 cam** 79/140 – ½ P sup. 25.
◆ Albergo a conduzione familiare che dispone di camere piuttosto piccole, ma arredate in uno stile semplice e funzionale. Accanto alle proposte tradizionali ed alle pizze, una salettina separata farà la gioia degli amanti della fondue !

CARASSO *Ticino* 553 S12 – *vedere Bellinzona.*

CARNAGO *Ticino* 553 R13 – *vedere Origlio.*

CARONA *6914 Ticino (TI)* 553 R14 – *700 ab. – alt. 602.*
Bern 291 – Lugano 7 – Bellinzona 39 – Locarno 51 – Varese 30.

Villa Carona senza rist, ✆ 0916 497 055, *info@villacarona.ch, Fax 0916 495 860,* ←, – P. AE MC VISA
1º marzo - 7 novembre – **15 cam** 140/210, 3 suites.
◆ Nel bellissimo villaggio ricco d'opere d'arte sorge questa villa patrizia a gestione familiare, costruita 200 anni fa. Ampie camere eleganti o più rustiche, alcune affrescate.

CAROUGE *Genève* 552 B11 – *rattaché à Genève.*

CASLANO *6987 Ticino (TI)* 553 R13 – *3 439 ab. – alt. 289.*
18 Lugano ad Magliaso, ✉ 6983, ✆ 0916 061 557, Fax 0916 066 558.
Bern 288 – Lugano 10 – Bellinzona 33 – Locarno 45.

Gardenia, via Valle 20, ✆ 0916 118 211, *albergo-gardenia@bluewin.ch, Fax 0916 118 210,* , , – TV P. AE MC VISA. rist
29 marzo - 31 ottobre – ***Bacco*** *(chiuso a mezzogiorno e mercoledì)* **Pasto** 69/88 ed alla carta 67/109 – **25 cam** 150/400 – ½ P sup. 58.
◆ Edificio del 1800, squisita fusione di antico e moderno, immerso nel verde giardino con piscina in pietra viva. Camere non sempre spaziose, ma confortevoli. Apprezzate la cucina di tendenza nei saloni a volta del ristorante o nel giardino.

XXX **Locanda Estérel** con cam, via Cantonale 40, ✆ 0916 112 120, *esterel@bluemail.ch, Fax 0916 066 202,* , – cam, TV P. AE MC VISA. rist
chiuso dal 1º al 20 febbraio – **Pasto** *(chiuso lunedì)* 25 - 42 (mezzogiorno)/105 ed alla carta 70/97 – **9 cam** 140/260 – ½ P sup. 45.
◆ Caratteristico caseggiato di stile signorile : sala da pranzo dall'ambiente conviviale, in cui apprezzare una cucina di stampo francese. Dispone di camere personalizzate.

a Magliaso *Nord : 1 km – alt. 290 – ✉ 6983 Magliaso :*

Villa Magliasina, via Vedeggi 38, ✆ 0916 112 929, *mail@villa-magliasina.ch, Fax 0916 112 920,* , , , – TV P – 30. AE MC VISA. rist
marzo - ottobre – **Pasto** 26 - 32 (mezzogiorno)/50 ed alla carta 51/86 – **27 cam** 190/365 – ½ P sup. 50.
◆ Nei pressi del campo da golf, raffinato albergo cinto da un grande giardino fiorito con piscina. Interni di estrema eleganza che si ripete nelle ampie camere. Per ristorarvi, scegliete la terrazza o la sofisticata sala da pranzo, immerse nel verde del golf.

CASTAGNOLA *Ticino* 553 S13 – *vedere Lugano.*

CAUX *Vaud* 552 G10 – *rattaché à Montreux.*

CELERINA (SCHLARIGNA) *7505 Graubünden (GR)* 553 X10 – *1 214 Ew. – Höhe 1 730 – Wintersport : 1 730/3 057 m 5 17.*

Lokale Veranstaltungen

01.03 : "Chalandamarz" alter Frühlingsbrauch und Kinderfest

20.08 - 22.08 : New Orleans Jazz Festival.

Celerina Tourismus, via Maistra, 0818 300 011, info@celerina.ch, Fax 0818 300 019.

Bern 332 – Sankt Moritz 3 – Chur 90 – Davos 68 – Scuol 60.

Cresta Palace, via Maistra 91, 0818 365 656, *mail@crestapalace.ch, Fax 0818 365 657,* – Zim, – 35. AE VISA. Rest
6. Dez. - 12. April und 26. Juni - 17. Okt. – ***Classico*** *(geschl. Donnerstagabend)* **Menu** 40 (abends)/120 und à la carte 62/118 – **97 Zim** 200/530, Vorsaison 125/280, 3 Suiten – ½ P Zuschl. 50.

◆ Durch den Garten gelangt man in den freistehenden klassischen Bau im Dorfzentrum. Die Zimmer sind komfortabel eingerichtet - einige wurden kürzlich renoviert. Ein mediterran ausgerichtetes Angebot wartet im eleganten Classico.

Chesa Rosatsch, via San Gian 7, 0818 370 101, *hotel@rosatsch.ch, Fax 0818 370 100,* – Zim, AE VISA
geschl. 13. April - 10. Juni – ***Stüvas*** *(nur Abendessen)* **Menu** 78/96 und à la carte 65/116 – ***La Cuort :*** **Menu** 18.50 und à la carte 37/80 – **36 Zim** 195/410, Vorsaison 130/290 – ½ P Zuschl. 68.

◆ Das schöne Engadiner Haus mit modern-rustikaler Einrichtung liegt ruhig im Dorf an einer Seitengasse am Inn. Die Zimmer sind mit hellem Arvenholz angenehm ausgestattet. Hübsch, mit Holz vertäfert : die Stüvas. La Cuort : freundliches Innenhof-Restaurant.

Misani, via Maistra 70, 0818 333 314, *info@hotelmisani.ch, Fax 0818 330 937* – Zim, AE VISA
6. Dez. - 12. April und 26. Juni - 11. Okt. – ***Voyage*** *(nur Abendessen)* **Menu** 72/85 und à la carte 56/98 – ***Ustaria :*** **Menu** à la carte 48/96 – **38 Zim** 165/330, Vorsaison 110/270.

◆ Ein Hotel mit einem ungewöhnlichen Konzept : Zimmer in drei verschiedenen Grundausstattungen können aus einem Fundus mit Möbeln und Accessoires selbst eingerichtet werden. In warmen Farben gestaltet : das Voyage. Das Ustaria ist mit altem Arvenholz getäfert.

Saluver, via Maistra 128, 0818 331 314, *info@saluver.ch, Fax 0818 330 681,* AE VISA
Menu à la carte 40/110 – **23 Zim** 115/230, Vorsaison 105/210 – ½ P Zuschl. 45.

◆ Das Haus im typischen Engadiner Stil liegt am Rande des Dorfes. Ein Grossteil der einfachen, mit Arve ausgestatteten Zimmer hat Südlage und dank der Balkone viel Licht. Ein schöner typischer Kachelofen schmückt das Restaurant.

Stüvetta Veglia mit Zim, via Maistra, 0818 338 008, *info@stuevetta-veglia.ch, Fax 0818 334 542,* – AE VISA
6. Dez. - 12. April und 19. Juni - 18. Okt. – **Menu** 37 - 54 (mittags) und à la carte 65/126 – **8 Zim** 245/330, Vorsaison 170/240 – ½ P Zuschl. 55.

◆ In dem ehemalige Bauernhaus aus dem 17. Jh. hat man ein nettes Restaurant eingerichtet, in dem man beim Essen Gemälde von Schweizer Malern bewundern kann.

CÉLIGNY *1298 Genève (GE)* 552 B10 – *644 h. – alt. 391.*

Bern 148 – Genève 18 – Saint-Claude 56 – Thonon-les-Bains 53.

La Coudre sans rest, 0229 608 360, *vivimar@deckpoint.ch, Fax 0229 608 361,* – – 20. AE VISA
8 ch 190/260.

◆ Cette belle maison de notable à dénicher dans la campagne boisée a des allures de petit manoir. Communs parsemés d'objets anciens et grandes chambres personnalisées.

Buffet de la Gare, 25 rte de Founex, 0227 762 770, *buffet.celigny@swissonline.ch, Fax 0227 767 054,* – AE VISA
fermé 8 fév. au 1er mars, 5 au 20 sept., dim. et lundi – **Repas** 16.50 - 41 (midi) et à la carte 60/92.

◆ Les nostalgiques du Charleston seront transportés au temps des années folles dans ce restaurant façon "bistrot rétro", décoré d'objets d'époque. Repas traditionnel.

à Crans-près-Céligny (VD) *Nord-Est : 1 km – alt. 394 – ✉ 1299 Crans-près-Céligny :*

XX **Cerf** avec ch, 2 r. Antoine Saladin, ✆ 0227 762 323, *info@hotel-du-cerf.ch, Fax 0227 760 221,* – TV. AE VISA
Repas 20 - 50 (midi)/100 et à la carte 65/95 – **9 ch** 110/170 – ½ P suppl. 35.
◆ Auberge avenante aménagée dans l'ancienne mairie. Carte traditionnelle où les poissons du lac sont à l'honneur. Paisible terrasse. Chambres modernes d'esprit rustique.

CERTOUX *Genève* **552 B12** – *rattaché à Genève.*

CHAM *6330 Zug (ZG)* **551 P6** – *13 145 Ew. – Höhe 418.*
Alte Steinhauserstr. 1, ✆ 0417 485 788, Fax 0417 485 707.
Bern 131 – Luzern 20 – Zürich 34 – Aarau 50 – Baden 44 – Wädenswil 27 – Zug 8.

XX **Raben,** Luzernerstr. 20, ✆ 0417 801 312, *erni@raben.ch, Fax 0417 801 138,* – AE VISA
geschl. 24. Dez. - 5. Jan., 11. Juli - 2. Aug., Sonntag und Montag – **Menu** (1. Etage) 37 - 59 (mittags)/98 und à la carte 44/104.
◆ Das Restaurant im ersten Stock des Hauses ist rustikal und gemütlich eingerichtet. Eine schöne Holzdecke und Sichtbalken prägen den Raum. Kleine bürgerliche Karte.

CHAMBÉSY *Genève* **552 B11** – *rattaché à Genève.*

CHAMPÉRY *1874 Valais (VS)* **552 F12** – *1 130 h. – alt. 1 053 – Sports d'hiver : 1 050/2 300 m 1 4*.
Voir : *Site*★.
Manifestation locale
24.07 - 15.08 : Flâneries musicales de Champéry.
Champéry Tourisme, Résidence Opaline, ✆ 0244 792 020, info@champery.ch, Fax 0244 792 021.
Bern 121 – Martigny 35 – Aigle 26 – Évian-les-Bains 50 – Montreux 37 – Sion 60.

Suisse, Grand Rue, ✆ 0244 790 707, *gthotelsuisse@bluewin.ch, Fax 0244 790 709,* ←, – TV P – 25. AE VISA. rest
fermé 25 avril au 10 mai et 30 sept. au 15 déc. – **Repas** *(½ pens. seul.) (fermé le midi)* – **40 ch** 148/260, Basse saison 100/160 – ½ P suppl. 37.
◆ Ce chalet bâti au centre de la station abrite d'accueillantes chambres à touches champêtres. Jolie vue sur les montagnes depuis le grand salon situé à l'arrière.

National, Grand Rue, ✆ 0244 791 130, *reception@lenational.ch, Fax 0244 793 155,* ←, – TV P – 25. VISA.
fermé 18 avril au 7 mai et 2 au 26 nov. – **Repas** *(fermé merc. hors-saison)* 18 - 42 et à la carte 48/82 – **24 ch** 140/230, Basse saison 95/140 – ½ P suppl. 35.
◆ Hôtel du 19ᵉ s. où vous serez hébergés dans des chambres claires et actuelles, égayées de peintures murales. Celles du dernier étage sont mansardées. Restaurant lambrissé servant des plats traditionnels et régionaux.

Beau-Séjour sans rest, ✆ 0244 795 858, *info@beausejour-champery.com, Fax 0244 795 859,* ← – TV P. AE VISA
16 déc. au 17 avril et 2 juin au 29 sept. – **20 ch** 140/230, Basse saison 70/140.
◆ Avenant chalet établi en plein village. Vastes chambres dotées de meubles rustiques. Dans la salle des petits-déjeuners, vous pourrez aussi croquer des yeux les Dents du Midi.

Rose des Alpes , ✆ 0244 791 218, *info@rosedesalpes.com, Fax 0244 791 774,* ←, – P. AE VISA. rest
19 déc. au 25 avril et 11 juin au 30 sept. – **Repas** *(fermé mardi et le midi) (résidents seul.)* – **16 ch** 60/210, Basse saison 45/150 – ½ P suppl. 32.
◆ Deux chalets couplés composent cet hôtel-pension aux douillettes chambres d'esprit alpin. Ouvrez l'oeil : vous pourriez bien apercevoir Heidi sur la montagne !

X **Vieux Chalet,** ✆ 0244 791 974, *Fax 0244 791 980,* – AE VISA
fermé nov. et lundi hors saison – **Repas** 18 -56 et à la carte 42/83.
◆ Traditionnel, chaleureux et agreste à souhait, ce "Vieux Chalet" compte parmi les valeurs sûres de Champéry lorsqu'il s'agit de passer à table. Gentil accueil familial.

au Grand-Paradis *Sud : 2 km – 1874 Champéry :*

Auberge du Grand-Paradis, 0244 791 167, *grandparadis@bluewin.ch, Fax 0244 793 069,* – AE VISA
19 déc. au 12 avril et 1er juin au 17 oct. – **Repas** - spécialités valaisannes - *(fermé lundi)* 35 (midi)/50 et à la carte 38/78.
◆ Avis aux amateurs de glisse : cette auberge très typée propose, outre une carte traditionnelle et un coin raclettes au feu de bois, des prestations qui raviront les skieurs.

CHAMPEX *1938 Valais (VS)* 552 H13 *– alt. 1 472.*

Environs : *La Breya★★ Sud-Ouest par téléphérique.*

Manifestation locale
13.03 - 14.03 : Course internationale de chiens de traîneaux.

Office du Tourisme Au Pays du Saint-Bernard, 0277 831 227 info@saint-bernard.ch, Fax 0277 833 527.

Bern 144 – Martigny 17 – Aosta 62 – Chamonix-Mont-Blanc 54 – Sion 47.

Glacier, 0277 826 151, *info@hotelglacier.ch, Fax 0277 826 150,* – AE VISA. rest
13 déc. au 11 avril et 8 mai au 6 nov. – **Repas** *(fermé jeudi midi et lundi hors saison)* 18 - 37/48 et à la carte 41/71 – **28 ch** 95/170 – ½ P suppl. 30.
◆ On ressent le professionnalisme de la quatrième génération d'hôtes dans cette bâtisse surveillant le lac. Chambres néo-rustiques et espaces communs d'une belle ampleur. Restaurant misant sur une attrayante carte de préparations traditionnelles.

CHAMPFÈR *Graubünden* 553 W10 *– siehe Sankt Moritz.*

CHARDONNE *Vaud* 552 F10 *– rattaché à Vevey.*

CHARMEY *1637 Fribourg (FR)* 552 H9 *– 1 584 h. – alt. 891 – Sports d'hiver : 900/1 630 m* 1 6 .

Manifestations locales
25.09 : Rindyà, désalpe et marché artisanal
09.10 - 10.10 : Bénichon de la montagne, célèbres courses de charrettes à foin.

Charmey Tourisme, Les Charrières 1, 0269 275 580, office.tourisme@charmey.ch, Fax 0269 275 588.

Bern 72 – Fribourg 31 – Bulle 12 – Gstaad 48 – Montreux 47 – Thun 58.

Cailler , 0269 276 262, *direction@hotel-cailler.ch, Fax 0269 276 263,* – 15/140. AE VISA JCB
Le Mignon : **Repas** 62/120 – ***Bistro*** : **Repas** 18 et à la carte 46/87 – **50 ch** 170/240, 9 suites – ½ P suppl. 40.
◆ Hôtel rénové offrant la garantie d'un séjour reposant dans ses chambres chaleureuses et modernes. Solide breakfast gruérien avec la montagne pour toile de fond. Répertoire classique français et menus bien ficelés au Mignon. Cuisine traditionnelle au Bistro.

Le Sapin, 25 r. du Centre, 0269 272 323, *office@charmey-le-sapin.ch, Fax 0269 271 244,* – 15/60. AE VISA
Repas 16.50 - 20 (midi)/38 et à la carte 33/72 – **15 ch** 86/160 – ½ P suppl. 30.
◆ Hôtel oeuvrant au centre du village. Chambres fonctionnelles dotées, conformément à la coutume, de meubles en bois clair de style montagnard. Terrasse ombragée. Restaurant au registre culinaire traditionnel pimenté de quelques fantaisies exotiques.

L'Etoile avec ch, 21 le Centre, 0269 275 050, *g.repond@etoile.ch, Fax 0269 275 055,* – AE VISA
fermé lundi – **Repas** 16 -95 et à la carte 34/84 – **8 ch** 80/140 – ½ P suppl. 30.
◆ Bâtisse du 18e s. rénovée. Perchés sur la coquette galerie, vous goûterez une appétissante cuisine française du marché. Belles chambres de style néo-rustique.

CHÂTEAU-D'OEX *1660 Vaud (VD)* 552 H10 *– 2 998 h. – alt. 968 – Sports d'hiver : 985/1 654 m 1 7.*

Voir : *Site★.*

Musée : *Art populaire du Vieux Pays d'Enhaut★.*

Manifestations locales

24.01 - 01.02 : Semaine internationale de ballons à air chaud

06.08 - 08.08 : World Music Festiv'Alpe.

Office du Tourisme, La Place, 0269 242 525, info@chateau-doex.ch, Fax 0269 242 526.

Bern 87 – Montreux 49 – Bulle 27 – Gstaad 15 – Lausanne 75 – Thun 67.

Hostellerie Bon Accueil, La Frasse, 0269 246 320, *host-bon-accueil@bluewin.ch, Fax 0269 245 126*, – TV P AE VISA
fermé 13 au 30 avril, 24 oct. au 22 déc. – **Repas** *(fermé merc. midi et mardi du 16 mars au 6 juil. et du 5 au 24 oct.)* 35 (midi)/59 et à la carte 53/102 – **18 ch** 155/225, Basse saison 135/200 – ½ P suppl. 49.

◆ Vieux chalet profitant d'un site paisible sur les hauteurs du village. Ses chambres lambrissées, blotties sous les charpentes, sont garnies de meubles de style. Bon petit-déj. Restaurant de caractère où l'on vient faire des repas classiques élaborés.

Ermitage, Le Petit-Pré, 0269 246 003, *piazza.ermitage@bluewin.ch, Fax 0269 245 076*, – TV P AE VISA
fermé mardi midi et lundi hors saison (sauf hôtel) – **Repas** 65/115 et à la carte 64/123 – ***Bistrot :*** **Repas** 45 et à la carte 41/79 – **15 ch** 120/200, Basse saison 100/180 – ½ P suppl. 35.

◆ En paix avec la nature environnante, chalet renfermant de confortables chambres pourvues d'un mobilier rustique et d'un balcon. Restaurant complété d'une terrasse panoramique. Mets classiques. Bistrot déclinant un éventail de spécialités du "Pays d'Enhaut".

Die wichtigsten Einkaufsstrassen sind im Strassenindex der Stadtpläne in rot gekennzeichnet

La CHAUX-DE-FONDS *2300 Neuchâtel (NE)* 552 F6 *– 36 936 h. – alt. 994.*

Musées : *International d'horlogerie★★* C *– Beaux-Arts★* B.

Environs : *Route de la Vue des Alpes★★ par ③ – Tête de Ran★★ par ② : 7 km – Vue des Alpes★ par ② : 10 km.*

Les Bois, 2336 (avril - nov.) 0329 611 003, Fax 0329 611 017, par ② route de Saignelégier : 12 km.

Tourisme neuchâtelois - Montagnes, Espacité 1, 0329 196 895, tourisme.montagnes@ne.ch, Fax 0329 196 297.

33 av. Léopold-Robert, 0329 118 080, Fax 0329 118 081.

Bern 74 ② – Neuchâtel 25 ③ – Biel 45 ② – Martigny 163 ② – Montbéliard 67 ① – Pontarlier 54 ④

Stadtplan siehe gegenüberliegende Seite

Grand Hôtel Les Endroits, 94 bd des Endroits, par r. du Succès : 2,5 km, 0329 250 250, *contact@hotel-les-endroits.ch, Fax 0329 250 350*, – ch, TV P – 15/120. AE VISA JCB
Repas 17.50 - 40 (midi)/92 et à la carte 41/94 – **38 ch** 165/260, 4 suites – ½ P suppl. 35.

◆ Dans la quiétude des champs, hôtel récent convenant aussi bien aux familles qu'à la clientèle d'affaires. Chambres modernes, à l'image de l'établissement. Spécialités régionales et cuisine classique sont au menu du restaurant. Terrasse et jeux pour enfants.

Athmos Hôtel Centre, 45 av. Léopold-Robert, 0329 102 222, *athmoshotelcentre@swissonline.ch, Fax 0329 102 225* – TV – 20. AE VISA B a
Pékin *(fermé dim. midi)* **Repas** 16 - 45/65 et à la carte 45/95 – ***Brasserie La Suisse*** *(fermé dim. et fériés)* **Repas** 13.50 et à la carte 42/79 – **44 ch** 145/220 – ½ P suppl. 30.

◆ En centre ville, imposante bâtisse d'angle où vous logerez dans de bonnes chambres convenablement agencées, dotées de salles de bains garnies de marbre. Cuisine de l'Empire du Milieu au Pékin. Plats traditionnels à la Brasserie La Suisse.

La CHAUX-DE-FONDS

Abeille (R. de l')	B	3
Alexis-Marie Piaget (R.)	A	4
Arsenal (R. de l')	C	6
Banneret (R. du)	C	7
Biaufond (R. de)	A	9
Boucherie (R. de la)	C	10
Carmagnole (Pl. de la)	C	11
Casino (R. du)	B	12
Chapelle (R. de la)	C	13
Charrière (R.)	A	15
Coq (R. du)	BC	16
Croix-Fédérale (R. de la)	A	18
Cygne (R. du)	B	19
Éperon (R. de l')	C	21
Fleur de Lys (Ruelle de la)	C	22
Grandes-Crosettes (Rte des)	A	23
Granges (R. des)	C	24
Guillaume Ritter (R.)	BC	25
Industrie (R. de l')	C	27
Jardinière (R.)	B	28
Jeu (Pl. de)	B	30
Le Corbusier (Pl.)	B	31
Léopold-Robert (Av.)	BC	
Lilas (Pl. des)	C	32
Marronniers (Pl. des)	C	33
Ruche (R. de la)	A	34
St-Hubert (R.)	C	36
Stand (R. du)	B	37
Succès (R. du)	A	39
Temple Allemand (R. du)	B	40
Traversière (R.)	BC	42
Vieux-Cimetière (R. du)	C	43
Ier-Mars (R. du)	BC	45

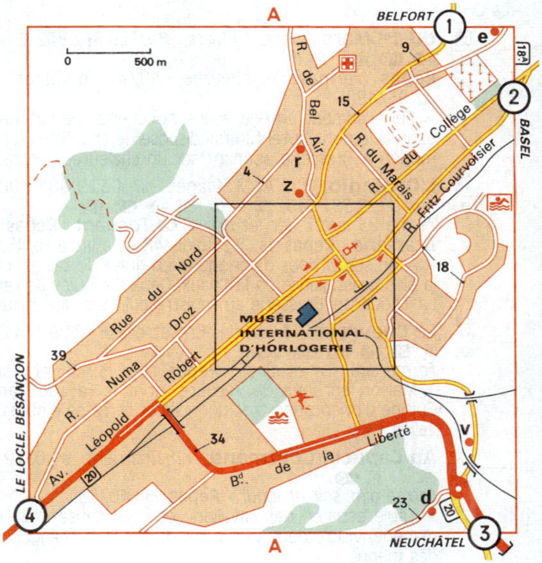

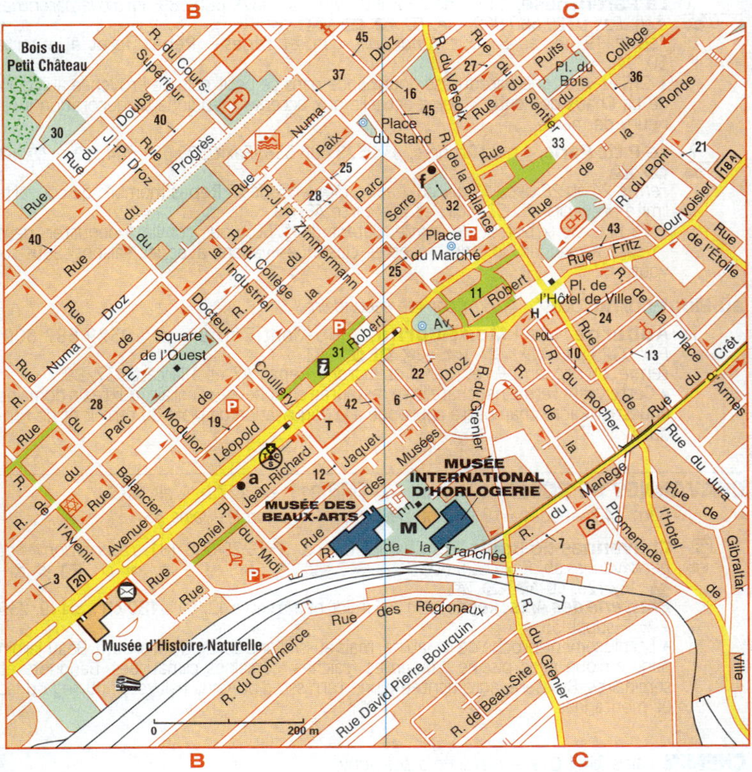

du 1er Mars, 7 r. du 1er Mars, ☎ 0329 682 832, *Fax 0329 689 022*, – TV. AE ⓓ MC VISA. ch C f
Repas *(fermé dim. soir)* 16 - 30/49 (midi) et à la carte 35/73 – **12 ch** 95/180.
◆ Curieusement agrégé à une boucherie-charcuterie sous la même gérance, cet estimable petit hôtel familial dispose de chambres rénovées bénéficiant du confort moderne. Brasserie donnant sur un chaleureux restaurant traditionnel.

L'Orologio, 1 r. A.-M. Piaget, ☎ 0329 681 900, *orologio@swissonline.ch*, *Fax 0329 681 916*, – P. AE ⓓ MC VISA A r
fermé 23 au 27 déc. et dim. – ***La Toquant :*** **Repas** 64/95 et à la carte 51/87 – ***Brasserie :*** **Repas** 15 - 31 (midi)/48 et à la carte 45/77.
◆ Avec ses vitrines d'horlogerie en guise de tables, ce restaurant honore l'activité la plus prestigieuse de la Chaux. Deux formules de repas. Préparations classiques à La Toquante. Brasserie au registre culinaire plus traditionnel.

Le Chevreuil, 13 Grandes-Crosettes, ☎ 0329 134 092, *Fax 0329 138 172*, – P. AE ⓓ MC VISA JCB A d
fermé dim. soir et lundi – **Repas** 16.50 - 39/75 et à la carte 41/90.
◆ Maison enrobée de verdure, dont la façade s'anime d'une peinture murale. Cuisine d'orientation traditionnelle et terrasse embrassant du regard montagnes et vallée.

Au Capucin Gourmand, 125 Charrière, ☎ 0329 681 591, *Fax 0329 681 591*, – P. MC A e
fermé dim. soir et lundi – **Repas** 14 - 40/55.
◆ Table estimée des cavaliers, et pour cause : elle partage les installations d'un manège, visible depuis les baies de la salle à manger. Pas de carte, mais seulement des menus.

La Parenthèse, 114 r. de l'Hôtel-de-Ville, ☎ 0329 680 389, *info@la-parenthese.ch*, *Fax 0329 680 089* – P. AE ⓓ MC VISA. A v
fermé 19 juil. au 8 août, lundi soir, dim. et fériés – **Repas** 16 et à la carte 50/94.
◆ Offrez-vous une parenthèse gourmande dans ce petit coin de Provence au coeur de La Chaux-de-Fonds. Cuisine actuelle aux accents méridionaux, décoration intérieure de même.

Le P'tit Paris, 4 r. du Progrès, ☎ 0329 686 533, *Fax 0329 681 304*, – AE ⓓ MC VISA A z
fermé 24 au 28 déc., 12 juil. au 7 août, dim. et fériés – **Repas** (nombre de couverts limité-prévenir) 15 - 52 (soir) et à la carte 45/79.
◆ Le plus vieux bistrot de la ville, datant de 1760, vous convie à déguster, dans sa salle à manger "in", des recettes classiques variant avec les saisons. Sous-sol voûté.

au Mont-Cornu *Ouest : 4,5 km par rte secondaire*

Auberge de Mont-Cornu, 116 Mont-Cornu, ☎ 0329 687 600, *Fax 0329 685 412*, , – P. AE MC VISA
fermé 1er déc. au 29 fév., lundi et mardi – **Repas** 47 et à la carte 37/89.
◆ Cette vaste ferme neuchâteloise restaurée en auberge familiale jouxte un domaine équestre. Cadre champêtre approprié à la dégustation de plats du terroir et de fondues.

CHAVANNES DE BOGIS *1279 Vaud (VD)* 552 B11 – *1 127 h. – alt. 483.*

Bern 142 – Genève 19 – Saint-Claude 54 – Thonon-les-Bains 53.

Chavannes-de-Bogis, Les Champs-Blancs, ☎ 0229 608 181, *reservation@hotel-chavannes.ch*, *Fax 0229 608 182*, , , , , – , ch, TV P – 15/120. AE ⓓ MC VISA
Brasserie des Arts : **Repas** 18.50 - 35 (midi) et à la carte 42/81 – **180 ch** 149/239 – ½ P suppl. 35.
◆ Établissement proche de la nature, mais aussi d'une sortie d'autoroute. Beau jardin panoramique avec piscine. Chambres fraîches, certaines climatisées. Banquets et séminaires. Brasserie agrémentée d'une terrasse d'où vous balayerez du regard lac et montagnes.

CHEMIN *Valais* 552 G12 – *rattaché à Martigny.*

CHÉSEREX *1275 Vaud (VD)* **552 B10** *- 1 056 h. - alt. 529.*

Bonmont, 0223 699 900, Fax 0223 699 909.

Bern 150 - Genève 28 - Divonne-les-Bains 13 - Lausanne 43 - Nyon 9.

Château de Bonmont, 0223 699 960, *golfhotel@bonmont.com, Fax 0223 699 969,* vallée, lac, - 20. AE MC VISA.

fermé 22 déc. au 13 fév. - **Repas** *(fermé dim. soir et lundi)* 55 (midi)/110 et à la carte 79/111 - **8 ch** 305/550 - ½ P suppl. 38.

• Demeure fastueuse perchée sur les hauts du Léman, au milieu d'un parc où des monuments cisterciens côtoient un parcours de golf. Junior suites grand luxe. Ambiance Clubhouse. Salle à manger gastronomique. Restauration à toute heure de la journée au Cercle.

Auberge Les Platanes, 0223 691 722, *lesplatanes@freesurf.ch, Fax 0223 693 033,* - AE MC VISA

fermé 21 déc. au 12 janv., 24 juil. au 10 août, dim. et lundi - **Repas** 46/95 et à la carte 54/94 - ***Le Café*** **: Repas** 24 et à la carte 44/94.

• On mesure toute l'élégance de cette maison patricienne du 17e s. dans ses salons bourgeois meublés de style Régence. Cuisine classique sensible au rythme des saisons. Sympathique petit café proposant une carte brève et les suggestions du jour.

CHEXBRES *1071 Vaud (VD)* **552 F10** *- 2 040 h. - alt. 580.*

Bern 90 - Lausanne 13 - Montreux 13 - Fribourg 60 - Yverdon-les-Bains 47.

Préalpina, 35 rte de Chardonne, 0219 460 909, *info@prealpina.ch, Fax 0219 460 950,* lac et vignobles, - 15/45. AE MC VISA

fermé 12 déc. au 1er mars - **Repas** *(fermé dim. soir)* 17 - 48 et à la carte 38/86 - **50 ch** 125/250 - ½ P suppl. 35.

• Rendez-vous d'affaires dans les agréables salles de séminaire ou vacances-détente dans des chambres à la vue enchanteresse sur lac et vignoble ! Restaurant présentant une carte classique française et des menus quelquefois épicés de séquences exotiques.

du Nord avec ch, 4 place du Nord, 0219 461 026, *Fax 0219 461 026,* - . AE MC VISA

fermé 18 janv. au 23 fév. et lundi - **Repas** 45 (midi)/95 et à la carte 70/122 - **3 ch** 60/90.

• Intime salle à manger de style Louis XVI, en harmonie avec l'orientation classique de la table. Trois chambres à l'étage, pour vous dépanner le cas échéant.

CHIASSO *6830 Ticino (TI)* **553 S14** *- 8 016 ab. - alt. 238.*

Shopping Center 6836 Serfontana, 0916 976 767, Fax 0916 976 768.

Bern 298 - Lugano 26 - Bellinzona 54 - Como 6 - Varese 26.

Mövenpick Hotel Touring, piazza Indipendenza 1, 0916 825 331, *hotel.touring@moevenpick.ch, Fax 0916 825 661,* - video - 30. AE MC VISA JCB

Gabbiano d'Oro **: Pasto** 20 ed alla carta 39/81 - 14 - **60 cam** 130/180.

• Albergo con ampie arcate all'esterno, situato nei pressi della stazione, in posizione centrale. Dispone di camere spaziose e funzionali. Al ristorante, una grande sala da pranzo con soffitto intarsiato, dove si offre una carta variata, senza pretese.

Centro senza rist, corso San Gottardo 80, 0916 834 402, *Fax 0916 834 458* - . AE MC VISA

chiuso dal 20 dicembre al 6 gennaio e dal 1º al 24 agosto - 7 - **18 cam** 110/150.

• Indirizzo per una clientela di carattere prevalentemente commerciale. Camere sobrie, tutte uguali nello stile ed arredate con un mobilio pratico, anni Ottanta.

CHIÈTRES *Fribourg* **552** ⑤ *- voir à Kerzers.*

CHUR (COIRE)

7000 [K] Graubünden (GR) 553 V8 – 31 551 Ew. – Höhe 585
Wintersport : 585/2 176 m 2

Bern 247 ① – Andermatt 89 ③ – Davos 71 ① – St Moritz 88 ③ – Vaduz 43 ①.

Chur-Tourismus, Grabenstr. 5, ✆ 0812 521 818, info@churtourismus.ch, Fax 0812 529 076 Y.

Grabenstr. 34, ✆ 0812 587 373, Fax 0812 587 374 Z.

Masanserstr. 35, ✆ 0812 529 050, Fax 0812 520 242.

27 in Domat/Ems, ✉ 7013 (März-Nov.) ✆ 0816 503 500, Fax 0816 503 501, über ③ : 6 km.

Sehenswert : *Arosastrasse : Blick★ auf die Stadt Z – Schnitzaltar★ der Kathedrale Z.*

Ausflugsziele : *Parpaner Rothorn★★ : Blick★★, über ③ : 16 km und Luftseilbahn – Strasse von Chur nach Arosa★ : Strasse durch das Schanfigg★ – Soliser Brücken★, über ③ : 32 km.*

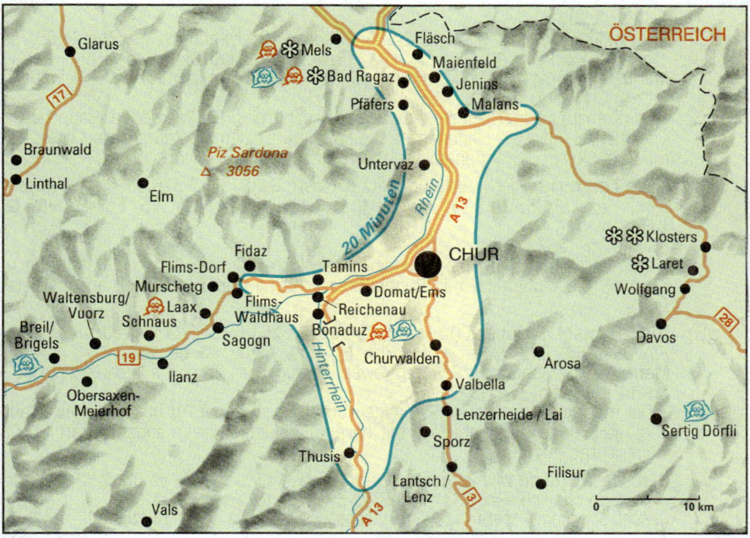

CHUR

Alexanderplatz	Y	2
Alexanderstrasse	Y	
Arosastrasse	Z	
Bahnhofstrasse	Y	
Brandisstrasse	Y	
Engadinstrasse	YZ	
Fontanaplatz	Z	
Fontanastrasse	Z	3
Gäuggelistrasse	Y	
Goldgasse	Z	4
Grabenstrasse	YZ	
Gürtelstrasse	YZ	6
Hartbertstrasse	Y	7
Herrengasse	Z	10
Hofstrasse	Z	
Kirchgasse	Z	
Kornplatz	Z	
Kupfergasse	Z	12
Majoranplatz	Z	13
Malixerstrasse	Z	
Masanserstrasse	Y	
Mühleplatz	Z	15
Obere Gasse	Z	
Obere Plessurstrasse	Z	18
Ottoplatz	Y	19
Ottostrasse	Y	
Pfisterplatz	Z	21
Planaterrastrasse	YZ	
Plessurquai	Z	
Postplatz	Y	
Poststrasse	YZ	
Quaderstrasse	Y	
Reichsgasse	YZ	
St. Luzistrasse	Z	
Steinbruchstrasse	Y	
Storchengasse	Y	
Untere Gasse	Z	22
Vazerolgasse	YZ	24
Zeughausstrasse	Y	27

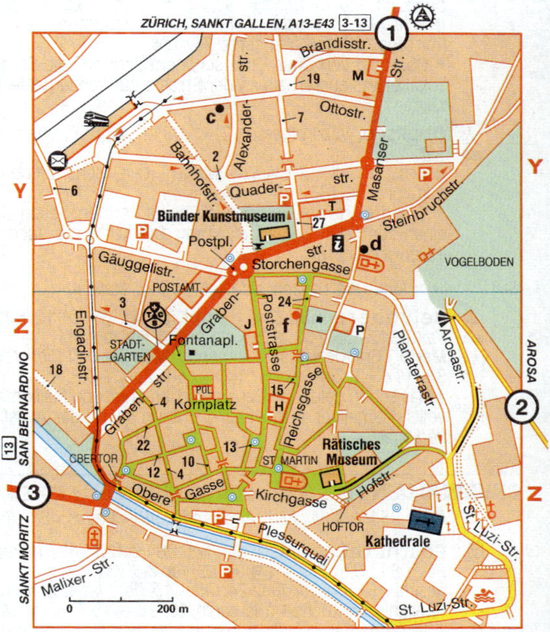

Die Informationen sind in der lokalen Sprache angegeben.

Stern, Reichsgasse 11, ✆ 0812 585 757, *info@stern-chur.ch, Fax 0812 585 758,* – |‡|, ⇹ Rest, TV ✆ ♿ P – 15/40. AE ⓓ MC VISA Y d
Menu *16* - 25 (mittags) und à la carte 40/105 – **64 Zim** 110/250 – ½ P Zuschl. 40.
◆ Das Romantik-Hotel liegt zentral und doch recht ruhig. Die Zimmer des Haupthauses sind rustikal mit Arve eingerichtet. Die Räume über dem Restaurant sind gross und modern. Sie speisen im ehemaligen Sitzungssaal der Freimaurerloge.

ABC Terminus garni, Bahnhofplatz, Ottostr. 8, ✆ 0812 526 033, *abc@hotelab c.ch, Fax 0812 525 524,* – |‡| ⇹ TV ✆ P – 15/35. AE ⓓ MC VISA JCB Y c
36 Zim 125/210.
◆ Der vollständig mit Spiegelscheiben verglaste Bau am Bahnhof hat moderne Zimmer, die einheitlich mit Buchenholz schlicht und funktionell ausgestattet sind.

Ibis, Richtstr. 19 (über ③ : 1 km), ✆ 0812 526 060, *h1720@accor-hotels.com, Fax 0812 535 022,* – |‡|, ⇹ Zim, TV ✆ ♿ P. AE ⓓ MC VISA
Menu *(geschl. Samstag - Sonntag jeweils mittags)* *16* - 26 und à la carte zirka 45 – 14 – **56 Zim** 85/115.
◆ Der moderne Zweckbau in Pyramidenform liegt nahe der Autobahnausfahrt Chur-Süd. Die Zimmer sind einheitlich mit hellem Einbaumobiliar im sogenannten IBIS-Stil eingerichtet.

Duc de Rohan ***(Villa Zambail),*** Masanserstr. 44 (über ①), ✆ 0812 521 022, *info@ducderohan.ch, Fax 0812 524 537,* – P. AE ⓓ MC VISA
geschl. Sonntag – **Menu** *32* - 38 (mittags)/89 und à la carte 55/102.
◆ Die klassizistischen Mauern der Villa Zambail beherbergen dieses Restaurant, dem der französische Diplomat und erfolgreiche Feldherr des 17. Jh. seinen Namen gab.

Basilic, Susenbühlstr. 43, Richtung Lenzerheide : 1 km, ✆ 0812 523 505, *trepp@basilic.ch, Fax 0812 521 651,* ≤ Chur, – P. AE ⓓ MC VISA
geschl. März 1 Woche, Juli 2 Wochen, Montagmittag und Sonntag – **Menu** *29* - 39 (mittags)/89 und à la carte 75/136.
◆ Oberhalb von Chur - mit schönem Blick auf die Stadt - steht das laubenähnliche Lokal etwas ausserhalb an der Strasse zur Lenzerheide. Speisen von einer modernen Karte.

Obelisco, Vazerolgasse 12, ✆ 0812 525 858, *obelisco@gmx.ch,* – AE ⓓ MC VISA Z f
geschl. 20. Juli - 20. Aug. – **Menu** - italienische Küche - *16.50* - 28 (mittags)/59 und à la carte 49/86.
◆ Die drei offen ineinander übergehenden hellen Räume mit viel Grün haben einen zentralen Grill als Blickfang. Die Karte wie auch die Einrichtung sind typisch italienisch.

Süd : *4 km Richtung Lenzerheide – ✉ 7074 Malix :*

Belvédère mit Zim, Hauptstr. 4, ✆ 0812 523 378, *stecher@spin.ch, Fax 0812 535 214,* – TV P. AE ⓓ MC VISA
Menu - Grillspezialitäten - *(geschl. Montag und Dienstag)* *18* - 38/89 und à la carte 54/117 – **8 Zim** 65/140 – ½ P Zuschl. 25.
◆ Das schön gelegene Haus zwischen Chur und Malix mit zentralem Cheminéegrill ist voller heimeliger Atmosphäre. Entsprechend der Ausstattung gibt es Grilladen und Regionales.

CHURWALDEN *7075 Graubünden (GR)* 553 V9 – *1 257 Ew. – Höhe 1 230.*

Bern 251 – Chur 12 – Andermatt 98 – Davos 48 – Sankt Moritz 67.

Posthotel, Hauptstr. 99, ✆ 0813 820 282, *info@posthotel-churwalden.ch, Fax 0813 820 281* – TV P. AE ⓓ MC VISA
geschl. 16. April - 1. Juni, 24. Okt. - 10. Dez., Montag und Dienstag im Sommer – **Menu** - italienische Küche - à la carte 46/95 – **15 Zim** 140/240 – ½ P Zuschl. 39.
◆ Das ehemalige Patrizierhaus - an der Ortsdurchfahrt gelegen - bietet seinen Gästen Zimmer, die mit zeitgemässem Komfort und heller Naturholzmöblierung überzeugen. Diverse rustikale Räume mit Deckengewölbe bilden den Restaurantbereich.

CLARENS *Vaud* 552 F10 – *rattaché à Montreux.*

Les CLÉES *1356 Vaud (VD)* 552 D8 *– 154 h. – alt. 610.*
Bern 93 – Lausanne 29 – Neuchâtel 55 – Pontarlier 32 – Yverdon-les-Bains 23.

Croix-Blanche, *℘ 0244 419 171, Fax 0244 419 201,* . MC VISA
fermé 7 au 15 fév., 20 au 28 juin, 12 au 27 sept., dim. soir, lundi et dernier mardi du mois – **Repas** 15 - 38 (midi)/74 et à la carte 66/86.
◆ Les Clées ouvrent-elles les portes du château couronnant le rocher ne chose est sûre, elles donnent accès à une sympathique table dont la carte classique inspire confiance.

COINSINS *1267 Vaud (VD)* 552 B10 *– 360 h. – alt. 475.*
Bern 139 – Genève 28 – Neuchâtel 98 – Lausanne 35 – Nyon 8 – Saint-Cergue 17.

Auberge de la Réunion, route du Cordex, ℘ 0223 642 301, *reunion@freesurf.ch, Fax 0223 646 690,* – TV P. AE MC VISA
fermé 26 déc. au 20 janv. – **Repas** *(fermé dim. soir et lundi d'oct. à avril)* 18 - 26 (midi)/72 et à la carte 50/85 – **16 ch** 110/160 – ½ P suppl. 30.
◆ Cette ancienne ferme vaudoise de 1804 a été entièrement rénovée et offre désormais un confort tout à fait valable. Chambres fonctionnelles d'ampleur très satisfaisante. Salle de restaurant précédée d'un café. Repas traditionnels semés d'accents régionaux.

COINTRIN *Genève* 552 B11 *– rattaché à Genève.*

COIRE *Graubünden* 553 V9 *– voir à Chur.*

COLLA *6951 Ticino (TI)* 553 S13 *– alt. 1 057.*
Bern 246 – Lugano 18 – Bellinzona 34 – Locarno 48 – Varese 59.

Cacciatori, ℘ 0919 441 768, *giovanni@ristorantino.ch, Fax 0919 441 707,* –
chiuso dal 11 gennaio al 30 marzo, lunedì e martedì – **Pasto** (coperti limitati, prenotare) 58 ed alla carta 64/79.
◆ Piccolo ritrovo familiare in una bella casetta di montagna dagli interni rustici, in posizione panoramica. Cucina tradizionale con specialità ticinesi e della vicina Italia.

COLLOMBEY-LE-GRAND *Valais* 552 F11 *– rattaché à Monthey.*

COLLONGE-BELLERIVE *Genève* 552 B11 *– rattaché à Genève.*

Les COLLONS *Valais* 552 I12 *– rattaché Thyon - Les Collons.*

COLOGNY *Genève* 552 B11 *– rattaché à Genève.*

COLOMBIER *2013 Neuchâtel (NE)* 552 F7 *– 4 962 h. – alt. 490.*
Bern 55 – Neuchâtel 7 – Biel 42 – La Chaux-de-Fonds 32 – Lausanne 69 – Morteau 52.

Le Lacustre, 3 allée du Port, ℘ 0328 413 441, *s.brigand@bluewin.ch, Fax 0328 414 732,* – P. AE MC VISA
fermé 21 déc. au 5 janv., dim. et fériés – **Repas** 15 - 48/66 et à la carte 35/93.
◆ Appréciable restaurant où l'on vient faire des repas classico-traditionnels avec la certitude de ne pas devoir froisser une trop grosse coupure au moment de régler l'addition.

COMANO *6949 Ticino (TI)* 553 R13 *– 1 633 ab. – alt. 511.*
Bern 226 – Lugano 5 – Bellinzona 30 – Como 36 – Locarno 42.

La Comanella , via al Ballo 9, ℘ 0919 416 571, *Fax 0919 426 513,* , , – TV P – 60. AE MC VISA
Pasto 19 ed alla carta 49/80 – **17 cam** 135/210 – ½ P sup. 36.
◆ In posizione collinare, tranquilla sorge quest'accogliente albergo con giardino e piscina. Camere ampie e ben arredate, così come gli spazi comuni. D'estate apprezzerete gustose grigliate sotto la tettoia del ristorante che presenta una carta semplice.

CONCHES *Genève* 552 **B11** – *rattaché à Genève.*

CONFIGNON *Genève* 552 **B12** – *rattaché à Genève.*

CONTHEY *Valais* 552 **H12** – *rattaché à Sion.*

COPPET *1296 Vaud (VD)* 552 **B11** – *2 366 h. – alt. 394.*

Voir : *Château★.*

Bern 153 – Genève 13 – Lausanne 49 – Saint-Claude 61 – Thonon-les-Bains 48.

du Lac, 51 Grand-Rue, ✆ 0227 761 521, *info@hoteldulac.ch, Fax 0227 765 346,* <, ⛱, ⚓ – 🛗 TV 🚗 – 🏢 25. AE ⓓ MC VISA JCB
***La Rôtisserie* : Repas** 55 (midi)/95 et à la carte 69/121 – ☕ 24 – **12 ch** 195/305, 7 suites – ½ P suppl. 55.

◆ Sur la traversée du village, au bord de l'eau, relais du 17e s. préservant son cachet ancien. Spacieuses chambres pourvues d'un mobilier de style ou rustique. Rôtisserie dotée d'une cheminée d'époque où sont saisies les grillades. Belle terrasse à l'ombre.

CORIN-DE-LA-CRÊTE *Valais* 552 **J11** – *rattaché à Sierre.*

CORSEAUX *Vaud* 552 **F10** – *rattaché à Vevey.*

CORTAILLOD *2016 Neuchâtel (NE)* 552 **F7** – *4 407 h. – alt. 482.*

Bern 58 – Neuchâtel 9 – Biel 44 – La Chaux-de-Fonds 34 – Lausanne 65.

Le Vaisseau, à Petit Cortaillod, ✆ 0328 434 477, *admin@hotel-le-vaisseau.ch, Fax 0328 434 475,* <, ⛱ – 🛗, ⋟ ch, TV ✆ ♿ – 🏢 15/60. AE ⓓ MC VISA
fermé 22 déc. au 4 janv. – **Repas** *(fermé dim. soir et lundi de sept. à avril)* 18 - 50/90 et à la carte 45/94 – **24 ch** ☕ 130/230 – ½ P suppl. 50.

◆ Au plus près de la nature, entre lac et vignobles, deux catégories de chambres gaiement colorées, pour des nuitées sans remous. Le restaurant vogue entre recettes classiques et spécialités du lac. Cuvée maison provenant de ses vignes.

Le Chalet 🌿, 15 r. Chanélaz, ✆ 0328 434 242, *info@lechalet.ch, Fax 0328 434 243,* ⛱ – TV ✆ P – 🏢 15/80. AE ⓓ MC VISA JCB. ⋟
fermé 22 déc. au 11 janv., 5 au 11 juil. et dim. – **Repas** 17 - 48/89 et à la carte 36/92 – **20 ch** ☕ 98/190 – ½ P suppl. 36.

◆ Hôtellerie familiale établie dans un quartier résidentiel, donc exempt de chahut. Ses deux chalets renferment d'amples chambres à touches campagnardes. Restaurant apprécié pour son confort et pour le soin apporté à ses préparations.

Le Buffet d'un Tram, 3 av. François-Borel, ✆ 0328 422 992, *pgirardier@net 2000.ch, Fax 0328 450 414,* ⛱ – P. AE ⓓ MC VISA
fermé Noël et Nouvel An – **Repas** 17 et à la carte 38/92.

◆ Table entièrement rénovée, dont l'orientation culinaire ne manque pas d'éclectisme : perches, homards, fruits de mer et produits terrestres. Terrasse d'été invitante.

COSSONAY *1304 Vaud (VD)* 552 **D9** – *2 487 h. – alt. 565.*

Bern 107 – Lausanne 16 – Fribourg 78 – Genève 62 – Yverdon-les-Bains 28.

Cerf (Crisci), 10 r. du Temple, ✆ 0218 612 608, *Fax 0218 612 627* – AE MC VISA JCB
fermé 20 déc. au 6 janv., 10 juil. au 5 août, dim. et lundi – **Repas** (voir aussi ***La Fleur de Sel*** ci-après) 80 (midi)/215 et à la carte 117/211.

◆ Maison du 16e s. mariant harmonieusement décor ancien - salle rythmée de piliers et garnie de sièges Louis XIII - et cuisine innovante. Du plaisir pour les yeux et le palais.
Spéc. Foie gras en duo de café et grue, gingembre confit au Porto. Effilochée de cabillaud en escabèche de coquillages et aubergine. Aiguillette de canard farcie de son confit aux senteurs de flouve. **Vins** Echichens

La Fleur de Sel - *Cerf*, 10 r. du Temple, ✆ 0218 612 608, *Fax 0218 612 627* – ▤. AE MC VISA JCB
fermé 20 déc. au 6 janv., 10 juil. au 5 août, dim. et lundi – **Repas** 17.50 - 52 et à la carte 58/106.

◆ Ce bistrot de poche partage son entrée avec le restaurant du Cerf. Intérieur simple, mais agréable. Petit choix de recettes régionales ; menu assez courtisé.

COURGENAY *2950 Jura (JU)* **551** **H4** *– 2 099 h. – alt. 488.*

Bern 92 – Delémont 24 – Basel 54 – Biel 57 – Montbéliard 38.

de la Gare, ☎ 0324 712 222, *Fax 0324 712 212* – TV P. AE ① MC VISA
fermé 2 sem. en janv. – ***La Petite Gilberte*** *(fermé dim. soir et lundi)* **Repas** 15.50 et à la carte 33/67 – **7 ch** ☕ 85/150 – ½ P suppl. 25.

◆ Hôtel stratégiquement implanté en face de la gare. Chambres un peu menues, mais bien insonorisées. Pour plus d'agrément, réservez celle de Gilberte. Cette ancienne chanteuse du pays prête aussi son nom au bistrot de l'hôtel. Plats régionaux et röstis à gogo !

Auberge de la Diligence, 10 Le Bourg, ☎ 0324 711 165, *Fax 0324 713 343*, – P. MC VISA
fermé 20 au 31 déc., dim. soir et lundi – **Repas** 49/90 et à la carte 63/109 – ***Brasserie :*** **Repas** 17 et à la carte 29/59.

◆ Petite salle à manger coquette et bucolique où une carte actuelle, étoffée de spécialités du coin, a le don de mettre en appétit. Respect de la tradition et du porte-monnaie ! Brasserie servant des préparations bourgeoises et le plat du jour au déjeuner.

Boeuf avec ch, 7 r. de l'Eglise, ☎ 0324 711 121, *hotel_boeuf@bluewin.ch, Fax 0324 711 289*, – P. AE ① MC VISA
fermé 3 au 18 fév., mardi et merc. – **Repas** 16.50 - 38/52 et à la carte 39/85 – **10 ch** ☕ 50/120 – ½ P suppl. 30.

◆ Elle fait un "effet boeuf", l'enseigne de cette affaire familiale dont la façade rose se dresse au milieu du village. Préparations au goût du jour. Chambres rénovées.

COURROUX *2822 Jura (JU)* **551** **J5** *– 2 757 h. – alt. 421.*

Bern 71 – Delémont 2 – Basel 38 – Olten 58 – Solothurn 32.

de l'Ours, 38 r. du 23 juin, ☎ 0324 221 365, *Fax 0324 221 964* – TV P. MC VISA
Repas *(fermé 26 au 30 déc., merc. soir et dim. sauf fériés)* 13 - 30 et à la carte 32/88 – **8 ch** ☕ 90/130 – ½ P suppl. 17.

◆ Au centre du bourg, maison récemment rénovée où vous serez logés dans de belles chambres revêtues de teintes pastel et dotées de tout le confort moderne. Charmant restaurant interprétant un répertoire culinaire traditionnel.

COURTEMAÎCHE *2923 Jura (JU)* **551** **H4** *– 646 h. – alt. 398.*

Bern 103 – Delémont 35 – Basel 57 – Belfort 31 – Montbéliard 28.

Chez L'Cabri, 23 rte Cantonale, ☎ 0324 661 993, *Fax 0324 665 371* – P. MC VISA
fermé 2 sem. début fév., 3 sem. juil. - août et merc. – **Repas** 17.50 - 35/53 et à la carte 47/84.

◆ Bondirez-vous d'enthousiasme à la vue de la salle, agrémentée de poutres et pierres apparentes, ou du choix de recettes classiques our sûr, Chez L'Cabri, faut qu'ça saute !

COURTION *1721 Fribourg (FR)* **552** **H8** *– alt. 581.*

Bern 46 – Fribourg 11 – Neuchâtel 42 – Lausanne 76.

L'Etoile, 21 au Village, ☎ 0264 754 121, *Fax 0264 754 124*, – P. AE MC VISA.
fermé 25 juil. au 16 août, dim. sauf fériés et lundi – **Repas** 15 - 48 (midi)/82 et à la carte 43/94.

◆ Table au goût du jour oeuvrant devant l'église. Décor intérieur évoquant un petit village de pêcheurs. L'été, repas servi en plein air, à l'ombre d'un châtaigner.

COUVET *2108 Neuchâtel (NE)* **552** **E7** *– 2 801 h. – alt. 734.*

Bern 79 – Neuchâtel 31 – La Chaux-de-Fonds 36 – Morteau 32 – Pontarlier 29 – Yverdon-les-Bains 39.

L'Aigle, 27 Grand-Rue, ☎ 0328 632 644, *info@gout-region.ch, Fax 0328 632 189*, – TV P – 30. AE ① MC VISA
Repas *(fermé sam. en hiver et dim.)* 15 - 48/65 et à la carte 41/79 – **19 ch** ☕ 115/180 – ½ P suppl. 35.

◆ À mi-chemin de Neuchâtel et de la frontière française, maison ancienne disposant de chambres standard d'ampleur très respectable. Terrasse ensoleillée. Élégante table traditionnelle avoisinant prés et forêt. Le souci de faire bon et bien anime les fourneaux.

Gare, 14 r. Pierre Dubied, ☎ 0328 631 116, – P. MC VISA
fermé dim. soir, mardi soir et merc. – **Repas** 15 et à la carte 42/79.

◆ Discrète bâtisse abritant une salle à manger feutrée, réchauffée par une cheminée. Des suggestions orales complètent le choix de recettes classiques-traditionnelles.

CRANS-MONTANA *Valais (VS)* **552** *J11 – Sports d'hiver : 1 500/3 000 m* 6 30 .

Voir : *Site★★.*

Environs : *Bella Lui★★★ par télécabine* AY.

36 *(mai - oct.)* ✆ *0274 859 797, Fax 0274 859 798* - AZ.

Manifestation locale

07.02 - 09.02 : Rassemblement international de montgolfières.

Bern 182 ② – Sion 29 ② – Brig 52 ① – Martigny 59 ② – Sierre 14 ①

CRANS

Centrale (R.) .... AZ 3
Ehanoun (R. de l') .... AZ 9
Elysée Bonvin (R.) .... AZ 10
Fleurs des Champs (Rte. de) .... ABZ 12
Grand-Place (R. du) .... AZ 15
Pont du Diable (R. du) .... AZ 19
Prado (R. du) .... AZ 21
Sommets de Crans (Rte. des) .... BZ 22

MONTANA

Chorecrans (Rte. de) .... BY 4
Comba (Rte. de la) .... BY 6
Crête du Louché (Rte de la) .... BY 7
Gare (Av. de la) .... BY 13
Louis Antille (R.) .... BY 16
Petit Signal (Rte. du) .... BY 18
Théodore Stéphani (R.) .... BY 24
Transit (Rte. du) .... BY 25

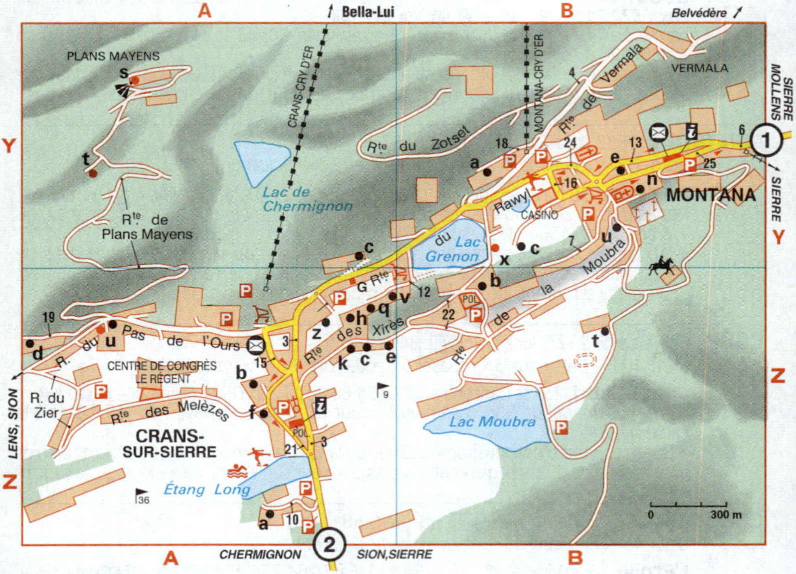

Crans-sur-Sierre *3963 – alt. 1 460.*

Crans-Montana Tourisme, Immeuble Scandia, ✆ *0274 850 800, information@crans-montana.ch, Fax 0274 850 810.*

Royal, ✆ 0274 859 595, *info@hotel-royal.ch, Fax 0274 859 585,* – 15/65. AE VISA JCB. rest AZ z
16 déc. au 19 avril et 7 juin au 19 sept. – **Repas** 60/80 et à la carte 72/152 – **50 ch** 260/520, Basse saison 230/470, 4 suites – ½ P suppl. 55.

◆ Dans un magnifique site valaisan, palace dont l'intérieur conjugue charme et raffinement. Salons feutrés, chambres cossues garnies de meubles de style. Beau restaurant confortablement installé. Savoureux répertoire culinaire classique.

Grand Hôtel du Golf, allée Elysée Bonvin, ✆ 0274 854 242, *info@grand_hotel_du_golf.ch, Fax 0274 854 243,* video – 15/100. AE VISA JCB AZ a
7 déc. au 29 avril et 2 juin au 30. sept. – **Repas** 45 (midi)/70 et à la carte 72/149 – **72 ch** 385/680, Basse saison 225/460, 8 suites – ½ P suppl. 30.

◆ Cet établissement oeuvrant en lisière du golf compte parmi les plus anciens fleurons de l'hôtellerie locale. Chambres peu à peu refaites. Superbes salons. Salle de restaurant de style Louis XIII. Joli buffet au centre de la pièce. Appétissante carte classique.

Lindner Golf Hôtel Rhodania, 0274 869 292, *rhodania@compuserve.com, Fax 0274 869 293*, , – video – 15/60. AE VISA. rest AZ b
18 déc. au 21 mars et 17 juin au 18 sept. – **Repas** 22 - 65/130 et à la carte 52/96 – **42 ch** 195/450, Basse saison 155/370 – ½ P suppl. 50.
• Agencement intérieur de style Art déco dans cet hôtel disposant de chambres personnalisées et très bien équipées. Le soir, offrez-vous un moment de détente au piano-bar. Deux salles de restaurant : l'une d'esprit rustique et l'autre plus classique.

Alpha, rte du Pont du Diable, 0274 842 400, *hotelalpha@bluewin.ch, Fax 0274 842 410*, <, , , , , – – 25. AE VISA. rest AZ d
21 déc. au 17 avril et 27 juin au 10 sept. – **Repas** 25 et à la carte 47/88 – **23 ch** 180/300, Basse saison 90/180 – ½ P suppl. 45.
• Bâtiment moderne niché parmi les sapins. Chambres lambrissées, de tailles très convenables, et studios avec cuisinette. Sauna, espace fitness et jardin de repos. Restaurant habillé de boiseries à la mode montagnarde. Carte traditionnelle.

Alpina et Savoy, 0274 850 900, *alpina@swissonline.ch, Fax 0274 850 999*, <, , , , , – . AE VISA. rest AY c
15 déc. - 15 avril et 20 juin - 15 sept. – **Repas** 32 - 48/68 et à la carte 64/94 – **46 ch** 200/500, Basse saison 140/320 – ½ P suppl. 40.
• Cet hôtel s'agrémentant d'un jardin arboré vous héberge dans de pimpantes chambres pourvues de meubles en bois clair. Belle piscine et installations de remise en forme. Chaleureuses salles à manger se partageant deux étages. Repas traditionnel.

Excelsior, route des Xirès, 0274 862 100, *excelsiorcrans@swissonline.ch, Fax 0274 862 200*, < montagnes, , , – . AE VISA. rest AZ c
16 déc. au 14 avril et 2 juin au 30 sept. – **Repas** 23 - 45/85 et à la carte 43/92 – **60 ch** 181/397, Basse saison 100/260 – ½ P suppl. 40.
• Un ascenseur panoramique dessert les chambres de cet hôtel de bon séjour. Infrastructure assez complète pour se divertir et prendre soin de soi. Salle de restaurant procurant une vue apaisante sur les Alpes valaisannes. Cuisine classique.

Eden, 0274 859 800, *info@edencrans.com, Fax 0274 814 131*, <, , – . AE VISA. rest AZ h
21 déc. au 30 mars et 21 juin au 9 sept. – **Repas** 20 - 40 (midi)/45 et à la carte 59/90 – **41 ch** 180/320, Basse saison 130/260 – ½ P suppl. 45.
• Vous serez à deux doigts du paradis dans cette élégante bâtisse entourée d'un paisible îlot de verdure. Salons intimes et chambres spacieuses. Repas traditionnel à goûter dans une confortable salle dotée de sièges Louis XV.

Elite, route des Xirès, 0274 814 301, *contact@elite-hotel.com, Fax 0274 812 421*, < sur montagnes, , , – . AE VISA. rest AZ e
21 déc. - 11 avril et 14 juin - 18 sept. – **Repas** *(résidents seul.)* – **25 ch** 220, Basse saison 140 – ½ P suppl. 30.
• Au bord du lac, face aux montagnes, affaire familiale respirant la bonne humeur et offrant une vue exceptionnelle depuis les balcons de ses amples chambres.

L'Etrier, 0274 854 400, *hotel.etrier@bluewin.ch, Fax 0274 817 610*, <, , , , , – – 15/60. AE VISA. rest AZ u
fermé mai et oct. à début déc. – **Repas** à la carte 54/89 – **47 ch** 160/340, Basse saison 100/210 – ½ P suppl. 20.
• À proximité de courts de tennis et du Palais des congrès, établissement abritant de grandes chambres récemment rénovées et meublées en bois cérusé. Vaste restaurant aux murs habillés de lambris. Spécialités fromagères.

Miedzor, 3 rte des Mélèzes, 0274 859 010, *miedzor@bluewin.ch, Fax 0274 859 030*, <, – . AE VISA. rest AZ f
7 déc. au 12 avril et 11 juin au 8 oct. – **Repas** 20 - 35 (midi)/44 et à la carte 43/75 – **20 ch** 145/310, Basse saison 120/270 – ½ P suppl. 35.
• Une ambiance cordiale règne dans cet hôtel dédié aux amateurs de "swing" : il s'élève face au trou n°1 du golf de Crans ! Chambres soignées. Bonne table d'où vous pourrez suivre le cheminement des golfeurs en savourant une cuisine traditionnelle à prix sages.

des Alpes ⑤, ✆ 0274 854 040, *info@hotel-des-alpes.ch, Fax 0274 854 041*, ≤, 🏖, Fø, 🌳 - |♯| TV ✆ P. AE ⓓ MC VISA. ✂ rest AZ k
14 déc. au 14 avril et 10 juin au 12 sept. – **Repas** *(résidents seul.)* 25 (midi) – **26 ch** ☐ 130/220, Basse saison ☐ 80/180 – ½ P suppl. 30.
◆ Hôtel dont les chambres avec balcon donnent à contempler, selon la saison, les glissades des skieurs de fond ou les golfeurs enchaînant les coups sur le "green".

Splendide ⑤, ✆ 0274 812 056, *mail@hotel-splendide.com, Fax 0274 812 008*, ≤, 🌳 - |♯| TV ✆ P. AE ⓓ MC VISA. ✂ rest AZ q
18 déc. au 18 avril et 16 juin au 26 sept. – **Repas** 18 - 28 (midi)/34 et à la carte 28/64 – **28 ch** ☐ 95/230, Basse saison ☐ 80/170 – ½ P suppl. 30.
◆ Établissement de tradition où vous trouverez le sommeil du juste dans de calmes chambres équipées de meubles en bois clair. Salon ménageant une belle échappée alpine. Restaurant idéal pour reprendre des forces autour d'un bon repas après une journée de glisse.

Hostellerie du Pas de l'Ours avec ch, r. du Pas de l'Ours, ✆ 0274 859 333, *pasdelours@bluewin.ch, Fax 0274 859 334*, ≤, 🏖 - |♯| TV ✆ P. AE ⓓ MC VISA AZ u
fermé mai et nov. – **Repas** *(fermé dim. soir, mardi midi et lundi)* 65 (midi)/140 et à la carte 100/165 – **Repas** (voir aussi ***Le Bistrot des Ours*** ci-après) – **9 ch** ☐ 470/610, Basse saison ☐ 360/500.
◆ Vénérable chalet valaisan dont la façade en bois contraste d'avec le décor intérieur, d'une élégance contemporaine. Cuisine actuelle personnalisée. Chambres avec cheminée.
Spéc. Cappuccino de potiron aux chips de châtaigne, mouillettes au lard à la poussière de bolets (automne). Filet de rouget barbet en croûte de pain aux aromates (été). Mignon de veau aux perles croustillantes d'estragon (hiver). **Vins** Amigne, Cornalin

Le Bristrot des Ours - *Hostellerie du Pas de l'Ours*, ✆ 0274 859 333, *pasdelours@bluewin.ch, Fax 0274 859 334*, 🏖 - P. AE ⓓ MC VISA AZ u
fermé mai, nov., mardi soir, jeudi midi et merc. – **Repas** à la carte 48/92.
◆ Salles de restaurant à touches rustiques s'étageant sur deux niveaux. Choix de préparations traditionnelles à connotations italiennes, inscrites sur des ardoises.

à Plans Mayens *Nord : 4 km* - AY – ✉ *3963 Crans-sur-Sierre :*

Le Mont-Blanc ⑤ avec ch, ✆ 0274 813 143, *info@hotel-montblanc.ch, Fax 0274 813 146*, ≤ Alpes valaisannes, 🏖, 🌳 - TV P - 🏔 15. AE ⓓ MC VISA AY s
19 déc. au 12 avril et 19 juin au 25 sept. – **Repas** 36 -75 et à la carte 66/140 – **13 ch** ☐ 160/250, Basse saison ☐ 95/210 – ½ P suppl. 65.
◆ Atouts majeurs de cette salle à manger circulaire, perchée sur les hauteurs de la station : la vue magnifique sur les cimes valaisannes et sa savoureuse cuisine classique.

La Dent Blanche ⑤ avec ch, ✆ 0274 811 179, *Fax 0274 816 698*, 🏖 - TV P. AE ⓓ MC VISA AY t
ouvert 7 déc. au 17 avril, 3 juil. au 18 sept. ; fermé lundi hors saison – **Repas** à la carte 60/97 – **5 ch** ☐ 90/150.
◆ Vous n'aurez pas "les crocs" en sortant de ce plaisant restaurant, bénéficiant d'une situation privilégiée en pleine nature ! Plats régionaux et traditionnels.

Montana *3963 – 2 391 h. – alt. 1 234.*

ℹ *Crans-Montana Tourisme, av. de la Gare, ✆ 0274 850 404, information@crans-montana.ch, Fax 0274 850 460.*

Crans-Ambassador ⑤, route du Signal, ✆ 0274 854 848, *info@crans-ambassador.ch, Fax 0274 854 849*, ≤, 🏖, Fø, ≘s, 🏊 – |♯| TV video ✆ 🚗 P - 🏔 15/100. AE ⓓ MC VISA. ✂ rest BY a
fermé 23 nov. au 19 déc. – **Repas** 35 - 65 (midi)/75 et à la carte 52/118 – **67 ch** ☐ 245/610, Basse saison ☐ 165/390, 5 suites – ½ P suppl. 60.
◆ Sur les hauts de Montana, établissement où tout est prévu pour vous refaire une santé ou simplement l'entretenir ! Chambres très confortables ; centre de phytothérapie. Vaste restaurant panoramique interprétant un répertoire culinaire traditionnel.

Aïda Castel ⑤, ✆ 0274 854 111, *info@aida-castel.ch, Fax 0274 817 062*, ≤, 🏖, Fø, ≘s, 🏊, 🌳 - |♯| TV ✆ 🚗 - 🏔 15/100. AE ⓓ MC VISA BZ b
Repas à la carte 57/119 – **61 ch** ☐ 180/400, Basse saison ☐ 100/230 – ½ P suppl. 40.
◆ La convivialité valaisanne vous accompagnera dans ce typique double chalet aux chambres modernes ou montagnardes. Piscine extérieure chauffée. Fondues, spécialités locales ou recettes classiques. Les trois salles de l'Aïda Castel satisferont vos envies.

Grand Hôtel du Parc, 0274 814 101, *hotel.parc@bluewin.ch, Fax 0274 815 301*, montagnes, – 15/50. rest BY c
fermé nov. – **Repas** 20 - 45 et à la carte 36/112 – **71 ch** 165/420, Basse saison 110/250 – ½ P suppl. 40.
• Ce havre de paix, bâti au coeur d'un grand parc, surplombe le plateau de Montana : vue inoubliable ! Grandes chambres en constante évolution. Restaurant composé de deux salles à manger : l'une bourgeoise, assez vaste, l'autre rustique, plus chaleureuse.

Helvetia Intergolf, route de la Moubra, 0274 858 888, *info@helvetia-intergolf.ch, Fax 0274 858 899*, – BY u
14 déc. au 16 avril et 20 juin au 22 oct. – **Repas** *(fermé dim. hors saison) (dîner seul.)* à la carte 44/95 – **17 ch** 260/390, Basse saison 130/220, 37 Suiten – ½ P suppl. 40.
• Hôtel établi à proximité du centre et exposé plein Sud. Deux types d'hébergement : chambres de belle ampleur ou appartements avec cuisinette. Lumineuse salle de restaurant avec les montagnes pour toile de fond. Carte traditionnelle.

Mont-Paisible, par ① et rte d'Aminona : 2 km, 0274 802 161, *info@montpaisible.ch, Fax 0274 817 792*, vallée et montagnes, – – 60.
Repas *(fermé dim. soir, lundi et mardi du 25 avril au 25 mai et du 7 au 30 nov.)* 19 - 29 (midi)/42 et à la carte 54/105 – **40 ch** 135/240, Basse saison 100/184 – ½ P suppl. 30.
• L'enseigne n'est assurément pas usurpée ! Spacieuses et paisibles chambres garnies de meubles centenaires et invitant à admirer un paysage grandiose. À table, cuisine simple mais vue imprenable sur la vallée et les reliefs.

St-Georges, rue du Temple, 0274 812 414, *info@hotel-st-george.ch, Fax 0274 811 670*, – – 15. BY n
20 déc. au 17 avril et 5 juin au 9 oct. – **Repas** 25 - 38 (midi)/50 et à la carte 48/110 – **36 ch** 150/290, Basse saison 90/220 – ½ P suppl. 40.
• Dans un site tranquille d'où vous apercevrez les sommets des Alpes, hôtel abritant de fraîches chambres meublées en cerisier et plusieurs coins-salons cossus. Salles de restaurant aux décors variés : romantique, classique, carnotzet,... Faites votre choix !

de la Forêt, par ① : 1,5 km, 0274 802 131, *asmorard@bluewin.ch, Fax 0274 813 120*, – rest
21 déc. au 16 avril et 9 mai au 10 sept. – **Repas** 18 - 28 (midi)/35 et à la carte 41/79 – **58 ch** *(en saison ½ pens. seul.)* 130/210, Basse saison 100/140 – ½ P suppl. 30.
• Ce chalet ancien transformé en hôtel est bâti au milieu des sapins, à quelques minutes de la station. Chambres de tailles diverses ; bar d'ambiance. Ample restaurant néo-rustique étagé sur deux niveaux. Panorama sur les montagnes.

Primavera, av. de la Gare, 0274 814 214, *info@hotelprimavera.ch, Fax 0274 817 414*, – – 30. BY e
Repas 20 - 35 et à la carte 44/85 – **32 ch** 97/226, Basse saison 85/178 – ½ P suppl. 30.
• Ce chalet installé au centre de la station est parcouru d'un souffle printanier. Vous y serez hébergés dans des chambres aux accents campagnards. Grande et lumineuse salle à manger. Carte traditionnelle et menus enfants.

Colorado, par ① et route d'Aminona : 3 km, 0274 813 271, *Fax 0274 813 109*, –
6 déc. au 15 avril et mi-juin à mi-oct. – ***Channes de Barzettes*** *(fermé mercredi et le midi)* **Repas** 17 - 28/102 et à la carte 46/110 – **16 ch** 160/200, Basse saison 90/130 – ½ P suppl. 40.
• Cet hôtel proche des remontées mécaniques renferme des chambres lambrissées simples mais confortables. Belle vue sur les Alpes valaisannes. Dîner aux chandelles dans une agréable salle montagnarde. Au choix : plats traditionnels ou grillades au feu de bois.

Eldorado, 0274 811 333, *info@hoteleldorado.ch, Fax 0274 819 522*, – rest AZ v
16 déc. au 14 avril et 16 juin au 14 oct. – **Repas** 28 (midi)/38 et à la carte 35/85 – **35 ch** 110/250, Basse saison 70/190 – ½ P suppl. 45.
• Un vrai petit "eldorado" que ce chalet familial bâti à l'écart de l'agitation. Chambres plaisantes, soins esthétiques, et même jardin d'enfants ! Restaurant égayé de coloris actuels. Carte traditionnelle régulièrement recomposée.

La Prairie, route de la Prairie, 0274 854 141, *prairie@bluewin.ch*, *Fax 0274 854 142*, ←, , , - - 15/40. AE MC VISA BZ t

Repas 15 - 30 (midi)/52 et à la carte 31/87 - **30 ch** 138/246, Basse saison 65/160 - ½ P suppl. 30.

◆ Pas loin du lac Moubra, dans un site tranquille, point de chute estimable pour séjourner à l'écart de l'agitation crans-montanaise. Amples chambres. Piscine au jardin. Ambiance musicale et recettes traditionnelles dans une salle ; beau panorama dans l'autre.

Au Gréni, 0274 812 443, *Fax 0274 817 062* - AE MC VISA BY x

fermé merc. hors saison - **Repas** 18 et à la carte 51/100.

◆ Le feu ronflant dans l'âtre de cette salle à manger au décor alpin est particulièrement réconfortant lorsque le lac Grenon d'en face se recouvre de glace. Spécialités du pays.

à Vermala *Nord-Est : 1,5 km - BY - alt. 1 680 - ✉ 3963 Montana-Vermala :*

Cervin, 0274 812 180, *info@lecervin.com*, *Fax 0274 801 064*, - AE MC VISA.

fermé dim. soir, lundi et mardi hors saison - **Repas** 25 - 60 (midi)/120 et à la carte 63/128 - ***La Bergerie*** *(fermé mai à déc.)* **Repas** à la carte 55/107.

◆ Dans un magnifique environnement rural valaisan, restaurant avec mezzanine, dont la carte manie un registre culinaire traditionnel. Les dimanches, buffets dressés en terrasse. Plats traditionnels et spécialités locales à La Bergerie.

à Bluche *Est : 3 km par ① - alt. 1 263 - ✉ 3975 Randogne :*

Petit Paradis, 0274 812 148, *petit.paradis@bluewin.ch*, *Fax 0274 810 232*, ← Alpes valaisannes, - . AE MC VISA

fermé 2 au 22 nov. - **Repas** 15.50 et à la carte 34/73 - **12 ch** 75/130.

◆ Ce chalet d'où votre regard balayera les cimes enneigées devrait combler vos attentes en matière d'hébergement montagnard. Typiques chambres alpines en pin et mélèze. Chaleureux restaurant très "couleur locale".

CRANS-PRÈS-CÉLIGNY *Vaud* 552 B10 - *rattaché à Céligny.*

CRISSIER *1023 Vaud (VD)* 552 E9 - *6 302 h. - alt. 470.*

Bern 106 - Lausanne 5 - Montreux 28 - Nyon 45 - Pontarlier 64.

Hôtel de Ville - Philippe Rochat, 1 r. d'Yverdon, 0216 340 505, *Fax 0216 342 464* - 15. AE MC VISA

fermé 21 déc. au 9 janv., 25 juil. au 17 août, dim. et lundi - **Repas** 155 (midi)/260 et à la carte 136/240.

◆ Restaurant dont la façade ancienne dissimule un élégant décor intérieur remis au goût du jour, en parfaite harmonie avec le raffinement et l'excellence de la cuisine.

Spéc. Consommé de tomates en gelée, beignets de fleur de courgette aux pétales de thym (été). Queue de langoustine d'Ecosse croustillante au poivre de Sichuan, chutney d'abricot au jus de curry (été). Vapeur de filet mignon de veau au citron vert, artichaut barigoule aux olives (été). **Vins** Féchy, Villette

---

LA CROIX-DE-ROZON *1257 Genève (GE)* 552 A12 - *alt. 483.*

Bern 174 - Genève 8 - Gex 31 - St-Julien-en-Genevois 6.

à Landecy *Ouest : 3 km - alt. 490 - ✉ 1257 La Croix-de-Rozon :*

Auberge de Landecy, 37 rte du Prieur, 0227 714 141, *info@auberge-de-landecy.ch*, *Fax 0227 714 145*, - AE MC VISA

fermé Noël, 31 déc. au 10 janv., 1er au 15 août, sam. midi, lundi midi et dim. - **Repas** 20 - 57/105 et à la carte 57/111.

◆ Au centre d'un village mignon, dans une jolie maison de 1737, table actuelle au cadre sobre et élégant façon bistrot chic. Terrasse, salon et caveau où l'on sert l'apéritif.

CROY *1322 Vaud (VD)* 552 D8 - *272 h. - alt. 642.*
Bern 99 - Lausanne 31 - Pontarlier 41 - Yverdon-les-Bains 20.

XX **Rôtisserie au Gaulois,** route Cantonale, ✆ 0244 531 489, *au-gaulois@bluewin.ch, Fax 0244 531 227* - P. AE ⓓ MC VISA
fermé 11 au 25 janv., 26 juil. au 15 août, lundi et mardi - **Repas** - grillades - 18 - 53 (midi)/120 et à la carte 51/110.
◆ L'âtre en pierre agrémentant cette salle rustique n'est pas seulement décoratif : le chef y grille les viandes sous vos yeux. La carte propose également des plats de poisson.

CULLY *1096 Vaud (VD)* 552 E10 - *1 797 h. - alt. 391.*
Bern 93 - Lausanne 8 - Montreux 15 - Pontarlier 77 - Yverdon-les-Bains 45.

XXX ✿✿ **Le Raisin** (Blokbergen) avec ch, 1 pl. de l'Hôtel de Ville, ✆ 0217 992 131, *raisin@worldcom.ch, Fax 0217 992 501,* - |‡|, ▤ rest, TV. AE ⓓ MC VISA
Repas 89 (midi)/198 et à la carte 101/198 - ***La Pinte :*** **Repas** 48/89 et à la carte 64/122 - **9 ch** ☐ 280/350 - ½ P suppl. 90.
◆ Maison de caractère abritant deux salles à manger - rustique et contemporaine - où l'on vient goûter des mets inventifs aux accents du terroir. Chambres personnalisées. Bon repas traditionnel sans effets de manches à La Pinte.
Spéc. Omble chevalier, sauce au Dézaley blanc (été). Filet de truite du lac aux chanterelles (été). Côte de veau double du Simmental aux petits légumes. **Vins** Lavaux, Aigle

X **La Gare,** 2 pl. de la Gare, ✆ 0217 992 124, *la-gare@msn.com, Fax 0217 992 104,* - AE ⓓ MC VISA
fermé 24 déc. au 2 janv., 16 août au 21 sept., sam. midi et dim. - **Repas** 16 - 65/99 et à la carte 59/102.
◆ Enseigne trompeuse : vous n'êtes pas dans une salle des pas perdus, mais bien dans une salle à manger ! Cuisine française généreuse, mitonnée dans le respect de la tradition.

La CURE *1265 Vaud (VD)* 552 A-B10 - *alt. 1 155.*
Bern 160 - Genève 41 - Lausanne 56 - Nyon 21 - Les Rousses 4.

XX **Arbez Franco-Suisse** avec ch, ✆ 0223 601 396, *hotel.arbez@netgdi.com, Fax (0033) 384 60 08 59,* - TV P. MC VISA. ⚡ rest
fermé 1er nov. au 1er déc., lundi soir et mardi hors saison - **Repas** 38 et à la carte 48/79 - ***Brasserie :*** **Repas** 18 et à la carte 29/53 - ☐ 10 - **10 ch** 74/86 - ½ P suppl. 34.
◆ Agréable restaurant familial où l'on vient faire des repas traditionnels. Dans certaines chambres, on dort la tête en Suisse et les pieds en France ! Cuisine bourgeoise et additions sans rondeurs à la Brasserie, dont l'entrée se trouve en territoire helvète.

DÄTTWIL *Aargau* 551 O4 - *siehe Baden.*

DAVESCO-SORAGNO *6964 Ticino (TI)* 553 R13 - *1 312 ab. - alt. 393.*
Bern 283 - Lugano 6 - Bellinzona 31 - Locarno 44.

X **Osteria Gallo d'Oro,** via cantonale 3a, ✆ 0919 411 943, *info@osteriagallodoro.ch, Fax 0919 410 045,* - ▤ P. AE ⓓ MC VISA
chiuso dal 20 dicembre al 7 gennaio, dal 15 giugno al 1º luglio, domenica e lunedì - **Pasto** alla carta 42/78.
◆ Sfuggite all'afa estiva e concedetevi un pranzo sotto il fresco pergolato in legno che lascia trasparire i fiori di glicine. Proposte del giorno secondo il mercato.

In questa guida
uno stesso simbolo, una stessa parola
stampati in rosso o in nero,
hanno un significato diverso.
Leggete attentamente le pagine dell'introduzione.

DAVOS *7270 Graubünden (GR)* 553 *X8 – 11 219 Ew. – Wintersport : 1 560/2 844 m* 10 21 .

Sehenswert : *Lage★★★ – Weissfluhgipfel★★ mit Standseilbahn* **AY** *– Schatzalp★* **AY** *– Hohe Promenade★* **ABY.**

Ausflugsziel : *Die Zügenschlucht über ③ und die Flüela★★ über ②.*

18 in Alvaneu Bad, ✉ 7473 (April - Nov.) ✆ 0814 041 007, Fax 0814 042 382, Süd West : 29 km Richtung Tiefencastel. 18 (Mai - Okt.) ✆ 0814 165 634, Fax 0814 162 555 - **BZ.**

Lokale Veranstaltungen

20.01 - 25.01 : Weltwirtschaft Forum

24.07 - 07.08 : Internationales Musik Festival, junge Artisten aus aller Welt.

Bern 282 ① – Chur 71 ① – Sankt Moritz 71 ③ – Vaduz 78 ①

Stadtplan siehe gegenüberliegende Seite

Davos Dorf *– Höhe 1 560 – ✉ 7260 Davos Dorf.*

Davos Tourismus, Bahnhofstr. 17, ✆ 0814 152 121, info@davos.ch, Fax 0814 152 100 **BY.**

ArabellaSheraton Seehof, Promenade 159, ✆ 0814 161 212, *seehof.davos@arabellasheraton.com, Fax 0814 166 110,* ≤, , , – , Zim, – 15/100. AE MC VISA. Rest **BY a**
geschl. 25. April - 30. Juni – ***Stübli*** *(geschl. Sonntag und Montag von Okt. - Nov.)* **Menu** *18* und à la carte 53/116 – **115 Zim** 303/630, Vorsaison 239/518, 5 Suiten.
◆ Hillary Clinton, Shimon Peres und andere VIPs fühlten sich im Seehof mit seiner stilvollen Einrichtung wohl. Zeitlos-elegant gestaltete Zimmer, grösstenteils mit Balkonen. Ein schönes Täfer aus Arvenholz ziert das edel wirkende Stübli - mit Wintergarten.

Zauberberg (Suitenhotel) garni, Salzgäbastr. 5, ✆ 0814 171 717, *zauberberg@bluewin.ch, Fax 0814 171 799,* ≤, , – video . AE MC VISA.
15. Nov. - 11. April, 13 Suiten 610/860. **BY n**
◆ Das nach dem Roman von Thomas Mann benannte Haus aus der Jahrhundertwende liegt ruhig über dem Dorf. In den Suiten können die Gäste in Luxus schwelgen.

Flüela, Bahnhofstr. 5, ✆ 0814 101 717, *hotel@fluela.ch, Fax 0814 101 718,* ≤, , , , , , – – 15/150. AE MC VISA. Rest **BY v**
23. Nov. - 17. April – **Menu** *35* - 45 (mittags)/120 und à la carte 61/140 – **65 Zim** 275/660, Vorsaison 230/550, 7 Suiten – ½ P Zuschl. 45.
◆ In dem Haus mit traditionell-familiärem Charakter bietet man seinen Gästen komfortable Zimmer, die teils renoviert wurden und modern eingerichtet sind. Im 1. Stock des Flüela befindet sich das gediegen-rustikale Restaurant mit Terrasse.

Meierhof, Promenade 135, ✆ 0814 168 285, *info@meierhof.ch, Fax 0814 163 982,* , , , – . AE MC VISA. Rest **BY c**
30. Nov. - 12. April und 21. Mai - 8. Okt. – **Menu** *(geschl. Montag im Sommer) 24* - 55/79 und à la carte 47/102 – **67 Zim** 185/420, Vorsaison 125/240, 9 Suiten – ½ P Zuschl. 30.
◆ In Nähe des Dorfzentrums stösst der Feriengast auf den Meierhof, ein modern-rustikales Haus mit freundlichen, hellen Zimmern, Freizeitbereich und charmantem Garten. Rustikal und zugleich modern zeigt sich auch der gastronomische Bereich.

Turmhotel Victoria, Alte Flüelastr. 2, ✆ 0814 175 300, *hotel@victoria-davos.ch, Fax 0814 175 380,* ≤, , , , , – , Zim, Rest, – 15/50. AE MC VISA **BY d**
Hotel : geschl. 18. April - 19. Mai und 10. Okt. - 27. Nov. – ***La Terrasse :*** **Menu** *19* - 35 (mittags)/96 und à la carte 44/91 – **76 Zim** 195/550, Vorsaison 130/300, 6 Suiten – ½ P Zuschl. 35.
◆ Die nicht alltägliche Architektur des Turmhotels verbirgt im Inneren Zimmer, die mit edlem, in unterschiedlichen Farben gehaltenem Mobiliar nett eingerichtet sind. La Terrasse - als Wintergarten angelegt - verbindet die beiden Hotelgebäude.

Heidi's & Haui's Bündnerstübli, Dischmastr. 8, ✆ 0814 163 393, *hauis-stuebli@bluewin.ch, Fax 0814 201 154,* – AE MC VISA **BY e**
geschl. 18. April - 7. Juni, Nov., Donnerstag im Sommer und Mittwoch – **Menu** *(nur Abendessen)* 79 und à la carte 62/118.
◆ In heimeliger Atmosphäre kann der Liebhaber der klassischen Küche abends sein Essen in einer zweigeteilten, komplett getäferten Stube mit rustikalem Mobiliar geniessen.

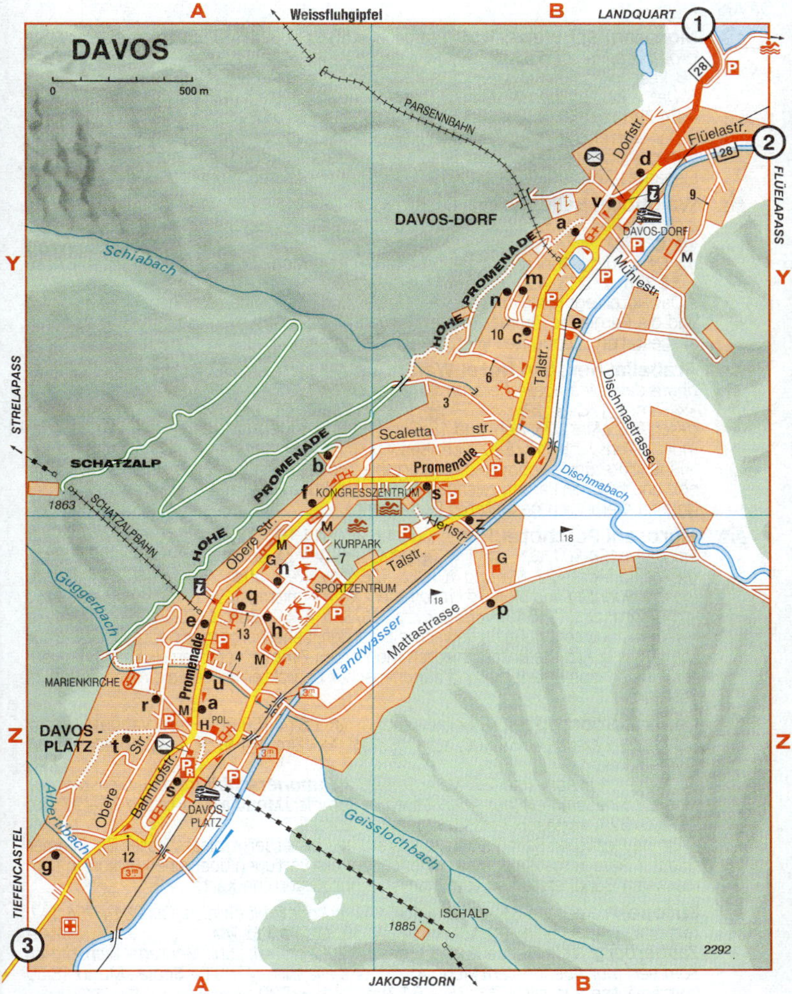

Bobbahnstrasse	BY 3	Kurgartenstrasse	AZ 7	Salzgäbastrasse	BY 10
Guggerbachstrasse	AZ 4	Museumstrasse	BY 9	Tanzbühlstrasse	AZ 12
Horlaubenstrasse	BY 6	Promenade	AZ	Tobelmühlestrasse	AZ 13

Davos Platz – *Höhe 1 540* – *✉ 7270 Davos Platz.*
Davos Tourismus, Promenade 67, ✆ 0814 152 121, info@davos.ch, Fax 0814 152 100 AZ.

Steigenberger Belvédère, Promenade 89, ✆ 0814 156 000, *davos@steigenberger.ch, Fax 0814 156 001,* ≤, – Zim, 15/100. AE VISA JCB. Rest AY f
geschl. 4. April - 30. Juni – ***Romeo und Julia / Trattoria*** - italienische Küche - *(geschl. Montag) (nur Abendessen)* **Menu** à la carte 49/111 – ***Bistro Voilà :*** **Menu** à la carte 41/80 – **123 Zim** 275/550, Vorsaison 174/348, 8 Suiten – ½ P Zuschl. 25.

◆ Ein langgezogener, imposanter Bau stellt Ihre Residenz dar. Neben meist elegant gestalteten Zimmern zählt auch die schöne Aussicht zu den Annehmlichkeiten des Hauses. Auf einer Galerie liegt das Romeo und Julia mit rustikal-gediegener Atmosphäre.

Morosani Schweizerhof, Promenade 50, 0814 155 500, *schweizerhof@morosani.ch, Fax 0814 155 501,* , , – TV P – 25. AE VISA. Rest AZ u
5. Dez. - 12. April und 28. Mai - 2. Okt. – **Menu** 40 (mittags)/75 und à la carte 54/110 – **84 Zim** 350/460, Vorsaison 220/260, 3 Suiten – ½ P Zuschl. 30.
◆ Der würfelförmige Hotelbau im Herzen von Davos verfügt über Gästezimmer mit gutem Platzangebot, die alle eine zweckmässige und praktische Ausstattung haben. Elegantes Restaurant mit stilvollem Mobiliar und gutem Couvert.

Waldhotel Bellevue , Buolstr. 3, 0814 153 747, *info@waldhotel-bellevue.ch, Fax 0814 153 799,* < Davos und Berge, (Solebad), – TV P AE VISA. AY b
13. Dez. - Mitte April und Mitte Juni - Mitte Okt. – **Menu** 59/89 und à la carte 56/110 – **53 Zim** 235/430, Vorsaison 155/270 – ½ P Zuschl. 30.
◆ Das Hotel liegt ruhig oberhalb des Dorfes und bietet einen schönen Blick auf Davos und die Berge. Die Zimmer sind durchweg modern und mit solidem Buchenmobiliar ausgestattet. Gepflegtes Restaurant mit grossem, kreativem Angebot.

ArabellaSheraton Hotel Waldhuus , Mattastr. 58, 0814 179 333, *waldhuus.davos@arabellasheraton.com, Fax 0814 179 334,* , , , , – Zim, TV – 15/90. AE VISA. Rest BZ p
geschl. 29. März - 23. April und 18. Okt. - 26 Nov. – **Menu** à la carte 75/114 – **93 Zim** *(nur ½ Pens.)* 417/880, Vorsaison 304/622, 6 Suiten.
◆ Eine grosszügige Lobby und komfortable, modern-rustikale Zimmer in hellem Naturholz und frischen Farben zeichnen dieses attraktive Hotel aus. Etwas gehobener : der Neubau. Gemütlich gestaltetes Restaurant.

Morosani Posthotel, Promenade 42, 0814 154 500, *posthotel@morosani.ch, Fax 0814 154 501,* , , – TV P – 50. AE VISA. Rest
geschl. 13. April - 22. Mai und 10. Okt. - 26. Nov., Rest. auch 23. Mai - 10. Juli – **Menu** *(geschl. Sonntag und Montag im Sommer)* 25 - 45 (mittags)/95 und à la carte 62/130 – **114 Zim** 215/540, Vorsaison 135/330 – ½ P Zuschl. 30. AZ a
◆ Wo einst Kutschenpferde gewechselt wurden, beherbergt man heute Reisende auf zeitgemässe Art. Die unterschiedlich möblierten Zimmer verteilen sich auf drei Häuser. Eine schöne Holzdecke und bündnerischer Charakter prägen die Atmosphäre im Restaurant.

Central Sporthotel, Tobelmühlestr. 1, 0814 158 200, *reservation@central-davos.ch, Fax 0814 158 300,* , – , Zim, TV P – 40. AE VISA. Rest AZ q
30. Nov. - 11. April und 21. Mai - 9. Okt. – ***Bündnerstübli*** *(geschl. Dienstag und Mittwoch im Sommer) (nur Abendessen im Sommer)* **Menu** à la carte 56/94 – **97 Zim** 200/520, Vorsaison 158/276 – ½ P Zuschl. 30.
◆ Ein neuzeitlicher Betonbau in zentraler Lage beherbergt dieses Hotel. Die Zimmer sind mit Arve in rustikalem Stil eingerichtet - alle verfügen über einen Balkon. In dem rustikalen Bündnerstübli bietet man eine gutbürgerliche Karte.

Europe, Promenade 63, 0814 154 141, *europe@bluewin.ch, Fax 0814 154 111,* , , , – TV – 30. AE VISA AZ e
Zauberberg - chinesische Küche - *(geschl. 26. April - 4. Juni, Montag - Dienstag im Sommer) (nur Abendessen)* **Menu** 45/55 und à la carte 45/91 – ***Scala :*** **Menu** 18.50 (mittags) und à la carte 31/75 – **64 Zim** 195/390, Vorsaison 120/230.
◆ Nahe der Talstation der Schatzalpbahn liegt eines der ältesten Häuser des Ortes. Die Zimmer unterscheiden sich in der Gestaltung wie auch in der Ausstattung. In der 1. Etage liegt das Zauberberg, ein chinesisches Restaurant. Fast poppig : das Scala.

National, Obere Strasse 31, 0814 136 046, *national-davos@bluewin.ch, Fax 0814 131 650,* , , – TV P. AE VISA. Rest AZ r
geschl. 4. April - 4. Juni und 2. Okt. - 19. Nov. – ***Mignon :*** **Menu** à la carte 43/98 – **65 Zim** 168/390, Vorsaison 99/260 – ½ P Zuschl. 15.
◆ Von der Lobby Ihrer Unterkunft bringt Sie ein Lift in die richtige Etage. Die Zimmer sind bis ins Detail hübsch eingerichtet und bieten Ihnen guten Wohnkomfort. Das Restaurant ist ein kleiner, elegant gestalteter Raum mit gediegener Atmosphäre.

Cresta Sun, Talstr. 52, 0814 171 616, *info@cresta-hotels.ch, Fax 0814 171 685,* , , , – TV P. AE VISA JCB. Rest
geschl. 20. - 25. Jan. – **Menu** à la carte 36/83 – **45 Zim** 200/480, Vorsaison 130/280 – ½ P Zuschl. 25. BYZ z
◆ Das am Ortsrand nahe dem Golfplatz gelegene Haus verfügt über Zimmer von guter Grösse, die mit hellem, zweckmässigem Einbaumobiliar ausgestattet sind - meist mit Balkon. Helles Restaurant mit Wintergarten.

Kongress Hotel Davos, Promenade 94, 0814 171 122, *info@hotelkongress.ch, Fax 0814 171 123,* <, , , - , . Rest BY s
Extrablatt *(geschl. 13. April - 19. Mai, 17. Okt. - 21. Nov. und Montag im Juni)* **Menu** 20 und à la carte 37/86 – **80 Zim** 205/410, Vorsaison 130/265 – ½ P Zuschl. 30.
• Hotel an der Hauptstrasse neben dem Kongresszentrum. Die Zimmer mit gutem Platzangebot sind wohnlich gestaltet - teils mit Balkon. Komfortable Lobby mit Internetcorner. Das Extrablatt mit einer Einrichtung im Stil eines französischen Bistros.

Sunstar Park und Sunstar , Parkstr. 1, 0814 131 414, *davos@sunstar.ch, Fax 0814 131 579,* <, , , - , Zim, - 15/100. . Rest AZ t
geschl. 12. April - 5. Juni und 17. Okt. - 26. Nov. – **Menu** à la carte 43/83 – **217 Zim** 180/410, Vorsaison 98/220 – ½ P Zuschl. 36.
• Die beiden Häuser aus den 60er Jahren liegen ruhig in einem Park. Die Zimmer sind zum grössten Teil rustikal eingerichtet - mit ordentlichem Platzangebot, viele mit Balkon. Die Raclettestube ergänzt das ländliche Restaurant in der 1. Etage.

Terminus, Talstr. 3, 0814 149 797, *hotel@bahnhof-terminus.ch, Fax 0814 149 798,* - - 15/90. AZ s
geschl. 26. April - 19. Mai – ***Zum Goldenen Drachen*** - chinesische Küche - **Menu** 42/55 und à la carte 43/80 – ***Veltlinerstube :*** **Menu** 18.50 und à la carte 45/84 – **53 Zim** 165/320, Vorsaison 90/180 – ½ P Zuschl. 25.
• Das Haus liegt direkt gegenüber dem Bahnhof. Die in der Grösse unterschiedlichen Zimmer sind mit solidem Eichenholzfurnier eingerichtet und verfügen teilweise über Balkone. Der Goldene Drachen zeigt sich typisch chinesisch. Heimelig : die Veltlinerstube.

Larix Obere Albertistr. 9, 0814 131 188, *hotel-larix@bluewin.ch, Fax 0814 133 349,* <, - Zim, . AZ g
Anfang Dez. - 20. April und 13. Juli - 11. Okt. – **Menu** *(geschl. Dienstag und Mittwoch im Sommer) (nur Abendessen)* à la carte 55/90 – **22 Zim** 150/260, Vorsaison 110/180 – ½ P Zuschl. 30.
• In ruhiger und erhöhter Lage am Ortsausgang finden Sie dieses Chalet-Hotel. Die Zimmer sind unterschiedlich, mit Liebe zum Detail eingerichtet - die Hälfte mit Balkon. Das Restaurant ist nett als Wintergarten angelegt.

Crystal, Eisbahnstr. 2, 0814 140 101, *hotelcrystal@bluewin.ch, Fax 0814 140 100,* , - . . Zim AZ h
geschl. 15. April - 1. Juli – **Menu** *(im Winter nur Abendessen)* 65 (abends) und à la carte 38/85 – **27 Zim** 154/268, Vorsaison 100/180 – ½ P Zuschl. 25.
• Ein gut geführter Familienbetrieb mit wohnlich-rustikal gestalteten Gästezimmern in Arvenholz. Zur neuzeitlichen Ausstattung gehören auch Fax-, Modem- und PC-Anschluss. Viel helles Holz lässt das Restaurant freundlich wirken.

Bündnerhof, Sportweg 3, 0814 100 636, *info@buendnerhof.ch, Fax 0814 100 644* – . AZ n
29. Nov. - 19. April und 28. Juni - Mitte Okt. – **Menu** *(nur Abendessen)* 40 und à la carte 40/77 – **25 Zim** 127/274, Vorsaison 87/174 – ½ P Zuschl. 25.
• Das Haus liegt im Zentrum des Dorfes oberhalb der Eisbahn. Die Zimmer des Altbaus sind mit Arvenholz rustikal eingerichtet, die des Neubaus mit Einbaumobiliar. Sie speisen in der heimeligen Gaststube oder im hellen, rustikalen Restaurant.

Cresta, Talstr. 57, 0814 171 616, *info@cresta-hotels.ch, Fax 0814 171 685,* , – , Rest, . . Rest BY u
geschl. 20. - 25. Jan. – **Menu** *(nur Abendessen)* à la carte 36/83 – **40 Zim** 190/380, Vorsaison 120/190 – ½ P Zuschl. 25.
• Hier finden Reisende eine gepflegte und solide Unterkunft. Die Hälfte der Zimmer des Hauses wurde mit hellem, modernem Einbaumobiliar ausgestattet.

auf dem Weissfluhgipfel : *mit Standseilbahn bis Weissfluhjoch und Gondelbahn erreichbar – 7260 Davos Dorf :*

Bruhin's Weissfluhgipfel (Höhe 2844), 7260 Davos Dorf, 0814 176 644, *Fax 0814 176 640,* < Bündner Alpen –
30. Nov. - 18. April – **Menu** *(nur Mittagessen)* 39 und à la carte 49/109.
• Von Davos bringt Sie die Seil- und Gondelbahn auf den Weissfluhgipfel. Nach einem zeitgemässen Essen mit Ausblick auf die Bündner Alpen wartet eine schwarze Piste.

in Wolfgang *über ① : 4 km – Höhe 1629 – ✉ 7265 Davos-Wolfgang :*

Kulm, ✆ 0814 170 707, *info@kessler-kulm.ch, Fax 0814 170 799,* <, – TV P AE VISA JCB
Menu *20* - 45 (abends) und à la carte 41/80 – **36 Zim** 110/270, Vorsaison 68/186 – ½ P Zuschl. 25.
◆ Am Ende der Parsenn Skiregion trifft der Wintersportler auf das Hotel Kulm. Hier stehen mit Landhausmobiliar eingerichtete Gästezimmer zum Ausruhen bereit. Im Restaurant wie auch auf der Terrasse stärken Sie sich mit bürgerlichen Speisen.

in Laret *über ① : 6 km – ✉ 7265 Davos-Wolfgang :*

Hubli's Landhaus, Kantonsstrasse, ✆ 0814 171 010, *info@hublis.ch, Fax 0814 171 011,* – TV P AE VISA
12. Dez. - 14. April und 11. Juni - 17. Okt. – **Menu** *(geschl. Dienstagmittag und Montag) (im Winter nur Abendessen)* (mittags auch kleine Karte) *24* - 48 (mittags)/160 und à la carte 61/144 – **20 Zim** 120/290, Vorsaison 84/178 – ½ P Zuschl. 25.
◆ Das schöne Landhaus liegt ausserhalb des Dorfes an der Kantonsstrasse. Die Zimmer im Annexe sind dem Stil des Hauses angepasst und mit dunklem Eichenholz möbliert. Das elegant-rustikale Restaurant mit schöner Decke steht für ausgezeichnete zeitgemässe Küche.
Spez. Variation d'écrevisses Landhaus. Filets de turbot sautés à la sauce aux pommes et parfumés à la vanille et au gingembre, chicon meunière. Carré d'agneau de Davos rôti rosé aux herbes de notre jardin

in Sertig Dörfli *Süd-Ost über ③ : 9 km – ✉ 7272 Davos Clavadel :*

Walserhuus ✆ 0814 106 030, *walserhuus@swissonline.ch, Fax 0814 106 035,* < Berge, – TV P AE VISA
Menu *18.50* - 65 (abends) und à la carte 39/99 – **11 Zim** 125/200, Vorsaison 110/180 – ½ P Zuschl. 30.
◆ Das am Ende eines Hochtales gelegene kleine Hotel besticht mit seiner netten, modern-rustikalen Einrichtung und einer traumhaften Sicht auf die umgebenden Berge. Das komplett getäferte Arvenstübchen und die Gartenterrasse ergänzen das rustikale Restaurant.

Ihre Meinung über die von uns empfohlenen Restaurants, deren Spezialitäten sowie die angebotenen regionalen Weine, interessiert uns sehr.

DEGERSHEIM *9113 Sankt Gallen (SG) 551 T5 – 3 904 Ew. – Höhe 799.*

Verkehrsverein, ✆ *0713 711 214.*
Bern 211 – Sankt Gallen 18 – Konstanz 50 – Winterthur 62.

Wolfensberg ✆ 0713 700 202, *info@wolfensberg.ch, Fax 0713 700 204,* <, – TV P – 15/40. VISA
Menu *19* - 40 (mittags) und à la carte 48/86 – **28 Zim** 115/186 – ½ P Zuschl. 30.
◆ Das Haus liegt ruhig auf einem Hügel am Ortsrand. Die Zimmer sind im Anbau mit Kiefernholzmobiliar, im Haupthaus mit hellem funktionellem Einbaumobiliar ausgestattet. Eine einfache Gaststube und ein Speisesaal mit Terrasse bilden den gastronomischen Bereich.

DELÉMONT *2800 C Jura (JU) 551 I4-5 – 11 396 h. – alt. 413.*

Manifestations locales
11.09 - 12.09 : Fête du peuple jurassien
17.09 - 19.09 : Festival Notes d'Equinoxe.
Jura Tourisme, 12 pl. de la Gare, ✆ *0901 123 401, delemont@juratourisme.ch, Fax 0324 228 781.*
1 r. de la Maltière, ✆ *0324 226 686, Fax 0324 223 726.*
Case postale 13, Delémont 1, ✆ *0324 226 522.*
Bern 95 – Basel 46 – Montbéliard 62 – Solothurn 64.

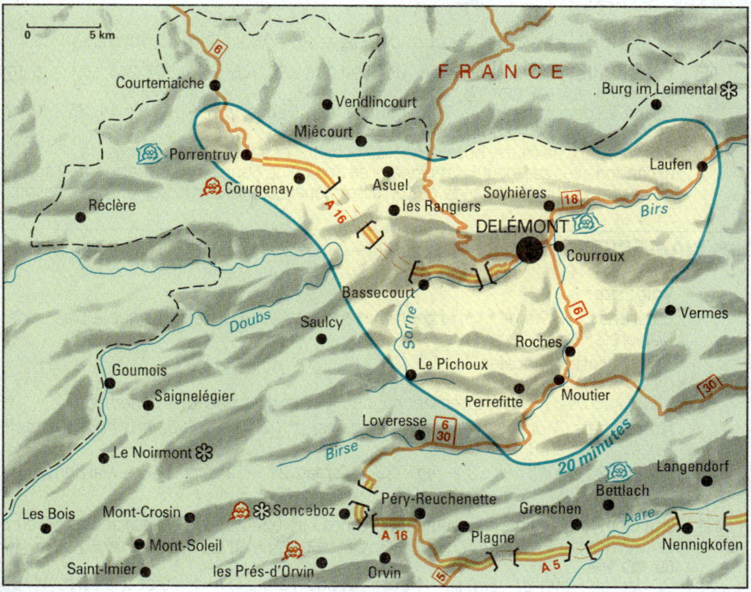

La bonne Auberge, 32 r. du 23 Juin (accès pietonnier), ✆ 0324 221 758, *Fax 0324 224 828* – TV. AE ⓓ ⓜⓒ VISA.
fermé 2 au 7 janv. – **Repas** *(fermé aussi 11 au 18 oct., dim. soir et lundi)* 17 - 20 (midi) et à la carte 40/82 – **7 ch** 120/180 – ½ P suppl. 30.
◆ Avenante maison séculaire, située dans une rue piétonne de la vieille ville. Les chambres, assez cossues, sont contemporaines et spacieuses. Cuisine traditionnelle servie à l'étage. Au rez-de-chaussée, le café propose une restauration simple et rapide.

La Tour Rouge, 10 rte de Porrentruy, ✆ 0324 221 218, *tour_rouge@bluewin.ch, Fax 0324 231 194,* – TV P. ⓜⓒ VISA.
Repas *(fermé mi-juil. à mi-août, sam. midi et dim.)* 16.50 et à la carte 36/86 – **12 ch** 110/160 – ½ P suppl. 25.
◆ Le nom de l'auberge est emprunté à une tour de défense de la ville, jadis peinte en rouge. Elle met à votre disposition des chambres modernes bien équipées. Restaurant-rôtisserie courtisé des amateurs de grillades au feu de bois.

National, 25 rte de Bâle, ✆ 0324 229 622, *Fax 0324 223 912,* , – TV P – 15/120. AE ⓓ ⓜⓒ VISA
fermé 20 déc. au 10 janv. – **Repas** 17 et à la carte 35/57 – 10 – **27 ch** 102/149 – ½ P suppl. 25.
◆ À l'entrée de la ville, sur la route de Bâle, ressource hôtelière recevant aussi bien des groupes que des individuels. Chambres d'un confort très convenable pour l'étape.

City, 38 rte de Bâle, ✆ 0324 228 328, *citydelemont@bluewin.ch, Fax 0324 228 327,* – TV P. AE ⓓ ⓜⓒ VISA JCB. ch
fermé 18 juil. au 1er août – ***Le Bambou*** - cuisine chinoise - *(fermé dim.)* **Repas** 16 - 45/65 et à la carte 37/78 – **11 ch** 95/160.
◆ Hébergement fiable situé à proximité de la gare et du centre-ville. Chambres fonctionnelles bien calibrées. Terrasse couverte. Honorable restaurant chinois où assouvir votre faim d'exotisme.

du Midi avec ch, 10 pl. de la Gare, ✆ 0324 221 777, *sedem94@bluewin.ch, Fax 0324 231 989* – rest, TV. AE ⓓ ⓜⓒ VISA
fermé 30 mars au 21 avril, mardi soir et merc. – ***Salle à manger :*** **Repas** 55/110 et à la carte 62/114 – ***Restaurant :*** **Repas** 19.50 - 50 et à la carte 41/97 – **7 ch** 95/135 – ½ P suppl. 25.
◆ Deux formules de repas se côtoient au Midi. Salle à manger misant sur les classiques culinaires français. Restaurant fidèle à la tradition des recettes bourgeoises, dont le choix et la sagesse des prix ne laissent pas indifférent.

à Soyhières *Nord-Est : 3 km par route de Bâle – alt. 405 – ✉ 2805 Soyhières :*

Le Cavalier, 1 r. du Vorbourg, ✆ 0324 223 233, *Fax 0324 223 243,* – AE VISA
fermé 23 déc. au 8 janv. et 21 juil. au 8 août – **Repas** 18 et à la carte 44/83 – **14 ch** 115/180 – ½ P suppl. 30.
◆ En bordure de route, hôtel actuel aux chambres sobres et modernes ; la nº 15 fait exception avec ses meubles régionaux en bois peint. Bonne insonorisation. Restaurant au cachet rustique. Véranda et terrasse ménageant une vue sur un petit bassin.

Les DIABLERETS *1865 Vaud (VD)* **552 H11** *– alt. 1 155 – Sports d'hiver : 1 200/3 000 m 4 20.*
Voir : *site★.*
Environs : *Sex Rouge★★★ : panorama★★★ Est : 4 km et téléphérique – Glacier des Diablerets★★ Est.*
Manifestations locales
01.01 - 06.03 : Festival Musique et Neige
18.09 - 25.09 : Festival International du Film Alpin et de l'Environnement.
Diablerets Tourisme, Maison du Tourisme, ✆ 0244 923 358, info@diablerets.ch, Fax 0244 922 348.
Bern 122 – Montreux 38 – Aigle 22 – Gstaad 21 – Lausanne 66 – Martigny 54 – Sion 80.

Eurotel Victoria, chemin du Vernex, ✆ 0244 923 721, *lesdiablerets@eurotel-victoria.ch, Fax 0244 922 371,* – video – 15/90. AE VISA
20 déc. au 6 avril et 16 mai au 9 oct. – **Repas** *(fermé le midi)* 49 et à la carte 41/89 – **101 ch** 197/354, Basse saison 159/268 – ½ P suppl. 20.
◆ Cette bâtisse moderne bien équipée pour les séminaires renferme de spacieuses chambres souvent dotées d'un balcon jouissant d'une typique vue alpine. Salle de restaurant relookée dans l'esprit montagnard. Carte au goût de Monsieur Tout-le-monde.

Diablerets, chemin des Ormonts, ✆ 0244 920 909, *info@hoteldesdiablerets.ch, Fax 0244 922 391,* – – 15/80. AE VISA
20 déc. au 18. avril et 2 juin au 30 sept. – **Repas** 18 et à la carte 43/81 – **59 ch** 163/326, Basse saison 138/286 – ½ P suppl. 40.
◆ Hôtel stratégiquement établi au coeur de la station, près de l'entrée des pistes. Toutes les chambres ont retrouvé l'éclat du neuf. Le petit plus la grande piscine couverte. Restaurant traditionnel complété d'un coin café. Les logeurs mangent à part.

Hostellerie Les Sources, ch. du Vernex, ✆ 0244 920 100, *lessources@bluewin.ch, Fax 0244 920 169,* – ch, – 15/30. AE VISA. rest
23 déc. au 11 avril et 1er juin au 17 oct. – **Repas** *(fermé midi sauf 15 juin - 15 sept., dim. soir et lundi sauf juil. à août)* 14.50 - 24 (midi)/32 et à la carte 33/74 – **48 ch** 118/208, Basse saison 97/164 – ½ P suppl. 32.
◆ Un ruisseau frémissant longe ce chalet propice à une mise au vert. Nombreuses chambres familiales pourvues d'un mobilier en pin. Salons aux étages. Terrasse d'été ensoleillée. Une petite carte traditionnelle est présentée au restaurant.

Auberge de la Poste, rue de la Gare, ✆ 0244 923 124, *fad@bluewin.ch, Fax 0244 921 268,* – AE VISA
fermé 3 sem. en mai et lundi hors saison – **Repas** 17 et à la carte 32/81.
◆ De Victor Hugo à David Bowie, on ne compte plus les célébrités conquises par ce pittoresque chalet et sa superbe façade fleurie. Généreuse cuisine aux accents régionaux.

à Vers-l'Eglise *Ouest : 2 km par route de Leysin – alt. 1 136 – ✉ 1864 Vers-l'Eglise :*

Auberge de l'Ours avec ch, ✆ 0244 924 400, *info@aubergedelours.ch, Fax 0244 924 401,* – AE VISA
fermé 20 mai au 20 juin, 5 nov. à début déc., mardi soir et merc. sauf Noël et 21 au 29 fév. – **Repas** 18 - 46/64 et à la carte 39/90 – **6 ch** 85/150 – ½ P suppl. 30.
◆ Beau grand chalet dont l'intérieur a été totalement repensé. Cuisine "terroir" : plats simples à midi et repas plus élaboré le soir. Partie carnotzet et chambres bien conçues.

DIELSDORF 8157 Zürich (ZH) 551 P4 – 4 687 Ew. – Höhe 429.

Lägern in Otelfingen, 8112, 018 466 818, Fax 018 445 333, Nord-Ost : 12 km.

Bern 122 – Zürich 22 – Baden 20 – Schaffhausen 57 – Winterthur 35.

Löwen (Gästehaus :), Hinterdorfstr. 21, 018 556 161, loewen.dielsdorf@bluewin.ch, Fax 018 556 162, – , Zim, – 40. AE MC VISA
geschl. 25. Juli - 8. Aug., Samstagmittag und Sonntag – **Menu** 17 - 45 (mittags)/60 und à la carte 44/92 – 15 – **35 Zim** 110/195.
♦ Der renovierte Gasthof aus dem 13.Jh. verfügt über gut gepflegte Quartiere - fragen Sie nach den Zimmern mit hellem Parkettboden und mattblauem Holzmobiliar im Anbau. Eine schöne Holzdecke und freigelegte Balken zieren die Taverne.

Zur Sonne (Gübeli), Bahnhofstr. 1, 018 531 245, gast@sonne-dielsdorf.ch, Fax 018 532 955 – AE MC VISA
geschl. 1. - 19. Jan., 8. - 12. April, 20. Juli - 9. Aug., Sonntag und Montag – **Menu** (Tischbestellung ratsam) 20 - 59 (mittags)/110 und à la carte 74/119.
♦ Das gepflegte Dorfgasthaus mit Fachwerkelementen liegt mitten im Zentrum. In dem Restaurant mit Parkettboden und Sichtbalkenwand reicht man eine klassische Karte.
Spez. Lauwarmer Spargelsalat mit Spargelflan an schwarzer Trüffelvinaigrette (Frühling). Riesencrevetten gewürzt mit Chili dazu Tomaten-Basilikumrisotto (Sommer). Französische Königstaube an Honig-Ingwersauce mit Champagner-risotto. **Weine** Regensberg

Bienengarten mit Zim, Regensbergstr. 9, 018 531 217, Fax 018 532 441, , – AE MC VISA – geschl. über Weihnachten, Neujahr, Ostern und 1. - 17. Okt. – **Menu** (geschl. Samstagmittag) (Tischbestellung ratsam) 22 - 65/90 und à la carte 42/111 – **8 Zim** 155/230.
♦ Ein alter Gasthof beherbergt dieses gehobene bürgerliche Restaurant mit nettem Dekor und traditioneller Küche. Zum Übernachten stehen auch einige gepflegte Zimmer bereit.

DIESSBACH BEI BÜREN 3264 Bern (BE) 551 I6 – 835 Ew. – Höhe 457.

Bern 20 – Biel 10 – Burgdorf 34 – Neuchâtel 47 – Solothurn 18.

Storchen, Schmiedgasse 1, 0323 511 315, storchen@abcedv.ch, Fax 0323 515 306, – AE MC VISA
geschl. Weihnachten, Montag und Dienstag – **Menu** 15 - 58/90 und à la carte 45/94.
♦ Neben einer einfachen Gaststube finden Sie hier zwei mit hellem, rustikalem Holzmobiliar frisch gestaltete Stuben. Man serviert seinen Gästen eine klassische Küche.

DIESSENHOFEN 8253 Thurgau (TG) 551 R3 – 3 201 Ew. – Höhe 413.

Bern 169 – Zürich 57 – Baden 80 – Frauenfeld 22 – Schaffhausen 10.

Schupfen, Steinerstr. 501, Ost : 3 km Richtung Stein am Rhein, 0526 571 042, Fax 0526 574 544, Rhein – AE MC VISA
geschl. 25. Jan. - 20. Feb., Dienstag und Mittwoch – **Menu** à la carte 39/86.
♦ Eine schöne Aussicht auf den Rhein bietet dieses im 15. Jh. erbaute Riegelhaus. Im dreifach unterteilten Restaurant offeriert man ein klassisch ausgelegtes Speisenangebot.

Krone mit Zim, Rheinstr. 2, 0526 573 070, Fax 0526 573 087, Rhein – AE MC VISA
geschl. 1. - 20. Januar und 21. Juni - 6. Juli – **Menu** (geschl. Montag und Dienstag) 35 (mittags) und à la carte 40/88 – **6 Zim** 105/180 – ½ P Zuschl. 50.
♦ Das alte Haus liegt direkt am Rhein, an der historischen Holzbrücke. Neben einer gemütlich-rustikalen Gaststube stehen auch einige gepflegte Zimmer bereit. Schöne Aussicht !

DIETIKON 8953 Zürich (ZH) 551 O5 – 21 430 Ew. – Höhe 388.

Bern 113 – Zürich 13 – Aarau 34 – Baden 11 – Luzern 57 – Schaffhausen 60.

Conti, Heimstr. 41, Industriegebiet Nord, Richtung N1, 017 458 686, conti@hotelgast.ch, Fax 017 458 687, – , Zim, – 15/60. AE MC VISA
Le Conte (geschl. Samstag, Sonn- und Feiertage) **Menu** 42 (mittags)/82 und à la carte 48/94 – ***Brasserie*** (geschl. Samstag und Sonntag jeweils abends) **Menu** 16 und à la carte 30/82 – **68 Zim** 177/244, 3 Suiten.
♦ Der moderne Backsteinbau steht im Industriegebiet. Die Hälfte der Zimmer ist neu mit hellem Einbaumobiliar eingerichtet, die anderen etwas älter, doch immer zeitgemäss. Das Le Conte im Parterre des Hauses ist mit modernen Accessoires ausgestattet.

Sommerau Ticino, Zürcherstr. 72, ✆ 017 454 141, *info@sommerau-ticino.ch, Fax 017 454 488*, – , Zim, . – 15/60. AE MC VISA
Menu - italienische Küche - 19.50 und à la carte 44/98 – **84 Zim** 140/230.
◆ Das Hotelgebäude liegt nicht weit vom Zentrum. Ein Teil der Zimmer ist ganz modern mit hellem Holzmobiliar eingerichtet, der Rest etwas älter, aber stets gepflegt. Zum Restaurant gehören die Trattoria Mercato und der Wintergarten Giardino Verde.

DIETINGEN *Thurgau (TG)* 551 R4 – *Höhe 435 – ✉ 8524 Uesslingen.*

Bern 170 – Zürich 50 – Frauenfeld 8 – Konstanz 38 – Sankt Gallen 53 – Schaffhausen 23 – Winterthur 15.

Traube, Schaffhauserstr. 30 (Süd-West : 1 km), ✆ 0527 461 150, *info@traube-dietingen.ch, Fax 0527 461 014*, <, – . AE MC VISA
geschl. 15. Jan. - 7. Feb., Mittwoch und Donnerstag – **Menu** 25 - 120 und à la carte 56/109.
◆ Rustikal-elegant ist die Einrichtung in diesem schönen Fachwerk-Gasthaus aus dem 19.Jh. Hübsch ist auch die Lage des Hauses inmitten der Weinberge.

DISENTIS/MUSTÉR *7180 Graubünden (GR)* 553 R9 – *2 209 Ew. – Höhe 1 130 – Wintersport : 1 150/2 850 m 1 9 .*

Sehenswert : *Klosterkirche St. Martin★.*

Sedrun Disentis Tourismus, ✆ 0819 204 030, Fax 0819 203 029.

Bern 198 – Andermatt 25 – Altdorf 49 – Bellinzona 85 – Chur 64.

Cucagna, Oberalpstrasse, ✆ 0819 295 555, *info@cucagna.ch, Fax 0819 295 500*, <, , , – – 30. AE MC VISA
Menu *(geschl. 1. Nov. - 19. Dez.)* à la carte 32/84 – **32 Zim** 125/240, Vorsaison 105/210, 4 Suiten – ½ P Zuschl. 38.
◆ Die meist grossen Zimmer dieses Etagenhotels - im Erdgeschoss befindet sich ein Supermarkt - sind mit dunklen Holzmöbeln und Sitzgelegenheiten in frischen Farben gestaltet. Eine schöne Decke ziert jeden der drei Restauranträume.

Montana , gassa da cuoz 3, ✆ 0819 474 565, *info@montana-disentis.ch, Fax 0819 474 277*, <, , , – Zim, . AE MC VISA. Rest
geschl. 17. April - 19. Mai und 16. Okt. - 18 Dez. – **Menu** *(nur Abendessen für Hotelgäste)* – **12 Zim** 95/152 – ½ P Zuschl. 30.
◆ Das kleine Hotel im Chaletstil liegt von Rasen und Bäumen umgeben ruhig ausserhalb des Ortes. Die Zimmer sind zeitgemäss hell möbliert, die Appartements gross, mit Cheminée.

Sax , via Sax 1, ✆ 0819 474 448, *info@hotelsax.ch, Fax 0819 475 368*, < Medelsgletscher, – . AE MC VISA
geschl. Nov. – **Menu** 16.50 - 30 (abends) und à la carte 33/74 – **19 Zim** 83/146, Vorsaison 73/126 – ½ P Zuschl. 30.
◆ Im Sommer ist das Haus von Grün umgeben, im Winter endet hier eine Piste. Neben dem Ausblick auf den Medelsgletscher bietet man Zimmer mit modernem Holzmobiliar. Eine einfache Gaststube, drei kleine Speisesäle und eine Terrasse bilden den Restaurantbereich.

Alpsu, via Alpsu, ✆ 0819 475 117, *hotelalpsu@bluewin.ch, Fax 0819 474 366* – . MC
geschl. 1. - 20. Dez. und 1. - 20. Nov. – **Menu** 16.50 - 54 und à la carte 41/80 – **12 Zim** 72/130 – ½ P Zuschl. 26.
◆ Das Haus mit schöner Fassade liegt im Zentrum des Ortes. Man bietet teils moderne Gästezimmer, die mit hellem Tannenholz individuell und rustikal gestaltet sind. Sie speisen in einem neuzeitlich-rustikalen Gastraum mit Holzdecke oder dem modernen Restaurant.

DOMAT/EMS *7013 Graubünden (GR)* 553 U8 – *6 537 Ew. – Höhe 581.*

Bern 250 – Chur 7 – Andermatt 82 – Davos 64 – Sankt Moritz 81.

Sternen, via Nova 102, ✆ 0816 332 727, *info@gartenhotel-sternen.ch, Fax 0816 334 132*, , – – 40. AE MC VISA
Menu 19.50 - 48/62 und à la carte 37/85 – **38 Zim** 90/190 – ½ P Zuschl. 28.
◆ Das Hotel steht am Dorfrand Richtung Chur. Die unterschiedlich möblierten Zimmer, teils mit hellem Rosenholz, teils mit weissem Standardmobiliar, bieten alle gleichen Komfort. Rustikale, leicht gehobene Gaststube und à la carte-Restaurant mit Wintergarten.

DOMBRESSON 2056 Neuchâtel (NE) 552 G6 – 1 530 h. – alt.

Bern 61 – Neuchâtel 14 – Biel 43 – La Chaux-de-Fonds 3

Hôtel de Commune avec ch, 24 Grand'Rue, 0328 5 *bresson.ch, Fax 0328 536 008,* – AE VI *fermé 5 au 28 janv., 29 juil. au 11 août, mardi et merc.* - la carte 68/110 – **8 ch** 65/150 – ½ P suppl. 60.

◆ Dans cette maison, nichée au centre du village, vous goût de bon aloi et séjournerez dans des chambres modestes mai

DORNACH 4143 Solothurn (SO) 551 K4 – 5 821 Ew. – Höhe 294.

Bern 104 – Basel 14 – Delémont 33 – Liestal 24 – Olten 50 – Solothurn 73.

Engel, Hauptstr. 22, 0617 019 660, *office@hotel-engel.ch, Fax 0617 019 664,* – – 15/100. AE VISA
Menu *(geschl. Samstagmittag und Montag)* 17.50 - 37 (mittags)/85 und à la carte 39/99 – **17 Zim** 180/260.

◆ Der Gasthof liegt im oberen Dorfteil. Sie haben die Wahl zwischen Standardzimmern mit bemaltem Mobiliar oder den Superior Rooms mit dunkler, rustikal-eleganter Einrichtung. Um das leibliche Wohl der Besucher kümmert man sich in verschieden gestalteten Stuben.

DÜBENDORF 8600 Zürich (ZH) 551 Q5 – 21 757 Ew. – Höhe 440.

Bern 125 – Zürich 5 – Baden 23 – Schaffhausen 45 – Winterthur 23.

Waldmannsburg, Schlossstr. 86, 0433 551 000, *info@waldmannsburg.ch, Fax 0433 551 001,* Dübendorf und Zürich, – AE VISA
geschl. 9. - 29. Feb., Sonntagabend und Montag – **Menu** 26 - 40 (mittags) und à la carte 50/109.

◆ Eine restaurierte kleine Burg in schöner Lage oberhalb des Ortes. Die klassische Einrichtung und ein gutes Couvert lassen das Restaurant leicht elegant wirken. 3 hübsche Säle.

DÜDINGEN 3186 Freiburg (FR) 552 H8 – 6 753 Ew. – Höhe 596.

Bern 28 – Neuchâtel 42 – Fribourg 6.

Central, Hauptstr. 25, 0264 931 348, *central@rega-sense.ch, Fax 0264 933 488* – Rest, VISA
Menu (Pizzeria) *(geschl. 1. - 15. Aug., Samstagmittag und Sonntagmittag)* 17.50 und à la carte 36/109 – **16 Zim** 140/208.

◆ An der Durchgangsstrasse ist dieses Haus aus der Jahrhundertwende gelegen. Für Reisende stehen einheitlich gestaltete Zimmer mit dunklem Mobiliar bereit. Ein imposanter Pizzaholzofen aus schwarz-weissem Marmor unterteilt das Restaurant.

DUILLIER Vaud 552 B10 – rattaché à Nyon.

DÜRNTEN 8635 Zürich (ZH) 551 R5 – 6 041 Ew. – Höhe 515.

Bern 157 – Zürich 29 – Rapperswil 8 – Uster 14 – Winterthur 33.

Sonne, Oberdürntnerstr. 1, 0552 408 576, *hotel_sonne@bluewin.ch, Fax 0552 408 722,* – , Zim, Zim, video – 30. AE VISA
geschl. 21. Dez. - 6. Jan. – **Menu** *(geschl. Sonntag)* 15 - 88 und à la carte 42/127 – **30 Zim** 120/180.

◆ Über eine Treppe gelangt man in das Hotel im Dorfzentrum. Die Gäste werden in einheitlich mit hellem Holzmobiliar praktisch eingerichteten Zimmern beherbergt. Eine nette Atmosphäre herrscht im gastronomischen Bereich des Hauses.

DÜRRENROTH 3465 Bern (BE) 551 L6 – 1 070 Ew. – Höhe 669.

Bern 38 – Olten 37 – Luzern 49 – Thun 49.

Kreuz und Bären, Dorfstrasse, 0629 590 088, *info@gastro-durrenroth.ch, Fax 0629 590 122,* , , , – , Zim, – 15/40. AE VISA
Menu 16.50 - 45 (mittags) und à la carte 35/98 – **21 Zim** 105/180 – ½ P Zuschl. 45.

◆ Der traditionsreiche Landgasthof Bären wurde um das Gästehaus Kreuz ergänzt. Hier hat man moderne Zimmer, die Funktionalität mit wohnlichem Ambiente kombinieren, geschaffen. Teil des Hotelrestaurants ist die gemütliche holzgetäferte Rotherstube.

…uzern (LU) 551 O7 – 11 067 Ew. – Höhe 421.
…chachenweidstr. 46, ✆ 0414 203 333, Fax 0414 221 212.
…rn 116 – Luzern 5 – Aarau 52 – Schwyz 38 – Zürich 51.

Löwen, Dorfstr. 5, ✆ 0414 450 404, *loewen.ebikon@bluewin.ch, Fax 0414 450 440,* – AE VISA. Zim
geschl. 23. Dez. - 6. Jan. – **Menu** *(geschl. Montag)* 19.50 - 43 und à la carte 43/87 – **18 Zim** 86/142.
◆ Der langgezogene Gasthof mit Fachwerkelementen ist an der Durchgangsstrasse gelegen. Die Zimmer sind mit massivem Eichenholz eingerichtet und bieten einfachen Komfort. Das Restaurant zeigt sich in ländlichem Stil.

EBNAT-KAPPEL

EBNAT-KAPPEL *9642 Sankt Gallen (SG)* 551 T6 – *4 940 Ew. – Höhe 630 – Wintersport : 870/1 200 m* 1.
Verkehrsbüro, Ebnaterstr. 4, ✆ 0719 932 911, vvebnat@bluewin.ch, Fax 0719 931 010.
Bern 195 – Sankt Gallen 41 – Bregenz 78 – Vaduz 44 – Zürich 63.

Kapplerhof, Kapplerstr. 111, ✆ 0719 927 171, *hotel@kapplerhof.ch, Fax 0719 927 168,* , , , – – 15/200. AE VISA
geschl. 23. Dez. - 6. Jan. und 16. Juli - 15. Aug. – **Menu** *(geschl. Sonntag)* 21 - 35 (mittags)/75 und à la carte 46/95 – **49 Zim** 165/250 – ½ P Zuschl. 40.
◆ Die Zimmer Ihrer Unterkunft, meist mit Balkon, sind zeitgemäss mit hellem, funktionellem Mobiliar ausgestattet. Hinter dem Hotel befindet sich ein gepflegter Gartenbereich. Als Wintergarten angelegtes Restaurant mit traditioneller Küche.

Post, Ebnaterstr. 6, ✆ 0719 931 772, *Fax 0719 931 810,* – AE VISA
geschl. 18. Juli - 15. Aug., Sonntag und Montag – **Menu** 25 - 118 und à la carte 45/115.
◆ In der Gaststube serviert man günstige Speisen von einer kleinen Karte, im Stübli bietet man Gerichte aus einer klassischen Auswahl - ergänzt durch mündliche Empfehlungen.

ECHANDENS

ECHANDENS *1026 Vaud (VD)* 552 D9 – *2 052 h. – alt. 434.*
Bern 111 – Lausanne 10 – Pontarlier 65 – Yverdon-les-Bains 34.

Auberge Communale, 8 pl. du Saugey, ✆ 0217 023 070, *Fax 0217 023 071,* – VISA
fermé 22 fév. au 3 mars, 27 juil. au 19 août, mardi et merc. – **Repas** 16 - 50/98 et à la carte 43/83.
◆ Restaurant à deux entrées donnant accès à deux espaces : le café où l'on sert le plat du jour et la salle à manger contemporaine dévolue à la cuisine française.

ECUBLENS

ECUBLENS *1024 Vaud (VD)* 552 D10 – *9 695 h. – alt. 395.*
Bern 107 – Lausanne 7 – Pontarlier 67 – Yverdon-les-Bains 36.

Auberge Communale Le Motty, 6 pl. du Motty, ✆ 0216 916 545, *contact@lemotty.com, Fax 0216 913 187,* – AE VISA
fermé 29 déc. au 4 janv., 25 juil. au 8 août, dim. soir et lundi – **Repas** 18 - 56/89 et à la carte 49/78.
◆ Salle de restaurant rustique s'ouvrant sur une terrasse ombragée où les familles apprécient de s'attabler aux beaux jours. Recettes traditionnelles sans fioriture.

Dans ce guide
un même symbole, un même mot,
imprimé en rouge ou en noir,
n'ont pas tout à fait la même signification.
Lisez attentivement les pages explicatives.

EFFRETIKON 8307 Zürich (ZH) 551 Q5 – Höhe 511.

Bern 153 – Zürich 24 – Rapperswil 27 – Wil 32 – Winterthur 14.

QN-Restaurant, Rikonerstr. 52 - Richtung Autobahn Winterthur, Ost 1 km, 0523 553 838, *info@qn-world.ch, Fax 0523 553 836,* – P. AE MC VISA
geschl. Samstagmittag und Sonntag – **Menu** - italienische Küche - 18.50 - 41 (mittags)/85 und à la carte 47/88.
◆ Unverkleidete Lüftungsrohre, Plastiken und neuzeitliche Bilder prägen das moderne Ambiente dieser alten, aus dem 17. Jh. stammenden Mühle. Italienisch angehauchte Karte.

EGERKINGEN 4622 Solothurn (SO) 551 L5 – 2 751 Ew. – Höhe 435.

Bern 58 – Basel 44 – Aarau 22 – Luzern 57 – Solothurn 27.

Mövenpick, Höhenstr. 12, 0623 891 919, *reservation@movenpick-egerkingen.ch, Fax 0623 891 929,* ←, , – , Zim, TV P – 15/160. AE MC VISA
Menu 19.50 und à la carte 39/84 – 24 – **138 Zim** 230/300.
◆ Das Hotel liegt über der Autobahn am Ende einer gut beschilderten Privatstrasse. Die Zimmer von guter Grösse sind mit zweckmässigem, hellem Holzmobiliar eingerichtet. In verschiedene Bereiche unterteilt zeigen sich die meist modern gestalteten Restauranträume.

Kreuz mit Zim, Oltnerstr. 11, 0623 980 333, *info@kreuz-egerkingen.ch, Fax 0623 984 340,* – , Zim, TV P – 15/60. AE MC VISA.
geschl. 21. Dez. - 5. Jan., 4. - 12. April, 3. - 11. Okt., Sonntag und Montag (ausser Hotel) – ***Cheminée :*** **Menu** 27 - 120 und à la carte 59/112 – ***Luce :*** **Menu** 19 und à la carte 44/81 – **8 Zim** 165/215.
◆ Das Cheminée im Parterre eines renovierten Gasthofs ist hübsch im Biedermeierstil eingerichtet - eine Gemäldeausstellung von Corpato ziert die Tiefgarage des Hauses. Das Luce ist eine rustikale Gaststube mit Wintergarten.

EGGENWIL 5445 Aargau (AG) 551 O5 – 661 Ew. – Höhe 396.

Bern 107 – Aarau 31 – Baden 14 – Dietikon 10 – Wohlen 11 – Zürich 24.

Sternen, Oberdorfstr. 1, 0566 331 183, *mail@sternen-eggenwil.ch, Fax 0566 337 011,* – P. AE MC VISA.
geschl. 27. Juli - 12. Aug., Montag und Dienstag – **Menu** 85 und à la carte 60/110 – ***Buurestube :*** **Menu** 19 und à la carte 50/91.
◆ Geschmackvoll und gediegen präsentiert sich das Gourmet-Restaurant mit Stuckdecke, offenem Kamin und Stilmöbeln. Barockes Ambiente auch in den zwei Bankettsälen. Als Alternative : die rustikale Bauernstube mit traditionellem Angebot.

EGGIWIL 3537 Bern (BE) 551 L8 – 2 571 Ew. – Höhe 741.

Bern 35 – Burgdorf 35 – Interlaken 55 – Luzern 75.

Zum Hirschen , Heidbühl, 0344 911 091, *hotel@hirschenemmental.com, Fax 0344 911 708,* , – , Zim, TV P – 15/80. AE MC VISA
Menu 16.50 - 30 und à la carte 39/76 – **33 Zim** 98/165 – ½ P Zuschl. 30.
◆ Das Haus liegt in einem ruhigen Seitental. Sechs Zimmer im Haupthaus sind mit heller Holzeinrichtung, die restlichen im Annexe mit rustikalen, dunklen Möbeln ausgestattet. Holzdecke und schönes Täfer machen die schlichte Gaststube gemütlich. Mit Terrasse.

EGNACH 9322 Thurgau (TG) 551 U4 – 4 025 Ew. – Höhe 401.

Bern 209 – Sankt Gallen 20 – Bregenz 41 – Frauenfeld 45 – Konstanz 23.

Seelust, Wiedehorn (Süd-Ost : 1,5 km Richtung Arbon), 0714 747 575, *info@seelust.ch, Fax 0714 747 565,* – TV P – 15/70. AE MC VISA
Menu 15.50 - 48 (mittags)/60 und à la carte 39/92 – **23 Zim** 90/200 – ½ P Zuschl. 35.
◆ 200 m vom Bodenseeufer entfernt liegt dieser Landgasthof zwischen Obstbäumen. Die Zimmer im Anbau sind mit hellem Naturholz eingerichtet, die des Neubaus mit modernen Möbeln. Im Restaurant und im Obstgarten bewirtet Sie ein freundliches Serviceteam.

EICH *6205 Luzern (LU)* **551 N6** – *1 247 Ew. – Höhe 516.*
Bern 100 – Luzern 19 – Olten 44 – Sursee 14.

im Ortsteil Vogelsang *Nord : 2,5 km :*

Vogelsang mit Zim, Eichbergstrasse, ☎ 0414 626 666, *mail@vogelsang.ch, Fax 0414 626 665,* ← Sempachersee und Berge, – – 15/30. Zim
Menu *18* - 48 (mittags)/98 und à la carte 58/115 – **9 Zim** 100/200.
◆ Der Wintergarten ist mit modernem Mobiliar, das Lokal rustikal ausgestattet. Von der Terrasse aus hat man eine schöne Aussicht auf den Sempachersee und die Berge.

EINSIEDELN *8840 Schwyz (SZ)* **551 Q6** – *11 995 Ew. – Höhe 881.*
Sehenswert : *Lage★★ – Klosterkirche★★.*
Ybrig in Studen, ✉ 8845 (Mai - Nov.) ☎ 0554 146 050, Fax 0554 146 052, Süd-Ost über Euthal - Studen : 16 km.
Lokale Veranstaltungen
25.07 - 27.07 : Dixie-Jazz und Blues Festival
14.09 : Fest der Engelweihe.
Einsiedeln Tourismus, Hauptstr. 85, ☎ 0554 184 488, info@einsiedeln.ch, Fax 0554 184 480.
Bern 166 – Luzern 51 – Glarus 53 – Schwyz 27.

Linde mit Zim, Schmiedenstr. 28, ☎ 0554 184 848, *hotel@linde-einsiedeln.ch, Fax 0554 184 849,* – . Zim
geschl. Nov. und Mittwoch – **Menu** *28* - 42 (mittags)/100 und à la carte 61/116 – **17 Zim** 105/220 – ½ P Zuschl. 40.
◆ Das Restaurant mit schönem Täfer und typisch ländlichem Dekor bietet dem Gast Sicht auf die Klosterkirche. Klassische Küche, mittags ein günstiges Angebot.

ELM *8767 Glarus (GL)* **551 T8** – *767 Ew. – Höhe 962 – Wintersport : 1 000/2 105 m 1 5 .*
Touristik-Information, Talstation Laisbach, ☎ 0556 426 067.
Bern 216 – Chur 96 – Altdorf 74 – Andermatt 129 – Glarus 21.

Sardona, ☎ 0556 426 868, *sardona@bluewin.ch, Fax 0556 426 869,* ←, , , – – 15/80.
Menu *19.50* - 55/72 und à la carte 35/97 – **66 Zim** 200/350 – ½ P Zuschl. 45.
◆ Das Wintersporthotel liegt wenige Meter von der Gondelbahnstation entfernt. Die Zimmer sind teilweise renoviert und wirken mit ihrem modernen Einbaumobiliar hell und frisch. Rustikales Restaurant mit traditionellem Angebot und Glarner Spezialitäten.

Bergführer, ☎ 0556 422 106, *bergfuehrer@bluewin.ch, Fax 0556 422 106,* ←, –
geschl. 13. - 30. April und 3. - 28. Nov. – **Menu** *(nur im Winter ½ Pens. für Hotelgäste)* – **8 Zim** 70/138 – ½ P Zuschl. 22.
◆ Ein geeigneter Ausgangspunkt für Bergtouren oder Wintersport stellt dieses Domizil dar. Sie beziehen ein Zimmer mit hellem Holzmobiliar und einfachem Komfort - mit Aussicht.

Camperdun, Egg, ☎ 0556 421 688, *Fax 0556 421 479,* ←, –
geschl. Ende Nov. - Anfang Dez., Ende Juni - Anfang Juli, Dienstagabend und Mittwoch (ausser Weihnachten und Ende Jan. - Mitte März) – **Menu** *21* - 48 und à la carte 38/85.
◆ Im Inneren dieses Chalets gelangt man über eine Treppe in das sehr rustikale und äusserst gemütliche Lokal. Auch auf der Panoramaterrasse kann man zum Speisen Platz nehmen.

EMMETTEN *6376 Nidwalden (NW)* **551 P7** – *1 204 Ew. – Höhe 762.*
Bern 140 – Luzern 31 – Andermatt 55 – Brienz 57 – Schwyz 27 – Stans 18.

Seeblick , Hugenstrasse, ☎ 0416 244 141, *info@hotelseeblick.ch, Fax 0416 244 242,* ← Vierwaldstättersee, , , , , – , Zim, – 15/180. Zim
Menu *25* und à la carte 30/47 – **100 Zim** 112/204 – ½ P Zuschl. 20.
◆ Das Hotel liegt ruhig auf einem Hügel über dem Vierwaldstättersee - mit schöner Aussicht auf die Berge. Die Zimmer im Haupthaus sind modern und hell, im Annexe etwas älter. Bistro, rustikales Restaurant und eine sehr schöne Terrasse mit Blick auf den See.

ENGELBERG *6390 Obwalden (OW)* 551 08 – *3 383 Ew. – Höhe 1 000 – Wintersport : 1 050/3 028 m* 12 16.

Sehenswert : *Jochpass★★ – Engstlensee★★ – Lage★.*

Ausflugsziel : *Titlis★★★ Süd mit Luftseilbahn – Schwand★ Nord : 4 km.*

Engelberg-Titlis (Mai - Okt.) 0416 380 808, Fax 0416 380 809.

Engelberg-Titlis Tourismus, Tourist Center, Klosterstr. 3, 0416 397 777, Fax 0416 397 766.

Bern 145 – Andermatt 77 – Luzern 32 – Altdorf 47 – Interlaken 83 – Sarnen 36.

Ramada-Treff Hotel Regina Titlis, Dorfstr. 33, 0416 395 858, *regina-titlis@ramada-treff.ch, Fax 0416 395 859,* – Zim, – 15/120. AE MC VISA
La Strega *(geschl. 6. April - 4. Juli) (nur Abendessen)* **Menu** - italienische Küche - 59 und à la carte 57/96 – ***Titlis :*** **Menu** à la carte 42/93 – **95 Zim** 210/360, Vorsaison 160/260, 32 Suiten – ½ P Zuschl. 42.
◆ Eine geräumige Halle mit moderner Bar empfängt Sie in diesem gepflegten Hotel im Zentrum. Die Zimmer sind komfortabel ausgestattet und verfügen alle über einen Balkon. La Strega zeigt sich im typisch italienischen Stil. Klassisches Ambiente im Titlis.

Schweizerhof, Dorfstr. 42, 0416 371 105, *schweizerhof.engelberg@bluewin.ch, Fax 0416 374 147,* – AE MC VISA JCB. Rest
geschl. Nov. – **Menu** *(nur ½ Pens. für Hotelgäste)* – **34 Zim** 180/280, Vorsaison 105/260 – ½ P Zuschl. 35.
◆ Der klassische Hotelbau verfügt über Zimmer der Kategorien "Standard" und "Deluxe" - stets neuzeitlich und funktionell eingerichtet, teilweise mit Balkon.

Terrace, Terracestr. 33, 0416 396 688, *reservation@terrace.ch, Fax 0416 396 699,* Engelberg und Berge, – Zim, – 30. AE MC VISA JCB
geschl. Nov. – ***Palace Stübli*** *(geschl. Sonntag und Montag) (nur Abendessen)* **Menu** à la carte 58/104 – **173 Zim** 130/300, Vorsaison 80/240 – ½ P Zuschl. 30.
◆ Das grosse, klassische Hotel aus der Wende vom 19. zum 20. Jh. liegt oberhalb des Ortes. Die meisten Zimmer wurden renoviert und sind hell und funktionell ausgestattet. Vom Restaurant Palace aus hat man einen schönen Blick auf die Berge.

Waldegg, Schwandstr. 91, 0416 371 822, *waldegg@tep.ch, Fax 0416 374 321,* Engelberg und Titlis, – Zim, – 15/60. AE MC VISA. Rest
Menu 78 und à la carte 53/105 – **60 Zim** 212/440, Vorsaison 172/304 – ½ P Zuschl. 41.
◆ Von dem ruhig über dem Dorf gelegenen Haus hat man eine schöne Sicht auf Engelberg und den Titlis. Die gepflegten Zimmer sind mit unterschiedlichen braunen Möbeln bestückt. Rustikales Restaurant mit hellem Naturholz und Panoramafenster.

Spannort, Dorfstr. 28, 0416 372 626, *info@spannort.ch, Fax 0416 374 477,* – – 25. AE MC VISA JCB
geschl. 12. April - 28. Mai – **Menu** *(geschl. Montag ausser Feiertage)* 38/85 und à la carte 41/107 – **20 Zim** 150/280, Vorsaison 120/230 – ½ P Zuschl. 42.
◆ Das Haus am Rande der Fussgängerzone bietet seinen Gäste wohnliche Zimmer mit grosszügigem Platzangebot, guten Möbeln aus rustikalem Tannenholz und einer Sitzecke. Eine offene Gaststube mit blanken Tischen ergänzt das gemütlich-rustikale Restaurant.

Sonnwendhof, Gerschniweg 1, 0416 374 575, *sonnwendhof@treff-hotels.ch, Fax 0416 374 238,* – Zim, – 25. AE MC VISA
Menu *(nur ½ Pens. für Hotelgäste)* – **28 Zim** 150/240, Vorsaison 110/160 – ½ P Zuschl. 35.
◆ Neben den netten, mit hellen Naturholzmöbeln im Landhausstil ausgestatteten Zimmern zählt auch die Aussicht auf die Berge zu den Annehmlichkeiten des Hauses.

Engelberg, Dorfstr. 14, 0416 397 979, *mail@hotel-engelberg.ch, Fax 0416 397 969,* – – 15/40. AE MC VISA
geschl. Ende Okt. - Anfang Dez. – **Menu** *(geschl. Donnerstag von Mai - Okt.)* 24 - 32 und à la carte 40/104 – ***Dorfstübli*** (1. Etage) *(geschl. von Ende April - Mitte Dez., Mittwoch und Donnerstag)* **Menu** *(nur Abendessen)* 42 und à la carte 31/80 – **20 Zim** 159/317, Vorsaison 89/177 – ½ P Zuschl. 38.
◆ In der autofreien Zone des Dorfes finden Sie diesen alten Gasthof. Die Zimmer sind teils mit hellem, teils mit dunklem Eichenholz zeitgemäss ausgestattet. Das Restaurant im Erdgeschoss ist ländlich gestaltet und gut eingedeckt - mit Strassencafé.

Sunnmatt garni, Alpenstr. 1, ☎ 0416 372 045, *sunnmatt-garni@tep.ch*, *Fax 0416 371 533*, ≤ – |‡| TV P. MC VISA. ⚹
geschl. jeweils 2 Wochen in Mai und Nov. – **16 Zim** ☐ 105/200, Vorsaison ☐ 90/140.
◆ Das Haus am Rande des Ortes verfügt über Zimmer von unterschiedlicher Grösse, die einheitlich mit hellem Tannenholzmobiliar eingerichtet sind. Vom Balkon Sicht auf die Berge.

Crystal, Dorfstr. 45, ☎ 0416 372 122, *info@crystal-engelberg.ch*, *Fax 0416 372 979*, ☂, ≘ – |‡| TV ☏ P – 🏋 15/50. AE ⓓ MC VISA
Menu 18.50 - 30 (abends) und à la carte 36/75 – **27 Zim** ☐ 135/240, Vorsaison ☐ 85/160 – ½ P Zuschl. 30.
◆ Der zeitgemässe Zweckbau liegt im Ortszentrum nahe dem Bahnhof. Man bietet seinen Gästen funktionelle, mit Wurzelholzmobiliar eingerichtete Zimmer. Das Restaurant ist teils rustikal, teils hell und schlicht in der Aufmachung.

ENGES *2073 Neuchâtel (NE)* 552 G6 – *293 h. – alt. 820.*

Bern 50 – Neuchâtel 11 – Biel 36 – La Chaux-de-Fonds 36.

Chasseur avec ch, 1 ch. des Clos, ☎ 0327 571 803, *info@hotel-du-chasseur.ch*, *Fax 0327 571 798*, ☂ – P – 🏋 40. AE ⓓ MC VISA
fermé 23 fév. au 8 mars – **Repas** *(fermé dim. soir et lundi)* 16 - 57/78 et à la carte 42/93 – **6 ch** ☐ 80/150 – ½ P suppl. 30.
◆ À l'écart de la route, table estimée pour sa grande carte classique assortie de spécialités de gibier en saison de chasse. Chambres où vous dormirez comme une bûche.

ENNETBADEN *Aargau* 551 O4 – *siehe Baden.*

ENTLEBUCH *6162 Luzern (LU)* 551 M7 – *3 433 Ew. – Höhe 684.*

Bern 61 – Luzern 33 – Langnau im Emmental 28.

Drei Könige mit Zim, Hauptstrasse, ☎ 0414 801 227, *landgasthof@bluewin.ch*, *Fax 0414 802 827*, ☂ – TV 🚗 P – 🏋 15/150. AE ⓓ MC VISA JCB
geschl. Mittwoch – ***Biedermeier-Stube*** **:** **Menu** 75 und à la carte 60/92 – ***Entlebucher-Stube*** **: Menu** 16 und à la carte 36/81 – **13 Zim** ☐ 80/140 – ½ P Zuschl. 25.
◆ Die Zimmer dieses alten Landgasthofs im Ortszentrum sind zum Teil mit graublauem Mobiliar, zum Teil mit rustikaler Eiche, technisch einfach, aber wohnlich ausgestattet. Die Biedermeier-Stube ist im klassischen Stil hell und elegant eingerichtet.

EPTINGEN *4458 Basel-Landschaft (BL)* 551 L5 – *567 Ew. – Höhe 567.*

Bern 66 – Basel 36 – Aarau 30 – Liestal 18 – Olten 17.

Bad Eptingen mit Zim, Hauptstr. 25, ☎ 0622 852 010, *badeptingen@swissonline.ch*, *Fax 0622 991 304*, ☂ – |‡| TV ☏ P – 🏋 50. AE ⓓ MC VISA
Menu 17 - 48 und à la carte 43/96 – **14 Zim** ☐ 110/190.
◆ Der um 1700 erbaute Landgasthof weiss mit liebevoll eingerichteten Zimmern, stilvollen Speisesälen, einer heimeligen Stube und der hübschen Gartenterrasse zu begeistern.

ERLACH *3235 Bern (BE)* 552 H6 – *1 121 Ew. – Höhe 429.*

Bern 37 – Neuchâtel 16 – Biel 22 – La Chaux-de-Fonds 35 – Murten 17.

Zülli, Im Städtchen 2, ☎ 0323 381 122, *oberli-lohse@bluewin.ch*, *Fax 0323 381 123*, ☂ – AE ⓓ MC VISA
geschl. Feb., Donnerstag (ausser Juli - Aug.) und Mittwoch – **Menu** 18.50 - 103 und à la carte 59/113.
◆ Das Restaurant ist in eine alte Häuserzeile im Dorfzentrum integriert. Mit hellen Holzstühlen, Steinfussboden und modernen Bildern wurde der Raum neo-rustikal eingerichtet.

Die im Michelin-Führer verwendeten Zeichen und Symbole haben - rot oder schwarz - jeweils eine andere Bedeutung. Lesen Sie daher die Erklärungen aufmerksam durch.

ERLEN *8586 Thurgau (TG)* **551 T4** – *3 086 Ew. – Höhe 449.*
(April - Nov.) 0716 482 930, Fax 0716 482 940.
Bern 196 – Sankt Gallen 25 – Bregenz 48 – Frauenfeld 29 – Konstanz 21.

Aachbrüggli mit Zim, Poststr. 8, 0716 482 626, *Fax 0716 482 628,* – AE VISA
geschl. 24. Dez. - 4. Jan. und 18. Juli - 1. Aug. – **Menu** *(geschl. Sonntag - Montag)* 17 - 50/88 und à la carte 55/115 – **7 Zim** 98/165.
◆ Mit Holztäfer und warmen Farben wurde der gastronomische Bereich des zweckmässig wirkenden weissen Gebäudes gestaltet. Gut unterhaltene Übernachtungszimmer.

ERLENBACH *8703 Zürich (ZH)* **551 Q5** – *4 316 Ew. – Höhe 419.*
Bern 136 – Zürich 10 – Rapperswil 21 – Winterthur 50 – Zug 50.

Sinfonia, Bahnhofstr. 29, 019 100 402, *sinfonia@bluewin.ch, Fax 019 103 762,* – AE VISA
geschl. 21. Dez. - 6. Jan., 9. - 19. April, 25. Juli - 16. Aug., Sonntag und Montag – **Menu** - italienische Küche - 29 - 46 (mittags)/98 und à la carte 67/120.
◆ Gegenüber dem Bahnhof findet der Gast ein Restaurant, das aus zwei hellen, neuzeitlich eingericheteten Stuben mit gutem Couvert besteht. Man serviert italienische Gerichte.

Schönau, Schiffländestr. 1, 019 143 080, *info@schoenau.ch, Fax 019 143 099,* < Zürichsee, – AE VISA
geschl. 9. - 29. Feb., Dienstag - Mittwoch von Nov. - März und Samstagmittag von April - Okt. – **Menu** 18 und à la carte 57/119.
◆ Modern und leicht elegant wirkt dieses im ersten Stock gelegene Restaurant, dessen Panoramafenster einen herrlichen Blick über den Zürichsee ermöglichen. Schöne Terrasse.

ERMATINGEN *8272 Thurgau (TG)* **551 T3** – *2 392 Ew. – Höhe 402.*
Bern 197 – Sankt Gallen 46 – Frauenfeld 30 – Konstanz 11 – Schaffhausen 39.

Ermatingerhof garni, Hauptstr. 82, 0716 632 020, *prisca.maas@ermatingerhof.ch, Fax 0716 632 030* – – 20. AE VISA
geschl. 20. Dez. - 11. Jan. – **16 Zim** 155/220.
◆ Das Haus mit der gelben Fassade liegt an der Durchgangsstrasse des Dorfes. Die geräumigen Gästezimmer sind mit weissem, elegantem Holzmobiliar eingerichtet.

Fischstube Seetal mit Zim, Untere Seestr. 60, 0716 641 414, *Fax 0716 643 214,* – AE VISA
geschl. Ende Jan. 1 Woche, Okt. 3 Wochen, Dienstag von Sept. bis April und Montag – **Menu** - Fischspezialitäten - à la carte 45/120 – **3 Zim** 90/180.
◆ Die vom Chef am Morgen frisch gefangenen Fische werden dem Gast in der geschmackvoll und mit viel Liebe dekorierten Gaststube serviert. Im Sommer lockt die Gartenterrasse.

Adler (Gästehaus :), Fruthwilerstr. 2, 0716 641 133, *Fax 0716 643 011,* , – VISA JCB
geschl. Feb. – **Menu** *(geschl. Montag - Dienstag)* 22 und à la carte 43/105 – **10 Zim** 95/190 – ½ P Zuschl. 45.
◆ Der Gasthof aus dem 16. Jh. beherbergte Persönlichkeiten wie Napoleon III. und Hermann Hesse. Heute kann man in drei schönen, holzgetäferten Stuben Traditionelles speisen.

ERZENHOLZ *Thurgau* **551 R4** – *siehe Frauenfeld.*

ESCHIKOFEN *8554 Thurgau (TG)* **551 S4** – *Höhe 414.*
Bern 174 – Sankt Gallen 48 – Frauenfeld 10 – Konstanz 22 – Winterthur 29.

Thurtal mit Zim, Hauptstr. 19, 0527 631 754, *info@thurtal.ch, Fax 0527 631 604,* – AE VISA. Zim
geschl. 21. Jan - 4. Feb., 18 Aug. - 8. Sept., Mittwoch und Donnerstagmittag – **Menu** 20 - 78 und à la carte 57/104 – **7 Zim** 100/160 – ½ P Zuschl. 45.
◆ Wände in warmen Orangetönen, wechselnde Bilderausstellungen und gut gedeckte Tische prägen das Ambiente dieses netten Restaurants. Hübsche, moderne Gästezimmer mit Parkett.

ESCHOLZMATT *6182 Luzern (LU)* **551** **M7** *– 3 331 Ew. – Höhe 853.*
Bern 43 – Langnau im Emmenthal 13 – Interlaken 53 – Luzern 46 – Thun 37.

Rössli, Hauptstr. 111, ✆ 0414 861 241, *Fax 0414 861 211,* – AE ⓓ MC VISA
geschl. Jan. und Juni jeweils 3 Wochen, Montag und Dienstag – ***Jägerstübli*** (Tischbestellung erforderlich) **Menu** 109 und à la carte 43/82 – ***Chrüter Gänterli* : Menu** *16* und à la carte 43/82.
◆ Im Jägerstübli serviert man auf Vorbestellung ein kreatives Gourmetmenu. Man überrascht seine Gäste mit auf unorthodoxe Art zubereiteten Speisen, wie mit Strohfeuer Gekochtem.

ESSERTINES-SUR-ROLLE *1186 Vaud (VD)* **552** **E8** *– 483 h. – alt. 698.*
Bern 137 – Lausanne 33 – Pontarlier 67 – Yverdon-les-Bains 57.

Auberge du Chasseur, ✆ 0218 283 212, *Fax 0218 283 183* – AE MC VISA
fermé merc. et les midis sauf sam. - dim. – **Repas** (grillades) 60 et à la carte 52/87.
◆ Pierres apparentes, poutres et cheminée concourent à créer une atmosphère chaleureuse, appréciée par la nombreuse clientèle de l'auberge. Grillades au feu de bois.

ESTAVAYER-LE-LAC *1470 Fribourg (FR)* **552** **F8** *– 4 326 h. – alt. 463.*
Voir : *Choeur★ de l'Église St-Laurent.*
Manifestations locales
06.12 - 06.01 : Noël féerique, itinéraire de crèches en plein air
10.04 : Chant du Surrexit, cortège aux flambeaux, ancienne tradition.
28.08 - 29.08 : Bénichon Staviacoise, ancienne coutume populaire.
Office du Tourisme, place du Midi, ✆ 0266 631 237, office.tourisme@estavayer-le-lac, Fax 0266 634 207.
Bern 59 – Neuchâtel 49 – Fribourg 28 – Pontarlier 67 – Yverdon-les-Bains 20.

La Gerbe d'Or, 5 r. Camus (1er étage), ✆ 0266 631 181, *Fax 0266 633 935* – AE ⓓ MC VISA.
fermé 23 fév. au 1er mars, lundi soir et dim., sauf dim. soir et lundi soir de juil. à août – **Repas** *17* - 49 (midi)/89 et à la carte 37/95.
◆ Vous n'avez qu'un étage à grimper pour atteindre ce restaurant égayé de teintes claires... La seule lecture de la carte traditionnelle récompensera votre effort !

EUTHAL *8844 Schwyz (SZ)* **551** **R7** *– Höhe 893.*
Bern 173 – Luzern 58 – Einsiedeln 9 – Rapperswil 26 – Schwyz 34.

Bürgi's Burehof, Euthalerstr. 29, ✆ 0554 122 417, *info@buergis-burehof.ch, Fax 0554 125 332* – P. AE MC VISA
geschl. 19. - 26. April, 20. - 31. Juli, Montag und Dienstag ausser Feiertage – **Menu** *32* - 65 (mittags)/128 und à la carte 88/130.
◆ Das schindelgedeckte Bauernhaus aus dem Jahre 1860 beherbergt in der 1. Etage eine helle, rustikale Stube, in der man dem Gast Feines aus der klassischen Küche auftischt.
Spez. Lammrücken "Burehof". Spanferkelmetzgete (Mitte November). Hummermenus.

Les ÉVOUETTES *1894 Valais (VS)* **552** **F11** *– alt. 375.*
Bern 101 – Montreux 14 – Aigle 13 – Lausanne 38 – Monthey 15 – Sion 63.

Le Maguet "Aux 7 Nains", ✆ 0244 812 604, *Fax 0244 813 797,* – P. MC VISA
fermé lundi soir et dim. sauf fêtes – **Repas** *18* - 80 et à la carte 62/94.
◆ Avec ou sans Blanche-Neige, tout baigne, dans cette petite maison de pays tenue en famille. Le chef-patron y signe une cuisine traditionnelle composée de produits choisis.

FAOUG *1595 Vaud (VD)* **552** **H7** *– 564 h. – alt. 434.*
Bern 35 – Neuchâtel 32 – Biel 38 – Fribourg 18 – Lausanne 64.

Les Rochettes avec ch, ✆ 0266 702 277, *h.bauer@bluewin.ch, Fax 0266 701 273,* , – TV P. AE ⓓ MC VISA
fermé 1er au 21 nov., dim. soir sauf juin à août, mardi midi et lundi – **Repas** 78/125 et à la carte 53/133 – **4 ch** 195.
◆ Un coin "trattoria" précède le confortable restaurant à la carte où l'on fait des repas traditionnels. En été, réservez votre table sur la terrasse s'agrémentant d'un jardin.

FAULENSEE *Bern* 551 K9 – *siehe Spiez.*

FELBEN-WELLHAUSEN *8552 Thurgau (TG)* 551 S4 – *2 132 Ew. – Höhe 399.*

Bern 169 – Sankt Gallen 51 – Konstanz 25 – Schaffhausen 33 – Winterthur 20 – Zürich 51.

Schwanen, in Wellhausen, Weinfelderstr. 14, ✆ 0527 660 222, *info@landgasthof-schwanen.ch, Fax 0527 660 223,* – Zim, – 30.

Menu 19.50 - 40 (mittags) und à la carte 40/89 – **22 Zim** 98/200.

◆ Die Zimmer im Haus an der Strasse nach Weinfelden sind geräumig und mit hellem oder mit Stahlrohrmobiliar unterschiedlich ausgestattet, die im Nebenhaus sind etwas kleiner. Ein rustikales Beizli ergänzt das modern eingerichtete Restaurant mit Terrasse.

FEUSISBERG *8835 Schwyz (SZ)* 551 R6 – *3 461 Ew. – Höhe 685.*

Bern 160 – Luzern 51 – Zürich 35 – Einsiedeln 12 – Schwyz 26.

Panorama, Schönfelsstr. 1, ✆ 017 860 000, *info@panoramaresort.ch, Fax 017 860 099,* Zürichsee, – Zim, – 15/100.

Seasons : Menu 25 - 85 und à la carte 62/120 – ***Cielo di P*** - italienische Küche - **Menu** à la carte 60/116 – **116 Zim** 250/350 – ½ P Zuschl. 80.

◆ Das Hotel liegt oberhalb des Zürichsees. Die Zimmer, besonders die Juniorsuiten, bieten viel Platz und modernste Ausstattung. Grosse neuzeitliche Wellnessanlage. Gehobene Gastlichkeit mit Blick auf den See im Seasons. Cielo di P : modernes Panoramarestaurant.

FEX-CRASTA *Graubünden* 553 ⑮ – *siehe Sils Maria.*

FIDAZ *Graubünden* 553 U8 – *siehe Flims Dorf.*

FIESCH *3984 Wallis (VS)* 552 N11 – *1 022 Ew. – Höhe 1 062 – Wintersport : 1 049/2 926 m* 2 7.

Ausflugsziel : *Eggishorn★★★ Nord-West mit Luftseilbahn.*

Fiesch-Fieschertal Tourismus, ✆ 0279 706 070, info@fiesch.ch, Fax 0279 706 071.

Bern 150 – Brig 17 – Domodossola 83 – Interlaken 93 – Sion 70.

Christania, ✆ 0279 701 010, *hotel@christania.ch, Fax 0279 701 015,* –

23. Dez. - 11. April und 8. Mai - 23. Okt. – **Menu** *(geschl. Dienstag und Mittwoch im Mai)* 25 und à la carte 39/94 – **22 Zim** 150/230, Vorsaison 120/190 – ½ P Zuschl. 35.

◆ Neben Zimmern mit dunklem Holzmobiliar und einem ordentlichen Platzangebot zählt auch die ruhige Lage am Rande des Dorfes zu den Annehmlichkeiten dieser Unterkunft. Zum gastronomischen Bereich des Hauses gehören eine Gaststube und das à la carte-Stübli.

Derby garni, ✆ 0279 712 261, *hotel-derby@rhone.ch, Fax 0279 714 282,* –

21. Dez. - 14. April und 16. Mai - 25. Okt. – **18 Zim** 80/140, Vorsaison 70/120.

◆ Der Chaletbau ausserhalb des Ortes verfügt über 3 Zimmer mit heller, neuzeitlicher Holzmöblierung. Der Rest ist etwas älter und mit dunklen Möbeln ausgestattet.

in Fieschertal *Nord-Ost : 2 km – Höhe 1 043 – ✉ 3984 Fiesch :*

Alpenblick, ✆ 0279 701 660, *alpenblick@rhone.ch, Fax 0279 701 665,* – – 25.

geschl. 2. Nov. - 18. Dez. und 13. April - 14. Mai – **Menu** 18 - 36 (abends) und à la carte 40/69 – **40 Zim** 90/160 – ½ P Zuschl. 30.

◆ Ruhig am Ende des Tales gelegen, hält dieses Hotel sowohl im Stammhaus als auch im Montana funktionelle, mit hellem Holzmobiliar modern gestaltete Zimmer bereit. In dem schlichten Restaurant serviert man traditionelle Küche.

in Niederernen *Süd-Ost : 3 km Richtung Ernen – ✉ 3995 Ernen :*

Gommer-Stuba mit Zim, ✆ 0279 712 971, *rogrub@gommerstuba.com, Fax 0279 712 971*, <, – TV P. MC VISA. Zim
geschl. 15. April - 15. Mai, 15. Nov. - 15. Dez., Dienstag von Nov. - Juni und Montag – **Menu** 55/85 und à la carte 51/94 – **3 Zim** 120/140 – ½ P Zuschl. 40.
◆ Das ruhig gelegene, kürzlich renovierte Restaurant erstrahlt nun in hellen, frischen Farben. Im Lokal wie auf der Terrasse mit Bergsicht reicht man eine klassische Karte.

in Fiescheralp/Kühboden *mit Luftseilbahn erreichbar – Höhe 2 214 – ✉ 3984 Fiesch :*

Eggishorn , ✆ 0279 711 444, *hotel-eggishorn@fiesch.ch, Fax 0279 713 678*, < Berge, , – TV. MC VISA. Zim
6. Dez. - 19. April und 2. Juli - 19. Okt. – **Menu** 18 - 28 (abends) und à la carte 34/81 – **24 Zim** 95/200 – ½ P Zuschl. 28.
◆ Herrliche Ruhe und eine wunderbare Sicht auf die Berge - das schätzen die Gäste dieser Adresse. Die modernen Zimmer verteilen sich auf zwei Chalets. Skifahrer und Wanderer stärken sich im Restaurant oder auf der Terrasse mit Panoramasicht.

FIESCHERALP / KÜHBODEN *Wallis* 552 N11 – *siehe Fiesch.*

FIESCHERTAL *Wallis* 552 N11 – *siehe Fiesch.*

FIGINO *6918 Ticino (TI)* 553 R14 – *alt. 295.*

Bern 248 – Lugano 11 – Bellinzona 38 – Como 36 – Varese 42.

Ceresio, via Cantonale 73, ✆ 0919 951 129, *ceresio.figino@bluewin.ch, Fax 0919 951 393*, <, – TV P. AE MC VISA
chiuso dal 1º novembre al 6 dicembre – **Pasto** *(chiuso mercoledì da dicembre a maggio)* 16 - 26/39 ed alla carta 38/68 – **15 cam** 100/180 – ½ P sup. 28.
◆ Accogliente albergo a conduzione familiare in riva al lago Ceresio. Camere spaziose, curate ; arredamento dal gusto attuale. Alla sala da pranzo rustica del ristorante preferite l'ombra del pergolato di vigne, sull'ampia veranda esterna. Cucina classica.

FILISUR *7477 Graubünden (GR)* 553 W9 – *487 Ew. – Höhe 1 084.*

Bern 290 – Chur 49 – Davos 32 – Sankt Moritz 44.

Rätia , Bahnhofstr. 163, ✆ 0814 041 105, *hotel.raetia@bluewin.ch, Fax 0814 042 353*, <, , , – TV P. AE MC VISA
geschl. 14. März - 8. April und 17. Okt. - 27. Nov. – **Menu** *(geschl. Montag in Zwischensaison)* 19.50 und à la carte 39/77 – **15 Zim** 75/140 – ½ P Zuschl. 25.
◆ Die ruhige Lage oberhalb der Durchgangsstrasse wie auch die teils mit braunen Holzmöbeln, teils hell und modern ausgestatteten Zimmer sorgen für einen erholsamen Aufenthalt. Sie speisen in der heimeligen Gaststube oder im getäferten Restaurant - mit Terrasse.

FILZBACH *8757 Glarus (GL)* 553 T6 – *533 Ew. – Höhe 707.*

Bern 195 – Sankt Gallen 71 – Altdorf 86 – Glarus 16 – Luzern 96 – Vaduz 47 – Zürich 70.

Römerturm , Vordemwald, ✆ 0556 146 262, *roemerturm@seminarhotel.com, Fax 0556 146 263*, < Walensee, – TV P – 15/60. AE MC VISA
geschl. 5. - 18. Jan. – **Menu** *(geschl. Sonntag von Nov. - März)* 23 und à la carte 44/100 – **34 Zim** 140/250, 4 Suiten – ½ P Zuschl. 50.
◆ Das im Chaletstil erbaute Hotel liegt schön am Hang. Die unterschiedlich eingerichteten Zimmer sind mit einer Stereoanlage ausgestattet, die Badezimmer mit Whirlwannen. Eine Terrasse mit Postkartenaussicht auf den Walensee ergänzt das gepflegte Restaurant.

Top of Sports , Kerenzerbergstrasse, ✆ 0556 146 666, *topofsports@szk.ch, Fax 0556 146 699*, < Churfirsten, – TV P – 15/30. AE MC VISA. Rest
geschl. 20. Dez. - 15. März – **Menu** *(geschl. Montag - Dienstag)* 17.50 und à la carte 38/76 – 15 – **26 Zim** 95/160 – ½ P Zuschl. 25.
◆ Das ruhig an einer kaum befahrenen Strasse gelegene Haus verfügt über funktionelle Zimmer mit dunklem Holzmobiliar - jedes hat einen Balkon mit Sicht auf die Churfirsten. Einfache Gaststube und Restaurant mit traditioneller Küche.

FISLISBACH *5442 Aargau (AG) 551 O4 – 4 818 Ew. – Höhe 429.*
Bern 105 – Aarau 26 – Baden 6 – Luzern 61 – Zürich 28.

Linde, Niederrohrdorferstr. 1, ✆ 0564 931 280, *info@linde-fislisbach.ch, Fax 0564 932 733,* – Zim, AE VISA
geschl. 8. - 15. Feb. und 4. Juli - 1. Aug. – **Menu** *(geschl. Mittwoch)* 18 - 62 und à la carte 46/88 – **29 Zim** 120/200.
◆ Das ehemalige Zehntenhaus des Klosters Wettingen liegt im Ortszentrum. Die rustikalen Zimmer im Haupthaus wurden aufgefrischt, im Anbau sind sie hell und modern gestaltet. Das Restaurant teilt sich in verschiedene rustikale Räume mit Holzdecke und Sichtbalken.

FLAACH *8416 Zürich (ZH) 551 Q4 – 1 141 Ew. – Höhe 362.*
Bern 161 – Zürich 40 – Baden 59 – Schaffhausen 22 – Winterthur 21.

Sternen, Hauptstr. 29, ✆ 0523 181 313, *info@sternen-flaach.ch, Fax 0523 182 140,* – AE VISA
geschl. 26. Jan. - 24. Feb., 12. - 27. Juli, Dienstag (ausser Mai - Juni) und Montag (ausser Feiertage) – **Menu** 25 - 59/75 und à la carte 41/103.
◆ Das zentral gelegene Riegelhaus beherbergt zwei gemütliche Restaurationsräume, in denen man dem Gast eine saisonale traditionelle Speisenauswahl präsentiert.

FLAMATT *3175 Freiburg (FR) 552 I7 – Höhe 532.*
Bern 18 – Biel 54 – Fribourg 20 – Neuchâtel 57 – Thun 48.

Moléson mit Zim, Bernstr. 1, ✆ 0317 410 240, *info@moleson-flamatt.ch, Fax 0317 413 376,* – AE VISA. Rest
geschl. Sonntagabend und Montag – **Menu** 16.50 - 24 (mittags)/90 und à la carte 43/91 – **13 Zim** 90/160 – ½ P Zuschl. 20.
◆ Im Erdgeschoss des Hauses befinden sich die heimelige Gaststube und ein stimmungsvoller Speisesaal. Der Gast wählt aus einem gutbürgerlichen Speisenangebot.

FLÄSCH *7306 Graubünden (GR) 553 V7 – 567 Ew. – Höhe 516.*
Bern 223 – Chur 39 – Sankt Gallen 73 – Bad Ragaz 15 – Davos 74.

Adler, ✆ 0813 026 164, *Fax 0813 027 329,* – AE VISA.
geschl. 11. - 25. Feb., 14. Juli - 4. Aug., Mittwoch und Donnerstag – **Menu** à la carte 60/112.
◆ Die 1. Etage des alten Bündner Hauses beherbergt eine Gaststube und ein Stübli - beide Räume sind mit Arventäfer rustikal gestaltet. Man serviert Klassisches und Regionales.

Mühle, Richtung Maienfeld : 1 km, ✆ 0813 307 770, *hermis.muehle@bluewin.ch, Fax 0813 307 771,* – AE VISA
geschl. 4. - 26. Jan., 27. Juni - 12. Juli, Sonntag und Montag – **Menu** 38 (mittags)/70 und à la carte 57/96.
◆ Der Landgasthof liegt unterhalb der Rebberge. In der Gaststube und im Restaurant mit Sichtbalken bewirtet man die Gäste mit regional bezogenen gutbürgerlichen Speisen.

Landhaus, Ausserdorf 39, ✆ 0813 021 436, *Fax 0813 021 883,* – VISA
geschl. August 2 Wochen, 22. - 30. Nov., Montag und Dienstag – **Menu** 23 und à la carte 41/100.
◆ Diese nette kleine Adresse befindet sich im 1. Stock eines regionstypischen Hauses. Das ländlich-rustikale Innenleben macht das Lokal gemütlich. Schöne Terrasse am Weinberg !

FLAWIL *9230 Sankt Gallen (SG) 551 T5 – 9 449 Ew. – Höhe 611.*
Bern 194 – Sankt Gallen 16 – Bregenz 53 – Winterthur 45.

Toggenburg, St. Gallerstr. 2, ✆ 0713 935 566, *info@toggi.ch, Fax 0713 935 570* – AE VISA
geschl. 23. Dez. - 5. Jan. und 24. Juli - 8. Aug. – **Menu** 18.50 - 56 und à la carte 32/79 – **27 Zim** 95/154.
◆ Das Haus ist zentral an der Durchgangsstrasse gelegen. Hier beziehen Sie praktische Gästezimmer, die einheitlich mit braunen Naturholzmöbeln ausgestattet sind. Eine einfache Dorfbeiz ergänzt die gehobenere, traditionell gestaltete Flawilerstube.

FLIMS Graubünden (GR) 553 T-U8 – 2 425 Ew. – Wintersport : 1 100/3 018 m 11 18

Sehenswert : *Cassons Grat★★ – Crap Masegn★.*

Lokale Veranstaltung

24.09 - 03.10 : Heissluftballonwoche.

Alpenarena.ch, Informationsbüro Flims Dorf, 0819 209 200, tourismus@alpenarena.ch, Fax 0819 209 202.

Bern 239 – Chur 22 – Andermatt 67 – Bellinzona 118.

Flims-Dorf 7017 – Höhe 1 070.

Curtgin, 1 via Sulom, 0819 113 566, *info@hotelcurtgin.ch, Fax 0819 113 455,* –

15. Dez. - 20. April und 15. Juni - 15. Okt. – **Menu** *(nur ½ Pens. für Hotelgäste)* – **26 Zim** 135/262, Vorsaison 91/122 – ½ P Zuschl. 30.

◆ Das Haus im ortstypischen Stil bietet seinen Gästen Zimmer mit ordentlichem Platzangebot und dunklem Arvenmobiliar. Die nach hinten liegenden Räume haben einen Balkon.

Conn, über Wanderweg 40 min. in Conn oder mit Pferdekutschenfahrt ab Waldhaus Post erreichbar, 0819 111 231, *info@conn.ch, Fax 0819 115 580,* Berge, – AE VISA

21. Dez. - 12. April und 20. Mai - 23. Okt. – **Menu** *(nur Mittagessen)* à la carte 37/84.

◆ Nach einem Fussmarsch von ca. 45 Min. oder einer Kutschenfahrt gelangt man in das idyllische Maiensäss oberhalb der Rheinschlucht. Man bereitet eine regionale Küche.

in Fidaz Nord : 1 km – Höhe 1 151 – 7019 Fidaz :

FidazerHof mit Zim, 0819 113 503, *info@fidazerhof.ch, Fax 0819 112 175,* Berge und Flimsertal, , – AE VISA

geschl. 1. - 24. Juni – **Menu** *(geschl. Montag in der Zwischensaison)* 28 - 35 (mittags)/75 und à la carte 47/108 – **10 Zim** 150/260, Vorsaison 100/200 – ½ P Zuschl. 42.

◆ Das Chalet in schöner Aussichtslage bietet einen Blick auf das Flimsertal und die Berge. Im rustikalen Restaurant mit Holztischen serviert man Speisen der regionalen Art.

Flims-Waldhaus 7018 – Höhe 1 103.

Park Hotels Waldhaus , 0819 284 848, *info@park-hotels-waldhaus.ch, Fax 0819 284 858,* , , , , , , – – 15/280. AE VISA

geschl. 13. April - 5. Juni – ***La Cena*** - italienische Küche - **Menu** 45 (mittags)/95 und à la carte 62/99 – **156 Zim** 225/650, Vorsaison 165/490, 4 Suiten – ½ P Zuschl. 30.

◆ Verschiedene ruhig in einem schönen Park gelegene, unterirdisch miteinander verbundene Häuser bilden das Waldhaus mit eigenem Hotelmuseum. Stilvoll eingerichtete Zimmer. Im ehemaligen Casino des Hauses liegt das modern-elegante Restaurant La Cena.

Schweizerhof, Rudi Dadens 1, 0819 281 010, *info@schweizerhof-flims.ch, Fax 0819 281 011,* , , , , , – AE VISA. Rest

7. Dez. - 3. April und 12. Juni - 2. Okt. – **Menu** 23 - 42 (mittags)/75 und à la carte 46/101 – **45 Zim** 170/400, Vorsaison 135/300, 3 Suiten – ½ P Zuschl. 40.

◆ Das schöne, im viktorianischen Stil erbaute Hotel versprüht den Charme der Belle Epoque. Sie beziehen komfortable Standard- oder Superior-Zimmer - teils mit Jugendstil-Dekor. Stuck, Leuchter und stilvolles Mobiliar prägen den schönen Speisesaal.

Adula, via Sorts sut 3, 0819 282 828, *info@adula.ch, Fax 0819 282 829,* , , , , , – , Zim, – 15/50. AE VISA. Rest

Barga – La Clav - italienische Küche - *im Sommer Sonntagabend, Montag und Donnerstag) (nur Abendessen im Winter)* **Menu** 110 und à la carte 69/125 *(geschl. 18. April - 30. Juni,* **Menu** 20 - 35 (mittags)/78 und à la carte 51/92 – **96 Zim** 275/580, Vorsaison 155/330 – ½ P Zuschl. 49.

◆ Das Haus überzeugt mit komfortablen Zimmern, die teils im mediterranen Stil gehalten sind, und einem modernen Wellnessbereich. Beeindruckend : eine Sammlung antiker Truhen. Das Barga präsentiert sich gediegen-rustikal. Eine schlichtere Alternative : La Clav.

des Alpes, 0819 110 101, *info@hoteldesalpes.ch, Fax 0819 113 193*, <, , , , , , – , Zim, – 60.
7. Dez. - 11. April und 5. Juni - 2. Okt. – **Menu** 19 und à la carte 43/96 – **80 Zim** 160/380, Vorsaison 120/250 – ½ P Zuschl. 40.
◆ Eine rustikale Halle empfängt den Gast dieses im Dorfkern gelegenen Hotels. Die Zimmer sind zeitgemäss mit Arvenholz ausgestattet und verfügen über Sitzecke und Kitchenette. Helles, in ländlichem Stil gehaltenes Restaurant mit gutem Couvert.

Sunstar Surselva, via Rudi Dado, 0819 281 800, *flims@sunstar.ch, Fax 0819 281 801*, , , , , , – , Zim, . Rest
20. Dez. - 11. April und 6. Juni - 9. Okt. – **Menu** 45 (abends) und à la carte 37/75 – **81 Zim** 155/390, Vorsaison 110/240 – ½ P Zuschl. 35.
◆ Der imposante, ruhig zwischen Bäumen gelegene Hotelbau aus der Jahrhundertwende bietet beinahe identische Zimmer, die durchweg mit Arvenholzmobiliar eingerichtet sind. Eine Rôtisserie mit schöner Holzdecke und Arventäferung ergänzt den Speisesaal.

Cresta, via Dils Larischs, 0819 113 535, *cresta@kns.ch, Fax 0819 113 534*, < Flimserstein, , , – , Rest, . Rest
13. Dez. - 17. April und 29. Mai - 10. Okt. – **Menu** *(nur ½ Pens. für Hotelgäste)* – **50 Zim** 100/280, Vorsaison 65/210 – ½ P Zuschl. 20.
◆ Mehrere Gebäude bilden die in einem ruhigen Garten gelegene Hotelanlage - mit Blick zum Flimserstein. Unterschiedlich eingerichtete Zimmer, von Fichtenholz bis Stilmobiliar.

Waldeck, promenada 49, 0819 281 414, *info@waldeck.ch, Fax 0819 281 415*, , – – 15/30.
13. Dez. - 11. April und 21. Mai - 17. Okt. – **Menu** 20 und à la carte 40/100 – **40 Zim** 138/286, Vorsaison 85/180 – ½ P Zuschl. 30.
◆ Das im Bündner Stil gebaute Hotel liegt im Dorfzentrum nahe der Post. Die Zimmer von ausreichender Grösse sind einheitlich mit rustikalem Arvenholzmobiliar eingerichtet. Das Restaurant teilt sich in das Dorfbeizli mit Terrasse und das getäferte Arvenstübli.

Mira Val, 0819 111 250, *info@hotelmiraval.ch, Fax 0819 112 810*, < Flimserstein, , , – . Rest
Ende Nov. - 12. April und 23. Mai - Mitte Okt. – **Menu** *(nur ½ Pens. für Hotelgäste)* – **22 Zim** 97/240, Vorsaison 77/184 – ½ P Zuschl. 35.
◆ Das Haus, von dem man einen schönen Ausblick auf den Flimserstein hat, beherbergt seine Gäste in rustikalen Zimmern, die mit Arvenholzmöbeln wohnlich eingerichtet sind.

Little China, Hauptstrasse, 0819 284 848, *info@park-hotels-waldhaus.ch* – – *geschl. 13. April - 5. Juni und Dienstag* – **Menu** - chinesische Küche - *(nur Abendessen)* 55 und à la carte 44/76.
◆ Das Restaurant stimmt Sie mit leicht fernöstlichem Dekor auf chinesische Spezialitäten ein - eine Show-Küche ermöglicht interessante Einblicke.

FLIMS-WALDHAUS *Graubünden* 553 U8 – *siehe Flims.*

FLÜELEN *6454 Uri (UR)* 551 Q8 – *1 780 Ew. – Höhe 436.*

Bern 152 – Luzern 39 – Altdorf 3 – Andermatt 25 – Schwyz 16.

Hostellerie Sternen, Axenstr. 6, 0418 750 303, *info@bonetti.ch, Fax 0418 750 305*, – – 40.
geschl. 1. - 29. Feb. – **Menu** 29 - 46 (mittags)/86 und à la carte 57/106 – **19 Zim** 115/210 – ½ P Zuschl. 40.
◆ An der Durchgangsstrasse im Ortszentrum findet der Reisende dieses kleine Hotel, das ihm saubere und sehr gepflegte, mit solidem Holzmobiliar eingerichtete Zimmer bietet. In dem schlicht gestalteten Restaurant nehmen Sie an gut eingedeckten Tischen Platz.

Flüelerhof, Axenstr. 38, 0418 711 471, *flueelerhof@bluewin.ch, Fax 0418 700 014*, <, –
geschl. 23. Dez. - 31. Jan. – **Menu** *(geschl. Dienstag)* 20 und à la carte 34/78 – **24 Zim** 89/160 – ½ P Zuschl. 45.
◆ Das Haus liegt an der Durchgangsstrasse in Richtung Brunnen. Die wohnlichen Zimmer sind mit einfachem, dunklem Furnierholzmobiliar zweckmässig eingerichtet. Im Parterre : Gaststube mit Terrasse und kleiner à la carte-Bereich ; im 1. Stock : Pizzeria mit Holzofen.

FLÜH *4112 Solothurn (SO)* **551** **J4** *– Höhe 381.*

Bern 114 – Basel 11 – Biel 87 – Delémont 36 – Mulhouse 41 – Olten 60 – Solothurn 63.

Martin, Hauptstr. 94, ✆ 0617 311 002, *restaurant_martin@tiscalinet.ch,* *Fax 0617 311 103,* – P. AE ⓓ MC VISA
geschl. 23. Feb. - 7. März, 27. Sept. - 10. Okt., Sonntag und Montag – **Menu** (Tischbestellung ratsam) 28 - 75/130 und à la carte 88/161.

◆ Nahe dem Zollhäuschen liegt das Restaurant mit den zwei schön eingerichteten Speisesälen. Ausgewählte Produkte werden sorgfältig zu klassischen Gerichten verarbeitet.

Spez. Agneau de lait des Pyrénées à l'ail confit (printemps). Gibier de notre chasse (automne). Poularde de Bresse piquée aux truffes noires

Zur Säge (Suter), Steinrain 5, ✆ 0617 311 577, *suter@saege-flueh.ch,* *Fax 0617 311 463,* – P. AE ⓓ MC VISA
geschl. Jan. - Feb. 2 Wochen, Mitte Juli - Mitte Aug., Samstagmittag, Montag und Dienstag – **Menu** 28 - 51 (mittags)/125 und à la carte 98/140.

◆ In der einfachen, aber gemütlich-rustikalen Stube des Dorfgasthauses ist Holz tonangebend. Alles andere als einfach ist jedoch die feine klassische Küche.

Spez. Grillierte Scampi auf Ricotta-Bärlauchravioli (Frühling). Fricktaler Freilandpoularde auf Gnocchi. Wilterswiler Schweinchen mit jungem Knoblauch und Kartoffelstäbchen

FLÜHLI *Luzern (LU)* **551** **R4** *– 1 743 Ew. – Höhe 893.*

Flühli-Sörenberg (Mai - Okt.) ✆ 0414 880 118, Fax 0414 880 119, Süd : 2 km Richtung Sörenberg.

Bern 57 – Luzern 47 – Langnau im Emmental.

Kurhaus, Dorfstr. 3, ✆ 0414 881 166, *Fax 0414 882 353,* – Zim, TV P – 15/130. MC VISA
geschl. 19. April - 4. Mai, 7. - 23. Nov. und Dienstag – **Menu** 16 - 24/67 und à la carte 43/87 – **14 Zim** 105/190.

◆ Das im Dorfzentrum gelegene ehemalige Kurhaus aus dem 19. Jh. bietet Zimmer, die - wie das ganze Haus - mit hellem Naturholz im einfach-rustikalen Stil gestaltet sind. Sie speisen in gemütlichen, getäferten Stuben aus der Jahrhundertwende. Mit Gartenterrasse.

FLUMSERBERG TANNENBODENALP *8898 Sankt Gallen (SG)* **551** **U7** *– Höhe 1 342 – Wintersport : 1 400/2 222 m 4 13 .*

Touristikverein, Tannenbodenalp, ✆ 0817 201 818, info@flumserberg.com, Fax 0817 201 819.

Bern 207 – Sankt Gallen 83 – Chur 58 – Vaduz 44 – Zürich 82.

Tannenboden garni, ✆ 0817 332 408, *tannenboden@bluewin.ch,* *Fax 0817 332 458,* < Churfirsten, – TV P. MC VISA.
geschl. 10. Mai - 18. Juni, 25. Okt. - 27. Nov. und Mittwoch im Sommer – **20 Zim** 98/196, Vorsaison 70/140.

◆ Neben dem schönem Ausblick auf die Churfirsten bietet das Haus teils renovierte und mit rustikalem Voglauermobiliar ausgestattete, teils auch dunkel möblierte Gästezimmer.

in Flumserberg Tannenheim *Süd-Ost : 1,5 km – Höhe 1 215 – ✉ 8897 Flumserberg Tannenheim :*

Cafrida mit Zim, Cafridastrasse, ✆ 0817 331 193, *hotel@cafrida.ch,* *Fax 0817 331 555,* < Churfirsten und Alvierkette, – TV P. AE ⓓ MC VISA
Mitte Nov. - Ende April und Ende Juni - Mitte Okt. – **Menu** *(geschl. Dienstag ausser Feb. - März und Montag in der Zwischensaison)* – ***Stübli*** *(Tischbestellung erforderlich)* **Menu** 130 und à la carte 60/106 – ***Tagesrestaurant*** : **Menu** 22 - 64 und à la carte 42/92 – **10 Zim** 150/260, Vorsaison 115/200 – ½ P Zuschl. 49.

◆ Ein offener Kamin und schön geschmückte Wände unterstreichen den gediegenen Rahmen des Stüblis. Sie wählen von einer klassischen Karte. Von der Terrasse des Tagesrestaurants blickt man auf die Churfirsten und die Alvierkette.

FORCH *8127 Zürich (ZH)* **551 Q5** – *Höhe 689.*
Bern 139 – Zürich 14 – Rapperswil 24 – Winterthur 42.

Wassberg, Wassbergstr. 62, 019 804 300, *info@hotel-wassberg.ch, Fax 019 804 303,* Greifensee, – video – 25. AE VISA
Menu *(geschl. 1. - 16. Jan.)* 24 - 35 (mittags)/74 und à la carte 36/99 – **15 Zim** 145/228.
◆ Das Hotel liegt ruhig auf einem Hochplateau über dem Greifensee am Waldrand und bietet ein schönes Alpenpanorama. Die Zimmer sind mit neuzeitlichem Holzmobiliar eingerichtet. Gemütlich-rustikale Restauration mit schöner Sicht.

La FOULY *1944 Valais (VS)* **552 G13** – *alt. 1 605.*
Bern 159 – Martigny 32 – Aosta 65 – Chamonix-Mont-Blanc 70 – Sion 60.

Edelweiss, 0277 832 621, *hotel.edelweiss@st-bernard.ch, Fax 0277 832 820,* glacier de l'A Neuvaz, , , , – AE VISA. rest
11 déc. au 19 avril et 2 juin au 19 oct. – **Repas** 18 - 48 et à la carte 44/75 – **20 ch** 85/152 – ½ P suppl. 24.
◆ L'hôtel, lové au creux de la charmante vallée, offre une vue sur les sommets. Chambres de style chalet moderne et dortoir pour les randonneurs. Table procurant une superbe échappée sur le glacier de l'À Neuvaz. Gibier en période de chasse.

FRAUBRUNNEN *3312 Bern (BE)* **551 J6** – *1 609 Ew. – Höhe 496.*
Bern 19 – Biel 37 – Burgdorf 20 – Olten 50 – Solothurn 16.

Zum Brunnen, Bernstr. 6, 0317 677 216, *Fax 0317 678 298,* – AE VISA
geschl. 2. - 18. Jan., 21. Juli - 8. Aug., Montag und Dienstag – **Menu** - schweizer Spezialitäten - 29 -73 und à la carte 55/100.
◆ Das Restaurant besteht aus der ländlichen Gaststube und den à la carte-Stuben. Hier werden mit regionalen Frischprodukten auch klassische Gerichte zubereitet.

FRAUENFELD *8500* K *Thurgau (TG)* **551 R4** – *21 059 Ew. – Höhe 405.*

27 in Lipperswil, 8564, 0527 700 405, Fax 0527 700 406, über Kantonalstrasse 1 Richtung Kreuzlingen : 16 km.
Tourist Services Stadt und Region Frauenfeld, Bahnhofplatz 75, 0527 213 128, info@stadt-frauenfeld.ch, Fax 0527 221 064.
Bern 167 – Zürich 46 – Konstanz 30 – Sankt Gallen 47 – Schaffhausen 29 – Winterthur 17.

Domicil, Oststr. 51 (Ausfahrt Frauenfeld-Ost), 0527 235 353, *info@domicil.ch, Fax 0527 235 354,* – , Zim, – 15/50. AE VISA
geschl. 25. Dezember - 4. Jan. – **Menu** 16.50 - 37 (mittags) und à la carte 49/76 – **48 Zim** 125/190.
◆ Nicht weit von der Autobahnausfahrt und neben der Pferderennbahn gelegen, bietet dieses neue Hotel moderne Zimmer, die einheitlich mit hellem Mobiliar ausgestattet sind. Modern auch die Gastwirtschaft und der Speisesaal, beide mit Ausgang zur Terrasse.

Zum Goldenen Kreuz mit Zim, Zürcherstr. 134, 0527 250 110, *beat.jost@goldeneskreuz.ch, Fax 0527 250 120,* – AE VISA
Menu *(geschl. Sonntagabend, Montag und Juli - Aug. auch Sonntagmittag)* 25 - 59/79 und à la carte 52/105 – **9 Zim** 100/200.
◆ Das Haus, in dem schon Goethe und Gottfried Keller weilten, erhält durch eine guterhaltene, bemalte Holztäferung aus dem 17. Jh. seinen unverwechselbaren, rustikalen Charme.

in Erzenholz *West : 4 km Richtung Schaffhausen – Höhe 385 – 8500 Frauenfeld :*

Zur Hoffnung, Schaffhauserstr. 266, 0527 207 722, *hoffnungerzenholz@bluewin.ch, Fax 0527 207 749,* – AE VISA – *geschl. 26. Feb. - 10. März, 26. Juli - 17. Aug., Montag und Dienstag* – **Menu** 22 - 95 und à la carte 54/107.
◆ Entweder geht der Gast nach links in die rustikale Stube oder er wendet sich nach rechts in das elegante Restaurant mit dem kleinen Wintergarten. Beide mit klassischer Karte.

FREIBURG *Freiburg* **552 H8** – *siehe Fribourg.*

FRIBOURG (FREIBURG)

1700 Ⓒ Fribourg (FR) 552 H8 - 32 096 h. - alt. 640

Bern 34 ① - Neuchâtel 44 ③ - Biel 50 ① - Lausanne 71 ④ - Montreux 61 ④.

Fribourg Tourisme, 1 av. de la Gare, ✆ 0263 501 111, info@fribourgtourism.ch, Fax 0263 501 112 CY.
21 r. de l'Hôpital, ✆ 0263 503 939, Fax 0263 503 940 CY.
10 r. de Romont, ✆ 0263 418 020, Fax 0263 224 437 CY.

Manifestations locales
21.03 - 28.03 : Festival international de films de Fribourg
02.07 - 19.07 : Jazz Parade, Festival international de Jazz
24.08 - 29.08 : Rencontres de Folklore internationales

18 Gruyère à Pont-la-Ville, ✉ 1649 (mars-déc.) ✆ 0264 149 460, Fax 0264 149 461, Sud : 17 km par rte de Bulle.
18 à Wallenried, ✉ 1784, ✆ 0266 848 480, Fax 0266 848 490, Nord : 10 km par rte de Morat.

Voir : *Site★★ - Vieille ville★ - Ville haute★ : Hôtel de Ville★* CY **H**, *cathédrale St-Nicolas★* DY *: tympan★★, stalles★, église des Cordeliers* CY *: triptyque★, retable★★, stalles★.*
Musée : *Art et Histoire★* CY *: groupe de 14 statues★.*
Environs : *Barrage de Rossens★ Sud : 15 km par ③.*

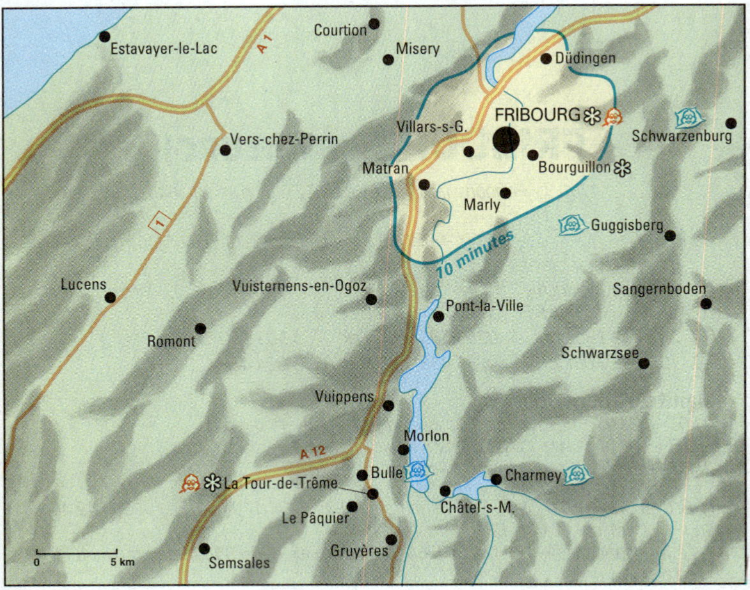

Au Parc Hotel, 37 rte de Villars, 0264 295 656, *info@auparc-hotel.ch, Fax 0264 295 657,* , – , ch, rest, video – 15/130. AE VISA JCB AX m

La Coupole - cuisine thaïlandaise - *(fermé mi-juil. à mi-août, dim. et lundi)* **Repas** 21 - 30 (midi)/96 et à la carte 42/90 – ***La Terrasse*** (brasserie) *(fermé dim. soir)* **Repas** 17 - 49 et à la carte 43/90 – **75 ch** 205/265 – ½ P suppl. 30.

◆ Aux avant-postes de Fribourg, hôtel offrant un bon niveau de confort. Chambres sans reproche et salles de séminaire dotées d'équipements complets. Estimable cuisine thaûlandaise à la Coupole. La Terrasse organise chaque quinzaine des repas à thème.

NH Fribourg Hotel, 14 Grand-Places, 0263 519 191, *nhfribourg@nh-hotels.ch, Fax 0263 519 192,* , – , ch, – 15/400. AE VISA CY e

California : **Repas** 17 - 29 (midi) et à la carte 49/101 – **122 ch** 215/335 – ½ P suppl. 25.

◆ Cet établissement implanté à proximité de la gare surveille un méandre de la Sarine. Nombreuses chambres "single", particulièrement adaptées à la clientèle d'affaires. Restaurant au goût du jour célébrant la mythique côte Ouest des États-Unis.

Au Sauvage, 12 Planche-Supérieure, 0263 473 060, *hotel-sauvage@bluewin.ch, Fax 0263 473 061,* – . AE VISA. rest DY r

Repas *(fermé 27 déc. au 13 janv., 11 au 27 juil., dim. et lundi)* 17 - 50 (midi)/80 et à la carte 49/95 – **17 ch** 190/300 – ½ P suppl. 45.

◆ Maison de caractère nichée au coeur de la vieille cité. Un bel escalier design dessert les chambres personnalisées, dont le carrelage des salles de bains est décoré à la main. Menues salles à manger au cadre moderne soigné. Cuisine d'aujourd'hui.

Duc Berthold, 5 r. des Bouchers, 0263 508 100, *ducbertholdfribourg@bluewin.ch, Fax 0263 508 181* – , ch, video – 20. AE VISA JCB DY c

fermé 24 déc. au 4 janv. et Rest. : sam. midi et dim. – ***La Marmite :*** **Repas** 58/98 et à la carte 58/100 – ***L'Escargot*** (brasserie) **Repas** 17 - 48 et à la carte 42/74 – **36 ch** 160/240.

◆ Cette noble demeure du 13e s. porte le nom des ducs fondateurs de la ville. De la confortable et bourgeoise salle de la Marmite, magnifique vue sur la Sarine et le Vieux Fribourg. Menus riches et complexes. L'Escargot propose une petite carte traditionnelle.

FRIBOURG

Alpes (Rte des)	CY 3
Beauregard (Av.)	BX 4
Berne (Rte de)	BX 6
Château d'Affry (Rte du)	AX 7
Europe (Av. de l')	CY 8
Gare (Av. de la)	CY 9
Georges-Python (Pl.)	CY 10
Grand-Fontaine (R. de la)	CY 12
Guisan (Av. du Gén.)	BX 13
Hôpital (R. de l')	CY 15
Industrie (R. de l')	CZ 16
Jura (Rte du)	ABX 18
Lac Noir (Rte du)	BX 19
Lausanne (R. de)	CY
Marly (Rte de)	BX 21
Midi (Av. du)	BX 22
Neuveville (R. de la)	CY 24
Payerne (Rte de)	AX 25
Pérolles (Bd de)	CZ
Planche Supérieure	DY 26
Préalpes (Rte des)	AX 27
Romont (R. de)	CY 28
Samaritaine (R. de la)	DY 30
St-Jean (Pont de)	DY 31
Tavel (Rte de)	DY 33
Tivoli (Av. de)	CY 34

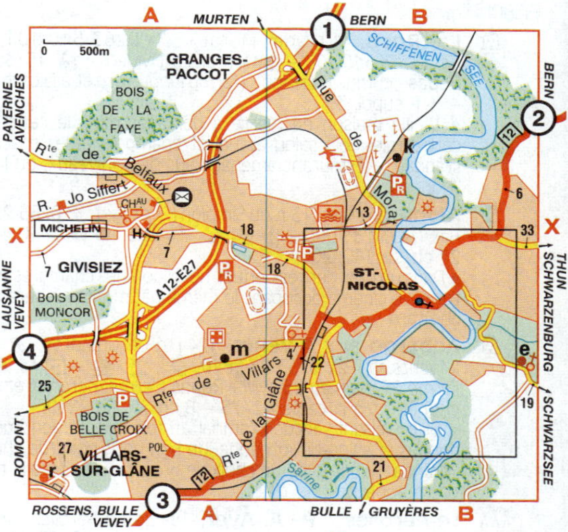

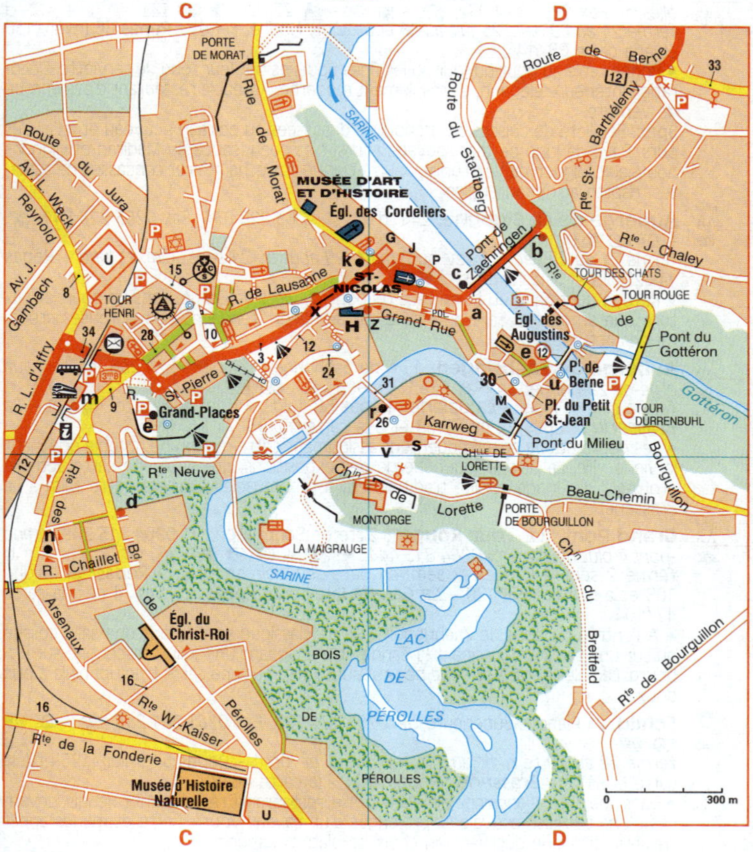

La Rose, 1 r. de Morat, 0263 510 101, *info@hoteldelarose.ch, Fax 0263 510 100* – ch, video – 15/30. CY k
Repas - cuisine italienne - *(fermé lundi)* 16.50 et à la carte 40/89 – **40 ch** 140/240 – ½ P suppl. 30.
◆ Vieille maison en pierre à dénicher dans le centre historique, pas loin de la cathédrale. Coin salon actuel et chambres assez spacieuses, garnies d'un mobilier standard. Restaurant aménagé sur deux niveaux, où la cuisine italienne est mise à l'honneur.

Alpha sans rest, 13 r. du Simplon (2e étage), 0263 227 272, *info@alpha-hotel.ch, Fax 0263 231 000* – . CZ n
27 ch 140/200.
◆ Dans un quartier résidentiel, hôtel dont les chambres promettent des nuits sans histoire. Le cinéma occupant le même bâtiment tombera à point nommé pour les couche-tard.

Auberge aux 4 Vents, 124 rte de Grandfey, 0263 473 600, *auberge@aux4vents.ch, Fax 0263 473 610*, , , – BX k
fermé 29 mars au 25 avril – **Repas** *(fermé mercredi et le midi sauf samedi et dimanche)* 52 et à la carte 42/75 – **8 ch** 120/250.
◆ Site plaisant, accueil familial affable, décor gentiment "kitsch", chambres mignonnes et salon-bibliothèque. Un bon petit point de chute fribourgeois. Restaurant-véranda moderne où un choix de préparations dans le tempo actuel entend combler votre appétit.

Le Pérolles / P.- A. Ayer, 18a Bd de Pérolles, 0263 474 030, *ayer@leperolles.ch, Fax 0263 474 032*, – – 25. CZ d
fermé 21 au 29 déc., 25 juil. au 16 août, dim., lundi et fériés – **Repas** 66 (midi)/130 et à la carte 88/146.
◆ Bonne table au goût du jour où les fines bouches ont leur rond de serviette. Décoration intérieure élégante et résolument moderne. Agréable restaurant d'été enrobé de verdure.
Spéc. Feuilleté de cuisses de grenouilles désossées au poireau nouveau et à l'ail des ours. Pavé de loup de mer sauvage rôti sur sa peau, sauce au Madiran et oignons nouveaux. Mignon de veau grillé, beurre clarifié aux échalotes et concassée de tomates, risotto aux chanterelles

Auberge de La Cigogne, 24 r. d'Or, 0263 226 834, *Fax 0263 226 841*, – DY u
fermé 21 au 25 déc., 15 fév. au 2 mars, 29 août au 21 sept., dim. et lundi – **Repas** 19 - 22/98 et à la carte 62/115.
◆ Refuge gourmand établi en face du pont couvert de Berne, dans un quartier pittoresque du centre. Salle de restaurant au décor "tendance". Savoureuses préparations actuelles.

Auberge de Zaehringen, 13 r. de Zaehringen, 0263 224 236, *office@auberge-de-zaehringen.ch, Fax 0263 226 908*, ← – DY a
fermé dim. et lundi – ***La Galerie :*** **Repas** 58 (midi)/110 et à la carte 74/111 – ***La Brasserie :*** **Repas** 22 (midi)/58 et à la carte 45/93.
◆ Les gourmets du coin fréquentent assidûment cette maison de notable dominant la vieille ville. La Galerie, qui héberge des expositions, présente une carte actuelle étoffée. Une bonne cuisine traditionnelle à prix muselés apaisera votre faim à La Brasserie.

Grand Pont "La Tour Rouge", 2 rte de Bourguillon, 0264 813 248, *grand-pont@bluewin.ch, Fax 0264 815 444*, ←, – . DY b
fermé 2 sem. à Pâques, 2 sem. en oct., dim. soir et merc. – **Repas** 58 (midi)/108 et à la carte 65/120 – ***La Galerie*** (brasserie) **Repas** 18 - 54/74 et à la carte 42/104.
◆ À l'entrée du pont de Zaehringen, cuisine classique servie dans une salle cossue ou sur une terrasse dominant la Sarine et ménageant une jolie perspective sur Fribourg. La Galerie, café de style néo-rustique, mise sur une carte traditionnelle à prix doux.

Schild, 21 Planche-Supérieure, 0263 224 225, *Fax 0263 231 233*, – DY s
fermé 22 au 29 fév., 1er au 19 août, mardi et merc. – **Repas** 51 (midi)/125 et à la carte 68/117 – ***Brasserie :*** **Repas** 18 et à la carte 48/89.
◆ Dans une bâtisse ancienne de la ville basse, restaurants récemment rajeunis, devancés d'une terrasse estivale et prolongés d'un caveau voûté. Carte et menus appétissants. Brasserie déclinant un choix de plats traditionnels.

La Grotta, 5 r. d'Or, ✆ 0263 228 100, *d.dula@grotta.ch, Fax 0263 410 701* – MC VISA. ✗ DY e
fermé 20 au 26 fév., juil., août, dim. et lundi – **Repas** - cuisine italienne - (dîner seul.) (prévenir) 54/85 et à la carte 46/67.
◆ Dans une coquette ruelle du centre, ancienne écurie d'auberge convertie en restaurant transalpin. Cuisine piémontaise à goûter dans un cadre rustique chaleureux.

L'Epée, 39 Planche Supérieure, ✆ 0263 223 407, *mteufel@vtx.ch, Fax 0263 223 407,* – MC VISA JCB DY v
fermé Noël, 20 juil. au 20 août, lundi soir et dim. – **Repas** 15 - 65 et à la carte 40/87.
◆ L'établissement borde une grande place pavée du vieux Fribourg. Des expositions d'art contemporain égayent les salles à manger modernes. Cuisine traditionnelle à bon prix.

Hôtel de Ville, 6 Grand-Rue (1er étage), ✆ 0263 221 026, *Fax 0263 212 714* – *fermé 22 au 26 déc., 9 au 12 avril, 26 juil. au 16 août, dim. soir, mardi midi et lundi* – **Repas** - cuisine italienne - 14.50 - 17 (midi)/65 et à la carte 33/77.
◆ Adresse appréciée pour son répertoire italien, la sagesse de ses prix et sa mini-véranda dévoilant une vue unique sur la vieille ville. Réservez-y absolument votre table ! CDY z

Auberge du Chasseur, 10 r. de Lausanne, ✆ 0263 225 698, *Fax 0263 225 698,* – AE ⓓ MC VISA CY x
fermé lundi – **Repas** - fondue et raclette - 14.50 et à la carte environ 40.
◆ En quête d'une table où tester la fameuse réputation du fromage suisse vous vous mesurerez ici, dans une ambiance très couleur locale, à diverses raclettes et fondues.

à Bourguillon *Sud-Est : 2 km* - BX – *alt. 669* – ✉ *1722 Bourguillon :*

Des Trois Tours (Bächler), 15 rte de Bourguillon, ✆ 0263 223 069, *info@trois tours.ch, Fax 0263 224 288,* – P. AE ⓓ MC VISA. ✗ BX e
fermé 23 déc. au 3 janv., 20 juil. au 7 août, dim. et lundi – **Repas** (nombre de couverts limité - prévenir) 60 (midi)/125 et à la carte 81/124 – ***Brasserie*** *(fermé le soir)* **Repas** 19 - 30 et à la carte 58/92.
◆ Sur les hauts de Fribourg, maison abritant une vaste salle à manger mi-classique, mi- design, bien assortie au style "panaché" de la cuisine. Brasserie servant des mets traditionnels revisités à la mode d'aujourd'hui. Ambiance à la fois chic et décontractée.
Spéc. Gâteau de morilles fraîches au foie gras (avril - mai). Loup de mer grillé au caviar d'aubergines (juil. - août). Caille des Dombes farcie au foie gras (oct. - nov.).
Vins Vully

à Marly *Sud : par rte de Marly* - BX *: 4 km – alt. 622 –* ✉ *1723 Marly :*

Grand-Pré sans rest, 3 imp. du Nouveau-Marché, ✆ 0264 365 060, *hotel-grand pre@bluewin.ch, Fax 0264 362 150* – TV. AE ⓓ MC VISA
fermé 20 déc. au 3 janv. – **22 ch** 140/180 – ½ P suppl. 45.
◆ Un séjour au calme vous est promis dans cet hôtel mettant à votre disposition des chambres classiquement décorées. Parties de billard disputées au coin salon.

Petit Marly, 1 imp. du Nouveau Marché, ✆ 0264 300 330, *petit-marly@bluewi n.ch, Fax 0264 300 331,* – AE ⓓ MC VISA
fermé 4 au 18 janv., 18 juil. au 8 août, lundi (sauf le midi à la brasserie) et dim. – **Repas** 54/90 et à la carte 69/108 – ***Brasserie :*** **Repas** 17 - 34 et à la carte 45/84.
◆ Restaurant entièrement refait de neuf, oeuvrant dans un centre commercial. Registre culinaire au goût du jour et terrasse invitante lorsque perce le soleil. Brasserie servant des plats traditionnels, dont un menu axé "terroir".

à Villars-sur-Glâne *Sud-Ouest : par rte de Romont* - AX *: 4 km – alt. 689 –* ✉ *1752 Villars-sur-Glâne :*

Le Grondin, 1 rte des Préalpes (gare), ✆ 0264 011 919, *legrondin@bluewin.ch, Fax 0264 011 922,* – P. AE ⓓ MC VISA AX r
fermé 9 au 12 avril, 2 au 22 août et dim. – **Repas** 15 - 44/78 et à la carte 47/88.
◆ Des boiseries sculptées ajoutent à l'atmosphère feutrée de cette salle de restaurant dans les tons pastel. Recettes en phase avec l'époque. Terrasse à l'ombre des platanes.

Société Anonyme des Pneumatiques MICHELIN, 36 rte Jo Siffert – ✉ 1762 Givisiez, ✆ 0264 677 111, Fax 0264 661 674 - AX

FRICK *5070 Argau (AG)* **551 M4** *– 3 805 Ew. – Höhe 360.*
Bern 92 – Aarau 16 – Baden 28 – Basel 38 – Schaffhausen 68.

Platanenhof, Bahnhofstr. 21, ✆ 0628 657 171, *info@platanenhof.ch, Fax 0628 657 156,* – , Zim, – 15/35.
geschl. 27. Dez. - 1. Jan., 15. - 29. Feb. und Juli - Aug. 2 Wochen – ***La Volière*** *(geschl. Sonntag)* **Menu** 48 (mittags)/125 und à la carte 69/122 – **25 Zim** 170/250.
◆ Das teils neu gebaute, teils renovierte Haus liegt nicht weit vom Bahnhof. Die im Anbau befindlichen modernen Zimmer sind mit Furnierholzmobiliar eingerichtet. Hell und freundlich zeigt sich die Atmosphäre im La Volière.

Engel, Hauptstr. 101, ✆ 0628 650 000, *mail@engel-frick.ch, Fax 0628 650 001* – Rest, video – 25.
geschl. 24. - 28. Dez. – **Menu** 19 - 39 (mittags)/80 und à la carte 47/99 – **15 Zim** 98/168 – ½ P Zuschl. 35.
◆ Im hinteren Teil dieses langgezogenen Hotelbaus stehen für Reisende zeitgemässe, gepflegte und solide eingerichtete Gästezimmer bereit. Restaurant mit gediegenem Ambiente.

FRUTHWILEN *8559 Thurgau (TG)* **551 S3** *– Höhe 513.*
Bern 199 – Sankt Gallen 48 – Frauenfeld 32 – Konstanz 13 – Schaffhausen 41 – Winterthur 49.

Haldenhof mit Zim, Hauptstr. 8, ✆ 0716 641 964, *info@hotelhaldenhof.ch, Fax 0716 641 944,* ← Bodensee, , –
geschl. 20. Jan. - 29. Feb. und Dienstag – **Menu** 70 und à la carte 44/111 – **5 Zim** 80/160.
◆ Das Restaurant im Landgasthaus bietet dank seiner grosszügigen Fensterfront einen schönen Ausblick auf den Untersee und die Insel Reichenau. Gutbürgerliche Gerichte.

FRUTIGEN *3714 Bern (BE)* **551 K9** *– 6 574 Ew. – Höhe 803 – Wintersport : 1 300/2 300 m* *1 7 .*
Frutigen Tourismus, Dorfstr. 18, ✆ 0336 711 421, frutigen-tourismus@bluewin.ch, Fax 0336 715 421.
Bern 54 – Interlaken 33 – Adelboden 16 – Gstaad 65.

National, Obere Bahnhofstr. 10, ✆ 0336 711 616, *Fax 0336 714 015,* ←, – Rest,
geschl. 1. - 20. Nov. – **Menu** *(geschl. Mittwoch)* 16 und à la carte 36/63 – **18 Zim** 80/150 – ½ P Zuschl. 25.
◆ Das Hotel in einer Häuserzeile im Zentrum verfügt über Zimmer unterschiedlicher Grösse, die einheitlich mit lackiertem Fichtenholzmobiliar im ländlichen Stil gehalten sind. Ein rustikaler Tea-Room mit Confiserie ergänzt das à la carte-Restaurant.

FTAN *7551 Graubünden (GR)* **553 Z9** *– 482 Ew. – Höhe 1 648 – Wintersport : 1 684/2 390 m* *3 .*
Ftan Turissem, Chasa Bazzell, ✆ 0818 640 557, info@ftan.ch, Fax 0818 640 537.
Bern 332 – Scuol 8 – Chur 107 – Davos 50 – Sankt Moritz 63.

Haus Paradies (Hitzberger) , Süd-West : 1 km Richtung Ardez, ✆ 0818 610 808, *info@hotelhausparadies.ch, Fax 0818 610 809,* ← Inntal und Lischanagruppe, , , – , Rest, .
Rest
20. Dez. - 28. März und 21. Mai - 24. Okt. – ***La Bellezza*** *(geschl. Montag - Dienstag und nur Abendessen Mittwoch bis Freitag) (Tischbestellung ratsam)* **Menu** 170 und à la carte 108/184 – ***Bellavista*** *(nur Abendessen)* **Menu** 58/88 und à la carte 76/94 – ***Stüva Paradis*** *(geschl. Mittwochabend)* **Menu** 58 und à la carte 52/94 – **17 Zim** 270/460, Vorsaison 240/425, 8 Suiten – ½ P Zuschl. 88.
◆ Ihre Residenz überzeugt mit herrlicher Ruhe, komfortablen, modern-eleganten Zimmern und einem phantastischen Blick auf die Umgebung. Edel wirkt das La Bellezza - hier offeriert man aufwändig zubereitete klassische Speisen. Frisch und elegant : das Bellavista.
Spez. Hummercarpaccio mit seinem Croustillon im Zitronengrassud (Sommer). Chartreuse vom Ochsenschwanz mit Gänseleber (Herbst). Crepinette vom Reh (Winter)

Engiadina, ☎ 0818 640 434, *engiadina_ftan@bluewin.ch, Fax 0818 648 649*, ← , – TV P AE ⓓ MC VISA
14. Dez. - 17. April und 5. Juni - 23. Okt. – **Menu** 36 - 43 und à la carte 40/119 – **14 Zim** 119/208 – ½ P Zuschl. 37.
◆ Neben einheitlich mit hellem Arvenholzmobiliar eingerichteten Zimmern zählt auch die ruhige Lage am Dorfrand zu den Annehmlichkeiten dieses kleinen Hotels. Klassisch-rustikales Restaurant mit netter Aussichtsterrasse und gutbürgerlichem Angebot.

FULDERA *7533 Graubünden (GR)* 553 AA10 – *127 Ew. – Höhe 1641 – Wintersport :* .

Lokale Veranstaltung
01.03 : Chalandamarz, alter Frühlingsbrauch und Kinderfest.

Kurverein, ☎ 0818 585 160, info@hotel-staila.ch, Fax 0818 585 021.
Bern 344 – Scuol 60 – Chur 119 – Davos 62 – Merano 75 – Sankt Anton am Arlberg 118.

Staila, Hauptstrasse, ☎ 0818 585 160, *info@hotel-staila.ch, Fax 0818 585 021*, ←, , , – Zim, TV P AE ⓓ MC VISA. Rest
geschl. 19. April - 11. Mai und 2. Nov. - 16. Dez. – **Menu** *(geschl. Montag in Zwischensaison)* 46 (abends) und à la carte 41/86 – **17 Zim** 98/190 – ½ P Zuschl. 34.
◆ Der zinnoberrote Landgasthof in diesem friedlichen Dörfchen im Val Müstair bietet seinen Gästen Zimmer, die einfach, aber wohnlich mit solidem Holzmobiliar eingerichtet sind. Arventäferdecke und -mobiliar geben dem Restaurant seinen rustikalen Charakter.

FULLY *1926 Valais (VS)* 552 G12 – *5756 h. – alt. 465.*
Bern 134 – Martigny 7 – Montreux 50 – Sion 26.

Fully, rue de l'Eglise, ☎ 0277 463 060, *hotel.fully@bluewin.ch, Fax 0277 464 133* – TV P AE ⓓ MC VISA JCB
fermé 21 déc. au 5 janv. – **Repas** *(fermé dim. soir et lundi)* 53/72 et à la carte 57/75 – ***Brasserie*** *(fermé dim. soir)* **Repas** 15 et à la carte 37/69 – **20 ch** 80/130 – ½ P suppl. 25.
◆ Au coeur du village, vieille bâtisse rénovée renfermant des chambres spacieuses et modernes. Bon à savoir : c'est aussi le lieu de dégustation des vignerons-éleveurs de Fully. Nostalgique restaurant à la carte. Brasserie au style régional de bon goût.

FÜRIGEN *Nidwalden* 551 O7 – *siehe Stansstad.*

GALS *2076 Bern (BE)* 552 H7 – *683 Ew. – Höhe 449.*
Bern 42 – Neuchâtel 14 – Biel 22 – La Chaux-de-Fonds 35 – Murten 21.

Kreuz, Dorfstr. 8, ☎ 0323 382 414, *info@kreuzgals.ch, Fax 0323 382 470*, – P AE ⓓ MC VISA
geschl. 21. Dez. - 6. Jan., 19. Juli - 10. Aug., Montag und Dienstag – **Menu** 16 - 49/72 und à la carte 47/91.
◆ Der Landgasthof an der Dorfstrasse beherbergt neben einem einfachen Café ein rustikales Restaurant mit zum Garten liegender Terrasse. Modern-regionale Karte.

GANDRIA *6978 Ticino (TI)* 553 S13 – *206 ab. – alt. 274.*
Bern 276 – Lugano 5 – Bellinzona 33 – Locarno 45 – Menaggio 23.

Moosmann , ☎ 0919 717 261, *hotel_moosmann@bluewin.ch, Fax 0919 727 132*, ←, , – TV. AE ⓓ MC VISA
2 aprile al 16 ottobre – **Pasto** *(chiuso a mezzogiorno)* alla carta 38/77 – **29 cam** 88/220 – ½ P sup. 34.
◆ Ai bordi del Ceresio, albergo di tono familiare con terrazza e giardino. Camere piuttosto spaziose e luminose : preferite quelle fronte lago. La simpatica sala da pranzo del ristorante è completata dalla terrazza sul lago. Cucina curata, semplice.

GATTIKON *8136 Zürich (ZH)* **551 P5** – *Höhe 510.*
Bern 136 – Zürich 11 – Luzern 47 – Zug 20.

XX **Sihlhalde** (Smolinsky), Sihlhaldenstr. 70, ✆ 017 200 927, *Fax 017 200 925,* – P. AE MC VISA
geschl. 21. Dez. - 5. Jan., 18. Juli - 8. Aug., Sonntag und Montag – **Menu** (Tischbestellung ratsam) 36 - 115 und à la carte 68/121.
◆ Das Haus liegt versteckt am Ortsrand. In drei traditionellen, individuell eingerichteten Stuben schwelgt der Gast in Genüssen, die er von einer klassischen Karte wählt. **Spez.** Artischocken an Verveineschaum. Steinbutt in Variation. Gratin von Wollmispeln mit Sauerrahmeis

GEMPENACH *3215 Freiburg (FR)* **552 H7** – *288 Ew.* – *Höhe 508.*
Bern 24 – Neuchâtel 30 – Biel 34 – Fribourg 24 – Murten 8.

XX **Zum Kantonsschild,** Hauptstr. 24, ✆ 0317 511 111, *info@kantonsschild.ch, Fax 0317 512 308,* – P. AE D MC VISA.
Menu *(geschl. 15. Feb. - 3. März, 19. Juli - 8. Aug., Montag und Dienstag)* 16.50 - 43 (mittags)/93 und à la carte 63/110.
◆ Über eine Treppe gelangt man in die frische, einfache Gaststube. Linker Hand liegen die zwei à la carte-Stuben mit neuzeitlich-rustikalem Interieur. Klassisches Angebot.

GENÈVE (GENF)

1200 C Genève (GE) 552 B11 – 175 998 h. – alt. 375

Bern 164 ① – Annecy 45 ⑤ – Grenoble 148 ⑤ – Lausanne 60 ① – Lons-le-Saunier 111 ⑦ – Lyon 151 ⑤

Genève Tourisme, 18 r. du Mont-Blanc, ☎ 0229 097 000, info@geneve-tourisme.ch, Fax 0229 097 011 FY.
Genève Tourisme, Aéroport niveau Arrivée c/o Amdaco, BT.
Genève Tourisme, 1 Pont de la Machine, FY.
8, cours de Rive 1204 Genève, GZ, 4, ch. de Blandonnet 1214 Vernier ☎ 0224 172 030, Fax 0224 172 042 BU.
8, r. de l'Arquebuse, ☎ 0223 422 233, Fax 0223 013 711 FY.
de Genève, ☎ 0227 177 111 BT.

Compagnies aériennes
Swiss International Air Lines Ltd., *15 rte de l'Aéroport, ☎ 0848 852 000.*
Air France *15 rte de l'Aéroport, ☎ 0228 278 787, Fax 0228 278 781.*
Alitalia *Genève-Airport, ☎ 0227 982 080, Fax 0227 885 630.*
British Airways *13 Chantepoulet, ☎ 0848 801 010, Fax 0229 061 223.*
Lufthansa rte de Prébois, Cointrin, *☎ 0229 295 151, Fax 0229 295 144.*

Manifestations locales
18.06 – 20.06 : Fête de la Musique, concerts en tous genres dans les rues de Genève.
30.07 – 08.08 : "Fêtes de Genève", fête populaire avec feux d'artifice.
10.12 – 12.12 : Fête de l'Escalade, fête historique avec cortège.

18 à Cologny DU, ✉ 1223 (mars-déc.) ☎ 0227 074 800, Fax 0227 074 820.
18 à Bossey (France), ✉ F-74160 (mars-déc.) ☎ (0033) 450 43 95 50, Fax (0033) 450 95 32 57, par rte de Troinex.
27 à Esery (France), ✉ F-74930 Reignier (mars-déc.) ☎ (0033) 450 36 58 70, Fax (0033) 450 36 57 62, Sud-Est : 15 km.
18 Maison Blanche à Echenevex-Gex (France), ✉ F-01170 (mars-mi déc.) ☎ (0033) 450 42 44 42, Fax (0033) 450 42 44 43, Nord-Ouest : 17 km.

Voir : *Rade et les bords du lac★★ FGY : vues★★★ du quai du Mont-Blanc ; Parcs Mon Repos GX, Perle du Lac, Villa Barton★★ CTU – conservatoire et jardin botanique★ : jardin de rocaille★★ CT* **E** *– Parc de la Grange★ CU – Parc des Eaux-Vives★ CU – Palais des Nations★★ CT – Vieille ville★ : Monument de la Réformation★ FZ* **D**, *Cathédrale St-Pierre★ FZ : tour Nord (panorama★★), Site archéologique★★, Maison Tavel★ FZ, Collections Baur★ GZ – Eglise du Christ-Roi : intérieur★ BV* **N** *– Boiseries★ au musée des Suisses à l'étranger CT* **M⁴**.

Musées : *Ariana★★ CT* **M²** *– Art et Histoire★★ GZ – Histoire naturelle★★ GZ – International de la Croix-Rouge et du Croissant-Rouge★★ CT* **M³** *– International de l'automobile★ BT* **M¹** *– Petit Palais – Art Moderne★★ GZ.*

Excursions : *en bateau sur le lac. Renseignements Cie Gén. de Nav. Jardin Anglais, ☎ 0223 125 223, Fax 0223 125 225 – Mouettes genevoises, 8 quai du Mont-Blanc, ☎ 0227 322 944 – Swissboat, 4 quai du Mont-Blanc, ☎ 0227 324 747.*

RÉPERTOIRE DES RUES DU PLAN DE GENÈVE

Rue	Plan	N°
Acacias (Pont des)	CU	3
Acacias (R. des)	BV	4
Ain (Av. de l')	BU	6
Aïre (Av. d')	BU	
Aire-la-Ville (Rte d')	AV	
Alpes (R. des)	FY	
Amandier (Av. de l')	CU	7
Annecy (Rte d')	CV	
Antoine Martin (Rte)	CV	
Appia (Av.)	CT	9
Base (Rte de)	ABV	
Bastions (Prom. des)	FZ	
Bel-Air (Av. de)	DU	
Bel-Air (Pl.)	FY	10
Bergues (Quai des)	FY	12
Berne (R. de)	FY	
Bernex (R. de)	AV	
Bois-de-la-Chapelle (Av. du)	BUV	
Bois-des-Frères (Rte du)	BU	13
Bouchet (Carr. du)	BU	15
Bourg-de-Four (Pl. du)	FZ	14
Bout-du-Monde (Rte du)	CV	16
Buis (R. des)	FX	
Butin (Pont)	BU	18
Camp (Rte du)	BV	
Canada (Rte du)	AU	19
Candolle (R. de)	FZ	21
Capite (Rte de la)	DTU	
Carabot (Ch. de)	AV	22
Carouge (Pont de)	CV	24
Carouge (R. de)	CU	25
Certoux (Rte de)	AV	
Champel (Av. de)	CUV	27
Chancy (Rte de)	AV	
Chantepoulet (R. de)	FY	28
Chapelle (Rte de la)	BCV	30
Charmilles (R. des)	BU	31
Châtelaine (Av. de)	BU	33
Chêne (Rte de)	CDU	
Chevaliers-de-Malte (Rte des)	BV	34
Chevillarde (Ch. de la)	CU	36
Choulex (Rte de)	DU	
Cirque (Pl. du)	FZ	37
Cluse (Bd de la)	CU	39
Cologny (Quai de)	DTU	
Colovrex (Rte de)	BT	
Communes Réunies (Av. des)	BV	40
Confédération (R. de la)	FY	42
Contamines (R. de)	GZ	
Cornavin (Pl. de)	FY	43
Corraterie (R. de la)	FY	45
Coudriers (Ch. des)	BU	46
Coulouvrenière (Pont de la)	FY	48
Croix-d'Or (R. de la)	FY	49
Croix-Rouge (R. de la)	FZ	
Curé Baud (Av. du)	BV	
Deux-Pont (R. des)	BU	51
Drize (Rte de)	CV	
Eaux-Vives (Pl. des)	GZ	52
Eaux-Vives (R. des)	GY	
Edmond-Vaucher (Av.)	BU	54
Edouard-Claparède (Pl.)	FGZ	
Edouard-Sarazin (Ch.)	BT	55
Ferdinand-Hodler (R.)	GZ	
Ferney (Rte de)	BT	
Florissant (Rte de)	CUV	
Fontenette (Pont de)	CV	57
Fort-Barreau (R. du)	FX	58
France (Av. de)	CU	
Franchises (R. des)	BU	60
Frontenex (Av. de)	GZ	61
Frontenex (Rte de)	CU	63
Gares (R. des)	FX	
Général-Guisan (Quai)	FGY	
Georges-Favon (Bd)	FZ	
Giuseppe-Motta (Av.)	BCU	
Gradelle (Ch. de la)	DU	
Grand-Bureau (R. du)	CV	64
Grand-Lancy (Rte du)	BV	
Grand-Pré (R. du)	CU	66
Grand'Rue	FZ	
Granges (R. des)	FZ	65
Greube (Ch. de la)	AU	67
Gustave Ador (Quai)	GY	
Helvétique (Bd)	FGZ	
Henri-Dunant (Av.)	FZ	
Henry-Golay (Av.)	BU	69
Hoffmann (R.)	BU	70
Italie (R. d')	GZ	72
Jacques Dalcroze (Bd)	FGZ	
James Fazy (Bd)	FY	
Jean-Trembley (Av.)	BU	73
Jeunes (Rte des)	BUV	
Jussy (Rte de)	DU	
Lausanne (R. de)	FX	
Lausanne (Rte de)	CTU	
Loëx (Rte de)	AUV	
Longemalle (Pl.)	FY	76
Louis-Aubert (Av.)	CUV	
Louis-Casaï (Av.)	BTU	
Louis-Pictet (Ch.)	AU	78
Louis-Rendu (Av.)	AT	
Lyon (R. de)	BCU	
Mail (Av. du)	FZ	
Malagnou (Rte de)	GZ	79
Mandement (Rte du)	AT	
Marais (Ch. des)	CV	
Marché (R. du)	FY	81
Marsillon (Rte de)	CV	
Mategnin (Av. de)	AT	
Meyrin (Rte de)	AT	
Moillebeau (R. de)	BU	82
Molard (Pl. du)	FY	84
Mon-Idée (Rte de)	DU	
Mont-Blanc (Pont du)	FY	
Mont-Blanc (Quai du)	FGY	
Montagne (Ch. de la)	DU	
Mont-Blanc (R. du)	FY	85
Montbrillant (R. de)	FX	
Montfleury (Rte de)	AU	
Monthoux (R. de)	FXY	87
Mourlaz (Ch. de)	ABV	
Mousse (Ch. de la)	DU	
Nant-d'Avril (Rte du)	ATU	
Naville (Ch.)	DV	
Neuve (Pl.)	FZ	
Pailly (Av. du)	BU	
Paix (Av. de la)	CTU	88
Pâquis (R. des)	FXY	
Pas-de-l'Echelle (Rte du)	DV	
Peney (Rte de)	AU	
Pépinière (R. de la)	FY	90
Peschier (Av.)	CU	91
Philippe Plantamour (R.)	GX	
Philosophes (Bd des)	FZ	
Pictet de Rochemont (Av.)	GZ	93
Pierre Fatio (R.)	GYZ	94
Pinchat (Ch. de)	CV	
Place-Verte (Rte de la)	CV	96
Plainpalais (Rond-Point de)	FZ	
Pont-Butin (Rte du)	BUV	
Pont-d'Arve (Bd du)	FZ	
Poussy (Ch. de)	BU	97
Pré-Bois (Rte de)	BTU	99
Pré-Marais (Rte du)	AV	100
Pregny (Rte de)	CT	102
Promenades (Bd des)	CV	103
Rhône (R. du)	FGY	
Rieu (Ch.)	CU	
Rive (R. de)	FGZ	
Rive (Rond-Point de)	GZ	105
Roseraie (Av. de la)	CV	106
Rousseau (R.)	FY	
Satigny (Rte de)	AU	
Scie (R. de la)	GY	
Sellières (Ch. des)	BU	
Servette (R. de la)	BCU	108
Seymaz (Ch. de la)	DU	
Sierne (Pont de)	DV	109
Soral (Rte de)	AV	
Sous-Moulin (Rte de)	DUV	110
St-Georges (Bd de)	CU	112
St-Georges (Pont de)	BU	114
St-Georges (Rte de)	BU	117
St-Julien (Rte de)	BCV	
St-Léger (R.)	FZ	118
Temple (R. du)	FY	120
Terrassière (R. de la)	GZ	121
Terreaux-du-Temple (R. des)	FY	123
Théâtre (Bd du)	FZ	124
Thônex (Av. de)	DV	
Thonon (Rte de)	DT	
Tour (Bd de la)	FZ	126
Tranchées (Bd des)	GZ	
Troinex (Rte de)	CV	
Turrettini (Quai)	FY	127
Val d'Arve (Pont du)	CV	129
Val d'Arve (Rte du)	CV	130
Valais (R. du)	FX	
Vallon (Rte du)	DU	
Vandœuvres (Rte de)	DU	
Vaudagne (Av. de)	AT	
Velours (Ch. du)	CU	132
Vernier (Rte de)	BU	
Versonnex (R.)	GY	133
Vessy (Pont de)	CV	135
Vessy (Rte de)	CV	
Veyrier (Rte de)	CV	
Vibert (Av.)	BV	136
Vidollet (R. du)	CU	138
Villereuse (R. de)	GZ	139
Voltaire (R.)	CU	140
Wendt (Av.)	BU	141
Wilson (Quai)	GX	
22-Cantons (Pl. des)	FY	142

Les plans de villes sont disposés le Nord en haut.

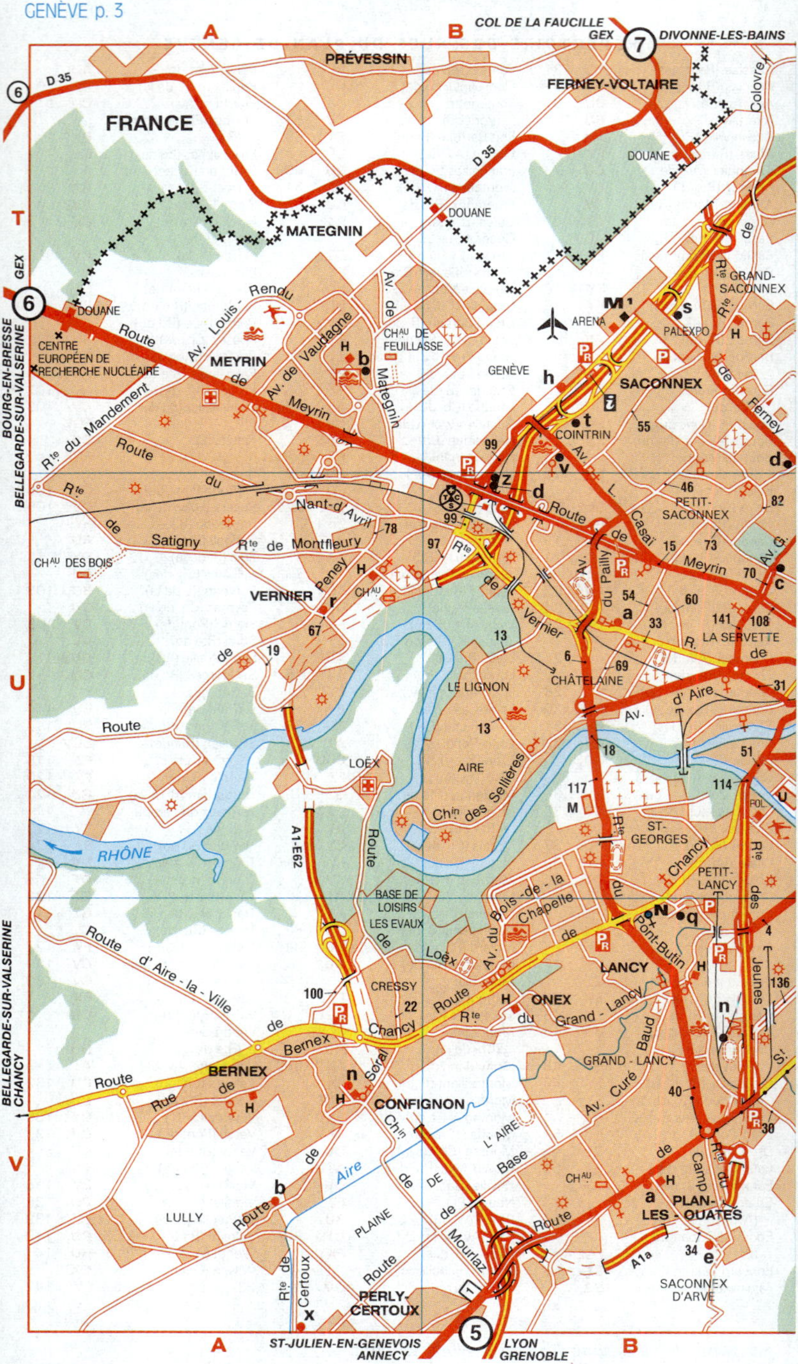
COL DE LA FAUCILLE
GEX
DIVONNE-LES-BAINS
PRÉVESSIN
FERNEY-VOLTAIRE
FRANCE
D 35
MATEGNIN
DOUANE
MEYRIN
CENTRE EUROPÉEN DE RECHERCHE NUCLÉAIRE
GENÈVE
ARENA
PALEXPO
SACONNEX
COINTRIN
GRAND-SACONNEX
PETIT-SACONNEX
VERNIER
LE LIGNON
CHÂTELAINE
LA SERVETTE
AIRE
LOËX
RHÔNE
ST-GEORGES
PETIT-LANCY
BASE DE LOISIRS LES EVAUX
CRESSY
LANCY
ONEX
BERNEX
GRAND-LANCY
CONFIGNON
L'AIRE
PLAN-LES-OUATES
LULLY
PLAINE
PERLY-CERTOUX
SACONNEX D'ARVE
ST-JULIEN-EN-GENEVOIS
ANNECY
LYON
GRENOBLE
BOURG-EN-BRESSE
BELLEGARDE-SUR-VALSERINE
CHANCY
A1-E62
A1a

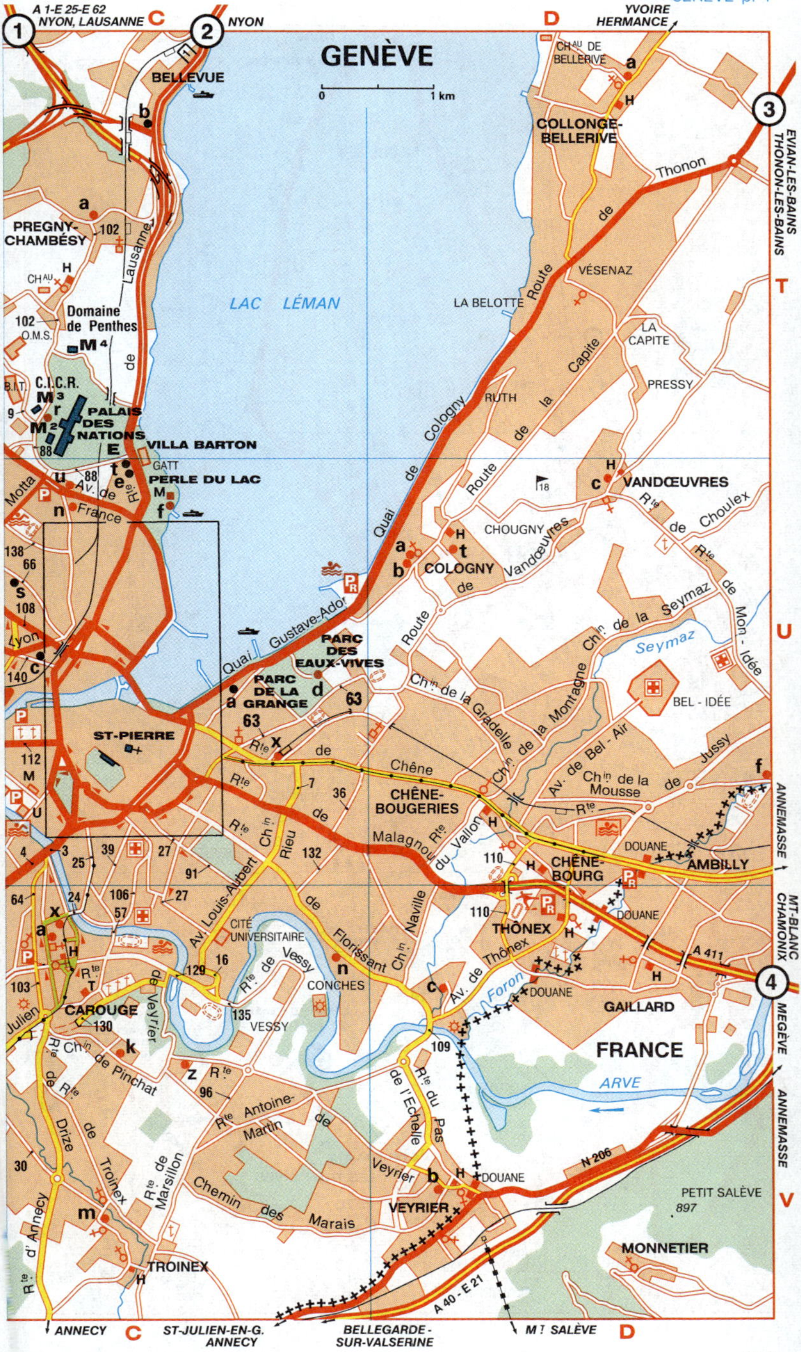
GENÈVE
0
1 km
A 1-E 25-E 62
NYON, LAUSANNE
NYON
YVOIRE
HERMANCE
EVIAN-LES-BAINS
THONON-LES-BAINS
ANNEMASSE
MT-BLANC
CHAMONIX
MEGÈVE
ANNEMASSE
ANNECY
ST-JULIEN-EN-G.
ANNECY
BELLEGARDE-
SUR-VALSERINE
MT SALÈVE
BELLEVUE
PREGNY-
CHAMBÉSY
Domaine
de Penthes
O.M.S.
B.I.T.
C.I.C.R.
PALAIS
DES
NATIONS
VILLA BARTON
PERLE DU LAC
LAC LÉMAN
CH^AU DE BELLERIVE
COLLONGE-
BELLERIVE
Thonon
VÉSENAZ
LA BELOTTE
LA CAPITE
PRESSY
RUTH
Route de la Capite
Quai de Cologny
VANDŒUVRES
CHOUGNY
COLOGNY
Rte de Choulex
Route de Vandœuvres
Quai Gustave-Ador
PARC
DES
EAUX-VIVES
PARC
DE LA
GRANGE
Seymaz
Ch^in de la Seymaz
Rte de Mon-Idée
BEL-IDÉE
Ch^in de la Gradelle
Ch^in de la Montagne
Av. de Bel-Air
Ch^in de la Mousse
Rte de Jussy
ST-PIERRE
Rte de Chêne
CHÊNE-
BOUGERIES
DOUANE
AMBILLY
CHÊNE-
BOURG
Rte de Malagnou
Rte du Vallon
THÔNEX
A 411
Av. de Thônex
Foron
GAILLARD
FRANCE
ARVE
Av. Louis-Aubert
Ch^in Rieu
Rte de Florissant
Ch^in Naville
CITÉ
UNIVERSITAIRE
Rte de Vessy
CONCHES
VESSY
CAROUGE
Rte de Veyrier
Ch^in de Pinchat
Rte de Drize
Rte de Troinex
Rte de Marsillon
Rte Antoine-Martin
Chemin des Marais
Rte de Veyrier
Rte de l'Échelle
Rte du Pas
VEYRIER
TROINEX
Rte d'Annecy
N 206
A 40 - E 21
PETIT SALÈVE
897
MONNETIER
Av. de France
Motta
Lyon
Lausanne
Julien

F
G
PARC
MON REPOS
LAC
LÉMAN
LE PRIEURÉ
LES PÂQUIS
AUTO TRAIN
PARC DES CROPETTES
CORNAVIN
PORT DES PÂQUIS
CASINO
Jet d'eau
PIERRE DU NITON
ÎLE J. J. ROUSSEAU
RHÔNE
Jardin Anglais
PROM DE ST-JEAN
MAISON TAVEL
CATH. ST-PIERRE
Musée Rath
Pl. Neuve
VIEILLE
VILLE
MUSÉE D'ART ET D'HISTOIRE
MUSÉE D'HISTOIRE NATURELLE
Bibliothèque universitaire
COLLECTIONS BAUR
PETIT PALAIS
LES TRANCHÉES
PLAINE DE PLAINPALAIS
Rd Point de Plainpalais
Pl. Ed. Claparède
PLAINPALAIS
Quai Wilson
Quai du Mont-Blanc
Quai Gustave Ador
Pt du Mont-Blanc
Quai du Gal Guisan
Rue de Lausanne
Rue de Montbrillant
R. des Gares
Bd James Fazy
Bd Georges Favon
Av. Henri Dunant
Av. du Mail
Bd du Pont d'Arve
Bd des Philosophes
Bd des Tranchées
Bd Helvétique
Rte de Florissant
R. de Contamines
R. des Eaux-Vives
R. de la Scie
R. du Rhône
R. de Rive
Grand' Rue
R. de la Croix Rouge
Promde des Bastions
R. Rousseau
R. de Berne
R. des Alpes
R. des Pâquis
R. des Buis
R. Plantamour
R. du Valais
R. Dalcroze
F. Hodler
0 200 m
F
G
X
Y
Z

Liste alphabétique des hôtels et restaurants
Alphabetisches Hotel- und Restaurantverzeichnis
Elenco alfabetico degli alberghi e ristoranti
Alphabetical list of hotels and restaurants

GENÈVE p. 7

0
10 km
La Cure
Arzier
Saint-Cergue
Genolier
Begnins
Coinsins
FRANCE
Duillier
Chéserex
Prangins
La Rippe
N 5
Nyon
A 1
Crans-près-Céligny
Chavannes-de-Bogis
Céligny
Gex
Léman
Coppet
Tannay
20 minutes
Hermance
Lac
Anières
N 5
Bellevue
Collonge-Bellerive
Chambésy
D 984
Meyrin
A 1
Cointrin
Vernier
Vandœuvres
Peney
GENÈVE
Cologny
RHÔNE
Arve
Petit-Lancy
Thônex
Annemasse
La Plaine
Conches
Carouge
Confignon
Cartigny
Vessy
Lully
Plan-les-Ouates
Veyrier
Troinex
Sézegnin
Certoux
Saconnex-d'Arve
A 40
St-Julien-en-Genevois
La Croix-de-Rozon
Landecy
FRANCE
A 40

Rive droite (Gare Cornavin - Les Quais) :

Des Bergues, 33 quai des Bergues, ✉ 1201, ✆ 0229 087 000, *info@hoteldes bergues.com, Fax 0229 087 090,* – |‡|, ⇹ ch, ▤ ch, TV ✆ – 🧑‍🏫 15/190. AE ⓓ MC VISA JCB. ⇹ rest p. 5 FY k
Repas (voir aussi rest. ***Amphitryon*** ci-après) – ***Le Pavillon*** **:** **Repas** 33 - 49 et à la carte 67/118 – ☕ 45 – **110 ch** 595/1030, 12 suites.
◆ Ce grand hôtel où la jet-set a ses habitudes avoisine le centre financier. Chambres de style Louis-Philippe ou Directoire ; les meilleures ont vue sur le lac. Brasserie de luxe proposant des buffets chaud et froid au déjeuner et une carte classique au dîner.

Le Richemond, 8-10 r. Adhémar-Fabri, ✉ 1201, ✆ 0227 157 000, *reservation @richemond.ch, Fax 0227 157 001,* ≤, , Fø – |‡| ▤ TV ✆ 🚗 – 🧑‍🏫 15/200. AE ⓓ MC VISA JCB p. 5 FY u
Le Gentilhomme - cuisine libanaise - *(fermé sam. midi, lundi midi et dim.)* **Repas** à la carte 55/88 – ***Le Jardin*** - cuisine italienne - **Repas** 35 - 55 et à la carte 79/121 – ☕ 48 – **86 ch** 560/890, 12 suites.
◆ Palace du 19e s. établi à proximité du lac. Espaces communs raffinés et chambres personnalisées pourvues de meubles anciens. Cuisine libanaise à la brasserie Le Gentilhomme. Décor soigné, ambiance "bougies" et appétissante carte traditionnelle au Jardin.

Mandarin Oriental du Rhône, 1 quai Turrettini, ✉ 1201, ✆ 0229 090 000, *mogva-reservations@mohg.com, Fax 0229 090 010,* ≤, , Fø, ≘s – |‡|, ⇹ ch, ▤ TV ✆ ♿ 🚗 – 🧑‍🏫 15/150. AE ⓓ MC VISA JCB. ⇹ p. 5 FY r
Repas (voir aussi rest. ***Le Neptune*** ci-après) – ***Café Rafael*** ✆ 0229 090 005 **Repas** 37 - 58 (midi) et à la carte 74/109 – ☕ 39 – **180 ch** 510/930, 12 suites.
◆ Établissement central oeuvrant sur la rive droite du Rhône. Somptueuses chambres au mobilier Art déco et pimpantes salles de bains en marbre. La carte du Café Rafael décline un choix de recettes légères et variées, se référant souvent au terroir.

Noga Hilton, 19 quai du Mont-Blanc, ✉ 1201, ✆ 0229 089 081, *gvahitwfb@hilton.com, Fax 0229 089 090,* ≤, , Fø, ≘s, 🏊 – |‡|, ⇹ ch, ▤ TV ✆ ♿ – 🧑‍🏫 15/800. AE ⓓ MC VISA JCB p. 5 GY y
Repas (voir aussi rest. ***Le Cygne*** ci-après) – ***La Grignotière*** **:** **Repas** 29 et à la carte 52/102 – ☕ 39 – **401 ch** 475/790, 9 suites.
◆ Imposante construction bâtie au bord du Léman. Vastes chambres au "look" avant-gardiste. Casino, boutiques et détente dans la piscine. Salle à manger façon brasserie BCBG, où l'on "grignote" en toute décontraction. Carte traditionnelle. Terrasse panoramique.

Président Wilson, 47 quai Wilson, ✉ 1201, ✆ 0229 066 666, *resa@hotelpwilson.com, Fax 0229 066 667,* ≤, , Fø, ≘s, 🏊 – |‡|, ⇹ ch, ▤ TV ✆ 🚗 – 🧑‍🏫 15/600. AE ⓓ MC VISA JCB p. 5 GX d
Spice's **:** **Repas** 55 (midi)/115 et à la carte 96/141 – ***L'Arabesque*** - cuisine libanaise - *(fermé 4 juil. au 22 août et dim.)* **Repas** 30 - 55 (midi)/95 et à la carte 52/78 – ***Pool Garden*** *(mai à sept.)* **Repas** 34 - 45 (midi)/58 et à la carte 67/111 – ☕ 40 – **219 ch** 610/780, 11 suites.
◆ Profusion de bois noble et de marbre dans cet hôtel dont les meilleures chambres ont vue sur le lac. "World cuisine" dans le tempo actuel au Spice's. Délicieuses spécialités libanaises à L'Arabesque. Repas estival autour de la piscine au Pool Garden.

Beau-Rivage, 13 quai du Mont-Blanc, ✉ 1201, ✆ 0227 166 666, *info@beau-rivage.ch, Fax 0227 166 060,* ≤, – |‡|, ⇹ ch, ▤ TV ✆ – 🧑‍🏫 15/120. AE ⓓ MC VISA JCB p. 5 FY d
Le Chat Botté **:** **Repas** 60 (midi)/145 et à la carte 89/146 – ***Le Patara*** ✆ 0227 315 566 - cuisine thaïlandaise - *(fermé 22 déc. au 4 janv., 9 au 12 avril, sam. midi et dim. midi)* **Repas** 21 - 85 et à la carte 63/126 – ☕ 37 – **87 ch** 480/995, 6 suites.
◆ Face au lac, hôtel de caractère dirigé par la même famille depuis 1865. Élégantes chambres entretenant une atmosphère "rétro". Bel atrium à colonnades où bruisse une fontaine. Gastronomie d'aujourd'hui et cadre cossu au Chat Botté. Repas "siamois" au Patara.

Angleterre, 17 quai du Mont-Blanc, ✉ 1201, ✆ 0229 065 555, *angleterre@rchmail.com, Fax 0229 065 556,* ≤, Fø, ≘s – |‡|, ⇹ ch, ▤ TV video ✆ 🚗 – 🧑‍🏫 15/35. AE ⓓ MC VISA p. 5 FGY n
Windows **:** **Repas** 28 - 55/110 et à la carte 79/116 – ☕ 39 – **45 ch** 620/920.
◆ Cette demeure alanguie au bord du Léman ne manque assurément pas de cachet. Spacieuses chambres agréables à vivre, intime bar-"library" et service avenant. Restaurant-véranda "cosy" offrant une vue lacustre. Bon repas au goût du jour dans un cadre verdoyant.

Sofitel, 18-20 r. du Cendrier, ✉ 1201, ☏ 0229 088 080, *h1322@accor-hotels.com, Fax 0229 088 081*, – |♦|, ⇔ ch, ▤ TV video ☏. AE ① MC VISA JCB. ✂ rest p. 5 FY t
Repas 23 - 46 et à la carte 65/92 – ☕ 35 – **95 ch** 430/545.
◆ Hôtel central aux chambres personnalisées par du mobilier rustique ou de style Louis XVI. Son "plus" : le salon avec coin cheminée et pianiste le soir. Restaurant concoctant des recettes classico-traditionnelles. L'été, possibilité de s'attabler en terrasse.

Bristol, 10 r. du Mont-Blanc, ✉ 1201, ☏ 0227 165 700, *bristol@bristol.ch, Fax 0227 389 039*, – |♦|, ⇔ ch, ▤ TV ☏ – 15/100. AE ① MC VISA JCB
Repas 22 - 49 (midi)/85 et à la carte 63/104 – ☕ 32 – **95 ch** 385/580, 5 suites – ½ P suppl. 49. p. 5 FY w
◆ Un hall luxueux donne accès à la réception de cet hôtel officiant à quelques encablures des quais. Spacieuses chambres rénovées. Fitness, sauna et hammam pour garder la forme. Lumineuse salle à manger aux accents décoratifs Louis XV, ouverte sur un jardinet.

Warwick, 14 r. de Lausanne, ✉ 1201, ☏ 0227 168 000, *resa.geneva@warwickhotels.com, Fax 0227 168 001* – |♦|, ⇔ ch, ▤ TV video ☏ – 15/150. AE ① MC VISA JCB p. 5 FY c
Les 4 Saisons (changement de concept prévu) – ***La Bonne Brasserie* : Repas** 19 - 29 et à la carte 42/86 – ☕ 29 – **167 ch** 345/545 – ½ P suppl. 68.
◆ Devant la gare, adresse idéale pour touristes ou congressistes anxieux de rater leur train. Chambres actuelles et pratiques. Restaurant sur le point de changer de nom, de "look" et de profil culinaire. Atmosphère "bistrot parisien" à La Bonne Brasserie.

Epsom, 18 r. de Richemont, ✉ 1202, ☏ 0225 446 666, *epsom@manotel.com, Fax 0225 446 699*, – |♦|, ⇔ ch, ▤ TV ☏ ♿ – 15/60. AE ① MC VISA JCB
***Portobello* : Repas** 19 - 35/45 et à la carte 52/106 – ☕ 25 – **153 ch** 345/510 – ½ P suppl. 35. p. 5 FX d
◆ Hôtel d'un genre très contemporain oeuvrant dans une rue calme du centre. Atmosphère reposante, chambres agréables à vivre et installations conférencières "high tech". Rôtisserie design coiffée d'une verrière.

Royal, 41 r. de Lausanne, ✉ 1201, ☏ 0229 061 414, *royal@manotel.com, Fax 0229 061 499*, – |♦|, ⇔ ch, ▤ TV ☏ ♿ – 15/30. AE ① MC VISA JCB p. 5 FX f
***Rive Droite* : Repas** 18 - 55 et à la carte 46/106 – ☕ 25 – **165 ch** 345/600, 7 suites.
◆ Cet hôtel implanté entre la gare et le lac met à votre disposition d'élégantes chambres feutrées garnies de meubles classiques et plusieurs suites tout confort. Restaurant façon brasserie parisienne. Banc d'écailler et menu du marché noté sur ardoise.

Novotel Genève Centre, 19 r. de Zurich, ✉ 1201, ☏ 0229 099 000, *H3133@accor-hotels.com, Fax 0229 099 001* – |♦|, ⇔ ch, ▤ TV ☏ – 15/80. AE ① MC VISA JCB p. 5 FX s
Repas 17 - 29 (midi)/46 et à la carte 39/74 – ☕ 25 – **194 ch** 250/410, 12 suites.
◆ Pas loin de la gare ni des berges du lac, hôtel de chaîne où descend volontiers la clientèle d'affaires. Chambres de bon gabarit et bien équipées.

Le Montbrillant, 2 r. de Montbrillant, ✉ 1201, ☏ 0227 337 784, *contact@montbrillant.ch, Fax 0227 332 511*, – |♦|, ⇔ ch, TV ☏ ♿ P – 15/50. AE ① MC VISA JCB p. 5 FY b
gastro : 19 - 48/98 et à la carte 66/112 – ***Café de la Gare* : Repas** 18 et à la carte 48/87 – **82 ch** ☕ 190/350 – ½ P suppl. 48.
◆ Hébergement très valable pour qui ne souhaite pas s'éloigner de la gare. Espaces communs d'esprit montagnard, chambres à géométrie variable et studios avec kitchenette. Table au goût du jour. Restaurant-véranda maniant un registre bistrotier.

Les Nations sans rest, 62 r. du Grand-Pré, ✉ 1202, ☏ 0227 480 808, *info@hotel-les-nations.com, Fax 0227 343 884* – |♦| ⇔ TV video ☏. AE ① MC VISA
71 ch ☕ 220/330. p. 3 BU c
◆ Établissement hôtelier entièrement refait de neuf, où la clientèle d'affaires et CEE a ses habitudes. Chambres un peu compactes mais aussi pimpantes que coquettes.

du Midi, 4 pl. Chevelu, ✉ 1201, ☏ 0225 441 500, *info@hotel-du-midi.ch, Fax 0225 441 520*, – |♦|, ▤ ch, TV ☏ ♿. AE ① MC VISA p. 5 FY v
Repas *(fermé sam. et dim.)* 19 - 32 (midi)/50 et à la carte 48/89 – ☕ 24 – **89 ch** 230/400.
◆ Cet hôtel où vous occuperez des chambres sans reproche se dresse sur une petite place baignée par le Rhône. Amples espaces communs. Le soir, pianiste d'ambiance au salon. Salle à manger actuelle confortablement installée. Terrasse d'été.

Edelweiss, 2 pl. Navigation, ✉ 1201, ☎ 0225 445 151, *edelweiss@manotel.com*, *Fax 0225 445 199* – ch, AE VISA JCB. rest
p. 5 FX a
Repas *(fermé 1er au 19 janv. et le midi)* 55 et à la carte 43/89 – **42 ch** 234/315, Basse saison 185/220 – ½ P suppl. 30.
◆ Établissement dont la devanture donne une juste idée de l'aménagement intérieur : un véritable chalet suisse ! Chambres douillettes. Chaleureuse salle des repas avec mezzanine. Plats traditionnels, spécialités fromagères et ambiance musicale.

Cornavin sans rest, Gare de Cornavin, ✉ 1201, ☎ 0227 161 212, *cornavin@fhotels.ch*, *Fax 0227 161 200* – – 60. AE VISA JCB
p. 5 FY a
18 – **162 ch** 358/474.
◆ Tintin en personne aurait séjourné dans cet hôtel (voir l'Affaire Tournesol) aux chambres bien insonorisées et climatisées. Dans le hall trône la plus grande horloge du monde.

Grand Pré sans rest, 35 r. du Grand-Pré, ✉ 1202, ☎ 0229 181 111, *info@grandpre.ch*, *Fax 0227 347 691* – – 25. AE VISA JCB
p. 4 CU s
fermé 20 déc. au 3 janv. – **89 ch** 266/371.
◆ Au coeur du quartier regroupant les organisations internationales, hôtel doté de chambres de bonne ampleur, au mobilier actuel ; demandez-en une sur la cour, au calme.

Eden, 135 r. de Lausanne, ✉ 1202, ☎ 0227 163 700, *eden@eden.ch*, *Fax 0227 315 260* – video – 20. AE VISA JCB p. 4 CU t
Repas *(fermé 24 déc. au 4 janv., 19 juil. au 8 août, sam. et dim.)* 19 - 35 et à la carte 38/67 – **54 ch** 225/300 – ½ P suppl. 30.
◆ Maison régulièrement améliorée, faisant face au Palais des Nations. Les chambres, classiquement agencées, sont claires et fonctionnelles. Restaurant traditionnel où la clientèle du quartier côtoie logeurs et gens de passage.

Mon-Repos, 131 r. de Lausanne, ✉ 1202, ☎ 0229 093 909, *reservations@hmrge.ch*, *Fax 0229 093 993*, – , ch, video . AE VISA JCB
p. 4 CU e
Repas *(fermé 19 déc. au 5 janv., sam., dim. et fériés)* 19 - 37 et à la carte 49/82 – **85 ch** 190/250 – ½ P suppl. 37.
◆ Établissement implanté juste en face du parc Mon-Repos. Plaisantes chambres où vous passerez des nuits sans histoire. Grande terrasse sur le devant. Intime salle de restaurant baignant dans une lumière tamisée. Repas traditionnel.

Strasbourg - Univers sans rest, 10 r. Pradier, ✉ 1201, ☎ 0229 065 800, *info@hotel-strasbourg-geneva.ch*, *Fax 0227 384 208* – . AE VISA.
p. 5 FY q
51 ch 190/270.
◆ À deux pas de la gare et du parking Cornavin, bâtisse rénovée dont les chambres sont peu spacieuses, mais fonctionnelles. Chaleureux hall habillé de boiseries.

Suisse sans rest, 10 pl. de Cornavin, ✉ 1201, ☎ 0227 326 630, *reservation@hotel-suisse.ch*, *Fax 0227 326 239* – . AE VISA JCB p. 5 FY y
62 ch 210/285.
◆ Point de chute utile pour les usagers du rail. Un ascenseur décoré en trompe-l'oeil conduit à la salle des petits-déjeuners et aux chambres récemment restaurées.

Ibis sans rest., 10 r. Voltaire, ✉ 1201, ☎ 0223 382 020, *h2154@accor-hotels.com*, *Fax 0223 382 030* – . AE VISA p. 4 CU c
14 – **65 ch** 129.
◆ Cet hôtel, entièrement rénové, est représentatif de la nouvelle génération Ibis. Confort moderne dans les chambres équipées d'un mobilier aux lignes épurées.

XXXXX **Amphitryon** - *Hôtel des Bergues*, 33 quai des Bergues, ✉ 1201, ☎ 0229 087 000, *info@hoteldesbergues.com*, *Fax 0229 087 090* – AE VISA JCB.
p. 5 FY k
fermé 22 déc. au 2 janv., 2 au 20 août, sam., dim. et fériés – **Repas** 67 (midi)/95 et à la carte 99/166.
◆ Salle de restaurant gastronomique de l'Hôtel des Bergues. Atmosphère feutrée, cadre éclatant rehaussé d'un mobilier de style, registre culinaire bien dans l'air du temps.

Le Cygne - ***Hôtel Noga Hilton***, 19 quai du Mont-Blanc, ✉ 1201, ✆ 0229 089 085, *gvahitwfb@hilton.com, Fax 0229 089 090*, ≤ - ▤. AE ⓓ ⓜ VISA JCB. ✈ p. 5 GY y
fermé 1er au 5 janv., 5 au 19 avril et 8 au 30 août – **Repas** 61 (midi)/159 et à la carte 83/166.
◆ Restaurant de standing incorporé à l'Hôtel Noga Hilton. Superbe carte actuelle recomposée au fil des saisons, ambiance sélecte, et la rade de Genève pour toile de fond.
Spéc. Raviole de langoustines royales à la feuille de citronnier, fondant de jeunes poireaux. Rouget barbet en papillon rôti à la fleur de thym, concassé de tomates au gingembre. Petit macaron citron-safran et ses abricots flambés au limoncello. **Vins** Lully

Le Neptune - ***Hôtel Mandarin Oriental du Rhône***, 1 quai Turrettini, ✉ 1201, ✆ 0229 090 006, *mogra-reservations@mohg.com, Fax 0229 090 010*, 🍴 - ▤. AE ⓓ ⓜ VISA JCB. ✈ p. 5 FY r
fermé 20 déc. au 4 janv., 31 juil. au 22 août, sam., dim. et fériés – **Repas** 72/130 et à la carte 96/156.
◆ Table de haute voltige culinaire partageant ses installations avec l'Hôtel Mandarin Oriental du Rhône. Fresques neptuniennes en salle. Fine cuisine au goût du jour.
Spéc. Foie gras frais de canard en croûte de tomate, réduction de Banuyls. Tronçon de turbot breton au lomo, jus à l'aceto balsamico. Biscuit Sicard, abricots rôtis aux amandes fraîches, jus de cuisson, sorbet verveine. **Vins** Dardagny, Lully

Tsé Yang, 19 quai du Mont-Blanc, ✉ 1201, ✆ 0227 325 081, *Fax 0227 310 582*, ≤ - ▤. AE ⓓ ⓜ VISA JCB p. 5 GY e
Repas - cuisine chinoise - 45 (midi)/135 et à la carte 71/162.
◆ Élégante salle à manger décorée à l'orientale et compartimentée par des cloisons en bois sculpté. Savourez des spécialités chinoises tout en profitant de la vue sur le Léman.

La Perle du Lac, 126 r. de Lausanne, ✉ 1202, ✆ 0229 091 020, *info@perledulac.ch, Fax 0229 091 030*, ≤ lac, 🍴, 🌳 - P - 🏠 15/60. AE ⓓ ⓜ VISA. ✈ p. 4 CU f
fermé 21 déc. au 19 janv. et lundi – **Repas** 58 (midi)/115 et à la carte 84/140.
◆ Bordé d'une large terrasse panoramique, ce chalet centenaire jouit d'une situation privilégiée au milieu d'un parc face au lac. Tons vifs dans la plus moderne des deux salles.

Mövenpick Cendrier, 17 r. du Cendrier, ✉ 1201, ✆ 0227 325 030, *restaurant.cendrier@moevenpick.com, Fax 0227 319 341* – ▤. AE ⓓ ⓜ VISA JCB
Repas 19 et à la carte 38/79. p. 5 FY g
◆ Restaurant, voisin des quais, proposant plusieurs formules dans des décors appropriés. Découvrez le "Beef Corner", les spécialités de poissons ou encore la cuisine du monde.

Thai Phuket, 33 av. de France, ✉ 1202, ✆ 0227 344 100, *Fax 0227 344 240* – ▤. AE ⓜ VISA JCB p. 4 CU u
fermé sam. midi – **Repas** - cuisine thaïlandaise - 17 - 35 (midi)/90 et à la carte 43/97.
◆ Bonne table thaïlandaise où de prévenantes hôtesses en tenue traditionnelle "siamoise" sont aux petits soins. Ambiance et décoration intérieure de circonstance.

Le Vitti, 5 r. Alfred Vincent, ✉ 1201, ✆ 0227 311 313, *Fax 0227 311 313* – AE ⓓ ⓜ VISA JCB p. 5 FY h
fermé 24 déc. au 6 janv., 22 août au 12 sept., sam. midi et dim. – **Repas** 21 - 42 (midi)/78 et à la carte 62/116.
◆ Atmosphère italianisante, appétissante petite carte actuelle à touches méditerranéennes, accueil et service avenants. Au total, une adresse très recommandable !

Chez Jacky, 9 r. Necker, ✉ 1201, ✆ 0227 328 680, *restaurant@chezjacky.ch, Fax 0227 311 297*, 🍴 – ▤. AE ⓓ ⓜ VISA p. 5 FY p
fermé 25 déc. au 4 janv., 15 juil. au 8 août, sam. et dim. – **Repas** 20 - 41 (midi)/89 et à la carte 60/88.
◆ Petite salle de restaurant où l'on prend place dans un décor façon "bistrot des années cinquante", auquel un aquarium apporte une touche de fantaisie. Cuisine au goût du jour.

Bistrot du Boeuf Rouge, 17 r. Alfred-Vincent, ✉ 1201, ✆ 0227 327 537, *Fax 0227 314 684* – AE ⓓ ⓜ VISA JCB p. 5 FY z
fermé 24 déc. au 5 janv., sam. et dim. – **Repas** - cuisine lyonnaise - 18 - 37 (midi)/52 et à la carte 50/92.
◆ Typique brasserie à la mode parisienne, avec son zinc, ses banquettes et ses jeux de miroirs. Spécialités lyonnaises et suggestions. Une bonne adresse pour les gourmands.

L'Entrecôte Couronnée, 5 r. des Pâquis, ✉ 1201, ✆ 0227 328 445, *Fax 0227 328 446* – AE ⓪ MC VISA JCB p. 5 FY j
fermé Noël, Nouvel An, sam. midi et dim. – **Repas** 25 - 55 et à la carte 54/85.
◆ Ici flotte encore l'âme genevoise ! Pour peaufiner votre connaissance de la ville, admirez les toiles et lithographies exposées aux murs. Choix actuel et ambiance bistrotière.

Sagano, 86 r. de Montbrillant, ✉ 1202, ✆ 0227 331 150, *Fax 0227 332 755,* – AE MC VISA JCB p. 4 CU n
fermé sam. midi et dim. – **Repas** - cuisine japonaise - 29 (midi)/90 et à la carte 46/119.
◆ Faim d'exotisme et envie de rester zen le restaurant nippon est alors l'adresse indiquée. Tatamis et tables basses en salle. Voyage culinaire dans l'Empire du Soleil levant.

Rive gauche (Centre des affaires) :

Swissôtel Genève Métropole, 34 quai Général-Guisan, ✉ 1204, ✆ 0223 183 200, *reservations.geneva@swissotel.com, Fax 0223 183 300,* – ch, video – 15/90. AE ⓪ MC VISA p. 5 GY a
Le Grand Quai : Repas 29 et à la carte 51/106 – 35 – **118 ch** 490/820, 9 suites.
◆ Hôtel de 1854 surveillant l'emblématique jet d'eau. Belles chambres classiques donnant souvent sur le lac. Terrasse panoramique et salle de fitness perchées. Peintures en trompe-l'oeil et choix traditionnel au Grand Quai.

La Cigogne, 17 pl. Longemalle, ✉ 1204, ✆ 0228 184 040, *cigogne@relaischateaux.com, Fax 0228 184 050* – AE ⓪ MC VISA. p. 5 FGY j
Repas *(fermé sam. et dim. midi en juil. - août)* 38 - 59 (midi)/105 et à la carte 74/105 – **46 ch** 360/570, 6 suites.
◆ Façade "1900" dominant une place de la vieille ville. Espaces communs parsemés d'objets d'arts. Fringantes chambres et suites tout confort, aux décors personnalisés. Repas dans le tempo actuel sous la verrière du restaurant à touche Art déco.

Les Armures , 1 r. du Puits-Saint-Pierre, ✉ 1204, ✆ 0223 109 172, *armures@span.ch, Fax 0223 109 846,* – video AE ⓪ MC VISA JCB
Repas *(fermé Noël, Nouvel An et Pâques)* 18 - 52 et à la carte 40/91 – **28 ch** 340/530. p. 5 FZ g
◆ Élégante demeure rustique du 17e s. nichée au coeur du vieux Genève. Meubles anciens et poutres apparentes président au joli décor des chambres. Choix de plats traditionnels dont on se repaît dans un cadre pittoresque. Fondue servie au carnotset.

Tiffany, 1 r. des Marbriers, ✉ 1204, ✆ 0227 081 616, *info@hotel-tiffany.ch, Fax 0227 081 617* – ch, AE ⓪ MC VISA JCB p. 5 FZ v
Repas *(fermé Noël, Nouvel An et Pâques)* 22 - 45 (midi) et à la carte 52/95 – **46 ch** 230/370 – ½ P suppl. 38.
◆ Hôtel aux installations modernes créé à partir un monument de la fin du 19e s. Accueillantes chambres aux réminiscences décoratives Belle Époque. Salon et bar très "cosy". Sémillante salle à manger "rétro", parfaitement assortie au style de la maison.

Sagitta sans rest, 6 r. de la Flèche, ✆ 0227 863 361, *sagitta@span.ch, Fax 0228 498 110* – P. AE ⓪ MC VISA
42 ch 199/259. p. 5 GZ c
◆ Établissement situé dans un secteur commerçant et toutefois au calme. Chambres, studios, appartements et nombreuses kitchenettes. Façade tristounette mais équipements rénovés.

Touring Balance sans rest., 13 pl. Longemalle, ✉ 1204, ✆ 0228 186 262, *touringbalance@bluewin.ch, Fax 0228 186 261* – – 15/40. AE ⓪ MC VISA. p. 5 GY k
58 ch 220/275.
◆ À deux pas du lac, hôtel mettant à profit une demeure remarquable préservant son cachet ancien. On y appréciera notamment les services et le soin apporté au décor intérieur.

Churchill sans rest, 15 r. du Simplon, ✉ 1207, ✆ 0225 918 888, *hotelchurchill@bluewin.ch, Fax 0225 918 878* – video AE ⓪ MC VISA p. 4 CU a
35 ch 169/264.
◆ Hôtel pratique pour qui souhaite poser ses valises près du lac. Chambres fonctionnelles à géométrie variable. Le "check in" se passe sous l'oeil sourcilleux de Churchill.

Bel'Espérance sans rest, 1 r. de la Vallée, ✉ 1204, ✆ 0228 183 737, *belesp@swi.salvationarmy.org, Fax 0228 183 773* – AE MC VISA. p. 5 GZ a
fermé 25 au 30 déc. – **40 ch** 95/160.
◆ Engageante bâtisse entièrement rénovée, à débusquer dans une petite rue exempte de chahut. Chambres de diverses tailles, pourvues d'un mobilier de série.

Comédie sans rest, 12 r. de Carouge, ✉ 1205, ✆ 0223 222 324, *info@hotel-comedie.ch, Fax 0223 222 323* – 🛗 ⇔ TV ✆. AE ⦿ MC VISA p. 5 FZ b
28 ch ☕ 150/250.
◆ Les chambres de ce petit hôtel central sont aménagées aux 5e, 6e et 7e étages d'un immeuble récent. Leur mise est simple ; celles côté cour sont plus tranquilles.

XXXX ✿ **Parc des Eaux-Vives** avec ch, 82 quai Gustave-Ador, ✉ 1207, ✆ 0228 497 575, *info@parcdeseauxvives.ch, Fax 0228 497 570,* ≤, , – 🛗, ▤ ch, TV ✆ P. AE ⦿ MC VISA. ⇔ rest
Repas (1er étage) *(fermé janv. 2 semaines, lundi et mardi)* 160/210 et à la carte 179/220 – ***Brasserie :*** **Repas** 49 (midi) et à la carte 61/99 – ☕ 29 – **7 ch** 750/850. p. 4 CU d
◆ Dans un ravissant parc public, au 1er étage d'une fastueuse demeure de notable (18e s), salle de restaurant opulente complétée d'une agréable terrasse. Chambres exquises. Luxueuse brasserie moderne servant des préparations bien en phase avec l'époque.
Spéc. Le rouget de Méditerranée aux chipirons et aux artichauts violets. Le boeuf de Simmental aux fruits d'automne. Le chocolat noir ébène et blanc ivoire. **Vins** Dardagny

XXX ✿ **Le Béarn** (Goddard), 4 quai de la Poste, ✉ 1204, ✆ 0223 210 028, *Fax 0227 813 115* – ▤. AE ⦿ MC VISA p. 5 FY x
fermé 16 au 22 fév., 12 juil. au 22 août, sam. (sauf le soir d'oct. à mai) et dim. – **Repas** 65 (midi)/190 et à la carte 105/178.
◆ Voici plus de vingt ans que les gastronomes se succèdent dans cette élégante maison de bouche estimée pour sa fine cuisine sans cesse remise au goût du jour.
Spéc. Soufflé de truffes fraîches (déc. à fév.). Poêlée de langoustines à l'émulsion de petits pois et morilles (printemps). Oursin de Bretagne et coquilles St. Jacques à la coque (oct. à nov.). **Vins** Dardagny

XX **Roberto,** 10 r. Pierre-Fatio, ✉ 1204, ✆ 0223 118 033, *Fax 0223 118 466* – ▤. AE MC VISA p. 5 GZ e
fermé 25 déc. au 1er janv., sam. soir et dim. – **Repas** - cuisine italienne - à la carte 65/125.
◆ Ample salle de restaurant dont les miroirs muraux accentuent encore l'impression d'espace. Dîner aux chandelles dans une ambiance intime. Carte de préparations italiennes.

XX **Le Sénat,** 1 r. Emile-Yung, ✉ 1205, ✆ 0223 465 810, *franco.belloni@bluewin.ch, Fax 0223 475 476,* – ▤. AE ⦿ MC VISA p. 5 FZ r
fermé sam. et dim. – **Repas** *21* - 50/65 et à la carte 72/91.
◆ Un peu à l'écart du centre, près d'une place animée, restaurant d'esprit "rétro" baignant dans une atmosphère conviviale. Carte classique aussi appétissante que variée.

XX **Le Patio,** 19 bd Helvétique, ✉ 1207, ✆ 0227 366 675, *Fax 0227 864 074* – AE ⦿ MC VISA p. 5 GZ b
fermé 24 déc. au 5 janv., sam. et dim. – **Repas** *26* et à la carte 63/103.
◆ Deux salles de restaurant modernes, dont l'une est aménagée en jardin d'hiver. Choix de recettes dans l'air du temps, flirtant souvent avec les saveurs provençales.

XX **Cavalieri,** 7 r. Cherbuliez, ✉ 1207, ✆ 0227 350 956, *Fax 0227 358 595* – AE ⦿ MC VISA p. 5 GY g
fermé 2 juil. au 2 août et lundi – **Repas** - cuisine italienne - 28 (midi)/70 et à la carte 60/140.
◆ Boiseries et tableaux composent le décor italianisant de cette table dont l'orientation culinaire se réfère elle aussi à la "Botte", sans toutefois dédaigner "l'Hexagone" !

X ✿ **Buffet de la Gare des Eaux-Vives** (Labrosse), 7 av. de la Gare des Eaux-Vives, ✉ 1207, ✆ 0228 404 430, *Fax 0228 404 431,* – AE MC VISA p. 4 CU x
fermé 20 déc. au 4 janv., 3 au 12 avril, 31 juil. au 15 août, sam. et dim. – **Repas** *24* - 48 (midi)/115 et à la carte 75/111.
◆ Un "buffet de la gare" qui sort du lot : sobre intérieur résolument contemporain, fresque évoquant le chemin de fer, terrasse estivale à quai et cuisine actuelle innovante.
Spéc. Bruschetta de homard et tomate confite, vinaigrette au piment doux, millefeuille de légumes. Dos de cabillaud en risotto tomate, réduction de vieux balsamique (été). Suprême de pintade de la Drôme, rôti au beurre d'herbes, tartine persillée de girolles (été). **Vins** Dardagny, Peissy

Brasserie Lipp, 8 r. de la Confédération (2e étage), ✉ 1204, ☎ 0223 111 011, *lipp@swissonline.ch, Fax 0223 120 104,* – AE VISA p. 5 FY f
fermé Noël – **Repas** 27 et à la carte 44/93.
◆ Restaurant typé "brasserie parisienne", au 2e étage d'une galerie marchande. Bel assortiment de fruits de mer, susceptible de calmer petites et grosses faims jusqu'à 0 h 45 !

Café de l'Hôtel de Ville, 39 Grand-Rue, ✉ 1204, ☎ 0223 117 030, *glozu@bluewin.ch, Fax 0223 121 887,* – AE VISA JCB p. 5 FZ u
fermé Noël et Nouvel An – **Repas** 18 - 62 et à la carte 49/94.
◆ Demandez l'Hôtel de Ville et vous trouverez le café ! À l'intérieur : photos de célébrités, bibelots, et le comptoir des habitués. Au menu : spécialités genevoises.

Le Perron, 5 r. du Perron, ✉ 1204, ☎ 0223 113 108, *Fax 0223 113 163,* – AE VISA p. 5 FZ n
fermé dim. – **Repas** 19 et à la carte 44/74.
◆ Sa terrasse ombragée connaît une forte activité "café". Au déjeuner, le service est effectué d'un pas allègre, et le soir l'ambiance est plus sereine. Répertoire traditionnel.

Environs au Nord :

Palais des Nations - CT :

Intercontinental, 7-9 ch. du Petit-Saconnex, ✉ 1209, ☎ 0229 193 939, *geneva@interconti.com, Fax 0229 193 838,* <, – ch, – 15/400. AE VISA JCB. rest p. 3 BT d
Repas (voir aussi rest. ***Les Continents*** ci-après) – ***La Pergola*** ☎ 0229 193 360 **Repas** 26 - 47 (midi) et à la carte 64/101 – 28 – **264 ch** 415/800, 63 suites.
◆ Les chefs d'État ont leurs habitudes dans cet hôtel voisin du Palais des Nations. Chambres "nickel" et bonne infrastructure conférencière. Des buffets tentateurs sont dressés sous la confortable "Pergola". Restaurant d'été paressant au bord de la piscine.

Les Continents - *Hôtel Intercontinental*, 7-9 ch. du Petit-Saconnex, ✉ 1209, ☎ 0229 193 350, *geneva@interconti.com, Fax 0229 193 838* – AE VISA JCB. p. 3 BT d
fermé Noël à Nouvel An, Pâques, sam. et dim. – **Repas** 62 (midi)/130 et à la carte 82/153.
◆ Au rez-de-chaussée de l'Intercontinental, luxueux restaurant habillé de boiseries et éclairé de lustres en cristal, en harmonie parfaite avec sa belle cuisine française.
Spéc. Asperges lardées et cuites meunière, oeuf de poule en brouillade aux truffes noires (printemps). Homard breton au lait d'amande fraîche et vinaigrette au curry rouge (été). Sablé breton au beurre demi-sel, pommes Golden caramélisées et crème glacée au cidre de Cornouaille (hiver). **Vins** Genève

Vieux-Bois, (Ecole Hôtelière), 12 av. de la Paix, ✉ 1202, ☎ 0229 192 426, *restaurant@vieux-bois.ch, Fax 0229 192 428,* – AE VISA. p. 4 CT r
fermé 19 déc. au 5 janv., 7 au 13 avril, 16 juil. au 15 août, sam., dim. et fériés – **Repas** *(fermé le soir)* 26 - 49/90 et à la carte 56/95.
◆ Ce pavillon datant du 18e s. abrite aujourd'hui l'École Hôtelière de Genève. Les étudiants, encadrés par des professionnels, y préparent des recettes bien dans le coup.

à Chambésy *5 km - CT – alt. 389 – ✉ 1292 Chambésy :*

Relais de Chambésy, 8 pl. de Chambésy, ☎ 0227 581 105, *Fax 0227 580 230,* – AE VISA JCB p. 4 CT a
fermé 20 déc. au 12 janv., sam. et dim. – **Repas** 22 - 36 (midi)/85 et à la carte 60/106 – ***Le Bistrot :*** **Repas** 19 - 39 (midi) et à la carte 37/62.
◆ Sur la place du village, authentique auberge campagnarde comprenant trois coquettes salles où vous seront servies des préparations classiques-bourgeoises de bon aloi. Bistrot misant sur des plats traditionnels simples à prix plancher.

à Bellevue *par rte de Lausanne : 6 km - CT – alt. 380 – ✉ 1293 Bellevue :*

La Réserve , 301 rte de Lausanne, ☎ 0229 595 959, *info@lareserve.ch, Fax 0229 595 960,* <, – ch, video AE VISA JCB p. 4 CT b
Tsé-Fung - cuisine chinoise - **Repas** à la carte 68/170 – ***Le Loti :*** **Repas** à la carte 62/134 – 35 – **85 ch** 550/990, 17 suites.
◆ Palace dont les chambres et suites, modernes, se complètent souvent d'une terrasse donnant, pour la plupart, sur le parc et sa piscine. Splendide décor intérieur signé Garcia. Fine cuisine chinoise au Tsé Fung. Préparations d'aujourd'hui au Loti.

à l'Est par route d'Evian :

à Cologny *3,5 km* - DU – *alt. 432* – ✉ *1223 Cologny* :

XXXX ✿ **Auberge du Lion d'Or** (Byrne/Dupont), 5 pl. Pierre-Gautier, ✆ 0227 364 432, *Fax 0227 867 462*, – AE ⓓ ⓜ VISA JCB p. 4 DU b
fermé 20 déc. au 5 janv., 5 au 19 avril, sam. et dim. – **Repas** 68 (midi)/170 et à la carte 106/150 – **Repas** (voir aussi ***Le Bistro de Cologny*** ci-après).
◆ Une superbe perspective sur le lac et les montagnes vous est offerte dans cette élégante salle à manger garnie de sièges Louis XVI. Alléchants menus et suggestions.
Spéc. Poêlée de St-Jacques, gnocchi de pommes de terre et cèpes, jus à la ventrèche (hiver). Pavé de loup de mer aux artichauts poivrade et tomate mi-confite (printemps). Suprême de poularde, jardinet de saison, crémé d'estragon et jus réduit à la réglisse

X **La Closerie,** 14 pl. du Manoir, ✆ 0227 361 355, *Fax 0227 000 119*, – AE ⓓ ⓜ VISA p. 4 DU t
fermé 14 au 22 fév., 26 juil. au 17 août, mardi midi et lundi – **Repas** 18 - 35 (midi)/88 et à la carte 66/105.
◆ L'auberge borde la petite place communale. Dans un décor moderne rehaussé de boiseries et de fresques, le chef vous propose une carte d'inspiration italienne.

X **Le Bistro de Cologny** - ***Auberge du Lion d'Or***, 5 pl. Pierre-Gautier, ✆ 0227 365 780, *Fax 0227 867 462*, – AE ⓓ ⓜ VISA JCB p. 4 DU a
fermé 20 déc. au 5 janv., 5 au 19 avril, sam. et dim. – **Repas** 23 - 42 (midi) et à la carte 58/103.
◆ Pendant du Lion d'Or, ce bistro récemment rénové présente un cadre chaleureux et d'intéressants arguments culinaires : de quoi satisfaire son appétit à prix digestes.

à Vandoeuvres *4,5 km* – *alt. 465* – ✉ *1253 Vandoeuvres* :

XX **Rest. du Cheval-Blanc,** 1 rte de Meinier, ✆ 0227 501 401, *restchevalblanc@bluewin.ch*, *Fax 0227 503 101*, . AE ⓓ ⓜ VISA
fermé 20 déc. au 3 janv., 20 juil. au 10 août, dim. et lundi – **Repas** - cuisine italienne - à la carte 66/103. p. 4 DU c
◆ Au centre du village, typique maison de pays devancée d'une belle terrasse estivale. Confortable salle à manger décorée dans la note vénitienne. Carte transalpine bien conçue.

à Collonge-Bellerive *6 km* – *alt. 411* – ✉ *1245 Collonge-Bellerive* :

X **Le Saladier,** 1 ch. du Château, ✆ 0227 524 704, *lesaladier@freesurf.ch*, *Fax 0227 524 704*, – P. AE ⓓ ⓜ VISA p. 4 DT a
fermé fin déc. à début janv., dim. soir et lundi – **Repas** 21 et à la carte 59/103.
◆ Ce restaurant où l'on fait des repas classiques est établi au centre de Collonge-Bellerive, dans une maison ancienne voisine de l'église. Sa terrasse donne sur un petit parc.

à l'Est par route d'Annemasse :

à Thônex *Sud-Est : 5 km* - DU – *alt. 414* – ✉ *1226 Thônex* :

XX ✿ **Le Cigalon** (Bessire), 39 rte d'Ambilly, à la douane de Pierre-à-Bochet, ✆ 0223 499 733, *jmbessire@le-cigalon.ch*, *Fax 0223 499 739*, – P. AE ⓓ ⓜ VISA p. 4 DU f
fermé 24 déc. au 5 janv., 18 juil. au 9 août, dim. et lundi – **Repas** 23 - 44 (midi)/99 et à la carte 72/129.
◆ Amateurs de cuisine iodée, avant de traverser la frontière, offrez-vous une halte gastronomique à cette enseigne. Carte actuelle concise où le poisson est à l'honneur.
Spéc. Paupiettes de thon rouge de Méditerranée aux huîtres de Marennne d'Oléron (printemps - été). Tartare de brochet du Lac Léman et son caviar (hiver). Loup de ligne rôti sur ses écailles, émulsion aux herbettes. **Vins** Satigny, Dardagny

XX **De Villette** avec ch, 55 rte de Villette, ✆ 0227 890 470, *Fax 0227 890 471*, – TV video. ⓓ ⓜ VISA. p. 4 DV c
Repas *(fermé sam. midi, dim. soir et lundi)* 22 - 39 (midi)/78 et à la carte 49/107 – 8 ch ☕ 160/180.
◆ Services en argenterie et profonds miroirs s'harmonisent au registre culinaire classique-traditionnel de ce restaurant établi dans un hameau. Gibier en saison de chasse.

au Sud :

à Conches *Sud-Est : 5 km - DV - alt. 419 - ✉ 1231 Conches :*

Le Vallon, 182 rte de Florissant, ☎ 0223 471 104, *Fax 0223 476 381,* - P. AE D MC VISA p. 4 CV n
fermé 24 déc. au 4 janv., 9 au 18 avril, 21 juin au 11 juil., sam. et dim. - **Repas** 42 (midi)/72 et à la carte 64/105.
◆ Cadre bistrotier mignon avec vue sur les cuisines où se conçoivent des plats assortis au décor. Sur les tables, des petits chevalets tiennent lieu de carte. Terrasse au calme.

à Veyrier *6 km - DV - alt. 422 - ✉ 1255 Veyrier :*

Café de la Réunion, 2 ch. Sous-Balme, ☎ 0227 840 798, *laporte@iprolink.ch, Fax 0227 843 859,* - P. AE D MC VISA p. 4 DV b
fermé 20 déc. au 4 janv., 3 au 18 avril, 9 au 17 oct., sam. et dim. - **Repas** (prévenir) 21 - 50 (midi)/95 et à la carte 82/108.
◆ Prenez place dans ce restaurant de style rustique avec poutres et pierres apparentes, pour goûter sa formule déjeuner ou penchez-vous le soir sur son répertoire plus élaboré.

à Vessy *par route de Veyrier : 4 km - CV - alt. 419 - ✉ 1234 Vessy :*

Alain Lavergnat, 130 rte de Veyrier, ☎ 0227 842 626, *Fax 0227 841 334,* - P. AE D MC VISA p. 4 CV z
fermé 21 déc. au 5 janv., 25 juil. au 15 août, dim. et lundi - **Repas** 50 (midi)/96 et à la carte 75/133 - ***Le Bistrot de la Guinguette* : Repas** 19 et à la carte 53/97.
◆ Ancienne villa genevoise où se conçoit une cuisine classique soignée. La salle à manger, aux accents rustiques, se complète d'un jardin d'hiver. Restauration traditionnelle sans prise de tête, le midi, au Bistrot de la Guinguette.

à Carouge *3 km - CV - alt. 382 - ✉ 1227 Carouge :*

Ramada Encore, 12 rte des Jeunes, ☎ 0223 095 000, *geneve.encore@ramada-treff.ch, Fax 0223 095 005* - |♿|, ⇌ ch, ▤ TV video ☎ ♿ 🚗 - 🏛 15/240. AE D MC VISA. ✂ rest
Repas *(fermé sam. et dim.)* 17 - 32 et à la carte 44/66 - ☕ 23 - **130 ch** 230/290. p. 3 BV n
◆ Immeuble moderne élevé à proximité d'une sortie d'autoroute, entre un stade et un complexe commercial. Centre de congrès, chambres sans reproche et breakfast de qualité. Repas sous forme de buffets ou petit choix international à la carte.

Auberge de Pinchat avec ch, 33 ch. de Pinchat, ☎ 0223 423 077, *Fax 0223 002 219,* - TV P. AE MC VISA p. 4 CV k
fermé 23 déc. au 4 janv., 4 au 12 avril et 14 août au 6 sept. - **Repas** *(fermé dim. et lundi)* 40 (midi)/96 et à la carte 66/124 - **5 ch** ☕ 120/145.
◆ Sobriété et tradition sont les maîtres-mots de cette auberge bourgeoise pourvue, à la belle saison, d'une agréable terrasse. Quelques chambres à disposition.

L'Olivier de Provence, 13 r. Jacques-Dalphin, ☎ 0223 420 450, *Fax 0223 428 880,* - AE D MC VISA JCB p. 4 CV a
fermé 24 déc. au 4 janv., sam. sauf le soir de sept. au 24 juin, dim. et fériés - **Repas** 46 (midi)/98 et à la carte 76/110 - ***Le Bistrot* : Repas** 17.50 - 29 (midi)/36 et à la carte 41/65.
◆ Cheminée, poutres au plafond et murs en pierres apparentes donnent un certain cachet à la salle de restaurant installée dans cette demeure datant partiellement du 18e s. Bistrot misant sur un sympathique menu et des recettes à connotations provençales.

Auberge du Cheval Blanc, 15 pl. d'Armes, ☎ 0223 436 161, *Fax 0223 436 021,* - ▤. AE D MC VISA p. 4 CV x
fermé 23 déc. au 8 janv., mardi midi et lundi - **Repas** (bistrot) 19 - 39 (midi) et à la carte 48/108.
◆ Vénérable auberge restaurée où l'on vient faire des repas traditionnels. Elle accueille régulièrement d'intéressantes et grivoises expositions picturales temporaires.

à Troinex *5 km par route de Troinex - alt. 425 - ✉ 1256 Troinex :*

La Chaumière, 16 ch. de la Fondelle, ☎ 0227 843 066, *info@lachaumiere.ch, Fax 0227 846 048,* - P. AE D MC VISA
fermé 21 déc. au 5 janv., dim. et lundi - **Repas** 65 (midi)/165 et à la carte 82/130 - ***Bistro* : Repas** 19 - 39 (midi) et à la carte 47/79. p. 4 CV m
◆ Une confortable maison de bouche s'est substituée à cette auberge communale enrobée de chlorophylle. Cuisine d'aujourd'hui à base de produits choisis. Restaurant d'été. Formule bistrotière sous la rotonde. Terrasse équipée d'un grill.

à Saconnex d'Arve *6 km* - BV – *alt. 440* – ✉ *1228 Plan-les-Ouates :*

Auberge de la Tour, 106 rte des Chevaliers de Malte, ✆ 0227 711 049, *aubergedelatour@bluewin.ch, Fax 0227 713 329,* – P. AE ⓓ MC VISA p. 3 BV e
fermé sam. midi, dim. soir et lundi – **Repas** *19* - 42 (midi)/78 et à la carte 62/94.
◆ Menues salles à manger agrestes égayées de peintures murales. Carte traditionnelle comportant quelques spécialités du Sud-Ouest de l'Hexagone : foie gras, cassoulet, etc.

à Plan-les-Ouates *5 km* - BV – *alt. 403* – ✉ *1228 Plan-les-Ouates :*

La Place, 143 rte de St-Julien, ✆ 0227 949 698, *Fax 0227 944 009,* – AE ⓓ MC VISA p. 3 BV a
fermé 25 déc. au 5 janv., 24 juil. au 9 août, sam. et dim. – **Repas** (le midi prévenir) *37* - 54 (midi)/78 et à la carte 66/121.
◆ Sur un axe fréquenté, petit café néo-rustique d'allure engageante. Mieux vaut réserver sa table si l'on compte déjeuner. Formule carte-menu plébiscitée. Plats traditionnels.

à Certoux *9 km* - AV – *alt. 425* – ✉ *1258 Perly :*

Café de Certoux, 133 rte de Certoux, ✆ 0227 711 032, *b.livron@cafe-certoux.com, Fax 0227 712 843,* – P. AE MC VISA. p. 3 AV x
fermé 23 déc. au 5 janv., 18 juil. au 9 août, dim. et lundi – **Repas** (prévenir) *22* - 46 (midi)/87 et à la carte 67/114.
◆ Auberge régionale en parfaite harmonie avec la campagne environnante. Derrière les fourneaux, le patron se concentre sur un répertoire au goût du jour, allégé et varié.

au Petit-Lancy *3 km* - BV – *alt. 426* – ✉ *1213 Petit-Lancy :*

Hostellerie de la Vendée, 28 ch. de la Vendée, ✆ 0227 920 411, *info@vendee.ch, Fax 0227 920 546,* – 15/60. AE ⓓ MC VISA JCB p. 3 BV q
fermé 20 au 31 mai (sauf hôtel), 20 déc. au 4 janv. et Pâques – **Repas** *(fermé sam. midi, dim. et fériés)* 54 (midi)/150 et à la carte 67/156 – **Repas** (voir aussi ***Bistro*** ci-après) – **34 ch** 180/340.
◆ Dans un quartier calme, hôtel disposant de bonnes chambres où vous passerez des nuits sans histoire. Une véranda façon jardin d'hiver prolonge l'élégante salle à manger du restaurant gastronomique. Mets classiques français goûtés des fines fourchettes.
Spéc. Nougat de foie gras de canard et ris de veau aux morilles (printemps). Fricassée de homard du Maine à la citronnelle, fin ragoût de cébettes (été). Soufflé chaud aux fruits de la passion (hiver). **Vins** Satigny

Bistro - *Hostellerie de la Vendée*, 28 ch. de la Vendée, ✆ 0227 920 411, *info@vendee.ch, Fax 0227 920 546,* – . AE ⓓ MC VISA p. 3 BV q
fermé 20 déc. au 4 janv., 20 au 31 mai, Pâques, sam. midi, dim. et fériés – **Repas** *19* - 38/48 et à la carte 50/83.
◆ Bistro où une carte de préparations classiques à prix digestes s'emploie à combler votre appétit. Mention spéciale pour les menus vins compris et la jolie terrasse estivale.

à Confignon *7 km* - AV – *alt. 435* – ✉ *1232 Confignon :*

Auberge de Confignon avec ch, 6 pl. de l'Église, ✆ 0227 571 944, *Fax 0227 571 889,* ←, – . AE MC VISA JCB p. 3 AV n
Repas *(fermé dim. soir et lundi)* *18* - 49 (midi)/125 et à la carte 61/133 – **14 ch** 160/280.
◆ Cette auberge ménageant une perspective sur Genève occupe une aile de l'Hôtel de Ville. Vaste salle à manger champêtre. Chambres modernes récemment rénovées.

à Lully *8 km* - AV – *alt. 430* – ✉ *1233 Bernex :*

La Colombière (Lonati), 122 rte de Soral, ✆ 0227 571 027, *Fax 0227 576 549,* – P. AE ⓓ MC VISA p. 3 AV b
fermé 19 déc. au 12 janv., 20 août au 20 sept., sam. et dim. – **Repas** (nombre de couverts limité - prévenir) 48 (midi)/135 et à la carte 79/118.
◆ Le succès de ce restaurant implanté dans une vieille ferme pittoresque tient autant à la qualité qu'à la créativité des mets proposés. Décor intérieur d'esprit campagnard.
Spéc. Pressé de thon rouge de la Méditerranée aux herbes aromatiques et gros sel. Filet de canette sauvagine au chou nouveau et foie gras. Crêpes soufflées citron vert, granité citron jaune, fraise et banane. **Vins** Lully

à l'Ouest :

à Vernier *4 km - BU – alt. 448 – ✉ 1214 Vernier :*

Au Cheval Blanc, 74 r. du Village, ✆ 0223 410 280, *Fax 0227 830 995*, – AE VISA p. 3 AU r
fermé 24 déc. au 7 janv., 26 juil. au 16 août, sam. et dim. – **Repas** *24* - 42/98 et à la carte 66/115.
◆ Terrasse en façade et sobre salle à manger contemporaine. Sur le seuil, alléchants parfums annonciateurs d'une cuisine traditionnelle épanouie.

à Cointrin *par rte de Meyrin : 4 km - BTU – alt. 428 – ✉ 1216 Cointrin :*

Mövenpick Genève, 20 rte de Pré-Bois, ✆ 0227 987 575, *hotel.geneva@moevenpick.com, Fax 0227 910 284*, – ch, – 15/400. AE VISA JCB p. 3 BU z
Kamome - cuisine japonaise - *(fermé 15 juil. au 15 août, sam. midi, lundi midi et dim.)* **Repas** *21* - 56 (midi)/110 et à la carte 60/103 – ***La Brasserie*** *(fermé juil. - août et dim.)* **Repas** 46 (midi) et à la carte 45/104 – 31 – **344 ch** 440/560, 6 suites.
◆ Hôtel de chaîne tout proche de l'aéroport. Salons, bars, boutiques et espaces de conférences. Toutes les chambres ont retrouvé l'éclat du neuf. Repas classique à la Brasserie. Restauration à la mode nippone au Kamome : teppanyaki, sushis, sashimis, etc.

Ramada Park Hotel, 75-77 av. Louis-Casaï, ✆ 0227 103 000, *resa@ramadaparkhotel.ch, Fax 0227 103 100*, – ch, – 15/550. AE VISA JCB. rest p. 3 BT v
La Récolte : **Repas** *18* - 32 et à la carte 43/109 – 30 – **302 ch** 195/440, 6 suites – ½ P suppl. 31.
◆ Cet établissement voisin des pistes d'envol propose toutes sortes de commodités : kiosque, coiffeur, sauna, salles de fitness et de réunions, etc. Chambres modernes. Salle de restaurant contemporaine où des semaines à thèmes culinaires sont organisées.

Express by Holiday Inn sans rest, 16 rte de Pré-Bois, ✆ 0229 393 939, *info@expressgeneva.com, Fax 0229 393 930* – video – 15/25. AE VISA p. 3 BU d
154 ch 225.
◆ Conçu dans un esprit moderne et pratique, ce nouvel hôtel de chaîne est taillé sur mesure pour accueillir la clientèle d'affaires. Bonnes chambres munies du triple vitrage.

Ibis, 10 ch. de la Violette, ✆ 0227 109 500, *H3535@accor-hotels.com, Fax 0227 109 595*, – ch, . AE VISA
Repas *20* - 28 et à la carte environ 35 – 14 – **109 ch** 129. p. 3 BT t
◆ Retrouvez, dans le voisinage de l'autoroute et de l'aéroport genevois, l'éventail des prestations hôtelières de la chaîne Ibis. Chambres standard avec modules sanitaires. Restaurant présentant une carte un peu "globe-trotter". Confortable terrasse.

Plein Ciel, à l'aéroport, 2e étage, ✆ 0227 177 676, *restaurant@canonica.com, Fax 0227 987 768*, – . AE VISA p. 3 BT h
Repas *(fermé dim. midi sauf de mi-sept. à mi-juin et sam. midi)* 55 (midi) et à la carte 64/124 – ***Café Bréguet*** *(fermé le soir sauf week-end et en été)* **Repas** 36 (midi)/46 et à la carte 35/80.
◆ Restaurants disposés autour d'une carlingue de Bréguet Atlantic, au 2e étage de l'aéroport. Vous serez aux premières loges pour observer les décollages et atterrissages. Café où il est agréable de faire escale par temps clair.

à Meyrin *par route de Meyrin : 5 km - AT – alt. 445 – ✉ 1217 Meyrin :*

NH Geneva Airport Hotel, 21 av. de Mategnin, ✆ 0229 899 000, *nhgeneva.airport@nh-hotels.ch, Fax 0229 899 999* – ch, – 15/60. AE VISA p. 3 AT b
Repas *18* - 25 (midi)/56 et à la carte 46/93 – 25 – **189 ch** 330/390 – ½ P suppl. 29.
◆ Architecture extérieure circulaire en briques rouges, révélatrice de la modernité intérieure. Chambres fonctionnelles toutes semblables. Nouveau restaurant au goût du jour. Carte lorgnant vers le pourtour méditerranéen.

Palais des Expositions : *5 km - BT – alt. 452 – ✉ 1218 Grand-Saconnex :*

Crowne Plaza, 26 voie de Moëns, ✆ 0227 470 202, *sales@cpgeneva.ch, Fax 0227 470 303*, – ch, – 15/180. AE VISA JCB p. 3 BT s
L'Olivo : **Repas** à la carte 50/117 – 32 – **500 ch** 470/680.
◆ Près de l'aéroport, hôtel à l'américaine disposant, entre autres, de salles de conférences, de chambres actuelles et d'un centre de remise en forme. Repas classique dans une salle de restaurant aux accents décoratifs méridionaux.

GENF *Genf* **552 B11** – *siehe Genève.*

GENOLIER *1272 Vaud (VD)* **552 B10** – *1 537 h. – alt. 562.*

Bern 135 – Genève 29 – Neuchâtel 99 – Lausanne 39 – Nyon 9.

Auberge des Trois Tilleuls, place du Village, ✆ 0223 660 531, *Fax 0223 660 532,* AE MC VISA
fermé 23 déc. au 8 janv., 6 au 20 juil., dim. et lundi – **Repas** 55 (midi)/90 et à la carte 67/95 – ***Bistrot*** : **Repas** *24* et à la carte 43/88.
◆ Au centre du village, charmante auberge rénovée où l'on fait des repas traditionnels sobrement actualisés. Salle élégante et feutrée ; service souriant et appliqué. Bistrot misant sur un plat du jour et des suggestions "canailles" annoncées sur des ardoises.

GERLAFINGEN *4563 Solothurn (SO)* **551 K6** – *4 733 Ew. – Höhe 452.*

Bern 30 – Biel/Bienne 29 – Solothurn 6 – Sursee 48.

Frohsinn, Obergerlafingerstr. 5, ✆ 0326 754 477, *rest.frohsinn@regio32.ch, Fax 0326 754 482,* – P. MC VISA
geschl. 25. Juli - 9. Aug., Sonntag und Montag – **Menu** - österreichische Spezialitäten - *14.50* - 54 (mittags)/69 und à la carte 40/74.
◆ Hier finden Sie österreichische Gastlichkeit und ein optimales Preis-Leistungsverhältnis. In der Küche wird Traditionelles aus dem östlichen Nachbarland sorgfältig zubereitet.

GEROLDSWIL *8954 Zürich (ZH)* **551 P4** – *4 601 Ew. – Höhe 403.*

Bern 117 – Zürich 15 – Aarau 38 – Baden 11 – Dietikon 6 – Luzern 63.

Hostellerie Geroldswil, Am Dorfplatz, Huebwiesenstr. 36, ✆ 017 478 787, *info@hostellerie-geroldswil.ch, Fax 017 478 888* – Zim, TV – 15/200. AE MC VISA
Rest. : geschl. 15. Juli - 15. Aug. – ***Costa d'Oro*** - italienische Küche - **Menu** *39* und à la carte 47/86– ***Osteria Barbarossa*** - italienische Küche - **Menu** *19.50* und à la carte 39/84 – **72 Zim** 140/230 – ½ P Zuschl. 25.
◆ Das Hotel beherbergt Gäste in Zimmern, von denen der grösste Teil renoviert und mit hellem Mobiliar funktionell eingerichtet wurde. Das gehobenere Costa d'Oro ist ein modernes Restaurant. In der Osteria Barbarossa geht es rustikal zu.

GEROLFINGEN *Bern (BE)* **552 H-I6** – *Höhe 502 – ✉ 2575 Täuffelen.*

Bern 42 – Neuchâtel 29 – Biel 10 – Solothurn 31.

Züttel, Hauptstr. 30, ✆ 0323 961 115, *zuettel@evard.ch, Fax 0323 961 053,* – P. AE MC VISA
geschl. Okt. 2 Wochen, Mittwoch und Donnerstag – **Menu** *17.50* - 35 (mittags)/83 und à la carte 39/92.
◆ Betritt man das Haus, gelangt man direkt in das einfache Bistro mit Bar. Links liegt das Schwanenstübli, rechts das gehobene Gourmetrestaurant.

GERSAU *6442 Schwyz (SZ)* **551 P7** – *1 972 Ew. – Höhe 435.*

Sehenswert : *Lage★★.*

Gersau Tourismus, Poststr. 1, ✆ 0418 281 220, tourismus@gersau.ch, Fax 0418 282 230.

Bern 162 – Luzern 33 – Altdorf 20 – Einsiedeln 39 – Gersau 12.

Seehof - Du Lac, Seestrasse (Richtung Brunnen), ✆ 0418 298 300, *info@seehof-gersau.ch, Fax 0418 298 384,* < Vierwaldstättersee, – TV P. AE MC VISA.
geschl. Hotel : 15. Dez. - 15. Jan. und Rest. : 1 Okt. - 1. Mai – **Menu** 45 (mittags) und à la carte 37/87 – **24 Zim** 105/220.
◆ Die zwei Gebäude liegen an der Seestrasse. Die Zimmer im Haupthaus sind hell und funktionell, im Nebenhaus gross und modern, jedoch alle zum See und viele mit Balkon. Seitlich der Rezeption liegt das einfache Restaurant mit grossen Panoramafenstern.

Schwert, Seestr. 29, ✆ 0418 281 134, *info@schwert-gersau.ch, Fax 0418 282 262,* < Vierwaldstättersee, – **Menu** 19 - 59 und à la carte 46/75 – **11 Zim** 115/220 – ½ P Zuschl. 35.
◆ Die modernen, in frischen Farben gehaltenen Zimmer dieses Hotels haben Balkone, die einen sehr schönen Ausblick auf den Vierwaldstättersee gestatten. Ausser im Restaurant mit rustikaler Einrichtung können Sie auch auf der Seeterrasse Platz nehmen.

Tübli, Dorfstr. 12, ✆ 0418 281 234, *info@tuebli-gersau.ch, Fax 0418 282 258,* – AE MC VISA
geschl. 1. - 24. Nov., Dienstag und Mittwoch von Sept. - Juni – **Menu** 18 und à la carte 32/86 – **9 Zim** 80/130 – ½ P Zuschl. 26.
◆ Der Landgasthof, ein Bauernhaus mit schöner Holzfassade aus dem 18. Jh., liegt in der Dorfmitte. Die Zimmer sind teilweise mit rustikalen, bemalten Bauernmöbeln eingerichtet. Die Gaststube vermittelt dank der vielen ausgestellten Pokale ländliche Atmosphäre.

West : *3 km Richtung Luzern – ✉ 6442 Gersau :*

Paradies Hotel Rotschuo, Seestr. 159, ✆ 0418 282 266, *rotschuo@bluewin.ch, Fax 0418 282 270,* < Vierwaldstättersee, – Zim, – 15/100. AE MC VISA
geschl. 15. Dez. - 31. Jan. – ***Fischerstube :*** **Menu** 19.50 und à la carte 45/121 – **61 Zim** 163/226 – ½ P Zuschl. 48.
◆ Das Hotel steht ruhig in einem exotischen Park nicht weit vom Ufer. Die Zimmer mit schönem Blick auf den See sind modern eingerichtet. Im vorderen Gebäude befindet sich die in drei helle, frische Stuben aufgeteilte Restauration.

GERZENSEE *3115 Bern (BE)* 551 J8 – *948 Ew. – Höhe 647.*

Bern 23 – Fribourg 38 – Langnau im E. 27 – Thun 16.

Bären, Dorfstr. 9, ✆ 0317 811 421, *Fax 0317 814 235,* – AE MC VISA
geschl. Mitte Feb. - Anfang März, Mitte Juli - Anfang Aug., Mittwoch und Donnerstag – **Menu** 18.50 - 60 und à la carte 52/87.
◆ Im gut unterhaltenen Riegelhaus werden Gäste entweder in der Stube oder im hübsch eingedeckten, rustikalen à la carte Teil bewirtet. Günstiges bürgerliches Angebot.

GESCHINEN *3981 Wallis (VS)* 552 O10 – *92 Ew. – Höhe 1 340.*

Bern 132 – Andermatt 56 – Brig 35 – Interlaken 76 – Sion 87.

Baschi, Furkastrasse Nord-Ost : 1 km, ✆ 0279 732 000, *Fax 0279 732 000,* – MC VISA
– *geschl. 29. März - 18. Mai, 30. Okt. - 17. Dez. und Sonntag im Sommer* – **Menu** (Grill) à la carte 37/70.
◆ Das Haus mit zentraler Terrasse liegt an der Durchgangsstrasse. In einem rustikalen Raum stehen massive Holztische und der Grill, auf dem fast alle Speisen zubereitet werden.

GIESSBACH *Bern* 551 M9 – *siehe Brienz.*

GILLY *1182 Vaud (VD)* 552 C10 – *740 h. – alt. 486.*

Bern 135 – Lausanne 31 – Genève 33 – Nyon 13.

Rôtisserie du Central, ✆ 0218 241 183, *info@larotisserie.ch,* – MC VISA
fermé 22 déc. au 2 janv., 23 juil. au 11 août, lundi et mardi – **Repas** - grillades - 16 - 54 et à la carte 54/80.
◆ Auberge familiale au centre du village. Spécialité de la maison : les plats préparés au grill, installé au milieu de la salle à manger rustique. Ambiance conviviale.

GIRENBAD BEI TURBENTHAL *Zürich (ZH)* 216 551 – *Höhe 740 – ✉ 8488 Turbenthal.*

Bern 157 – Zürich 36 – Frauenfeld 27 – Rapperswil 35 – Winterthur 17.

Gyrenbad, ✆ 0523 851 566, *info@gyrenbad.ch, Fax 0523 852 457,* <, – – 15/40
geschl. 16. Feb. - 9. März – **Menu** *(geschl. Dienstag)* 15.50 und à la carte 43/82 – **7 Zim** 90/140.
◆ Umgeben von Wald und Wiesen findet man in diesem Landgasthof die Ruhe, die man für einen erholsamen Schlaf braucht. Sämtliche Zimmer sind in hellem Holz eingerichtet. Besonders Ausflugsgäste schätzen das Lokal mit seiner Sonnenterrasse.

GISWIL *6074 Obwalden (OW)* **551 N8** *– 3 459 Ew. – Höhe 485 – Wintersport : 1 350/1 850 4.*

Tourismusbüro, Brünigstr. 80, 0416 751 760, giswil-tourismus@ify.ch, Fax 0416 751 746.

Bern 96 – Luzern 29 – Altdorf 53 – Andermatt 73 – Interlaken 39 – Sarnen 11.

Krone, Brünigstr. 92, 0416 752 424, *kronegiswil@bluewin.ch, Fax 0416 752 562,* , , , – , Zim, – 15/80. AE VISA. Rest

geschl. 15. Feb. - 15. März ; Rest. : auch Mittwoch von Nov. - Jan. – ***Kronenstube :*** **Menu** 58 und à la carte 38/80 – ***Beiz :*** **Menu** 16 und à la carte 33/80 – **60 Zim** 100/140 – ½ P Zuschl. 25.

◆ Diese Unterkunft besteht aus Haupthaus und mehreren Gästehäusern - überall finden Sie solide und funktionelle, mit hellem Holzmobiliar eingerichtete Zimmer. Alter Holzboden, Hussenstühle, moderne Bilder und Kunstgegenstände prägen die elegante Kronenstube.

Bahnhof mit Zim, Brünigstr. 48, 0416 751 161, *info@bahnhofgiswil.ch, Fax 0416 752 457,* , – . AE VISA JCB

Rest. : geschl. 5. Jan. - 6. Feb., Montag und Dienstag – ***Landauer :*** **Menu** 43 (mittags)/98 und à la carte 56/93 – ***Reblaube :*** **Menu** 17 - 42 und à la carte 34/73 – **10 Zim** 80/140 – ½ P Zuschl. 27.

◆ Der Landauer ist ein rustikales, gemütliches Lokal mit massiven Deckenbalken und Sichtmauern. Das einfachere Restaurant Reblaube ist im Stil eines gehobenen Cafés eingerichtet.

Süd : *2 km – 6074 Giswil :*

Landhaus , Brünigstr. 200, *hotel@landhaus-giswil.ch, Fax 0416 752 232,* , , , , , – , Zim, – 15/60. AE VISA

Zum Melchtaler : **Menu** 37 (mittags)/89 und à la carte 47/96 – ***Landbeiz :*** **Menu** 17 und à la carte 34/87 – **46 Zim** 125/185 – ½ P Zuschl. 45.

◆ Das Hotel liegt oberhalb des Ortes. Die Zimmer von ausreichender Grösse sind mit hellem, rustikalem Holzmobiliar zweckmässig eingerichtet. Die zwei gemütlichen à la carte-Stuben werden Melchtaler- und Brünigstube genannt. Einfach ist der Stil der Landbeiz.

GLARUS (GLARIS) *8750* K *Glarus (GL)* **551 S7** *– 5 753 Ew. – Höhe 472.*

Sehenswert : *Lage*★.

Hauptstr. 20, 0556 453 376, Fax 0556 453 370.

Bern 195 – Chur 75 – Sankt Gallen 71 – Buchs 66 – Schwyz 68 – Zürich 70.

Sonnegg, Asylstr. 30, beim Krankenhaus, 0556 401 192, *rest.sonnegg@bluewin.ch, Fax 0556 408 106,* – . AE VISA

geschl. 13. Juli - 4. Aug., Dienstagabend und Mittwoch – **Menu** 22 - 48 (mittags)/89 und à la carte 62/99.

◆ Eintretend in die Gaststube mit nur drei Tischen, gelangt man in einen angenehm eingerichteten Raum mit davorliegender kleiner Terrasse. Klassisches Saisonangebot.

GLATTBRUGG *Zürich* **551 P4** – *siehe Zürich.*

GLION *Vaud* **552 F10** – *rattaché à Montreux.*

GNOSCA *6525 Ticino (TI)* **553 S12** *– 524 ab. – alt. 259.*

Bern 242 – Locarno 25 – Andermatt 79 – Bellinzona 7 – Gordevio 35 – Lugano 35.

Lessy, 0918 291 941, – . AE VISA.

chiuso dal 22 al 29 febbraio, dal 1° al 22 agosto, domenica sera e lunedì – **Pasto** alla carta 36/62.

◆ Sita accanto alla chiesa romanica di S. Giovanni, osteria con bel dehors per l'estate. Sala da pranzo semplice, ornata da un caminetto, dove apprezzare una cucina casalinga.

GOCKHAUSEN *Zürich* **551** **Q5** *– siehe Zürich.*

GOLDACH *9403 Sankt Gallen (SG)* **551** **V4** *– 8 794 Ew. – Höhe 447.*
Bern 217 – Sankt Gallen 13 – Bregenz 29 – Konstanz 35 – Vaduz 57.

Villa am See, Seestr. 64, ✆ 0718 455 415, *Fax 0718 455 416,* ≤ Rorschach und See, – P. AE ① MC VISA
geschl. 1. - 13. Jan., 1. - 21. Sept., Montag und Dienstag – **Menu** 32 - 89 und à la carte 55/124.
◆ In den schönen Räumen der komplett renovierten Villa oder auf der romantischen Gartenterrasse am Seeufer mit traumhafter Sicht geniesst man die gutbürgerlichen Speisen.

GOLDSWIL *Bern* **551** **L9** *– siehe Interlaken.*

GOLINO *6656 Ticino (TI)* **553** **Q12** *– alt. 270.*
Bern 277 – Locarno 12 – Bellinzona 32 – Lugano 51.

Relais al Pontevecchio ⑤, al Ponte, ✆ 0917 856 161, *info@hotel-pontevecchio.ch, Fax 0917 856 160,* ≤, , – TV P. AE MC VISA
marzo - ottobre – **Pasto** alla carta 41/77 – **14 cam** ☐ 180/280 – ½ P sup. 38.
◆ In riva alla Melezza sorge questo albergo dagli interni eleganti, in stile provenzale. Camere personalizzate con mobili di buona fattura. Dopo un tuffo nel fiume, assaporate un pranzo nella bella sala del ristorante, nel giardino d'inverno o in terrazza.

Cà Vegia ⑤ senza rist, ✆ 0917 961 267, *Fax 0917 962 407,* – TV P.
2 marzo - 31 ottobre – **12 cam** ☐ 80/155.
◆ Tipica casa patrizia ticinese ; la facciata è ornata da un bell'affresco e da una cornice d'edera. Interni sistemati con gusto e accoglienti. Camere funzionali ; due sono nuove.

Madonna, via Nazionale, ✆ 0917 961 695, *ristorante.madonna@bluewin.ch, Fax 0917 961 953,* – AE ① MC VISA
16 marzo al 31 ottobre – **Pasto** *(chiuso martedì ed a mezzogiorno)* (prenotare) 61.
◆ Ubicato all'entrata del piccolo villaggio, presenta un ambiente rustico, arricchito all'interno da suppellettili del mondo contadino. Un solo menù che cambia ogni giorno.

GONTEN *9108 Appenzell Innerrhoden (AI)* **551** **U5** *– 1 432 Ew. – Höhe 902.*
Appenzell (April - Okt.) ✆ 0717 954 060, Fax 0717 954 061.
Bern 219 – Sankt Gallen 25 – Appenzell 6 – Bregenz 46 – Winterthur 69.

Bären mit Zim, Hauptstrasse, ✆ 0717 954 010, *info@hotel-baeren-gonten.ch, Fax 0717 954 019,* – P. AE ① MC VISA
geschl. Sonntagabend und Montag – **Menu** 26 - 95 und à la carte 47/125 – **15 Zim** ☐ 88/158 – ½ P Zuschl. 38.
◆ In dem netten Appenzellerhaus aus dem 17. Jh. bittet man seine Gäste in einer unterteilten, für die Region typischen Stube zu Tisch. Gerne können Sie hier auch übernachten.

GOPPENSTEIN *3915 Wallis (VS)* **552** **K11** *– Höhe 1 217.*
Goppenstein - Kandersteg, Information ✆ 0279 388 181.
Bern 193 – Brig 29 – Interlaken 139 – Sierre 25 – Sion 40.

GORDEVIO *6672 Ticino (TI)* **553** **Q12** *– 798 ab. – alt. 312.*
Bern 276 – Locarno 10 – Bellinzona 30 – Lugano 50.

Uno Più ⑤ con cam, ✆ 0917 531 012, *unopiu@freesurf.ch, Fax 0917 532 658,* – P. AE ① MC VISA.
chiuso dal 19 dicembre al 1º marzo e lunedì – **Pasto** (prenotare) 14.50 ed alla carta 44/68 – **6 cam** ☐ 98/176 – ½ P sup. 30.
◆ Situato nel centro del paese, sala da pranzo in stile ticinese come, del resto, le proposte della cucina. Disponibilità di alcune camere, sobrie e funzionali.

Le pagine dell'introduzione
vi aiuteranno ad utilizzare meglio la vostra Guida Michelin.

GOSSAU 9200 *Sankt Gallen (SG)* 551 V4 – *16 941 Ew. – Höhe 638.*
Bern 199 – Sankt Gallen 10 – Bregenz 47 – Konstanz 38 – Vaduz 78.

XXX **Ochsen,** St. Gallerstr. 31, ☎ 0713 852 531, *ochsen-gossau@bluewin.ch, Fax 0713 850 823* – P. AE Ⓓ MC VISA
geschl. Donnerstag – **Menu** 49 (mittags)/69 und à la carte 48/98 – ***Triangel*** **: Menu** 19.50 und à la carte 42/77.
◆ In der ersten Etage finden sie eine Stube, in der die Gäste in elegantem Rahmen auf schweren Polstermöbeln Platz nehmen können. Das Triangel im Erdgeschoss ist ein gutbesuchtes Tagesrestaurant im Bistrostil.

XX **Sonne** mit Zim, St. Gallerstr. 22, ☎ 0713 851 651, *sonne.gossau@bluewin.ch, Fax 0713 859 022* – TV P. AE Ⓓ MC VISA
geschl. 24. Dez. - 5. Jan. und 25. Juli - 9. Aug. – **Menu** *(geschl. Samstagabend und Sonntag)* 18.50 und à la carte 49/93 – **8 Zim** ☐ 80/160.
◆ Gediegene Gasträume, sympathisch und gemütlich eingerichtet, mit Holztäferung und gutem Couvert oder eine kleine Beiz im Eingangsbereich laden zu internationalen Gerichten.

Nord-West : *4 km Richtung Niederbüren :*

XX **Henessenmühle,** ✉ 9200 Gossau, ☎ 0713 851 509, *Fax 0713 852 265,* – P. AE MC VISA
geschl. 24. - 26. Dez., 2. - 25. Feb., 2. - 11. Aug., 4. - 20. Okt., Dienstag und Mittwoch – **Menu** 67/96 und à la carte 54/115.
◆ Es klappert die Mühle am rauschenden Bach! Das war im 13. Jh.! Heute serviert man in gemütlich-rustikalen Stuben oder im Gastraum klassische Gerichte mit trendigen Akzenten.

Ihre Meinung über die von uns empfohlenen Restaurants, deren Spezialitäten sowie die angebotenen regionalen Weine, interessiert uns sehr.

GOTTLIEBEN *Thurgau* 551 T4 – *siehe Kreuzlingen.*

GOUMOIS 2354 *Jura (JU)* 551 G5 – *114 h. – alt. 496.*
Bern 80 – Delémont 45 – Biel 46 – La Chaux-de-Fonds 35 – Montbéliard 52.

X **Le Theusseret,** à l'Ouest : 2,5 km, ☎ 0329 511 451, *Fax 0329 511 451,* ←, – P. MC VISA
fermé déc. à fév. et merc. – **Repas** à la carte 27/60.
◆ Du Doubs longeant cette maison, les truites n'ont qu'un saut à faire pour s'allonger dans vos assiettes! Outre le choix de plats régionaux, elles sont la spécialité du lieu.

GRÄCHEN 3925 *Wallis (VS)* 552 L12 – *1 412 Ew. – Höhe 1 617 – Wintersport : 1 617/2 868 m* 2 11.
ℹ *Grächen Tourismus, Dorfplatz,* ☎ *0279 556 060, info@graechen.ch, Fax 0279 556 066.*
Bern 199 – Brig 33 – Sion 67.

Walliserhof, Dorfplatz, ☎ 0279 561 122, *walliserhof@rhone.ch, Fax 0279 562 922,* ←, , , – TV P. AE Ⓓ MC VISA. Rest
Menu 22 - 35 und à la carte 38/99 – **25 Zim** ☐ 90/220, Vorsaison ☐ 80/140 – ½ P Zuschl. 35.
◆ Das schöne Walliser Haus am Dorfplatz bietet Zimmer von guter Grösse, die individuell, mit klassischem Holzmobiliar wohnlich eingerichtet sind. Das Restaurant im Erdgeschoss wirkt mit Holzdecke und typisch lokaler Dekoration gemütlich.

Grächerhof , ☎ 0279 562 515, *info@graecherhof.ch, Fax 0279 562 542,* ←, , – TV. AE Ⓓ MC VISA. Rest
20. Dez. - 17. April und 29. Mai - 16. Okt. – **Menu** 19.50 - 38/85 und à la carte 40/109 – **22 Zim** ☐ 115/350, Vorsaison ☐ 75/290, 3 Suiten – ½ P Zuschl. 36.
◆ Das Haus liegt in der verkehrsberuhigten Zone und beherbergt seine Gäste in Zimmern, die zum grössten Teil mit hellem Holzmobiliar zeitgemäss eingerichtet sind. Das Lokal ist unterteilt in einfachesTagesrestaurant und die gediegene Rôtisserie.

Hannigalp, ✆ 0279 551 000, *info@hannigalp.ch, Fax 0279 551 005*, <, , , , - | TV. MC VISA
19. Dez. - 16. April und 13. Juni - 15. Okt. – **Menu** 37 (abends) und à la carte 37/77 – **21 Zim** 90/170, Vorsaison 85/160 – ½ P Zuschl. 25.
◆ Das Hotel liegt etwas ausserhalb des Familienferienortes. Die teilweise getäferten Zimmer im Haupthaus wie im Chalet sind mit hellem, frischem Holzmobiliar ausgestattet. Hinter der Rezeption schliesst das kleine à la carte-Restaurant an.

Elite, ✆ 0279 561 612, *elite.graechen@reconline.ch, Fax 0279 561 682*, <, , - | TV P. AE MC VISA. Rest
19. Dez. - 19. April und 15. Juni - 3. Okt. – **Menu** *(nur Abendessen)* 35 und à la carte 33/85 – **24 Zim** 90/170, Vorsaison 85/150 – ½ P Zuschl. 28.
◆ Das Ferienhotel in ruhiger Hanglage hat Zimmer von guter Grösse, die mit dunklem Eichenholzmobiliar praktisch eingerichtet sind und über einen Balkon verfügen. Das Restaurant ist ein einfacher, rustikaler Raum mit freien Balken.

Bärgji-Alp, in Bärgji, Nord : 2,5 km über Bergstrasse erreichbar, ✆ 0279 561 577, *Fax 0279 562 995*, < Berge, – MC VISA
geschl. 25. April - 9. Juni und Ende Okt. - Mitte. Dez. ausser Samstagabend, Sonntagmittag und Feiertage – **Menu** 58 und à la carte 41/84.
◆ Über eine schmale Bergstrasse erreicht man, am besten zu Fuss, das rustikale Restaurant. Belohnt wird man mit dem schönen Blick und einer günstigen und guten regionalen Küche.

GRANDVAUX *1091 Vaud (VD)* 552 E10 – *1 928 h. – alt. 565.*

Bern 93 – Lausanne 8 – Montreux 16 – Yverdon-les-Bains 46.

Relais de la Poste, 10 rte de Crétaz, ✆ 0217 991 633, *Fax 0217 991 716*, < lac et vignobles, – P. AE MC VISA
Repas 18 - 68/108 et à la carte 52/126.
◆ De la magie plein les yeux grâce à la vue exceptionnelle sur le vignoble et le Léman dont jouit ce restaurant à débusquer sur les hauts du village. Carte attrayante.

Le Pointu, 10 Grand'Rue, ✆ 0217 994 333, *Fax 0217 994 334* – AE MC VISA
fermé 20 déc. au 6 janv., 10 au 20 avril, 24 juil. au 17 août, lundi midi, sam. et dim. – **Repas** (nombre de couverts limité - prévenir) 18 - 54/110 et à la carte 57/94.
◆ Mieux vaut réserver si vous espérez vous attabler dans cette petite maison de bouche bénéficiant d'une bonne réputation locale. Répertoire culinaire classique. Prix muselés.

GRANOIS *Valais* 552 I11 – *rattaché à Sion.*

GRELLINGEN *4203 Basel-Landschaft (BL)* 551 K4 – *1 636 Ew. – Höhe 322.*

Bern 102 – Basel 20 – Delémont 28 – Liestal 30.

Zur Brücke, Bahnhofstr. 4, ✆ 0617 411 236, *rest.bruecke@bluewin.ch, Fax 0617 411 082* – P. MC VISA
geschl. 1. - 7. März, 24. Juli - 8. Aug., Montagabend und Sonntag – **Menu** 30 - 75 und à la carte 47/91.
◆ Das ältere Gebäude an der Brücke birgt in seinem Inneren eine sehr kleine Gaststube, daneben das Stübli und die schön gedeckte Laube. Traditionelle Karte mit viel Fisch.

GRENCHEN *2540 Solothurn (SO)* 551 J6 – *15 973 Ew. – Höhe 440.*

Grenchen Tourismus, Centralstr. 12, ✆ 0326 443 211, grenchentourismus@gmx.ch.

Centralstr. 12, ✆ 0326 443 211, Fax 0326 443 211.

Bern 34 – Delémont 58 – Basel 80 – Biel 11 – Solothurn 11.

Krebs mit Zim, Bettlachstr. 29, ✆ 0326 522 952, *info@hotelkrebs.ch, Fax 0326 522 985*, – | TV. AE MC VISA JCB.
Menu *(geschl. 24. Dez. - 5. Jan., 26. Juli - 6. Aug., Samstag und Sonntag)* 19.50 - 38/54 (mittags) und à la carte 53/101 – **18 Zim** 75/160.
◆ Die unterteilte Restauration in dem unscheinbaren Stadthaus überrascht mit guter Weinkarte, klassischer Speisenauswahl und einem riesigen Zigarrensortiment.

GREPPEN *6404 Luzern (LU)* 551 P7 – *737 Ew. – Höhe 460.*

Bern 139 – Luzern 19 – Altdorf 42 – Cham 17 – Schwyz 28 – Zürich 50.

Rigi (Tuor), Dorfstr. 15, ☎ 0413 903 191, *Fax 0413 903 190*, – P. AE MC VISA

geschl. 5. - 21. Jan., 31. Mai - 23. Juni, Montag und Dienstag – **Menu** 22 - 75/105 und à la carte 59/111.

◆ Das Speiselokal im Landgasthof aus dem Jahre 1750 ist in mehreren rustikalen, gemütlichen holzgetäferten Stuben mit heimeliger Atmosphäre untergebracht.

Spez. Ganz gebratene Fische je nach Angebot. Reh und Wildgeflügel (Herbst). Allerlei vom Muotathaler Gitzi mit Kräutern gebraten (Frühling)

St. Wendelin mit Zim, Seestrasse, ☎ 0413 903 016, *st.wendelin@bluewin.ch, Fax 0413 903 916*, < Vierwaldstättersee, , , , – TV P. AE MC VISA

geschl. 23. Dez. - 8. Jan. – **Menu** *(geschl. Montag von Nov. - März und Dienstag)* 18.50 - 46 (mittags)/85 und à la carte 55/99 – **8 Zim** 90/170 – ½ P Zuschl. 45.

◆ Der 400 Jahre alte Gasthof liegt ausserhalb des Ortes und bietet einen schönen Blick auf den Vierwaldstättersee. Im rustikalen Lokal liegt eine klassische Karte mit Fisch auf.

GRIMENTZ *3961 Valais (VS)* 552 J12 – *454 h. – alt. 1 570 – Sports d'hiver : 1 570/2 900 m* 1 11 .

Office du Tourisme, ☎ 0274 751 493, grimentz@sierre-anniviers.ch, Fax 0274 752 891.

Bern 191 – Sion 38 – Brig 55.

Alpina , ☎ 0274 761 616, *alpina@espaceinfo.ch, Fax 0274 761 617*, <, , – TV P. AE MC VISA. ch

16 déc. au 17 avril et 2 juin au 19 oct. – **Repas** 18 - 42/58 et à la carte 42/77 – **28 ch** 129/288, Basse saison 89/198, 4 Suiten – ½ P suppl. 20.

◆ Au pied des pistes de ski, hôtel composé de quatre chalets mitoyens. Accueil affable et chambres fonctionnelles très "couleur locale". Grande salle de restaurant panoramique donnant sur une terrasse. Cuisine classique française et valaisanne.

GRINDELWALD *3818 Bern (BE)* 551 M9 – *3 876 Ew. – Höhe 1 034 – Wintersport : 1 034/2 501 m* 2 16 .

Sehenswert : *Lage★★.*

Ausflugsziel : *Jungfraujoch★★★ mit Zahnradbahn – Faulhorn★★★ - Männlichen★★★ – First★★ mit Sessellift – Bachsee★★ – Gletscherschlucht★★.*

Lokale Veranstaltungen

12.01 - 17.01 : World Snow Festival (Schneeskulpturen-Wettbewerb)

14.06 - 19.06 : Landart Festival (Kunstwerke in wilder Natur-Wettbewerb).

20.06 + 25.07 : Auf dem Männlichen : Bergfrühlingfest + Trachtenfest.

Grindelwald Tourismus, ☎ 0338 541 212, touristcenter@grindelwald.ch, Fax 0338 541 210.

Bern 77 – Interlaken 20 – Brienz 38 – Spiez 36.

Grand Regina Alpin Wellfit Hotel, ☎ 0338 548 600, *info@grandregina.ch, Fax 0338 548 688*, < Eiger, , , , , , , , , – TV P – 60. AE MC VISA JCB. Rest

geschl. 31. Okt. - 15. Dez. – ***Pendule d'Or :*** **Menu** à la carte 60/160 – 35 – **92 Zim** 325/490, Vorsaison 295/430, 8 Suiten – ½ P Zuschl. 100.

◆ Ein traditionsreiches Haus, in dem der Gast in einfacheren älteren, aber auch in modernen und stilvoll eingerichteten Zimmern und Suiten logiert. Sammlung alter Pendeluhren. Das Pendule d'Or beeindruckt mit eleganter Einrichtung.

Romantik Hotel Schweizerhof, ☎ 0338 532 202, *info@hotel-schweizerhof.com, Fax 0338 532 004*, < Eiger, , , , , – TV P. AE MC VISA JCB. Rest

20. Dez. - 11. April und 29. Mai - 9. Okt. – ***Schmitte :*** **Menu** 18 - 48/90 und à la carte 47/90 – **41 Zim** 238/476, Vorsaison 195/390, 9 Suiten – ½ P Zuschl. 20.

◆ Im schönen Chalet im regionalen Stil nächtigen die aufmerksam betreuten Gäste in wohnlichen, rustikal eingerichteten Zimmern und geniessen die Sicht auf den Eiger. Klein aber fein : elegant mit passendem rustikalen Dekor gibt sich das Restaurant Schmitte.

Belvedere, 0338 545 757, *belvedere@grindelwald.ch, Fax 0338 535 323,* < Eiger, , , , , – , , Rest, – 60. AE VISA JCB. Rest
geschl. 24. Okt. - 6. Dez. – **Menu** à la carte 44/95 – **55 Zim** 230/450, Vorsaison 190/420 – ½ P Zuschl. 35.
◆ Auffälliger Hotelbau nicht weit vom Ortszentrum. Die meist sehr modernen Zimmer sind elegant mit hellem Holzmobiliar eingerichtet. Auch einfachere Zimmer mit dunklen Möbeln. Hinter der Lobby mit Stilmöbeln befindet sich der angenehm gestaltete Speisesaal.

Kreuz und Post, Dorfstrasse, 0338 545 492, *kreuz-post@bluewin.ch, Fax 0338 545 499,* < Eiger, , – , Zim, – 20. AE VISA. Rest
geschl. 12. April - 27. Mai – **Menu** 16.50 - 45 (abends) und à la carte 43/95 – **42 Zim** 160/390, Vorsaison 90/220 – ½ P Zuschl. 40.
◆ Durch Flure mit Originalstichen, Bildern und antiken Möbeln gelangt man in grosse Zimmer, die mit hellen Möbeln rustikal-modern eingerichtet sind. Der Gast kann sowohl im à la carte-Restaurant, aber auch im schönen rustikalen Challistübli speisen.

Kirchbühl , 0338 533 553, *hotel@kirchbuehl.ch, Fax 0338 533 518,* < Eiger und Grindelwaldgletscher, , – – 25. AE VISA. Rest
Hotel : geschl. 20. Okt. - 15. Dez. ; Rest : auch 12. April - 15. Mai – ***La Marmite* : Menu** 65 und à la carte 45/94 – ***Hilty-Stübli* : Menu** 19 - 45 und à la carte 37/81 – **49 Zim** 190/390, Vorsaison 165/330, 10 Suiten – ½ P Zuschl. 45.
◆ Das gut geführte Haus überzeugt durch seine ruhige, leicht erhöhte Lage mit herrlichem Blick auf den Eiger. Die Zimmer im Chaletbau sind meist hell und rustikal möbliert. Das La Marmite verfügt über eine Panoramaterrasse. Rustikal gibt sich das Hilty-Stübli.

Bodmi , Terrassenweg, 0338 531 220, *hotel@bodmi.ch, Fax 0338 531 353,* < Eiger und Grindelwaldgletscher, – . AE VISA JCB
14. Dez. - 11. April und 20. Mai - 17. Okt. – **Menu** *(geschl. jeweils Mittwoch im Juni und Ende Sept. - Mitte Okt.)* 70 und à la carte 43/104 – **20 Zim** 183/282, Vorsaison 140/216 – ½ P Zuschl. 35.
◆ Das Chalet liegt äusserst ruhig in wunderbarer Aussichtslage und behebergt seine Gäste in grossen Zimmern mit verschiedenfarbigen modern-rustikalen Holzmöbeln und Sitzecken. Ländlich gehaltenes Restaurant.

Parkhotel Schoenegg , 0338 541 818, *schoenegg@grindelwald.ch, Fax 0338 541 819,* < Eiger und Berge, , , – . AE VISA. Rest
21. Dez. - 11. April und 13. Juni - 9. Okt. – **Menu** *(nur ½ Pens.)* – **50 Zim** 175/330, Vorsaison 145/270 – ½ P Zuschl. 25.
◆ Der Blick auf den Eiger, die grüne Umgebung, komfortable Zimmer mit zeitgemäss-rustikaler Einrichtung und ein gepflegter Freizeitbereich sprechen für dieses Hotel.

Caprice , 0338 543 818, *caprice@grindelwald.ch, Fax 0338 543 819,* < Eiger, , , – . AE VISA JCB. Rest
geschl. 18. April - 14. Mai und 15. Okt. - 30. Nov. – **Menu** *(nur ½ Pens. für Hotelgäste) (nur Abendessen)* – **23 Zim** 144/304, Vorsaison 124/264 – ½ P Zuschl. 20.
◆ Die ruhige Lage oberhalb des Ortes, die auch Sicht auf den Eiger ermöglicht, lässt den Gast zufrieden in seinem hellen modernen Zimmer mit rustikaler Einrichtung schlummern.

Gletschergarten, Dorfstrasse, 0338 531 721, *gletschergarten@grindelwald.ch, Fax 0338 532 957,* < Fiescherhörner und Grindelwaldgletscher, – , Rest, . AE VISA. Rest
20. Dez. - 27. März und 28. Mai - 2. Okt. – **Menu** *(nur ½ Pens. für Hotelgäste)* – **26 Zim** 130/260, Vorsaison 120/240 – ½ P Zuschl. 35.
◆ Im Chalet mit heimeliger Atmosphäre geniesst man den Ausblick auf die Fiescherhörner und den Gletscher. Die Zimmer sind teils dunkel, teils hell und neuzeitlich möbliert.

Eiger, Dorfstrasse, 0338 543 131, *hotel@eiger-grindelwald.ch, Fax 0338 543 130,* < Eiger, , – . AE VISA JCB
Barry's *(geschl. Montag in Zwischensaison und Donnerstag im Nov.)* **Menu** 16 und à la carte 38/84 – **48 Zim** 175/340, Vorsaison 120/230 – ½ P Zuschl. 30.
◆ Im Zentrum gelegen, bietet dieses Haus einen schönen Blick auf den Eiger. Die meisten Zimmer sind renoviert, hell und frisch mit rustikalem Mobiliar eingerichtet, teils älter. Im stimmungsvollen Erlebnisrestaurant Barry's strahlt viel Holz Gemütlichkeit aus.

Fiescherblick, Dorfstrasse, ✆ 0338 545 353, *hotel@fiescherblick.ch, Fax 0338 545 350,* ≤, 斋 - |♦| TV ✆ P. AE ⓓ ⓜⓒ VISA JCB
21. Dez. - 10. April und 30. Mai - 15. Okt. – **Menu** *(nur Abendessen)* 35/85 und à la carte 43/104 – **25 Zim** ⊒ 155/270, Vorsaison ⊒ 135/230 – ½ P Zuschl. 40.
◆ Die Zimmer im Stammhaus des Chalets sind mit hellem Holz rustikal und gemütlich gestaltet, im hinteren Hausteil einfacher und älter, doch alle mit Balkon. Das à la carte-Restaurant liegt mit Terrasse entlang der Strasse.

Sunstar, Dorfstrasse, ✆ 0338 547 777, *grindelwald@sunstar.ch, Fax 0338 547 770,* ≤, 斋, ≘s, ⊠, 斋, ⚔ - |♦| TV ✆ ⇔ P - 🔬 15/45. AE ⓓ ⓜⓒ VISA. ✻ Rest
19. Dez. - 12. April und 21. Mai - 14. Okt. – ***Adlerstube*** **: Menu** 19 - 25 (mittags)/85 und à la carte 52/98 – ***Älpli*** **: Menu** 14 - 19 und à la carte 28/74 – **178 Zim** ⊒ 150/330, Vorsaison ⊒ 135/300, 30 Suiten – ½ P Zuschl. 35.
◆ Die Zimmer in den zwei Gebäuden, die den Hotelkomplex bilden, sind - bei gutem Platzangebot - einheitlich mit rustikalem Pinienholzmobiliar wohnlich gestaltet. Die Adlerstube ist ein rustikales Lokal, das geschmackvoll eingerichtet ist.

Derby, am Bahnhof, ✆ 0338 545 461, *derby@grindelwald.ch, Fax 0338 532 426,* ≤, 斋 – |♦| TV P. AE ⓓ ⓜⓒ VISA JCB
geschl. 1. Nov. - Mitte Dez. – **Menu** à la carte 43/84 – **70 Zim** ⊒ 134/260, Vorsaison ⊒ 114/210 – ½ P Zuschl. 32.
◆ Mit Engagement wird dieses Haus geführt : Die älteren Zimmer werden laufend renoviert, die neuen Zimmer sind mit hellen massiven Kiefernholzmöbeln hell und frisch eingerichtet. In mehrere rustikale Stuben unterteilte Restauration.

Alpenhof ⛰, ✆ 0338 535 270, *info@alpenhof.ch, Fax 0338 531 915,* ≤ Eiger, 斋 – |♦| TV P. AE ⓜⓒ VISA JCB
Menu *(nur Abendessen)* 38 und à la carte 39/90 – **13 Zim** ⊒ 140/290, Vorsaison ⊒ 105/190, 4 Suiten – ½ P Zuschl. 32.
◆ Der moderne Chaletbau oberhalb des Zentrums bietet einen schönen Blick auf den Eiger. Die gemütlichen Zimmer mit massivem Fichtenholz laden zum Ausruhen ein. Kleine rustikale Gaststube.

Chalet Hotel alte Post ⛰, Dorfstrasse, ✆ 0338 534 242, *altepost@grindelwald.ch, Fax 0338 534 288,* ≤, 斋, 🚲, ≘s – |♦| TV P. AE ⓓ ⓜⓒ VISA JCB
geschl. 15. April - 15. Mai und 1. Nov. - 15. Dez. – **Menu** *(geschl. Mittwoch)* 18 und à la carte 46/84 – **20 Zim** ⊒ 130/280, Vorsaison ⊒ 85/200.
◆ Dieser ruhig gelegene Familienbetrieb bietet Ihnen hinter seiner regionstypischen Fassade ländlich eingerichtete Zimmer mit wohnlicher Atmosphäre. Der Restaurantbereich ist im rustikalen Stil gehalten.

Central Hotel Wolter, Dorfstrasse, ✆ 0338 543 333, *wolter@grindelwald.ch, Fax 0338 543 339,* ≤, 斋 – |♦| TV ✆ P – 🔬 40. AE ⓓ ⓜⓒ VISA JCB. ✻ Rest
geschl. 2. Nov. - 18. Dez. – **Menu** 14.50 - 21 (mittags) und à la carte 39/79 – **39 Zim** ⊒ 125/230, Vorsaison ⊒ 100/190 – ½ P Zuschl. 30.
◆ Nicht weit vom Bahnhof finden Sie dieses gut geführte Hotel. Hier wohnen Sie in behaglichen, hellen Zimmern - teils mit Balkon und schöner Aussicht. Im neuzeitlich-rustikalen Restaurant bietet man eine traditionelle Küche.

Alpina ⛰, ✆ 0338 533 333, *hotel@alpina-grindelwald.ch, Fax 0338 533 376,* ≤ Eiger, 斋, 斋 – |♦| TV P. AE ⓓ ⓜⓒ VISA JCB. ✻ Zim
geschl. April – **Menu** *(geschl. Dienstag)* 16 - 42 (abends) und à la carte 33/76 – **34 Zim** ⊒ 120/250, Vorsaison ⊒ 90/195 – ½ P Zuschl. 35.
◆ In ruhiger Lage, mit Blick auf den Eiger, wohnt man in diesem Haus in unterschiedlich grossen, meist mit neuem, hellem Mobiliar eingerichteten Zimmern. Einfach eingerichtete Gaststube im Eingangsbereich.

Steinbock, Dorfstrasse, ✆ 0338 538 989, *steinbock@grindelwald.ch, Fax 0338 538 998,* 斋 – |♦| TV ♿ P. AE ⓓ ⓜⓒ VISA JCB
Pizzeria da Salvi **: Menu** à la carte 36/86 – **17 Zim** ⊒ 135/270, Vorsaison ⊒ 115/230.
◆ Das hübsche, teils mit Holz verkleidete Chalet liegt im Zentrum von Grindelwald und beherbergt sehr gepflegte Zimmer mit funktionellem Mobiliar und neuzeitlicher Technik. Malereien italienischer Küstendörfer zieren die Wände des modern gestalteten Restaurants.

Hirschen, Dorfstrasse, 0338 548 484, *info@hirschen-grindelwald.ch*, *Fax 0338 548 480*, – TV P. AE MC. Rest
geschl. 5. Nov. - 18. Dez. – **Menu** *(geschl. auch 19. April - 14. Mai und Donnerstag)* 17 - 39 und à la carte 34/86 – **28 Zim** 105/260, Vorsaison 90/190 – ½ P Zuschl. 30.
◆ Die Zimmer in einem der ältesten Hotels des Ortes werden zum Wohle des Gastes laufend modernisiert, die des Haupthauses wurden mit hellem Fichtenholz zeitgemäss eingerichtet. Das Restaurant ist im lokalen Stil dekoriert.

Grindelwalderhof garni, Dorfstrasse, 0338 544 010, *gwh@tcnet.ch*, *Fax 0338 544 019*, Eiger – TV . AE VISA JCB
geschl. Nov. – **16 Zim** 160/260, Vorsaison 110/190, 3 Suiten.
◆ Der Hotelbereich liegt über verschiedenen Geschäften im Zentrum des Dorfes. Die Zimmer, meist mit Balkon, sind mit hellen, rustikalen Massivholzmöbeln eingerichtet.

Glacier , Endweg 10, 0338 531 004, *info@glacierhotel.ch*, *Fax 0338 535 004*, Eiger und Berge, – TV P. AE MC VISA JCB
geschl. 13. April - 8. Mai und 20. Okt.- 15. Nov. – **Menu** *(geschl. Montag in der Zwischensaison)* à la carte 31/75 – **17 Zim** 115/200, Vorsaison 85/160 – ½ P Zuschl. 33.
◆ Die geräumigen Südzimmer des ruhig gelegenen Chalets sind hell mit Holzmobiliar eingerichtet, die Nordzimmer sind dagegen etwas kleiner. Die Restauration besteht aus der rustikalen Gaststube und dem gehobeneren Speisesaal für Hotelgäste.

GROSSDIETWIL *6146 Luzern (LU)* 551 L-M6 – *835 Ew. – Höhe 574.*

Bern 61 – Aarau 40 – Burgdorf 37 – Langenthal 13 – Luzern 40 – Olten 33.

Löwen, Sandgrubenstr. 1, 0629 271 424, *zettelphilipp@bluewin.ch*, *Fax 0629 272 639*, – P. AE MC VISA
geschl. 29. Dez. - 11. Jan., 26. Juli - 8. Aug., Sonntagabend, Montag und Dienstagmittag – ***Löwensäli*** **: Menu** 18.50 - 48 (mittags)/85 und à la carte 45/88 – ***Gaststube*** **: Menu** 16.50 und à la carte 33/68.
◆ Im stattlichen Landgasthof aus dem 15. Jh. kann der Gast seinen Hunger in einer kleinen Stube mit Biedermeiermöbeln, dem Löwensäli, stillen. Die Gaststube im Löwen ist ein kleines, ländlich eingerichtetes Lokal.

GROSSHÖCHSTETTEN *3506 Bern (BE)* 551 K7 – *3 183 Ew. – Höhe 743.*

Bern 18 – Burgdorf 22 – Luzern 76 – Thun 21.

Sternen mit Zim, Bernstr. 4, 0317 102 424, *stegro@bluewin.ch*, *Fax 0317 102 425*, – TV P. AE MC VISA
Menu *(geschl. 20. Juli - 2. Aug., Montag und Dienstag)* 18 und à la carte 34/83 – **6 Zim** 65/120 – ½ P Zuschl. 35.
◆ Der Gast kann in verschiedenen Räumen von der traditionellen Karte wählen. Das Lokal ist in die typische Bernerstube, den rustikalen Arventeil und den Wintergarten unterteilt.

in Zäziwil *Ost : 2 km – Höhe 680 – 3532 Zäziwil :*

Appenberg , 0317 904 040, *hotel@appenberg.ch*, *Fax 0317 904 050*, , – P – 15/60. AE MC VISA
geschl. 21. - 27. Dez. – **Menu** *(geschl. Sonntagabend)* 16 - 26 (mittags)/85 und à la carte 38/73 – ***Spycher*** - Grilladen - *(geschl. 21. Dez. - 13. Jan., 11. Juli - 9. Aug., Sonntag und Montag) (nur Abendessen)* **Menu** à la carte 40/67 – **42 Zim** 89/152 – ½ P Zuschl. 29.
◆ Eine hübsche Ferienanlage, deren Herzstück das schöne, im traditionellen Stil mit Holzfront erbaute Haupthaus ist. Nette Zimmer, teils neuzeitlich, teils rustikal. Abseits vom Haupthaus das Restaurant Spycher : Hier wurden früher die Lebensmittel gelagert.

GRUB *9035 Appenzell Ausserrhoden (AR)* 551 V5 – *1 029 Ew. – Höhe 813.*

Bern 225 – Sankt Gallen 17 – Altstätten 27 – Bregenz 23 – Herisau 22.

Bären mit Zim, Halten 112, Richtung Eggersriet : 1 km, 0718 911 355, *info@baeren-grub.ch*, *Fax 0718 916 309*, – TV P – 40. AE MC VISA
geschl. Februar 2 Wochen, 26. Juli - 9. Aug., Montag und Dienstagmittag – **Menu** 19.50 - 49 (mittags)/99 und à la carte 58/97 – **6 Zim** 60/135 – ½ P Zuschl. 35.
◆ Neben der einfachen Gaststube, in welcher auch Tagesgerichte serviert werden, gibt es ein kleines, ländlich-rustikales Stübli mit gutem Gedeck und zeitgemässer Küche.

GRUYÈRES *1663 Fribourg (FR) 552 G9 – 1 487 h. – alt. 830.*

Voir : *Château★★ : chapes★.*

Manifestation locale

27.07 : Journée "Cors des alpes" à Gruyères-Moléson.

Office du Tourisme, ✆ 0269 211 030, tourisme@gruyeres.ch, Fax 0269 213 850.

Bern 65 – Fribourg 35 – Gstaad 38 – Lausanne 50 – Montreux 40 – Yverdon-les-Bains 84.

Hostellerie des Chevaliers, ruelle des Chevaliers, ✆ 0269 211 933, *chevaliers@gruyeres-hotels.ch, Fax 0269 212 552*, ←, – AE VISA

fermé janv. et fév. – **Repas** *(fermé dim. soir et lundi)* 25 (midi) et à la carte 41/84 – **34 ch** 120/240 – ½ P suppl. 45.

◆ Hôtel tranquille environné de verdure, où les "chevaliers" en quête de repos passeront un séjour revigorant. Recettes bien de notre temps à goûter dans une salle classiquement aménagée ou, mieux encore, dans la véranda panoramique.

Hôtel de Ville, 29 r. du Bourg, ✆ 0269 212 424, *info@hoteldeville.ch, Fax 0269 213 628*, – ch, – 20. AE VISA JCB. ch

Repas 17.50 - 36/59 et à la carte 33/90 – **8 ch** 130/280 – ½ P suppl. 30.

◆ Auberge où vous serez hébergés dans de lumineuses chambres agréablement agencées. Parmi les meilleures adresses de Gruyères pour passer la nuit. Bistrot "sympa" misant sur de généreuses spécialités traditionnelles : quiches, croûtes, raclettes, fondues, etc.

Hostellerie St. Georges, ✆ 0269 218 300, *hostellerie-st-georges@swissonline.ch, Fax 0269 218 339*, ←, – – 15/100. AE VISA

fermé nov. à mi-fév. – **Repas** à la carte 47/88 – **14 ch** 130/240 – ½ P suppl. 40.

◆ Hôtel doté de chambres rustiques au coeur de la cité médiévale. Pour mieux apprécier le séjour, réservez-en une avec une belle perspective. Restaurant-véranda offrant la vue sur les remparts et les Préalpes. Préparations régionales inscrites sur des ardoises.

Fleur de Lys, ✆ 0269 218 282, *hotelfleurdelys@bluewin.ch, Fax 0269 213 605*, – . AE VISA JCB

fermé 2 fév. au 5 mars et lundi de nov. à Pâques – **Repas** 14 - 34 et à la carte 46/105 – **11 ch** 125/175 – ½ P suppl. 40.

◆ Bon petit point de chute tout simple pour découvrir cette belle région fromagère. Chambres rustiques ou plus actuelles, typique carnotzet et terrasses. À table, plats traditionnels de saison, dont la choucroute hivernale. Repas servi à l'extérieur en été.

GSTAAD *3780 Bern (BE) 551 I10 – Höhe 1 050 – Wintersport : 1 000/1 820 m 2 4.*

Sehenswert : *Lage★★★.*

18 Gstaad-Saanenland (Ende Mai - Okt.) ✆ 0337 484 030, Fax 0337 484 038.

Lokale Veranstaltungen

03.07 - 11.07 : Allianz Suisse Tennis Open

16.07 - 04.09 : Menuhin Festival.

Gstaad Saanenland Tourismus, Promenade, ✆ 0337 488 181, gst@gstaad.ch, Fax 0337 488 183.

Bern 88 – Interlaken 68 – Aigle 48 – Fribourg 73 – Lausanne 88 – Montreux 64 – Spiez 59.

Palace, ✆ 0337 485 000, *palace@gstaad.ch, Fax 0337 485 001*, ← Gstaad und Berge, , , , , , , , – video – 15/150. AE VISA. Rest

19. Dez. - Mitte März und Mitte Juni - Ende Sept. – **Menu** 90 (mittags)/110 und à la carte 82/164 – **93 Zim** *(nur ½ Pens.)* 560/1350, Vorsaison 380/1000, 7 Suiten.

◆ Das schlossähnliche Gebäude mit schöner Terrasse thront über dem Ort. Exklusive Zimmer und Suiten voller Luxus und Eleganz lassen kaum Wünsche offen. Der gastronomische Bereich wurde mit viel Holz im Chaletstil gestaltet.

Unsere Hotel-, Reiseführer und Straßenkarten ergänzen sich. Benutzen Sie sie zusammen.

Grand Hotel Park, Wispilestrasse, 0337 489 800, *info@grandhotelpark.ch, Fax 0337 489 808*, (Solebad), – video – 15/120. AE VISA. Rest
12. Dez. - 27. März und Mitte Juni - Mitte Sept. – **Menu** 75 (mittags)/95 und à la carte 87/185 – **91 Zim** 820/1140, Vorsaison 590/660, 8 Suiten – ½ P Zuschl. 55.
◆ Gediegenheit und Exklusivität begegnen Ihnen hier auf Schritt und Tritt. Auch die herrliche Lage mit Ausblick spricht für dieses traditionsreiche Haus. Verschiedene Restaurants von rustikal-elegant bis edel erwarten den anspruchsvollen Gast.

Grand Hotel Bellevue, Hauptstrasse, 0337 480 000, *info@bellevue-gstaad.ch, Fax 0337 480 001*, – Rest, AE VISA. Rest
geschl. Mitte April - Mitte Mai – ***Prado :*** **Menu** 145/175 und à la carte 96/147 – ***Coelho :*** **Menu** 24 und à la carte 54/102 – 20 – **35 Zim** 480/700, Vorsaison 300/500.
◆ Ein Hotel der Extraklasse : Individuell designte Zimmer und Suiten mit Laptop, DVD und Stereo, luxuriöse öffentliche Bereiche und engagierter Service. Edle Schlichtheit und zeitgenössische Gemälde im Prado. Leuchter aus Muranoglas schmücken das Coelho.

Le Grand Chalet, Neueretstrasse, 0337 487 676, *hotel@grandchalet.ch, Fax 0337 487 677*, Saanenland und Berge, – AE VISA JCB
18. Dez. - 21. März und 29. Mai - 10. Okt. – ***La Bagatelle*** (Tischbestellung ratsam) **Menu** 34 - 48 (mittags)/145 und à la carte 87/124 – **21 Zim** 310/540, Vorsaison 170/380, 3 Suiten – ½ P Zuschl. 55.
◆ Das schöne Chalet mit der eigentümlichen Giebelkonstruktion steht allein vor imposanter Bergkulisse. Besonders geräumig : die hell und rustikal eingerichteten Südzimmer. La Bagatelle ist ein gemütliches Restaurant mit Panoramaterrasse.

Bernerhof, 0337 488 844, *info@bernerhof-gstaad.ch, Fax 0337 488 840*, – AE VISA
geschl. 1. - 19. Dez. – **Menu** 19.50 - 31 (mittags)/65 und à la carte 44/113 – ***Blun-Chi*** - chinesische Küche - *geschl. 12. April - 5. Mai, 28. Nov. 16. Dez., Montag und Dienstag in Nebensaison)* **Menu** 17 - 45/72 und à la carte 48/95 – **34 Zim** 180/390, Vorsaison 130/220, 11 Suiten – ½ P Zuschl. 35.
◆ Das Haus liegt in der Fussgängerzone. Die Zimmer, durchweg von guter Grösse, sind teils mit neuem, teils auch mit älterem Holzmobiliar eingerichtet. Ein betont rustikales Restaurant. Im Blun-Chi kommt fernöstliche Stimmung auf.

Arc-en-ciel, 0337 484 343, *arcenciel@gstaad.ch, Fax 0337 484 353*, – – 15/55. AE VISA
Menu 24 und à la carte 35/96 – **36 Zim** 197/396, Vorsaison 108/250, 6 Suiten – ½ P Zuschl. 32.
◆ Gleich hinter dem Regenbogen, nämlich am Ortsrand steht das Haus mit dem farbenfrohen Namen. Die meist renovierten Zimmer sind mit hellem Mobiliar zweckmässig eingerichtet. Restaurant mit grossem Nichtraucherteil und Wintergarten.

Gstaaderhof, Hauptstrasse, 0337 486 363, *gstaaderhof@gstaad.ch, Fax 0337 486 360*, – – 30. AE VISA. Rest
14. Dez. - 12. April und 15. Mai - 24. Okt. – ***Müli :*** **Menu** 19 - 28 (mittags)/46 und à la carte 41/92 – ***Saagi-Stübli*** - Grill- und Fonduespezialitäten - *(geöffnet im Winter) (nur Abendessen)* **Menu** à la carte zirka 50 – **64 Zim** 170/310, Vorsaison 114/198 – ½ P Zuschl. 30.
◆ Das Hotel ist in ein Geschäftshaus am Rand des Zentrums integriert. Funktionell eingerichtete Zimmer und ein gutes Freizeitangebot gehören zu den Vorzügen dieser Adresse. Das Müli befindet sich in der ehemaligen Mühlenkammer. Rustikal : das Saagi-Stübli.

Alphorn, Gsteigstr. 62, 0337 484 545, *office@gstaad-alphorn.ch, Fax 0337 484 546*, – AE VISA
Menu 14.50 - 30/54 und à la carte 40/92 – **30 Zim** 134/288, Vorsaison 96/212 – ½ P Zuschl. 30.
◆ Das im regionalen Stil gehaltene Chalet mit Ausblick bietet den Gästen renovierte Zimmer, die mit hellem, rustikalem Massivholzmobiliar wohnlich eingerichtet sind. Helles, alpenländisches Restaurant.

Posthotel Rössli, Promenade, ✆ 0337 484 242, *hotel.roessli@bluewin.ch*, *Fax 0337 484 243*, – TV. AE MC VISA
geschl. 19. April - 19. Mai – **Menu** *(geschl. auch Mittwoch und Donnerstag in der Zwischensaison)* 17 - 37 (mittags)/85 und à la carte 31/95 – **18 Zim** 140/340, Vorsaison 98/210 – ½ P Zuschl. 33.
◆ Da das Gasthaus beim Brand 1870 als Einziges stehen blieb, bezeichnet man es als das älteste des Ortes. Die Zimmer sind rustikal mit dunklem Eichenholzmobiliar eingerichtet. Die Alti Poscht ist ein gemütliches, mit Jagdtrophäen dekoriertes Lokal.

Chesery (Speth), Lauenenstrasse, ✆ 0337 442 451, *chesery@gstaad.ch*, *Fax 0337 448 947*, – P. AE MC VISA
geöffnet 17. Dez. - 11. April und 18. Juni - 3. Okt. ; geschl. Dienstag in Nebensaison und Montag – **Menu** *(Dienstag bis Donnerstag nur Abendessen)* 36 - 64 (mittags)/159 und à la carte 112/176.
◆ Um das zentrale Cheminée wurde das edel-rustikale Restaurant konzipiert. Im mit schöner Glasmalerei dekorierten Lokal geniessen Sie klassische, aber auch regionale Kochkunst.
Spez. La salade tiède de cèpes marinés aux fines herbes et huile d'olive (été). Coquilles St. Jacques et langoustines à la sauce tamarin (hiver). Le cabri du "Saanenland" rôti au four aux herbes de la montagne (printemps)

Olden mit Zim, Promenade, ✆ 0337 443 444, *info@hotelolden.com*, *Fax 0337 446 164*, – TV video P. AE MC VISA
geschl. Mitte April - Mitte Mai, Mitte Okt. - Mitte Nov., Dienstag und Mittwoch in Zwischensaison – **Menu** 36 - 135 (abends) und à la carte 92/169 – ***La Cave*** *(geöffnet : Mitte Dez. - Mitte März ; geschl. : Montag und Dienstag im Jan.)* **Menu** à la carte 89/169 – **16 Zim** 480/570, Vorsaison 200/300 – ½ P Zuschl. 80.
◆ Die aufwändig bemalte Fassade des alten Hauses im Zentrum fällt gleich auf. Im Inneren finden Sie ein schönes rustikales Restaurant und sehr hübsch gestaltete Zimmer. Nur im Winter geöffnet : das kleine, behagliche La Cave.

in Schönried *Nord : 7 km Richtung Zweisimmen – Höhe 1 231 – ✉ 3778 Schönried :*

Ermitage-Golf, Hauptstrasse, ✆ 0337 486 060, *ermitagegolf@gstaad.ch*, *Fax 0337 486 067*, ← Berge, (Solebäder), – Rest, TV P. P. AE MC VISA. Rest
17. Dez. - 24. Okt. – ***Da Capo*** *- italienische Küche - (geöffnet Dez. - April ; geschl. Sonntag) (nur Abendessen)* **Menu** à la carte 64/118 – ***Chuchichäschtli* : Menu** à la carte 59/124 – ***Fondue Spycher*** *- Käsespezialitäten - (geöffnet Dez. - April ; geschl. Montag und Dienstag) (nur Abendessen)* **Menu** à la carte 40/91 – **67 Zim** 295/590, Vorsaison 165/350 – ½ P Zuschl. 45.
◆ Das grosse, originell bemalte Chalet verfügt über eine elegant-rustikale Einrichtung mit edlen Zimmern in unterschiedlicher Grösse. Hinter der Lobby liegt das Da Capo. Das Chuchichäschtli ist elegant dekoriert. Rustikal-gemütlich ist der Fondue-Spycher.

Alpenrose, Saanenmöserstrasse, ✆ 0337 446 767, *info@hotelalpenrose.ch*, *Fax 0337 446 712*, ← Berge, – TV P. AE MC VISA JCB
geschl. 20. Okt. - 15. Dez. – ***Azalée*** *(geschl. Dienstagmittag und Montag)* **Menu** 75/178 und à la carte 93/179 – ***J. P.'s Churrascaria*** *(geschl. Mittwoch)* **Menu** 47/78 und à la carte 45/112 – **20 Zim** 235/490, Vorsaison 155/340 – ½ P Zuschl. 50.
◆ Eine rustikal-elegante Einrichtung bestimmt das Interieur dieses im traditionellen Stil erbauten Hotels. Die rückwärtigen Zimmer sind recht gross und haben alle Balkone. Azalée : rustikal-elegant. Als Blickfang in J.P.'s Churrascaria dient der offene Grill.

in Saanenmöser *Nord : 9 km Richtung Zweisimmen – Höhe 1 269 – ✉ 3777 Saanenmöser :*

Golfhotel Les Hauts de Gstaad, ✆ 0337 486 868, *golfhotel@tcnet.ch*, *Fax 0337 486 800*, ← Berge, – TV P. – 15/100. AE MC VISA
geschl. 15. Nov. - 15. Dez. und 15. April - 28. Mai – ***Belle Epoque* : Menu** 54 (mittags)/81 und à la carte 60/142 – ***Bärengraben* : Menu** 19 - 54 (mittags)/68 und à la carte 53/109 – **58 Zim** 275/630, Vorsaison 140/380 – ½ P Zuschl. 45.
◆ Ein Chalet mit Seminarbereich und Anbau, in dem 25 Zimmer entstanden sind, die allergikerfreundlich mit Terracottafliesen und im italienischem Landhausstil eingerichtet sind. Das Belle Epoque strahlt gehobenes Ambiente aus. Rustikal : der Bärengraben.

Hornberg, 0337 486 688, *hornberg@gstaad.ch, Fax 0337 486 689*, ≤, – – 15/25. AE VISA
6. Dez. - 11. April und 21. Mai - 22. Okt. – **Menu** 45/89 (abends) und à la carte 38/89 – **37 Zim** 175/420, Vorsaison 150/340 – ½ P Zuschl. 30.
◆ Die Zimmer sind teils gemütlich mit geschnitztem Arvenholz eingerichtet, die anderen mit Kiefer. Ruhen Sie in der grossen Gartenanlage aus. Das Restaurant setzt sich aus der ländlichen Gaststube und dem rustikal-eleganten Speisesaal für Hotelgäste zusammen.

in Lauenen *Süd : 6,5 km – Höhe 1 250 – ✉ 3782 Lauenen :*

Alpenland, Rohrbrücke, Süd : 1 km, 0337 653 434, *hotel@alpenland.ch, Fax 0337 653 464*, ≤ Berge, – AE VISA
geschl. Mitte Nov. - Mitte Dez., Mittwoch in April und Mai – **Menu** à la carte 38/96 – **20 Zim** 125/250, Vorsaison 100/200 – ½ P Zuschl. 35.
◆ Das ortstypische Chalet liegt ruhig ausserhalb des Ortes in der Nähe der Skilifte. Die hellen Gästezimmer sind mit Naturholzmöbeln wohnlich eingerichtet. Eine Terrasse mit schönem Bergblick ergänzt das Restaurant.

in Saanen *Nord-West : 3 km – Höhe 1 010 – ✉ 3792 Saanen :*
Sehenswert : *Chalets★ – Wandmalereien★ in der Kirche*

Steigenberger, auf der Halten, Ost : 2 km, 0337 486 464, *gstaad@steigenberger.ch, Fax 0337 486 466*, ≤ Saanen und Gstaad, – Zim, – 15/100. AE VISA. Rest
geschl. 24. Okt. - 17. Dez. – **Menu** 24 - 50 und à la carte 49/100 – **124 Zim** 240/480, Vorsaison 143/286, 9 Suiten – ½ P Zuschl. 62.
◆ Hier wohnen Sie in Quartieren von guter Grösse, die mit solidem Eichenmobiliar im Chaletstil ausgerüstet sind und alle über einen Balkon verfügen. Schöner Fitnessbereich. Frischer, heller Speisesaal und rustikales à la carte-Restaurant.

Alpine Lodge, Wyssmülleriweg, 0337 484 151, *info@alpinelodge.ch, Fax 0337 484 152*, ≤, – – 80. AE VISA
Mitte Dez. - Mitte April und Mitte Juni - Mitte Okt. – **Menu** 39 und à la carte 44/88 – **25 Zim** 199/318, Vorsaison 119/198 – ½ P Zuschl. 10.
◆ Neben modernen und freundlichen Zimmern - alle mit Computer und freiem Internetzugang, einige als Themenzimmer - bietet dieses Trend-Hotel auch viele Outdoor-Aktivitäten an. Helles, neuzeitliches Restaurant mit grossen Holztischen und Korbstühlen.

Saanerhof, 0337 441 515, *hotel@saanerhof.ch, Fax 0337 441 323*, –
geschl. Mitte Nov. - Mitte Dez. und April – **Menu** 17 - 35 und à la carte 34/97 – **23 Zim** 120/220, Vorsaison 80/160 – ½ P Zuschl. 35.
◆ Der ältere Gasthof, nicht weit vom Bahnhof gelegen, bietet seinen Gästen Zimmer, die mit hellem Holzmobiliar rustikal und gemütlich eingerichtet sind. Das Beizli, mit blanken Holztischen, und die ländliche Stube sind die beiden Lokale des Hotels.

Landhaus, Hauptstrasse, 0337 484 040, *landhaus-saanen@bluewin.ch, Fax 0337 484 049* – AE VISA
geschl. Mitte Mai - Mitte Juni und Donnerstag ausser Hochsaison – **Menu** 17 und à la carte 34/86 – **19 Zim** 110/240, Vorsaison 90/200 – ½ P Zuschl. 30.
◆ Trotz des Namens liegt das Haus im Zentrum des Ortes. Die mit hellem, lackiertem Kiefernholzmobiliar ausgestatteten Zimmer verfügen über ausreichenden Platz. Im vorderen Teil der rustikalen Gaststube fällt der Stammtisch ins Auge, hinten ist nett eingedeckt.

Sonnenhof, in Unterbord, Nord-Ost : 3 km, 0337 441 023, *restaurant.sonnenhof@bluewin.ch, Fax 0337 441 037*, ≤ Gstaad und Berge, – VISA
geschl. 18. April - 10. Juni, 1. - 12. Dez., Mittwoch und in der Zwischensaison auch Dienstag – **Menu** (Tischbestellung ratsam) 28 - 52 (mittags)/95 und à la carte 56/120.
◆ Von der wunderschönen Sonnenterrasse aus hat man einen phänomenalen Ausblick auf Gstaad und die Berge. Aus der Küche kommen klassische Gerichte.

Einzelheiten über die in diesem Reiseführer angegebenen Preise finden Sie in der Einleitung.

GUARDA 7545 Graubünden (GR) 553 Z9 – 153 Ew. – Höhe 1 653.

Bern 318 – Scuol 19 – Chur 94 – Davos 42 – Merano 122 – Sankt Anton am Arlberg 107 – Sankt Moritz 51.

Meisser, Dorfstr. 42, 0818 622 132, *info@hotel-meisser.ch, Fax 0818 622 480*, ←, , – P. AE VISA. Rest
20. Dez. - 12. April und 20. Mai - 2. Nov. – **Menu** *(im Winter nur ½ Pens. für Hotelgäste)* 24 - 52/79 und à la carte 48/98 – **18 Zim** 130/286, 4 Suiten – ½ P Zuschl. 40.
◆ Die ehemaligen Engadiner Bauernhäuser a. d. 17. Jh. liegen ruhig im alten Dorfkern - mit schönem Blick vom Garten des Haupthauses. Rustikale Suiten und schlichtere Zimmer. Sehenswert : Speisesaal mit Stuckdecke und Holztäfer, Panoramarestaurant und Kellerbar.

Piz Buin, Dorfstr. 21, 0818 613 000, *info@pizbuin.ch, Fax 0818 613 015*, ← "Unterengadiner Dolomiten", , , – TV P. VISA
geschl. 12. April - 29. Mai – **Menu** *(geschl. Mittwoch von Nov. - April)* 19 - 24 (mittags)/47 und à la carte 35/81 – **22 Zim** 86/182 – ½ P Zuschl. 30.
◆ Die wunderbare Sicht auf die "Unterengadiner Dolomiten" lässt das Bergsteigerherz höher schlagen. In Zimmern mit Arven- und Tannenholz wohnt man gemütlich. Nach Ausflügen gibt es doch kaum etwas Schöneres als in typischem Umfeld regionale Gerichte zu kosten.

Val Tuoi, Chasa 56, 0818 622 470, *contact@pensionvaltuoi.ch, Fax 0818 622 407*, ← – TV P. AE VISA. Rest
geschl. 11. - 19. Jan., 19. April - 19. Mai und 29. Nov. - 20. Dez. – **Menu** *(nur Abendessen für Hotelgäste)* – **13 Zim** 60/150 – ½ P Zuschl. 24.
◆ Hinter einer schön bemalten Fassade finden Sie gemütlich eingerichtete Zimmer mit Arven- und Fichtenholz. Im rustikalen Restaurant gibt es Abendessen für Pensionsgäste.

GUDO 6515 Ticino (TI) 553 R12 – 688 ab. – alt. 218.

Bern 265 – Locarno 13 – Bellinzona 7 – Lugano 32.

Osteria Brack con cam, via delle Vigne, 0918 591 254, *Fax 0918 592 098*, ←, – TV P. AE VISA. rist
marzo - novembre – **Pasto** *(chiuso martedì, mercoledì ed a mezzogiorno)* alla carta 41/71 – **7 cam** 110/190 – ½ P sup. 45.
◆ In zona collinare e verdeggiante è la meta ideale per gli amanti della pasta, rigorosamente fatta in casa ! Si consiglia di prenotare. Alcune camere dal confort soddisfacente.

GUGGISBERG 3158 Bern (BE) 552 I8 – 1 671 Ew. – Höhe 1 118.

Bern 38 – Fribourg 27 – Interlaken 61 – Thun 35.

Sternen, 0317 361 010, *info@sternen-guggisberg.ch, Fax 0317 361 019*, ← Freiburgerland, – TV P. VISA
Menu 20 - 48 und à la carte 42/88 – **9 Zim** 95/180 – ½ P Zuschl. 40.
◆ Ein neuer, nach Südwesten ausgerichteter Hotelanbau ergänzt den traditionellen Gasthof. Die Zimmer sind modern, hell und rustikal mit Naturholzmöbeln eingerichtet. Neorustikales Restaurant mit traditionellem Angebot. Eigener Kinderspielplatz.

GUNTEN 3654 Bern (BE) 551 K9 – Höhe 560.

Bern 36 – Interlaken 15 – Brienz 35 – Spiez 19 – Thun 9.

Seehotel Hirschen, Seestr. 147, 0332 529 292, *hotel@hirschen-thunersee.ch, Fax 0332 529 293*, ← Thunersee und Niesen, , , , – TV P – 15/30. AE VISA. Rest
April - Okt. – ***Le Pavillon*** **: Menu** 49/89 und à la carte 55/103 – ***Brasserie Panorama*** **: Menu** 16 und à la carte 38/88 – **65 Zim** 105/320 – ½ P Zuschl. 35.
◆ Von Terrasse und Garten des Hotels hat man einen wundervollen Ausblick über den Thunersee. Die Gäste wohnen in mit Holzmobiliar in hellen Naturtönen eingerichteten Zimmern. Elegant gibt sich das Le Pavillon. Rustikal ist der Stil in der Brasserie Panorama.

GURTNELLEN *6482 Uri (UR)* 551 Q9 – *652 Ew. – Höhe 738.*
Bern 170 – Andermatt 16 – Altdorf 22 – Chur 104.

Gotthard mit Zim, 0418 851 110, *sichers-gotthardhotel@bluewin.ch, Fax 0418 850 310,* – AE VISA
geschl. 22. Dez. - 7. Jan., 16. Feb. - 30. März, Montag und Dienstag – **Menu** 22 - 32 (mittags)/50 und à la carte 43/84 – **11 Zim** 90/140 – ½ P Zuschl. 35.
◆ Hinter einer teils holzverkleideten Fassade verbirgt sich ein in ländlichem Stil eingerichtetes Restaurant mit gut eingedeckten Tischen. Einfache, saubere Gästezimmer.

GUTTANNEN *3864 Bern (BE)* 551 O9 – *352 Ew. – Höhe 1 060.*
Bern 100 – Andermatt 67 – Brig 67 – Interlaken 43.

an der Grimselpass Strasse *Süd : 6 km :*

Handeck, 0339 823 611, *grimselhotels@kwo.ch, Fax 0339 823 605,* – Zim, – 15/40. AE VISA. Rest
15. Mai - 23. Okt. – ***Handeckstübli*** *(nur Abendessen) (Tischbestellung erforderlich)* **Menu** 88 und à la carte 44/96 – ***Haslistube :*** **Menu** 17 - 22 (mittags) und à la carte 37/81 – **25 Zim** 120/190 – ½ P Zuschl. 40.
◆ Das Haus liegt oberhalb der Pass-Strasse und bietet den Gästen Ausblick auf die Berge. Die Zimmer des Haupthauses sind mit Naturholzmobiliar frisch und modern gestaltet. Handeckstübli mit grosser Weinauswahl. Die Haslistube ist rustikal-gemütlich.

GÜTTINGEN *8594 Thurgau (TG)* 551 U3-4 – *1 320 Ew. – Höhe 410.*
Bern 12 – Sankt Gallen 29 – Bregenz 51 – Konstanz 12 – Winterthur 52.

Seemöwe, Hauptstr. 54, 0716 951 010, *info@seemoewe.ch, Fax 0716 952 874,* – Zim, AE VISA
geschl. 8. - 25. Nov. – **Menu** 14.50 - 39 und à la carte 35/76 – **13 Zim** 90/180 – ½ P Zuschl. 25.
◆ Diese am Ende des Ortes gelegene Unterkunft mit seinen wohnlichen, leicht rustikal möblierten Zimmern ist ein idealer Ausgangspunkt für Wanderungen und Fahrradtouren. Von dem nett eingerichteten Restaurant aus hat man eine schöne Sicht auf Wiesen und Felder.

HÄGENDORF *4614 Solothurn (SO)* 551 L5 – *4 281 Ew. – Höhe 428.*
Bern 59 – Aarau 20 – Basel 46 – Luzern 62 – Solothurn 30.

Lampart's Art of Dining, Oltnerstr. 19, 0622 097 060, *info@artofdining.ch, Fax 0622 097 061,* – AE VISA
geschl. 24. Dez. - 12. Jan., Mitte Juli - Anfangs Aug. 3 Wochen, Sonntag und Montag – **Menu** (1. Etage) 56 (mittags)/128 und à la carte 101/162 – **Repas** (siehe auch ***Bistro***).
◆ Im eleganten Restaurant mit geschmackvoller Inneneinrichtung im modernen Landhausstil werden Speisen von einer guten, innovativen, zeitgemässen Karte gereicht. **Spez.** Duett von der Entenleber. Bretonischer Hummer auf Tomaten-Couscous mit Artischockengemüse. Schokoladen Soufflé mit Pfefferminze, Nektarinen und Himbeeren, Vanilleglacé

Bistro - ***Lampart's Art of Dining***, Oltnerstr. 19, 0622 097 060, *info@artofdining.ch, Fax 0622 097 061,* – AE VISA
geschl. 24. Dez. - 12. Jan., Mitte Juli - Anfangs Aug. 3 Wochen, Sonntag und Montag – **Menu** 26 - 56 (mittags) und à la carte 44/99.
◆ Im Erdgeschoss des Lampart's Art of Dining befindet sich dieses hell und modern eingerichtete, leicht elegant wirkende Bistro. Sorfältig zubereitete zeitgemässe Küche.

HÄGGLINGEN *5607 Aargau (AG)* 551 O5 – *1 961 Ew. – Höhe 475.*
Bern 101 – Aarau 23 – Baden 17 – Wohlen 9 – Zürich 37.

Central, Oberdorfstr. 2, 0566 241 151, *info@central-haegglingen.ch, Fax 0566 241 660,* – AE VISA.
geschl. 11. Sept. - 1. Okt., Sonntag und Montag – **Menu** 24 - 48 (mittags)/93 und à la carte 43/97.
◆ Hinter der ockerfarbenen Fassade des Landgasthauses erwarten Sie eine einfache Gaststube und ein gepflegtes à la carte-Restaurant mit traditioneller Küche.

HARDERN *Bern* 551 I6 – *siehe Lyss.*

HAUTE-NENDAZ *1997 Valais (VS)* **552 I12** – *5 389 h. – alt. 1 255 – Sports d'hiver : 1 400/3 330 m 2 17.*

Manifestation locale

07.08 - 08.08 : Rencontre internationale de Cors des Alpes.

Nendaz Tourisme, 0272 895 589, info@nendaz.ch, Fax 0272 895 583.

Bern 169 – Sion 16 – Martigny 46 – Montreux 85.

Le Déserteur, 0272 882 455, *ledeserteur@bluewin.ch, Fax 0272 883 814,* – AE VISA

fermé mai et nov. – **Repas** *(fermé mardi en juin)* 15 - 20/45 et à la carte 48/88 – **25 ch** 100/200, Basse saison 75/160 – ½ P suppl. 30.

◆ Le Déserteur : surnom d'un peintre, aux origines inconnues, réfugié à Nendaz au 19e s. Sur les hauts de la station, chalet abritant des chambres confortables. Son restaurant loge une salle campagnarde ouverte sur la vallée, et un carnotzet pour les fondues.

Le Grenier, 0272 882 440, *Fax 0272 881 080,* – AE VISA

16 déc. - 14 avril et 16 juin - 14 oct. ; fermé dim. en juin, sept. et oct. – **Repas** 15 - 50/65 et à la carte 38/83.

◆ Le télécabine se trouve juste en face : la promenade digestive est toute trouvée ! Les hautes chaises baroques ajoutent au cachet de la salle à manger. Plats traditionnels.

Osteria il Trullo, 0272 885 500, – AE VISA

3 déc. au 1er mai et 3 juin au 1er nov. – **Repas** - cuisine italienne - *(fermé lundi)* à la carte 44/87.

◆ Les couleurs de la salle à manger, le décor typique des Pouilles, le toit rond en "trullo" du four à pizzas, la carte transalpine... Et pourquoi pas le soleil du Mezzogiorno ?

HAUTERIVE *Neuchâtel* **552 G7** – *rattaché à Neuchâtel.*

HEIDEN *9410 Appenzell Ausserrhoden (AR)* **551 V5** – *4 061 Ew. – Höhe 794.*

Tourist Information, Bahnhofstr. 2, 0718 983 301, heiden@appenzell.ch, Fax 0718 983 309.

Bern 228 – Sankt Gallen 19 – Bregenz 21 – Herisau 25 – Konstanz 49.

Heiden, Seeallee 8, 0718 981 515, *info@hotelheiden.ch, Fax 0718 981 555,* , , , , – , Zim, – 15/60. AE VISA

Menu 14.50 - 35 (mittags) und à la carte 42/85 – **66 Zim** 160/320 – ½ P Zuschl. 38.

◆ Die Zimmer des Hauses sind mit freundlichem Mobiliar modern eingerichtet. Die nordseitigen haben Panoramafenster mit Blick auf den See, die anderen liegen zum Park. Das helle Restaurant ist einfach gestaltet und hat eine schöne Terrasse.

Weid, Weidstr. 43, 0718 912 874, *Fax 0718 915 686,* , – VISA

geschl. 29. Feb. - 23. März, 3. - 22. Okt., Montag und Dienstag – **Menu** 19.50 - 50/75 und à la carte 44/89.

◆ Das Restaurant im oberen Dorfteil hat eine schöne Aussichtslage. Die Speisekarte wird von Forellen aus eigener Zucht dominiert, weist aber auch Fleischgerichte auf.

HEILIGKREUZ *Sankt Gallen* **551 U7** – *siehe Mels.*

HEIMISWIL *Bern* **551 K6** – *siehe Burgdorf.*

HERBLINGEN *Schaffhausen* **551 Q3** – *siehe Schaffhausen.*

HERGISWIL *6052 Nidwalden (NW)* **551 O7** – *4 907 Ew. – Höhe 449.*

Hergiswil Tourismus, Seestr. 24, 0416 301 258, hergiswil@inbox.ch, Fax 0416 301 258.

Bern 120 – Luzern 7 – Interlaken 63 – Stans 6.

Pilatus, Seestr. 34, 0416 323 030, *info@pilatushotel.ch, Fax 0416 323 031,* Vierwaldstättersee, , , , , , – – 15/100. AE VISA. Rest

Menu 18 und à la carte 40/106 – **68 Zim** 115/265 – ½ P Zuschl. 28.

◆ Mit seiner guten Lage, dem herrlichen Blick auf den Vierwaldstättersee und der schönen Seeterrasse lockt das Hotel seine Gäste, die in Zimmern mit dunklen Holzmöbeln wohnen. Rustikales Restaurant mit traditioneller Küche.

du Lac, Seestr. 76, ✆ 0416 304 242, *info@dulac-luzern.ch, Fax 0416 304 250,* < Vierwaldstättersee, – AE VISA
***Rest. Français* : Menu** 36 - 49 (mittags)/94 und à la carte 54/118 – ***Bistro* : Menu** 23 und à la carte 39/96 – **17 Zim** 90/195.
◆ Das Haus hat einen schönen Garten am Seeufer. Die Zimmer sind teils mit Balkon und mit Rattanmöbeln ausgestattet ; zum Teil mit Blick auf den See. Hell gestaltetes Restaurant Français. Modern dekoriertes Bistro.

Brünig, Seestr. 13, ✆ 0416 324 242, *info@hotel-bruenig.ch, Fax 0416 324 241,* – – 15/60. AE VISA. Zim ✕
Menu 19.50 - 42 (abends) und à la carte 38/87 – **20 Zim** 110/160, 3 Suiten – ½ P Zuschl. 42.
◆ Das Hotel liegt in der Nähe des Bahnhofs. Die Zimmer der ersten Etage sind mit älteren, die in der zweiten mit einfachen Naturholzmöbeln zweckmässig eingerichtet. Hinter dem neuzeitlichen, einfach gestalteten Restaurant liegt der Schlosskeller.

HERISAU

9100 K Appenzell Ausserrhoden (AR) 551 U5 – *15 786 Ew. – Höhe 771.*
Verkehrsbüro, Oberdorfstr. 24, ✆ 0713 533 035, Fax 0713 533 039.
Am Obstmarkt 7, ✆ 0713 530 970, Fax 0713 530 975.
Bern 203 – Sankt Gallen 10 – Bregenz 47 – Konstanz 42 – Winterthur 54.

Herisau, Bahnhofstr. 14, ✆ 0713 548 383, *info@hotelherisau.ch, Fax 0713 548 380,* – Zim, – 15/50. AE VISA
geschl. 21. - 28. Dez. – **Menu** *(geschl. Sonntag)* 16 - 21 (mittags)/72 und à la carte 40/80 – 15 – **33 Zim** 125/200 – ½ P Zuschl. 28.
◆ Gut geeignet für Privat- und Geschäftsreisende : In diesem Haus im Appenzellerland übernachtet man in geräumigen Zimmern mit gutem, modernem Mobiliar. Die Robert Walser-Stube ist eine Art Wintergarten.

Marktplatz mit Zim, Wiesental 1, ✆ 0713 523 212, *hj.seifried@marktplatzherisau.ch, Fax 0713 523 252,* – . VISA. Zim ✕
geschl. Mittwoch – **Menu** 19.50 - 48/100 und à la carte 35/97 – **8 Zim** 80/150.
◆ Eine nette Terrasse, eine rustikale Gaststube und ein gutbürgerlich-gediegenes Restaurant erwarten die Besucher dieses Gasthofs am Viehmarkt im Ebnet-Quartier.

HERLISBERG

6028 Luzern (LU) 551 N6 – *228 Ew. – Höhe 737.*
Bern 102 – Aarau 33 – Luzern 16 – Zürich 68.

Herlisberg, ✆ 0419 301 280, *Fax 0419 303 665,* < See und Berge, – AE VISA – **Menu** 25 - 53 (mittags)/108 und à la carte 56/112.
◆ Das ehemalige Bauernhaus aus dem 18. Jh. hat eine Terrasse mit wundervollem Ausblick auf den See und die Berge. Das Lokal ist stilentsprechend eingerichtet.

HERMANCE

1248 Genève (GE) 552 B11 – *817 h. – alt. 381.*
Bern 180 – Genève 16 – Annecy 59 – Saint-Claude 80 – Thonon-les-Bains 36.

Auberge d'Hermance avec ch, 12 r. du Midi, ✆ 0227 511 368, *info@hotel-hermance.ch, Fax 0227 511 631,* – . AE VISA
fermé 23 déc. au 7 janv. – **Repas** 18 - 60/98 et à la carte 73/150 – **5 ch** 170/240 – ½ P suppl. 60.
◆ Au coeur de la cité médiévale. Côté "resto" : cuisine du moment, cadre rustique et véranda où des viandes grillent à la braise du feu bois. Côté "dodo" : chambres coquettes.

HERRLIBERG

8704 Zürich ZH 551 Q5 – *5 652 Ew. – Höhe 445.*
Bern 132 – Zürich 12 – Rapperswil 19 – Winterthur 38 – Zug 36.

Nord-Ost : *1,5 km Richtung Forch :*

Buech, Forchstr. 267, ✉ 8704 Herrliberg, ✆ 019 151 010, *restaurantbuech@bluewin.ch, Fax 019 152 049,* < See und Berge, – AE VISA
geschl. 24. Dez. - 2. Jan., 1. - 22. Feb., 4. - 17. Okt., Montag und Dienstag – **Menu** à la carte 50/92.
◆ Der Stadtmüde wird von der schönen Terrasse mit grandiosem Blick über den See und die Berge angezogen. In rustikal-gemütlichen Stuben serviert man traditionelle Gerichte.

HERSCHMETTLEN *Zürich (ZH)* **551** **R5** – *Höhe 540* – ✉ *8626 Ottikon.*
Bern 152 – *Zürich 30* – *Rapperswil 8* – *Uster 18* – *Winterthur 32.*

Weinschenke, ✆ 019 351 264, *Fax 019 351 264,* – P. AE ⓓ MC VISA
geschl. 23. Dez. - 6. Jan., 15. - 29. Feb., Montag und Dienstag – **Menu** *18* - 38 (mittags)/75 und à la carte 38/81.
◆ Das Restaurant im kleinen Landgasthof hat ein rustikales Interieur mit Sichtbalken. In gemütlicher Atmosphäre serviert man Speisen von einer bürgerlichen Karte.

HILDISRIEDEN *6024 Luzern (LU)* **551** **N6** – *1720 Ew.* – *Höhe 687.*
27 Sempachersee (März - Nov.) ✆ *0414 627 171, Fax 0414 627 172.*
Bern 100 – *Luzern 13* – *Aarau 36* – *Baden 48* – *Cham 33* – *Sursee 12.*

Zum roten Löwen, Luzernerstr. 3, ✆ 0414 603 366, *info@hotel-roter-loewen .ch, Fax 0414 601 053,* – TV P – 15/200. AE ⓓ MC VISA
geschl. Weihnachten und 15. Juli - 2. Aug. – **Menu** *(geschl. Sonn- und Feiertage jeweils abends und Mittwoch)* *18* - 28 (mittags)/65 und à la carte 39/81 – **18 Zim** 90/180 – ½ P Zuschl. 20.
◆ Die Zimmer unterscheiden sich in der Grösse und sind ansonsten durchgängig mit lackiertem Kirschholzmobiliar funktionell eingerichtet. Die Restauration des alten Gasthauses besteht aus einer gemütlichen Wirtschaft und der rustikal gestalteten Götschi-Stube.

HILTERFINGEN *Bern* **551** **K8** – *siehe Thun.*

HOFSTETTEN *Bern* **551** **M8** – *siehe Brienz.*

HORGEN *8810 Zürich (ZH)* **551** **Q5** – *17523 Ew.* – *Höhe 409.*
Bern 146 – *Zürich 21* – *Luzern 47* – *Schwyz 41.*

Golden Tulip Seehotel Meierhof garni, Bahnhofstr. 4, ✆ 017 289 191, *mail@seehotel-meierhof.ch, Fax 017 289 292,* ← - TV P. AE ⓓ MC VISA JCB
107 Zim 175/305.
◆ Business- und Ladiesrooms gehören zum Angebot des modernen Geschäftshotels. Der Frühstücksraum im 5. Stock mit schöner Sicht auf den See wird auch als Guest Lounge genutzt.

HORN *9326 Thurgau (TG)* **551** **V4** – *2376 Ew.* – *Höhe 403.*
Bern 220 – *Sankt Gallen 12* – *Bregenz 28* – *Frauenfeld 50* – *Konstanz 33* – *Winterthur 71.*

Bad Horn, Seestr. 36, ✆ 0718 415 511, *badhorn@paus.ch, Fax 0718 416 089,* ← Bodensee, , , , – , Rest, TV P – 15/60. AE ⓓ MC VISA. Rest
Rest. geschl. Feb. – ***Captains Grill*** **: Menu** 38 (mittags)/101 und à la carte 58/91 – ***Glogge-Stube*** **: Menu** *20* und à la carte 40/96 – **60 Zim** 115/290.
◆ In diesem Haus kann man von über der Hälfte der Zimmer, die mit edlen Mahagonimöbeln eingerichtet sind, den schönen Blick auf den Bodensee geniessen. Der Captains Grill ist einem alten Luxusliner nachempfunden. Die einfachere Glogge-Stube liegt zum See hin.

HORW *Luzern* **551** **O7** – *siehe Luzern.*

HÜNIBACH *Bern* **551** **K8** – *siehe Thun.*

HURDEN *Schwyz (SZ)* **551** **R6** – *Höhe 411* – ✉ *8640 Rapperswil.*
Bern 162 – *Zürich 37* – *Rapperswil 2* – *Schwyz 32.*

Rössli , Hurdnerstr. 137, ✆ 0554 162 121, *roessli-hurden@bluewin.ch, Fax 0554 162 125,* ← See, – TV P. AE ⓓ MC VISA
Menu *34* - 54 (mittags)/115 und à la carte 73/125 – **22 Zim** 115/200.
◆ Die Gebäude liegen am Ufer und haben eine schöne Gartenterrasse mit ausgezeichnetem Seeblick. Die Hälfte der Zimmer wurde frisch renoviert und wohnlich gestaltet. Im Obergeschoss befindet sich die Restauration mit rustikal eingerichteten Stuben.

Adler - Markus Gass, Hurdnerstr. 143, ✆ 0554 104 545, *Fax 0554 101 120*, < See, 🍽 – ▤ P AE ⓓ MC VISA –
geschl. Montag und Dienstag – **Menu** (Tischbestellung ratsam) 45 - 75/135 und à la carte 85/154.
◆ Das Restaurant ist sehr modern und ganz in weiss gehalten - Bilder zieren die Wände. Hier serviert man eine gute klassische Küche. Schöne Gartenterrasse mit Blick auf den See !
Spez. Variation von der Entenleber. Fische aus dem Zürichsee. Muotathaler Kalbsfilet im Kartoffel-Rohschinkenmantel. **Weine** Freienbach

HUTTWIL *4950 Bern (BE) 551 L6 – 4 742 Ew. – Höhe 638.*

Bern 48 – Luzern 42 – Olten 38 – Thun 63.

Mohren, Marktgasse 5, ✆ 0629 622 010, *info@mohren-huttwil.com*, *Fax 0629 622 011*, 🍽 – |♦|, ⇆ Zim, TV ♿ P – 🏔 15/150. AE ⓓ MC VISA. ⇆ Rest
geschl. 18. Juli - 3. Aug. – **Menu** *(geschl. Montag)* 19.50 - 25 (mittags) und à la carte 37/87 – **36 Zim** ⊡ 90/160 – ½ P Zuschl. 27.
◆ Der Dorfgasthof im Ortszentrum bietet seinen Übernachtungsgästen grosse Zimmer, die mit hellem Massivholzmobiliar gut eingerichtet sind. Das rustikale Restaurant mit Natursteinmauern und dunklen Sichtbalken strahlt Gemütlichkeit aus.

HÜTTWILEN *8536 Thurgau (TG) 551 R3 – 1 351 Ew. – Höhe 455.*

Bern 174 – Zürich 53 – Frauenfeld 8 – Konstanz 38 – Schaffhausen 32 – Winterthur 24.

Sonne, Hauptstrasse, ✆ 0527 471 232, *Fax 0527 471 232* – P MC VISA
geschl. 22. Jan. - 5. Feb., 22. Juli - 11. Aug., Dienstag und Mittwoch – **Menu** 18 - 35/80 und à la carte 47/101.
◆ Beim Betreten des Landgasthofes stösst man linker Hand auf die einfache Gaststube und rechts auf das rustikale à la carte-Stübli mit Sichtsteinmauern. Klassische Küche.

ILANZ *7130 Graubünden (GR) 553 T9 – 2 293 Ew. – Höhe 698.*

Bern 203 – Chur 34 – Bad Ragaz 53 – Disentis 32.

Casutt, Glennerstr. 20, ✆ 0819 251 131, *hotel@hotelcasutt.ch*, *Fax 0819 254 147*, 🍽 – P MC VISA
geschl. 18. April - 19. Mai, 24. Okt. - 25. Dez. und Sonntag – **Menu** *(nur Abendessen)* à la carte 32/74 – **16 Zim** ⊡ 80/150 – ½ P Zuschl. 30.
◆ Das ältere Gebäude befindet sich im unteren Dorfteil. Die Zimmer, alle mit antiken Holztruhen, sind teils rustikal und teils auch modern mit weissem Mobiliar gestaltet. Das klar strukturierte, helle Restaurant verfügt über einen lauschigen Garten.

in Schnaus *Nord-West : 3 km – Höhe 713 – ✉ 7130 Schnaus :*

Stiva Veglia, ✆ 0819 254 121, *info@stiva-veglia.ch*, *Fax 0819 254 133*, 🍽 – P AE MC VISA
geschl. 1. - 26. Juni, 8. - 18. Nov., Freitagmittag und Donnerstag – **Menu** 25 - 46/88 und à la carte 59/107.
◆ Geniessen Sie die gemütliche Atmosphäre in den zwei netten Gaststuben des holzverkleideten Bündnerhauses. Man bewirtet Sie mit Gerichten aus der Region Surselva.

ILLNAU *8308 Zürich (ZH) 551 Q5 – Höhe 517.*

Bern 145 – Zürich 24 – Rapperswil 26 – Wil 50 – Winterthur 14.

Rössli mit Zim, Kempttalstr. 52, ✆ 0523 461 117, *gasthof@roessli-illnau.ch*, *Fax 0523 461 307*, 🍽 – TV P – 🏔 15/120. AE ⓓ MC VISA
geschl. 19. Juli - 1. Aug. – **Menu** 17.50 - 48 (mittags)/98 und à la carte 56/114 – **6 Zim** ⊡ 110/180.
◆ Der Gasthof liegt im Dorfzentrum. Neben der einfachen Gaststube das Restaurant mit lauschigem Garten, wo unter Bäumen ein Apéro getrunken werden kann.

IMMENSEE *6405 Schwyz (SZ) 551 P6 – Höhe 460.*

Bern 138 – Luzern 18 – Cham 16 – Einsiedeln 38 – Schwyz 22.

Zum Schlüssel, Tieftalweg 2, ✆ 0418 504 814, *weber@schluessel-immensee.ch*, *Fax 0418 507 414*, <, 🍽, ⚓ – P ⓓ MC VISA
geschl. 2. - 28. Feb., Donnerstag (ausser Sommer) und Mittwoch – **Menu** 16.50 und à la carte 51/109.
◆ In der Schlüsselstube mit herrlichem Blick über den Zugersee sitzen einkehrende Gäste in gediegen-rustikalem Ambiente. Geniessen Sie das schöne Panorama.

INNERTKIRCHEN *3862 Bern (BE)* 551 N9 – *958 Ew. – Höhe 630.*
Bern 90 – Andermatt 56 – Brig 75 – Interlaken 36.

auf der Engstlenalp : *Nord-Ost : 17 km über Privatstrasse (im Winter nur per mehrstündige Skiwanderung erreichbar) – Höhe 1 850 – ✉ 3862 Innertkirchen :*

Engstlenalp, ✆ 0339 751 161, *hotel@engstlenalp.ch, Fax 0339 751 361*, < Bergpanorama, – P. Rest
geschl. Nov. - 25. Dez. (im Winter Reservation erforderlich) – **Menu** 18 und à la carte 35/76 – **30 Zim** 55/160 – ½ P Zuschl. 25.
◆ Die idyllische Lage auf der Alp in völliger Ruhe prädestiniert das Haus für Bergsteiger und Wanderer. 12 moderne, helle Zimmer und 18 ältere, sehr einfache "Nostalgiezimmer". Rustikale, neue Gaststube mit fantastischer Aussichtsterrasse.

INTERLAKEN *3800 Bern (BE)* 551 L9 – *5 094 Ew. – Höhe 564.*
Sehenswert : *Höheweg★★ : Aussicht★★★* ABY – *Ansicht★★ der Kirche von Unterseen* AY B.
Ausflugsziel : *Jungfraujoch★★★ mit Bahn – Schynige Platte★★ über ② : 2,5 km und Zahnradbahn – Harderkulm★★ mit Standseilbahn* BY – *Heimwehfluh★* AZ.
18 *in Interlaken-Unterseen (April - Okt.) ✆ 0338 236 016, Fax 0338 234 203, West : 2 km Richtung Gonten über Seestrasse* AY.
Lokale Veranstaltungen
17.06 - 04.09 : "Wilhelm Tell" Freilichtspiele (am Donnerstag und Samstag)
15.08 - 29.08 : Interlakner Musikfestwoche.
Interlaken Tourismus, Höheweg 37, ✆ 0338 265 300, mail@interlakentourism.ch, Fax 0338 265 375.
Bern 59 ③ – Luzern 68 ① – Montreux 149 ③ – Sion 163 ③

Victoria-Jungfrau, Höheweg 41, ✆ 0338 282 828, *interlaken@victoria-jungfrau.ch, Fax 0338 282 880*, <, – 15/250. AE VISA JCB AY g
Menu (siehe auch Rest. ***La Terrasse und Jungfrau Brasserie***) – ***La Pastateca*** - Pastaspezialitäten - **Menu** à la carte 46/75 – 37 – **184 Zim** 530/720, 28 Suiten – ½ P Zuschl. 110.
◆ Eines der grossen, traditionellen Luxushotels, an der berühmten Höhenmatte gelegen und mit imposantem Bad bestückt. Es bietet anspruchsvollen Gästen jeglichen Komfort. Schwarz und Weiss sind die dominierenden Farben im modern gestilten Pastateca.

Lindner Grand Hotel Beau Rivage, Höheweg 211, ✆ 0338 267 007, *info.interlaken@lindnerhotels.ch, Fax 0338 267 008*, <, – Zim, P – 15/200. AE VISA
L'Ambiance : **Menu** 35/79 und à la carte 68/121 – **101 Zim** 240/440 – ½ P Zuschl. 65. BY t
◆ Das traditionsreiche Grand Hotel besticht durch seine Lage in einem schönen Park. Elegante Hotelhalle, helle Zimmer, neuer Wellnessbereich und Seminarpavillon. Das L'Ambiance : ein eleganter Speisesaal.

Metropole, Höheweg 37, ✆ 0338 286 666, *mail@metropole-interlaken.ch, Fax 0338 286 633*, < Jungfraumassiv, – Zim, P – 15/80. AE VISA JCB AY u
Bellini (1. Etage) *(geschl. Sonntag und Montag ausser Feiertage)* **Menu** 19 - 30 (mittags)/135 und à la carte 55/122 – ***Top o Met*** (18. Etage) **Menu** 19.50 und à la carte 36/86 – 25 – **95 Zim** 195/360 – ½ P Zuschl. 55.
◆ Die Zimmer im 7. bis 14. Stock des Hochhauses aus den 70er Jahren sind renoviert worden und bieten sehr guten Wohnkomfort. Die älteren Zimmer sind wesentlich einfacher. Elegantes Ambiente im Bellini. Top o Met : im 18. Stock mit Panoramablick.

Royal - St. Georges, Höheweg 139, ✆ 0338 227 575, *info@royal-stgeorges.ch, Fax 0338 233 075*, <, – P. AE VISA JCB. Rest BY b
geschl. 1. Nov. - 15. Jan. – **Menu** 40 und à la carte 43/83 – **72 Zim** 210/300, 3 Suiten – ½ P Zuschl. 40.
◆ Eine stuckverzierte Halle mit schönem Treppenaufgang empfängt Sie in diesem klassischen Hotelbau a. d. J. 1907. Die Zimmer präsentieren sich teils im Jugendstil, teils modern. Hohe Decken, Leuchter und Parkettboden geben dem Restaurant einen stilvollen Rahmen.

Interlaken, Höheweg 74, ✆ 0338 266 868, *interlakenhotel@bluewin.ch, Fax 0338 266 869,* ⛱, – |♦|, ⚹ Zim, TV ✆ P – 🏃 15/60. AE ◑ MC VISA JCB BY x
Rest. : geschl. 20. Jan. - 14. Feb. – ***il giardino :*** **Menu** 16 und à la carte 35/81 – ***Lotus*** - chinesische Küche - *(geschl. Dienstag in Zwischensaison)* **Menu** 18 - 35/58 und à la carte 43/82 – **60 Zim** ☕ 205/320 – ½ P Zuschl. 45.
◆ Das älteste Hotel Interlakens liegt beim kleinen japanischen Garten. Die ehemalige Klosterherberge hat keine Klausen, aber Räume, die mit dunklen Holzmöbeln gestaltet sind. Hell und rustikal : das il giardino. In Form eines Eisenbahn-Salonwagens : das Lotus.

National Jungfraustr. 46, ✆ 0338 223 621, *info@national-interlaken.ch, Fax 0338 227 361,* ⛱ – |♦|, ⚹ Zim, TV ✆ P – 🏃 25. AE ◑ MC VISA JCB. ⚹ Rest AY e
geschl. Nov. – **Menu** *(nur ½ Pens. für Hotelgäste)* – **46 Zim** ☕ 180/360 – ½ P Zuschl. 50.
◆ Ausser den mit dunklem Einbaumobiliar gestalteten Räumen hat man 12 frisch renovierte, modern eingerichtete Zimmer im Angebot. Spezialarrangements.

Stella, Waldeggstr. 10, ✆ 0338 228 871, *info@stella-hotel.ch, Fax 0338 226 671,* ⛱, 🏊 – |♦| TV video ✆ P – 🏃 20. AE ◑ MC VISA AZ b
geschl. Feb. - April 2 Wochen – ***Stellambiente :*** **Menu** 23 (mittags)/57 und à la carte 45/116 – **30 Zim** ☕ 160/370 – ½ P Zuschl. 48.
◆ Am Rand des Zentrums gelegen, bietet das Haus Zimmer an, die grösstenteils renoviert und mit hellem Holzmobiliar und bunten Stoffbezügen modern eingerichtet wurden. Das Restaurant Stellambiente ist hell und klar strukturiert.

du Nord, Höheweg 70, ✆ 0338 275 050, *mail@hotel-dunord.ch, Fax 0338 275 055,* ≤, ⛱ – |♦| TV ✆ P. AE ◑ MC VISA JCB BY a
Im Gade : **Menu** 19 - 26(mittags)/57 und à la carte 47/100 (Tischbestellung ratsam) 🍇 – **46 Zim** ☕ 175/300 – ½ P Zuschl. 36.
◆ Das Hotel, in einem klassischem Gebäude am Ende der Höhenmatte gelegen, bietet seinen Gästen grosse Zimmer, die hell, modern und komfortabel ausgestattet sind. Das Restaurant Im Gade ist mit typischer Dekoration und Täfer rustikal eingerichtet.

Goldey 🐦, Obere Goldey 85, ✆ 0338 264 445, *info@goldey.ch, Fax 0338 264 440,* ≤, ⛱, – |♦| TV ✆ P – 🏃 25. AE ◑ MC VISA. ⚹ Rest AY p
geschl. Dez. und Jan. – **Menu** *(nur ½ Pens. für Hotelgäste von Mai - Okt.)* – **41 Zim** ☕ 190/280 – ½ P Zuschl. 32.
◆ Nicht weit vom Zentrum, in ruhiger Lage oberhalb der Aare, schläft der Gast behütet vom "Hardermännli" in zeitgemäss und komfortabel ausgestatteten Zimmern mit schöner Aussicht.

du Lac, Höheweg 225, ✆ 0338 222 922, *dulac@bluewin.ch, Fax 0338 222 915,* ≤, ⛱ – |♦|, ⚹ Zim, TV ✆ P. AE ◑ MC VISA JCB. ⚹ Rest BY z
April - Okt. – **Menu** 38/68 und à la carte 43/91 – **35 Zim** ☕ 160/300 – ½ P Zuschl. 30.
◆ Das Haus liegt an der Aare direkt bei der Bootsanlegestelle. Die meisten Zimmer sind einheitlich mit dunklem Furnier, andere mit Nussbaumholz oder rustikal eingerichtet. Zur Aare gelegenes, klassisches Restaurant.

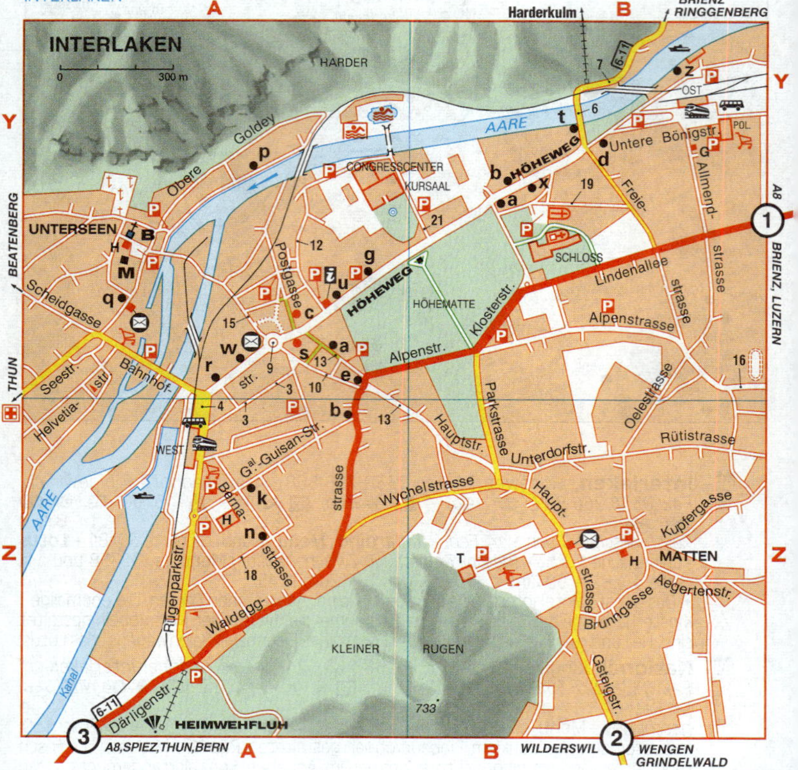

Aarmühlestrasse	AYZ	3
Bahnhofplatz	AZ	4
Beaurivage-Brücke	BY	6
Brienzstrasse	BY	7
Centralplatz	AY	9
Centralstrasse	AY	10
Harderstrasse	AY	12
Höheweg	ABY	
Jungfraustrasse	AYZ	13
Marktgasse	AY	15
Obere Bönigstrasse	BY	16
Rothornstrasse	AZ	18
Schlossstrasse	BY	19
Strandbadstrasse	BY	21

Krebs, Bahnhofstr. 4, ☎ 0338 227 161, *info@krebshotel.ch, Fax 0338 232 465,* – |‡|, ✗ Zim, TV P. AE ⓓ ⓜⓒ VISA JCB. ✗ Rest AY w
1. Mai - 30. Sept. – **Menu** *(geschl. Mittwoch)* 19.50 - 46 (abends) und à la carte 41/99 – **49 Zim** ☐ 170/290 – ½ P Zuschl. 40.
◆ In zentraler Lage, unweit des Bahnhofs, liegt dieses Hotel. Sämtliche Gästezimmer sind im klassischen Stil eingerichtet, sauber und gepflegt. Gehoben-rustikales Restaurant.

Villa Europe garni, Höheweg 94, ☎ 0338 227 141, *info@villaeurope.ch, Fax 0338 229 341,* – |‡| ✗ TV P – 🏠 15/60. ⓜⓒ VISA JCB BY d
geschl. Nov. – **41 Zim** ☐ 140/300.
◆ Das schmucke Jugendstilhaus liegt in einem Wohngebiet nahe dem Ostbahnhof. Einige der Zimmer sind hübsch im Laura Ashley-Stil gestaltet. Grosser Garten hinter dem Haus.

Bernerhof garni, Bahnhofstr. 16, ☎ 0338 267 676, *bernerhof@bestwestern.ch, Fax 0338 267 660* – |‡| ✗ TV ☎ P. AE ⓓ ⓜⓒ VISA JCB AY r
43 Zim ☐ 210/260.
◆ In diesem Hotel neben dem Bahnhof wohnen die Gäste in kleinen, modernen Zimmern, die mit neuzeitlicher Technik, lachsfarbenem Mobiliar und Balkonen ausgestattet sind.

de la Paix, Bernastr. 24, ☎ 0338 227 044, *info@hotel-de-la-paix.ch, Fax 0338 228 728* – |‡| ✗ TV P. AE ⓓ ⓜⓒ VISA JCB. ✗ AZ n
1. Mai - 19. Okt. – **Menu** *(nur für Hotelgäste)* 30 – **21 Zim** ☐ 120/180 – ½ P Zuschl. 26.
◆ Hier sammelt man alte Uhren, die das ganze Haus schmücken. Zimmer in verschiedenen Kategorien von einfach über rustikal bis modern. Gutes Preis-Leistungs-Verhältnis.

Toscana, Jungfraustr. 19, ✆ 0338 233 033, *toscana@hotel-toscana.ch, Fax 0338 233 551,* – |‡|, ⇔ Zim, TV ⇔ P. AE MC VISA. ✗ Zim AY a
geschl. 4. Jan. - 29. Feb. und Sonntag von Okt. - April – **Menu** 16.50 und à la carte 39/74 – **23 Zim** ☐ 150/230 – ½ P Zuschl. 34.
◆ Das Hotel liegt in der kleinen Fussgängerzone des Ortes. Die Zimmer, 1990 erstellt, sind mit dunklem zweckmässigem Holzmobiliar nach neuzeitlichen Aspekten eingerichtet. Nach vorne liegt die Restauration des Hauses ; traditionelle und italienische Küche.

Lötschberg garni, General-Guisanstr. 31, ✆ 0338 222 545, *hotel@lotschberg.ch, Fax 0338 222 579* – |‡| ⇔ TV P. AE MC VISA JCB AZ k
geschl. 5. Jan. - 7. Feb. und 12. Nov. - 19. Dez. – **17 Zim** ☐ 112/175.
◆ Das Haus liegt am Zentrumsrand in einem Wohngebiet. Die Zimmer sind mit weissem Mobiliar modern und funktionell ausgestattet. Einfach und günstig.

Rössli, in Unterseen, Hauptstr. 10, ✆ 0338 227 816, *roessli.hotels@bluewin.ch, Fax 0338 229 616,* – ⇔ Zim, TV P. AE MC VISA JCB AY q
geschl. 1. Nov. - 15. Dez. – **Menu** *(geschl. Montag ausser Juni - Sept. und Sonntag)* 15.50 - 39/44 und à la carte 38/77 – **25 Zim** ☐ 90/160 – ½ P Zuschl. 25.
◆ Die Zimmer des in Unterseen gelegenen Hauses sind mit hellem, funktionellem Einbaumobiliar praktisch ausgestattet, teilweise mit Balkon. Rustikales Restaurant mit Sichtbalken und regionalem Dekor.

La Terrasse - *Hotel Victoria-Jungfrau,* Höheweg 41, ✆ 0338 282 828, *interlaken@victoria-jungfrau.ch, Fax 0338 282 880* – ⇔ ⇔. AE MC VISA JCB. ✗ AY g
geschl. Sonntag - Montag ausser im Sommer – **Menu** *(nur Abendessen)* 115 und à la carte 82/162.
◆ Exklusive Atmosphäre mit Kristalllüstern und elegantem Marmorfussboden erwartet Sie. Allabendlich kommen Sie hier in den Genuss französischer Küche mit Pianobegleitung.

Jungfrau Brasserie - *Hotel Victoria-Jungfrau,* Höheweg 41, ✆ 0338 282 828, *interlaken@victoria-jungfrau.ch, Fax 0338 282 880,* – ⇔. AE MC VISA JCB AY g
geschl. Dienstag und Mittwoch ausser im Sommer – **Menu** - schweizer Spezialitäten - à la carte 59/100.
◆ Ein wunderschöner Belle Epoque Saal mit bemalter Holzvertäfelung und Decke, altes Parkett und schöne Nussbaumtische geben dem Restaurant sein einzigartiges Gepräge.

Stocker's Degusta, Centralstr. 3, ✆ 0338 220 029, *stockers_degusta@bluewin.ch, Fax 0338 212 425,* – MC VISA AY s
geschl. Okt. - Nov. 3 Wochen, Sonntag, Montag und abends ausser Freitag und Samstag – **Menu** *(abends nur Menu)* (Tischbestellung erforderlich) 80 und à la carte 51/94.
◆ Das Restaurant liegt im ehemaligen Chäs-Dörfli. Im Innenhof versteckt befindet sich ein kleines Holzhaus, in dem Gäste dank der heimeligen Atmosphäre gerne verweilen.

Spice India, Postgasse 6, ✆ 0338 210 091, *vaneesh@spice-india.net, Fax 0338 210 092,* – AE MC VISA AY c
geschl. 1. Nov. - 20. Dez. und Montag (ausser abends von Mai - Aug.) – **Menu** - indische Spezialitäten - à la carte 42/76.
◆ Die gepflegte Einrichtung des in der Fussgängerzone gelegenen Restaurants - solide Polsterstühle und schönes Parkett - sowie der Tandoori-Ofen wurden aus Indien importiert.

in Goldswil *Nord-Ost : 2 km – Höhe 626 – ✉ 3805 Goldswil :*

Schönegg, Brienzstrasse, ✆ 0338 221 543, *info@gasthof-schoenegg.ch, Fax 0338 228 357,* ←, – TV P. AE MC VISA
geschl. 29. Nov. - 24. Dez. – **Menu** *(geschl. Mittwoch von Okt. - Mai)* 14.50 und à la carte 31/71 – **15 Zim** ☐ 80/140 – ½ P Zuschl. 25.
◆ Das Haus befindet sich in schöner Aussichtslage ausserhalb des Ortes. Die Zimmer sind bei bescheidenem Raumangebot mit hellem Kiefernholzmobiliar eingerichtet. Die Gaststube ist dem rustikalen Chaletstil des Hauses angepasst.

in Bönigen *über ① : 2 km – Höhe 568 – ✉ 3806 Bönigen :*

Seiler au Lac , am Quai 3, ✆ 0338 289 090, *seileraulac@bluewin.ch, Fax 0338 223 001,* ← Brienzersee, , – |‡|, ⇔ Zim, ✆ ♿ P. AE MC VISA. ✗ Rest
geschl. 10. Jan. - 29. Feb. und 1. Nov. - 20. Dez. – **Menu** *(geschl. Montag)* 24 - 58 und à la carte 45/84 – **42 Zim** ☐ 150/350 – ½ P Zuschl. 30.
◆ Am Seeufer liegt dieses gut geführte Hotel mit herrlichem Panorama. Die Gästezimmer sind grosszügig geschnitten und verfügen fast alle über bequeme Sitzgruppen. Hinter dem gediegenen Speisesaal folgt das kleine à la carte-Lokal.

Seehotel, Seestr. 22, ☎ 0338 270 770, *info@seehotelterrasse.ch, Fax 0338 270 771*, ≤, – TV P – 40. AE VISA
Anfang März - 19. Dez. – ***La Terrasse*** *(geschl. Donnerstag in Zwischensaison)* **Menu** à la carte 45/95 – **40 Zim** 103/234 – ½ P Zuschl. 33.
◆ Das familiär geführte Haus bietet Ihnen einen erholsamen Aufenthalt in schöner Lage. Die Zimmer sind mit unterschiedlichen Möbeln solide eingerichtet. Das La Terrasse macht seinem Namen alle Ehre : hübsche Terrasse mit Blick zum See.

in Wilderswil *über ② : 4 km – Höhe 584 – ✉ 3812 Wilderswil :*

Berghof, ☎ 0338 227 566, *info@hotel-berghof.ch, Fax 0338 228 968*, ≤ Eiger, Mönch und Jungfrau, – TV P. AE VISA. Rest
geschl. 24. Okt. - 18. Dez. – **Menu** *(nur ½ Pens. für Hotelgäste)* – **40 Zim** 100/230 – ½ P Zuschl. 35.
◆ Umgeben von der herrlichen Bergkulisse wohnt man in mit Kiefernholz oder braunem Furnier gestalteten Zimmern, die im Annex mit besserem Platzangebot. Schöner Garten mit Pool.

Schlössli, Unspunnen, ☎ 0338 221 216, *hsw@bluewin.ch, Fax 0338 221 269*, ≤ Jungfraumassiv, – TV P. AE VISA
geschl. Jan. 2 Wochen, Montag von Jan. - April – **Menu** 18 und à la carte 34/85 – **21 Zim** 85/180 – ½ P Zuschl. 28.
◆ Von der Panoramaterrasse und dem Garten des ruhigen Hauses wie auch von der Hälfte der frischen Zimmer aus hat der Gast einen ungetrübten Ausblick auf das Jungfraumassiv. Rustikales Restaurant.

Alpenblick, Oberdorf, ☎ 0338 283 550, *info@hotel-alpenblick.ch, Fax 0338 283 551*, – Zim, TV P – 20. AE VISA
geschl. 7. Nov. - 15. Dez – **Menu** (siehe auch Rest. ***Alpenblick***) – **35 Zim** 158/238 – ½ P Zuschl. 38.
◆ Die auf mehrere Häuser verteilten Zimmer sind individuell, jedoch durchweg rustikal eingerichtet. Manche von ihnen verfügen über einen Balkon.

Bären, am Bärenplatz, ☎ 0338 283 151, *info@baeren.ch, Fax 0338 283 152*, – TV P. AE VISA
geschl. 4. Nov. - 13. Dez. – **Menu** 17 - 38 und à la carte 35/82 – **50 Zim** 150/210 – ½ P Zuschl. 34.
◆ Der traditionelle Berner Landgasthof liegt im oberen Teil des Dorfzentrums und bietet Ihnen eine Vielzahl verschiedenster Zimmertypen. Neben der Rezeption befindet sich das helle, rustikale à la carte-Stübli mit schönem Täfer.

Rest. Alpenblick - ***Hotel Alpenblick***, Oberdorf, ☎ 0338 283 550, *info@hotel-alpenblick.ch, Fax 0338 283 551*, – P. AE VISA.
geschl. 13. - 28. April, 7. Nov. - 15. Dez., Montag und Dienstag – ***Gourmetstübli*** **: Menu** 98 und à la carte 81/138 – ***Dorfstube*** **: Menu** 25 - 47 und à la carte 44/87.
◆ Im Gourmetstübli serviert man an hübsch gedeckten Tischen eine gehobene, klassische Küche. Ein günstiges bürgerliches Angebot hält man in der ländlichen Dorfstube mit blanken Tischen für Sie bereit.

INTRAGNA *6655 Ticino (TI) 553 Q12 – 886 ab. – alt. 342.*

Bern 276 – Locarno 10 – Bellinzona 30 – Domodossola 39 – Lugano 50 – Verbania 47.

Antico e Intragna, ☎ 0917 961 107, *paris@nikko.ch, Fax 0917 963 115*, – TV. AE VISA
aprile - 24 ottobre – **Pasto** 30 ed alla carta 31/73 – **38 cam** 90/180 – ½ P sup. 30.
◆ Hotel diviso in due : l'"Antico" dotato di camere arredate con mobilio in quercia ; a 20 metri, l'"Intragna" con piscina, giardino e camere più spaziose. Gustate paste e risotti nella sala da pranzo o sulla terrazza di questa casa di quattrocento anni.

Stazione "Da Agnese" con cam, piazzale Fart, ☎ 0917 961 212, *da.agnese@bluewin.ch, Fax 0917 963 133*, ≤, – cam, TV P. AE VISA
aperto marzo - novembre – **Pasto** 18.50 - 40 (mezzogiorno)/93 ed alla carta 51/95 – 17 – **10 cam** 120/300, 4 suites.
◆ A 15 minuti da Locarno con la leggendaria Centovallina fate una tappa dall'Agnese per gustare una cucina tradizionale in un ambiente familiare e conviviale.

IPSACH *2563 Bern (BE)* 551 I6 *– 3 287 Ew. – Höhe 435.*
Bern 37 – Basel 96 – La Chaux-de-Fonds 55 – Neuchâtel 35 – Solothurn 28.

Schlössli, Ipsachstr. 13, ✆ 0323 322 626, *info@schloessli-ipsach.ch, Fax 0323 322 627,* – Zim, – 15/45. AE VISA. Rest
Menu *(geschl. Sonntag)* 18.50 - 32 und à la carte 46/85 – **45 Zim** 159/235.
◆ In dem schlossähnlichen Neubau am Ortseingang werden die Gäste in modernen, beinahe identischen Zimmern mit hellem Mobiliar und frischen Farben beherbergt. Terrakottaboden, Korbstühle und hübsche Vorhänge geben dem Restaurant ein südliches Ambiente.

IRAGNA *6707 Ticino (TI)* 553 R11 *– 495 ab. – alt. 305.*
Bern 230 – Andermatt 67 – Bellinzona 20 – Brig 108 – Lugano 53.

Grotto Angela - Da Giacinto, ✆ 0918 622 956, *Fax 0918 624 598,* , – VISA.
chiuso dal 26 dicembre al 14 gennaio e martedì sera – **Pasto** alla carta 34/71.
◆ Tipico grotto ai margini del paese in zona verdeggiante è la tappa ideale nelle giornate estive per godere del fresco sotto la pergola. Salumi e vino di produzione propria.

ISELTWALD *3807 Bern (BE)* 551 M9 *– 403 Ew. – Höhe 566.*
Bern 67 – Interlaken 11 – Brienz 15 – Luzern 59.

Chalet du Lac , ✆ 0338 458 458, *abegglen@dulac-iseltwald.ch, Fax 0338 458 459,* See und Berge, , – Rest, – 20. AE VISA
28. Feb. - 31. Okt. – **Menu** *(geschl. Montag)* à la carte 33/95 – **21 Zim** 115/240 – ½ P Zuschl. 35.
◆ Die Gäste wohnen in gepflegten Zimmern - alle mit hervorragender Sicht auf See und Berge -, die rustikal, aber zum Teil auch modern in Lila eingerichtet sind. Restaurant mit verschiedenen, dem Stil des Hauses entsprechenden Stuben und einer Seeterrasse.

Bellevue mit Zim, ✆ 0338 451 110, *geniessen@kinners.ch, Fax 0338 451 277,* See und Berge, , – AE VISA JCB
geschl. 5. Jan. - 26. Feb – **Menu** - Fisch- und Grillspezialitäten - *(geschl. Dienstag ausser Juli - Aug. und Mittwoch von Feb. - April und Okt. - Dez.)* 28 - 54 (mittags)/95 und à la carte 55/119 – **11 Zim** 86/172.
◆ Kehren Sie ein in die idyllische Lokalität und geniessen Sie dank grosser Panoramafenster und herrlicher Terrasse am Ufer die Aussicht auf den glitzernden blauen Brienzersee.

ITTIGEN *Bern* 551 J7 *– siehe Bern.*

JENINS *Graubünden* 553 V7 *– siehe Maienfeld.*

JONA *Sankt Gallen* 551 R6 *– siehe Rapperswil.*

JONGNY *Vaud* 552 F10 *– rattaché à Vevey.*

JOUX (Vallée de) *Vaud (VD) – Sports d'hiver : 1 004/1 445 m 11 .*
Voir : *Dent de Vaulion★★★ – Route de Burtigny à Begnins : vues★★.*
Vallée de Joux Tourisme, rue de l'Orbe 8, 1347 Le Sentier, ✆ 0218 451 777, otvj@valleedejoux.ch, Fax 0218 455 008.

L'Abbaye *1344 Vaud (VD)* 552 B9 *– 1 215 h. – alt. 1 020.*
Bern 121 – Lausanne 40 – Les Rousses 26 – Vallorbe 10.

Hôtel de Ville, ✆ 0218 411 393, *hotelabbaye@bluewin.ch, Fax 0218 411 686,* , – VISA.
fermé 8 au 18 avril et 9 au 30 oct. – **Repas** 16 - 49/65 et à la carte 39/88 – **14 ch** 90/150 – ½ P suppl. 30.
◆ Près de la berge du lac, hôtel doté d'une grande terrasse. Chambres garnies d'un mobilier en bois clair, d'où vous pourrez observer les voiliers. Salle à manger rustique ; un vivier annonce la couleur : les poissons du lac frétillent d'impatience !

Les Bioux *1346 Vaud (VD)* **552** **C9** – *alt. 1 023.*
Bern 126 – Lausanne 45 – Les Rousses 22 – Vallorbe 15.

Trois Suisses, ☎ 0218 455 508, *Fax 0218 456 031*, ←, ☂, – TV P. AE MC VISA. ✻ rest
fermé 20 déc. au 9 janv., 4 - 23 avril, mardi soir et merc. sauf juil. - août – **Repas** *18* - 62 et à la carte 40/87 – **10 ch** ☐ 80/120 – ½ P suppl. 35.
◆ Hôtellerie familiale que caractérise la simplicité et la bonne humeur. Bonne ampleur des chambres campagnardes, modestement meublées mais néanmoins confortables. Salle de restaurant au charme désuet, tourné vers le lac de Joux ; goûteuse cuisine du pays.

Le Brassus *1348 Vaud (VD)* **552** **B9** – *alt. 1 022.*
Bern 132 – Lausanne 52 – Les Rousses 16 – Vallorbe 21.

de la Lande, 3, pl. de la Lande, ☎ 0218 454 441, *info@hotellalande.com, Fax 0218 454 540*, ☂, – TV P – 15/80. AE MC VISA
Repas *(fermé dim. soir) 16* - 85 et à la carte 49/93 – **26 ch** ☐ 105/175 – ½ P suppl. 35.
◆ Cet ancien relais de poste de 1570, devenu un hôtel, vous accueille dans des chambres diversement agencées. Le restaurant est embelli de sièges stylés Louis XIII. Carte gastronomique et brasserie.

Le Pont *1342 Vaud (VD)* **552** **B9** – *alt. 1 008.*
Bern 119 – Lausanne 39 – Les Rousses 29 – Vallorbe 8.

La Truite, 4 r. de la Poste, ☎ 0218 411 771, *hoteltruite@bluewin.ch, Fax 0218 411 929*, ☂ – TV – 25. AE MC VISA
fermé déc. à janv., lundi et mardi en hiver – **Repas** *19* - 35/53 et à la carte 40/79 – **20 ch** ☐ 100/180 – ½ P suppl. 35.
◆ Bâtisse régionale postée en bout de lac. Chambres claires et confortables, habillées de lambris et décorées dans la note montagnarde. Salle à manger agreste et conviviale que fréquentent nombre d'habitués et qui sert une petite carte traditionnelle.

KÄGISWIL *Obwalden* **551** **N8** – *siehe Sarnen.*

KANDERSTEG *3718 Bern (BE)* **551** **K10** – *1 149 Ew. – Höhe 1 176 – Wintersport : 1 250/1 950 m 1 6.*
Sehenswert : *Lage★.*
Ausflugsziel : *Oeschinensee★★★ – Klus★★.*
Lokale Veranstaltungen
17.01 - 18.01 : Schlittenhunderennen
25.07 : Schäferfest auf dem Gemmipass.
Kandersteg - Goppenstein, Information ☎ 0336 758 384.
Kandersteg Tourismus, Hauptstrasse, ☎ 0336 758 080, info@kandersteg.ch, Fax 0336 758 081.
Bern 66 – Interlaken 45 – Montreux 156 – Sion 219.

Royal Park Hotel, Hauptstrasse, ☎ 0336 758 888, *royal@rikli.com, Fax 0336 758 880*, ←, – TV. AE MC VISA JCB. ✻ Rest
16. Dez. - 31. März und 31. Mai - 30. Sept. – **Menu** *(abends Tischbestellung erforderlich)* à la carte 65/135 – **28 Zim** ☐ 480/680, Vorsaison ☐ 300/400 – ½ P Zuschl. 90.
◆ Ein aussergewöhnliches Luxus- und sympathisches Ferienhotel im Stile eines herrschaftlichen Berner Landsitzes. Sie erleben ein Haus mit grossem Komfort und Eleganz. Das klassische Restaurant ermöglicht Ihnen festliches Dinieren in charmanter Ambiance.

Waldhotel Doldenhorn , in Vielfalle : 1,5 km Süd, ☎ 0336 758 181, *doldenhorn@compuserve.com, Fax 0336 758 185*, ←, – , Zim, TV P – 20. AE MC VISA
geschl. 17. April - 6. Mai, 1. Nov. - 10. Dez. und Rest. Dienstag ausser Hochsaison – ***Au Gourmet*** (am Wochenende Tischbestellung ratsam) **Menu** 48 (mittags)/115 und à la carte 59/89 – ***Burestube :*** **Menu** à la carte 42/64 – **29 Zim** ☐ 145/310, Vorsaison ☐ 115/260, 5 Suiten – ½ P Zuschl. 45.
◆ Ein kleines Schmuckstück in ruhiger Lage : Geschmackvolle Zimmer und ein gepflegter Freizeitbereich zeichnen dieses gut geführte Hotel aus. Gediegene Eleganz durchweht das Restaurant Au Gourmet. Honigfarbenes Holz verleiht der Burestube Gemütlichkeit.

Alfa Soleil, Hauptstrasse, 0336 758 484, *hotel@alfasoleil.ch, Fax 0336 758 485*, ←, - 15/20. Rest
La Stella *(geschl. 10. April - 8. Mai, 20. Okt. - 20. Dez., Mittwochmittag und Donnerstag)* **Menu** 75 (abends) und à la carte 38/100 - **35 Zim** 98/196, Vorsaison 82/170 - ½ P Zuschl. 34.
◆ Die Gäste werden in verschiedenen Zimmern beherbergt. Teilweise sind sie mit dunklem Holz eher zweckmässig ausgestattet - aber auch oft mit Stilmöbeln gemütlich eingerichtet. Rustikale Atmosphäre herrscht im Restaurant La Stella.

Adler, Hauptstrasse, 0336 758 010, *info@chalethotel.ch, Fax 0336 758 011*, ←, - Rest, - 25.
geschl. 26. Nov. - 26. Dez. - **Menu** 25 - 45/67 und à la carte 41/101 - **24 Zim** 115/220, Vorsaison 105/200 - ½ P Zuschl. 30.
◆ Ein Chalet im Herzen von Kandersteg : Die Zimmer unterteilen sich in zwei Kategorien, sei es mit dunklem oder hellem Holzmobiliar, mit oder ohne Whirlpool. An die Gaststube, in der auch mal gejasst wird, schliesst sich das Restaurant mit schöner Terrasse an.

Blümlisalp, Hauptstrasse, 0336 751 844, *info@hotel-bluemlisalp.ch, Fax 0336 751 809*, ←, -
16. Dez. - 31. März und 16. Mai - 31. Okt. - **Menu** *(geschl. Montag)* 52/78 und à la carte 37/94 - **24 Zim** 110/230, Vorsaison 90/200 - ½ P Zuschl. 32.
◆ Von Ihren Gästezimmern geniessen Sie einen herrlichen Ausblick. Diese sind alle einheitlich mit hellem zweckmässigem Holzmobiliar und einfacher Technik ausgestattet. Die Restauration besteht aus zwei Stuben mit schlichtem Gedeck und dem Cafe.

Bernerhof, Hauptstrasse, 0336 758 875, *hotel@bernerhof.ch, Fax 0336 758 877*, ←, - - 30.
geschl. April - **Menu** *(geschl. Donnerstag in der Zwischensaison)* 20 und à la carte 34/88 - **45 Zim** 100/215, Vorsaison 90/180 - ½ P Zuschl. 32.
◆ Der ältere Chaletbau mit Ausblick befindet sich am Dorfeingang. Unterschiedlich gestaltete Zimmer, teils mit hellem Einbaumobiliar, aber auch mit Eiche stehen zur Verfügung. Ortstypische, einfach-rustikal eingerichtete Gaststube mit gemütlichem Ambiente.

Ruedihus mit Zim, in Vielfalle, Süd : 1,5 km, 0336 758 181, *doldenhorn@compuserve.com, Fax 0336 758 185*, ←, -
Rest. geschl. Mittwoch in Nebensaison - ***Biedermeier Stuben*** - schweizer Spezialitäten - *(am Wochenende Tischbestellung ratsam)* **Menu** 50 und à la carte 42/66 - ***Chäs- und Wystube :*** **Menu** 24 und à la carte 35/62 - **9 Zim** 150/260 - ½ P Zuschl. 45.
◆ In der ehemaligen Umspannstelle für Postkutschenpferde aus dem 18. Jh. werden die Gäste in zwei schönen Biedermeierstuben ausschliesslich mit Schweizer Spezialitäten bewirtet. Im Erdgeschoss des unter Denkmalschutz stehenden Holzhauses geht es rustikal zu.

in Blausee-Mitholz *Nord : 4 km - Höhe 974 - ✉ 3717 Blausee-Mitholz :*

Blausee mit Zim, im Naturpark Blausee, über Spazierweg : 5 min. erreichbar, 0336 723 333, *info@blausee.ch, Fax 0336 723 339*, ←, - - 15/40.
geschl. 3 Wochen Jan. - **Menu** 49 (mittags)/88 und à la carte 46/98 - **17 Zim** 116/190 - ½ P Zuschl. 58.
◆ Das wunderschöne intensive Blau des kleinen Sees gibt dem renovierten Haus, im Naturpark gelegen, den Namen - speisen Sie in dieser einmaligen Oase der Ruhe.

KAPPEL *4616 Solothurn (SO)* 551 L5 - *2 480 Ew. - Höhe 427.*

Bern 58 - Aarau 20 - Basel 39 - Luzern 61 - Olten 6.

Kreuz mit Zim, Mittelgäustr. 20, 0622 160 316, *mail@kreuz-kappel.ch, Fax 0622 160 013*, -
Menu *(geschl. 23. Dez. - 7. Jan., 20. Juli - 4, Aug., Dienstag und Mittwoch)* 17 - 48 (mittags) und à la carte 36/96 - **7 Zim** 80/120.
◆ Der alte Landgasthof birgt in seinem Inneren eine rustikale Gaststube sowie einen klassischen Speisesaal. Wählen Sie selbst, wo Sie lieber Ihr Essen einnehmen möchten.

KASTANIENBAUM *Luzern* 551 O7 - *siehe Luzern.*

KEHLHOF *Zürich* 551 Q6 - *siehe Stäfa.*

KEMMERIBODEN-BAD *Bern (BE)* 551 L-M8 – *siehe Schangnau.*

KEMPRATEN *Sankt Gallen* 551 R6 – *siehe Rapperswil.*

KERNS *6064 Obwalden (OW)* 551 O8 – *5 141 Ew. – Höhe 569.*
Bern 104 – Luzern 21 – Altdorf 41 – Brienz 34.

in Sand *Nord-Ost : 2 km – Höhe 575 – ✉ 6064 Kerns :*

Kernserhof, Obermattli, ✆ 0416 606 868, *kernserhof@swissonline.ch, Fax 0416 608 569,* – TV P – 30. VISA
geschl. 26. Jan. - 29. Feb. und Montag ausser Hotel in der Hochsaison – **Menu** 22 - 27 (mittags)/45 und à la carte 41/83 – **35 Zim** 100/200 – ½ P Zuschl. 30.
◆ Das Haus steht in ruhiger Lage oberhalb von Kerns. Die Gäste werden in einfachen Zimmern, die mit dunklem Holzmobiliar eingerichtet sind, beherbergt. Restaurant mit Wintergarten, der mit Rattanmöbeln bestuhlt ist.

KERZERS (CHIÈTRES) *3210 Freiburg (FR)* 552 H7 – *3 981 Ew. – Höhe 443.*
Bern 24 – Neuchâtel 25 – Biel 25 – Fribourg 26 – Solothurn 41.

Bären, Burgstatt 7, ✆ 0317 555 118, *baeren.kerzers@bluewin.ch, Fax 0317 557 893,* – P. AE VISA
geschl. 14. Jan. - 4. Feb., 12. Juli - 3. Aug., Dienstag (ausser April - Mai) und Montag – **Menu** 18 - 35/55 und à la carte 41/91.
◆ Ein grosser alter Gasthof - im Stil eines Freiburger Landhauses. Man empfängt seine Gäste in verschiedenen Räumen, die mit Jagdtrophäen dekoriert sind.

KESSWIL *8593 Thurgau (TG)* 551 U4 – *909 Ew. – Höhe 405.*
Bern 199 – Sankt Gallen 27 – Bregenz 49 – Frauenfeld 39 – Konstanz 15.

Schiff mit Zim, Hafenstr. 28, ✆ 0714 631 855, *info@seegasthofschiff.ch, Fax 0714 631 830,* – TV P – 20. AE VISA. Rest
geschl. 16. Feb. - 4. März, Mittwoch von Sept. - April und Dienstag – **Menu** 32 - 89/97 (abends) und à la carte 62/116 – **5 Zim** 150/210.
◆ Ein hübsches Restaurant am kleinen Hafen. Es teilt sich in eine Gaststube und ein Restaurant mit Hussenstühlen, Dielenboden, Kristalllüstern und gemaltem Himmel an der Decke.

KESTENHOLZ *4703 Solothurn (SO)* 551 L5 – *1 510 Ew. – Höhe 453.*
Bern 55 – Basel 54 – Aarau 32 – Luzern 64 – Solothurn 24.

Eintracht mit Zim, Neue Strasse 109, ✆ 0623 932 463, *eintracht@datacomm.ch, Fax 0623 932 423,* – TV P. AE VISA
geschl. 1. - 15. Feb., 18. Juli - 1. Aug., Sonntagabend und Montag – ***St. Peter-Stube :*** **Menu** 48 (mittags)/78 und à la carte 48/98 – ***Gaststube :*** **Menu** 16.50 - 58 (abends) und à la carte 35/83 – **4 Zim** 70/140.
◆ Der Landgasthof, seit 150 Jahren in Familienbesitz, liegt im Zentrum des Dorfes. In der rustikalen St. Peter-Stube wählen Sie Gerichte von einer traditionellen Karte. Die einfachere Gaststube gibt Gästen die Möglichkeit, günstig zu essen.

KILCHBERG *8802 Zürich (ZH)* 551 P5 – *7 175 Ew. – Höhe 424.*
Bern 132 – Zürich 7 – Aarau 53 – Luzern 52 – Rapperswil 35.

Chez Fritz, Seestr. 195b, ✆ 017 152 515, *info@chezfritz.ch, Fax 017 152 511,* Zürichsee, – P. AE VISA
geschl. 25. Dez. - 4. Jan. und Sonntag von Nov. - April – **Menu** 25 - 48 (mittags)/110 und à la carte 66/122.
◆ Das Haus liegt direkt am Seeufer, mit einer schönen Terrasse und wundervollem Ausblick auf den Zürichsee. In dem modernen Lokal serviert man zeitgemäss zubereitete Speisen.

Oberer Mönchhof, Alte Landstr. 98, ✆ 017 154 006, *guggisberg@moenchhof.ch, Fax 017 151 657,* – P. AE VISA
geschl. 8. - 29. Feb., 4. - 17. Okt. und Mittwoch – **Menu** 19.50 - 55 (mittags) und à la carte 45/93.
◆ Ein schönes altes Riegelhaus oberhalb des Sees beherbergt dieses Restaurant. Neben dem leicht gehobenen, getäferten Stübli, bietet auch das Beizli einige nette Plätze.

KIRCHBERG *3422 Bern (BE)* 551 K6 *– 4 760 Ew. – Höhe 509.*
Bern 23 – Biel 41 – Burgdorf 6 – Solothurn 18.

Sunnehof garni, Hauptstr. 19a, ✆ 0344 452 310, *Fax 0344 456 903* – TV P. VISA
13 Zim 110/160.
◆ In einem unscheinbaren Haus stehen für Gäste Zimmer von ausreichender Grösse zur Verfügung. Sie sind mit einfachem Mobiliar eingerichtet und haben meist eine kleine Küche.

KIRCHDORF *3116 Bern (BE)* 551 J8 *– 774 Ew. – Höhe 610.*
Bern 28 – Fribourg 37 – Langnau im Emmental 28 – Thun 12.

Spycher, Dorf 48, ✆ 0317 811 834, *restaurant@spycher.ch, Fax 0317 812 023* – P. AE VISA
geschl. Dienstag von Juni bis Sept., Sonntag und Montag – **Menu** *(nur Abendessen) (nur Menu) (Tischbestellung erforderlich)* 130.
◆ Ein gediegenes Gourmetmenü in gemütlicher Atmosphäre, davor der Apèro in der Küche und hinterher inmitten schöner Musikboxen den Abend ausklingen lassen, was will man mehr ?

KLEINDÖTTINGEN *5314 Aargau (AG)* 551 O4 *– Höhe 323.*
Bern 112 – Aarau 32 – Basel 60 – Freiburg im Breisgau 85 – Luzern 76 – Zürich 40.

Linde mit Zim, Hauptstr. 27, ✆ 0562 451 350, *Fax 0562 451 228,* – TV. AE VISA
geschl. 26. Juli - 9. Aug. und Sonntag – **Menu** 25 - 45 (mittags)/92 und à la carte 41/106 – **15 Zim** 66/130.
◆ Zwei schöne Räume und eine einfache Gaststube bilden die Restauration dieses Landgasthofes, in dem man Gerichte aus einem klassischen Angebot auswählen kann.

KLOSTERS *7250 Graubünden (GR)* 553 X8 *– 3 894 Ew. – Höhe 1 191 – Wintersport : 1 191/2 844 m 3 14 .*
Sehenswert : *Lage★★.*
Klosters Selfranga - Susch Sagliains, Information ✆ 0812 883 737.
Klosters Tourismus, Alte Bahnhofstrasse 6, ✆ 0814 102 020, info@klosters.ch, Fax 0814 102 010.
Bern 268 – Chur 58 – Davos 14 – Vaduz 64.

Vereina, Landstr. 179, ✆ 0814 102 727, *klosters@vereinahotel.ch, Fax 0814 102 728,* – TV . AE VISA JCB
geschl. 13. April - 25. Juni – **Menu** *(geschl. Montag von 26. Juni - 20. Dez. und ab 15. Sept. auch Dienstagmittag)* 32 - 49 (mittags)/129 und à la carte 52/140 – **11 Zim** 290/460, Vorsaison 190/280, 14 Suiten – ½ P Zuschl. 49.
◆ Das neu gebaute Hotel verfügt über einen sehr schönen Wellnessbereich. Die modernen Zimmer, hauptsächlich Suiten, sind mit stilvollem Mobiliar eingerichtet. Durch die elegant-rustikalen Stuben gelangt man in einen Wintergarten mit mediterranem Flair.

Alpina, Bahnhofstr. 1, ✆ 0814 102 424, *hotel@alpina-klosters.ch, Fax 0814 102 425,* – TV – 25. AE VISA
geschl. 13. April - 12. Juni – **Menu** *(geschl. Dienstagabend und Mittwochabend im Sommer)* 19 - 42 (mittags)/110 und à la carte 71/131 – **35 Zim** 259/450, Vorsaison 151/246, 6 Suiten – ½ P Zuschl. 60.
◆ Das Hotel im regionalen Stil liegt gegenüber dem Bahnhof und nahe der Talstation. Ein Teil der Zimmer ist modern und hell, der andere rustikal gestaltet. Gemütliches Restaurant mit Terrasse, das in einem gediegen-rustikalen Stil gehalten ist.

Albeina Boscaweg 7, ✉ 7252, ✆ 0814 232 100, *mail@albeinahotel.ch, Fax 0814 232 121,* – TV P. AE VISA. Zim
Mitte Dez. - Mitte April und Mitte Juni - Mitte Okt. – **Menu** à la carte 46/94 – **64 Zim** 180/380, Vorsaison 85/270 – ½ P Zuschl. 20.
◆ Ruhig gelegen, mit Garten und schöner Aussicht, bietet das Hotel im Chaletstil Zimmer, die mit rustikalem Weichholzmobiliar eingerichtet sind und oft einen Balkon haben. Wählen Sie zwischen Speisesaal und der Bündnerstube, die ganz in Arvenholz gehalten ist.

Pardenn, Monbielerstr. 18, 0814 232 020, *hotel@pardenn.ch, Fax 0814 232 021*, Klosters und Berge, , , , – , – 20. AE VISA. Rest
geschl. 4. April - 17. Dez. – ***Grill Room*** *(nur Abendessen)* **Menu** 77 und à la carte 64/123 – ***Taverna*** - italienische Küche - *(nur Mittagessen)* **Menu** 28 und à la carte 38/93 – **65 Zim** 196/432, Vorsaison 126/292 – ½ P Zuschl. 30.
◆ Das oberhalb des Ortes gelegene Haus bietet einen sehr schönen Ausblick über Klosters und die Berge. Die Zimmer mit Schleiflackmobiliar haben meist einen Balkon. Rustikal gediegen gibt sich der Grill Room. Zum Mittagessen trifft man sich in der Taverna.

Sport, Landstr. 95, 0814 233 030, *info@hotel-sport.ch, Fax 0814 233 040*, , , , , , – – 70. AE VISA.
13. Dez. - 14. April und 16. Juni - 14. Okt. – **Menu** - italienische Küche - 15 - 29 und à la carte 40/92 – **46 Zim** 150/360, Vorsaison 70/140 – ½ P Zuschl. 20.
◆ Die vier unterirdisch verbundenen Gebäude begrenzen ein ansprechendes Freizeitgelände mit Tennis, Streichelzoo und mehr. Einfache Zimmer von guter Grösse stehen zur Verfügung. Rustikales Restaurant und Bar mit ländlichem Charakter.

Chesa Grischuna, Bahnhofstr. 12, 0814 222 222, *hotel@chesagrischuna.ch, Fax 0814 222 225*, – AE VISA
20. Dez. - 12. April und 3. Juli - 16. Okt. – **Menu** 19 - 35 (mittags)/89 und à la carte 57/135 – **25 Zim** 230/460, Vorsaison 120/220 – ½ P Zuschl. 45.
◆ Die Fresken und Holzmalereien des Hotels im regionalen Stil wurden von einheimischen Künstlern wie Alois Carigiet geschaffen. Zimmer mit gemütlich-rustikaler Einrichtung. Auch das Restaurant wurde mit viel Liebe gestaltet.

Sporthotel Kurhaus, Landstr. 24, 7252, 0814 224 441, *kurhaus@spin.ch, Fax 0814 224 609*, – AE VISA
6. Dez. - 13. April und 6. Juni - 24. Okt. – **Menu** *(geschl. Mittwoch und Donnerstagmittag im Sommer)* 14.50 - 37 und à la carte 45/90 – **28 Zim** 120/240, Vorsaison 55/140 – ½ P Zuschl. 30.
◆ Die meisten Räume des Hauses sind mit dunklen Eichenholzmöbeln eingerichtet. Fragen Sie bei Ihrer Reservierung nach den renovierten Zimmern. Das Restaurant besteht aus der derb-ländlichen Gaststube und dem grossen à la carte-Bereich.

Walserhof (Bolliger) mit Zim, Landstr. 141, 0814 102 929, *walserhof@bluewin.ch, Fax 0814 102 939*, , , – . AE VISA
4. Dez. - 11. April und 19. Juni - 22. Okt. – **Menu** *(geschl. Dienstag im Sommer)* 42 - 68 (mittags)/175 und à la carte 79/168 – **11 Zim** 220/410, Vorsaison 140/320, 3 Suiten – ½ P Zuschl. 78 (nur im Sommer).
◆ Zum Glück ist das schöne Haus nicht nur für Prinz Charles reserviert, sondern auch Gäste mit weniger blauem Blut können die geschmackvolle Küche auf höchstem Niveau geniessen.
Spez. Soupe de curry et citronelle avec homard et langoustine. Blanc de turbot aux chanterelles (été). Filet de boeuf Teriyaki aux haricots du Kenya et pousses de soja préparées au wok. **Weine** Malanser, Jeninser

KLOTEN *Zürich* 551 Q4 – *siehe Zürich.*

KÖNIZ *Bern* 551 J7 – *siehe Bern.*

KONOLFINGEN *3510 Bern (BE)* 551 K8 – *4 449 Ew. – Höhe 728.*

Bern 24 – Fribourg 57 – Langnau im Emmenthal 15 – Thun 19.

in Stalden *Süd : 1 km – Höhe 654 – 3510 Konolfingen :*

Schloss Hünigen, 0317 912 611, *hotel@schlosshuenigen.com, Fax 0317 912 731*, , , , – , Zim, – 15/80. AE VISA
Menu *(geschl. Sonntagabend und Montag)* 17 - 27 (mittags) und à la carte 54/86 – **54 Zim** 130/230 – ½ P Zuschl. 35.
◆ Das ruhig in einem schönen Schlosspark gelegene Gebäude bietet dem Gast verschieden eingerichtete Zimmer mit modernster Ausstattung, im Haupthaus mit schönen Kassettendecken. Das Restaurant Rosarium ist hell und freundlich gestaltet.

KRATTIGEN *3704 Bern (BE) 551 K9 – 859 Ew. – Höhe 742.*

Bern 50 – Interlaken 26 – Kandersteg 26 – Spiez 8 – Thun 19.

Bellevue-Bären, Dorfstr. 15, ✆ 0336 556 144, *bellevue-baeren@bluewin.ch, Fax 0336 546 177,* ≤ Thunersee, 🍽 – 🛗 TV P P – 🏊 50. AE ⓓ MC VISA
geschl. Anfang Dez. 2 Wochen – **Menu** *(geschl. Montag ausser abends in Juli - Aug.)* 14 - 42 und à la carte 36/82 – **25 Zim** ☕ 85/160 – ½ P Zuschl. 25.

◆ Das Chalet bietet für seine Gäste neben einer herrlichen Sicht auf den Thunersee ältere Zimmer mit brauner einfacher Holzmöblierung sowie etwas neuere mit hellem Mobiliar. Das rustikale Restaurant besticht durch seine grosse Fensterfront.

KREUZLINGEN *8280 Thurgau (TG) 551 T3 – 16 714 Ew. – Höhe 402.*

27 in Lipperswil, ✉ 8564, ✆ 0527 700 405, Fax 0527 700 406, über Kantonalstrasse 1 Richtung Frauenfeld : 14 km.

Kreuzlingen Tourismus, Hauptstr. 39, ✆ 0716 723 840, tourismus@kreuzlinge n.ch, Fax 0716 774 940.

Hauptstr. 39, ✆ 0716 774 949, Fax 0716 774 940.

Hauptstr. 1a, ✆ 0716 773 838, Fax 0716 773 835.

Bern 194 – Sankt Gallen 38 – Bregenz 56 – Frauenfeld 27 – Konstanz 3.

Seegarten, Promenadenstr. 40, am Yachthafen, ✆ 0716 882 877, *restaurant@seegarten.ch, Fax 0716 882 944,* 🍽 – P. ⓓ MC VISA
geschl. 22. - 28. Dez., 25. Jan. - 8. Feb., Dienstag von Sept. bis April und Montag – ***Salon Admiral :*** **Menu** 68 (midi)/108 und à la carte 60/139 – ***Tagesrestaurant :*** **Menu** 29 - 35 (mittags)/98 und à la carte 46/111.

◆ Über einen versteckten Eingang gelangt man in den Salon Admiral. "Klein, aber fein" lautet die Devise in diesem eleganten und charmant geführten Restaurant. Sachlich präsentiert sich das Tagesrestaurant.

Schloss Seeburg, Seeweg 5, ✆ 0716 884 775, *Fax 0716 884 763,* ≤ Bodensee, 🍽, 🌳 – P. ⓓ MC VISA
geschl. 9. Feb. - 5. März, 10. - 15. Okt., Mittwoch von Sept. - Mai und Dienstag – **Menu** 27 - 59/82 und à la carte 54/95.

◆ Nach kurzem Spaziergang durch den Park stösst man auf das Seeschloss mit Terrasse, die einen schönen Blick auf den Bodensee gewährt. Kleines Restaurant, klassische Karte.

Jakobshöhe, Bergstr. 46, ✆ 0716 700 888, *jakobshoehe@bluewin.ch, Fax 0716 700 889,* 🍽 – ▤ P. AE MC VISA
geschl. 1. - 22. Juni, Montag und Dienstag – **Menu** 28 - 86 und à la carte 52/109.

◆ Im modernisierten Gasthof werden in zwei netten Stuben, die mit elegantem Holzmobiliar eingerichtet sind und schöne Täferdecken haben, klassische Gerichte serviert.

in Tägerwilen *Nord-West : 4 km Richtung Schaffhausen – Höhe 420 – ✉ 8274 Tägerwilen :*

Trompeterschlössle 🐦, Konstanzerstr. 123, am Zoll, ✆ 0716 693 131, *hotel@trompeterschloessle.ch, Fax 0716 693 133,* 🍽 – ⊁ Zim, TV P. AE ⓓ MC VISA
geschl. 22. Dez. - 25. Jan. – **Menu** *(geschl. Mittwoch und Donnerstag vom 15. Okt. - 15. April)* 17.50 - 29/69 und à la carte 38/80 – **17 Zim** ☕ 105/170 – ½ P Zuschl. 32.

◆ Direkt an der Grenze befindet sich das Trompeterschlössle. Modern eingerichtete, mit Nussbaumholzmobiliar ausgestattete Zimmer erwarten den Gast. Einfachere Gaststube und gehobeneres à la carte-Restaurant.

in Gottlieben *Nord-West : 4 km Richtung Schaffhausen – Höhe 402 – ✉ 8274 Tägerwilen :*

Drachenburg und Waaghaus 🐦, Am Schlosspark, ✆ 0716 667 474, *info@drachenburg.ch, Fax 0716 667 499,* ≤, 🍽, ⚓ – 🛗 TV P – 🏊 15/60. AE ⓓ MC VISA. ⊁ Rest
geschl. Weihnachten – **Menu** 28 - 68/95 und à la carte 46/125 – **60 Zim** ☕ 140/390.

◆ Die schönen Fachwerkhäuser liegen direkt am Seeufer. In verschiedenen Gebäuden logiert man in individuell gestalteten Zimmern mit stilvoller Einrichtung. Wählen Sie zwischen dem gediegenen Restaurant im ersten Stock und der rustikaleren Drachenburg.

Romantik Hotel Krone 🐦, Seestr. 11, ✆ 0716 668 060, *krone@romantikhotel.ch, Fax 0716 668 069,* ≤, 🍽 – 🛗 TV P – 🏊 25. AE ⓓ MC VISA
geschl. 4. Jan. - 7. Feb. – **Menu** 28 - 48 (mittags)/95 und à la carte 76/129 – **25 Zim** ☕ 130/300.

◆ Das historische Gebäude befindet sich an der engsten Stelle des Bodesees in ruhiger Lage. Gäste wohnen in dem freundlichen Familienbetrieb in gepflegten Zimmern. Ob Restaurant oder lieber die sonnige Terrasse am Wasser - Sie haben die Wahl.

KRIEGSTETTEN *4566 Solothurn (SO)* **551** K6 *– 1 110 Ew. – Höhe 455.*
Bern 31 – Biel 29 – Solothurn 5.

Sternen, Hauptstr. 61, ✆ 0326 756 111, *sternen@bluewin.ch, Fax 0326 756 025,* ☂, 🌲 – ⇅ ✈ TV ☎ ♿ P – 🏋 15/80. AE ⓓ MC VISA
geschl. 1. - 16. Feb. – **Menu** 59 (mittags)/110 und à la carte 49/113 – ***Gaststube :*** **Menu** *18.50* und à la carte 41/95 – **23 Zim** ☕ 180/300.
◆ Die Zimmer in dieses Hotels unterscheiden durch Zuschnitt, Lage und Ausstattung. Wählen Sie zwischen Räumen mit Biedermeiermobiliar oder rustikaler Einrichtung. Klein, aber fein gibt sich das Restaurant. Rustikal eingerichtet ist die gemütliche Gaststube.

KRIENS *Luzern (LU)* **551** O7 *– siehe Luzern.*

KÜSNACHT *8700 Zürich (ZH)* **551** Q5 *– 12 177 Ew. – Höhe 415.*
Bern 133 – Zürich 8 – Aarau 54 – Einsiedeln 43 – Luzern 64.

Sonne, Seestr. 120, ✆ 019 141 818, *reception@sonne.ch, Fax 019 141 800,* <, ☂, 🌲 – ⇅ TV ☎ P – 🏋 15/80. AE ⓓ MC VISA. ✗ Rest
Sonnengalerie : **Menu** 48 (mittags)/98 und à la carte 56/115 – ***Gaststube :*** **Menu** *23* - 30 (mittags) und à la carte 41/89 – **40 Zim** ☕ 185/310.
◆ Das Seehotel mit elegantem Interieur beherbergt Sie in geräumigen Zimmern, in denen die historische Bausubstanz gut mit moderner Einrichtung und Dekor harmoniert. Geschmackvoll und neuzeitlich : die Sonnengalerie. Buurestube mit schönem Täfer und Bildern.

Villa Ermitage garni, Seestr. 131, ✆ 019 144 214, *info@villa-ermitage.ch, Fax 019 144 215* – TV ☎. AE ⓓ MC VISA
geschl. 27. Dez. - 6. Jan. – **14 Zim** ☕ 138/198.
◆ Vor allem Geschäftsreisende schätzen dieses kleine gepflegte Hotel, das über nette, hell möblierte Zimmer mit funktioneller Ausstattung verfügt.

Ermitage am See mit Zim, Seestr. 80, ✆ 019 144 242, *info@ermitage.ch, Fax 019 144 243,* < Zürichsee, ☂, 🌲, ⚓ – ⇅ TV ☎ P. AE ⓓ MC VISA. ✗ Rest
Menu *(geschl. 27. Dez. - 6. Jan)* 65 (mittags)/175 und à la carte 96/159 – **22 Zim** ☕ 195/410, 4 Suiten.
◆ Das Landhaus in wunderbarer Lage am Seeufer mit Terrasse und Garten bietet seinen Gästen einen schönen Blick über den Zürichsee sowie ein elegantes Interieur.
Spez. Sandre et écrevisses en salade de chou-fleur tiède aux pistaches. Chevreuil d'été mariné, omelette soufflée, champignons et roquette. Filet de boeuf du Simmental et culotte de veau, crème légère de raifort. **Weine** Regensberg, Feldbach

Petermann's Kunststuben, Seestr. 160, ✆ 019 100 715, *petermannskunstuben@bluewin.ch, Fax 019 100 495,* ☂ – ▤ P. AE ⓓ MC VISA
geschl. 9. - 22. Feb., 23. Aug. - 12. Sept., Sonntag und Montag – **Menu** (am Abend Tischbestellung ratsam) *38* - 78 (mittags)/195 und à la carte 127/206.
◆ Bei Petermann's in Küsnacht erleben Sie klassische Küche kreativ zelebriert in eleganten Räumen oder im kleinen schönen Gärtchen perfekt präsentiert.
Spez. Le dos de loup de mer de petit bateau en croûte de poivre de Jamaïque et jus d e fruits de la passion. Le pigeon farci sous la peau aux abattis, feuilles et côtes de blette mijotées. La soupe au champagne et pêche pochée à la lavande, glace aux feuilles de citron. **Weine** Freisamer, Meilener

Zum Trauben, Untere Wiltisgasse 20, ✆ 019 104 855, ☂ – P. AE ⓓ MC VISA
geschl. 23. Dez. - 3. Jan., 20. Juli - 20. Aug., Sonntag und Montag – **Menu** - italienische Küche - à la carte 56/103.
◆ Das im Ortskern gelegene kleine zweigeteilte Restaurant, im hinteren Teil etwas moderner gestaltet, bietet den Gästen einfache italienische Küche mit marktfrischen Produkten.

Wolga - Wolga, Hörnlistr. 16, ✆ 019 144 080, *wolga@wolga.ch, Fax 019 144 081,* ☂ – ▤ P. AE ⓓ MC VISA
geschl. 1. - 30. Aug. und Montag – **Menu** - russische Küche - *(nur Abendessen)* 98 und à la carte 62/108.
◆ Sie müssen ein bisschen suchen, um dieses sympathische Restaurant zu finden. Aber der Aufwand lohnt sich : In elegantem Ambiente erfreut man Sie mit russischen Spezialitäten.

Chez Crettol, Cave Valaisanne, Florastr. 22, 019 100 315, *Fax 019 100 315* – AE VISA JCB
geschl. 21. Dez. - 6. Jan. und 15. Juni - 1. Sept. – **Menu** - Walliser Fondue und Raclettespezialitäten - *(nur Abendessen)* (Tischbestellung ratsam) à la carte 49/96.
◆ In der gemütlichen Stube liegt der Käse für den netten Raclette-Plausch am offenen Kamin schon parat. Neben der urtypischen Walliser Spezialität gibt es auch Käsefondues.

KÜSSNACHT AM RIGI *6403 Schwyz (SZ)* 551 P7 – *10 944 Ew. – Höhe 435.*

0418 507 060, Fax 0418 507 041.

Bern 136 – Luzern 16 – Schwyz 25 – Zürich 47.

du Lac-Seehof, Seeplatz 6, 0418 501 012, *jtrutmann@bluewin.ch, Fax 0418 501 022,* ≤, – Zim, TV P. AE VISA
geschl. 26. Jan. - 6. Feb. und 13. Okt. - 1. Dez. – **Menu** *(geschl. Dienstag und Mittwoch von Okt. - 15. Mai)* 26 - 70 und à la carte 37/83 – **12 Zim** 130/190 – ½ P Zuschl. 32.
◆ Das Hotel liegt neben der Schiffsanlegestelle direkt am See. Einige Zimmer sind mit Stilmöbeln, der Rest zweckmässig mit dunklem Eichenholzmobiliar eingerichtet. Ob in der hellen Seehof-Stube oder in der dunkler gehaltenen Veranda - Sie haben die Wahl.

Adler, Hauptplatz 9, 0418 501 025, *Fax 0418 501 036* – AE VISA
geschl. 25. Jan. - 13. Feb., 27. Juni - 22. Juli, Sonntag (ausser mittags im Winter) und Montag – **Menu** 17.50 - 60 und à la carte 46/83.
◆ Neben der einfachen Gaststube liegt der gemütlich rustikale Speisesaal mit origineller Dekoration. In heimeliger Atmosphäre reicht man eine traditionelle Karte.

LAAX *7031 Graubünden (GR)* 553 T8 – *1 162 Ew. – Höhe 1 023 – Wintersport : 1 000/3 018 m 11 18.*

Alpenarena.ch, Informationsbüro Laax, 0819 208 181, tourismus@alpenarena.ch, Fax 0819 208 182.

Bern 234 – Chur 27 – Andermatt 62.

Bellaval, via Falera 112, 0819 214 700, *info@hotelbellaval.ch, Fax 0819 214 855,* ≤, – TV P. VISA. Rest
6. Dez. - 9. April und 2. Juni - 9. Okt. – **Menu** *(nur ½ Pens für Hotelgäste)* – **27 Zim** 89/230, Vorsaison 79/136 – ½ P Zuschl. 25.
◆ Die Zimmer dieses im Ortszentrum gelegenen Hotels sind teils mit hellem Arvenholz, teils mit dunklem Mobiliar rustikal eingerichtet und bieten ausreichend Platz.

in Laax-Murschetg *Nord : 2 km – 7032 Laax :*

Laaxerhof, via Mulania, 0819 208 200, *laaxerhof@bluewin.ch, Fax 0819 208 210,* ≤, – TV P – 15/80. AE VISA
geschl. 31. Okt - Anfang Dez. – **Menu** 14.50 - 20 (mittags)/40 und à la carte 52/104 – **92 Zim** 210/420, Vorsaison 155/240 – ½ P Zuschl. 40.
◆ In dem imposanten Gebäude im Chaletstil übernachten die Gäste in Zimmern, Appartements und Suiten, die mit solidem Mobiliar wohnlich eingerichtet sind - meist mit Balkon. Die Restauration teilt sich in Gaststube und gehobeneren à la carte-Bereich.

Sporthotel Signina, 0819 279 000, *signina@weissearena.ch, Fax 0819 279 001,* ≤, – TV P – 15/50. AE VISA. Rest
14. Nov. - 18. April und 11. Juni - 25. Sept. – **Menu** 18 (mittags)/59 und à la carte 44/87 – **76 Zim** 150/340, Vorsaison 120/300 – ½ P Zuschl. 45.
◆ Die Zimmer Ihres Domizils - im Haupthaus mit Balkon - sind alle mit Arvenmöbeln wohnlich eingerichtet, der grösste Teil wurde aufgefrischt und zeigt sich fast modern. Mit Holz getäfertes Restaurant und Speisesaal mit Terrasse.

in Salums *Ost : 2 km – 7031 Laax :*

Straussennest, via Salums, 0819 215 971, *Fax 0819 216 851,* ≤ Signinakette, – AE VISA.
geschl. 10. Nov. - 11. Dez., 19. April - 19. Mai, Montag ausser Feiertage und Dienstag in Zwischensaison – **Menu** 29 (mittags)/62 und à la carte 47/104.
◆ Ein rustikales Lokal im regionalen Stil mit heimeliger Atmosphäre, nach hinten der eingedeckte Teil. Terrasse mit wundervollem Blick auf die Signinakette.

in Sagogn *Süd : 2 km – Höhe 779 – ✉ 7152 Sagogn :*

XX **Da Veraguth Carnetg,** ☎ 0819 216 464, *Fax 0819 213 698,* – P. AE MC VISA
geschl. Mai, Nov., Montag und Dienstag. – **Menu** 61 (mittags)/140 und à la carte 77/144.
◆ Das hübsch gelegene Bündner Haus mit schöner rustikal-eleganter Einrichtung offeriert dem Gast regionale und klassische Spezialitäten. Gartenterrasse !

auf dem Crap Masegn *mit Luftseilbahn erreichbar – Höhe 2 477 – ✉ 7032 Laax :*

X **Das Elephant,** ☎ 0819 277 390, *mbauer@alpenarena.ch,* ≤ Berge, – AE D MC VISA
Dez. - April – **Menu** *(nur Mittagessen)* (Tischbestellung ratsam) à la carte 45/106.
◆ Nur mit der Gondelbahn zu erreichen ist das in 2500 m Höhe gelegene Restaurant. Bei beeindruckendem Blick über die Berge reicht man eine kleine Karte mit Tagesempfehlungen.

LACHEN *8853 Schwyz (SZ)* 553 R6 *– 6 256 Ew. – Höhe 417.*
Bern 166 – Zürich 41 – Altdorf 57 – Chur 84 – Schwyz 37.

Al Porto, Hafenstr. 4 (am Bootshafen), ☎ 0554 517 373, *welcome@alporto.com, Fax 0554 517 374,* ≤, – |♦|, Zim, TV video – 15/100. AE D MC VISA
Menu *(geschl. Sonntag und Montag von Okt. - April)* 85 (abends) und à la carte 63/122 – ***Trattoria :*** **Menu** 24 und à la carte 36/81 – **17 Zim** 240/260.
◆ Die Lage am Hafen gab dem Hotel seinen Namen. Die topmodern eingerichteten Zimmer mit sehr guter technischer Ausstattung wurden von Pierro Bissoni gestaltet. Mit Designerinventar und verglaster Showküche präsentiert sich das modern-elegante Restaurant.

LAI *Graubünden* 553 V9 *– siehe Lenzerheide.*

LAMONE *6814 Ticino (TI)* 553 R13 *– 1 630 ab. – alt. 319.*
Bern 237 – Lugano 6 – Bellinzona 26 – Locarno 39 – Varese 30.

XX **La Rupe di San Zeno da Lucia,** via Cantonale, ☎ 0919 662 140, *franco.polloni@bluewin.ch, Fax 0919 309 022* – P. AE MC VISA
chiuso dal 5 luglio al 1° settembre, lunedì e martedì – **Pasto** (prenotare la sera) 30 ed alla carta 48/86.
◆ Le origini cremonesi della padrona si ritrovano nei solidi piatti della cucina lombarda da gustare in un ambiente dallo stile "passe-partout" ma dall'atmosfera conviviale.

LANDECY *Genève* 552 A12 *– rattaché à La Croix-de-Rozon.*

LANGENBRUCK *4438 Basel-Landschaft (BL)* 551 L5 *– 945 Ew. – Höhe 710.*
Bern 62 – Basel 39 – Liestal 20 – Luzern 69 – Olten 13.

XX **Bären** mit Zim (Gästehaus : 12 Zim), Hauptstr. 10, ☎ 0623 901 414, *info@baeren-langenbruck.ch, Fax 0623 901 971,* – TV P – 15/40. AE D MC VISA
geschl. 23. - 24. Dezember – **Menu** 19.50 - 42/88 und à la carte 46/105 – **24 Zim** 90/190.
◆ Der Landgasthof ist unterteilt in eine rustikal-einfache Gaststube und ein gehobeneres, elegantes Restaurant. In einem Gästehaus finden Sie zeitgemässe, funktionelle Zimmer.

LANGENDORF *Solothurn* 551 J5 *– siehe Solothurn.*

LANGENTHAL *4900 Bern (BE)* 551 L6 – *14 241 Ew. – Höhe 472.*

Melchnaustr. 1, ✆ 0629 231 230, Fax 0629 220 987.

Bern 46 – Aarau 36 – Burgdorf 24 – Luzern 65 – Olten 23 – Solothurn 24.

Bären, St. Urbanstr. 1, ✆ 0629 191 717, *info@baeren-langenthal.ch, Fax 0629 191 718,* – – 15/150. AE VISA *(geschl. Feiertage)* – **Menu** 21 und à la carte 50/85 – **33 Zim** 135/240 – ½ P Zuschl. 40.

◆ Der renovierte Gasthof aus dem 17. Jh. hat einen beeindruckend schönen Barocksaal. Die Zimmer sind in unterschiedlichen Pastelltönen gehalten und neuzeitlich eingerichtet. Parkettboden und freundliches Interieur sorgen im Restaurant für Atmosphäre.

in Roggwil *Nord-Ost : 2 km über alte Zürcherstrasse – Höhe 456 – ✉ 4914 Roggwil :*

Zum Ochsen, Brennofenstr. 11, ✆ 0629 291 135, *alscha@gmx.ch, Fax 0629 297 064,* – P. AE VISA

geschl. jeweils 2 Wochen im Feb. und Juli, Dienstagabend und Mittwoch – **Menu** 16 - 52 (mittags)/90 und à la carte 34/108.

◆ Neben einer einfachen Gaststube verfügt das Haus über einen gehobeneren Speisesaal. Beide Räume sind in rosa bis pinkfabenen Tönen gehalten. Traditionelle Karte.

LANGNAU IM EMMENTAL *3550 Bern (BE)* 551 L07 – *8 833 Ew. – Höhe 673.*

Sehenswert : *Dürsrütiwald★.*

Pro Emmental, Schlossstr. 3, ✆ 0344 024 252, info@emmental.ch, Fax 0344 025 667 – Bern 31 – Interlaken 63 – Luzern 63 – Solothurn 45.

Hirschen, Dorfstr. 17, ✆ 0344 021 517, *info@hirschen-langnau.ch, Fax 0344 025 623,* , – P. AE VISA

Menu *(geschl. Jan., Montag und Dienstagmittag)* 18 - 53 (mittags) und à la carte 49/86 – **18 Zim** 100/190 – ½ P Zuschl. 35.

◆ Die Zimmer in dem ansprechenden Gasthof sind sehr wohnlich mit massivem Kiefernholzmobiliar eingerichtet. Teilweise bieten Sie viel Platz und haben eine Sitzecke. Gaststube und à la carte-Restaurant mit Täfer und gemütlichem Ambiente.

Zum Goldenen Löwen, Güterstr. 9 (Transitstrasse), ✆ 0344 026 555, *loewen .langnau@freesurf.ch, Fax 0344 021 196,* – P. VISA

geschl. 24. Juli - 15. Aug., Samstagmittag und Sonntag – **Menu** 16.50 - 50 (mittags)/74 und à la carte 40/84.

◆ Das Haus beherbergt ein Bistro mit regionalem Angebot sowie eine bürgerlich-rustikale Stube mit einem Wintergarten als à la carte-Restaurant - hier bietet man auch Menüs.

LANTSCH (LENZ) *7083 Graubünden (GR)* 553 V9 – *509 Ew. – Höhe 1 294.*

Bern 268 – Chur 25 – Andermatt 111 – Davos 35 – Sankt Moritz 53.

La Tgoma, ✆ 0816 811 278, *latgoma@spin.ch, Fax 0816 812 279* – . AE VISA

geschl. jeweils 3 Wochen in Mai - Juni, Nov. - Dez., Montag und Dienstagmittag (in Zwischensaison auch abends) – **Menu** 15.50 - 70 und à la carte 52/114 – **7 Zim** 75/140 – ½ P Zuschl. 35.

◆ Das regionstypische alte Haus liegt an der Hauptstrasse des Ortes. Man bietet seinen Gästen helle, funktionell gestaltete Zimmer - eine saubere und gepflegte Adresse. Rustikale Gaststube und Restaurant mit traditioneller Karte.

LARET *Graubünden* 553 AA8 – *siehe Davos.*

LAUENEN *Bern* 551 I10 – *siehe Gstaad.*

LAUERZ *6424 Schwyz (SZ)* 551 P7 – *877 Ew. – Höhe 460.*

Bern 145 – Luzern 29 – Altdorf 22 – Schwyz 7.

Rigiblick, Seestr. 9, ✆ 0418 115 466, *rigiblick@freesurf.ch, Fax 0418 118 313,* < Lauerzersee, , – P. AE VISA

geschl. 27. Jan. - 28. Feb. und Montag von Okt. - April – ***Pavillon :*** **Menu** 48/108 und à la carte 57/126 – ***Restaurant :*** **Menu** 24 - 45 und à la carte 47/120.

◆ Direkt am Ufer des Lauerzersees finden Sie diese Adresse. Der Pavillon ist elegant eingerichtet - von der Terrasse hat man sehr schönen Blick auf den See. Klassische Karte. Im Restaurant serviert man sorgfältig zubereitete traditionelle Gerichte.

Rössli, Seestr. 3, ✆ 0418 111 702, *Fax 0418 111 788* – AE ⓓ MC VISA.
geschl. 8. Juli - 13. Aug., Mittwoch und Donnerstag – **Menu** 22 - 34 (mittags)/76 und à la carte 42/102.
◆ An die Gaststube - hier serviert man mittags vor allem Tagesteller - schliesst sich der eingedeckte Bereich mit einem gutbürgerlichen Angebot und einer grossen Fischkarte an.

LÄUFELFINGEN *4448 Basel-Landschaft (BL)* 551 L4 – *1 243 Ew. – Höhe 559.*
Bern 71 – Aarau 23 – Basel 36 – Liestal 18 – Luzern 65 – Olten 10.

Bad Ramsach, Nord-Ost : 2 km, ✆ 0622 851 515, *hotel@bad-ramsach.ch*, *Fax 0622 851 500*, ← Tal, – TV P – 15/30. AE ⓓ MC VISA
geschl. 15. Dez. - 12. Jan. – **Menu** 25 - 55/75 und à la carte 46/96 – **70 Zim** 150/250 – ½ P Zuschl. 35.
◆ Die absolut ruhige Lage, eine schöne Aussicht auf das Tal und solide, mit hellem Holzmobiliar eingerichtete Zimmer mit Balkon sind Annehmlichkeiten dieser Adresse. Saalartiges Restaurant mit zeitgemässer Küche.

Rosengarten, Hauptstr. 16, ✆ 0622 991 121, *info@rosen-garten.ch*, *Fax 0622 995 131*, – P. MC VISA.
geschl. 23. Feb. - 7. März., Montag und Dienstag – **Menu** 19.50 und à la carte 36/84.
◆ Der à la carte-Bereich dieses Landgasthofs ist in einem zeitgemässen Stil gestaltet und offeriert eine klassische Karte. In der 1. Etage befindet sich ein Grillroom.

LAUFEN *4242 Basel-Landschaft (BL)* 551 J4 – *4 911 Ew. – Höhe 355.*
Bern 84 – Basel 28 – Delémont 18 – Liestal 37 – Olten 48 – Solothurn 50.

Central, Röschenzstr. 3, ✆ 0617 616 103, *info@central-laufen.ch*, *Fax 0617 616 981*, – TV P. AE ⓓ MC VISA
geschl. 22. Dez. - 4. Jan. – **Menu** 16.50 - 52 und à la carte 36/77 – **21 Zim** 100/150.
◆ Im Neubau dieses am Rande der Altstadt gelegenen Hotels bietet man seinen Gästen Zimmer, die mit Parkettboden und hellem, gutem Holzmobiliar zeitgemäss eingerichtet sind. Gaststube im regionstypischen ländlichen Stil.

LAUSANNE

1000 [C] Vaud (VD) **552** E10 – *115 638 h. – alt. 455*

Bern 101 ① – Fribourg 71 ② – Genève 60 ⑤ – Montreux 25 ③ – Sion 93 ② – Yverdon-les-Bains 32 ⑦.

ℹ *Lausanne Tourisme-Information, 4, pl. de la Navigation, ☎ 0216 137 373, information@lausanne-tourisme.ch, Fax 0216 168 647* DZ
Lausanne Tourisme-Information, 9 pl. de la Gare BY.
3 Petit-Chêne, ☎ 0213 312 121, Fax 0213 312 141 BY.
9 av. de Rumine, ☎ 0213 312 722, Fax 0213 312 729 CY.

Compagnie aérienne
Swiss International Air Lines Ltd., *26 r. de Bourg, ☎ 0213 432 222, Fax 0213 432 239.*

Manifestations locales
mai et déc. : Béjart Ballet Lausanne.
06.07 : Athletissima, meeting international d'athlétisme.
02.07 – 10.07 : Festival de la Cité, théâtre, musique, jazz, danse.

18 *au Chalet-à-Gobet, (avril-nov.) ☎ 0217 848 484, Fax 0217 848 480, Nord-Est 6 km.*
9 *Domaine du Brésil à Goumoens-le-Jux, ✉ 1376 (mars-nov.) ☎ 0218 822 420, Fax 0218 822 421, par ⑦ : 20 km direction Echallens-Goumoens-la-Ville.*

Voir : *Cathédrale★★* BCX *: vue★ de la tour* BCX *– Le Signal : vue★★* U *– Parc de Montriond : vue★★* AY *– Ouchy★★* DZ *: vues★★ des quais et du sentier du bord du lac – Collection de l'Art brut★* AX.

Musée : *Olympique★★* DZ.

Excursions : *en bateau sur le lac. Renseignements : Cie Gén. de Navigation, 17 av. de Rhodanie, ☎ 0848 811 848*

Lausanne Palace, 7 r. Grand-Chêne, ✉ 1002, ✆ 0213 313 131, *reservation@lausanne-palace.ch, Fax 0213 232 571,* ← lac, , , , , – , , – 15/150. AE MC VISA JCB BY b

Repas (voir aussi ***La Table du Palace*** ci-après) – ***Grand-Chêne*** (brasserie) **Repas** *25* et à la carte 49/115 – ***Côté Jardin*** *(fermé le soir d'oct. à mai)* **Repas** 55 et à la carte 52/92 – 35 – **138 ch** 380/680, 14 suites – ½ P suppl. 65.

◆ Près du quartier animé, propriété d'exception offrant une vue superbe sur le Léman. Chambres élégantes. Belle piscine, centre wellness. Décor "brasserie parisienne" pour le Grand-Chêne ; carte attrayante. Côté Jardin : formule buffets et éventail de grillades.

Paix, 5 av. Benjamin-Constant, ✉ 1003, ✆ 0213 107 171, *info@hoteldelapaix.net, Fax 0213 107 172,* ← – , ch, rest, – 15/300. AE MC VISA CY c

La Paix Restaurant : **Repas** *26* - 45/55 et à la carte 52/107 – **103 ch** 370/490, 6 suites.

◆ Quatre générations ont veillé sur ce palace de la vieille ville. Confort raffiné dans de vastes chambres aux tons pastel progressivement rénovées. La salle à manger du la Paix Restaurant vient de faire peau neuve : les modes évoluent et les décors aussi !

Victoria sans rest, 46 av. de la Gare, ✉ 1003, ✆ 0213 420 202, *info@hotelvictoria.ch, Fax 0213 420 222,* , – video – 25. AE MC VISA JCB BY m

fermé 22 déc. au 4 janv. – **51 ch** 210/385.

◆ Hôtel dont les paliers en mezzanine, surplombant un patio à colonnades d'un assez bel effet, donnent accès à d'amples chambres climatisées, au mobilier varié mais choisi.

Alpha-Palmiers, 34 r. Petit-Chêne, ✉ 1003, ✆ 0215 555 999, *alpha@fhotels.ch, Fax 0215 555 998,* , – , ch, video – 15/200. AE MC VISA JCB BY g

Le Jardin Thaï - cuisine thaïlandaise - *(fermé 18 juil. au 15 août)* **Repas** *18.50* et à la carte 63/98 – ***La Palmeraie :*** **Repas** *17.50* et à la carte 47/93 – 22 – **210 ch** 180/350.

◆ Hôtel très "trendy". Ses grandes chambres au "look zen" offrent une vue plongeante sur le jardin exotique aménagé au coeur du bâtiment ou sur le lac. Mets asiatiques servis dans un cadre moderne au Jardin Thaï. Cuisine française du moment à La Palmeraie.

Bellerive (Quai de)	V 12	Grey (Av. du)	U 37	Ouchy (Quai d')	V 67
Bergières (Av. des)	U 15	Levant (Ch. du)	V 46	Provence (Av. de)	U 79
Borde (R. de la)	U 18	Marc Dufour (Av.)	V 54	Sallaz (Av. de la)	U 91
Chablais (Av. du)	U 21	Mont-d'Or (Av. du)	V 60	Tivoli (Av. de)	U 96
Chocolatière (Ch. de la)	U 25	Montoie (Av. de)	V 63	Vallombreuse (Av. de la)	U 102
Denantou (Av. du)	V 31	Morges (Av. de)	U 64		

Mirabeau, 31 av. de la Gare, ✉ 1003, ✆ 0213 414 243, *reservation@mirabeau.ch, Fax 0213 414 242,* – |‡|, ✕ ch, TV ✆ – 🏔 15/60. AE ⓓ MC VISA JCB CY y

Repas *26* - 49 et à la carte 46/83 – **74 ch** ☐ 155/305.

◆ Près de la gare, élégante maison ancienne abritant des chambres bien tenues. La moitié ont un balcon et un tiers, une vue lacustre. Rénovation récente. Brasserie cossue donnant sur une terrasse estivale. Préparations traditionnelles et petite carte de la mer.

Agora sans rest, 9 av. du Rond-Point, ✉ 1006, ✆ 0216 171 211, *agora@fhotels.ch, Fax 0216 162 605* – |‡| ✕ ▤ TV 🚗 P – 🏔 15/60. AE ⓓ MC VISA JCB AY n

☐ 18 – **81 ch** 187/217.

◆ Hôtel central posté derrière la gare. Chambres actuelles de taille satisfaisante, bien insonorisées. Utile pour la clientèle d'affaires : un salon équipé d'ordinateurs.

City sans rest, 5 r. Caroline, ✉ 1003, ✆ 0213 202 141, *city@fhotels.ch, Fax 0213 202 149* – |‡| TV ✆ – 🏔 30. AE ⓓ MC VISA JCB CX r

☐ 18 – **51 ch** 137/199.

◆ Établissement du centre-ville bordant un carrefour. Réception installée au premier étage. Les chambres, au mobilier homogène, sont dotées de tout le confort moderne.

Tulip Inn sans rest, 8 ch. du Cerisier, ✉ 1004, ☎ 0216 461 625, *reception@tulipinnlausanne.ch, Fax 0216 461 637* – 15. AE DC MC VISA U a
59 ch 150/240.
◆ Près du palais de Beaulieu, hôtel comprenant deux bâtiments reliés par une galerie. Chambres pratiques pourvues de meubles de série en bois sombre. Clientèle d'affaires.

Élite sans rest, 1 av. Sainte-Luce, ✉ 1003, ☎ 0213 202 361, *info@elite-lausanne.ch, Fax 0213 203 963*, – P. AE DC MC VISA JCB BY v
33 ch 135/255.
◆ Au-dessus de la gare, dans un quartier tranquille, affaire rondement menée proposant des chambres fonctionnelles. Certaines sont réservées aux non-fumeurs.

Voyageurs sans rest, 19 r. Grand St. Jean, ✉ 1003, ☎ 0213 199 111, *voyageurshotels@compuserve.com, Fax 0213 199 112* – . AE DC MC VISA JCB BX a
33 ch 115/185.
◆ En zone semi-piétonne, hôtel simple mais commode pour une courte étape à Lausanne. Chambres fraîches et bien tenues. Vaste salle des petits-déjeuners à l'étage.

La Table du Palace - *Lausanne Palace*, 7 r. Grand-Chêne, ✉ 1002, ☎ 0213 313 131, *reservation@lausanne-palace.ch, Fax 0213 232 571*, ≤, – . AE DC MC VISA JCB BY b
fermé 27 juil. - 9 août, lundi en juil. - août, sam. midi et dim. – **Repas** 70 (midi)/130 et à la carte 76/157.
◆ Conforme à l'esprit du Lausanne Palace auquel elle appartient, cette nouvelle salle à manger, prolongée d'une véranda paronamique, est dévolue à une cuisine inventive soignée.
Spéc. Foie gras rôti-laqué d'un sirop d'érable, amandines poivrées de champignons (printemps). Bar sauvage cuit en croûte de sel d'aromates, une huile de livèche (printemps). Melba de St-Jacques marinées à la truffe d'été, crème prise de chou-fleur (été). **Vins** Dézaley, Epesses

La Grappe d'Or (Baermann), 3 Cheneau-de-Bourg, ✉ 1003, ☎ 0213 230 760, *la.grappe.dor@bluewin.ch, Fax 0213 232 230* – AE DC MC VISA. CX s
fermé sam. midi et dim. – **Repas** 59 (midi)/178 et à la carte 95/165.
◆ Cheminée et poutres apparentes président au cadre chaleureux de cette maison plusieurs fois centenaire. Laissez-vous tenter par le chariot des desserts, spécialité du chef.
Spéc. Omble chevalier du Lac Léman (janv. - mai). La coquille St. Jacques vivante marinée (sept. - déc.). Poularde du pays au gros sel. **Vins** Aigle

San Marino, 20 av. de la Gare, ✉ 1003, ☎ 0213 129 369, *san-marino-lausanne@bluewin.ch, Fax 0213 238 664*, – . AE DC MC VISA JCB BY t
fermé sam. midi et dim. – **Repas** 52 (midi)/155 et à la carte 75/157.
◆ Parmi les bonnes tables italiennes de Lausanne. Carte à dominantes toscano-vénitienne, grande cave franco-transalpine, meubles Louis-Philippe et lustres en verre de Murano.

Au Canard Pékinois, 16 pl. Chauderon, ✉ 1003, ☎ 0213 290 323, *Fax 0213 290 328*, – AE DC MC VISA AX d
fermé Noël et dim. – **Repas** - cuisine chinoise - 18 - 39 (midi)/89 et à la carte 51/112.
◆ Ample salle à manger égayée de boiseries chinoises, d'antiquités du pays et d'un grand aquarium. Cuisine plus cantonaise que pékinoise, quoi qu'en dise l'enseigne.

Kwong-Ming, 74 av. de Cour, ✉ 1007, ☎ 0216 178 525, *Fax 0216 178 526* – . AE DC MC VISA JCB. V d
fermé sam. midi et lundi midi – **Repas** - cuisine chinoise - 25 - 82/150 et à la carte 69/135.
◆ Faim de dépaysement ; un typique décor asiatique et une multitude de recettes chinoises vous attendent dans cet honorable restaurant. Buffets au déjeuner.

Maï Thaï, 5 r. Caroline, ✉ 1003, ☎ 0213 238 910, *Fax 0213 230 113* – AE DC MC VISA CX r
fermé Noël, Nouvel An, sam. midi et dim. – **Repas** - cuisine thaïlandaise - 24 - 48/92 et à la carte 48/105.
◆ Dans un quartier commerçant, adresse appréciée de la clientèle locale séduite par le décor d'inspiration thaïe et la carte explorant le patrimoine culinaire du Triangle d'or.

LAUSANNE

Acacias (Av. des) . . . . **BY** 3
Ale (R. de l') . . . . **ABX** 4
Alpes (Av. des) . . . . **CY**
Avant-Poste (R. de l') . . . . **CY** 7
Beau-Séjour (R.) . . . . **BCY**
Beaulieu (Av. de) . . . . **AX**
Beauregard (Av.) . . . . **AY** 9
Bellefontaine (R.) . . . . **CY**
Benjamin Constant (Av.) . . . . . . **BCY** 13
Bergières (Av. des) . . . . **AX**
Bessières (Pont) . . . . **CX**
Béthusy (Av. de) . . . . **CX**
Borde (R. de la) . . . . **BX** 16
Boston (Ch. de) . . . . **AX** 19
Bourg (R. de) . . . . **BCX**
Bugnon (R. du) . . . . **CX**
Calvaire (Ch. du) . . . . **CX**
Cèdres (Ch. des) . . . . **AX**
César Roux
(R. du Dr.) . . . . **CX**
Charles-Monnard (R.) . . . . **CY** 22
Château (Pl. du) . . . . **CX** 23
Chauderon (Pl.) . . . . **AX**
Chauderon (Pont) . . . . **AX**
Cheneau-de-Bourg . . . . **CX** 24
Cité-Derrière (R.) . . . . **CX** 27
Collonges (Av.) . . . . **AX** 28
Cour (Av. de) . . . . **AY**
Croix-Rouges (Ch. des) . . . . **AX** 30
Davel (Av.) . . . . **BX**
Échallens (Av. d') . . . . **AX**
Édouard-Dapples (Av.) . . . . **ABY**
Églantine (Av.) . . . . **CY**
Fleurettes (Ch. des) . . . . **AY**
Floréal (Av.) . . . . **AY**
Florimont (Av. de) . . . . **CY**
France (Av. de) . . . . **AX**
Gare (Av. de la) . . . . **BCY**
Gare (Pl. de la) . . . . **ABY**
Genève (R. de) . . . . **ABX**
Georgette (Av.) . . . . **CY** 33
Grancy (Bd de) . . . . **ABY**
Grand Pont . . . . **BX**
Grand-Chêne (R. du) . . . . **BXY** 36
Haldimand (R.) . . . . **BX**
Harpe (Av. de la) . . . . **AY**
Jean-Jacques-Mercier (Av.) . . . . **AX** 37
Jomini (Av.) . . . . **AX** 39
Jules-Gonin (Av.) . . . . **ABX**
Jura (R. du) . . . . **AX**
Jurigoz (Av. de) . . . . **CY** 42
Juste-Olivier (Av.) . . . . **CY**
Langallerie (R. de) . . . . **CX** 45
Longeraie (Ch. de) . . . . **CY** 48
Louis-Ruchonnet (Av.) . . . . **AXY**
Louve (R. de la) . . . . **BX** 49
Lucinge (Ch. de) . . . . **CY**
Madeleine (R.) . . . . **BX** 51
Marc-Dufour (Av.) . . . . **AX** 52
Marterey (R.) . . . . **CX** 55
Mauborget (R.) . . . . **BX** 57
Maupas (R. du) . . . . **AX**
Mercerie (R.) . . . . **BX**
Messidor (Ch.) . . . . **CY**
Midi (R. du) . . . . **BY**
Milan (Av. de) . . . . **AY**
Milan (Pl. de) . . . . **AY**
Mon Repos (Av.) . . . . **CY**
Mont-d'Or (Av. du) . . . . **AY**
Mont-Tendre (Ch. du) . . . . **AY** 61
Montagibert (Av.) . . . . **CX**
Montbenon (Espl. de) . . . . **AX**
Montchoisi (Av. de) . . . . **BY**
Morges (Av. de) . . . . **AX**
Mornex (Ch. de) . . . . **ABY** 66
Ouchy (Av. d') . . . . **BY**
Ours (Pl. de l') . . . . **CX**
Paix (R. de la) . . . . **CY** 69

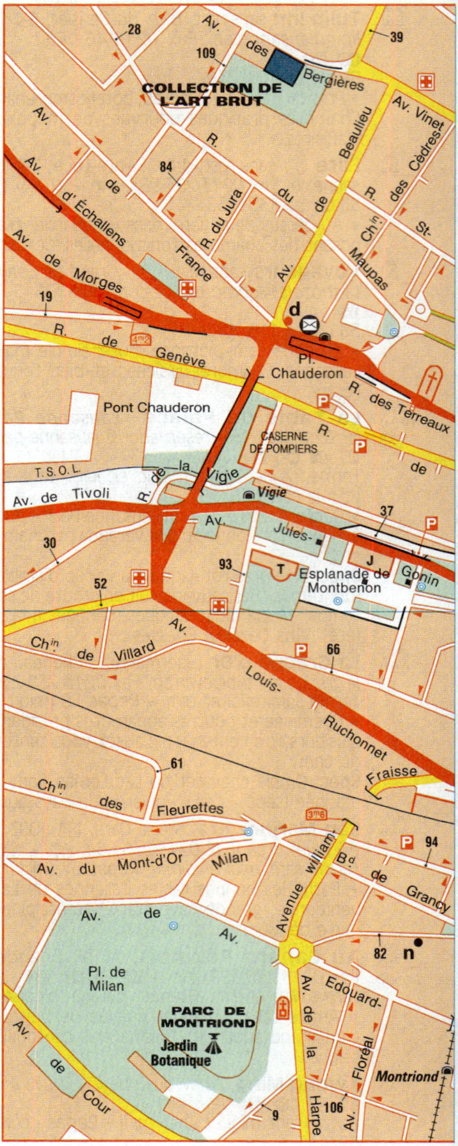

Palud (Pl. de la) . . . . **BX** 70
Pépinet (Pl.) . . . . **BX** 72
Petit-Chêne (R. du) . . . . . **BY**
Petit-Valentin (R. du) . . . . **BX** 73
Pierre-Decker (Av.) . . . . . **CX** 75
Pierre-Viret (R.) . . . . **BX** 76
Pont (R. du) . . . . **BX** 78
Riant-Mont (Av. de) . . . . . **BX** 81
Riponne (Pl. de la) . . . . . **BX**
Rond-Point (Av. du) . . . . **AY** 82
Rosiers (Ch. des) . . . . . . **AX** 84
Rôtillon (R. du) . . . . **BCX**
Rue Centrale . . . . **BCX**
Rue Neuve . . . . **BX**
Rumine (Av. de) . . . . **CY**
St-François (Pl.) . . . . **BX** 85
St-François (R.) . . . . **BX** 87
St-Laurent (R.) . . . . **BX** 88

St-Martin (R.) CX	Tivoli (Av. de) . . . . AX	Vallon (R. du) CX
St-Roch (R.) . . . . ABX	Tour (R. de la) . . . . ABX 97	Vigie (R. de la) . . . . AX
Ste-Luce (Av.) . . . . BY	Treyblanc (Av. du) . . . . . BCY 99	Villamont (Av.) . . . . CY 103
Sainte-Beuve (R.) . . . . CX 90	Tribunal-Fédéral (Av. du) CX	Villard (Ch. de) . . . . AY
Savoie (Av. de) . . . . AX 93	Tunnel (Pl. du) . . . . BX	Vinet (Av.) . . . . ABX
Simplon (R. du) . . . . ABY 94	Tunnel (Rte du) . . . . BX	Voltaire (R.) . . . . AY 106
Terreaux (R. des) . . . . AX	Université (Av. de l') . . . . BCX 100	Vulliemin (Av.) . . . . BCX
Théâtre (Av. du) . . . . CY	Valentin (R. du) . . . . BX	William-Fraisse (Av.) . . . . AY
Tissot (Av. du Dr.) . . . . BCY		24-Janvier (Av. du) . . . . AX 109

Café de la Presse, 2 r. Bellefontaine, ✉ 1003, ☎ 0213 234 161,
Fax 0213 200 129, – AE ⓓ ⓜⓒ VISA CY k
fermé 25 juil. au 8 août et dim. – **Repas** 17 - 54/76 et à la carte 50/90.
◆ Grande brasserie moderne au cadre sobre et à l'ambiance animée, prolongée par une salle à manger un peu plus cossue. Choix traditionnel régulièrement recomposé.

A la Pomme de Pin (Croset), 11 r. Cité-Derrière, ✉ 1005, ☎ 0213 234 656,
Fax 0213 234 682 – AE ⓓ ⓜⓒ VISA CX e
fermé 26 juil. au 22 août, sam. (sauf le soir de sept. à mai), dim. et fériés – **Repas** (le soir prévenir) 55 (midi)/92 et à la carte 66/111 – ***Café :*** **Repas** 18.50 - 40 (midi) et à la carte 42/82.
◆ Restaurant de quartier, voisin du château St-Maire, où siège le gouvernement cantonal. Ambiance bon enfant et cuisine soignée. Formule Café attenante à la Pomme de Pin. Tables serrées, atmosphère enjouée et sélection de plats élaborés à prix sages.
Spéc. Poissons du Lac Léman. Volaille de la Gruyère. Gibier (saison). **Vins** Dézaley, Lavaux

Au Chat Noir, 27 r. Beau-Séjour, ✉ 1003, ✆ 0213 129 585, *Fax 0213 129 554* – AE ⓓ MC VISA CY d
fermé 24 juil. au 16 août, sam. midi, dim. et fériés – **Repas** 19 - 33 (midi) et à la carte 55/97.
◆ À côté de l'Opéra. Conviviale atmosphère de bistrot, plats du marché notés sur des ardoises et service prévenant. Les murs en témoignent : l'endroit est apprécié des vedettes.

La Petite Grappe, 15 Cheneau-de-Bourg, ✉ 1003, ✆ 0213 118 414, *la-petite -grappe@bluewin.ch, Fax 0213 232 230* – ▤. MC VISA CX f
fermé dim. – **Repas** 19.50 - 45 (midi)/99 et à la carte 61/114.
◆ Ce restaurant, bordant une rue semi-piétonne, vous accueille dans une salle à manger de style bistrot contemporain agencée sur deux niveaux. Cuisine au goût du jour.

à Ouchy

Beau-Rivage Palace, 17 pl. du Port, ✉ 1006, ✆ 0216 133 333, *info@br p.ch, Fax 0216 133 334*, ≤ lac, – ▤ TV ✆ ♿ P – 15/400. AE ⓓ MC VISA JCB DZ a
Repas (voir aussi rest. ***La Rotonde*** et ***Café Beau-Rivage*** ci-après) – ☕ 36 – **162 ch** 400/760, 7 suites.
◆ Sorti transfiguré d'une cure de jouvence réussie, ce palace, posté face au lac, se caractérise par sa somptuosité. Mobilier choisi dans les chambres et salons.

Angleterre et Résidence, 15 pl. du Port, ✉ 1006, ✆ 0216 133 434, *resi@ brp.ch, Fax 0216 133 435*, ≤, – ▤ ch, TV ✆ ♿ – 25. AE ⓓ MC VISA JCB DZ f
L'Accadémia - cuisine italienne - **Repas** 22 - 65 et à la carte 63/99 – ☕ 25 – **61 ch** 265/410 – ½ P suppl. 55.
◆ Ressource hôtelière moderne et très fiable, offrant le choix entre deux styles de chambres : classiques d'esprit "British" ou résolument actuelles et épurées. Préparations italiennes à goûter dans une salle contemporaine aux tons ocres. Mobilier design.

Royal-Savoy, 40 av. d'Ouchy, ✉ 1006, ✆ 0216 148 888, *royal-savoy@royal-sa voy.ch, Fax 0216 148 878*, ≤, – TV ✆ ♿ P – 15/80. AE ⓓ MC VISA DZ d
Le Savoy : **Repas** 22 - 42/86 et à la carte 50/101 – ☕ 24 – **98 ch** 295/420, 9 suites – ½ P suppl. 42.
◆ La famille royale d'Espagne résida dans cette demeure, havre de paix entouré d'un magnifique jardin. Tradition et style habitent les chambres. Le Savoy donne un ton classique par ses plats et ses salons en enfilade. En été, profitez du véritable jardin.

Mövenpick, 4 av. de Rhodanie, ✉ 1006, ✆ 0216 127 612, *hotel@movenpick-l ausanne.ch, Fax 0216 127 611*, ≤, – ch, ▤ rest, TV ✆ ♿ – 15/200. AE ⓓ MC VISA DZ e
La Pêcherie *(fermé 12 juil. au 17 août et sam. midi)* **Repas** 30 et à la carte 49/102 – ***Brasserie*** : **Repas** 19 - 49 et à la carte 39/79 – ☕ 26 – **258 ch** 325/380, 7 suites.
◆ Cet hôtel, face au port de plaisance, est prisé par la clientèle d'affaires pour le modernisme de ses chambres. Le restaurant La Pêcherie vous invite à savourer les plaisirs de la mer dans un cadre intime. Cuisine classique et grillades à la brasserie.

Meliá Carlton Boutique Hotel, 4 av. de Cour, ✉ 1007, ✆ 0216 130 707, *mel ia.carlton@solmelia.com, Fax 0216 130 710*, – ch, ▤ TV ✆ P – 15/40. AE ⓓ MC VISA. ch DZ h
L'Ardoise *(fermé sam. et dim.)* **Repas** 25 - 50 et à la carte 49/101 – ☕ 24 – **38 ch** 240/350, 6 suites.
◆ Près du centre, bel hôtel sortant tout juste d'une cure de jouvence qui a pris soin de conservé le décor de 1900. Chambres modernes mais peu spacieuses. L'Ardoise est une charmante et petite table proposant des recettes actuelles épicées de mets espagnols.

Port, 5 pl. du Port, ✉ 1006, ✆ 0216 120 444, *leport@vtx.ch, Fax 0216 120 445*, – ch, TV ✆ ♿ – 15. AE ⓓ MC VISA DZ g
fermé 20 déc. au 24 janv. – **Repas** *(fermé dim. soir d'oct. à fin avril)* 21 - 36 (midi)/78 et à la carte 40/93 – **22 ch** ☕ 170/240 – ½ P suppl. 38.
◆ L'hôtel, situé au bord du Léman, a été rénové de "A à Z". Cachées derrière une coquette façade, les chambres, de bonne ampleur, jouissent d'un confort moderne. Le restaurant, qui dispose d'une terrasse face au lac, est réputé pour sa cuisine traditionnelle.

Aulac, 4 pl. de la Navigation, ✉ 1006, ✆ 0216 131 500, *aulac@cdmgroup.ch, Fax 0216 131 515,* – ⇅ TV ✆ – 🏋 15/125. AE ⓓ ⓜⓒ VISA JCB DZ b
Le Pirate : **Repas** *17* et à la carte 34/72 – **84 ch** ☕ 175/260 – ½ P suppl. 30.
◆ Établissement centenaire jouxtant le château d'Ouchy, à une encablure du port de plaisance. La moitié des chambres ont vue sur le lac et quelques unes disposent d'un balcon. Brasserie décontractée au cadre nautique. Plats traditionnels sans effets de manches.

La Rotonde - ***Hôtel Beau-Rivage Palace***, 17 pl. du Port, ✉ 1006, ✆ 0216 133 339, *info@brp.ch, Fax 0216 133 334,* ≤, – ▤. AE ⓓ ⓜⓒ VISA JCB DZ a
fermé sam. midi – **Repas** 58 (midi)/130 et à la carte 101/143.
◆ De la place du port, un ascenseur privé permet d'accéder au restaurant gastronomique du Beau-Rivage. Salle à manger en demi-lune, mobilier Louis XVI, pianiste le soir.

Café Beau-Rivage - ***Hôtel Beau-Rivage Palace***, Place Général-Guisan, ✉ 1006, ✆ *0216 133 330, info@brp.ch, Fax 0216 133 334,* – ▤. AE ⓓ ⓜⓒ VISA JCB DZ c
Repas *26* - 48 (midi)/82 et à la carte 57/103.
◆ La luxueuse brasserie du Beau-Rivage s'abrite sous des arcades. Salle feutrée et moderne. En saison, laissez-vous tenter par le banc d'écailler. Cuisine attrayante.

au Mont-sur-Lausanne *Nord, par route d'Yverdon : 5 km – alt. 702 – ✉ 1052 Mont-sur-Lausanne :*

Auberge Communale, place du Petit-Mont, ✆ 0216 532 231, *info@auberge-du-mont.ch, Fax 0216 532 233,* – P. AE ⓓ ⓜⓒ VISA
fermé 22 au 29 fév., 16 au 23 mai, 1er au 22 août, dim. et lundi (sauf fériés) – **Repas** *17.50* - 45/73 et à la carte 49/94.
◆ Au coeur du village, café-restaurant où l'on s'attablera plus confortablement à l'arrière, dans la petite salle feutrée. Carte actuelle bien conçue mais un rien chichiteuse.

au Chalet-à-Gobet *par rte de Bern ① et direction Epalinges : 6 km – ✉ 1000 Lausanne 25 :*

Le Berceau des Sens, (Ecole Hôtelière de Lausanne), ✆ 0217 851 221, *berceaudessens@ehl.ch, Fax 0217 851 121* – ▤ P. AE ⓜⓒ VISA. ✗
fermé 1er janv. au 2 fév., 12 juin au 2 août, 9 au 18 oct., lundi soir, vend. soir, sam., dim. et fériés – **Repas** (réservation obligatoire) (le soir menu seul.) 42 et à la carte 47/75.
◆ Le futur "gratin" de la gastronomie suisse fait ses gammes à cette enseigne dépendant de l'École hôtelière de Lausanne. Cuisine au goût du jour et cave d'épicurien.

Dans ce guide
un même symbole, un même mot,
imprimé en rouge ou en noir, en maigre ou en gras,
n'ont pas tout à fait la même signification.
Lisez attentivement les pages explicatives.

Demandez à votre libraire
le catalogue des publications Michelin

LAUTERBRUNNEN *3822 Bern (BE)* 551 L9 – *2 745 Ew. – Höhe 797.*

Sehenswert : *Staubbachfall★★ Nord.*
Ausflugsziel : *Lauterbrunnental★★★ – Trümmelbachfälle★★★ Süd.*
ℹ *Tourist Information Lauterbrunnen, Bahnhofplatz, ✆ 0338 568 568, info@lauterbrunnen.ch, Fax 0338 568 569.*
Bern 69 – Interlaken 12 – Brienz 30 – Kandersteg 55.

Silberhorn 🐦, ✆ 0338 562 210, *info@silberhorn.com, Fax 0338 554 213,* ≤, , – ✗ Rest, TV P. AE ⓓ ⓜⓒ VISA. ✗ Rest
geschl. 13. April - 6. Mai und 1. Nov. - 17. Dez. – **Menu** *19* und à la carte 34/80 – **32 Zim** ☕ 90/190 – ½ P Zuschl. 28.
◆ Neben einfachen, rustikalen Zimmern in dem ruhig gelegenen Haupthaus - teils mit Balkon - bietet man drei neue und modern ausgestattete Gästezimmer im Nebenhaus. Wer es hell und luftig liebt, nimmt zum Essen im Wintergarten Platz.

Schützen, Dorfstrasse, ✆ 0338 552 032, *info@hotelschuetzen.com, Fax 0338 552 950,* ←, – Zim, *geschl. 20. Nov. - 20. Dez.* – **Menu** 22 und à la carte 30/76 – **22 Zim** 100/180 – ½ P Zuschl. 25.

◆ In dem alten Chalet erwarten Sie unterschiedlich gestaltete Zimmer, teils mit Balkon, meist mit einfachem Holzmobiliar eingerichtet, einige wenige mit hellen Hotelmöbeln. Hinter der Gaststube schliesst sich das à la carte-Stübli mit massiven Holztischen an.

LAVEY-VILLAGE *1892 Vaud (VD) 552 G12 – alt. 450 – Stat. thermale.*

Bern 114 – Martigny 17 – Aigle 19 – Lausanne 51 – Montreux 30.

Grand Hotel des Bains, à Lavey-les-Bains, Sud : 2 km, ✉ 1892 Lavey-les-Bains, ✆ 0244 861 515, *grand.hotel@lavey-les-bains.ch, Fax 0244 861 517,* (thermales), – 15/60. rest

Repas (buffets seul.) 43 – **74 ch** 145/320 – ½ P suppl. 35.

◆ Le centre "wellness" entièrement refait et les chambres rafraîchies de cet hôtel participeront à votre envie de bien-être. Deux salles de restauration : une grande pour les curistes et l'autre doté d'un unique buffet pour la clientèle de passage.

LAVORGO *6746 Ticino (TI) 553 R11 – alt. 615.*

Bern 220 – Andermatt 49 – Bellinzona 38 – Brig 94.

Alla Stazione, via Cantonale, ✆ 0918 651 408, *e.crosetti@freesurf.ch, Fax 0918 623 934* –
chiuso dal 1º al 5 gennaio, dal 20 giugno al 12 luglio, domenica sera e lunedì – **Pasto** (coperti limitati - prenotare) 15 - 24 (mezzogiorno)/68 ed alla carta 57/92.

◆ Simpatico indirizzo la cui cucina leggera è di stampo regionale con accenti mediterranei. Le piccole dimensioni della sala da pranzo impongono di riservare !

LENK IM SIMMENTAL *3775 Bern (BE) 551 I10 – 2 439 Ew. – Höhe 1 068 – Wintersport : 1 068/2 138 m 4 15 .*

Sehenswert : *Iffigenfall★.*

Lokale Veranstaltungen

31.01 - 01.02 : Internationales Schlittenhunderennen
09.07 - 18.07 : Lenker Jazz-Tage.
23.08 - 05.09 : Internationale musikalische Sommer-Akademie.

Tourist Center, Rawylstr. 3, ✆ 0337 333 131, info@lenk.ch, Fax 0337 332 027.

Bern 84 – Interlaken 66 – Montreux 88 – Spiez 55.

Lenkerhof, ✆ 0337 363 636, *welcome@lenkerhof.ch, Fax 0337 363 637,* ←, – 15/120. Rest
geschl. 18. April - 28. Mai – ***Spettacolo :*** **Menu** 80/115 und à la carte 74/122 – ***Oh de Vie*** *(geschl. Mittwoch - Donnerstag im Sommer, Montag und Dienstag)* **Menu** 68 (mittags)/75 und à la carte 65/102 – **78 Zim** 260/410, 4 Suiten – ½ P Zuschl. 40.

◆ Eine moderne Halle, grosszügig geschnittene Zimmer mit Designereinrichtung und der sehr schöne Wellnessbereich machen den Aufenthalt in diesem Hotel angenehm. Zeitgemässes Design und klare Linien im Spettacolo. Begehbarer Weinkeller. Oh de Vie mit Schauküche.

Simmenhof, Nord : 2 km, ✆ 0337 363 434, *simmenhof@bluewin.ch, Fax 0337 363 436,* ←, – Zim,
5. Dez. - 18. April und 14. Mai - 7. Nov. – **Menu** 19 - 33/80 und à la carte 45/91 – **40 Zim** 145/300, Vorsaison 110/240 – ½ P Zuschl. 42.

◆ Die Zimmer dieses etwas ausserhalb des Ortes gelegenen Hotels sind von guter Grösse und mit zeitgemässer Technik sowie hellem, massivem Holzmobiliar modern-rustikal gestaltet. Die Gaststuben sind nach Schweizer Regionen benannt und entsprechend dekoriert.

Sporthotel Betelberg, Rawylstrasse, 0337 363 333, *reception@sporthotelbetelberg.ch, Fax 0337 363 330,* ≤, – AE VISA. Rest
geschl. 12. April - 8. Mai – **Menu** 56 und à la carte 43/86 – **41 Zim** 108/216, Vorsaison 87/174 – ½ P Zuschl. 30.
◆ Das Haus liegt inmitten eines herrlichen Gartens mit Schwimmbad, grossem Schachfeld und einem beleuchteten Beachvolleyballplatz. Praktisch eingerichtete Zimmer! Im gemütlichen Restaurant kümmert man sich auch liebevoll um die kleinen Gäste.

Wildstrubel, Lenkstr. 8, 0337 363 111, *info@wildstrubel.ch, Fax 0337 333 151,* ≤, – VISA. Rest
1. Dez. - 11. April und 21. Mai - 17. Okt. – **Menu** 18 - 28 (mittags)/48 und à la carte 39/89 – **46 Zim** 108/216, Vorsaison 90/190 – ½ P Zuschl. 35.
◆ Das im regionstypischen Chalet-Stil erbaute Haus beherbert Sie in solide möblierten Zimmern - zur Südseite mit Holzbalkonen. Für Erholung sorgt auch der neue Saunabereich. Klassisch gestaltetes Restaurant mit gut eingedeckten Tischen.

Kreuz, Aegertenstr. 1, 0337 331 387, *kreuz.lenk@bluewin.ch, Fax 0337 331 340,* ≤, – Zim, – 40. AE VISA
Menu 13 und à la carte 32/79 – **84 Zim** 134/262, Vorsaison 114/244 – ½ P Zuschl. 42.
◆ Die Zimmer Ihrer Unterkunft sind mit solidem, meist grauem Mobiliar praktisch eingerichtet - einige sind etwas rustikaler mit Kiefernholz gestaltet - teils mit Balkon. Zum Speisen stehen Säumer-Stube, Kreuzstube und Buffet zur Wahl.

LENZ *Graubünden* 553 V9 – *siehe Lantsch.*

LENZBURG *5600 Aargau (AG)* 551 N5 – *7 361 Ew. – Höhe 406.*
Bern 93 – Aarau 12 – Baden 16 – Luzern 45 – Zürich 36.

Krone, Kronenplatz 20, 0628 866 565, *mail@krone-lenzburg.ch, Fax 0628 866 500,* – Zim, – 15/200. AE VISA JCB
geschl. 21. - 28. Dez. – ***Charly*** **: Menu** 24 - 46 (mittags) und à la carte 43/101 – **70 Zim** 170/220.
◆ Der aus 3 Gebäuden bestehende Gasthof liegt am Rand des Ortskerns. Die Zimmer wurden laufend renoviert und sind modern und funktionell mit hellem Holzmobiliar ausgestattet. Nischen, Erker und eine schöne Täferung machen das Charly gemütlich.

Ochsen, Burghaldenstr. 33, 0628 913 776, *info@ochsen-lenzburg.ch, Fax 0628 914 302,* – – 15/80. AE VISA
geschl. 24. Dez. - 5. Jan. und Ostern – ***Ochsenstube*** *(geschl. Sonntag und Montag)* **Menu** 22 und à la carte 48/97 – **21 Zim** 145/200.
◆ Helles Mobiliar und eine funktionelle Ausstattung erwarten den Gast in den renovierten Zimmern. Die übrigen sind etwas älter und mit dunklerem Holz eingerichtet. Die Ochsenstube zeigt sich teils rustikal, teils gediegen-gemütlich.

LENZERHEIDE (LAI) *7078 Graubünden (GR)* 553 V9 – *Höhe 1 476 – Wintersport : 1 470/2 865 m 3 36.*
Sehenswert : *Lage★★.*
18 *(Juni - Okt.) 0813 851 313, Fax 0813 851 319, Süd : 2 km.*
Lokale Veranstaltung
24.01 - 25.01 : Internationales Schlittenhunderennen.
Tourismusverein Lenzerheide-Valbella, Voa principala 68, 0813 851 120, info@lenzerheide.ch, Fax 0813 851 121.
Bern 263 – Chur 19 – Andermatt 105 – Davos 41 – Sankt Moritz 59.

Schweizerhof, Voa principala 39, 0813 852 525, *info@schweizerhof-lenzerheide.ch, Fax 0813 852 626,* – – 15/80. AE VISA
Allegra **: Menu** 17.50 und à la carte 43/99 – ***Boccalino*** - italienische Küche - *(geschl. in Zwischensaison) (nur Abendessen)* **Menu** à la carte 44/95 – **32 Zim** 195/370, Vorsaison 150/270 – ½ P Zuschl. 48.
◆ Ein grosser Gebäudekomplex bildet das moderne Hotel, das mit gut eingerichteten Zimmern überzeugt. Für die ganz Kleinen : ein eigener Kindergarten. Zum Allegra gehören die alte Bündnerstube und das gemütliche Stübli. Südländisch, im Bistrostil : das Boccalino.

Sunstar, Voa Sporz 8, 0813 858 888, *lenzerheide@sunstar.ch, Fax 0813 858 899,* <, , , - TV P. AE VISA. Rest
13. Dez. - 28. März und 5. Juni - 10. Okt. – **Menu** *(nur ½ Pens. für Hotelgäste)* – **93 Zim** 155/330, Vorsaison 130/280 – ½ P Zuschl. 35.
◆ Das Hotel nahe der Eisbahn bietet den Gästen teilweise renovierte Zimmer mit Balkon, die mit hellem Fichtenholzmobiliar ausgestattet und in kräftigen Farben gehalten sind.

Spescha, Voa principala 60, 0813 846 263, *info@hotel-spescha.ch, Fax 0813 845 140,* , - TV - 20. VISA
geschl. Mai – **Menu** 19 - 40 (mittags)/52 und à la carte 42/81 – **11 Zim** 185/296, Vorsaison 90/144, 4 Suiten – ½ P Zuschl. 35.
◆ Das familiär geführte kleine Haus liegt im Zentrum. Die mit Tannenholzmobiliar hell eingerichteten Zimmer mit wohnlicher Sitzecke sind zeitgemäss ausgestattet. Im Restaurant strahlen Kachelofen und Stabellen Gemütlichkeit aus.

Lenzerhorn, Voa principala 41, 0813 858 687, *info@lenzerhorn.ch, Fax 0813 858 688,* <, - TV P. AE VISA. Rest
Menu *(geschl. Mittwoch in Zwischensaison)* 17 und à la carte 46/88 – **27 Zim** 120/300, Vorsaison 75/150 – ½ P Zuschl. 25.
◆ Das zentral gelegene solide Hotel verfügt über funktionelle, mit hellem Holzmobiliar und moderner Technik ausgestattete Zimmer - grosse Fenster bieten eine schöne Aussicht. Hauptrestaurant mit traditioneller Küche - ergänzt durch das einfachere Giardino.

Collina, voa Val Sporz 9, 0813 841 817, *info@hotelcollina.ch, Fax 0813 846 209,* , - TV P. VISA
geschl. 13. April - 6. Juni und 26. Okt. - 4. Dez. – **Menu** 19 - 58 (abends) und à la carte 53/99 – **23 Zim** 149/298, Vorsaison 88/176 – ½ P Zuschl. 35.
◆ Die Zimmer im Haupthaus sind mit hellem Naturholzmobiliar ausgestattet, dunkler gestaltet sind die Appartements in dem durch einen unterirdischen Gang verbundenen Annex. Eine schöne Holzdecke ziert das rustikale Restaurant in der 1. Etage.

in Sporz *Süd-West : 2,5 km – 7078 Lenzerheide/Sporz :*

Guarda Val , Voa Sporz, 0813 858 585, *hotel@guardaval.ch, Fax 0813 858 595,* <, , , , - TV video P - 30. AE VISA JCB
geschl. 18. April - 28. Mai – **Menu** (siehe auch ***Rest. Guarda Val***) – ***Crap Naros :*** **Menu** 19.50 - 49 und à la carte 49/90 – **17 Zim** 240/380, Vorsaison 190/340, 17 Suiten – ½ P Zuschl. 50.
◆ Das schöne ehemalige Maiensäss mit dazugehörenden Bauernhäusern und Ställen präsentiert sich dem Gast als angenehmes, komfortables Domizil - inmitten der ruhigen Bergwelt. Die urchige Atmosphäre eines Bünderbeizlis herrscht im Crap Naros.

Rest. Guarda Val - ***Hotel Guarda Val***, Voa Sporz, 0813 858 585, *hotel@guardaval.ch, Fax 0813 858 595,* <, - P. AE VISA JCB
geschl. 18. April - 28. Mai – **Menu** 115 und à la carte 82/127.
◆ Das gemütliche Restaurant ist Teil einer aus alten regionstypischen Häusern bestehenden Hotelanlage. Dunkle Holzbalken unterstreichen den gediegen-rustikalen Charakter.

in Valbella *Nord : 3 km – Höhe 1 546 – 7077 Valbella :*

Valbella Inn , Voa Selva 3, 0813 843 636, *hotel@valbellainn.ch, Fax 0813 844 004,* <, , , , , , - TV P - 15/130. AE VISA. Rest
4. Dez. - 17. April und 30. Mai - 23. Okt. – **Menu** 18.50 - 45 (abends) und à la carte 41/101 – **28 Zim** 188/290, Vorsaison 123/170, 23 Suiten.
◆ Das im Chaletstil gebaute Haus in ruhiger Lage hat Zimmer und Appartements, die meist über Balkon und kleine Kitchenette verfügen. Die Räume sind mit Lärchenholz eingerichtet. In hellen Farben gestaltetes Restaurant mit Aussichtsterrasse.

Seehof , Voa davos Lai 26, 0813 843 535, *hotel@seehof-valbella.ch, Fax 0813 843 488,* <, , - TV P. AE VISA
15. Dez. - 11. April und 29. Mai - 30. Okt. – **Menu** 21 - 68 (abends) und à la carte 60/118 – **26 Zim** 176/312, Vorsaison 123/186 – ½ P Zuschl. 46.
◆ Ruhig an der Seeuferstrasse liegt dieses Haus. Hier beziehen Sie helle, wohnliche Zimmer mit massiven Arvenholzmöbeln - die Balkone bieten einen schönen Ausblick. Eine regionstypische Gaststube ergänzt das Restaurant.

LEUKERBAD (LOÈCHE-LES-BAINS) *3954 Wallis (VS)* **552 K11** *– 1 536 Ew. – Höhe 1 404 – Wintersport : 1 411/2 700 m 3 12 – Kurort.*

Lokale Veranstaltung

25.07 : Schäferfest auf dem Gemmipass.

Leukerbad Tourismus, 0274 727 171, *info@leukerbad.ch*, 55Fax 0274 727 151.

Bern 192 – Brig 44 – Interlaken 154 – Sierre 24 – Sion 39.

Les Sources des Alpes, Tuftstr. 17, 0274 722 000, *sources@relaischateaux.ch, Fax 0274 722 001*, (Thermalbäder), – Rest, . Rest

geschl. 8. Nov. - 20. Dez. – ***La Malvoisie :*** **Menu** 140 (abends) und à la carte 75/120 – **26 Zim** 360/580, Vorsaison 290/470, 4 Suiten – ½ P Zuschl. 65.

◆ Neben grossen, geschmackvoll und komfortabel eingerichteten Zimmern zählt die absolut ruhige Lage mit schöner Aussicht zu den Vorzügen dieses Hotels. Hell und vornehm wirkt das Restaurant.

Lindner Hotels, Dorfplatz, 0274 721 000, *info@lindnerhotels.ch, Fax 0274 721 001*, (Thermalbad), – – 15/70. Rest

Sacré Bon : **Menu** à la carte 40/86 – **135 Zim** 120/350, Vorsaison 90/330 – ½ P Zuschl. 45.

◆ Drei unterirdisch miteinander verbundene Häuser bilden diese Anlage - mit direktem Zugang zur Alpentherme. Die grosszügigen Zimmer sind mit elegantem Massivholz möbliert. Das Sacré Bon - mit Terrasse - teilt sich in Raucher- und Nichtraucherbereich.

Bristol, Rathausstr. 51, 0274 727 500, *bristolleuk@bluewin.ch, Fax 0274 727 552*, (Thermalbäder), – Zim, – 45. Rest

Menu 55/85 und à la carte 68/104 – **78 Zim** 180/310, Vorsaison 150/270 – ½ P Zuschl. 55.

◆ Die zwei Gebäude mit schönem grossem Garten-Poolbereich sind ruhig am Dorfrand gelegen. Die Zimmer des Haupthauses sind modern möbiliert, die im Annex hell ausgestattet.

Regina Terme, Klibenstr. 19, 0274 722 525, *reginaterme@rhone.ch, Fax 0274 722 526*, (Thermalbad), – Rest

geschl. 3 Wochen Ende April - Mitte Mai und 2. Nov. - 22. Dez. – **Menu** *(nur ½ Pens. für Hotelgäste) (nur Abendessen)* – **62 Zim** 125/300, Vorsaison 110/280 – ½ P Zuschl. 35.

◆ Die beiden Hotelgebäude sind durch einen Gang mit dem zentralen Badepavillon verbunden. Der Gast wohnt in grossen Zimmern mit schönem Ausblick, meist auch mit Balkon.

Waldhaus-Grichting, Promenade 17, 0274 703 232, *info@hotel-waldhaus.ch, Fax 0274 704 525*, – Rest

geschl. 18. April - 20. Mai – **Menu** *(geschl. Mittwoch in Zwischensaison)* 18 - 50 (abends) und à la carte 43/96 – **16 Zim** 232, Vorsaison 196 – ½ P Zuschl. 28.

◆ Das ruhig ausserhalb des Zentrums gelegene Chalet beherbergt seine Gäste in Zimmern mit hellem rustikalem Massivholzmobiliar und behaglicher Atmosphäre. Gemütliches, rustikal-elegantes Restaurant mit Aussichtsterrasse.

Grichting und Badner-Hof, Kurparkstr. 13, 0274 727 711, *badnerhof@grichting-hotels.ch, Fax 0274 702 269*, (Solbad), – Zim, Rest

geschl. 20. Nov. - 20. Dez. – ***La Terrasse :*** **Menu** 20 - 22 (mittags)/38 und à la carte 36/101 – **40 Zim** 115/290, Vorsaison 100/250, 4 Suiten – ½ P Zuschl. 35.

◆ Die beiden Chalets liegen einander gegenüber. Zahlreiche Zimmer sind renoviert worden. Sportbegeisterte erfreuen sich am gepflegten Fitnessbereich. Im La Terrasse verwöhnt man Sie beim Essen mit dezenter Livemusik.

Parkhotel Zayetta, Promenade 7, 0274 727 060, *parkhotel@grichting-hotels.ch, Fax 0274 727 065*, –

geschl. 6. Nov. - 19. Dez. – ***Opus One*** *(geschl. Montag von April - Juni)* **Menu** 19 - 24(mittags)/45 und à la carte 44/120 – **44 Zim** 100/300, Vorsaison 70/230 – ½ P Zuschl. 40.

◆ Das Gebäude mit eigenwilliger Architektur steht ruhig am unteren Dorfrand. Sämtliche Zimmer verfügen über eigene Liegeterrassen - fragen Sie nach den renovierten Räumen. Das Opus-One wirkt dank einer grossen Fensterfront hell und frisch - mit Terrasse.

Römerhof, Rathausstr. 16, 0274 701 921 (Rest : 0274 704 370), *roemerhof @bluewin.ch, Fax 0274 703 492 (Rest : 0274 704 171),* <, – P. AE MC VISA

Menu - italienische Küche - 18 - 27 (mittags) und à la carte 46/87 – **30 Zim** 100/220, Vorsaison 75/180 – ½ P Zuschl. 30.

◆ Die Zimmer Ihrer Unterkunft sind teils mit hellem Holzmobiliar, teils mit dunklen Massivholzmöbeln eingerichtet. Dem Haus vorgelagert : eine Aussichtsterrasse. Schlicht gestaltetes Restaurant im Erdgeschoss.

in Albinen *Süd : 6 km – Höhe 1274 – 3955 Albinen :*

Rhodania , 0274 731 589, *info@rhodania-albinen.ch, Fax 0274 734 140,* < Rhonetal, – Zim, P. MC VISA

geschl. 21. Juni - 9. Juli und 22. Nov. - 17. Dez. – **Menu** *(geschl. Donnerstagmittag von Jan. - Juni und Mittwoch)* 18 - 27 und à la carte 32/73 – **12 Zim** 65/130 – ½ P Zuschl. 25.

◆ Das Chalet befindet sich ausserhalb des Dorfes in absolut ruhiger Lage. Die Gästezimmer bieten einfachen Komfort und strahlen Gemütlichkeit aus. Das Restaurant hat eine schöne Panoramaterrasse mit Bick auf das Rhonetal.

LEYSIN *1854 Vaud (VD)* 552 G11 – *2 755 h. – alt. 1 268 – Sports d'hiver : 1 300/2 205 m* 1 15 .

Voir : *Site★★.*

Manifestation locale

25.06 - 27.06 : Leysin Music Panorama, festival de musique folklorique au sommet de la Berneuse.

Leysin Tourisme, place Large, 0244 942 244, info@leysin.ch, Fax 0244 941 616.

Bern 117 – Montreux 33 – Aigle 17 – Genève 118 – Lausanne 59 – Martigny 49 – Spiez 93.

Classic Hôtel, 0244 930 606, *reception@classic-hotel.ch, Fax 0244 930 693,* <, – , ch, P – 15/250. AE MC VISA JCB. rest

fermé 15 nov. au 15 déc. – **Repas** *(fermé aussi 14 au 23 fév. et 1er avril au 15 mai)* 18 - 30 (midi)/40 et à la carte 38/82 – **115 ch** 150/300, Basse saison 130/240 – ½ P suppl. 30.

◆ Hôtel fréquenté par la clientèle d'affaires, à son aise dans les chambres au confort moderne et les salles de séminaire dotées d'équipements de pointe. La salle à manger jouit d'une belle vue sur les cimes rocheuses et les bas versants boisés. Carte classique.

Le Grand Chalet , à Feydey, Ouest : 1 km, 0244 930 101, *hotel.grand-chalet@bluewin.ch, Fax 0244 941 614,* < Dents du Midi et Les Diablerets, – P. AE MC VISA

16 déc. à mi-avril et mi-mai à mi-oct. – **Repas** 17 - 28/55 et à la carte 39/91 – **30 ch** 115/200, Basse saison 95/160 – ½ P suppl. 25.

◆ Chalet à flanc de montagne scrutant les dents du Midi et les fières murailles des Diablerets. Chambres ensoleillées avec petit coin salon. Tranquillité assurée. Restaurant rustique, salle réservée aux fondues et terrasse panoramique.

au sommet de la Berneuse *accès par télécabine – alt. 2 000*

La Berneuse "Kuklos", (au 1er étage), 1854 Leysin, 0244 943 141, *kuklos@teleleysin.ch, Fax 0244 943 140,* < montagnes et vallée du Rhône – AE MC VISA

fermé 27 oct. au 19 déc., 14 avril au 19 mai, 24 au 28 mai et le soir sauf sam. de juil. à août – **Repas** 22 - 36 (midi) et à la carte 48/77.

◆ Lieu incontournable au terminus du télécabine. Salle tournante offrant un panorama vertigineux sur les Alpes et la vallée du Rhône. Ambiance musicale à chaque service.

LEYTRON *1912 Valais (VS)* 552 H12 – *2 122 h. – alt. 497.*

Bern 144 – Martigny 16 – Montreux 62 – Sion 16.

Les Vergers, 0273 063 062, *vergersdelice@bluewin.ch, Fax 0273 068 047,* – P. AE MC

fermé dim. soir et mardi – **Repas** 52/85 et à la carte 54/88 – ***Café :*** **Repas** 15 (midi) et à la carte 44/84.

◆ Vieille maison blottie auprès de l'église du village. Par le modeste café, on accède à la fraîche salle à manger principale, au cadre sagement moderne. Ambiance locale dans le Café à l'esprit rustique. Plats traditionnels, spécialités, du coin et fondues.

à Montagnon *Nord-Ouest : 3 km par rte d'Ovronnaz – alt. 786 – ✉ 1912 Leytron :*

du Soleil, ✆ 0273 062 571, *Fax 0273 063 077,* < montagnes, – P. AE MC VISA.
fermé 21 déc. au 6 janv., 21 juin au 13 juil., dim. soir, mardi midi et lundi – **Repas** (le week-end prévenir) 48/85 et à la carte 69/89 – ***Brasserie :*** **Repas** 15 - 22/38 et à la carte 34/56.
◆ Au coeur des vignes, auberge familiale agrémentée d'une terrasse balayant du regard la vallée du Rhône. Cuisine de bon aloi à prix muselés. La Brasserie s'adresse aux amateurs de bonne chaire : région et tradition en toute simplicité ! Salle divisée en boxes.

LIEBEFELD

Bern 551 J7 – *siehe Bern.*

LIECHTENSTEIN

(*FÜRSTENTUM*) 551 V-W6-7 553 V-W6-7 – *siehe Seite 503.*

LIESTAL

4410 K *Basel-Landschaft (BL)* 551 L4 – *12 695 Ew. – Höhe 327.*

Sehenswert : *Altstadt*★.
Ausflugsziel : *Oltingen*★ *Süd-Ost : 20 km.*
Tourismus-Information, Kasernenstr. 5, ✆ *0619 215 807, hpmeyer@datacomm.ch, Fax 0619 215 857.*
Bern 82 – Basel 20 – Aarau 41 – Baden 59 – Olten 28 – Solothurn 51.

Engel, Kasernenstr. 10, ✆ 0619 278 080, *engel-liestal@swissonline.ch, Fax 0619 278 081,* – Zim, Zim, TV – 15/200. AE MC VISA
Menu 18 - 45 (mittags)/75 und à la carte 42/92 – **50 Zim** 230/290.
◆ Ein neuerer Anbau mit schlichter Fassade ergänzt das ursprüngliche Gasthaus. Für Gäste stehen modern und funktionell ausgestattete Zimmer in freundlichen Farben bereit. Das Restaurant unterteilt sich in Le Papillon, Raphael's und die Taverne.

in Bad Schauenburg *Nord-West : 4 km – Höhe 486 – ✉ 4410 Liestal :*

Bad Schauenburg , Schauenburgstr. 75, ✆ 0619 062 727, *hotel@badschauenburg.ch, Fax 0619 062 700,* <, – TV P – 30. AE MC VISA.
geschl. 20. Dez. - 15. Jan. – **Menu** *(geschl. Sonntagabend)* 55 (mittags)/99 und à la carte 76/114 – **34 Zim** 160/210 – ½ P Zuschl. 55.
◆ Das schöne klassische Gebäude in reizvoller, absolut ruhiger Lage mit hübschem Park bietet Gästezimmer, die mit hellem, solidem Holzmobiliar funktionell ausgestattet sind. Das Restaurant ist teils gemütlich-rustikal, teils als Wintergarten angelegt.

LIGERZ

2514 Bern (BE) 552 H6 – *532 Ew. – Höhe 434.*
Bern 44 – Neuchâtel 26 – Biel 12 – La Chaux-de-Fonds 45 – Solothurn 33.

Kreuz, Hauptstr. 17, ✆ 0323 151 115, *kreuz-ligerz@bluewin.ch, Fax 0323 152 814,* <, , , , – TV P. AE MC VISA.
geschl. 18. Dez. - 15. Jan., Dienstag von Okt. - März und Montag – **Menu** 23 und à la carte 44/74 – **16 Zim** 140/205.
◆ Das historische Haus a. d. 16. Jh. bietet im 1. Stock Zimmer mit Holzmöbeln, in der 2. Etage neuere Räume mit Stahlrohrbetten. Privater Badegarten mit direktem Seezugang. Gemütlich-rustikales Restaurant und schöne Terrasse am Ufer.

LINDAU

8315 Zürich (ZH) 551 Q4 – *3 874 Ew. – Höhe 530.*
Bern 142 – Zürich 21 – Kloten 9 – Rapperswil 33 – Winterthur 11.

Rössli, Neuhofstr. 3, ✆ 0523 451 151, *roesslilindau@duebinet.ch, Fax 0523 451 126,* – P. AE MC VISA
geschl. 24. - 28. Dez., 9. - 12. April, 6. - 25. Juni, Sonntag und Montag – **Menu** 28 - 42 (mittags)/135 und à la carte 76/143.
◆ Sie haben die Wahl : Neben einer Gaststube beherbergt das alte Zürcher Riegelhaus das rustikale Rössli-Stübli sowie das elegante Linden-Stübli.

LINTHAL *8783 Glarus (GL)* 551 S8 – *1 280 Ew. – Höhe 648.*
Bern 212 – Chur 92 – Glarus 17 – Sankt Gallen 88 – Zürich 87.

West *3,5 km Richtung Klausenpass :*

Bergli, an der Passstrasse, ✉ 8783 Linthal, ℘ 0556 433 316, *gasthaus@bergli.gl, Fax 0556 433 344,* ⋖ Linthal und Berge, , – [P]
geöffnet Ende April - Ende Okt. ; geschl. Mittwochabend und Donnerstag – **Menu** 18 und à la carte 31/66 – **4 Zim** 80/130 – ½ P Zuschl. 35.
◆ Das ruhig gelegene Gasthaus, von dessen Terrasse man nicht nur das Linthal und die Berge sieht, sondern auch das Klausenrennen historischer Rennwagen, hat gemütliche Zimmer. Sie speisen im rustikalen Restaurant oder auf der Aussichtsterrasse.

LOCARNO *6600 Ticino (TI)* 553 Q12 – *14 465 ab. – alt. 205 – Sport invernali : a Cardada : 1 340/1 671 m 1 3.*

Vedere : *Lago Maggiore★★★* BZ – *⋖★★ dall'Alpe di Cardada Nord per funivia – Monte Cimetta★★ : ★★ Nord per seggiovia* AY – *Santuario della Madonna del Sasso★ : ⋖* AY *per via ai Monti della Trinità o per funicolare (6 km).*

Dintorni : *Circuito di Ronco★★ : ⋖★★ sul lago dalla strada per Losone e Ronco – Itinerario nella Vallemaggia★★ (Maggia : affreschi★ della chiesa di Santa Maria delle Grazie) – Itinerario nella Val Verzasca★ (Corippo★, Brione : affreschi★ della chiesa) – Itinerario nelle Centovalli★.*

18 ad Ascona, ✉ 6612, ℘ 0917 912 132, Fax 0917 910 706, per ② : 6,5 km
18 Gerre Losone ad Losone, ✉ 6616, ℘ 0917 851 090, Fax 0917 851 091, ovest : 6 km per strada Centovalli.

Manifestazioni locali
25.03 - 28.03 : Camelie a Locarno
09.07 - 10.07 : Luci e ombre, spettacolo pirotecnica, Locarno-Muralto.
04.08 - 14.08 : Festival internazionale del Film.

Ente Turistico Lago Maggiore, via B.Luini 3, ℘ 0917 910 091, buongiorno@maggiore.ch, Fax 0917 851 941.
Piazza Grande 5, ℘ 0917 517 572, Fax 0917 519 557.
via Trevani 5, ℘ 0917 514 671, Fax 0917 518 068.
Bern 266① – Lugano 40① – Andermatt 103① – Bellinzona 20① – Domodossola 49③

Reber au Lac, viale Verbano 55, ✉ 6600 Muralto, ℘ 0917 358 700, *info@hotel-reber.ch, Fax 0917 358 701,* ⋖, , , , , , – , rist, 15/50. AE VISA. rist BY s
2 marzo - 6 novembre – ***Grill :* Pasto** 50 (mezzogiorno)/90 ed alla carta 56/128 – **61 cam** 280/500 – ½ P sup. 45.
◆ Un bell'edificio, invitante, gradevolmente ubicato sulla passeggiata in riva al lago e dotato di un'amena terrazza fiorita. Ampie camere, diverse per dimensioni e stile. L'ambiente rustico del ristorante propone però una cucina classica di stampo francese.

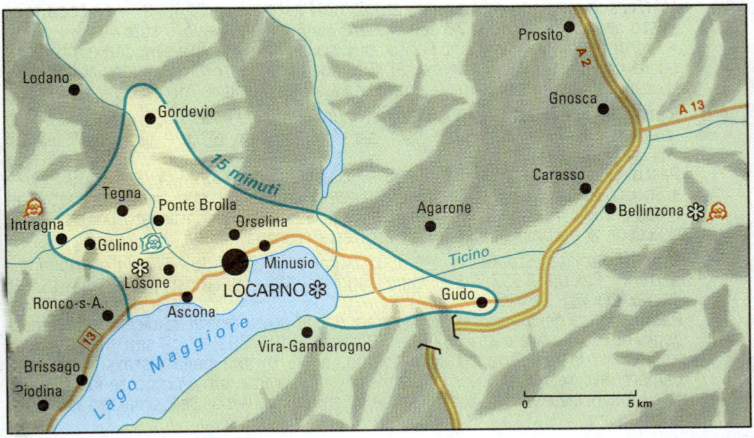

Ballerini (Via F.) . . . . **BY** 3
Balli (Via F.) . . . . **BZ** 4
Cittadella (Via) . . . . **AZ** 7
Collegiata (Via della) . . . . **BY** 9
Grande (Piazza) . . . . **ABZ**
Motta (Via della) . . . . **AZ** 10
Municipio (Via del) . . . . **BY** 12
Ramogna (Via) . . . . **BZ** 13
S. Antonio (Via) . . . . **AZ** 15
Vallemaggia (Via) . . . . **AZ** 16

Belvedere, via ai Monti della Trinità 44, ✉ 6601, ✆ 0917 510 363, *info@belvedere-locarno.com, Fax 0917 515 239,* < locarnese e monti, ..., – |‡|, cam, rist, ... – 15/160. AE ⓓ MC VISA.
rist **AY z**

L'Affresco *(1° piano) (chiuso a mezzogiorno)* **Pasto** alla carta 45/92 – ***La Locanda*** **:** **Pasto** alla carta 38/80 – **76 cam** ☐ 245/346, 6 suites – ½ P sup. 40.

◆ Scorgete la città dal giardino fiorito con piscina. Camere ampie e moderne : preferite quelle con vista lago e balcone. Al "Belvedere" colmate un languore al bar della "Locanda" oppure preferite l'elegante sala affrescata dell'"Affresco".

Ramada-Treff La Palma, viale Verbano 29, ✆ 0917 353 636, *palma@ramada-treff.ch, Fax 0917 353 616,* <, ..., – |‡|, cam, ... – 150. AE ⓓ MC VISA. rist **BY v**

Pasto 16.50 - 48 ed alla carta 45/98 – **68 cam** ☐ 175/420 – ½ P sup. 39.

◆ Situato di fronte al lago, albergo con camere di diverso stile alcune arredate con mobili in cuoio, funzionali altre con mobili più classici, di legno intarsiato. Dall'ampia hall si accede al ristorante, d'impronta e offerta culinaria italiana.

Muralto, piazza Stazione 8, ✉ 6602 Muralto, ✆ 0917 357 777, *info@hotelmuralto.com, Fax 0917 357 778,* < Lago Maggiore, – |‡|, rist, ... – 15/60. AE ⓓ MC VISA. rist **BY z**

Pasto *(chiuso dal 5 gennaio al 12 marzo, dal 14 novembre al 23 dicembre e a mezzogiorno)* 62 ed alla carta 56/99 – **77 cam** ☐ 196/392 – ½ P sup. 43.

◆ Sito tra la stazione ed il lungolago, gode di una bella vista sui dintorni. Camere diverse tra loro per le dimensioni. Il ristorante offre proposte interessanti di cucina ticinese ed italiana rivisitate in chiave moderna. Bellissima terrazza sulla passeggiata.

Ramada-Treff Hotel Arcadia, lungolago Motta, ✆ 0917 561 818, *arcadia@ramada-treff.ch, Fax 0917 561 828*, ≤, ☂, 🏋, ⛫, 🏊 – |‡|, ⇔ cam, ▤ cam, TV ⛹ 🚗. AE ⓓ ⓜⓒ VISA. ✂ rist BZ a
chiuso dal 3 novembre al 23 dicembre e dal 2 gennaio al 28 febbraio – **Pasto** 16 - 48 ed alla carta 45/88 – **57 cam** ☕ 170/360, 33 suites – ½ P sup. 38.
◆ Costruzione funzionale, in centro, di fronte al lago Maggiore. Le spaziose camere sono attuali, luminose, arredate con mobilio di legno chiaro. Ristorante totalmente rinnovato ed ambiente fresco, piacevole. Cucina tradizionale con forti accenti regionali.

Du Lac senza rist, via Ramogna 3, ✆ 0917 512 921, *info@du-lac-locarno.ch, Fax 0917 516 071*, ≤ – |‡| ⇔ TV. AE ⓓ ⓜⓒ VISA BZ d
31 cam ☕ 104/210.
◆ Proprio nel centro cittadino, hotel con camere diverse per dimensioni, dagli arredi pratici e moderni. Al primo piano, sala per la colazione da cui si accede ad una terrazza.

Pestalozzi, via Cattori 4, ✆ 0917 599 505, *info@hotelpestalozzi.ch, Fax 0917 519 645*, ☂ – |‡| TV ♿ 🚗 – 🏛 20. AE ⓓ ⓜⓒ VISA BZ b
Universo *(chiuso Natale, domenica e giorni festivi a mezzogiorno)* **Pasto** 14.50 ed alla carta 38/81 – **51 cam** ☕ 110/200, 3 suites – ½ P sup. 35.
◆ Ubicato in una stradina laterale, nei pressi di Piazza Grande. Preferite le camere al quarto piano, più luminose ed in parte con angolo salotto. Al piano terra del Pestalozzi, il ristorante propone una cucina centrata soprattutto su pasta e pizza.

Rio senza rist, via Collegiata 1, ✆ 0917 436 331, *info@hotel-rio.ch, Fax 0917 436 333* – |‡| TV P. AE ⓓ ⓜⓒ VISA JCB BY t
chiuso dal 7 dicembre al 26 gennaio – **14 cam** ☕ 125/215.
◆ Costruzione Liberty, nei pressi della stazione. Belle camere, spaziose e tutte di colori diversi, arredate con mobili di legno massiccio, allestite in maniera accogliente.

Dell'Angelo, Piazza Grande, vicolo della Motta 1, ✆ 0917 518 175, *info@hotel-dell-angelo.ch, Fax 0917 518 256*, ☂ – |‡| TV. AE ⓓ ⓜⓒ VISA AZ a
Pasto 16 ed alla carta 40/90 – **55 cam** ☕ 105/200 – ½ P sup. 28.
◆ Posto alla fine di Piazza Grande, visibile dalla terrazza al quarto piano. Camere semplici, ammobiliate con funzionali arredi in quercia. Al ristorante provate le pizze, cotte nel forno a legna ! Specialità ticinesi ed italiane.

Millennium senza rist, via Dogana Nuova 2, ✆ 0917 596 767, *info@millennium-hotel.ch, Fax 0917 596 768* – |‡| TV ☎. AE ⓜⓒ VISA. ✂ BZ e
11 cam ☕ 130/270.
◆ Era una casa tanto carina...Di fronte all'imbarcadero, lasciatevi viziare in questa piccola bomboniera, familiare e personalizzata ! Camere mignon, confortevoli e curate.

Piccolo Hotel senza rist, via Buetti 11, ✆ 0917 430 212, *piccolo@ticino.com, Fax 0917 432 198* – |‡| TV P. AE ⓜⓒ VISA BY r
16 marzo - 15 novembre – **21 cam** ☕ 85/165.
◆ Piccolo... indirizzo simpatico e familiare, situato in una stradina laterale non lontano dal centro. Camerette arredate con mobilio bianco, di stile mediterraneo.

Zurigo, viale Verbano 9, ✉ 6602 Muralto, ✆ 0917 357 788, *info@hotelmuralto.com, Fax 0917 357 778*, ≤, ☂ – |‡|, ⇔ rist, TV ☎. AE ⓓ ⓜⓒ VISA BY w
solo albergo : chiuso dal 4 gennaio al 1º marzo e dal 25 ottobre al 23 dicembre – ***Le Bistro*** *(chiuso lunedì dal 30 ottobre al 15 marzo)* **Pasto** 20 - 68 ed alla carta 44/93 – **27 cam** ☕ 149/252 – ½ P sup. 35.
◆ Costruzione classica. Camere non molto grandi, fresche, con letti in ottone. Lasciatevi avvolgere dal candore dell'arredamento, rigorosamente bianco. Al ristorante sul lago carta italiana-regionale con "un petit plus" rispetto alle offerte ordinarie.

Villa Palmiera, via del Sole 1, ✉ 6600 Muralto, ✆ 0917 431 441, *shv@swisshotels.ch, Fax 0917 430 320*, ☂, 🌳 – |‡|, ⇔ rist, TV P. ⓜⓒ VISA BY f
albergo : 21 marzo - 9 novembre ; rist. : 26 marzo - 24 giugno e 26 luglio - 24 ottobre – **Pasto** *(chiuso a mezzogiorno) (solo per clienti alloggiati)* 38 – **33 cam** ☕ 85/190 – ½ P sup. 32.
◆ Indirizzo simpatico, familiare, ha subito un lifting generale che si estende anche all'esterno. Camere non molto ampie e con mobilio essenziale.

Camelia, via G.G. Nessi 9, ✉ 6602 Locarno-Muralto, ✆ 0917 430 021, *hotel@camelia.ch, Fax 0917 430 022*, ☂, 🌳 – |‡|, ▤ rist, TV ♿ P – 🏛 40. AE ⓓ ⓜⓒ VISA. ✂ rist BY a
7 marzo - 23 ottobre – **Pasto** *(solo per clienti alloggiati)* 16 - 28 – **41 cam** ☕ 102/183 – ½ P sup. 25.
◆ Lasciatevi avvolgere dall'atmosfera Liberty di questa vecchia villa ristrutturata negli anni. Propone nuove camere, essenziali e ben arredate in stile moderno.

XXX **Centenario** (Perriard), lungolago Motta 17, ☎ 0917 438 222, – . AE VISA. BY m
chiuso dal 1º al 23 febbraio, dal 27 giugno al 12 luglio, domenica e lunedì – **Pasto** (prenotare) 58/130 ed alla carta 85/135.
◆ Costruzione discreta lungo la passeggiata. La carta è orientata verso la cucina francese con un tocco di originalità che la distingue dall'offerta tradizionale.
Spec. Salade tiède de langoustines aux mangues. Agneau de Sisteron aux asperges sauvages (aprile - giugno). Soufflé aux fruits de saison. **Vini** Merlot del Ticino

XX **Cittadella** con cam, via Cittadella 18, ☎ 0917 515 885, *info@cittadella.ch, Fax 0917 517 759* – rist, . AE VISA. cam AZ r
chiuso domenica da giugno a luglio e lunedì escluso albergo – **Pasto** - specialità di pesce - (1º piano) 76 ed alla carta 63/100 – ***La Trattoria* : Pasto** 18 ed alla carta 49/90 – **10 cam** 85/170.
◆ Vecchia casa di stile rustico ed elegante, con travi a vista anche nelle poche camere a disposizione. Offerta tradizionale, orientata sul pesce. Un ambiente più tipico alla Trattoria del Cittadella per una cucina di stampo italiano con l'immancabile pizza !

X **Boccalino,** via della Motta 7, ☎ 0917 519 681, *ristorante@ilboccalino.ch, Fax 0917 511 875,* – . AE VISA. AZ t
chiuso dal 7 gennaio al 5 febbraio, dal 25 giugno al 8 luglio, mercoledì, giovedì ed a mezzogiorno – **Pasto** - cucina vegetariana con pesce - 69/98 ed alla carta 50/104.
◆ Antica casa signorile un po' nascosta in centro città : cercatela bene ! Una cucina assolutamente vegetariana e creativa a cui vengono associati solo pesce e vino... biologico !

ad Orselina *Nord : 2 km* ABY *– alt. 406 – ✉ 6644 Orselina :*

Orselina , via Santuario 10, ☎ 0917 357 350, *hotel@orselina.com, Fax 0917 357 351,* < Locarnese, – , rist, . VISA. AY c
22 febbraio - 31 ottobre – **Pasto** *(solo per clienti alloggiati)* 26 - 62 (sera) – **78 cam** 208/476 – ½ P sup. 25.
◆ Ambiente familiare per quest'albergo il cui giardino esotico a terrazze è completo di piscina. Camere diverse per stile e dimensioni.

Mirafiori, via al Parco 25, ☎ 0917 431 877, *info@mirafiori.ch, Fax 0917 437 739,* <, – . AE VISA. rist AY h
11 marzo - 31 ottobre – **Pasto** 38 (sera) ed alla carta 44/90 – **25 cam** 120/220 – ½ P sup. 26.
◆ Allungati attorno alla piscina, lasciatevi trasportare verso mete lontane dal profumo intenso dei fiori esotici i cui colori ravvivano anche le moderne camere. La gradevole terrazza del ristorante dà sul giardino da cui si gode una vista imperdibile.

Stella, via al Parco 14, ☎ 0917 436 681, *info@hotelstella.ch, Fax 0917 436 683,* < Locarnese, – , rist, . VISA. rist AY a
13 marzo - all'inizio novembre – **Pasto** 17.50 - 27 (sera) ed alla carta 29/54 – **34 cam** 106/196 – ½ P sup. 25.
◆ Situato nella parte superiore di Locarno, dispone di un bel giardino fiorito con piscina. Camere e bagni totalmente rinnovati e arredati con mobilio moderno. Andate fino alla terrazza e cenate cercando la vostra "Stella" ! Cucina tradizionale.

XX **Il Paradiso,** via al Parco 7, ☎ 0917 434 645, *Fax 0917 438 758,* – AE VISA AY b
chiuso da metà novembre a metà dicembre, mercoledì (salvo la sera da luglio ad ottobre) e martedì – **Pasto** 59 ed alla carta 53/112.
◆ Un bel ristorantino molto ben curato sia per la cucina, di stampo tradizionale ed elaborata, che per gli arredi, di stile classico-signorile. Bella anche la terrazza esterna.

a Minusio *per ① : 2 km – alt. 246 – ✉ 6648 Minusio :*

Esplanade , via delle Vigne 66, ☎ 0917 358 585, *reservations@esplanade.ch, Fax 0917 358 586,* < lago Maggiore e monti, – , rist, – 15/140. AE VISA. rist
1º marzo al 14 novembre – **Pasto** 22 - 33 (mezzogiorno)/55 ed alla carta 47/80 – **75 cam** 200/440 – ½ P sup. 42.
◆ Struttura del 1913 in stile Liberty, totalmente rinnovata. Oltre a moderne infrastrutture, offre un grande centro wellness e tutto per la vostra salute. La sala da pranzo classica e la terrazza dell'albergo vi faranno scoprire una cucina di tono francese.

Alba senza rist, via Simen 58, ☎ 0917 358 888, *albahotel@bluewin.ch, Fax 0917 358 899*, ≤, ⛱, 🌳 – |‡| ▤ TV ♿ 🚗. AE MC VISA
36 cam ☕ 130/230.
◆ Albergo dalle linee architettoniche d'avanguardia che si prolungano nell'altrettanto moderna sala per le colazioni. Belle camere spaziose : preferite quelle a sud, con balcone.

Remorino senza rist, via Verbano 29, ☎ 0917 431 033, *albergo@remorino.ch, Fax 0917 437 429*, ≤, ⛱, 🌳 – |‡| TV ☎ P. AE MC VISA
8 marzo - 31 ottobre – **25 cam** ☕ 125/298.
◆ Hall signorile e aperta direttamente verso la terrazza e il rigoglioso giardino. Camere arredate con mobilio in legno scuro, alcune completamente rinnovate, tutte vista lago.

Navegna, via alla Riva 2, ☎ 0917 432 222, *hotel@navegna.ch, Fax 0917 433 150*, ≤, 🌳, ⚓ – ⇔ cam, ▤ rist, TV P. MC VISA. ✂ rist
Albergo : 21 marzo - 10 novembre ; Rist. : 21 marzo - 26 dicembre – **Pasto** *(chiuso martedì salvo dal 15 giugno al 9 settembre)* 68 (sera) ed alla carta 48/82 – **20 cam** ☕ 100/240 – ½ P sup. 28.
◆ Sito proprio in riva al lago. Camere non molto grandi arredate con mobili chiari e testate dei letti foderate con tessuto abbinato ai tendaggi. Col sole preferite la terrazza ombreggiata alla bella sala da pranzo. Proposte interessanti di cucina tradizionale.

Minusio senza rist, via Esplanade 6, ☎ 0917 431 913, *info@hotelminusio.ch, Fax 0917 437 704*, ≤, ⛱ – |‡| ⇔ TV 🚗 P. AE ◐ MC VISA
marzo - novembre – **24 cam** ☕ 140/200.
◆ Moderna costruzione con al pianoterra la piccola reception da cui si accede alla sala da pranzo. Camere funzionali, con arredi dalle chiare tonalità.

Le LOCLE *2400 Neuchâtel (NE)* 552 F6 – *10 346 h. – alt. 925.*

Musée : *Horlogerie★.*
Environs : *Saut du Doubs★★★ Nord.*
🛈 *Tourisme Neuchâtelois, 31 r. Daniel-Jeanrichard, ☎ 0329 314 330, tourisme.neuchatelois@ne.ch, Fax 0329 314 506.*
Bern 81 – Neuchâtel 32 – Besançon 76 – La Chaux-de-Fonds 9 – Yverdon-les-Bains 62.

Trois Rois, 29 r. du Temple, ☎ 0329 322 100, *hoteldestroisrois@bluewin.ch, Fax 0329 315 872*, 🌳 – |‡|, ⇔ ch, TV ♿ – 🎤 80. AE ◐ MC VISA JCB
fermé 19 déc. au 4 janv., 8 au 18 avril et 30 juil. au 8 août – **Repas** *(fermé sam. et dim.)* 53 et à la carte 60/95 – **40 ch** ☕ 110/165 – ½ P suppl. 28.
◆ En centre-ville, façade de verre abritant des chambres pratiques et actuelles. Au dernier étage, espace de réunion en rotonde, sous charpente apparente. Taverne-restaurant où un choix de plats traditionnels entend satisfaire votre appétit.

La Croisette, 10 r. Marais, ☎ 0329 313 530, *lacroisette@bluewin.ch, Fax 0329 313 550* – P. AE ◐ MC VISA
fermé Noël, Nouvel An et dim. – **Repas** *(fermé 19 juil. au 15 août)* 55 (midi)/120 et à la carte 69/110 – ***Brasserie* :** **Repas** 16 et à la carte 49/97.
◆ L'enseigne annonce la couleur : il flotte une atmosphère méditerranéenne dans ce restaurant où l'on vient faire des repas bien en phase avec l'époque. Une carte plus traditionnelle vous sera soumise dans la spacieuse Brasserie au cadre contemporain.

de la Gare - Chez Sandro, 4 r. de la Gare, ☎ 0329 314 087, *sandro@chez-sandro.ch, Fax 0329 314 040* – AE ◐ MC VISA
fermé 15 juil. au 15 août et dim. – **Repas** 16.50 - 55/99 et à la carte 51/101.
◆ À un saut de la gare, petit restaurant italien classiquement agencé, estimé pour le soin apporté au contenu des assiettes et pour son souci du travail artisanal bien fait.

LODANO *6678 Ticino (TI)* 553 Q12 – *188 ab. – alt. 341.*

Bern 242 – Locarno 16 – Andermatt 115 – Bellinzona 35 – Lugano 54.

Ca'Serafina senza rist, ☎ 0917 565 060, *info@caserafina.com, Fax 0917 565 069*, 🌳 – TV. MC VISA
4 cam ☕ 120/190.
◆ Nel cuore del tranquillo paesino sorge questa tipica casa ticinese in sasso, completamente ristrutturata e graziosissima. Offre solo quattro camere ma molto belle e spaziose.

LOÈCHE-LES-BAINS *Valais 552 K11 – voir à Leukerbad.*

LÖMMENSCHWIL *9308 Sankt Gallen (SG) 551 U4 – Höhe 543.*

Bern 210 – Sankt Gallen 11 – Bregenz 47 – Konstanz 30 – Winterthur 61.

Thuri's Blumenau (Maag), Romanshornerstr. 2, ✆ 0712 983 570, *Fax 0712 984 590*, – P. AE MC VISA
geschl. 1. - 8. März, 11. - 19. Juni, Sonntag und Montag – **Menu** 80 und à la carte 74/122.

◆ Im gediegen-rustikalen Stübli mit dunklem Täfer und Aquarellen werden dem Geniesser meist regionale Gerichte aus marktfrischen Grundprodukten - kreativ zubereitet - kredenzt.

Spez. "Vitello Limonello", gebratener Kalbsrücken an leichter Limonenolivenöl-Mayonnaise mit Kräutern (Frühling-Sommer). Steinpilzravioli mit Marroni-Kürbisfüllung auf Herbstpilzen (Herbst). Kartoffel-Millefeuille mit Kalbsfilet und bunte Gemüsenudeln mit Kaffeejus (Winter). **Weine** Buechberger, Ottoberger

LOSONE *Ticino 553 Q12 – vedere Ascona.*

LOTZWIL *4932 Bern (BE) 551 L6 – 2 341 Ew. – Höhe 502.*

Bern 50 – Aarau 40 – Burgdorf 24 – Luzern 65 – Olten 27 – Solothurn 28.

Bad Gutenburg, Huttwilstr. 108, 1 km Richtung Huttwil, ✆ 0629 168 040, *info@bad-gutenburg.ch, Fax 0629 168 045*, – TV P. – 15/120. AE MC VISA
geschl. 5. - 11. Jan. und 19. Juli - 8. Aug. – **Menu** *(geschl. Sonntagabend und Montag)* 16.50 - 55 und à la carte 44/67 – **19 Zim** 90/140 – ½ P Zuschl. 30.

◆ Das ehemalige Kurbad-Hotel verfügt über eine eigene Bahnstation. Die Zimmer des Hauses sind mit modernem braunem Massivholzmobiliar funktionell eingerichtet. Behaglich-gediegenes Turmstübli mit dunklem Täfer - ergänzt durch eine einfachere Gaststube.

LOURTIER *1948 Valais (VS) 552 H13 – alt. 1 080.*

Environs : *Barrage de Mauvoisin★★★ Sud-Est : 11,5 km.*

Office du Tourisme du Val de Bagnes, 1934 Le Châble, ✆ 0277 761 682, Fax 0277 761 661.

Bern 150 – Martigny 23 – Orsières 17 – Sion 53 – Verbier 9.

La Vallée, ✆ 0277 781 175, *info@vallee.ch, Fax 0277 781 604*, , – P. AE MC VISA.
fermé 17 juin au 9 juil. et 20 oct. au 8 nov. – **Repas** *(fermé mardi et merc. hors saison)* 16 - 54 et à la carte 28/72 – **18 ch** 65/170 – ½ P suppl. 25.

◆ Chalet abritant divers types de logement : appartements tout confort, chambres accueillantes mais à l'équipement sanitaire limité, et dortoirs pour les randonneurs. La salle à manger rustique affine sa carte avec des spécialités au fromage. Ambiance familiale.

LOVERESSE *2732 Berne (BE) 551 I5 – 321 h. – alt. 765.*

Bern 55 – Delémont 32 – Basel 75 – Biel 21 – Saignelégier 21 – Solothurn 37.

du Cerf, 22 Les Vies, ✆ 0324 812 232, *Fax 0324 811 198*, – P. AE MC VISA.
fermé 23 déc. au 2 janv., 20 juil. au 11 août, mardi soir et merc. – **Repas** (prévenir) 13 - 66 et à la carte 45/81.

◆ Cette ancienne ferme réhabilitée vous reçoit dans une salle de restaurant au décor champêtre soigné. Répertoire culinaire traditionnel. Adresse familiale.

Dans ce guide
un même symbole, un même mot,
imprimé en rouge ou en noir,
n'ont pas tout à fait la même signification.
Lisez attentivement les pages explicatives.

LUCENS *1522 Vaud (VD)* 552 F8 *– 2 120 h. – alt. 493.*

à Vuissens, ✉ 1486, ✆ *0244 333 300, Fax 0244 333 304, Nord : 7 km par route Combremont - Estavayer-le-Lac.*

Bern 63 – Fribourg 33 – Lausanne 32 – Montreux 43 – Payerne 15 – Yverdon-les-Bains 36.

La Couronne, 1 Grand-Rue, ✆ 0219 069 515, *Fax 0219 069 540,* – TV P. AE VISA
Repas *(fermé 3 sem. en août et jeudi)* 17.50 et à la carte 45/99 – **9 ch** 85/168 – ½ P suppl. 32.
◆ L'établissement, qui borde la place centrale du village, propose des chambres fonctionnelles dotées de meubles en bois clair. De chaudes boiseries ajoutent à l'intimité de la salle à manger. En façade une terrasse d'été offre la vue sur le château du cru.

Gare avec ch, 13 av. de la Gare, ✆ 0219 068 148, *hotelgare.suter@praznet.ch, Fax 0219 068 204,* – P. VISA
fermé 21 déc. au 5 janv. et 25 juil. au 16 août – **Repas** *(fermé dim. et lundi)* 17 - 39 (midi)/96 et à la carte 51/91 – **5 ch** 95/135.
◆ Cette adresse sans prétention vous permettra aussi bien de vous restaurer que de vous reposer : salle de restaurant agrémentée de peintures modernes et chambres simples.

LUCERNE *Luzern* 551 O7 – *voir à Luzern.*

LÜDERENALP *Bern* 551 L7 – *siehe Sumiswald.*

LUGANO

6900 Ticino (TI) 553 R13 *– 25 919 ab. – alt. 273*

Bern 271 ① – Bellinzona 28 ① – Como 30 ④ – Locarno 40 ① – Milano 78 ④

Lugano Turismo, Palazzo Civico, Piazza della Riforma, ☎ 0919 133 232, info@lugano-tourism.ch, Fax 0919 227 653 Z.
via S. Balestra 3, ☎ 0919 116 565, Fax 0919 116 566 AV.
via Dufour 1, ☎ 0919 220 121, Fax 0919 236 969 AV.
di Agno Sud-Ovest : 6 km ☎ 0916 101 616, Fax 0916 101 620.

Compagnie aeree
Swiss International Air Lines Ltd., *☎ 0848 852 000.*
Alitalia *Piazza Cioccaro 11, ☎ 0848 848 017, Fax 0919 220 565.*

Manifestazioni locali
aprile – giugno : Lugano Festival, concerti di musica classica.
mezzo luglio : "Estival Jazz" festival internazionale.
fine agosto a l'inizio di settembre : Lugano Blues to Bop Festival.

18 a Magliaso, ✉ 6983, ☎ 0916 061 557, Fax 0916 066 558, per ⑤ : 10 km.

Vedere : *Lago★★* BX *– Parco Civico★★* ABX *– Affreschi★★ nella chiesa di Santa Maria degli Angioli* Z *– Villa Favorita★★* BX.

Dintorni : *Monte San Salvatore★★★ 15 mn di funicolare* AX *– Monte Generoso★★★ 15 km per ③ e treno – Monte Brè★★ Est : 10 km o 20 mn di funicolare* BV *– ≤ ★★ dalla strada per Morcote – Morcote★★ per ③ : Sud 8 km – Monte Tamaro ≤ ★ per ④ : Nord-Ovest 15 km e cabinovia da Rivera-Monte Lema★ per ⑤ Nord-Ovest 17 km e per cabinovia Carona Sud 4 km : affreschi★ della chiesa di San Giorgio – Melide Sud 7 km : Swissminiatur★.*

Navigazione : *Informazioni Società Navigazione Lago di Lugano, viale Castagnola 12, ☎ 0919 715 223, Fax 0919 712 793.*

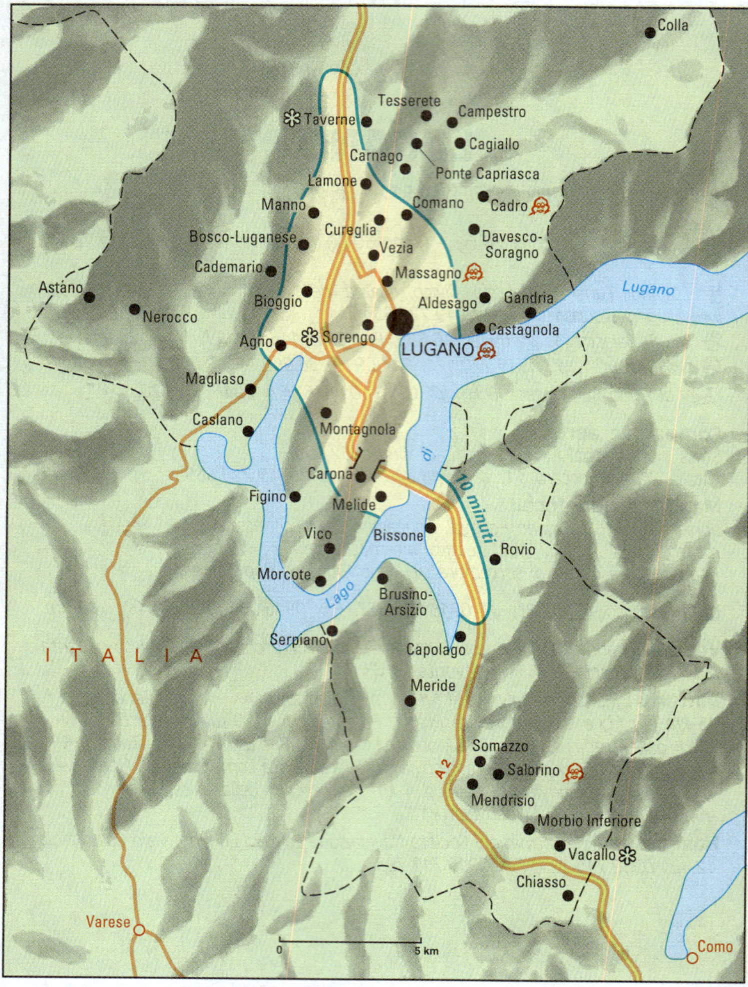

Splendide Royal, riva Caccia 7, ✆ 0919 857 711, *info@splendide.ch, Fax 0919 857 722*, ≤ lago e monti, [icone servizi] 15/80. AE ⊕ MC VISA JCB. ✂ rist AX e

Pasto *42* - 72 ed alla carta 75/167 – **91 cam** ☐ 450/650, 6 suites – ½ P sup. 70.

◆ Antica villa adibita ad hotel da oltre 100 anni ; recente aggiunta di un'ala nuova ma la parte vecchia è più elegante e raffinata. Sublime vista sul lago. Il ristorante riprende il lussuoso stile dell'albergo e nell'arredamento e nella cucina di linea classica.

Grand Hotel Villa Castagnola ⛟, viale Castagnola 31, ✉ 6906 Lugano-Cassarate, ✆ 0919 732 555, *info@villa-castagnola.ch, Fax 0919 732 550*, ≤, [icone servizi] cam, [icone servizi] 15/40. AE ⊕ MC VISA. ✂

Le Relais* : Pasto** 56 (mezzogiorno)/110 ed alla carta 69/111 – ***Arté (al lago) ✆ 0919 734 800 *(chiuso dal 4 al 19 gennaio, dal 2 al 16 agosto, domenica e lunedì)* **Pasto** 55 (mezzogiorno)/98 ed alla carta 69/112 – **75 cam** ☐ 340/550, 18 suites – ½ P sup. 65. BX n

◆ Ambiente vellutato per questo hotel sito in un giardino dalla flora subtropicale. Arredi di stile garantiscono un'amenità totale nelle lussuose camere. Assaporate una cucina riattualizzata nella signorile sala da pranzo del Relais o nel ristorante "Arté".

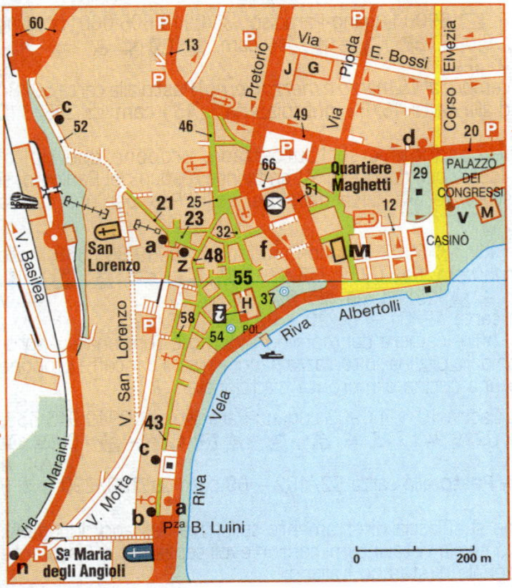

Adamini (Via) . . . . AX 3
Aldesago (Via) . . . . BV 6
Bosia (Via) . . . . AX 7
Calloni (Via S.) . . . . AX 9
Camara (Via) . . . . AV 10
Canova (Via) . . . . Y 12
Cantonale (Via) . . . . Y 13
Capelli (Via P.) . . . . BV 15
Cassarate (Viale) . . . . BV 16
Casserinetta (Via) . . . . AX 18
Castagnola (Viale) . . . . BX 19
Cattaneo (Viale C.) . . . . Y 20
Cattedrale (Via) . . . . Y 21
Cattori (Via G.) . . . . AX 22
Cioccaro (Piazza) . . . . Y 23
Cortivo (Via) . . . . BX 24
Dante (Piazza) . . . . Y 25
Faggi (Via dei) . . . . BV 26
Ferruccio Pelli (Via) . . . . AV 17
Franscini (Viale S.) . . . . AV 27
Ginevra (Via) . . . . AV 28
Indipendenza (Piazza) . . . . . . Y 29
Laghetto (Via al) . . . . AX 30
Lido (Via al) . . . . BV 31
Luvini (Via G.) . . . . Y 32
Maderno (Via C.) . . . . AV 33
Madonna della Salute (V.) . . . AV 34
Madonnetta (Via) . . . . BV 36
Manzoni (Piazza A.) . . . . Z 37
Manzoni (Via R.) . . . . AX 39
Maraini (Via C.) . . . . AX 40
Nassa (Via) . . . . Z 43
Paradiso (Riva) . . . . AX 45
Peri (Via P.) . . . . Y 46
Pessina (Via) . . . . Y 48
Pestalozzi (Corso) . . . . Y 49
Posta (Via della) . . . . Y 51
Regazzoni (Via P.) . . . . Y 52
Rezzonico (Piazza R.) . . . . . . Z 54
Riforma (Piazza della) . . . . . . YZ 55
Riva (Via A.) . . . . AX 57
San Carlo (Piazzetta) . . . . . . Z 58
San Giorgio (Via) . . . . BX 59
San Gottardo (Via) . . . . Y 60
Scuole (Via delle) . . . . AX 61
Sonvico (Via) . . . . BV 63
Verla (Contrada di) . . . . Y 66

Principe Leopoldo e Residence, via Montalbano 5, 0919 858 855, *info@leopoldohotel.com, Fax 0919 858 825*, lago e monti, – 15/250. AE MC VISA JCB AX m
Pasto (vedere rist. ***Principe Leopoldo***) – **33 cam** 560/685, 4 suites.
◆ Villa patrizia della fine del XIX sec. ubicata in zona verdeggiante, i cui interni sono impreziositi da un mobilio di classe. Ampie camere rivolte verso il golfo di Lugano.

Residence, via Montalbano 5, 0919 858 855, *info@leopoldohotel.com, Fax 0919 858 825*, – cam, cam, AE MC VISA JCB. rist AX m
8 aprile - 14 ottobre – ***Café Leopoldo :*** **Pasto** alla carta 81/107 – **32 cam** 450/590, 6 suites.
◆ Immerso nel verde e non lontano dalla villa Principe Leopoldo. Camere spaziose, arredamento moderno e di buon gusto. Sala prima colazione ; le proposte della carta rappresentano però una simpatica alternativa al ristorante gastronomico del Principe Leopoldo.

Grand Hotel Eden, riva Paradiso 1, 6902 Lugano-Paradiso, 0919 859 200, *welcome@edenlugano.ch, Fax 0919 859 250*, lago e circondario, – cam, – 15/200. AE MC VISA AX t
L'Oasis : **Pasto** 35 ed alla carta 74/113 – **110 cam** 275/540, 7 suites – ½ P sup. 65.
◆ Camere eleganti o più sobrie ripartite tra due strutture collegate tra loro. Terrazza-solarium sul lago con piscina di acqua salina. Bella vista del bacino lacustre dalla vetrata o dalla terrazza del ristorante. Cucina classica e variata.

Parco Paradiso, via Carona 27, 6902 Lugano-Paradiso, 0919 931 111, *info@parco-paradiso.com, Fax 0919 931 011*, lago, monti e città, – cam, – 40. AE MC VISA JCB. rist AX f
La Favola : **Pasto** 65 ed alla carta 62/106 – **16 cam** 230/330, 49 suites – ½ P sup. 50.
◆ Struttura moderna, sita nella parte alta della città ; giardino d'inverno. Grandi camere o suites, quasi tutte rivolte verso il lago e con balconi. Vista paradisiaca. Oltre alla sala da pranzo, la terrazza con vista lago permette di gustare una cucina moderna.

Lugano Dante senza rist, piazza Cioccaro 5, 0919 105 700, *info@hotel-luganodante.com, Fax 0919 105 777* – – 15/100. AE MC VISA JCB. Y a
80 cam 170/340, 3 suites.
◆ Edificio di fine Ottocento situato nel centro città e riportato al suo antico splendore. Ampie camere tutte rinnovate e climatizzate, arredate con mobilio di qualità.

De la Paix, via Cattori 18, 6900 Lugano-Paradiso, 0919 606 060, *booking@delapaix.ch, Fax 0919 606 066*, – cam, – 15/250. AE MC VISA JCB. AX s
Neptune *(chiuso dal 1° novembre al 15 marzo e mezzogiorno)* **Pasto** alla carta 50/84 – ***Al Barilotto*** **Pasto** 18 ed alla carta 46/82 (grill/pizzeria) – **131 cam** 225/310 – ½ P sup. 50.
◆ Ubicato sull'arteria che conduce verso l'autostrada, propone due tipi di camere, uno più modesto. Ideale per congressi. All'ambiente rustico del Barilotto, si contrappone l'elegante ristorante alla carta dell'Hotel de la Paix per una cucina moderna.

Holiday Inn, via Geretta 15, 6902 Lugano-Paradiso, 0919 863 838, *holidayinn.lugano@alliancealberghi.com, Fax 0919 863 839*, – cam, – 25. AE MC VISA. rist AX v
Nelson : **Pasto** 38 ed alla carta 49/81 – 20 – **92 cam** 220/290.
◆ Ristrutturato di recente, offre camere dal mobilio moderno e funzionale. Approfittate della vista che si gode dalla piscina su terrazza panoramica. Il bar caffé propone una ristorazione basata su una cucina d'impronta tradizionale.

Bellevue au Lac, riva A. Caccia 10, 6902 Lugano-Paradiso, 0919 943 333, *info@hotelbellevue.ch, Fax 0919 941 273*, – – 40. AE MC VISA AX e
chiuso gennaio - febbraio – **Pasto** alla carta 52/102 – **69 cam** 180/290 – ½ P sup. 50.
◆ Caratteristico albergo che si affaccia direttamente sulle rive del lago di Lugano. Camere rinnovate, alcune con bella vista. Interni confortevoli senza fasto. Ristorante con veranda, cucina tradizionale di stampo italiano.

Du Lac, riva Paradiso 3, ✉ 6902 Lugano-Paradiso, ✆ 0919 864 747, *dulac@dulac.ch, Fax 0919 864 748,* ≤ lago e monti, ⛱, ≘s, ⛲, 🚤, ⚓ - |‡|, ✕⇐ TV ✆ P. AE ① ⓜⓒ VISA. ✗ AX u
chiuso gennaio – ***L'Arazzo :*** **Pasto** alla carta 59/100 – **53 cam** ☐ 170/380 – ½ P sup. 43.
◆ Costruzione cubica, confortevole, di fronte al Ceresio. Dispone di una terrazza sul lago con piscina. Bellissima vista sul golfo e sui monti circostanti. Ristorante moderno con sala da pranzo da cui si domina il lago. Cucina classica, d'ispirazione francese.

Ticino 🛎, piazza Cioccaro 1, ✉ 6901, ✆ 0919 227 772, *romantikhotelticino@ticino.com, Fax 0919 236 278* – |‡|, ✕⇐ cam, ▤ ✆ 🚗. AE ① ⓜⓒ VISA JCB. ✗ Y z
chiuso gennaio – **Pasto** *(chiuso sabato e domenica a mezzogiorno)* alla carta 70/150 – **18 cam** ☐ 320/490 – ½ P sup. 65.
◆ Edificio del XIV sec. con eleganti decorazioni. Camere personalizzate ; una parte dà sull'atrio ricco di piante verdi che cadono a cascata. Il ristorante è uno dei più vecchi del centro : piccola sala con muri parzialmente ricoperti in mogano. Cucina classica.

International au Lac, via Nassa 68, ✆ 0919 227 541, *info@hotel-internation al.ch, Fax 0919 227 544,* ⛱, ⛲, 🚤 – |‡|, ▤ cam, TV ✆ 🚗 – 🎤 40. AE ① ⓜⓒ VISA. ✗ rist Z b
3 aprile al 25 ottobre – **Pasto** 17 - 30 (mezzogiorno)/38 ed alla carta 36/76 – **79 cam** ☐ 185/298 – ½ P sup. 30.
◆ Accanto alla chiesetta di Santa Maria degli Angeli sorge questo complesso dotato di terrazza con piscina. Camere di stile tradizionale, alcune climatizzate. Sala da pranzo con un arredamento classico per una proposta culinaria di carattere tradizionale.

Delfino, via Casserinetta 6, ✉ 6902 Lugano-Paradiso, ✆ 0919 859 999, *info@delfinolugano.ch, Fax 0919 859 900,* ⛱, ⛲ – |‡| ✕⇐, ▤ rist, TV ✆ 🚗 – 🎤 25. AE ① ⓜⓒ VISA. ✗ rist AX a
Pasto 18 - 30 (mezzogiorno)/52 ed alla carta 48/80 – **50 cam** ☐ 150/245 – ½ P sup. 30.
◆ Albergo familiare, un po' decentrato, è stato totalmente rinnovato. Le splendenti zone comuni si aprono sulla terrazza solarium con piscina. Il luminoso ristorante offre una cucina semplice oppure grigliate da gustare proprio a bordo piscina.

Albatro, via Clemente Maraini 8, ✆ 0919 210 921, *info@albatro.ch, Fax 0919 210 927,* ⛱, ⛲, 🚤 – |‡| ✕⇐ ▤ TV ✆ 🚗. AE ① ⓜⓒ VISA JCB. ✗ rist Z n
Pasto alla carta 38/77 – **40 cam** ☐ 150/240 – ½ P sup. 32.
◆ Costruzione moderna, munita di giardino con piscina, meta di molti uomini d'affari grazie alla sua posizione centrale. Camere funzionali e ben insonorizzate. Ristorante di taglio contemporaneo, sobrio. Propone una carta locale con accenti italiani.

Parkhotel Villa Nizza 🛎 senza rist, via Guidino 14, ✉ 6902 Lugano-Paradiso, ✆ 0919 941 771, *hotelnizza@swissonline.ch, Fax 0919 941 773,* ≤ lago e monti, ⛲ – |‡| TV ✆ P. AE ⓜⓒ VISA JCB AX f
chiuso dal 24 ottobre al 25 marzo – **23 cam** ☐ 170/260.
◆ In posizione collinare, tranquilla, domina il golfo di Lugano. Ottima vista sui dintorni. Belle camere accoglienti e tutte diverse.

Federale, via Paolo Regazzoni 8, ✆ 0919 100 808, *info@hotel-federale.ch, Fax 0919 100 800,* ⛱, 🏋, ≘s – |‡| TV ✆ 🚗. AE ① ⓜⓒ VISA. ✗ rist Y c
chiuso dal 16 dicembre al 31 gennaio – **Pasto** 18 - 29 (mezzogiorno)/37 ed alla carta 36/79 – **50 cam** ☐ 150/250 – ½ P sup. 33.
◆ Hotel a conduzione familiare, non è lontano dalla stazione e dal centro. Offre camere tradizionali, senza fronzoli ; preferite quelle sul davanti. Il locale rispecchia la genuina gestione diretta dell'albergo e propone una carta semplice.

Alba senza rist, via delle Scuole 11, ✉ 6902 Lugano-Paradiso, ✆ 0919 943 731, *hotel-alba@ticino.com, Fax 0919 944 523,* ⛲, 🚤 – |‡| TV ✆. AE ① ⓜⓒ VISA AX c
21 cam ☐ 90/200.
◆ Ricavato da un'ex villa ubicata nel centro, dispone di un giardino fiorito dalla vegetazione lussureggiante. Le camere sono spaziose e dal gusto classico.

Nassa senza rist, via Nassa 62, ✆ 0919 107 060, *hotel.nassa@bluewin.ch, Fax 0919 107 061,* ≤ – |‡| ▤ TV 🚗. AE ⓜⓒ VISA Z c
21 cam ☐ 130/220.
◆ Situato in un piccolo edificio del centro storico, retrostante il lungolago. Da una minuscola hall d'entrata si accede alle camere, dignitose e di buone dimensioni.

XXX **Rist. Principe Leopoldo** - *Hotel Principe Leopoldo*, via Montalbano 5, ☎ 0919 858 855, *info@leopoldohotel.com, Fax 0919 858 825*, < lago e dintorni, – P. AE VISA JCB. AX m
Pasto 48 - 62 (mezzogiorno)/125 ed alla carta 84/135.
◆ In estate, all'interno sontuoso della sala dell'Hotel "Principe Leopoldo", preferite la terrazza, molto conviviale. Cucina ricca e creativa, con influenze italiane e francesi.

XXX **Al Portone,** viale Cassarate 3, ☎ 0919 235 511, *Fax 0919 716 505* – AE VISA. BX t
chiuso dal 1º al 10 gennaio, dal 18 luglio al 16 agosto, domenica e lunedì – **Pasto** (coperti limitati - prenotare) 58 (mezzogiorno)/150 ed alla carta 92/152.
◆ Uno degli ultimi locali tradizionali, dall'interno rustico-elegante. Cucina contemporanea, connubio tra gli ingredienti scelti con cura e la passione dello chef.

XX **Parco Saroli,** viale Stefano Franscini 8, ☎ 0919 235 314, *ristorante.saroli@bluewin.ch, Fax 0919 228 805*, – AE VISA. AV a
chiuso dal 24 dicembre al 6 gennaio, dal 17 luglio al 8 agosto, sabato, domenica e giorni festivi – **Pasto** 28 - 45 (mezzogiorno)/60 ed alla carta 47/110.
◆ Elegante ristorante la cui architettura interna è moderna come, d'altronde, quella esterna, opera del famoso architetto Botta. Cucina tradizionale con un'impronta italiana.

XX **Al Faro,** riva Paradiso 36, ✉ 6902 Lugano-Paradiso, ☎ 0919 945 141, *info@bordognaweb.com, Fax 0919 930 094* – P. AE VISA. AX p
chiuso lunedì – **Pasto** - specialità di mare - 48 (mezzogiorno) ed alla carta 63/127.
◆ Ai piedi del San Salvatore, locale dal tono elegante ed in stile marinaro, propone una cucina di carattere mediterraneo basata soprattutto su specialità di pesce di mare.

XX **Scala,** via Nassa 29, ☎ 0919 220 958, *ristorantescala@ticino.com, Fax 0919 237 542*, – AE VISA. Z a
chiuso dal 1º al 10 gennaio e domenica – **Pasto** 29 - 40 (mezzogiorno) ed alla carta 54/114.
◆ Locale ben situato, vicino al lago, dall'ambiente signorile i cui tavoli sono piuttosto ravvicinati. Cucina tradizionale che segue il ritmo delle stagioni.

XX **Cyrano,** corso Pestalozzi 27, ☎ 0919 222 182, *info@bistrotcyrano.ch, Fax 0919 222 282*, – AE VISA Y d
chiuso dal 18 giugno al 5 luglio, sabato, domenica e giorni festivi – **Pasto** 20 - 45 ed alla carta 38/76.
◆ Ristorante moderno, luminoso. La cucina, regionale ed italiana, è basata sulle offerte stagionali ed è ricercata. Un pizzico di creatività accompagna tutti i piatti !

XX **Tinello del Parco Ciani (Mövenpick),** piazza Indipendenza 4, ☎ 0919 238 656, *restaurant.parcociani@moevenpick.com, Fax 0919 235 974*, – AE VISA JCB Y v
Pasto 19.50 ed alla carta 40/97.
◆ Ubicazione particolarmente gradevole all'entrata del Parco Civico nel quale, in estate, potete usufruire del servizio all'aperto. Carta variata.

XX **Osteria Ticinese Da Raffaele,** via Pazzalino 19, ✉ 6962 Viganello, ☎ 0919 716 614, – AE VISA BV f
chiuso dal 28 luglio al 22 agosto, sabato a mezzogiorno e domenica – **Pasto** - specialità della griglia - (prenotare) 16 ed alla carta 41/82.
◆ Locale dall'ambiente caratteristico a conduzione familiare. Proposte originali con largo uso della griglia e dei prodotti del mercato. In estate servizio anche esterno.

X **Locanda del Boschetto,** via Boschetto 8 (Cassarina), ☎ 0919 942 493, *Fax 0919 944 495*, – P. AE VISA AX b
chiuso dal 11 al 25 agosto e lunedì – **Pasto** - specialità della griglia - (prenotare la sera) alla carta 43/92.
◆ Caseggiato rustico a due passi dal centro. Nella bella stagione servizio esterno in luogo ombreggiato : ideale per gustare grigliate di pesce in un ambiente tradizionale.

X **Bottegone del vino,** via Magatti 3, ☎ 0919 227 689 – AE VISA
chiuso domenica e giorni festivi – **Pasto** alla carta 55/72. Y f
◆ Grandi tavolate apparecchiate per tutti vi faranno apprezzare l'atmosfera conviviale che vi regna. Formaggi e salumi nostrani nonché pietanze calde a prezzi simpatici.

Osteria Calprino, via Carona 28, ✉ 6902 Lugano-Paradiso, ☎ 0919 941 480, *calprino@ticino.com* – MC VISA AX n
chiuso dal 2 al 19 agosto e mercoledì a mezzogiorno – **Pasto** (coperti limitati - prenotare) 20 - 22 (mezzogiorno) ed alla carta 39/61.
◆ L'indirizzo da avere ! Ideale per gustare i tipici prodotti ticinesi primi fra tutti la polenta cotta sul fuoco del camino, nonché i vini locali. La prenotazione è d'obbligo.

a Vezia *Nord : 3,5 km* AV *– alt. 368 – ✉ 6943 Vezia :*

Vezia, via San Gottardo 32, ☎ 0919 663 631, *motel@motel.ch, Fax 0919 667 022,* – cam, rist, TV P. AE MC VISA AV e
chiuso dal 20 dicembre al 31 gennaio – **Pasto** *(chiuso a mezzogiorno)* 18.50 - 25 ed alla carta 27/59 – 12 – **50 cam** 99/189 – ½ P sup. 35.
◆ La tappa ideale per chi è di passaggio ! Le camere sono confortevoli ed alcune sono provviste del proprio garage. Giardino con piscina. L'ambiente semplice caratterizza il ristorante del Motel Vezia, con un giardino d'inverno integrato. Aperto la sera.

a Lugano-Castagnola *Est : 3 km* BX *– alt. 325 – ✉ 6976 Castagnola :*

Carlton Villa Moritz, via Cortivo 9, ☎ 0919 713 812, *hotel@carlton-villa-moritz.ch, Fax 0919 713 814,* – AE MC VISA. BX a
28 marzo al 24 ottobre – **Pasto** 22 - 34 (mezzogiorno) ed alla carta 37/59 – **48 cam** 120/216 – ½ P sup. 30.
◆ Due edifici separati dalla terrazza con piscina sorgono in una verdeggiante zona residenziale. Camere disparate ; preferite quelle rinnovate. Ambiente classico nella sala da pranzo ; servizio estivo nel giardino fiorito. Offerta culinaria tradizionale.

ad Aldesago *Est : 6 km* BV *verso Brè – alt. 570 – ✉ 6974 Aldesago :*

Colibrì, via Bassone 7, ☎ 0919 714 242, *hotel.colibri@swissonline.ch, Fax 0919 719 016,* lago e città di Lugano con dintorni, rist, TV P – 30. AE MC VISA. rist BV a
chiuso dal 4 gennaio al 29 febbraio – **Pasto** 24 - 45 ed alla carta 35/83 – **30 cam** 150/260 – ½ P sup. 35.
◆ Città e lago in un solo colpo d'occhio dalla piscina, dalle terrazze panoramiche e dalle camere ampie e luminose di questo albergo sul monte Brè. Ottima anche la vista che si gode dalla sala da pranzo e dalla terrazza del ristorante. Carta tradizionale.

a Sorengo *Ovest : 3 km* AX *– alt. 350 – ✉ 6924 Sorengo :*

Santabbondio (Dalsass), via Fomelino 10, ☎ 0919 932 388, *santabbondio@bluewin.ch, Fax 0919 943 237,* – P. AE MC VISA. AX g
chiuso dal 2 al 15 gennaio, domenica e lunedì – **Pasto** (prenotare) 55 (mezzogiorno)/174 ed alla carta 108/157.
◆ Ambiente elegante in cui gustare una raffinata cucina mediterranea a cui non manca un tocco di creatività. In estate il servizio si svolge sulla simpatica terrazza all'ombra.
Spec. Involtino di tonno rosso all'astice blu bretone con salicorn. Gnocchi d'olive verdi con "gambas". Semifreddo all'frutto della passione caramellato in zuppetta di fragole (estate). **Vini** Merlot del Ticino

a Montagnola *Ovest : 5 km – alt. 472 – ✉ 6926 Montagnola :*

Grotto Cavicc, via ai Canvetti (Nord : 1 km), ☎ 0919 947 995, – P. MC VISA
aperto aprile - ottobre ; chiuso martedì escluso luglio ed agosto – **Pasto** alla carta 32/61.
◆ Scegliete la panchina su cui si sedeva Herman Hesse. D'estate è assicurato il servizio estivo sulla grande terrazza all'aperto. Cucina tipica, griglia e... buon vino !

a Massagno *Nord-Ovest : 2 km* AV *– alt. 349 – ✉ 6900 Massagno :*

Grotto della Salute, via dei Sindacatori 4, ☎ 0919 660 476, – P. AE MC VISA AV c
chiuso dal 19 dicembre al 18 gennaio, dal 10 al 26 agosto, sabato e domenica – **Pasto** (coperti limitati - prenotare) 22 ed alla carta 44/75.
◆ Caratteristico grotto ombreggiato da platani quasi centenari ove gustare una buona cucina stagionale con ricette legate al territorio. Prezzi interessanti.

LUGNORRE *1789 Fribourg (FR)* **552 G-H7** *- alt. 515.*
Bern 37 - Neuchâtel 20 - Biel 35 - Fribourg 28 - Murten 12.

XX **Auberge des Clefs,** 4 r. de Chenaux, ✆ 0266 733 106, – P. AE ⦿ MC VISA
fermé 2 sem. en oct., 2 sem. fév. - mars, jeudi hors saison et merc. – **Repas** (1er étage) (nombre de couverts limité-prévenir) (menu unique) 60 (midi)/98 – ***Bistro*** **: Repas** à la carte 48/86.
◆ Dans un village perché au-dessus du vignoble, auberge de bonne réputation locale, où l'on fait des repas au goût du jour, valorisant les produits de saison. Bistrot servant des plats traditionnels connotés "terroir". Restaurant d'été à l'ombre des parasols.

LULLY *Genève* **552 A12** *- rattaché à Genève.*

LÜSCHERZ *2576 Bern (BE)* **551 H6** *- 517 Ew. - Höhe 446.*
Bern 41 - Neuchâtel 22 - Biel 16 - La Chaux-de-Fonds 42 - Murten 20.

XX **3 Fische,** Hauptstr. 29, ✆ 0323 381 221, *3.fische@bluewin.ch, Fax 0323 381 203,* – P. AE ⦿ MC VISA
geschl. 7. - 30. Jan., 31. Aug. - 16. Sept., Mittwoch und Donnerstag – **Menu** (am Abend Tischbestellung ratsam) 92 und à la carte 55/116.
◆ In der ehemaligen Klostertaverne bewirtet man seine Gäste in gemütlichem, rustikalen Ambiente mit hellem Holz und schönem Kachelofen. Ausserdem : Gaststube und Säli.

XX **Zum Goldenen Sternen,** Hauptstr. 33, ✆ 0323 381 223, *w.bruggisser@bluewin.ch, Fax 0323 382 402,* – P. MC VISA
geschl. 9. Feb. - 2. März, Montag und Dienstag – **Menu** 16.50 - 62/78 und à la carte 44/100.
◆ In dem schönen Berner Haus kann der Gast in der rustikalen Stube essen oder im à la carte-Bereich Speisen einer traditionellen Karte wählen.

LUTERBACH *4542 Solothurn (SO)* **551 K6** *- 3 107 Ew. - Höhe 433.*
Bern 38 - Basel 67 - Biel/Bienne 25 - Langenthal 22.

Park Forum Wylihof, beim Golfplatz Wylihof, ✆ 0326 813 434, *parkforum@wylihof.ch, Fax 0326 813 435,* – TV P. AE ⦿ MC VISA
geschl. 14. Dez. - 11. Jan. – **Menu** *(nur ½ Pens. für Hotelgäste)* – **16 Zim** 190/225 – ½ P Zuschl. 25.
◆ Die geschmackvoll renovierte Villa mit Gästehaus liegt inmitten einer schönen Parkanlage - eine moderne kleine Adresse, die mit netten Zimmern überzeugt.

LUTRY *1095 Vaud (VD)* **552 E10** *- 8 251 h. - alt. 402.*
Bern 97 - Lausanne 4 - Montreux 19 - Genève 71 - Yverdon-les-Bains 41.

Le Rivage, rue du Rivage, ✆ 0217 967 272, *info@hotelrivagelutry.ch, Fax 0217 967 200,* <, – TV – 15/45. AE ⦿ MC VISA
Repas *(fermé mi-janv. à mi-fév., mardi sauf mai à sept.)* 18 - 25 (midi)/50 et à la carte 45/93 – **33 ch** 135/260 – ½ P suppl. 30.
◆ Hôtel rénové, dont la terrasse ombragée borde le lac. Chambres habillées de lambris sombres et égayées de pierres apparentes. Restaurant misant sur une carte de préparations classiques françaises. Cheminée et tableaux président au décor de la salle à manger.

XX **Auberge de Lavaux,** à La Conversion, 97 rte du Landar, ✆ 0217 912 909, *Fax 0217 916 809,* – P. MC VISA
fermé 21 déc. au 5 janv., 16 au 25 mai, 4 au 25 oct., dim. et lundi – **Repas** 59 (midi)/125 et à la carte 66/114 – ***Le Bistrot*** **: Repas** 19 - 65 et à la carte 62/104.
◆ Auberge de tradition où une végétation luxuriante envahit tant la salle à manger-véranda que la vaste terrasse très courtisée aux beaux jours. Carte actuelle. Bistrot évoquant une petite galerie de peinture avec ses toiles d'artistes locaux. Repas classique.

Dans ce guide
un même symbole, un même mot,
imprimé en rouge ou en noir,
n'ont pas tout à fait la même signification.
Lisez attentivement les pages explicatives.

LUZERN (LUCERNE)

6000 [K] Luzern (LU) 551 07 *– 57 374 Ew. – Höhe 439*

Bern 111 ⑤ – Aarau 47 ⑤ – Altdorf 40 ③ – Interlaken 68 ③ – Zürich 56 ⑤

Luzern Tourismus, Zentralstr. 5, ☎ 0412 271 717, luzern@luzern.org, Fax 0412 271 718 DZ.
Burgerstr. 22, ☎ 0412 296 929, Fax 0412 296 930 CZ.
Schachenweidstr. 46, 6030 Ebikon, ☎ 0414 203 333, Fax 0414 221 212.

Lokale Veranstaltungen
19.02 – 24.02 : Fasnacht.
13.04 – 18.04 : Rose d'Or, Festival für internationale Unterhaltungsprogramme.
13.08 – 18.09 : Internationale Musikfestwochen (Klassik).

18 *am Dietschiberg, ✉ 6006 (April-Nov.) ☎ 0414 209 787, Fax 0414 208 248, Nord-Ost : 4 km über Dietschbergstrasse* BX *;*
27 *Sempachersee in Hildisrieden, ✉ 6024 (März-Nov.) ☎ 0414 627 171, Fax 0414 627 172. Autobahn Richtung Basel, Ausfahrt Sempach : 18 km.*

Sehenswert : *Lage★★★ – Altstadt und Seeufer★★ : Altes Rathaus★, Weinmarkt★* CZ, *Jesuitenkirche St. Franz Xaver : Innenraum★* CZ, *Kapellbrücke★* DZ, *Hofkirche★* DY *: Innenraum★ – Uferstrassen* DY *: Ausblicke★★ vom Schweizerhofquai und Nationalquai* DY *– Dietschiberg★★ (mit Standseilbahn)* BX *– Panorama★* DY *– Museggmauer : Aussicht★* CDY *– Gütsch★* AX.

Museum : *Verkehrshaus der Schweiz★★★ über ②.*

Ausflugsziele : *Pilatus★★★ : 15 km über ③ und Zahnradbahn – Rigi★★★ : 24 km über ② und Zahnradbahn.*

Schiffahrten : *Informationen bei der Schiffahrtsgesellschaft, Werftestr. 5, ☎ 0413 676 767.*

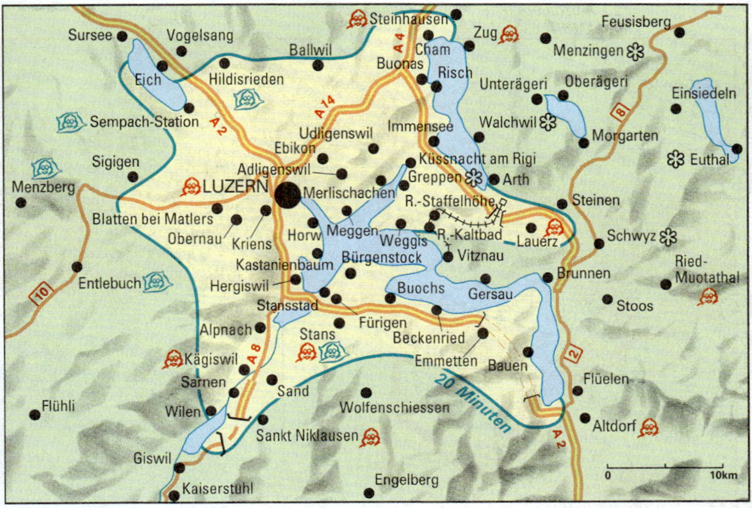

Palace, Haldenstr. 10, ✉ 6002, ☎ 0414 161 616, *info@palace-luzern.ch, Fax 0414 161 000,* ≤, – 15/200. AE VISA JCB.
Rest BX v
***Jasper* : Menu** 32 - 75 und à la carte 75/112 – 37 – **163 Zim** 375/625, 5 Suiten.

◆ Das langgezogene Hotel am Seeufer überzeugt mit komfortablen, zeitgemässen Zimmern, teils in Pastelltönen, teils in kräftigen Farben gehalten - zur Seeseite mit schöner Sicht. Modern-elegant gibt sich das Jasper.

Grand Hotel National, Haldenstr. 4, ✉ 6006, ☎ 0414 190 909, *info@national-luzern.ch, Fax 0414 190 910,* ≤ Vierwaldstättersee und Berge, – – 15/120. AE VISA. Rest BX a
Le Trianon* : Menu** 25 - 49 (mittags)/90 und à la carte 61/127 – ***Thai Lotus - thailändische Küche - *(geschl. Dienstag)* **Menu** 18.50 - 75 und à la carte 53/83 ☎ 0414 108 038 – ***Padrino*** - italienische Küche - *(geschl. Sonntag von Nov. - März)* **Menu** 34 - 78 (abends) und à la carte 59/89 ☎ 0414 104 150 – 30 – **38 Zim** 345/620, 12 Suiten.

◆ Ende des 19. Jh. erbaut, wurde das klassische Grand Hotel von dem berühmten Hotelier Cäsar Ritz geleitet, für Gaumenfreuden sorgte August Escoffier - Namen, die verpflichten. Le Trianon : stilvoll. Marmorsäulen, grosse Fenster und Ölgemälde prägen das Padrino.

Schweizerhof, Schweizerhofquai 3, ☎ 0414 100 410, *info@schweizerhof-luzern.ch, Fax 0414 102 971,* ≤, – – 15/250. AE VISA JCB DY s
Menu 118 und à la carte 55/124 – 30 – **101 Zim** 390/530, 6 Suiten – ½ P Zuschl. 95.

◆ Das imposante Gebäude - nur durch eine Strasse vom See getrennt - bietet dem Gast Zimmer, die mit elegantem Holzmobiliar modern und komfortabel eingerichtet sind. Im Restaurant reicht man eine französische Karte, im Pavillon serviert man eine einfachere Küche.

Montana , Adligenswilerstr. 22, ✉ 6002, ☎ 0414 190 000, *info@hotel-montana.ch, Fax 0414 190 001,* ≤ Vierwaldstättersee und Berge, – – 15/50. AE VISA JCB BX d
***Scala* : Menu** 39 (mittags)/82 und à la carte 61/109 – **62 Zim** 295/440 – ½ P Zuschl. 56.

◆ Mit viel Platz, Ruhe und modernem, farbenfrohem Art déco-Stil überzeugen die Gästezimmer dieses geschmackvoll eingerichteten Hauses. Zugang zum See mit Standseilbahn. Das elegante Restaurant bietet einen schönen Ausblick auf den See und die Berge.

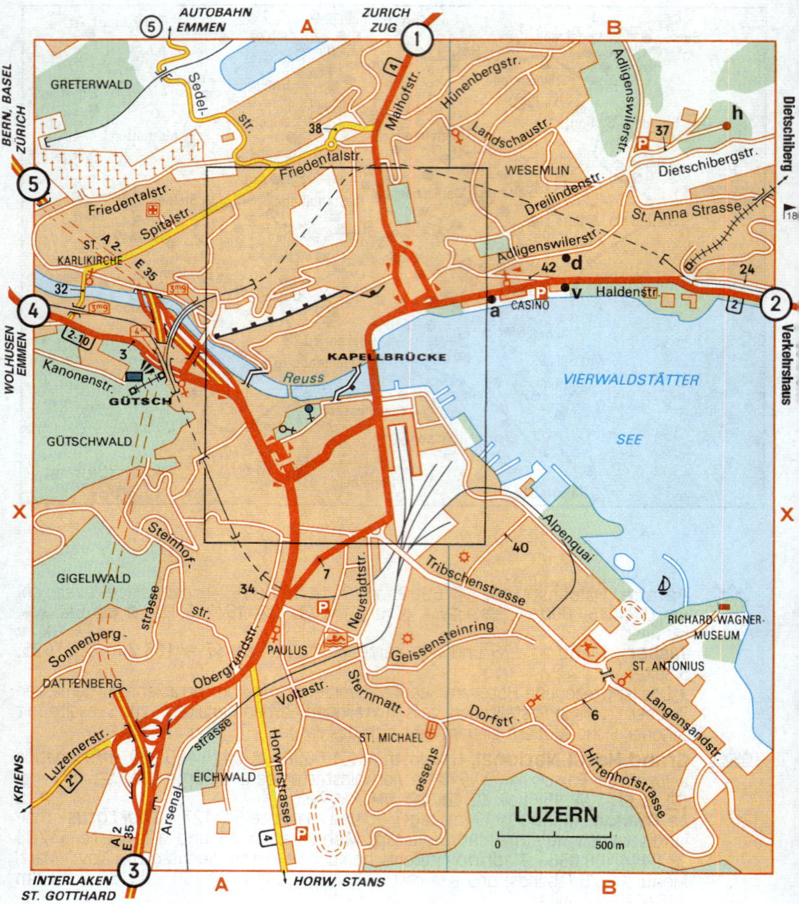

The Hotel, Sempacherstr. 14, ✉ 6002, ✆ 0412 268 686, *info@the-hotel.ch,* *Fax 0412 268 690* – AE VISA DZ e
Bam bou - euro-asiatische Küche - *(geschl. Samstagmittag und Sonntagmittag)*
Menu 22 - 99 und à la carte 65/101 – 25 – **25 Zim** 390.
◆ Das moderne Design des Hotels trägt die Handschrift von Jean Nouvel. Die Gästezimmer sind verschiedenen Filmen gewidmet - eine erotische Szene ziert die Decke der Räume. Das Konzept "East meets West" prägt das Bam bou.

des Balances, Weinmarkt, ✉ 6004, ✆ 0414 182 828, *info@balances.ch,* *Fax 0414 182 838,* – – 15/45. AE VISA JCB. Rest CZ a
Rotes Gatter : **Menu** 23 - 89 und à la carte 58/115 – **54 Zim** 210/395, 3 Suiten.
◆ Ruhig zwischen Fussgängerzone und Reuss liegt dieses Hotel mit der im Stil von Hans Holbein bemalten Fassade. Hier beziehen Sie gut ausgestattete Zimmer mit schöner Aussicht. Im Roten Gatter hat man alte Mauern mit zeitgemässem Dekor gelungen kombiniert.

Baselstrasse ... CZ 3	Kapellgasse ... CDZ	Mühlenplatz ... CZ 28
Bundesstrasse ... CDZ 7	Kapellplatz ... DZ 18	Pfistergasse ... CZ 30
Denkmalstrasse ... DY 10	Kornmarkt ... CZ 19	Pilatusstrasse ... CDZ
Europaplatz ... DZ 12	Kornmarktgasse ... CZ 21	Rössligasse ... CZ 31
Gerbergasse ... DY 13	Kramgasse ... CZ 22	St. Leodegar Strasse ... DY 33
Grendel ... DY 15	Löwengartenstrasse ... DY 25	Theilinggasse ... CY 36
Hirschenplatz ... CZ 16	Morgartenstrasse ... DZ 27	Weggisgasse ... CZ 39

Les renseignements sont donnés dans la langue principale parlée sur place.

Wilden Mann, Bahnhofstr. 30, 6003, 0412 101 666, *mail@wilden-mann.ch, Fax 0412 101 629,* – , Zim, – 15/45.
Menu 22 - 45 (mittags)/52 und à la carte 50/110 – **50 Zim** 200/380 – ½ P Zuschl. 48. CZ m
◆ Die Zimmer des ruhig gelegenen, aus 7 Altstadthäusern zusammengesetzten Hotels aus dem 16. Jh. sind unterschiedlich im Zuschnitt und mit Stilmöbeln geschmackvoll eingerichtet. Gehoben-rustikales à la carte-Restaurant - ergänzt durch eine einfache Gaststube.

Astoria, Pilatusstr. 29, 6003, 0412 268 888, *info@astoria-luzern.ch, Fax 0412 104 262,* – . CZ q
Menu (siehe auch Rest. ***Thai Garden***) – ***Latino*** (Tischbestellung ratsam) **Menu** 25 - 69 und à la carte 56/101 – ***La Cucina*** - italienische Küche - *(geschl. Samstag und Sonntag jeweils mittags)* **Menu** 20 - 64 (abends) und à la carte 56/83 – **196 Zim** 210/370.
◆ Die Zimmer dieses Hotels wurden alle 1999 renoviert, haben Parkettboden und sind modern mit hellem, funktionellem Holzmobiliar und Einbauschränken ausgestattet. Latino : lebhaftes Lokal mit originellem Ambiente. Eine schöne antike Holzdecke ziert das La Cucina.

Continental-Park, Murbacherstr. 4, 6002, 0412 289 050, *hotel@continental.ch, Fax 0412 289 059,* – , Zim, – 15/120. DZ x
Menu - italienische Küche - 15 und à la carte 46/79 – **92 Zim** 180/360 – ½ P Zuschl. 35.
◆ Am Zentrumsrand neben einem kleinen Park gelegen, bietet dieses moderne Stadthotel mit hellem Buchenholzmobiliar gut ausgestattete Zimmer von angenehmer Grösse. Sie speisen im Bellini oder im gehobeneren, ebenfalls modern eingerichteten Locanda Ticinese.

Monopol, Pilatusstr. 1, 6003, 0412 264 343, *mail@monopolluzern.ch, Fax 0412 264 344* – , Rest, – 15/40. DZ t
Arbalète *(geschl. 26. Juli - 8. Aug. und Sonntag)* **Menu** 39 (mittags)/78 und à la carte 51/105 – **73 Zim** 230/390 – ½ P Zuschl. 35.
◆ Hinter der schönen Jugendstilfassade des traditionellen Hotels am Bahnhof beherbergt man seine Gäste in meist mit Ahornmobiliar zeitgemäss eingerichteten, geräumigen Zimmern. Im Arbalète nehmen Sie auf bequemen Polsterstühlen oder gemütlichen Sofas Platz.

Cascada, Bundesplatz 18, 6003, 0412 268 088, *info@cascada.ch, Fax 0412 268 000* – , Zim, – 15/40. DZ a
Bolero - spanische Küche - *(geschl. Samstag und Sonntag jeweils mittags)* **Menu** 18 und à la carte 46/77 – **63 Zim** 170/285 – ½ P Zuschl. 45.
◆ Dieses moderne Geschäftshotel bietet nicht nur dem beruflich Reisenden Zimmer, die funktionell und praktisch eingerichtet sind und zeitgemässen Komfort bieten. Parkettboden, dunkles Mobiliar und farbenfrohes Dekor prägen das Bolero.

Krone garni, Weinmarkt 12, 6004, 0414 194 400, *info@krone-luzern.ch, Fax 0414 194 490* – . CZ c
29 Zim 180/280.
◆ Hinter der schön bemalten Fassade dieses beim Weinmarkt gelegen Hauses erwarten Sie moderne, farblich unterschiedlich gestaltete Zimmer mit hellem Holzmobiliar.

Baslertor garni, Pfistergasse 17, 6003, 0412 492 222, *info@baslertor.ch, Fax 0412 492 233,* – . CZ z
15 – **30 Zim** 125/200.
◆ In diesem Altstadthaus mit kleinem Pool - nahe der Reuss gelegen - findet der Gast Zimmer individueller Grösse und Ausstattung, teils mit Deckenventilator.

NH Luzern Hotel, Friedenstr. 8, 0414 183 333, *nhluzern@nh-hotels.ch, Fax 0414 183 535* – – 15/200. DY b
Menu 16.50 und à la carte 43/74 – **110 Zim** 220/285.
◆ Zeitgemässer Komfort in modern gestalteten Zimmern zeichnet dieses Hotel aus. Es liegt am Rande der City und heisst auch Gruppenreisende herzlich willkommen.

Waldstätterhof, Zentralstr. 4, 6003, 0412 271 271, *hotelwaldstaetterhof@bluewin.ch, Fax 0412 271 272,* – – 15/40. DZ y
Menu (alkoholfrei) 18 und à la carte 33/57 – **80 Zim** 170/270 – ½ P Zuschl. 28.
◆ Die Zimmer des Hauses zeigen sich in individueller Machart : teils mit modernem Holzmobiliar, teils auch mit dunklem Ahorn, Stilmobiliar oder bunt als Designerzimmer. Im Erdgeschoss liegt das schlichte Hotelrestaurant.

Magic Hotel garni, am Kornmarkt, Brandgässli 1, ☎ 0414 171 220, *mail@magic-hotel.ch, Fax 0414 171 221* – AE MC VISA. CZ n
8 – **13 Zim** 170/250.
◆ Der Name lässt schon etwas Besonderes vermuten : modern und geschmackvoll nach Themen gestaltet präsentieren sich die Zimmer dieses versteckt liegenden Altstadthauses.

Hofgarten, Stadthofstr. 14, ✉ 6006, ☎ 0414 108 888, *hotel@hofgarten.ch, Fax 0414 108 333,* – AE MC VISA JCB DY d
Menu - vegetarische Küche - 21 und à la carte 39/74 – **18 Zim** 195/315.
◆ In dem Riegelhaus a. d. 13. Jh. verbindet sich Altes mit Neuem : Die Zimmer sind modern und stilvoll eingerichtet, teils mit Messingbetten oder mit zeitgemässem Holzmobiliar. Im Erdgeschoss des Hauses befindet sich das bistroartige Restaurant - mit Hofgarten.

Rebstock, St. Leodegarstr. 3, ✉ 6006, ☎ 0414 103 581, *rebstock@hereweare.ch, Fax 0414 103 917,* – AE MC VISA JCB DY n
Menu 20 und à la carte 41/86 – **30 Zim** 190/320.
◆ Kein Zimmer gleicht dem anderen in diesem renovierten Riegelhaus aus dem 12. Jh. Alle sind stilvoll eingerichtet, mal modern mit Messingbett, mal rustikal mit Bauernmöbeln. Sie haben die Wahl : Beizli, rustikale Hofstube oder wintergartenartige Hofecke.

Drei Könige garni, Bruchstr. 35, ✉ 6003, ☎ 0412 480 480, *hotel@drei-koenige.ch, Fax 0412 480 490* – AE MC VISA JCB CZ w
67 Zim 120/280.
◆ Dieses schöne Haus, Anfang des vorigen Jahrhunderts erbaut, bietet Gästezimmer, die mit funktionellem grauem Mobiliar ausgestattet sind und über eine Sitzecke verfügen.

Zum Weissen Kreuz, Furrengasse 19, ✉ 6004, ☎ 0414 188 220, *info@hotel-wkreuz.ch, Fax 0414 188 230* – AE MC VISA JCB. CZ v
geschl. Weihnachten – **Menu** - italienische Küche - à la carte 43/82 – **22 Zim** 150/195.
◆ In dem ruhig zwischen Reuss und Fussgängerzone gelegenen Altstadthaus werden Gäste in Zimmern, die mit massivem Eichenholzmobiliar ausgestattet sind, untergebracht. Im Restaurant offeriert man Holzofenpizza, Pasta und weitere typisch südländische Gerichte.

Goldener Stern, Burgerstr. 35, ✉ 6003, ☎ 0412 275 060, *hotel@goldener-stern.ch, Fax 0412 275 061* – AE MC VISA JCB CZ r
Menu 17 und à la carte 34/79 – **13 Zim** 100/170.
◆ Das gut erhaltene Haus aus dem 16. Jh. wird familiär geführt. Die Zimmer, unterschiedlich in Zuschnitt und Einrichtung, stellen eine praktische Übernachtungsmöglichkeit dar. In der ersten Etage befindet sich ein einfaches Restaurant, im Parterre die Gaststube.

Old Swiss House, Löwenplatz 4, ✉ 6004, ☎ 0414 106 171, *osh@tic.ch, Fax 0414 101 738,* – AE MC VISA JCB DY w
geschl. 14. - 29. Feb. und Montag – **Menu** 45 (mittags)/75 und à la carte 58/127.
◆ In dem schönen Riegelhaus befindet sich eine gemütliche Gaststube mit rustikalem Dekor und Butzenscheiben. Im Säli steht ein alter Kachelofen von 1636. Klassische Karte.

Thai Garden - *Hotel Astoria*, Pilatusstr. 29, ✉ 6003, ☎ 0412 106 161, *info@astoria-luzern.ch, Fax 0412 104 262* – AE MC VISA CZ q
geschl. Samstag und Sonntag jeweils mittags – **Menu** - thailändische Küche - (Tischbestellung ratsam) 20 - 33 (mittags) und à la carte 67/96.
◆ Typisches Dekor, Götterstatuen und ein kleiner, von exotischen Pflanzen umrahmter Teich verleihen diesem Restaurant fernöstliches Flair.

La Ratatouille, St. Karli-Quai 9, ✉ 6004, ☎ 0414 107 156 – AE MC VISA CZ f
geschl. 21. Dez. - 5. Jan., 11. Juli - 2. Aug., Sonntag, Montag und Feiertage – **Menu** (Tischbestellung ratsam) à la carte 57/95.
◆ In einem kleinen, hellen, frisch gestalteten und grosszügig bestuhlten Lokal kann der Gast täglich wechselnde Menüs von einer Schiefertafel wählen.

Galliker, am Kasernenplatz, Schützenstr. 1, ✉ 6003, ☎ 0412 401 002, – AE MC VISA JCB CZ b
geschl. Mitte Juli - Mitte Aug., Sonntag und Montag – **Menu** (Tischbestellung ratsam) 18 und à la carte 44/86.
◆ Beim Betreten dieses Wirtshauses aus dem 17. Jh. fühlt man sich gut 50 Jahre zurückversetzt. Dekor und Gerichte wie aus Mutters Kochtopf unterstreichen diesen Eindruck.

Bodu, Kornmarkt 5, ✉ 6004, ✆ 0414 100 177, *Fax 0414 104 135* – AE MC VISA CZ e
Menu *19* und à la carte 40/90.
◆ Das Haus zum Raben beherbergt drei Stuben : zwei sind als Bistro-Brasserie eingerichtet, eine ist mit altem Holz rustikal gehalten. Brasserie-Angebot.

Nord-Ost : *4 km Richtung Dietschiberg :*

Schlössli Utenberg, Utenberg 643, ✉ 6006, ✆ 0414 200 022, *postmaster@schloessli-utenberg.ch, Fax 0414 200 024,* ← Luzern und Vierwaldstättersee, – P. AE DC MC VISA BX h
geschl. 16. Feb. - 2. März, Montag und Dienstag – **Menu** *22* - 34 (mittags)/92 und à la carte 59/96.
◆ Das spätbarocke Landgut aus dem 18. Jh. liegt in einem schönen Park mit Sicht auf See und Berge - alte chinesische Gemälde zieren das Restaurant. Zeitgemässe Küche.

Ost *über ② : 4 km Richtung Meggen :*

Hermitage, Seeburgstr. 72, ✉ 6006, ✆ 0413 758 181, *info@hermitage-luzern.ch, Fax 0413 758 182,* ← Vierwaldstättersee, Pilatus und Luzern, , , , , , , – , Zim, video – 15/70. AE DC MC VISA JCB
Baccara : **Menu** *29* - 44/82 und à la carte 50/99 – **50 Zim** 295/380 – ½ P Zuschl. 45.
◆ Das ruhig am See gelegene Hotel verfügt im Annex über moderne, im Haupthaus über neuzeitliche Zimmer, die mit hellem Mobiliar oder Rattanmöbeln komfortabel eingerichtet sind. Zum Baccara gehört eine Seeterrasse mit herrlicher Aussicht.

Seeburg (Annexe Chalet Gardenia :), Seeburgstr. 61, ✉ 6006, ✆ 0413 755 555, *mail@hotelseeburg.ch, Fax 0413 755 550,* ← Vierwaldstättersee, Pilatus und Berge, , , , , – P. AE DC MC VISA JCB
Menu *21* - 29 (mittags)/79 und à la carte 50/107 – **58 Zim** 220/340 – ½ P Zuschl. 35.
◆ Die Zimmer des Hauses sind einheitlich in Stil und Komfort, ausgestattet mit hellem Holzmobiliar. Im Annex finden Sie luxuriösere, individuell gestaltete Räume. In verschiedene Bereiche gegliederter Restaurantbereich mit Seeterrasse.

in Kastanienbaum *Süd-Ost : 4 km über Langensandstrasse -* BX *– Höhe 435 –* ✉ *6047 Kastanienbaum :*

Seehotel Kastanienbaum, St. Niklausenstr. 105, ✆ 0413 400 340, *seehotel@kastanienbaum.ch, Fax 0413 401 015,* ← Vierwaldstättersee, , , , , , , – – 15/40. AE DC MC VISA JCB. Rest
geschl. 21. Dez. - 16. Jan. – **Menu** *26* - 42 (mittags)/74 und à la carte 52/96 – **42 Zim** 245/360 – ½ P Zuschl. 60.
◆ Das Hotel liegt ruhig in der Horwer Bucht. Die meisten Zimmer - sie sind geräumig und komfortabel mit Rattan möbliert - mit schönem Blick über den Vierwaldstättersee. Das Hotelrestaurant wird ergänzt durch eine wunderschöne Seeterrasse.

in Horw *Süd : 3 km – Höhe 442 –* ✉ *6048 Horw :*

Seehotel Sternen, Winkelstr. 46, ✆ 0413 482 482, *info@seehotel-sternen.ch, Fax 0413 482 483,* ← Vierwaldstättersee, , , , , – P. – 15/80. AE DC MC VISA
geschl. 9. Feb. - 1. März – ***Venus*** *(geschl. Montag von Sept. - März)* **Menu** *19.50* - 58/68 und à la carte 53/126 – **25 Zim** 170/290.
◆ Ruhig direkt am Ufer gelegen, bietet das Hotel einen wundervollen Ausblick über den Vierwaldstättersee. Fragen Sie nach einem der kürzlich renovierten Zimmer. Eine Terrasse ergänzt das Restaurant Venus.

Schwendelberg, Süd-West : 5 km Richtung Schwendelberg, ✆ 0413 403 540, *ming@schwendelberg.ch, Fax 0413 407 540,* ← Vierwaldstättersee und Berge, – P. MC VISA
geschl. 2. - 26. Feb., Mittwoch von 1. Okt. - 10. April und Dienstag – **Menu** *23* - 56 und à la carte 42/102.
◆ Vom Chalet am Pilatushang aus hat man einen schönen Blick über den Vierwaldstättersee. Im rustikalen Gastraum werden zeitgemässe Speisen serviert. Panoramaterrasse.

in Kriens *Süd : 4 km – Höhe 492 – ✉ 6010 Kriens :*

Ibis garni, Kuonimatt-Industriestr. 13, ✆ 0413 494 949, *h2982@accor-hotels.com, Fax 0413 494 900* – 🛗 TV – 15/50. AE VISA
14 – **69 Zim** 99/129.
◆ Das Hotel befindet sich im Industriegebiet, in einem Gebäudekomplex mit Kinos und Geschäften. Die Zimmer sind mit bunten Möbeln im Ibis-Stil eingerichtet.

in Obernau *Süd-West über Kriens : 6 km – Höhe 530 – ✉ 6012 Obernau :*

Obernau, Obernaustr. 89, ✆ 0413 204 393, – P. AE VISA
Nagel : **Menu** *38* - 58 (mittags)/98 und à la carte 61/107 – ***Gaststube :*** **Menu** *18.50* und à la carte 46/90.
◆ Dem durch Holztäfer und Holzdecke gediegen-bürgerlich wirkenden Restaurant geben blau bezogene Stühle einen modernen Touch. Serviert wird eine zeitgemässe Küche. Schlichte, rustikale Gaststube.

auf der Autobahn A2 *Nord-West : 10 km – ✉ 6023 Rothenburg :*

Express by Holiday Inn garni, Raststätte Luzern-Neuenkirch A2, ✆ 0412 882 828, *info@holidayinn.ch, Fax 0412 882 929* – 🛗, Zim, TV P – 15/35. AE VISA JCB
60 Zim 150.
◆ Eine ideale Übernachtungsadresse für erschöpfte Autofahrer : In diesem unmittelbar an der Autobahn gelegenen Hotel stehen für Reisende helle, moderne Zimmer bereit.

LYSS *3250 Bern (BE)* 551 I6 – *10 780 Ew. – Höhe 444.*
Bern 22 – Biel 10 – Burgdorf 32 – Neuchâtel 40 – Solothurn 26.

Weisses Kreuz, Marktplatz 15, ✆ 0323 870 740, *info@kreuz-lyss.ch, Fax 0323 870 749,* – 🛗, Zim, TV P P – 15/120. AE VISA
Menu *18* - 72 und à la carte 44/92 – **27 Zim** 85/180.
◆ A. d. 18. Jh. stammt die schöne Fassade dieses Hotels. Die Zimmer sind in ihrer modernen, funktionellen Art besonders auf Geschäftsleute ausgelegt - auch einfachere Zimmer. Das Restaurant : mit altem Holz leicht rustikal gestaltet, aber dennoch hell und frisch.

Post, Bahnhofstr. 17, ✆ 0323 879 955, *restaurantpost@besanet.ch, Fax 0323 853 505* – P. AE VISA
(geschl. Weihnachten) – ***Le Gourmet :*** **Menu** 45 (mittags)/79 und à la carte 45/115 – ***Lotos*** - chinesische Küche - *(geschl. Samstagmittag)* **Menu** *18.50* und à la carte 41/79 – ***La Terrasse :*** **Menu** *16* und à la carte 37/82.
◆ Einer der gastronomischen Bereiche der Post ist das Le Gourmet. Hier bittet man seine Gäste in einem angenehm gediegenen Ambiente zu Tisch. Modern und doch typisch chinesisch im Dekor : das Lotos. Als Wintergarten angelegt : La Terrasse.

Schwanen, Hauptstr. 17, ✆ 0323 841 218, *daniel.lauper@schwanenlyss.ch, Fax 0323 847 489,* – P. AE VISA
geschl. Januar und Juli - Aug. jeweils 2 Wochen, Sonntag und Montag – **Menu** *17* - 58 (mittags)/85 und à la carte 46/94.
◆ Im Bistro trifft man sich in ungezwungener Atmosphäre zum Essen und Trinken. Dahinter schliesst sich ein moderner, gut eingedeckter Restaurant-Bereich an.

in Hardern *Nord-Ost : 1,5 km Richtung Büren a.d. Aare – Höhe 496 – ✉ 3250 Lyss :*

Mosimanns Hardern Pintli, Hardern 23, ✆ 0323 867 323, *Fax 0323 867 322,* – P. VISA
geschl. 9. Sept. - 2. Okt., Dienstag und Mittwoch – **Menu** (Tischbestellung ratsam) *16* und à la carte 32/78.
◆ Ein rustikales, hell und frisch wirkendes Restaurant mit groYer Gartenterrasse. Auf einer Schiefertafel angeschriebene Tagesspezialitäten ergänzen die traditionelle Karte.

in Suberg *Süd-Ost : 3 km Richtung Bern – Höhe 470 – ✉ 3262 Suberg :*

Zum Goldenen Krug, Bernstr. 61, ✆ 0323 891 330, *info@goldenen-krug.ch, Fax 0323 891 315,* – P. VISA
geschl. 11. - 26. Juli, Sonntag und Montag – **Menu** 44 (mittags)/105 und à la carte 50/110 – ***Gaststube :*** **Menu** *18.50* -und à la carte 39/86.
◆ Ganz in Holz gehalten ist das Innere dieses schönen alten Riegelhauses - ein rustikales und gemütliches Restaurant mit klassischer Karte. Spezialität : Hummergerichte. Ländliche Gaststube mit traditionellem Angebot.

MACOLIN (MAGGLINGEN) *Berne* 551 I6 – *voir Magglingen.*

MADISWIL *4934 Bern (BE)* 551 L6 – *2 040 Ew. – Höhe 534.*
Bern 47 – Luzern 70 – Olten 26 – Solothurn 31.

Bären mit Zim, Kirchgässli 1, 0629 577 010, *gasthof@baeren-madiswil.ch, Fax 0629 577 012,* – Zim, AE VISA
Menu *(geschl. Sonntagabend und Montag)* 21 - 48/95 und à la carte 52/84 – **11 Zim** 105/170 – ½ P Zuschl. 35.
◆ In dem typischen Berner Landgasthof mit Velogarten erwarten den Gast verschiedene gemütliche Stuben und in frischen Farben und neuzeitlichem Stil gehaltene Zimmer.

MADULAIN *7523 Graubünden (GR)* 553 X10 – *178 Ew. – Höhe 1 697.*
Engadin Golf (Juni - Okt.) 0818 510 466, Fax 0818 510 467.
Bern 322 – Sankt Moritz 14 – Chur 80 – Davos 57 – Scuol 49.

Stüva Colani mit Zim, 0818 541 771, *stueva-colani@bluewin.ch, Fax 0818 541 485,* – Zim, AE VISA. Zim
geschl. 15. April - 6. Juni ; Rest. auch Dienstag und Mittwoch in Nebensaison – **Menu** 98/165 und à la carte 90/135 – ***Tavolino*** (Pastagerichte und Grilladen) **Menu** 19 und à la carte 43/78 – **16 Zim** 100/245 – ½ P Zuschl. 52.
◆ Unweit von St. Moritz liegt dieses typische Engadiner Haus mit Sgraffiti. Entsprechend nett sind die modernen Räumlichkeiten und der Empfang der engagierten Gastgeber. Im Tavolino sind die Pastagerichte und die Grilladen auf dem Papierset notiert.

MAGDEN *4312 Aargau (AG)* 551 L4 – *2 959 Ew. – Höhe 329.*
Bern 94 – Basel 22 – Aarau 38 – Baden 47 – Rheinfelden 3.

Pöschtli (Rossal) mit Zim, Maispracherstr. 2, 0618 411 125, *info@poeschtli.ch, Fax 0618 411 160,* – Zim, AE VISA
geschl. 11. - 28. Juli, Sonntagabend und Montag – **Menu** 26 - 78/175 und à la carte 78/134 – **4 Zim** 150/250.
◆ Durch den rückwärtigen Eingang gelangt man in die zwei kleinen, eleganten Stuben, in denen man Sie mit ausgewählten Schlemmermenüs - zeitgemäss zubereitet - verwöhnt.
Spez. Gebratenes Meerwolffilet mit dicken Bohnen. Kalbsrücken in der Kräuterkruste gebraten mit Kartoffelrahmpuree. Rote Grütze mit Duftgeranien- Eiscreme (Juni - Nov.)

MAGGLINGEN (MACOLIN) *2532 Bern (BE)* 551 I6 – *Höhe 873.*
Bern 43 – Biel 8 – Neuchâtel 42 – Solothurn 28.

Au Vieux Suisse, Hauptstr. 206, 0323 225 040, *info@vieuxsuisse.ch, Fax 0323 225 040,* – AE VISA
geschl. 22. Dez. - 6. Jan., Samstagmittag, Sonntagabend und Montag – **Menu** 16 - 36 (mittags) und à la carte 46/93.
◆ An einen rustikalen Gaststuben-Bereich schliesst sich der Speisesaal mit hellem Wintergarten an. In gemütlicher Atmosphäre reicht man eine traditionelle Karte.

MAGLIASO *Ticino* 553 R13 – *vedere Caslano.*

MAIENFELD *7304 Graubünden (GR)* 553 V7 – *2 288 Ew. – Höhe 504.*
Tourismus Bündner Herrschaft, Städtliplatz, 0813 025 858, info@buendner herrschaft.ch, Fax 0813 301 913.
Bern 228 – Chur 25 – Davos 57 – Vaduz 16.

Schloss Brandis, 0813 022 423, *info@schlossbrandis.ch, Fax 0813 026 221,* – – 15/80. AE VISA JCB
geschl. 12. Juli - 4. Aug. – ***Rittersaal :*** Menu 80 und à la carte 51/107 – ***Turmrestaurant :*** **Menu** à la carte 37/98.
◆ Im Turm des ehemaligen Schlosses Brandis befindet sich der mit Lift erreichbare, derb-ländliche Rittersaal mit Holzbalken und Steinmauern. Romantischer Schlossgarten. Das einfachere Turmrestaurant dient in erster Linie zum gemütlichen Höck.

in Jenins *Süd-West : 2 km – Höhe 633 – ✉ 7307 Jenins :*

Zur Bündte, Kantonsstr. 68, ✆ 0813 021 223, *hotelzurbuendte@bluewin.ch, Fax 0813 026 485,* – P. AE ⓓ MC VISA
geschl. 17. Nov. - 8. Dez., 19. Jan. - 9. Feb. und Montag von Nov. - März – **Menu** à la carte 40/75 – **8 Zim** 80/150 – ½ P Zuschl. 30.
◆ Inmitten der Weinberge der Bündner Herrschaft findet der Gast in eher kleinen, rustikal eingerichteten Zimmern mit einfachem Komfort eine nette Unterkunft. Bei schönem Wetter ergänzt eine grosse Sommerterrasse das traditionell eingerichtete Restaurant.

MALANS *7208 Graubünden (GR)* 553 V7 *– 1 923 Ew. – Höhe 536.*
Bern 232 – Chur 21 – Bad Ragaz 9 – Davos 54.

XXX **Weisskreuz** mit Zim, Rathausgasse, ✆ 0813 228 161, *info@weisskreuz.com, Fax 0813 228 162,* – TV P. ⓓ MC VISA
Rest. : geschl. Montag - Dienstag – ***Ratsherrenstube*** *(nur Abendessen)* **Menu** 68/135 und à la carte 54/143 – ***Malanserstube :*** **Menu** 75 und à la carte 45/116 – **11 Zim** 130/240.
◆ In der ersten Etage des renovierten Gasthofs befinden sich zwei elegant eingerichtete Stuben mit altem Täfer. Hier reicht man eine interessante, regional beeinflusste Karte. Eine schlichtere Alternative : die Malanserstube.

X **Krone** mit Zim, Kronengässli 69, ✆ 0813 221 455, *info@krone-malans.ch, Fax 0813 223 643* – P. AE ⓓ MC VISA. Rest
geschl. 22. Dez. - 10. Jan., 6. Juli - 6. Aug., Mittwoch und Donnerstag – **Menu** 19.50 und à la carte 39/96 – **11 Zim** 80/150.
◆ Der Gasthof, vermutlich aus dem 17. Jh., wartet neben der Gaststube mit zwei gemütlich-rustikalen Stuben auf, die mit schönem Täfer versehen sind. Traditionelle Küche.

MALOJA *7516 Graubünden (GR)* 553 W11 *– Höhe 1 815 – Wintersport : 1 800/2 150 m* 2 .

Sehenswert : *Turm Belvedere : Ausblick★.*

Kur- und Verkehrsverein, ✆ 0818 243 188, info@maloja.ch, Fax 0818 243 637.

Bern 334 – Sankt Moritz 17 – Chur 84 – Davos 83 – Sondrio 95.

Schweizerhaus, ✆ 0818 382 828, *hallo@maloja-schweizerhaus.ch, Fax 0818 382 829,* <, , – TV P. AE ⓓ MC VISA. Rest
21. Dez. - 17. April und 11. Juni - 17. Okt. – **Menu** 28 - 51 und à la carte 50/100 – **28 Zim** 120/280, Vorsaison 90/200 – ½ P Zuschl. 35.
◆ Ein Teil der Zimmer dieses schönen Holzhauses aus dem 19. Jh. sind mit Kirschbaummöbeln zeitgemäss eingerichtet, andere mit hellem Naturholz - alle von guter Grösse. Rustikale, mit Holz getäferte Gaststuben.

MAMMERN *8265 Thurgau (TG)* 551 S3 *– 584 Ew. – Höhe 412.*
Bern 182 – Zürich 62 – Frauenfeld 17 – Konstanz 25 – Stein am Rhein 5 – Winterthur 33.

XX **Schiff** mit Zim, Seestr. 3, ✆ 0527 412 444, *Fax 0527 414 868,* , – TV P. MC VISA
geschl. 22. Dez. - 8. Feb., 1. - 15. Okt. und Montag – **Menu** à la carte 38/115 – **7 Zim** 130/190.
◆ In dem Riegelhaus bewirtet man die Gäste in zwei Stuben mit Holztäfelung aus dem 18. Jh. Ob im Haus oder auf der Terrasse - man reicht eine traditionelle Karte mit viel Fisch.

MANNENBACH *8268 Thurgau (TG)* 551 S3 *– Höhe 400.*
Bern 190 – Sankt Gallen 49 – Frauenfeld 24 – Konstanz 14 – Steckborn 6 – Winterthur 41.

Seehotel Schiff , Seestr. 4, ✆ 0716 634 141, *info@seehotel-schiff.ch, Fax 0716 634 150,* < Bodensee, , , – TV P. – 15/60. AE ⓓ MC VISA
geschl. 2. - 24. Jan. – **Menu** 17.50 und à la carte 44/88 – **18 Zim** 120/215 – ½ P Zuschl. 35.
◆ Ruhig und abseits der Strasse am Seeufer gelegen, bietet das Haus einen schönen Blick über den Untersee. Die Gäste werden in Zimmern mit modernem Mobiliar untergebracht. Das nüchterne Restaurant besticht durch eine grosse Fensterfront.

MANNO *6928 Ticino (TI)* 553 R13 – *1041 ab. – alt. 344.*
Bern 247 – Lugano 6 – Bellinzona 23 – Locarno 47.

Grotto dell'Ortiga, Strada Regina 35, ✆ 0916 051 613, *Fax 0916 053 704*, –
chiuso dal 21 dicembre al 3 febbraio, domenica e lunedì – **Pasto** *(chiuso mezzogiorno) alla carta 35/58.*

◆ Caseggiato rustico con servizio estivo sotto un fresco pergolato. Apprezzate la buona cucina con piatti della tradizione "povera" italiana di varie regioni a prezzi simpatici !

Les MARÉCOTTES *Valais* 552 G12 – *rattaché à Martigny.*

MARLY *Fribourg* 552 H8 – *rattaché à Fribourg.*

MARTIGNY *1920 Valais (VS)* 552 G12 – *13 956 h. – alt. 467.*
Voir : *Fondation Pierre Gianadda★★* Z – *Verrière★ de l'Hôtel de Ville* Y – *Tour de la Bâtiaz : vue★* Y.
Environs : *Pont du Gueuroz★★ par ④ : 5 km.*
Manifestations locales
01.08 - 08.08 : Festival international Folklorique d'Octodure
02.10 - 03.10 : Combat de reines à l'amphithéâtre romain.
Office du Tourisme, 9 pl. Centrale, ✆ 0277 212 220, info@martignytourism.ch, *Fax 0277 212 224.*
9 Place Centrale, ✆ 0277 212 220, *Fax 0277 212 224.*
Bern 127 ① – Aosta 69 ③ – Chamonix-Mont-Blanc 42 ③ – Montreux 43 ① – Sion 30 ①

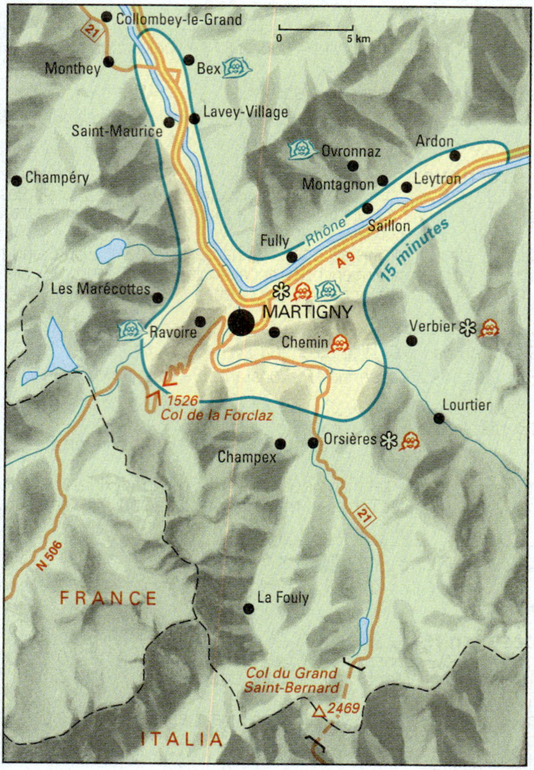

MARTIGNY

Alpes (R. des) . . . . Y 3
Bâtiaz (R. de la) . . . . Y 4
Centrale (Pl.) . . . . Y 6
Collège (R. du) . . . . Y 7
Fully (Av. de) . . . . Y 9
Grand-St-Bernard
(Av. du) . . . . Y
Hôpital (R. de l') . . . . Y 10
Maladière (R. de la) . . . . Y 12
Manoir (R. du) . . . . Y 13
Midi (Pl. du) . . . . Y 15
Neuvilles (Av. des) . . . . . Y 16
Nord (R. du) . . . . Y 18
Petits-Epineys
(R. des) . . . . Y 19
Plaisance (Pl. de) . . . . . . Y 21
Plaisance (R. de) . . . . Y 22
Poste (R. de la) . . . . Y 24
Pré-Borvey (R. de) . . . . . . Z 25
Rome (Pl. de) . . . . Y 27
St-Théodule (R.) . . . . Z 28
Surfrête (R. de) . . . . Z 30

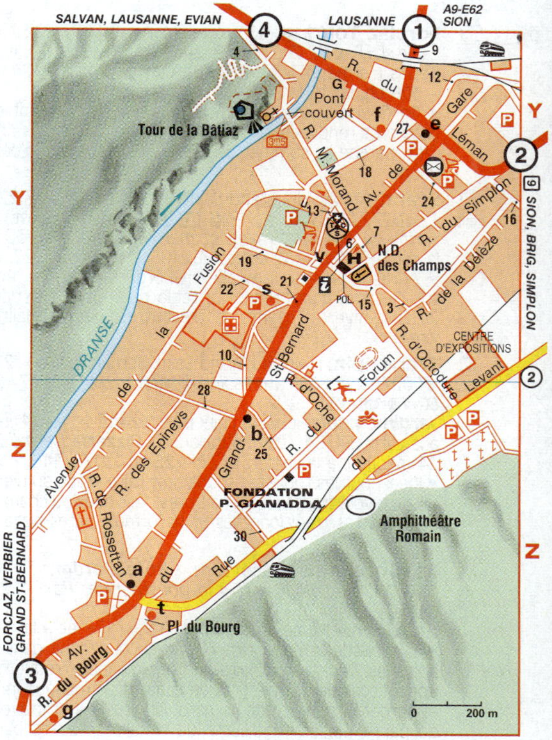

du Parc, 20 av. des Prés-Beudin par ①, 0277 201 313, *info@hotelduparc.ch*, *Fax 0277 201 314*, – ch, video – 15/350.
AE VISA
Repas *19* - 25 (midi)/85 et à la carte 51/86 – **108 ch** 130/230, 6 suites – ½ P suppl. 39.
◆ Architecture de caractère réussissant l'alliance du béton, du verre et de l'acier. Chambres modernes et multiples salles de réunion appréciées par la clientèle d'affaires. Restaurant contemporain se doublant d'un vaste espace modulable pour les banquets.

Forum, 74 av. du Grand Saint-Bernard, 0277 221 841, *info@le-gourmet.ch*, *Fax 0277 227 925* – ch, AE VISA Z a
Repas (voir aussi rest. ***Le Gourmet*** ci-après) – ***Brasserie l'Olivier*** *(fermé dim.)*
Repas 48 et à la carte 54/96 – **29 ch** 98/220 – ½ P suppl. 32.
◆ Cette bâtisse voisine de la jolie placette du Bourg et de la pittoresque rue du même nom abrite des chambres d'esprit rustique. Certaines sont revêtues de boiseries. Sobre et confortable brasserie misant sur la tradition et la simplicité.

La Porte d'Octodure, route du Grand-Saint-Bernard par ③ : 2 km, 1921 Martigny-Croix, 0277 227 121, *contact@porte-octodure.ch*, *Fax 0277 222 173*, – ch, – 15/150. AE VISA
Repas *17* - 41 et à la carte 44/104 – ***Toscana*** - cuisine italienne - *(fermé midi)* **Repas** à la carte 41/83 – **55 ch** 130/200 – ½ P suppl. 30.
◆ L'hôtel borde la voie historique du col du Grand-Saint-Bernard. Chambres standards dont une partie dotée de murs en pierres apparentes. Salle à manger conviviale avec terrasse. Exotisme au Jungle Bar. La Toscana, charmant caveau de spécialités de la "Botte".

Forclaz Touring, 15 r. du Léman, ☎ 0277 222 701, *hotel.forclaz-touring@my cable.ch, Fax 0277 224 179,* – , rest, TV P. AE MC VISA Y e
Repas *(fermé mi-juil. à mi-août, dim. et lundi)* 16 - 24 (midi)/70 et à la carte 37/87 – **100 ch** 120/170 – ½ P suppl. 20.
◆ Ce double immeuble moderne s'élevant, en centre-ville, loge une centaine de chambres rénovées, offrant deux styles contrastés : rustique ou actuel. Le restaurant, perché au sommet de l'hôtel, jouit du coup d'oeil sur les Alpes et la vallée du Rhône.

Stand, 41 av. du Grand-Saint-Bernard, ☎ 0277 221 506, *info@vieuxstand.ch, Fax 0277 229 506,* – TV P. MC VISA. rest Z b
fermé 21 déc. au 15 janv. et merc. du 15 oct. au 30 juin – **Repas** 17 - 34/48 et à la carte 34/85 – **32 ch** 68/106 – ½ P suppl. 22.
◆ Adresse utile et familiale, en bordure de route. Préférez les chambres situées sur l'arrière, plus calmes. La table de l'hôtel, de style classique et agrandie d'un jardin d'hiver, présente, entre autres, des spécialités du Valais et ses fameux vins.

Transalpin, route du Grand-Saint-Bernard par ③ : 2 km, ✉ 1921 Martigny-Croix, ☎ 0277 221 668, *letransalpin@bluewin.ch, Fax 0277 220 668,* – rest, TV P. AE MC VISA
Jardin Chinois - cuisine chinoise - *(fermé 1er au 31 juil.)* **Repas** 14 - 19 (midi)/45 et à la carte 37/84 - cuisine italienne - ***Pizzeria*** *(fermé 21 déc. au 8 janv.)* **Repas** 16 - 24 (midi) et à la carte 38/77 – **25 ch** 70/110 – ½ P suppl. 22.
◆ Idéal pour les touristes souhaitant faire étape au pied du Grand-Saint-Bernard, sur l'illustre voie transalpine. Chambres classiques ou champêtres. Le restaurant mitonne des recettes traditionnelles et la formule pâtes-pizzas est proposée dans la partie café.

Le Gourmet (Vallotton) - ***Hôtel Forum***, 74 av. du Grand St. Bernard, ☎ 0277 221 841, *info@le-gourmet.ch, Fax 0277 227 925* – P. AE MC VISA
fermé dim. et lundi – **Repas** 80 (midi)/178 et à la carte 112/145. Z a
◆ La table de référence de Martigny vous reçoit dans une élégante salle habillée de boiseries. Registre culinaire au goût du jour, fréquemment renouvelé.
Spéc. Escalope de foie gras de canard à la mangue infusée au sirop de cardamome et sorbet. Brochette de homard, langoustine et crevettes nage à la citronelle, tuile de pain d'épices. Aiguillette de canard à l'aceto balsamico, carpaccio de figues fraîches, salade de légumes croquants. **Vins** Petite Arvine, Cornalin

Kwong Ming, rue du Nord, place de Rome (1er étage), ☎ 0277 224 515, *Fax 0277 223 993,* – . AE MC VISA Y f
fermé Noël – **Repas** - cuisine chinoise - 18 - 45 (midi)/93 et à la carte 47/119.
◆ Un décor chinois raffiné vous attend dans ce restaurant, installé au premier étage d'une galerie marchande. La carte, illustrée de photos, vous mettra l'eau à la bouche.

Les Trois Couronnes, 8 pl. du Bourg, ☎ 0277 232 114, *ad3c@bluewin.ch, Fax 0277 232 156,* . MC VISA Z t
fermé 14 fév. au 1er mars, 7 au 23 août, dim. et lundi – **Repas** 17 - 42 et à la carte 35/69.
◆ Une demeure historique datant du 17e s. sert de cadre à cette respectable table jouant la carte de la tradition. Décor rustico-contemporain, à la croisée des chemins.

Au Chapiteau Romain, 51 r. du Bourg, ☎ 0277 220 057, *Fax 0277 220 057* – AE MC VISA Z g
fermé 3 sem. en août, dim. et lundi – **Repas** 14 et à la carte 48/73.
◆ Dans la façade de cette vieille maison, on a trouvé des vestiges datant de l'époque romaine. À l'étage, trois salles plaisantes dont une aménagée en wagon-restaurant.

Les Touristes, 1 r. de l'Hôpital, ☎ 0277 229 598, *fredfred@omedia.ch,* – MC VISA Y s
fermé lundi – **Repas** - cuisine italienne - 17 et à la carte 34/80.
◆ Au coeur de la petite cité fière de son origine romaine, adresse vouée à la cuisine italienne, tant au café où trône le four à pizzas que dans la salle à manger principale.

Loup Blanc, 12 pl. Centrale, ☎ 0277 235 252, *fredfred@omedia.ch, Fax 0277 235 252,* – AE MC VISA Y v
Repas 17 et à la carte 36/74.
◆ Avis aux mordus de plats transalpins : si vous avez les crocs, soyez rassurés, le Loup Blanc saura y remédier. Cadre et ambiance un peu "trendy". Vins mûris dans la "botte".

route du Col de la Forclaz *par ③ : 3 km :*

Sur le Scex "Le Virage", route de la Forclaz, ✉ 1921 Martigny-Combe, ✆ 0277 221 153, *info@surlescex.ch, Fax 0277 233 510,* ← Martigny et vallée du Rhône – P. MC VISA
fermé fév. - mars 2. sem., juin - juil. 3 sem., mardi soir de nov. à mi-juil. et merc. de sept. à mi-juil. – **Repas** 16 - 26/57 et à la carte 42/70.
◆ Il serait dommage de manquer ce virage : vous seriez privés de la vue imprenable sur Martigny et la vallée du Rhône dont jouissent les deux salles du restaurant !

à Ravoire *par ③ rte du Col de la Forclaz : 10 km – alt. 1 172 – ✉ 1928 Ravoire :*

Ravoire, ✆ 0277 222 302, *Fax 0277 232 160,* ← Vallée du Rhône et montagnes, – TV P. AE MC VISA
mai à oct. – **Repas** 15 - 38 et à la carte 43/71 – **26 ch** 80/150 – ½ P suppl. 30.
◆ Air pur et tranquillité caractérisent cet établissement offrant aussi un superbe panorama. Chambres modernes meublées en bois clair. Salle à manger agreste complétée d'un espace brasserie-pizzeria et d'une terrasse dressée l'été en façade de l'hôtel.

aux Marécottes *par ④ et rte de Salvan : 10 km – alt. 1 032 – Sports d'hiver : 1 110/2 200 m 1 5 – ✉ 1923 Les Marécottes :*
Office de Tourisme Salvan-Les Marécottes, Place de la Télécabine, ✆ 0277 613 101, info@salvan.ch, Fax 0277 613 103

Aux Mille Étoiles, ✆ 0277 611 666, *mille.etoiles@omedia.ch, Fax 0277 611 600,* ←, , , , , – , rest, TV P. – 25. MC VISA
21 déc. au 11 avril et 21 mai au 29 oct. – **Repas** *(fermé le midi du lundi au jeudi hors saison)* 19 - 48/61 et à la carte 38/79 – **25 ch** 135/310 – ½ P suppl. 35.
◆ Véritable séjour sur une autre planète dans ce chalet où règne une authentique ambiance montagnarde ! Chambres lambrissées, piscine intérieure creusée dans la roche. Restaurant campagnard, divisé en plusieurs espaces intimes, servant des mets classiques.

à Chemin *par ③ et rte du col des planches : 5 km – alt. 774 – ✉ 1927 Chemin :*

Belvédère, ✆ 0277 231 400, *Fax 0277 231 403,* ← vallée du Rhône – P. AE MC VISA
fermé 2 sem. fin fév., 3 sem. en juil., dim. soir, lundi et mardi – **Repas** 16 - 48 et à la carte 55/80.
◆ Une petite route escarpée donne accès à cet établissement procurant une superbe échappée plongeante sur la vallée du Rhône. Cuisine soignée et bonne sélection de vins.

MASSAGNO *Ticino* **553 R13** – *vedere Lugano.*

MATRAN *1753 Fribourg (FR)* **552 H8** – *1 304 h. – alt. 610.*
Bern 38 – Fribourg 6 – Biel 55 – Lausanne 64 – Montreux 53.

Auberge du Tilleul avec ch, 12 rte de l'Eglise, ✆ 0264 021 745, *Fax 0264 022 864,* – ch, P. MC VISA. ch
fermé 22 fév. au 10 mars, 1er au 18 août, mardi soir et merc. – **Repas** 16 - 52 (midi)/70 et à la carte 39/85 – **5 ch** 70/140.
◆ Imposante auberge jouxtant l'église. Terrasse ombragée et salle à manger rustique où l'on sert des saveurs traditionnelles. Vaste salle de banquet. Chambres insonorisées.

MATZENDORF *4713 Solothurn (SO)* **551 K5** – *1 250 Ew. – Höhe 501.*
Bern 58 – Basel 53 – Olten 25 – Solothurn 27.

Sternen mit Zim, Dorfstr. 41, ✆ 0623 941 674, *landgasthof.sternen@bluewin.ch, Fax 0623 941 821,* – TV P – 15/80. AE MC VISA
geschl. 21. Juli - 6. Aug., Dienstag und Mittwoch – **Menu** 15.50 - 50 (mittags)/79 und à la carte 42/91 – **3 Zim** 70/120.
◆ Das Gourmet dieses Landgasthofs ist gediegen eingerichtet und bietet dem Gast Speisen von einer gutbürgerlichen Karte an - in der einfachen Gaststube ein kleines Angebot.

MEGGEN *6045 Luzern (LU)* **551** **O7** *– 5 887 Ew. – Höhe 472.*
Bern 118 – Luzern 7 – Cham 19 – Olten 60 – Schwyz 30.

Balm, Balmstr. 3, 0413 771 135, *info@balm.ch, Fax 0413 772 383,* <, , – 20.
Menu *(geschl. Jan. und Montag)* 18.50 - 47/89 und à la carte 48/102 – **20 Zim** 150/200.
◆ Nicht weit von Luzern entfernt findet man dieses nahe dem See gelegene Hotel, das seine Gäste in verschiedenfarbenen modernen oder rustikalen älteren Zimmern beherbergt. Eine einfache Gaststube ergänzt den grossen, gediegenen Speisesaal.

MEILEN *8706 Zürich (ZH)* **551** **Q5** *– 11 522 Ew. – Höhe 420.*
Bern 141 – Zürich 16 – Luzern 72 – Sankt Gallen 75.

Zur Burg, Nord-Ost : 2 km Richtung Burg, 019 230 371, *info@burg-meilen.ch, Fax 019 236 744,* –
Menu 35 - 50 (mittags)/90 und à la carte 58/95.
◆ Das Zürcher Riegelhaus aus dem 16. Jh. liegt oberhalb des Sees. In 3 kleinen gemütlichen Stuben mit Täfer und modernen Bildern bietet man eine klassische Küche.

in Obermeilen *Richtung Rapperswil – Höhe 413 – 8706 Meilen :*

Hirschen am See, Seestr. 856, 019 250 500, *reservation@hirschen-meilen.ch, Fax 019 250 501,* < Zürichsee, –
Menu *(geschl. Montag von Jan. - April)* 30 - 39 (mittags)/85 und à la carte 60/109 – ***Taverne* : Menu** 22 und à la carte 43/81 – **16 Zim** 100/250 – ½ P Zuschl. 58.
◆ Die modernen, mit hellem Mobiliar wohnlich eingerichteten Zimmer des Hauses, mit gutem Platzangebot, liegen zum grössten Teil Richtung See. Restaurant mit verkleideter Terrasse, so dass man auch bei schlechterem Wetter draussen sitzen kann. Gemütliche Taverne.

MEIRINGEN *3860 Bern (BE)* **551** **N9** *– 4 637 Ew. – Höhe 595 – Wintersport : 602/2 433 m 6 10 .*
Sehenswert : *Lage★.*
Ausflugsziel : *Aareschlucht★★ Süd-Ost : 2,5 km – Rosenlauital★★ Süd-West – Planplatten★★ mit Luftseilbahn dann Gondelbahn – Rosenlaui : Gletscherschlucht★ Süd-West : 10 km – Reichenbachfälle★ Süd : 1 km und Standseilbahn.*
Alpen Region Brienz-Meiringen-Hasliberg, Bahnhofstr. 22, 0339 725 050, info@alpenregion.ch, Fax 0339 725 055.
Bern 86 – Andermatt 64 – Brienz 15 – Interlaken 29 – Luzern 49.

Victoria, Bahnhofplatz 9, 0339 721 040, *info@victoria-meiringen.ch, Fax 0339 721 045,* –
geschl. 13. April - 13. Mai – **Menu** *(geschl. Dienstag - Mittwoch von Nov. - 20. Dez.)* 20 - 55 und à la carte 48/87 – **18 Zim** 130/240 – ½ P Zuschl. 35.
◆ Das Haus am Bahnhof wurde renoviert. Die Zimmer sind dementsprechend sehr modern mit Mahagoniparkett, stoffbezogenen Betten und neuzeitlicher Technik ausgestattet. Helles à la carte-Restaurant und Cafe mit Terrasse.

zum Alpbach, Kirchgasse 17, 0339 711 831, *info@alpbach.ch, Fax 0339 714 478,* , – , Zim, Zim
geschl. 2. Nov. - 2. Dez. – **Menu** 21 - 40 und à la carte 41/87 – **35 Zim** 120/260 – ½ P Zuschl. 29.
◆ Liebevoll führt Familie Gerber ihr Hotel im Herzen von Meiringen. Acht neu eingerichtete, gemütlich-rustikale Zimmer, die restlichen hell und praktisch, aber einfacher. Helles, ländliches Restaurant mit netter Atmosphäre.

MEISTERSCHWANDEN *5616 Aargau (AG)* **551** **O5** *– 2 073 Ew. – Höhe 505.*
Bern 109 – Aarau 28 – Luzern 32 – Wohlen 10 – Zürich 37.

Seerose, Süd : 1,5 km Richtung Aesch, 0566 766 868, *hotel@seerose.ch, Fax 0566 766 888,* < Hallwilersee, , – , Zim, – 15/150.
Menu 30 - 45 (mittags)/85 und à la carte 53/99 – ***Samui-Thai*** - thailändische Küche - *(geschl. Sonntag) (nur Abendessen)* **Menu** 78 und à la carte 59/107 – **60 Zim** 150/320, 4 Suiten – ½ P Zuschl. 45.
◆ Der Name des Hauses lässt bereits die Lage am Seeufer vermuten. Geräumige, moderne Zimmer mit geschmackvoller Designer-Einrichtung. Toller Ausblick auf den Hallwylersee. Nettes Ambiente im Restaurant. Grosse Terrasse.

MELIDE *6815 Ticino (TI)* **553 R14** *– 1 492 ab. – alt. 274.*

Vedere : *Svizzera in miniatura★.*

Lugano Turismo, stazione FFS, ☎ 0916 496 383, info@lugano-tourism.ch, Fax 0916 495 613.

Bern 278 – Lugano 7 – Bellinzona 35 – Como 24 – Locarno 47.

Del Lago, Lungolago Motta 9, ☎ 0916 497 041, *welcome@hotel-dellago.ch, Fax 0916 498 915,* ← lago e monti, – AE VISA
Seafood Restaurant : **Pasto** 69/75 (sera) ed alla carta 55/102 – **15 cam** 130/250.
◆ Lungo la passeggiata, godete del panorama sul Ceresio dalla bella terrazza. Camere rinnovate molto eleganti dal design contemporaneo. Ristorante in stile Art Déco dove vien servita una cucina di carattere moderno, proposta anche sulla terrazza in riva al lago.

Seehotel Riviera, Lungolago Motta 7, ☎ 0916 497 912, *riviera@smile.ch, Fax 0916 496 761,* ← lago e monti, – AE VISA. rist
26 marzo - ottobre – **Pasto** alla carta 31/78 – **27 cam** 140/200 – ½ P sup. 25.
◆ Grazie alla posizione, godete di una vista imperdibile su lago e monti. Camere diverse per dimensioni ma non per livello di confort. La vetrata aperta sul lago rende luminosa la sala da pranzo, totalmente rinnovata di recente.

MELS *8887 Sankt Gallen (SG)* **551 U7** *– 7 788 Ew. – Höhe 487.*

Bern 218 – Sankt Gallen 74 – Chur 34 – Davos 69 – Vaduz 21.

Schlüssel (Kalberer), Oberdorfstr. 5, ☎ 0817 231 238, *schluessel.mels@bluewin.ch, Fax 0817 237 133,* – AE VISA
geschl. 9. Feb. - 1. März, 12. Juli - 2. Aug., Sonntag und Montag – ***Nidbergstube*** (1. Etage) **Menu** 59 (mittags)/139 und à la carte 75/153 – ***Bistro :*** **Menu** 19 - 62 und à la carte 40/100.
◆ Die Nidbergstube ist ein schönes Restaurant im Biedermeierstil. Umgeben von gemütlicher Atmosphäre serviert man Ihnen feine Kreationen einer klassischen Küche. Eine schlichtere Alternative zur Nidbergstube stellt das Bistro dar.
Spez. "Melser Töpfchen". Gemsknusperli auf Wirsingsalat. Geschmorte Kalbsbacke an Rotweinsauce mit Kartoffel - Rosmarinpüree. **Weine** Fläscher, Melser

Waldheim, West : 4 km über Weisstannenstrasse, ☎ 0817 231 256, *Fax 0817 232 533,* ← Alvierkette, – VISA
geschl. 5. - 26. Jan., 12. Juli - 9. Aug., Montag und Dienstag – **Menu** 75 und à la carte 49/90.
◆ An gut eingedeckten Tischen serviert man Ihnen eine sorgfältig zubereitete traditionelle Küche. Gaststube und Terrasse mit Sicht auf die Alvierkette ergänzen das Restaurant.

in Heiligkreuz *Nord : 2 km – Höhe 487 – ✉ 8888 Heiligkreuz :*

Stiva Antica, über Kantonsstrasse : 2 km Richtung Walenstadt, ☎ 0817 233 766, *stivaantica@bluewin.ch,* – AE VISA
geschl. Mittwoch und Donnerstag – **Menu** 25 - 35 (mittags)/75 und à la carte 51/92.
◆ Restaurant mit Ambiente : Das schöne, alte Bauernhaus wurde im regionalen Patrizierstil renoviert. In mehreren kleinen rustikalen Stuben bittet man seine Gäste zu Tisch.

MENDRISIO *6850 Ticino (TI)* **553 R14** *– 5 965 ab. – alt. 355.*

Manifestazioni locali
08.04 - 09.04 : Processioni storiche
24.09 - 26.09 : Sagra dell'Uva.

Mendrisio Turismo, via Angelo Maspoli 15, ☎ 0916 465 761, info@mendrisioturism.ch, Fax 0916 463 348.

Bern 295 – Lugano 24 – Bellagio 40 – Bellinzona 48 – Como 14 – Varese 20.

Morgana, via C. Maderno 12, ☎ 0916 462 355, *morganahotel@swissonline.ch, Fax 0916 464 264,* – rist, AE VISA JCB.
chiuso natale e dal 15 al 28 gennaio – **Pasto** - specialità fondues - alla carta 42/62 – **16 cam** 115/170.
◆ Presso l'uscita dell'autostrada, piccola struttura familiare rinfrescata di recente. Le camere, omogenee, presentano tutte le comodità. Ampia scelta di fondue o piatti tradizionali al ristorante, da gustare nelle due sale da pranzo rustiche e su due livelli.

Stazione, piazza Stazione, ✆ 0916 462 244, *albergostazione@ticino.com, Fax 0916 468 227,* – |♦| TV. AE ① MC VISA.
Pasto *(chiuso domenica sera)* 25 - 34/62 ed alla carta 58/97 – **20 cam** 110/148 – ½ P sup. 30.
• Non lontano dalla stazione è stato totalmente rinnovato. La proposta culinaria è tipica per la regione. Possibilità di alloggio in camere funzionali.

Ateneo del Vino, via Pontico Virunio 1, ✆ 0916 300 636, *Fax 0916 300 638* – . AE ① MC VISA.
chiuso dal 3 al 15 gennaio, dal 25 luglio al 16 agosto, lunedì a mezzogiorno, domenica ed i giorni festivi – **Pasto** 16 ed alla carta 48/76.
• Ubicato nel bel centro storico della cittadina accanto all'enoteca, offre due moderne salette ristorante dove, ai vini, viene abbinata una piccola scelta di piatti quotidiani.

sulla strada per il Monte Generoso *Nord : 13 km :*

Grotto Baldovana, ✉ 6872 Salorino, ✆ 0916 462 528, *info@baldovana.ch, Fax 0916 460 852,* < Vallata, –
16 marzo - 14 dicembre e chiuso martedì – **Pasto** à la carte 34/50.
• Buona cucina genuina da apprezzare nell'ambiente casalingo di questo caseggiato rustico con servizio estivo in terrazza-giardino che offre una bella vista sulla vallata.

MENZBERG *6125 Luzern (LU)* 551 M7 – *Höhe 1016.*
Bern 78 – Luzern 36 – Brienz 90 – Olten 46 – Thun 86.

Menzberg , ✆ 0414 931 816, *hotel-menzberg@bluewin.ch, Fax 0414 931 441,* < Mittelland und Jura, – |♦| TV P – 25. AE MC VISA
geschl. 9. - 27. Feb., 5. - 23. Juli und Montag – **Menu** 18 - 43 (mittags)/78 und à la carte 42/97 – **23 Zim** 110/180 – ½ P Zuschl. 45.
• Das Kurhaus aus dem Jahre 1834 liegt ruhig in den Bergen und bietet einen schönen Ausblick auf das Luzerner Hinterland. Unterschiedlich eingerichtete Zimmer stehen bereit. Schlicht gestaltetes Restaurant und einfache Gaststube mit Aussichtsterrasse.

MENZINGEN *6313 Zug (ZG)* 551 Q6 – *4440 Ew. – Höhe 807.*
Bern 140 – Luzern 36 – Einsiedeln 34 – Rapperswil 32 – Schwyz 28 – Zug 6.

Löwen (Frau Döscher), Holzhäusernstr. 2, ✆ 0417 551 115, *info@loewen-menzingen.ch, Fax 0417 551 429* – AE ① MC VISA
geschl. 18. Juli - 9. August, Sonntag und Montag – **Menu** (Tischbestellung ratsam) 36 - 46 (mittags)/98 und à la carte 60/134.
• In der 1. Etage des Gasthofs aus dem 16. Jh. befindet sich das rustikale Lokal mit gemütlicher Atmosphäre - historische Portraits und gemalte Naturbilder zieren die Wände.
Spez. Gabriela's Dézaleyschaumsuppe. Gitzi von Menzingen mit Kräutern im Ofen geschmort. Sommerbock

---

MERIDE *6866 Ticino (TI)* 553 R14 – *327 ab. – alt. 582.*
Bern 310 – Lugano 27 – Bellinzona 55 – Varese 18.

Antico Grotto Fossati, ✆ 0916 465 606, *Fax 0916 465 606,* – P. AE MC VISA.
chiuso dal 22 dicembre al 14 gennaio e dal 1º al 9 novembre – **Pasto** *(chiuso martedì da novembre ad marzo, mercoledì da gennaio ad marzo e lunedì)* alla carta 30/55.
• Una bella mangiata "alla ticinese" nella verde cornice attorno al caseggiato rustico con servizio estivo sulla terrazza alberata. Dopo pranzo rilassatevi giocando a bocce.

MERLIGEN *3658 Bern (BE)* 551 K9 – *Höhe 568.*
Bern 40 – Interlaken 11 – Brienz 31 – Spiez 24 – Thun 13.

Beatus , ✆ 0332 528 181, *info@beatus.ch, Fax 0332 513 676,* < Thunersee und Berge, , , , (Solbad), , , , – |♦|, Zim, TV P – 15/50. AE ① MC VISA. Rest
Bel Air : **Menu** 74 und à la carte 60/109 – ***Orangerie :*** **Menu** à la carte 58/99 – **71 Zim** 315/610, 4 Suiten – ½ P Zuschl. 45.
• Eine der schönsten Adressen der Region ! Die ruhige Lage am See, komfortable und geschmackvoll eingerichtete Zimmer sowie ein ansprechender Wellnessbereich überzeugen. Hell, modern und elegant - so präsentiert sich das Bel Air. Orangerie mit Piano-Bar.

MERLISCHACHEN *6402 Schwyz (SZ)* 551 O7 – *Höhe 436.*
Bern 120 – Luzern 10 – Aarau 59 – Schwyz 26 – Zug 23.

Schloss Hotel, Luzernerstr. 204, 0418 545 454, *schloss-hotel@bluewin.ch, Fax 0418 545 466,* – 15/50. AE VISA
Menu (siehe auch Rest. ***Swiss Chalet***) – **63 Zim** 189/264.
◆ Das Hotel besteht aus drei Gebäuden und einem angenehmen Garten am See. Die Zimmer sind mit Eichenholzmobiliar gut eingerichtet und strahlen eine rustikale Atmosphäre aus.

Swiss Chalet - *Schloss Hotel,* 0418 545 454, *schloss-hotel@bluewin.ch, Fax 0418 545 466,* – AE VISA
geschl. 2. Jan. - 20. Feb. – **Menu** 29 - 44/86 und à la carte 41/101.
◆ Ein schönes Bauernhaus aus dem 17. Jh. beherbergt dieses Restaurant : Verschiedene behagliche Stuben mit rustikaler Einrichtung erwarten die Gäste..

MEYRIEZ *Freiburg* 552 H7 – *siehe Murten.*

MEYRIN *Genève* 552 A11 – *rattaché à Genève.*

MÉZIÈRES *1083 Vaud (VD)* 552 F9 – *965 h. – alt. 740.*
Bern 82 – Fribourg 48 – Lausanne 19 – Montreux 30 – Yverdon-les-Bains 32.

du Jorat, Grand'Rue, 0219 031 128, *Fax 0219 033 914,* – VISA
fermé 24 déc. au 6 janv., 9 au 13 avril, 5 au 21 juil., dim. soir, lundi et mardi midi – **Repas** 17 - 40 (midi)/88 et à la carte 62/101.
◆ Nous vous invitons à une halte dans cette maison typique du pays, sur la traversée du village. Cuisine attrayante tant par le goût de ses préparations que par ses prix.

MIÉCOURT *2946 Jura (JU)* 551 H-I4 – *450 h. – alt. 485.*
Bern 101 – Delémont 31 – Basel 48 – Belfort 36 – Porrentruy 8 – Sainte-Ursanne 14.

La Cigogne, rue Principale, 0324 622 424, *Fax 0324 622 462* – – 25. AE VISA
Repas *(fermé 20 au 29 déc. et lundi soir)* 18 (midi)/40 et à la carte 33/66 – **13 ch** 85/140 – ½ P suppl. 28.
◆ Petit hôtel posté en retrait de la route principale. Récemment, se sont ajoutées de nouvelles chambres, meublées dans un style actuel. Son restaurant vous convie à déguster les spécialités du coin ou des mets plus classiques dans un cadre volontairement épuré.

MINUSIO *Ticino* 553 R12 – *vedere Locarno.*

MIRALAGO *Grigioni* 553 Y12 – *vedere Le Prese.*

MISERY *1721 Fribourg (FR)* 552 H8 – *1 247 h. – alt. 584.*
Bern 46 – Fribourg 10 – Neuchâtel 38 – Lausanne 65.

Misery, 0264 751 152, *Fax 0264 751 152,* – AE VISA
fermé 15 août au 7 sept., lundi et mardi – **Repas** 17.50 - 79 et à la carte 42/87.
◆ Restaurant dont la grande salle à manger a fait peau neuve, et cela saute aux yeux ! Tableaux modernes et couleurs claires produisent une ambiance décontractée.

MOLLIS *8753 Glarus (GL)* 551 S7 – *2 972 Ew. – Höhe 450.*
Bern 187 – Sankt Gallen 63 – Chur 68 – Glarus 7 – Vaduz 54.

Zum Löwen mit Zim, Bahnhofstr. 2, 0556 121 333, *h_schenkel@bluewin.ch, Fax 0556 121 552,* – AE VISA
geschl. Juli 3 Wochen, Sonntagabend und Montag – **Menu** 18.50 - 48 (mittags)/95 und à la carte 54/103 – **5 Zim** 78/126.
◆ Neben einer rustikalen, heimeligen Gaststube befindet sich in diesem Riegelhaus auch ein mit Biedermeiermöbeln eingerichtetes à la carte-Restaurant. Zeitgemässe Gerichte.

MONRUZ *Neuchâtel* 552 G7 – *rattaché à Neuchâtel.*

MONTAGNOLA *6926 Ticino* **553** **R13** – *vedere Lugano.*

MONTAGNON *Valais* **552** **H12** – *rattaché à Leytron.*

MONTANA *Valais* **552** **J11** – *voir Crans-Montana.*

MONT-CROSIN *Berne* **551** **H6** – *rattaché à Saint-Imier.*

MONTEZILLON *Neuchâtel (NE)* **552** **F7** – *alt. 761* – *2037 Montmollin.*
Bern 59 – Neuchâtel 11 – La Chaux-de-Fonds 32 – Yverdon-les-Bains 50.

L'Aubier, 0327 322 211, *contact@aubier.ch, Fax 0327 322 200,* lac et les alpes, – 15/60. AE MC VISA
fermé 5 au 19 janv. et dim. soir - lundi de janv. à mars – **Repas** *16* - 41/58 et à la carte 36/72 – **25 ch** 125/220 – ½ P suppl. 35.
◆ Venez vous ressourcer dans cette ferme à l'atmosphère résolument "nature". Chambres amples et sobres. Panorama sur le lac et les Alpes. Au restaurant, l'esprit "bio" se retrouve également dans le choix des produits et des recettes qui composent vos assiettes.

MONTHEY *1870 552 (VS)* **552** **F11** – *13 986 h. – alt. 420.*
Office du Tourisme, 3 pl. Centrale, 0244 757 963, Fax 0244 757 949.
3 pl. Centrale, 0244 757 959, Fax 0244 757 949.
Bern 112 – Martigny 24 – Evian-les-Bains 38 – Gstaad 55 – Montreux 23 – Sion 49.

à Collombey-le-Grand *Nord-Est : 3,5 km par rte d'Aigle – alt. 391 – 1868 Collombey-le-Grand :*

Les Îles, rue de l'Épinette, 0244 727 050, *Fax 0244 727 256,* – AE MC VISA
fermé 18 fév. au 3 mars, 28 juil. au 15 août, dim. soir, mardi soir et merc. – **Repas** *18* - 26/85 et à la carte 40/90.
◆ Accueillante table agencée à la mode d'aujourd'hui et s'ouvrant sur une plaisante terrasse. Vins et assiettes, traditionnelles, sont présentés avec un soin particulier.

LE MONT-PÈLERIN *1801 Vaud (VD)* **552** **F10** – *alt. 806.*
Voir : *vue* ★★. – *Bern 83 – Montreux 18 – Fribourg 54 – Lausanne 23 – Vevey 11.*

Le Mirador Kempinski, 0219 251 111, *mirador@attglobal.ch, Fax 0219 251 112,* lac et montagnes, – ch, ch, video – 15/60. AE MC VISA
Repas (voir aussi rest. ***Le Trianon*** ci-après) – ***Le Patio*** (brasserie) **Repas** *28* - 48/65 – **80 ch** 460/780 – ½ P suppl. 80.
◆ Un séjour de rêve vous attend dans cet hôtel à la vue magnifique sur le Léman et les Alpes. Chambres "nickel", centre de bien-être et nombreuses distractions au programme. Brasserie-véranda complétée d'une agréable terrasse près de la piscine de l'hôtel.

Le Trianon - ***Hôtel Le Mirador Kempinski,*** 0219 251 111, *restauration@mirador.ch, Fax 0219 251 112,* lac et montagnes, – AE MC VISA.
fermé mardi midi et lundi – **Repas** 55 (midi)/150 et à la carte 90/168.
◆ Restaurant gastronomique de l'hôtel Mirador. Deux niveaux offrent un panorama idyllique. Le soir, la magie s'installe avec les rives illuminées et l'ambiance du piano-bar.
Spéc. Foie gras de canard confit au naturel, gelée de Pinot-Gamay aux épices. Pavé de sandre doré sur la peau à l'ail doux. Soufflé chaud au fruit de la passion, crème glacée au gingembre. **Vins** Chexbres, Ollon

Hostellerie chez Chibrac avec ch, 1 ch. du Gort, 0219 226 161, *hostellerie@chezchibrac.ch, Fax 0219 229 388,* – AE MC VISA JCB
fermé 15 déc. au 15 janv. – **Repas** *(fermé dim. soir, mardi midi et lundi d'oct. à juin)* *16* - 48/120 et à la carte 54/105 – **9 ch** 130/160 – ½ P suppl. 50.
◆ À l'entrée du village, ancienne ferme convertie en table champêtre. Mets classiques, spécialités vaudoises et desserts cent pour cent "maison". Chambres au charme désuet.

Au Chalet, 0219 222 761, *Fax 0219 222 769,* – AE MC VISA
Repas à la carte 28/84.
◆ A l'arrivée du funiculaire, voici un sympathique restaurant de recettes suisses. Chalet au cadre rustique, complété d'une terrasse à la vue prenante sur lac et montagne.

MONTREUX *1820 Vaud (VD)* 552 F10 – *21 969 h. – alt. 406.*

Voir : *Site★★ – Terrasse de l'église paroissiale : vue★★ d'ensemble* DZ.

Environs : *Rochers de Naye★★★ par train à crémaillère* - BV – *Château de Chillon★★ : site★★ et vue★★ du donjon* BX – *Les Pléiades★★ Nord :* AV – *Col de Sonloup : vue★ Est : 9 km* BV.

18 à Aigle, ✉ 1860, ☎ 0244 664 616, Fax 0244 666 047, par ① : 12 km 9 Les Coullaux à Chessel, ✉ 1846, ☎ 0244 812 246, Fax 0244 816 646, par ① et route d'Evian : 13 km.

Manifestation locale

03.07 - 18.07 : Montreux Jazz Festival.

Montreux-Vevey Tourisme, 5 r. du Théâtre, ☎ 0848 868 484, info@mvtouris m.ch, Fax 0219 628 494.

Bern 90 ③ – Genève 91 ③ – Lausanne 23 ③ – Martigny 43 ①

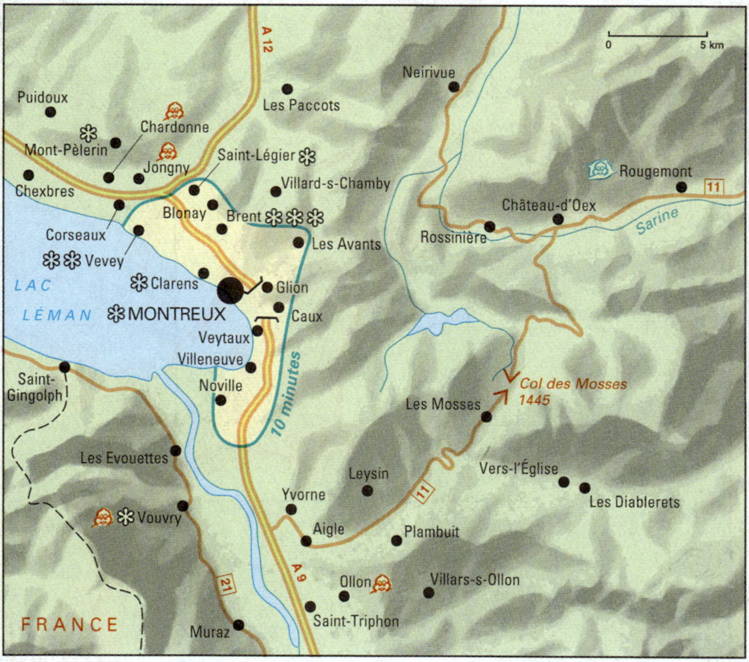

Montreux Palace, 100 Grand-Rue, ☎ 0219 621 212, *sales@montreux-palace. com, Fax 0219 621 717,* ≤, – 15/650. AE MC VISA JCB. rest CY k

Repas (voir aussi rest. ***Le Jaan***) – ***La Brasserie du Palace :*** **Repas** *23* et à la carte 44/92 – 30 – **215 ch** 360/760, 20 suites – ½ P suppl. 80.

◆ Palace de 1906 faisant face au lac. Salons d'époque, chambres sélectes, superbe "wellness center" et nombreuses distractions au programme. Brasserie cossue entretenant l'atmosphère typique d'un établissement de l'aube du 20e s.

Royal Plaza, 97 Grand-Rue, ☎ 0219 625 050, *info@royalplaza.ch, Fax 0219 625 151,* ≤ lac, – video – 15/150. AE MC VISA JCB CY h

La Croisette *(fermé dim. midi)* **Repas** *24* - 45/102 et à la carte 60/107 – ***Café du Lac*** *(fermé 15 oct. au 1er avril et mardi)* **Repas** *18* et à la carte 37/57 – 25 – **141 ch** 295/595, 6 suites – ½ P suppl. 90.

◆ Voisin du centre des Congrès, cet hôtel à la vue imprenable sur le Léman a été rafraîchi. Chambres confortables et espace conférence. Ses deux restaurants dotés de belles terrasses vous proposent l'ambiance "Croisette" ou les pieds dans l'eau au Café du Lac.

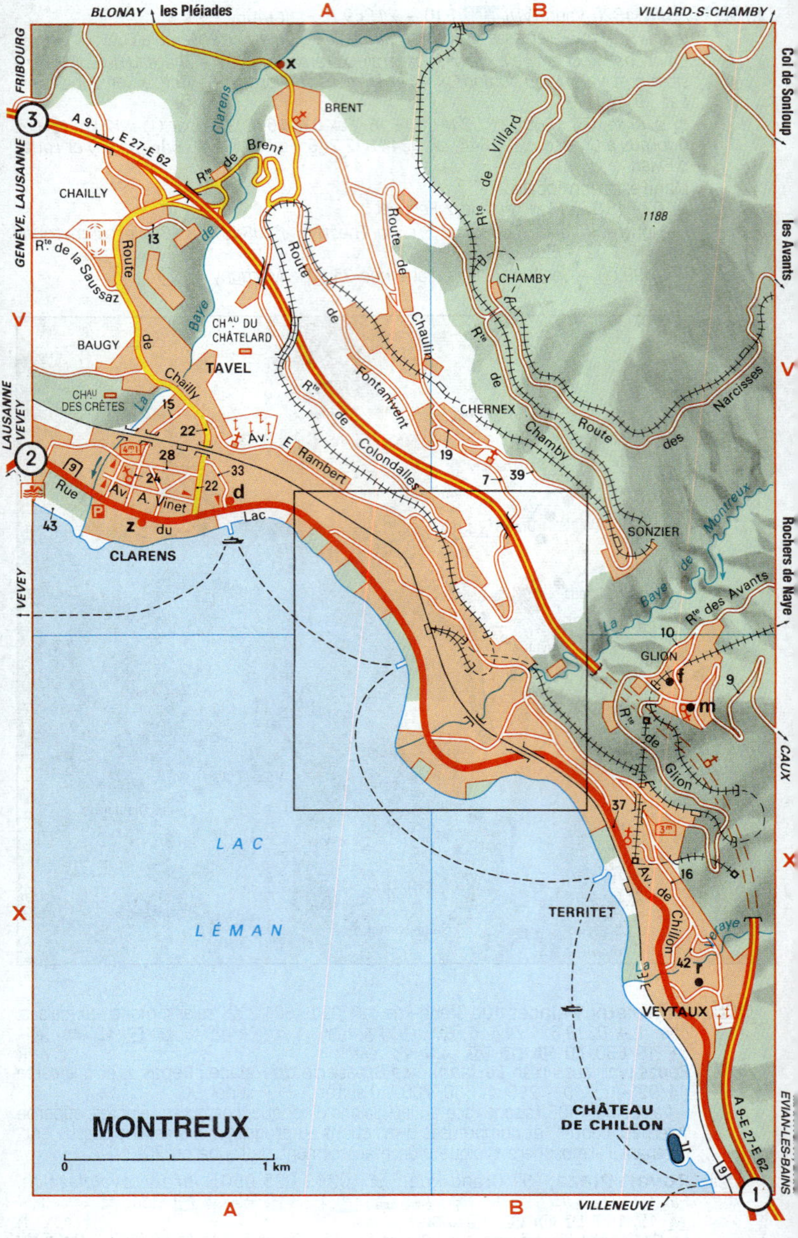

Arzillière (Rte de l') .... **BV** 7	Collonge (Av. de) .... **BX** 16	Port (R. du) .... **AV** 33
Caux (Rte de) .... **BX** 9	Deux-Fontaines (R. des) ... **BV** 19	Riviera (Av. de la) .... **BX** 37
Champ-Fleuri (Rte de) .... **BX** 10	Gambetta (R.) .... **AV** 22	Sonzier (Rte de) .... **BV** 39
Châtaigniers (Rte des) .... **AV** 13	Grammont (R. du) .... **AV** 24	Veraye (R. de) .... **BX** 42
Châtelard (Av. du) .... **AV** 15	Mayor-Vautier (Av.) .... **AV** 28	Villas-du-Bochet (Q. des) .. **AV** 43

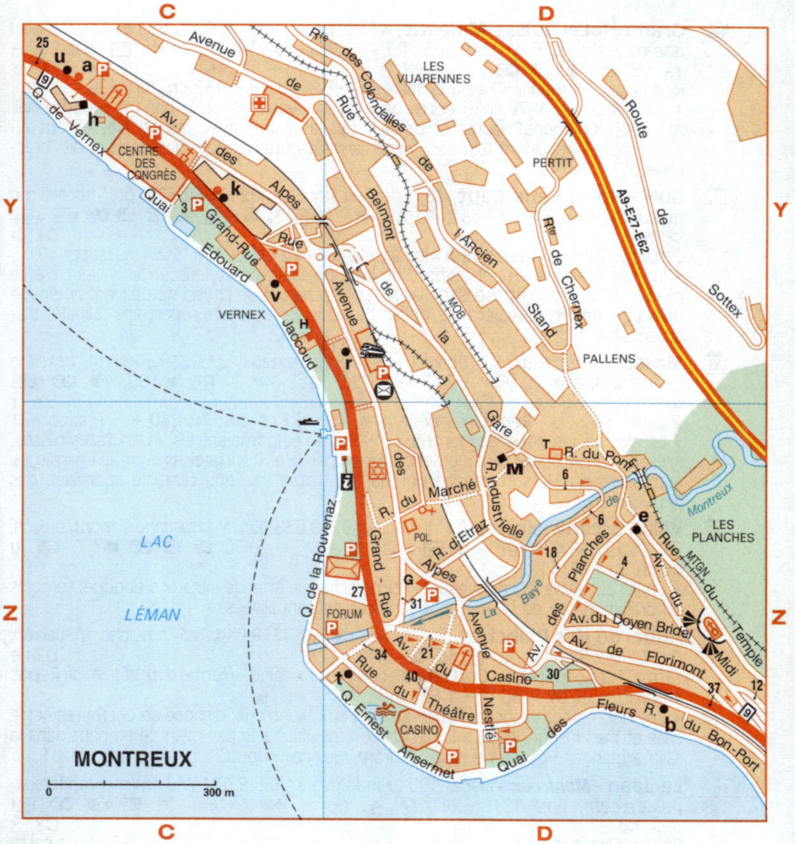

Eden au Lac, 11 r. du Théâtre, ☎ 0219 660 800, *eden@montreux.ch*, *Fax 0219 660 900*, ≤, ☂, ⛵, ≘s, ☂ – |☰|, ☰ rest, TV video ☎ – ⛰ 15/160. AE ⦿ MC VISA DZ t

fermé mi-déc. à mi-janv. – ***La Terrasse*** **:** Repas *19.50* - 40 (midi)/85 et à la carte 53/97 – **105 ch** ☕ 230/430 – ½ P suppl. 49.

◆ Face aux flots, palace de style victorien aux chambres spacieuses aliant meubles anciens et confort moderne. Équipements de pointe dans les salles de réunion. Dans un secteur très animé, la salle à manger en rotonde classique est dotée d'une agréable terrasse.

Eurotel Riviera, 81 Grand-Rue, ☎ 0219 634 951, *eurotelriviera@euriv.ch*, *Fax 0219 635 392*, ≤ lac, ☂, ⚓ – |☰|, ⚔ rest, ☰ rest, TV ☎ 🚗 – ⛰ 15/150. AE ⦿ MC VISA JCB CY v

Bel Horizon *(ouvert début avril - oct.)* **Repas** *22* - 32/64 et à la carte 51/85 – ***Matara*** **:** Repas *19* et à la carte 43/80 – **152 ch** ☕ 180/320 – ½ P suppl. 45.

◆ Les chambres de bonne ampleur de cet hôtel-tour, jouissent d'une vue étendue sur le lac et ses berges. Ponton d'amarrage. Savourez les recettes françaises du Bel Horizon tout en admirant le panorama. Le Matara, lui, est apprécié pour sa carte traditionnelle.

Grand Hôtel Suisse Majestic, 43 av. des Alpes, 0219 663 333, *hotel@suisse-majestic.ch, Fax 0219 663 300,* ≤, - , ch, ch, video - 15/130. AE MC DY r
Repas 25 - 40 (midi)/50 et à la carte 58/96 - 19 - **137 ch** 250/380.
◆ Ce palace de 1870, bâti entre gare et lac, vous accueille par un superbe hall Art déco. Chambres vastes et deux nouvelles suites avec jacuzzi. Restaurant au cadre rappelant l'Orient Express ; vaste terrasse côté lac. Plats classiques et de "brasserie".

Golf - Hôtel René Capt, 35 r. de Bon Port, 0219 662 525, *golf-hotel@montreux.ch, Fax 0219 630 352,* ≤, , - - 40. AE MC VISA JCB. rest DZ b
2 mars au 29 nov. - **Repas** 48 et à la carte 48/84 - **72 ch** 190/355 - ½ P suppl. 39.
◆ Imposant établissement au bord du lac. Son cadre de style bourgeois vient d'être rénové. Magnifique et reposant jardin. Le restaurant de l'hôtel du Golf est aménagé dans une authentique véranda, début de siècle. Essayez son répertoire culinaire traditionnel.

Masson, à Veytaux, 5 r. Bonivard, 1820 Veytaux, 0219 660 044, *hotelmasson@bluewin.ch, Fax 0219 660 036,* , - . AE MC VISA JCB. rest BX r
2 avril - 30 oct. - **Repas** *(fermé le midi)* 40 - **31 ch** 170/240 - ½ P suppl. 40.
◆ Le plus ancien hôtel de Montreux (1828), où séjournaient les aristocrates russes, présente un intérieur typiquement suisse. Chambres bourgeoises. Agréable jardin. Le restaurant du Masson dégage un charme "rétro". Cuisine familiale appréciée des pensionnaires.

Villa Toscane sans rest, 2 r. du Lac, 0219 638 421, *villatoscane@montreux.ch, Fax 0219 638 426,* - video - 30. AE MC VISA CY u
46 ch 170/310.
◆ Charmante villa Art nouveau de 1909, ornée ici et là de vitraux d'époque, témoins du brillant passé de la station. Chambres personnalisées.

Auberge des Planches, 2 r. du Temple, 0219 634 973, *bmelchor@span.ch, Fax 0219 632 311* - . MC VISA. ch DZ e
fermé 7 janv. au 7 fév. - ***Don Chico*** - cuisine mexicaine - *(fermé dim. et le midi)* **Repas** à la carte 56/97 - **36 ch** 85/160.
◆ Cet hôtel, perché sur les hauteurs du vieux Montreux, dispose de chambres actuelles et bien insonorisées, à la décoration mexicaine. Repas plein de piquant dans la salle à manger voûtée de ce restaurant mexicain. Don Chico, pero non chico !

XXXX ✿ **Le Jaan** - ***Montreux Palace***, 100 Grand-Rue, 0219 621 212, *sales@montreux-palace.com, Fax 0219 621 717,* ≤, - . AE MC VISA JCB. CY k
Repas *(fermé le midi, 6 au 19 janv., 3 au 23 août, dim. et lundi)* 130/180 et à la carte 75/159.
◆ Fine cuisine au goût du jour à savourer dans l'opulente véranda "1900" du Montreux Palace. Carte aux accents exotiques, mais soucieuse d'honorer les produits régionaux.
Spéc. Minute de thon méditerranéen, huile vierge au sésame blond et noir. Pavé de brochet cuit au sel de Bex, sauce à la moutarde de bénichon. Soufflé de durian aux zestes de combava

XXX ✿ **L'Ermitage** (Krebs) avec ch, à Clarens, 75 r. du Lac, 1815 Clarens, 0219 644 411, *ermitage.krebs@bluewin.ch, Fax 0219 647 002,* ≤ lac, , , - . AE MC VISA JCB AV z
fermé 20 déc. au 22 janv. - **Repas** *(fermé dim. et lundi de sept. à mai)* 35 - 65 (midi)/170 et à la carte 144/178 - **7 ch** 200/300.
◆ Grande villa et jardin bordant le lac, au coeur de Clarens où J.-J. Rousseau situe l'action de la Nouvelle Héloûse. Chambres lumineuses. Ponton d'amarrage. Belle cuisine.
Spéc. Filets de rouget barbet en escabèche aux légumes (été). Poissons du Lac Léman. Chaud-froid de chocolat au fruit de la passion (printemps). **Vins** Blonay, St. Saphorin

XX **Kwong Ming,** 114 Grand-Rue, 0219 612 170, *Fax 0219 612 188* - . AE MC VISA JCB CY a
fermé sam. midi et lundi midi - **Repas** - cuisine chinoise - 25 - 82/150 et à la carte 69/135.
◆ Salle à manger sino-orientale, avec cages d'oiseaux suspendues au plafond. Aux "woks", deux chefs préparent une cuisine originaire des régions de Pékin, Canton et Sichuan.

Maï Thaï, à Clarens, 40 r. du Lac, 1815 Clarens, 0219 642 536, *maithaiclarens@urbanet.ch, Fax 0219 648 123,* – AE VISA JCB AV d
fermé lundi sauf juillet et août – **Repas** - cuisine thaïlandaise - 20 - 39 (midi)/95 et à la carte 47/111.
◆ Décor et saveurs culinaires mettent à l'honneur la Thaïlande, dans ces deux salles à manger qui communiquent entre elles par une passerelle en bois veillant sur un jardinet.

à Villard-sur-Chamby *Nord : 7 km – alt. 1 000 – 1832 Villard-sur-Chamby :*

du Montagnard, 2 rte de Vallon, 0219 643 684, *office@montagnard.ch, Fax 0219 648 349,* – P. AE VISA
fermé déc. à fév., lundi et mardi – **Repas** (prévenir) 27/54 et à la carte 36/96.
◆ Cette ferme du 17e s. est appréciée pour son ambiance folklorique et musicale animant les soirées de ce restaurant champêtre, surmonté d'une mezzanine.

aux Avants *Nord : 8 km – alt. 970 – 1833 Les Avants :*

de Sonloup, au Col de Sonloup : 2,5 km, 0219 643 431, *hotel.sonloup@bluewin.ch, Fax 0219 643 480,* – TV P – 25. VISA
fermé 23 nov. au 1er avril – **Repas** *(fermé merc. sauf juil. - août et dim. soir)* 17 - 23 (midi)/56 et à la carte 36/78 – **22 ch** 65/170 – ½ P suppl. 38.
◆ Havre de paix niché dans un site naturel, cet hôtel renferme des chambres de style montagnard, souvent dotées d'un salon. Accès en voiture ou train MOB. La salle à manger sert de cadre à la dégustation d'une cuisine régionale ou classique. Terrasse ombragée.

Auberge de la Cergniaulaz, par Col de Sonloup et rte d'Orgevaux : 3.5 km, 0219 644 276, *Fax 0219 646 483,* – AE VISA
fermé 15 janv. au 1er avril, lundi et mardi – **Repas** (prévenir) à la carte 45/92.
◆ Ce restaurant, isolé en montagne, comporte deux petites salles chaleureusement habillées de boiseries et de photos du Tibet. Ardoise de suggestions. Terrasse en pleine nature.

à Glion *Nord-Est : 5 km -* BX *– alt. 688 – 1823 Glion :*

Victoria, 0219 628 282, *info@victoria-glion.ch, Fax 0219 628 292,* lac Léman et Montreux, – TV P – 15/80. AE VISA. rest BX m
Repas 42 - 80 et à la carte 68/112 – **55 ch** 200/370, 4 suites – ½ P suppl. 75.
◆ L'hôtel, entouré d'un superbe parc ombragé et fleuri, domine le Léman et Montreux. Raffinement des chambres, beau mobilier, charme et intimité du lieu. Elégante salle à manger. Dans l'assiette, attrayante cuisine française. Grande et belle terrasse d'été.

Alpes Vaudoises, 15 r. du Bugnon, 0219 632 076, *info@hotel-alpes.ch, Fax 0219 635 694,* – TV – 25. AE VISA rest BX f
Repas 18 - 38 et à la carte 42/71 – **48 ch** 110/190 – ½ P suppl. 34.
◆ L'hôtel, perché au-dessus de Montreux, est accessible par la route ou le train à crémaillère. Vous séjournerez dans des chambres fonctionnelles de tailles diverses. Vaste et lumineuse salle de restaurant de style Louis XV. Terrasse panoramique face aux Alpes.

à Caux *Est : 9 km -* BX *– alt. 1 054 – 1824 Caux :*

Hostellerie de Caux avec ch, 31 rte des Monts, 0219 612 591, *info@hostellerie-caux.com, Fax 0219 612 592,* – P. AE VISA. ch
fermé oct., merc. et jeudi – **Repas** 16 et à la carte 41/76 – **7 ch** 80/170.
◆ Amoureux des paysages de montagne, voici un accueillant chalet, situé sur les hauteurs du village. Coquettes chambres de petite taille. Cuisine du terroir.

Buffet de la Gare avec ch, 2 r. du Panorama, 0219 631 630, *fay@bluewin.ch, Fax 0219 631 640,* – ch, P. AE VISA
fermé 15 nov. au 26 déc., lundi et mardi sauf juil. – **Repas** 16 et à la carte 38/89 – **4 ch** 120.
◆ Ambiance "brasserie parisienne rétro" à cette adresse familiale disposant aussi de chambres sans reproche. Carte traditionnelle. Mention spéciale pour les desserts "maison".

à Brent *Nord-Ouest : 7 km - AV - alt. 569 - ✉ 1817 Brent :*

XXXX ✿✿✿ **Le Pont de Brent** (Rabaey), 4 rte de Blonay, ☎ 0219 645 230, *rabaey@bluewin.ch, Fax 0219 645 530* – P. AE MC VISA AV x
fermé 21 déc. au 5 janv., 18 juil. au 9 août, dim. et lundi – **Repas** 90 (midi)/240 et à la carte 128/213.
◆ Avenante maison régionale dont l'élégant décor intérieur met en scène une somptueuse cuisine personnalisée, foisonnante de saveurs exquises. Un enchantement du palais !
Spéc. Marbré de cabillaud à la ratatouille, coulis de poivrons doux (été - automne). Saltimbocca et croustillant de ris de veau aux oignons confits (automne - hiver). Conversation aux fraises et à la rhubarbe (printemps). **Vins** Yvorne, Villette

---

MONT-SOLEIL *Berne* 551 G6 – *rattaché à Saint-Imier.*

MONT-SUR-LAUSANNE *Vaud* 552 E9 – *rattaché à Lausanne.*

MORAT *Fribourg* 552 H7 – *voir à Murten.*

MORBIO INFERIORE *6834 Ticino (TI)* 553 S14 – *4 120 ab. – alt. 360.*
Bern 306 – Lugano 26 – Bellagio 47 – Bellinzona 54 – Como 20 – Varese 26.

XX **Locanda del Ghitello,** Parco della Breggia, Sud : 1,5 km (uscita Chiasso Nord, dietro il supermercato), ☎ 0916 822 061, *Fax 0916 822 941*, – P. AE MC VISA.
chiuso gennaio - febbraio 2 settimane, giugno - agosto 2 settimane, sabato a mezzogiorno, domenica sera e mercoledì – **Pasto** (coperti limitati - prenotare) 19 - 38 (mezzogiorno)/80 ed alla carta 63/112.
◆ Un vecchio mulino restaurato con gusto situato in fondo ad una valle accanto al centro commerciale "Balerna". Sotto il gazebo o nella sala interna, gustate la delicata cucina.

MORCOTE *6922 Ticino (TI)* 553 R14 – *678 ab. – alt. 280.*
Vedere : *Località★★ – Santuario di Santa Maria del Sasso ; affreschi★.*
Dintorni : *Strada per Lugano : ≤★★.*
Bern 282 – Lugano 11 – Bellinzona 39 – Como 28 – Varese 34.

Carina Carlton, via Cantonale, ☎ 0919 961 131, *info@carina-morcote.ch, Fax 0919 961 929*, ≤ lago, , , – TV. AE MC VISA
13 marzo - 17 ottobre – **Pasto** alla carta 44/114 – **19 cam** 165/250, 3 suites – ½ P sup. 46.
◆ Elegante albergo, ben situato sul Ceresio ; dalla terrazza si gode di una bella vista. Camere signorili e arredate con mobili di buona fattura. Sala da pranzo molto accogliente e terrazza sul lago, per una cucina tradizionale con sapori della regione.

a Vico *Nord-Est : 4 km – alt. 432 – ✉ 6921 Vico-Morcote :*

Swiss Diamond Hotel, via Cantonale, ☎ 0917 350 000, *info@swissdiamondhotel.com, Fax 0917 350 099*, ≤ lago, , , , , , – TV P – 120. AE MC VISA. rist
Pasto 95 (sera) ed alla carta 60/132 – **76 cam** 300/500, 3 suites – ½ P sup. 65.
◆ Hotel completamente rinnovato, modernità e qualità degli arredi conferiscono un tono generale di signorilità ed eleganza. Camere e spazi comuni ampi e confortevoli. Al ristorante viene proposta una cucina d'impronta mediterranea.

XXX **Bellavista** con cam, strada da Vigh 2, ☎ 0919 961 143, *info@bellavistavicomorcote.ch, Fax 0919 961 288*, ≤ lago e monti, – TV. AE MC VISA
chiuso dal 3 gennaio al 28 febbraio – **Pasto** *(chiuso martedì a mezzogiorno e lunedì escluso in alta stagione)* (prenotare) 75/85 ed alla carta 46/112 – 10 – **11 cam** 150/200.
◆ Il tocco moderno dato ad un'antica casa, vi sorprenderà piacevolmente. Il grazioso ristorante è completato dalla terrazza con splendida vista. Eleganti camere a disposizione.

X **La Sorgente,** ☎ 0919 962 301, *ristorante@lasorgente.ch, Fax 0919 961 865*, ≤, – MC VISA
chiuso natale, dal 1° al 22 febbraio, dal 1° al 21 novembre, lunedì e martedì (escluso luglio - agosto) – **Pasto** *(solo la sera escluso sabato e domenica)* 60 ed alla carta 41/83.
◆ Bel localino rustico, con una piccola sala ospitale a cui si aggiunge un grande spazio estivo all'aperto. Cucina leggera e gustosa di tipo tradizionale.

MORGARTEN *Zug* **551** *Q6 – siehe Oberägeri.*

MORGES *1110 Vaud (VD)* **552** *D10 – 13 754 h. – alt. 380.*

Voir : *Quai : vue★ sur le lac* Z.

Musée : *Alexis-Forel★★* Z **M.**

Manifestations locales

début avril - mi-mai : Fête de la Tulipe

10.06 - 20.06 : Morges-sous-Rire, festival international d'humour.

Office du Tourisme, rue du Château, ☎ 0218 013 233, info@morges-tourisme.ch, Fax 0218 013 130.

Bern 117 ① – Lausanne 11 ① – Genève 49 ② – Pontarlier 68 ① – Yverdon-les-Bains 37 ①

MORGES

Alpes (R. des)	Z	3
Bluard (R. du)	Y	4
Casino (Pl. du)	Z	6
Centrale (R.)	Y	
Charles Dufour (Pl.)	Z	7
Charpentiers (R. des)	Y	
Château (R. du)	Z	8
Couronne (Pas. de la)	Z	9
Couvaloup (R. de)	Y	10
Docteur Yersin (R.)	Y	
Fossés (R. des)	YZ	
Gare (R. de la)	YZ	
Grande Rue	YZ	
Jardins (R. des)	YZ	12
Lausanne (R. de)	Y	
Lochmann (Quai)	YZ	
Louis-de-Savoie (R.)	YZ	
Marcelin (Av. de)	Y	
Mont-Blanc (Quai du)	Z	
Moulin (Av. du)	Y	13
Navigation (Pl. de la)	Z	15
Paderewski (Av. I.)	Z	
Paquis (Av. des)	Y	
Parc (R. du)	Z	16
Pont-Neuf (R. du)	Y	18
Rond-Point (R. du)	Z	19
Sablon (R. du)	Y	
St-Louis (Pl.)	Y	21
St-Louis (R.)	Y	
Tanneurs (R. des)	Y	22
Uttins (R. des)	Z	
Vignerons (R. des)	YZ	

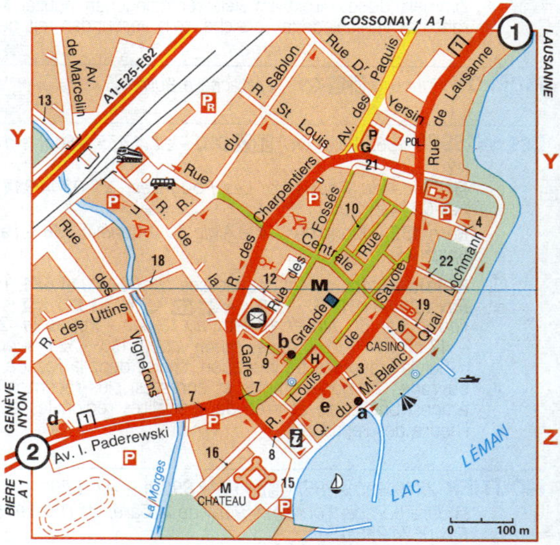

Mont-Blanc, 1 quai du Mont-Blanc, ☎ 0218 048 787, *montblancaulac@bluewin.ch, Fax 0218 015 122,* < lac, – |, ch, – 15/50. AE VISA JCB

Les Guérites (1er étage) **Repas** 44 (midi)/87 et à la carte 43/90 – ***Le Pavois* : Repas** 17.50 - 25 (midi)/58 et à la carte 40/88 – **46 ch** 155/250 – ½ P suppl. 35.

◆ Élégante maison du 19e s. abritant d'assez grandes chambres sachant évoluer, toutes sont tournées vers le lac. Le cadre de la salle à manger est soigné et sa cuisine ne manque pas de souffle. Le Pavois, doté d'une terrasse d'été, adopte un "look" plus actuel. Z a

La Couronne, 88 Grand-Rue, ☎ 0218 014 040, *couronotel@bluewin.ch, Fax 0218 021 297,* – – 50. AE VISA Z b

fermé 25 déc. au 4 janv. – ***Le Servagnin*** *(fermé dim. soir et lundi)* **Repas** 42/79 et à la carte 53/86 – ***Café Grand-Rue* : Repas** 18.50 et à la carte 35/70 – **32 ch** 138/208 – ½ P suppl. 32.

◆ Bâtisse postée en centre-ville, dans une rue piétonne. Les chambres sont fonctionnelles et bien tenues. Le Servagnin, restaurant gastronomique, est installé dans une salle voûtée de style caveau. Le café Grand-Rue dégage, quant à lui, une ambiance de bistrot.

Le Petit Manoir, 8 av. Paderewski, ☎ 0218 024 235, *Fax 0218 012 508,* , – AE VISA Z d

fermé 26 déc. au 6 janv., 17 juil. au 16 août, dim. et lundi – **Repas** 17 - 54/96 et à la carte 58/95.

◆ Demeure patricienne du 17e s. agrémentée d'un jardin à la française. Carte saisonnière à découvrir dans une salle à manger de style Louis XV dotée d'un plafond peint.

Le Léman "Chez Racheter", 61 r. Louis-de-Savoie, 0218 012 188, *Fax 0218 012 237,* – AE MC VISA Z e
fermé mardi – **Repas** 18.50 - 62/72 et à la carte 52/89.
◆ Dans le vieux quartier où se concentrent les commerces, voici un restaurant comprenant une salle ouverte sur le Léman et les Alpes, un café et une salle de banquet.

MÖRIGEN *Bern (BE)* 551 I6 – *742 Ew. – Höhe 481 –* ✉ *2572 Sutz.*
Bern 29 – Neuchâtel 28 – Biel 8 – Solothurn 32.

Seeblick, Hauptstr. 2, 0323 970 707, *info@seeblick.net, Fax 0323 970 708,* Bielersee, – Zim, TV P AE MC VISA
Menu *geschl. Montag* 15.50 und à la carte 46/79 – **12 Zim** 125/170.
◆ Freundliche Farbtöne bestimmen die Atmosphäre in den modern eingerichteten Zimmern dieses direkt am Bielersee gelegenen, neuzeitlichen Hotelbaus. Das Restaurant hat verschiedene Bereiche, teils verbunden mit der schönen Seeterrasse.

MORLON *Fribourg* 552 G9 – *rattaché à Bulle.*

Les MOSSES *1862 Vaud (VD)* 552 G10 – *alt. 1 435 – Sports d'hiver : 1 450/1 880 m* 13 .
Office du Tourisme, Les Fougères, 0244 911 466, info@lesmosses.ch, Fax 0244 911 024.
Bern 132 – Montreux 44 – Aigle 30 – Genève 136 – Lausanne 72 – Martigny 56 – Spiez 73.

Relais Alpin, au col des Mosses, 0244 911 631, *hotel.relaisalpin@bluewin.ch, Fax 0244 912 013,* – TV P AE MC VISA
fermé 2 au 30 avril et 1er sept. au 19 déc. – **Repas** 16 - 26 (midi) et à la carte 34/71 – **47 ch** 72/150, Basse saison 62/130 – ½ P suppl. 28.
◆ Sur la traversée de la station, chalet dont la façade s'anime de balcons en bois ouvragé. Chambres amples et agrestes, plus récentes aux deuxième et troisième étages. Une carte étoffée de spécialités régionales et italiennes est présentée à l'heure des repas.

MOUTIER *2740 Berne (BE)* 551 I5 – *7 896 h. – alt. 529.*
Jura bernois Tourisme, 9 av. de la Gare, 0324 945 343, info@jurabernois.ch, Fax 0324 936 156.
Bern 79 – Delémont 16 – Biel 38 – Solothurn 48.

des Gorges, 26 r. des Gorges, 0324 931 669, *Fax 0324 934 959* – TV P AE MC VISA.
Repas *(fermé dim. et lundi)* 16 et à la carte 30/75 – **14 ch** 85/145.
◆ Hôtel situé à l'entrée de Moutier, sur un axe passant. Chambres bien insonorisées et équipées d'un mobilier fonctionnel. Pizzas, pâtes et mets traditionnels composent la carte du restaurant de l'hôtel où vous serez accueillis dans une salle au décor champêtre.

à Roches *Nord : 3 km par route de Delémont – 235 h. – alt. 498 –* ✉ *2762 Roches :*

Auberge du Cheval Blanc, 15 r. principale, 0324 931 180, *Fax 0324 936 227,* – P AE MC VISA
fermé 23 au 25 déc., 18 juil. au 10 août, dim. soir, lundi soir et mardi – **Repas** 16 - 36 (midi)/78.
◆ Pour une fois, laissez le patron choisir à votre place ! Ici, pas de carte, pas d'habitude : chaque jour, on vous annonce un menu différent pour le déjeuner et pour le dîner.

à Perrefitte *Ouest : 2,5 km – alt. 578 –* ✉ *2742 Perrefitte :*

de l'Etoile, 0324 931 017, *fabien.merillat@restaurant-etoile.ch, Fax 0324 931 075,* – P AE MC VISA
fermé 22 déc. au 5 janv., 24 juil. au 10 août, dim. et lundi – **Repas** 16 - 48/72 et à la carte 39/81.
◆ L'établissement a bénéficié d'un "lifting" : salle à manger moderne aménagée à la façon d'un jardin d'hiver. Recettes traditionnelles et quelques préparations internationales.

MÜHLEDORF 4583 Solothurn (SO) 551 J6 – 346 Ew. – Höhe 570.

Bern 29 – Biel 23 – Burgdorf 24 – Olten 47 – Solothurn 15.

Kreuz mit Zim, Hauptstr. 5, 0326 611 023, *mail@kreuz-muehledorf.ch, Fax 0326 611 130,* , – *geschl. 2. - 16. Feb. und 27. Sept. - 11. Okt.* – **Menu** 16.50 - 56 und à la carte 39/95 – **6 Zim** 95/190.

◆ Neben einer rustikalen Gaststube und weiteren gemütlichen Räumlichkeiten stehen in diesem ruhig gelegenen Gasthof auch einige Zimmer zum Übernachten bereit.

MÜLLHEIM-WIGOLTINGEN 8554 Thurgau (TG) 551 S3 – Höhe 412.

Bern 179 – Sankt Gallen 42 – Frauenfeld 15 – Konstanz 16 – Winterthur 30.

Wartegg, Müllheimerstr. 3, beim Bahnhof, 0527 700 808, *info@langasthof-wartegg.ch, Fax 0527 631 725,* – *geschl. Ende Jan. und Ende Juli jeweils 2 Wochen, Dienstag und Mittwoch* – **Menu** 18.50 - 47 (mittags)/85 und à la carte 49/116.

◆ Hinter dem kleinen Gaststubenbereich schliesst sich das elegante à la carte-Restaurant an. In dem mit Biedermeiermöbeln eingerichteten Raum reicht man eine klassische Karte.

Die in diesem Führer angegebenen Preise folgen der Entwicklung der allgemeinen Lebenshaltungskosten. Lassen Sie sich bei der Zimmerreservierung den endgültigen Preis vom Hotelier mitteilen.

MÜLLIGEN 5243 Aargau (AG) 551 O4 – 779 Ew. – Höhe 368.

Bern 103. – Aarau 25 – Baden 5 – Luzern 58 – Zürich 27.

Müli, Mülirain 1, 0562 251 154, *info@mueli-muelligen.ch, Fax 0562 252 058,* – *geschl. 2. - 8. Feb., 25. Juli - 7. Aug., Montag und Dienstag* – **Menu** 45 (mittags/105 und à la carte 70/118.

◆ Dieses idyllisch am Reussufer gelegene Haus stammt aus dem 12. Jh. In der Gaststube oder im à la carte-Restaurant serviert man eine klassische Küche, modern interpretiert.

MÜNCHENBUCHSEE 3053 Bern (BE) 551 J7 – 9 311 Ew. – Höhe 557.

Bern 9 – Biel 26 – Burgdorf 20 – Neuchâtel 52 – Solothurn 34.

Moospinte, Richtung Wiggiswil : 1 km, 0318 690 113, *moospinte@swissonline.ch, Fax 0318 695 413,* – *geschl. 8. Feb. - 1. März., Sonntag und Montag* – **Menu** (Tischbestellung ratsam) 56 (mittags)/155 und à la carte 72/142 – ***Gaststube :*** **Menu** à la carte 49/92.

◆ In dem schönen Berner Landgasthof a. d. J. 1840 verwöhnt Sie der für seine saisonale und marktfrische Küche bekannte "Chrüter Oski" mit ausgesuchten regionalen Spezialitäten. Gut und preisgünstig speist man in der Gaststube mit hübscher Gartenterrasse.

Häberli's Schützenhaus, Oberdorfstr. 10, 0318 688 988, *info@haeberlis.com, Fax 0318 688 989,* – – 50. *geschl. Weihnachten* – ***Le Gourmet :*** **Menu** 75/115 und à la carte 60/98 – ***Brasserie :*** **Menu** 17.50 - 42 und à la carte 35/95.

◆ Das leicht elegante Le Gourmet bietet eine kleine Auswahl klassischer Gerichte. Bei gutem Wetter sitzt man auch nett auf der Terrasse. Französischen Charme verbreitet die Brasserie mit schönem Jugendstil-Dekor. Im Untergeschoss : ein moderner Weinkeller.

MÜNCHWILEN 9542 Thurgau (TG) 551 S4 – 591 Ew. – Höhe 518.

Bern 174 – Zürich 55 – Frauenfeld 13 – Wil 4 – Winterthur 25.

Münchwilen garni, Schmiedstr. 5, 0719 693 131, *info@hotel-muenchwilen.ch, Fax 0719 693 132,* – – 40. **55 Zim** 125/175.

◆ In dem Neubau werden die Gäste in modernen Zimmern untergebracht, die mit solidem Kirschholzmobiliar ausgestattet und in warmen Farben gehalten sind.

MÜNSINGEN *3110 Bern (BE)* **551 J8** *– 10 518 Ew. – Höhe 531.*
Bern 17 – Fribourg 51 – Langnau im Emmental 33 – Thun 15.

Löwen, Bernstr. 28, 0317 243 111, *info@loewen.ch, Fax 0317 243 110,* – – 15/40. AE VISA
Menu 17-46 (mittags)/75 und à la carte 48/94 – **18 Zim** 130/190 – ½ P Zuschl. 25.
◆ Die Zimmer im Haupthaus sind mit dunklem Holz eingerichtet - massive Dachbalken schaffen Atmosphäre. In einer renovierten Scheune beziehen Sie hell möblierte Zimmer. Gaststube, rustikale Löwenstube und das wintergartenähnliche Läubli bilden das Restaurant.

MUNTELIER *Freiburg* **552 H7** *– siehe Murten.*

La MURAZ *Valais* **552 F11** *– rattaché à Sion.*

MURI *5630 Aargau (AG)* **551 O5** *– 6 070 Ew. – Höhe 458.*
Bern 111 – Aarau 33 – Luzern 32 – Zürich 29.

Ochsen, Seetalstr. 16, 0566 641 183, *ochsen-muri@bluewin.ch, Fax 0566 645 615,* – AE VISA
Menu *(geschl. 25. Juli - 8. Aug., Sonntagabend und Montag)* 18 - 48 (mittags)/82 und à la carte 51/97 – **11 Zim** 95/170 – ½ P Zuschl. 25.
◆ Die Zimmer des im Dorfzentrum gelegenen Gasthauses sind mit hellgrauem Mobiliar neuzeitlich und zweckmässig ausgestattet und bieten ausreichend Platz. An die rustikale Gaststube schliesst sich das kleine, gemütliche à la carte-Stübli an.

Adler, Marktstr. 5, 0566 755 454, *info@adler-muri.ch, Fax 0566 755 400,* – AE VISA JCB
Menu 16.50 - 33 (abends) und à la carte 37/76 – **17 Zim** 160/200 – ½ P Zuschl. 30.
◆ Die Zimmer des Hauses sind modern, mit weissem Bett und grossem Schrank teils auch mit Kitchenette, zweckmässig ausgestattet und bieten mehr als ausreichend Platz. Ein modernes Bistro und ein à la carte-Bereich mit Glasdecke bilden die Restauration.

MURI BEI BERN *Bern* **551 J7** *– siehe Bern.*

MÜRREN *3825 Bern (BE)* **551 L10** *– 427 Ew. – Höhe 1 639 – Wintersport : 1 650/2 970 m 2 8.*
Sehenswert : *Lage★★.*
Ausflugsziel : *Schilthorn★★★ West mit Luftseilbahn – Sefinenfall★ Süd.*
Tourist Information, 0338 568 686, info@muerren.ch, Fax 0338 568 696.
Bern 74 – Interlaken 17 – Grindelwald 21 – Spiez 33.

mit Standseilbahn ab Lauterbrunnen erreichbar

Eiger , 0338 565 454, *info@hoteleiger.com, Fax 0338 565 456,* Eiger, Mönch und Jungfrau, , s, – , Zim, – 15. AE VISA. Rest
19. Dez. - 10. April und 6. Juni - 18. Sept. – **Menu** 49 (abends) und à la carte 44/106 – **40 Zim** 260/400, Vorsaison 200/300, 7 Suiten – ½ P Zuschl. 30.
◆ Die ruhige Lage in dem autofreien Ort - mit Blick auf Eiger, Mönch und Jungfrau - sowie die wohnlichen Zimmer sind Annehmlichkeiten dieses sympathischen Hotels. Im unteren Teil des Hauses findet man das rustikale Restaurant. Sonnenterrasse !

Bellevue-Crystal , 0338 551 401, *bellevue-crystal@bluewin.ch, Fax 0338 551 490,* Berge, , – Zim, . AE VISA JCB
geschl. 12. April - 30. Mai (Rest. : - 14 Juni) und 31. Okt. - 18. Dez. – **Menu** à la carte 34/79 – **17 Zim** 135/230, Vorsaison 105/170 – ½ P Zuschl. 30.
◆ Das Hotel liegt recht zentral im Ort - ganz in der Nähe : eine Skiabfahrt und die Standseilbahn ins Skigebiet. Sie beziehen freundliche Zimmer mit hellem Naturholzmobiliar. Teil des Restaurants ist ein nettes, rustikales Stübli.

Edelweiss , 0338 565 600, *edelweiss@muerren.ch, Fax 0338 565 609,* Eiger, Mönch und Jungfrau, – . VISA
21. Dez. - 10. April und 19. Mai - 2. Okt. – **Menu** *(im Sommer nur Abendessen für Hotelgäste)* 21 und à la carte 44/76 – **24 Zim** 130/260, Vorsaison 95/170 – ½ P Zuschl. 30.
◆ Die ruhige Lage am Rande des Mürrener Plateaus, der Blick auf Eiger, Mönch und Jungfrau sowie mit Arve oder Furnierholz möblierte Zimmer sprechen für diese Adresse.

Alpenruh, ☎ 0338 568 800, *alpenruh@schilthorn.ch, Fax 0338 568 888,* ← Eiger und Jungfrau, – |\$|, Zim, TV. AE MC VISA JCB. Rest
Menu *(geschl. 2. Nov. 12. Dez.)* 14.50 - 19 (mittags)/30 und à la carte 31/72 – **26 Zim** 130/260, Vorsaison 105/180 – ½ P Zuschl. 35.
◆ Wenige Schritte von der Luftseilbahnstation entfernt liegt das Chalet, in dem Zimmer mit hellem Holzmobiliar und schönem Blick auf Eiger und Junfrau zum Einzug bereitstehen. Frisch wirkendes, rustikales Restaurant mit Aussichtsterrasse.

Jungfrau, ☎ 0338 554 545, *mail@hoteljungfrau.ch, Fax 0338 554 549,* ←, – |\$|, Zim, TV – 25. AE MC VISA JCB. Rest
21. Dez. - 6. April und 28. Mai - 3. Okt. – **Menu** *(im Sommer nur Abendessen)* 60 und à la carte zirka 40 – **29 Zim** 145/290, Vorsaison 95/190 – ½ P Zuschl. 34.
◆ Das ruhig gelegene Haus mit dem eigentümlichen Türmchen beherbergt seine Gäste in Zimmern, die mit hellem Furnierholzmobiliar praktisch eingerichtet sind. Im Restaurant Gruebi wie auch auf der Terrasse serviert man eine traditionelle Küche.

MURSCHETG *Graubünden* 553 T8 – *siehe Laax.*

MURTEN (MORAT) *3280 Freiburg (FR)* 552 H7 – *5651 Ew. – Höhe 448.*

Sehenswert : *Altstadt★★ – Stadtmauer★.*

Lokale Veranstaltungen
06.03 - 08.03 : Fasnacht
22.06 : Solennität (zur Erinnerung an die Schlacht bei Murten im Jahre 1476).
Murten Tourismus, Franz. Kirchgasse 6, ☎ 0266 705 112, info@murtentourismus.ch, Fax 0266 704 983.
Bern 31 – Neuchâtel 28 – Biel 34 – Fribourg 16.

MURTEN

Alte Freiburgstrasse .... Z
Bahnhofstrasse .... Z
Bernstrasse .... Y 3
Bubenbergstrasse ...... Z 4
Burgunderstrasse ...... Z 6
Deutsche Kirchgasse .... Y 7
Erlachstrasse .... Z 9
Franz. Kirchgasse ...... Y 10
Freiburgstrasse .... Z
Hauptgasse .... YZ
Hôpital (R. de l') .... Z 12
Längmatt .... Y 13
Lausannestrasse .... Z
Meylandstrasse .... YZ
Pra Pury .... Z
Prehlstrasse .... YZ 15
Raffor .... Y
Rathausgasse .... Y 16
Ryf .... YZ
Schulgasse .... Z 17
Törliplatz .... Z 18
Wilerweg .... Z

Benachrichtigen Sie sofort das Hotel, wenn Sie ein bestelltes Zimmer nicht belegen können.

Weisses Kreuz, Rathausgasse 31, ☎ 0266 702 641, *info@weisses-kreuz.ch, Fax 0266 702 866,* ←, – TV – 15/100. AE MC VISA Y a
geschl. 15. Dez. - 15. Jan. (Rest. - 29. Feb.) – **Menu** (1. Etage) 50 (mittags)/90 und à la carte 54/96 – **27 Zim** 140/280 – ½ P Zuschl. 50.
◆ Die zwei miteinander verbundenen Altstadthäuser bieten dem Gast unterschiedlich eingerichtete Zimmer - von modern bis stilvoll, teils auch in italienischem Design. Neben zwei klassischen Speisesälen im 1. Stock bietet sich auch eine schöne Panoramaterrasse an.

Schiff, Ryf 53, 0266 702 701, *info@hotel-schiff.ch, Fax 0266 703 531,* ← – – 15/35. AE VISA Y b
geschl. 22. Dez. - 26. Jan. – ***Lord Nelson*** *(geschl. Mittwoch ausser April - Okt.)* **Menu** 48/108 und à la carte 44/105 – **15 Zim** 140/250 – ½ P Zuschl. 48.
◆ Am Hafen, unterhalb der Altstadt gelegen, bietet dieses Haus eine schöne Sicht sowie teils einfachere, praktische, teils klassische, mit Stilmöbeln eingerichtete Zimmer. Das Lord Nelson erinnert an einen alten, gediegenen englischen Club. Terrasse in Ufernähe.

Murtenhof, Rathausgasse 3, 0266 729 030, *info@murtenhof.ch, Fax 0266 729 039,* ←, – – 25. AE VISA Y c
Menu *(geschl. 1. - 26. Jan. und Montag)* 77 und à la carte 43/84 – **21 Zim** 110/190 – ½ P Zuschl. 35.
◆ Das Patrizierhaus a. d. J. 1428 liegt neben dem Schloss dieses malerischen Ortes. Ausser wohnlichen Zimmern hat man auch 2 sehr schöne Juniorsuiten eingerichtet. Zum See hin liegt das moderne Wintergarten-Restaurant - im Sommer mit Panoramaterrasse.

Ringmauer, Deutsche Kirchgasse 2, 0266 701 101, *Fax 0266 722 083,* – VISA Y d
geschl. 12. - 27. April, 8. - 23. Nov., Sonntag (ausser mittags von Mai - Aug.) und Montag – **Menu** 17 - 70 und à la carte 51/100.
◆ Hell und frisch wirkt dieses rustikale Restaurant, in dem man Ihnen sorgfältig zubereitete klassische französische Speisen serviert. Im Café : einfache traditionelle Küche.

in Muntelier *Nord-Ost : 1 km – Höhe 438 – ✉ 3286 Muntelier :*

SeePark garni, Muntelierstr. 25, 0266 726 666, *office@hotel-seepark.ch, Fax 0266 726 677* – – 15/120. AE VISA
geschl. 21. Dez. - 4. Jan. – **34 Zim** 149/298.
◆ Direkt an der Sprachgrenze liegt dieser moderne Bau aus Granit und Glas. Nicht nur Geschäftsreisende schätzen die frisch wirkenden, geräumigen Gästezimmer.

Bad Muntelier , 0266 708 810, *info@hotel-bad-muntelier.ch, Fax 0266 708 811,* ←, , , – – 15/40. AE VISA
geschl. 15. Dez. - 1. Feb. – **Menu** *(geschl. Montag ausser Juli - Aug.)* 35 (mittags)/62 und à la carte 54/102 – **22 Zim** 150/250 – ½ P Zuschl. 45.
◆ Neben der ruhigen Lage am See zählen die in einem Anbau untergebrachten, einheitlich gestalteten und geräumigen Zimmer zu den Annehmlichkeiten des Hotels. Zur Restauration gehören gepflegte à la carte-Räume, ein einfaches Bistro und eine Seeterrasse.

in Meyriez *Süd-West : 1 km – Höhe 445 – ✉ 3280 Murten :*

Vieux Manoir au Lac , 18 r. de Lausanne, 0266 786 161, *welcome@vieuxmanoir.ch, Fax 0266 786 162,* ← See, , , , , – – – 30. AE VISA Z f
Hotel : 6. März - 31. Okt. – **Menu** *(geschl. Montag - Dienstag von Jan. - Feb. und Nov. - Dez.)* 36 - 46 (mittags)/138 und à la carte 75/145 – **33 Zim** 390/470 – ½ P Zuschl. 82.
◆ Dieses anmutige, elegante Landhaus liegt etwas ausserhalb in einem schönen Park am See. Geschmackvoll eingerichtete Zimmer überzeugen mit angenehmem Wohnkomfort. Das helle, gediegene Restaurant wie auch die Terrasse bieten eine wunderschöne Sicht.

MÜSTAIR *7537 Graubünden (GR)* 553 **AA10** – *840 Ew. – Höhe 1 248 – Wintersport :* .
Sehenswert : *Wandmalereien★★ in der Klosterkirche St. Johann★.*
Tourismus Val Müstair, 7532 Tschierv, 0818 503 929, info@muenstertal.ch, Fax 0818 503 930.
Bern 352 – Scuol 59 – Chur 128 – Landeck 81 – Merano 65 – Sankt Moritz 72.

Liun, 0818 585 154, *liun@hotel-liun.ch, Fax 0818 586 293,* ←, – AE VISA JCB. Rest
Menu *(geschl. Montag im Winter)* 18.50 und à la carte 34/59 – **12 Zim** 75/170, Vorsaison 65/150 – ½ P Zuschl. 28.
◆ Das am Ortseingang gelegene Hotel besteht aus einem mit Sgrafitti verzierten Teil und einem modernen Anbau. Geräumige, wohnliche Zimmer mit Arven- und Fichtenholzmobiliar. Neuzeitlich gestaltete Stüvetta (kleine Stube) mit Holzdecke.

Chasa Chalavaina, Plaz Grond 24, ✆ 0818 585 468 – P
Menu 19.50 - 28/44 und à la carte 30/53 – **15 Zim** 95/190, Vorsaison 65/170 – ½ P Zuschl. 36.
◆ Diese aus dem 12. Jh. stammende kleine Herberge besticht durch ihre gemütliche Atmosphäre. Gäste wohnen in teils mit antikem Mobiliar bestückten Zimmern. Über eine Treppe - und durch eine niedrige Tür - gelangt man in das urchige Lokal.

Münsterhof, Hauptstr. 40, ✆ 0818 585 541, *info@muensterhof.ch, Fax 0818 585 058,* – TV P. MC VISA
geschl. 7. Jan. - 10. Feb. ; im Winter Sonntagabend und Mittwoch – **Menu** 19.50 und à la carte 30/76 – **16 Zim** 75/140 – ½ P Zuschl. 24.
◆ Das 1887 gebaute Haus liegt im Kern des malerischen Ortes. Hier beziehen Sie nette Zimmer, die mit antikem Arvenholzmobiliar und schön getäferten Wänden ausgestattet sind. Speisesaal für Hotelgäste und Gaststube mit einfacher Karte.

MUTTENZ *Basel-Landschaft* 551 K4 – *siehe Basel.*

NÄFELS *8752 Glarus (GL)* 551 S7 – *3 956 Ew. – Höhe 440.*

Sehenswert : *Prunkgemächer★★ im Freulerpalast★.*
Verkehrsverein, im Dorf 1, ✆ 0556 122 188, Fax 0556 124 325.
Wohnparadies, ✆ 0556 184 080, Fax 0556 184 556.
Bern 187 – Sankt Gallen 63 – Chur 68 – Glarus 8 – Vaduz 54.

Schwert mit Zim, im Dorf 20, ✆ 0556 184 280, *info@giorgio.ch, Fax 0556 124 353* – TV. AE MC VISA
geschl. 19. Juli - 8. Aug., Sonntagabend und Montag – **Menu** 75/95 und à la carte 59/95 – **8 Zim** 75/150.
◆ Das schöne Gasthaus liegt im Ortszentrum. In einem mit Täfer verkleideten Lokal mit gemütlichem Ambiente kann der Gast Gerichte aus der gutbürgerlichen Karte wählen.

NÄNIKON *8606 Zürich (ZH)* 551 Q5 – *Höhe 457.*

Bern 141 – Zürich 16 – Rapperswil 23 – Sankt Gallen 67 – Winterthur 25.

Zum Löwen, Zürichstr. 47, ✆ 019 423 355, *Fax 019 423 356,* – P. AE MC VISA
geschl. 21. Dez. - 4. Jan., 9. - 23. Mai, 12. - 26. Sept., Samstagmittag, Sonntag und Montag – **Menu** 54 (mittags)/110 und à la carte 61/121.
◆ Das Riegelhaus beherbergt eine gemütliche Stube mit niedriger Decke, blanken Tischen und gutem Couvert. Freundlicher Service und gute europäische Weinkarte.

NATERS *Wallis (VS)* 552 M11 – *rattaché à Brig.*

NEBIKON *6244 Luzern (LU)* 551 M6 – *2 160 Ew. – Höhe 487.*

Bern 78 – Aarau 32 – Baden 53 – Luzern 37 – Olten 22.

Adler, Hauptstr. 4, ✆ 0627 562 122, *gasthof.adler@bluewin.ch, Fax 0627 563 280,* – P. AE MC VISA.
geschl. 17. Feb. - 3. März, 27. Juli - 18. Aug., Dienstag und Mittwoch – **Menu** 54 (mittags)/149 und à la carte 66/142 – ***Gaststube* : Menu** 16 und à la carte 36/76.
◆ In zwei edlen Stuben, dem Säli und dem Stübli, die mit schönem Täfer Gemütlichkeit ausstrahlen, schwelgen die Gäste in einer guten Auswahl der französischen Küche. Einfacher ist die Gaststube mit einem interessanten Angebot an traditionellen Speisen.
Spez. Balchen und Krebse aus dem Sempachersee (Juni-Sept.). Gefülltes, glasiertes "Söischnörrli". Ganzes Kalbsnierli am Tisch tranchiert. **Weine** Dagmerseller

NEFTENBACH *8413 Zürich (ZH)* 551 Q4 – *Höhe 415.*

Bern 147 – Zürich 27 – Baden 47 – Konstanz 49 – Schaffhausen 25 – Winterthur 7.

Löwen, Zürichstr. 37, ✆ 0523 151 044, *herter@swissonline.ch, Fax 0523 151 045,* – TV P. MC VISA. Zim
geschl. Feb. 1 Woche und Aug. 2 Wochen – **Menu** *(geschl. Sonntag und Montag)* 15.50 und à la carte 42/86 – **12 Zim** 90/140 – ½ P Zuschl. 18.
◆ Das Haus mit Fachwerk hat neuzeitlich ausgestattete und mit hellem zweckmässigem Furnierholzmobiliar eingerichtete Gästezimmer, die über eine moderne Technik verfügen. Die gemütliche Gaststube oder das Stübli stehen für Sie bereit.

NEIRIVUE *1668 Fribourg (FR)* **552 G10** *– 328 h. – alt. 760.*

Bern 70 – Montreux 48 – Fribourg 40 – Gstaad 26 – Lausanne 60 – Yverdon-les-Bains 73.

Auberge du Lion d'Or avec ch, ✆ 0269 281 105, *lion-dor@bluewin.ch, Fax 0269 281 136* – TV P. AE ⓓ MC VISA
fermé 14 au 28 janv., 2 au 23 juin, mardi soir (sauf juil. - août) et merc. – **Repas** *16* - 49 et à la carte 39/82 – **7 ch** ☕ 60/98 – ½ P suppl. 20.

◆ Cette affaire familiale sortie requinquée d'une récente cure de jouvence dispose d'une petite salle à manger classiquement agencée et de quelques chambres meublées en pin.

NENNIGKOFEN *Solothurn* **551 J6** – *siehe Solothurn.*

NETSTAL *8754 Glarus (GL)* **551 S7** *– 2826 Ew. – Höhe 458.*

Bern 161 – Sankt Gallen 67 – Chur 66 – Schwyz 47 – Zürich 63.

Schwert mit Zim, Molliserstr. 7, ✆ 0556 407 766, *schwert.netstal@bluewin.ch, Fax 0556 409 010,* – |‡|, ▤ Rest, TV ✆ P – 15/80. AE MC VISA
geschl. 18. Juli - 9. Aug., Sonntagabend und Montag – ***Wiggis Stube :*** Menu 56 (mittags)/96 und à la carte 61/107 – ***Glarner Stübli :*** Menu *21* und à la carte 52/97 – **10 Zim** ☕ 85/140 – ½ P Zuschl. 40.

◆ Die Wiggis Stube ist das gehobene à la carte-Restaurant. In modern-rustikalem Rahmen hat der Gast die Wahl zwischen klassischen und zeitgemässen Gerichten. Im Glarner Stübli - mit Biedermeier-Einrichtung - gibt es regionale Gerichte.

NEUCHÂTEL (NEUENBURG)

2000 Ⓒ Neuchâtel (NE) 552 G7 – 31 739 h. – alt. 440

Bern 49 ① – Biel 35 ② – La Chaux-de-Fonds 25 ③ – Pontarlier 59 ③ – Yverdon-les-Bains 40 ②.

ℹ Tourisme neuchâtelois, Hôtel des Postes ☎ 0328 896 890, tourisme.neuchatelois@ne.ch, Fax 0328 896 296 CZ.
1 r. Pourtalès / av. 1er Mars, ☎ 0327 298 181, Fax 0327 298 182 CZ.
8 Faubourg du Lac, ☎ 0327 258 122, Fax 0327 247 886 CZ.

Manifestations locales
10.08 – 14.08 : Buskers Festival, musiciens de rue (international)
24.09 – 26.09 : Fête des vendanges, grand cortège et corso fleuri.

18 à Saint-Blaise, ✉ 2072 (avril-mi nov.) ☎ 0327 535 550, Fax 0327 532 940, par ① : 9 km.

Voir : *Quai Osterwald : vues★★* BZ – *Ville ancienne★* BZ – *Collégiale★* BZ.
Musées : *Art et Histoire★★ : automates★★ ; collection Strübin★* CZ – *Ethnographie★* AZ.
Excursions : *croisières sur le lac. Renseignements : Société de Navigation sur les lacs de Neuchâtel et Morat, Port de Neuchâtel, ☎ 0327 299 600, Fax 0327 299 601.*

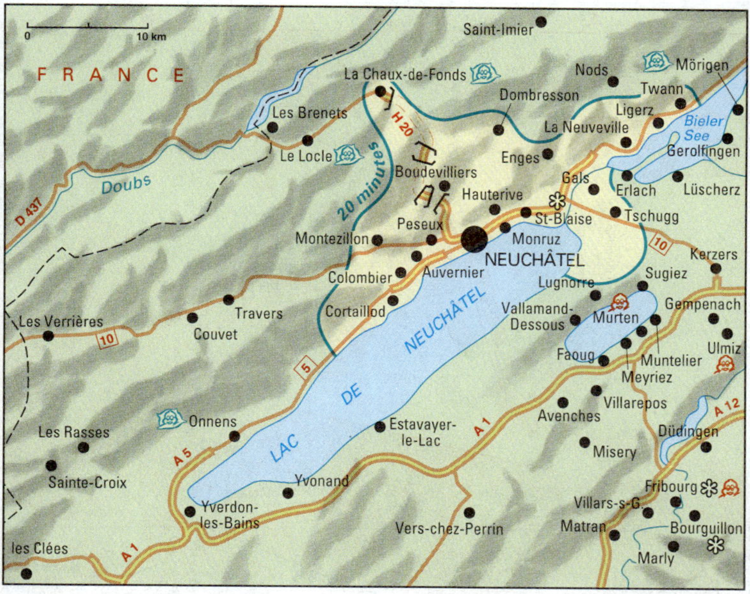

Beau-Rivage, 1 Esplanade du Mont-Blanc, ☎ 0327 231 515, *reception@beau-rivage-hotel.ch, Fax 0327 231 616,* < lac, – , ch, – 15/110. AE VISA JCB BZ b
Repas 38 - 49 (midi)/61 et à la carte 54/103 – 24 – **65 ch** 320/450 – ½ P suppl. 55.
◆ Contemplez le ballet des mouettes depuis les baies de l'hôtel, posté en bordure du lac. Salon cossu et chambres aux tons clairs. L'espace restauration, au décor inspiré du style Régence, se complète d'une verrière-véranda : cadre soigné et cuisine savoureuse.

Beaulac, 2 Esplanade Léopold-Robert, ☎ 0327 231 111, *hotel@beaulac.ch, Fax 0327 256 035,* < lac, , – , ch, ch, – 15/300. AE VISA JCB CZ u
Repas 21 - 29 (midi)/49 et à la carte 45/105 – 18 – **86 ch** 185/330 – ½ P suppl. 35.
◆ Hôtel privilégié par son emplacement au bord du lac de Neuchâtel, devant le port des yachts. Spacieuses chambres bien équipées ; suites et junior suites. Restaurant où une carte classique se donne pour mission de combler votre appétit. Terrasse panoramique.

La Maison du Prussien, 11 r. des Tunnels, sud-ouest par rue de Saint-Nicolas AZ, ☎ 0327 305 454, *info@hotel-prussien.ch, Fax 0327 302 143,* – video – 15. AE VISA
fermé 21 déc. au 8 janv., 2 sem. juil à août et dim. – **Repas** *(fermé aussi sam. midi)* 18 - 29 (midi)/107 et à la carte 70/110 – **10 ch** 130/300 – ½ P suppl. 45.
◆ Dans les gorges du Vauseyon, hôtel romantique abritant de belles chambres au décor d'origine conservé, avec poutres apparentes et tomettes. La salle à manger de La Maison du Prussien, coiffée d'une verrière, vous soumet un choix de recettes au goût du jour.

Alpes et Lac, 2 pl. de la Gare, ☎ 0327 231 919, *hotel@alpesetlac.ch, Fax 0327 231 920,* < ville et lac, – – 45. AE VISA JCB
Repas *(fermé le soir sauf juin à sept.) (fermé 26 déc. au 6 janv., sam. et dim. d'oct. à mai)* 18.50 - 35 (midi)/52 et à la carte 44/72 – **30 ch** 125/210. CY r
◆ Demeure de 1872 admirant la ville et le lac. La plupart des chambres orientent leur regard vers les flots. Son restaurant moderne se pare de chaises colorées. Vous ne pourrez en profiter qu'à midi : le soir, il est réservé aux banquets.

des Arts sans rest, 3 r. Pourtalès, ✆ 0327 276 161, *info@hotel-des-arts.ch, Fax 0327 276 162* – 20. AE VISA JCB CZ d
fermé 22 déc. au 12 janv. – **42 ch** 98/166, 9 suites.

◆ Établissement moderne disposant de chambres, de suites et d'appartements agencés dans l'esprit contemporain, à l'image des parties communes de l'hôtel.

de l'Ecluse sans rest, 24 r. de l'Ecluse, ✆ 0327 299 310, *info@hoteldelecluse.ch, Fax 0327 299 320,* – . AE VISA BZ f
19 ch 135/175.

◆ Cinq étages de chambres paisibles et accueillantes, complétées d'un coin cuisine. Celles orientées au Sud ont vue sur le château et l'habitat typique du quartier de l'Écluse.

Hôtel DuPeyrou, 1 av. du Peyrou, ✆ 0327 251 183, *info@dupeyrou.ch, Fax 0327 240 628,* – – 15/40. AE VISA. CYZ n
fermé 22 fév. au 8 mars, 18 juil. au 2 août, dim. et lundi sauf fériés – **Repas** 21-40 (midi)/120 et à la carte 64/114.

◆ Ce petit palais du 18e s. et son joli jardin d'agrément appartinrent au financier DuPeyrou, ami de J.-J. Rousseau. Cuisine au goût du jour relevée d'une pincée de fantaisie.

Abram-Louis Breguet (R.)	CZ	
Acacias (R. des)	AY	
Alexis-Marie Piaget (Pl.)	CZ	
Alpes (Av. des)	AY	
Bachelin (R.)	AY	
Bassin (R. du)	BZ	
Beaux-Arts (R. des)	CZ	
Bercles (R. des)	BZ	
Cadolles (Av. des)	AY	
Cassarde (R. de la)	BY	
Château (R. du)	BZ	3
Clos-Brochet (Av. de)	CY	
Comba-Borel (R. de)	AY	
Côte (R. de la)	ACY	
Crêt-Taconnet (R. du)	CY	
Ecluse (R. de l')	AZ	
Eugène Borel (Quai)	ABZ	
Evole (R. de l')	AZ	
Fahys (R. des)	CY	
Fontaine-André (R. de)	CY	
Gare (Av. de la)	BCY	
Gare (Fg de la)	CY	
Gare (Pl. de la)	CY	
Halles (Pl. des)	BZ	
Hôpital (Fg de l')	BCZ	
Hôpital (R. de l')	BZ	4
Hôtel-de-Ville (R. de l')	BZ	6
Jehanne de Hochberg (R.)	AZ	
Lac (Fg du)	CYZ	
Léopold-Robert (Quai)	CZ	
Louis Perrier (Quai)	AZ	
Louis-Favre (R.)	BCY	
Main (R. de la)	AZ	
Maladière (R. de la)	CY	
Matile (R.)	CY	
Moulins (R. des)	BZ	
Musée (R. du)	BZ	7
Numa-Droz (Pl.)	BZ	9
Orée (R. de l')	CY	
Osterwald (Quai)	BZ	
Parc (R. des)	AZ	
Pavés (Ch. des)	ABY	
Pertuis du Sault (Ch. du)	BCY	
Philippe Godet (Quai)	ABZ	
Pierre-à-Bot (Rte de)	AY	
Pierre-à-Mazel (R. de la)	CY	10
Place d'Armes (R. de la)	BZ	12
Plan (R. du)	ABY	
Pommier (R. du)	BZ	13
Port (Pl. du)	CZ	
Poteaux (R. des)	BZ	15
Premier-Mars (Av. du)	CZ	
Promenade Noire (R.)	BZ	16
Pury (Pl.)	BZ	
Rocher (R. du)	CY	
Sablons (R. des)	BCY	
St-Honoré (R.)	BZ	18
St-Maurice (R.)	BZ	19
St-Nicolas (R. de)	AZ	
Seyon (R. du)	BZ	21
Terreaux (R. des)	BZ	
Treille (R. de la)	BZ	22
Trésor (R. du)	BZ	24
Verger-Rond (R. du)	AY	

Le Banneret, 1 r. Fleury (1er étage), ✆ 0327 252 861, *Fax 0327 254 630,* – AE Diners MC VISA JCB
fermé 20 déc. au 5 janv., 9 au 19 avril, 24 sept. au 3 oct., dim. et fériés – **Repas** - cuisine italienne - *18* - 52/72 et à la carte 59/88. BZ a
◆ Maison de ville du 17e s. remarquable par sa façade en bois bien préservée. Savoureuse cuisine italienne servie dans une salle embellie de tableaux d'art naufs.

La Maison des Halles, 4 r. du Trésor, ✆ 0327 243 141, *maison-des-halles@bluewin.ch, Fax 0327 213 084,* – AE MC VISA BZ e
fermé 5 au 25 janv. – **Repas** *17.50* - 43 et à la carte 40/88.
◆ Maison de bouche établie au coeur du Vieux Neuchâtel, dans un édifice historique de style Renaissance, cantonné de tourelles. Plats traditionnels sous les voûtes et les poutres du Café des Halles.

du Marché, 4 place des Halles, ✆ 0327 232 330, *info@hoteldumarche.ch, Fax 0327 232 333,* – AE Diners MC VISA BZ s
fermé dim. et lundi d'oct. à juin – **Repas** (1er étage) *16* - 55 et à la carte 48/91.
◆ Cet intime restaurant agencé dans un style sagement rustique borde l'oblongue place des Halles, un secteur animé de la ville ancienne. Cuisine traditionnelle de bon aloi.

à Monruz *par ① : 2 km – ✉ 2008 Monruz :*

Palafitte, 2 rte des Gouttes-d'Or, ✆ 0327 230 202, *reservation@palafitte.ch, Fax 0327 230 203,* ⋯, ⋯, ⋯ – ⋯ ch, ⋯ TV ⋯ P – ⋯ 15/30. AE ⓓ ⓜⓒ VISA JCB
Le Colvert : **Repas** 24 - 43 (midi)/120 et à la carte 87/126 – ⋯ 30 – **40 ch** 490.
◆ Ensemble hôtelier original et moderne alangui sur les rives du lac de Neuchatel. Belles chambres avec terrasse privée aménagées dans une ribambelle de pavillons sur pilotis. Repas au goût du jour dans une salle design ou sur la terrasse au ras de l'eau.

à Hauterive *par ① : 5 km – alt. 490 – ✉ 2068 Hauterive :*

Les Vieux Toits ⋯ sans rest, 20 r. Croix-d'Or, ✆ 0327 534 242, *hotel@vieux-toits.ch, Fax 0327 532 452* – TV ⋯ P. AE ⓓ ⓜⓒ VISA
fermé 14 déc. au 18 janv. – **10 ch** ⋯ 114/187.
◆ Un sympathique accueil familial vous est réservé dans cette maison de village où vous habiterez de grandes chambres meublées avec soin et parfois mansardées.

Auberge d'Hauterive, 9 r. Croix-d'Or, ✆ 0327 531 798, *auberge-hauterive@bluewin.ch, Fax 0327 530 277,* ⋯ – P. AE ⓓ ⓜⓒ VISA
fermé dim. et lundi – **Repas** 18 - 50 (midi)/120 et à la carte 87/118.
◆ Refuge gourmand mettant à profit un édifice du 17e s. dont la façade s'anime de volets peints. Café champêtre, salle à manger où crépite un feu à l'âtre et jolie terrasse.

à Saint-Blaise *par ① : 5 km – alt. 464 – ✉ 2072 Saint-Blaise :*

Au Boccalino (Frôté), 11 av. Bachelin, ✆ 0327 533 680, *Fax 0327 531 323* – ⋯ P. AE ⓓ ⓜⓒ VISA
fermé 21 déc. au 12 janv., 11 juil. au 16 août, dim. et lundi – **Repas** (nombre de couverts limité - prévenir) 88/190 ⋯.
◆ Devanture avant-gardiste pour ce restaurant chic au décor intérieur résolument contemporain. Fine cuisine bien en phase avec l'époque et cave au diapason. Un régal !
Spéc. Tartare de féra à la coriandre (printemps). Langue de porc au vin liquoreux et vinaigre blanc maison (été). Filet de veau grillé à la vanille (automne). **Vins** La Neuveville, Auvernier

à Auvernier *par ② : 5 km – alt. 492 – ✉ 2012 Auvernier :*

Auberge d'Auvernier, 36 rte de la Gare, ✆ 0327 315 050, *aub.auvernier@bluewin.ch, Fax 0327 310 002,* < village et lac, ⋯ – P. ⓜⓒ VISA
fermé 25 déc. au 12 janv., 9 au 18 avril, dim. (sauf midi en été) et lundi – **Repas** 49 (midi)/128 et à la carte 89/125.
◆ Cuisine classique à goûter dans une salle élégante et confortable ou, à la belle saison, sur la magnifique terrasse panoramique : vue imprenable sur le village et le lac.

du Poisson, 1 Epancheurs, ✆ 0327 316 231, *Fax 0327 304 190,* ⋯ – AE ⓓ ⓜⓒ VISA
Repas (1er étage) *(fermé 18 juil. au 10 août., dim. soir, mardi midi et lundi)* 45/79 et à la carte 54/96 – ***Brasserie :*** **Repas** 16 et à la carte 38/80.
◆ Ce restaurant servant des préparations classiques est établi au centre d'une région viticole réputée, par loin du lac de Neuchâtel. Spécialité de poissons lacustres. Une petite carte traditionnelle est présentée à la Brasserie.

à Peseux *par ③ rte de Pontarlier : 3,5 km – alt. 545 – ✉ 2034 Peseux :*

Auberge du Grand Pin, 2 pl. de la Fontaine, ✆ 0327 317 707, *grandpinmooser@bluewin.ch, Fax 0327 317 398,* ⋯ – P. AE ⓓ ⓜⓒ VISA
fermé 1er au 5 janv., 18 juil. au 9 août, dim. et lundi – **Repas** 55 (midi)/128 et à la carte 90/124 – ***Au P'tit pignon :*** **Repas** 25 (midi)/48 et à la carte 50/88.
◆ Auberge cossue où l'on vient faire des repas au goût du jour. Carte assortie d'un bon choix de menus. Accueillant caveau en léger contrebas de la salle principale. La véranda du P'tit pignon accueille les amateurs de cuisine plus traditionnelle.

NEUENBURG *Neuenburg* 552 G7 – *siehe Neuchâtel.*

NEUHAUSEN AM RHEINFALL *Schaffhausen* 551 Q3 – *siehe Schaffhausen.*

La NEUVEVILLE 2520 Berne (BE) 551 H6 – 3 253 h. – alt. 434.

Jura Bernois Tourisme, 4 r. du Marché, ✆ 0327 514 949, laneuveville@jurabernois.ch, Fax 0327 512 870.

Bern 45 – Neuchâtel 16 – Biel 17 – La Chaux-de-Fonds 41.

Hostellerie J.-J. Rousseau, 1 promenade J.-J. Rousseau, ✆ 0327 523 652, hostellerie@jjrousseau.ch, Fax 0327 515 623, ←, , – – 15/50. AE VISA JCB

fermé 19 déc. au 11 janv. (rest. 15 déc. au 15 janv.), dim. soir sauf juin à août et lundi en hiver – **Repas** 18 - 35/128 et à la carte 44/139 – **23 ch** 170/300.

◆ Hostellerie alanguie au bord du lac de Bienne, devant l'île St-Pierre, si joliment évoquée par Rousseau dans les Rêveries. Chambres sans reproche. Plusieurs salles à manger, dont une sous verrière, et terrasses panoramiques où l'on ripaille à la belle saison.

NIEDERBÜREN 9246 Sankt Gallen (SG) 551 T4 – 1 465 Ew. – Höhe 497.

18 (März - Nov.) ✆ 0714 221 856, Fax 0714 221 825.

Bern 191 – Sankt Gallen 21 – Bregenz 62 – Frauenfeld 32 – Gossau 11 – Konstanz 28.

Zur Alten Herberge, Staatsstr. 35, ✆ 0714 222 091, info@zur-alten-herberge.ch, Fax 0714 222 039, – AE VISA JCB.

geschl. 4. - 31. Jan. und Dienstag – **Menu** 17.50 - 45 (mittags)/98 und à la carte 60/120 .

◆ In der ersten Etage des Riegelhauses aus dem 18. Jh. findet der Gast die nette Gaststube, die eine rustikale Atmosphäre ausstrahlt. Klassisches Angebot. Begehbarer Weinkeller.

Die Erläuterungen in der Einleitung helfen Ihnen, Ihren Michelin-Führer effektiver zu nutzen.

NIEDERERNEN Wallis 552 N11 – siehe Fiesch.

NIEDERGÖSGEN 5013 Solothurn (SO) 551 M5 – 3 796 Ew. – Höhe 382.

Bern 75 – Aarau 6 – Basel 56 – Olten 10 – Solothurn 44.

Zum Schloss Falkenstein (Eichmann), Hauptstr. 54, ✆ 0628 491 126, schloss.falkenstein@ruebliland.ch, Fax 0628 495 142, – AE VISA

geschl. Montag und Dienstag – ***Schlosspavillon* : Menu** 44 - 68 (mittags)/183 und à la carte 94/152 **Menu** (siehe auch ***Bistro***).

◆ Superlative verfolgen Sie durch das ganze Haus : schöner viktorianischer Wintergarten, ein wunderbar dekorierter Raum mit Terrasse und ein herausragender Weinkeller.

Spez. Offenes Raviolo von Polenta mit weissen Alba Trüffeln an Trüffelschaum (Herbst). Variationen vom Sisteron Lamm auf Kräutertaboulé mit Bohnenstreifen. Wildgerichte aus einheimischer Jagd (Herbst). **Weine** Kaisten

Bistro - *Rest. Zum Schloss Falkenstein*, Hauptstr. 54, ✆ 0628 491 126, schloss.falkenstein@ruebliland.ch, Fax 0628 495 142 – AE VISA

geschl. Montag und Dienstag – **Menu** 17.50 - 68 und à la carte 54/91.

◆ Im älteren Teil des Gebäudes erwartet den Gast ein rustikales Bistro mit ansprechendem Holzdekor und kleinem, aber feinem Angebot. Spezialität des Hauses : Fondue Chinoise.

NIEDERMUHLERN 3087 Bern (BE) 551 J8 – 513 Ew. – Höhe 845.

Bern 15 – Fribourg 36 – Langnau im Emmental 43 – Thun 26.

Bachmühle, ✆ 0318 191 702, restaurant@bachmuehle.ch, Fax 0318 197 824, – AE VISA

geschl. 2. - 21. Jan., 25. Juli - 18. Aug., Montag, Dienstag und mittags ausser Samstag und Sonntag – **Menu** 85 und à la carte 67/107.

◆ In dem schönen Fachwerkhaus, einer ehemaligen Mühle, können Sie zwischen dem eleganten Restaurant und der rustikalen Burestube wählen.

NIEDERRÜTI Zürich 551 P-Q4 – siehe Winkel.

NIEDERUZWIL *9244 Sankt Gallen (SG)* **551 T4** – *Höhe 514.*
Bern 198 – Sankt Gallen 23 – Bregenz 62 – Konstanz 43 – Winterthur 47.

Ochsen mit Zim, Bahnhofstr. 126, 0719 517 255, *hotel.ochsen@tiscalinet.ch, Fax 0719 518 173,* – AE MC VISA
Bel Etage (1. Etage) **Menu** 23 - 60 (mittags)/95 und à la carte 49/99 – ***Therese :*** **Menu** 19.50 und à la carte 41/94 – **9 Zim** 60/130.
◆ Das gehobene à la carte-Restaurant Bel Etage im Obergeschoss hat eine lange Fensterfront und ist grosszügig bestuhlt. Das Speisenangebot ist breitgefächert und klassisch. Im Erdgeschoss das Therese mit Terrasse.

NODS *2518 Berne (BE)* **551 H6** – *670 h. – alt. 892.*
Bern 53 – Neuchâtel 20 – Biel 19 – La Chaux-de-Fonds 36.

Cheval-Blanc, 80 rte de Diesse, 0327 512 251, *information@cheval-blanc.ch, Fax 0327 515 755,* – MC VISA
Repas *(fermé merc. et jeudi)* 18.50 - 33/44 et à la carte 30/79 – **13 ch** 90/140 – ½ P suppl. 30.
◆ En quête d'un toit pour passer la nuit alopez alors vers ce petit hôtel de style régional bâti au centre du Nods. Chambres de mise simple, mais bien commodes pour l'étape. À table, choix de plats traditionnels que vous accompagnerez de petits vins locaux.

Le NOIRMONT *2340 Jura (JU)* **551 G5** – *1 550 h. – alt. 969.*
Bern 77 – Delémont 42 – Biel 42 – La Chaux-de-Fonds 20 – Montbéliard 66.

Soleil, 18 r. de la Rauracie, 0329 531 111, *info@lesoleilaunoirmont.ch, Fax 0329 531 162,* – AE MC VISA
fermé 22 déc. au 7 janv. et 3 au 31 mars – **Repas** *(fermé mardi)* 17.50 - 45 et à la carte 43/92 – **16 ch** 75/170 – ½ P suppl. 30.
◆ Pimpante façade sur la traversée de la bourgade. Chambres fonctionnelles de diverses tailles et précieuse collection de pendules. Opterez-vous pour la salle à manger où trône une meule à grains ou pour le salon Napoléon pécialité : champignons des bois.

Georges Wenger avec ch, 2 r. de la Gare, 0329 576 633, *georges-wenger@swissonline.ch, Fax 0329 576 634,* , – rest, AE MC VISA JCB
fermé 22 déc. au 22 janv. – **Repas** *(fermé lundi et mardi)* 38 - 75/185 et à la carte 124/177 – **5 ch** 250/350 – ½ P suppl. 75.
◆ Élégant restaurant dont le raffinement du décor n'a d'égal que celui de la cuisine, talentueusement personnalisée. Pour l'étape, chambres spacieuses aménagées avec goût.
Spéc. Truite du lac de Neuchâtel à la compote d'herbes (printemps). Carré d'agneau du pays en botte de foin (été). Gigot de chevreuil aux champignons sauvages et au genièvre. **Vins** Soyhière, Auvernier

NOVILLE *1845 Vaud (VD)* **552 F11** – *633 h. – alt. 374.*
Bern 96 – Montreux 8 – Aigle 12 – Lausanne 37 – Sion 63.

L'Etoile, 0219 601 058, *etoile_noville@hotmail.com, Fax 0219 604 338,* – MC VISA
fermé 4 au 26 fév., 23 juin au 7 juil., dim. soir de nov. à mars, lundi et mardi – **Repas** 16 - 50/80 et à la carte 52/89.
◆ Ressource familiale située à côté d'une ferme. Deux belles terrasses vous accueillent pour les beaux jours : calme et verdure aux alentours. Cuisine française servie.

NÜRENSDORF *8309 Zürich (ZH)* **551 Q4** – *4 425 Ew. – Höhe 505.*
18 *Breitenloo (April - Okt.) 018 364 080, Fax 018 371 085.*
Bern 140 – Zürich 19 – Bülach 14 – Kloten 6 – Rapperswil 36 – Winterthur 13.

Zum Bären mit Zim, Alte Winterthurerstr. 45, 018 383 636, *info@baeren-nuerensdorf.ch, Fax 018 383 646,* – AE MC VISA
geschl. 23. Dez. - 5. Jan., Ende Juli - Mitte Aug., Sonntag und Montag – **Menu** *(geschl. auch Samstagmittag)* 54 (mittags)/145 und à la carte 78/128 – ***Beizli :*** **Menu** 21 und à la carte 47/92 – **14 Zim** 170/220.
◆ In dem traditionsreichen, gut erhaltenen Gasthaus serviert man seinen Gästen Speisen einer zeitgemäss ausgelegten Küche. Mit viel Holz wohnlich gestaltete Zimmer.

NYON *1260 Vaud (VD)* 552 B10 – *15 964 h. – alt. 406.*

Voir : *Promenade des vieilles murailles★* A.

Environs : *Château de Prangins★★.*

18 Domaine Impérial à Gland, ✉ 1196 (fév. - déc.) ✆ 0229 990 600, Fax 0229 990 606, par ① : 4 km,.

Manifestations locales

19.04 - 25.04 : Visions du Réel, festival international du cinéma documentaire
20.07 - 25.07 : "Paléo" Festival de rock et de folk international.

ℹ Nyon Région Tourisme, 7 av. Viollier, ✆ 0223 616 261, info@nrt.ch, Fax 0223 615 396.

Bern 144 ③ – Genève 25 ② – Lausanne 40 ① – Lons-le-Saunier 91 ③ – Thonon-les-Bains 60 ②

NYON

Alfred-Cortot (Av.) . . . . . . A 2
Alpes (Quai des) . . . . B
César-Soulié (R.) . . . . B
Château (Pl. du) . . . . AB 3
Clémenty (Rte de) . . . . . . A
Colombière (R. de la) . . . . . B 4
Combe (R. de la) . . . . A 6
Cordon (Rte du) . . . . A
Crève-Coeur (Ch. de) . . . . A 7
Gare (Pl. de la) . . . . A 9
Gare (R. de la) . . . . A 10
Genève (Rte de) . . . . A 12
Grand' Rue . . . . A
Jura (Prom. du) . . . . A 13
Juste-Olivier (R.) . . . . A 15
Lausanne (Rte de) . . . . . . B 16
Louis-Bonnard (Quai) . . . . A
Marchandises (R. des) . . . . AB 17
Moräche (R. de la) . . . . . . A 18
Perdtemps (Av. de) . . . . . . A 19
Perdtemps (Pl.) . . . . AB
Porcelaine (R. de la) . . . . . B 21
Reverdil (Av.) . . . . A
Rive (R. de) . . . . B
St-Cergue (Rte de) . . . . . . A
St-Jean (R.) . . . . B
Viollier (Av.) . . . . A
Vy-Creuse (R. de la) . . . . . B 24

Beau-Rivage, 49 r. de Rive, ✆ 0223 654 141, *hotelbeaurivagenyon@bluewin.ch, Fax 0223 654 165,* ≤, – 15/80. AE MC VISA B x

La Véranda : **Repas** 50 (midi)/92 et à la carte 72/109 – **41 ch** 180/380, 4 suites – ½ P suppl. 50.

◆ Cette bâtisse, située à mi-chemin du château et du lac, date pour partie de la fin du 15e s. Elle renferme des chambres garnies d'un mobilier Art nouveau. La lumineuse salle à manger-véranda du Beau Rivage s'ouvre "plein cadre" sur le Léman. Carte élaborée.

Real, place de Savoie, ✆ 0223 658 585, *mail@hotelrealnyon.ch, Fax 0223 658 586,* ≤, – AE MC VISA B y

Hotel : fermé 20 déc. au 18 janv. – ***Grand Café*** *(fermé dim.soir en hiver)* **Repas** 17 - 35 et à la carte 44/84 – **30 ch** 200/400 – ½ P suppl. 45.

◆ Enseigne à la gloire du fameux club de foot madrilène, qui s'entraîne chaque année à Nyon. Chambres de style contemporain, profitant souvent d'une vue lacustre. Grand Café "trendy" servant une appétissante cuisine bistrotière et de nombreux vins au verre.

Ambassador sans rest, 26 r. St-Jean, ✆ 0229 944 848, *hotelambassador@bluewin.ch, Fax 0229 944 860* – AE MC VISA. AB z

19 ch 150/360.

◆ Sur la place centrale de la ville, petit hôtel qui ne passe pas inaperçu avec sa coquette façade d'un rose soutenu, égayée de volets blancs. Installations rénovées.

Alpes, 1 av. Viollier, ✆ 0223 614 931, *desalpes@bestwestern.ch, Fax 0223 623 563* – – 15/80. AE MC VISA A a

fermé dim. – **Repas** 16 - 24 (midi)/69 et à la carte 41/82 – **52 ch** 140/190 – ½ P suppl. 30.

◆ Demeure régionale du 18e s., se dressant au centre de Nyon. Demandez une des grandes chambres récemment relookées dans un style actuel. Le vaste restaurant de l'hôtel des Alpes, au décor bourgeois très sobre, propose un répertoire traditionnel.

Café du Marché, 3 r. du Marché, 0223 623 500, *Fax 0223 623 500,* – AE
VISA A e
fermé 24 déc. au 4 janv., 1er au 15 août et dim. – **Repas** - cuisine italienne - 19 - 42/92 et à la carte 66/108.
◆ Mamma mia, la cucina italiana ! Elle vaut le déplacement, dans ce restaurant du centre décoré de tableaux représentant des paysages vaudois.

Maître Jaques, 2 r. des Moulins, 0223 612 834, *contact@maitrejaques.com, Fax 0223 618 637,* – AE VISA B f
fermé Noël, 21 fév. au 1er mars, dim. soir et lundi – **Repas** 18 - 43 et à la carte 49/95.
◆ Cet accueillant restaurant familial borde une rue piétonne agrémentée d'une charmante fontaine. Des artistes locaux y exposent régulièrement leurs peintures. Repas classique.

à Duillier *Nord : 3 km par rte d'Aubonne – alt. 469 – 1266 Duillier :*

Auberge de l'Etoile, 13 r. du Château, 0223 612 812, *g.rossetti@bluewin.ch, Fax 0223 622 353,* – AE VISA
fermé 21 déc. au 6 janv. – **Repas** *(fermé sam. midi et dim. soir de sept. à mai)* 17 - 47 (midi)/80 et à la carte 48/89 – **17 ch** 60/140 – ½ P suppl. 30.
◆ Maison régionale, voisine du château, gérant l'exploitation viticole attenante. Chambres lambrissées de diverses tailles. On joue sur toutes les notes au restaurant de l'Étoile : plats classiques, saisonniers, charbonnades. Belle terrasse dominant le vignoble.

à Prangins *par ① : 2 km – alt. 417 – 1197 Prangins :*

La Barcarolle, rte de Promenthoux, 0223 657 878, *barcarolle@bluewin.ch, Fax 0223 657 800,* ch, – 15/120. AE VISA.
fermé 20 déc. au 5 janv. – **Repas** 19 - 39 (midi)/105 et à la carte 54/117 – **36 ch** 220/390, 3 suites – ½ P suppl. 50.
◆ Hôtel situé face au lac. Les chambres sont calmes et au goût sûr. Confortable salon de détente formant un tandem avec le bar très "british". Son restaurant possède deux salles au cadre contemporain. Vous découvrirez une carte courte mais étonnante.

OBERÄGERI *6315 Zug (ZG)* 551 Q6 *– 4 708 Ew. – Höhe 737.*

Bern 151 – Luzern 40 – Rapperswil 33 – Schwyz 17 – Zug 12.

Gulm, Gulmstr. 62, 0417 501 248, *gasthof@gulm.ch, Fax 0417 504 299,* Ägerisee, – AE VISA
geschl. Weihnachten, 2. - 25. Feb., 4. - 19. Okt, Montag und Dienstag – **Menu** - italienische Küche - 24 - 39 (mittags)/99 und à la carte 63/121.
◆ Oberhalb des Dorfes, in schöner Hanglage mit Blick über den Ägerisee, befindet sich dieses Gasthaus mit Wintergarten-Restaurant, in dem italienische Speisen serviert werden.

Hirschen, Morgartenstr. 1, 0417 501 619, *hirschen.oberaegeri@bluewin.ch, Fax 0417 508 619,* – AE VISA.
geschl. 11. Juli - 2. Aug., Sonntagabend und Montag – **Menu** 20 - 47 (mittags)/102 und à la carte 56/111.
◆ Unweit der Kirche liegt diese Adresse, die ihre Besucher in einer Gaststube und im hellen, modern gestalteten à la carte-Restaurant mit Schweizer Küche empfängt.

in Morgarten *Süd-Ost : 4 km Richtung Schwyz – Höhe 729 – 6315 Morgarten :*

Morgarten mit Zim, am Ägerisee, 0417 501 291, *hotel_morgarten@bluewin.ch, Fax 0417 505 949,* – VISA
geschl. 22. Dez. - 22. Jan., Donnerstag (ausser Juli - Sept.) und Mittwoch – **Menu** 16.50 - 73 und à la carte 34/95 – **10 Zim** 95/140 – ½ P Zuschl. 25.
◆ Im hellen, zeitgemäss eingerichteten Restaurant, im Sommer auch auf der Seeterrasse mit Ausblick, kann der Gast ein Gericht von der traditionellen Karte bestellen.

OBERBALM *3096 Bern (BE)* 551 J8 *– 859 Ew. – Höhe 804.*

Bern 11 – Fribourg 28 – Langnau im Emmental 44 – Thun 32.

Bären, Oberbalmstr. 219, 0318 490 160, – AE VISA
geschl. Dienstagabend und Mittwoch – **Menu** 15 -75 und à la carte 33/76.
◆ Das hübsche Fachwerkhaus empfängt seine Gäste mit einem nett gestalteten Restaurant und einem gemütlichen Stübli. Die bürgerliche Karte gilt für beide Teile.

OBERBIPP *4538 Bern (BE)* **551 K5** – *1 445 Ew. – Höhe 490.*

Bern 44 – Basel 56 – Langenthal 13 – Solothurn 15.

Eintracht, Oltenstr. 1, ☎ 0326 361 276, *hoteleintracht@bluewin.ch, Fax 0326 361 279,* – TV P. AE D MC VISA
geschl. 20. Dez. - 5. Jan., 17. Juli - 2. Aug. und Sonntag – **Menu** 16 und à la carte 45/99 – **9 Zim** 93/140 – ½ P Zuschl. 20.
◆ Die Zimmer dieses am Ortsrand an der Kantonsstrasse gelegenen Hauses sind zeitgemäss und funktionell eingerichtet. Ideal für Passanten und Geschäftsleute. An zwei Abenden ergänzt das recht gediegene la différence das Hauptrestaurant - mit traditioneller Karte.

OBERBOTTIGEN *Bern* **551 I7** – *siehe Bern.*

OBERERLINSBACH *5016 Aargau (AG)* **551 M4** – *638 Ew. – Höhe 430.*

Bern 81 – Aarau 5 – Basel 48 – Luzern 54 – Zürich 51.

Hirschen mit Zim, Hauptstr. 125, ☎ 0628 573 333, *mailbox@hirschen-erlinsbach.ch, Fax 0628 573 300,* – TV P – 15/35. AE D MC VISA
geschl. 22. Dez. - 7. Jan. – **Menu** 23 - 55 (mittags)/128 und à la carte 56/141 – **16 Zim** 130/220.
◆ Vielfältig ist hier das gastronomische Angebot : von der edlen Von Felten Stube bis zum legeren Bistro reicht die Palette. Eine Attraktion ist der begehbare Weinkeller.

OBERGESTELN *3981 Wallis (VS)* **552 O10** – *247 Ew. – Höhe 1 353.*

Ausflugsziel : *Nufenenpass★★ Süd-Ost : 15 km.*

Source du Rhône (Mai - Okt.) ☎ 0279 734 400, Fax 0279 734 401.

Obergoms Tourismus, 3999 Oberwald, ☎ 0279 733 232, info@obergoms.ch, Fax 0279 733 233.

Bern 129 – Andermatt 52 – Brig 38 – Interlaken 72 – Sion 91.

St. Hubertus , ☎ 0279 732 828, *hotel.hubertus@bluewin.ch, Fax 0279 732 869,* <, , , , , , – TV P – 15/50. AE MC VISA
geschl. 22. März - 29. Mai und 24. Okt. - 28. Nov. – **Menu** *(geschl. Mittwoch)* à la carte 36/79 – **20 Zim** 130/200, 9 Suiten – ½ P Zuschl. 30.
◆ Das Hotel liegt ruhig ausserhalb des Dorfes und ist Teil einer Überbauung. Die Zimmer sind eher nüchtern, mit hellem, zweckmässigem Mobiliar funktionell ausgestattet. Hinter der Rezeption liegen die Gaststube und der helle Wintergarten.

Grimsel, ☎ 0279 731 156, *info@hotelgrimsel.ch, Fax 0279 731 750,* – TV P. AE D MC VISA
geschl. 29. März - 27. Mai und 25. Okt. - 26. Nov. – **Menu** 19 - 27 und à la carte 31/66 – **14 Zim** 65/134 – ½ P Zuschl. 27.
◆ Das kleine Chalet liegt am Eingang des Dörfchens, das seinen ganz eigenen Baustil hat. Ein Teil der Zimmer ist etwas älter, etliche sind in hellem Holz modern eingerichtet. Eine schattige Terrasse ergänzt Gaststube und Restaurant.

OBERHOFEN *Bern* **551 K9** – *siehe Thun.*

OBERMEILEN *Zürich* **551 Q5-6** – *siehe Meilen.*

OBERNAU *Luzern* **551 O7** – *siehe Luzern.*

OBERRIET *9463 Sankt Gallen (SG)* **551 V5** – *7 602 Ew. – Höhe 421.*

Bern 248 – Sankt Gallen 46 – Bregenz 33 – Feldkirch 12 – Konstanz 71.

Frohsinn, Staatsstr. 96, ☎ 0717 611 185, *Fax 0717 611 114,* – P. MC VISA
geschl. 25. Juli - 9. Aug., Sonntag und Montag – **Menu** 18.50 und à la carte 45/109.
◆ In dem Gasthof mit dem bürgerlich-rustikalen Restaurant bietet man den Gästen eine Auswahl an Gerichten einer klassischen französischen Küche.

OBERSAXEN MEIERHOF 7134 Graubünden (GR) 553 S9 – 830 Ew. – Höhe 1 302 – Wintersport : 1 201/2 310 m 18.

Verkehrsverein, 0819 332 222, info@obersaxen.ch, Fax 0819 331 110.

Bern 241 – Chur 46 – Andermatt 69.

Central, 0819 331 323, *info@central-obersaxen.ch, Fax 0819 331 022,* – P. VISA

14. Dez. - 19. April und 26. Mai - 31. Okt. – **Menu** 18.50 und à la carte 39/91 – **25 Zim** 89/216, Vorsaison 65/174 – ½ P Zuschl. 28.

◆ Neben der Kirche des Weilers finden Sie dieses Hotel. Die Zimmer sind mit Arvenholz eingerichtet, bieten einfachen Komfort und verfügen über eine kleine Sitzecke. Eine schöne Holzdecke schmückt das neo-rustikale Restaurant.

OBERSCHAN 9479 Sankt Gallen (SG) 551 V7 – Höhe 676.

Bern 225 – Sankt Gallen 59 – Bad Ragaz 17 – Buchs 14 – Feldkirch 28 – Rapperswil 70.

Mühle, Grossbünt 2, 0817 831 904, *birchmeier@restaurantmuehle.ch, Fax 0817 831 314,* – P. AE VISA

geschl. 20. Juli - 4. Aug., Dienstag und Mittwoch – **Menu** 50 und à la carte 40/85.

◆ Das Haus besteht aus einer 500-jährigen Maismühle und einem Anbau, in dem sich die rustikale Gaststube befindet. Das gehobene Stübli liegt im Museum. Traditionelle Küche.

OBERWALD 3999 Wallis (VS) 552 P10 – 292 Ew. – Höhe 1 370 – Wintersport : 1 380/2 080 m 6.

Ausflugziel : *Gletsch★★ Nord : 6 km – Grimselpass★★ Nord : 11,5 km – Rhonegletscher★★ : Eisgrotte★ Nord : 13 km.*

Oberwald - Realp, Information, 0279 731 141.

Obergoms Tourismus, 0279 733 232, info@obergoms.ch, Fax 0279 733 233.

Bern 127 – Andermatt 50 – Brig 40 – Interlaken 70 – Sion 93.

Ahorni, 0279 732 010, *info@ahorni.ch, Fax 0279 732 032,* – , Zim, P. AE VISA. Rest

geschl. 21. März - 28. Mai und 24. Okt. - 3. Dez. – **Menu** - italienische Küche - 18 - 44 und à la carte 32/88 – **17 Zim** 105/200, Vorsaison 95/180 – ½ P Zuschl. 35.

◆ Etwas versteckt liegt das Haus ruhig am Waldrand. Es hat Zimmer, die fast einheitlich mit gutem, hellem Mobiliar im Stil eines Businesshotels eingerichtet sind. Die Gaststube und das à la carte-Restaurant sind modern und hell ausgestattet.

OBSTALDEN 8758 Glarus (GL) 551 T6 553 T6 – 449 Ew. – Höhe 682.

Bern 193 – Sankt Gallen 107 – Bad Ragaz 34 – Glarus 17 – Rapperswil 43.

Margaux - Haus zum Hirschen, Kerenzerstrasse, 0556 141 919, *info@hauszumhirschen.ch, Fax 0556 145 011* – P. VISA

geschl. Montag und Dienstag – **Menu** 25 - 49 (mittags) und à la carte 63/144.

◆ Gediegen und geschmackvoll ist das Ambiente in der kleinen, hell getäferten und reich dekorierten Gaststube. Man bietet eine zeitgemässe Speisenauswahl.

OENSINGEN 4702 Solothurn (SO) 551 L5 – 4 399 Ew. – Höhe 462.

Bern 51 – Basel 50 – Aarau 28 – Luzern 64 – Solothurn 20.

Lindemann, Hauptstr. 67, 0623 962 988, *info@lindemann.ch, Fax 0623 963 043,* – , Zim, P – 15/70. VISA

geschl. 24. Juli - 8. Aug. – **Menu** 17 - 37 (mittags)/95 und à la carte 42/107 – **23 Zim** 120/170 – ½ P Zuschl. 28.

◆ Die Zimmer des Landgasthofs wurden zur Hälfte neu mit hellem, funktionellem Mobiliar eingerichtet und bieten ausreichend Platz. Die älteren sind in der Gestaltung ähnlich. Sichtbalken und derbes Holzmobiliar sorgen im Restaurant für rustikale Stimmung.

Frohsinn (Derungs), Hauptstr. 29, 0623 961 152, *frohsinn@tiscalinet.ch, Fax 0623 961 354* – P. AE VISA

geschl. 21. Dez. - 5. Jan., Sonntag und Montag – **Menu** 54 (mittags)/96 und à la carte 53/101 **Menu** (siehe auch ***Gaststube***).

◆ Teils im traditionellen, teils im wintergartenähnlichen Stil gestaltet ist dieses Restaurant, in dem man sich an der schnörkellosen, aromenreichen zeitgemässen Küche erfreut.

Spez. Gebratene Entenleber auf Bramata mit Cassisjus. Entenbrust mit Honig an Duftreis. Bündnerspezialitäten

Gaststube - *Rest.* **Frohsinn**, Hauptstr. 29, ✆ 0623 961 152, *frohsinn@tiscalinet.ch, Fax 0623 961 354,* – P. AE MC VISA
geschl. 21. Dez. - 5. Jan., Sonntag und Montag – **Menu** 16 und à la carte 38/90.
◆ Im linken Teil des Frohsinn befindet sich die einfache Gaststube, in der man neben Bündner Küche sorgfältig zubereitete, preiswerte Mahlzeiten traditioneller Art serviert.

OERLIKON *Zürich* 551 P5 – *siehe Zürich.*

OLIVONE *6718 Ticino (TI)* 553 R10 – *863 ab. – alt. 893.*
Dintorni : *Chiesa del Negrentino★ a Prugiasco : affreschi★★ Sud : 8 km e 30 mn a piedi AR – Strada★ del passo del Lucomagno ovest.*
Bern 248 – Andermatt 65 – Bellinzona 46 – Chur 103.

Arcobaleno, ✆ 0918 721 362, *Fax 0918 722 744,* , , – , rist, P. AE MC VISA JCB
chiuso dal 15 al 30 marzo e dal 1° al 15 novembre – **Pasto** *(chiuso martedì)* 16 ed alla carta 31/68 – **23 cam** 85/130 – ½ P sup. 45.
◆ Albergo totalmente ristrutturato, situato ai piedi del Lucomagno. Offre camere molto carine con arredo pratico. Godetevi anche la sauna ed il solarium. L'accogliente sala da pranzo vi invita a gustare delle proposte di cucina regionale.

Olivone e Posta, ✆ 0918 721 366, *Fax 0918 721 687,* <, – rist, P – 30. AE MC VISA. rist
chiuso lunedì e martedì da ottobre a maggio – **Pasto** 18 - 28 (mezzogiorno) ed alla carta 43/82 – **25 cam** 80/130 – ½ P sup. 25.
◆ Fate una sosta prima di affrontare il passo del Lucomagno. Piccole ma funzionali camere arredate con mobilio in legno chiaro. Dalla zona ricevimento si accede al bar e, di lì, al ristorante in stile rustico. Propone una carta semplice e tradizionale.

OLLON *1867 Vaud (VD)* 552 G11 – *6 180 h. – alt. 468.*
Bern 105 – Montreux 21 – Évian-les-Bains 42 – Gstaad 48 – Lausanne 46 – Martigny 27 – Thonon-les-Bains 51.

Hôtel de Ville avec ch, ✆ 0244 991 922, *Fax 0244 992 354,* – – 20. MC VISA
fermé 23 déc. au 15 janv., mardi et merc. sauf mi-juil. à mi-août – **Repas** 18 - 50 et à la carte 42/79 – **7 ch** 70/100.
◆ Bâtisse régionale abritant une belle salle à manger discrètement voûtée où l'on est aux petits soins pour vous : accueil chaleureux, cuisine savoureuse, prix compétitifs.

Una prenotazione confermata per iscritto o per fax è sempre più sicura.

OLTEN *4600 Solothurn (SO)* 551 M5 – *16 497 Ew. – Höhe 396.*
Ausflugsziel : *Panorama★ beim Säli-Schlössli Süd-Ost : 5 km über ②.*
18 *Heidental in Stüsslingen, ✉ 4655 (März - Nov.) ✆ 0622 858 090, Fax 0622 858 091, Nord-Ost : 11 km über Winznau-Lostorf-Stüsslingen.*
Info Olten, Klosterplatz 21, ✆ 0622 123 088, info@oltentourismus.ch, Fax 0622 127 018.
Dornacherstr. 10, ✆ 0622 073 636, Fax 0622 073 637.
Ringstr. 1, ✆ 0622 052 055, Fax 0622 052 059.
Bern 65 ② – Aarau 13 ① – Basel 46 ③ – Luzern 53 ② – Solothurn 34 ③

Stadtplan siehe nächste Seite

Arte, Riggenbachstr. 10, ✆ 0622 866 800, *arte@konferenzhotel.ch, Fax 0622 866 810* – , Zim, – 15/120. AE MC VISA Z n
Menu 18 - 38 und à la carte 36/79 – **78 Zim** 140/240 – ½ P Zuschl. 25.
◆ Das Kongresshotel liegt in günstiger Entfernung zum Bahnhof. Die Gäste übernachten in Zimmern von guter Grösse, die mit modernem Mobiliar funktionell eingerichtet sind. Offenes Restaurant mit neuzeitlichem Dekor.

OLTEN

Aarauerstrasse	Z	3
Aarburgerstrasse	Z	
Alte Brücke	Z	
Amthausquai	YZ	
Bahnhofbrücke	Y	
Bahnhofquai	Z	
Bahnhofstrasse	Z	4
Baslerstrasse	YZ	
Belchenstrasse	Y	
Dornacherstrasse	YZ	
Fährweg	Y	
Friedhofweg	Y	
Froburgstrasse	Y	
Gösgerstrasse	Y	
Hagbergstrasse	Y	
Hagmattstrasse	Y	6
Hauptgasse	Z	7
Hausmattrain	Z	9
Hübelistrasse	Z	10
Ildefonsplatz	Z	12
Jurastrasse	Y	
Kirchgasse	Z	13
Klosterplatz	Z	
Konradstrasse	Z	15
Leberngasse	Z	
Martin Disteli Strasse	Z	16
Mühlegasse	Z	18
Munzingerplatz	Z	19
Ringstrasse	YZ	
Römerstrasse	YZ	21
Rötzmattweg	Z	22
Schützenmatte	Z	
Solothurnerstrasse	Z	24
Spitalstrasse	Y	25
Tannwaldstrasse	Z	
Unterführungsstrasse	Z	27
Ziegelfeldstrasse	Y	

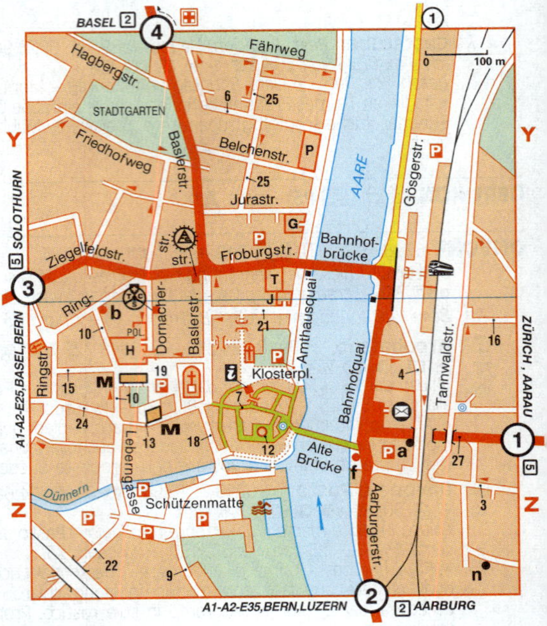

Olten, Bahnhofstr. 5, ✆ 0622 963 030, *sleep@tophotelolten.ch, Fax 0622 964 004,* – |‡|, ⇹ Zim, TV ✆ ♿ – 15/100. AE ⓓ MC VISA Z a
geschl. 20. Dez. - 4. Jan. – **Menu** *(nur Mittagessen) (geschl. Sonn- und Feiertage)* 19.50 - 32 und à la carte 40/83 – **32 Zim** ☕ 150/190 – ½ P Zuschl. 40.
◆ Modern gestaltete Zimmer mit Sitzecke finden Sie in diesem gut ausgestatteten Hotel in Altstadtnähe, das über eine Ladenpassage mit dem Bahnhof verbunden ist. Brasserie mit traditioneller schweizerischer Küche.

Traube (Sgier), in Trimbach, über ④ Baslerstr. 211, ✉ 4632 Trimbach, ✆ 0622 933 050, *traube@gmx.ch, Fax 0622 930 150* – P. AE ⓓ MC VISA
geschl. 1. - 11. Feb., 18. Juli - 12. Aug., Sonntag und Montag – **Menu** 18.50 - 54 (mittags)/138 und à la carte 67/129.
◆ Die Gastronomie ist zweigeteilt : eine einfache, nette Gaststube mit kleinem Angebot und das hübsche eigentliche Restaurant mit klassischer Karte und guter Weinauswahl.
Spez. Heu- und Grassuppe (Frühling). Französische Königstaube mit Trüffeljus. Warmes Quarksoufflé auf Sanddornkompott mit Sauerrahmglace (Herbst)

Zum Goldenen Ochsen, Ringstr. 23, ✆ 0622 121 935, *ochsen@olten.ch, Fax 0622 122 384,* – AE ⓓ MC VISA Z b
geschl. 11. Juli - 2. Aug., Sonntagabend (von Juni - Aug. auch mittags) und Montag – **Menu** 18.50 - 49 (mittags)/107 und à la carte 54/100.
◆ Der unterteilte Gastraum - teils als freundliches Bistro, teils als luftiger Wintergarten gestaltet - wird durch eine mit Wein bewachsene, lauschige Gartenlaube ergänzt.

Walliserkanne, Aarburgerstr. 6, ✆ 0622 964 476, *Fax 0622 964 472,* – AE ⓓ MC VISA Z f
geschl. 28. März - 11. April, 3. - 17. Okt., Samstagmittag, Sonntagabend und Montag – **Menu** 18.50 - 49 (mittags)/110 und à la carte 55/100.
◆ Im rustikalen Restaurant neben der alten Holzbrücke kann der Gast in ländlichem Ambiente speisen. Auf der Terrasse an der Aare findet man weitere nette Sitzplätze.

Felsenburg, Aarauerstr. 157 über ①, ✆ 0622 962 277, *Fax 0622 961 376,* – P. AE ⓓ MC VISA JCB
geschl. 14. Juli - 13. Aug., Dienstag und Mittwoch – **Menu** 18 und à la carte 46/108.
◆ Über eine Aussentreppe betritt der Gast die drei Stuben, die im Stil der 70er Jahre gehalten sind. Man kann aus einem klassischen oder italienischen Angebot wählen.

ONNENS *1425 Vaud (VD)* 552 E8 – *392 h. – alt. 477.*

Bern 79 – Neuchâtel 30 – Lausanne 47 – Pontarlier 43 – Yverdon-les-Bains 10.

Bellevue, 0244 361 326, *hotelbellevue@bluewin.ch, Fax 0244 361 393,* – 40. AE MC VISA

Repas *(fermé dim. soir)* 17 - 38 (midi)/91 et à la carte 50/96 – **10 ch** 110/170 – ½ P suppl. 35.

◆ Maison de caractère, située en léger retrait d'un axe passant, abritant des chambres claires et modernes, dotées d'un mobilier en rotin de belle facture. Son restaurant néo-rustique présente une carte classique française. En été, choisissez la terrasse.

ORBE *1350 Vaud (VD)* 552 D8 – *4 709 h. – alt. 483.*

Office du Tourisme Orbe et Environs, 2 r. de la Poste, *0244 415 266, tourisme@orbe.ch, Fax 0244 415 266.*

Bern 93 – Lausanne 29 – Pontarlier 40 – Yverdon-les-Bains 14.

des Mosaïques sans rest, Mont-Choisi (Nord : 1 km), 0244 416 261, *Fax 0244 411 514* – – 15/40. AE MC VISA. ch

fermé 20 déc. au 7 janv. – **37 ch** 110/175.

◆ Mercure, dieu des voyageurs, vous accueille au seuil de cet hôtel dont le nom évoque les mosaûques romaines d'Urba. Chaque chambre, ample, porte le nom d'une divinité.

du Chasseur, place du Marché, 0244 429 900, *a.troyon@bluewin.ch, Fax 0244 429 919,* – – 25. AE MC VISA

Repas *(fermé lundi soir)* 17 - 28 (midi) et à la carte 38/77 – **9 ch** 80/125 – ½ P suppl. 17.

◆ Bâtisse ancienne bordant la place du Marché où s'élève une jolie fontaine à banneret du 18e s. Chambres simples, mais aux aménagements récents. Précédée d'un café animé par la clientèle locale, petite salle à manger pourvue d'un grill à feu de bois.

Guignard, 17 Grand-Rue (1er Etage), 0244 428 120, *traiteur@guignard-desserts.ch, Fax 0244 428 127* – AE MC VISA

fermé 23 fév. au 2 mars, 26 juil. au 18 août, lundi et mardi – **Repas** *(ouvert le midi seul. sauf vend. et sam. ouvert midi et soir)* 19 - 49 (midi)/104 et à la carte 55/89.

◆ Au-dessus de la fameuse confiserie et de son salon de thé, vous goûterez, parmi la végétation luxuriante du jardin d'hiver, une savoureuse cuisine escortée de grands desserts.

à Agiez *Ouest : 2,5 km – alt. 520 – 1352 Agiez :*

Le Normand avec ch, 0244 411 545, *lenormand@bluewin.ch, Fax 0244 417 587,* – AE MC VISA

fermé 1er au 11 fév., 30 août au 15 sept., lundi et mardi – **Repas** 16.50 - 35 (midi)/68 et à la carte 46/94 – 10 – **5 ch** 60/100 – ½ P suppl. 30.

◆ Une atmosphère sympathique règne dans cette auberge familiale dont le restaurant campagnard se divise en deux parties distinctes. Carte traditionnelle et régionale.

ORIGLIO *6945 Ticino (TI)* 553 R13 – *1 174 ab. – alt. 453.*

Bern 267 – Lugano 9 – Bellinzona 24 – Como 39 – Locarno 36.

a Carnago *Est : 1 km – 6945 Origlio :*

Origlio Country Club, via Cantonale, 0919 454 646, *info@hoteloriglio.ch, Fax 0919 451 031,* , , , , , – , cam, rist, – 15/80. AE MC VISA. rist

Pasto 23 - 35 (mezzogiorno) ed alla carta 46/88 – **58 cam** 178/330 – ½ P sup. 48.

◆ Costruzione ben inserita nel contesto naturale della zona che offre ampie camere luminose, rinnovate o in corso di esserlo. La terrazza sul giardino è una simpatica alternativa alla graziosa sala da pranzo ; sorprendente carta di stampo francese.

ORMALINGEN *4466 Basel-Landschaft (BL)* 551 M4 – *1 835 Ew. – Höhe 425.*

Bern 83 – Aarau 24 – Baden 42 – Basel 31 – Liestal 13 – Solothurn 52.

Farnsburg mit Zim, Farnsburgstr. 194, Nord : 3 km, 0619 859 030, *landgasthof@farnsburg.ch, Fax 0619 859 031,* , – – 30.

geschl. 21. Dez. - 7. Jan., 16. Feb. - 15. März, 26. Juli - 9. Aug., Sonntagabend, Montag und Dienstag – **Menu** 22 - 39 (mittags)/95 und à la carte 54/95 – **4 Zim** 90/150.

◆ Der Landgasthof liegt absolut ruhig ausserhalb des Ortes bei einem Bauernhof. Die Gäste können im gemütlichen, rustikalen Restaurant regionale Spezialitäten bestellen.

ORSELINA *Ticino* **553** Q12 – *vedere Locarno.*

ORSIÈRES *1937 Valais (VS)* **552** H13 – *2 756 h. – alt. 902.*

Bern 145 – Martigny 18 – Aosta 51 – Montreux 61 – Sion 48.

Terminus, ✆ 0277 832 040, *terminus@dransnet.ch, Fax 0277 833 808,* – TV ♿ P AE ① MC VISA.
fermé 6 au 30 janv. et mardi hors saison – **Repas** 17 - 35 (midi)/55 et à la carte 41/63 – **25 ch** ☕ 80/120 – ½ P suppl. 28.
◆ Adresse du centre-ville. Réparties dans deux bâtiments, les chambres, d'ampleur suffisante, sont toutes aménagées à peu près de la même façon, dans un style actuel. Salle à manger "jardin d'hiver" agréable. Repas simple mais plaisant, ambiance décontractée.

Les Alpes (Joris), ✆ 0277 831 101, *les.alpes@dransnet.ch, Fax 0277 833 878* – AE ① MC VISA
fermé 14 au 28 déc., 13 juin au 15 juil., lundi soir, mardi et merc. – **Repas** 130/160 – **Repas** (voir aussi ***Brasserie*** ci-après).
◆ Cet ancien relais de diligences de 1750, bordant la place principale, abrite une élégante salle décorée de peintures, où est servie une cuisine du marché réalisée avec brio.
Spéc. Côte de veau et sa mitonnée de légumes, os à la moelle à la croque au sel (printemps). Selle de chevreuil, coing confit, rosace d'agria, extraction de sureau (automne). Boudin noir maison aux pommes confites (hiver). **Vins** Arvine, Humagne

Brasserie - *Rest. Les Alpes,* ✆ 0277 831 101, *les.alpes@dransnet.ch, Fax 0277 833 878,* – AE ① MC VISA
fermé 14 au 28 déc., 13 juin au 15 juil., lundi soir, mardi et merc. – **Repas** 20 - 60 et à la carte 43/105.
◆ Dans la seconde formule des Alpes : la Brasserie au décor local, on mitonne de savoureux petits plats à la fois régionaux et traditionnels, à prix étudiés.

ORVIN *2534 Berne (BE)* **551** I6 – *1 182 h. – alt. 668.*

Bern 40 – Delémont 58 – Biel 9 – La Chaux-de-Fonds 49 – Neuchâtel 38 – Solothurn 28.

Cheval Blanc, rte de Frinvillier 1, ✆ 0323 581 282, *chevalblancorvin@bluewin.ch, Fax 0323 581 182* – P MC VISA
fermé 19 juil. - 15 août, dim. et lundi sauf le midi d'oct. à mars – **Repas** 17 - 60/125 (soir) et à la carte 45/95.
◆ Cette sympathique petite auberge postée à l'entrée du village renferme deux salles à manger rustiques. Répertoire culinaire traditionnel incluant des spécialités saisonnières.

aux Prés-d'Orvin *Nord-Ouest : 4 km – alt. 1 033 – ✉ 2534 Les Prés-d'Orvin :*

Le Grillon, ✆ 0323 220 062, – P
fermé 5 juil. au 3 août, lundi et mardi – **Repas** (prévenir) 19.50 - 48 (midi)/98 et à la carte 43/79.
◆ Deux salles de restaurant au cadre simple. Carte traditionnelle et fondues alléchantes, mais osez le menu gastronomique : vous vous ferez réellement plaisir sans vous ruiner !

OSTERFINGEN *8218 Schaffhausen (SH)* **551** P3 – *364 Ew. – Höhe 440.*

Bern 147 – Zürich 50 – Baden 59 – Schaffhausen 20.

Bad Osterfingen, Zollstrasse, Süd : 1 km, ✆ 0526 812 121, *Fax 0526 814 301,* – P
geschl. 21. Jan. - 13. Feb., 11. - 25. Juli, Montag und Dienstag – **Menu** 63 und à la carte 43/92.
◆ Das Weingut aus dem 15. Jh. bietet den Gästen ausser dem schönen Gartenrestaurant unter alten Kastanien Stuben mit Steinmauern, Sichtbalken und Täfer. Traditionelles Angebot.

OSTERMUNDIGEN *Bern* **551** J7 – *siehe Bern.*

OTTENBACH *8913 Zürich (ZH)* **551 P5** *– 2 218 Ew. – Höhe 421.*
Bern 126 – Zürich 24 – Aarau 8 – Luzern 35 – Schwyz 45.

Reussbrücke, Muristr. 32, ✆ 017 601 161, *info@reussbruecke.com, Fax 017 601 250,* ← – P. AE ⓓ MC VISA
Pavillon : Menu 50 (mittags)/98 und à la carte 65/129 – ***Bistro :*** Menu 50 (mittags) und à la carte 44/97.
◆ Das hell und neuzeitlich gestaltete Pavillon befindet sich in einem Wintergarten mit Blick auf den Fluss. Das Bistro ist eine neo-rustikale Gaststube. Gute, traditionelle Küche.

OTTIKON BEI KEMPTTHAL *8307 Zürich (ZH)* **551 Q4** *– Höhe 578.*
Bern 144 – Zürich 23 – Frauenfeld 28 – Schaffhausen 38 – Winterthur 10.

Zur Traube, Kyburgstr. 17, ✆ 0523 451 258, *Fax 0523 451 413,* – P. AE MC VISA.
geschl. Jan. 1 Woche, Aug. 3 Wochen, Sonntagabend und Montag – **Menu** 50 (mittags)/98 und à la carte 64/101.
◆ In der gemütlichen Stube des Bauernhauses aus dem 19. Jh. herrscht dank schöner Holzdecke, Täfer und Sichtbalken eine charmant-rustikale Atmosphäre.

OUCHY *Vaud* **552 E10** *– rattaché à Lausanne.*

OVRONNAZ *1911 Valais (VS)* **552 H12** *– alt. 1 350 – Sports d'hiver : 1 400/2 500 m* 2 6 .
Office du Tourisme, ✆ 0273 064 293, info@ovronnaz.ch, Fax 0273 068 141.
Bern 149 – Martigny 26 – Montreux 65 – Sion 26.

L'Ardève, à Mayens-de-Chamoson, Est : 2 km, ✆ 0273 052 525, *ardeve@omedia.ch, Fax 0273 052 526,* ← vallée, , – TV P – 15/80. AE ⓓ MC VISA
fermé 22 nov. au 11 déc. – **Repas** 16 - 52/79 et à la carte 62/97 – **15 ch** 105/190 – ½ P suppl. 35.
◆ Vue époustouflante dans ce chalet contemporain faisant face aux Alpes valaisannes ! Ambiance montagnarde dans les chambres lambrissées, surtout au dernier étage. De larges baies vitrées illuminent le confortable restaurant de l'Ardève. Registre français.

LES PACCOTS *1619 Fribourg (FR)* **552 G10** *– alt. 1 065 – Sports d'hiver : 1 061/1 487 m* 10.
Office de Tourisme, ✆ 0219 488 456, office.tourisme@les-paccots.ch, Fax 0219 480 766.
Bern 80 – Montreux 19 – Bulle 26 – Château d'Oex 54 – Lausanne 32.

Ermitage, ✆ 0219 483 838, *info@hotel-ermitage.ch, Fax 0219 483 800,* ←, – TV P – 15/50. AE MC VISA
fermé 12 au 26 avril et 1er au 22 nov. – **Repas** *(fermé dim. soir et lundi)* 16 - 39/49 et à la carte 41/87 – **21 ch** 90/180 – ½ P suppl. 25.
◆ Ce grand chalet abritant quatre catégories de chambres convenablement agencées est implanté au centre de la station, pas très loin des remontées mécaniques. Repas sagement traditionnel au restaurant.

Le PÂQUIER *Fribourg* **552 G9** *– rattaché à Bulle.*

Dans ce guide
un même symbole, un même mot,
imprimé en rouge ou en noir,
n'ont pas tout à fait la même signification.
Lisez attentivement les pages explicatives.

Ecrivez-nous...
Vos louanges comme vos critiques seront examinées avec le plus grand soin.
Nous reverrons sur place les informations que vous nous signalez.
Par avance merci !

PAYERNE 1530 Vaud (VD) 552 G8 – 7 243 h. – alt. 452.

Voir : *Intérieur★★ de l'Église abbatiale★.*

18 ✆ 0266 624 220, Fax 0266 624 221.

Manifestation locale

27.02 - 01.03 : Brandons, fête populaire.

Office du Tourisme, 10 place du Marché, ✆ 0266 606 161, tourisme.payerne@mcnet.ch, Fax 0266 607 126.

Bern 53 – Neuchâtel 50 – Biel 56 – Fribourg 23 – Lausanne 47 – Yverdon-les-Bains 28.

à Vers-chez-Perrin *Sud : 2,5 km par rte Fribourg/Romont – alt. 530 – ✉ 1551 Vers-chez-Perrin :*

Auberge de Vers-chez-Perrin avec ch, ✆ 0266 605 846, *Fax 0266 605 866*, – TV P. MC VISA

Repas *(fermé dim. soir et lundi)* 18.50 - 50 (midi)/95 et à la carte 40/79 – **7 ch** 100/150 – ½ P suppl. 25.

◆ Dans un cadre verdoyant, restaurant rustique, un brin feutré, où vous tendrez l'oreille pour faire votre choix parmi les menus suggérés oralement. Petites chambres pratiques.

PENEY Dessus et Dessous *Genève* 552 A11 – *rattaché à Satigny.*

PENEY-LE-JORAT 1059 Vaud (VD) 552 E9 – 290 h. – alt. 845.

Bern 81 – Lausanne 17 – Montreux 43 – Pontarlier 66 – Yverdon-les-Bains 26.

Auberge du Cheval Blanc, ✆ 0219 033 008, *Fax 0219 033 468* – P. AE MC VISA

fermé 16 fév. au 3 mars, 2 au 25 août, lundi et mardi – **Repas** 18 - 56/94 et à la carte 40/103.

◆ Petite auberge de village abritant un café au cadre campagnard et une accueillante salle à manger où font bon ménage recettes classiques et attrayante sélection de vins.

PENTHAZ 1303 Vaud (VD) 552 D9 – 1 302 h. – alt. 488.

Bern 95 – Lausanne 11 – Cossonay 5 – Yverdon-les-Bains 26.

La Treille, 13 ch. de la Treille, ✆ 0218 627 120, *info@treille.ch, Fax 0218 627 121*, – AE MC VISA

fermé 24 déc. au 6 janv., dim. et lundi – **Repas** - cuisine italienne - 17 - 29 (midi)/99 et à la carte 84/102.

◆ Endroit bien choisi pour parfaire ses connaissances sur la cuisine italienne : toutes les régions de la "botte" sont représentées dans les divers menus proposés.

PERREFITTE *Berne* 551 I5 – *rattaché à Moutier.*

PÉRY-REUCHENETTE 2603 Berne (BE) 551 I6 – 1 321 h. – alt. 646.

Bern 47 – Delémont 45 – Biel 12 – Solothurn 28.

La Truite avec ch, 3 rte de Reuchenette, ✆ 0324 851 410, *Fax 0324 851 421*, – TV P. AE MC VISA

fermé 2 au 15 janv., 18 juil. au 9 août, dim. soir et lundi – **Repas** 14.50 - 56 et à la carte 33/81 – **10 ch** 78/114.

◆ Ce restaurant classiquement agencé s'est fait une place au soleil dans le paysage culinaire de Péry-Reuchenette. Table traditionnelle de bon aloi. Chambres personnalisées.

PESEUX *Neuchâtel* 552 G7 – *rattaché à Neuchâtel.*

PETIT-LANCY *Genève* 552 A-B11 – *rattaché à Genève.*

PFÄFFIKON *8808 Schwyz (SZ)* 551 R6 *– Höhe 412.*

Nuolen in Wangen, 8855 (März - Nov.) 0554 505 760, Fax 0554 505 761, Ost : 14 km Richtung Lachen-Nuolen.

Bern 117 – Zürich 36 – Rapperswil 5 – Schwyz 30.

Seedamm Plaza, Seedammstr. 3, 0554 171 717, *info@seedamm-plaza.ch, Fax 0554 171 718,* , , – , Zim, Zim, – 15/230. AE VISA JCB. Rest

Nippon Sun - japanische Küche - *(geschl. Mitte) – Juli - Mitte Aug., Samstagmittag, Sonn- und Feiertage jeweils mittags)* **Menu** 34 (mittags)/54 und à la carte 49/93 **– *Plätzli* : Menu** 17.50 - 27 (mittags) und à la carte 38/84 – 22 – **142 Zim** 155/270.

◆ Am Fusse des Seedammes finden Sie ein neues Konferenzhotel, dessen moderne und funktionelle Ausstattung dem Geschäftsreisenden in allen Belangen entgegenkommt. Ein topmodernes Umfeld asiatischen Stils erwartet Sie im Nippon Sun.

Schiff, Unterdorfstr. 21, 0554 161 718, *info@schiff-pfaeffikon.ch, Fax 0554 161 719,* , , – Zim, AE VISA

Menu 22 und à la carte 43/90 – **29 Zim** 98/189 – ½ P Zuschl. 38.

◆ Eine nette Adresse : Die Zimmer im Haupthaus sind hell und freundlich mit Naturholzmobiliar eingerichtet, die neuen sind moderner, mit Parkett, einige auch im japanischen Stil. Das Restaurant verfügt über eine schöne Gartenterrasse zum See hin.

LE PICHOUX *Berne (BE)* 551 I5 *– alt. 728 – 2716 Sornetan.*

Bern 67 – Delémont 19 – Biel 32 – Solothurn 48.

La Couronne avec ch, 0324 849 128, *Fax 0324 849 128,* , – VISA.

fermé 22 déc. au 16 janv., 1er au 18 juin, mardi soir et merc. – **Repas** (nombre de couverts limité - prévenir) 65/120 et à la carte 69/129 – **5 ch** 100/160.

◆ Bois et et pierres apparentes président au cadre rustique du restaurant, perché au point culminant de la pittoresque route du Pichoux. Petites chambres simples mais soignées.

PIODINA *Ticino* 553 Q13 *– vedere Brissago.*

PLAGNE *2536 Berne (BE)* 551 I6 *– 376 h. – alt. 869.*

Bern 43 – Delémont 52 – Biel 8 – Solothurn 24.

Au Vieux Grenier, 0323 581 530, *au.vieux.grenier@bluewin.ch,* – VISA.

fermé 19 juil. au 10 août, lundi et mardi – **Repas** 15 et à la carte 31/73.

◆ Surplombant le village, ce chalet vous reçoit dans une ambiance familiale. Vous dégusterez, dans un cadre agreste, des plats alliant la tradition au savoir-faire local.

La PLAINE *1283 Genève (GE)* 552 A11 *– alt. 356.*

Bern 167 – Genève 15 – Bellegarde-sur-Valserine 24 – Divonne-les-Bains 28.

Les Platanes, 92 rte de la Plaine, 0227 541 960, – VISA

fermé 23 déc. au 8 janv., 9 au 21 avril, 27 août au 8 sept., dim. et lundi – **Repas** (nombre de couverts limité - prévenir) 15 - 48 et à la carte 52/74.

◆ Petit restaurant au sobre décor de bistrot, situé à proximité de la frontière. Goûteuse cuisine traditionnelle préparée selon le marché. Terrasse d'été à l'ombre des platanes.

PLAMBUIT *Vaud* 552 G11 *– rattaché à Villars-sur-Ollon.*

PLAN-LES-OUATES *Genève* 552 B12 *– rattaché à Genève.*

PLANS-MAYENS *Valais* 552 I-J11 *– rattaché à Crans-Montana.*

PLAUN DA LEJ *Graubünden* 553 W11 *– siehe Sils Maria.*

POHLERN BEI THUN *3638 Bern (BE) 551 J9 – Höhe 710.*

Bern 38 – Interlaken 34 – Fribourg 74 – Thun 11.

Landgasthof Rohrmoos, Rohrmoos, ✆ 0333 562 434, *restaurant@rohrmoos.ch,* – P. AE ⓓ MC VISA

geschl. Montag und Dienstag – **Menu** *(nur Abendessen ausser Sonntag)* 65 und à la carte 60/91.

◆ Ein schönes, abgelegenes Säumerhaus von 1775 ist die Heimat der fünf typischen Gaststuben, die originalgetreu gestaltet wurden. Kleine, traditionell-regionale Speisenauswahl.

Le PONT *Vaud 552 C9 – voir à Joux (Vallée de).*

PONT-DE-LA-MORGE *Valais 552 I12 – rattaché à Sion.*

PONT-LA-VILLE *1649 Fribourg (FR) 552 H9 – 486 h. – alt. 774.*

Bern 52 – Fribourg 20 – Montreux 51 – Thun 82 – Yverdon 56.

du Golf de la Gruyère , 1 rte du Château, ✆ 0264 149 400, *info@hotelgolfgruyere.ch, Fax 0264 149 420,* ← lac de la Gruyère et massif du Moléson, , , – TV P. – 15/35. AE ⓓ MC VISA.

fermé 1er janv. au 29 fév. – **Repas** *(fermé dim. soir et lundi d'oct à avril)* 18 - 46 (midi)/112 et à la carte 66/109 – ☕ 15 – **12 Zim** 180/250.

◆ Ce confortable "golf-hôtel" tapis dans une touffe de verdure domine le lac de la Gruyère. Chambres romantiques garnies de meubles de divers styles. Vue lacustre enchanteresse. Élégante table servant de la cuisine classique française actualisée.

PONTE BROLLA *Ticino (TI) 553 Q12 – alt. 258 – ✉ 6652 Tegna.*

Bern 271 – Locarno 5 – Bellinzona 25 – Lugano 45 – Verbania 42.

Da Enzo, ✆ 0917 961 475, *Fax 0917 961 392,* – P. AE ⓓ MC VISA

chiuso dal 10 gennaio al 1º marzo, giovedì a mezzogiorno e mercoledì – **Pasto** (prenotare) 60 (mezzogiorno)/85 ed alla carta 77/117.

◆ Casa ticinese in sasso con una bella terrazza : accomodatevi ai tipici tavoli in granito coperti in parte da volte, in parte da alberi. Cucina attuale ed enoteca in cantina.

Centovalli con cam, ✆ 0917 961 444, *centovalli@freesurf.ch, Fax 0917 963 159,* – rist, TV P. AE MC VISA.

chiuso dal 21 dicembre al 25 febbraio – **Pasto** *(chiuso lunedì e martedì)* 25 ed alla carta 42/77 – **9 cam** ☕ 115/185.

◆ Due sale da pranzo rustico-moderne, una adibita anche a giardino d'inverno, vi danno il benvenuto per apprezzare una scelta piccola ma stuzzicante di proposte ticinesi.

PONTRESINA *7504 Graubünden (GR) 553 X10 – 1 807 Ew. – Höhe 1 774 – Wintersport : 1 805/2 453 m 3 .*

Sehenswert : *Lage★★.*

Ausflugsziel : *Belvedere di Chünetta★★★ Süd-Ost : 5 km – Diavolezza★★★ Süd-Ost : 10 km und Luftseilbahn – Muottas Muragl★★ Nord : 3 km und Standseilbahn – Piz Lagalb★★ Süd-Ost : 11 km und Luftseilbahn.*

18 Engadin Golf Samedan ✉ 7503 (Ende Mai - Mitte Okt.) ✆ 0818 510 466, Fax 0818 510 467, Nord : 6 km 18 Engadin Golf Zuoz-Madulain (Juni - Okt.) ✆ 0818 510 466, Fax 0818 510 467, Nord : 18 km.

Lokale Veranstaltungen

01.03 : "Chalandamarz" alter Frühlingsbrauch und Kinderfest

26.03 - 04.04 : Snow and Symphony, Musikfestival.

Kur- und Verkehrsverein, Kongresszentrum Rondo, ✆ 0818 388 300, info@pontresina.com, Fax 0818 388 310.

Bern 336 – Sankt Moritz 7 – Chur 78 – Davos 66 – Merano 136.

Grand Hotel Kronenhof , via Maistra, ✆ 0818 303 030, *info@kronenhof.com, Fax 0818 303 031,* ← Berge, , , , , – TV P. – 15/60. AE ⓓ MC VISA. Rest

20. Dez. - 12. April und 19. Juni - 19. Sept. – ***Kronenstübli* : Menu** 95 und à la carte 81/137 – **77 Zim** ☕ 160/585, Vorsaison ☕ 125/350, 4 Suiten – ½ P Zuschl. 60.

◆ Das Grand Hotel neubarocker Prägung sticht jedem Besucher sofort ins Auge. Neben eleganten Salons mit schöner Deckenmalerei wartet man mit modern eingerichteten Zimmern auf. Im Restaurant Kronenstübli gibt es zwei Stuben mit angenehmem Ambiente.

Walther, via Maistra, 0818 393 636, *info@hotelwalther.ch, Fax 0818 393 637,* Rest
19. Dez. - 11. April und 12. Juni - 2. Okt. – ***Stüva Bella :*** **Menu** 80/110 und à la carte 58/116 – **71 Zim** 300/610, Vorsaison 155/420 – ½ P Zuschl. 40.
• Mit einem grosszügigen, eleganten Empfangsbereich stimmt das imposante Gebäude die Gäste auf geschmackvoll gestaltete, komfortable Zimmer ein. Neuzeitlicher Freizeitbereich. Die schöne Stüva Bella wird mit klassischer Gediegenheit ihrem Namen vollauf gerecht.

Saratz, via Maistra, 0818 394 000, *info@saratz.ch, Fax 0818 394 040,* – 30.
6. Dez. - 12. April und 12. Juni - 16. Okt. – **Menu** *(nur Abendessen)* à la carte 50/84 – ***Pitschna Scena :*** **Menu** à la carte 34/78 – **92 Zim** 342/480, Vorsaison 224/380 – ½ P Zuschl. 62.
• Ein wirklich besonderes Haus mit wechselnden Kunstausstellungen. Die Designerzimmer sind modernst gestaltet, die im Altbau verspühen eigenen Charme, teils mit Parkett. Holzfussboden und hohe Decken geben dem Speisesaal einen klassischen Anstrich.

Allegra garni, via Maistra 81, 0818 389 900, *info@allegrahotel.ch, Fax 0818 389 999* –
geschl. 18. April - 10. Juni und 17. Okt. - 3. Dez. – **52 Zim** 190/310, Vorsaison 140/240.
• Zimmer mit unverbauter Aussicht, die nach fernöstlichen Feng Shui Grundsätzen eingerichtet sind, machen das Haus attraktiv. Open-end-Frühstück für Langschläfer !

Schweizerhof, via Maistra, 0818 420 131, *hotel@schweizerhofpontresina.ch, Fax 0818 427 988,* – 25.
geschl. 13. April - 11. Juni, Montag und Dienstag von 20. Okt. - 10. Dez. – **Menu** 35 - 47 und à la carte 48/94 – **70 Zim** 170/400, Vorsaison 130/310 – ½ P Zuschl. 48.
• Das Gebäude liegt im Ortszentrum an der Hauptstrasse. Die Zimmer sind bei guter Grösse unterschiedlich ausgestattet, die Mehrzahl modern, meist auch mit Balkon. Speisesaal mit neuem Wintergarten und Terrasse sowie rustikales à la carte-Restaurant.

Rosatsch und Residence, via Maistra 71, 0818 427 777, *hotelrosatschpontresina@bluewin.ch, Fax 0818 427 778,* – 30.
Dez. - 18. April und 13. Juni - 17. Okt. – ***Bündnerstube :*** **Menu** 18.50 - 30 und à la carte 44/100 – **84 Zim** 160/346, Vorsaison 124/268, 5 Suiten – ½ P Zuschl. 30.
• Die Zimmer des Haupthauses sind modern und hell mit Arvenholz gestaltet, im durch Garten und Wellnessbereich getrennten Annexe sind sie älter, jedoch sehr gross und wohnlich. Regionale Spezialitäten gibt es in der Bündnerstube.

Sporthotel, via Maistra, 0818 389 400, *info@sporthotel.ch, Fax 0818 389 401,* – 15/80.
geschl. Hotel : 12. April - 5. Juni und 11. Okt. - 5 Dez. – ***Sport-Stübli*** *(geschl. Samstag und Sonntag von 12. April - 5. Juni und 11. Okt. - 5. Dez.)* **Menu** 21 - 40 (abends) und à la carte 38/93 *(geschl.* – **85 Zim** 135/320, Vorsaison 110/270 – ½ P Zuschl. 31.
• Die Zimmer dieses Hotels sind hell und wohnlich mit Arvenholz-Mobiliar eingerichtet. Auf dem Dach befindet sich ein Saunabereich mit Terrasse. Sportstübli und Gartenrestaurant mit traditioneller Karte.

Steinbock, 0818 393 626, *info@steinbock-pontresina.ch, Fax 0818 393 627,*
Colani Stübli : **Menu** 48 (abends) und à la carte 38/96 – **29 Zim** 175/340, Vorsaison 110/240 – ½ P Zuschl. 20.
• In dieser ehemaligen Umspannstation für Postkutschenpferde wohnt man in rustikalen Arvenholzzimmern. Die Nutzung der Infrastruktur des Hotels Walther ist inbegriffen. Hell, frisch und typisch für die Region wirken die Gasträume des Colani Stübli.

Albris, via Maistra, 0818 388 040, *hotel@albris.ch, Fax 0818 388 050,* Rest, Rest
Anfang Dez. - Mitte April und Anfang Juni - Mitte Okt. – ***Kochendörfer :*** **Menu** 60 und à la carte 43/114 – **33 Zim** 150/300, Vorsaison 125/240 – ½ P Zuschl. 40.
• Am Ende des Ortes liegt dieses familiär geführte Haus, das seinen Gästen einheitliche, mit hellem Arvenholz wohnlich gestaltete Zimmer von ausreichender Grösse bietet. Im Kochendörfer ist man stolz auf die eigene Konditorei und die angebotenen Fischgerichte.

Müller, via Maistra 100, ✆ 0818 393 000, *info@hotel-mueller.ch, Fax 0818 393 030,* ←, ⛱, – |‡| TV ✆ P. AE ⓓ ⓜ VISA JCB. ✂ Rest
19. Dez. - 13. April und 11. Juni - 19. Okt. – **Arvenstübli** *(geschl. Montag im Sommer)* **Menu** à la carte 38/80 – **35 Zim** ☕ 120/274, Vorsaison ☕ 100/230 – ½ P Zuschl. 35.
◆ Das traditionsreiche Haus - im ortsüblichen Stil gebaut - liegt im Zentrum. Die zeitgemäss ausgestatteten Zimmer sind mit heller Arve oder mit Kiefernholz möbliert. Zur Strasse hin liegt das Arvenstübli, das auch als Bar dient.

Post, via Maistra 74, ✆ 0818 389 300, *info@hotelpost-pontresina.ch, Fax 0818 389 301,* ←, ⛱, ≘s – TV ✆ ⇔. AE ⓓ ⓜ VISA. ✂ Rest
geschl. 14. April - 10. Juni – **Menu** (Snack-Angebot) *(geschl. Sonntag und Montag im Nov.)* à la carte 27/75 – **37 Zim** ☕ 185/270, Vorsaison ☕ 115/190 – ½ P Zuschl. 25.
◆ Man hat die Wahl zwischen einfachen Zimmern mit dunkler Einrichtung, komfortableren mit Massivholz oder rustikalen mit Arvenholz. Die Räume mit Südbalkon haben schöne Sicht. Der Speisesaal ist mit Polstermöbeln eingerichtet, im Tagesrestaurant gibt es Snacks.

Bernina, via Maistra, ✆ 0818 388 686, *info@hotelbernina.ch, Fax 0818 388 687,* ←, ⛱, ≘s, – |‡| TV ✆ ⇔. AE ⓓ ⓜ VISA. ✂ Rest
14. Dez. - 17. April und 13. Juni - 16. Okt. – **Menu** 46 (abends) und à la carte 39/77 – **41 Zim** ☕ 110/260, Vorsaison ☕ 90/240 – ½ P Zuschl. 30.
◆ An der Hauptstrasse liegt dieses Hotel, dessen Zimmer teilweise oder komplett renoviert wurden und mit rustikalen Einrichtungselementen ausstaffiert sind. Einfache Gaststube und helles, rustikales Stübli.

Chesa Mulin garni, ✆ 0818 388 200, *info@chesa-mulin.ch, Fax 0818 388 230,* ←, ≘s, – |‡| TV ✆ ♿ ⇔. AE ⓓ ⓜ VISA. ✂
16. Dez. - 24. April und 29. Mai - 23. Okt – **30 Zim** ☕ 120/240, Vorsaison ☕ 85/200.
◆ Mit netter Atmosphäre und wohnlichen, in hellem Holz möblierten Zimmern ist dieses Haus dem ländlichen Charakter der Gegend angepasst. In der Nähe : Loipen, Bus und Skilift.

Süd-Ost *Richtung Berninapass :*

Morteratsch 🐎, ca 5 km, ✉ 7504 Pontresina, ✆ 0818 426 313, *mail@morteratsch.ch, Fax 0818 427 258,* ←, ⛱ – P. AE ⓜ VISA
14. Dez. - 17. April und 6. Juni - 23. Okt. – **Menu** 24 und à la carte 43/88 – **15 Zim** ☕ 170/220, Vorsaison ☕ 125/185 – ½ P Zuschl. 35.
◆ Das Haus liegt einsam am Ende des Tales unterhalb des zurückweichenden gleichnamigen Gletschers. Von den einfach eingerichteten Zimmern geniesst man die Sicht auf die Berge. Im Restaurant kann man die vorbeifahrenden Züge des Bernina Express beobachten.

PORRENTRUY *2900 Jura (JU)* 551 H4 – *6 718 h. – alt. 423.*

18 *La Largue à Mooslargue (France), ✉ F-68580 (mars - nov.) ✆ (0033) 389 07 67 67, Fax (0033) 389 25 62 83, Nord-Est : 21 km.*

Jura Tourisme, 5 Grand-Rue, ✆ 0901 123 402, porrentruy@juratourisme.ch, Fax 0324 665 043.

Bern 96 – Delémont 28 – Basel 50 – Belfort 37 – La Chaux-de-Fonds 64 – Solothurn 77.

Belvédère, 61 rte de Bure (près hôpital), ✆ 0324 662 561, *hotel.belvedere.porrentruy@bluewin.ch, Fax 0324 662 553,* ←, ⛱ – TV ✆ P. ⓜ VISA
fermé 23 déc. au 15 janv., 31 août au 13 sept. – **Repas** *(fermé mardi)* 18 (midi) et à la carte 35/79 – **8 ch** ☕ 60/130 – ½ P suppl. 25.
◆ Jolie vue jurassienne depuis cette maison à l'enseigne opportune. Les chambres du 2e étage ont une mezzanine où les enfants n'attendront pas longtemps le marchand de sable. Repas traditionnel dans une salle à manger panoramique. Accueil charmant.

Bellevue avec ch, 46 rte de Belfort, ✆ 0324 665 544, *Fax 0324 667 191,* ⛱ – TV ✆ P – 🏃 30. AE ⓓ ⓜ VISA
fermé Noël à Nouvel an – **Repas** 48/100 et à la carte 58/91 – ***Brasserie :*** **Repas** 16.50 et à la carte 37/87 – **10 ch** ☕ 95/160 – ½ P suppl. 25.
◆ Salle de restaurant claire et apaisante, chambres modernes coquettement personnalisées, terrasse, jardin, aire de jeux pour les petits et vinothèque pour les grands. Brasserie servant des préparations simples.

POSCHIAVO *7742 Grigioni (GR)* 553 Y11 – *3 622 ab. – alt. 1 014.*

Dintorni : *Alp Grüm★★★ Nord : 18 km e treno.*

Manifestazione locale

20.05 - 23.05 : "Uncool", Jazz Festival internazionale.

Ente Turistico Valposchiavo, via Piazza Comunale 39, ✆ 0818 440 571, info@valposchiavo.ch, Fax 0818 441 027.

Bern 369 – Sankt Moritz 40 – Chur 111 – Davos 99 – Merano 143 – Sondrio 40.

Suisse, via da Mez 151, ✆ 0818 440 788, *hotel@suisse-poschiavo.ch, Fax 0818 441 967,* – 15/80. AE VISA. rist
chiuso dal 20 ottobre al 15 dicembre – **Pasto** alla carta 41/75 – **29 cam** 99/198 – ½ P sup. 30.
◆ In centro al paese, stabile dall'interno molto accogliente grazie all'impiego del legno. Camere funzionali e fresche ; alcune rinnovate. Due salette e la sala per banchetti vi accolgono per assaporare una cucina particolarmente curata a prezzi interessanti.

PRANGINS *Vaud* 552 C10 – *rattaché à Nyon.*

PRATTELN *4133 Basel-Landschaft (BL)* 551 L4 – *14 910 Ew. – Höhe 290.*

Bern 89 – Basel 11 – Baden 57 – Lörrach 19 – Olten 37.

Höfli, Schauenburgerstr. 1, ✆ 0618 213 240, *rest@hoefli.ch, Fax 0618 213 248,*
geschl. 6. - 22. März, 18. Juli - 9. Aug., Sonntag und Montag – **Menu** 25 - 45 (mittags)/90 und à la carte 58/104.
◆ Das nicht nur äusserlich, sondern auch mit seiner gemütlich-rustikalen Inneneinrichtung ansprechende Haus empfängt die Gäste mit zeitgemässer Karte in zwei kleinen Stuben.

Le PRESE *7746 Grigioni (GR)* 553 Y12 – *alt. 965.*

Bern 373 – Sankt Moritz 44 – Chur 115 – Davos 103 – Merano 147 – Sondrio 36.

Le Prese, ✆ 0818 440 333, *info@hotelleprese.com, Fax 0818 440 835,* ←, AE VISA. rist
metà maggio - metà ottobre – **Pasto** 65 (sera) ed alla carta 55/103 – **28 cam** 165/319 – ½ P sup. 45.
◆ D'estate godetevi il parco ombreggiato ai bordi del lago, in un'atmosfera distesa che si prolunga nei saloni su, su fino alle ospitali camere. Scegliete tra la graziosa sala da pranzo o la riva del lago per delle proposte culinarie classiche.

a Miralago *Sud-Est : 3 km – alt. 965 – ✉ 7743 Miralago :*

Miralago, ✆ 0818 392 000, *info@miralago.ch, Fax 0818 392 001,* – video. VISA
chiuso dal 25 ottobre al 17 dicembre – **Pasto** *(chiuso lunedì e martedì da gennaio a marzo)* 45 (sera) ed alla carta 40/74 – **8 cam** 120/220 – ½ P sup. 32.
◆ In posizione gradevolissima, sorge questa costruzione restaurata in uno stile attuale. Graziose camere tutte personalizzate. Alla calda atmosfera della sala in legno, preferite in estate il fresco sasso del grottino a volte.

Les PRÉS-D'ORVIN *Berne* 551 H6 – *rattaché à Orvin.*

PRÉVERENGES *1028 Vaud (VD)* 552 D10 – *4 056 h. – alt. 411.*

Bern 119 – Lausanne 9 – Genève 51 – Montreux 32 – Pontarlier 70.

Auberge du Chasseur, 10 rte d'Yverdon, ✆ 0218 114 333, *chasseur@worldcom.ch, Fax 0218 114 335,* – ch, VISA
Repas *(fermé dim. soir et samedi)* 16 et à la carte 35/91 – **12 ch** 120/190 – ½ P suppl. 25.
◆ Maison où vous serez hébergés dans d'accueillantes chambres offrant un confort fonctionnel. À l'étage, un salon feutré vous invite à bouquiner ou souffler un peu. Table traditionnelle au cadre intime.

La Plage avec ch, 5 av. de la Plage, ✆ 0218 030 793, *info.pultau@hotel-laplage.ch, Fax 0218 012 535,* ←, AE VISA.
fermé 21 déc. au 12 janv., 22 fév. au 2 mars ; dim. soir et lundi du 15 sept. au 30 avril – **Repas** 16 - 59 (midi)/98 et à la carte 76/136 – **8 ch** 145/195 – ½ P suppl. 35.
◆ Sur la promenade du lac, établissement composé d'un café, d'une salle de restaurant bourgeoise et d'une terrasse. Choix de recettes traditionnelles. Chambres refaites de neuf.

PROSITO 6526 Ticino (TI) 553 R-S12 – alt. 271.

Bern 196 – Locarno 32 – Andermatt 69 – Bellinzona 13 – Brig 119.

La Cachette, ✆ 0918 631 123, *lacachette@bluewin.ch, Fax 0918 633 182*, – AE VISA
chiuso dal 1° al 6 gennaio, agosto e lunedì – **Pasto** (prenotare) 16 - 24/65 ed alla carta 56/97.
◆ Nel cuore del paese, bel caseggiato rustico dall'interno stile bistrot, signorile, ove assaporare una cucina tradizionale ma rielaborata in chiave moderna. Ottima cantina.

PUIDOUX 1070 Vaud (VD) 552 F10 – 2 324 h. – alt. 667.

18 Lavaux (avril - déc.) ✆ 0219 461 414, Fax 0219 463 626, Nord : 1 km au lac de Bret.
Bern 91 – Montreux 18 – Fribourg 61 – Lausanne 14 – Yverdon-les-Bains 48.

à Puidoux-Gare Sud-Ouest – ✉ 1070 Puidoux-Gare :

Signal de Chexbres, chemin du Signal, 1 km par route zone industrielle, ✆ 0219 460 505, *info@hotelsignal.ch, Fax 0219 460 515*, lac, – 15/50. AE VISA
début mars - fin nov. – **Repas** 25 - 35 (midi)/94 et à la carte 67/94 – **70 ch** 129/304 – ½ P suppl. 40.
◆ Dans un parc, hôtel jouissant d'une grande tranquillité et d'une vue magnifique sur le Léman et les Alpes. Petit à petit, ils refont les chambres. En été, le restaurant, élégamment sobre, est transposé sur la terrasse ensoleillée. Carte française.

La PUNT-CHAMUES-CH. 7522 Graubünden (GR) 553 X10 – 683 Ew. – Höhe 1 697.

Bern 315 – Sankt Moritz 14 – Chur 66 – Davos 53 – Scuol 48.

Chesa Plaz garni, ✆ 0818 512 100, *info@chesa-plaz.ch, Fax 0818 512 113*, – .
7. Dez. - 23. April und 2. Juni - 23. Okt. – **13 Zim** 120/260.
◆ Das schöne Engadiner Bauernhaus liegt ruhig an einem Bach. Neben zeitgemässen Zimmern prägen Kreuzgewölbe, Sichtbalken und historische Türen den Charakter des Hauses.

Albula, Albulastrasse, ✆ 0818 541 284, *info@hotel-albula.ch, Fax 0818 543 555*, – VISA
geschl. Mai und Nov. – **Menu** *(geschl. auch 1. - 18. Dez.)* à la carte 38/92 – **13 Zim** 110/220, Vorsaison 85/170 – ½ P Zuschl. 30.
◆ Dies ist ein persönlich geführtes und gut unterhaltenes kleines Hotel im regionstypischen Baustil. Die Zimmer hat man mit hellem Holzmobiliar zeitgemäss eingerichtet. Der ländliche Stil macht das Restaurant gemütlich.

Chesa Pirani (Bumann), Hauptstrasse, ✆ 0818 542 515, *bumann@chesapirani.ch, Fax 0818 542 557* – AE VISA
geschl. Mitte Okt. - 3. Dez., 12. April - 2. Juni, Sonntag und Montag in der Zwischensaison – **Menu** 78 (mittags)/198 und à la carte 72/142.
◆ In dem elegant-rustikal eingerichteten Patrizierhaus a. d. 18. Jh. kann der Geniesser zwischen 2 regionalen Menüs wählen, mit internationalen Einflüssen modern interpretiert.
Spez. Gebratene Saiblinge, Forellen und Aeschen aus dem Inn (Sommer). Menu mit Schweizer Safran aus Mund im Wallis. Safranspaghetti mit Hummer "Façon du Patron" (mittags)

RAFZ 8197 Zürich (ZH) 551 P3 – 3 323 Ew. – Höhe 424.

Bern 155 – Zürich 35 – Baden 54 – Konstanz 71 – Schaffhausen 17.

Zum Goldenen Kreuz mit Zim, Landstr. 15, ✆ 018 690 424, *info@kreuz-rafz.ch, Fax 018 690 423*, – – 15/80. AE VISA
geschl. 3. - 10. Jan. – **Menu** 35 - 50 (mittags)/79 und à la carte 52/110 – **10 Zim** 115/170 – ½ P Zuschl. 38.
◆ In dem wunderschönen Riegelhaus aus dem 17. Jh. bewirtet man seine Gäste in verschiedenen gemütlichen Stuben. Bei traditionellen Gerichten geniesst man das Ambiente.

Bahnhöfli, Bahnhofstr. 90, ✆ 018 692 500, *restaurant@bahnhoefli-rafz.ch, Fax 018 693 330,* – AE MC VISA
geschl. Feb. - März 2 Wochen, Juli - Aug. 3 Wochen, Montag und Dienstag – **Menu** 18.50 - 65/92 und à la carte 50/109.
◆ Wie der Name schon vermuten lässt, liegt das Haus etwas ausserhalb am Bahnhof. Auf schönen Holztischen in einer teilgetäferten Stube reicht man zeitgemäss bereitete Speisen.

Les RANGIERS *Jura* 551 I4 – *rattaché à Asuel.*

RAPPERSWIL *8640 Sankt Gallen (SG)* 551 R6 – *7 198 Ew. – Höhe 409.*

Nuolen in Wangen, ✉ 8855 (März - Nov.) ✆ 0554 505 760, Fax 0554 505 761, Süd-Ost : 18 km Richtung Pfäffikon-Lachen-Nuolen.

Lokale Veranstaltung
25.06 - 27.06 : Blues'n Jazz Festival.

Tourist Information, Fischmarktplatz 1, ✆ 0552 205 757, information@rapperswil.ch, Fax 0552 205 750.

Seestr. 6, ✆ 0552 218 888, Fax 0552 218 889.

Bern 164 – Zürich 39 – Sankt Gallen 59 – Schwyz 34 – Winterthur 40.

Schwanen, Seequai 1, ✆ 0552 208 500, *reservation@schwanen.ch, Fax 0552 107 777,* ≤ Zürichsee, – – 15/150. AE MC VISA
Le Jardin *(geschl. 6. - 30. Jan.)* **Menu** 28 - 47 (mittags)/128 und à la carte 69/122 – ***Piano Bar*** *(im Winter nur Abendessen)* **Menu** 59/85 und à la carte 60/118 – 25 – **25 Zim** 185/310.
◆ Das Hotel liegt in der schönen Häuserzeile an der Seepromenade. In Zimmern mit moderner Designer-Einrichtung geniesst man die wunderbare Aussicht. Sehr elegant wirkt das Le Jardin. In der Piano Bar Livemusik am Abend.

Hirschen garni, Fischmarktplatz 7, ✆ 0552 206 180, *sleep@hirschen-rapperswil.ch, Fax 0552 206 181* – . AE MC VISA
geschl. 21. Dez. - 5. Jan – **14 Zim** 145/195.
◆ Das kleine Hotel, nahe Fischmarktplatz und See gelegen, bietet moderne, individuell und mit Geschmack eingerichtete Zimmer. Alles andere als ein nüchternes Geschäftshotel !

Speer, Bahnhofstr. 5, ✆ 0552 208 900, *info@hotel-speer.ch, Fax 0552 208 989,* – , Zim, . AE MC VISA
***Back + Brau Classic* : Menu** 20 und à la carte 44/70 – **56 Zim** 159/210 – ½ P Zuschl. 36.
◆ Gegenüber dem Bahnhof finden geschäftlich wie privat Reisende in diesem Hotel mit weisser Fassade und Südbalkonen ein praktisches Zuhause auf Zeit. Imposante Braukessel dienen im Back + Brau Classic der Dekoration.

Jakob, Hauptplatz 11, ✆ 0552 200 050, *info@jakob-hotel.ch, Fax 0552 200 055,* – , Zim, – 20. AE MC VISA
geschl. 1. - 14. Jan. – **Menu** *(Snack-Karte)* 18 und à la carte 38/79 – **20 Zim** 105/180 – ½ P Zuschl. 25.
◆ Nicht weit unterhalb des Schlosses befindet sich dieses Haus. Die Zimmer bieten einfachen, zweckmässigen Komfort und sind mit grauen Möbeln eingerichtet. Das moderne Restaurant im Bistrostil hat eine Terrasse zum autofreien Hauptplatz.

Villa Aurum, alte Jonastr. 23, ✆ 0552 207 282, *info@villaaurum.ch, Fax 0552 207 289,* – AE MC VISA
geschl. 22. Feb. - 4. März, 19. Juli - 5. Aug., Sonntagabend und Montag – **Menu** (Tischbestellung ratsam) 35 - 89 und à la carte 61/99.
◆ In der komplett umgebauten Herrschaftsvilla serviert man in vier hellen, modern eingerichteten Räumen und auf der ruhigen Gartenterrasse zeitgemässe Küche.

Schloss Restaurant, Lindenhügel, im Schloss Rapperswil, ✆ 0552 101 828, *Fax 0552 109 049,* – 20. AE MC VISA
geschl. 31. Jan. - 1. März, Sonntagabend und Montag – **Menu** 83/93 und à la carte 63/102.
◆ Die Kombination von Tradition mit Design macht den Charme des modern gestylten Restaurants in den meterdicken Mauern des Schlosses a. d. 13. Jh. aus. Schöne Innenhofterrasse.

Bellevue mit Zim, Marktgasse 21, ✆ 0552 206 630, *hotel_bellevue@bluewin.ch, Fax 0552 206 633*, ←, – AE MC VISA
geschl. 22. Dez. - 15. Jan. und Mittwoch – ***Tante Charlotte*** (1. Etage) **Menu** 25 und à la carte 46/86 – **9 Zim** 110/190.
◆ Im Restaurant Tante Charlotte an der Seepromenade sollte man von der grossen Auswahl an Fischgerichten profitieren ; bei Sonne natürlich auf der Terrasse.

Thai Orchid, Engelplatz 4, ✆ 0552 109 191, *Fax 0552 100 221*, – AE MC VISA
geschl. 21. Dez. - 5. Jan., 20. Juli - 10. Aug., Samstag - Sonntag jeweils mittags und Montag – **Menu** 25 (Mittagsbuffet)/70 und à la carte 45/89.
◆ Gerichte der thailändischen Küche serviert man den Gästen in dem kleinen Restaurant in der Altstadt. Baststühle und folkloristische Elemente prägen die Einrichtung.

in Kempraten *Nord : 1 km Richtung Rüti – Höhe 412 – ✉ 8640 Kempraten :*

Weinhalde mit Zim, Rebhalde 9, ✆ 0552 106 633, *info@weinhalde.ch, Fax 0552 111 772*, ←, – AE MC VISA
geschl. 2 Wochen Jan. - Feb. – **Menu** 16.50 - 48 (mittags)/102 und à la carte 50/108 – **12 Zim** 90/220.
◆ Ob in einem der verschiedenen Gasträume oder auf der Terrasse, eine Karte mit zeitgemässen Gerichten liegt auf. Ruhige, modern ausgestattete Zimmer erwarten den Gast.

Krone mit Zim, Rütistr. 6, ✆ 0552 205 200, *info@gasthaus-krone.ch, Fax 0552 205 209*, – Zim, – 15/100. AE MC VISA
Menu *(geschl. Sonntag)* 17.50 - 42 (mittags)/75 und à la carte 53/100 – **5 Zim** 90/150.
◆ Mit gelben Pastelltönen wurde das unweit vom Stadtzentrum gelegene Restaurant ansprechend gestaltet. Auf der Karte finden Sie in traditioneller Weise zubereitete Gerichte.

in Jona *Ost : 1 km – Höhe 433 – ✉ 8645 Jona :*

Frohberg mit Zim, Frohbergstr. 65, Richtung Rüti, ✆ 0552 107 227, *info@frohberg.ch, Fax 0552 105 315*, ← Rapperswil und Zürichsee, – AE MC VISA – *geschl. 27. Dez. - 16. Jan. und Dienstag* – **Menu** 38 - 44 (mittags)/83 und à la carte 53/111 – **12 Zim** 125/190.
◆ Etwas ausserhalb auf einer Anhöhe liegend, bietet das Frohberg eine schöne Sicht auf Rapperswil und das Umland, vor allem von der Terrasse, aber auch vom Wintergarten aus.

Kreuz mit Zim, St. Gallerstr. 30, ✆ 0552 255 353, *info@gasthof-kreuz.ch, Fax 0552 255 354*, – – 15/250. AE MC VISA
***Atrium* : Menu** 52 und à la carte 48/89 – ***Ofemaxx* : Menu** 18.50 und à la carte 35/73 – **8 Zim** 120/180.
◆ Im Atrium blickt man auf den Innenhof mit einem kleinen, fast idyllisch wirkenden Teich. Im Sommer können Sie auch auf der dortigen Terrasse essen. Das Ofenmaxx lockt mit original Elsässer Flammkuchen und anderen Holzofen-Gerichten.

Les RASSES *Vaud* 552 O8 – *rattaché à Sainte-Croix.*

RAVOIRE *Valais* 552 G12 – *rattaché à Martigny.*

REALP *6491 Uri (UR)* 551 P10 – *Höhe 1 538.*

Realp - Oberwald, Information, ✆ 0418 871 446.
Bern 183 – Altdorf 44 – Andermatt 10 – Bellinzona 94 – Interlaken 84.

RECKINGEN *3998 Wallis (VS)* 552 N10 – *416 Ew. – Höhe 1 315.*

Reckingen Tourismus, ✆ 0279 741 216, reckingen@goms.ch, Fax 0279 741 215.
Bern 137 – Andermatt 61 – Brig 30 – Interlaken 81 – Sion 82.

Blinnenhorn, ✆ 0279 742 560, *blinnenhorn@rhone.ch, Fax 0279 742 565*, ←, – MC VISA
geschl. 6. - 25. Dez., 20. März - 15. Mai und Donnerstag in Okt., Nov. und März – **Menu** 16 - 35/51 und à la carte 30/82 – **17 Zim** 82/160 – ½ P Zuschl. 30.
◆ Hinter der für die Region typischen Holzfassade mit Südbalkonen befinden sich in dunklem Eichenholz rustikal möblierte Zimmer, die ausreichend Platz und Komfort bieten. Im Stil einer einfachen Gaststube zeigt sich das Restaurant des Hauses.

REGENSDORF *8105 Zürich (ZH)* **551 P4** – *14 117 Ew. – Höhe 443.*
Bern 121 – Zürich 11 – Baden 19 – Luzern 63 – Schaffhausen 56 – Winterthur 34.

Mövenpick, Zentrum, ✆ 018 715 111, *hotel@movenpick-regensdorf.ch, Fax 018 715 011,* – Zim, – 15/800. AE VISA JCB
Menu *22* und à la carte 35/91 – 20 – **149 Zim** 210/270.
◆ Der grosse Gebäudekomplex im Stadtzentrum bietet meist renovierte und modern eingerichtete Zimmer mit guter technischer Ausstattung. Zugang zum Migros-Fitness-Park. Neuzeitlich eingerichtetes Hauptrestaurant.

Trend, Eichwatt 19, ✆ 018 708 888, *info@trend-hotel.ch, Fax 018 708 899,* – Zim, video – 15/80. AE VISA
Luba Hati *(geschl. Feiertage)* **Menu** *20* - 38 (mittags) und à la carte 46/104 – 26 – **67 Zim** 215/290 – ½ P Zuschl. 38.
◆ Das Hotel ist in einem neuzeitlichen Geschäftshaus untergebracht. Modern in unterschiedlichen Farben ausgestattete, mit soliden Einbaumöbeln bestückte Zimmer stehen bereit. Elegant wirkt das Luba Hati.

Hirschen, Watterstr. 9, ✆ 018 432 222, *hirschen@access.ch, Fax 018 432 233,* – – 30. AE VISA
Menu *19* - 42 (mittags)/70 und à la carte 42/91 – **30 Zim** 133/200.
◆ Im kürzlich komplett renovierten Gasthof wohnt man in modernen Zimmern unterschiedlicher Grösse, die mit hellen, gebleichten Holzmöbeln zweckmässig eingerichtet sind. Gemütliche, lebendige Gaststube und rustikales, geschmackvoll dekoriertes Restaurant.

REHETOBEL *9038 Appenzell Ausserrhoden (AR)* **551 V5** – *1 682 Ew. – Höhe 958.*
Bern 224 – Sankt Gallen 19 – Appenzell 27 – Bregenz 28 – Konstanz 51.

Zum Gupf (Klose) mit Zim, auf dem Bergrücken, Nord-Ost : 2 km, ✆ 0718 771 110, *info@gupf.ch, Fax 0718 771 510,* Appenzellerland, Berge und Bodensee, , – Zim, AE VISA
geschl. Feb., 23. Aug. - 7. Sept., Montag und Dienstag – **Menu** (Tischbestellung ratsam) 65 (mittags)/99 und à la carte 66/111 – **5 Zim** 180/240.
◆ Traumhaft gelegen, bietet dieses wunderschöne Appenzellerhaus mit eigener Viehwirtschaft und modernem Weinkeller eine ausgezeichnete klassische Küche.
Spez. Gebratene Entenstopfleber auf Apfel-Kürbisgratin. Gupf-Spanferkel ganz im Ofen gebraten. Währschaftes Schweinskotelette vom Hof mit Bratkartoffeln und Gemüse

REICHENAU-TAMINS *Graubünden* **553 U8** – *siehe Tamins.*

REICHENBACH *3713 Bern (BE)* **551 K9** – *3 311 Ew. – Höhe 706.*
Bern 47 – Interlaken 26 – Gstaad 58 – Kandersteg 19.

Bären mit Zim, Dorfplatz, ✆ 0336 761 251, *baeren.reichenbach@bluewin.ch, Fax 0336 762 744,* – AE VISA
geschl. 12. - 21. Jan., 21. Juni - 15. Juli, 1. - 18. Nov., Montag und Dienstag – **Menu** *18* - 69 und à la carte 45/117 – **3 Zim** 80/150 – ½ P Zuschl. 50.
◆ Die schönen Stuben des alten Berner Hauses aus dem 16. Jh. sind behaglich-ländlich eingerichtet. Hier geniesst man traditionelle, sorgfältig zubereitete Mahlzeiten.

REIDEN *6260 Luzern (LU)* **551 M5** – *4 013 Ew. – Höhe 458.*
Bern 75 – Aarau 24 – Baden 46 – Luzern 38 – Olten 17.

Lerchenhof, Mehlsecken, Wiggermatte 2, ✆ 0627 581 222, *lerchenhof@bluewin.ch, Fax 0627 581 583,* – – 15/50. AE VISA
geschl. 16. - 24. Feb., 19. Juli - 10. Aug., Montag und Dienstag – **Menu** *19* und à la carte 37/89.
◆ Nicht weit von der Autobahnausfahrt, am Kanal gelegen, bekommt der Gast in den verschiedenen traditionell dekorierten Räumen Speisen einer bürgerlichen Auswahl angeboten.

in Wikon *Nord : 3 km – Höhe 463 – ✉ 4806 Wikon :*

Bahnhöfli, Bahnhofstr. 44, ✆ 0627 510 313, *Fax 0627 513 345,* – AE VISA
geschl. 22. Feb. - 1. März, 3. - 10. Okt., Sonntag und Montag – **Menu** *17.50* - 48 (mittags)/99 und à la carte 51/92.
◆ Im Ortsteil Brittnau, gegenüber dem Bahnhof, kann man seinen Tagesteller in der Gaststube, sein gutbürgerliches Gericht im gehobenen Restaurant bestellen.

RHEINAU *8462 Zürich (ZH)* 551 Q3 *– 1 338 Ew. – Höhe 372.*

Bern 152 – Zürich 43 – Baden 63 – Schaffhausen 13 – Winterthur 25.

Hirschen, Sandackerstr. 1, *0523 191 262, Fax 0523 191 262,* – AE MC VISA
geschl. 22. Feb. - 7. März, 3. - 17. Okt., Montag und Dienstag – **Menu** - Fischspezialitäten - 46 (mittags)/72 und à la carte 50/103.
◆ Direkt an der Zollschranke am Rhein passiert man diesen traditionsreichen Gasthof, bevor man die Schweiz verlässt oder ins Land einreist. Probieren Sie die Fischgerichte !

RHEINFELDEN *4310 Aargau (AG)* 551 L4 *– 10 335 Ew. – Höhe 285 – Kurort.*

Tourismus Rheinfelden, Rindergasse 1, 0618 330 525, tourismus@rheinfelden.ch, Fax 0618 330 529.

Bern 93 – Basel 21 – Aarau 37 – Baden 46.

Park-Hotel am Rhein, Roberstenstr. 31, *0618 366 633, park-hotel@kurzentrum.ch, Fax 0618 366 634,* – Zim, 15/30. AE MC VISA
***Bellerive* :** **Menu** 43 (mittags) und à la carte 55/104 – ***Park-Café* :** **Menu** 19 und à la carte 34/71 – **45 Zim** 200/326 – ½ P Zuschl. 40.
◆ Die Einrichtungen des mit dem Hotel verbundenen Kurzentrums stehen teils gratis zur Verfügung. Auch die unterschiedlich möblierten Zimmer tragen zur Erholung des Gastes bei. Im Restaurant Bellerive geniesst man beim Essen den Blick in den herrlichen Park.

Schützen, Bahnhofstr. 19, *0618 362 525, willkommen@hotelschuetzen.ch, Fax 0618 362 536,* (Solbad), – Zim, – 15/60. AE MC VISA
Menu 22 - 25 (mittags)/30 und à la carte 35/79 – **34 Zim** 130/175 – ½ P Zuschl. 25.
◆ Das klassische Gebäude der Jahrhundertwende bietet seinen Gästen neben funktionell ausgestatteten Zimmern unter anderem auch ein kleines öffentliches Kellertheater. Die hellen Räume des Restaurants strahlen eine ungezwungene Atmosphäre aus.

Schiff am Rhein, Marktgasse 58, *0618 362 222, info@hotelschiff.ch, Fax 0618 362 200,* – Zim, – 15/45. AE MC VISA
Menu 19.50 und à la carte 44/94 – **46 Zim** 140/190 – ½ P Zuschl. 38.
◆ Direkt an Rhein und Zoll gelegen, bietet Ihnen das Hotel komplett renovierte, modern ausgestattete Zimmer, teils auch mit Aussicht auf den Fluss. Neu gestaltet präsentiert sich das in verschiedene Bereiche gegliederte Restaurant.

Schlossgarten, Feldschlösschenstr. 32 (auf dem Brauerei Feldschlösschenareal), *0618 369 010, Fax 0618 369 019,* – AE MC VISA
geschl. 24. Dez. - 4. Jan., Samstag und Sonntag – **Menu** 42 (mittags)/128 und à la carte 67/123 – ***Wirtschaft Braustube* :** **Menu** 19.50 und à la carte 45/100.
◆ Vor den Toren der traditionsreichen Feldschlösschenbrauerei finden Sie dieses Restaurant mit elegantem Wintergarten-Pavillon, hübschem Garten und schöner Aussicht. Traditionelle Gaststube mit neuer Bar.

Ed's Weinbistro, Brodlaube 23, *0618 331 233, mail@edsweinbistro.ch, Fax 0618 331 230,* – AE MC VISA
geschl. Sonntag und Montag – **Menu** *(nur Abendessen)* à la carte 49/112.
◆ Der Name lässt's schon vermuten, steif und förmlich geht es hier sicher nicht zu. In gemütlichem, ungezwungenem Ambiente werden moderne internationale Gerichte serviert.

RICKEN *8726 Sankt Gallen (SG)* 551 S6 *– Höhe 792.*

Bern 173 – Sankt Gallen 42 – Glarus 32 – Rapperswil 19.

Zum Schweizerhaus mit Zim, Wattwilerstr. 2, *0552 841 022, schweizerhaus-ricken@bluewin.ch, Fax 0552 845 131,* – AE MC VISA
geschl. 24. Jan. - 2. Feb., 2. - 19. Juli, Sonntagabend und Montag – **Menu** 22 und à la carte 36/76 – **3 Zim** 65/120.
◆ Der traditionelle Gasthof mit Schindelfassade, an der Ortsdurchfahrt gelegen, empfängt nicht nur Stammgäste. In hellen, renovierten Räumen serviert man bürgerliche Kost.

RIED BEI BRIG *Wallis* 552 M11 *– siehe Brig.*

La RIPPE 1278 Vaud (VD) 552 B10 – 944 h. – alt. 530.

Bern 152 – Genève 24 – Divonne-les-Bains 7 – Lausanne 48 – Nyon 9.

Auberge de l'Etoile avec ch, 4 r. des 4 Fontaines, ✆ 0223 671 202, Fax 0223 671 221, – P. ch
fermé 21 fév. au 2 mars, 3 sem. mi-juil. à début août, mardi midi et lundi – **Repas** 18 et à la carte 47/88 – 12 – **3 ch** 55/95.
◆ Ancienne auberge communale où vous goûterez, dans un cadre sagement rustique, une cuisine traditionnelle simple. Chambres sans luxe mais accueillantes, refaites depuis peu.

RISCH 6343 Zug (ZG) 551 P6 – 7 218 Ew. – Höhe 417.

Bern 131 – Luzern 20 – Zug 14 – Zürich 40.

Waldheim, Rischerstr. 27, ✆ 0417 997 070, *waldheim@waldheim.ch,* Fax 0417 997 079, ← Zugersee, , , , – – 15/30. AE VISA
geschl. 1. Feb. - 5. März (ausser Hotel) und 24. - 28. Dez. – **Menu** 56 (mittags)/109 und à la carte 58/111 – ***Bistro* : Menu** 26 und à la carte 37/77 – **34 Zim** 130/270.
◆ Neben wohnlichen Zimmern im Haupthaus, bietet man im neueren Anbau geräumige, komfortabler ausgestattete Räume in Kirschholz, teils mit Balkon/Terrasse zum See. Elegantes Restaurant mit schöner Gartenterrasse. Modernes Bistro mit Holztäferung und Kachelofen.

ROCHES Berne 551 J5 – alt. 498 – rattaché à Moutier.

RODI-FIESSO 6772 Ticino (TI) 552 Q10 – alt. 942.

Bern 210 – Andermatt 38 – Bellinzona 49 – Brig 85.

Dazio Grande con cam, ✆ 0918 746 066, *daziogrande@ticino.com,* Fax 0918 746 061, , – , rist, P – 80. AE VISA
chiuso dal 22 dicembre al 29 febbraio, lunedì da settembre a giugno e martedì da novembre ad aprile – **Pasto** 16 ed alla carta 39/74 – **5 cam** 75/120 – ½ P sup. 20.
◆ Bell'edificio del XVI sec., era un'antica dogana. Totalmente rinnovato, ha mantenuto diversi affreschi e "boiserie" d'origine nelle sale da pranzo. Oggi include anche un museo.

ROGGWIL Bern 551 L5 – siehe Langenthal.

ROLLE 1180 Vaud (VD) 552 C10 – 4 131 h. – alt. 402.

Signal de Bougy à Bougy-Villars, ✉ 1172 (mars - nov.) ✆ 0218 215 950, Fax 0218 215 965, Nord : 6 km route du Signal de Bougy.

Office du Tourisme, 1bis Grand-Rue, ✆ 0218 251 535, tourisme@rolle.ch, Fax 0218 251 131.

Bern 132 – Lausanne 28 – Champagnole 76 – Genève 35.

à Bursins Ouest : 4,5 km – alt. 473 – ✉ 1183 Bursins :

Auberge du Soleil, ✆ 0218 241 344, *Fax 0218 241 844*, ←, – P. AE VISA.
fermé 21 déc. au 5 janv., 9 au 14 avril, 1er au 23 août, dim. et lundi – **Repas** 58 (midi)/140 et à la carte 79/140 – ***Le Café* : Repas** 19.50 et à la carte 60/104.
◆ Niché au coeur du village, ce restaurant rénové paraît plus moderne que jamais sous ses nouvelles couleurs. Répertoire soigné sensible au rythme des saisons. Le Café, plaisant bistrot, propose le plat du jour et une carte plus simple. Terrasse d'été.

à Bugnaux Nord-Ouest : 4 km – alt. 605 – ✉ 1180 Rolle :

Auberge de Bugnaux, route du Vignoble, ✆ 0218 251 682, *ziegbug@bluewin.ch, Fax 0218 255 004,* ← lac Léman, – P
fermé 15 déc. au 18 janv., lundi et mardi – **Repas** (prévenir) 26 - 45 (midi)/150 et à la carte 54/100.
◆ En plein vignoble, cette table design et sa terrasse vous offrent une vue splendide sur le Léman. Pas de carte : chaque jour sont composés des menus différents.

ROMAINMÔTIER *1323 Vaud (VD)* **552 D8** *– 413 h. – alt. 673.*

Voir : *Église★.*

Environs : *Dent de Vaulion★★★ Est : 22 km.*

Bern 100 – Lausanne 33 – Champagnole 69 – Pontarlier 43 – Yverdon-les-Bains 22.

Au Lieutenant Baillival sans rest, ✆ 0244 531 458, *aulieutenantbaillival@bluewin.ch, Fax 0244 531 830,* – P. MC VISA
6 ch 100/150.
◆ Adresse atypique que cette demeure du 17e s. aux aménagements intérieurs préservés. Chambres de caractère garnies de meubles anciens. Ambiance "guest house".

Saint-Romain, place du Bourg, ✆ 0244 531 120, *Fax 0244 531 838,* – TV. MC VISA
fermé merc. et jeudi d'oct. à mai – **Repas** 17.50 - 65 et à la carte 45/89 – **10 ch** 75/178 – ½ P suppl. 36.
◆ Au centre du bourg, maison du 15e s. dont le nom honore saint Romain, fondateur de l'abbaye locale. Chambres au cadre "bonbonnière champêtre", décorées de bibelots anciens. La salle à manger, également rustique, prépare une cuisine traditionnelle.

ROMANEL-SUR-LAUSANNE *1032 Vaud (VD)* **552 E9** *– 3 022 h. – alt. 591.*

Bern 95 – Lausanne 7 – Genève 68 – Montreux 38 – Yverdon-les-Bains 26.

A la Chotte, 19 ch. du Village, ✆ 0216 461 012, *alachotte@bluewin.ch, Fax 0216 485 474,* – TV. AE MC VISA
Repas *(fermé dim. et lundi)* 17 et à la carte 37/88 – **14 ch** 125/165.
◆ Dans un village tranquille à quelques minutes de Lausanne, ferme typiquement vaudoise de 1804 renfermant de spacieuses chambres néo-rustiques bien équipées. La vaste salle à manger campagnarde vous fait savourer : fondues au fromage, plats de brasserie, etc.

ROMANEL-SUR-MORGES *1122 Vaud (VD)* **552 D9** *– 418 h. – alt. 454.*

Bern 121 – Lausanne 17 – Morges 6 – Nyon 35.

Auberge de la Treille, route de Cossonay, ✆ 0218 699 119, *Fax 0218 698 338,* – P. AE MC VISA
fermé 12 au 18 avril, 30 août au 26 sept., lundi et mardi – **Repas** 16 - 52 (midi)/90 et à la carte 47/97.
◆ Ce restaurant, sur la traversée de cette bourgade, vous convie à goûter ses recettes françaises dans son agreste salle ou sur sa terrasse ombragée d'une belle treille.

ROMANSHORN *8590 Thurgau (TG)* **551 U4** *– 8 913 Ew. – Höhe 399.*

in Erlen, ✉ 8586 (April - Nov.) ✆ 0716 482 930, Fax 0716 482 940, West : Richtung Frauenfeld : 12 km.

Tourist Info, im Bahnhof, ✆ 0714 633 232, touristik@romanshorn.ch, Fax 0714 611 980.

Bern 211 – Sankt Gallen 20 – Bregenz 38 – Frauenfeld 42 – Konstanz 21.

Park-Hotel Inseli , Inselistr. 6, ✆ 0714 668 888, *info@inseli.ch, Fax 0714 668 877,* ←, , , – , Zim, TV P – 15/50. AE MC VISA.
geschl. 20. - 24. Dez. – ***Rôtisserie :*** **Menu** 42 (mittags)/65 und à la carte 51/92 – ***Panorama :*** **Menu** 36 und à la carte 39/65 – **39 Zim** 140/260 – ½ P Zuschl. 48.
◆ In schöner Lage, nicht weit von See und Schloss entfernt, bezieht der Gast eines der ruhigen Zimmer mit Aussicht - mit dunklem Mobiliar schlicht und praktisch ausgestattet. Leicht gehoben : die Rôtisserie. Das Panorama bietet einen Blick auf See und Park.

ROMBACH *Aargau* **551 M4** *– siehe Aarau.*

ROMONT 1680 Fribourg (FR) 552 G9 – 3 810 h. – alt. 764.

Voir : *Site★ – Choeur★ de la Collégiale N.-D.-de-l'Assomption.*

Manifestation locale

09.04 : Procession des Pleureuses.

Office du Tourisme, 112 r. du Château, ☎ 0266 523 152, office.tourisme@romont.ch, Fax 0266 524 777.

Bern 56 – Fribourg 26 – Lausanne 37 – Montreux 39 – Yverdon-les-Bains 45.

St-Georges, 31 Grand-Rue, ☎ 0266 524 410, *Fax 0266 521 394,* – TV. AE MC VISA. ch

Repas *(fermé sam. soir, dim. et jours fériés)* 40 et à la carte 29/62 – 10 – **9 ch** 85/140.

◆ Cette auberge traditionnelle officiant au coeur de Romont renferme une dizaine de chambres personnalisées où vous passerez des nuits sans histoire. Ambiance familiale. Une carte exempte de complication comblera votre appétit au restaurant. Terrasse à l'avant.

Auberge Le Lion d'Or, 38 Grand-Rue, ☎ 0266 522 296, *Fax 0266 521 840,* – AE MC VISA

Repas 17 - 39/68 et à la carte 54/99.

◆ Maison ancienne devancée d'un gracieux perron vous invitant à pénétrer dans sa salle à manger rustique, elle-même prolongée d'une terrasse grande ouverte sur les prés.

RONCO SOPRA ASCONA 6622 Ticino (TI) 553 Q12 – 684 ab. – alt. 355.

Vedere : *Posizione pittoresca★★.*

Dintorni : *Circuito di Ronco★★ : ≤★★ sul lago Maggiore dalla strada di Losone, verso Locarno.*

Ente Turistico Lago Maggiore, ☎ 0917 910 091, buongiorno@maggiore.ch, Fax 0917 851 941.

Bern 274 – Locarno 9 – Bellinzona 29 – Lugano 48 – Stresa 49.

La Rocca , Sud : 1 km, via Ronco 61, ✉ 6613 Porto Ronco, ☎ 0917 851 144, *hotel@la-rocca.ch, Fax 0917 914 064,* ≤ Lago Maggiore e isole di Brissago, , , , , – , rist, TV P. MC VISA.

Albergo : 27 marzo al 24 ottobre ; Rist : 3 aprile al 17 ottobre – **Pasto** 58 (sera) ed alla carta 56/103 – **21 cam** 210/410 – ½ P sup. 20.

◆ Grazie alla posizione favorevole si gode di una vista così bella che vi sembrerà di toccar con mano le magnifiche isole di Brissago. Camere moderne. La terrazza-giardino panoramica vi permetterà di apprezzare una cucina classica, così come la splendida veduta.

Ronco, piazza della Madonna 1, ☎ 0917 915 265, *hotel-ronco@ticino.com, Fax 0917 910 640,* ≤ Lago Maggiore, , , – rist, TV. AE MC VISA. cam

16 marzo al ottobre – **Pasto** 52 ed alla carta 46/91 – **20 cam** 100/240 – ½ P sup. 30.

◆ Provvisto di una bella terrazza panoramica con piscina da cui approfittare della splendida vista. Camere uniformi, funzionali ; "côté" lago, hanno tutte un balconcino. Per il ristorante, uno stile rustico che associa la tradizione alle specialità alla griglia.

Della Posta con cam, via Ciseri 9/11, ☎ 0917 918 470, *lupi@cybernet.ch, Fax 0917 914 533,* ≤ Lago Maggiore, – rist, TV. AE MC VISA

chiuso dal 15 novembre al 20 dicembre e solo l'albergo anche dal 8 gennaio al 15 febbraio – **Pasto** *(chiuso martedì)* 49/75 ed alla carta 57/92 – **4 cam** 130/240.

◆ Terrazza davvero carina che offre un'imperdibile veduta del Lago Maggiore da godere anche dal ristorante. Cucina mediterranea con predilezione per piatti a base di pesce.

In questa guida
uno stesso simbolo, una stessa parola
stampati in rosso o in nero,
hanno un significato diverso.
Leggete attentamente le pagine dell'introduzione.

RORSCHACH *9400 Sankt Gallen (SG)* 551 V4 – *8 780 Ew. – Höhe 399.*

Lokale Veranstaltung

09.08 - Mitte Sept. : Internationales Sandskulpturen-Festival.

Tourist Information, Hauptstr. 63, 0718 417 034, info@tourist-rorschach.ch, Fax 0718 417 036.

Bern 221 – Sankt Gallen 12 – Bregenz 25 – Konstanz 33.

Parkhotel Waldau, Seebleichestrasse, Ost : 1 km Richtung Rheineck, 0718 550 180, *info@parkhotel-waldau.ch, Fax 0718 551 002,* (Solbad), – – 15/60. VISA
Menu 18.50 - 28 (mittags)/60 und à la carte 46/104 – **40 Zim** 130/205 – ½ P Zuschl. 35.

◆ Dieses stattliche Gebäude, recht ruhig in einem Park gelegen, bietet Zimmer unterschiedlicher Grösse, die mit rustikalem Stilmobiliar klassisch eingerichtet sind. Das Restaurant ist im Stil einer Rôtisserie dekoriert und verfügt über eine Gartenterrasse.

Mozart, Hafenzentrum, 0718 444 747, *info@mozart-rorschach.ch, Fax 0718 444 748* – Zim, – 15/30. VISA JCB
Menu - Snack - 17.50 und à la carte 31/65 – **33 Zim** 125/200 – ½ P Zuschl. 35.

◆ Die Einrichtung der Zimmer dieses zentral gelegenen Hotels soll an die Zeit des grossen Musikers erinnern. Weisse Schleiflackstilmöbel mit dunkelroten Polstern dominieren. Das Jugendstilcafé glänzt mit Snacks und vor allem mit seiner Confiserie.

in Rorschacherberg *Süd : 3 km Richtung Lindau und Spital – Höhe 470 – 9404 Rorschacherberg :*

Rebstock, Thalerstr. 57, 0718 552 455, *info@rebstock.ch, Fax 0718 557 320,* Bodensee, – – 25. VISA
geschl. 28. Dez. - 18. Jan. – **Menu** *(geschl. Sonntag)* 17.50 und à la carte 32/77 – **25 Zim** 110/200 – ½ P Zuschl. 30.

◆ Dieses alteingesessene Ferienhotel hat eine besonders schöne Lage oberhalb des Bodensees zu bieten. Sie schlafen in geräumigen, hell und rustikal eingerichteten Zimmern. Ein moderner Wintergarten ergänzt das neo-rustikale Restaurant.

Schloss Wartegg , 0718 586 262, *schloss@wartegg.ch, Fax 0718 586 260,* – Zim, – 15/25. VISA
geschl. 5. - 19. Jan. – **Menu** 23 - 64 (abends) und à la carte 43/82 – **24 Zim** 130/225.

◆ Im schönen Park mit Rosengarten gelegen, bietet dieses imposante, komplett renovierte Schloss aus dem 16. Jh. einfache, mit Naturhölzern modern ausgestattete Zimmer. Schlichte klare Linien im Restaurant mit vor allem vegetarischem Angebot und Bio-Produkten.

RORSCHACHERBERG *Sankt Gallen* 551 V4 – *siehe Rorschach.*

ROSSINIÈRE *1836 Vaud (VD)* 552 G10 – *498 h. – alt. 922.*

Bern 82 – Montreux 60 – Bulle 24 – Gstaad 18 – Lausanne 71 – Thun 68.

Elite , 0269 245 212, *Fax 0269 245 234,* – VISA
fermé nov. et mardi – **Repas** 15.50 et à la carte environ 39 – **10 ch** 60/120 – ½ P suppl. 25.

◆ Chalet vaudois établi sur les hauts du village. Chambres basiques mais chaleureuses. Six, orientées plein Sud, s'agrémentent d'un balcon. Salle à manger rustique où l'on fait des repas traditionnels sans fioriture. Service en continu de midi jusqu'au soir.

ROSSRÜTI *Sankt Gallen* 551 S-T4 – *siehe Wil.*

ROTHENBURG *Luzern* 551 O6 – *siehe Luzern.*

ROTHRIST *4852 Aargau (AG)* 551 M5 – *6 868 Ew. – Höhe 407.*

Bern 66 – Aarau 20 – Basel 54 – Luzern 49.

Ibis, Helblingstr. 9, 0627 940 666, *h1057@accor-hotels.com, Fax 0627 942 320,* – Zim, – 15/80. VISA
Menu 16 - 26 und à la carte 39/58 – 14 – **64 Zim** 99.

◆ Die Zimmer dieses Hotels, das nicht weit von der Autobahnausfahrt an der Hauptstrasse liegt, werden laufend renoviert und bieten zeitgemässen, einfachen Standardkomfort.

ROUGEMONT *1659 Vaud (VD)* **552 H10** – *929 h. – alt. 992 – Sports d'hiver : 991/2 156 m* 2 2 .

Manifestation locale

19.05 - 23.05 : Festival de musique ancienne "La Folia".

Office du Tourisme, Bâtiment Communal, 0269 251 166, info@rougemont.ch,Ldv Fax 0269 251 167.

Bern 95 – Montreux 57 – Bulle 35 – Gstaad 8 – Lausanne 82 – Thun 59.

Hôtel de Commune, au Village, 0269 258 142, *Fax 0269 258 658* – .

AE MC VISA

fermé 3 sem. en avril, 6 - 27 oct. et merc. (sauf fév.) – **Repas** 17 et à la carte 43/84 – **11 ch** 110/200 – ½ P suppl. 30.

◆ Vénérable chalet (1833) rénové établi dans la rue principale de Rougemont. Bon hébergement au confort moderne dans un cadre montagnard sobrement rustique. Café-restaurant où flotte une atmosphère villageoise. Cuisine traditionnelle suisse.

Valrose, Place de la Gare, 0269 258 146, *info@valrose.ch, Fax 0269 258 854,* – . AE MC VISA

fermé 3 au 18 mai, 28 oct. au 7 déc. et mardi – **Repas** 16 - 24 (midi)/80 et à la carte 33/76 – **16 ch** 95/150, Basse saison 65/138 – ½ P suppl. 20.

◆ Aux portes de la gare, adresse familiale sans prétention : un esprit "pension" anime les chambres de cet hôtel. Un vaste choix de mets traditionnels vous attend dans la salle de restaurant "années 70", complétée d'une petite salle champêtre pour les fondues.

ROVIO *6821 Ticino (TI)* **553 R-S14** – *631 ab. – alt. 500.*

Bern 289 – Lugano 16 – Bellinzona 45 – Como 21.

Park Hotel , 0916 497 372, *sabino@easyclub.ch, Fax 0916 497 963,* lago e monti, , , , – AE MC VISA. rist

2 marzo al 4 novembre – **Pasto** 23 - 25/55 ed alla carta 39/73 – **50 cam** 120/230 – ½ P sup. 20.

◆ In posizione tranquilla, approfittate della terrazza-giardino con sublime vista su lago e monti. Camere d'impostazione recente con un buon livello di confort. Il ristorante propone una cucina tradizionale da apprezzare nel magnifico scenario del parco.

RÜMLANG *8153 Zürich (ZH)* **551 P4** – *5 355 Ew. – Höhe 430.*

Bern 129 – Zürich 14 – Baden 27 – Schaffhausen 49 – Winterthur 27.

Park Inn Zurich Airport garni, Flughofstr. 75, 018 288 686, *reservations.zurich@rezidorparkinn.com, Fax 018 288 687,* – , Zim, AE MC VISA

19 – **208 Zim** 199.

◆ Ideal für Geschäftsleute ! Modernes Design in frischen Farben, "Easy-Check-in / -out", eine sehr gute Technik und der Shuttle-Service zum Flughafen überzeugen.

Comfort Hotel Zürich-Airport garni, Glattalstr. 178, 018 177 777, *comfort@airport-hotel.ch, Fax 018 177 795* – AE MC VISA

34 Zim 150/200.

◆ Mit dunklen Holzmöbeln zweckmässig möblierte Zimmer bieten sich an, wenn man eine praktische Übernachtungsmöglichkeit in der Nähe des Zürcher Flughafens sucht.

RÜSCHLIKON *8803 Zürich (ZH)* **551 P5** – *4 891 Ew. – Höhe 433.*

Bern 133 – Zürich 8 – Wädenswil 20 – Zug 24.

Belvoir , Säumerstr. 37, 017 046 464, *info@belvoirhotel.ch, Fax 017 046 465,* Zürichsee, – , Rest, – 15/140. AE MC VISA. Rest

geschl. 24. Dez. - 4. Jan. – ***Säumergrill*** **: Menu** 38 - 52 (mittags)/92 und à la carte 59/102 – ***Rüschlikerstube*** **: Menu** 18.50 und à la carte 45/83 – **26 Zim** 210/340.

◆ In dem Geschäftshotel mit grossen, gut ausgestatteten Zimmern geniessen Sie Ruhe, modernen Komfort und einen schönen Blick auf den Zürichsee. Die Panoramafenster des Säumergrills gestatten einen weiten Blick aufs Wasser.

RÜTI 8630 Zürich (ZH) 551 R6 – 10 942 Ew. – Höhe 482.

in Bubikon, ✉ 8608, ☎ 0552 532 353, Fax 0552 532 354, West : 4 km Richtung Hombrechtikon.

Bern 162 – Zürich 32 – Rapperswil 5 – Uster 17 – Winterthur 34.

Laufenbach, Gmeindrütistr. 1b, ☎ 0552 510 100, *hot.laufenbach@bluewin.ch, Fax 0552 510 150,* , , – – 15/40. AE VISA
Menu *(geschl. 8. - 16. Feb., 10. Juli - 2. Aug. und Montagmittag)* 15 und à la carte 34/74 – **88 Zim** 100/170.

• Drei Gebäude - aus verschiedenen Bauetappen stammend - bieten helle, zweckmässig ausgestattete Zimmer, teils mit kleinen, recht angenehmen Terrassen oder Balkon. Im vorderen Haus befindet sich das einfache Restaurant mit leicht rustikaler Einrichtung.

SAANEN Bern 551 H10 – *siehe Gstaad.*

SAANENMÖSER Bern 551 I10 – *siehe Gstaad.*

SAAS ALMAGELL 3905 Wallis (VS) 552 L13 – 413 Ew. – Höhe 1 672 – Wintersport : 1 672/2 400 m 2 4 .

Saastal Tourismus, Dorfplatz, ☎ 0279 586 644, *info@saas-almagell.ch*, Fax 0279 586 645.

Bern 202 – Brig 35 – Sierre 55 – Sion 71 – Zermatt 41.

Pirmin Zurbriggen, ☎ 0279 572 301, *pirmin.zurbriggen@rhone.ch, Fax 0279 573 313,* , , – Zim, AE VISA. Rest *geschl. 1. Mai - 15. Juni und 20. Okt. - 20. Dez.* – **Menu** *(nur Abendessen)* à la carte 54/97 – **23 Zim** 91/234, Vorsaison 88/224 – ½ P Zuschl. 25.

• Zu Gast beim Olympiasieger ! Sein Hotel liegt direkt im Ort und doch recht ruhig. Angenehme Farben und rustikale Möbel machen die Zimmer gemütlich. Schöner Wellnessbereich ! Den Mittelpunkt des behaglichen Restaurants bildet eine Kutsche mit Buffettaufbau.

Sport , ☎ 0279 572 070, *info@hotelsport.ch, Fax 0279 573 370,* , – , Zim, VISA
21. Dez. - 19. April und 21. Juni - 9. Okt. – **Menu** 38 (abends) und à la carte 37/67 – **19 Zim** 82/154, Vorsaison 72/134 – ½ P Zuschl. 20.

• In dem regionstypischen Chalet mit schöner Aussicht übernachtet man in frisch wirkenden Zimmern, die mit Kiefernholzmöbeln eingerichtet sind - einige mit Laminatböden. Gemütlicher Speisesaal für Hotelgäste, rustikale Gaststube und Terrasse.

SAAS FEE 3906 Wallis (VS) 552 L12 – 1 592 Ew. – Höhe 1 798 – – Wintersport : 1 800/3 600 m 7 14 Metro Alpin 1 .

Sehenswert : *Höhenlage*★★★ – *Mittelallalin*★★★ – *Längfluh*★★★ – *Egginerjoch*★★ – *Hannig*★.

Ausflugsziel : *Plattjen*★★ *mit Luftseilbahn.*

Lokale Veranstaltungen
26.06 - 02.07 : International Alpine Music Festival
08.08 - 20.08 : Musica Romântica, klassische Festwochen.
21.08 - 22.08 : Internationales Folkloretreffen.

Saas-Fee Tourismus, ☎ 0279 581 858, *to@saas-fee.ch*, Fax 0279 581 860.

Bern 201 – Brig 34 – Sierre 54 – Sion 70 – Zermatt 40.

Stadtplan siehe gegenüberliegende Seite

Ferienart Resort SPA, ☎ 0279 581 900, *info@ferienart.ch, Fax 0279 581 905,* , , , , – , Zim, – 250. AE VISA. Rest Z a
geschl. 25. Mai - 11. Juni ; Rest. ausser Del Ponte : 18. April - 9. Juli, 19. Sept. - 18. Dez. und Dienstag – ***Fee Stube*** *(nur Abendessen)* **Menu** 54 und à la carte 43/83 – ***Le Mandarin*** - asiatische Küche - *(nur Abendessen)* **Menu** 43/81 und à la carte 68/94 – ***Del Ponte*** - italienische Küche - **Menu** 18 - und à la carte 44/82 – **83 Zim** 291/694, Vorsaison 183/506 – ½ P Zuschl. 20.

• Eine gemütliche Halle empfängt Sie in diesem schönen, imposanten Chalet. Für Erholung sorgen zwei wohnliche Zimmertypen und der grosse, neuzeitliche Wellnessbereich. Die Fee Stube präsentiert sich in leicht moderner Aufmachung. Fernöstlich : Le Mandarin.

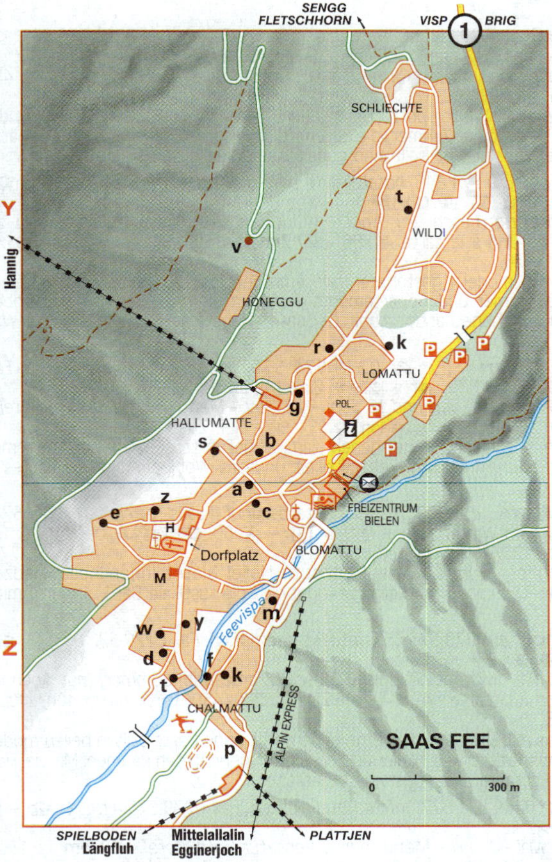

Schweizerhof [ruhig], ☎ 0279 587 575, *info@schweizerhof-saasfee.ch*, *Fax 0279 575 110*, ←, [Terrasse], [Wellness], [Kinderbetreuung] (nur im Winter), [Hallenbad], [Fitness] – |≡|, [Nichtraucher] Zim, TV ☎ – [Parkplatz] 15/160. AE ⓓ MC VISA JCB. [keine Hunde] Rest **Z z**

geschl. Mai, Rest. : auch Juni – ***Hofsaal :*** **Menu** à la carte 44/93 – ***Grotto*** *(geschl. Sommer, Samstag und Dienstag) (nur Abendessen)* **Menu** à la carte 50/99 – **44 Zim** ☐ 280/620, Vorsaison ☐ 120/280 – ½ P Zuschl. 30.

◆ Der Schweizerhof ist ein Gebäude im ortsüblichen Chaletstil. Grosse, helle, modern und komfortabel ausgestattete Zimmer sowie ein Wellnessbereich erwarten den Gast. Elegant und stilvoll wirkt der Hofsaal. Einfacher und rustikal dekoriert gibt sich das Grotto.

Beau-Site, ☎ 0279 581 560, *hotel.beau-site@saas-fee.ch*, *Fax 0279 581 565*, ←, [Terrasse], [Wellness], [Hallenbad], [Fitness] – |≡| TV. ⓓ MC VISA. [keine Hunde] **Y b**

Hotel - : 14. Dez. - 16. April und 13. Juni - 24. Sept. – ***La Ferme*** *(geschl. Mai)* **Menu** 25 (mittags)/69 und à la carte 42/97 – ***Fee Chäller*** - Walliser Spezialitäten - *(geschl. 10. April - 1. Juli, 25 Sept. - 20. Dez, Dienstag ausser im Winter und Montag) (nur Abendessen)* **Menu** à la carte 41/91 – **29 Zim** ☐ 193/376, Vorsaison ☐ 140/200, 3 Suiten – ½ P Zuschl. 50.

◆ Im traditionsreichen Hotel aus dem 19. Jh. finden Sie sowohl in den behaglich eingerichteten Zimmern wie auch im Speisesaal schöne handgeschnitzte Saaser Möbel. Das rustikale La Ferme strahlt wohlige Wärme aus. Urchig und echt walliserisch : der Fee Chäller.

Metropol, 0279 571 001, *metropol@saas-fee.ch, Fax 0279 572 085*, ←, , , – |, Zim, TV – 25. AE MC VISA. Rest Z c
geschl. Mai - 15. Juni und Okt. – **Menu** 39 - 43 (mittags)/88 und à la carte 49/101 – **52 Zim** 190/480, Vorsaison 125/300 – ½ P Zuschl. 20.
◆ Im Herzen des Wintersportortes gelegen, bietet dieses Haus neuzeitlich und funktionell ausgestattete Zimmer, die geschäftlich wie auch privat Reisende schätzen. In angenehmen gelben Pastelltönen gehaltenes modernes Restaurant.

Allalin, 0279 571 815, *hotel.allalin@saas-fee.ch, Fax 0279 573 115*, ←, , , – | TV. AE MC VISA Y r
Walliserkanne *(geschl. 29. April - 1. Juni und 19. Okt. - 1. Dez.)* **Menu** 24 - 47 (abends)/79 und à la carte 41/86 – **27 Zim** 161/284, Vorsaison 103/206 – ½ P Zuschl. 26.
◆ Eine helle, modern gestaltete Halle empfängt Sie in diesem zentral gelegenen Hotel. Die Zimmer und Appartements verfügen über solide Massivholzmöbel und Ledercouch. Schöne handgeschnitzte Saaser Möbel und Balken zieren die Walliserkanne.

Chalet Cairn , 0279 571 550, *au_chalet_cairn@saas-fee.ch, Fax 0279 573 380*, ←, – |, Zim, TV. AE MC VISA. Z e
geschl. 17. April - 19. Juni und 18. Sept. - 27. Nov. – **Menu** *(nur ½ Pens. für Hotelgäste)* – **16 Zim** 110/250, Vorsaison 85/180 – ½ P Zuschl. 30.
◆ Im schönen, sehr ruhig gelegenen, familiär geführten Chalet wird bei gemütlich-rustikaler Inneneinrichtung Behaglichkeit und das Wohlbefinden des Gastes gross geschrieben.

Berghof garni, 0279 572 484, *hotel.berghof@saas-fee.ch, Fax 0279 574 672*, ←, (nur im Winter), – | TV – 60. MC VISA JCB Z w
30 Zim 125/250, Vorsaison 70/150.
◆ Das moderne, im Chaletstil gebaute Hotel bietet Ihnen helle, neuzeitlich ausgestattete Zimmer. Im Keller befindet sich die rustikale Bar Holzwurm mit Live-Musik.

Saaserhof, 0279 573 551, *info@saaserhof.ch, Fax 0279 572 883*, ←, – | TV. AE MC VISA. Rest Z d
geschl. 1. Mai - Mitte Juni – **Menu** *(geschl. Dienstag im Sommer) (nur Abendessen)* 37/49 und à la carte 54/104 – **46 Zim** 200/450, Vorsaison 100/240 – ½ P Zuschl. 35.
◆ Das Haus mit Sicht auf die Berge beherbergt seine Gäste teils in hellen modernen, teils in etwas älteren, rustikaler und dunkler eingerichteten Räumen. Mit viel Holz hat man das Restaurant regionstypisch gestaltet.

Alpin, 0279 571 577, *info@hotel-alpin.ch, Fax 0279 573 419*, ←, – | TV. MC VISA. Z m
geschl. 1. Mai - 1. Juli – **Menu** *(nur ½ Pens. für Hotelgäste)* – **32 Zim** 135/270, Vorsaison 95/190 – ½ P Zuschl. 25.
◆ Das in zwei Bauetappen komplett renovierte Hotel neben der Luftseilbahn bietet in zeitgemäss gestalteten Zimmern, oft auch mit Sitzecke ausgestattet, ausreichend Platz.

Mistral, 0279 589 210, *info@hotel-mistral.ch, Fax 0279 589 211*, ←, – TV. AE MC VISA JCB. Zim Z f
geschl. 5. Mai - 25. Juni – **Menu** *(geschl. Mittwoch von Okt. - Nov.)* 19.50 - 45 und à la carte 40/79 – **13 Zim** 120/280, Vorsaison 90/230 – ½ P Zuschl. 25.
◆ In dem am Dorfende oberhalb eines Baches gelegenen kleinen Ferienhotel findet der Gast wohnliche, solide möblierte Zimmer mit schöner Aussicht - teils mit Sprudelwanne. Helles, neuzeitliches Restaurant.

Bristol, 0279 581 212, *bristol@saas-fee.ch, Fax 0279 581 213*, ←, , – | TV. AE MC VISA JCB Z t
geschl. 15. Mai - 1. Juni – **Menu** 22 - 48 und à la carte 47/84 – **20 Zim** 120/250, Vorsaison 85/180 – ½ P Zuschl. 25.
◆ Ein modernes Hotel mit funktionell ausgestatteten, hell möblierten Gästezimmer - die meisten verfügen über Balkone mit Sicht auf die umliegende Bergwelt. Gaststube und neuzeitlicher Speisesaal mit Blick auf die Piste.

Ambiente , 0279 589 110, *hotel.ambiente@saas-fee.ch, Fax 0279 589 120*, , – | TV. AE MC VISA. Rest Z k
20. Dez. - 1. Mai und 26. Juni - 18. Sept. – **Menu** *(nur ½ Pens. für Hotelgäste)* – **24 Zim** 134/268, Vorsaison 102/204 – ½ P Zuschl. 25.
◆ Helles Mobiliar und Stoffe in kräftigen Farben sowie teils mit Jacuzzi-Wannen ausgestattete Badezimmer prägen die modernen Zimmer dieses Hauses.

Artemis garni, ✆ 0279 573 201, *info@artemis-saasfee.ch, Fax 0279 576 000,* ← – |‡| TV ✆ – 30. AE MC VISA. ✗ Y g
geschl. 20. April - 25. Juni – **26 Zim** ☐ 130/220, Vorsaison ☐ 85/150.
◆ Die mit Eschenholz wohnlich und funktionell eingerichteten Zimmer dieses an der Dorfstrasse gelegenen Hotels verfügen über Balkone, Sitzecke und moderne Bäder.

Waldesruh, ✆ 0279 586 464, *hotel.waldesruh@saas-fee.ch, Fax 0279 586 465,* ←, ⌂, ≘s – |‡| TV ✆. AE ⓓ MC VISA JCB Z p
21. Nov. - 29. April und 2. Juli - 30. Sept. – **Menu** à la carte 39/69 – **25 Zim** ☐ 133/246, Vorsaison ☐ 88/166 – ½ P Zuschl. 25.
◆ Nur ein paar Schritte trennen dieses Haus von der Gondelbahn. In Zimmern mit massiven Naturholzmöbeln geniesst man vor allem nach Süden hin auf dem Balkon die Bergsonne. Restaurant mit grosser Terrasse und traditioneller Küche.

Imseng garni, ✆ 0279 581 258, *hotel.imseng@bluewin.ch, Fax 0279 581 255,* ← – |‡| TV. MC VISA JCB Z y
geschl. 24. Nov. - 7. Dez. und 3. - 16. April – **12 Zim** ☐ 123/219, Vorsaison ☐ 82/144.
◆ Im ortstypischen Stil gebaut, liegt dieses zeitgemäss eingerichtete kleine Hotel im Zentrum und bietet Sicht auf die umliegenden Berge. Eigene Bäckerei/Konditorei mit Café.

Etoile ⛰, ✆ 0279 581 550, *info@hotel-etoile.ch, Fax 0279 581 555,* ←, ⌂, ≘s, ⌂ – |‡| TV. AE ⓓ MC VISA JCB. ✗ Rest Y t
21. Dez. - 23. April und 19. Juni - Mitte Okt. – **Menu** *(nur ½ Pens. für Hotelgäste)* – **22 Zim** ☐ 95/200, Vorsaison ☐ 75/170 – ½ P Zuschl. 23.
◆ Recht ruhig liegt dieses im regionstypischen Stil erbaute Haus am Ortsrand. Ein reichhaltiges Animationsprogramm kennzeichnet das Erlebnishotel.

Carpe Diem ⛰, ✆ 0279 571 333, *info@hotelcarpediem.ch, Fax 0279 571 437,* ←, ⌂ – |‡|, ✗ Zim, TV. AE MC VISA JCB. ✗ Rest Y s
geschl. 1. Mai - 10. Juni – **Menu** (nur ½ Pens. für Hotelgäste) – **18 Zim** ☐ 110/230, Vorsaison ☐ 95/180 – ½ P Zuschl. 28.
◆ Das im regionstypischen Stil erbaute Hotel berherbergt seine Gäste in gepflegten Zimmern verschiedener Kategorien. Ein schönes Bergpanorama umgibt Sie.

Alphubel ⛰, ✆ 0279 586 363, *hotel.alphubel@saas-fee.ch, Fax 0279 586 364,* ← Saas Fee und Berge, ⌂ – |‡| TV ✆ ⛹. AE ⓓ MC VISA JCB. ✗ Rest Y k
22. Dez. - 29. April und 16. Juni - 30. Okt. – **Menu** *(nur ½ Pens. für Hotelgäste)* – **34 Zim** ☐ 133/246, Vorsaison ☐ 88/166 – ½ P Zuschl. 25.
◆ Trotz zentraler Lage hat man von diesem familienfreundlichen Haus einen sehr schönen Blick auf Saas Fee und die Berge. Zimmer mit einfachem Komfort, Angebote für Kinder.

XXX ✿ **Waldhotel Fletschhorn** (Irma Dütsch) ⛰ mit Zim, (über Wanderweg Richtung Sengg : 30 Min.), ✆ 0279 572 131, *info@fletschhorn.ch, Fax 0279 572 187,* ← Berge und Saas-Tal, ⌂, ⌂ – ✗ Zim, TV ✆. AE ⓓ MC VISA
19. Dez. - 17. April und 19. Juni - 23. Okt. – **Menu** *(mittags auch kleine Karte)* 145/190 und à la carte 95/142 ⚘ – **15 Zim** ☐ 190/300 – ½ P Zuschl. 90.
◆ Hochstehende Küche ist keine Männerdomäne : Frau Dütsch beweist es ! Wechselnde Ausstellungen moderner Kunst im Restaurant auf der Waldlichtung hoch über dem Saaser Tal.
Spez. Tartare de truite et sandre aux pistils de safran de Mund (Valais). Chasse d'été à l'Humagne Rouge. Moëlleux de chocolat au coeur tiède. **Weine** Heida, Cafnetscha

XX **Hohnegg** ⛰ mit Zim, (von der Kirche aus über Wanderweg : 20 Min.), ✆ 0279 572 268, *info@hohnegg.ch, Fax 0279 571 249,* ← Berge, ⌂, ⛹, ≘s, ⌂ – ✗ Zim, TV. AE MC VISA Y v
Menu *(16. Dez. - 30. April, 16. Juni - 23. Okt.) (geschl. Sonntagabend und Montag) (mittags auch kleine Karte)* 25 - 32 (mittags)/120 und à la carte 49/100 – **8 Zim** ☐ 140/280, Vorsaison ☐ 95/190 – ½ P Zuschl. 59.
◆ Mittags etwas für den kleinen Hunger, abends das Gourmet-Menu, dann in einem der geschmackvollen, modern-rustikal eingerichteten Zimmer die heimelige Atmosphäre geniessen.

Die Erläuterungen in der Einleitung helfen Ihnen, Ihren Michelin-Führer effektiver zu nutzen.

SAAS GRUND
3910 Wallis (VS) 552 L12 – *1 188 Ew. – Höhe 1 562 – Wintersport : 1 559/3 200 m* 2 5.

Sehenswert : *Mattmark★★.*

Ausflugsziel : *Hohsaas★★★ mit Luftseilbahn.*

Tourist Office, ☎ 0279 581 157, Fax 0279 581 159.

Bern 198 – Brig 31 – Sierre 51 – Sion 67 – Zermatt 37.

Touring, ☎ 0279 572 127, *info@wellnesshotel-touring.ch, Fax 0279 571 519*, – Rest, VISA
21. Dez. - 16. April und 13. Juni - 17. Sept. – **Menu** *(nur ½ Pens. für Hotelgäste)* – **15 Zim** 85/170 – ½ P Zuschl. 24.

◆ Auf dem Weg nach Saas Fee noch einen kurzen Zwischenstopp einlegen dann hat man hier die Gelegenheit, in einfachen, recht ruhigen Zimmern mit schöner Aussicht zu übernachten.

SACONNEX D'ARVE
Genève 552 A-B12 – *rattaché à Genève.*

SAGOGN
Graubünden 553 T8 – *siehe Laax.*

SAIGNELÉGIER
2350 Jura (JU) 551 G5 – *2 079 h. – alt. 982 – Sports d'hiver :* .

Manifestations locales

31.01 - 01.02 : Fête du chien

07.08 - 08.08 : Marché concours national de chevaux, courses campagnardes, cortge folklorique.

Jura Tourisme, 6 place du 23 Juin, ☎ 0901 123 400, info@juratourisme.ch, Fax 0329 521 955.

Bern 72 – Delémont 36 – Biel/Bienne 37 – La Chaux-de-Fonds 26 – Montbéliard 60.

de la Gare et du Parc, Gruère 4, ☎ 0329 511 121, *mail@hotelgareparc.ch, Fax 0329 511 232*, – – 40. AE VISA
fermé 8 mars au 17 avril – **Repas** *(fermé merc. et jeudi de nov. à avril)* 14 - 69/115 et à la carte 41/103 – **17 ch** 100/220, 4 suites – ½ P suppl. 35.

◆ Cette grande bâtisse se situe au coeur de la bourgade. Les chambres, de taille convenable, mettent l'accent sur le fonctionnel ; celles de l'annexe sont plus modestes. Les événements locaux font déborder d'activité le restaurant voué aux plats traditionnels.

à l'Est *11 km par le Bémont, Montfaucon et Pré Petitjean :*

Voyageurs, au Bois-Derrière, ✉ 2877 Le Bémont, ☎ 0329 551 171, *freddorest@swissonline.ch, Fax 0329 551 422*, – VISA
fermé 13 au 28 avril, 2 nov. au 1er déc., mardi et merc. – **Repas** 19 et à la carte 32/69.

◆ Pour les adeptes du retour aux sources : imposante maison immergée en pleine nature, abritant deux salles rustiques et servant une cuisine à base de produits biologiques.

SAILLON
1913 Valais (VS) 552 H12 – *1 503 h. – alt. 522 – Stat. thermale.*

Voir : *Ancien donjon : point de vue★.*

Bern 143 – Martigny 13 – Montreux 59 – Sion 20.

Bains de Saillon, au centre thermal, ☎ 0277 431 112, *hoteldesbains@surfeu.ch, Fax 0277 443 292*, (thermales), – – 15/40. AE VISA
Repas 20 - 55 et à la carte 39/79 – **70 ch** 152/289 – ½ P suppl. 45.

◆ L'hôtellerie n'est qu'une des diverses activités de ce complexe gérant aussi un centre thermal, des boutiques et la location d'appartements. Amples chambres modernes. Le restaurant se divise en deux salles dont une réservée aux pensionnaires.

Vieux-Bourg, ☎ 0277 441 898, *info@lejardin.ch, Fax 0273 065 734*, – VISA
fermé 5 au 16 janv. et lundi – **Repas** - cuisine fromagère - 36/59 et à la carte 40/76.

◆ Cette vieille maison en pierre, située au centre du village, étoffe copieusement sa carte traditionnelle de spécialités à base de fromage.

SAINT-BLAISE
Neuchâtel 552 G7 – *rattaché à Neuchâtel.*

SAINT-CERGUE *1264 Vaud (VD)* **552 B10** *- 1 676 h. - alt. 1 047 - Sports d'hiver : 1 044/1 150 m 3.*

Office du Tourisme, Place Sy-Vieuxville, 0223 601 314, tourism@st-cergue.ch, Fax 0223 602 474.

Bern 160 - Genève 41 - Lausanne 56 - Nyon 21.

Poste avec ch, route de Nyon, 0223 601 205, *hotelposte@bluewin.ch, Fax 0223 602 712,* – AE VISA
fermé 24 mai au 8 juin, 24. Nov. - 10. Dez., lundi soir et mardi – **Repas** 15 - 64 et à la carte 40/85 – **8 ch** 66/117 – ½ P suppl. 30.
◆ Petit refuge gourmand tout simple entretenant une chaleureuse atmosphère rustique. Un feu de bûches réconfortant crépite en salle quand le froid sévit. Mets traditionnels.

SAINTE-CROIX *1450 Vaud (VD)* **552 D8** *– 4 155 h. – alt. 1 066.*

Voir : *Les Rasses★ : site★★.*

Environs : *Le Chasseron★★★ Nord-Ouest : 8,5 km – Mont de Baulmes★★ Sud : 4,5 km – L'Auberson : Collection★ de pièces à musique anciennes au musée Baud, Ouest : 4 km.*

Office du Tourisme Ste Croix/Les Rasses et environs, 6 rue Neuve, 0244 542 702, ot@ste-croix.ch, Fax 0244 543 212.

Bern 98 – Neuchâtel 50 – Lausanne 54 – Pontarlier 21 – Yverdon-les-Bains 20.

aux Rasses *Nord-Est : 3 km – alt. 1 183 – 1452 Les Rasses :*

Grand Hôtel, 0244 541 961, *grandhotelrasses@bluewin.ch, Fax 0244 541 942,* Alpes, – 15/80. AE VISA. rest
fermé 7 au 21 déc. et 4 au 18 avril – **Repas** 23 - 39/76 et à la carte 39/90 – **40 ch** 90/220 – ½ P suppl. 35.
◆ Imposante construction séculaire ayant pour magnifique toile de fond la chaîne des Alpes. Chambres au cadre baroque espagnol, certaines restaurées. Le vaste restaurant, de 1914, a conservé son cachet d'origine. Recettes traditionnelles. Nouvelle pizzeria.

SAINT-GALL *St. Gallen* **551 U5** *- voir à Sankt Gallen.*

SAINT-GINGOLPH *1898 Valais (VS)* **552 F10** *– 691 h. – alt. 390.*

Bern 107 – Montreux 20 – Aigle 19 – Évian-les-Bains 18 – Martigny 44 – Sion 69.

Le Rivage, Quai Isaac de Rivaz, 0244 827 030, *info@rivage.ch, Fax 0244 827 031,* – AE VISA.
fermé 20 déc. au 10 fév. (hotel aussi 11 fév. au 1er mars) et lundi soir du 15 sept. au 15 avril – **Repas** 18.50 - 45/55 et à la carte 40/78 – **14 ch** 100/170 – ½ P suppl. 40.
◆ Au bord du lac, l'hôtel recèle deux bâtiments : l'un héberge de petites chambres, claires et fraîches, l'autre abrite le restaurant. La salle à manger se prolonge d'une terrasse d'été bien exposée. Carte classique nourrie de spécialités de poissons du lac.

Villa Eugénie, bord du lac, Est : 2 km, 0244 812 176, *villa.eugenie@bluewin.ch, Fax 0244 812 285,* lac, – AE VISA
fermé 26 déc. au 14 fév., dim. soir et mardi sauf juil. - août et lundi – **Repas** 50 (midi)/105 et à la carte 60/110.
◆ Un aquarium et des peintures modernes égayent cette salle dont la plupart des tables, disposées près des fenêtres, permettent de jouir de la vue sur le lac. Agréable terrasse.

SAINT-IMIER *2610 Berne (BE)* **551 G6** *– 4 590 h. – alt. 793.*

Environs : *Chasseral★★★ Sud-Est : 13 km.*

Jura Bernois Tourisme, 2 Place de la Gare, 0329 412 663, saintimier@jurabernois.ch, Fax 0329 411 435.

Bern 64 – Delémont 50 – Neuchâtel 28 – Biel 29 – La Chaux-de-Fonds 16 – Montbéliard 78.

L'Erguël, 11 r. Dr. Schwab, 0329 412 264, *mobrecht@worldcom.ch, Fax 0329 412 264* – AE VISA
fermé Noël, 15 juil. au 5 août, sam. de fin mai à fin sept. et dim. soir – **Repas** 14.50 - 35 (midi)/80 et à la carte 51/86 – **7 ch** 67/150 – ½ P suppl. 20.
◆ Cet hôtel, sur la traversée du village, vous réserve un accueil familial. Chambres menues mais lumineuses et équipées d'un mobilier de série. Le restaurant est classiquement aménagé. Au sous-sol, un petit caveau reçoit les soirées gastronomiques à thème.

au Mont-Soleil *Nord : 4,5 km – alt. 1 173 – ✉ 2610 Mont-Soleil :*

Auberge de la Crèmerie, ✆ 0329 412 369, *Fax 0329 412 369*, ←, –
Repas *(fermé lundi et mardi)* 17 et à la carte 49/89 – **5 ch** 90/150.
◆ Petite et amicale auberge pour un séjour au grand calme. Les chambres sont de mise simple mais assez grandes. À savoir : possibilité de studios équipés. Le restaurant abrite deux salles, l'une rustique, l'autre plus actuelle, pour une cuisine traditionnelle.

Le Manoir, ✆ 0329 412 377, *lemanoir@bluewin.ch, Fax 0329 412 977*, ←, – VISA
fermé dim. soir et lundi – **Repas** (nombre de couverts limité - prévenir) 48 (midi)/98 et à la carte 66/93.
◆ Jolie bâtisse entourée d'une nature verdoyante, face au Chasserial. L'école est terminée : n'effacez surtout pas le tableau noir, vous ne sauriez plus quel plat choisir !

au Mont-Crosin *Nord-Est : 5 km – alt. 1 180 – ✉ 2610 Mont-Crosin :*

Auberge Vert-Bois avec ch, ✆ 0329 441 455, *vert-bois@bluewin.ch, Fax 0329 441 970*, ←, – AE VISA
fermé 5 au 29 janv. ; Rest. : mardi de nov. à avril, dim. soir et lundi – ***Veranda :*** **Repas** à la carte 51/83 – ***Brasserie :*** **Repas** 18 et à la carte 32/74 – **5 ch** 100/150 – ½ P suppl. 40.
◆ Chalet moderne isolé dans la nature, au départ d'un sentier-découverte menant à un site d'éoliennes. On y trouve le gîte et, moins accessoirement, le couvert. Repas traditionnel dans le grand jardin d'hiver. Brasserie présentant une carte simplifiée.

à Villeret *Est : 2 km – alt. 763 – ✉ 2613 Villeret :*

L'Eléphant, 9 r. Principale, ✆ 0329 417 241, *Fax 0329 417 248* – VISA
fermé 15 juil. au 20 août, mardi et mercredi – **Repas** - cuisine thaïlandaise - 15 - 57/67 et à la carte 46/80.
◆ Un éléphant, ça peut tromper énormément... Mais faites confiance à celui-ci pour vous aider à percer les secrets de la cuisine thaïlandaise : vous ne serez pas déçu.

SAINT-LÉGIER *Vaud* 552 F10 – *rattaché à Vevey.*

SAINT-LUC *3961 Valais (VS)* 552 J12 – *349 h. – alt. 1 650 – Sports d'hiver : 1 650/3 025 m* 1 7.

Voir : *Vue★★.*

Office du Tourisme, ✆ 0274 751 412, saint-luc@sierre-anniviers.ch, Fax 0274 752 237.

Bern 188 – Sion 35 – Brig 52 – Martigny 65 – Montreux 104.

Bella Tola, r. Principale, ✆ 0274 751 444, *info@bellatola.ch, Fax 0274 752 998*, ←, , , – VISA
fermé 18 avril au 19 juin et 3 oct. au 19 déc. – **Repas** 17 - 46/86 (soir) et à la carte 46/96 – **32 Zim** 100/300 – ½ P suppl. 46.
◆ Ambiance de la Belle Époque dans cet hôtel ayant conservé son charme d'antan. Les chambres, personnalisées, ont des meubles de style. Deux salles à manger aux plafonds ornés de fresques. L'une sert des mets valaisans, l'autre offre une carte diversifiée.

La Poste, route principale, ✆ 0274 751 508, *Fax 0274 751 501*, ←, – AE VISA
fermé 15 nov. au 15 déc. et 19 avril au 5 mai – **Repas** 18 - 25 (midi)/49 et à la carte 46/79.
◆ À l'entrée du village, salle de restaurant chaleureusement lambrissée où vous attendent recettes traditionnelles et spécialités régionnales.

Si le coût de la vie subit des variations importantes,
les prix que nous indiquons peuvent être majorés.
Lors de votre réservation à l'hôtel, faites-vous préciser le prix définitif.

SAINT-MAURICE 1890 Valais (VS) 553 X10 – 3 594 h. – alt. 422.

Voir : *Trésor★★ de l'abbaye – Clocher★ de l'Église abbatiale – Grotte aux Fées : vue★ de la terrasse du restaurant – Site★.*

St Maurice Tourisme, 1 av. des Terreaux, ☎ 0244 854 040, tourisme@st-maurice.ch, Fax 0244 854 080.

Bern 112 – Martigny 16 – Montreux 28 – Sion 42.

Dent-du-Midi, 1 av. Simplon, ☎ 0244 851 209, *torrente@econophone.ch, Fax 0244 851 908,* – TV – 30. AE VISA
Repas 15 - 22 (midi)/38 et à la carte 40/72 – **17 ch** 80/140 – ½ P suppl. 20.
◆ Adresse familiale située en centre-ville, aux abords d'un parc boisé. Les chambres proposées sont petites, mais accueillantes. Le restaurant est sympathique de part son répertoire culinaire traditionnel, son cadre bourgeois et sa mise en place aérée.

Lafarge, pl. de la Gare, ☎ 0244 851 360, *lafarge@bluewin.ch, Fax 0244 851 911,* – rest, P. AE VISA JCB
fermé 22 déc. au 4 janv., 1er au 16 août, lundi soir et dim. – **Repas** 19 - 55/100 et à la carte 51/100.
◆ L'ancien hôtel de la Gare est devenu un restaurant disposant d'une salle à manger principale et d'un bar-brasserie. Carte attractive évoluant au rythme des saisons.

Casabaud, Les Cases sud : 1 km, ☎ 0244 851 185, *info@casabaud.ch, Fax 0244 851 195,* – P. AE VISA
fermé août, mardi soir et merc. – **Repas** 17.50 - 40 (midi)/70 et à la carte 41/75.
◆ Dans un hameau, construction moderne abritant une salle à manger de style sagement design. La carte offre un petit choix de plats classiques.

SAINT-SULPICE 1025 Vaud (VD) 552 D10 – 2 911 h. – alt. 397.

Voir : *Église★ et son site★.*

Bern 123 – Lausanne 7 – Genève 54 – Pontarlier 73 – Yverdon-les-Bains 43.

Pré Fleuri, 1 r. du Centre, ☎ 0216 912 021, *prefleuri@bluewin.ch, Fax 0216 912 020,* , , – TV P. AE VISA
3 mai au 22 oct. – **Repas** *(fermé le midi) (résidents seul.)* à la carte 46/76 – **17 ch** 145/210.
◆ Chambres cossues munies de balcons, beau jardin fleuri, piscine... Un hébergement plaisant vous invitant à ralentir le pas et à poser votre bagage ici, le temps d'un séjour.

Hostellerie du Débarcadère avec ch, 7 ch. du Crêt, ☎ 0216 943 333, *debarcadere@swissonline.ch, Fax 0216 915 079,* <, , , – TV P – 15. AE VISA
fermé 20 déc. au 13 janv., dim. d'oct. à mars. et sam. midi – **Repas** 29 - 54 (midi)/141 et à la carte 84/146 – 24 – **15 ch** 160/360 – ½ P suppl. 90.
◆ Jardin d'hiver résolument tourné vers le lac, goûteuses recettes renouvelées à chaque saison et amples chambres aménagées avec soin... Mon tout ne adresse à retenir.

L'Abordage, 67 av. du Léman, ☎ 0216 952 500, *Fax 0216 952 501,* – P. VISA
fermé 1 sem. fin fév., 2 sem. fin oct., dim. soir et merc. – **Repas** 34 (midi)/67 et à la carte 48/87.
◆ Face au Léman, restaurant contemporain avec une terrasse très prisée quand le soleil est au rendez-vous. Recettes traditionnelles et spécialités de truites.

SAINT-TRIPHON 1867 Vaud (VD) 552 G11 – alt. 405.

Bern 104 – Montreux 20 – Aigle 7 – Lausanne 46 – Martigny 23.

Auberge de la Tour, ☎ 0244 991 214, *aubergedelatour@hotmail.com, Fax 0244 991 218,* – P. AE VISA
fermé lundi et mardi – **Repas** 17 - 62/89 et à la carte 67/103.
◆ Dans ce coquet village, une haie de cyprès isole cet établissement de l'animation de la rue. Salles à manger pimpantes où l'on sert une petite carte traditionnelle.

SALGESCH (SALQUENEN) Valais 552 J10 – siehe Sierre.

SALORINO Ticino 553 R-S14 – vedere Mendrisio.

SAMEDAN *7503 Graubünden (GR)* 553 **X10** *– 2 775 Ew. – Höhe 1 709 – Wintersport : 1 750/2 453 m 1 4.*

Sehenswert : *Lage★.*

Engadin Golf Samedan (Ende Mai - Mitte Okt.) 0818 510 466, Fax 0818 510 467.

Samedan - Thusis, Information 0812 885 511.

Samedan Tourismus, Plazzet 21, 0818 510 060, info@samedan.ch, Fax 0818 510 066.

Bern 336 – Sankt Moritz 7 – Chur 74 – Davos 61.

Bernina, Plazzet 20, 0818 521 212, *hotel-bernina@bluewin.ch, Fax 0818 523 606*, ≤, , , , – , Zim, , , AE, VISA
Hotel : Mitte Dez. - Mitte April und Anfang Juni - Mitte Okt. ; Rest. : geschl. Mai und Nov. – **Menu** - italienische Küche - 42/50 (abends) und à la carte 48/99 – **56 Zim** 146/332 – ½ P Zuschl. 50.

◆ Das schöne klassische Gebäude beherbergt seine Gäste in rustikalen, etwas einfacheren Arvenholzzimmern oder in mit hellem Massivholz komfortabler ausgestatteten Räumen. Gediegener Speisesaal für Pensionsgäste und elegantes à la carte-Restaurant.

Quadratscha, via Quadratscha 2, 0818 511 515, *info@quadratscha.ch, Fax 0818 511 516*, ≤, , , , – , AE, VISA. Rest
Menu 55 und à la carte 39/82 – **25 Zim** 170/320 – ½ P Zuschl. 40.

◆ Im Quadratscha tragen neben wohnlichen, funktionellen Zimmern mit Balkon - alle nach Süden gelegen - auch Freizeiteinrichtungen zu einem erholsamen Aufenthalt bei.

Donatz, Plazzet 15, 0818 524 666, *info@hoteldonatz.ch, Fax 0818 525 451* – . AE VISA. Rest
geschl. 19. April - 7. Juni – ***La Padella*** *(geschl. Dienstagmittag und Montag)* **Menu** 19.50 - 45 und à la carte 53/114 – **25 Zim** 130/230.

◆ Man findet den soliden Familienbetrieb im verkehrsberuhigten Dorfzentrum. Die Zimmer sind mit hellen Naturholzmöbeln in rustikalem Stil eingerichtet. Der Name des Restaurants La Padella ist Programm : Aus der Bratpfanne kommen die meisten der gebotenen Speisen.

SAMNAUN *7563 Graubünden (GR)* 553 **AA8** *– 792 Ew. – Höhe 1 846 – Wintersport : 1 840/2 864 m 2 15.*

Lokale Veranstaltung

25.04 - 01.05 : Frühlingsschneefest (internationale Topstars).

Samnaun-Tourismus, Chasa Riva, 0818 685 858, info@samnaun.ch, Fax 0818 685 652.

Bern 385 – Scuol 38 – Chur 142 – Landeck 52 – Sankt Anton am Arlberg 80.

Chasa Montana, Dorfstr. 559, 0818 619 000, *info@hotelchasamontana.ch, Fax 0818 619 002*, ≤, , , , , , – , – 40. AE VISA. Rest
geschl. 20. Okt. - 29. Nov. – **Menu** 20 - 30 (mittags)/95 und à la carte 44/87 – **46 Zim** 310/596, Vorsaison 124/236, 7 Suiten – ½ P Zuschl. 50.

◆ Das schöne stattliche Hotel überzeugt mit modern und wohnlich eingerichteten Zimmern und einem angenehmen Wellnessbereich mit Hallenbad im römischen Stil. Rustikales Restaurant mit zeitgemässem Angebot und Holzofen für Pizza.

Post, 0818 619 200, *posthotel@hangl.ch, Fax 0818 619 293*, ≤, , , – , Rest, . AE VISA. Rest
Menu *(Mai, Juni und Nov. nur Mittagessen)* 15 - 23 (mittags)/33 und à la carte 36/76 – **52 Zim** 194/344, Vorsaison 70/120 – ½ P Zuschl. 25.

◆ Das im regionalen Stil erbaute familiengeführte Hotel verfügt über solide möblierte, funktionelle Zimmer und einen gepflegten Freizeitbereich. Restaurant mit rustikalem Ambiente und traditioneller Küche.

Waldpark garni, 0818 618 310, *info@waldpark.ch, Fax 0818 618 311*, ≤, , – . AE VISA
geschl. 3. Mai - 25. Nov. – **20 Zim** 138/198, Vorsaison 117/172.

◆ Im etwas erhöht am Ortsrand liegenden Haus findet man Ruhe und eine schöne Aussicht. Auch die wohnlichen, modern mit rustikalem Fichtenholz möblierten Zimmer empfehlen sich.

Des Alpes, 0818 685 273, *info@hotel-desalpes-samnaun.ch, Fax 0818 685 338,* ≤, , – , . *Rest*
geschl. Ende Okt. - Ende Nov. und Anfang Mai - Mitte Juni – **Menu** 17 - 25 und à la carte 36/80 – **19 Zim** 143/338, Vorsaison 50/100 – ½ P Zuschl. 20.
◆ Das gut unterhaltene kleine Hotel mit der regionstypischen Fassade beherbergt solide möblierte, wohnliche Gästezimmer. Zum Relaxen : der Freizeitbereich mit Saunalandschaft. Helles Holz schafft ein behagliches Ambiente im Restaurant.

in Samnaun-Ravaisch *Nord-Ost : 1,5 km – Höhe 1 800 – ✉ 7563 Samnaun :*

Homann, 0818 685 130, *homann@bluewin.ch, Fax 0818 685 625,* ≤, , – , Zim, . Rest
2. Dez. - 25. April und 2. Juli - 9. Okt. – **Menu** 35/69 (soir) und à la carte 44/84 – **30 Zim** 130/280, Vorsaison 70/160 – ½ P Zuschl. 25.
◆ Im Ortsteil Ravaisch liegt dieses Hotel, das seine Gäste in verschieden grossen, teils mit dunklen Eichenmöbeln, teils mit Arvenholz eingerichteten Zimmern beherbergt. Angenehmer Speisesaal und Restaurant mit sorgfältig zubereiteten traditionellen Gerichten.

Astoria, 0818 618 242, *homann@bluewin.ch, Fax 0818 618 241,* ≤, – Zim, . Rest
geschl. Anfang Okt. - Anfang. Nov. und Ende April - Mitte Juni – **Menu** 18 - 27 und à la carte 33/65 – **9 Zim** 120/236, Vorsaison 60/140 – ½ P Zuschl. 25.
◆ Das kleine, im regionstypischen Stil erbaute Hotel überzeugt mit modern und wohnlich eingerichteten Zimmern. Helles Naturholzmobiliar schafft ein freundliches Ambiente. Gemütliches Restaurant mit rustikalem Charme.

in Samnaun-Laret *Nord-Ost : 3,5 km – Höhe 1 747 – ✉ 7562 Samnaun-Compatsch :*

Laret, 0818 685 129, *info@laret.ch, Fax 0818 685 259,* ≤, , – . AE VISA. Rest
geschl. 2. Mai - 11. Juli und 10. Okt. - 26. Nov. – **Menu** à la carte 28/65 – **10 Zim** 144/192, Vorsaison 54/90 – ½ P Zuschl. 15.
◆ Im Hotel, ausserhalb von Samnaun am Hang gelegen, geniesst man die Ruhe und die Sicht. Einfache, mit hellen Möbeln rustikal eingerichtete Zimmer. In verschieden eingerichteten Räumen oder auf der sonnigen Terrasse serviert man traditionelle Gerichte.

SAN BERNARDINO

6565 Grigioni (GR) 553 T10 – *alt. 1 607 – Sport invernali : 1 600/2 525 m* 1 7 .

Manifestazione locale
21.02 - 22.02 : corsa internazionale di cane da slitta.

San Bernardino Vacanze, 0918 321 214, info@sanbernardino.ch, Fax 0918 321 155.

Bern 286 – Sankt Moritz 107 – Bellinzona 48 – Chur 70.

Brocco e Posta, 0918 321 105, *brocco-e-posta@bluewin.ch, Fax 0918 321 342,* , , , – . AE VISA. rist
20 dicembre - 9 aprile e 1° giugno - 16 ottobre – **Pasto** 25 ed alla carta 42/93 – **37 cam** 92/160, Bassa stagione 80/140 – ½ P sup. 35.
◆ Ubicato in centro, questo stabile d'inizio Novecento offre delle funzionali camere di gusto classico nell'arredamento e dal confort adeguato. Il ristorante presenta una carta semplice e un ambiente rustico. In estate è accessibile anche la terrazza esterna.

SAND

Obwalden 551 O8 – *siehe Kerns.*

SANGERNBODEN

1738 Bern (BE) 551 I9 – *Höhe 1 005.*

Bern 50 – Fribourg 24 – Interlaken 67 – Thun 41.

Hirschen, 0264 191 158, *hirschen.sangernboden@bluewin.ch, Fax 0264 193 958,* – . AE VISA.
geschl. 18. Jan. - 18. Feb., Montag und Dienstag – **Menu** 20 - 68/88 und à la carte 45/97.
◆ Hat man die kurvenreiche Strecke über den "Gurniggel" noch vor sich oder gerade hinter sich, empfiehlt sich zur Essenszeit die traditionelle Küche des Hirschen.

SANKT GALLEN (SAINT-GALL)

9000 K Sankt Gallen (SG) **551 U5** *– 69 909 Ew. – Höhe 668*

Bern 209 ④ – Bregenz 36 ① – Konstanz 40 ① – Winterthur 59 ④.

St. Gallen-Bodensee Tourismus, Bahnhofplatz 1a, ☎ 0712 273 737, info@st.gallen-bodensee.ch, Fax 0712 273 767 B.

Poststr. 18, ☎ 0712 271 960, Fax 0712 222 882 B.

Sonnenstr. 6, ☎ 0712 446 324, Fax 0712 445 254 C.

Fluggesellschaft

Swiss International Air Lines Ltd., *Marktplatz 25, ☎ 0712 273 939.*

18 *in Niederbüren, ✉ 9246 (März-Nov.) ☎ 0714 221 856, Fax 0714 221 825, West : 24 km.*

27 *in Waldkirch, ✉ 9205, ☎ 0714 346 767, Fax 0714 346 768, über Ausgang Gossau, Richtung Bischofszell : 20 km.*

Sehenswert : *Stiftsbibliothek★★★* C *– Kathedrale★★* BC *: Chor★★★ – Altstadt★★ : Spisergasse★* C, *Gallusstrasse : Haus "Zum Greif"★* BC, *Schmiedgasse : Haus "Zum Pelikan"★* BC.

Museen : *Textilmuseum* B *: Sammlung Iklé und Jacoby★★ – Historisches Museum★* C.

Ausflugsziele : *Dreilinden★* A *– Tierpark Peter und Paul : Aussicht★ auf Sankt Gallen, Nord über Tannenstrasse 3 km* A.

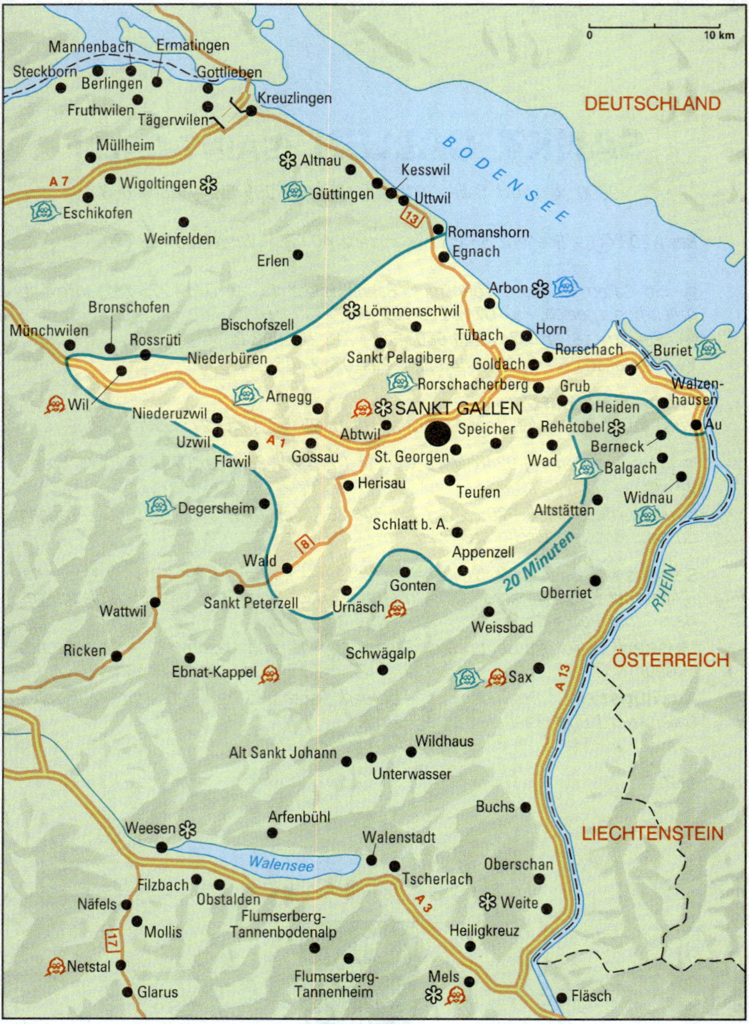

Einstein, Berneggstr. 2, 9001, 0712 275 555, *hotel@einstein.ch*, *Fax 0712 275 577*, – , Zim, – 15/50. Rest **B a**

Menu *29* - 42 (mittags)/78 und à la carte 50/103 – 22 – **109 Zim** 250/380, 3 Suiten – ½ P Zuschl. 42.

◆ Das stattliche Gebäude, nicht weit vom Klosterviertel gelegen, beherbergt seine Kundschaft in sehr gepflegten Zimmern mit solider Einrichtung und gutem Platzangebot. Rustikal-gediegenes Restaurant mit Dachschräge und Sichtbalken.

Walhalla, Bahnhofplatz, 9001, 0712 282 800, *info@hotelwalhalla.ch*, *Fax 0712 282 890* – , Zim, – 15/40. **B e**

Menu *25* und à la carte 36/91 – **56 Zim** 180/280 – ½ P Zuschl. 25.

◆ Zentral, wenige Schritte vom Bahnhof entfernt, kann man in funktionellen, teils mit hellem Mobiliar sehr modern eingerichteten Zimmern von ausreichender Grösse übernachten. Typisch bürgerliches à la carte-Restaurant.

SANKT GALLEN

Bahnhofplatz	B	3
Bankgasse	B	4
Bitzistrasse	A	6
Bogenstrasse	A	7
Dierauerstrasse	B	8
Engelgasse	B	9
Freudenbergstrasse	A	10
Frongartenstrasse	B	12
Gallusplatz	B	13
Geltenwilenstrasse	A	15
Gerhaldenstrasse	A	16
Harfenbergstrasse	C	17
Hinterlauben	B	18
Kugelgasse	C	19
Linsebühlstrasse	A	20
Marktgasse	BC	
Neugasse	B	
Peter-und-Paul-Strasse	A	21
Rosenbergstrasse	A	22
Rotachstrasse	C	24
Sankt-Leonhard-Strasse	A	25
Sonnenstrasse	C	27
Splügenstrasse	A	28
Tannenstrasse	A	30
Untere Büschenstrasse	C	31
Unterer Graben	B	32
Varnbüelstrasse	A	33
Vonwilstrasse	A	34
Webergasse	B	36
Zürcher Strasse	A	37
Zwinglistrasse	A	39

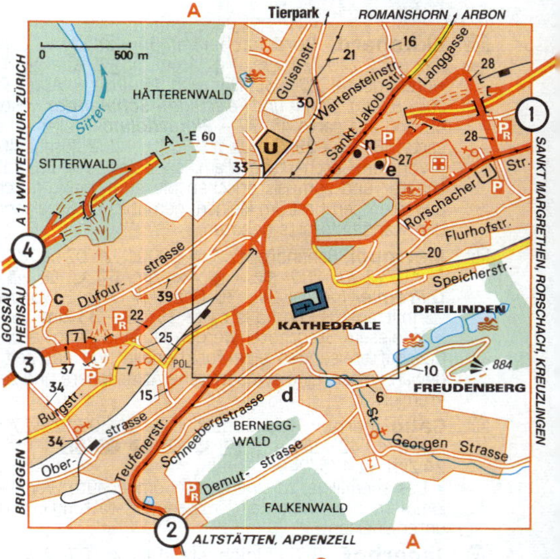

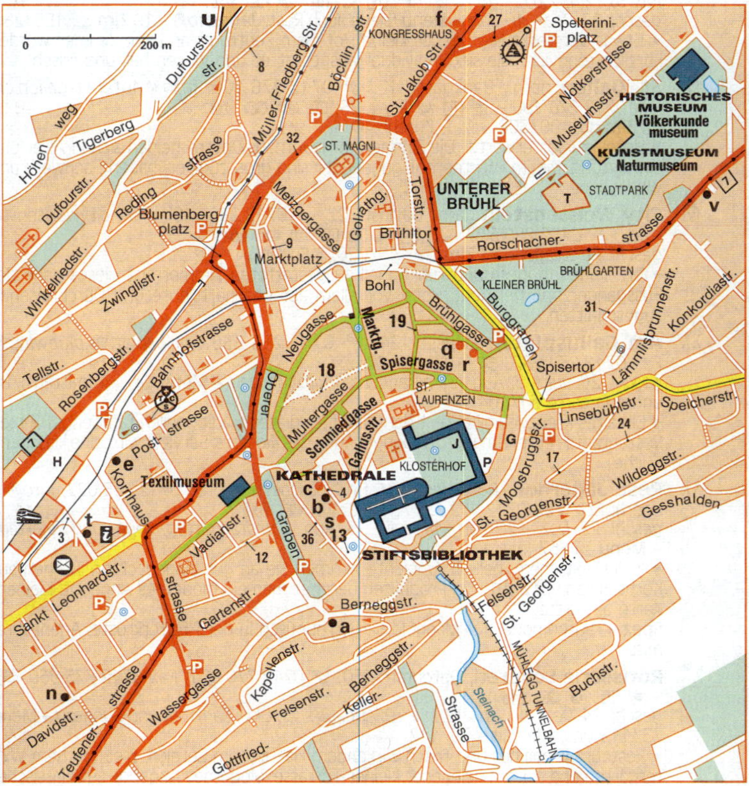

B C

Ekkehard, Rorschacherstr. 50, ✆ 0712 240 444, *info@ekkehard.ch, Fax 0712 240 474,* – Zim, – 15/290. C v
Hotel : geschl. 20. - 30. Dez. und 15. Juli - 8. Aug. ; Rest. : geschl. 20. - 30. Dez., 2. Juli - 8. Aug., Sonn- und Feiertage – ***Schalander*** - österreichische Küche - **Menu** 23 - 40 und à la carte 44/92 – ***Ekkardolino*** - italienische Küche - **Menu** 19.50 und à la carte 36/78 – **29 Zim** 175/230 – ½ P Zuschl. 40.
◆ Von dem Geschäftshotel am Rande des Zentrums hat man es nicht weit zum Stadttheater und zum Historischen Museum. Helle, durchdacht eingerichtete Zimmer erwarten den Gast. Im kleinen, gemütlichen Schalander wird auch Kulinarisches aus dem Lande Mozarts geboten.

Metropol, Bahnhofplatz 3, ✉ 9001, ✆ 0712 283 232, *info@hotel-metropol.ch, Fax 0712 283 200,* – Zim, . Rest B t
O Premier *(geschl. 24. - 30. Dez., Juli - Aug. 2 Wochen, Sonn- und Feiertage)* **Menu** 22 (mittags)/85 und à la carte 36/78 – **33 Zim** 150/250 – ½ P Zuschl. 30.
◆ In diesem Stadthotel werden laufend Renovierungen vorgenommen, um dem Geschäftsreisenden eine funktionelle und der Zeit angepasste Ausstattung zu gewährleisten. Eine sympathische Atmosphäre und zeitgemässe Küche bietet das O Premier.

Gallo garni, St. Jakobstr. 62, ✆ 0712 427 171, *info@hotel-gallo.ch, Fax 0712 427 161* – A n
24 Zim 175/240.
◆ Das ehemalige, zu einem Hotel umgebaute Wohnhaus beherbergt seine Gäste in Zimmern, die sich bei zeitgemässer Ausstattung in Grösse und Farbe der Einrichtung unterscheiden.

Jägerhof, Brühlbleichestr. 11, ✆ 0712 455 022, *info@jaegerhof.ch, Fax 0712 452 612,* – A e
geschl. 22. Dez. - 10. Jan. – **Menu** (siehe auch Rest. ***Jägerhof***) – **19 Zim** 185/280.
◆ Etwas versteckt liegt dieses kleine Hotel am Zentrumsrand. Die Zimmer wurden kürzlich renoviert, sie sind individuell ausgestattet und wirken hell und frisch.

St. Gallen garni, Bankgasse 12, ✆ 0712 276 100, *info@hotel-st-gallen.ch, Fax 0712 276 180* – – 25. B b
24 Zim 100/300 – ½ P Zuschl. 40.
◆ Hotel im Klosterviertel. Die Zimmer im Haupthaus unterscheiden sich in Alter und Einrichtung. Die im Pförtnerhof gegenüber sind grosszügiger, haben Fachwerk und Whirlwanne.

City Weissenstein garni, Davidstr. 22, ✆ 0712 280 628, *info@cityweissenstein.ch, Fax 0712 280 630* – B n
geschl. Feiertage – **23 Zim** 140/220, 3 Suiten.
◆ Mit seinen modern und funktionell ausgestatteten Zimmern ist dieses nahe der Fussgängerzone gelegene Hotel vor allem auf Geschäftsleute und Durchreisende zugeschnitten.

Am Gallusplatz, Gallusstr. 24, ✆ 0712 233 330, *gallusplatz@bluewin.ch, Fax 0712 234 987,* – B s
geschl. 26. Juli - 8. Aug., Samstagmittag und Montag – **Menu** 26 - 54 (mittags)/85 und à la carte 51/104.
◆ Ein altes Kreuzgewölbe ziert den Hauptteil dieses traditionellen familiengeführten Restaurants - ein ehemaliges Nebengebäude des Klosters. Serviert wird eine klassische Küche.

Rest. Jägerhof - ***Hotel Jägerhof***, Brühlbleichestr. 11, ✆ 0712 455 022, *info@jaegerhof.ch, Fax 0712 452 612,* . A e
geschl. 22. Dez. - 10. Jan., 14. Juli - 13. Aug., Samstagmittag, Sonn- und Feiertage – **Menu** 24 - 57 (mittags)/110.
◆ In neuzeitlichem, hellem Ambiente nehmen Sie an gut eingedeckten Tischen auf Korbstühlen Platz. Aus Bio-Produkten bereitet man ein modernes Angebot. Kleinere Karte am Mittag.
Spez. Kräuterknödel auf Mangold Salat. Thunfisch in der Pfefferkruste. Ananastiramisù

Rôtisserie Schoren, Dufourstr. 150, ✆ 0712 770 851, *Fax 0712 775 860,* – A c
geschl. 24. Dez. - 5. Jan., 12. Juli - 9. Aug., 2. - 10. Okt., Samstag und Sonntag – **Menu** 75/115 und à la carte 59/117.
◆ Restaurant mit hell und frisch wirkendem klassischem Bereich, freundlichem Wintergarten und seitlich gelegener kleiner Terrasse. Modernes Angebot auf klassischer Basis.

Neubad, Bankgasse 6, ✆ 0712 228 683, *burri-lutz@dplanet.ch, Fax 0712 228 068,* – AE VISA B c
geschl. 25. Dez. - 2. Jan., 27. Sept. - 13. Okt., Samstag und Sonntag – **Menu** (1. Etage) (Tischbestellung ratsam) 36 - 54 (mittags)/95 und à la carte 59/108 – ***Bistro* : Menu** 17 und à la carte 47/75.
◆ Besondere Beachtung verdient in der rustikal-gediegenen Stube des alten Gasthauses die schräge gotische Holzdecke. Mündliche Empfehlungen ergänzen das moderne Angebot.

Alt Guggeien, Kesselhaldenstr. 85 (über ① : 5 km), ✉ 9016, ✆ 0712 881 210, *alt.guggeien@bluewin.ch, Fax 0712 881 811,* ≤ Bodensee und Umgebung, – P. AE VISA – *geschl. 22 Feb.-14. März, Montag und Dienstag* – **Menu** 28 - 41 (mittags)/91 und à la carte 54/94.
◆ Die sehr schöne Sicht auf den Bodensee und die Umgebung entschädigt für die Suche nach diesem nicht leicht zu findenden, fast ländlich anmutenden Haus in erhöhter Lage.

netts schützengarten, St. Jakobstr. 35, ✆ 0712 426 677, *netts@schuetzengarten.ch, Fax 0712 426 678,* – P – 60. AE VISA C f
geschl. Sonntag – **Menu** (Tischbestellung ratsam) 19.50 - 54 (mittags)/98 und à la carte 49/91.
◆ In dem Restaurant hinter der verglasten Fassade gibt es einen einfacheren Gaststubenbereich und die elegant-gediegene Braustube. Biergarten unter Kastanien und Platanen.

Engelis, Brühlgasse 30, ✆ 0712 233 332, *engelis@bluewin.ch, Fax 0712 233 350,* – P. AE VISA C r
geschl. Sonntag – **Menu** (Tischbestellung ratsam) 80/108 und à la carte 60/104.
◆ Im versteckt liegenden, für die Stadt fast als typisch zu bezeichnenden, gutbesuchten Restaurant im modernen Bistrostil wird auf zwei Etagen eine trendige Karte gereicht.

Stadtkeller, im Spisermarkt, Brühlgasse 28, ✆ 0712 208 780, *engelis@bluewin.ch, Fax 0712 233 350* – AE VISA C q
geschl. 7. Juli - 25. Aug. – **Menu** *(geöffnet Donnerstag, Freitag und Samstag jeweils abends)* 68/108 und à la carte 56/103.
◆ In den Gemäuern des 500 Jahre alten Kreuzgewölbekellers, im Stile einer Brasserie eingerichtet und nur durch Kerzen beleuchtet, wählt man aus einem traditionellen Angebot.

in Sankt Georgen *Süd : 2,5 km – ✉ 9000 Sankt Gallen :*

Falkenburg, Falkenburgstr. 25, ✆ 0712 225 581, *falkenburgsg@bluewin.ch, Fax 0712 209 281,* ≤ Sankt Gallen, – P. VISA – *geschl. Feb. und Nov. jeweils 2 Wochen, Montag und Dienstag im Winter* – **Menu** 19.80 - 59 (abends) und à la carte 37/75. A d
◆ Die Lage oberhalb der Stadt auf einem Bergkamm macht dieses Restaurant aus. Ein moderner Wintergarten und eine Terrasse bieten einen unverbaubaren Blick auf Sankt gallen.

SANKT GEORGEN *Sankt Gallen* 551 U5 – *siehe Sankt Gallen.*

SANKT MORITZ *7500 Graubünden (GR)* 553 X10 – *5 000 Ew. – Höhe 1 775 – Wintersport : 1 775/3 057 m 5 17 – Kurort.*

Sehenswert : *Lage*★★★.

Museen : *Engadiner Museum*★ X M[1] – *Segantini Museum : Werden, Sein, Vergehen*★ X M[2].

Ausflugsziel : *Piz Nair*★★ – *Julier- (über ②) und Albulastrasse*★ *(über ①) : Bergüner Stein*★ ; *Samedan*★ ; *Celerina/Schlarigna*★.

18 Engadin Golf Samedan, ✉ 7503 (Ende Mai - Mitte Okt.) ✆ 0818 510 466, Fax 0818 510 467, Nord-Ost : 5 kmEngadin Golf Zuoz-Madulain (Juni - Okt.) ✆ 0818 510 466, Fax 0818 510 467, Nord-Ost : 18 km.

Lokale Veranstaltungen
22.01 - 25.01 : Cartier Polo World Cup on Snow
02.02 - 07.02 : Gourmet Festival.
01.02, 08.02 und 15.02 : "White Turf" internationale Pferderennen.
01.03 : "Chalandamarz" alter Frühlingsbrauch und Kinderfest.

Kur- und Verkehrsverein, via Maistra 12, ✆ 0818 373 333, information@stmoritz.ch, Fax 0818 373 377 – Bern 329 – Chur 88 – Davos 71 – Scuol 63.

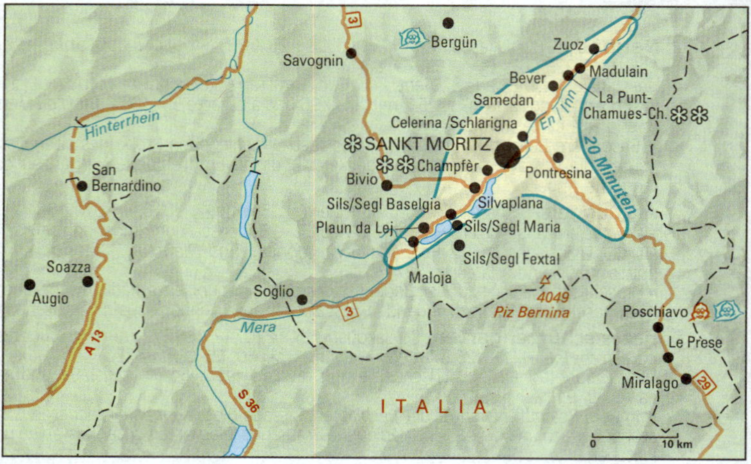

Kulm , via Veglia 18, ✆ 0818 368 000, *info@kulmhotel-stmoritz.ch, Fax 0818 368 001*, ← St. Moritz, See und Berge, – , Zim, – 15/300. AE VISA JCB. Rest Z b

9. Dez. - 12. April und 25. Juni - 5. Sept. – ***Rôtisserie des Chevaliers*** *(geöffnet im Winter) (nur Abendessen)* **Menu** à la carte 67/148 – ***The Pizzeria*** *(geschl. Montag im Sommer)* **Menu** à la carte 55/119 – ***Chesa al Parc*** *(geöffnet 18. Dez. - 12. April und 16. Juni - 24. Sept. ; geschl. Montag in Juni und Sept.)* **Menu** à la carte 51/99 – **183 Zim** 375/855, Vorsaison 225/465, 3 Suiten – ½ P Zuschl. 25.

◆ In einem schönen Park, einer Golflandschaft, liegend, bietet dieses exklusive Haus alles, was der anspruchsvolle Gast von einem Luxushotel erwartet. Grosser Wellnessbereich. Klassisches à la carte-Angebot in der elegant-rustikalen Rôtisserie des Chevaliers.

Badrutt's Palace Hotel, via Serlas 27, ✆ 0818 371 000, *reservations@badruttspalace.com, Fax 0818 372 697*, ← See und Berge, – , – 15/200. AE VISA JCB. Rest Z a

6. Dez. - 11. April und 25. Juni - 26 Sept. – ***Le Relais*** *(Aenderungen vorgesehen)* – ***Trattoria*** *(geöffnet im Winter) (nur Abendessen)* **Menu** à la carte 86/205 – **194 Zim** 620/1945, Vorsaison 310/880, 26 Suiten – ½ P Zuschl. 130.

◆ 1896 eröffnet, gilt dieses Haus schon lange als Wahrzeichen der Engadiner Luxushotellerie. Gästezimmer von "Standard" bis "Grand Deluxe" sowie neue Suiten. Le Relais mit sehr moderner, farbenfroher Inneneinrichtung.

Suvretta House , via Chasellas 1 (Süd West : 2 km über via Somplaz Y), ✆ 0818 363 636, *info@suvrettahouse.ch, Fax 0818 363 737*, ← Tal und Berge, – , Rest, – 15/140. AE VISA. Rest

13. Dez. - 12. April und 26. Juni - 12. Sept. – **Menu** *(nur Abendessen)* 80 und à la carte 65/163 – **189 Zim** 340/1310, Vorsaison 200/800 – ½ P Zuschl. 35.

◆ In dem stilvollen Haus in einer schönen Park- und Berglandschaft mit wunderbarer Sicht auf die umliegenden Berge wurde in den letzten Jahren umfangreich renoviert. Kinderrestaurant für die Kleinen, die Eltern wählen zwischen Speisesaal und Clubrestaurant.

Kempinski Grand Hôtel des Bains, ✆ 0818 383 838, *reservations.grandhoteldesbains@kempinski.com, Fax 0818 383 000*, ←, – , Zim, – 15/120. AE VISA. Rest Y j

12. Dez. - 12. April und 25. Juni - 12. Sept. – ***Cà d'Oro*** *(nur Abendessen)* **Menu** 165 und à la carte 77/137 – ***Les Saisons*** *(nur Abendessen)* **Menu** 85 und à la carte 75/125 – **167 Zim** 730/1280, Vorsaison 285/610, 17 Suiten – ½ P Zuschl. 35.

◆ Mit Luxus und Exklusivität überzeugt das imposante Grandhotel auch den anspruchsvollsten Gast. Modern-elegante Räume und erstklassiger Service lassen keine Wünsche offen. Nobel : hohe, stuckverzierte Decken, Kristall-Lüster und angenehme Farbgebung im Cà d'oro.

SANKT MORITZ

Arona (Via) X
Aruons (Via) . . . . XY 3
Bagn (Via dal) . . . . XY 4
Dim Lej (Via) . . . . X 5
Grevas (Via) . . . . XY 6
Ludains (Via) . . . . Y 7
Maistra (Via) . . . . Z
Mezdi (Via) . . . . Y
Mulin (Pl. dal) . . . . Z
Mulin (Via) . . . . Z 9
Posta Veglia
(Pl. da la) . . . . Z 10
Quadrellas (Via) . . . . Z
Rosatsch (Via) . . . . Y 12
San Gian (Via) . . . . Y 13
Scoula (Pl. da) . . . . Z 15
Sela (Via) . . . . Y 16
Seepromenade . . . . XY
Serlas (Via) . . . . Z
Somplaz (Via) . . . . XY
Stredas (Via) . . . . Z 18
Surpunt (Via) . . . . Y
Tinus (Via) . . . . Z
Traunter Plazzas (Via) . . . . . . Z 19
Veglia (Via) . . . . Z
Vout (Via) . . . . Z 21

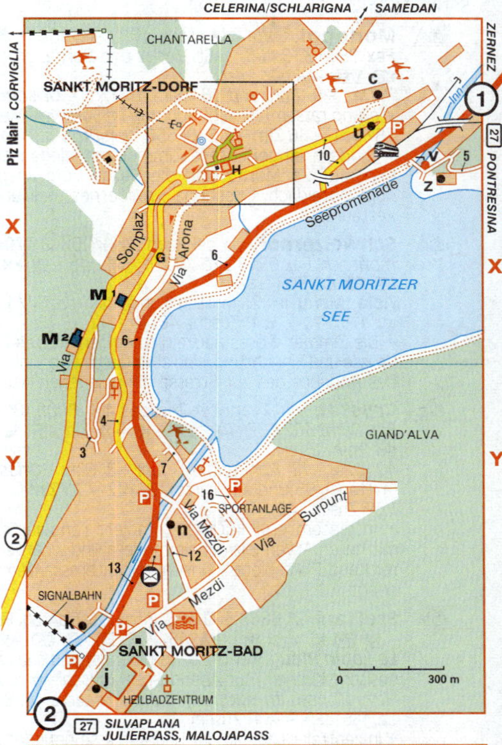

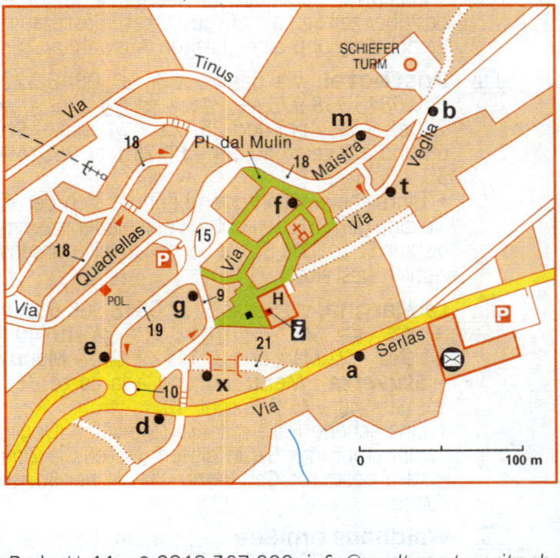

Ferienreisen wollen gut vorbereitet sein.
Die Strassenkarten und Führer von Michelin geben Ihnen Anregungen und praktische Hinweise zur Gestaltung Ihrer Reise : Streckenvorschläge, Auswahl und Besichtigungsbedingungen der Sehenswürdigkeiten, Unterkunft, Preise... u. a. m.

Carlton, via Johannes Badrutt 11, ✆ 0818 367 000, *info@carlton-stmoritz.ch, Fax 0818 367 001,* ≤ St. Moritz, See und Berge, – P – 15/120. AE MC VISA. Rest X c
geschl. 12. April - 10. Dez. – ***Tschinè** : (mittags kleine Karte)* **Menu** 85 (abends) und à la carte 60/105 – **101 Zim** 250/695, 4 Suiten – ½ P Zuschl. 25.
◆ Leicht erhöht gelegen, bietet dieses imposante Hotel eine herrliche Sicht auf die Umgebung. Zimmer und Suiten von stilvoll bis modern garantieren komfortables Wohnen. Ländliche Eleganz bestimmt das Ambiente im Restaurtant Tschinè.

Monopol, via Maistra 17, 0818 370 404, *office@monopol.ch, Fax 0818 370 405,* St. Moritz und Berge, – TV P. AE VISA JCB. Rest Z f
7. Dez. - 9. April und 16. Mai - 14. Okt. – ***Grischuna*** - italienische Küche - *(Tischbestellung ratsam) (geschl. Sonntag im Sommer)* **Menu** 22 - 106 (abends) und à la carte 78/144 – **66 Zim** 260/550, Vorsaison 160/350 – ½ P Zuschl. 40.
◆ Modern eingerichtete Zimmer mit elegantem Holzmobiliar. Beeindruckender Blick auf St. Moritz und die Berge vom ansprechenden Wellnessbereich auf dem Hoteldach. Grischuna : modernes, hell und angenehm rustikal gestaltetes Restaurant.

Schweizerhof, via dal Bagn 54, 0818 370 707, *reservation@schweizerhofstmoritz.ch, Fax 0818 370 700,* – , Zim, TV P – 15/30. AE VISA JCB Z d
Acla : **Menu** 18 - 23 (mittags) und à la carte 54/110 – **84 Zim** 285/590, Vorsaison 175/370 – ½ P Zuschl. 40.
◆ Die Zimmer dieses neuzeitlich eingerichteten Hauses unterscheiden sich leicht in Grösse und Einrichtung, sind aber durchweg funktionell und zeitgemäss ausgestattet. Das Angebot des zur Strasse hin gelegenen Acla ist traditionell.

Crystal, via Traunter Plazzas 1, 0818 362 626, *stay@crystalhotel.ch, Fax 0818 362 627,* – , Zim, TV – 15/50. AE VISA JCB. Rest Z g
12. Dez. - 12. April und 11. Juni - 2. Okt. – ***Grissini*** - italienische Küche - **Menu** 25 (mittags)/95 und à la carte 72/122 – **71 Zim** 280/540, Vorsaison 170/300 – ½ P Zuschl. 45.
◆ In diesem erst kürzlich komplett renovierten Haus übernachtet der Gast in mit hellen Arvenholzmöbeln modern und wohnlich eingerichteten Zimmern, die ausreichend Platz bieten. Grissini mit interessantem, modern-italienischem Speisenangebot.

Steffani, 0818 369 696, *info@steffani.ch, Fax 0818 369 717,* , , – TV P – 15/200. AE VISA JCB. Rest Z e
Le Lapin Bleu : **Menu** 25 - 48 (abends) und à la carte 49/115 – ***Le Mandarin*** - chinesische Küche - *(nur Abendessen) (geschl. Mitte April - Ende Juni, Ende Sept - Ende Nov., Montag im Sommer)* **Menu** à la carte 46/88 – **64 Zim** 280/560, Vorsaison 160/360 – ½ P Zuschl. 40.
◆ In zentraler Lage an der Hauptstrasse befindet sich dieses gut unterhaltene Haus, das über zeitgemäss ausgestattete Gästezimmer verfügt. Le Lapin Bleu mit rustikaler Einrichtung und einer breiten Auswahl an gutbürgerlichen Speisen.

Posthotel, via dal Vout 3, 0818 322 121, *info@posthotel-stmoritz.ch, Fax 0818 338 973,* – TV – 35. AE VISA. Rest Z x
7. Dez. - 12. April und 23. Mai - 14. Okt. – ***Stüva Serlas :*** *(nur Abendessen)* **Menu** 68 und à la carte 50/94 – **60 Zim** 255/600, Vorsaison 160/330 – ½ P Zuschl. 35.
◆ Hinter einem Torbogen befindet sich der Eingang dieses Hotels - hier empfängt Sie eine gemütliche Lobby. Verschiedene Zimmer von "Economy" über "Belle Etage" bis zur Suite. Das Stüva Serlas ist mit Hussenstühlen und freundlichen Farben neuzeitlich gestaltet.

La Margna, via Serlas 5, 0818 366 600, *info@lamargna.ch, Fax 0818 366 601,* , , , – TV P – 15/40. AE VISA JCB. Rest X u
14. Dez. - 30. März und 2. Juni - 2. Okt. – **Menu** 44/75 (abends) und à la carte 50/106 – ***Stüvetta :*** **Menu** 19 - und à la carte 36/72 – **62 Zim** 210/450, Vorsaison 150/340 – ½ P Zuschl. 40.
◆ Eine schöne Halle mit Kreuzgewölbe, Original-Kronleuchtern und Schmiedeeisen-Kamin empfängt Sie in diesem Hotel. Die Zimmer : mit Naturholzmöbeln wohnlich-rustikal gestaltet. Gepflegter, klassischer Speisesaal. Urig : das Stüvetta mit regionaler Küche.

Waldhaus am See , via Dim Lej 6, 0818 366 000, *waldhaus.am.see@bluewin.ch, Fax 0818 366 060,* St. Moritz, See und Berge, – TV video P. AE VISA. Rest X z
Menu à la carte 52/108 – **51 Zim** 200/420, Vorsaison 95/290 – ½ P Zuschl. 10.
◆ Ausser der ruhigen Lage am See und der wohl schönsten Sicht auf den mondänen Wintersportort findet man hier wohnliche, im regionalen Stil eingerichtete Arvenholzzimmer. Restaurant mit begehbarem Humidor und riesiger Auswahl an Whiskys.

Nolda und Noldapark, via Crasta 3 / via G. Segantini 51, ✆ 0818 330 575, *info@nolda.ch, Fax 0818 338 751*, ←, Fit, ≡s, – TV P. AE MC VISA JCB. Rest Y k
14. Dez. - 17. April und 20. Juni - 16. Okt. – **Menu** 46 (abends) und à la carte 32/70 – **55 Zim** 200/300, Vorsaison 130/210 – ½ P Zuschl. 45.
◆ Das Noldapark überzeugt mit Wellnesseinrichtungen und Suiten ; im Nolda, ca. 5 Gehminuten entfernt, sind der Empfang und die etwas einfacheren Standardzimmer untergebracht. Das renovierte à la carte-Restaurant liegt im Nolda.

Arte, via Tinus 7, ✆ 0818 375 858, *info@hotel-arte.ch, Fax 0818 375 859* – TV ✆. AE MC VISA JCB. Z m
geschl. 1. Mai - 16. Juni – **Menu** (Pizzeria) *(nur Abendessen)* à la carte 28/64 – **9 Zim** 200/280, Vorsaison 135/180.
◆ Hinter seiner freundlichen Fassade beherbergt dieses moderne Haus ein interessantes kleines Hotel. Jedes Zimmer hat man einem Thema gewidmet - z. B. Wüste, Türkei, Australien. Das Restaurant ist eine einfache Pizza-Stube mit kleinem Angebot.

Languard garni, via Veglia 14, ✆ 0818 333 137, *languard@bluewin.ch, Fax 0818 334 546*, ← St. Moritz und Berge – TV ✆ P. AE MC VISA JCB Z t
5. Dez. - 24. April und 5. Juni - 23. Okt. – **22 Zim** 140/390, Vorsaison 85/200.
◆ Das kleine Familienhotel liegt ruhig im oberen Ortsteil. Aus verschieden eingerichteten Zimmern bietet sich dem Gast eine sehr schöne Sicht auf St. Moritz und die Berge.

Corvatsch, via Tegiatscha 1, ✆ 0818 375 757, *corvatsch@bluewin.ch, Fax 0818 375 758*, – TV ✆ P. AE MC VISA JCB. Zim Y n
29. Nov. - 17. April und 29. Mai - 23. Okt. – **Menu** 24 - 48 (abends) und à la carte 42/83 – **26 Zim** 160/280, Vorsaison 105/190 – ½ P Zuschl. 38.
◆ Vom älteren Gebäude hat man es nicht weit zum "Lej da San Murezzan". Einfache und gemütlich mit rustikalem Massivholz eingerichtete Zimmer empfangen den Erholungsuchenden. Restaurant mit typischer Stube und Terrasse auf dem Trottoir.

Jörimann's Refugium, via Dim Lej 1, ✆ 0818 333 000, *Fax 0818 333 232*, – AE MC VISA X v
geschl. Mai, Mittwoch und Donnerstag – **Menu** (Tischbestellung erforderlich) 53 (mittags)/148.
◆ In dem modern-rustikal eingerichteten Lokal wählt der Feinschmecker am Abend sein kreatives Gourmetmenu. Mittags offeriert man günstigere Auswahlmenus.
Spez. Variationen von der Gänseleber. Alles um den weissen Trüffel (Dez.). Geschmorte Kalbsbacke an Sforzatojus

Meierei mit Zim, via Dim Lej 52, Nord-Ost : über Seepromenade und Spazierweg (Zufahrt mit dem Auto für Hotelgäste gestattet), ✆ 0818 333 242, *info@hotel-meierei.ch, Fax 0818 338 838*, ← Berge, ≡s, – TV video ✆ P. AE MC VISA
21. Dez. - 4. April und 19. Juni - 3. Okt. – **Menu** *(geschl. Montag)* 18 und à la carte 42/97 – **14 Zim** 155/300, Vorsaison 120/250 – ½ P Zuschl. 40.
◆ In den schönen, modernen Zimmern oder im Restaurant mit Terrasse geniesst man in traumhafter Berglandschaft die absolute Ruhe und die wunderbare Sicht auf die Berge.

Chasellas, via Suvretta 22 (Süd-West : 2,5 km über via Somplaz Y), ✆ 0818 333 854, *Fax 0818 344 300*, ←, – AE MC VISA
13. Dez. - 12. April und 26. Juni - 12. Sept. – **Menu** *(mittags nur kleine Karte)* (Tischbestellung ratsam) 110 (abends) und à la carte 63/145.
◆ Während sich hier mittags die Skifahrer auf der Terrasse einfach verpflegen, herrscht am Abend gemütliches Ambiente beim Verzehr von gutbürgerlichen Gerichten.

auf der Corviglia *mit Standseilbahn erreichbar :*

Mathis Food Affairs, (Höhe 2488 m), ✆ 0818 336 355, *info@mathisfood.ch, Fax 0818 338 581*, ← Berge und Tal, – AE MC VISA
30. Nov. - 11. April (nur Mittagessen) (im Sommer nur Self-Service) – ***La Marmite :*** **Menu** à la carte 64/208 – ***Brasserie :*** **Menu** à la carte 41/97.
◆ Eine interessante Adresse mitten im Skigebiet - in 2488 Metern Höhe ! Das moderne Gebäude beherbergt das elegante La Marmite sowie weitere gastronomische Bereiche. Einfacher geht es in der lebendigen Brasserie zu.

in Champfèr *Süd-West : 3 km – Höhe 1 820 – ✉ 7512 Champfèr :*

Chesa Guardalej, ✆ 0818 366 300, *info@chesa-guardalej.ch, Fax 0818 366 301,* ←, 🏞, 🏊, 🏋, ≋, 🏊, 🌿 – 🛗 TV 📞 🚗 P – 🏋 15/80. AE ⓪ MC VISA. 🚭 Rest *geschl. 12. April. - 18. Juni und 10. Okt. - 3. Dez.* – ***Jenatsch** (nur Abendessen)* **Menu** 65 und à la carte 56/100 – ***Stüva dal Postigliun :*** **Menu** 16 und à la carte 48/100 – **91 Zim** 🛏 335/660, Vorsaison 🛏 160/340, 4 Suiten – ½ P Zuschl. 55.

◆ Mehrere Häuser im Engadiner Stil - unterirdisch miteinander verbunden - bilden diese ansprechende Adresse. Helle, wohnliche Zimmer und geschmackvolle Suiten. Ländlich-elegant : das Jenatsch mit internationalem Angebot. Stüva dal Postigliun in rustikalem Stil.

Jöhri's Talvo, via Gunels 15, ✆ 0818 334 455, *info@talvo.ch, Fax 0818 330 569,* 🏞 – P. AE ⓪ MC VISA. 🚭
18. Dez. - 12. April, 16. Juni - 16. Okt. – **Menu** *(geschl. im Winter Montag und Dienstagmittag ausser Hochsaison ; im Sommer Montag und Dienstag)* 82 (mittags)/195 und à la carte 108/199 🍇.

◆ In diesem sehr schönen, mit Geschmack renovierten Bündnerhaus aus dem 17. Jh. kann sich der Gast ganztägig mit einer ausgezeichneten kreativen Küche verwöhnen lassen.

Spez. Gänseleber mit ihrer saisonalen Garnitur. Bouillabaisse "Talvo". Ganze Meerfische im Ofen gebraten

SANKT NIKLAUSEN *6066 Obwalden (OW)* 551 O8 – *Höhe 839.*

Bern 107 – Luzern 24 – Altdorf 48 – Cham 46 – Engelberg 34 – Sarnen 6 – Stans 12.

Alpenblick, Melchtalerstrasse, ✆ 0416 601 591, ← Bergpanorama, 🏞 – P. AE ⓪ MC VISA – *geschl. 24. - 31. Dez., 1 Woche Februar, 3 Wochen Juli - Aug., Montag und Dienstag* – **Menu** (Tischbestellung ratsam) 60/110 – ***Kräuterstube :*** **Menu** 17.50 - 45 und à la carte 39/89.

◆ Das hell und freundlich wirkende Haus bewirtet seine Gäste in einem gediegenen Stübli, in dem eine zeitgemässe, internationale Karte aufliegt. Kräuterstube mit schöner Sicht auf die Berge und sorgfältig zubereiteten traditionellen Speisen.

SANKT PELAGIBERG *9225 Thurgau (TG)* 551 U4 – *Höhe 570.*

Bern 197 – Sankt Gallen 12 – Bregenz 45 – Frauenfeld 43 – Konstanz 32 – Winterthur 52.

Sankt Pelagius, (hinter der Kirche) St. Pelagibergstr. 17, ✆ 0714 331 434, *wirtschaft-st.pelagius@bluewin.ch, Fax 0714 331 440* – P. AE ⓪ MC VISA
geschl. 1. - 14. März, 5. -27. Aug., Montag und Dienstag – **Menu** (Tischbestellung erforderlich) 120 und à la carte 68/125 🍇.

◆ Schönes Mobiliar und ansprechend eingedeckte Tische unterstreichen das stilvolle und elegante Ambiente in diesem Restaurant. Serviert wird eine klassische französische Küche.

SANKT PETERZELL *9127 Sankt Gallen (SG)* 551 T5 – *1 244 Ew. – Höhe 701.*

Bern 207 – Sankt Gallen 24 – Appenzell 23 – Buchs 54 – Rapperswil 35 – Winterthur 58.

Rössli, Dorf 27, ✆ 0713 771 215, *info@roessli-peterzell.ch, Fax 0713 771 759,* 🏞 – P. AE ⓪ MC VISA JCB – *geschl. 26. Jan. - 21. Feb., 11. - 25. Juli, 3. - 17. Okt., Montag und Dienstag* – **Menu** 12.50 - 108 und à la carte 44/134.

◆ In diesem ziemlich abgelegenen Haus stehen eine Gaststube mit einer einfachen Karte sowie ein Restaurant mit einem gutbürgerlichen Speisenangebot zur Wahl.

SANTA MARIA i. M. *7536 Graubünden (GR)* 553 AA10 – *389 Ew. – Höhe 1 388.*

ℹ *Tourismus Sta. Maria-Valchava, ✆ 0818 585 727, tourismusstamaria@bluewin.ch, Fax 0818 586 297.*

Bern 348 – Scuol 63 – Chur 138 – Davos 73 – Merano 69 – Sankt Moritz 69.

Schweizerhof, ✆ 0818 585 124, *hotel.schweizerhof.santa-maria@bluewin.ch, Fax 0818 585 009,* ←, 🏞, 🌿 – 🛗, 🚭 Rest, TV P. AE ⓪ MC VISA
geschl. 1. Dez. - 23. Jan. – **Menu** 40 (abends) und à la carte 39/66 – **27 Zim** 🛏 110/250 – ½ P Zuschl. 30.

◆ Das klassische, 1903 eröffnete Hotel mit zwei schönen Salons und beeindruckender Aussicht beherbergt die Gäste in einfach eingerichteten Zimmern von unterschiedlicher Grösse. Restaurantbereich mit Speisesaal, zwei rustikalen Stuben und einer Terrasse.

Alpina, 0818 585 117, *alpina@santamaria.ch, Fax 0818 585 697,* – P. MC VISA
geschl. 10. Nov. - 20. Dez. – **Menu** 17.50 - 27 (mittags) und à la carte 31/57 – **18 Zim** 95/190 – ½ P Zuschl. 25.
◆ In diesem ehemaligen Patrizierhaus an der Ortsdurchfahrt übernachtet der Gast in ausreichend geräumigen, mit soliden Naturholzmöbeln ausgestatteten Zimmern. Ländliche Gaststube und mit Arvenholz getäfertes Restaurant.

Piz Umbrail (Wanninger) mit Zim, Via Maistra 41, 0818 585 505, *info@pizumbrail.ch, Fax 0818 586 150* – Zim, TV AE MC VISA. Rest
geschl. 13. - 29. April, 15. Nov. - 19. Dez. und im Winter Montag bis Mittwoch – **Menu** (Tischbestellung ratsam) 130 und à la carte 70/116 – **3 Zim** 100/180 – ½ P Zuschl. 75.
◆ Eine alte Pferdestation aus dem 17. Jahrhundert : Sowohl die Cuschina Naira mit offenem Kamin als auch die zeitgemässe Küche verdienen Ihre besondere Beachtung.
Spez. Lammrücken in Bärlauch mariniert (Frühling). Capuns wom Bachsaibling an Krebssauce (Sommer). Crêpinette vom Rehrücken (Herbst)

SÄRISWIL *3044 Bern (BE)* 551 I7 – *Höhe 640.*

Bern 15 – Biel 27 – Fribourg 40 – Neuchâtel 47.

Zum Rössli, Staatsstr. 125, 0318 293 373, *kaufmann@roessli-saeriswil.ch, Fax 0318 293 873,* ≤, – P. AE MC VISA
geschl. 15. - 29. Feb., 4. - 25. Juli, Dienstag von Okt. - Juni, Sonntag von Juli - Sept. und Montag – **Menu** 19.50 - 38 (mittags)/80 und à la carte 42/96.
◆ In dem Berner Bauernhaus a. d. 19. Jh. hat man die Wahl zwischen den gemütlichen, rustikalen Stuben und dem modernen Wintergarten mit schöner Aussicht. Traditionelle Küche.

SARNEN *6060* K *Obwalden (OW)* 551 N8 – *9 231 Ew. – Höhe 473.*

Sarnen Tourismus, Hofstr. 2, 0416 665 040, info@sarnen-tourism.ch, Fax 0416 665 045.
Brünigstr. 131, 0416 620 991, Fax 0416 620 994.
Bern 106 – Luzern 20 – Altdorf 44 – Brienz 34.

Krone, Brünigstr. 130, 0416 660 909, *hotelkrone@bluewin.ch, Fax 0416 660 910,* – , Zim, TV P – 15/200. AE MC VISA
Les Quatre Saisons *(geschl. Mitte Juli - Mitte Aug. und Sonntag)* **Menu** 44/65 und à la carte 50/109 – ***Huang Guan*** - chinesische Küche - *(geschl. Mitte Juli - Mitte Aug., Montag und Dienstag)* **Menu** 16 - 52/95 und à la carte 44/93 – ***Batzenhof :*** **Menu** 17.50 und à la carte 38/77 – **59 Zim** 100/210 – ½ P Zuschl. 35.
◆ Das Hotel liegt an der Hauptstrasse im Ortszentrum. Durch eine helle, moderne Halle gelangen Sie in solide und funktionell ausgestattete Gästezimmer, teils mit Balkon. Teils klassisch, teils rustikal : Les Quatre Saisons. Asiatisches Dekor ziert das Huang Guan.

Zum Landenberg, Jordanstr. 1, 0416 601 212, *gasthaus-zum-landenberg@bluewin.ch, Fax 0416 601 256,* – AE MC VISA.
geschl. Feb. - März 2 Wochen, Sonntag und Montag – **Menu** 19.50 - 38 (mittags)/70 und à la carte 49/112.
◆ Über eine Aussentreppe erreicht der Gast dieses modern gestaltete Restaurant. Im Untergeschoss : eine Vinothek mit umfangreichem Weinangebot.

in Kägiswil *Nord : 3,5 km – Höhe 484 – 6056 Kägiswil :*

Adler, Brünigstr. 7, 0416 667 755, *adler.kaegiswil@bluewin.ch, Fax 0416 667 756,* – P. AE MC VISA
geschl. 17. - 25. Feb., 27. Juli - 15. Aug., Dienstagabend und Mittwoch – ***Stübli :*** **Menu** 39 (mittags)/85 und à la carte 50/87 – ***Gaststube :*** **Menu** 17 und à la carte 38/81.
◆ Im hinteren Teil des Restaurants werden im à la carte-Bereich moderne, aufwändig bereitete Speisen serviert. Über die seitliche Terrasse betritt der Gast das rustikale Stübli, wo ihn eine regional geprägte Auswahl an sorgfältig zubereiteten Gerichten erwartet.

in Wilen *Süd-West : 3 km – Höhe 506 – ✉ 6062 Wilen :*

Wilerbad, ✆ 0416 627 070, *info@wilerbad.ch, Fax 0416 627 080,* ← Sarnersee und Berge, 15/100. AE VISA
Taptim Thai - thailändische Küche - **Menu** *18* - 72 (abends) und à la carte 53/72 – ***Vivaldi* : Menu** *19* - 32 (mittags) und à la carte 41/86 – **57 Zim** 130/260 – ½ P Zuschl. 38.
◆ Das moderne Geschäftshotel liegt sehr ruhig oberhalb des Sees. Die geräumigen Zimmer bieten neben der Aussicht eine funktionelle Einrichtung mit zeitgemässem Komfort. Vivaldi mit Terrasse, die einen schönen Blick auf den Sarnersee und die Berge gewährt.

SATIGNY *1242 Genève (GE)* 552 A11 – *2 509 h. – alt. 485.*

Bern 170 – Genève 11 – Bellegarde-sur-Valserine 33 – Divonne-les-Bains 23 – Oyonnax 63.

à Peney-Dessus *Sud : 3 km par rte de Dardagny et voie privée – ✉ 1242 Satigny :*

Domaine de Châteauvieux (Chevrier) avec ch, 16 ch. de Châteauvieux, ✆ 0227 531 511, *info@chateauvieux.ch, Fax 0227 531 924,* ←, 15. AE VISA
fermé 21 déc. au 5 janv., 18 au 26 avril et 1er juil. au 16 août – **Repas** *(fermé dim. et lundi)* 84 (midi)/210 et à la carte 172/228 – **14 ch** 195/385.
◆ Au coeur du vignoble, ancienne ferme aménagée en hostellerie campagnarde. Luxueuse salle à manger propice à la dégustation d'une exquise cuisine arrosée de crus prestigieux.
Spéc. Bar de ligne cuit au gros sel et au lemongras. Chausson aux truffes et foie gras (janv. - fév.). Bécasse rôtie à la broche (oct. - déc.). **Vins** Satigny

à Peney-Dessous *Sud : 3 km – ✉ 1242 Satigny :*

Café de Peney, 130 rte d'Aire-la-Ville, ✆ 0227 531 755, *Fax 0227 531 760,* – AE VISA.
fermé 22 déc. au 5 janv. et 15 au 29 sept. – **Repas** (prévenir) *20* - 54 et à la carte 53/93.
◆ Plaisante ambiance de bistrot cossu, jardin d'hiver, cave rabelaisienne, joli restaurant d'été sous tonnelle et ponton d'amarrage. Au total : un bon petit repaire gourmand.

SAULCY *2873 Jura (JU)* 551 H5 – *271 h. – alt. 910.*

Bern 75 – Delémont 21 – Basel 67 – Biel 40 – La Chaux-de-Fonds 42.

Bellevue, ✆ 0324 334 532, *Fax 0324 334 693,* ←, 15. VISA
fermé fév., mardi et merc. sauf juil. - sept. – **Repas** *14* et à la carte 33/74 – **11 ch** 70/150 – ½ P suppl. 30.
◆ Belle bâtisse offrant une vue sur la vallée et les monts du Jura. Chambres personnalisées, certaines dotées de lits à baldaquin. Le restaurant, sur deux niveaux, est empreint d'un charme agestre. Le chef vous concocte des mets traditionnels.

SAVOGNIN *7460 Graubünden (GR)* 553 V10 – *944 Ew. – Höhe 1 210 – Wintersport : 1 210/2 713 m 2 13.*

Lokale Veranstaltung
01.03 : "Chalandamarz" alter Frühlingsbrauch und Kinderfest.
Savognin Tourismus im Surses, Stradung, ✆ 0816 591 616, ferien@savognin.ch, Fax 0816 591 617.
Bern 290 – Sankt Moritz 39 – Chur 49 – Davos 40.

Romana, Veia Davos Tga Clo 2, ✆ 0816 841 544, *info@hotel-romana.ch, Fax 0816 843 707,* VISA
9. Dez. - 12. April und 17. Mai - 27. Nov. – **Menu** *(geschl. Dienstag in Zwischensaison)* à la carte 46/81 – **13 Zim** 103/206, Vorsaison 65/130 – ½ P Zuschl. 30.
◆ In diesem familiär geführten Haus im unteren Dorfteil übernachtet man in mit hellen Holzmöbeln etwas verschieden eingerichteten Zimmern mit Standardkomfort. Vielfältige Gastronomie : einfache Gaststube, gemütlich-rustikale Pizzeria und gehobenes Restaurant.

Bela Riva mit Zim, veia Grava 1, ✆ 0816 842 425, *info@bela-riva.ch*, *Fax 0816 843 505*, –
geschl. Juni, Montag und Dienstag in der Zwischensaison und Rest. auch 18. Nov. - 6. Dez. – **Menu** 90/115 (abends) und à la carte 60/108 – ***Gaststube* : Menu** 14 und à la carte 34/82 – **13 Zim** 105/220, Vorsaison 70/180 – ½ P Zuschl. 30.
◆ In neo-rustikalem Ambiente offeriert man seinen Gästen aufwändig angerichtete Speisen einer kreativen Küche. Mit Naturholzmobiliar in ländlichem Stil ausgestattete Zimmer.

SAX *9468 Sankt Gallen (SG)* 551 V6 – *Höhe 484.*

Bern 243 – Sankt Gallen 60 – Altstätten 25 – Bad Ragaz 33 – Rapperswil 92.

Schlössli mit Zim, Hauptstr. 80, ✆ 0817 504 090, *info@schloesslisax.ch*, *Fax 0817 504 091*, ≤ Rheintal und Berge, – 60.
geschl. Feb., Montag und Dienstag – **Menu** 35/84 und à la carte 66/117 – ***Bier Stübli* : Menu** 18 und à la carte 39/78 – **9 Zim** 120/160.
◆ Schönes Restaurant in einem Herrschaftshaus von 1551 : das Grotto mit Kreuzgewölbe und das Freiherrenstübli mit getäferten Wänden, beide in schlichter Modernität gestilt. Die einfachere Version : das Bier Stübli. Zeitgemässe Zimmer mit funktioneller Einrichtung.

SCHAFFHAUSEN (SCHAFFHOUSE)

8200 🅺 Schaffhausen (SH) 551 Q3 *– 33 436 Ew. – Höhe 404*

Bern 158 ④ – Zürich 50 ④ – Baden 69 ④ – Basel 99 ④ – Konstanz 56 ② – Tuttlingen 53 ①.

Schaffhausen Tourismus, Herrenacker 15, ✆ 0526 324 020, info@schaffhausen-tourismus.ch, Fax 0526 324 030 A.

Vordergasse 32, ✆ 0526 300 000, Fax 0526 300 009 B.

Schwertstr. 6 ✆ 0526 242 874, Fax 0526 300 740 A.

18 Rheinblick in Lottstetten-Nack (Deutschland), ✉ D-79807 (Feb.-Nov.) ✆ (0049) 77 45 92 960, Fax (0049) 77 45 92 96 13, über ④ dann Lottstetten, Nack : 19 km

27 Obere Alp in Stühlingen, ✉ D-79780 (April-Nov.) ✆ (0049) 77 03 92 030, Fax (0049) 77 03 92 03 18, über ① : 20 km.

Sehenswert : *Altstadt★ : Aussichtspunkt★, Vordergasse★* B.
Museum : *Museum zu Allerheiligen★* B **M¹** *– Hallen für neue Kunst* B **M²**.
Ausflugziel : *Rheinfall★★ über ③ oder ④.*

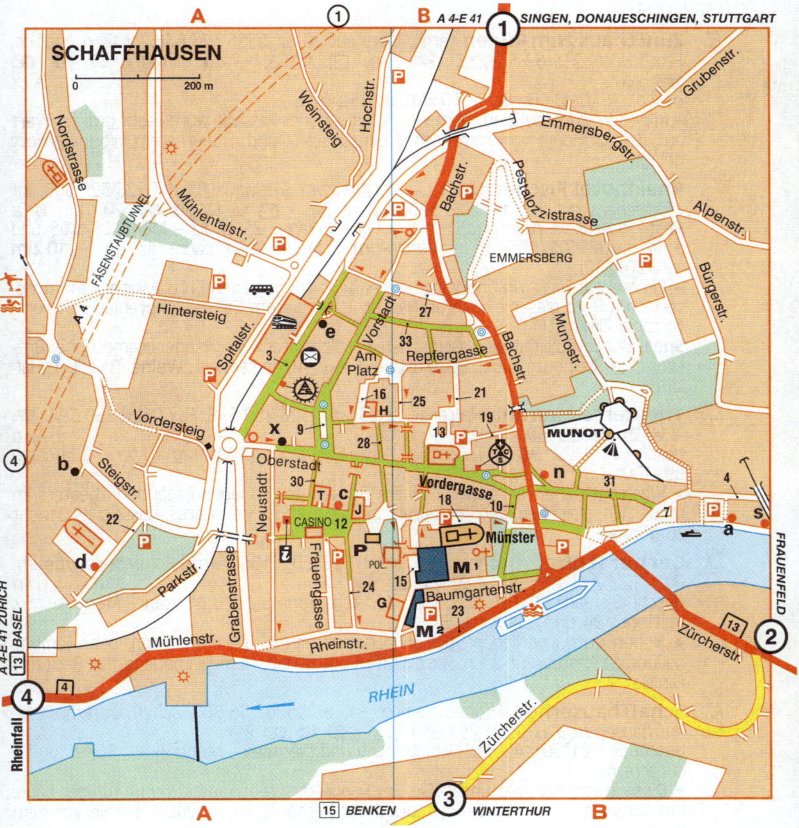

Bahnhofstrasse	A 3	Klosterstrasse	B 15	Safrangasse	B 25
Fischerhäuser-strasse	B 4	Krummgasse	A 16	Schützengraben	B 27
Freierplatz	B 7	Münsterplatz	B 18	Sporrengasse	A 28
Fronwag Platz	A 9	Pfarrhofgasse	B 19	Tanne	A 30
Goldsteinstrasse	B 10	Pfrundhausgasse	B 21	Unterstadt	B 31
Herrenacker	A 12	Promenadenstrasse	A 22	Vorstadt	A
Kirchhofplatz	B 13	Rheinuferstrasse	B 23	Vordergasse	AB
		Rosengasse	A 24	Webergasse	B 33

Bahnhof, Bahnhofstr. 46, ✆ 0526 241 924, *mail@hotelbahnhof.ch, Fax 0526 247 479* – |♿|, ✈ Zim, TV ✆ P – 15/60. AE ⓓ MC VISA A e
geschl. 24. Dez. - 4. Jan. – **Menu** 17 - 52 und à la carte 35/71 – **52 Zim** ☕ 155/280 – ½ P Zuschl. 35.

◆ Wie der Name schon vermuten lässt, liegt dieses Hotel gegenüber dem Bahnhof. Die Zimmer werden laufend renoviert ; dementsprechend unterschiedlich ist deren Ausstattung. Einfaches Restaurant mit moderner Einrichtung und massiver Holzbalkendecke.

Promenade, Fäsenstaubstr. 43, ✆ 0526 307 777, *hotel.promenade@swissonline.ch, Fax 0526 307 778*, ☂, ≘s, ⛱ – |♿| TV ✆ P – 15/30. AE ⓓ MC VISA A b
geschl. 20. Dez. - 7. Jan. – **Menu** 31 und à la carte 31/90 – **38 Zim** ☕ 126/225 – ½ P Zuschl. 27.

◆ Das Hotel liegt ausserhalb des Zentrums relativ ruhig in einer Wohngegend. Die mit hellen Furnierholzmöbeln zweckmässig eingerichteten Zimmer haben meist eine kleine Sitzecke. Kleines, bürgerlich dekoriertes Restaurant.

Zunfthaus zum Rüden garni, Oberstadt 20, ✆ 0526 323 636, *info@rueden.ch, Fax 0526 323 637* – |♦|, ⇔ Zim, TV ✆ ♿ – 🏛 15/40. AE ① MC VISA JCB A x
geschl. 25. Dez. - 3. Jan. – **30 Zim** ☐ 150/250.
◆ In diesem Zunfthaus aus dem 18. Jh. mit schöner Fassade wurde sehr grosser Wert auf die Harmonie von historischer Bausubstanz und modernstem Wohnkomfort gelegt.

Rheinhotel Fischerzunft (Jaeger) mit Zim, Rheinquai 8, ✆ 0526 320 505, *info@fischerzunft.ch, Fax 0526 320 513*, ≤, 🏠 – TV ✆. AE ① MC VISA B a
Rest : geschl. Montag und Dienstag vom 1. Jan. - 25. März – **Menu** 95/195 und à la carte 101/183 – ***VinOpium*** : **Menu** à la carte 43/68 – **10 Zim** ☐ 190/330.
◆ Ein Meister des "Yin und Yang", einer sehr aufwändigen Euro-Asiatischen Küche, steht am Herd dieses eleganten Hauses. Nach diesem Genuss empfehlen sich komfortable Zimmer.
Spez. Bento Box mit vier asiatischen Köstlichkeiten. Langustinencremesuppe. Bretonischer Steinbutt in der Salzkruste auf zwei Arten serviert. **Weine** Truttiker, Hallauer

Theaterrestaurant, Herrenacker 23, ✆ 0526 250 558, *Fax 0526 250 594*, 🏠 – P. AE ① MC VISA A c
geschl. 24. - 29. Dez., 11. Juli - 1. Aug., Sonntag und Montag – **Menu** à la carte 59/100.
◆ Was liegt näher, als sich vor einem Besuch des daneben liegenden Theaters im modernen, gleichnamigen Restaurant ein sorgfältig zubereitetes, klasssiches Gericht zu gönnen.

Gerberstube, Bachstr. 8, ✆ 0526 252 155, *info@gerberstube.ch, Fax 0526 243 193*, 🏠 – AE ① MC VISA B n
geschl. 25. Jan. - 9. Feb., 25. Juli - 15. Aug., Sonntag und Montag – **Menu** 38 - 57 (mittags)/94 und à la carte 60/117.
◆ Neben gutbürgerlichen Speisen serviert man in diesem kleinen, sehr familiär geführten Restaurant auch Spezialitäten aus Italien, dem Heimatland der Besitzerfamilie.

Schaffhauserhof, Promenadenstr. 21, ✆ 0526 255 800, *schaffhauserhof@schaffhausen.ch, Fax 0526 255 830*, 🏠 – AE ① MC VISA A d
geschl. 5. - 21. Juli, 4. - 12. Okt., Montag und Dienstag – **Menu** 19.50 - 56/95 und à la carte 42/97.
◆ Diese solide Adresse finden Sie am Rande des Zentrums in recht ruhiger Lage. Das klassisch eingerichtete Restaurant wird ergänzt durch eine Terrasse vor dem Haus.

Sommerlust, Rheinhaldenstr. 8, ✆ 0526 300 060, *sommerlust@swissworld.com, Fax 0526 300 061*, 🏠, 🏠 – P – 🏛 30. AE ① MC VISA
geschl. 26. Jan. - 26. Feb., Dienstag und Mittwoch – **Menu** 21 und à la carte 50/85.
◆ Man nennt sich nicht nur Kulturgaststätte, sondern man wird mit Konzerten und Kunstausstellungen seinem Namen auch gerecht. Serviert wird eine zeitgemässe Küche.

in Herblingen *über ① : 3 km – ✉ 8207 Schaffhausen 7 :*

Hohberg, Schweizersbildstr. 20, ✆ 0526 434 249, *hotel.hohberg@swissworld.com, Fax 0526 431 400*, 🏠 – ⇔ Zim, TV ✆ P. AE ① MC VISA
Menu 18 und à la carte 39/96 – **25 Zim** ☐ 95/185.
◆ Will man etwas ausserhalb der Stadt übernachten, empfiehlt sich das Hotel Hohberg mit seinen verschieden eingerichteten, jedoch durchweg modernen Zimmern. Beim Essen blickt man in die nur durch eine Glasscheibe abgetrennte Reithalle.

in Neuhausen am Rheinfall *über ④ : 2 km – Höhe 397 – ✉ 8212 Neuhausen am Rheinfall :*

Rosenburg, Schaffhauserstr. 27, ✆ 0526 722 644, *Fax 0526 723 605*, 🏠 – P. AE ① MC VISA
geschl. 17. Juli - 9. Aug., Sonntag und Montag – **Menu** (Tischbestellung ratsam) 32 (mittags)/78 und à la carte 51/101.
◆ Hinter einer unscheinbaren Fassade verbirgt sich dieses bürgerliche Restaurant, in dem man neben traditionellen Speisen auch asiatische Spezialitäten zubereitet.

SCHANGNAU *6197 Bern (BE)* 551 L8 *- 953 Ew. - Höhe 933.*

Bern 55 - Langnau im E. 26 - Luzern 63 - Thun 20.

in Kemmeriboden-Bad *Süd-Ost : 8 km - Höhe 979 - ✉ 6197 Schangnau :*

Kemmeriboden-Bad, ☎ 0344 937 777, *hotel@kemmeriboden.ch, Fax 0344 937 770,* - 40. AE VISA
geschl. 6. - 27. Dez. - **Menu** *(geschl. Montag von Nov. - April und Sonntagabend)* 24 und à la carte 38/84 - **30 Zim** 101/196 - ½ P Zuschl. 43.
◆ Der schöne alte Landgasthof liegt eingebettet in eine idyllische Alpenlandschaft am Ende des Tales. Die meisten Zimmer sind renoviert und bieten zeitgemässen Komfort. Mit einfacher Wirtschaft und zwei mit hellem Holz rustikal und gemütlich gestalteten Stuben.

SCHEUNENBERG *Bern (BE)* 551 I-J6 *- Höhe 487 - ✉ 3251 Wengi b. Büren.*

Bern 21 - Biel/Bienne 14 - Burgdorf 28 - Neuchâtel 42 - Solothurn 26.

Sonne, Scheunenberg 70, ☎ 0323 891 545, *sonne-scheunenberg@bluewin.ch, Fax 0323 891 536,* - P. AE VISA
geschl. 26. Jan. - 18. Feb., 20 Sept. - 1. Okt., Montag und Dienstag - **Menu** 55 (mittags)/129 und à la carte 84/143 - ***Bistro :*** **Menu** 55 und à la carte 44/81.
◆ Schon die Lage in dem kleinen Weiler und die typische Fassade des alten Berner Bauernhauses stimmen auf den Genuss zeitgemässer Gerichte in den angenehmen Stuben ein.

SCHLARIGNA *Graubünden* 553 X10 *- siehe Celerina.*

SCHLATT B. APPENZELL *Appenzell Innerrhoden* 551 R4 *- siehe Appenzell.*

SCHMERIKON *8716 Sankt Gallen (SG)* 551 S6 *- 3 200 Ew. - Höhe 408.*

Bern 177 - Zürich 45 - Frauenfeld 54 - Glarus 27 - Sankt Gallen 51.

Strandhotel, Allmeindstrasse, ☎ 0552 825 600, *info@strand-hotel.ch, Fax 0552 824 571,* - P. AE VISA
Menu - italienische Küche - *(geschl. Jan. - Feb. und Donnerstag ausser Juni bis Sept.)* à la carte 46/81 - **12 Zim** 120/160.
◆ Mit schöner Aussicht : Im direkt am See ruhig gelegenen Hotel übernachtet der Gast in Zimmern und Appartements, die geschmackvoll im mediterranen Stil eingerichtet wurden. Modernes Restaurant in warmen Farben und grosse Terrasse.

SCHNAUS *Graubünden* 553 T9 *- siehe Ilanz.*

SCHNEISINGEN *5425 Aargau (AG)* 551 O-P4 *- 1 234 Ew. - Höhe 485.*

Bern 127 - Aarau 47 - Baden 10 - Schaffhausen 61 - Zürich 32.

Alpenrösli, in Mittelschneisingen, Dorfstr. 26, ☎ 0562 411 901, *Fax 0562 411 914,* - VISA
geschl. Montag und Dienstag - **Menu** 17.50 - 69 und à la carte 48/95.
◆ Im Alpenrösli, im Ortsteil Mittelschneisingen gelegen, kann der Gast in verschiedenen, ländlich dekorierten Räumen Gerichte aus einer bürgerlichen Karte wählen.

SCHÖNBÜHL *3322 Bern (BE)* 551 J7 *- Höhe 526.*

Bern 12 - Biel 30 - Burgdorf 12 - Neuchâtel 50 - Solothurn 26.

Schönbühl mit Zim, Alte Bernstr. 11, ☎ 0318 596 969, *info@gasthof-schoenbuehl.ch, Fax 0318 596 905,* - P - 15/60. VISA
geschl. 24. - 28. Dez. und Mittwoch - **Menu** 17.50 - 70 und à la carte 39/91 - **12 Zim** 89/159 - ½ P Zuschl. 25.
◆ Im Zentrum des Ortes finden Sie diesen traditionellen Berner Landgasthof a. d. 19. Jh. - behagliche Stuben laden hier zum Verweilen ein. Einfache, saubere Zimmer.

SCHÖNENWERD *5012 Solothurn (SO)* **551** **M5** *– 4 717 Ew. – Höhe 379.*

Museum : *Schuhmuseum★★.*

Bern 74 – Aarau 5 – Baden 31 – Basel 55 – Luzern 52 – Solothurn 43 – Zürich 43.

Storchen, Oltnerstr. 16, ✆ 0628 584 747, *info@hotelstorchen.ch, Fax 0628 584 700,* – , Zim, Rest, – 15/200. AE VISA

geschl. Weihnachten - Neujahr – ***à la cARTe* : Menu** 45 (mittags) und à la carte 48/95 – ***Giardino* : Menu** *17* und à la carte 38/85 – **30 Zim** 143/225.

◆ In diesem soliden Geschäftshotel an der Hauptstrasse stehen funktionell ausgestattete Gästezimmer zum Einzug bereit, die meist über ein gutes Platzangebot verfügen. Modern zeigt sich das à la cARTe. Im Giardino bietet man italienische und bürgerliche Speisen.

SCHÖNRIED *Bern* **551** **I10** *– siehe Gstaad.*

SCHÜPFEN *3054 Bern (BE)* **551** **I7** *– 3 181 Ew. – Höhe 519.*

Bern 15 – Biel 19 – Burgdorf 25 – Neuchâtel 48 – Solothurn 37.

Bahnhof, Bernstr. 7, ✆ 0318 791 108, *h.fritsch@bluewin.ch, Fax 0318 720 135,* – – 15. AE VISA

Menu *(geschl. Donnerstag) 15.50* und à la carte 30/82 – **10 Zim** 95/140 – ½ P Zuschl. 25.

◆ Wie der Name schon vermuten lässt, kann man gegenüber dem kleinen Bahnhof in modernen, mit hellen Furnierholzmöbeln zweckmässig eingerichteten Zimmern übernachten. Einfache, rustikale Gaststube und gehobenerer Restaurantteil.

SCHWÄGALP *Appenzell Ausserrhoden (AR)* **551** **U6** *– Höhe 1 352 – ✉ 9107 Urnäsch.*

Ausflugsziel : *Säntis★★★ Ost mit Luftseilbahn.*

Bern 212 – Sankt Gallen 31 – Appenzell 22 – Buchs 42 – Herisau 21 – Rapperswil 48.

Schwägalp , ✆ 0713 656 600, *kontakt@saentisbahn.ch, Fax 0713 656 601,* ← Säntis, – – 15/50. AE VISA

Menu à la carte 31/82 – **30 Zim** 90/155 – ½ P Zuschl. 35.

◆ Das grosse Haus mit Holzfassade ist Ausgangspunkt zur Fahrt auf den Säntis. Diesen kann man auch von den funktionell mit einfachen Holzmöbeln eingerichteten Zimmern bewundern. Grosse Terrasse und schlichtes Restaurant unterhalb des Alpsteinmassivs.

SCHWARZENBURG *3150 Bern (BE)* **551** **I8** *– Höhe 792.*

Verkehrsbüro, Dorfplatz 22, ✆ 0317 311 391, info@schwarzenburgerland.ch, Fax 0317 313 211.

Bern 19 – Fribourg 17 – Thun 31.

Sonne, Dorfplatz 3, ✆ 0317 312 121, *info@sonne-schwarzenburg.ch, Fax 0317 311 651,* – , Zim, – 15. AE VISA

Menu *(geschl. Weihnachten, Neujahr und Sonntag) 16 -* 48 und à la carte 35/79 – **19 Zim** 95/160 – ½ P Zuschl. 655.

◆ Im Herzen des Schwarzenburgerlandes gelegen, ist dieses Hotel ein günstiger Ausgangspunkt um die Umgebung zu erkunden. Die hellen Zimmer sind zweckmässig ausgestattet.

SCHWARZSEE *1716 Freiburg (FR)* **552** **I9** *– Höhe 1 050 – Wintersport : 1 046/1 751 m 5.*

Sehenswert : *Lage★.*

Lokale Veranstaltungen

27.06 : Schwingfest Schwarzsee

27.08. - 28.08. : Country Festival.

Tourismusbüro, Hauptstrasse, ✆ 0264 121 313, info@schwarzsee-tourismus.ch, Fax 0264 121 339.

Bern 42 – Fribourg 27 – Montreux 75 – Thun 54.

Primerose au Lac , ✆ 0264 127 272, *information@hotel-primerose.com, Fax 0264 127 273,* ≤ Schwarzsee und Berge, – – 15/80. AE VISA. Rest
geschl. 25. Nov. - 18. Dez. und April – **Menu** à la carte 39/101 – **4 Zim** 70/270, 46 Suiten – ½ P Zuschl. 43.
◆ Sehr hübsch liegt dieses im Chalet-Stil gebaute Hotel direkt am See. Geräumige Zimmer mit vier Betten bieten ein wohnlich-rustikales Ambiente - einige mit Balkon zum See. Das Restaurant : die klassische Rôtisserie mit internationaler Küche und eine Pizzeria.

SCHWEFELBERG BAD *Bern (BE)* 551 J9 – *Höhe 1 398 – ✉ 1738 Sangernboden.*
Bern 61 – Interlaken 58 – Fribourg 35 – Thun 31.

Romantik Hotel Schwefelberg-Bad , ✆ 0264 198 888, *info@schwefelbergbad.ch, Fax 0264 198 844,* ≤, – , Zim, AE VISA.
geschl. Mitte April - Anfang Mai und Ende Okt. - Ende Dez. – **Menu** 16.50 - 32 und à la carte 37/96 – **30 Zim** 145/300 – ½ P Zuschl. 20.
◆ Schon im 16. Jh. wurden die romantisch in einer schönen Alpenlandschaft gelegenen Schwefelquellen genutzt. Das Hotel bietet sehr ruhige Zimmer mit gutem Komfort. Idyllische Speiseterrasse und rustikales Restaurant.

SCHWYZ *6430* K *Schwyz (SZ)* 551 Q7 – *13 620 Ew. – Höhe 501.*
Sehenswert : *Bundesbriefarchiv★* **A** – *Kanzel★ der Pfarrkirche St. Martin* **B.**
Ausflugsziel : *Rigi-Scheidegg★★ über ② : 12 km und Luftseilbahn – Strasse zum Ibergeregg-Pass★ : Ibergeregg : Aussicht★ Ost über Rickenbachstrasse Ost : 11,5 km – Höllochgrotte★ Süd-Ost über Grundstrasse : 16 km.*
infoSchwyz-Tourismusbüro, Bahnhofstr. 4, ✆ 0418 101 991, infoschwyz@wbs.ch, Fax 0418 115 529.
Bahnhofstr. 3, ✆ 0418 174 646, Fax 0418 174 601.
Bern 154 ② – Luzern 37 ② – Altdorf 19 ① – Einsiedeln 27 ③ – Glarus 68 ③

SCHWYZ

Bahnhofstrasse	A	
Grundstrasse	B	
Hauptplatz	B	3
Herrengasse	A	
Hirzengasse	B	4
Maria Hilfe Strasse	A	6
Postplatz	B	7
Reichsgasse	B	8
Reichsstrasse	B	9
Rickenbachstrasse	B	
Riedstrasse	AB	
St. Martinsstrasse	A	
Schmiedgasse	AB	10
Schulgasse	B	11
Schützenstrasse	B	12
Sedlerengasse	B	13
Sonnenplätzli	B	
Strehlgasse	B	15

Die Stadtpläne sind eingenordet (Norden = oben).

Wysses Rössli, Hauptplatz 3, ✆ 0418 111 922, *info@roessli-schwyz.ch, Fax 0418 111 046,* – , Zim, – 15/30. AE VISA B b
geschl. 21. Dez. - 7. Jan. und 23. - 31. Juli – ***Turmstube :*** **Menu** 37 (mittags)/60 und à la carte 43/98 – ***Wirtschaft :*** **Menu** 19 - 27 (mittags) und à la carte 40/80 – **27 Zim** 145/250 – ½ P Zuschl. 30.
◆ Das unter Denkmalschutz stehende Gasthaus liegt neben dem schönen Rathaus am Dorfplatz. Die Zimmer bieten viel Platz und ausreichenden Wohnkomfort. Turmstube mit Täfer a. d. 17. Jh. und klassischem Angebot. Einfacher, aber lebendig geht's in der Wirtschaft zu.

Nord-West *Richtung Einsiedeln über ③ : 5,5 km – ✉ 6422 Steinen :*

Adelboden (Wiget), Schlagstrasse, ✆ 0418 321 242, *franz.wiget@bluewin.ch, Fax 0418 321 942*, <, – P. AE ⓓ MC VISA
geschl. 24. Feb. - 11. März, 20. Juli - 6. Aug., Sonntag und Montag – **Menu** 54 (mittags)/135 und à la carte 86/141.
◆ Folgt man der Kantonsstrasse nach Pfäffikon, ist das alte Bauernhaus mit den schönen, heimeligen Stuben kaum zu verfehlen. Besondere Beachtung verdient die zeitgemässe Küche.
Spez. Hummerchartreuse mit Artischocken und confierten Tomaten. Im ganzen glasierte Haxe vom Schwyzer Milchkalb mit Kartoffelpuree. Limonensoufflé

SCUOL (SCHULS) *7550 Graubünden (GR)* 553 Z9 – *2 134 Ew. – Höhe 1 244 – Wintersport : 1 250/2 783 m* 2 12 – *Kurort.*
Sehenswert : *Lage★.*
Ausflugsziel : *Strasse nach Ardez★ West – Kreuzberg★ : Ansicht★★ von Schloss Tarasp über ② : 6 km.*
9 in Vulpera, ✉ 7552 (Ende Mai - Anfang Okt.) ✆ 0818 649 688, Fax 0818 649 689.
Lokale Veranstaltung
01.03 : "Chalandamarz" alter Frühlingsbrauch und Kinderfest.
Scuol Information, Stradun, ✆ 0818 612 222, info@scuol.ch, Fax 0818 612 223.
Bern 330 ② – Chur 106 ② – Davos 49 ① – Landeck 614 ① – Merano 105 ② – Sankt Moritz 62 ②

SCUOL

Bagnera	B 2
Bahnhofstrasse	A 3
Bogns (Via dals)	B 4
Büglgrond	B 6
Ftan (Via da)	A 7
Gurlaina	B 9
Ospidal (Via da l')	B 10
Punt	B
Stradun	AB
Sviamaint (Via da)	AB

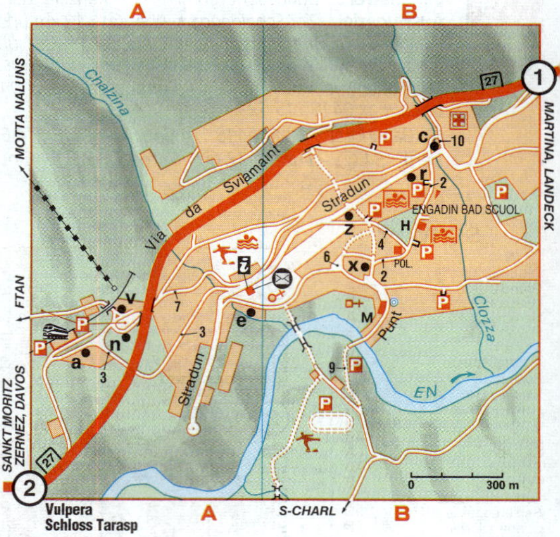

Belvedere, Stradun 330, ✆ 0818 610 606, *info@belvedere-scuol.ch, Fax 0818 610 600*, <, – Zim, TV P – 15/20. AE ⓓ MC VISA. B z
geschl. 12. April - 13. Mai – **Menu** *(nur Abendessen im Sommer)* 17 - 85 (abends) und à la carte 43/91 – **64 Zim** 130/340 – ½ P Zuschl. 20.
◆ Hinter einer ansprechenden historischen Fassade verbergen sich eine einladende Halle und freundliche, helle Zimmer in modernem Design. Hübsch sind auch die Turmzimmer. Restaurant in rustikal-elegantem Stil.

Altana, Via Staziun 496, ✆ 0818 611 111, *hotel@altana.ch, Fax 0818 611 112*, <, – TV P. AE ⓓ MC VISA A a
19. Dez. - 11. April und 29. Mai - 23. Okt. – **Menu** 15.50 - 54 (abends) und à la carte 42/96 – **24 Zim** 160/320 – ½ P Zuschl. 30.
◆ Unterhalb des Bahnhofs gelegen, offeriert dieses Hotel seinen Gästen Zimmer verschiedener Grösse, mit massiven Erlenholzmöbeln und moderner Ausstattung. Das Restaurant präsentiert sich in hellen, frischen Farben.

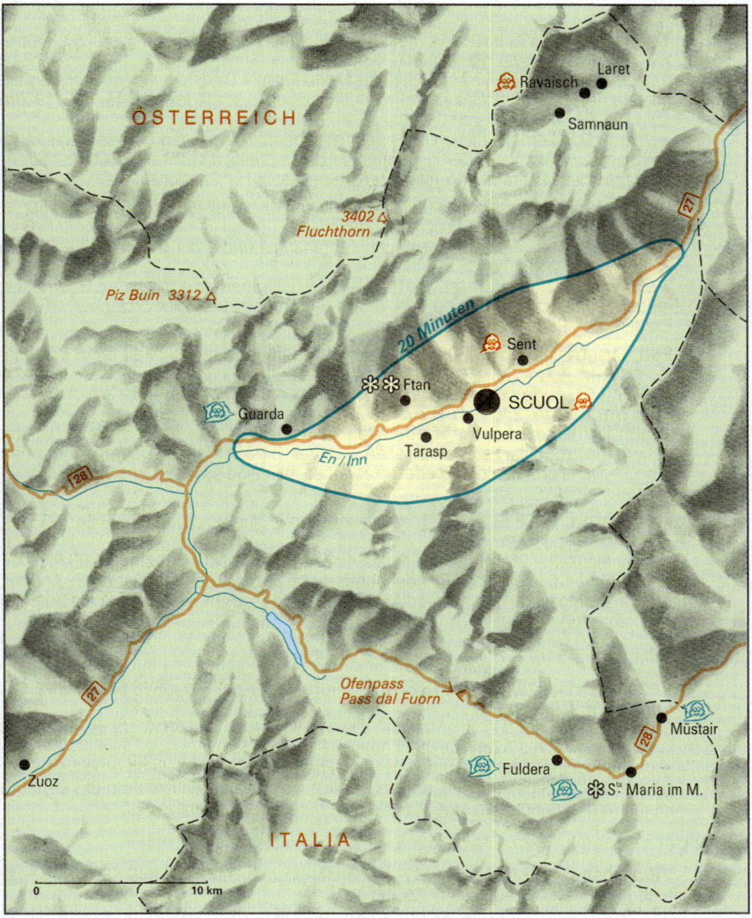

Engiadina, Rablüzza 152, ✆ 0818 641 421, *engiadina-scuol@bluewin.ch*, *Fax 0818 641 245* – Zim, TV, VISA. Zim B x

Hotel : 13. Dez. - 17. April und 29. Mai - 19. Okt. ; Rest : 13. Dez - 12. April, 18. Juni - 19. Okt. und geschl. Sonntag - Montag – ***Gourmet-Stübli*** *(nur Abendessen) (Tischbestellung erforderlich) (nur Menu)* **Menu** 83 – ***Ustaria :*** **Menu** à la carte 41/92 – **12 Zim** 180/254, Vorsaison 120/224.

◆ Das schöne Engadiner Haus aus dem 16. Jh. liegt ruhig im alten Dorfkern und gefällt mit behaglichen, modern im rustikalen Stil eingerichteten Gästezimmern. Gemütlich : das holzgetäferte Gourmet-Stübli. Heimelige Ustaria mit traditioneller Küche.

Bellaval, Ftanerstrasse, ✆ 0818 641 481, *info@bellaval-scuol.ch*, *Fax 0818 640 010*, – Rest, TV P. VISA. Rest A v

17. Dez. - 19. April und 7. Juni - 19. Okt. – **Menu** 18 - 25 (mittags)/45 und à la carte 46/84 – **23 Zim** 105/256 – ½ P Zuschl. 30.

◆ Das Hotel mit der hübschen Natursteinfassade liegt direkt neben der Bergbahn. Gäste beherbergt man in hellen, mit solidem Holzmobiliar wohnlich gestalteten Zimmern. Rustikal eingerichtetes Restaurant.

Traube, 0818 610 700, *hotel@traube.ch, Fax 0818 610 777,* , – Zim, . Rest B c
13. Dez. - 12. April und 30. Mai - 31. Okt. – **Menu** *(geschl. Dienstag und Mittwoch jeweils mittags)* (mittags nur kleine Karte) 19 - 42/64 (abends) und à la carte 43/86 – **19 Zim** 110/230, Vorsaison 90/190 – ½ P Zuschl. 40.
◆ Dem im Dorfkern gelegenen Haus sieht man heute seinen Ursprung als Mühle kaum mehr an. Die Einrichtung der Zimmer ist solide, neuzeitlich-rustikal im Stil. Restaurant mit ländlichem Rahmen und eleganterer Speisesaal für Pensionsgäste.

Chasa Belvair, Stradun, 0818 612 500, *info@belvair.ch, Fax 0818 612 550,* , – . Rest B r
geschl. 19. April - 19. Mai – **Menu** 20 - 58 (abends) und à la carte 46/88 – **33 Zim** 160/330 – ½ P Zuschl. 15.
◆ Mitten im Ort übernachtet der Urlaubsgast in Zimmern, die mit hellen Holzmöbeln modern eingerichtet sind und über einem Balkon und eine kleine Sitzecke verfügen. Bürgerliches Restaurant mit Terrasse.

Filli, Chantröven 107, 0818 649 927, *hotel.filli@bluewin.ch, Fax 0818 641 336,* , , – Zim, . Rest A e
14. Dez. - 11. April und 29. Mai - 16. Okt. – **Menu** 17 - 49 (abends) und à la carte 53/87 – **21 Zim** 115/240 – ½ P Zuschl. 25.
◆ Auffällig ist die schöne, farbenfroh bemalte Fassade dieses Hotels. Die mit hellem Holzmobiliar eingerichteten Zimmer bieten dem Erholungsuchenden Standardkomfort. Von der Speiseterrasse hat man eine schöne Sicht auf die Umgebung.

Panorama, 0818 641 071, *panorama.scuol@bluewin.ch, Fax 0818 649 935,* , , – A n
geschl. Montag – **Menu** (nur Abendessen für Hotelgäste) – **14 Zim** 90/170.
◆ Die Zimmer dieses kleinen Familienhotels, unterhalb des Bahnhofs gelegen, sind mit rustikalem Mobiliar eingerichtet. Wärmende Sonnenstrahlen geniesst man auf den Südbalkonen.

in Sent *über ① : 3,5 km – Höhe 1 440 – 7554 Sent*

Rezia , Plaz 154, 0818 641 292, *info@rezia.ch, Fax 0818 649 398,* – Zim,
19. Dez. - 18. April und 29. Mai - 24. Okt. – **Menu** *(geschl. Mittwoch)* 18 - 38 und à la carte 32/74 – **17 Zim** 85/170 – ½ P Zuschl. 30.
◆ In dem kleinen, verschlafen liegenden Engadiner Bergdorf Sent erholt sich der Urlaubsgast in den einfachen, unterschiedlich ausgestatteten Zimmern des Rezia. Im Restaurant serviert man eine sorgfältig zubereitete tradionelle Küche.

in Vulpera *über ② : 3 km – Höhe 1 268 – 7552 Vulpera :*

Villa Post , 0818 641 112, *info@villa-post.ch, Fax 0818 649 585,* , , – – 100.
19. Dez. - 11. April und 12. Juni - 15. Okt. – **Menu** 64 (abends) und à la carte 50/93 – **26 Zim** 140/320 – ½ P Zuschl. 30.
◆ Die Landvilla mit modernem Anbau liegt am hübschen, gepflegten Kurpark. Man verfügt über wohnliche Zimmer mit Arven- oder Fichtenholzmobiliar. Kleines Hotelmuseum im Keller. Schöner Jugendstil-Arvensaal und klassisch-rustikales Restaurant.

Villa Maria, 0818 641 138, *info@villamaria.ch, Fax 0818 649 161,* , , –
21. Dez. - 11. April und 23. Mai - 30. Okt. – **Menu** 34 - 39/104 und à la carte 55/117 – **15 Zim** 140/290 – ½ P Zuschl. 35.
◆ An der Strasse von Vulpera nach Tarasp findet man dieses abgelegene Haus. In Zimmern, die mit hellem Naturholz möbliert sind, erholt sich der Gast von seinem Tagesprogramm. Restaurant im Untergeschoss, Käsespezialitäten gibt es nebenan im Fonduestübli.

Villa Engiadina , 0818 612 244, *hotel@villa-engiadina.ch, Fax 0818 612 266,* Scuol und Berge, , – Rest, . Zim
19. Dez. - 13. April und 14. Mai - 16. Okt. – **Menu** 45 (abends) und à la carte 39/85 – **19 Zim** 130/300 – ½ P Zuschl. 40.
◆ Vor allem in verschneiter Winterlandschaft macht diese renovierte Jugendstilvilla aus dem Jahre 1902 mit sehr individuell eingerichteten Zimmern einen märchenhaften Eindruck. Idyllische Speiseterrasse und einfaches Restaurant.

in Tarasp *über ② : 6 km – Höhe 1 414 – Wintersport : 1 450/1 550 m ⛷2 ⛷ – ✉ 7553 Tarasp.*

Sehenswert : *Schloss Tarasp★.*

Verkehrsverein Tarasp-Vulpera, ✆ 0818 612 052, tarasp-vulpera@bluewin.ch, Fax 0818 612 051

Schlosshotel Chastè, Sparsels, ✆ 0818 613 060, *chaste@bluewin.ch, Fax 0818 613 061,* < Schloss von Tarasp und Berge, – Zim, AE VISA. Rest
20. Dez. - 11. April und 30. Mai - 17. Okt. – **Menu** *(geschl. Montag und Dienstag)* 29 (mittags)/110 und à la carte 59/123 – **16 Zim** 160/390, 3 Suiten – ½ P Zuschl. 50.
◆ Dieses Engadiner Haus wurde zu einem wahren Schmuckstück ausgebaut. Die traumhafte Lage, die wunderbare Sicht und die sehr behaglichen Zimmer lohnen den Besuch. Mit heimischem Arvenholz rustikal und sehr schön eingerichtete Gaststube.

SEDRUN *7188 Graubünden (GR)* 553 *Q9 – Höhe 1 441 – Wintersport : 1 450/1 900 m ⛷5 ⛷.*

(Mai - Okt.) ✆ 0819 492 324, Fax 0819 492 326, 6 km Richtung Andermatt.

Sedrun - Andermatt, Information ✆ 0819 204 711.

Sedrun Disentis Tourismus, via Alpsu 62, ✆ 0819 204 030, info@disentis-sedrun.ch, Fax 0819 204 039.

Bern 190 – Andermatt 18 – Altdorf 42 – Bellinzona 102 – Chur 71.

Oberalp, via Alpsu 48, ✆ 0819 491 155, *info@hotel-oberalp.ch, Fax 0819 491 994,* <, – VISA. Rest
Ende Okt. - Anfang Dez. und Mitte April - Mitte Mai – **Menu** *17.50* und à la carte 39/95 – **30 Zim** 110/250, Vorsaison 85/200 – ½ P Zuschl. 35.
◆ Nach sportlicher Betätigung im Kletterraum oder im grossen Garten mit Schwimmbad erholt sich der Gast in den zweckmässig ausgestatteten Zimmern. Einfache Gaststube und gehobene, mit hellem Holz eingerichtete Stiva Tujetschina.

Soliva, via Alpsu 83, ✆ 0819 491 114, *hotelsoliva@surselva.ch, Fax 0819 492 100,* <, – AE VISA
Menu *17.50* und à la carte 39/85 – **18 Zim** 90/180, Vorsaison 70/160 – ½ P Zuschl. 25.
◆ Dieses schöne, im regionalen Stil renovierte Bündnerhaus liegt im Dorfzentrum. Der Urlaubsgast schläft in Zimmern, die mit hellem Weichholzmobiliar wohnlich eingerichtet sind. Rustikale Gaststuben.

La Cruna, via Alpsu 65, ✆ 0819 204 040, *info@hotelcruna.ch, Fax 0819 204 045,* – Zim – , 15/50. AE VISA JCB. Rest – *geschl. 13. April - 7. Mai, 3. Nov. - 12. Dez. und Montag in der Zwischensaison* – **Menu** *16.50* - 62 und à la carte 43/82 – **27 Zim** 105/220, Vorsaison 70/160 – ½ P Zuschl. 33.
◆ Schon die Fassade der Krone macht einen vielversprechenden Eindruck. Man verfügt über teils geschmackvoll renovierte Zimmer, teils über ältere, recht einfache. Gutes regionales Angebot im angenehmen Ambiente der Tavertscher-Gaststube von 1796.

Mira, Via Alpsu 105, ✆ 0819 491 182, *info@hotel-mira.ch, Fax 0819 492 371,* <, – AE VISA JCB
19. Dez. - 16. April und 20. Mai - 5. Nov. – **Menu** *(geschl. Dienstag in der Zwischensaison) 17.50* - 24 (mittags) und à la carte 40/72 – **21 Zim** 95/170, Vorsaison 75/130 – ½ P Zuschl. 35.
◆ Die Zimmer dieses im ortstypischen Stil gebauten Hotels bieten dem Durchreisenden praktischen Standardkomfort und eine schöne Aussicht. Einfache Gaststube und zur Strasse hin gelegene Speiseterrasse.

SEEBACH *Zürich* 551 *P4 – siehe Zürich.*

SEEDORF *3267 Bern (BE)* 551 *I7 – Höhe 565.*

Bern 22 – Biel 17 – Fribourg 38 – Neuchâtel 40 – Solothurn 34.

in Baggwil *Süd-Ost : 0,5 km – Höhe 605 – ✉ 3267 Seedorf :*

Curtovino, Bernstr. 204, ✆ 0323 925 532, *info@curtovino.ch,* – VISA
geschl. Samstagmittag, Sonntag und Montag – **Menu** *16.50* - 62 und à la carte 44/89.
◆ Ein sympathisches kleines Haus auf dem Lande. In nettem, modernem Ambiente serviert man zeitgemässe Küche und den passenden Tropfen aus einem gut bestückten Weinkeller.

SEENGEN *5707 Aargau (AG)* 551 **N5** *– 2 476 Ew. – Höhe 479.*
Bern 104 – Aarau 23 – Baden 27 – Luzern 36 – Zürich 47.

Hallwyl, Boniswilerstr. 17, 0627 771 114, *Fax 0627 771 598,* – VISA
Menu *20* - 70 und à la carte 36/87 – **8 Zim** 95/166 – ½ P Zuschl. 35.
◆ Dieser kleine Landgasthof offeriert dem Durchreisenden einfache, aber gepflegte Zimmer, die mit hellen Furnierholzmöbeln ausgestattet sind und ausreichend Platz bieten. Traditionelles Restaurant mit Terrasse.

SEMPACH STATION *6203 Luzern (LU)* 551 **N6** *– Höhe 514.*
Sehenswert : *Aussicht★ bei der Dorfkirche in Kirchbühl.*
Bern 101 – Luzern 11 – Olten 43 – Sursee 11.

Sempacherhof mit Zim, Bahnhofstr. 13, 0414 697 010, *sempacherhof@bluewin.ch, Fax 0414 697 019,* – AE VISA
geschl. 19. - 29. Feb., 25. Juli - 8. Aug., Samstagmittag und Sonntag – **Menu** *18* - 42 (mittags)/98 und à la carte 46/98 – **5 Zim** 98/145.
◆ Gegenüber dem Bahnhof wird im gediegenen Restaurant eine klassische Karte, auch mit regionalen Spezialitäten, aufgelegt. Schlaf findet man in modern eingerichteten Zimmern.

SENT *Graubünden* 553 **AA8** *– siehe Scuol.*

SERPIANO *6867 Ticino (TI)* 553 **R14** *– alt. 655.*
Bern 312 – Lugano 25 – Bellinzona 53 – Varese 14.

Serpiano, 0919 862 000, *info@serpiano.ch, Fax 0919 862 020,* lago e dintorni, – AE VISA. cam
marzo - novembre – **Pasto** *24* - 35 (mezzogiorno)/55 ed alla carta 48/96 – **90 cam** 115/290 – ½ P sup. 35.
◆ Situazione molto tranquilla, ai bordi di una foresta di querce e di castagni. Dal bel giardino fiorito e dalla terrazza panoramica avete un'ottima vista sul lago e i dintorni. Ristorante immerso nel verde che propone una cucina locale-tradizionale.

SERTIG DÖRFLI *Graubünden* 553 **X9** *– Höhe 1 860 – siehe Davos.*

SÉZEGNIN *Genève (GE)* 552 **A12** *– alt. 420 – ✉ 1285 Athénaz.*
Bern 178 – Genève 15 – Gex 30 – St-Julien-en-Genevois 18.

Au Renfort, 19 rte Creux du Loup, 0227 561 236, *info@renfort.ch, Fax 0227 563 337,* – AE VISA
fermé 1er au 17 fév., dim. soir, mardi midi et lundi – **Repas** *17* et à la carte 54/90.
◆ Cette petite auberge esseulée en pleine campagne vous régale dans deux salles rustiques. Spécialité de viandes et poissons servis sur ardoise. Produits de tout premier choix.

SIERRE *3960 Valais (VS)* 552 **J11** *– 13 917 h. – alt. 534.*
Voir : *Site★ – Intérieur★ de l'Hôtel de Ville.*
9 à Granges, ✉ 3977 (fév. - déc.) 0274 584 958, Fax 0274 584 758 18 Leuk à Susten, ✉ 3952 (mars - nov.) 0274 736 161, Fax 0274 736 163, est : 12 km.
Manifestation locale
10.06 -13.06 : Festival international de la Bande Dessinée.
Office du Tourisme, 10 place de la Gare, 0274 558 535, sierre@sierre-anniviers.ch, Fax 0274 558 635.
Bern 168 – Sion 15 – Brig 38.

Atlantic, 38 rte de Sion, 0274 552 535, *hatlantic@netplus.ch, Fax 0274 561 694,* – ch, – 15/30. AE VISA
Repas *18* - 39/67 et à la carte 42/73 – **37 ch** 90/180 – ½ P suppl. 35.
◆ Aux avant-postes d'un bourg valaisan où séjourna Rainer Maria Rilke, hôtel-tour étageant ses grandes chambres fonctionnelles sur 7 niveaux. À table, cuisine traditionnelle au goût de Monsieur Tout-le-monde.

Casino sans rest, 19 av. Général-Guisan, ☎ 0274 512 393, *casinosierre@bluewin.ch, Fax 0274 512 399* – AE MC VISA
30 ch 100/180.
◆ Située à deux pas de la gare et accessible par une galerie marchande, voici une adresse à retenir. Les chambres, bien insonorisées, sont sobres et pratiques.

Relais du Château de Villa, 4 r. Sainte-Catherine, ☎ 0274 551 896, *chateaudevilla@netplus.ch, Fax 0274 562 445,* – AE MC VISA
Repas à la carte 32/72.
◆ Jolie gentilhommière montant la garde sur les hauts de Sierre, dans un quartier résidentiel jouxtant les vignes. Cuisine et belle cave fidèles au terroir. Charmante terrasse.

à Venthône *Nord : 5 km par Veyras et route de Montana – alt. 805 – ✉ 3973 Venthône :*

Le Château de Venthône, ☎ 0274 555 443, *resto.chateauventhone@netplus.ch, Fax 0274 555 443* – AE MC VISA
fermé 20 juin au 13 juil., dim. soir et lundi – **Repas** 48 (midi)/75 et à la carte 64/94.
◆ Ce château vous reçoit comme un prince dans son donjon habillé de boiseries. L'assiette, d'inspiration méditerranéenne, flirte avec les saveurs du moment.

in Salgesch (Salquenen) *Ost : 4 km – Höhe 576 – ✉ 3970 Salgesch :*

Rhône, Bahnhofstr. 80, ☎ 0274 551 838, *hotelrhone@bluewin.ch, Fax 0274 551 259* – P. AE MC VISA
Menu 19 - 25 und à la carte 34/88 – **26 Zim** 90/140 – ½ P Zuschl. 35.
◆ Praktisch ausgestattete Gästezimmer stehen in diesem Haus zum Einzug bereit. In den Fluren erzeugt eine Sammlung landwirtschaftlicher Accessoires eine ländliche Atmosphäre. In rustikalem Ambiente serviert man Ihnen Speisen einer traditionellen Küche.

à Corin-de-la-Crête *Ouest : 2 km par rte Crans-Montana – ✉ 3960 Sierre :*

La Côte (de Courten), ☎ 0274 551 351, *lacote@netplus.ch, Fax 0274 564 491,* ← vignoble et vallée – P. AE MC VISA
fermé 12 au 21 avril, 7 juil. au 4 août, dim. soir, lundi et mardi – **Repas** 90 (midi)/175 et à la carte 120/164.
◆ Cet élégant restaurant, doté de meubles de style, jouit d'une superbe vue sur le vignoble et la vallée. Cuisine soignée, personnalisée et en perpétuelle évolution.
Spéc. Les bouchées de langoustines et viande séchée du Valais, petits artichauts et asperges vertes (printemps). Aiguillettes de pigeon sur du pain caramélisé à la noix de coco (hiver). La composition aux griottes et à l'ananas sur le thème d'une forêt noire (été). **Vins** Amigne, Cornalin

SIGIGEN *6019 Luzern (LU)* 551 N7 – *Höhe 760.*

Bern 82 – Luzern 18 – Olten 51 – Wolhusen 11.

Pony, ☎ 0414 953 330, *info@pony-sigigen.ch, Fax 0414 951 337,* – P. AE MC VISA
geschl. in Feb. und Aug. jeweils 2 Wochen, Montag und Dienstag – **Menu** 28 - 55 (mittags)/115 und à la carte 65/113 – ***Gaststube*** **: Menu** 17.50 - und à la carte 42/80.
◆ Diese abgelegene Gaststätte empfiehlt sich mit ihrer klassischen Karte, die im hellen, freundlich gestalteten Restaurant mit elegantem Wintergartenvorbau gereicht wird. Einfacher geht es in der Gaststube zu.

SIGRISWIL *3655 Bern (BE)* 551 K9 – *4 374 Ew. – Höhe 800.*

Gonten-Sigriswil Tourismus, ☎ 0332 511 235, sigriswil@thunersee.ch, Fax 0332 510 910.

Bern 41 – Interlaken 19 – Brienz 39 – Spiez 22 – Thun 11.

Solbadhotel , ☎ 0332 522 525, *info@solbadhotel-sigriswil.ch, Fax 0332 522 500,* ←, , (Solbad) – , Zim, P P – 15/120. AE MC VISA. Rest
geschl. 4. - 9. Jan. – **Menu** 30 (mittags)/60 und à la carte 39/85 – **55 Zim** 150/290, 3 Suiten – ½ P Zuschl. 40.
◆ Neben Touristen empfängt man hier auch gerne Seminarteilnehmer. Die ruhig gelegenen Zimmer bieten mit ihrer hellen, zweckmässigen Einrichtung Standardkomfort. Elegantes, mit grossen Fenstern angenehm hell wirkendes Restaurant.

Bären, 0332 522 040, *baeren@datacomm.ch, Fax 0332 522 041*, – 15/60. AE MC VISA
geschl. 1. - 21. Dez. und 1. - 15. März – **Menu** (1. Etage) *(geschl. Sonntagabend und Montag ausser Juni - Sept.)* 21 und à la carte 33/69 – **34 Zim** 110/200 – ½ P Zuschl. 31.
• Das traditionelle Landhotel liegt ruhig gegenüber der Kirche. In Zimmern, die mit dunklem Eichenfurnier möbliert sind, geniesst man vom Balkon aus die Sicht auf die Umgebung. Rustikal eingerichtetes Restaurant im ersten Stock mit vielen Grünpflanzen.

SIHLBRUGG *6340 Zürich (ZH)* 551 P6 – *Höhe 538.*

Bern 144 – Zürich 20 – Cham 14 – Einsiedeln 31 – Rapperswil 28.

Krone mit Zim, 8816 Hirzel, 017 298 333, *mail@krone-sihlbrugg.ch, Fax 017 298 332*, – AE MC VISA
geschl. 15. Feb. - 2. März, 11. Juli - 3. Aug., Montagabend, Dienstag und jede dritte Woche im Monat auch Sonntag und Montagmittag – **Menu** 40 - 56 (mittags)/135 und à la carte 64/137 – 20 – **5 Zim** 80/135.
• Der rustkale Landgasthof a. d. 18. Jh. wird mittlerweile in der 13. Generation geführt. In zwei getäferten, angenehmen Stuben serviert man ein modernes und kreatives Angebot.

SILS MARIA (SEGL MARIA) *7514 Graubünden (GR)* 553 W11 – *Höhe 1 815 – Wintersport : 1 800/3 303 m 1 5.*

Lokale Veranstaltung
01.03 : "Chalandamarz" alter Frühlingsbrauch und Kinderfest.
Verkehrsverein, Chesa Cumunela, 0818 385 050, info@sils.ch, Fax 0818 385 059.
Bern 328 – Sankt Moritz 11 – Chur 86 – Sondrio 89.

Waldhaus, 0818 385 100, *mail@waldhaus-sils.ch, Fax 0818 385 198*, Berge, – 15/60. AE MC VISA Rest
17. Dez. - 18. April und 11. Juni - 24. Okt. – **Menu** à la carte 60/110 – **140 Zim** 260/610, Vorsaison 202/468, 10 Suiten – ½ P Zuschl. 50.
• Das klassische Hotel aus dem Jahre 1908 liegt ruhig in einem Park. Die Zimmer werden laufend renoviert, sind teils elegant, teils rustikal und durchweg stilvoll möbliert. Gemütlich-rustikales, mit viel Holz verkleidetes Restaurant.

Post, 0818 384 444, *mail@hotelpostsils.ch, Fax 0818 384 400*, – Zim, AE MC VISA. Zim
12. Dez. - 12. April und 5. Juni - 22. Okt. – **Menu** 19 - 68 und à la carte 49/84 – **38 Zim** 175/428, Vorsaison 115/292, 4 Suiten – ½ P Zuschl. 30.
• Die Post befindet sich im Zentrum des Ortes. In modernen, gemütlich mit massiven Arvenholzmöbeln eingerichteten Zimmern geniesst der Gast seinen Aufenthalt im Engadin. Das Restaurant wirkt sehr frisch und neuzeitlich.

Maria, 0818 326 100, *hotel-maria@bluewin.ch, Fax 0818 326 101*, – Zim
13. Dez. - 22. April und 6. Juni - 7. Nov. – ***Stüva Marmoré*** **: Menu** 18 - 45 und à la carte 43/87 – **42 Zim** *(nur ½ Pens.)* 140/240, Vorsaison 120/200 – ½ P Zuschl. 35.
• Ein Hotel mit einer gemütlichen und ungezwungenen Atmosphäre, das Erholungsuchenden mit viel Holz wohnlich gestaltete Gästezimmer bietet. Das Stüva Marmoré zeigt sich im urigen Bündner Stil.

Privata, 0818 326 200, *info@pensiunprivata.ch, Fax 0818 326 201* – Zim, AE MC VISA.
14. Dez. - 18. April und 5. Juni - 10. Okt. – **Menu** *(nur ½ Pens. für Hotelgäste)* – **26 Zim** 150/280, Vorsaison 130/240 – ½ P Zuschl. 20.
• Die Familienpension ist in einem für die Region typischen Haus untergebracht. Die Gäste schlafen in einfachen, mit hellem Holzmobiliar rustikal eingerichteten Zimmern.

in Sils Baselgia (Segl Baselgia) *Nord-West : 1 km – Höhe 1 802 – 7515 Sils Baselgia :*

Margna, 0818 384 747, *info@margna.ch, Fax 0818 384 748*, – MC VISA. Rest
13. Dez. - 12. April und 12. Juni - 9. Okt. – ***Grill*** **: Menu** à la carte 50/130 – ***Stüva*** **: Menu** 30 und à la carte 34/92 – **63 Zim** 230/500, Vorsaison 170/380, 6 Suiten – ½ P Zuschl. 35.
• Das Anfang des 19. Jh. erbaute Patrizierhaus beherbergt seine Gäste in gemütlichen, meist im Engadinerstil eingerichteten Zimmern, oft mit schönem Blick auf die Umgebung. Gediegene Atmosphäre im Grill. Gemütlich-rustikale Stüva.

Chesa Randolina, ✆ 0818 385 454, *hotel@randolina.ch, Fax 0818 385 400,* ← Berge, – [P]. MC VISA. Rest
14. Dez. - 12. April und 6. Juni - 15. Okt. – **Menu** *(nur ½ Pens. für Hotelgäste)* – **38 Zim** 140/270, Vorsaison 120/250, 8 Suiten – ½ P Zuschl. 20.
◆ Nach und nach ist aus einer Scheune und Fuhrhalterei dieses gut geführte Hotel entstanden. Die wohnlich eingerichteten Zimmer bieten einen sehr schönen Blick auf die Berge.

Chesa Grischa, ✆ 0818 265 116, *hotelgrischasils@datacomm.ch, Fax 0818 265 049,* ←, – TV [P]. AE MC VISA. Rest
19. Dez. - 11. April und 15. Mai - 16. Okt. – **Menu** *(nur für Hotelgäste)* 35 – **26 Zim** 150/374, Vorsaison 104/252 – ½ P Zuschl. 10.
◆ Direkt am Silsee liegt dieser gut unterhaltene Familienbetrieb mit ländlichem Charakter. Für die Gäste stehen solide möblierte Zimmer und ein netter Aufenthaltsraum bereit.

in Sils-Fextal *Süd : 2 km, über Wanderweg in 30 Minuten erreichbar, oder Hotelbus – Höhe 1920 – ✉ 7514 Sils Maria :*

Chesa Pool, ✆ 0818 385 900, *chesapool@spin.ch, Fax 0818 385 901,* ← Berge, – Zim, . Rest
21. Dez. - 12. April und 12. Juni - 16. Okt. – **Menu** (abends Tischbestellung erforderlich) 45 (abends) und à la carte 35/67 – **24 Zim** *(nur ½ Pens.)* 160/320, Vorsaison 140/280.
◆ Ein Bauernhaus a. d. J. 1585 sowie zwei kleinere Gebäude bilden diese nach ökologischen Richtlinien geführte Adresse. Reizvoll : die idyllische Lage im Fextal. Von dem modern-rustikalen Restaurant aus haben Sie eine wunderschöne Sicht auf die Berge.

in Fex-Crasta *Süd : 2 km, über Wanderweg in 30 Minuten erreichbar, oder Hotelbus – Höhe 1960 – ✉ 7514 Sils Maria :*

Sonne, ✆ 0818 265 373, *info@hotel-sonne-fex.ch, Fax 0818 265 963,* ← Berge, – TV . AE MC VISA.
Mitte Dez. - Mitte April und Mitte Juni - Mitte Okt. – **Menu** à la carte 52/93 – **17 Zim** 125/260 – ½ P Zuschl. 45.
◆ Selbstverständlich bringt der Hotelbus Sie und Ihr Gepäck zu diesem ruhig und idyllisch im Fextal gelegenen Hotel mit sehr schöner Aussicht und gepflegten Zimmern. Traditionelle Mahlzeiten in rustikalem Rahmen.

in Plaun da Lej *Süd-West : 5 km – Höhe 1802 – ✉ 7517 Plaun da Lej :*

Murtaröl, an der Strasse nach Maloja, ✆ 0818 265 350, *rest.murtaroel@bluewin.ch, Fax 0818 265 959,* ←, – [P]. AE MC VISA JCB
geschl. Montag – **Menu** - Fischspezialitäten - (Tischbestellung ratsam) 45 und à la carte 52/109.
◆ Überwiegend Fischspezialitäten finden Sie auf der Karte dieses familiengeführten Restaurants. Die Gäste werden in der Stube oder im Wintergarten bewirtet.

SILS BASELGIA (SEGL BASELGIA) *Graubünden* **553 W11** – *siehe Sils Maria.*

SILS-FEXTAL *Graubünden* **553 W11** – *siehe Sils Maria.*

SILVAPLANA *7513 Graubünden (GR)* **553 W11** – *917 Ew. – Höhe 1816 – Wintersport : 1 870/3 303 m 2 6 .*

Ausflugsziel : *Piz Corvatsch★★★ Ost : 2 km und Luftseilbahn – Silvaplaner und Silser See★★ Süd.*

Lokale Veranstaltungen
24.01 : Schlitteda da Silvaplana, alter Brauch
01.03 : "Chalandamarz", alter Frühlingsbrauch und Kinderfest.

Kur- und Verkehrsverein, ✆ *0818 386 000, info@silvaplana.ch, Fax 0818 386 009.*

Bern 323 – Sankt Moritz 6 – Chur 82 – Sondrio 85.

Albana, via Vers Mulins, ☎ 0818 289 292, *info@albana-silvaplana.ch, Fax 0818 288 181*, – 25. AE VISA. Rest geschl. 14. April - 12. Juni und 18. Okt. - 20. Nov. – ***Le Gourmet*** *(geschl. im Sommer) (nur Abendessen)* **Menu** 107 und à la carte 78/137 – ***Spunta Grischun*** **: Menu** 19.50 - 35 und à la carte 48/95 – **35 Zim** 185/370, Vorsaison 145/290 – ½ P Zuschl. 55.

◆ Neben der Kirche liegt dieses neuzeitliche Hotel mit Giebelfassade. Gäste schätzen das wohnlich-moderne Ambiente der Zimmer. Sehr komfortabel : die Suiten mit offenem Kamin. Le Gourmet mit schöner Terrasse. Spunta Grischun mit heller, rustikaler Einrichtung.

Julier Palace, via Maistra, ☎ 0818 289 644, *hotel@julierpalace.com, Fax 0818 343 003*, – AE VISA

Menu 20 - 40 und à la carte 48/97 – **40 Zim** 100/300, Vorsaison 70/240 – ½ P Zuschl. 30.

◆ Hat man den gleichnamigen Pass glücklich überwunden, fällt sofort dieses Haus ins Auge. Oft jüngere Gäste beziehen gepflegte und praktisch gestaltete Zimmer. Wählen Sie das Menu in der gemütlichen Stube oder ein trendiges Angebot im Restaurant.

Chesa Silva garni, via Munterots, ☎ 0818 386 100, *info@chesasilva.ch, Fax 0818 386 199*, – AE VISA

21. Dez. - 30. April und 15. Juni - 29. Okt. – **12 Zim** 125/165, Vorsaison 95/120.

◆ Die Zimmer des Chesa Silva sind in zwei Gebäuden untergebracht. Der Feriengast übernachtet in mit hellen Arvenholzmöbeln eingerichteten Räumen, die viel Platz bieten.

La Staila, via Maistra, ☎ 0818 288 147, *info@lastaila.ch, Fax 0818 289 151*, – AE VISA

20. Dez. - 17. April und 13. Juni - 23. Okt. – **Menu** *(im Winter nur Abendessen)* à la carte 36/82 – **18 Zim** 110/240, Vorsaison 80/180 – ½ P Zuschl. 28.

◆ In dem im Ortszentrum gelegenen alten Bündnerhaus hat der Gast die Wahl zwischen etwas dunkler gehaltenen älteren und den gemütlicher wirkenden hellen Arvenholzzimmern. Vier kleine, rustikale Gaststuben mit massivem Deckengewölbe.

SION (SITTEN) *1950* Ⓒ *Valais (VS)* 552 I12 – *27 018 h.* – *alt. 491.*

Voir : *Site★★ – Valère★ : Stalles★★ de l'église N.-D.-de-Valère★ ; Musée cantonal d'Histoire★* Y M³ – *Clocher★ et triptyque★ de la cathédrale N.-D.-du-Glarier* Y – *Porte★ et salle du Conseil bourgeoisial★ de l'Hôtel de Ville* Y H – *Grande salle★ de la maison Supersaxo* Y B – *Majorie : vue★* Y M¹.

Environs : *Barrage de la Grande Dixence★★★ Sud-Est : 24 km – Route du Sanetsch★★ par ② – Route de Derborence★ par ② – Route de Tseuzier★ Nord par rte de Crans-Montana – Anzère★ par ① : 15 km.*

18 ☎ *0272 037 900, Fax 0272 037 901.*

Manifestations locales

09.05 : Finale cantonale des combats de reines à Aproz

05.08 - 18.09 : Festival international de musique avec concours de violon.

Sion Tourisme, place de la Planta, ☎ 0273 277 727, info@siontourism.ch, Fax 0273 277 728.

3 r. des Cèdres, ☎ 0273 292 828, Fax 0273 292 829.

33 r. du Scex, ☎ 0273 221 115, Fax 0273 223 321.

Bern 153 ② – Brig 53 ① – Aosta 99 ② – Lausanne 93 ② – Martigny 30 ②

Stadtpläne siehe nächste Seiten

Europa, 19 r. de l'Envol, par ②, ☎ 0273 222 423, *hoteleuropa@freesurf.ch, Fax 0273 222 535* – – 15/100. AE VISA

Repas *(fermé dim.)* 16 et à la carte 36/76 – **55 ch** 160/250, 10 suites.

◆ Construction moderne dans un quartier résidentiel proche de l'aéroport. Grandes chambres d'esprit contemporain, agrémentées de meubles de belle facture.

Rhône, 10 r. du Scex, ☎ 0273 228 291, *durhonesion@bestwestern.ch, Fax 0273 231 188* – – 15/50. AE VISA. rest Z a

Repas 17 - 30 et à la carte 35/80 – **44 ch** 120/176 – ½ P suppl. 30.

◆ En centre-ville, ce bâtiment, récemment rénové, renferme des chambres de bonne ampleur peu à peu relookées. La réception se trouve à l'étage. Le restaurant d'hôtel bénéficie d'un chaleureux cadre rustique. Cuisine traditionnelle dans une ambiance animée.

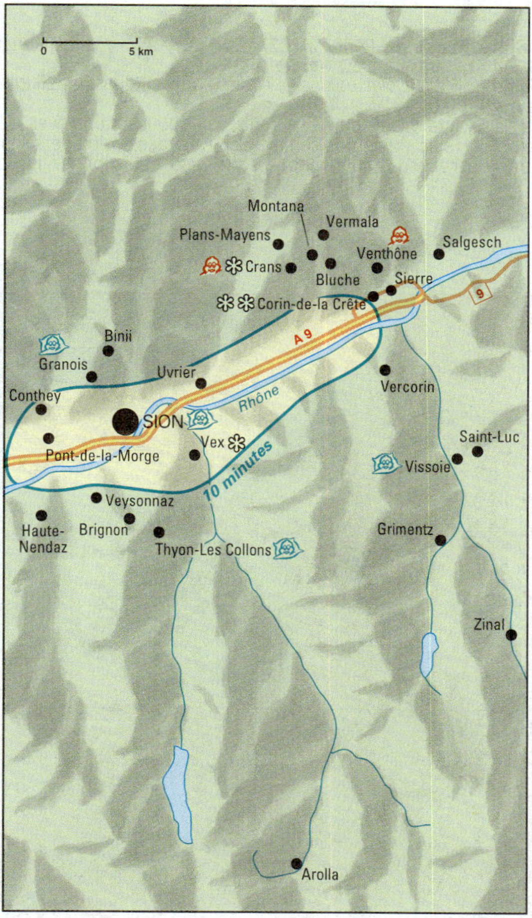

Ibis, 21 av. Grand-Champsec, (Sud-Est : par rue de la Dixence - Z), ✆ 0272 057 100, *h0960@accor-hotels.com, Fax 0272 057 171,* – ch, – 15/80. AE VISA
Repas *16* - 26 et à la carte environ 40 – 14 – **71 ch** 89.

◆ Imposante architecture moderne pour cet hôtel de chaîne entièrement rénové, établi aux portes de la ville. Chambres toutes identiques, dotées d'un mobilier de série. Restauration traditionnelle au goût de Monsieur Tout-le-Monde.

Jardin Gourmand, 22 av. de la Gare, ✆ 0273 232 310, *Fax 0273 232 321* – . AE VISA Z r
fermé 25 - 28 déc., 1er au 15 août, dim. et lundi soir sauf fêtes – **Repas** *18* - 54 (midi)/98 et à la carte 66/98.

◆ Située dans le centre de Sion, table "tendance" composée de deux espaces : une véranda contemporaine, fleurie, et une salle à manger de style Louis XVI. Cuisine soignée.

Enclos de Valère, 18 r. des Châteaux, ✆ 0273 233 230, *Fax 0273 233 203,* – AE VISA Y d
fermé 21 déc. au 3 fév., dim. et lundi d'oct. à avril et dim. soir de mai à sept. – **Repas** *16* - 40 (midi)/96 et à la carte 44/90.

◆ La maison, blottie au pied du château au coeur de la vieille ville, n'est accessible qu'à pied... À l'arrivée, la terrasse ombragée vous rafraîchira. Salle à manger rustique.

Cheval Blanc, 23 Grand-Pont, ✆ 0273 221 867, *alain.grosjean@netplus.ch,* *Fax 0273 234 344,* – AE MC VISA Y e
fermé 25 déc. au 5 janv., dim. et lundi – ***Table d'hôte :*** **Repas** 16 - 25 (midi)/50 et à la carte 48/96.

◆ Derrière la façade vitrée du restaurant, vous pourrez observer à loisir les mouvements de foule du centre commercial. À l'étage, visitez le salon du tartare et de l'entrecôte. Table d'hôte soucieuse de valoriser les produits valaisans.

à Uvrier *par ① : 5 km – alt. 498 – ✉ 1958 Uvrier :*

Des Vignes, 9 r. du Pont, ✆ 0272 031 671, *hdv@tvs2net.ch, Fax 0272 033 727,* ←, ... – ch, ... 15/50. AE VISA. ch *hotel : fermé 24 déc au 15 janv.* – **Au Cep de Vigne** - ✆ 0272 035 300 - *(fermé 1er au 27 janv., dim. soir et lundi)* **Repas** 23 - 72/85 et à la carte 45/88 – **29 ch** 135/295, 10 suites – ½ P suppl. 45.

◆ Entre route et vignoble, établissement dont les chambres offrent un très bon niveau de confort. Vaste hall réchauffé par une grande cheminée et entouré d'un jardin de repos. Sémillante salle à manger aux accents méditerranéens. Cuisine classique française.

Route d'Evolène - Z - *Sud-Est : 6,5 km :*

L'Argilly (Guerlavais), route du Val d'Hérens, ✉ 1981 Vex, ✆ 0272 072 717, *info@argilly.ch, Fax 0272 072 717,* ← Sion et vallée du Rhône, – P. AE VISA
fermé 26 avril au 6 mai, 13 au 23 sept., dim. soir et lundi – **Repas** (prévenir) 56/130 et à la carte 85/129.

◆ Ce nid d'aigle jouit d'une vue superbe sur Sion et la vallée du Rhône. Dans la salle principale feutrée ou sur la véranda, vous dégusterez de belles assiettes au goût du jour.

Spéc. Emincé de bar de ligne aux huîtres et caviar (hiver). Nage de morilles fraîches farcies et foie gras de canard chaud (printemps). Pigeonneau de Racan au jambon "Patta Negra". **Vins** Petite Arvine, Humagne rouge

à Pont-de-la-Morge *par ② : 2,5 km – alt. 510 – ✉ 1962 Pont-de-la-Morge :*

Relais du Simplon, 84 r. de Savoie, ✆ 0273 462 030, *Fax 0273 465 445,* – P. VISA
fermé 24 déc. au 8 janv., lundi soir, mardi soir et dim. – **Repas** 17 - 63/108 et à la carte 56/108.

◆ En bord de route, restaurant partagé entre une salle à manger avec poutres apparentes et une terrasse d'été tournée vers les vignes. Répertoire culinaire français.

à Conthey *par ② : 3 km – alt. 500 – ✉ 1964 Conthey :*

Pas-de-Cheville, 21 rte de la Morge, ✆ 0273 465 151, *hotel@pasdecheville.ch, Fax 0273 464 387,* ←, – video P. AE VISA
Repas 17/65 et à la carte 37/98 – **21 ch** 80/110 – ½ P suppl. 28.

◆ La bâtisse, dominée par les cépages, longe une route passante. Ses chambres, toutes semblables, sont lumineuses et fonctionnelles. Le restaurant est formé de multiples espaces, dont une salle contemporaine et une pizzéria aménagée au niveau inférieur.

à La Muraz *Nord-Ouest par route de Savièse : 2 km – alt. 657 – ✉ 1950 Sion :*

Relais du Mont d'Orge, ✆ 0273 953 346, *info@ricou.ch, Fax 0273 954 168,* ← – P. AE VISA
fermé 5 au 11 janv., 23 août au 12 sept., dim. soir et lundi – **Repas** 28 - 53/125 et à la carte 78/130.

◆ Le restaurant, déjà doté d'une salle à manger très classique, a aménagé un superbe jardin d'hiver ouvert sur les vignes. Belle cuisine à thème évoluant avec les saisons.

à Granois *Nord-Ouest par route de Savièse : 7 km – alt. 860 – ✉ 1965 Savièse :*

Château de la Soie sans rest, vae Plàn na, ✆ 0273 966 000, *chateaulasoie@bluewin.ch, Fax 0273 966 001* – AE VISA
fermé mi-nov. à mi-janv. – **13 ch** 95/140.

◆ Petite adresse sympathique sur la traversée du village. Ses chambres renferment un esprit à la fois moderne et pratique, et ses prix sont étudiés.

à Binii *Nord par route Savièse : 9 km – alt. 978 – ✉ 1965 Savièse :*

Le Chalet, route de Binii, ✆ 0273 951 217, *binii-chalet@bluewin.ch, Fax 0273 954 029,* ← Sion et montagnes, – P. VISA
fermé janv., mardi et merc. – **Repas** 16 - 38/64 et à la carte 47/94.

◆ Le Chalet, en surplomb, offre un panorama enchanteur sur Sion et les sommets enneigés. Salle à manger montagnarde et, bien sûr, terrasse. Table classique.

SITTEN *Wallis* 552 I12 – *siehe Sion.*

SOAZZA *6562 Grigioni (GR)* 553 T11 – *380 ab. – alt. 623.*
Bern 279 – Sankt Moritz 125 – Bellinzona 32 – Chur 88 – San Bernardino 13.

Romantik Hotel Al Cacciatore, 0918 311 820, *cacciatore@romantikhotels.com, Fax 0918 311 979*, – – 15.
chiuso dal 7 gennaio al 28 febbraio – **Pasto** *(chiuso martedì salvo dal 15 giugno al 31 ottobre)* 90 ed alla carta 63/102 – **17 cam** 150/250 – ½ P sup. 50.
◆ Tre graziosi rustici totalmente rinnovati in un tranquillo villaggio tipico. Camere personalizzate, arredate con molto gusto. Ateliers e corsi d'arte. Luogo ideale per una sosta, il ristorante propone una buona cucina locale a prezzi simpatici.

SOGLIO *7610 Grigioni (GR)* 553 V11 – *200 ab. – alt. 1095.*
Bern 343 – Sankt Moritz 38 – Chiavenna 16 – Chur 104.

Palazzo Salis, 0818 221 208, *palazzosalis@bluewin.ch, Fax 0818 221 600*, –
dall'inizio di aprile all'inizio di novembre – **Pasto** alla carta 50/102 – **18 cam** 95/270 – ½ P sup. 45.
◆ Dimora nobiliare del XVII sec. : vi ha soggiornato Rilke. Camere originali, alcune con letto a baldacchino e grazioso giardino di gran bellezza. Ristorante dall'atmosfera intima grazie al soffitto con stucchi e lunette ed al caminetto. Cucina tradizionale.

SOLEURE *Solothurn* 551 J6 – *voir à Solothurn.*

SOLOTHURN (SOLEURE) *4500* K *Solothurn (SO)* 551 J6 – *15074 Ew. – Höhe 432.*

Sehenswert : *Altstadt★ Y – St. Ursenkathedrale★ Y – Schiff★ der Jesuitenkirche Y.*
Museum : *Kunstmuseum : Madonna in den Erdbeeren★ ; Solothurner Madonna★ Y.*
Ausflugsziel : *Weissenstein★★★ über ⑤ : 10 km.*

18 Wylihof in Luterbach, ✉ 4542, 0326 822 828, Fax 0326 826 517 9 Bucheggberg in Aetingen, ✉ 4587, 0326 611 743, Fax 0326 611 756, Süd-West : 15 km Richtung Bätterkinden.

Lokale Veranstaltung
20.01 - 25.01 : Solothurner Filmtage.

Region Solothurn Tourismus, Hauptgasse 69, 0326 264 646, info@solothurn-city.ch, Fax 0326 264 647.
Westbahnhofstr. 12, 0326 259 060, Fax 0326 259 061.
Hauptgasse 69, 0326 264 626, Fax 0326 264 627.
Bern 37 ② – Basel 69 ② – Biel 22 ⑤ – Luzern 80 ② – Olten 34 ②

Stadtplan siehe gegenüberliegende Seite

Krone, Hauptgasse 64, 0326 264 444, *reservation@hotelkrone-solothurn.ch, Fax 0326 264 445*, – . Y a
Menu 20 - 45 (mittags)/100 und à la carte 45/104 – **42 Zim** 200/320 – ½ P Zuschl. 40.
◆ Durchschreitet man das Baslertor, sind es nur wenige Schritte zu dem traditionellen Haus a. d. 18. Jh. Die Zimmer präsentieren sich im Stil Louis XV oder im Biedermeier. Helles, freundlich wirkendes Restaurant.

Tour Rouge *(Roter Turm)*, Hauptgasse 42, 0326 229 621, *info@roterturm.ch, Fax 0326 229 865*, Altstadtdächer, – , Zim, – 15/50. Y c
geschl. Weihnachten – ***La Tourelle*** (5. Etage) *(geschl. Sonntagabend vom 15. Sept. - 1. Mai)* **Menu** 33 - 78 und à la carte 47/84 – ***Turmstube :*** **Menu** 18 - 25 (mittags) und à la carte 32/70 – **36 Zim** 155/230 – ½ P Zuschl. 35.
◆ Mitten in der Altstadt, direkt in der Fussgängerzone gelegen, bietet das Haus mit dem namengebenden alten Turm geflegte und solide ausgestattete Zimmer. La Tourelle im 5. Stock gibt sich leicht gehoben - von der Dachterrasse aus blicken Sie über die Stadt.

Astoria, Wengistr. 13, 0326 227 571, *info@astoria-solothurn.ch, Fax 0326 236 857*, – , Zim, . Y b
Menu 15 - 24 (mittags)/40 und à la carte 33/79 – **40 Zim** 115/185 – ½ P Zuschl. 23.
◆ Dieses typische Stadthotel, am Rande der Altstadt und nahe dem Bahnhof gelegen, bietet seinen Besuchern funktionell und zeitgemäss eingerichtete Zimmer. Das Restaurant mit Wintergarten befindet sich im 6. Stock.

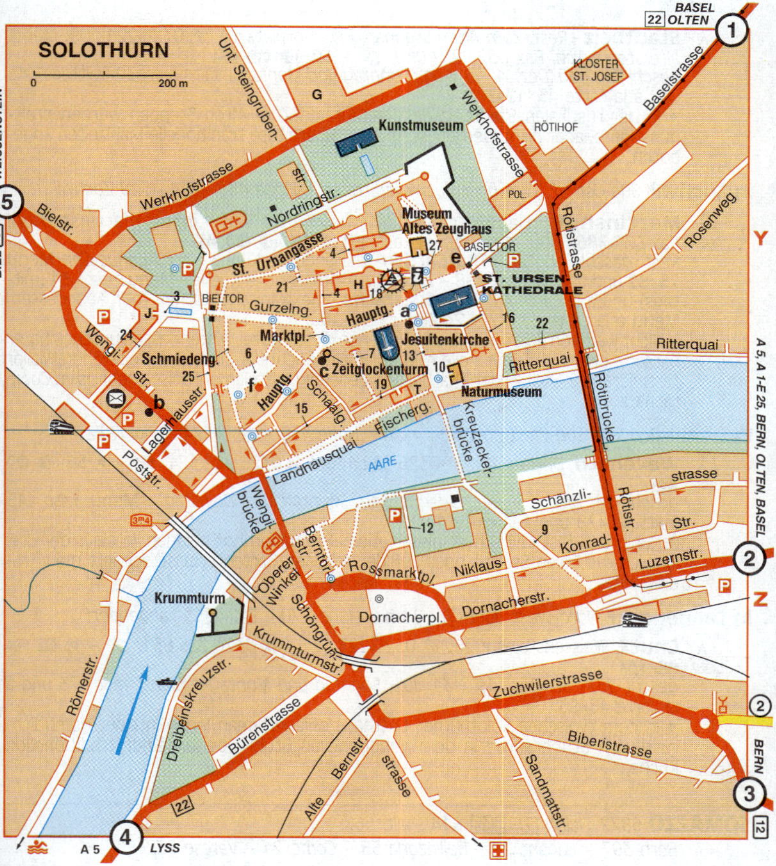

Amthausplatz	Y 3		Hauptgasse	Y		Theatergasse	Y 19
Barfüssergasse	Y 4		Klosterplatz	Y 10		Weberngasse	Y 21
Friedhofplatz	Y 6		Kreuzackerstrasse	Z 12		Werkstrasse	Y 22
Goldgasse	Y 7		Kronengasse	Y 13		Westbahnhof Strasse	Y 24
Gurzelngasse	Y		Löwengasse	Y 15		Westringstrasse	Y 25
Hauptbahnhof Strasse	Z 9		Nictumgässlein	Y 16		Zeughausplatz	Y 27
			Rathausplatz	Y 18			

Zum Alten Stephan (Zaugg), Friedhofplatz 10, ✆ 0326 221 109, *mail@alterstephan.ch, Fax 0326 237 060*, – AE MC VISA Y f
geschl. 24. - 30. Dez., 1. - 9. Aug., Sonntag und Montag – **Menu** (siehe auch ***Stadtbeiz***)
Zaugg's Zunftstube (1. Etage) (Tischbestellung ratsam) **Menu** 50 (mittags)/135 und à la carte 128/161.

◆ Im ersten Stock des Stadthauses aus dem 11. Jh. wird dem Feinschmecker in der hellen, modern eingerichteten Zunftstube klassische Küche auf hohem Niveau serviert. **Spez.** Entenstopfleber gebraten auf Rhabarber und Ingwer (Frühling - Sommer). Rindsfiletsteak gebraten mit Mascarponerisotto und Tüffeln, Portweinjus. Andy's crème brûlée

Baseltor mit Zim, Hauptgasse 79, ✆ 0326 223 422, *post@baseltor.ch, Fax 0326 221 879*, – TV. AE MC VISA Y e
geschl. Sonntagmittag und Feiertage – **Menu** à la carte 37/81 – **9 Zim** 103/175.

◆ Das Altstadthaus liegt, wie der Name schon vermuten lässt, unterhalb des Baslertors. Auf zwei Etagen kann der Gast Schweizer, aber auch internationale Gerichte bestellen.

Stadtbeiz - ***Rest. Zum Alten Stephan***, Friedhofplatz 10, ✆ 0326 221 109, *mail@alterstephan.ch, Fax 0326 237 060*, – AE ⓓ MC VISA

geschl. 24. - 30. Dez., 1. - 9. Aug., Sonntag und Montag – **Menu** 16 - 30 (mittags)/45 und à la carte 43/121.

◆ In der rustikalen Stadtbeiz des Restaurants Zum Alten Stephan werden preisgünstigere, aber nicht weniger sorgfältig zubereitete traditionelle Mahlzeiten angeboten.

in Zuchwil *Süd-Ost : 2,5 km über Zuchwilerstrasse – Höhe 435 – ✉ 4528 Zuchwil :*

Martinshof, Hauptstr. 81, ✆ 0326 862 626, *info@martinshof.ch, Fax 0326 862 600*, – |‡|, ▤ Rest, TV P. AE ⓓ MC VISA

Rest : geschl. Sonntag – ***Thai Garden*** - thailändische Küche - *(nur Abendessen)* **Menu** 73/82 und à la carte 60/88 – ***La Cucina*** - italienische Küche - **Menu** 18.50 - 31 (mittags) und à la carte 41/71 – ***Cucaracha*** - mexikanische Küche - *(nur Abendessen)* **Menu** à la carte 37/77 – **24 Zim** ☕ 90/160.

◆ Nicht weit von Solothurn finden Reisende dieses Hotel, hinter dessen unscheinbarer Fassade praktische, mit hellem Mobiliar eingerichtete Zimmer bereitstehen. Voller faszinierender Exotik : der Thai Garden. Lebendig mittelamerikanisch geht es im Cucaracha zu.

in Nennigkofen *Süd-West über ④ : 4 km – Höhe 458 – ✉ 4574 Nennigkofen :*

Weyeneth, Dorfstr. 40, ✆ 0326 222 160, *Fax 0326 222 124*, – P. AE ⓓ MC VISA

geschl. 23. Dez. - 3. Jan., 3. - 18. Feb., Montag und Dienstag – **Menu** 17.50 - 45 (mittags)/78 und à la carte 45/82.

◆ Ruhig und fast idyllisch ist dieser ehemalige Bauernhof gelegen. In einer der drei ländlich-rustikalen Stuben oder auf der schönen Gartenterrasse serviert man Traditionelles.

in Langendorf *Nord-West über ⑤ : 2 km – Höhe 470 – ✉ 4513 Langendorf :*

Chutz, Weissensteinstr. 26, ✆ 0326 223 471, *Fax 0326 225 851*, – P. AE ⓓ MC VISA

geschl. 25. - 30. Dez., 19. - 31. Juli., Sonntag und Montag – **Menu** 18.50 - 73 und à la carte 48/93.

◆ In dem typischen Solothurner Gasthaus offeriert man Ihnen in einer gemütlich-rustikalen Stube sowie in dem gehobeneren Stübli Speisen einer traditionellen Küche.

SOMAZZO *6872 Ticino (TI)* 553 R14 – *alt. 567.*

Bern 307 – Lugano 27 – Bellinzona 55 – Como 21 – Varese 27.

Nord-Ovest : *1,3 km*

Eremo S. Nicolao, ✆ 0916 464 050, *Fax 0916 464 050*, ⩤ Mendrisio e dintorni, – AE ⓓ MC VISA

chiuso dal 19 gennaio al 15 marzo, martedì (da novembre a marzo) e lunedì – **Pasto** 35 ed alla carta 27/55.

◆ Sotto quest'antico eremo con chiesetta annessa, si estende il Mendrisiotto a perdita d'occhio, visibile soprattutto dalla bella terrazza all'aperto. Ottima cucina tipica.

SONCEBOZ *2605 Berne (BE)* 551 H6 – *1 670 h.* – *alt. 653.*

Bern 49 – Delémont 40 – Biel 14 – La Chaux-de-Fonds 31.

du Cerf (Soldati) avec ch, 4 r. du Collège, ✆ 0324 891 012, *Fax 0324 891 011* – |‡|, ▤ rest, TV ♿ P. ⓓ MC VISA

fermé 10 juil. au 12 août et 24 au 29 déc. – **Repas** *(fermé jeudi midi, vend. midi, dim. soir et lundi)* (prévenir)(menu unique) 65 (midi)/160 – **Repas** (voir aussi ***Brasserie ci-après***) – **10 ch** ☕ 90/160 – ½ P suppl. 20.

◆ Cette maison de pays daterait de 1707. Intérieur chaleureux agrémenté de boiseries et d'une belle cheminée. Fine cuisine où dépouillement rime avec fraîcheur et authenticité.

Spéc. Agneau de lait des Franches-Montagnes rôti aux aromates (printemps). Vapeur d'omble chevalier du Lac Léman aux petites brunoises (été). Filet de chevreuil à la crème de genièvre (automne). **Vins** La Neuveville

Brasserie - *Rest. du Cerf*, 4 r. du Collège, ✆ 0324 891 012, *Fax 0324 891 011* – rest, P. AE MC VISA
fermé 10 juil. au 12 août et 24 au 29 déc., mardi soir et mercredi – **Repas** 14.50 et à la carte 33/78.
◆ Brasserie traditionnelle offrant une savoureuse alternative à la formule gastronomique du Cerf. Appétissante carte plutôt bien fournie. Accueil et service gentils.

Pierre-Pertuis, 10 rte de Pierre-Pertuis, ✆ 0324 891 022 – P. MC
fermé 24 déc au 5 janv., 14 juil. au 19 août, vend. midi, merc. et jeudi – **Repas** 14 et à la carte 39/82.
◆ Posté à l'entrée du village, ce restaurant est géré en famille. Des recettes simples et la spécialité "maison" : les cuisses de grenouilles, vous y attendent.

SORENGO *Ticino* 553 R13 – *vedere Lugano.*

SOYHIÈRES *Jura* 551 J4 – *rattaché à Delémont.*

SPEICHER *9042 Appenzell Ausserrhoden (AR)* 551 U6 – *4 012 Ew. – Höhe 924.*
Bern 218 – Sankt Gallen 5 – Altstätten 14 – Bregenz 34.

Appenzellerhof, Trogenerstr. 6, ✆ 0713 441 321, *info@appenzellerhof.ch, Fax 0713 441 038,* – Zim, TV P. AE MC VISA
geschl. 2 Wochen im Feb. – **Menu** 24 - 38 und à la carte 47/95 – **19 Zim** 130/210 – ½ P Zuschl. 35.
◆ Im Appenzellerhaus mit seiner blumengeschmückten Holzfassade wird der Gast in einfacheren, hell möblierten oder in moderneren, rustikaler eingerichteten Zimmern beherbergt. Das Restaurant ist in einer kleinen, gemütlichen Stube im ersten Stock untergebracht.

SPIEZ *3700 Bern (BE)* 551 K9 – *11 928 Ew. – Höhe 628.*

Sehenswert : *Schloss : Rundblick★★ vom Turm – Lage★.*

Ausflugsziel : *Fahrt auf den Niesen★★★ Süd : 7 km und Standseilbahn – Stockhorn★★★ West : 12 km und Luftseilbahn.*

Lokale Veranstaltung
19.05 - 22.05 : Film- und Videofestival
26.07 : Seenachtsfest.

Spiez Tourismus, ✆ 0336 542 020, spiez@thunersee.ch, Fax 0336 542 192.
Bern 41 – Interlaken 18 – Bulle 70 – Kandersteg 28.

Belvédère, Schachenstr. 39, ✆ 0336 556 666, *info@belvedere-spiez.ch, Fax 0336 546 633,* ≤ Thunersee und Berge, – Zim, TV P – 15/50. AE MC VISA. Rest
geschl. 26. Jan. - 29. Feb. – **Menu** *(geschl. Sonntagabend und Montag in März und Nov. - Jan.)* 44 (mittags)/108 und à la carte 56/121 – **32 Zim** 160/440 – ½ P Zuschl. 50.
◆ In dem ruhig, schön im Park über dem See gelegenen Hotel wohnt der Gast in komfortablen, zeitgemäss ausgestatteten Zimmern. Neu ist der kleine Freizeitbereich. Eleganter Speisesaal und idyllische Terrasse mit schönem Blick auf den Thuner See.

in Faulensee *Süd-Ost : 2 km – Höhe 603 – ✉ 3705 Faulensee :*

Seerose, Interlakenstr. 87, ✆ 0336 541 025, *info@seerose-faulensee.ch, Fax 0336 541 023,* ≤ Thunersee, – TV P. AE MC VISA
geschl. Jan. – **Menu** *(geschl. Mittwoch ausser Juni - Okt. und Donnerstag ausser Feb. - Okt.)* 23/46 und à la carte 41/96 – **13 Zim** 120/190 – ½ P Zuschl. 35.
◆ In einem kleinen Berner Oberländer Dorf gelegen, offeriert das Hotel seinen Gästen helle, modern eingerichtete Zimmer mit gutem Platzangebot. Die Junior-suiten haben Terrassen. Restaurant mit sehr schöner Sicht auf den See und die Berge.

SPORZ *Graubünden* 553 V9 – *siehe Lenzerheide.*

SPREITENBACH *8957 Aargau (AG)* **551** **O4** *– 8 827 Ew. – Höhe 424.*
Bern 119 – Aarau 40 – Baden 5 – Dietikon 6 – Luzern 64 – Zürich 20.

Arte, Wigartestr. 10, ☎ 0564 184 242, *info@hotel-arte.com, Fax 0564 184 343,* – Zim, – 15/50. AE MC VISA
Menu 18.50 und à la carte 42/92 – **66 Zim** 120/150.
◆ In dem modernen Zweckbau übernachtet der Durchreisende in Zimmern, die mit zweckmässigen, hellen Einbaumöbeln zeitgemäss und funktionell eingerichtet sind. Farbenfroh dekoriertes Restaurant.

STÄFA *8712 Zürich (ZH)* **551** **Q6** *– 11 271 Ew. – Höhe 414.*
Bern 148 – Zürich 23 – Einsiedeln 28 – Luzern 73 – Rapperswil 9.

Hurter's Seehus, Seestr. 4, ☎ 019 262 303, *bhurter@hurtersseehus.ch, Fax 019 267 306,* ≤ Zürichsee, – AE MC VISA
geschl. Mitte Feb. 1 Woche, 10. - 27. Okt., Sonntag von Mitte Sept. - Mitte April und Montag – **Menu** 35 - 55 (mittags)/140 und à la carte 85/163.
◆ Eine traumhafte Lage am Zürichseeufer, ein elegant eingerichtetes Restaurant, eine einmalige Seeterrasse und nicht zuletzt eine kreative Küche oder einfach : Hurter's Seehus.

Zur Alten Krone, Goethestr. 12, ☎ 019 264 010, *altekrone@msn.com, Fax 019 266 231,* – AE MC VISA
geschl. 15. Juli - 5. Aug., Sonntag und Montag – **Menu** 17 - 39 (mittags) und à la carte 51/84.
◆ In dem alten Zürcher Riegelhaus soll Goethe einst Stammgast gewesen sein. Heute serviert man in verschiedenen Räumlichkeiten eine zeitgemäYe Küche.

in Kehlhof *Süd-Ost : 1 km Richtung Rapperswil – ✉ 8712 Stäfa :*

Im Kehlhof, Seestr. 191, ☎ 019 261 155, *Fax 019 268 049,* – AE MC VISA
geschl. 24. Feb. - 10. März, 31. Aug. - 15. Sept., Dienstag und Mittwoch – **Menu** 85 und à la carte 73/132.
◆ Im Ortsteil Kehlhof an der Seestrasse gelegen, wird in diesem klassisch dekorierten Restaurant oder auf der Terrasse eine klassische Speisenauswahl angeboten.

STALDEN *Bern* **552** **L12** *– siehe Konolfingen.*

STANS *6370* K *Nidwalden (NW)* **551** **O7** *– 6 744 Ew. – Höhe 451.*

Sehenswert : *Glockenturm★ der Kirche.*
Ausflugsziel : *Stanserhorn★★ Süd mit Standseil- und Luftseilbahn – Strasse nach Seelisberg★ Ost.*
Tourismus Stans, Bahnhofplatz 4, ☎ 0416 108 833, info@lakeluzern.ch, Fax 0416 108 866.
Bahnhofstr. 2, ☎ 0416 183 530, Fax 0416 183 536.
Bern 125 – Luzern 12 – Altdorf 30 – Cham 36 – Engelberg 20.

Engel, Dorfplatz 1, ☎ 0416 191 010, *info@engelstans.ch, Fax 0416 191 011,* – – 15/100. AE MC VISA
Menu 16 - 28 (mittags)/62 und à la carte 47/90 – **18 Zim** 70/140 – ½ P Zuschl. 30.
◆ Kombination von Alt und Neu : Klare Linien, schlichte Formen, starke Farben und pfiffige Details prägen die modernen Zimmer des traditionsreichen Gasthofs im Dorfzentrum. Gehobenes Sääli und schlicht-modernes Tagesrestaurant.

Motel Stans-Süd garni, Rieden 4 (an der A2, Ausfahrt Stans-Süd), ☎ 0416 180 777, *info@motelstans.ch, Fax 0416 180 778* – AE MC VISA
38 Zim 72/110.
◆ Dem Durchreisenden bietet sich direkt an der gleichnamigen Autobahnausfahrt eine Übernachtungsmöglichkeit in schlicht dekorierten, zweckmässig ausgestatteten Zimmern.

Zur Linde mit Zim, Dorfplatz 7, ☎ 0416 190 930, *info@hotel-linde.ch, Fax 0416 190 948,* – AE MC VISA.
Rest : geschl. 23. Dez. - 4. Jan., Sonntag und Montag – ***Stanserstube*** (1. Etage) *(geschl. auch 6. Juli - 23. Aug.)* **Menu** 55/110 und à la carte 57/112 – ***Feldschlösschen :*** **Menu** 18.50 und à la carte 44/85 – **9 Zim** 80/170.
◆ Stanserstube mit schöner Holzkassettendecke. Im Parterre des geschmackvoll restaurierten Hauses aus dem Jahre 1714 befindet sich das Feldschlösschen. Hier werden einfachere, sorgfältig zubereitete Mahlzeiten serviert.

Zur Rosenburg, im Höfli, alter Postplatz 3, ✆ 0416 102 461, *Fax 0416 109 356,* – AE VISA
geschl. 20. Feb. - 9. März, 26. Juli - 10. Aug., Montag und Dienstag – **Menu** 56 und à la carte 43/89.
◆ Das schöne Herrschaftshaus aus dem Mittelalter mit bewegter Geschichte hat angenehm rustikale Stuben, in denen der Besucher zeitgemäss bereitete Gerichte geniessen kann.

STANSSTAD *6362 Nidwalden (NW)* 551 O7 – *4 459 Ew. – Höhe 438.*

in Bürgenstock, ✉ 6363 (Mai - Okt.) ✆ 0416 102 434.
Bern 123 – Luzern 9 – Altdorf 32 – Sarnen 14 – Stans 4.

Winkelried, am Hafen, Dorfplatz 5, ✆ 0416 182 323, *hotel@winkelried.ch, Fax 0416 182 333,* < Pilatus und Vierwaldstättersee, – 15/40. AE VISA JCB
geschl. 24. Dez. - 5. Jan. – ***Seeblick :*** **Menu** 28 - 38/88 und à la carte 51/99 – ***Winkelriedstübli :*** **Menu** 18.50 und à la carte 38/85 – **29 Zim** 140/330 – ½ P Zuschl. 38.
◆ Am kleinen Hafen des Ortes liegt das Geschäftshotel. In komfortabel ausgestatteten Zimmern geniesst man die schöne Sicht auf den See und den Pilatus. Seeblick mit klassisch-eleganter Einrichtung. Rustikaler geht's im Winkelriedstübli zu. Hübsche Seeterrasse.

in Fürigen *Nord-Ost : 3,5 km Richtung Bürgenstock – ✉ 6363 Obbürgen :*

Fürigen , ✆ 0416 186 969, *info@hotel-fuerigen.ch, Fax 0416 186 900,* < Bergpanorama und Vierwaldstättersee, – 15/130. AE VISA. Rest
geschl. 22. Dez. - 11. Jan. und 15. - 29. Feb. – **Menu** 58 und à la carte 46/98 – **82 Zim** 149/290 – ½ P Zuschl. 50.
◆ Dieses imposante Gebäude, schön oberhalb des Sees liegend, bietet von seinen renovierten, mit hellem Mobiliar eingerichteten Zimmern eine wunderbare Sicht auf die Umgebung. Vielfältige Gastronomie : La Brasserie, La Terrasse und der einfache Coffee Shop.

STECKBORN *8266 Thurgau (TG)* 551 S3 – *3 219 Ew. – Höhe 404.*

Verkehrsverein, Seestr. 100, ✆ 0527 611 055.
Bern 185 – Sankt Gallen 65 – Frauenfeld 18 – Konstanz 19 – Radolfzell 31 – Schaffhausen 31.

Feldbach , Am Yachthafen, ✆ 0527 622 121, *info@hotel-feldbach.ch, Fax 0527 622 191,* < Bodensee, – , Zim, – 15/40. VISA
geschl. 21. Dez. - 12. Jan. – **Menu** 19.50 - 75 und à la carte 45/99 – **36 Zim** 180/230.
◆ Die sehr schöne Bodenseesicht können Sie vom Grossteil der Zimmer aus geniessen. Diese sind ruhig gelegen, farbenfroh gestaltet und nach neuesten Gesichtspunkten ausgestattet. Modernes Restaurant in einem Kloster aus dem 13. Jh. Schön gelegene Seeterrasse.

Frohsinn, Seestr. 62, ✆ 0527 611 161, *info@frohsinn-steckborn.ch, Fax 0527 612 821,* < Bodensee, – . AE VISA
geschl. 24. Jan. - 19. Feb. – **Menu** *(geschl. Donnerstag ausser Mai - Sept. und Mittwoch)* à la carte 38/77 – **10 Zim** 90/165.
◆ In dem netten kleinen Riegelhaus, zwischen See und Durchgangsstrasse gelegen, findet der Erholungsuchende praktische Zimmer mit schlichter Einrichtung. Vom Restaurant und der Terrasse aus hat man einen schönen Blick auf den See.

STEFFISBURG *Bern* 551 K8 – *siehe Thun.*

Die im Michelin-Führer verwendeten Zeichen und Symbole haben - rot oder schwarz - jeweils eine andere Bedeutung. Lesen Sie daher die Erklärungen aufmerksam durch.

STEIN AM RHEIN 8260 Schaffhausen (SH) 551 R3 – 3 008 Ew. – Höhe 413.

Sehenswert : *Altstadt★★ : Museum★ im ehemaligen Benediktinerkloster St. Georgen.*

Ausflugsziel : *Burg Hohenklingen★ Nord : 2,5 km.*

Bern 177 – Zürich 58 – Baden 77 – Frauenfeld 16 – Schaffhausen 22 – Singen 18.

Chlosterhof, Oehningerstr. 2, ✆ 0527 424 242, *chlosterhof@bluewin.ch, Fax 0527 411 337,* ≤, 斋, 15/100. AE ⓓ MC VISA
geschl. 20. Dez. - 15. Jan. – **Menu** 25 - 54 (mittags)/118 und à la carte 57/112 – **42 Zim** 220/310, 29 Suiten – ½ P Zuschl. 45.
◆ Keine Sorge, in Kutten gehüllte Mönche wandeln hier nicht durch die Flure. Grosse, mit Eichenmöbeln komfortabel gestaltete Räume erwarten Sie in dem Haus am Rhein. Das Restaurant unterteilt sich in einen eleganteren und einen einfacher gestalteten Teil.

Rheinfels, Rhygasse 8, ✆ 0527 412 144, *rheinfels@bluewin.ch, Fax 0527 412 522,* ≤ Rhein, 斋 – 15/60. AE MC VISA
geschl. 17. Dez. - 6. März und Mittwoch ausser Juli - Aug. – **Menu** 28 - 68 und à la carte 44/93 – **17 Zim** 130/190.
◆ Im historischen "Gredhaus" (Wasserzoll und Lagerhaus), 1493 erstmals erwähnt, schläft der Gast in geräumigen, mit dunklen, soliden Fichtenholzmöbeln eingerichteten Zimmern. Bürgerlich-rustikale Stuben und Rheinterrasse.

Adler, Rathausplatz 2, ✆ 0527 426 161, *hotel-adler@bluewin.ch, Fax 0527 414 440,* 斋 – Rest, AE ⓓ MC VISA JCB.
geschl. 24. Jan. - 9. Feb. und Rest. zusätzlich 8. - 25. Okt. – **Menu** *(geschl. Donnerstag)* 23 - 80 und à la carte 41/106 – **13 Zim** 110/190 – ½ P Zuschl. 35.
◆ Inmitten der malerischen Kleinstadt mit seinen wunderschönen Hausfassaden liegt das Hotel Adler. Beherbergt wird der Gast in hellen, zeitgemäss ausgestatteten Zimmern. Traditionelle Mahlzeiten in typischem Ambiente.

Sonne (Combe), Rathausplatz 13 (1. Etage), ✆ 0527 412 128, *Fax 0527 415 086* – AE ⓓ MC VISA
geschl. Weihnachten, Neujahr, 6. - 9. Juni, 7. - 11. Aug., Dienstag und Mittwoch – **Menu** 35 - 59 (mittags)/120 und à la carte 66/117.
◆ Allein schon das Betrachten des in einer schönen bemalten Altstadtzeile liegenden Hauses a. d. 15. Jh. lohnt den Besuch - die hochstehende klassische Küche allerdings auch.
Spez. Bodenseezander auf der Haut gebraten (Frühling). Rheinäsche gedämpft (Winter). Gekochter Rindshohrücken an Petersilienvinaigrette (Sommer). **Weine** Steiner Chardonnay, Thaynger

STEINEN 6422 Schwyz (SZ) 551 P7 – 2 719 Ew. – Höhe 467.

Bern 155 – Luzern 38 – Altdorf 22 – Brunnen 10 – Schwyz 5.

Rössli, Dorfplatz 1, ✆ 0418 321 320, *Fax 0418 321 313* – AE ⓓ MC VISA
geschl. 25. Feb. - 3. März, Mitte Juli - Anfang Aug., Montag und Dienstag – **Menu** (Tischbestellung ratsam) 24 - 38 (mittags)/115 und à la carte 47/130.
◆ Im schönen Innerschweizer Holzhaus wird seit über 150 Jahren - nun in der 5. Generation - gewirtet. In der traditionellen Stube reicht man klassische, gutbürgerliche Speisen.

STEINHAUSEN 6312 Zug (ZG) 551 P6 – 8 765 Ew. – Höhe 424.

Bern 134 – Zürich 32 – Aarau 53 – Luzern 22 – Zug 7.

Zur Linde mit Zim, Bahnhofstr. 28, ✆ 0417 488 118, *info@gasthaus-linde.ch, Fax 0417 488 119,* 斋 – 15/50. AE MC VISA.
Rest. geschl. 9. - 18. April, 4. - 23. Okt. und Sonntagabend – ***Carpe Diem :*** **Menu** 60 und à la carte 53/88 – ***Beizli :*** **Menu** 17.50 und à la carte 43/66 – **13 Zim** 135/190 – ½ P Zuschl. 30.
◆ Freundliche, warme Farben verleihen dem Carpe Diem einen leicht mediterranen Touch. Neben dem gastronomischen Bereich bietet diese Adresse auch moderne, wohnliche Zimmer. Holzmobiliar und ein nettes Dekor machen das Beizli gemütlich.

STOOS *6433 Schwyz (SZ)* **551 Q7** *– Höhe 1 256.*
Bern 154 – Luzern 40 – Altdorf 17 – Brunnen 6 – Schwyz 5.
mit der Luftseilbahn ab Morschach oder Standseilbahn ab Schlattli, jeweils 10 Min., erreichbar

Stoos, 0418 174 444, *info@hotel-stoos.ch, Fax 0418 174 445*, < Berge, , , , , , – , Zim, Rest, – 15/60. AE VISA
Menu 16.50 und à la carte 43/97 – **74 Zim** 120/280 – ½ P Zuschl. 40.
◆ Das Hotel befindet sich auf der autofreien Sonnenterrasse über dem Nebel und dem Vierwaldstättersee. In absoluter Ruhe schläft der Gast in schon älteren, einfachen Zimmern. Schlicht dekoriertes Restaurant und Speiseterrasse mit Blick auf die umliegenden Berge.

STUDEN *2557 Bern (BE)* **551 I6** *– 2 451 Ew. – Höhe 440.*
Bern 30 – Aarberg 10 – Biel 7 – Neuchâtel 40 – Murten 30 – Solothurn 24.

Florida garni, Aareweg 25, 0323 742 828, *info@florida.ch, Fax 0323 742 829*, , – – 15/60. VISA
50 Zim 120/220.
◆ Etwas ausserhalb, neben einer kleinen Freizeizeitanlage findet man dieses fast neue Hotel. Helle, modern ausgestattete Zimmer bieten dem Geschäftsmann das Erforderliche.

STÜSSLINGEN *4655 Solothurn (SO)* **551 M4-5** *– 949 Ew. – Höhe 465.*
Bern 76 – Aarau 7 – Olten 11 – Solothurn 45.

Jura, Hauptstr. 48, 0622 981 155, *mail@restaurantjura.ch, Fax 0622 982 006*, – . AE VISA *– geschl. 9. - 19. Feb., 26. Juli - 12. Aug., Montag und Dienstag* – **Menu** 15.50 - 65 (abends) und à la carte 44/90.
◆ Bürgerliche Gerichte findet der einkehrende Gast auf der Speisekarte des traditionellen, hinter der Gaststube liegenden à la carte-Restaurants.

SUBERG *Bern* **551 I6** *– siehe Lyss.*

SUGIEZ *1786 Fribourg (FR)* **552 H7** *– alt. 434.*
Bern 32 – Neuchâtel 24 – Biel 27 – Fribourg 25 – Murten 8.

de l'Ours avec ch, 5 rte de l'Ancien Pont, 0266 739 393, *info@hotel-ours.ch, Fax 0266 739 399*, , , – – 15/40. AE VISA
Repas *(fermé merc. sauf de juin à août et mardi)* 15 - 26 (midi)/63 et à la carte 47/86 – 15 – **8 ch** 110/195.
◆ Vieille maison restaurée se trouvant près de la rivière. Cuisine actuelle au restaurant, et chambres entièrement refaites dans un esprit moderne.

SUGNENS *1043 Vaud (VD)* **552 E9** *– 228 h. – alt. 648.*
Bern 83 – Lausanne 20 – Montreux 46 – Moudon 12 – Yverdon-les-Bains 18.

Auberge de Sugnens (Sidi-Ali), 0218 814 575, *Fax 0218 814 535*, – AE VISA
fermé 5 au 12 janv., 30 août au 13 sept., dim. soir et lundi – **Repas** 20 (au café) - 54 (midi)/106 et à la carte 67/117.
◆ Une ferme vaudoise, ancienne de 1822, a prêté ses murs à ce restaurant au décor sobre mais soigné. On y sert un répertoire évoluant au gré du marché. "Plat du jour" au Café.
Spéc. Bar de ligne grillé aux aromates. Suprêmes de pigeonneau aux épices dans son nid de couscous. Filet de chevreuil à l'aigre-doux (oct. - nov.). **Vins** Epesses, Morges

SUHR *5034 Aargau (AG)* **551 N4** *– 7 929 Ew. – Höhe 397.*
Bern 82 – Aarau 4 – Baden 31 – Basel 60 – Luzern 43 – Solothurn 51.

Zum Kreuz, Obere Dorfstr. 1, 0628 559 020, *info@gasthof-zum-kreuz.ch, Fax 0628 559 040*, – – 25. AE VISA
Menu (1. Etage) *(geschl. Montag)* 15.50 und à la carte 39/94 – **17 Zim** 118/198 – ½ P Zuschl. 35.
◆ Im unter Denkmalschutz stehenden, geschmackvoll renovierten Gasthaus a. d. 17. Jh. schläft man in gemütlichen, mit dunklen Massivholzmöbeln rustikal eingerichteten Zimmern. Über der Gaststube werden die Gäste in schönen, angenehm gestalteten Stuben bewirtet.

Bären, Bernstr.-West 56, ✆ 0628 552 525, *mailbox@baeren-suhr.ch,* *Fax 0628 552 591,* – Zim, – 15/70. AE VISA
geschl. 21. Dez. - 4. Jan. und Rest. auch 17. Juli - 1. Aug. – **Menu** *(geschl. Samstagmittag und Sonntag)* 23 und à la carte 38/96 – **31 Zim** 120/180.
◆ Der Landgasthof liegt im Zentrum, davor die Strasse und die Gleise der Regionalbahn. Die Zimmer sind meist geräumig und mit funktionellem Mobiliar zweckmässig eingerichtet. Teils modern, teils rustikal dekorierte Restauranträume.

SULLENS *1036 Vaud (VD)* 552 D9 – *820 h. – alt. 600.*

Bern 112 – Lausanne 13 – Cossonay 19 – Yverdon-les-Bains 25.

Auberge Communale, ✆ 0217 311 197, *Fax 0217 313 265* – VISA
fermé 20 fév. au 2 mars, 23 juil. au 16 août, dim., lundi et fériés – **Repas** 18 et à la carte 45/88.
◆ Les suggestions culinaires de cette table, d'esprit champêtre, s'emploient à restituer les saveurs du terroir ainsi que celles de l'Hexagone. Prix mijotés à feu doux.

SUMISWALD *3454 Bern (BE)* 551 L7 – *5 224 Ew. – Höhe 700.*

Bern 40 – Burgdorf 17 – Luzern 57 – Olten 46 – Thun 48.

Bären, Marktgasse 1, ✆ 0344 311 022, *hotel@baeren-sumiswald.ch,* *Fax 0344 312 324,* – – 15/80. AE VISA
geschl. 16. Feb. - 8. März und 26. Juli - 10. Aug. – **Menu** *(geschl. Montag)* 18.50 und à la carte 32/83 – **17 Zim** 90/160 – ½ P Zuschl. 35.
◆ Hinter der schönen Holzfassade des Emmentaler Gasthofs, ehemals eine Schenke aus dem 14. Jh., verbergen sich mit Massivholzmobiliar rustikal und modern eingerichtete Zimmer.

Zum Kreuz, Marktgasse 9, ✆ 0344 311 526, *kreuz@kreuz-sumiswald.ch,* *Fax 0344 313 227,* – . AE VISA
geschl. 1. - 15. Feb., 6. - 21. Juli, Dienstagabend und Mittwoch – **Menu** 15 - 38 (mittags)/75 und à la carte 40/79.
◆ Einst eine Umspannstelle für Postkutschenpferde, beherbergt das Haus a. d. J. 1664 heute zwei kleine, gemütliche Stuben und eine einfache Gaststube mit traditionellem Angebot.

in Lüderenalp *Süd-Ost : 10 km über Wasen – ✉ 3457 Wasen im Emmental :*

Lüderenalp , ✆ 0344 371 676, *hotel@luederenalp.ch, Fax 0344 371 980,* < Berner Alpen und Jurakette, , , – – 25. AE VISA
geschl. 12. Jan. - 7. Feb., 6. - 18. Dez., Montag und Dienstag von 9. Nov. - Ende März – **Menu** 25 und à la carte 41/87 – **19 Zim** 145/210 – ½ P Zuschl. 40.
◆ Einsam und abgeschieden liegt dieses Ausflugs- und Ferienhotel erhöht über dem Emmental mit aussergewöhnlicher Panoramasicht auf die Berner Alpen und die Jurakette. Einfaches Restaurant und grosse Speiseterrasse.

SURSEE *6210 Luzern (LU)* 551 N6 – *8 006 Ew. – Höhe 504.*

Sehenswert : *Rathaus★ – Wallfahrtskirche Mariazell : Aussicht★.*

Bern 90 – Luzern 23 – Aarau 26 – Baden 48 – Olten 32.

Bellevue am See , Bellevueweg 7, ✆ 0419 258 110, *info@bellevue-sursee.ch,* *Fax 0419 258 111,* <, – , Zim, – 15/50. AE VISA
geschl. 22. - 29. Dez. – **Menu** *(geschl. auch 16. Feb. - 7. März und Montag)* 19.50 - 50 (mittags)/95 und à la carte 54/121 – **16 Zim** 150/220, 3 Suiten.
◆ Die schlossähnliche, komplett renovierte Villa gefällt durch ihre ruhige Lage nicht weit vom See, die hübsche Aussicht und die individuelle, moderne Zimmerausstattung. Man speist im Barbereich, im Wintergarten oder im eleganteren Hauptrestaurant.

SUSCH *7542 Graubünden (GR)* 553 Y9 – *220 Ew. – Höhe 1435.*

Susch-Sagliains - Klosters-Selfranga, Information ✆ 0812 883 737.

Bern 257 – Davos 26 – Sankt Moritz 40 – Scuol 18.

SUSTEN-LEUK *3952 Wallis (VS)* **552 K11** *– Höhe 627.*

Leuk (März - Nov.) ✆ 0274 736 161, Fax 0274 736 163.

Bern 178 – Brig 29 – Leukerbad 14.

Relais Bayard, Kantonsstrasse, Ost : 1 km Richtung Brig, ✆ 0274 749 696, *mail@relaisbayard.ch, Fax 0274 749 699,* , , - - 70. AE MC VISA

Menu 17.50 - 30 (mittags)/142 und à la carte 35/99 – **29 Zim** 100/170 – ½ P Zuschl. 25.

◆ Der Landgasthof liegt an der Strasse nach Brig. Die Zimmer sind zweckmässig eingerichtet, die Ausstattung ist zeitgemäss. Besonders für Familien geeignete Duplex-Suiten. Restaurant mit Bistro und gehobenem à la carte-Bereich.

SUTZ-LATTRIGEN *2572 Bern (BE)* **551 I6** *– 1 130 Ew. – Höhe 450.*

Bern 38 – Biel 6 – Neuchâtel 33 – Solothurn 27.

Anker, Hauptstr. 4, ✆ 0323 971 164, *anker.sutz@bluewin.ch, Fax 0323 971 174,* – AE MC VISA

geschl. 23. Feb. - 7. März, 20. Sept. - 7. Okt., Montag und Dienstag – **Menu** 15 - 50 und à la carte 39/80.

◆ Ob im gemütlich-rustikalen Restaurant oder auf der schönen Gartenterrasse : Es erwartet Sie eine Karte mit preiswerten, sorgfältig zubereiteten traditionellen Gerichten.

TÄGERWILEN *Thurgau* **551 T3** *– siehe Kreuzlingen.*

TAMINS *7015 Graubünden (GR)* **553 U8** *– 1 183 Ew. – Höhe 640.*

Bern 248 – Chur 11 – Andermatt 78 – Davos 59 – Vaduz 49.

in Reichenau *– Höhe 604 – ✉ 7015 Tamins :*

Adler, Reichenauerstr. 58, ✆ 0816 411 044, *info@adlerreichenau.ch, Fax 0816 412 496,* , , , – – 15/60. AE MC VISA. Rest

Rest : geschl. Sonntagabend und Montag – ***Gourmet Stübli :*** **Menu** 69/135 und à la carte 47/107 – ***Gaststube :*** **Menu** 21.50 - 25 und à la carte 44/81 – **14 Zim** 115/190.

◆ Das einstige Zollhaus a. d. 16. Jh. beherbergt heute ein kleines Hotel mit schlichten und funktionellen, aber dennoch charmanten Zimmern. Eigener landwirtschaftlicher Betrieb. Eine Gewölbedecke trägt zum ansprechenden Ambiente des kleinen Gourmet Stübli bei.

TANNAY *1295 Vaud (VD)* **552 B11** *– 1 194 h. – alt. 392.*

Bern 154 – Genève 11 – Divonne-les-Bains 13 – Lausanne 52 – Thonon-les-Bains 44.

Au Lion d'Or avec ch, 2 r. du Village, ✆ 0227 760 423, *Fax 0227 760 423,* – MC VISA JCB

fermé 9 au 24 fév., 26 juil. au 10 août., lundi et mardi – **Repas** 18 - 58/85 et à la carte 45/93 – **6 ch** 90/160 – ½ P suppl. 55.

◆ Cette auberge communale bordant la place du village abrite une salle à manger feutrée au décor moderne. Carte classique. Quelques chambres fonctionnelles pour l'étape.

TARASP *Graubünden* **553 Z9** *– siehe Scuol.*

TÄSCH *3929 Wallis (VS)* **552 K13** *– 841 Ew. – Höhe 1 438.*

Bern 204 – Brig 38 – Sierre 57 – Sion 74 – Zermatt 6.

Täscherhof, Bahnhofstrasse, ✆ 0279 666 262, *info@taescherhof.ch, Fax 0279 666 200,* <, , , – . AE MC VISA

geschl. Nov. – **Menu** 18 - 28 und à la carte 31/81 – **35 Zim** 99/168.

◆ Den kleinen Ort Täsch kennt der Tourist meist nur als Umsteigestation auf dem Weg nach Zermatt. Hier liegt das einfache Hotel mit wohnlichen, rustikal eingerichteten Zimmern. Ländlich dekoriertes Restaurant.

TAVERNE *6807 Ticino (TI)* 553 **R13** – *2 762 ab. – alt. 364.*
Bern 265 – Lugano 8 – Bellinzona 21 – Locarno 33 – Varese 35.

XXX ✿ **Motto del Gallo** (De La Iglesia) con cam, ✆ 0919 452 871, *mottodelgallo@bluewin.ch, Fax 0919 452 723,* – rist, TV P. AE MC VISA
chiuso domenica – **Pasto** (coperti limitati - prenotare) 48 (mezzogiorno)/135 ed alla carta 103/127 – **3 cam** 118/235.
◆ Apprezzate la buona cucina creativa nelle accoglienti salette di un'affascinante casa del XV sec. I tre fratelli De La Iglesia vi accolgono in un ambiente rustico e di classe.
Spec. Mosaico di persico coregone e salmerino di montagna con rosetta di halibut e caviale all'erba. Gnocchetti alla polpa d'olive del Colle con gamberi di fume all'aneto. Costolette d'agnello Premier alle erbe aromatiche, sformato di zucchine. **Vini** Arzo, Monteggio

TEGNA *6652 Ticino (TI)* 553 **Q12** – *674 ab. – alt. 258.*
Bern 231 – Locarno 5 – Andermatt 104 – Bellinzona 24 – Lugano 43.

Barbaté senza rist, ✆ 0917 961 430, *Fax 0917 962 530,* – P. AE MC VISA
marzo - ottobre – **12 cam** 112/160.
◆ Un simpatico indirizzo questo garni piccolo e familiare, ubicato in zona tranquilla. Al pian terreno, il giardino fa da cornice alle 12 camere, spaziose e carine.

TESSERETE *6950 Ticino (TI)* 553 **R13** – *1 398 ab. – alt. 517.*
Lugano Turismo, piazza Stazione, ✆ 0919 431 888, Fax 0919 434 212.
Bern 271 – Lugano 12 – Bellinzona 27 – Locarno 39 – Varese 39.

X **Stazione** con cam, ✆ 0919 431 502, *besomi.stazione@ticino.com, Fax 0919 435 569,* – TV P. AE MC VISA
chiuso dal 23 dicembre al 21 gennaio, dal 21 giugno al 4 luglio e mercoledì – **Pasto** *20* ed alla carta 44/81 – **8 cam** 95/180.
◆ Scegliete tra la saletta interna più raccolta oppure, nelle giornate di sole, godetevi il fresco sulla terrazza esterna. Estro italiano in cucina e disponibilità di camere.

X **Storni,** via Canonica, ✆ 0919 434 015, *Fax 0919 434 015,* – P. AE MC VISA.
chiuso dal 31 dicembre al 5 gennaio, dal 26 luglio al 16 agosto e domenica – **Pasto** - cucina italiana - *16* - 60 (sera) ed a la carta 42/78.
◆ Nel piccolo centro storico del paese, sorge questa vecchia osteria la cui proposta culinaria è d'ispirazione italiana ed offre, in particolare, pasta fresca fatta in casa.

X **Grotto della Selva,** località Campestro, ✆ 0919 435 720, – . MC VISA
chiuso dal 18 gennaio al 8 febbraio, sabato a mezzogiorno e domenica – **Pasto** *16* - 38/55 ed alla carta 37/71.
◆ Ritrovate l'ambiente familiare del grotto anche fuori dove, in estate, sotto il fresco pergolato vengono servite le proposte di una cucina orientata verso la vicina Italia.

TEUFEN *9053 Appenzell Ausserrhoden (AR)* 551 **U5** – *5 534 Ew. – Höhe 837.*
Info Teufen, Ebni 1, im Bahnhof, ✆ 0713 333 873, Fax 0713 333 809.
Bern 217 – Sankt Gallen 8 – Bregenz 44 – Buchs 44 – Herisau 17 – Konstanz 48.

Zur Linde, Bühlerstr. 87, ✆ 0713 332 822, *info@hotelzurlinde.ch, Fax 0713 334 120,* , – , Zim, TV P – 15/100. AE MC VISA. Zim
geschl. 8. - 28. Juli – **Menu** *(geschl. Mittwoch) 19.50* - 45 (mittags)/65 und à la carte 45/89 – **14 Zim** 99/208 – ½ P Zuschl. 30.
◆ Die imposante 400-jährige Linde zwischen dem Haus und der Bahnlinie stand Pate bei der Namensgebung. Der Durchreisende übernachtet hier in hellen, zeitgemässen Zimmern. Gaststube mit blanken Holztischen und gehobenes bürgerliches Restaurant.

Säntis, Speicherstr. 28, ✆ 0713 333 355, *hotel.saentis@bluemail.ch, Fax 0713 334 936,* ≤ Alpstein und Säntis – Zim, TV P. AE MC VISA
geschl. 2. - 12. Jan. – **Menu** *(nur ½ Pens. für Hotelgäste)* – **11 Zim** 115/160 – ½ P Zuschl. 25.
◆ Die kleine Familienpension bietet mit ihrer zweckmässigen Zimmereinrichtung einfachen Wohnkomfort. Während des Frühstücks geniesst man im Wintergarten die wunderbare Aussicht.

Waldegg, Richtung Speicher und Waldeggstr : 3 km, ✆ 0713 331 230, *postmaster@waldegg-teufen.ch, Fax 0713 334 661,* ← Alpstein und Säntis, – P. AE D MC VISA
geschl. 3. Feb. - 3. März und Donnerstag – **Menu** (Tischbestellung ratsam) 27 und à la carte 44/95.
◆ Im Ausflugsrestaurant - auf einem Hügelkamm gelegen - mit seiner grossen Panoramaterrasse eröffnet sich dem Gast eine beeindruckende Sicht auf den Alpstein und den Säntis.

die Blume, Speicherstr. 1, ✆ 0713 331 192, *blume.teufen@bluewin.ch, Fax 0713 335 988* – AE D MC VISA
geschl. Juli-Aug. 4 Wochen, Montag und Dienstag – **Menu** *(1. Etage)* 18.50 - 68 und à la carte 35/70.
◆ Ein typisches Beizli in einem Appenzeller Haus von 1750 : drei Gaststuben, ganz und gar mit Holz gestaltet. Kleine traditionelle Karte mit regionalen und mediterranen Akzenten.

THAYNGEN *8240 Schaffhausen (SH)* 551 Q2 – *3 922 Ew. – Höhe 440.*

Bern 162 – Zürich 56 – Baden 58 – Schaffhausen 9.

im Ortsteil Hüttenleben *Nord-West : 1,5 km :*

Hüttenleben mit Zim, Drachenbrunnenweg 5, ✆ 0526 450 010, *info@huettenleben.ch, Fax 0526 450 013,* – TV P. AE MC VISA
geschl. 25. Jan. - 9. Feb., 27. Sept. - 12. Okt., Montag und Dienstag – **Menu** 18.50 und à la carte 51/91 – ***Pasteria Calimero*** - italienische Küche - **Menu** 18.50 und à la carte 39/92 – **4 Zim** ☕ 85/156.
◆ Im abgelegenen kleinen Weiler, nur ein paar Schritte von der Deutschen Grenze entfernt, kann der Gast im Wintergarten Gerichte von einer traditionellen Karte bestellen. Rustikales Ambiente in der Pasteria Calimero.

THÔNEX *Genève* 552 B11 – *rattaché à Genève.*

THÖRIGEN *3367 Bern (BE)* 551 L6 – *981 Ew. – Höhe 488.*

Bern 41 – Aarau 44 – Basel 71 – Luzern 72 – Solothurn 17.

Löwen (Gygax), Langenthalstr. 1, ✆ 0629 612 107, *nikgygax@bluewin.ch, Fax 0629 611 672,* – P. AE D MC VISA
geschl. Sonntag und Montag – **Menu** (Tischbestellung ratsam) 65 (mittags)/175 und à la carte 94/145 – **Menu** (siehe auch ***Nik's Wystube***).
◆ Hinter der hübschen Fassade mit Fachwerk und Holzfensterläden kredenzt man dem Geniesser in fast familiärer Atmosphäre aufwändig bereitete Speisen einer klassischen Küche.
Spez. Aventure marine. Tourte de foie d'oie fourrée aux pommes. "Trio" de veau de lait de l'Emmental

Nik's Wystube - ***Löwen***, Langenthalstr. 1, ✆ 0629 612 107, *nikgygax@bluewin.ch, Fax 0629 611 672,* – P. AE D MC VISA
geschl. Sonntag und Montag – **Menu** 18 - 65/78 und à la carte 48/102.
◆ Wenn Sie zum Speisen ein ungezwungenes Umfeld bevorzugen, dann wird es Ihnen in dieser hellen, rustikalen Gaststube mit traditioneller Küche bestimmt gefallen !

THUN *3600 Bern (BE)* 551 K8 – *39 854 Ew. – Höhe 560.*

Sehenswert : *Blick★★ vom Kirchenvorplatz* Z – *Seeufer : Jakobshübeli★★* Z – *Park vom Schloss Schadau : Aussicht★★* BY – *Altstadt : Obere Hauptgasse★* Z **28** – *Rathausplatz★* Z **30** – *Schloss Museum★ ; Blick von den Ecktürmen* Z.

Thunersee, ✆ 0333 347 070, Fax 0333 347 075, Ost : 2 km Richtung Allmendingen.

Thun Tourismus-Organisation, Bahnhof, ✆ 0332 222 340, thun@thunersee.ch, Fax 0332 228 323.

Aarestr. 14, ✆ 0332 257 676, Fax 0332 257 675.

Bern 30 ① – Interlaken 29 ④ – Gstaad 58 ④ – Langnau im Emmental 32 ① – Spiez 11 ③

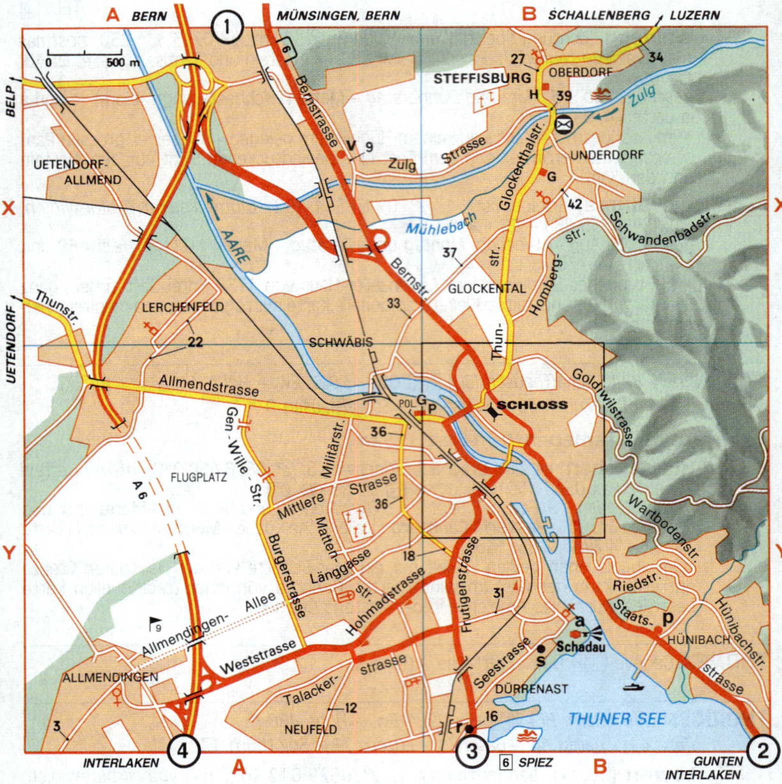

THUN

Allmendingenstrasse	AY 3
Allmendstrasse	Z 4
Bahnhofbrücke	Z 6
Bahnhofplatz	Z 7
Bälliz	Z
Berntorplatz	Z 10
Buchholzstrasse	AY 12
Grabenstrasse	Z 13
Guisanplatz	Z 15
Gwattstrasse	BY 16
Hauptgasse	Z
Jungfraustrasse	ABY 18
Kirchtreppe	Z 19
Kuhbrücke	Z 21
Lerchenfeldstrasse	AXY 22
Marktgasse	Z 24
Maulbeerplatz	Z 25
Obere Hauptgasse	Z 28
Rathausplatz	Z 30
Schadaustrasse	BY 31
Steffisburgstr.	Z 35
Stockhornstrasse	AY 36
Untere Hauptgasse	Z 40
Waisenhausstrasse	Z 41

STEFFISBURG

Bernstrasse alte	AX 9
Oberdorfstrasse	BX 27
Schwäbisstrasse	AX 33
Schwarzeneggstrasse	BX 34
Stockhornstrasse	BX 37
Unterdorfstrasse	BX 39
Ziegeleistrasse	BX 42

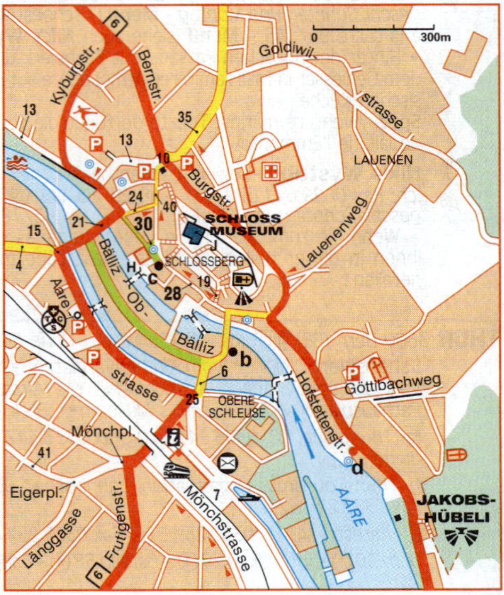

Seepark, Seestr. 47, ✉ 3602, ☎ 0332 261 212, *info@seepark.ch, Fax 0332 261 510,* – Zim, Rest, – 15/350. BY s
geschl. 22. Dez. - 4. Jan. – ***La Voile :*** **Menu** 21 - 35 (mittags)/68 und à la carte 46/104 – **85 Zim** 160/250 – ½ P Zuschl. 53.
◆ Dieses grosse, moderne Seminarhotel ist vom Thunersee nur durch einen schmalen Uferweg getrennt. Den Gast erwarten gut ausgestattete Zimmer mit zeitgemässem Komfort. Restaurant La Voile mit kleiner Sommerterrasse.

Freienhof, Freienhofgasse 3, ☎ 0332 275 050, *reception@freienhof.ch, Fax 0332 275 055,* – Zim, – 15/110. Z b
Menu 14.50 - 19 (mittags)/45 und à la carte 34/78 – **65 Zim** 172/286 – ½ P Zuschl. 40.
◆ Ein Hotel mit langer Tradition, das ganz den Bedürfnissen der heutigen Zeit angepasst ist : Ein Teil der Zimmer ist sehr modern und funktionell gestaltet. Gepflegter Garten. Restauration mit Bar und Terrasse an der Aare.

Krone, Rathausplatz 2, ☎ 0332 278 888, *info@krone-thun.ch, Fax 0332 278 890,* – – 35. Z c
Wong Kun : **Menu** 20 (mittags) und à la carte 40/75 – ***Brasserie :*** **Menu** 15 20 (mittags) und à la carte 40/76 – **27 Zim** 165/290 – ½ P Zuschl. 35.
◆ Das hübsche alte Stadthaus mit Türmchen liegt direkt im historischen Zentrum von Thun, in der Fussgängerzone. Hier stehen modern ausgestattete Zimmer für Sie bereit. Fernöstliches Ambiente und chinesische Küche im Wong Kun.

Alpha, Eisenbahnstr. 1, beim Strandbad Dürrenast : 1 km, ✉ 3604, ☎ 0333 347 347, *welcome@alpha-thun.ch, Fax 0333 347 348,* – Zim, – 15/40. BY r
Menu *(geschl. 3. - 18. Jan. und Sonntag)* 18 - 46 (mittags) und à la carte 36/95 – **34 Zim** 120/210 – ½ P Zuschl. 30.
◆ Etwas ausserhalb des Zentrums, an einer Hauptstrasse, befindet sich dieses Hotel, dessen Zimmer mit hellem oder dunklem Furnierholzmobiliar funktionell eingerichtet sind. Speiseterrasse unter schattenspendenden Bäumen.

Arts Schloss Schadau, Seestr. 45, ☎ 0332 222 500, *arts@bluewin.ch, Fax 0332 221 580,* ≤ Thunersee, – BY a
geschl. Feb., Dienstag von Nov. - April und Montag – **Menu** 49 (mittags)/98 und à la carte 68/111 – ***Bistro :*** Menu à la carte 42/77.
◆ Das Schloss a. d. 19. Jh., traumhaft in einem Park am See gelegen, besticht durch die mit Stuckaturen und sehenswerten Holzmalereien verzierten Räume und die schöne Terrasse. Die einfachere Restaurant-Variante : das Bistro.

Dampfschiff - Bateau à Vapeur, Hofstettenstr. 20, ☎ 0332 214 949, *dampfschiff-thun@bluewin.ch, Fax 0332 214 950,* – Z d
geschl. Dienstag von Okt. - April und Montag – **Menu** 28 - 49 (mittags) und à la carte 39/99.
◆ Dank sorgfältiger und detailgetreuer Renovierung präsentiert sich das 1805 erbaute Haus in seinem ursprünglichen Stil. Sehr gemütlich : die zwei kleinen Biedermeierstuben.

in Steffisburg *Nord-West : 2 km - AX – Höhe 563 – ✉ 3613 Steffisburg-Station :*

Schützen mit Zim, Alte Bernstr. 153, ☎ 0334 373 162, *landgasthof-schuetzen@swissonline.ch, Fax 0334 376 962,* – . Zim AX v
geschl. Weihnachten, 1. - 4. Jan., Ostern und Sonntag – **Menu** 20 - 46 (mittags)/85 und à la carte 42/97 – **12 Zim** 82/144.
◆ Der Schützen ist ein für die Region typischer Dorfgasthof. In der Wirtschaft und den zwei rustikalen Stuben werden gutbürgerliche Gerichte serviert. Nette, gepflegte Zimmer.

Panorama, Hartlisbergstr. 39, auf dem Hartlisberg, ☎ 0334 374 344, *restaurant.panorama@bluewin.ch, Fax 0334 376 098,* ≤ Thun und Berge, –
geschl. 4. - 21. Jan., 14. - 20. Juni, Montag und Dienstag – ***Cayenne :*** **Menu** 54 (mittags)/89 und à la carte 50/110 – ***Gaststube :*** Menu 22 und à la carte 42/65.
◆ Von diesem Restaurant aus hat man einen herrlichen Ausblick auf Thun und die Berge. Hell, modern und freundlich zeigt sich das Interieur.

in Hünibach *Süd-Ost : 2,5 km - BY - Höhe 572 - ✉ 3626 Hünibach :*

Chartreuse mit Zim, Staatsstr. 142, ✆ 0332 433 382, *mail@chartreuse.ch, Fax 0332 433 359,* – Zim, TV P. MC VISA BY p
geschl. 24. Okt. - 14. Nov. – **Menu** *(geschl. Sonntag)* 17.50 - 35 (mittags)/50 und à la carte 44/83 – **14 Zim** 85/160 – ½ P Zuschl. 35.
◆ Viel Holz, farbige Muranoleuchten und indischer Schiefer prägen dieses modern-rustikale Restaurant mit Sommerterrasse. Schlichte, sehr saubere und gepflegte Zimmer.

in Hilterfingen *Süd-Ost : 3 km – Höhe 563 – ✉ 3652 Hilterfingen :*

Schönbühl, Dorfstr. 47, ✆ 0332 432 383, *info@schoenbuehl.ch, Fax 0332 434 047,* < Thunersee und Berge, – TV P. MC VISA
geschl. 2. Jan. - 4. Feb. und Montag – **Menu** 15 - 46 (mittags)/74 und à la carte 40/92 – **11 Zim** 115/240 – ½ P Zuschl. 45.
◆ Das Haus im Schweizer Holzbaustil wurde kürzlich komplett umgebaut. Heute geniesst man die Ruhe in geschmackvoll renovierten, modern ausgestatteten Zimmern ; teils mit Balkon. Restaurant und Terrasse mit schöner Aussicht auf den See und die Berge.

in Oberhofen *Süd-Ost : 3 km – Höhe 563 – ✉ 3653 Oberhofen :*

Parkhotel, Friedbühlweg 36, ✆ 0332 449 191, *info@parkhoteloberhofen.ch, Fax 0332 449 181,* < Thunersee und Berge, – TV P – 70. AE D MC VISA. Zim
Menu (alkoholfrei) 17 - 28 und à la carte 43/88 – **39 Zim** 95/220 – ½ P Zuschl. 26.
◆ Der Hotelbau aus der Jahrhundertwende bietet durch seine erhöhte, ruhige Lage vor allem von den Balkonen der zum See hin gelegenen Zimmer eine schöne Aussicht. Helles, neuzeitliches Restaurant mit traditionellen Gerichten.

THUSIS *7430 Graubünden (GR) 553 U9 – 2 605 Ew. – Höhe 697.*

Ausflugsziel : *Zillis Holzdecke★★ der Kirche Süd : 8 km – Via Mala★★ Süd : 4 km.*
Thusis - Samedan, Information ✆ 0816 511 113.
Verkehrsverein, Neudorfstr. 49, ✆ 0816 511 134, vvthusis@spin.ch, Fax 0816 512 563.
Bern 269 – Chur 28 – Bellinzona 89 – Davos 47 – Sankt Moritz 64.

Weiss Kreuz, Neudorfstr. 50, ✆ 0816 500 850, *info@weisskreuz.ch, Fax 0816 500 855,* – TV P – 15/100. MC VISA
geschl. 26. Okt. - 25. Nov. und Weihnachten – **Menu** 16 und à la carte 39/79 – **41 Zim** 90/150 – ½ P Zuschl. 25.
◆ Das Haus mit der auffälligen zinnoberroten Fassade liegt im Zentrum. Die Mehrzahl der Gästezimmer wurde renoviert, einige sind auch ganz neu. Traditionelles Restaurant und moderner Dachwintergarten mit schönem Blick über Thusis.

THYON-LES COLLONS *1988 Valais (VS) 552 I12 – alt. 2 187 – Sports d'hiver : 1 800/2 450 m 11.*

Bern 169 – Sion 16 – Brig 67 – Martigny 46.

aux Collons *– alt. 1 802 – ✉ 1988 Thyon-Les Collons.*
Office du Tourisme, ✆ 0272 812 727, info@thyon-region.ch, Fax 0272 812 783

La Cambuse, ✆ 0272 811 883, *info@lacambuse.ch, Fax 0272 813 222,* < Val d'Hérens, – TV P – 40. AE MC VISA
12 déc. au 17 avril, 26 juin au 16 oct. – **Repas** *(fermé jeudi en été)* 17 - 30 (midi)/75 et à la carte 36/78 – **10 ch** 105/170, Basse saison 80/140 – ½ P suppl. 30.
◆ Ce chalet dominant le val d'Hérens jouit d'une vue et d'une situation magnifiques au pied des pistes. Les chambres, douillettes, sont revêtues de boiseries. La salle à manger éclairée par des baies vitrées, sert une cuisine traditionnelle. Espace fondues.

La TOUR-DE-TRÊME *Fribourg 552 G9 – rattaché à Bulle.*

Les pages explicatives de l'introduction vous aideront à mieux profiter de votre Guide Michelin.

TRAVERS *2105 Neuchâtel (NE)* **552 E7** *– 1 212 h. – alt. 748.*

Bern 71 – Neuchâtel 22 – La Chaux-de-Fonds 31 – Pontarlier 31 – Yverdon-les-Bains 41.

Crêt de l'Anneau avec ch, Est : 1 km route Neuchâtel, ☎ 0328 631 178, *hotelcret@valtra.ch, Fax 0328 634 038,* – P. VISA. ch
fermé 22 déc. au 11 janv., dim. soir et lundi – **Repas** *15.50* - 22/46 et à la carte 40/85 – 10 – **8 ch** 90/120 – ½ P suppl. 25.
• Affaire familiale bordant un axe fréquenté. À l'intérieur, une salle à manger principale récemment rafraîchie et un café de style néo-rustique. Table classique.

TRIMBACH *Solothurn* **551 M5** *– siehe Olten.*

TROINEX *Genève* **552 B12** *– rattaché à Genève.*

TRUN *7166 Graubünden (GR)* **553 S9** *– 1 357 Ew. – Höhe 852.*

Bern 217 – Andermatt 36 – Altdorf 70 – Bellinzona 91 – Chur 53.

Tödi, Hauptstr. 106, ☎ 0819 431 121, *info@hotel-casa-toedi.ch, Fax 0819 431 828,* – Zim, P. AE VISA JCB. Rest
geschl. 19. April - 3. Mai und 18. Okt. - 1. Nov. – **Menu** 35/85 und à la carte 54/97 – **18 Zim** 80/145 – ½ P Zuschl. 43.
• Mit dem Bau dieses auffallenden Gebäudes wurde schon 1530 begonnen. Das Patrizierhaus in seiner heutigen Form gibt es seit 300 Jahren. Einfache, rustikal möblierte Zimmer. Im ersten Stock befindet sich das mit viel Holz eingerichtete Restaurant.

Die in diesem Führer angegebenen Preise folgen der Entwicklung der allgemeinen Lebenshaltungskosten. Lassen Sie sich bei der Zimmerreservierung den endgültigen Preis vom Hotelier mitteilen.

TSCHERLACH *8881 Sankt Gallen (SG)* **551 U6** *– Höhe 449.*

Bern 204 – Sankt Gallen 74 – Bad Ragaz 18 – Buchs 31 – Rapperswil 48 – Vaduz 28.

Zum Landhaus, ☎ 0817 351 317, *Fax 0817 351 317,* – P. AE VISA
geschl. 15. Juli - 7. Aug., Montag und Dienstag – **Menu** 75/120 und à la carte 66/118.
• Hinter der schönen Pergola befindet sich der Eingang zum netten kleinen Restaurant im ersten Stock. In ländlich-rustikalem Ambiente serviert man internationale Gerichte.

TSCHUGG *3233 Bern (BE)* **552 H7** *– 440 Ew. – Höhe 470.*

Bern 38 – Neuchâtel 16 – Biel 23 – La Chaux-de-Fonds 36 – Murten 17.

Rebstock, Unterdorf 60, ☎ 0323 381 161, *rebstock.tschugg@bluewin.ch, Fax 0323 381 373,* – P. AE VISA
geschl. 23. - 30. Dez., 2. - 18. Feb., Dienstag ausser abends von Juli - Aug. und Montag – **Menu** 56 (mittags)/130 und à la carte 56/120.
• Die geschmackvolle Inneneinrichtung des ehemaligen Weinguts erinnert etwas an die Provence. Die Speisekarte bietet eine interessante, zeitgemässe Auswahl.

TÜBACH *9327 Sankt Gallen (SG)* **551 V4** *– 1 117 Ew. – Höhe 418.*

Bern 213 – Sankt Gallen 11 – Bregenz 33 – Konstanz 34.

Löwen, Kirchstr. 9, ☎ 0718 412 042, *info@wirtschaft-loewen.ch, Fax 0718 412 047,* – P. VISA
geschl. 24. Jan. - 5. Feb., 12. Juli - 5. Aug., Dienstag und Mittwoch – **Menu** *17.50* - 77 und à la carte 42/97.
• Ein einfaches, solide geführtes Gasthaus in dörflicher Umgebung. An eine schlichte Gaststube schliesst sich der sehr gepflegte, ländlich-rustikale à la carte-Bereich an.

TWANN *2513 Bern (BE)* **551 H6** *– 868 Ew. – Höhe 434.*
Bern 44 – Neuchâtel 26 – Biel 10 – La Chaux-de-Fonds 51 – Solothurn 31.

Bären, Hauptstr. 92, ☎ 0323 152 012, *info@baeren-twann.ch, Fax 0323 152 292,* – Zim, – 15/80.
geschl. 2. - 24. Feb., Montag und Dienstag ausser April - Anfang Okt. – **Menu** 42/49 und à la carte 42/102 – **13 Zim** 130/230 – ½ P Zuschl. 42.
◆ Der Bären liegt in einem kleinen, zwischen Weinbergen und dem See eingebetteten Dorf. Die renovierten Zimmer bieten mit ihrer funktionellen Einichtung modernen Komfort. Grosse, klassisch dekorierte Restauration mit vorgelagerter Terrasse.

Fontana, Moos 34/46, ☎ 0323 150 303, *mail@hotelfontana.ch, Fax 0323 150 313,* – Zim, – 20.
geschl. 20. Dez. - 6. Feb., Donnerstag und Freitag von Nov. - 23. April ausser Ostertage – **Menu** 19.50 - 65/135 und à la carte 47/127 – **18 Zim** 130/245 – ½ P Zuschl. 42.
◆ In diesem Gebäude im regionalen Stil serviert man in den unterschiedlichen Gasträumen gutbürgerliche Gerichte. Im Gästehaus stehen neuzeitlich eingerichtete Zimmer bereit.

Zur Ilge, Kleintwann 8, ☎ 0323 151 136, *ilgetwann@bluewin.ch, Fax 0323 157 019,* –
geschl. Montag und Dienstag – **Menu** 45/68 und à la carte 48/101.
◆ Neben Fischgerichten werden im Restaurant und auf der kleinen Terrasse dieses alten Steinhauses im Dorfzentrum auch Spezialitäten aus der chinesischen Küche angeboten.

UDLIGENSWIL *6044 Luzern (LU)* **551 O6** *– 1 853 Ew. – Höhe 625.*
Bern 121 – Luzern 10 – Aarau 57 – Schwyz 29 – Zürich 51.

Frohsinn, Dorfstr. 13, ☎ 0413 711 316, *Fax 0413 710 616,* –
geschl. Juli - Aug. 2 Wochen und Mittwoch – **Menu** 17.50 - 59/69 und à la carte 50/111.
◆ Das am Dorfrand gelegene Holzhaus mit Anbau betritt man durch die rustikale Gaststube. Dahinter befindet sich der traditionelle Speisesaal mit einem gutbürgerlichen Angebot.

UETIKON AM SEE *8707 Zürich (ZH)* **551 Q5** *– 5 185 Ew. – Höhe 414.*
Bern 143 – Zürich 18 – Rapperswil 11.

Alpenblick, Bergstr. 322, Nord-Ost : 3 km Richtung Uster, ☎ 019 204 722, *hotelalpenblick@aol.com, Fax 019 206 254,* ← Zürichsee und Berge, –
geschl. 22. Dez. - 20. Jan. – **Menu** *(geschl. Montag und Dienstag)* 25 - 40 (mittags)/57 und à la carte 47/110 – **12 Zim** 110/240.
◆ Dieser Landgasthof liegt hoch über dem See am Berghang. Die ruhigen, mit hellen Massivholzmöbeln eingerichteten Zimmer bieten genügend Platz und zeitgemässen Komfort. Rustikales Restaurant und Terrasse mit wunderbarer Sicht auf den Zürichsee und die Berge.

Wirtschaft zum Wiesengrund (Hussong), Kleindorfstr. 61, ☎ 019 206 360, *hussong@wiesengrund.ch, Fax 019 211 709,* – .
geschl. 1. - 16. Feb., 25. Juli - 16. Aug., Sonntag und Montag – **Menu** (Tischbestellung ratsam) 68 (mittags)/160 und à la carte 90/184.
◆ Das unscheinbare Haus lässt kaum vermuten, welche klassisch-französischen Raffinessen in dem modernen Restaurant oder auf der schönen kleinen Gartenterrasse serviert werden.
Spez. Cassolette von Langustinen parfümiert mit Estragon. Kalbsfilet aus dem Emmental mit Gänseleber und Perigordtrüffel. Praliné von Ziegenkäse auf Gemüsesalat und Limone

UETLIBERG *Zürich* **551 P5** *– siehe Zürich.*

Die Erläuterungen in der Einleitung helfen Ihnen, Ihren Michelin-Führer effektiver zu nutzen.

ULMIZ *3214 Freiburg (FR)* **552 H7** *– 352 Ew. – Höhe 500.*
Bern 27 – Neuchâtel 31 – Biel 35 – Fribourg 20 – Murten 9.

Zum Jäger, Dorfstr. 22, ☎ 0317 510 272, *Fax 0317 510 999* – P. MC VISA
geschl. 18. Juli - 9. Aug., Mittwoch und Donnerstag – **Menu** 50 und à la carte 42/86.
◆ Sorgfältig zubereitete bürgerliche Gerichte zu moderaten Preisen werden in diesem typischen, im Dorfkern gelegenen Landgasthof dem kundigen Geniesser aufgetischt.

Zum Bauernhof, Dorfstr. 70, ☎ 0317 511 009, *restaurant@bauernhof-ulmiz.ch, Fax 0317 512 338,* – P. AE D MC VISA
Menu *(geschl. Ende Jan. - Ende Feb., Montag und Dienstag ausser abends von Juli - Aug.)* 16 - 49 (mittags)/94 und à la carte 47/111 – ***Longchong*** - chinesische Küche - *(geschl. 2. - 25. Juli, Freitag-Sonntag jeweils mittags, Mittwoch und Donnerstag)* **Menu** 16 - 48/72 und à la carte 46/83
◆ In den verschiedenen alten Stuben des Bauernhofes aus dem 18. Jh. oder auf der angenehmen Terrasse im Hof serviert man Speisen von einer traditionellen Karte. Im schönen alten Stöckli befindet sich eine Bar mit offener Küche und das chinesische Restaurant.

UNTERÄGERI *6314 Zug (ZG)* **551 Q6** *– 6 966 Ew. – Höhe 725.*
Bern 150 – Luzern 45 – Einsiedeln 31 – Rapperswil 38 – Schwyz 22 – Zug 10.

Seminarhotel, Seestr. 10, ☎ 0417 546 161, *sha@seminarhotelaegerisee.ch, Fax 0417 546 171,* ←, , – , Zim, TV P – 15/100. AE D MC VISA
Menu 17.50 und à la carte 41/102 – **69 Zim** 180/250.
◆ Nur durch einen Park vom Seeufer getrennt ist dieses in den letzten Jahren renovierte Geschäftshotel. Sie wohnen in modern ausgestatteten Gästezimmern. Beizli und gehobenes à la carte-Restaurant.

UNTERBÄCH *3944 Wallis (VS)* **552 L11** *– 458 Ew. – Höhe 1 228 – Wintersport : 1 220/2 500 m 5.*
Unterbäch Tourismus, Dorfplatz, ☎ 0279 345 656, info@unterbaech.ch, Fax 0279 345 657.
Bern 186 – Brig 20 – Sierre 38 – Sion 53 – Zermatt 39.

Alpenhof, ☎ 0279 358 844, *alpenhof@rhone.ch, Fax 0279 358 840,* ←, , , , – TV P – 15/50. AE D MC VISA. Rest
geschl. 1. Mai - 1. Juni und Nov. - 19. Dez. – **Menu** *(im Sommer nur Abendessen)* 19 - 30 (mittags)/55 und à la carte 46/94 – **38 Zim** 160/240, Vorsaison 70/160 – ½ P Zuschl. 35.
◆ Das traditionelle Haus liegt im Zentrum des kleinen Ortes. Die Zimmer unterscheiden sich kaum und sind mit dunklen, massiven Eichenholzmöbeln klassisch eingerichtet. Zur Strasse hin liegt die einfache Gaststube, im hinteren Hausteil der bürgerliche Speisesaal.

Walliserhof, ☎ 0279 342 828, *hotel-walliserhof@oberwallis.ch, Fax 0279 342 829,* ←, – TV P. MC VISA
geschl. 11. April - 10. Mai und 4. Nov. - 20. Dez. – **Menu** *(geschl. Dienstag in der Zwischensaison)* 19.50 - 39 und à la carte 33/81 – **15 Zim** 66/132 – ½ P Zuschl. 23.
◆ Im Walliserhof schläft der Gast in schon älteren, einfachen, aber gepflegten Zimmern, die vom Balkon aus eine schöne Aussicht auf die Umgebung bieten. Mit Tischminigolfanlage. Rustikales Restaurant.

UNTERVAZ *7201 Graubünden (GR)* **553 V8** *– 2 089 Ew. – Höhe 537.*
Bern 238 – Chur 13 – Bad Ragaz 19 – Davos 51.

Sportcenter Fünf-Dörfer, Nahe der Autobahnausfahrt Zizers-Untervaz, ☎ 0813 226 900, *mgaemp@spin.ch, Fax 0813 226 903,* , , – TV P – 15/40. AE D MC VISA
geschl. Weihnachten – **Menu** 17.50 - 71 und à la carte 41/88 – **34 Zim** 83/145 – ½ P Zuschl. 26.
◆ Der Durchreisende findet hier, nicht weit von der Autobahnausfahrt, eine praktische Übernachtungsmöglichkeit in gepflegten, zeitgemäss eingerichteten Zimmern. Einfaches Restaurant.

UNTERWASSER *9657 Sankt Gallen (SG)* **551** U6 – *Höhe 910 – Wintersport : 910/2 262 m* 2 4.

Tourist-Info, 0719 991 923, unterwasser@toggenburg.org, Fax 0719 992 085.
Bern 212 – Sankt Gallen 51 – Altstätten 40 – Buchs 20 – Rapperswil 48.

Iltios, Süd : 2 km, 0719 993 969, *info@pension-iltios.ch, Fax 0719 993 794,* < Säntis und Berge, , – P. MC VISA. Rest
geschl. 13. April - 14. Mai und 2. Nov. - 1. Dez. – **Menu** *(nur ½ Pens. für Hotelgäste) (geschl. mittags)* – **20 Zim** 80/150 – ½ P Zuschl. 20.
◆ Neben der Talabfahrt gelegen, bietet dieser Gasthof seinen Gästen einfache, ruhige Zimmer mit rustikaler Einrichtung und sehr schöner Sicht auf die umliegenden Berge.

URNÄSCH *9107 Appenzell Ausserrhoden (AR)* **551** U5 – *2 321 Ew. – Höhe 826.*
Bern 213 – Sankt Gallen 20 – Altstätten 26 – Herisau 10 – Rapperswil 53.

Sonne, Schwägalpstr. 60, 0713 641 105, *sonne.diesterbeck@bluewin.ch, Fax 0713 642 241* – P. MC VISA
geschl. Feb. und Juli jeweils 3 Wochen, Sonntagabend, Montag und Dienstag – ***Backstube :*** **Menu** 68 und à la carte 45/107 – ***Bauernstube :*** **Menu** 18.50 und à la carte 39/74.
◆ Die frühere Backstube dieses schönen Appenzellerhauses a. d. 17. Jh. strahlt mit ihren Antiquitäten Wärme und Behaglichkeit aus. Klassische und regionale Gerichte. Sorgfältig zubereitete traditionelle Gerichte in der gemütlich-rustikalen Bauernstube.

URSENBACH *4937 Bern (BE)* **551** L6 – *907 Ew. – Höhe 588.*
Bern 43 – Burgdorf 20 – Langnau im Emmental 29 – Olten 33 – Luzern 51.

Hirsernbad, in Hirsern, 1 km Richtung Oeschenbach, 0629 653 256, *hirsernbad@hirsernbad.ch, Fax 0629 650 306,* – P. AE MC VISA
geschl. Mittwoch – **Menu** 19.50 - 65/109 und à la carte 49/108.
◆ Nach einem Apéro im Gewölbekeller dieses hübschen Landgasthofs laden behaglich-rustikale Stuben zum Verweilen ein. Traditionelle Karte mit Schwerpunkt Fisch.

Zum Araber, Hauptstr. 34, 0629 652 533, *gasthaus@araber.ch, Fax 0629 652 511,* – P. AE MC VISA JCB
geschl. 20. Sept. - 10. Okt., Dienstagmittag und Montag – **Menu** 16 - 54 (mittags)/90 und à la carte 42/103.
◆ In diesem stilvollen Gasthaus im Oberaargau wählt man klassische Gerichte entweder in einer der gediegenen Stuben oder - bei schönem Wetter - im angenehmen Rosengarten.

USTER *8610 Zürich (ZH)* **551** Q5 – *28 483 Ew. – Höhe 464.*
18 *in Hittnau,* ✉ *8335 (April - Okt.)* *019 502 442, Fax 019 510 166, Ost : 10 km.*
Bern 145 – Zürich 25 – Rapperswil 22 – Winterthur 27.

Ochsen, Zentralstr. 23, 0433 991 818, *mailbox@ochsen-uster.ch, Fax 0433 991 819,* – TV P. AE MC VISA
geschl. 22. Dez. - 4. Jan., Ostern und Pfingsten – **Menu** *(geschl. auch 12. Juli - 1. Aug. und Montag)* 17.50 - 34 (mittags) und à la carte 46/91 – **25 Zim** 120/174.
◆ Das Haus liegt im Dorfzentrum unterhalb von Schloss und Kirche. Die Zimmer unterscheiden sich kaum und sind mit weissen Furnierholzmöbeln zweckmässig eingerichtet. Neuzeitliches Restaurant mit gutbürgerlichem Angebot.

UTTWIL *8592 Thurgau (TG)* **551** U4 – *1 474 Ew. – Höhe 406.*
Bern 208 – Sankt Gallen 23 – Bregenz 41 – Frauenfeld 42 – Konstanz 18.

Frohsinn, Romanshornerstr. 3, 0714 634 484, *Fax 0714 634 481* – P. AE MC VISA
geschl. Dienstag und Mittwoch – **Menu** - Fischspezialitäten - (an Wochenenden Tischbestellung ratsam) 15.50 - 32 (mittags) und à la carte 42/93.
◆ Hinter der auffällig hübschen Fassade dieses alten Riegelhauses a. d. 18. Jh. verbirgt sich ein schönes, rustikales Restaurant - probieren Sie die Fischspezialitäten !

UTZENSTORF *3427 Bern (BE)* 551 J-K6 – *3 659 Ew. – Höhe 474.*

Sehenswert : *Schloss Landshut★.*

Bern 26 – Biel 35 – Burgdorf 12 – Olten 47 – Solothurn 13.

Bären, Hauptstr. 18, ✆ 0326 654 422, *baeren-utzenstorf@bluewin.ch, Fax 0326 652 969,* – P. AE ⓓ ⓜ VISA
geschl. 26. Jan. - 11. Feb., 12. - 30. Juli, Montag und Dienstag – **Menu** 17.50 - 90 und à la carte 53/99.
◆ Erstmals erwähnt wurde dieser schöne typische Berner Gasthof schon 1261. In der 13. Generation bewirtet man Sie heute mit sorgfältig zubereiteten traditionellen Speisen.

zum Schloss Landshut, Landshutstr. 27, ✆ 0326 654 044, *rhynpia@swissonline.ch, Fax 0326 651 156,* – P. AE ⓓ ⓜ VISA
geschl. April und Okt. jeweils 2 Wochen, Montag und Dienstag – **Menu** 15.50 - 42 (mittags)/80 und à la carte 41/83.
◆ Das typische Berner Gasthaus beherbergt ein ländlich-bürgerliches Restaurant mit traditioneller Karte. Gartenterrasse mit einem grossen Schatten spendenen Ahornbaum.

UVRIER *Valais* 552 I11 – *rattaché à Sion.*

Richiedete alla vostra libreria
il catalogo delle pubblicazioni Michelin

UZWIL *9240 Sankt Gallen (SG)* 551 T4 – *11 997 Ew. – Höhe 564.*

Bern 187 – Sankt Gallen 21 – Konstanz 34 – Weesen 52 – Zürich 68.

Uzwil, Bahnhofstr. 67, ✆ 0719 557 070, *info@hotel-uzwil.ch, Fax 0719 557 071,* – TV P – 40. AE ⓓ ⓜ VISA
geschl. 23. Dez. - 4. Jan. und 23. Juli - 8. Aug. – **Menu** *(geschl. Samstag und Sonntag)* 17.50 - 43 und à la carte 47/85 – **33 Zim** 165/240.
◆ Im Dorfzentrum : Ein gepflegtes Business- und Seminarhotel mit zeitgemäYer technischer Ausstattung, funktionellen Zimmern und kleinem Tagungscenter. Rustikales Restaurant mit modernen Akzenten. Mehrere kleine Stuben eignen sich besonders für Geschäftsessen.

VACALLO *6833 Ticino (TI)* 553 S14 – *2 854 ab. – alt. 375.*

Bern 299 – Lugano 27 – Bellinzona 55 – Como 9.

Conca Bella con cam, via Concabella 2, ✆ 0916 975 040, *concabella@bluewin.ch, Fax 0916 837 429,* – TV – 30. AE ⓓ ⓜ VISA.
chiuso dal 28 dicembre al 6 gennaio e dal 1 al 23 agosto – **Pasto** *(chiuso domenica e lunedì)* (coperti limitati - prenotare) 38 - 52 (mezzogiorno)/126 ed alla carta 93/146 – **17 cam** 115/210.
◆ Alla cucina mediterranea rivisitata, a cui si è aggiunto un tocco di creatività, viene associata una buona selezione di vini. Disponibilità di belle camere.
Spec. La millefoglie di melanzane con mozzarella di bufala, pomodoro fresco e basilico (estate). I cappelletti di ricotta e aglio orsino con salsa alla spugnole (primavera). La lombatina di caprioletto estivo ai funghi gallinacci con polenta (estate). **Vini** Bianco del Ticino, Ligornetto

VALBELLA *Graubünden* 553 V9 – *siehe Lenzerheide.*

VALLAMAND-DESSOUS *1586 Vaud (VD)* 552 G7 – *339 h. – alt. 438.*

Bern 40 – Neuchâtel 24 – Biel/Bienne 41 – Lausanne 65 – Yverdon-les-Bains 38.

du Lac, ✆ 0266 771 315, *Fax 0266 773 415,* – P. ⓜ VISA
fermé fév., mardi soir (sauf 15 juil. au 15 août) et merc. – **Repas** 18 - 48 (midi)/65 et à la carte 39/95.
◆ Attablez-vous si possible dans la véranda, admirant le lieu de tous les délices : le lac, qui fournit la matière première des plats préparés en cuisine, dont le fameux silure.

VALS *7132 Graubünden (GR)* **553 T10** – *1 000 Ew. – Höhe 1 248 – Kurort.*
Visit Vals, Poststrasse, 0819 207 070, Fax 0819 207 077.
Bern 250 – Chur 55 – Andermatt 78 – Davos 106.

Rovanada, 0819 351 303, *info@rovanada.ch, Fax 0819 351 735*, ←, –
19. Dez. - 12. April und 19. Mai - 1. Nov. – **Menu** - italienische Küche - *21* - 57 und à la carte 38/79 – **28 Zim** 86/198 – ½ P Zuschl. 34.
◆ Nachdem man sich in den bekannten Valser Thermen vom Alltagsstress erholt hat, schläft man in hellen, 1996 renovierten Zimmern - die meisten mit Balkon und schöner Aussicht. Italienisches Restaurant La Cucina mit typischen Pizza- und Pasta-Gerichten.

VANDOEUVRES *Genève* **552 B11** – *rattaché à Genève.*

VENDLINCOURT *2943 Jura (JU)* **551 H4** – *554 h. – alt. 448.*
Bern 101 – Delémont 33 – Basel 48 – Belfort 38 – Biel 66.

Le Lion d'Or avec ch, 58 rte de Bonfol, 0324 744 702, *helg.patrick@bluewin.ch, Fax 0324 744 703*, –
fermé 5 au 19 janv. – **Repas** *(fermé lundi)* *17* - 38 (midi)/80 et à la carte 40/87 – **8 ch** 50/120 – ½ P suppl. 25.
◆ Avenante salle à manger disposée en "L" et dotée d'atours campagnards : un cadre approprié à la dégustation des mets traditionnels et français. Chambres simples.

VENTHÔNE *3973 Valais* **552 J11** – *rattaché à Sierre.*

VERBIER *1936 Valais (VS)* **552 H12** – *2 163 h. – alt. 1 406 – Sports d'hiver : 1 526/3 330 m* 10 28
Voir : *Site★★ – Mont Gelé★★ par téléphérique – Mont Fort★★★* BZ.
36 *(juin - nov.) 0277 715 314, Fax 0277 716 093 -* BY.
Manifestation locale
23.07 - 08.08 : Verbier Festival et Academy (concerts classiques).
Verbier Tourisme, pl. Centrale, 0277 753 888, info@verbier.ch, Fax 0277 753 889.
Bern 146 ① – Martigny 19 ① – Lausanne 88 ① – Sion 49 ①

Rosalp, r. de Médran, 0277 716 323, *rosalp@verbier.ch, Fax 0277 711 059*, ←, – BZ s
début déc. - fin avril et début juil. - fin sept. – **Repas** (voir aussi rest. ***Roland Pierroz*** ci-après) – ***La Pinte*** *(fermé en été)* **Repas** à la carte 62/106 – **17 ch** 380/500, Basse saison 265/355, 3 suites – ½ P suppl. 75.
◆ Sur les hauts de Verbier, bâtiment composé de deux chalets communiquant. Vastes chambres au décor raffiné. Le soir, détendez-vous au "Baravin". Le restaurant La Pinte connaît un succès constant : recettes classiques et sympathique cadre "tout bois".

Le Chalet d'Adrien, ch. des Creux, 0277 716 200, *info@chalet-adrien.com, Fax 0277 716 224*, ← Verbier et montagnes, – 25. AY c
14 déc. au 12 avril et 2 juil. à août – ***L'Appartement*** *(fermé en été) (dîner seul.)* **Repas** 95 et à la carte 102/147 – ***Le Grenier* :** **Repas** *30* et à la carte 57/110 – 30 – **19 ch** 430/580, Basse saison 375/400, 6 suites – ½ P suppl. 80.
◆ Récent et prestigieux chalet sur les cimes valaisanes d'où l'on domine Verbier. Élégantes installations, centre de soins et superbes chambres néo-rustiques. L'Appartement : cadre rustique et cuisine française raffinée. Le Grenier est plus simple et traditionnel.

Montpelier, rue du Centre Sportif, 0277 716 131, *hotel-montpelier@verbier.ch, Fax 0277 714 689*, ←, – – 40. AZ a
11 déc. - 11 avril et 27 juin - 2 oct. – **Repas** *(fermé le midi sauf 24 déc. au 5 janv.)* 85 (soir)/150 et à la carte 96/121 – **40 ch** 350/600, Basse saison 145/260, 6 suites – ½ P suppl. 30.
◆ Une clientèle étrangère fréquente principalement ce chalet proche du centre sportif. Les chambres ont été rénovées. Joli hall-salon. Cadre classique au restaurant de l'hôtel dont la carte partagée entre "tendance" et tradition vous mettra l'eau à la bouche.

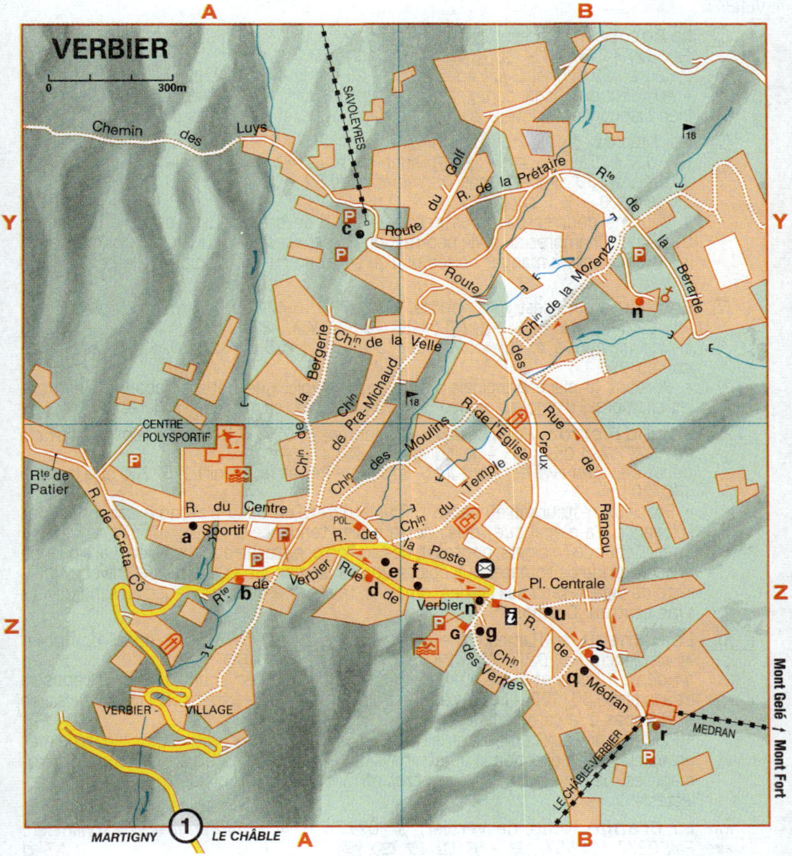

Les 4 Vallées sans rest, rue de Médran, 0277 753 344, *les4vallees@verbier.ch, Fax 0277 753 345*, – AE VISA. BZ q
5 déc. au 24 avril et 9 juil. au 22 août – **20 ch** 250/360, Basse saison 160/250.
◆ Chalet posté sur les hauteurs de la station, à proximité de l'entrée du domaine skiable. Amples chambres réaménagées et confortable hall-salon panoramique.

Golf Hôtel, rue de Verbier, 0277 716 515, *golfotel@axiom.ch, Fax 0277 711 488*, – AE VISA. AZ e
15 déc. au 30 avril et juil. - août – **Repas** *(½ pens. seul.) (fermé le midi)* – **27 ch** 225/380, Basse saison 180/320 – ½ P suppl. 25.
◆ En entrant dans l'hôtel vous trouverez un âtre revigorant qui donne le ton de l'établissement. Au choix : les chambres de style montagnard ou celles plus conventionnelles.

Rhodania, r. de Verbier, 0277 716 121, *rhodania@kingsverbier.ch, Fax 0277 715 254* – AE VISA JCB. rest BZ f
7 déc. au 11 avril et 22 juin au 19 sept. – **Repas** - cuisine italienne - 17 et à la carte 40/90 – **44 ch** 190/350, Basse saison 80/150 – ½ P suppl. 25.
◆ Maison de type chalet élevée au centre de Verbier. Chambres toutes identiques, habillées de lambris. Quelques-unes seulement offrent l'agrément d'un balcon. Plaisante table rustique interprétant un répertoire culinaire italianisant.

La Rotonde sans rest, Ch. de la Barmète 2, ☎ 0277 716 525, *rotonde@verbier.ch*, *Fax 0277 713 331* – ascenseur TV P. AE MC VISA. rest BZ u
2 déc. au 29 avril et 2 juil. au 30 août – **26 ch** 110/300, Basse saison 90/210.
◆ Au coeur du village, engageant chalet renfermant des chambres de tailles diverses bien insonorisées, dotées d'habillages lambrissés et de portes en bois massif.

Le Mazot, 44 ch. des Vernes, ☎ 0277 753 550, *mazot@verbier.ch*, *Fax 0277 753 555*, – ascenseur TV video P. AE MC VISA JCB. BZ g
1er déc. au 30 avril – **Repas** *(fermé le midi)* 52 – **24 ch** 265/400, Basse saison 180/300 – ½ P suppl. 25.
◆ Vous ne pourrez pas vous perdre : l'hôtel se dresse juste derrière l'Office de tourisme ! Chambres de style néo-rustique ; certaines avec cuisinette, pour les familles. Grande salle à manger boisée où l'on sert une cuisine traditionnelle et le plat du jour.

Ermitage sans rest, pl. Centrale, ☎ 0277 716 477, *hotel.ermitage@verbier.ch*, *Fax 0277 715 264*, ≤ – ascenseur TV P. AE MC VISA. BZ n
fermé fin avril à mi-juil. et mi-sept. à mi-oct. – **25 ch** 120/320, Basse saison 100/250.
◆ Bordant la place principale de la station, voici une bâtisse façon chalet dont les chambres, d'ampleur variée, sont un peu plus calmes sur l'arrière.

XXX ✿ **Roland Pierroz** - ***Hôtel Rosalp***, r. de Médran, ☎ 0277 716 323, *rosalp@verbier.ch*, *Fax 0277 711 059*, – P. AE MC VISA BZ s
début déc. - fin avril et début juil. - fin sept. – **Repas** (prévenir) 175/200 et à la carte 140/201.
◆ Spacieux restaurant au cadre raffiné, coiffé d'un beau plafond à caissons, dont l'élégance n'a d'égal que l'éclat de sa table "tendance".
Spéc. Coeur de foie gras, petites figues au Porto, pistache et noix (hiver). Langoustine grillée, terrine de tomates aux épices, zestes de mangue et citron vert (hiver). Aiguillette de pigeon farci aux laitues romaines, fèves et petits pois, sauce au sang (hiver).
Vins Leytron, Chamoson

XX **Le Hameau**, au Hameau, rue de la Bérarde, ☎ 0277 714 580, *hotel-montpelier@verbier.ch*, *Fax 0277 714 424*, ≤, – AE MC VISA BY n
11 déc. - 11 avril et 2 juil. au 4 sept. ; fermé dim. soir et lundi hors sais. – **Repas** 25 et à la carte 50/102 – ***Le Caveau*** - cuisine fromagère - *(dîner seul.) (fermé aussi en été)* **Repas** à la carte environ 45.
◆ Plusieurs niveaux composent le Hameau. Sa plaisante décoration montagnarde met en valeur une collection d'objets paysans. Avis aux amateurs de formules "fromagères", le Caveau est un carnotzet offrant un beau choix de fondues et de raclettes.

XX **La Grange**, route de Verbier, ☎ 0277 716 431, *lagrange@swissonline.ch*, *Fax 0277 711 557*, – P. AE MC VISA AZ d
fermé juin, lundi et mardi hors saison – **Repas** 62 (midi)/120 et à la carte 90/126 – ***Brasserie* : Repas** 17 - 25 (midi) et à la carte 54/112.
◆ D'anciens matériaux furent glanés pour recréer le cadre campagnard du restaurant : résultat réussi ! À table, spécialités au fromage et plats plus élaborés.

X **Au Vieux Valais** avec ch, route de Verbier, ☎ 0277 753 520, *info@vieux-valais.ch*, *Fax 0277 753 535*, ≤, – TV P. AE MC VISA. ch AZ b
16 nov. au 30 avril et 5 juil. au 19 sept. – **Repas** - spécialités valaisannes - 22 - 40/55 et à la carte 49/90 – **10 ch** 160/300, Basse saison 100/210 – ½ P suppl. 35.
◆ Un agréable décor rustique personnalise la lumineuse salle panoramique de ce restaurant préparant des recettes valaisannes. Quelques chambres fonctionnelles.

X **L'Écurie**, place Centrale, ☎ 0277 712 760, *Fax 0277 715 264*, – AE MC VISA BZ n
fermé mi-juin à mi-juil., mi-sept. à fin oct., mardi midi (en été aussi soir) et merc. hors saison – **Repas** 19 et à la carte 45/98.
◆ Le choix de l'Écurie : assiettes traditionnelles ou du terroir, servies aussi bien dans la chaleureuse salle à manger avec poutres apparentes que sur la terrasse d'été.

X **Le Sonalon**, par route du Golf et rue de la Marlène, ☎ 0277 717 271, *Fax 0277 717 371*, ≤ massif des Combins, – P. AE MC VISA
fermé 14 juin au 8 juil., 25 oct. au 2 déc., lundi et mardi de fin avril à juin et sept. à oct. – **Repas** à la carte 39/76.
◆ Vue magnifique sur le massif des Combins à contempler de la terrasse de ce chalet surplombant la station. Essayez sa cuisine du marché, apprêtée traditionnellement.

Au Vieux Verbier, gare de Médran, ☎ 0277 711 668, *Fax 0277 717 888,* – AE ① MC VISA BZ r
fermé mai à mi-juil., sept. et lundi sauf en hiver – **Repas** 20 et à la carte 41/104.
◆ Le restaurant est situé à côté du téléphérique, donc idéal pour les skieurs. Le style "sommets enneigés" domine dans la salle. Cuisine classique. Terrasse très prisée.

Chez Dany, au Chambin, alt. 1730 m, accès piétonnier par P du Médran, ☎ 0277 712 524, *Fax 0277 712 610,* ← massif montagneux du Grand Combin aux Dents du Midi, , – MC VISA
ouvert 16 déc. au 12 avril et 27 juin au 20 sept. – **Repas** (prévenir) à la carte 36/78.
◆ Tandis que vous dégustez des mets traditionnels ou valaisans dans un cadre typique, le massif montagneux s'étalant du Grand Combin aux dents du Midi vous sourit !

VERCORIN *3967 Valais (VS)* 552 **J11** – *alt. 1 341 – Sports d'hiver : 1 322/2 398 m* 2 9 .

Office du Tourisme, ☎ *0274 555 855, vercorin@sierre-anniviers.ch, Fax 0274 558 720.*

Bern 178 – Sion 25 – Brig 54 – Martigny 55 – Sierre 16.

Victoria, 1 pl. centrale, ☎ 0274 554 055, *info@victoria-vercorin.ch, Fax 0274 554 057,* ←, , – TV P AE ① MC VISA JCB
21 déc. au 11 avril et 19 juin au 3 Oct. – **Repas** *(fermé le midi en hiver)* 19 - 32/49 et à la carte 59/82 – **16 ch** 109/220 – ½ P suppl. 38.
◆ Cette affaire familiale, au centre du village, offre des chambres d'un confort convenable. Vous apprécierez la convivialité valaisanne. Le restaurant s'approche d'un jardin d'hiver. Le carnotzet est logé dans une cave datant de 1750 (spécialités fromagères).

VERMALA *Valais* 552 **J11** – *rattaché à Crans-Montana.*

VERMES *2829 Jura (JU)* 551 **J5** – *314 h. – alt. 568.*
Bern 103 – Delémont 10 – Basel 54 – Olten 70 – Solothurn 72.

Auberge de la Gabiare, 21 r. principale, ☎ 0324 388 777, *Fax 0324 388 867,* – P AE ① MC VISA
fermé 9 au 27 fév., 13 sept. au 1er oct., dim. soir, merc. et jeudi – **Repas** - spécialité charbonnade - 38 – **5 ch** 75/150.
◆ Ferme de 1780 convertie en auberge abritant de petites chambres coquettes, non dénuées de charme. Grande terrasse. Pierres apparentes et cheminée ajoutent au cadre rustique de la salle à manger de la Gabiare. Table traditionnelle et grillades au feu de bois.

VERNIER *Genève* 552 **A11** – *rattaché à Genève.*

Les VERRIERES *2126 Neuchâtel (NE)* 552 **D7** – *714 h. – alt. 931.*
Bern 95 – Neuchâtel 43 – La Chaux-de-Fonds 42 – Pontarlier 12 – Yverdon-les-Bains 39.

Les Cernets, Les Cernets, Nord Ouest 3,5 km, ☎ 0328 661 265, *Fax 0328 661 320,* ←, – P AE ① MC VISA
fermé mi-nov. à début déc., fin avril à début mai, mardi et merc. hors saison – **Repas** 15 - 26 et à la carte 32/59 – **5 ch** 75/120 – ½ P suppl. 20.
◆ Petite auberge postée, selon la saison, au pied des pistes de ski de fond ou des sentiers de randonnées. Chambres simples, lambrissées. Le chef, ancien "pro" de ski de fond, expose sur les murs ses trophés et dans vos assiettes ses recettes au fromage.

VERS-CHEZ-LES-BLANC *Vaud (VD)* 552 **E9** – ✉ *1000 Lausanne 26.*
Bern 89 – Lausanne 10 – Montreux 34.

Hostellerie Les Chevreuils, 80 rte du Jorat, ☎ 0217 842 021, *chevreuils@urbanet.ch, Fax 0217 841 545,* ←, , – TV P AE ① MC VISA
fermé 21 déc. au 7 janv. – **Repas** *(fermé sam. midi, dim. soir et lundi)* 29 - 49/122 et à la carte 69/124 – **30 ch** 155/260 – ½ P suppl. 43.
◆ Une des deux maisons composant cet hôtel est vieille de près de deux siècles. La majorité des chambres sont garnies de meubles choisis ; certaines ont été refaites. Le restaurant est aménagé dans un pavillon entièrement vitré, au milieu d'un jardin arboré.

VERS-CHEZ-PERRIN *Vaud* **552 G8** – *rattaché à Payerne.*

VERS-L'EGLISE *Vaud* **552 H11** – *rattaché à Les Diablerets.*

VESSY *Genève* **552 B12** – *rattaché à Genève.*

VEVEY *1800 Vaud (VD)* **552 F10** – *15 420 h. – alt. 386.*

Voir : *Site★★ – Église St-Martin : vue★* B.

Musée : *Musée suisse de l'Appareil photographique★.*

Environs : *Le Mont-Pèlerin ★★ par rte de Châtel-Saint-Denis* A.

Lavaux à Puidoux, ✉ 1070 (avril - déc.) ☎ 0219 461 414, Fax 0219 463 626, Nord-Ouest : 13 km par route de la Corniche-Chexbres-lac de Bret.

Manifestations locales

10.07 - 28.08 : Les marchés folkloriques

09.11 : La Foire de St-Martin.

Montreux-Vevey Tourisme, 29 Grande Place, ☎ 0219 628 474, info@mvtouris m.ch, Fax 0219 628 478.

Bern 85 ② – Montreux 7 ③ – Lausanne 16 ① – Yverdon-les-Bains 53 ①

Trois Couronnes, 49 r. d'Italie, ☎ 0219 233 200, *info@hotel3couronnes.ch, Fax 0219 233 399,* ≤, – 15/100. AE VISA B s

Repas *32* - 50 (midi)/120 et à la carte 72/119 – 30 – **47 ch** 410/610, 8 suites – ½ P suppl. 65.

◆ Grande bâtisse de 1842 fréquentée jadis par des têtes couronnées. Chambres spacieuses et stylées. Luxueux wellness. Le restaurant revêt un cadre d'époque élégant. Superbe terrasse se mirant dans les eaux du Léman. Appétissante cuisine française.

du Lac, 1 r. d'Italie, ☎ 0219 211 041, *hotel-du-lac.vevey@bluewin.ch, Fax 0219 217 508,* ≤, – 15/100. AE VISA JCB B v

Repas *28* - 45/60 et à la carte 41/105 – **55 ch** 230/420 – ½ P suppl. 45.

◆ Hôtel de la Belle Époque dont la terrasse et l'attractif bar-kiosque, jouxtant la piscine, font face au port. Chambres traditionnelles. Des boiseries habillent les salles à manger de l'hôtel du Lac. La belle salle de bal de 1868 accueille les réceptions.

Pavillon, 4 pl. de la Gare, ☎ 0219 250 404, *reservations@pavillon.ch, Fax 0219 250 400,* – 15/150. AE VISA A n

The Fisherman's : Repas 52 et à la carte 57/104 – ***La Coupole :*** Repas *20* - 52 et à la carte 43/88 – **95 ch** 250/450 – ½ P suppl. 45.

◆ L'hôtel, face à la gare, a fait peau neuve : chambres au confort actuel, installations complètes pour séminaires. Leur nouveau restaurant moderne, The Fisherman's, s'inspire de l'Italie. Décor bourgeois pour la Coupole, brasserie classée et ornée de fresques.

Denis Martin, 2 r. du Château, ☎ 0219 211 210, *chateau2@bluewin.ch, Fax 0219 214 552,* – AE VISA B u

fermé 21 déc. au 15 janv., dim. et lundi – Repas 98 (midi)/210 et à la carte 131/181.

◆ Jolie maison ancienne appartenant à la confrérie des vignerons. Cuisine "tendance" à déguster dans les deux salles voûtées ou sur la terrasse fleurie donnant sur le lac.

Spéc. St. Jacques en émulsion de cacahuètes grillées (printemps). Les fèves en fraîcheur de citrons et Patta Negra (été). Le bar de ligne aux poivrons reconstitués et basilic (automne). **Vins** Lavaux, Chablais

du Raisin, 3 pl. du Marché, ☎ 0219 211 028, *Fax 0219 224 303,* – AE VISA JCB, A r

Repas (1er étage) *(fermé dim. et lundi)* 50/60 et à la carte 82/109 – ***Brasserie :*** Repas *18* - 48 et à la carte 50/92.

◆ Table contemporaine, à deux pas de la Grande Place. On y propose une carte étudiée et renouvelée quatre fois l'an. La brasserie du Raisin sert des plats traditionnels. Sa terrasse d'été connaît un vif succès.

Anciens-Fossés (Ruelle des) . . . . A 2
Carpentras (Prom. de) . . . . A 3
Centre (R. du) . . . . B
Châtel St-Denis (Rte de) . . . A 4
Collet (R.) . . . . B 6
Communaux (R. des) . . . . . B 7
Conseil (R. du) . . . . A 9

Crosets (Av. des) . . . . B 10
Crottaz (Rte de la) . . . . A 12
Deux-Marchés (R. des) . . . . AB 13
Entrepôts (Rte des) . . . . A 15
Espérance (Ch. de l') . . . . . B 16
Gare (Av. de la) . . . . A 18
Gare (Pl. de la) . . . . A 19
Hôtel-de-Ville (R. de) . . . . . . B 21
Lac (R. du) . . . . AB

Marronniers (R. des) . . . . . . A 22
Müllheim (Prom. de) . . . . . A 24
Panorama (R. du) . . . . B 26
Paul Cérésole (Av.) . . . . A 28
Robin (Pl.) . . . . A 30
Ste-Claire (R.) . . . . B 32
Simplon (R. du) . . . . AB
Théâtre (R. du) . . . . A 34
Tilleuls (R. des) . . . . A 36

à Saint-Légier *Est : 5 km – alt. 553 –* ✉ *1806 Saint-Légier :*

Le Petit (Minder), 74 rte des Deux Villages, ✆ 0219 431 185, *Fax 0219 431 117*, – MC VISA
fermé 22 déc. au 6 janv., 26 juil. au 13 août, dim. et lundi – **Repas** (nombre de couverts limité-prévenir) 58 (midi)/98 et à la carte 77/100.
◆ Sur la traversée du village, vous trouverez cette engageante maison à la façade colorée. Intérieur coquet et moderne, prolongé par une petite terrasse. Cuisine du marché.
Spéc. Les poissons du lac au four. Lapin au confit d'ail (juin - juil.). Ris et rognons de veau à la façon du chef. **Vins** Montreux

Auberge Communale avec ch, 78 rte des Deux-Villages, ✆ 0219 431 177, *aubergestle@bluewin.ch, Fax 0219 431 890*, – TV. MC VISA
fermé 28 déc. au 12 janv., dim. soir de fin oct. à mi-mars et lundi – **Repas** 16 - 53/79 et à la carte 49/85 – ☕ 14 – **6 ch** 80/160 – ½ P suppl. 44.
◆ Affaire familiale dont le répertoire culinaire oscille entre tradition et goût du jour, avec une inclination pour les préparations de homard. Chambres pratiques pour l'étape.

à Blonay *Est : 6 km – alt. 620 – ✉ 1807 Blonay :*

Bahyse, 11 rte du Village, ✆ 0219 431 322, *bahyse@bluewin.ch, Fax 0219 434 810,* – TV P. AE ⓓ MC VISA
fermé 21 déc. au 12 janv. – **Repas** 18 - 70 et à la carte 41/103 – **13 ch** 160/225 – ½ P suppl. 35.
◆ Au coeur de Vevey, grande bâtisse typique de la Suisse. Chambres fonctionnelles et salle polyvalente à l'étage. Détente dans le jardin. Le restaurant s'apparente à une taverne. Au menu : plats traditionnels et la spécialité "maison" : truite du vivier.

Les Sapins, route des Monts, ✆ 0219 431 395, *info@les-sapins.ch, Fax 0219 437 119,* ← lac et montagnes, – ch, TV P – 15.
fermé 20 déc. au 10 janv. – **Repas** *(½ pens. seul.)* – **15 ch** 90/180 – ½ P suppl. 36.
◆ Dans un calme absolu, parfois rompu par le passage du petit train des Pléiades, ce chalet vous offre les montagnes à perte de vue, avec le lac en contrebas. Chambres modestes. À table, le chef sert une cuisine classique et de saison dans un décor néo-rustique.

à Corseaux *Nord-Ouest : 3 km – alt. 441 – ✉ 1802 Corseaux :*

Hôtellerie de Châtonneyre, 8 r. du Village, ✆ 0219 214 781, *chatonneyre@chatonneyre.ch, Fax 0219 216 280,* ←, – TV P – 15/200. AE ⓓ MC VISA
fermé 21 déc. au 21 janv. et merc. – **Repas** 17 - 36 (midi)/65 et à la carte 38/67 – **12 ch** 110/180 – ½ P suppl. 35.
◆ Cette auberge communale, au coeur d'un village vigneron, vous accueille dans des chambres rénovées. Banquets et réceptions possibles. Son restaurant vous convie à goûter des recettes françaises en salle ou sur la terrasse. Plat du jour au café.

La Terrasse, 5 ch. du Basset, ✆ 0219 213 188, *Fax 0219 220 507,* – AE ⓓ MC VISA
fermé 1er au 20 janv. dim. et lundi – **Repas** (nombre de couverts limité-prévenir) 19 - 32 (midi)/95.
◆ Une terrasse est dressée devant cette petite maison, située dans une ruelle pentue menant au coeur de Corseaux. Salle à manger contemporaine oú la patronne expose ses oeuvres.

à Corsier *Nord : 3 km – alt. 424 – ✉ 1804 Corsier-sur-Vevey :*

Le Châtelard, 1 sentier des Crosets, ✆ 0219 211 958, *Fax 0219 211 958,* – MC VISA
fermé 24 juil. au 17 août, sam. et dim. – **Repas** 18 et à la carte 43/80.
◆ Sur les traces de Charlie Chaplin qui vécu à Corsier, faites escale dans cette maison en pierre. La salle à manger, au décor rustique, offre une vue plongeante sur le jardin.

à Jongny *par ② et rte de Châtel-St-Denis : 6 km – ✉ 1805 Jongny :*

Les 3 Suisses, 42 rte de Châtel, ✆ 0219 211 396, *Fax 0219 211 396,* ←, – AE ⓓ MC VISA
fermé 16 au 24 fév., 16 au 24 août, lundi et mardi – **Repas** 16 - 56/78 et à la carte 46/96.
◆ Les 3 Suisses, au style "chalet ancien", possède deux salles de restaurant et une terrasse dominant le Léman. La carte des mets est attrayante et les prix étudiés.

à Chardonne *par ② : 5 km – alt. 592 – ✉ 1803 Chardonne :*

A la Montagne, 21 r. du Village, ✆ 0219 212 930, ←, – P. AE ⓓ MC VISA
fermé 20 déc. au 12 janv., dim. et lundi – **Repas** (prévenir) 18 - 60 et à la carte 48/101.
◆ Le vignoble entoure cette auberge abritant deux belles salles néo-rustiques. Terrasse ombragée et café à l'ambiance villageoise. Intéressantes prestations à prix modérés.

VEYRIER *Genève* **552 B12** – *rattaché à Genève.*

Ecrivez-nous...
Vos louanges comme vos critiques seront examinées avec le plus grand soin.
Nous reverrons sur place les informations que vous nous signalez.
Par avance merci !

VEYSONNAZ *1993 Valais (VS)* 552 I12 *– 501 h. – alt. 1 240 – Sports d'hiver : 1 400/2 700 m 2 9 .*

Manifestation locale

26.06 : Inalpe, montée à l'alpage et combats de reines.

Veysonnaz Tourisme, 0272 071 053, tourism@veysonnaz.ch, Fax 0272 071 409.

Bern 166 – Sion 13 – Martigny 43 – Montreux 82.

Chalet Royal, à la station, 0272 085 644, *chaletroyal@netplus.ch, Fax 0272 085 600,* vallée du Rhône et montagnes, , – . VISA.

fermé 17 avril au 14 mai et 16 oct. au 26 nov. – **Repas** 65/85 et à la carte 48/96 – **56 ch** 125/230, Basse saison 95/180 – ½ P suppl. 41.

◆ L'Hôtel, qui jouit d'une perspective sur la vallée du Rhône et les montagnes, se situe au départ du télécabine. L'aménagement des chambres est moderne. La terrasse et la salle à manger ouvrent ses vastes baies sur un paysage époustouflant !

à Brignon *Est : 4 km – alt. 850 – 1994 Baar :*

Château de Brignon, route de Nendaz, 0272 882 109, *Fax 0272 882 119* – . VISA.

fermé dim. soir, lundi et mardi – **Repas** 29 - 57/130 et à la carte 79/122.

◆ Jolie maison régionale datant du début du 20e s. Les boiseries patinées et meubles anciens donnent beaucoup de cachet aux salles à manger. Belle carte des vins.

VEYTAUX *Vaud* 552 F-G10 – *voir à Montreux.*

VEZIA *Ticino* 553 R13 – *vedere Lugano.*

VICO-MORCOTE *Ticino* 553 R14 – *vedere Morcote.*

VIÈGE *Valais* 552 L11 – *voir à Visp.*

VILLARD-SUR-CHAMBY *Vaud* 552 F10 – *rattaché à Montreux.*

VILLAREPOS *1583 Fribourg (FR)* 552 H7.

Bern 39 – Neuchâtel 33 – Estavayer-le-Lac 23 – Fribourg 15.

Croix-Blanche avec ch, 0266 753 075, *info@croixblanche.ch, Fax 0266 755 030,* – VISA

fermé 16 fév. au 3 mars, 2 sem. fin oct., Rest : mardi et merc. – **Repas** 52 (midi)/88 et à la carte 67/101 – ***Café :*** **Repas** 18 et à la carte 42/89 – **7 ch** 95/165.

◆ Corpulente auberge traditionnelle à dénicher dans un petit village situé entre Morat et Avenches. Table classique soignée et bonnes chambres où vous dormirez comme une souche. Repas traditionnel au café ; choix entre deux plats du jour.

VILLARS-SUR-GLÂNE *Fribourg* 552 H7 – *rattaché à Fribourg.*

VILLARS-SUR-OLLON *1884 Vaud (VD)* 552 V11 *– alt. 1 253 – Sports d'hiver : 1 300/2 120 m 1 13 .*

Voir : *Site★.*

Environs : *Les Chaux★ Sud-Est : 8 km – Refuge de Solalex★ Sud-Est : 9 km – Pont de Nant★ Sud : 22 km.*

18 (juin - oct.) 0244 954 214, Fax 0244 954 218, par route du Col de la Croix : 8 km.

Manifestation locale

03.07 - 04.07 : Rendez-vous folklorique.

Office du Tourisme, rue Centrale, 0244 953 232, information@villars.ch, Fax 0244 952 794.

Bern 115 – Montreux 31 – Lausanne 56 – Martigny 37 – Sion 63.

Grand Hôtel du Parc, 0244 962 828, *info@parcvillars.ch*, *Fax 0244 953 363*, – 15/50. rest
20 déc. au 12 avril et 19 juin au 8 oct. – ***Le Mazarin :*** **Repas** 32 - 47 (midi)/80 et à la carte 59/130 – ***La Taverne*** - fondue et raclette - *(20 déc. au 12 avril et 1er juil. au 31 août ; fermé dim.) (dîner seul.)* **Repas** 52 et à la carte 53/110 – **50 ch** 305/610, Basse saison 155/420, 5 suites – ½ P suppl. 55.
◆ Dans un superbe parc, établissement de standing abritant des chambres et suites d'une élégante sobriété. Nombreuses distractions "nature" au programme. Repas classique dans un cadre bourgeois au Mazarin. Taverne mettant à l'honneur fondues et raclettes.

Le Bristol, rue Centrale, 0244 963 636, *info@bristol-villars.ch*, *Fax 0244 963 637*, – 15/60.
fermé 1er nov. au 9 déc. – ***L'Arc en Ciel :*** **Repas** à la carte 63/107 – ***Le Chalet :*** **Repas** 22 et à la carte 48/92 – **110 ch** 200/390, Basse saison 150/300, 5 suites – ½ P suppl. 45.
◆ Grand chalet offrant une belle vue sur la chaîne des Alpes. Pour profiter au maximum du paysage, réservez une chambre côté vallée. Repas au goût du jour dans l'élégante salle panoramique de L'Arc en Ciel. Fondues, raclettes et atmosphère rustique au Chalet.

Du Golf, rue Centrale, 0244 963 838, *info@hotel-golf.ch*, *Fax 0244 953 978*, – 40. rest
fermé 13 déc. au 11 avril et 30 mai au 30 oct. – **Repas** 20 - 48 et à la carte 40/93 – ***Au Feu de Bois*** *(fermé en été, dim. et lundi sauf en haute saison) (diner seul.)* **Repas** 55 et à la carte 40/93 – ***Au Coin du Feu*** - fondue et raclette - *(fermé en été, dim et lundi sauf en haute saison) (diner seul.)* **Repas** 45 et à la carte 40/79 – **69 ch** 125/370, Basse saison 95/240 – ½ P suppl. 35.
◆ Hôtel familial officiant au centre de la localité. Chambres de belle ampleur meublées en pin massif, salon panoramique à l'ambiance montagnarde et jardin en terrasses. Grillades à gogo Au Feu de Bois. L'hiver, généreuse cuisine fromagère Au Coin du Feu.

Alpe Fleurie, rue Centrale, 0244 953 464, *info@alpe-fleurie.com*, *Fax 0244 963 077*,
fermé mai et oct. - nov. 3 sem. – **Repas** *(fermé mardi soir et merc. sauf haute saison)* 22 - 32 (midi)/65 et à la carte 39/98 – **20 ch** 120/250, Basse saison 85/170 – ½ P suppl. 45.
◆ Devant la gare, bâtisse dotée de chambres rustiques et d'autres plus classiques. Au dernier étage, deux duplex accueillent les familles en toute commodité. Le restaurant, préparant des recettes élaborées, est séparé du coin café par un salon-piano.

La Renardière, route des Layeux, 0244 952 592, *info@larenardiere.ch*, *Fax 0244 953 915*, rest
20 déc. au 24 avril et 17 mai au 20 nov. – **Repas** *(fermé mardi hors saison)* 20 - 40 (soir) et à la carte 46/91 – **20 ch** 105/230, Basse saison 95/190, 3 suites – ½ P suppl. 35.
◆ Au pied des pistes, hôtel familial composé de trois typiques chalets rénovés. Jolies chambres dont les décors s'accordent pleinement au style architectural de l'ensemble. Restaurant concoctant un choix de préparations classiques sagement actualisées.

Ecureuil, rue Centrale, 0244 963 737, *ecureuil@bluewin.ch*, *Fax 0244 963 722*,
21 déc. au 11 avril et 2 juin au 17 oct. – **Repas** *(fermé mardi)* 21 et à la carte 37/95 – **27 ch** 120/250, Basse saison 72/148 – ½ P suppl. 29.
◆ Les membres d'une même famille se relayent depuis plus de 50 ans derrière le comptoir de réception de cet hôtel proche de la gare. Chambres réparties dans deux gros chalets. Table traditionnelle avec grillades et spécialités fromagères régionales.

Mon Repos, à Arveyes, Sud : 1 km, 0244 952 304, *1884monrepos@bluewin.ch*, *Fax 0244 953 245*,
fermé 3 au 25 juin, 2 sem. fin nov., lundi (sauf en saison) et merc. – **Repas** (nombre de couverts limité - prévenir) 19 - 38 (midi)/75 et à la carte 60/115.
◆ Chalet centenaire montant la garde aux portes de Villars. Sa salle à manger rustique procure une belle échappée sur les Alpes, au même titre que sa terrasse. Carte classique.

à Plambuit *Nord : 6 km par route des Ecovets – alt. 798 – ✉ 1867 Ollon :*

Plambuit, ☎ 0244 993 344, *restaurant@plambuit.ch, Fax 0244 993 355,* ←, – P
fermé 5 janv. au 5 fév., mardi de sept. à juin, dim. soir et lundi sauf fériés – **Repas** (nombre de couverts limité - prévenir) 20 - 58 et à la carte 55/90.
◆ Ambiance alpine dans ce petit chalet dont les baies vitrées éclairent généreusement la chaleureuse salle au décor très "bois". Repas plaisant. Terrasse panoramique.

au lieu dit Alpes des Chaux : *Sud-Est : 5 km – ✉ 1882 Gryon :*

Refuge de Frience, ☎ 0244 981 426, *Fax 0244 982 010,* ← Alpes, – AE VISA
fermé 15 nov. au 15 déc., 18 avril au 20 mai et mardi hors saison – **Repas** 16 - 28 (midi) et à la carte 38/73.
◆ Refuge montagnard où l'on fait des repas simples mais goûteux dans un authentique décor alpin : poutres en mélèze, cloches et cheminées où crépitent de bonnes flambées.

VILLENEUVE *1844 Vaud (VD)* 552 F10 *– 4 017 h. – alt. 375.*

Bern 97 – Montreux 3 – Aigle 12 – Lausanne 37 – Sion 64.

au Soleil, 20 Grand-Rue, ☎ 0219 604 206, *Fax 0219 604 208* – TV. AE VISA
Hôtel : fermé 15 fév. au 1er mars – **Repas** ☎ 0219 602 122 *(fermé dim. et lundi)* 18 - 35 (midi)/75 et à la carte 44/97 – **9 ch** 85/145 – ½ P suppl. 18.
◆ Cette adresse, située sur la traversée du village, vous propose des chambres garnies d'un mobilier champêtre et dotées d'une insonorisation efficace. À l'heure du repas, le restaurant de l'hôtel ouvre ses portes pour vous servir une cuisine traditionelle.

VILLERET *Berne* 551 G6 *– rattaché à Saint-Imier.*

VILLETTE *Vaud (VD)* 552 E10 *– 570 h. – alt. 387 – ✉ 1096 Cully.*

Bern 94 – Lausanne 7 – Montreux 17 – Yverdon-les-Bains 44.

Le Villette, 199 rte de Lausanne, ☎ 0217 992 183, *levillette@bluewin.ch, Fax 0217 992 182,* ←, – AE VISA
fermé 23 déc. au 19 janv., dim. (sauf le midi d'oct. à juin) et lundi – **Repas** 58/90 et à la carte 54/108.
◆ Sur la route de Lausanne, restaurant dont la façade bleue a été fraîchement repeinte. Repas traditionnel dans une lumineuse salle procurant une échappée lacustre.

VIRA-GAMBAROGNO *6574 Ticino (TI)* 553 R12 *– 640 ab. – alt. 204.*

Gambarogno Turismo, via Cantonale, ☎ 0917 952 620, gambarogno@etlm.ch, Fax 0917 953 340.

Bern 262 – Locarno 13 – Bellinzona 18 – Lugano 36.

Viralago, via Cantonale, ☎ 0917 859 200, *info@viralago.ch, Fax 0917 859 201,* ← lago e monti, , , , , , , – , rist, TV P – 20. AE VISA
chiuso dal 15 novembre al 7 marzo – **Pasto** 30 ed alla carta 38/82 – **45 cam** 105/230 – ½ P sup. 30.
◆ Le terrazze digradanti sul lago permettono di apprezzare il paesaggio visibile anche dalle ampie camere in parte già rinnovate, in parte in corso di rinnovo. Il ristorante consiste in tre piccole sale di stile rustico e in un'ampia terrazza all'esterno.

Bellavista , Sud : 1 km, ☎ 0917 951 115, *hotelbellavista@bluewin.ch, Fax 0917 952 518,* ← lago e monti, , , , – , rist, TV P – 30. AE VISA, rist
19 marzo - 6 novembre – **Pasto** 18.50 - 42 (sera) ed alla carta 38/74 – **63 cam** 117/248 – ½ P sup. 30.
◆ Piccoli edifici sparsi in un bel parco dominante il lago. Accanto alla costruzione principale sorge la bella terrazza-giardino con piscina. Proprio una..."Bellavista"... anche dalla sala da pranzo dell'omonimo albergo !

Rodolfo, ✆ 0917 951 582, *wratti@bluewin.ch, Fax 0917 952 772,* – AE MC VISA.
chiuso dal 21 al 29 febbraio, dal 27 giugno al 12 luglio, dal 1° al 8 novembre, domenica e lunedì – **Pasto** 68 ed alla carta 52/99.
◆ L'entrata vi porta nella pergola coperta dalle volte delle arcate. All'interno, salette rustiche con camino vi accolgono per gustare le proposte del territorio.

VISP (VIÈGE) *3930 Wallis (VS)* **552 L11** – *6 463 Ew. – Höhe 651.*

Visp Tourismus, La Poste Platz 4 ✆ 0279 483 333, info@visp.ch, Fax 0279 483 335.

Bern 176 – Brig 9 – Saas Fee 25 – Sierre 29 – Sion 44.

Visperhof garni, Bahnhofstr. 2, ✆ 0279 483 800, *info@visperhof.ch, Fax 0279 483 801* – TV P. AE MC VISA.
35 Zim 95/190.
◆ Das komplett renovierte Hotel liegt gegenüber dem Bahnhof. Die Zimmer sind modern, bieten genügend Platz und sind mit hellen Holzmöbeln praktisch eingerichtet.

in Visperterminen *Süd-Ost : 8,5 km – Höhe 1 340 – ✉ 3932 Visperterminen :*

Rothorn, ✆ 0279 463 023, *info@hotel-rothorn.ch, Fax 0279 464 676,* – TV P. AE MC VISA. Rest
geschl. Mai und Nov. – **Menu** 16 - 85 (abends) und à la carte 35/80 – **21 Zim** 71/146 – ½ P Zuschl. 20.
◆ Neben der Sesselbahnstation, hoch über dem Rhonetal, schläft der Gast des Hotels Rothorn in ruhigen, frisch wirkenden Zimmern, die kürzlich neu eingerichtet wurden. Rustikales Ambiente und Weissweinspezialitäten aus Visperterminen im Restaurant.

VISPERTERMINEN *Wallis* **552 L11** – *siehe Visp.*

VISSOIE *3961 Valais (VS)* **552 J12** – *469 h. – alt. 1 204.*

Sierre Anniviers Tourisme, route de Sierre, ✆ 0274 754 355, Fax 0274 752 082.

Bern 183 – Sion 30 – Brig 47 – Martigny 60 – Montreux 99.

Anniviers sans rest, ✆ 0274 752 929, *info@anniviers.com, Fax 0274 754 003,* – TV video – 25. MC VISA.
fermé juin et 15 nov. au 15 déc. – **26 ch** 115/170.
◆ Un vaste hall moderne dessert la réception de cet immeuble de type chalet, posté à l'entrée de la station. Chambres familiales d'ampleur satisfaisante.

Manoir de la Poste avec ch, ✆ 0274 751 220, *info@anniviers.com, Fax 0274 754 003,* – TV P. MC VISA.
fermé juin et 15 nov. au 15 déc. – **Repas** 18 - 35/79 et à la carte 47/101 – **12 ch** 55/170 – ½ P suppl. 35.
◆ Cuisine traditionnelle servie dans un typique chalet dont la salle à manger est agrémentée de fresques murales. Chambres chaleureuses aux étages.

VITZNAU *6354 Luzern (LU)* **551 P7** – *1 092 Ew. – Höhe 435.*

Ausflugsziel : *Rigi-Kulm★★★ mit Zahnradbahn.*

Vitznau Tourismus, Seestrasse, ✆ 0413 980 035, info@vitznau.ch, Fax 0413 980 033.

Bern 147 – Luzern 27 – Cham 25 – Schwyz 18.

Park Hotel Vitznau, Seestrasse, ✆ 0413 996 060, *info@parkhotel-vitznau.ch, Fax 0413 996 070,* Vierwaldstättersee, – Rest, TV P – 15/100. AE MC VISA. Rest
Mitte April - Mitte Okt. – ***Quatre-Cantons :*** **Menu** 39 - 59 (mittags)/159 und à la carte 84/154 – **97 Zim** 405/750, 7 Suiten – ½ P Zuschl. 90.
◆ Einem Schloss ähnelnd, liegt das Hotel eingebettet in eine schöne Gartenanlage am Seeufer. Die stilvollen Zimmer versprechen komfortables Wohnen. Restaurant mit langer Fensterfront und angenehme Seeterrasse mit wunderschöner Aussicht.

Arabella Sheraton Vitznauerhof, Seestrasse, ✆ 0413 997 777, *vitznauerhof@arabellasheraton.com, Fax 0413 997 666,* < Vierwaldstättersee, ..., Zim, ... – 15/50. AE Ⓓ MC VISA. Rest *1. März - 28. Nov.* – ***Grand Siècle :*** **Menu** 68/85 (abends) und à la carte 62/95 – **86 Zim** ☕ 185/525, 4 Suiten – ½ P Zuschl. 48.

◆ Das auffällige Gebäude mit seiner gepflegten Jugendstilfassade zeichnet sich neben seiner traumhaften Lage am See durch helle, moderne Zimmer aus. Alle Südzimmer mit Balkon ! Sichern Sie sich Ihren Fensterplatz im langgezogenen Restaurant oder im Wintergarten !

VOGELSANG *Luzern* 551 N6 – *siehe Eich.*

VOLKETSWIL *8604 Zürich (ZH)* 551 Q5 – *14 296 Ew. – Höhe 475.*

Bern 141 – Zürich 19 – Pfäffikon 33 – Rapperswil 29 – Sankt Gallen 62 – Winterthur 23.

Alte Post, Brugglenstr. 1, ✆ 019 454 139, *altepost-volketswil@bluewin.ch, Fax 019 454 137,* – P. AE Ⓓ MC VISA

geschl. 1. - 13. Jan., 27. Juli - 17. Aug., Sonntag und Montag – **Menu** 32 - 45 (mittags)/98 und à la carte 65/122.

◆ Ein schönes Riegelhaus beherbergt dieses Restaurant mit hübschen Gaststuben, in denen man an gut eingedeckten Tischen klassische Speisen serviert.

VOUVRY *1896 Valais (VS)* 552 F11 – *3 007 h. – alt. 381.*

Bern 100 – Montreux 13 – Aigle 11 – Évian-les-Bains 26 – Monthey 12 – Sion 60.

Aub. de Vouvry (Braendle) avec ch, 2 av. du Valais, ✆ 0244 811 221, *info@aubergedevouvry.ch, Fax 0244 811 754,* – TV P. AE MC VISA

fermé 27 juin au 6 juillet (sauf hôtel), 1er au 15 janv., merc. hors saison (sauf hôtel) dim. soir et lundi – **Repas** 55 (midi)/180 et à la carte 95/175 – **Repas** (voir aussi ***Le Bistrot*** ci-après) – **15 ch** ☕ 80/155 – ½ P suppl. 45.

◆ Au centre du village, ancienne maison communale où les fines fourchettes du secteur ont leur rond de serviette. Un point de repère dans le paysage gastronomique valaisan.

Spéc. Cannelloni de jambon fumé farci de morilles et asperges vertes (printemps). Canard nantais parfumé au cacao et poivre de Sechuan. Chaud-froid de fraises à la glace de verveine. **Vins** Vionnaz, Ollon

Le Bistrot ***Aub. de Vouvry,*** 2 av. du Valais, ✆ 0244 811 221, *info@aubergedevouvry.ch, Fax 0244 811 754,* – P. AE MC VISA

fermé 1er au 9 janv., dim. soir et lundi – **Repas** 17 - 50 et à la carte 35/91.

◆ Une belle démonstration de cuisine traditionnelle vous attend à cette enseigne partageant ses murs avec l'Auberge de Vouvry. Terrasse dressée lorsque la météo s'y prête.

VUFFLENS-LE-CHÂTEAU *1134 Vaud (VD)* 552 D10 – *636 h. – alt. 471.*

Signal de Bougy à Bougy-Villars, ✉ 1172 (mars - nov.) ✆ 0218 215 950, Fax 0218 215 965, Sud-Ouest : 12 km par Aubonne et route du Signal de Bougy.

Bern 119 – Lausanne 13 – Morges 2.

L'Ermitage (Ravet) avec ch, 26 rte du Village, ✆ 0218 046 868, *ermitage@ravet.ch, Fax 0218 022 240,* – TV P. AE Ⓓ MC VISA

fermé 22 déc. au 14 janv., 9 au 25 août, dim. et lundi – **Repas** 68 (midi)/198 et à la carte 168/222 – **9 ch** ☕ 360/400.

◆ Repas-plaisir en perspective dans cette jolie demeure entourée d'un jardin avec pièce d'eau. Chambres exquises, et tout l'agrément requis d'une grande maison de bouche.

Spéc. Dinette des quatre foies gras d'oie et de canard. Poissons du Lac Léman (mars - sept.). Jarret de veau doré sur l'os à la broche. **Vins** Morges sur lie, La Côte

VUIPPENS *1641 Fribourg (FR)* 552 G9 – *alt. 709.*

Bern 56 – Fribourg 21 – Bulle 6 – Montreux 38 – Yverdon-les-Bains 60.

Maison de Ville, ✆ 0269 151 592, *famille.piccand@lyoba.ch, Fax 0269 153 092,* – P. AE Ⓓ MC VISA

fermé 24 fév. au 11 mars, 13 au 28 juil., mardi et merc. – **Repas** 16 - 42/80 et à la carte 45/92.

◆ Assez "couleur locale", le style de la façade contraste avec l'intérieur, nettement plus actuel. Entrecôtes, tournedos et truites s'y déclinent à toutes les sauces.

VUISTERNENS-EN-OGOZ *1696 Fribourg (FR) 552 G9 – 740 h. – alt. 801.*
Bern 51 – Fribourg 19 – Montreux 43 – Murten 34 – Thun 81.

Hostellerie des Chevaliers d'Ogoz avec ch, 0264 111 105, *Fax 0264 114 505,* – TV P. AE MC VISA
fermé Noël, 26 juil. au 15 août, dim. soir et lundi – **Repas** 15 - 40 (midi)/86 et à la carte 45/90 – **3 ch** 65/120 – ½ P suppl. 25.
◆ Dans un virage proche de l'église, maison corpulente entretenant une ambiance familiale. Du café, où la clientèle locale a ses habitudes, on accède à la salle à manger.

VULPERA *Graubünden 553 Z9 – siehe Scuol.*

WABERN *Bern 551 J7 – siehe Bern.*

WÄDENSWIL *8820 Zürich (ZH) 551 Q6 – 19 256 Ew. – Höhe 408.*
Bern 149 – Zürich 24 – Aarau 71 – Baden 48 – Luzern 50 – Schwyz 34.

du Lac, Seestr. 100, 017 800 031, *dulac.waedenswil@bluewin.ch, Fax 017 800 570,* – , Zim, TV. AE MC VISA
Menu 17 und à la carte 35/73 – **31 Zim** 130/195 – ½ P Zuschl. 30.
◆ Der Lage zwischen der Seestrasse und der Bahnlinie hat man mit gut isolierten Fenstern Rechnung getragen. Die geräumigen Zimmer sind hell und modern eingerichtet. An der Bar vorbei gelangt man zum einfachen Restaurant mit Wintergarten.

Eichmühle, Neugutstr. 933, Richtung Einsiedeln : 3 km, 017 803 444, *eder@eichmuehle.ch, Fax 017 804 864,* – P. AE MC VISA
geschl. Sonntagabend und Montag – **Menu** 35 - 59 (mittags)/158 und à la carte 71/126.
◆ In einem Bauerngehöft auf einer Hügelkuppe befindet sich dieses angenehme Restaurant - verschiedene kleine Stuben und eine schöne Gartenterrasse.

WALCHWIL *6318 Zug (ZG) 551 P6 – 3 200 Ew. – Höhe 449.*
Bern 147 – Luzern 27 – Aarau 67 – Einsiedeln 34 – Schwyz 18 – Zug 9 – Zürich 38.

Sternen (Weder), Dorfstr. 1, 0417 590 444, *weder-sternen@swissonline.ch, Fax 0417 590 440,* Zugersee, – P. AE MC VISA
geschl. 12. - 29. April, 20. Sept. - 8. Okt., Montag und Dienstag – **Menu** 65 (mittags)/150 und à la carte 91/160.
◆ In den elegant eingerichteten Räumen dieses schönen, renovierten Holzhauses a. d. J. 1830 geniesst man klassische Kreationen. Sehr nett sitzt man auch auf der Seeterrasse !
Spez. Gänseleberterrine mit Früchtepulpe und Brioche. Lammrücken vom Muotathal an Majoranjus mit Gemüsebouquet. Nidwaldner Damhirsch mit Portojus

Zugersee, Artherstr. 6, 0417 581 777, *zugersee@bluewin.ch, Fax 0417 590 770,* Zugersee, – P. AE MC VISA
geschl. 26. Jan. - 25. Feb., Dienstag von Nov. - Jan. und Montag – **Menu** 19.50 - 39 (mittags)/75 und à la carte 46/100.
◆ Vom direkt am Seeufer gelegenen, modern im Bistrostil eingerichteten Restaurant aus bietet sich dem Gast beim Speisen eine sehr schöne Sicht auf den Zugersee.

Hörndli, Zugerstr. 80, 0417 581 115, *Fax 0417 582 707,* Zugersee, – P. AE MC VISA
geschl. 20. Jan. - 11. Feb., 7. - 28. Sept., Dienstag und Mittwoch – **Menu** - Fischspezialitäten - 45 (mittags) und à la carte 46/97.
◆ In diesem historischen Zuger Holzhaus speist man im Obergeschoss in einer Stube mit typisch niedriger Decke. Grosse Auswahl an Gerichten mit Süsswasserfischen.

WALD *9044 Appenzell Ausserrhoden (AR) 551 S5 – 943 Ew. – Höhe 962.*
Bern 221 – Sankt Gallen 12 – Altstätten 13 – Herisau 22.

Harmonie, 0718 771 173, *info@harmonie-wald.ch, Fax 0718 772 773,* , – P. AE MC VISA
geschl. 16. - 30. Juni, Montag und Dienstag – **Menu** 18 - 45 (mittags)/75 und à la carte 49/98.
◆ Typisches Appenzellerhaus im Dorfkern. In der schönen, im regionalen Stil eingerichteten Stube a. d. 18. Jh. bestellt man in gemütlichem Ambiente traditionelle Gerichte.

WALD BEI ST. PETERZELL *Appenzell Ausserrhoden (AR) und Sankt Gallen (SG)* 551 T5 – ✉ *9105 Schönengrund.*

Bern 196 – Sankt Gallen 19 – Appenzell 18 – Buchs 59 – Herisau 10 – Rapperswil 40 – Winterthur 62.

Chäseren, Nord-West : 1,5 km, ✆ 0713 611 751, *chaeseren@chaeseren.ch, Fax 0713 611 759,* < Berge, , – TV ✆ P – 20. AE VISA
Menu *(geschl. Samstag und Sonntag)* 19.50 - 68 und à la carte 43/84 – **19 Zim** 130/180 – ½ P Zuschl. 28.
◆ Die sehr ruhige Lage und die wunderbare Aussicht geniessen hier vor allem Seminarteilnehmer. Man verfügt über funktionell eingerichtete Zimmer. Durch die Gaststube kommt man in den rustikalen à la carte-Bereich des Restaurants.

WALDEGG *Bern* 551 L9 – *siehe Beatenberg.*

WALDENBURG *4437 Basel-Landschaft (BL)* 551 L5 – *1 345 Ew. – Höhe 518.*

Bern 67 – Basel 34 – Liestal 14 – Luzern 72 – Olten 18.

Zum Schlüssel, Hauptstr. 58, ✆ 0619 618 131, *Fax 0619 618 131,* – VISA
geschl. 24. Feb. - 14. März, 5. - 12. Sept. und Sonntag – **Menu** 19 - 52 (mittags)/110 und à la carte 60/108.
◆ Im schönen Gasthaus aus dem 15. Jh. hat der Gast die Wahl zwischen einem etwas schlichteren ländlichen Bereich und einer gediegeneren, gemütlich-rustikalen Stube.

WALENSTADT *8880 Sankt Gallen (SG)* 551 U6 – *4 626 Ew. – Höhe 426.*

Sehenswert : *Walensee*★★.

Tourist Information, Bahnhofstr. 19, ✆ 0817 352 222, info@tourismus-walenstadt.ch, Fax 0817 352 222.

Bern 205 – Sankt Gallen 84 – Bad Ragaz 24 – Buchs 34 – Herisau 72 – Rapperswil 47.

Seehof, Seestr. 104, ✆ 0817 351 245, *seehof.walenstadt@bluewin.ch, Fax 0817 351 179,* <, – TV ✆ P – 15/60. AE VISA
geschl. Ende Dez. - Ende Jan. – **Menu** à la carte 41/102 – **24 Zim** 75/130 – ½ P Zuschl. 30.
◆ Die Zimmer des nicht weit vom See gelegenen Hotels sind mit dunklen Holzmöbeln im Stil der 70er Jahre eingerichtet, von den meisten hat man eine schöne Seesicht. Restaurant mit traditionellem Angebot.

WALLISELLEN *8304 Zürich* 551 Q4 – *siehe Zürich.*

WALTENSBURG/VUORZ *7158 Graubünden (GR)* 553 S9 – *419 Ew. – Höhe 1 000.*

Bern 228 – Chur 44 – Bad Ragaz 64.

Ucliva, ✆ 0819 412 242, *info@ucliva.ch, Fax 0819 411 740,* < Berge, , , – P – 50. VISA
geschl. 8. Nov. - 15. Dez. – **Menu** 18.50 - 32 (abends) und à la carte 42/73 – **22 Zim** 134/242 – ½ P Zuschl. 27.
◆ Etwas ausserhalb und ruhig gelegen, bietet sich von dem nach ökologischen Gesichtspunkten geführten Hotel eine sehr schöne Sicht auf die Berge ; einfache, rustikale Zimmer. Helles, rustikal eingerichtetes Restaurant mit Vollwertkost und vegetarischen Gerichten.

WALZENHAUSEN *9428 Appenzell Ausserrhoden (AR)* 551 V-W4 – *2 092 Ew. – Höhe 672.*

Bern 234 – Sankt Gallen 25 – Altstätten 17 – Bregenz 19 – Herisau 36 – Lustenau 13.

Walzenhausen, ✆ 0718 862 121, *info@hotel-walzenhausen.ch, Fax 0718 881 084,* <, , , , , – , Zim, Rest, TV P – 15/80. AE VISA
Menu 18 - 24 (mittags)/80 und à la carte 52/100 – **72 Zim** 150/260 – ½ P Zuschl. 20.
◆ Neben dem traditionellen Kurbetrieb empfiehlt sich dieses Haus auch für Seminare oder den Urlaubsgast. Die unterschiedlich eingerichteten Zimmer bieten zeitgemässen Komfort. Eine schöne Sicht auf den Bodensee geniesst man vom langgezogenen Restaurant aus.

WANGEN AN DER AARE *3380 Bern (BE)* 551 K5 – *1 912 Ew. – Höhe 423.*
Bern 42 – Aarau 38 – Basel 60 – Luzern 71 – Solothurn 11.

Al Ponte, Wangenstr. 55, an der Autobahnausfahrt, 0326 365 454, *info@hotel-alponte.ch, Fax 0326 365 455,* – , Zim, – 15/120.
Menu 17 - 28 (mittags)/35 und à la carte 35/79 – **54 Zim** 130/160 – ½ P Zuschl. 22.
◆ Nicht an der schönen historischen Holzbrücke, sondern an der neuen Brücke nicht weit von der Autobahnausfahrt findet man dieses Hotel mit funktionell eingerichteten Zimmern. Einfache, rustikale Wirtschaft und etwas gehobeneres Stübli.

WATTWIL *9630 Sankt Gallen (SG)* 551 S5 – *8 267 Ew. – Höhe 614.*
Bern 189 – Sankt Gallen 35 – Bad Ragaz 68 – Rapperswil 24.

Löwen, Ebnaterstr. 55, 0719 885 133, *Fax 0719 885 107,* – . Zim
Menu *(geschl. Sonntagabend)* 15.50 - 30 (mittags)/47 und à la carte 39/83 – **40 Zim** 80/130 – ½ P Zuschl. 25.
◆ Neben den älteren, mit dunklem Eichenholzfurnier möblierten Zimmern findet man auch helle, kürzlich renovierte Räume. Die Ausstattung ist gepflegt und zweckmässig. Die leicht gediegene Rôtisserie und die Gaststube bilden den Restaurantbereich.

Krone, Ebnaterstr. 136, 0719 881 344, *info@kronewattwil.ch, Fax 0719 886 744,* –
geschl. 26. Jan. - 2. Feb., 26. Juli - 7. Aug., Sonntagabend und Montag – **Menu** 19.50 - 95 und à la carte 51/109.
◆ Eine gelungene Kombination von Restaurant, Bistro und Lounge. In schlicht-modernem, leicht elegant wirkendem Ambiente serviert man zeitgemässe Küche.

WEESEN *8872 Sankt Gallen (SG)* 551 T6 – *1 399 Ew. – Höhe 424.*
Bern 186 – Sankt Gallen 60 – Bad Ragaz 43 – Glarus 15 – Rapperswil 28.

Parkhotel Schwert, Hauptstr. 23, 0556 161 474, *info@parkhotelschwert.ch, Fax 0556 161 853,* , – .
Menu *(geschl. 8. Jan. - 14. Feb.)* 18.50 und à la carte 33/80 – **35 Zim** 115/190 – ½ P Zuschl. 25.
◆ Im vielleicht ältesten Hotel der Schweiz aus dem 15. Jh. wurden originale Mauerwerke und Holzbalken aus dem Mittelalter geschmackvoll in ein modernes Interieur integriert. Gediegen wirkt das à la carte-Restaurant mit schöner Terrasse.

Fischerstube (Frese), Marktgasse 9 (1. Etage), 0556 161 608, *weesenfischerstube@.ch, Fax 0556 161 239* –
geschl. 5. - 21. Jan., Montag und Dienstag – **Menu** - Fischspezialitäten - 30 - 68 und à la carte 64/139.
◆ Traditionell ist der Rahmen dieses alteingesessenen Restaurants mit seinen gemütlichen Stuben. Auf der Karte finden Sie regionaltypische Fischgerichte auf hohem Niveau.
Spez. Sashimivariation. Gebackener Hecht. Wolfsbarsch im Salzmantel

WEGGIS *6353 Luzern (LU)* 551 P7 – *3 563 Ew. – Höhe 435.*
Ausflugsziel : *Rigi-Kulm★★★ mit Luftseilbahn und ab Rigi-Kaltbad mit Zahnradbahn.*
Lokale Veranstaltungen
02.07 - 04.07 : Rosenfest
25.09 : Alpabfahrt, Herbstmarkt und Viehausstellung.
Weggis Vitznau Riggi Tourismus, The Best of Lake Luzern, Seestr. 5, 0413 901 155, info@weggis.ch, Fax 0413 910 091.
Bern 142 – Luzern 21 – Cham 19 – Schwyz 30.

Park Hotel Weggis , Hertensteinstr. 34, 0413 920 505, *info@phw.ch, Fax 0413 920 528,* Vierwaldstättersee, , , , , , , , – , Rest, – 15/120. . Rest
Annex *(geschl. Dienstag) (nur Abendessen)* **Menu** 125 und à la carte 75/126 –
Sparks : **Menu** 37 - 78 und à la carte 65/94 – 28 – **39 Zim** 305/530, 4 Suiten – ½ P Zuschl. 78.
◆ Der klassische Hotelbau aus der Jahrhundertwende wurde in den letzten Jahren sehr aufwändig und geschmackvoll renoviert. Designereinrichtung, wechselnde Bilderausstellungen. Ein Gefühl von Luxus umgibt Sie im Annex. Elegant wirkt das Sparks.

Beau Rivage, Gotthardstr. 6, 0413 927 900, *info@beaurivage-weggis.ch, Fax 0413 901 981,* < Vierwaldstättersee, , , , , – AE VISA
6. April - Okt. – **Menu** 50 und à la carte 58/116 – **41 Zim** 180/420 – ½ P Zuschl. 50.
◆ Eine wunderbare Seesicht, ein gepflegter Garten mit Pool, gediegene, unterschiedlich eingerichtete Zimmer : nur ein paar der Attribute, die dieses klassische Hotel auszeichnen. Das gepflegte Restaurant ist mit Stilmöbeln eingerichtet. Schön : die Gartenterrasse.

Albana , Luzernerstr. 26, 0413 902 141, *albanaweggis@access.ch, Fax 0413 902 959,* < Vierwaldstättersee, , , – – 15/50. AE VISA. Rest
geschl. 8. Dez. - 25. Jan. – ***Panorama :*** **Menu** 48 (mittags)/120 und à la carte 65/122 – **57 Zim** 190/360 – ½ P Zuschl. 58.
◆ Etwas erhöht und ruhig in einem kleinen Park liegt dieses nette Haus. Die Zimmer sind mit lachsfarbenen Holzmöbeln komfortabel und zeitgemäss ausgestattet. Einen traumhaften Blick über den Vierwaldstättersee hat man vom Restaurant aus.

Alexander , Hertensteinstr. 42, 0413 922 222, *info@alexander-gerbi.ch, Fax 0413 922 223,* < Vierwaldstättersee, , , , , , , , , – – 15/50. AE VISA. Rest
Menu 23 - 35 (mittags)/61 und à la carte 45/88 – **50 Zim** 145/310 – ½ P Zuschl. 48.
◆ Die Südlage der unterschiedlich eingerichteten Zimmer mit Balkon und traumhafter Aussicht garantiert - schönes Wetter vorrausgesetzt - uneingeschränkten Sonnengenuss. Hinter der grossen, modernen Hotelhalle befindet sich der klassische Speisesaal.

Gerbi, Hertensteinstr. 48, 0413 922 224, *gerbi-alexander@bluewin.ch, Fax 0413 922 225,* < Vierwaldstättersee, , , , , , – – 20. AE VISA
Menu 26 - 67 und à la carte 56/101 – **20 Zim** 195/330, 4 Suiten – ½ P Zuschl. 58.
◆ Dieses für Ferien und Geschäftsreise geeignete Hotel liegt nah beim Seeufer. Die Zimmer wirken hell, sind mit Eschenmobiliar eingerichtet und bieten eine schöne Aussicht. Elegant-rustikale Ausstattung prägt das Restaurant.

Central, Seestr. 25, 0413 920 909, *info@central-am-see.ch, Fax 0413 920 900,* < Vierwaldstättersee, , , , – . AE VISA. Rest
geschl. 1. Nov. - 18. Jan. – **Menu** 23 - 32 (mittags) und à la carte 40/91 – **35 Zim** 140/250 – ½ P Zuschl. 40.
◆ Direkt an der Promenade am Ortsende gelegen, bietet dieses Haus dem Gast frisch wirkende, modern eingerichtete Zimmer von guter Grösse mit sehr schönem Blick auf den See. Zum Speisen stehen der moderne Wintergarten und die rustikale Stube bereit.

Friedheim , Friedheimstr. 31, 0413 901 181, *info@hotel-friedheim.ch, Fax 0413 902 740,* < Vierwaldstättersee, , – . AE VISA. Rest
11. April - 9. Okt. – **Menu** 55 (abends) und à la carte 37/81 – **21 Zim** 120/220 – ½ P Zuschl. 35.
◆ Das alte Bauernhaus aus dem 17. Jh. liegt, umgeben von Wiesen, schön oberhalb des Dorfes. Man verfügt über teils kleine, modern eingerichtete Zimmer. In der einfachen, aber gemütlichen Stube werden traditionelle Gerichte serviert.

Renggli's Seerestaurant, Seestr. 21, 0413 900 170, *Fax 0413 900 270,* < Vierwaldstättersee, – AE VISA
geschl. 10. Nov. - 10. Dez., Feb., Dienstag von Okt. - April und Mittwoch – **Menu** 35 - 68/75 und à la carte 52/105.
◆ Im modern dekorierten Restaurant oder auf der schön am Seeufer gelegenen Speiseterrasse geniessen Sie beim Essen die traumhafte Aussicht auf die Umgebung.

Bühlegg, Gotthardstr. 30, 0413 902 123, *buehlegg@hotmail.com, Fax 0413 902 182,* < Vierwaldstättersee, – . AE VISA
geschl. 19. Jan. - 27. Feb., Dienstag von Sept. - Mitte April und Montag ausser Feiertage – **Menu** 39 - 46 (mittags)/125 und à la carte 63/119.
◆ Dieses sehr angenehme Haus liegt etwas ausserhalb, mit schöner Terrasse am See. In zwei Stuben mit heimeligem Ambiente geniesst man sorgfältig zubereitete klassische Gerichte.

The Grape, Seestr. 60, 0413 920 707, *info@phw.ch, Fax 0413 920 708* – AE VISA
geschl. 22. Dez. - 15. Jan. und Mittwoch – **Menu** 18.50 - 59 und à la carte 50/93 .
◆ 200 Meter vom Park Hotel entfernt finden Sie ein neu gestaltetes Restaurant : trendiger Designerstil verbindet sich mit California Cuisine. Originell gestylter WC-Bereich !

WEINFELDEN *8570 Thurgau (TG)* 551 T4 – *9 366 Ew. – Höhe 429.*
Bern 186 – Sankt Gallen 35 – Arbon 26 – Frauenfeld 19 – Konstanz 20.

Thurgauerhof garni, Thomas-Bornhauser-Str. 10, 0716 263 333, *info@thurgauerhof.com, Fax 0716 263 434,* – 15/450.
VISA
geschl. 20. Dez. - 4. Jan. und 11. Juli - 8. Aug. – **75 Zim** 95/210.
◆ Das Hotel mit Kongresszentrum liegt im Ortskern. Die Zimmer sind meist modern, wirken hell und frisch, bieten ausreichend Platz und eine komplette technische Ausstattung.

Zum Löwen, Rathausstr. 8, 0716 225 422, *thomas_bodenmann@gmx.ch, Fax 0716 221 398,* – VISA
geschl. 21. Juli - 13. Aug., Mittwoch und Donnerstag – **Menu** 18 - 89 und à la carte 52/96.
◆ Im Zentrum des Ortes findet man das schöne alte Riegelhaus aus dem 15. Jh. - bestehend aus der rustikalen Gaststube und dem leicht eleganten Ratsherrenstübli.

Gambrinus, Marktstr. 2, 0716 221 140, *info@gambrinus-weinfelden.ch, Fax 0716 221 339,* – VISA
geschl. Mitte April 2 Wochen, Okt. 3 Wochen, Sonntag und Montag – **Menu** 33 - 78 (abends) und à la carte 48/111.
◆ Das Alter dieses kleinen historischen Gasthauses wird auf über 400 Jahre geschätzt. Seine Gäste bittet man in gemütlichen, rustikal gestalteten Stuben zu Tisch.

WEININGEN *8104 Zürich (ZH)* 551 P4 – *3 685 Ew. – Höhe 413.*
Bern 117 – Zürich 13 – Aarau 39 – Luzern 60 – Schaffhausen 63.

Winzerhaus, Haslernstr. 28, Nord : 1 km, 017 504 066, *mail@winzerhaus.ch, Fax 017 504 095,* Limmattal, – VISA
geschl. 24. Dez. - 5. Jan. und Dienstag – **Menu** à la carte 51/104.
◆ Inmitten von Weinbergen liegt dieses hübsche Haus erhöht über dem Limmattal. Eine besondere Attraktion ist die grosse Terrasse mit herrlichem Blick über die Landschaft.

WEISSBAD *Appenzell Innerrhoden* 551 U5 – *siehe Appenzell.*

WEISSENBURG *3764 Bern (BE)* 551 J9 – *Höhe 782.*
Bern 52 – Interlaken 21 – Fribourg 85 – Spiez 17 – Thun 22.

Alte Post mit Zim, Simmentalstrasse, 0337 831 515, *Fax 0337 831 578,* – VISA
geschl. 27. Okt. - 4. Dez., 13. - 24. April, Mittwoch und Donnerstag – **Menu** à la carte 38/77 – **10 Zim** 50/180 – ½ P Zuschl. 27.
◆ Neben der Holzbrücke über die Simme kann man in diesem typischen Berner Landgasthof traditionell speisen. Nicht ohne Charme sind die sehr einfachen, fast historischen Zimmer.

WEITE *9476 Sankt Gallen (SG)* 551 U6 – *Höhe 469.*
Bern 227 – Sankt Gallen 63 – Bad Ragaz 16 – Buchs 11 – Feldkirch 24 – Rapperswil 68.

Heuwiese (Real), Nord-Ost : 1,5 Km, 0817 831 055, *heuwiese@bluewin.ch, Fax 0817 833 186,* – VISA
geschl. Sonntag und Montag – **Menu** (Tischbestellung ratsam) à la carte 59/124.
◆ Abgelegene, nicht alltägliche Adresse im Grünen. In ungezwungenem, lockerem Ambiente empfiehlt Ihnen der Patron immer wieder neu erdachte Kreationen. Schöne Innenhofterrasse.
Spez. Atlantik-Lachs vom Barbequeofen. Lammgerichte. Ganze Ente am Spiess gebraten. **Weine** Fläscher, Malanser

Die im Michelin-Führer verwendeten Zeichen und Symbole haben - rot oder schwarz - jeweils eine andere Bedeutung. Lesen Sie daher die Erklärungen aufmerksam durch.

WENGEN *3823 Bern (BE)* 551 L9 – *Höhe 1 275 – – Wintersport : 1 274/2 320 m 1 6 .*

Sehenswert : *Lage★★★.*

Ausflugsziel : *Jungfraujoch★★★ mit Bahn – Trümmelbachfälle★★★ – Kleine Scheidegg★★ Süd-Ost mit Bahn.*

Lokale Veranstaltung

17.01 - 18.01 : Internationale Lauberhornrennen.

Tourist Information, Dorfstrasse, 0338 551 414, info@wengen.ch, Fax 0338 553 060.

Bern 69 – Interlaken 12 – Grindelwald 16 – Luzern 78.

mit Zahnradbahn ab Lauterbrunnen erreichbar

Regina, 0338 565 858, *regina@wengen.com, Fax 0338 565 850,* Jungfrau, – video – 15/60. AE VISA JCB. Rest *geschl. Mitte Okt. - 10. Dez.* – **Menu** (siehe auch Rest. ***Chez Meyer's***) – **90 Zim** 360/520, Vorsaison 135/310 – ½ P Zuschl. 30.
◆ Unübersehbar scheint das Haus über dem Ort zu thronen. In gediegenen, mit massiven Holzmöbeln eingerichteten Zimmern geniesst man die Ruhe und die traumhafte Sicht.

Beausite Park Hotel, 0338 565 161, *hotel@parkwengen.ch, Fax 0338 553 010,* Jungfrau, – Rest, . AE VISA. Rest
20. Dez. - 12. April und 28. Mai - 26. Sept. – **Menu** 60 (abends) und à la carte 51/105 – **40 Zim** 275/474, Vorsaison 150/278, 4 Suiten – ½ P Zuschl. 20.
◆ Neben der sehr ruhigen Lage etwas ausserhalb am Waldrand schätzen die Gäste dieses Ferienhotels die komfortablen, meist modernen Zimmer sowie den Wellnessbereich.

Wengener Hof, 0338 566 969, *wengenerhof@wengenerhof.ch, Fax 0338 566 970,* Jungfrau, Berge und Tal, – AE VISA JCB. Rest
21. Dez. - 29. März und 25. Mai - 2. Okt. – **Menu** *(nur ½ Pens. für Hotelgäste)* – **40 Zim** 150/330, Vorsaison 95/236 – ½ P Zuschl. 25.
◆ Die sehr ruhige Lage mit einmaliger Aussicht, der gepflegte Panoramagarten und nicht zuletzt die stilvolle Einrichtung zeichnen dieses am Ortsende liegende Ferienhotel aus.

Caprice, 0338 560 606, *hotel@caprice-wengen.ch, Fax 0338 560 607,* Jungfrau-Massiv, – Zim, . AE VISA. Rest
13. Dez. - 18. April und 22. Mai - 3. Okt. – **Menu** 24 - 69/89 und à la carte 74/115 – **18 Zim** 275/440, Vorsaison 120/230 – ½ P Zuschl. 40.
◆ Hinter der holzverkleideten Fassade des im Chalet-Stil erbauten Domizils erwartet den Gast ein geschmackvolles Interieur. Ein idealer Ausgangsort für Wanderungen und Ausflüge. Neben dem Restaurant lädt auch eine Panorama-Terrasse zum Verweilen ein.

Silberhorn, 0338 565 131, *hotel@silberhorn.ch, Fax 0338 565 132,* Berge, – – 15. AE VISA JCB. Rest
geschl. Mitte April - Mitte Mai und Anfang Okt. - Mitte Dez. – **Menu** 17.50 - 25 und à la carte 37/86 – **59 Zim** 204/378, Vorsaison 121/226, 12 Suiten – ½ P Zuschl. 30.
◆ In dem gegenüber dem Bahnhof gelegenen Hotel beherbergt man seine Gäste in meist modernen, elegant eingerichteten Zimmern. Allen gleich ist die geschmackvolle Einrichtung. Einfache Wirtschaft und heller, moderner Speisesaal.

Alpenrose, 0338 553 216, *info@alpenrose.ch, Fax 0338 551 518,* Jungfrau-Massiv, – AE VISA. Rest
Mitte Dez. - Mitte April und Mitte Mai - Ende Sept. – **Menu** *(nur Abendessen) (nur Menu)* 40 – **48 Zim** 150/324, Vorsaison 87/230 – ½ P Zuschl. 25.
◆ Unterhalb des Dorfzentrums trifft man hier auf ein ruhig gelegenes Hotel, das vor allem von den Balkonen aus eine unvergessliche Aussicht bietet. Gemütliche, rustikale Zimmer.

Bären, 0338 551 419, *info@baeren-wengen.ch, Fax 0338 551 525,* Jungfrau-Massiv, – . AE VISA JCB
14. Dez. - 11. April und 9. Mai - 9. Okt. – **Menu** *(geschl. Sonntag im Sommer)* 15.50 - 42/56 (abends) und à la carte 44/77 – **13 Zim** 100/210, Vorsaison 70/150 – ½ P Zuschl. 20.
◆ In diesem familiär geführten, ruhig im unteren Dorfteil gelegenen Haus findet man neuzeitlich und funktionell ausgestattete Zimmer mit Südbalkon und schönem Jungfraublick. Das Restaurant zeigt sich in rustikalem Stil.

Berghaus, 0338 552 151, *berghaus@wengen.com, Fax 0338 553 820,* ≤ Jungfrau, – . *21. Dez. - 11. April und 6. Juni - 25. Sept.* – **Menu** - Fischspezialitäten - 48 (abends) und à la carte 41/84 – **19 Zim** 106/306, Vorsaison 87/238 – ½ P Zuschl. 25.
◆ In diesem Hotel legt man grossen Wert auf persönliche Gästebetreuung. Neben der ruhigen, sonnigen Lage mit schöner Aussicht sprechen saubere, gepflegte Zimmer für das Haus. Auch in dieser Höhenlage haben Fischgerichte ihren festen Platz auf der Speisekarte.

Chez Meyer's - ***Hotel Regina***, 0338 565 858, *regina@wengen.com, Fax 0338 565 850,* – .
geschl. 1. Okt. - 15. Dez. und 1. April - 15. Juni – **Menu** 49/128 und à la carte 80/144.
◆ Hinter der schönen Fassade des Hotels Regina empfängt den Gast ein stilvoll eingerichtetes Restaurant mit gepflegtem Dekor und ansprechend eingedeckten Tischen.

in Wengernalp *mit Zug ab Interlaken, Lauterbrunnen oder Wengen erreichbar – Höhe 1874 – 3823 Wengen :*

Jungfrau, 0338 551 622, *Fax 0338 553 069,* ≤ Jungfrau-Massiv, –
21. Dez. - Ende März – **Menu** *(abends nur ½ Pens. für Hotelgäste)* 28 und à la carte 34/84 – **26 Zim** *(nur ½ Pens.)* 230/480.
◆ Ein aussergewöhliches Hotel in aussergewöhnlicher Lage : Die im Stil der Jahrhundertwende geschmackvoll eingerichteten Zimmer bieten gehobenen Komfort in einsamer Bergwelt. Gästen des Hauses serviert man Speisen einer traditionellen Küche.

WENGERNALP *Bern* 551 L-M10 – *siehe Wengen.*

WERMATSWIL *8615 Zürich (ZH)* 551 R5 – *Höhe 560.*

Bern 145 – Zürich 24 – Rapperswil 25 – Uster 4 – Winterthur 32.

Puurehuus, Fehraltorferstr. 9, 0433 991 616, *infos@puurehuus.ch, Fax 0433 991 617,* – , Zim, – 30. . Rest
Kleinjoggstube : **Menu** 56 (mittags)/105 und à la carte 56/109 – ***Dorfbeizli :*** **Menu** 19.50 und à la carte 47/81 – **17 Zim** 140/180.
◆ Die Zimmer dieses erweiterten Gasthofs sind teils modern und funktionell gestaltet, auf den Geschäftsreisenden zugeschnitten, teils etwas älter, aber ebenfalls gepflegt. Gemütlich-rustikal und gediegen : die Kleinjoggstube. Blanke Tische im Dorfbeizli.

WERNETSHAUSEN *8342 Zürich (ZH)* 551 R5 – *Höhe 730.*

Bern 120 – Zürich 29 – Rapperswil 18 – Uster 24 – Winterthur 43.

Hohes Schlössli, Bachtelstr. 63, 019 381 313, *info@hohes-schloessli.ch, Fax 019 381 310,* –
geschl. 1. - 15. Feb., 24. Juli - 7. Aug., Sonntag und Montag – **Menu** 24 - 42 (mittags)/96 und à la carte 56/110.
◆ An der Strasse nach Hasenstrich findet man dieses rustikal mit Sichtbalken dekorierte Restaurant. Sehr schöne Sicht auf das Unterland bietet sich von der Terrasse.

WETTINGEN *5430 Aargau (AG)* 551 O4 – *17 599 Ew. – Höhe 388.*

18 *Lägern in Otelfingen, 8112, 018 466 818, Fax 018 445 333, Ost : 5 km.*
Verkehrsverein, Seminarstr. 54, 0564 262 211, schmidtravel@bluewin.ch, Fax 0564 271 647.
Bern 110 – Aarau 31 – Baden 3 – Schaffhausen 67 – Zürich 22.

Sternen, Klosterstr. 9, 0564 271 461, *gasthof.sternen@freesurf.ch, Fax 0564 271 462,* – .
geschl. Weihnachten und Samstagmittag – ***Spörristube :*** **Menu** 69 und à la carte 63/111 – ***Kloster-Taverne :*** **Menu** 18 - 63/89 und à la carte 47/105.
◆ Die rustikal eingerichtete Spörristube ist mit Ausstellungsstücken des bekannten gleichnamigen Schweizer Künstlers dekoriert. Der Gast wählt aus einem zeitgemässen Angebot. Die Kloster Taverne befindet sich im ehemaligen Weiberhaus aus dem 13. Jh.

WETZIKON *8620 Zürich (ZH)* **551 R5** – *18 567 Ew. – Höhe 532.*
Bern 147 – Zürich 29 – Rapperswil 15 – Schwyz 51.

Il Casale (Colaianni), Lentholdstr. 5, 0434 775 737, *info@il-casale.ch, Fax 0434 775 738,* – AE VISA
geschl. 22. Dez. - 6. Jan., Juli - Aug. 2 Wochen, Sonntag und Montag – **Menu** 59 (mittags)/145 und à la carte 87/132 – ***Bistro* : Menu** 23 und à la carte 38/64.
◆ Restaurant in einem schön restaurierten Sandsteinklinkergebäude mit grünen Fensterläden. Im Inneren überrascht minimalistisches Design in Schwarz und Weiss. Klare Linien und schlichte Modernität auch im Bistro. Aus der Küche kommt Südländisches.
Spez. Caramelisierte Brust vom Ormalinger Jungschwein auf weissem getrüffelten Bohnenpurée. Würzig gebratene Riesencrevetten mit frischen Kräutern und Tomaten. Kalbsfilet und Kalbsbacke auf zartem Kefengemüse mit Selleriekartoffelpurée und Portweinsauce

WIDEN *8967 Aargau (AG)* **551 O5** – *3 641 Ew. – Höhe 548.*
Bern 114 – Aarau 35 – Baden 15 – Dietikon 14 – Wohlen 12 – Zürich 18.

Heinrüti-Rank, Wolfeggstr. 1 (1 km Richtung Bremgarten), 0566 332 288, *mail@heinrueti-rank.ch, Fax 0566 339 282,* <, , – TV P. VISA
geschl. 16. Jan. - 8. Feb. und 24. Sept. - 10. Okt. – **Menu** *(geschl. Freitagmittag und Donnerstag)* 18.50 und à la carte 39/91 – **10 Zim** 95/150.
◆ Erhöht am Hang gelegen, bietet das Hotel seinen Gästen eher kleine, mit funktionellem Einbaumobiliar zweckmässig eingerichtete Zimmer, teilweise mit schönem Blick. Restaurant mit Aussichtsterrasse.

Zum Stutz, Bremgartenstr. 64, 0566 331 314, *Fax 0566 337 285,* – P. AE VISA.
geschl. 28. Dez. - 10. Jan., Montag und Dienstag – **Menu** 19.50 - 80 und à la carte 38/85.
◆ Im überwiegend von Frauen frequentierten, modern dekorierten Restaurant und dem davor liegenden Café liegt der Schwerpunkt auf ideenreich zubereiteter vegetarischer Küche.

WIDNAU *9443 Sankt Gallen (SG)* **551 W5** – *7 639 Ew. – Höhe 406.*
Bern 242 – Sankt Gallen 36 – Altstätten 11 – Bregenz 21 – Dornbirn 16 – Feldkirch 24.

Forum garni, Bahnhofstr. 24, 0717 228 866, *hotel.forum@bluewin.ch, Fax 0717 228 867,* – TV P. AE VISA
geschl. 21. Dez. - 4. Jan. – **38 Zim** 120/190.
◆ Neben diversen Geschäften ist in dem Gebäude ein modernes Businesshotel untergebracht. Die Zimmer wirken hell und frisch, sind sehr gepflegt und bieten genügend Platz.

Metropol, Bahnhofstr. 26, 0717 263 030, *hotel@metropol-widnau.ch, Fax 0717 263 000,* – , Zim, TV P. AE VISA
Bel Etage *(geschl. Sonntagabend, Dienstagmittag und Montag)* **Menu** 35/90 und à la carte 50/103 – **27 Zim** 85/140 – ½ P Zuschl. 30.
◆ Hier erwarten Sie ausreichend grosse, mit hellem Mobiliar praktisch eingerichtete Zimmer. Interessant für Geschäftsreisende : alle Zimmer mit Fax- und Internetanschluss. Dachrestaurant Bel Etage mit Panoramafenstern und Terrasse.

Schreiben Sie uns...
Ihre Meinung, sei es Lob oder Kritik, ist stets willkommen.
Jeder Ihrer Hinweise wird durch unsere Inspektoren sorgfältigst in den betroffenen Hotels und Restaurants überprüft.
Dank Ihrer Mithilfe wird Der Michelin-Führer immer aktueller und vollständiger.
Vielen Dank im Voraus !

WIGOLTINGEN *8556 Thurgau (TG)* 551 S3 – *2 028 Ew. – Höhe 435.*

Bern 182 – Sankt Gallen 48 – Frauenfeld 15 – Konstanz 18 – Winterthur 33.

Taverne zum Schäfli (Kuchler), Oberdorfstr. 8, ✆ 0527 631 172, *Fax 0527 633 781*, – P. AE MC VISA JCB.
geschl. 4. - 19. Jan., 25. Juli - 16. Aug., Sonntag und Montag – **Menu** (Tischbestellung ratsam) 75 (mittags)/180 und à la carte 82/162.
◆ In den gemütlichen, im Biedermeierstil eingerichteten Stuben des schönen alten Riegelhauses aus dem 17. Jh. serviert man eine ausgezeichnete klassische Küche.
Spez. Filet de sandre à la peau croustillante sur un lit d'artichauts à la crème, sauce aceto balsamico (März - Mai). Compote de queue de veau et mousseline de pommes de terre, jus de truffes. Soupe glacée au vin de fleurs de sureau, petits beignets de cerises et sorbet aux griottes (Juni - Juli). **Weine** Bachtobel

WIKON *Luzern* 551 M5 – *siehe Reiden.*

WIL *9500 Sankt Gallen (SG)* 551 S4 – *16 443 Ew. – Höhe 571.*

Sehenswert : *Aussicht★ vom Vorplatz der Stadtkirche.*

Tourist Info, Bahnhofplatz 6, ✆ 0719 137 000, touristinfo@stadtwil.ch, Fax 0719 137 009.

Bern 184 – Sankt Gallen 29 – Glarus 57 – Konstanz 31 – Winterthur 34.

Schwanen, obere Bahnhofstr. 21, ✆ 0719 130 510, *info@hotel-schwanen.ch, Fax 0719 130 515*, – Zim, TV P – 60. AE MC VISA.
Schwanenstube (1. Etage) *(geschl. 20. Juli - 11. Aug., Samstagmittag und Sonntag)* **Menu** 28 - 45 (mittags)/90 und à la carte 51/123 – ***Bistro :*** **Menu** 14.50 und à la carte 40/70 – **24 Zim** 100/210.
◆ Der Schwanen befindet sich zentral an einer Kreuzung. Die mit soliden Eichenholzmöbeln eingerichteten Zimmer liegen jedoch relativ ruhig nach hinten zur Fussgängerzone. Im ersten Stock befindet sich die elegante Schwanenstube. Einfacher : das Bistro.

Rössli mit Zim, Toggenburgerstr. 59 (1. Etage), ✆ 0719 139 750, *info@roessli-wil.ch, Fax 0719 139 751*, – TV P. AE MC VISA
geschl. 25. Jan. - 3. Feb., 25. Juli - 9. Aug., Sonntag und Montag – **Menu** 19 - 52 (mittags)/105 und à la carte 58/116 – **6 Zim** 98/145 – ½ P Zuschl. 25.
◆ Dieses typische Gasthaus beherbergt ein rustikales, hell und freundlich gestaltetes Restaurant sowie schlicht-modern und praktisch eingerichtete, günstige Zimmer.

Hof zu Wil, Marktgasse 88, ✆ 0719 138 700, *info@hofzuwil.ch, Fax 0719 138 701*, – 50. AE MC VISA
geschl. 18. Juli - 1. Aug. – **Menu** 27 - 45/52 und à la carte 39/99.
◆ In dem ehemaligen Abteigebäude aus dem 14. Jh. gehen alte Mauern und moderne Einrichtung eine harmonische Verbindung ein. Historische Säle und Ausstellungsräume.

in Bronschhofen *Nord : 1,5 km – Höhe 563 – ✉ 9552 Bronschhofen :*

Burghalde mit Zim, Hauptstr. 24, ✆ 0719 115 108, *info@restaurant-burghalde.ch, Fax 0719 115 176*, – TV P. AE MC VISA
geschl. Feb. - März und Okt. jeweils 2 Wochen, Samstag und Montag jeweils mittags, Sonntag – **Menu** 104/128 und à la carte 77/132 – **7 Zim** 140/200.
◆ Sowohl das schöne Restaurant als auch die angenehmen Zimmer des in einem gepflegten Garten gelegenen Fachwerkhauses sind geschmackvoll im Biedermeierstil eingerichtet.

in Rossrüti *Nord-Ost : 1 km – Höhe 610 – ✉ 9512 Rossrüti :*

Waldrose, Boxloo, 2 km Richtung Braunau, ✆ 0719 111 851, *waldrose@bluewin.ch, Fax 0719 116 898*, ≤ Fürstenland und Berge, – P. AE MC VISA
geschl. 24. März - 8. April, 29. Sept. - 14. Okt., Donnerstag ausser Juli - Aug. und Mittwoch – **Menu** 44 (mittags)/85 und à la carte 57/115.
◆ Auf einer Anhöhe in freier Natur liegt dieses kleine Restaurant mit schönem Blick auf Fürstenland und Berge. Sie speisen in zwei rustikalen Stuben oder auf der Terrasse.

WILDEGG *5103 Aargau (AG)* **551 N4** – *3 407 Ew. – Höhe 354.*

Sehenswert : *Schloss★.*

Bern 92 – Aarau 11 – Baden 15 – Luzern 56 – Zürich 35.

Aarehof, Bahnhofstr. 5, ✆ 0628 932 323, *empfang@aarehof.ch, Fax 0628 931 504*, – Zim, – 15/100. AE VISA
geschl. 25. Dez. - 3. Jan. – **Menu** 19.50 - 45 (mittags)/77 und à la carte 46/91 – **58 Zim** 120/180.
◆ Gegenüber dem Bahnhof gelegen, bietet dieses Hotel seinen Gästen Zimmer verschiedenen Alters und Einrichtung ; sie sind gepflegt und zeitgemäss ausgestattet. Der Gast hat die Wahl zwischen dem Wintergarten, der Gaststube und dem Restaurant.

WILDERSWIL *Bern* **551 L9** – *siehe Interlaken.*

WILDHAUS *9658 Sankt Gallen (SG)* **551 U6** – *1 267 Ew. – Höhe 1 098 – Wintersport : 1 050/2 076 m 1 7.*

Sehenswert : *Lage★.*

Wildhaus Tourismus, Hauptstrasse, ✆ 0719 992 727, wildhaus@toggenburg.org, Fax 0719 992 929.

Bern 218 – Sankt Gallen 60 – Altstätten 35 – Bad Ragaz 40 – Rapperswil 53.

Stump's Alpenrose, beim Schwendisee, Süd : 2,5 km, ✆ 0719 985 252, *info@stumps-alpenrose.ch, Fax 0719 985 253*, < Säntis und Churfirsten, – Zim, – 15/80. AE VISA. Rest
Menu 23 - 34 (mittags)/52 und à la carte 37/98 – **50 Zim** 145/256 – ½ P Zuschl. 37.
◆ Oberhalb des Ortes, in ruhiger Aussichtslage, bietet dieses Haus seinen Gästen Zimmer von ordentlicher Grösse, die mit hellen Naturholzmöbeln eingerichtet sind. Hinter der Gaststube befindet sich das neo-rustikale Speiserestaurant.

Sonne, ✆ 0719 992 333, *sonne@beutler-hotels.ch, Fax 0719 992 357*, – AE VISA
geschl. Mitte Nov. - Mitte Dez. – **Menu** 23 und à la carte 35/76 – **24 Zim** 105/210, Vorsaison 90/180 – ½ P Zuschl. 25.
◆ In diesem zentral gelegenen Haus schläft der Urlaubsgast oder der Durchreisende in älteren, mit rustikalen Holzmöbeln ausgestatteten Zimmern ; die nach Süden sind geräumiger. Zum gastronomischen Bereich gehören das à la carte-Restaurant und die Häxä-Stubä.

WILEN *Obwalden* **551 N8** – *siehe Sarnen.*

WINKEL *8185 Zürich (ZH)* **551 Q4** – *Höhe 450.*

Bern 134 – Zürich 25 – Baden 30 – Winterthur 16.

in Niederrüti *Süd : 1 km – Höhe 443 – ✉ 8185 Winkel :*

Wiesental, Zürichstr. 25, ✆ 018 601 500, *info@wiesental.ch, Fax 018 621 802*, – AE VISA
geschl. 20. Dez. - 9. Jan., Samstagmittag, Sonn- und Feiertage – ***Arte*** - italienische Küche - **Menu** 59/105 und à la carte 70/112 – ***Gaststube :*** **Menu** 20 und à la carte 45/92.
◆ Im mit Sichtsteinmauern, Fachwerk und modernen Bildern gestalteten Restaurant Arte geniesst der Gast neuzeitlich zubereitete piemontesische Spezialitäten. In der Gaststube des komplett renovierten Riegelhauses serviert man traditionelle Kost.

Die im Michelin-Führer
verwendeten Zeichen und Symbole haben-
rot oder schwarz -
jeweils eine andere Bedeutung.
Lesen Sie daher die Erklärungen aufmerksam durch.

WINTERTHUR 8400 Zürich (ZH) 551 Q4 – 88 013 Ew. – Höhe 439.

Sehenswert : Sammlung Oskar Reinhart "Am Römerholz"★★ Nord, über Haldenstrasse B.

Museum : Kunstmuseum★ B M² – Villa Flora★★ Süd, über Tösstalstrasse B.

Winterberg, ✉ 8312 (April - Nov.) ✆ 0523 451 181, Fax 0523 451 219, Süd : 12 km 18 Schloss Goldenberg in Dorf, ✉ 8458 (März - Dez.) ✆ 0523 052 333, Fax 0523 052 344, Nord-West : 13 km Richtung Flaach.

Lokale Veranstaltungen

25.06 - 27.06 : Albanifest, Stadtfest

03.08 - 08.08 : Kyburgiade (internationales Kammermusikfestival auf Schloss Kyburg).

21.08 - 06.09 : Musikfestwochen (Pop, Rock und Jazz).

Winterthur Tourismus, im Hauptbahnhof, Bahnhofplatz, ✆ 0522 676 700, tourismus@win.ch, Fax 0522 676 858.

Wartstr. 50, ✆ 0522 240 404, Fax 0522 240 400.

Bern 148 ④ – Zürich 28 ④ – Baden 47 ④ – Konstanz 47 ① – Schaffhausen 27 ①

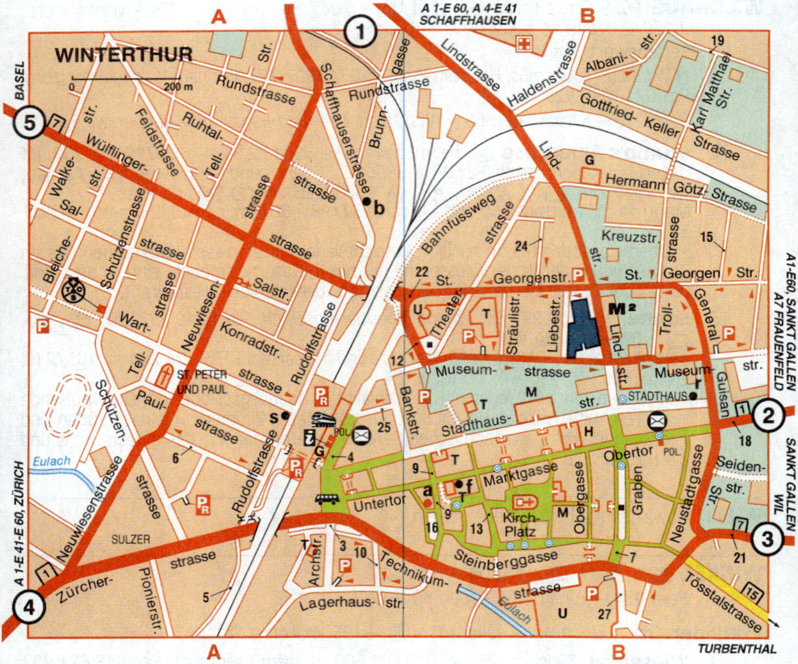

Garten Hotel, Stadthausstr. 4, ✆ 0522 650 265, info@gartenhotel.ch, Fax 0522 650 275, 🏞, 🚲, – 🛗, ⊁ Zim, 📺 ☎ ♿ 🚗 🅿 – 🏛 15/90. AE ⓓ ⓜ VISA B r

Ellipse : **Menu** à la carte 48/103 – **61 Zim** 245/335.

◆ Dieses Haus bietet Zimmer von guter Grösse, die mit modernen Qualitätsmöbeln komfortabel eingerichtet sind und sich auch technisch auf dem neuesten Stand befinden. Das Restaurant Ellipse hat einen gläsernen Anbau zum Park.

Banana City garni, Schaffhauserstr. 8, 0522 681 616, *ir*
Fax 0522 681 600 – – 15/150.
101 Zim 150/225.
• Den ungewöhnlichen Namen verdankt man der langen, gebog
fassadenhaus. Moderne, funktionell ausgestattete Zimmer mit
erwarten den Gast.

Wartmann, Rudolfstr. 15, 0522 600 707, *wartmann@wartmann.ch, Fax 0522 133 097,* – , Rest, – 15/90. A s
geschl. 24. Dez. - 2. Jan. – ***Grill :*** **Menu** 16 - 77 und à la carte 45/88 – ***Vegi zur Waage*** - vegetarische Küche - *(geschl. Samstag und Sonntag)* **Menu** 16 und à la carte 37/64 – **72 Zim** 130/220.
• In dem zentral gegenüber dem Bahnhof gelegenen Hotel übernachtet der Gast in leicht unterschiedlichen, hellen Zimmern, die mit Einbaumobiliar zweckmässig eingerichtet sind. Der Grill ist gediegen eingerichtet. Vegetarisches gibt's im Vegi zur Waage.

Krone, Marktgasse 49, 8401, 0522 081 818, *info@kronewinterthur.ch, Fax 0522 081 820,* – , Zim, – 40. B f
geschl. Weihnachten und Neujahr – **Menu** *(geschl. Sonntag)* 19.50 und à la carte 50/81 – **37 Zim** 145/238.
• Das unter Denkmalschutz stehende Altstadthaus liegt in der Fussgängerzone nahe der Kirche. Durch schmale verwinkelte Flure erreicht man die funktionell eingerichteten Zimmer. Bistro mit Lichthof und modernes Restaurant.

Concordia, Feldstr. 2, 0522 133 832, *Fax 0522 133 830,* –
geschl. 24. Dez. - 5. Jan., Ostern und 1. - 15. Aug. – **Menu** 22 - 80 und à la carte 54/104.
• In einem gepflegten, durch farbig gestrichene Wände bestimmten Ambiente reicht man dem Gast eine überwiegend italienisch geprägte Karte. Nette Terrasse.

Trübli, Bosshardengässchen 2, 0522 125 536, *truebli@bluewin.ch, Fax 0522 125 525,* – B a
geschl. 1. - 5. Jan., 9. - 26. April, Sonntag, Montag und Feiertage – **Menu** 19.50 - 44 (mittags)/82 und à la carte 52/91.
• Am Rande der Altstadt befindet sich diese helle, rustikal eingerichtete, gemütliche Stube, in der man aus einem gutbürgerlichen Speisenangebot auswählt.

in Wülflingen *über ⑤ : 2,5 km – 8408 Winterthur :*

Schloss Wülflingen, Wülflingerstr. 214, 0522 221 867, *aberli@swissonline.ch, Fax 0522 220 371,* –
geschl. 19. Juli - 10. Aug., Montag und Dienstag – **Menu** 32 - 51 (mittags)/130 und à la carte 67/120.
• Das schöne historische Gebäude aus dem 17. Jh. begeistert den Besucher mit stilvoll bemalten, aufwändig getäferten Stuben und bemerkenswerten alten Kachelöfen.

Taggenberg, Taggenbergstr. 79, über Strassenverkehrsamt Nord : 1,5 km, 0522 220 522, *info@taggenberg.ch, Fax 0522 220 524,* –
geschl. Neujahr, 1. - 8. Feb., 8. - 22. Aug., Montag und Dienstag – **Menu** (abends Tischbestellung ratsam) 54 (mittags)/129 und à la carte 80/129.
• Die Wirtschaft Taggenberg liegt auf dem gleichnamigen Weingut. Neben dem angenehm dekorierten Gastraum locken die schöne Panoramaterrasse und die klassische Frischküche.

WOHLEN BEI BERN *3033 Bern (BE)* 551 I7 – *9 050 Ew. – Höhe 549.*

Bern 10 – Biel 32 – Burgdorf 31 – Solothurn 43.

Kreuz, Hauptstr. 7, 0318 291 100, *info@kreuzwohlen.ch, Fax 0318 291 902,* –
geschl. 16. - 24. Feb., 5. Juli - 3. Aug., Montag und Dienstag – **Menu** 16 und à la carte 34/87.
• Hier wurde im 18. Jh. möglicherweise die Berner Platte, ein Schweizer Nationalgericht, kreiert. Heute verzehrt man in diversen rustikalen Stuben gutbürgerliche Gerichte.

WOLFGANG *Graubünden* 553 X8 – *siehe Davos.*

…AU *8832 Schwyz (SZ)* **551** **Q6** *– 5 879 Ew. – Höhe 504.*
Bern 152 – Zürich 29 – Glarus 40 – Rapperswil 9 – Schwyz 28.

Chrueg mit Zim, Bellevueweg 3, ☎ 017 876 363, *chrueg@chrueg.ch, Fax 017 876 364,* ≤ Zürichsee, – *geschl. 23. Dez. - 6. Jan, 15. Feb. - 1. März,* – **Menu** *(geschl. Sonntag und Montag)* 35 - 58 (mittags)/87 und à la carte 63/124 – **6 Zim** 155/230.
◆ Hier ist die Handschrift der bekannten Architektin Pia Schmid kaum zu übersehen. Bei sehr schöner Aussicht geniesst man in modernem Ambiente internationale Küche.

WORB *3076 Bern (BE)* **551** **J7** *– 11 105 Ew. – Höhe 585.*
Bern 11 – Burgdorf 20 – Langnau im Emmental 20 – Thun 28.

Zum Löwen, Enggisteinstr. 3, ☎ 0318 392 303, *office@loewen-worb.ch, Fax 0318 395 877,* – Rest, – 15/30.
Menu *(geschl. 19. Juli - 8. Aug., Samstag und Sonntag)* 17 und à la carte 37/75 – **13 Zim** 115/165.
◆ Der schöne, typische Berner Landgasthof aus dem 15. Jh. beherbergt seine Gäste in rustikal eingerichteten Zimmern von guter Grösse. Interessant : das Korkenziehermuseum. Restaurant mit traditioneller Karte.

WORBEN *3252 Bern (BE)* **552** **I6** *– 1 961 Ew. – Höhe 442.*
Bern 28 – Aarberg 8 – Biel 6 – Murten 28 – Solothurn 29.

Worbenbad, Hauptstr. 77, ☎ 0323 846 767, *info@worbenbad.ch, Fax 0323 847 906,* , , , – , Zim, – 15/150.
geschl. Sonntagabend ausser Hotel – ***Grill* :** **Menu** à la carte 46/90 – ***Sardi's* :** **Menu** 16.50 und à la carte 35/77 – 19 – **29 Zim** 95/170.
◆ Neben funktionell eingerichteten Gästezimmern zählen ein grosses Hallenbad sowie Sauna, Dampfbad und Solarien zu den Annehmlichkeiten dieses Hotels. Das Restaurant Grill bietet einen bürgerlichen Rahmen. Im Sardi's serviert man mediterrane Küche.

WÜLFLINGEN *Zürich* **551** **Q4** *–* *siehe Winterthur.*

WÜRENLOS *5436 Aargau (AG)* **551** **O4** *– 4 783 Ew. – Höhe 420.*
Bern 110 – Aarau 31 – Baden 8 – Luzern 59 – Zürich 17.

Rössli, Landstr. 77, ☎ 0564 241 360, *Fax 0564 243 850,* –
geschl. Sonntag und Montag – **Menu** 38 (mittags) und à la carte 56/124.
◆ Das schöne alte Riegelhaus war ursprünglich eine Umspannstation für Postkutschenpferde. Schon in fünfter Generation bewirtet man hier Gäste in diversen rustikalen Stuben.

YVERDON-LES-BAINS *1400 Vaud (VD)* **552** **E8** *– 23 144 h. – alt. 435 – Stat. thermale.*
Environs : *Château de Grandson★★ : site★★ par ① : 3,5 km.*
à Vuissens, ✉ 1486, ☎ 0244 333 300, Fax 0244 333 304, Sud-Est : 17 km par route de Moudon.
Manifestation locale
01.07 - 28.08 : Fest'Yv'Etés, divers concerts tous les jeudi soir (rock, blues...) et samedi matin (jazz, choeurs...).
Office du tourisme et du thermalisme, 1 av. Gare ☎ 0244 236 101, info@yverdon-les-bains.ch, Fax 0244 261 122.
3 r. du Collège, ☎ 0244 240 424, Fax 0244 240 423.
Bern 79 ② – Neuchâtel 40 ① – La Chaux-de-Fonds 65 ① – Lausanne 32 ③ – Pontarlier 48 ③

Plan page ci-contre

Grand Hôtel des Bains , 22 av. des Bains, ☎ 0244 246 464, *reservation@grandhotelyverdon.ch, Fax 0244 246 465,* , , , – , ch, – 15/120. rest BZ a
***Le Pavillon* :** **Repas** 27 - 42/102 et à la carte 64/105 – **124 ch** 200/440 – ½ P suppl. 54.
◆ Cet hôtel est une véritable oasis de détente entourée d'un parc. Chambres calmes et modernes, côté jardin ou côté piscines. Accès direct au centre thermal. Le Pavillon, au cadre confortable, vous fait découvrir son registre culinaire classique de bon aloi.

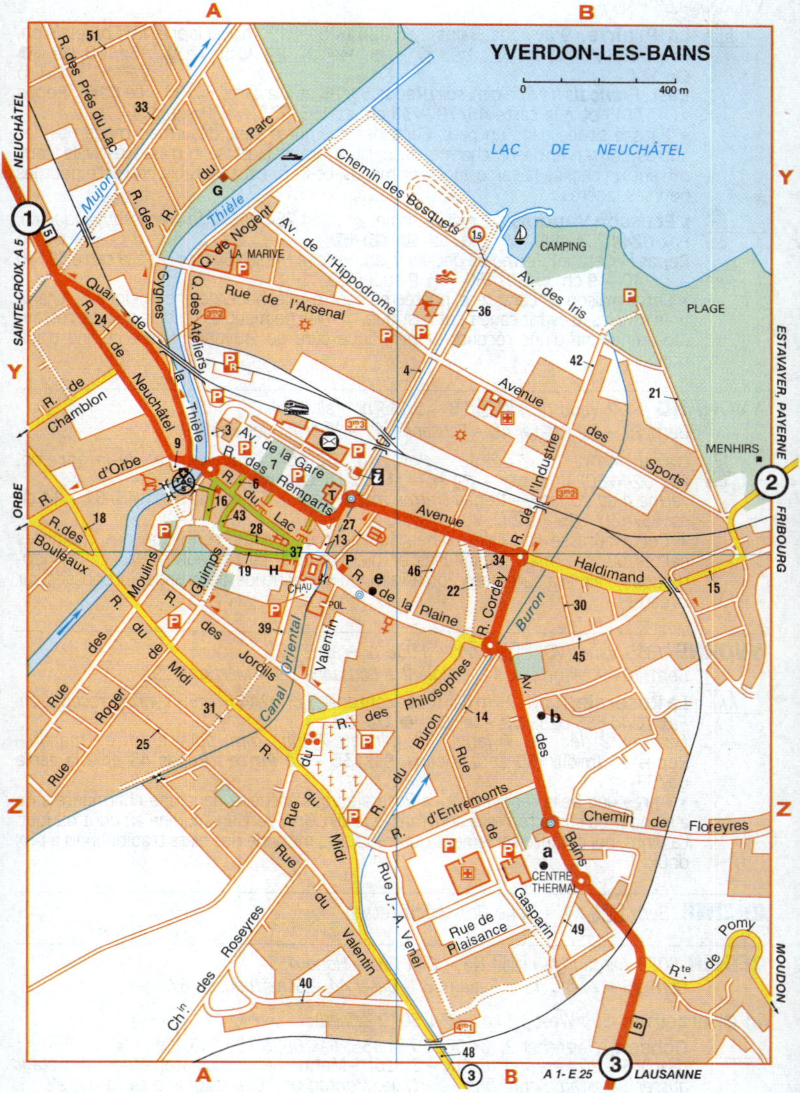

Ancienne-Douane (Quai de l') . . . . AY 3
Ancien Stand (R. de l') . . . ABY 4
Ancienne-Poste (R. de l') . . AY 6
Armes (Pl. d') . . . . AY 7
Bel-Air (Pl.) . . . . AY 9
Casernes (R. des) . . . . AY 12
Casino (R. du) . . . . AY 13
Chalamont (Ch. de) . . . . . . BZ 14
Clendy (R. de) . . . . BZ 15
Collège (R. du) . . . . AY 16
Curtil-Maillet (R. du) . . . . . AY 18
Four (R. du) . . . . AZ 19
Gréve de Clendy (Ch. de la) . BY 21
J.-J.-Rousseau (Prom.) . . . . BYZ 22
Jura (R. du) . . . . AY 24
Lac (R. du) . . . . AY
Léon-Michaud (R.) . . . . AZ 25
Maison-Rouge (R. de la) . . AY 27
Milieu (R. du) . . . . AY 28
Montélaz (R. du) . . . . BZ 30
Muguets (R. des) . . . . AZ 31
Mujon (R. du) . . . . AY 33
Neuve (R.) . . . . BZ 34
Pêcheurs (R. des) . . . . BY 36
Pestalozzi (Pl.) . . . . AYZ 37
Pestalozzi (R.) . . . . AZ 39
Pierre-de-Savoie (Av.) . . . . AZ 40
Plage (Av. de la) . . . . BY 42
Pré (R. du) . . . . AY 43
Quatre-Marronniers (Av. des) . . . . BZ 45
Saint-Roch (R.) . . . . BYZ 46
Sallaz (Ch. de la) . . . . BZ 48
Thermes (R. des) . . . . BZ 49
William-Barbey (R.) . . . . . . AY 51

Les plans de villes sont disposés le Nord en haut.

La Prairie, 9 av. des Bains, 0244 251 919, *hotel.laprairie@bluewin.ch, Fax 0244 250 079*, – ch, – 15/100. AE MC VISA BZ b

Rest. Français *(fermé dim. soir)* **Repas** 59/85 et à la carte 64/96 – ***Le Café :*** **Repas** 21 - 37/45 et à la carte 46/78 – **36 ch** 155/235 – ½ P suppl. 44.

◆ Bâtisse située dans un parc. Certaines chambres sont désormais modernes, les autres conservent leur charme désuet. Le Français et sa terrasse estivale vous offrent un choix à la carte, lunch et menus. Le Café est une table correcte pour les bourses légères.

L'Ecusson Vaudois, 29 r. de la Plaine, 0244 254 015, *info@ecussonvaudois.ch, Fax 0244 254 485*, – . AE MC VISA AZ e

Repas (1er étage) *(fermé 25 déc. au 4 janv. et dim.)* 16.50 - 84 (soir) et à la carte 39/80 – 10 – **9 ch** 80/150 – ½ P suppl. 28.

◆ Cette maison de caractère, postée en centre-ville, héberge une poignée de chambres simples, d'esprit sagement rustique, garnies de meubles en bois clair. Le restaurant témoigne d'une récente et bénéfique cure de jouvence. Sobre cuisine traditionnelle.

YVONAND *1462 Vaud (VD)* 552 F8 – *2 133 h. – alt. 434.*

Bern 70 – Neuchâtel 48 – Lausanne 41 – Yverdon-les-Bains 9.

Gare, 11 r. du Temple, 0244 302 404, *info@hotel-de-la-gare.ch, Fax 0244 302 406*, – – 40. AE MC VISA

fermé 4 au 25 janv. – **Repas** *(fermé mardi)* 16 - 22/56 et à la carte 43/81 – **14 ch** 95/130 – ½ P suppl. 20.

◆ Cette adresse familiale, nichée au coeur du village, renferme des chambres certes petites, mais lumineuses et bien tenues. Le restaurant, au cadre néo-rustique, calmera sûrement votre faim, vu la multitude de grillades proposées sur la carte !

YVORNE *1853 Vaud (VD)* 552 G11 – *1 036 h. – alt. 395.*

Bern 101 – Montreux 14 – Aigle 2 – Lausanne 39 – Martigny 29.

La Roseraie, Nord : 2 km par route cantonale, 0244 662 589, *info@roseraie.ch, Fax 0244 665 628*, – . AE MC VISA

fermé 22 déc. au 7 janv., 21 juin au 7 juil., dim. soir, lundi et mardi – **Repas** 75 (midi)/150 et à la carte 91/136 – ***La Pinte :*** **Repas** 45 et à la carte 63/99.

◆ Après une belle rénovation, La Roseraie vous accueille dans une charmante salle à manger ou sur la terrasse admirant le jardin. On y sert une cuisine au goût du jour. La Pinte, qui compte seulement quatre tables, mitonne des plats traditionnels à prix doux.

ZÄZIWIL *Bern* 551 K7 – *siehe Grosshöchstetten.*

ZEIHEN *5079 Aargau (AG)* 551 N4 – *841 Ew. – Höhe 433.*

Bern 95 – Aarau 15 – Baden 23 – Basel 44 – Schaffhausen 67.

in Oberzeihen *Süd-West : 1 km – 5079 Zeihen :*

Ochsen, Weizacher 2, 0628 761 135, *Fax 0628 763 245*, –

geschl. 9. - 26. Feb. und 16. Aug. - 2. Sept. – **Menu** - Grillspezialitäten - *(geschl. mittags ausser Samstag, Sonn- und Feiertage, Montag und Dienstag)* à la carte 42/92.

◆ Zwei kleine, rustikale Stuben erwarten Sie in diesem hübschen Landgasthof. Die Restauranträume sind teils eingedeckt, teils sitzt man an blanken Nussholztischen.

ZELL *6144 Luzern (LU)* 551 M6 – *1 958 Ew. – Höhe 588.*

Bern 55 – Langnau im Emmental 38 – Luzern 35 – Olten 35.

Lindengarten mit Zim, St. Urbanstr. 4, 0419 882 255, *info@lindengarten-zell.ch, Fax 0419 881 124*, – . MC VISA

geschl. 8. - 22. Feb. und 25. Juli - 9. Aug. – ***Arcade*** *(geschl. Sonntag und Montag)* **Menu** 17.50 - 48 (mittags)/113 und à la carte 63/111 – **5 Zim** 80/130.

◆ In dem hellen, angenehm dekorierten Restaurant Arcade werden modern zubereitete, täglich wechselnde Spezialitäten auf einer Schiefertafel angeboten. Gepflegte Zimmer.

ZERMATT *3920 Wallis (VS)* 552 K13 – *5 356 Ew. – Höhe 1 610 – – Wintersport : 1 620/3 820 m 16 16 .*

Sehenswert : *Lage★★★.*

Ausflugsziel : *Gornergrat★★★ Süd-Ost mit Zahnradbahn* BZ *– Stockhorn★★★ mit Luftseilbahn vom Gornergrat – Klein Matterhorn★★★ Süd-West mit Luftseilbahn* AZ *– Theodulgletscher★★ Süd mit Luftseilbahn – Unter Rothorn★★ Ost mit Standseilbahn* BY *– Schwarzsee★ Süd-West mit Luftseilbahn* AZ.

Lokale Veranstaltung

15.08 : Folklore-Festival mit grossem Folkloreumzug (1200 Teilnehmer).

Zermatt Tourismus, Bahnhofplatz 5, 0279 668 100, zermatt@wallis.ch, Fax 0279 668 101.

Bern 204 – Brig 38 – Sierre 57 – Sion 72.

mit dem Zug ab Täsch erreichbar

ZERMATT

Bachstrasse	AZ	
Bahnhofstrasse	AYZ	
Getwingstrasse	ABY	
Hofmattstrasse	AY	3
Kirchstrasse	AZ	4
Matterstrasse	AYZ	5
Mattertalstrasse	BY	
Oberdorfstrasse	AZ	6
Obere Mattenstrasse	BY	7
Riedstrasse	BZ	8
Schluhmattenstrasse	AZ	
Spissstrasse	BY	
Steinmattenstrasse	AZ	9
Untere Mattenstrasse	BY	10
Vispastrasse	AYZ	12
Wiestistrasse	BY	14

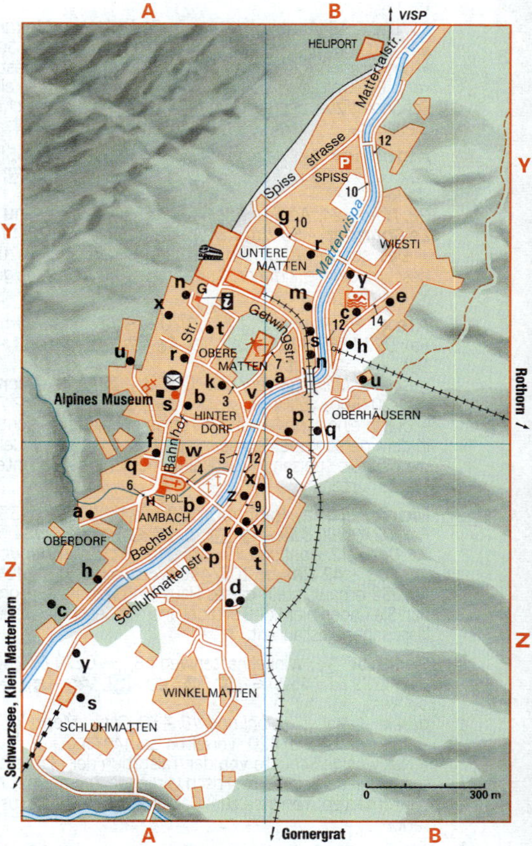

Bei Übernachtungen in kleineren Orten oder abgelegenen Hotels empfehlen wir, hauptsächlich in der Saison, rechtzeitige telefonische Anmeldung.

Grand Hotel Zermatterhof, Bahnhofstr. 55, 0279 666 600, *zermatterhof@zermatt.ch, Fax 0279 666 699,* – , Rest, – 15/180. AE VISA JCB. Rest AZ w

geschl. 2. Mai - 10. Juni und 3. Okt. - 26. Nov. – **Menu** (siehe auch ***Restaurant Lusi***) – ***Prato Borni*** *(nur Abendessen)* **Menu** 90 und à la carte 74/143 – **71 Zim** 350/750, Vorsaison 190/460, 13 Suiten – ½ P Zuschl. 60.

◆ Das schöne traditionsreiche Grand Hotel überzeugt als erstes Haus am Platz auch anspruchsvolle Gäste. Komfortable Zimmer und luxuriöse Suiten garantieren Erholung. Mit Casino. Klassisch-elegant : das Prato Borni.

Mont Cervin und Residence, Bahnhofstr. 31, 0279 668 888, *montcervin@zermatt.ch*, *Fax 0279 668 899*, – Rest, Rest. AE VISA JCB. Rest AY b

geschl. 18. April - Ende Nov. – **Menu** 88 (abends) und à la carte 58/134 – ***Grill Le Cervin*** *(Montag und Dienstag jeweils mittags ausser Feiertage)* **Menu** 27 - 36 (mittags) und à la carte 56/113 – **100 Zim** 375/790, Vorsaison 225/490, 28 Suiten – ½ P Zuschl. 65.

◆ Dieses zur Seiler-Gruppe gehörige Haus vereint Schweizer Hoteltradition mit neuzeitlichem Komfort. Besonders schön : die modernen, grosszügigen Suiten in der Residence. Gediegenes Ambiente im Speisesaal. Eleganter Stil im Grill le Cervin.

Riffelalp Resort, auf der Riffelalp (Höhe 2222) mit Gornergratbahn und Riffelalpbähnli (20 Min.) erreichbar, 0279 660 555, *reservation@riffelalp.com*, *Fax 0279 660 550*, Matterhorn und Berge, – Rest, – 15/80. AE VISA JCB. Rest

12. Dez. - 13. April und 19. Juni - Ende Sept. – ***Alexandre :*** **Menu** 82 und à la carte 51/110 – **63 Zim** 335/710, Vorsaison 280/550 – ½ P Zuschl. 80.

◆ Das Interieur dieses Berghotels verwöhnt seine Gäste mit elegant-rustikalem Komfort. Ein weiteres Plus : die ruhige Lage inmitten eines Ski- und Wandergebietes. Schöne holzverzierte Decken und Wände sowie geschmackvolles Mobiliar prägen das Alexandre.

Alpenhof, Matterstr. 43, 0279 665 555, *info@alpenhofhotel.com*, *Fax 0279 665 556*, – AE VISA JCB. Rest BY m

28. Nov. - 24. April und 27. Juni - 25. Sept. – **Menu** (siehe auch Rest. ***Alpenhof - Le Gourmet***) – **53 Zim** 247/494, Vorsaison 149/278, 8 Suiten – ½ P Zuschl. 25.

◆ Das schöne Chalet bietet ausser dem grosszügigen Wellnessbereich sehr geschmackvolle Zimmer. Angenehme, helle Farben geben Wärme - wohlige Behaglichkeit ist garantiert.

Alex, Bodmenstr. 12, 0279 667 070, *info@hotelalexzermatt.com*, *Fax 0279 667 090*, – – 15/60. AE VISA JCB. Rest AY n

geschl. 2. Mai - 12. Juni und 12. Okt. - 28. Nov. – **Menu** à la carte 52/130 – **70 Zim** 220/560, Vorsaison 160/380, 8 Suiten – ½ P Zuschl. 20.

◆ Durch eine schöne Garten-Terrassenanlage erreicht man dieses traditionelle Haus, in dem persönliche Betreuung und schönes, individuelles Wohnen gross geschrieben werden. Sie speisen in rustikal-gemütlichem Ambiente - im Sommer auch im lichten Wintergarten.

Monte Rosa, Bahnhofstr. 80, 0279 660 333, *monterosa@zermatt.ch*, *Fax 0279 660 330* – AE VISA JCB. Rest AZ f

13. Dez. - 12. April und 19. Juni - 10. Okt. – **Menu** *(nur Abendessen)* 68 und à la carte 48/108 – **42 Zim** 205/490, Vorsaison 174/424, 5 Suiten – ½ P Zuschl. 50.

◆ 1832 erbaut, stellt dieses Haus ein typisches Berghotel mit dem Flair alter Zeiten dar. Sie finden hier komfortabel und mit Geschmack eingerichtete Zimmer vor. Stilvoll-klassisches Restaurant.

Berghof, Winkelmattenweg 18, 0279 675 400, *info@berghof-zermatt.ch*, *Fax 0279 675 452*, – Zim, AE VISA. Rest AZ s

geschl. 3. Mai - 26. Juni und 18. - 30. Okt. – **Menu** 18 - 54/89 und à la carte 55/109 – **28 Zim** 200/420, Vorsaison 140/300 – ½ P Zuschl. 30.

◆ Nur wenige Schritte von der Talstation der Matterhorn-Bahnen entfernt liegt dieses Hotel, dessen nette, frisch wirkende Zimmer mit hellem Naturholz möbliert sind. Wintergarten, Terrasse zum Garten und ein helles, rustikales Stübli bilden die Restauration.

Albana Real, Schluhmattstr. 19, 0279 666 161, *info@hotelalbanareal.com*, *Fax 0279 666 162*, – Zim, AE VISA JCB. Rest AZ p

Fuji of Zermatt - japanische Küche - Teppanyaki (Sushi) - *(nur Abendessen)* **Menu** 50/95 und à la carte 39/90 – ***Rua Thai*** - thailändische Küche - *(geschl. Okt. - Nov. und Montag von Mai - Juli) (nur Abendessen)* **Menu** 49/89 und à la carte 46/84 **37 Zim** 260/530, Vorsaison 160/310, 6 Suiten – ½ P Zuschl. 30.

◆ In dem ruhig gelegenen Hotel bezieht der Gast ein Zimmer, das mit solidem Nussbaumholz wohnlich im Stil der Jahrhundertwende eingerichtet ist. Moderner Wellnessbereich. Im Fuji of Zermatt bereitet man vor Ihren Augen Spezialitäten aus Japan.

La Ginabelle, 0279 665 000, *info@la.ginabelle.ch, Fax 0279 665 010*, – Zim, . BY y
geschl. 17. April - 17. Mai und 18. Okt. - 27. Nov. – **Menu** *(nur Abendessen)* 35 - 57/85 und à la carte 53/105 – **40 Zim** 185/504, Vorsaison 130/332 – ½ P Zuschl. 40.

◆ Schon das schöne Äussere des Chalets lädt zum Verweilen ein. Innen gefallen die eleganten öffentlichen Bereiche sowie die geschmackvollen Zimmer. Leicht vornehm wirkendes Restaurant mit internationaler Küche.

Mirabeau, Unterematttenstr. 12, 0279 662 660, *info@hotel-mirabeau.ch, Fax 0279 662 665*, – Zim, . Rest BY g
geschl. 25. April - 5. Juni und 27. Sept. - 30. Okt. – **Menu** (siehe auch Rest. ***Le Corbeau d'Or***) – **44 Zim** 233/480, Vorsaison 131/350 – ½ P Zuschl. 25.

◆ Ruhig und etwas ausserhalb des geschäftigen Zentrums liegt dieses Haus, in dem Gäste in teils klassisch, teils rustikal ausgestatteten Zimmern wohnen.

Schweizerhof, Bahnhofstr. 5, 0279 660 000, *schweizerhof@zermatt.ch, Fax 0279 660 066*, – – 15/40. . Rest AY t
geschl. Anfang Okt. - 20. Dez. und 13. April - 22. Mai – ***Da Mario*** - italienische Küche - *(nur Abendessen)* **Menu** à la carte 51/99 – ***Prato Borni*** - Käse Spezialitäten - *(geschl. 13. April - Mitte Dez.) (nur Abendessen)* **Menu** 49 und à la carte 42/83 – ***Schwyzer Stübli*** *(geschl. Sonntagmittag)* **Menu** 20 - 24 und à la carte 42/80 – **86 Zim** 300/570, Vorsaison 170/310, 9 Suiten – ½ P Zuschl. 50.

◆ Zentral an der Bahnhofstrasse gelegen, bietet das Haus mit hellen, massiven Pinienholzmöbeln eingerichtete Zimmer, die sich hauptsächlich in Grösse und Lage unterscheiden. Gehoben präsentiert sich das Restaurant Da Mario. Rustikal-gemütlich : Das Prato Borni.

National, Matterstr. 39, 0279 669 966, *national@active.ch, Fax 0279 675 907*, Matterhorn, – Zim, . Rest BY s
geschl. 17. April - 17. Mai und 15. Okt. - 20. Nov. – **Menu** *(nur Abendessen)* 57/73 und à la carte zirka 51 – **50 Zim** 253/406, Vorsaison 167/276, 4 Suiten – ½ P Zuschl. 40.

◆ Hinter der Balkonfassade dieses zentral gelegenen Hotels erwarten den Gast zeitgemäss ausgestattete Zimmer mit Blick auf das Matterhorn und ein schöner Wellnessbereich. Viel Holz macht das Restaurant gemütlich.

Sonne, 0279 662 066, *sonne.zermatt@reconline.ch, Fax 0279 662 065*, – Zim, . Rest AZ a
Menu *(nur ½ Pens. für Hotelgäste)* – **39 Zim** 160/390, Vorsaison 103/250 – ½ P Zuschl. 35.

◆ Etwas oberhalb des Ortes liegt dieses gepflegte Hotel mit regionstypischer Balkonfassade. Die meisten Zimmer sind mit Nussbaummobiliar gediegen-elegant eingerichtet.

Nicoletta, 0279 660 777, *nicoletta@zermatt.ch, Fax 0279 660 788*, (nur im Winter), – . Rest AY k
14. Dez. - 24. April und 8. Juni - Anfang Okt. – **Menu** 65 und à la carte 49/92 – **59 Zim** 390/490, Vorsaison 250/380, 3 Suiten – ½ P Zuschl. 50.

◆ Über funktionell ausgestattete Gästezimmer verfügt dieses komfortable Hotel. Im Winter können Sie vom Balkon aus dem Treiben auf dem Eisplatz zuschauen. Im vierten Stock des Hauses befindet sich das modern-elegante à la carte-Restaurant.

Schönegg, 0279 663 434, *schonegg.zermatt@reconline.ch, Fax 0279 663 435*, Zermatt und Matterhorn, – . Rest BY u
Hotel : geschl. 24. April - 27. Mai und 3. Okt. - Ende Nov. ; Rest. : geschl. 14. April - 30. Juni und 27. Sept. - 17. Dez. – ***Gourmetstübli*** *(geschl. Mittwoch)* **Menu** 65 (abends) und à la carte 71/131 – **37 Zim** 283/530, Vorsaison 155/290 – ½ P Zuschl. 55.

◆ Leicht erhöht und ruhig gelegen, besticht das Haus mit einer tollen Sicht. Ein Aufzug bringt Sie von der Talstation durch den Berg hindurch direkt zur Hotelrezeption. Von dem rustikal gestalteten Gourmetstübli aus hat man einen traumhaften Blick.

Julen, Riedstr. 2, 0279 667 600, *info@julen.com, Fax 0279 667 676,* <, – AE VISA AZ r
Menu 18 - 25 (mittags)/40 und à la carte 38/85 – ***Schäferstübli*** - Grill- und Käsespezialitäten - *(nur Abendessen) (geschl. Mai - Mitte Juni)* **Menu** à la carte 37/85 – **27 Zim** 191/458, Vorsaison 113/238, 5 Suiten – ½ P Zuschl. 25.
◆ Sehr geschmackvolle, mit hellen Fichtenholzmöbeln rustikal eingerichtete Zimmer und ein moderner Wellnessbereich ermöglichen dem Urlaubsgast einen angenehmen Aufenthalt. In dem gemütlichen Restaurant umsorgt Sie ein in schöner Tracht gekleidetes Service-Team.

Parkhotel Beau-Site, Brunnmattgasse 9, 0279 666 868, *info@parkhotel-beausite.ch, Fax 0279 666 869,* <, – AE VISA JCB. Rest BY p
geschl. 2. - 29. Mai und 19. Okt. - 29. Nov. – **Menu** *(nur Abendessen)* à la carte 45/88 – **63 Zim** 180/380, Vorsaison 120/250, 4 Suiten – ½ P Zuschl. 36.
◆ Ruhig und leicht erhöht liegt dieses typische Ferienhotel - ganz in der Nähe : Zentrum und Bergbahn. Die Zimmer : teils in Nussholz, teils in rustikaler Arve. Schöne Turmsuiten. Das gemütliche Walliserstübli und der Grill-Abend prägen die Gastronomie des Hotels.

Coeur des Alpes garni, Zen Stecken, 0279 664 080, *info@coeurdesalpes.ch, Fax 0279 664 081,* < Matterhorn, – VISA AZ c
geschl. 5. Mai - 20. Juni und 15. - 31. Okt. – **14 Zim** 220/300, Vorsaison 160/220.
◆ Schöne, von dem bekannten Zermatter Künstler Heinz Julen in modernem Stil gestaltete Räume, ein Wellness-Center und eine herrliche Aussicht sprechen für dieses Haus.

Allalin garni, Kirchstr. 40, 0279 668 266, *info@hotel-allalin.ch, Fax 0279 668 265,* <, – AE VISA JCB AZ b
geschl. 25. April - 28. Juni und 3. Okt. - 26. Nov. – **30 Zim** 170/290, Vorsaison 100/250.
◆ Auffallend in diesem Haus sind die schönen handgeschnitzten Türstöcke und, in manchen Zimmern, die Kassettendecken. Freundlicher Frühstücksraum mit hellem Parkett.

Albatros garni, Steinmattstr. 93, 0279 668 060, *hotel-albatros@span.ch, Fax 0279 668 066,* <, – AE VISA. AZ d
geschl. 18. April - 2. Juli und 3. Okt. - 31. Nov. – **20 Zim** 150/280, Vorsaison 90/220.
◆ Ein hübsches, gut unterhaltenes Hotel, dessen Zimmer mit modernem, wohnlichem Ambiente überzeugen - helles Holzmobiliar und italienische Stoffe wirken sehr ansprechend.

Butterfly, Bodmenstr. 21, 0279 664 166, *butterfly.zermatt@reconline.ch, Fax 0279 664 165,* <, –, Zim, AE VISA JCB. Rest AY x
21. Dez. - 17. April und 28. Mai - 18. Okt. – **Menu** *(nur Abendessen)* 28 - 46 und à la carte 39/90 – **61 Zim** 170/340, Vorsaison 130/270 – ½ P Zuschl. 30.
◆ Etwas versteckt und ruhig liegt dieses Hotel oberhalb des Bahnhofs. Der Gast wohnt in Zimmern, die im modernen, rustikalen Stil eingerichtet wurden. Taditioneller Speisesaal für Hausgäste und kleiner, geschmackvoll gestalteter à la carte-Bereich.

Antares, Schluhmattstr. 101, 0279 673 664, *antares@zermatt.ch, Fax 0279 675 236,* <, –, Zim, VISA JCB. Rest AZ y
geschl. 23. Mai - 5. Juni und 1. Okt. - 15. Nov. – **Menu** 52 (abends) und à la carte 45/104 – **36 Zim** 200/360, Vorsaison 128/216 – ½ P Zuschl. 30.
◆ Das am Ortsrand gelegene Hotel bietet dem Erholungsuchenden Ruhe und Aussicht auf die Berge. Nicht nur die vielen Stammgäste schätzen die familiäre Atmosphäre. Zwei Bars - English-Bar und Sky-Club - ergänzen das Restaurant. Klassische Küche.

Daniela garni, Untere Steinmatte 39, 0279 667 700, *hotel.daniela@zermatt.ch, Fax 0279 667 777,* – AE VISA AZ x
24 Zim 132/306, Vorsaison 62/178.
◆ Stoffe in freundlichen Farben unterstreichen das wohnliche Ambiente der Zimmer. Der Wellnessbereich des Schwesterhotels Julen kann gratis mitbenutzt werden.

Europe, Riedstr. 18, 0279 662 700, *info@europe-zermatt.ch, Fax 0279 662 705,* < Matterhorn, – VISA JCB. AZ t
geschl. 1. Mai - 6. Juni – **Menu** *(nur Abendessen für Hotelgäste)* 48 – **23 Zim** 120/300, Vorsaison 75/200 – ½ P Zuschl. 35.
◆ Von der Hälfte der ruhigen, wohnlich eingerichteten Gästezimmer bietet sich eine sehr schöne Sicht auf das Wahrzeichen Zermatts. Gratis : der Wellnessbereich des Hotel Julen. Eine Holzdecke trägt zum behaglichen Ambiente des Restaurants bei.

Chesa Valese garni, Steinmattstr. 30, 0279 668 080, *info@chesa-valese.ch, Fax 0279 668 085,* – . **AE** VISA AZ z
23 Zim 145/290, Vorsaison 100/210.
◆ Diese Adresse besticht durch ihre gemütlich-rustikale Einrichtung : eine liebevoll gestaltete Hotelhalle und moderne, mit hellem Holz möblierte Zimmer laden zum Verweilen ein.

Metropol, Matterstr. 9, 0279 663 566, *metropol.zermatt@reconline.ch, Fax 0279 663 565,* – Zim, . **AE** VISA JCB.
geschl. Mai und Nov. – **Menu** *(nur ½ Pens. für Hotelgäste)* – **20 Zim** 190/380, Vorsaison 120/250 – ½ P Zuschl. 46. BY a
◆ Die Zimmer des Hauses - teils neu renoviert - bieten eine solide Ausstattung und verfügen teilweise über Balkon. Eine grosszügige Wellnessanlage sorgt ebenfalls für Erholung.

Tschugge, Bodmenstr. 60, 0279 664 020, *info@hotel-tschugge.ch, Fax 0279 664 025,* – Zim, . **AE** VISA. Zim AY u
Felsenrestaurant *(nur Abendessen)* **Menu** à la carte 44/85 – **30 Zim** 180/360, Vorsaison 110/220 – ½ P Zuschl. 30.
◆ Durch eine grosszügige Halle mit Polstersitzgruppen betreten Sie Ihr Domizil. Neben komfortablen Gästezimmern bietet man auch einfache ältere Räume. Neuer Freizeitbereich. Wände aus naturbelassenem Fels gaben dem Restaurant seinen Namen.

Christiania, Wiestystr. 7, 0279 668 000, *christiania.zermatt@reconline.ch, Fax 0279 668 010,* – . **AE** VISA. BY c
geschl. 18. April - 20. Mai und 15. Okt. - 20. Nov. – **Menu** *(geschl. 12. April - 1. Juni, 1. Okt. - 10. Dez.)(im Sommer nur Abendessen)* 64 (abends) und à la carte 58/100 – **72 Zim** 165/380, Vorsaison 105/240 – ½ P Zuschl. 45.
◆ Urlauber schätzen dieses Hotel vor allem wegen des grossen Hallenbades mit Liegewiese und des hauseigenen Minigolfplatzes. Sie wohnen in zeitgemäss gestalteten Zimmern. Sie speisen im grossen Hotelrestaurant oder auf der Sonnenterrasse.

Eden garni, Riedstr. 5, 0279 672 655, *eden.zermatt@reconline.ch, Fax 0279 676 240,* – . VISA JCB. AZ v
geschl. 2. Mai - 9. Juni und 10. Okt. - 19. Nov. – **30 Zim** 180/360, Vorsaison 110/240.
◆ Funktionell ausgestattete Zimmer, ein gepflegter Wellnessbereich mit Zugang zum Garten und ein Open-End-Frühstücksbuffet sprechen für dieses im Chalet-Stil gebaute Hotel.

Bella Vista garni, Riedstr. 15, 0279 662 810, *bellavista.zermatt@reconline.ch, Fax 0279 662 815,* Zermatt und Matterhorn – . **AE** VISA BY q
15. Dez. - 29. April und 31. Mai - 19. Okt. – **21 Zim** 130/230, Vorsaison 85/160.
◆ Die freundliche, familiäre Betreuung durch Fam. Götzenberger, nette, sehr unterschiedliche Zimmer und ein exzellentes Frühstück mit Selbstgebackenem zeichnen dieses Hotel aus.

Welschen garni, 0279 675 422, *welschen.zermatt@reconline.ch, Fax 0279 675 423,* – . **AE** VISA JCB. BY h
14. Dez. - 30. April und 21. Juni - 26. Sept. – **16 Zim** 104/220, Vorsaison 94/160.
◆ In der ruhig, nicht weit von der Talstation des Sunegga-Express gelegenen sympathischen Familienpension beherbergt man seine Gäste in wohnlichen, kürzlich renovierten Räumen.

Biner, Untere Mattenstr. 50, 0279 665 666, *info@hotel-biner-zermatt.ch, Fax 0279 665 667,* – Zim, – 15/30. **AE** VISA JCB. Rest BY r
Menu *(geschl. 30. April - 15. Juni und 30. Sept. - 20. Nov.) (nur Abendessen)* 30 – **48 Zim** 160/320, Vorsaison 80/220 – ½ P Zuschl. 38.
◆ Das etwas versteckt im unteren Dorfteil liegende Hotel beherbergt Sie in soliden, gepflegten Zimmern. Ruhe und eine schöne Aussicht zählen zu den Annehmlichkeiten. Im Restaurant hat man sich auf Vollwert- und vegetarische Küche spezialisiert.

Silvana, in Furri : 1 864 m Höhe (mit Gondelbahn erreichbar), 0279 662 800, *silvana@zermatt.ch, Fax 0279 662 805,* – . **AE** VISA. Rest
2. Dez. - 30. April und 16. Juni - 30. Sept. – ***Gitz-Gädi*** *(im Winter abends Tischbestellung erforderlich)* **Menu** 18 und à la carte 36/79 – **21 Zim** 135/290, Vorsaison 95/210 – ½ P Zuschl. 20.
◆ Von der Zwischenstation der Gondelbahn aus sind es nur wenige Schritte zu diesem Haus. Ruhe und Abgeschiedenheit geniesst man in Zimmern mit einfachem Komfort. Nach einem netten Besuch im Gitz-Gädi wagen Sie mit Schlitten und Fackel die Abfahrt nach Zermatt.

Alpenblick, Oberdorfstr. 106, ☎ 0279 662 600, *alpenblick.zermatt@reconline.ch, Fax 0279 662 605*, ≤, 🌳, ₺, 🏊 – 🛗 📺 📞. AE ⓓ Ⓜⓒ VISA. ⚡ Rest AZ h
geschl. 1. Okt. - 18. Dez. ; Rest. : geschl. auch 18. April - 19. Juni – **Menu** 18 - 32/72 und à la carte 44/88 – **31 Zim** 135/370, Vorsaison 120/300 – ½ P Zuschl. 30.
◆ In geräumigen Zimmern - entweder rustikal mit Arvenholz oder etwas zweckmässiger mit Lärchenholzmöbeln eingerichtet, meist mit Sitzecke - findet der Gast Ruhe. Bürgerlich gestaltetes Restaurant mit Gartenterrasse.

Pollux, Bahnhofstr. 28, ☎ 0279 664 000, *pollux.zermatt@reconline.ch, Fax 0279 664 001*, 🌳, 🏊 – 🛗 📺 – 🎤 15/40. AE ⓓ Ⓜⓒ VISA. ⚡ Zim AY r
Menu 22 - 32 (mittags)/52 und à la carte 47/88 – **35 Zim** 158/320, Vorsaison 115/230 – ½ P Zuschl. 52.
◆ Das zentral gelegene Hotel mit eigenem Dancing und rustikal ausgestatteten Zimmern ist ein geeigneter Ausgangspunkt, um am geschäftigen Nachtleben teilzunehmen. Von der Terrasse des Restaurants aus beobachten Sie das lebendige Treiben im Ort.

Holiday, ☎ 0279 671 203, *info@hotelholiday.ch, Fax 0279 675 014*, ≤ – 🛗 📺 📞. AE ⓓ Ⓜⓒ VISA BY e
geschl. 17. April - 15. Mai und 11. Sept. - 11. Dez. – **Menu** *(nur Abendessen)* 35/75 (abends) und à la carte 41/80 – **32 Zim** 175/320, Vorsaison 106/200 – ½ P Zuschl. 35.
◆ Nach einem ereignisreichen Tag auf den Skipisten des Rothorngebietes kann man direkt vor dem Haus seine Bretter abschnallen und müde ins gemachte Bett fallen. In rustikalem Ambiente speisen Sie Traditionelles oder Walliser Spezialitäten.

Riffelberg, in Riffelberg : 2 582 m Höhe (mit Zahnradbahn Gornergrat in 25 min. erreichbar), ☎ 0279 666 500, *riffelberg@zermatt.ch, Fax 0279 666 505*, ≤ Bergpanorama und Matterhorn, 🌳, 🏊 – 📺. AE ⓓ Ⓜⓒ VISA JCB. ⚡ Rest
16. Dez. - 24. April und 14. Juni - 16. Okt. – **Menu** 18.50 und à la carte 44/97 – **29 Zim** 180/370, Vorsaison 147/260 – ½ P Zuschl. 40.
◆ In der Abgeschiedenheit der Walliser Bergwelt geniesst man die Ruhe und den traumhaften Panoramablick auf die Umgebung. Die Zimmer sind verschieden in Grösse und Einrichtung.

Jägerhof, Steinmattstr. 83, ☎ 0279 663 800, *jaegerhof@zermatt.ch, Fax 0279 663 808*, ≤, ₺, 🌳 – 🛗 📺 📞. AE Ⓜⓒ VISA JCB. ⚡ Rest AZ d
Menu *(nur Abendessen)* 32 und à la carte 35/73 – **50 Zim** 107/214, Vorsaison 80/160 – ½ P Zuschl. 32.
◆ Die Zimmer dieses ruhig gelegenen Hauses sind durchweg rustikal eingerichtet - unterschiedlich in Grösse und Möblierung ; die meisten bieten eine schöne Aussicht. Gemütliches Restaurant mit bürgerlicher Küche.

Cheminée, Matterstr. 29, ☎ 0279 662 944, *hotel.cheminee@spectraweb.ch, Fax 0279 662 955*, ≤, 🌳, 🌳 – ⚡ Rest, 📺 📞. AE Ⓜⓒ VISA JCB. ⚡ Zim BY n
geschl. 25. April - 15. Juni und 10. Okt. - 25. Nov. – **Menu** à la carte 36/88 – **16 Zim** 120/240, Vorsaison 80/190 – ½ P Zuschl. 30.
◆ Direkt neben der durch den Ort fliessenden Mattervispa liegt dieses Hotel, das über helle, frisch wirkende Zimmer mit Sitzecke verfügt. Einfach und rustikal gestaltet zeigt sich das Restaurant - Wintergarten für Nichtraucher.

Lusi - *Grand Hotel Zermatterhof*, ☎ 0279 666 600, *zermatterhof@zermatt.ch, Fax 0279 666 699*, 🌳 – ▤. AE ⓓ Ⓜⓒ VISA JCB. ⚡ AZ w
geschl. 2. Mai - 10. Juni und 3. Okt. - 26. Nov. – **Menu** *(geschl. Montag)* à la carte 41/121.
◆ Das wohl schönste und eleganteste Restaurant des Ortes findet man im Hotel Zermatterhof. Serviert werden sorgfältig und zeitgemäss zubereitete Speisen.

Le Corbeau d'Or - *Hotel Mirabeau*, Unteremattenstr. 12, ☎ 0279 662 660, *info@hotel-mirabeau.ch, Fax 0279 662 665* – AE ⓓ Ⓜⓒ VISA. ⚡ BY g
8. Dez. - 17. April und 11. Juli - 11. Sept. – **Menu** *(nur Abendessen) (geschl. Sonntag im Sommer und Montag)* (Tischbestellung ratsam) 135 und à la carte 72/147.
◆ Hussenstühle, gut eingedeckte Tische und eine schöne Holzdecke verleihen dem Restaurant des Hotel Mirabeau einen eleganten Touch. Zeitgemässes Speisenangebot.

Alpenhof - Le Gourmet - *Hotel Alpenhof*, ☎ 0279 665 555, *info@alpenhofhotel.com, Fax 0279 665 556* – AE ⓓ Ⓜⓒ VISA JCB BY m
3. Dez. - 17. April und 4. Juli - 17. Sept. – **Menu** *(geschl. Mittwoch) (nur Abendessen)* (Tischbestellung ratsam) 92/142 und à la carte 78/136.
◆ Die schmackhaften kreativen Speisen, die in diesem hellen, elegant wirkenden kleinen Restaurant serviert werden, zeugen vom Können der weissen Brigade.

Mood's, Bahnhofstr. 84, ✆ 0279 678 484, *moods@zermatt.com, Fax 0279 674 114,* – AE MC VISA. AZ q
geschl. Mai - 26. Juni, 1. Okt. - 15 Nov. und Montag im Sommer – **Menu** *(im Winter nur Abendessen)* (im Winter Tischbestellung erforderlich) à la carte 63/110.
◆ Der rosa Elefant weist Ihnen den Weg zu diesem Lokal, das auf drei Ebenen mit Restaurant und verschiedenen Bars aufwartet. Die Einrichtung wurde von Heinz Julen entworfen.

Le Mazot, Hofmattstr. 23, ✆ 0279 660 606, *le.mazot@reconline.ch, Fax 0279 660 607* – AE MC VISA. AY v
geschl. 2. Mai - 24. Juni, 20. Okt. - 20. Nov. und Montag im Sommer – **Menu** - Grill- und Lammspezialitäten - *(nur Abendessen)* (Tischbestellung ratsam) à la carte 48/102.
◆ Ein ortstypisches Grillrestaurant ist das Le Mazot. Inmitten seiner Gäste bereitet der Patron über glühenden Holzkohlen unter anderem seine bekannten Lammspezialitäten zu.

Myoko, Bahnhofstrasse, ✆ 0279 668 739, *seilerhaus@bluewin.ch, Fax 0279 668 758* – AE D MC VISA JCB AY s
Mitte Dez. - Mitte April und Mitte Juni - Mitte Sept. – **Menu** - japanische Küche - *(nur Abendessen)* à la carte 46/88.
◆ Schlicht-modern hat man dieses Restaurant gestaltet. An der Sushibar oder an blanken Tischen bietet man Typisches aus Fernost. Durch eine Glasscheibe blicken Sie in die Küche.

Zum See, mit Gondelbahn bis Furri und Spazierweg (15 Min.) erreichbar, oder über Schwarzseepromenade (40 Min.), ✆ 0279 672 045, *info@zumsee.ch, Fax 0279 671 873,* – AE MC VISA
16. Dez. - 18. April und 26. Juni - 10. Okt. – **Menu** *(nur Mittagessen)* (Tischbestellung ratsam) à la carte 42/82.
◆ Nach einem schönen Spaziergang erreicht man dieses in einem Berg-Weiler gelegene, gemütliche Bergrestaurant mit romantischer Terrasse. Einfache, aber gute Küche.

Findlerhof, in Findeln : 2 069 m Höhe (mit Sunnegga Express und Spazierweg 25 Min. erreichbar), ✆ 0279 672 588, *info@findlerhof.ch, Fax 0279 672 853,* ← Matterhorn, – AE MC VISA
2. Dez. - 24. April und 16. Juni - 4. Okt. – **Menu** *(nur Mittagessen)* (im Winter Tischbestellung ratsam) à la carte 41/99.
◆ Das schöne Bergrestaurant ist eine beliebte gastronomische Adresse. Von der Terrasse aus hat man eine einmalige Sicht auf das Matterhorn. Im Winter gut per Ski zu erreichen.

Ried, über Spazinweg Richlung Ried (30 Min.) ✆ 0279 674 284, *ried@zermatt.ch,* ← Matterhorn und Zermatt,
geschl. 19. April - 27. Juni und 31. Okt. - 15. Dez. – **Menu** *(nur Mittagessen)* à la carte 36/69.
◆ Ganz in Holz zeigt sich der hübsche, urige Gastraum, berghüttentypisch das Angebot. Die geschützte Südterrasse bietet einen fantastischen Blick auf Zermatt und das Matterhorn.

ZINAL *3961 Valais (VS)* 552 J12 – *alt. 1 671 – Sports d'hiver : 1 675/2 895 m* 1 8.

Manifestation locale
20.03 - 21.03 : Course internationale de chiens de traîneaux.
Office du Tourisme, ✆ *0274 751 370, zinal@sierre-anniviers.ch, Fax 0274 752 977 – Bern 195 – Sion 42 – Brig 60 – Sierre 27.*

Europe, ✆ 0274 754 404, *info@europezinal.ch, Fax 0274 754 414,* ←, , – – 15/30. AE D MC VISA
12 déc. au 18 avril et 9 juin au 24 oct. – **Repas** 18 - 34/58 et à la carte 32/77 – **34 ch** 119/248, Basse saison 74/168 – ½ P suppl. 25.
◆ Sur la place principale de Zinal, chalet abritant des chambres de bonne ampleur et des duplex particulièrement appréciés par les familles. Le restaurant de l'hôtel se partage entre le bar-pizzeria et la salle à manger, sagement actuelle. Recettes classiques.

Le Besso, ✆ 0274 753 165, *besso@netplus.ch, Fax 0274 754 982,* ←, – – 30. AE D MC VISA. rest
20 déc. au 17 avril, 6 juin au 2 oct. et lundi hors saison – **Repas** 22 et à la carte 45/93 – **10 ch** 111/182 – ½ P suppl. 28.
◆ Cette imposante maison du 19e s., très centrale, abrite l'un des plus anciens hôtels de la station. Chambres agrestes, un peu petites mais bien tenues. Le restaurant rustique sert uniquement le soir. Le midi, carte traditionnelle et plats du jour au café.

La Ferme, ☎ 0274 751 363, *Fax 0274 751 363,* ≤, 🏞 – AE MC VISA
fermé 10 mai au 15 juin, 1er nov. au 15 déc. et mardi hors saison – **Repas** 20 et à la carte 34/85.
◆ Cette vieille ferme valaisanne approvisionnait déjà les restaurateurs du village au 19e s. Intérieur chaleureux et table privilégiant les spécialités locales : vous aimerez !

ZOFINGEN *4800 Aargau (AG)* 551 M5 – *8 522 Ew. – Höhe 432.*

Verkehrsbüro, Marktgasse 10, ☎ *0627 450 005, vb.zofingen@bluewin.ch, Fax 0627 450 002.*

Bern 70 – Aarau 19 – Luzern 43 – Olten 12 – Solothurn 39.

Zofingen, Kirchplatz 30, ☎ 0627 450 300, *info@hotel-zofingen.ch, Fax 0627 450 399,* 🏞 – |‡|, ⇔ Zim, TV – 🏞 15/120. AE DC MC VISA
Menu 19 - 50 und à la carte 37/103 – **45 Zim** 150/290.
◆ Das Hotel ist in drei miteinander verbundenen Altstadthäusern am Marktplatz untergebracht. Hier beziehen Sie kürzlich renovierte Zimmer mit moderner Ausstattung. Helles Restaurant und rustikale Gaststube mit traditioneller Küche.

Schmiedstube, Schmiedgasse 4, ☎ 0627 511 058, *info@schmiedstube.ch, Fax 0627 511 860,* 🏞 – AE DC MC VISA
geschl. Samstagabend und Sonntag – ***Schmiedstube*** (1. Etage) **Menu** 55/98 und à la carte 51/97 – ***Restaurant* : Menu** 17.50 und à la carte 49/87.
◆ Die mit Sichtbalken und schöner Holzdecke dekorierte, gediegene Stube findet man im ersten Stock eines Altstadthauses aus dem 15. Jh. Klassische Speisekarte. Das Restaurant ist die rustikale Alternative zur Schmiedstube.

ZOLLIKON *Zürich* 551 Q5 – *siehe Zürich.*

ZUCHWIL *Solothurn* 551 K6 – *siehe Solothurn.*

ZUG *6300* K *Zug (ZG)* 551 P6 – *22 710 Ew. – Höhe 425.*

Sehenswert : *Zuger See★★ – Die Quais★ : Ausblicke★ – Altstadt★* Z.
Ausflugsziel : *Zugerberg★ über ② : 7,5 km – Ehemalige Zisterzienserabtei Kappel★ : Glasgemälde★ über ①.*
18 in Schönenberg, ✉ 8824 (April - Nov.) ☎ 017 889 040, Fax 017 889 045, über ① Nord-Ost : 14 km 27 Ennetsee in Holzhäusern, ✉ 6343 Rotkreuz, ☎ 0417 997 010, Fax 0417 997 015.

Lokale Veranstaltung
19.06 : Seefest.

Zug Tourismus, Bahnhof, ☎ 0417 236 800, tourism@zug.ch, Fax 0417 236 810.

Baarerstr. 21, ☎ 0417 294 747, Fax 0417 294 748.

Bern 139 ④ – Luzern 28 ④ – Aarau 58 ④ – Schwyz 27 ③ – Zürich 31 ①

Stadtplan siehe gegenüberliegende Seite

Parkhotel Zug, Industriestr. 14, ☎ 0417 274 848, *phz@parkhotel.ch, Fax 0417 274 849,* 🏞, ⛹, ≘s, 🏊 – |‡|, ⇔ Zim, TV – 🏞 15/120. AE DC MC VISA JCB. ⇔ Rest Y b
Hotel : geschl. 22. Dez. - 4. Jan. – ***A Point* : Menu** 26 und à la carte 51/106 – **104 Zim** 325/385, 6 Suiten – ½ P Zuschl. 40.
◆ Das moderne Geschäftshotel bietet funktionell eingerichtete Räume mit gutem Komfort, die Zimmer in der Residenz sind geräumiger, teils mit kleinem Wintergartenanbau. Schachbrett-Boden, Säulen und Lederbänke verleihen dem A point leichtes Brasserie-Ambiente.

City Hotel Ochsen, Kolinplatz 11, ☎ 0417 293 232, *info@ochsen-zug.ch, Fax 0417 293 222* – |‡| TV ♿. AE DC MC VISA Z a
***Au Premier* : Menu** 35 - 98 und à la carte 57/115 – **48 Zim** 165/280 – ½ P Zuschl. 45.
◆ Zentral am Kolinplatz liegt dieses ansprechende alte Stadthaus, in dem schon Goethe übernachtet haben soll. Die Zimmer sind bei ausreichendem Komfort funktionell gestaltet. Im Au Premier speisen Sie in rustikal-gediegenem Ambiente unter einer alten Holzdecke.

ZUG

Zugertor, Baarerstr. 97 über ①, ✆ 0417 293 838, *info@zugertor.ch*, *Fax 0417 113 203*, – |♦|, ⇔ Zim, TV ✆ P. AE ⓓ MC VISA
Hotel : geschl. 21. Dez. - 3. Jan. ; Rest. : geschl. 19. Juli - 4. Aug. und Samstag – ***Zeno's Spezialitäten Restaurant*** : **Menu** 18.50 - 45/68 und à la carte 37/80 - ✆ 0417 200 919 - – **35 Zim** ☕ 147/212.
◆ Die funktionellen Zimmer dieses am Zentrumsrand gelegenen, solide geführten Stadthotels sind im Altbau mit mahagonifarbenen Holzmöbeln eingerichtet, im Neubau mit hellem Holz. Zeno's Spezialitäten Restaurant ist hell und neuzeitlich gestaltet.

Löwen garni, Landsgemeindeplatz 1, ✆ 0417 252 222, *info@loewen-zug.ch*, *Fax 0417 252 200*, ⇐ Zugersee, – |♦| ⇔ TV ✆ ♿. AE ⓓ MC VISA. Z n
48 Zim ☕ 180/252.
◆ Die angenehme Lage nicht weit vom Ufer, der sehr schöne Blick auf den Zugersee sowie modern eingerichtete Gästezimmer sprechen für dieses kürzlich renovierte Hotel.

Guggital, Zugerbergstr. 46 (über Zugerbergstrasse Z), ✆ 0417 287 417, *guggital@starnet.ch*, *Fax 0417 287 410*, ⇐ Zug, See und Berge, – |♦|, ⇔ Zim, TV ✆ P – 15/40. AE ⓓ MC VISA
geschl. Hotel : 23. Dez. - 2. Jan., Rest. : 29. Dez. - 2. Jan. – **Menu** 18 - 35 (mittags)/62 und à la carte 42/90 – **32 Zim** ☕ 115/210 – ½ P Zuschl. 35.
◆ Dieses erhöht gelegene Hotel bietet seinen Gästen ruhige, moderne Zimmer, die teils mit eingefärbten soliden Möbeln, teils mit hellem Naturholz eingerichtet sind. In dem bürgerlichen Restaurant hat man eine schöne Panoramasicht über den Zugersee.

Rathauskeller, Ober-Altstadt 1, ✆ 0417 110 058, *contact@rathauskeller.ch, Fax 0417 121 888,* – AE ⓓ MC VISA Z d
geschl. 25. Dez. - 5. Jan., 4. - 19. April, 1. - 16. Aug., Sonntag und Montag – ***Zunftstube*** (1. Etage) (Tischbestellung erforderlich) **Menu** 68 (mittags) und à la carte 77/154 – ***Bistro*** : **Menu** 27 und à la carte 44/106.
◆ Altes Holztäfer, Versace-Porzellan und moderne schwarze Lederstühle machen das elegant-klassische Interieur der Zunftstube im 1. Stock dieses schönen Altstadthauses aus. Leger : das Bistro mit neuzeitlichen Einrichtungselementen und freundlichen Farben.

Aklin, Kolinplatz 10, ✆ 0417 111 866, *info@restaurantaklin.ch, Fax 0417 110 750* – AE MC VISA Z e
geschl. Juli, Samstagmittag, Sonn- und Feiertage – **Menu** 26 - 86/129 und à la carte 47/136.
◆ In dem schönen Altstadthaus a. d. J. 1787 bilden moderner Bistrostil einerseits und ein geschmackvolles historisches Ambiente andererseits ein sehenswertes Interieur.

Zum Kaiser Franz im Rössl, Vorstadt 8, ✆ 0417 109 636, *info@kaiser-franz.ch, Fax 0417 109 737,* – AE ⓓ MC VISA. Z g
geschl. 25. - 31. Juli und Samstagmittag – **Menu** (Tischbestellung ratsam) 24 - 38 (mittags)/91 und à la carte 59/108.
◆ Das Haus liegt am Zuger See, am Vorstadtquai. Dezente Farben, Hussenstühle, Säulen sowie Bilder und Wandmalereien verleihen dem Restaurant österreichisch-klassisches Flair.

Glashof, Baarerstr. 41, ✆ 0417 101 248, *glashof@tiscalinet.ch, Fax 0417 106 248,* – – 10. AE ⓓ MC Y h
geschl. Samstag, Sonn- und Feiertage – **Menu** 24 - 46/57 und à la carte 47/102.
◆ Dieses gut geführte Haus ist eine Kombination aus Restaurant und Bistro-Bar. Eine Deckenkonstruktion aus Metall und Lampen, rote Ledersessel und Bilder prägen das Ambiente.

Hecht, Fischmarkt 2, ✆ 0417 298 130, *hecht-zug@datazug.ch, Fax 0417 298 147,* ← Zugersee – AE MC VISA Z f
geschl. 21. Dez. - 5. Jan. und Donnerstag – **Menu** - Fischspezialitäten - 110 (abends) und à la carte 59/164.
◆ Diese gastliche Adresse liegt in der Unter-Altstadt, direkt am Ufer - mit sehr schöner Aussicht auf den Zugersee. Auf der Karte finden Sie Fisch aus hiesigen Gewässern.

ZUMIKON *8126 Zürich (ZH)* 551 Q5 – *4 613 Ew. – Höhe 659.*

Bern 140 – Zürich 10 – Rapperswil 24 – Winterthur 35.

Triangel, Ebmatingerstr. 3, ✆ 019 180 454, *info@triangel.ch, Fax 019 190 755,* – P. AE ⓓ MC VISA
geschl. 21. Dez. - 4. Jan., Samstagmittag und Sonntag – **Menu** - italienische Küche - 26 - 43 (mittags)/89 und à la carte 41/109.
◆ Im trendig dekorierten, einfachen Restaurant oder in der im Stil Louis XIII eingerichteten Stube serviert man dem Gast Gerichte aus dem sonnigen Italien.

ZUOZ *7524 Graubünden (GR)* 553 X10 – *1 258 Ew. – Höhe 1 695 – Wintersport : 1 716/2 460 m 4 .*

Sehenswert : *Lage★★ – Hauptplatz★★ – Engadiner Häuser★.*

18 *Engadin Golf (Juni - Okt.) ✆ 0818 510 466, Fax 0818 510 467.*

Lokale Veranstaltung

01.03 : "Chalandamarz", alter Frühlingsbrauch und Kinderfest.

Tourismusverein, via Maistra, ✆ 0848 986 946, ferien@zuoz.ch, Fax 0818 543 334.

Bern 329 – Sankt Moritz 17 – Scuol 46 – Chur 69 – Davos 50 – Merano 120.

Belvair, ✆ 0818 542 023, *info@hotel-belvair.ch, Fax 0818 542 055,* , , – TV P. AE ⓓ MC VISA. Rest
20. Dez. - 12. April und 28. Mai - 10. Okt. – **Menu** *(nur Abendessen)* 58 und à la carte 47/79 – **12 Zim** 152/284, Vorsaison 102/184, 4 Suiten – ½ P Zuschl. 42.
◆ Die Zimmer des Hotels Belvair sind mit italienischen Möbeln geschmackvoll und wohnlich eingerichtet und bieten bei angenehmer Grösse neuzeitlichen Wohnkomfort. Gepflegtes Restaurant mit traditioneller Küche.

Klarer, Hauptstrasse, ✆ 0818 513 434, *hotel.klarer@bluewin.ch, Fax 0818 513 400* – |♦|, ⚹ Rest, TV ♿. AE ⓓ MC VISA
geschl. 1. - 15. Mai und Montag in Zwischensaison – **Menu** 19 - 25 (mittags)/40 und à la carte 44/106 – **19 Zim** ☐ 150/230, Vorsaison ☐ 70/170 – ½ P Zuschl. 40.
◆ In dem typischen Engadiner Haus wohnt man in gepflegten, mit solidem Holzmobiliar und zeitgemässer Technik ausgestatteten Zimmern von ausreichender Grösse. In ländlich-rustikalem Umfeld speist man unter schönen massiven Steingewölben.

Bellaval, Bahnhofstr. 63A, ✆ 0818 513 535, *bellaval.zuoz@bluewin.ch, Fax 0818 513 536,* ⛱, ⛱ – TV ✆ 🚗. AE MC VISA. ⚹ Rest
geschl. 13. April - 24. Mai und 1. Nov. - 7. Dez. – **Menu** *(nur Abendessen für Hotelgäste)* – **13 Zim** ☐ 110/190, Vorsaison ☐ 75/140 – ½ P Zuschl. 36.
◆ In dem kleinen, familiär geführten Ferienhotel mit eigenem Schwimmbad und Liegewiese übernachtet man in einfachen, mit hellen Naturholzmöbeln eingerichteten Zimmern.

Dorta, ✆ 0818 542 040, *info@dorta.ch, Fax 0818 540 040,* ⛱ – ⚹ P. AE ⓓ MC VISA
5. Dez. - 24. April, 30. Mai - 23. Okt. ; geschl. Dienstag (ausser abends in Hochsaison) und Montag – **Menu** 45 und à la carte 42/94.
◆ "Das originellste Lokal im Tal" hat man in einem der ältesten Bauernhäuser des Engadins eingerichtet - sein ursprünglicher uriger Scheunen-Charakter ist erhalten geblieben.

ZÜRICH

8000 **K** *Zürich (ZH)* **551** P5 *– 340 873 Ew. – Höhe 409*

Bern 125 ⑦ – Aarau 47 ⑦ – Baden 24 ⑦ – Chur 122 ⑤ – Winterthur 28 ②.

Zürich Tourismus, im Hauptbahnhof, ✆ 012 154 000, info@zurichtourism.ch, Fax 012 154 044 EY.

Alfred Escher-Str. 38, ✆ 012 868 686, Fax 012 868 687 CX, *Uraniastr. 14, ✆ 012 173 070, Fax 012 173 061* EY.

Forchstr. 95 ✆ 013 877 500, Fax 013 877 509 DX.

Unique Zürich airport, ✆ 0438 162 211.

Fluggesellschaften

Swiss International Air Lines Ltd., *✆ 0848 852 000.*
Air France *Kanalstr. 31, 8152 Glattbrugg, ✆ 014 391 818.*
Alitalia *Neugutstr. 66 8600 Dübendorf, ✆ 018 244 550, Fax 018 244 510.*
Austrian Airlines, Laudaair & Tyrolean Airways *Gutenbergstr. 10, ✆ 012 868 088, Fax 012 868 098.*
British Airways *Löwenstr. 29, ✆ 0848 845 845, Fax 0848 845 849.*
Lufthansa *Gutenbergstr. 10, ✆ 014 479 966, Fax 012 867 205.*

Lokale Veranstaltungen

18.04 – 19.04 : "Sechseläuten" Frühlingsfest.
11.09 – 13.09 : Knabenschiessen, Schützenfest für Jugendliche.

9 *Dolder* BU *(Ende März–Mitte Nov.) ✆ 012 615 045, Fax 012 615 302,*
9 *Unterengstringen, ✉ 8103 (Mitte Jan.-Mitte Dez.) ✆ 017 485 740, Fax 017 485 741, Nord-West : über ④ Ausfahrt Weiningen, Richtung Geroldswil, Fahrweid und Überlandstrasse : 18 km,*
18 *Winterberg, ✉ 8312 (April-Nov.) ✆ 0523 451 181, Fax 0523 451 219, über ① Effretikon-Lindau : 20 km,*
18 *in Zumikon, ✉ 8126 (April-Okt.) ✆ 019 180 050, Fax 019 180 037, Süd-Ost : 9 km ;*
18 *in Hittnau, ✉ 8335 (April-Okt.) ✆ 019 502 442, Fax 019 510 166, Ost : 33 km ;*
18 *in Breitenloo, ✉ 8309 Nürensdorf (April-Okt.) ✆ 018 364 080, Fax 018 371 085, Nord über ① : 22 km.*

Sehenswert : *Die Quais★★ : Ausblicke★* FZ *– Mythenquai : Ausblicke★* CX *– Kunsthaus★★* FZ *– Stiftung Sammlung E. G. Bührle★★* BU **M³** *– Fraumünster : Kreuzgang★, Fenster★* EZ *– Felix-und-Regulakirche★* AT **E** *– Zoo Zürich★* BT *– Grossmünster★* FZ.

Museen : *Schweizerisches Landesmuseum★★★* EY *– Museum Rietberg★★* CX **M²**.

Ausflugsziele : *Uetliberg★★ mit Bahn* AU *– Albisstrasse★ über ⑥ – Ehem. Kloster Kappel★ Süd-West : 22 km über ⑥ – Eglisau : Lage★ Nord : 27 km über ①.*

Schiffahrten : *Informationen bei der Zürichsee-Schiffahrtsgesellschaft – Mythenquai 333, ✆ 014 871 333, Fax 014 871 320.*

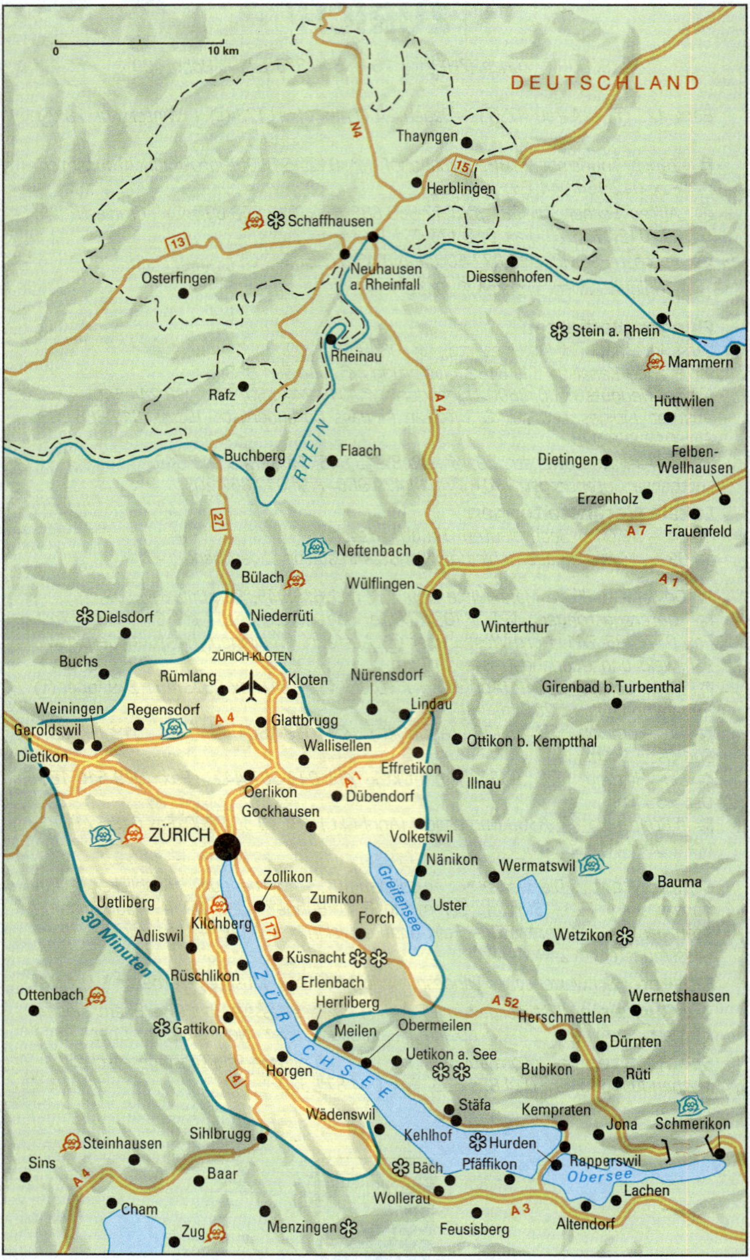
0
10 km
DEUTSCHLAND
Thayngen
N4
15
Herblingen
Schaffhausen
13
Osterfingen
Neuhausen a. Rheinfall
Diessenhofen
Stein a. Rhein
Rheinau
Mammern
Rafz
A 4
Hüttwilen
RHEIN
Buchberg
Flaach
Dietingen
Felben-Wellhausen
Erzenholz
27
A 7
Frauenfeld
Neftenbach
Bülach
Wülflingen
A 1
Dielsdorf
Niederrüti
Winterthur
ZÜRICH-KLOTEN
Buchs
Rümlang
Kloten
Nürensdorf
Girenbad b.Turbenthal
Weiningen
Regensdorf
A 4
Glattbrugg
Lindau
Geroldswil
Ottikon b. Kemptthal
Wallisellen
Dietikon
Effretikon
A 1
Illnau
Oerlikon
Dübendorf
Gockhausen
ZÜRICH
Volketswil
Nänikon
Wermatswil
Greifensee
Bauma
Zollikon
Uetliberg
Zumikon
Uster
Kilchberg
17
Forch
30 Minuten
Adliswil
Wetzikon
Küsnacht
Rüschlikon
ZÜRICHSEE
Erlenbach
Ottenbach
Herrliberg
A 52
Wernetshausen
Herschmettlen
Gattikon
Meilen
Obermeilen
Dürnten
Uetikon a. See
Horgen
Bubikon
Rüti
4
Stäfa
Kempraten
Wädenswil
Jona
Schmerikon
Sihlbrugg
Kehlhof
Hurden
Steinhausen
Rapperswil
Sins
Bäch
Pfäffikon
Obersee
A 4
Baar
Lachen
Wollerau
A 3
Cham
Altendorf
Zug
Menzingen
Feusisberg

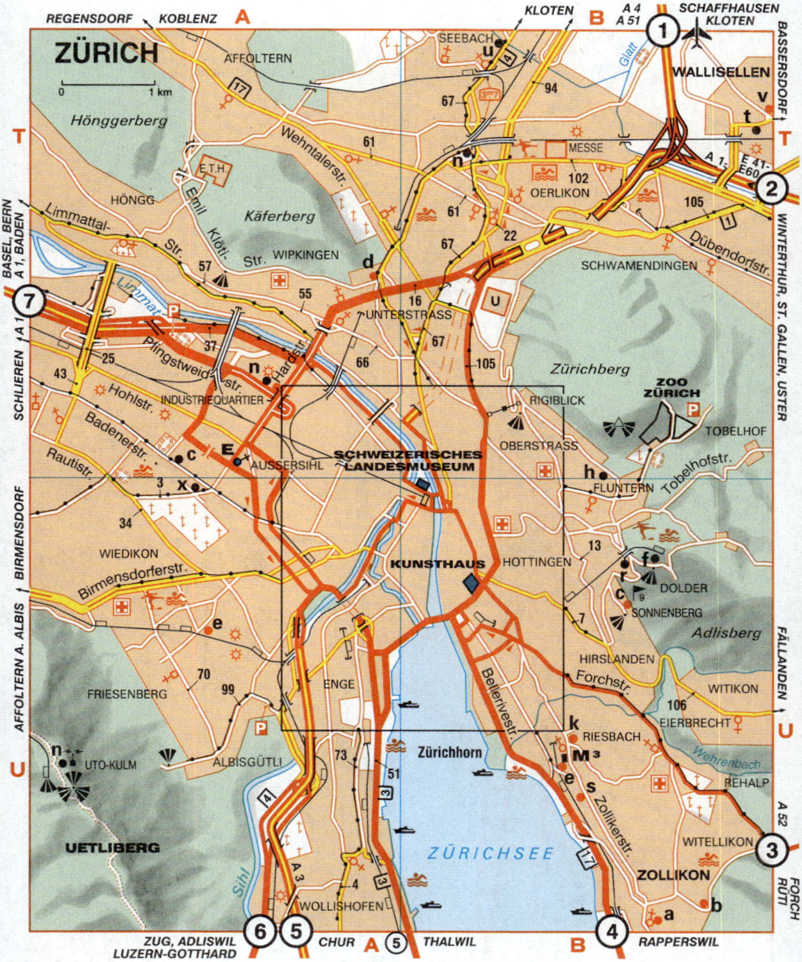

Albisriederstrasse .... AU 3
Albistrasse .... AU 4
Asylstrasse .... BU 7
Badenerstrasse .... ATU
Bellerivestrasse .... BU
Bergstrasse .... BU 13
Birmensdorferstrasse ..... AU
Bucheggstrasse .... ABT 16
Dörflistrasse .... BT 22
Dübendorfstrasse .... BT
Emil Klöti-Strasse .... AT
Europabrücke .... AT 25
Forchstrasse .... BU
Gutstrasse .... AU 34
Hardstrasse .... AT
Hardturmstrasse .... AT 37
Hohlstrasse .... AT
Limmattalstrasse .... AT
Luggwegstrasse .... AT 43
Mythenquai .... AU 51
Nordstrasse .... AT 55
Ottenbergstrasse .... AT 56
Rautistrasse .... ATU
Regensbergstrasse ...... ABT 61
Rotbuchstrasse .... ABT 66
Schaffhauserstrasse ..... BT 67
Schweighofstrasse ...... AU 70
Seestrasse .... AU 73
Thurgauerstrasse .... BT 94
Tobelhofstrasse .... BTU
Uetlibergstrasse .... AU 99
Wallisellenstrasse ...... BT 102
Wehntalerstrasse .... AT
Winterthurerstrasse ..... BT 105
Witikonerstrasse .... BU 106
Zollikerstrasse .... BU

Die in diesem Führer angegebenen Preise folgen der Entwicklung der allgemeinen Lebenshaltungskosten. Lassen Sie sich bei der Zimmerreservierung den endgültigen Preis vom Hotelier mitteilen.

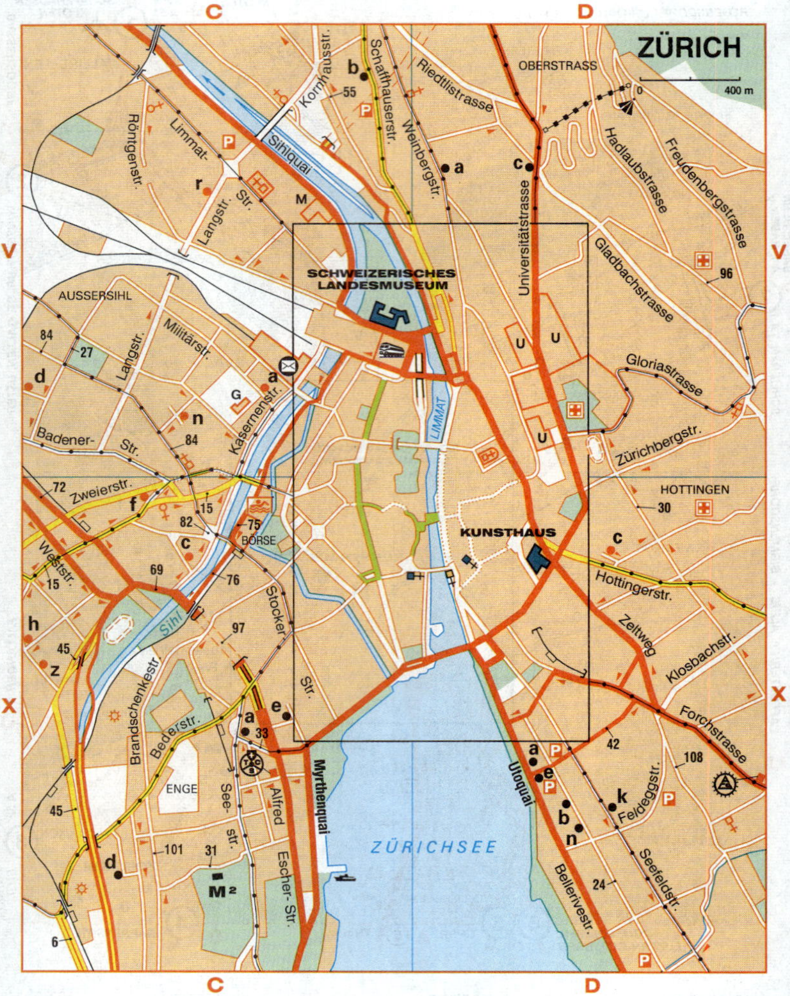

Allmendstrasse .... CX 6
Augustinergasse .... EZ 9
Bahnhofstrasse .... EYZ
Bärengasse .... EZ 10
Beethovenstrasse .... EZ 12
Bellevueplatz .... FZ
Birmensdorferstrasse .... CX 15
Claridenstrasse .... EZ 18
Clausiusstrasse .... FY 19
Culmannstrasse .... FY 21
Dufourstrasse .... DX 24
Feldstrasse .... CV 27
Fraumünsterstrasse .... EZ 28
Freiestrasse .... DVX 30
Gablerstrasse .... CX 31
General Wille-Strasse .... CX 33
Hafnerstrasse .... EY 36
Kantonsschulstrasse .... FZ 39
Konradstrasse .... EY 40
Kreuzstrasse .... DX 42
Limmatquai .... FYZ
Löwenstrasse .... EY
Manessestrasse .... CX 45
Marktgasse .... FZ 46
Münsterhof .... EZ 48
Museumstrasse .... EY 49
Nelkenstrasse .... FY 52
Neumarkt .... FZ 54
Nordstrasse .... DV 55
Paradeplatz .... EZ
Peterstrasse .... EZ 57
Poststrasse .... EZ 58
Rathausbrücke .... EFZ 60
Rennweg .... EYZ 63
Rindermarkt .... FZ 64
Schimmelstrasse .... CX 69
Seebahnstrasse .... CX 72
Selnaustrasse .... CX 75
Sihlhölzlistrasse .... CX 76
Stadelhoferstrasse .... FZ 78
Stampfenbachplatz .... FY 79
Stampfenbachstrasse .... EFY 81
Stauffacherplatz .... CX 82
Stauffacherstrasse .... CVX 84
Storchengasse .... EZ 85
Strehlgasse .... EZ 87
Sumatrastrasse .... FY 88
Talacker .... EZ 90
Tannenstrasse .... FY 91
Theaterstrasse .... FZ 93
Toblerstrasse .... DV 96
Tunnelstrasse .... CX 97
Uraniastrasse .... EYZ
Usteristrasse .... EY 100
Waffenplatzstrasse .... CX 101
Weinbergfussweg .... FY 103
Zollikerstrasse .... DX 108

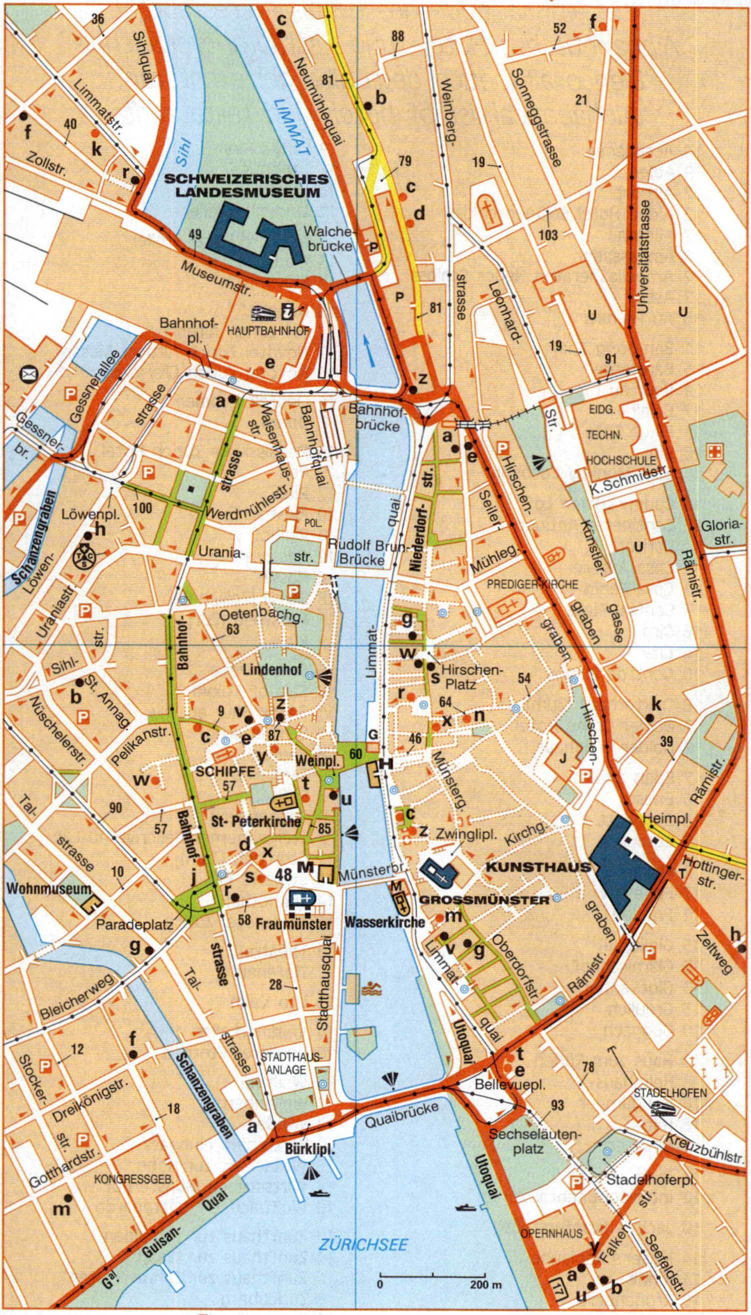
SCHWEIZERISCHES LANDESMUSEUM
HAUPTBAHNHOF
Bahnhofpl.
Walchebrücke
Bahnhofbrücke
Rudolf Brun-Brücke
Museumstr.
Limmatstr.
Zollstr.
Sihlquai
Neumühlequai
Weinbergstrasse
Sonneggstrasse
Leonhard-Str.
Universitätstrasse
EIDG. TECHN. HOCHSCHULE
K. Schmidstr.
Gloriastr.
Rämistr.
Gessnerallee
Gessnerbr.
Schanzengraben
Löwenpl.
Löwenstr.
Uraniastr.
Urania-str.
Werdmühlestr.
Waisenhausstr.
Bahnhofquai
Bahnhofstrasse
Limmatquai
Niederdorfstr.
Seilergraben
Hirschengraben
Künstlergasse
Mühleg.
PREDIGERKIRCHE
Oetenbachg.
Lindenhof
Sihlstr.
St. Annag.
Nüschelerstr.
Pelikanstr.
SCHIPFE
Weinpl.
St- Peterkirche
Hirschen-Platz
Münsterg.
Zwinglipl.
Kirchg.
KUNSTHAUS
Heimpl.
Hottingerstr.
Zeltweg
GROSSMÜNSTER
Münsterbr.
Wasserkirche
Fraumünster
Wohnmuseum
Paradeplatz
Talstrasse
Bleicherweg
Stadthausquai
Oberdorfstr.
Utoquai
STADTHAUS-ANLAGE
Bellevuepl.
Sechseläutenplatz
STADELHOFEN
Kreuzbühlstr.
Stadelhoferpl.
Falkenstr.
Seefeldstr.
OPERNHAUS
Quaibrücke
Bürklipl.
Gal Guisan-Quai
ZÜRICHSEE
KONGRESSGEB.
Stockerstr.
Dreikönigstr.
Gotthardstr.
Sihl
LIMMAT
0
200 m
E
F
Y
Z

Liste alphabétique des hôtels et restaurants
Alphabetisches Hotel- und Restaurantverzeichnis
Elenco alfabetico degli alberghi e ristoranti
Alphabetical list of hotels and restaurants

Rechtes Ufer der Limmat (Universität, Kunsthaus)

Dolder Grand Hotel, Kurhausstr. 65, ✉ 8032, ✆ 012 693 000, *info@doldergrand.ch*, *Fax 012 693 001*, < Zürichsee, Stadt und Berge, – 15/180. AE MC VISA JCB. Rest S. 3 BU f
La Rotonde **: Menu** 74 (mittags)/115 und à la carte 78/153 – **152 Zim** 420/620, 11 Suiten.
◆ Der imposante Bau in ruhiger Lage auf einem Hügel bietet einen wundervollen Ausblick über den Zürichsee, die Stadt und die Berge. Zimmer mit klassisch-eleganter Möblierung. La Rotonde : ein edles Restaurant mit Panoramaterrasse.

Zürich Marriott, Neumühlequai 42, ✉ 8006, ✆ 013 607 070, *marriott.zurich@marriotthotels.com*, *Fax 013 607 777*, <, – Zim, TV – 15/250. AE MC VISA. Rest S. 5 EY c
White Elephant - thailändische Küche - *(geschl. Samstag - Sonntag jeweils mittags)* **Menu** 26 - 38 (mittags)/85 und à la carte 58/112 – ***La Brasserie*** **: Menu** 19.50 und à la carte 46/108 – 31 – **251 Zim** 295/360, 9 Suiten.
◆ Das Hochhaus mit eigener Tiefgarage liegt direkt am Fluss. Die Zimmer unterscheiden sich in Grösse und Ausstattung, sind neuzeitlich-komfortabel eingerichtet. Im White Elephant fühlt man sich ins Königreich Siam versetzt. Die Brasserie ist schlicht gehalten.

Eden au Lac, Utoquai 45, ✉ 8008, ✆ 012 662 525, *info@edenaulac.ch*, *Fax 012 662 500*, <, – TV P – 20. AE MC VISA JCB. Rest S. 4 DX a
Menu 48 (mittags)/145 und à la carte 64/139 – **48 Zim** 390/640, 5 Suiten.
◆ Das neubarocke Hotel gilt als Kulturdenkmal, das das Bild der Seefront seit 1909 entscheidend geprägt hat. Im Inneren finden Sie alles, was Sie von einem Luxushotel erwarten. Die Speisekarte zeigt ein interessantes klassisches Angebot auf.

Steigenberger Bellerive au Lac, Utoquai 47, ✉ 8008, ✆ 012 544 000, *bellerive@steigenberger.ch*, *Fax 012 544 001*, <, – Zim, TV P – 15/25. AE MC VISA S. 4 DX e
Menu 22 - 49 (mittags) und à la carte 50/112 – **51 Zim** 300/490 – ½ P Zuschl. 53.
◆ Das Haus mit der modern-eleganten Einrichtung im Stil der 20er Jahre liegt am Ufer. Die Zimmer sind in Gestaltung, Technik und Komfort absolut auf dem Stand der Zeit. Das kleine, elegante Restaurant ist mit soliden Polsterstühlen klassisch eingerichtet.

Sofitel garni, Stampfenbachstr. 60, ✉ 8006, ✆ 013 606 060, *h1196@accor-hotels.com*, *Fax 013 606 061* – TV – 15/40. AE MC VISA S. 5 FY b
32 – **149 Zim** 360/550, 4 Suiten.
◆ Von dem ganz im Stil eines eleganten Schweizer Chalets gehaltenen Empfangsbereich bis in die schallisolierten Zimmer prägen Holz und warme Farben das Interieur des Hauses.

Dolder Waldhaus, Kurhausstr. 20, ✉ 8030, ✆ 012 691 000, *reservations@dolderwaldhaus.ch*, *Fax 012 691 001*, < Zürich und See, – Zim, Rest, TV P – 15/30. AE MC VISA JCB S. 3 BU r
Menu 25 und à la carte 53/106 – 20 – **70 Zim** 240/460.
◆ Das ruhig gelegene Haus verfügt über zwei Zimmertypen, moderne mit farbigem Holzmobiliar und klassisch-neuzeitliche, alle mit Balkon und schönem Blick auf Stadt und Alpen. Im Stil der 70er Jahre erhaltenes Restaurant mit Terrassenfront.

Central Plaza, Central 1, ✉ 8001, ✆ 012 515 555, *info@central.ch*, *Fax 012 518 535*, – Zim, Zim, TV. AE MC VISA JCB S. 5 FY z
King's Cave - Grillspezialitäten - **Menu** à la carte 42/95 – 18 – **94 Zim** 360/385, 6 Suiten.
◆ Das Haus liegt gegenüber dem Bahnhof, direkt am Limmatufer. Die einheitlich gestalteten Zimmer werden den Ansprüchen des Gastes an modernen Wohnkomfort gerecht. Im Kellergewölbe befindet sich das Grillrestaurant King's Cave.

Florhof, Florhofgasse 4, ✉ 8001, ✆ 012 614 470, *info@florhof.ch*, *Fax 012 614 611*, – Zim, TV. AE MC VISA S. 5 FZ k
Menu *(geschl. 20. Dez. - 10. Jan., 9. - 24. April, Samstag, Sonn- und Feiertage)* 29 - 44 (mittags)/88 und à la carte 73/115 – **35 Zim** 240/360.
◆ Eine geschmackvolle Einrichtung kennzeichnet die Zimmer dieses schönen Patrizierhauses aus dem 16. Jh. Liebe zum Detail und gute Technik überzeugen auf ganzer Linie. Ein edles Gedeck erwartet Sie im eleganten Restaurant.

Tiefenau, Steinwiesstr. 8, ✉ 8032, ✆ 012 678 787, *info@claridge.ch, Fax 012 512 476,* – |‡|, TV ✆ P. AE ① MC VISA JCB S. 5 FZ h
geschl. 19. Dez. - 4. Jan. – ***Orson's*** *(geschl. Sonntag)* **Menu** *30* - 37 (mittags)/75 und à la carte 45/96 – ☕ 24 – **31 Zim** 280/420.
◆ Ausserhalb des Zentrums gelegen, hat das Haus eine relativ ruhige Lage. Die unterschiedlich konzipierten Zimmer sind teilweise mit Louis XV-Möbeln hübsch ausgestattet. Im Orson's serviert man eine moderne, asiatisch beeinflusste Küche.

Ambassador, Falkenstr. 6, ✉ 8008, ✆ 012 589 898, *mail@ambassadorhotel.ch, Fax 012 589 800* – |‡|, ✈ Zim, ▤ TV ✆. AE ① MC VISA JCB S. 5 FZ a
Menu *23* und à la carte 45/115 – **45 Zim** ☕ 250/460.
◆ Am Rande des Zentrums in unmittelbarer Nähe des Opernhauses gelegener, stattlicher Hotelbau. Zimmer und Suiten sind zeitgemäss eingerichtet und mit guter Technik versehen. Fantastische Wandmalereien mit Opernszenen schmücken das Restaurant.

Krone Unterstrass, Schaffhauserstr. 1, ✉ 8006, ✆ 013 605 656, *info@hotel-krone.ch, Fax 013 605 600* – |‡|, ✈ Zim, ▤ Zim, TV ✆ P – 15/75. AE ① MC VISA S. 4 CV b
Menu *19* und à la carte 38/92 – **57 Zim** ☕ 185/280 – ½ P Zuschl. 30.
◆ Die Zimmer des Hauses, das leicht oberhalb des Zentrums liegt, wurden kürzlich renoviert, sind geschmackvoll und modern gestaltet und bieten zeitgemässen Komfort. Ein offener Kamin ziert eines der Hotelrestaurants.

Seefeld garni, Seefeldstr. 63, ✉ 8008, ✆ 013 874 141, *info@hotel-seefeld.ch, Fax 013 874 151,* – |‡| ✈ TV ✆ P. AE ① MC VISA JCB S. 4 DX k
64 Zim ☕ 200/410.
◆ Schwarzes Mobiliar ziert die Zimmer dieses kürzlich renovierten Hotels, dessen verschiedene Etagen in ansprechenden, frischen Pastelltönen gehalten sind.

Rigihof, Universitätstr. 101, ✉ 8006, ✆ 013 611 685, *info@hotel-rigihof.ch, Fax 013 611 617,* – |‡|, ✈ Zim, TV ✆ P – 20. AE ① MC VISA JCB S. 4 DV c
Bauhaus : **Menu** *18.50* und à la carte 52/87 – **66 Zim** ☕ 225/390.
◆ Das Hotel wurde im zeitlosen Bauhausstil konzipiert. Jedes der Zimmer ist einer anderen mit Zürich verbundenen Persönlichkeit künstlerisch gewidmet und trägt ihren Namen. Klare Linien und Farben herrschen im Restaurant Bauhaus vor.

Opera garni, Dufourstr. 5, ✉ 8008, ✆ 012 589 999, *mail@operahotel.ch, Fax 012 589 900* – |‡| ✈ ▤ TV ✆. AE ① MC VISA JCB S. 5 FZ b
62 Zim ☕ 260/360.
◆ Das direkt gegenüber gelegene Opernhaus hat diesem Geschäftshotel seinen Namen gegeben. Gepflegte Zimmer mit zeitgemässem Komfort stehen zum Einzug bereit.

Europe, Dufourstr. 4, ✉ 8008, ✆ 012 611 030, *info@hoteleurope-zuerich.ch, Fax 012 510 367,* – |‡|, ✈ Zim, TV ✆. AE ① MC VISA S. 5 FZ u
Quaglinos : **Menu** *23* und à la carte 52/98 – ☕ 21 – **40 Zim** 180/290.
◆ Am Rande des Zentrums, unweit der Oper gelegenes Hotel. Die Zimmer in Beige sind ein wenig nüchtern mit Stilmobiliar und nostalgisch anmutenden Accessoires ausgestattet. Das Quaglinos ist ein trendiges Lokal.

Wellenberg garni, Niederdorfstr. 10, ✉ 8001, ✆ 012 624 300, *reservation@hotel-wellenberg.ch, Fax 012 513 130* – |‡| ✈ TV ✆. AE ① MC VISA JCB S. 5 FZ s
45 Zim ☕ 295/410.
◆ Mitten in der Altstadt gelegenes Haus, das über moderne Zimmer, teilweise im Art déco-Stil, verfügt. Es erwartet sie ein eleganter Frühstücksraum mit Sommerterrasse.

Zürichberg , Orellistr. 21, ✉ 8044, ✆ 012 683 535, *info@zuerichberg.ch, Fax 012 683 545,* < Zürich, See und Berge, – |‡|, ✈ Zim, TV ✆ – 15/80. AE ① MC VISA JCB S. 3 BTU h
Menu (alkoholfrei) *22* und à la carte 50/98 – **66 Zim** ☕ 195/420.
◆ Das ehemalige Kurhaus aus dem Jahre 1900 ist in zwei mit einem Gang verbundene Gebäude unterteilt. Der Neubau in elliptischer Form ist mit Holz verkleidet. Eine Panoramaterrasse ergänzt das Restaurant.

Helmhaus garni, Schifflände 30, ✉ 8001, ✆ 012 518 810, *hotel@helmhaus.ch, Fax 012 510 430* – |‡| ✈ ▤ TV ✆. AE ① MC VISA JCB. S. 5 FZ v
24 Zim ☕ 233/342.
◆ Das im Herzen der Stadt gelegene Haus bietet Zimmer, die meist mit weissem Einbaumobiliar funktionell und frisch eingerichtet sind. Frühstücksraum in der ersten Etage.

Adler, Rosengasse 10, am Hirschenplatz, 8001, 012 669 696, *info@hotel-adler.ch, Fax 012 669 669,* – Zim, S. 5 FZ w
Swiss Chuchi *(geschl. Weihnachten)* **Menu** 17 und à la carte 38/93 – **52 Zim** 170/250 – ½ P Zuschl. 30.
◆ Die Zimmer mit hellem, funktionellem Holzmobiliar und moderner Technik sind von Wandbildern mit Zürcher Altstadtansichten des Malers Heinz Blum geschmückt. Ein rustikales Umfeld erwartet Sie im zur Strasse liegenden Swiss-Chuchi.

Théâtre garni, Seilergraben 69, 8001, 012 672 670, *info@hotel-du-theatre.ch, Fax 012 672 671* – S. 5 FY e
15 – **50 Zim** 180/260.
◆ Nach einem Totalumbau ist ein Hotel wieder entstanden, das den Ausdruck "modern" in allen Belangen rechtfertigt. Die farblich froh gestalteten Zimmer sind beinahe identisch.

Lady's First garni, Mainaustr. 24, 8008, 013 808 010, *info@ladysfirst.ch, Fax 013 808 020,* – S. 4 DX n
28 Zim 195/280.
◆ Die oberen Etagen sowie der Saunabereich mit grosser Dachterrasse ist Frauen vorbehalten. Man übernachtet in schlichten, mit modernen Einbaumöbeln gestalteten Zimmern.

Seegarten, Seegartenstr. 14, 8008, 013 883 737, *seegarten@bluewin.ch, Fax 013 833 738,* – S. 4 DX b
Latino - italienische Küche - *(geschl. Samstag und Sonntag jeweils mittags)* **Menu** 26 und à la carte 51/93 – **28 Zim** 179/299.
◆ Eine südländische Atmosphäre begleitet den Gast vom pflanzengeschmückten Eingang bis in die Zimmer, die mit Parkettböden und Rattan- oder Naturholzmöbeln eingerichtet sind. Terrakottaboden und Dekor lassen das Restaurant mediterran wirken.

Hirschen garni, Niederdorfstr. 13, 8001, 0432 683 333, *info@hirschen-zuerich.ch, Fax 0432 683 334* – S. 5 FY g
27 Zim 130/190.
◆ Das wohl älteste Hotel der Stadt : Die Zimmer sind funktionell und zeitgemäss gestaltet, teils mit freigelegtem Mauerwerk. Weinstube im historischen Gewölbekeller a. d. 16. Jh.

Rütli garni, Zähringerstr. 43, 8001, 012 545 800, *info@rutli.ch, Fax 012 545 801* – S. 5 FY a
geschl. 23. Dez. - 4. Jan – **62 Zim** 195/290.
◆ Am Anfang der Altstadt gelegenes Hotel. Der Parkettboden und die schlichte Holzmöblierung sorgen in den frisch renovierten Zimmern für einfachen Komfort.

Rex, Weinbergstr. 92, 8006, 013 602 525, *hotelrex@swissonline.ch, Fax 013 602 552,* – Zim, S. 4 DV a
Blauer Apfel *(geschl. Samstag und Sonntag)* **Menu** 19.50 und à la carte 43/82 – **38 Zim** 145/195.
◆ Das Hotel am Rande des Stadtzentrums hat mit blauem, recht einfachem Mobiliar funktionell eingerichtete Zimmer. Unterschiedliche Grösse und Aufmachung, modernes Styling. Das Restaurant Blauer Apfel ist ein freundlich gestaltetes Lokal.

Rössli garni, Rössligasse 7, 8001, 012 567 050, *reception@hotelroessli.ch, Fax 012 567 051* – video S. 5 FZ g
22 Zim 230/280.
◆ Neben der modernen Reception liegt eine Bar mit Snackangebot. Die Räume des renovierten Altstadthauses sind mit zeitgemässer Technik und hellem Holzmobiliar ausgestattet.

Sonnenberg, Hitziweg 15, 8032, 012 669 797, *restaurant@sonnenberg-zh.ch, Fax 012 669 798,* Zürich und See, – S. 3 BU c
Menu - Kalbs- und Rindsspezialitäten - (Tischbestellung erforderlich) à la carte 77/151.
◆ Hoch gelegen im Gebäude der FIFA mit grandiosem Ausblick auf Stadt, See und Berge. Im halbmondförmigen Panoramarestaurant werden modern zubereitete Gerichte serviert.

Wirtschaft Flühgass, Zollikerstr. 214, 8008, 013 811 215, *Fax 014 227 532* – S. 3 BU s
geschl. 24. Dez. - 4. Jan., 17. Juli - 15. Aug., Samstag (ausser abends Nov. - Dez.) und Sonntag – **Menu** (Tischbestellung ratsam) 19.50 - 60 (mittags)/130 und à la carte 64/122.
◆ Die ehemalige Weinschenke aus dem 16. Jh. hat drei gemütliche Stuben, in denen klassische französische Küche geboten wird. Kleinere Karte in der rustikalen Gaststube.

Kronenhalle, Rämistr. 4, ✉ 8001, ☎ 012 516 669, *Fax 012 516 681* – AE VISA S. 5 FZ t
Menu (Tischbestellung erforderlich) 39 und à la carte 64/162.
◆ Mit seiner bemerkenswerten Kunstsammlung ist das Restaurant in einem eher unauffälligen Gebäude eine Zürcher Institution. Die Speisenauswahl ist klassisch.

Zunfthaus zur Schmiden, Marktgasse 20, ✉ 8001, ☎ 012 505 848, *schmiden@dinner.ch, Fax 012 505 849* – AE VISA. S. 5 FZ x
geschl. Neujahr, Mitte Juli - Mitte Aug., Samstag, Sonn- und Feiertage – **Menu** 19 - 42 (mittags)/90 und à la carte 50/108.
◆ In dem Zunfthaus aus dem 15. Jh. bewirtet man Sie heute mit zeitgemässer Kost im Restaurant in der 1. Etage, das trotz neuem Mobiliar dem Charakter des Hauses gerecht wird.

Haus zum Rüden, Limmatquai 42 (1. Etage), ✉ 8001, ☎ 012 619 566, *info@hauszumrueden.ch, Fax 012 611 804* – AE VISA JCB S. 5 FZ c
geschl. Weihnachten, Samstag und Sonntag – **Menu** 59 (mittags)/138 und à la carte 72/136.
◆ Das Restaurant im Zunfthaus aus dem 13. Jh. überrascht mit seiner Holzflachtonnendecke. In historisch-gediegener Atmosphäre wählt man von einer klassischen Karte.

Zunfthaus zur Zimmerleuten, Limmatquai 40, ✉ 8001, ☎ 012 505 363, *zimmerleuten-zurich@bluewin.ch, Fax 012 505 364,* – AE VISA
geschl. 25. - 26. Dez., 2. Jan. und 25. Juli - 8. Aug. – ***Restaurant*** (1. Etage) **Menu** 23 und à la carte 49/111 – ***Küferstube* : Menu** 17 - 57/87 und à la carte 46/79.
◆ Im ersten Stock des Zunfhauses aus dem Jahre 1708 befindet sich das Restaurant. Geschnitzte Holzbalken geben dem Raum sein stimmungsvolles Ambiente. Alte Fässer und dunkles Holz prägen die Einrichtung der Küferstube. S. 5 FZ z

Riesbächli, Zollikerstr. 157, ✉ 8008, ☎ 014 222 324, *Fax 014 222 941* – AE VISA S. 3 BU k
geschl. 25. Dez. - 6. Jan., 27. Juli - 12. Aug., Samstag (ausser abends von Nov. - März) und Sonntag – **Menu** 30 - 110 und à la carte 73/146.
◆ Die traditionelle Gastwirtschaft mit bemerkenswertem Weinkeller vereinigt unter ihrem Dach drei optisch getrennte Stuben. Zu guten Weinen geniesst man klassische Küche.

Conti-da Bianca, Dufourstr. 1, ✉ 8008, ☎ 012 510 666, *Fax 012 510 686* – AE VISA S. 5 FZ y
geschl. Juli - Aug. 2 Wochen, Samstagmittag und Sonntag – **Menu** - italienische Küche - 36 und à la carte 65/122.
◆ Am Rande des Zentrums situiert, liegt in dem langgezogenen, gediegenen Speiseraum mit schöner Stukkaturdecke und kleinen Leuchtern eine klassische italienische Karte auf.

Jacky's Stapferstube, Culmannstr. 45, ✉ 8006, ☎ 013 613 748, *jackys@stapferstube.ch, Fax 013 640 060,* – P. AE VISA S. 5 FY f
geschl. 15. Juli - 15. Aug., Sonntag und Montag – **Menu** 35 - 38 und à la carte 65/161.
◆ Ein älteres Haus mit grünlichen Fensterläden beherbergt diese gastliche Adresse. Viel Holz gibt dem Interieur seinen leicht rustikalen Charakter - Bilder dienen als Dekor.

Guggach, Rötelstr. 150, am Bucheggplatz, ✉ 8057, ☎ 013 633 210, *Fax 013 611 186,* – AE VISA S. 3 AT d
geschl. 22. Dez. - 4. Jan., 26. Juli - 15. Aug., Samstag, Sonn- und Feiertage – **Menu** 20 und à la carte 49/88.
◆ In diesem Hochhaus wird man von einer rustikalen Einrichtung mit Holzdecke, Balken und sogar einer original Schweizer Sennenhütte überrascht. Das Angebot ist gutbürgerlich.

Wolfbach - Il Gattopardo, Wolfbachstr. 35, ✉ 8032, ☎ 012 525 180, *Fax 012 525 312,* – AE VISA. S. 4 DX c
geschl. 19. Juli - 15. Aug., 24. - 31. Dez., Samstagmittag und Sonntag – **Menu** - italienische Küche - 44 (mittags)/85 und à la carte 58/116.
◆ Das rustikale und gemütliche Lokal ist im Stil einer Bündner Gastwirtschaft gestaltet. Moderne Beleuchtungselemente erleichtern das Lesen der italienischen Speisekarte.

Vorderer Sternen, Theaterstr. 22 (1. Etage), ✉ 8001, ☎ 012 514 949, *info@vorderer-sternen.ch, Fax 012 529 063,* – AE VISA S. 5 FZ e
Menu 22 und à la carte 40/102.
◆ Im Parterre liegt ein einfaches Café, darüber das Restaurant mit heimeligem Charakter und dunklem Holz. Die zeitgemässe Karte bietet günstige Gerichte an.

Casa Ferlin, Stampfenbachstr. 38, ✉ 8006, ☎ 013 623 509, *casaferlin@swiss online.ch, Fax 013 623 534* – AE VISA S. 5 FY c
geschl. 20. Dez. - 4. Jan., 17. Juli - 15. Aug., Samstag und Sonntag – **Menu** - italienische Küche - (Tischbestellung ratsam) *30* - 52 und à la carte 63/124.
◆ In einem klassisch eingerichteten Raum mit offenem Kamin und rustikalem Mobiliar werden Speisen von einer italienischen Karte mit passenden Weinen serviert.

Blue Monkey Cocostin, Stüssihofstatt 3 (1. Etage), ✉ 8001, ☎ 012 617 618, *koenigstuhl@bluewin.ch, Fax 012 627 123,* – 15/40. AE VISA S. 5 FZ r
Menu - thailändische Küche - *18* - 55 und à la carte 58/92.
◆ Im Zunfthaus zur Schneidern ist auf zwei Etagen ein modernes Thai-Restaurant eingezogen. Das Parterre im Bistrostil mit Bar, der erste Stock gut eingedeckt.

Blaue Ente, Seefeldstr. 223 (Mühle Tiefenbrunnen), ✉ 8008, ☎ 013 886 840, *info@blaue-ente.ch, Fax 014 227 741,* – AE S. 3 BU e
geschl. 24. Dez. - 4. Jan. und 25. Juli - 16. Aug. – **Menu** (Tischbestellung ratsam) *39* und à la carte 52/101.
◆ Das trendige Restaurant mit viel Glas, Röhren und gigantischem Räderwerk liegt in der ehemaligen Mühle Tiefenbrunnen. Heitere Atmosphäre, das Angebot modern-gutbürgerlich.

Oepfelchammer, Rindermarkt 12, (1. Etage), ✉ 8001, ☎ 012 512 336, *Fax 012 627 533,* – AE VISA S. 5 FZ n
geschl. 24. Dez. - 6. Jan. und 19. Juli - 17. Aug. – **Menu** *24* - 110 und à la carte 53/94.
◆ Der Dichter Gottfried Keller war Stammgast der original Weinstube im Gasthaus aus dem 14. Jh. Auch im Restaurant gutbürgerliche Küche mit regionalen Spezialitäten.

Rosaly's, Freieckgasse 7, ✉ 8001, ☎ 012 614 430, *info@rosalys.ch.ch, Fax 012 614 413,* – AE VISA S. 5 FZ e
geschl. Samstag und Sonntag jeweils mittags – **Menu** *22* und à la carte 42/80.
◆ Das Ambiente in diesem modernen, schlicht möblierten Restaurant ist locker und es werden interessante internationale Gerichte auf gehobener traditioneller Basis zubereitet.

Frieden, Stampfenbachstr. 32, ✉ 8006, ☎ 012 531 810, *Fax 012 531 812,* – AE VISA S. 5 FY d
geschl. 28. März - 13. April, 3. - 17. Okt., Samstag und Sonntag – **Menu** *25* und à la carte 52/92.
◆ Das in einem Stadthaus untergebrachte Restaurant zeigt sich in bistroartigem Stil - schlichtes Holzmobiliar und Parkettboden prägen die Einrichtung. Freundlicher Service.

Ban Song Thai, Kirchgasse 6, ✉ 8001, ☎ 012 523 331, *bansong@bluewin.ch, Fax 012 523 315* – AE VISA S. 5 FZ m
geschl. 22. Dez. - 5. Jan., 19. Juli - 8. Aug., Samstagmittag und Sonntag – **Menu** - thailändische Küche - (Tischbestellung ratsam) *26* - 57 und à la carte 46/99.
◆ Ganz in der Nähe von Kunsthaus und Grossmünster befindet sich dieses Restaurant. Der Name des Hauses sagt es bereits : Die Küche lädt Sie ein auf eine Reise nach Thailand.

Linkes Ufer der Limmat (Hauptbahnhof, Geschäftszentrum) :

Baur au Lac, Talstr. 1, ✉ 8001, ☎ 012 205 020, *info@bauraulac.ch, Fax 012 205 044,* – Zim, – 15/60. AE VISA JCB. S. 5 EZ a
Le Pavillon / Le Français : **Menu** 90 (mittags)/140 und à la carte 81/174 – ***Rive Gauche*** *(geschl. Juli - Aug. 3 Wochen, Sonn- und Feiertage)* **Menu** 90 (mittags)/140 und à la carte 81/174 – 38 – **103 Zim** 470/680, 22 Suiten.
◆ Das traditionelle Hotel mit schönem Garten hat luxuriös eingerichtete Zimmer. Auf dem Dach : ein Fitnessraum mit Blick auf den See. Im Sommer werden Sie im Pavillon, im Winter im Français mit Klassischem verwöhnt. Das Rive Gauche ist dem Kolonialstil angelehnt.

Savoy Baur en Ville, am Paradeplatz, ✉ 8001, ☎ 012 152 525, *welcome@savoy-zurich.ch, Fax 012 152 500* – Zim, video – 15/70. AE VISA JCB. S. 5 EZ r
Savoy **Menu** *42* - 64 (mittags) und à la carte 70/145 (1. Etage) – ***Orsini*** (am Münsterhof) - italienische Küche - (Tischbestellung ratsam) **Menu** *46* - 59 (mittags)/98 und à la carte 76/138 – **104 Zim** 470/720, 8 Suiten.
◆ Das im Herzen der Stadt gelegene Hotel bietet mit seiner grosszügigen Architektur des 19. Jh. einen stilvollen Rahmen. Service und modern-elegantes Interieur überzeugen. Klassisch-elegant : das Savoy in der 1. Etage. Die italienische Alternative : das Orsini.

Widder, Rennweg 7, ✉ 8001, ✆ 012 242 526, *home@widderhotel.ch, Fax 012 242 424,* – – Rest, – 15/100. AE VISA. Rest S. 5 EZ v
Menu 88 (abends) und à la carte 72/125 – **42 Zim** 450/810, 7 Suiten.
♦ In dem Hotel, bestehend aus 10 renovierten, historischen Altstadthäusern, geniessen Sie ein erlesenes Interieur und hohen Komfort kombiniert mit zeitgenössischen Bauelementen. Als Orte voller Charme und Charakter präsentieren sich die beiden Restaurants.

Schweizerhof, Bahnhofplatz 7, ✉ 8001, ✆ 012 188 888, *info@hotelschweizerhof.com, Fax 012 188 181* – Zim, – 15/40. AE VISA JCB. Rest S. 5 EY a
La Soupière (1. Etage) *(geschl. Samstagabend, Sonn- und Feiertage)* **Menu** 72 (mittags) und à la carte 79/135 – **115 Zim** 420/680.
♦ Im Herzen der Stadt, direkt gegenüber dem Hauptbahnhof, liegt diese traditionsreiche Residenz. Hinter einer imposanten Fassade überzeugen moderne Eleganz und Wohnkomfort. Das Restaurant La Soupière präsentiert sich klassisch-gediegen.

Ascot, Tessinerplatz 9, ✉ 8002, ✆ 012 081 414, *info@ascot.ch, Fax 012 081 420,* – Zim, – 15/50. AE VISA JCB S. 4 CX a
Lawrence *(geschl. Samstag und Sonntag)* **Menu** 58 (mittags) und à la carte 69/116 – ***Fujiya of Japan*** - japanische Küche (Teppanyaki) - *(geschl. Samstagmittag, Sonntag und Montag)* **Menu** 55 (mittags)/140 und à la carte 66/112 ✆ 012 081 555 – **74 Zim** 390/580 – ½ P Zuschl. 58.
♦ Das Haus mit stilvoller Einrichtung bietet Zimmer, die entweder in Mahagoni oder in gekalkter Eiche gestaltet sind. Die Technik ist durchweg modern. Das Lawrence ist im Tudor Stil gehalten. Das Fujiya of Japan ist ein typisches Teppanyaki-Restaurant.

Zum Storchen, Am Weinplatz 2, ✉ 8001, ✆ 012 272 727, *info@storchen.ch, Fax 012 272 700,* – Zim, Zim, – 15/20. AE VISA JCB. Rest S. 5 EZ u
Rôtisserie (1. Etage) **Menu** 45 - 69/84 und à la carte 59/106 – **73 Zim** 330/690.
♦ Das traditionelle Hotel - eines der ältesten der Stadt - liegt direkt an der Limmat. Die Zimmer gefallen mit einer eleganten, komfortablen Ausstattung. Eine schöne Terrasse am Fluss ergänzt das Restaurant und bietet einen Blick auf die Altstadt.

ArabellaSheraton Neues Schloss, Stockerstr. 17, ✉ 8002, ✆ 012 869 400, *neuesschloss@arabellasheraton.com, Fax 012 869 445* – Zim, – 20. AE VISA JCB S. 5 EZ m
Le Jardin *(geschl. Samstagmittag und Sonntag ausser für Hotelgäste)* **Menu** 35 - 57 (mittags)/85 und à la carte 67/103 – 30 – **60 Zim** 420/520.
♦ Unweit vom See gelegen, ist das Haus optimaler Ausgangspunkt für Ihre Unternehmungen. Die frisch renovierten Zimmer sind mit elegantem Holzmobiliar modern eingerichtet. Das Restaurant im Parterre ist mit vielen Pflanzen dekoriert.

Alden Hotel Splügenschloss (Suitenhotel), Splügenstr. 2 / Genferstrasse, ✉ 8002, ✆ 012 899 999, *welcome@alden.ch, Fax 012 899 998* – Zim, – 20. AE VISA JCB. Rest S. 4 CX e
geschl. Dez. - März – **Menu** *(geschl. Samstag und Sonntag)* à la carte 55/155 – **10 Zim** 700/900, 22 Suiten.
♦ Das Haus mit Türmchen wirkt von weitem tatsächlich wie ein Schloss. Die Zimmer sind im Stil ähnlich - unterscheiden sich lediglich durch Farbgebung und Zuschnitt. Im Schlossrestaurant speisen, klingt gut ! Das gediegene Ambiente unterstreicht diesen Eindruck.

Inter-Continental Zurich, Badenerstr. 420, ✉ 8004, ✆ 014 044 444, *zurich@interconti.com, Fax 014 044 440,* – Zim, – 15/400. AE VISA JCB S. 3 AT c
Relais des Arts *(geschl. Feiertage)* **Menu** 29 - 45 (mittags)/85 und à la carte 61/105 – 30 – **364 Zim** 300/370.
♦ Zu den Annehmlichkeiten dieses Hotels zählt neben komfortablen Zimmern - neuzeitlich und funktionell ausgestattet - auch die gute Anbindung an Flughafen und Autobahn. Im Relais des Arts bittet man Sie in leicht elegantem Umfeld zu Tisch.

Glärnischhof, Claridenstr. 30, 8002, 012 862 222, *info@glaernischhof.com, Fax 012 862 286* - , Zim, Rest, - 25. **Le Poisson** - Fischspezialitäten - *(geschl. Samstag und Sonntag)* **Menu** 59 (mittags)/95 und à la carte 72/113 - ***Vivace*** - italienische Küche - **Menu** *26* und à la carte 44/92 - **62 Zim** 340/490. S. 5 EZ f

◆ Das Stadthaus am Rande des Zentrums verfügt über Zimmer, die in hellen frischen Farben gehalten und mit edlem Holzmobiliar funktionell eingerichtet sind. Wie der Name schon sagt : Im Le Poisson speist man Fisch. Im Vivace erfreut man Sie mit cucina italiana.

Engimatt, Engimattstr. 14, 8002, 012 841 616, *info@engimatt.ch, Fax 012 012 516,* , - - 15/25.
Menu *18.50* - 45 (mittags)/85 und à la carte 42/97 - **80 Zim** 210/330 - ½ P Zuschl. 40. S. 4 CX d

◆ Das Hotel liegt nahe dem Zentrum und dennoch im Grünen. Die Zimmer sind solide und zeitgemäss ausgestattet, teils mit geschmackvoller, rustikal-eleganter Einrichtung. Das Restaurant Orangerie ist ein moderner Glas- und Stahlbau im Stil eines Wintergartens.

Glockenhof, Sihlstr. 31, 8001, 012 259 191, *info@glockenhof.ch, Fax 012 259 292,* - , Zim, Rest, - 15/40. S. 5 EZ b
Menu *19.80* - 29 (mittags) und à la carte 40/93 - **100 Zim** 260/430.

◆ Die zentrale Lage ist nur einer der Vorzüge dieses gut geführten Hotels. Im Haus gehören zeitgemäss ausgestattete Zimmer und eine moderne Technik zu den Annehmlichkeiten. In der Glogge-Stube erwartet Sie ein gepflegtes, unaufdringliches Ambiente.

Mercure Hotel Stoller, Badenerstr. 357, 8003, 014 054 747, *info@stoller.ch, Fax 014 054 848,* - - 15/25.
Menu *24* und à la carte 46/95 - **79 Zim** 215/250. S. 3 AU x

◆ An der Peripherie der Innenstadt nahe einer Tramstation gelegen. Einheitliche Zimmer mit grauen Furniermöbeln. Nach hinten ruhigere Räume mit Balkon. Das Restaurant, im Sommer mit Strassencafe, ist in zwei Stuben mit dunklem Holzmobiliar aufgeteilt.

Greulich, Herman Greulich-Str. 56, 8004, 0432 434 243, *mail@greulich.ch, Fax 0432 434 200,* - Zim, - 20.
Menu *32* - 42 (mittags)/110 und à la carte 64/117 - 18 - **18 Zim** 180/260. S. 5 EZ g

◆ Gartenzimmer sowie Juniorsuiten in einem Innenhof mit Birkenhain überzeugen mit ihrer funktionellen Ausstattung und schlicht-modernem Design. Parkettfussboden, warme Farben und klare Linien bestimmen das Ambiente im Restaurant.

Novotel Zürich City-West, Schiffbaustr. 13, 8005, 012 762 222, *H2731@accor-hotels.com, Fax 012 762 323,* , , - , Zim, - 15/120. S. 3 AT n
Menu *34* - 39 (mittags) und à la carte 36/95 - 25 - **142 Zim** 189/235.

◆ Das neu erbaute, vollständig schwarz verglaste Hotel bietet identische mit weiss furniertem Einbaumobiliar ausgestattete, moderne Zimmer mit ausreichendem Platzangebot.

Walhalla garni, Limmatstr. 5, 8005, 014 465 400, *walhalla-hotel@bluewin.ch, Fax 014 465 454* - - 15/20. S. 5 EY r
15 - **48 Zim** 170/220.

◆ Verkehrstechnisch günstige Lage hinter dem Bahnhof an einer Tramstation. Die Zimmer mit gemalten Götterszenen sind in dunklem Holz möbliert.

Kindli, Pfalzgasse 1, 8001, 0438 887 676, *reservations@kindli.ch, Fax 0438 887 677,* - . S. 5 EZ z
Menu *(geschl. Sonn- und Feiertage) 28* - 72 (abends) und à la carte 46/103 - **20 Zim** 230/360.

◆ In geschichtsträchtiger Umgebung im traditionsreichen Zürcher Stadthaus mit Einrichtung im englischen Landstil bestimmt Laura Ashley-Design die individuellen Zimmer. Das Restaurant dezent-elegant mit modernem Angebot - « Vintage Cooking ».

Montana, Konradstr. 39, 8005, 0433 666 000, *reservation@hotelmontana.ch, Fax 0433 666 010* - , Zim, . S. 5 EY f
Bistro Le Lyonnais *(geschl. Sonn- und Feiertage)* **Menu** *22* - 25 (mittags)/40 und à la carte 44/97 - **74 Zim** 180/310 - ½ P Zuschl. 30.

◆ Das Haus liegt hinter dem Bahnhof. Mit dem verglasten Lift im gedeckten Lichthof kommen Sie in Ihr Zimmer, das mit einfachem dunkle Einbaumobiliar ausgestattet ist. Bistro Le Lyonnais mit separatem Eingang und typischer Einrichtung.

City, Löwenstr. 34, ✉ 8001, ✆ 012 171 717, *hotelcity@bluewin.ch, Fax 012 171 818* – |\$|, ▤ Rest, TV ✆ – 🏛 20. AE ⊙ MC VISA JCB S. 5 EY h
Menu *(geschl. Samstagabend und Sonntag)* 24 und à la carte 38/88 – **72 Zim** ☕ 145/260.
◆ Das Haus im Zentrum hat Zimmer unterschiedlichen Zuschnitts, die mit solidem Mobiliar ausgestattet und in diversen hellen Farben gehalten sind. Hofzimmer klimatisiert.

Ibis, Schiffbaustr. 11, ✉ 8005, ✆ 012 762 100, *h2942@accor-hotels.com, Fax 012 762 101,* 🏡 – |\$|, ⇆ Zim, TV ✆ ♿ 🚗. AE ⊙ MC VISA S. 3 AT n
Menu *(geschl. Sonntagmittag)* 16 und à la carte 36/65 – ☕ 14 – **155 Zim** 139.
◆ An Stelle der alten Schiffsbauhallen hat sich hier das neue Hotel etabliert, das in seinen funktionell eingerichteten Zimmern für wenig Geld alles Notwenige bietet. Im Bistro Swiss Park : Schweizer Spezialitäten aus allen vier Sprach- und Speiseregionen.

Sukhothai, Erlachstr. 46, ✉ 8003, ✆ 014 626 622, *heymann@sukhothai.ch, Fax 014 626 654* – ▤. AE ⊙ MC VISA ⚡ S. 4 CX h
geschl. 24. Dez. - 2. Jan., 8. - 12. April, 25. Juli - 7. Aug., Sonntag und Montag – **Menu** - thailändische Küche - *(nur Abendessen)* (Tischbestellung ratsam) 149 und à la carte 81/147.
◆ Das Restaurant empfängt Sie mit diskreter Eleganz und einigen Kunstgegenständen aus Siam. Man offeriert ein breit gefächertes Angebot thailändischer Köstlichkeiten.

Kaiser's Reblaube, Glockengasse 7, ✉ 8001, ✆ 012 212 120, *rest.reblaube@bluewin.ch, Fax 012 212 155,* 🏡 – AE ⊙ MC VISA ⚡ S. 5 EZ y
geschl. 26. Juli - 15. Aug., Montagabend von April - Sept., Samstagmittag und Sonntag – ***Goethe-Stübli*** (1.Etage) (Tischbestellung ratsam) **Menu** 39 - 58 (mittags)/138 und à la carte 67/110 – ***Weinstube :*** **Menu** à la carte 62/103.
◆ In einem historischen Altstadthaus in einem Gewirr von Gassen liegt im 1. Stock das gemütliche Goethe-Stübli. Auf den Tisch kommt eine zeitgemässe Küche. Lebendige Weinstube im einfachen Bistrostil ; mit Garten. Bürgerliche Karte.

Lindenhofkeller, Pfalzgasse 4, ✉ 8001, ✆ 012 117 071, *lindenhofkeller@bluewin.ch, Fax 012 123 337,* 🏡 – AE ⊙ MC VISA S. 5 EZ z
geschl. 23. Dez. - 4. Jan., 16. - 23. Mai, 13. - 25. Sept., Samstag (ausser Nov. und Dez.), Sonn- und Feiertage – **Menu** 38 - 59 (mittags)/95 und à la carte 63/140.
◆ Beim Eingang die Wein-Lounge, dann der Abstieg in das geschmackvoll renovierte Gewölberestaurant, wo Sie in gemütlichem Ambiente eine gutbürgerliche Speisekarte erwartet.

Veltlinerkeller, Schlüsselgasse 8, ✉ 8001, ✆ 012 254 040, *info@veltlinerkeller.ch, Fax 012 254 045* – AE ⊙ MC VISA JCB S. 5 EZ t
geschl. 23. Dez. - 4. Jan., 17. Juli - 15. Aug., Samstag (ausser abends in Nov. - Dez.) und Sonntag – **Menu** (Tischbestellung ratsam) à la carte 64/115.
◆ Über eine Steintreppe erreicht man die gemütliche Stube. Hier und im Raum darüber, mit geschnitzter Arvendecke, werden Speisen von einer klassischen Karte serviert.

Zunfthaus zur Waag, Münsterhof 8 (1. Etage), ✉ 8001, ✆ 012 169 966, *zunfthaus-zur-waag@bluewin.ch, Fax 012 169 967,* 🏡 – AE ⊙ MC VISA JCB S. 5 EZ x
Menu 32 und à la carte 62/120.
◆ Im 1. Stock des Zunfthauses der Leinenweber und Hutmacher befindet sich ein gut eingedecktes Restaurant im Biedermeierstil. Auf der Karte ein klassisches Angebot.

Accademia, Rotwandstr. 62, ✉ 8004, ✆ 012 414 202, *Fax 012 414 207* – 🚗. AE ⊙ MC VISA. ⚡ S. 4 CV n
geschl. Samstag (ausser abends von Nov. - Dez.) und Sonntag – **Menu** - italienische Küche - à la carte 61/123.
◆ Das Restaurant mit klassischem Dekor ist in zwei Räume unterteilt. Zusätzlich zum italienischen Angebot und den dazu gehörenden Weinen werden Grilladen bereitet.

Wirtsstuben Münsterhof, Münsterhof 6, ✉ 8001, ✆ 012 114 340, *info@restaurant-muensterhof.ch, Fax 012 114 353* – AE ⊙ MC VISA S. 5 EZ s
geschl. 18. Juli - 15. Aug., Samstag (Juni - Aug.), Sonn- und Feiertage (April - Sept.) – **Menu** 22 - 109 (abends) und à la carte 50/113.
◆ Ein schönes Altstadthaus in der Nähe des Fraumünsters. Im ersten Stock dieses traditionsreichen Restaurants befindet sich das Fresko "Liebesgarten" aus dem 14. Jh.

Carlton, Bahnhofstr. 41, Nüschelerstr. 6, ✉ 8001, ✆ 012 271 919, *info@carlton-zuerich.ch, Fax 012 271 927,* 🏡 – ▤. AE ⊙ MC VISA S. 5 EZ w
geschl. 1. - 4. Jan., Sonn- und Feiertage – **Menu** 33 - 46 (mittags) und à la carte 57/101.
◆ Der Speisesaal ist ein elegant im Art déco-Stil gestalteter grosser Raum. Die Küche interpretiert klassische Rezepte auf moderne Art und Weise. Begehbarer Weinkeller.

XX **Au Premier,** im Hauptbahnhof, ✉ 8001, ✆ 012 171 515, *info@bahnhofbuffe t.ch, Fax 012 171 500* – – 15/80. AE MC VISA. S. 5 EY e
geschl. Samstag und Sonntag – **Menu** 55 (mittags)/98 und à la carte 65/101.
◆ Das grossflächige "Restaurant mit Anschluss" liegt im 1. Stock des Hauptbahnhofs - ergänzt durch eine Bar/Lounge, eine Bistro-Bar und eine Kunst-Galerie.

XX **Casa Aurelio,** Langstr. 209, ✉ 8005, ✆ 012 727 744, *Fax 012 727 724,* – AE MC VISA. Rest S. 4 CV r
geschl. 23. Dez. - 4. Jan., 3 Wochen im August und Sonntag – **Menu** - spanische Küche - 29 - 42 (mittags)/60 und à la carte 69/103.
◆ Fresken zieren die Wände der optisch getrennten Räumen, die an alte spanische Villen erinnern. Hier serviert man dem Gast Speisen der iberischen Küche.

XX **Blu,** Seestr. 457, in Wollishofen, ✉ 8038, ✆ 014 886 565, *Fax 014 886 566,* < See, – P. AE MC VISA
geschl. Weihnachten – **Menu** - italienische Küche - 28 und à la carte 59/111.
◆ Das Restaurant in der Überbauung Waschanstalt Wollishofen ist bewusst im schlichten, funktionalen Design gehalten - nichts soll den Gast von der Aussicht auf den See ablenken.

XX **Sala of Tokyo,** Limmatstr. 29, ✉ 8005, ✆ 012 715 290, *sala@active.ch, Fax 012 717 807,* – AE MC VISA JCB S. 5 EY k
geschl. 21. Dez. - 5. Jan., 9. - 12. April, 18. Juli - 9. Aug., Samstagmittag, Sonntag und Montag – **Menu** - japanische Küche - 67/120 und à la carte 50/117.
◆ Der Gastraum in Holz ist in Sushi-Bar und Restaurant unterteilt, der hintere modern gestaltete Teil mit Yakitorigrills möbliert. Die Küche zaubert ein Lächeln auf Ihre Lippen.

XX **Lasalle,** Schiffbaustr. 4, ✉ 8005, ✆ 012 587 071, *info@lasalle-restaurant.ch, Fax 012 597 071,* – . AE MC VISA S. 3 AT n
geschl. Samstag und Sonntag jeweils mittags – **Menu** à la carte 55/112.
◆ Stahlträger und Fabrikhallen-Fenster unterstreichen die "Loft"-Architektur des Restaurants. Passend dazu : die moderne, sachliche Einrichtung.

XX **Il Giglio,** Weberstr. 14, ✉ 8004, ✆ 012 428 597, *Fax 012 910 183* – AE MC VISA
geschl. 24. Dez. - 5. Januar, 24. Juli - 16. Aug., Samstag ausser abends von Sept. - Mai, Sonn- und Feiertage – **Menu** - italienische Küche - 29 - 47 (mittags)/95 und à la carte 62/106. S. 4 CX c
◆ Das kleine, weiss eingedeckte Lokal, dessen Wände moderne Kunst ziert, liegt ein Stück von der Innenstadt entfernt. Die Speisenauswahl ist italienisch.

XX **Sale e Pepe,** Sieberstr. 18, ✉ 8055, ✆ 014 630 736, *Fax 014 630 701,* – AE MC VISA S. 3 AU e
geschl. 1. - 21. Aug., Samstagmittag und Sonntag – **Menu** - italienische Küche - 29 und à la carte 45/91.
◆ Am Stadtrand, versteckt in einer neuen Überbauung gelegen, bietet Ihnen dieses Restaurant in modernem Ambiente Speisen einer südländisch geprägten Küche.

X **Cantinetta Antinori,** Augustinergasse 25, ✉ 8001, ✆ 012 117 210, *cantinetta-antinori@bindella.ch, Fax 012 211 613,* – AE MC VISA S. 5 EZ c
Menu - italienische Küche - 36 - und à la carte 52/114.
◆ Der gehobene Speiseraum mit original Einrichtung und schönem Täfer liegt im 1. Stock des Hauses, im Parterre das etwas einfachere Restaurant. Italienisch-toskanische Küche.

X **Napoli,** Sandstr. 7, ✉ 8003, ✆ 014 620 764, *Fax 014 629 167* – . AE MC VISA
geschl. Samstag und Sonntag jeweils mittags – **Menu** - italienische Küche - 29 und à la carte 53/87. S. 4 CX z
◆ Eine typische familiäre kleine Adresse. Solide Polsterstühle, ordentlich eingedeckte Tische und Gemälde an den Wänden prägen den Gastraum.

X **Strozzi's Più,** Bahnhofstr. 25, ✉ 8001, ✆ 012 256 025, *strozzispiu@strozzis.ch, Fax 012 256 026,* – . AE MC VISA
geschl. Sonntag ausser mittags von Okt. - Mai und Feiertage – **Menu** 74 (abends) und à la carte 48/94. S. 5 EZ j
◆ Modernes Restaurant in einem Bankgebäude : Klare Linien, eine lange Bar und Polsterstühle in hell-lila prägen das Ambiente. Aus dem ehrmaligen Banksafe kommen heute trendige Gerichte.

X **Barometer,** Glockengasse 16 / Widdergasse 5, ✉ 8001, ✆ 012 115 665, *info@barometer.ch, Fax 012 115 663,* – AE MC VISA S. 5 EZ e
geschl. 24. Dez. - 4. Jan., Samstag und Sonntag – **Menu** à la carte 52/82.
◆ Das in gelben Pastelltönen gehaltene Bistro offeriert im Lokal oder auf der Terrasse mit massiven Holzbänken und Tischen leichte mediterrane Gerichte.

Heugümper, Waaggasse 4, 8001, 012 111 660, *info@restaurantheugue mper.ch, Fax 012 111 661* – 15/40. AE MC VISA S. 5 EZ d
geschl. 24. Dez. - 4. Jan., 9. - 12. April, 10. Juli - 8. Aug., Samstag (ausser von Okt. - Feb.) und Sonntag – **Menu** 35 und à la carte 58/116.
◆ Dieses in der Altstadt nahe dem Fraumünster gelegene Haus teilt sich in ein schickes Bistro und ein elegantes Restaurant. In der Küche bereitet man zeitgemässe Gerichte.

Caduff's Wine Loft, Kanzleistr. 126, 8004, 012 402 255, *caduff@winel oft.ch, Fax 012 402 256* – AE MC VISA S. 4 CV d
geschl. 24. Dez. - 5. Jan., Samstagmittag und Sonntag – **Menu** (Tischbestellung erforderlich) 52 (mittags)/115 und à la carte 46/133.
◆ Im ehemaligen Blumengrosshandel serviert man Häppchen an der langen Bar oder Geschmackvolles aus ausgesuchten Produkten - dazu ein edler Tropfen aus dem legendären Keller.

Ciro, Militärstr. 16, 8004, 012 417 841, *ciro@swissonline.ch, Fax 012 911 424,* – AE MC VISA S. 4 CV a
geschl. Sonn- und Feiertage – **Menu** - italienische Küche - 21 und à la carte 48/80.
◆ In den freundlichen Räumlichkeiten dieses nahe dem Bahnhof gelegenen Restaurants serviert man seinen Gästen italienische Speisen und Weine.

Emilio, Zweierstr. 9, 8004, 012 418 321 – P. AE MC VISA S. 4 CX f
geschl. 25. Juli - 9. Aug. und Weihnachten – **Menu** - spanische Küche - à la carte 45/121.
◆ Sie möchten in Zürich eine Paella nach Originalrezept essenn dem kleinen Familienbetrieb finden Sie auf der Karte noch andere spanische Hausspezialitäten.

in Zürich-Oerlikon *Nord - BT – Höhe 442 – 8050 Zürich-Oerlikon :*

Swissôtel Zürich, Am Marktplatz, 013 173 111, *reservations.zurich@swisso tel.com, Fax 013 124 468,* <, , , , – , Zim, P – 15/400. AE MC VISA. S. 3 BT n
Dialog : **Menu** 60 (mittags) und à la carte 52/114 – ***Szenario :*** **Menu** 22 - 55 und à la carte 40/92 – 30 – **337 Zim** 250/310, 10 Suiten.
◆ Das Hochhaus liegt im Zentrum am Marktplatz. Die Zimmer sind mit hellen, zeitlosen Holzmöbeln ausgestattet. Hallenbad in der 32. Etage mit Blick über die ganze Stadt. Offener, zweigeteilter Gastronomiebereich : einfacherer Speiseraum und gehobeneres Restaurant.

in Zürich-Seebach *Nord - BT – Höhe 442 – 8052 Zürich-Seebach :*

Landhus, Katzenbachstr. 10, 013 083 400, *info@landhus-zuerich.ch, Fax 013 083 451,* – P – 15/300. AE MC VISA S. 3 BT u
Menu 18.50 und à la carte 43/81 – **28 Zim** 130/150 – ½ P Zuschl. 35.
◆ Das Haus liegt am Stadtrand und ist über die Schaffhauserstrasse zu erreichen. Die durchschnittlich grossen Zimmer sind mit modernen Holzmöbeln in dunklen Tönen eingerichtet. Farbenfrohes, trendiges Restaurant mit bürgerlichen Speisen.

in Glattbrugg *Nord : 8 km über ① – Höhe 432 – 8152 Glattbrugg :*

Renaissance Zürich Hotel, Talackerstr. 1, 018 745 000, *renaissance.zurich @renaissancehotels.com, Fax 018 745 001,* , , – – 15/300. AE MC VISA JCB
Asian Place - asiatische Küche - *(geschl. Juli, Aug., Samstagmittag und Sonntag)* **Menu** 27 und à la carte 53/112 – ***Brasserie :*** **Menu** à la carte 48/96 – 30 – **196 Zim** 350/395, 8 Suiten.
◆ Im Gebäudekomplex mit grossem öffentlichem Freizeitbereich im Untergeschoss liegen Zimmer, die fast alle mit dunklem, gediegenem Mobiliar ausgestattet sind. Die Brasserie befindet sich im hinteren Teil der Hotelhalle mit Speisen aus einem zeitgemässen Angebot.

Hilton, Hohenbühlstr. 10, 018 285 050, *zurich@hilton.ch, Fax 018 285 151,* , – , Zim, P – 15/280. AE MC VISA JCB
Horizon *(geschl. Samstagmittag und Sonntagmittag)* **Menu** 49 (Buffet)/68 und à la carte 57/130 – ***Market Place :*** **Menu** 49 (Buffet)/68 und à la carte 52/103 – 34 – **310 Zim** 329/439, 13 Suiten.
◆ Das Haus in Flugplatznähe bietet frisch renovierte Zimmer, die mit hellem Ahornfurniermobiliar ausgestattet sind. Auf zwei Etagen sind neue Executive-Rooms entstanden. Modernes Design im Horizon. Market Place mit offener Showküche.

Mövenpick, Walter Mittelholzerstr. 8, 018 088 888, *hotel@movenpick-zurich-airport.ch, Fax 018 088 877* – Zim, – 15/220. AE VISA JCB

Appenzeller Stube *(geschl. Mitte Juli - Mitte Aug. und Samstagmittag)* **Menu** 45 (mittags) /85 und à la carte 56/117 – ***Mövenpick Rest.*** **: Menu** 15 und à la carte 39/107 – ***Dim Sum*** - chinesische Küche - *(geschl. Mitte Juli - Mitte Aug. und Samstag - Sonntag jeweils mittags)* **Menu** 18.50 und à la carte 44/105 – 28 – **332 Zim** 320/400.

◆ Das Hotel liegt in unmittelbarer Nähe der Autobahnausfahrt. Alle Zimmer wurden geschmackvoll renoviert, ein Teil mit Hometrainern ausgestattet. Appenzeller Stube mit typisch schweizerischer Atmosphäre. Internationales im Mövenpick Restaurant.

Novotel Zürich Airport Messe, Talackerstr. 21, 018 299 000, *h0884@accor-hotels.com, Fax 018 299 999,* – Zim, – 15/150. AE VISA JCB

Menu 16.50 und à la carte 40/94 – 25 – **257 Zim** 205/265.

◆ Am Rand des Zentrums, einige Minuten von der neuen Messe entfernt, bietet das Haus gute Parkmöglichkeiten und funktionelle Zimmer, die mit weissen Holzmöbeln gestaltet sind.

Airport, Oberhauserstr. 30, 018 094 747, *reservation@hotel-airport.ch, Fax 018 094 774,* – Zim, Zim, AE VISA JCB. Rest

Edo Garden *(geschl. Samstagmittag)* **Menu** 25 und à la carte 51/117 – ***Fujiya of Japan*** *(geschl. Montag, Dienstag und mittags von 15. Juli - 15. Aug.)* **Menu** à la carte 60/117 – 20 – **44 Zim** 175/250 – ½ P Zuschl. 35.

◆ Das Haus in zentraler Lage verfügt über Zimmer ausreichender Grösse, die einheitlich im Zuschnitt und mit hellem Einbaumobiliar ausgestattet sind. Moderne Badezimmer. Europäische und asiatische Küche im Edo Garden. Fujiya of Japan mit Grilltischen.

NH Zurich Airport, Schaffhauserstr. 101, 018 085 000, *nhzurich.airport@nh-hotels.ch, Fax 018 085 100,* – Zim, – 15/45. AE VISA. Rest

Menu à la carte zirka 65 – 26 – **140 Zim** 180.

◆ Die Zimmer des Airport-Hotels sind mit ihrer modernen und funktionellen Ausstattung vor allem für Geschäftsreisende eine geeignete Unterkunft. Airport-Shuttle-Service.

in Kloten *Nord : 12 km über ① – Höhe 447 – ✉ 8302 Kloten :*

Allegra, Hamelirainstr. 3, 018 044 444, *reservation@hotel-allegra.ch, Fax 018 044 141,* – – 15/30. AE VISA. Rest

Menu 18 und à la carte 31/72 – **132 Zim** 185/230.

◆ Das neue Geschäftshotel bietet grosse, gut schallisolierte Zimmer mit funktionellem farbenfrohem Einbaumobiliar. Das Haus hat einen gratis Bus-Service von und zum Flughafen. Modernes Restaurant mit Salatbüffet und Schweizer Kost.

Fly away, Marktgasse 19, 018 044 455, *reservation@hotel-flyaway.ch, Fax 018 044 450,* – Zim, Zim, AE VISA JCB

geschl. 24. Dez. - 4. Jan. (nur Hotel) – ***Mercato*** - italienische Küche - **Menu** 20 und à la carte 31/81 – 15 – **42 Zim** 155/202.

◆ Nahe beim Bahnhof gelegenes Hotel mit Zimmern von guter Grösse, ähnlich in Gestaltung und Zuschnitt, die mit einer zeitlosen funktionellen Möblierung ausgestattet sind. Restaurant Mercato im mediterranen Stil mit moderner Einrichtung und Holzmobiliar.

Rias, Gerbegasse 6, 018 142 652, *ria.richner@bluewin.ch, Fax 018 135 504,* – AE VISA

geschl. Samstagabend und Sonntag – **Menu** 23 - 44 (mittags)/95 und à la carte 48/94.

◆ Dieses modern gestaltete Restaurant liegt etwas versteckt in einer kleinen Strasse. In Bar und à la carte-Bereich aufgeteiltes Lokal mit traditionell-bürgerlicher Karte.

in Wallisellen *Nord-Ost : 10 km – Höhe 431 – ✉ 8304 Wallisellen :*

Belair, Alte Winterthurerstr. 16, 018 395 555, *info@belair-hotel.ch, Fax 018 395 565,* – – 40. AE VISA S. 3 BT t

Menu 19 - 34 und à la carte 37/74 – **47 Zim** 210/260 – ½ P Zuschl. 25.

◆ Das Haus liegt an der Hauptstrasse und hat eigene Parkplätze. Die funktionellen Zimmer sind mit hellen zweckmässigen Möbeln und Einbauschränken ausgestattet. Restaurant im Bistrostil mit Gartenwirtschaft.

Zum Doktorhaus, Alte Winterthurerstr. 31, ✆ 018 305 822, *info@doktorhaus.ch, Fax 018 301 903,* – 15/250. AE VISA S. 3 BT v
geschl. Weihnachten und Neujahr – **Menu** 68 und à la carte 57/114.
◆ Der alte Landgasthof hat verschiedene Gasträume mit wechselnden Bilderausstellungen. In den Stuben wie im Garten werden Speisen von einer internationalen Karte angeboten.

in Gockhausen *Ost : 6 km – ✉ 8044 Gockhausen :*

Zur Rossweid, Rossweidstr. 2, über Tobelhofstrasse, ✆ 018 202 840, *rossweid@glattnet.ch, Fax 018 202 836,* – P. AE VISA
geschl. Weihnachten und 31. Juli - 14. Aug. – **Menu** 21 und à la carte 33/93.
◆ Der Gasthof liegt nicht weit vom Zürcher Zoo. Im von Holz dominierten Speiseraum bewegt man sich auf rustikalem Steinboden. Auch auf der Terrasse die bürgerliche Karte.

in Zollikon *Süd-Ost : 4 km über ④ – Höhe 415 – ✉ 8702 Zollikon :*

Wirtschaft zur Höhe, Höhestr. 73, ✆ 013 915 959, *e.scherrer@dial.eunet.ch, Fax 013 920 002,* – P. AE VISA S. 3 BU b
geschl. Feb. und Okt. jeweils 1 Woche und Montag – **Menu** 42 - 54 (mittags)/115 und à la carte 67/137.
◆ Das Lokal im ehemaligen Bauernhaus aus dem 17. Jh. mit schöner Terrasse erreicht man über einige Stufen. In der gediegenen Stube werden klassische Gerichte angeboten.

Rössli, Alte Landstr. 86, ✆ 013 912 727, *roesslizollikon@swissonline.ch, Fax 013 912 803* – AE VISA S. 3 BU a
geschl. 14. - 23. Feb., 25. Juli - 10. Aug., Samstagmittag, Sonntag in Juli - Aug. und Montag – **Menu** 55 (mittags)/65 und à la carte 50/96.
◆ Im 1. Stock des Zürcher Riegelhauses a. d. 16. Jh. liegt das in mehrere Räume geteilte Restaurant. Zum See hin ein kleiner Wintergarten. Gutbürgerliche und internationale Karte.

auf dem Uetliberg *ab Zürich Hauptbahnhof mit der SZU-Bahn erreichbar - AU – Höhe 871 – ✉ 8143 Uetliberg :*

Uto Kulm , ✆ 014 576 666, *utokulm@uetliberg.ch, Fax 014 576 699,* ≤ Zürich, See und Bergpanorama, – TV – 15/50. AE VISA S. 3 AU n
Menu 19.50 - 38 (mittags)/75 und à la carte 45/80 – **55 Zim** 150/400.
◆ Auf dem Zürcher Hausberg - in absoluter Ruhe - liegt dieses modern gestaltete Hotel. Das Besondere : die Skyline-Suite mit runder Badewanne und Blick auf Stadt und See. Helles, unterteilbares Ausflugsrestaurant mit Speiseterrasse. Das Angebot ist bürgerlich.

ZURZACH *5330 Aargau (AG)* 551 03 *– 3 859 Ew. – Höhe 339 – Kurort.*

Lokale Veranstaltung

27.08 - 28.08 : Drehorgelfestival mit Floh- und Antiquitätenmarkt.

Bad Zurzach Tourismus, Quellenstr. 1, ✆ 0562 492 400, info@badzurzach.ch, Fax 0562 494 222.

Bern 124 – Aarau 44 – Baden 29 – Freiburg i. Breisgau 86 – Schaffhausen 45.

Kurhotel , Quellenstr. 31, ✆ 0562 652 222, *info@kurhotel-zurzach.ch, Fax 0562 652 200,* – , Zim, TV P – 15/30. AE VISA. Rest
Menu 19.50 - 44 und à la carte 39/85 – **69 Zim** 137/264 – ½ P Zuschl. 30.
◆ Das im Grünen liegende Kurhotel hat einen direkten Zugang zum Thermalbad mit grossem Freizeitbereich. Die Zimmer sind mit hellem, einfachem Einbaumobiliar ausgestattet. Speisesaal und Gartenterrasse.

Turmhotel mit Turmpavillon, Quellenstr. 30, ✆ 0562 652 440, *info@turmhotel.ch, Fax 0562 652 444,* ≤ – , Zim, TV P. AE VISA
Menu 36 (mittags)/69 und à la carte 53/101 – **112 Zim** 102/204 – ½ P Zuschl. 35.
◆ Das Hotel ist im ehemaligen Wasserturm des Ortes mit modernem Anbau untergebracht. Für Gäste des Hauses besteht ein direkter Zugang zum Thermalbad mit Freizeitbereich. Panoramarestaurant in der 16. Etage des Wasserturms mit schönem Ausblick.

ZWEISIMMEN *3770 Bern (BE)* 551 I10 *– 2 984 Ew. – Höhe 942 – Wintersport : 948/2 063 m* *2 3 .*

Zweisimmen Tourismus, Thunstr. 8, 0337 221 133, tourismus@zweisimmen.ch, Fax 0337 222 585.

Bern 71 – Interlaken 53 – Gstaad 17.

Sonnegg, Moosmattenstr. 21, 0337 222 333, *sonnegg@spectraweb.ch, Fax 0337 222 354*, , , – TV P AE VISA
geschl. 24. Okt. - 3. Dez. – **Menu** 25 und à la carte 45/85 – **10 Zim** 140/200, Vorsaison 110/160 – ½ P Zuschl. 28.

◆ Ruhiges Haus mit Blick auf Zweisimmen und die Berge. Die renovierten Zimmer sind in hellem Massivholz möbliert, die älteren in Eiche. Im vorderen der beiden neo-rustikalen Speiseräume ist ein Holzkohlegrill, an dem ab und zu Grilladen bereitet werden.

FÜRSTENTUM LIECHTENSTEIN

551 V6+7 W6+7, 553 V6+7 W6+7, 729 M4.

Die Hauptstadt des Fürstentums Liechtenstein, das eine Fläche von 160 km² und eine Einwohnerzahl von 33 000 hat, ist VADUZ. Die Amtssprache ist Deutsch, darüberhinaus wird auch ein alemannischer Dialekt gesprochen. Landeswährung sind Schweizer Franken.

La principauté de Liechtenstein d'une superficie de 160 km², compte 33 000 habitants. La langue officielle est l'allemand, mais on y parle également un dialecte alémanique. Les prix sont établis en francs suisses.

Il principato del Liechtenstein ha una superficie di 160 km² e conta 33 000 abitanti. Capitale é VADUZ. La lingua ufficiale é il tedesco, ma vi si parla anche un dialetto alemanno. I prezzi sono stabiliti in franchi svizzeri.

The principality of Liechtenstein, covering an area of 61,8 square miles, has 33 000 inhabitants. VADUZ is its capital. The official language is German, but a Germanic dialect is also spoken. Prices are in Swiss francs.

Liechtenstein Tourismus, Städtle 37, ✉ FL-9490 Vaduz, ✆ (00423) 239 63 00, info@tourismus.li, Fax (00423) 239 63 01.
ACFL Automobil Club des Fürstentums Liechtenstein, Rätikonstr. 31, FL-9490 Vaduz, ✆ (00423) 237 67 67, Fax (00423) 233 30 50.
AMTC Auto-Motorrad-Touring-Club Fürstentum Liechtenstein, Landstr. 27, FL-9494 Schaan, ✆ (00423) 232 31 43, Fax (00423) 232 06 56.

Lokale Veranstaltungen
In Vaduz : 27.06 – 13.07 : Film Festival, Open Air.
15.08 : Staatsfeiertag mit Volksfest und Feuerwerk.
Wintersportplätze – Stations de sports d'hiver
Stationi di sport invernali – Winter sports stations
MALBUN 1 602/2 000 m 7
STEG 1 300 m

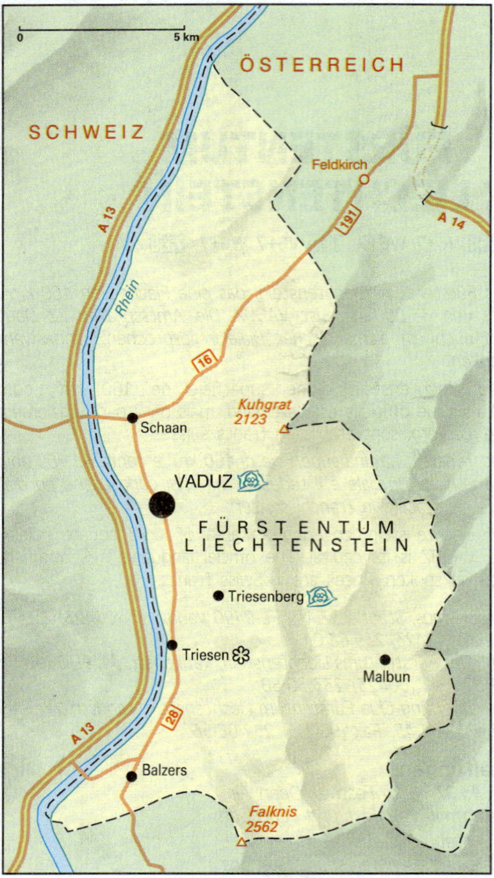

Balzers *9496 (FL)* **551 V7 553 V7** *– 4 200 Ew. – Höhe 474.*
Bern 226 – Vaduz 8 – Chur 35 – Feldkirch 22 – Zürich 101.

Post garni, Höfle 2, ✆ (00423) 388 14 00, *info@hotelpost.li, Fax (00423) 388 14 55* – AE MC VISA
geschl. 21. Dez. - 6 Jan. – **28 Zim** 125/175.
◆ Dieser zentral gelegene Gasthof beherbergt etwas ältere, dunkel möblierte Zimmer sowie ganz neue, mit hellem Eschenholz frisch eingerichtete Räume.

Malbun *(FL)* **551 V-W7 553 V-W7** *– Höhe 1 606 – Wintersport : 1 602/2 000 m 7 –*
✉ *9497 Triesenberg.*
Bern 248 – Vaduz 15 – Chur 57 – Feldkirch 29 – Zürich 123.

Gorfion - Malbun, ✆ (00423) 264 18 83, *gorfion@schwaerzler-hotels.com, Fax (00423) 264 18 32,* – 15/30. AE MC VISA JCB. Rest
14. Dez. - 12. April und 21. Mai - 18. Okt. – **Menu** à la carte 28/90 – **60 Zim** 140/290, Vorsaison 95/160, 4 Suiten – ½ P Zuschl. 30.
◆ Zentral im kleinen Wintersportort liegt das besonders für Familien mit kleinen Kindern gut geeignete Hotel, dessen Zimmer mit hellem Weichholzmobiliar eingerichtet sind. Das gemütliche Restaurant ist in warmen Rottönen gehalten. Mit Terrasse.

Schaan *9494 (FL)* **551 V6 553 V6** – *5 300 Ew. – Höhe 452.*
Bern 237 – Vaduz 4 – Chur 47 – Feldkirch 11 – Zürich 112.

Sylva, Saxgasse 6, ✆ (00423) 232 39 42, *Fax (00423) 232 82 47,* – TV P. MC VISA
Menu *(geschl. Samstag)* à la carte 55/101 – **9 Zim** 135/188.
◆ Etwas oberhalb der Ortsdurchfahrt findet man diesen kleinen Familienbetrieb. Die Räume sind mit weissen Holzmöbeln im klassischen Stil gestaltet - teils mit Balkonen. Im Sommer ergänzt eine hinter dem Haus liegende Gartenterrasse das Restaurant.

Linde, Feldkircherstr. 1, ✆ (00423) 232 17 04, *linde@powersurf.li, Fax (00423) 232 09 29,* – TV P. AE MC VISA
geschl. 20. Dez. - 15. Jan. – **Menu** *(geschl. Sonntag)* 17 - 35 und à la carte 28/71 – **23 Zim** 75/140.
◆ Leicht zu finden ist dieses Haus an einer Kreuzung im Zentrum des Ortes. Der Gast übernachtet in hell und frisch wirkenden Zimmern mit zeitgemässer Ausstattung. Schlichtes Restaurant mit grosser Kaffeebar.

Dux, Duxweg 31, ✆ (00423) 232 17 27, *Fax (00423) 232 48 78,* ≤, – Zim, TV P. MC VISA JCB
geschl. 1. - 20. März und 1. - 19. Sept. – **Menu** *(geschl. Dienstagabend von Nov. - Mai und Mittwoch)* 17.50 und à la carte 37/71 – **10 Zim** 90/139.
◆ Nicht weit vom Waldrand liegt dieses Haus ruhig in einem Wohngebiet. Die Zimmer sind mit dunklen Furnierholzmöbeln einfach eingerichtet und bieten teils eine gute Aussicht. Im Hotelrestaurant verarbeitet man Produkte aus biologischem Anbau.

Triesen *9495 (FL)* **551 V7 553 V7** – *4 200 Ew. – Höhe 466.*
Bern 230 – Vaduz 4 – Chur 39 – Feldkirch 18 – Zürich 105.

Schatzmann, Landstr. 80, ✆ (00423) 399 12 12, *info@hotel.schatzmann.li, Fax (00423) 399 12 10,* – TV P. AE MC VISA
geschl. 23. Dez. - 7. Jan. und nur Rest. 3 Wochen Juli - Aug. – **Menu** *(geschl. Samstagmittag, Sonntag und Montag)* 57 (mittags)/135 und à la carte 64/150 – **29 Zim** 170/240 – ½ P Zuschl. 48.
◆ Neben einfacheren, rustikalen Zimmer im Stammhaus verfügt diese Adresse über einen modernen Anbau, der mit gutem, zeitgemässem Wohnkomfort und viel Platz überzeugt. Das Restaurant mit Wintergarten besticht durch eine unkomplizierte, schmackhafte Küche.
Spez. Schottisches Lachsfilet mit Schnittlauch in Champagner. Marinierte Cavaillon Melone mit gebratener Entenleber und Spargelsorbet an Holunderblütenvinaigrette (Frühling). "Mohr im Hemd" - Heisser Schokoladenauflauf mit Birnensorbet. **Weine** Triesner

Meierhof, Meierhofstr. 15, ✆ (00423) 399 00 11, *meierhof@hotels.li, Fax (00423) 399 00 88,* ≤, – TV P – 15/40. AE MC VISA. Zim
Menu *(geschl. 2. - 11. Jan., 24. Juli - 15. Aug., Freitag und Samstag)* 35 und à la carte 32/85 – **40 Zim** 140/200, 3 Suiten.
◆ An der Strasse nach Triesenberg findet man dieses aus drei Gebäuden bestehende Hotel. Die meisten der zeitgemäss augestatteten Zimmer haben Balkon oder Terrasse. Das Restaurant teilt sich in einen modernen und einen rustikalen Bereich.

Schlosswald garni, Meierhofstrasse, ✆ (00423) 392 24 88, *schlosswald@hotels.li, Fax (00423) 392 24 36,* ≤, – TV P. AE MC VISA
34 Zim 140/220.
◆ Oberhalb des schön gelegenen, hauseigenen Freibades liegt dieses 1990 gebaute Hotel, dessen praktisch eingerichtete Zimmer neuzeitlichen Wohnkomfort bieten.

Triesenberg *9497 (FL)* **551 V6 553 V6** – *Höhe 884.*
Bern 239 – Vaduz 6 – Chur 48 – Feldkirch 20 – Zürich 114.

Kulm, ✆ (00423) 237 79 79, *info@hotelkulm.li, Fax (00423) 237 79 78,* ≤ Bergpanorama und Rheintal, – TV AE MC VISA. Rest
geschl. 25. Jan. - 8. Feb. – **Menu** 16.50 - 45 (mittags)/72 und à la carte 56/96 – **20 Zim** 110/167 – ½ P Zuschl. 33.
◆ Die mit hellem Weichholz möblierten Zimmer bieten einfachen Komfort - fragen Sie nach einem der talseitigen - hier hat man eine schöne Sicht auf die Berge und das Rheintal. Bürgerlich dekoriertes Hotelrestaurant.

Vaduz *9490 (FL)* **551 V6 553 V6** *– 5 100 Ew. – Höhe 460.*

Sehenswert : *Liechtensteinische Staatliche Kunstsammlung : Sammlung des Regierenden Fürsten★.*

Siehe auch Titelseite Liechtenstein.

Bern 233 – Chur 43 – Feldkirch 15 – Sankt Anton am Arlberg 76 – Zürich 108.

Park-Hotel Sonnenhof, Mareestr. 29, (00423) 239 02 02, *real@sonnenhof.li, Fax (00423) 239 02 03,* ←, , , , – , AE VISA. Rest

geschl. 21. Dez. - 12. Jan. – **Menu** *(geschl. Samstagmittag und Sonntag)* (Tischbestellung erforderlich) 59 (mittags)/145 und à la carte 84/144 – **29 Zim** 270/430 – ½ P Zuschl. 75.

◆ Neben der schönen, sehr ruhigen Aussichtslage in einem gepflegten Park wartet dieses traditionelle Haus mit sehr elegant und geschmackvoll eingerichteten Räumen auf. Gediegene Tischkultur erwartet den Gast im Hotelrestaurant - nette Sommerterrasse.

Mühle, Landstr. 120, (00423) 232 41 41, *Fax (00423) 232 14 58,* – TV P. AE VISA JCB. Zim

geschl. 7. - 29. Juli, Montag und Dienstag – **Menu** 22 - 36 und à la carte 36/85 – **7 Zim** 100/150.

◆ Für Gäste stehen einheitlich mit dunklem Eichenholzmobiliar ausgestattete, teils nicht sehr grosse, aber durchweg sehr gepflegte Zimmer zum Einzug bereit. Blickfang in dem rustikal gestalteten Restaurant ist ein mächtiges altes Mühlwerk.

Engel, Städtle 13, (00423) 236 17 17, *hotelengel@hotmail.com, Fax (00423) 233 11 59,* – TV P. AE VISA JCB

geschl. 22. - 26. Dez. – **Menu** 23 und à la carte 41/95 – ***Chinatown*** (1. Etage) - chinesische Küche - *(geschl. Samstag - Sonntag jeweils mittags und Mittwoch)* **Menu** 25 - 42/75 und à la carte 53/86 – **20 Zim** 100/175.

◆ Im Zentrum der kleinen beschaulichen Landeshauptstadt steht Gästen dieses Hotel mit unterschiedlich grossen, einfach und hell eingerichteten Zimmern zur Verfügung. Im Parterre des Hotels befindet sich das Restaurant - mit Terrasse zur Fussgängerzone hin.

Real mit Zim, Städtle 21, (00423) 232 22 22, *real@hotels.li, Fax (00423) 232 08 91,* – TV. AE VISA

geschl. über Weihnachten – ***Au Premier*** *(geschl. Samstag - Sonntag)* **Menu** 135 und à la carte 71/139 (1. Etage) – ***Vaduzerstube :*** **Menu** à la carte 54/139 – **13 Zim** 185/270.

◆ Eine gastronomische Institution ist das Restaurant Real. In der 1. Etage liegt das Au Premier mit gediegenem Rahmen und klassischer französischer Küche. In der Vaduzerstube : rustikal-bürgerliche Atmosphäre. Terrasse zur Fussgängerzone.

Torkel, Hintergasse 9, (00423) 232 44 10, *office@torkel.li, Fax (00423) 232 44 05,* ←, – P. AE VISA

geschl. 20. Dez. - 20. März und Sonntag – **Menu** 59/98 und à la carte 56/125.

◆ Neben den modernen Bildern wechselnder Kunstausstellungen beeindruckt hier ein gewaltiger Torkelbaum. Im Sommer sitzt es sich angenehm im Freien oberhalb der Rebberge.

Löwen mit Zim, Herrengasse 35, (00423) 238 11 44, *office@hotel-loewen.li, Fax (00423) 238 11 45,* – TV P. – 20. AE VISA

geschl. 21. Dez. - 12. Jan., 25. Juli - 9. Aug., Sonntag und Montag – **Menu** 22 - 58 (mittags)/110 und à la carte 46/123 – **8 Zim** 210/335.

◆ Beim hauseigenen Weinberg liegt die einstige Umspannstation a. d. 14. Jh. Das Haus beherbergt ein rustikales Restaurant und stilvolle, teils mit Antiquitäten bestückte Zimmer.

Principales Stations de sports d'hiver

Principali Stazioni di sport invernali

	Voir p. S. Seite V.pagina	Alt./Höhe Mini/Maxi	Nombre Anzahl Numero	en/in km	Curling
Adelboden (BE)	101	1353 m./2400 m.	21	23	●
Alt Sankt Johann (SG)	105	900 m./1730 m.	4	35	
Andermatt (UR)	106	1444 m./3000 m.	9	20	●
Arosa (GR)	111	1800 m./2653 m.	16	26	●
Bettmeralp (VS) (mit)	152	1900 m./2643 m.	13	4	
Bever (GR)	153	1714 m.		36	
Blatten bei Naters/Belalp (VS)	157	1322 m./3100 m.	11	3	
Breil/Brigels (GR)	160	1257 m./2418 m.	7	25	
Celerina/Schlarigna (GR)	173	1730 m./3057 m.	22	185	●
Champéry (VS)	174	1050 m./2300 m.	5	10	●
Charmey (FR)	175	900 m./1630 m.	7	25	
Château-d'Oex (VD)	176	985 m./1654 m.	8	45	●
Crans-Montana (VS)	186	1500 m./3000 m.	36	40	●
Davos (GR)	192	1560 m./2844 m.	31	75	●
Les Diablerets (VD)	198	1200 m./3000 m.	24	25	●
Disentis/Muster (GR)	200	1150 m./2850 m.	10	25	●
Engelberg (OW)	205	1050 m./3028 m.	28	37	●
Fiesch (VS)	209	1049 m./2926 m.	9	12	
Flims (GR)	212	1100 m./3018 m.	29	60	●
Flumserberg (SG)	214	1400 m./2222 m.	17	19	
Grächen (VS)	248	1617 m./2868 m.	13	7	●
Grimentz (VS)	250	1570 m./2900 m.	12	30	●
Grindelwald (BE)	250	1034 m./2501 m.	18	21	●
Gstaad (BE)	254	1000 m./1820 m.	6		
Haute-Nendaz (VS)	260	1400 m./3330 m.	19	18	●

Wichtigste Wintersportplätze

Main-Winter sports Stations

Patinoire Eisbahn Pattinatoio	Pisc. couv. Hallenbad Pisc. coperta	Liaison avec Verbindung mit ⛷ Collegate con 🚡	ℹ : ☎	
⛸		Lenk	0336 738 080	**Adelboden** (BE)
		Unterwasser/Wildhaus	0719 991 888	**Alt Sankt Johann** (SG)
⛸			0418 871 454	**Andermatt** (UR)
⛸	🏊		0813 787 020	**Arosa** (GR)
⛸	🏊	Fiescheralp/Riederlalp	0279 286 060	(mit 🚡) **Bettmeralp** (VS)
⛸			0818 524 945	**Bever** (GR)
⛸	🏊		0279 216 040	**Blatten bei Naters/Belalp** (VS)
⛸	🏊	Waltensburg/Vuorz	0819 411 331	**Breil/Brigels** (GR)
⛸		Top of Snow Corviglia : St. Moritz/Celerina	0818 300 011	**Celerina/Schlarigna** (GR)
⛸	🏊	Les Portes du Soleil	0244 792 020	**Champéry** (VS)
⛸	🏊		0269 275 580	**Charmey** (FR)
⛸			0269 242 525	**Château-d'Oex** (VD)
⛸	🏊	Aminona	0274 850 404	**Crans-Montana** (VS)
⛸	🏊	Klosters	0814 152 121	**Davos** (GR)
⛸	🏊	Villars-sur-Ollon/Gryon	0244 923 358	**Les Diablerets** (VD)
⛸	🏊		0819 203 020	**Disentis/Muster** (GR)
⛸	🏊		0416 397 777	**Engelberg** (OW)
	🏊	Bettmeralp/Riederalp	0279 706 070	**Fiesch** (VS)
⛸	🏊	die Alpenarena : Flims-Laax/Falera	0819 209 200	**Flims** (GR)
	🏊		0817 201 818	**Flumserberg** (SG)
⛸			0279 556 060	**Grächen** (VS)
⛸	🏊		0274 751 493	**Grimentz** (VS)
⛸	🏊	Lauterbrunnen/ Mürren/Wengen	0338 541 212	**Grindelwald** (BE)
	🏊		0337 488 181	**Gstaad** (BE)
⛸		4 Vallées : Thyon/ Veysonnaz/Nendaz/ Verbier	0272 895 589	**Haute-Nendaz** (VS)

	Voir p. S. Seite V.pagina	Alt./Höhe Mini/Maxi 🚡 ⛷	🚡 ⛷ Nombre Anzahl Numero	🎿 en/in km	Curling
Kandersteg (BE)	270	1250 m./1950 m.	7	55	🥌
Klosters (GR)	273	1191 m./2844 m.	17	35	🥌
Laax (GR)	277	1100 m./3018 m.	29	60	🥌
Lenk (BE)	291	1068 m./2138 m.	19	42	🥌
Lenzerheide/Lai (GR)	292	1470 m./2865 m.	39	52	🥌
Leukerbad (VS)	294	1411 m./2700 m.	15	25	🥌
Leysin (VD)	295	1300 m./2205 m.	16	10	🥌
Malbun (FL)	504	1602 m./2000 m.	7		
Maloja (GR)	323	1800 m./2150 m.	2	12	
Les Marécottes (VS)	327	1110 m./2200 m.	6		
Meiringen (BE)	328	602 m./2433 m.	16	23	
Morgins (VS)	–	1350 m./2152 m.	14	25	
Les Mosses (VD)	340	1450 m./1880 m.	13	42	
Münster (VS)	–	1400 m./1550 m.	1	100	
Mürren (mit Zahnradbahn) (BE)	342	1650 m./2970 m.	10		🥌
Oberiberg (SZ)	–	1087 m./1856 m.	10		
Obersaxen Meierhof (GR)	358	1201 m./2310 m.	18	26	
Ovronnaz (VS)	363	1400 m./2500 m.	8	25	
Les Paccots (FR)	363	1061 m./1487 m.	10		
Pontresina (GR)	366	1805 m./2453 m.	3	180	🥌
Riederalp (VS) (mit 🚡)	375	1950 m./2335 m.	9		
Rougemont (VD)	381	991 m./2156 m.	4	7	
Saas-Fee (VS)	382	1800 m./3600 m.	22	8	🥌
Saas-Grund (VS)	386	1559 m./3200 m.	7	26	🥌
Saignelégier/Franches-Montagnes (JU)	386	env. 1000 m.		100	🥌
Saint-Cergue (VD)	387	1044 m./1150 m.	3	90	
Saint-Luc (VS)	388	1650 m./3025 m.	8		
Samedan (GR)	390	1750 m./2453 m.	5	25	🥌
Samnaun (GR)	390	1840 m./2864 m.	17	10	🥌
Sankt Moritz (GR)	397	1775 m./3057 m.	22	185	🥌
Sankt Stephan (BE)	–	996 m./1989 m.	3	69	
Savognin (GR)	404	1200 m./2713 m.	15	32	🥌
Schwarzsee (FR)	410	1046 m./1751 m.	5		
Scuol/Schuls (GR)	412	1250 m./2783 m.	14	60	🥌
Sedrun (GR)	415	1450 m./1900 m.	5	25	
Le Sentier (VD)	–	1004 m./1445 m.	11	250	
Sils-Maria (GR)	418	1800 m./3303 m.	6	180	🥌
Silvaplana (GR)	419	1870 m./3303 m.	8	180	🥌
Sörenberg (LU)	–	1166 m./2350 m.	19	30	
Splügen (GR)	–	1480 m./2215 m.	8	40	🥌
Tarasp-Vulpera (GR)	415	1450 m./1550 m.	2	60	🥌
Thyon – Les Collons (VS)	438	1800 m./2450 m.	11		
Ulrichen (VS)	–	1347 m.		100	
Unteriberg (SZ)	–	925 m./1100 m.	2	30	

Patinoire Eisbahn Pattinatoio	Pisc. couv. Hallenbad Pisc. coperta	Liaison avec Verbindung mit Collegate con	i : ☎	
⛸			0336 758 080	**Kandersteg** (BE)
⛸		Davos	0814 102 020	**Klosters** (GR)
⛸	🏊	die Alpenarena : Flims-Laax-Falera	0819 277 020	**Laax** (GR)
⛸	🏊	Adelboden	0337 333 131	**Lenk** (BE)
⛸	🏊	Leuzerheide-Valbella-Parpan-Churwalden	0813 851 120	**Lenzerheide/Lai** (GR)
⛸	🏊		0274 727 171	**Leukerbad** (VS)
⛸	🏊		0244 942 244	**Leysin** (VD)
⛸			00423 263 65 77	**Malbun** (FL)
⛸			0818 243 188	**Maloja** (GR)
			0277 613 101	**Les Marécottes** (VS)
⛸	🏊	Alpen Region : Meiringen-Hasliberg	0339 125 151	**Meiringen** (BE)
⛸		Les Portes du Soleil	0244 772 361	**Morgins** (VS)
⛸			0244 911 466	**Les Mosses** (VD)
			0279 731 745	**Münster** (VS)
⛸	🏊	Grindelwald/Lauterbrunnen/Wengen	0338 568 686	**Mürren** (BE) (mit Zahnradbahn)
		Hoch-Ybrig	0554 142 626	**Oberiberg** (SZ)
		Obersaxen/Lumnezia/Mundaun	0819 332 222	**Obersaxen Meierhof** (GR)
	🏊		0273 064 293	**Ovronnaz** (VS)
⛸	🏊		0219 488 456	**Les Paccots** (FR)
⛸	🏊		0818 388 300	**Pontresina** (GR)
		Bettmeralp/Fiescheralp	0279 286 050	(mit 🚡) **Riederalp** (VS)
			0269 251 166	**Rougemont** (VD)
⛸	🏊		0279 581 858	**Saas-Fee** (VS)
⛸			0279 581 157	**Saas-Grund** (VS)
⛸	🏊	Mont Crosin/Mont Soleil	0901 123 400	**Saignelégier/Franches-Montagnes** (JU)
⛸			0223 601 314	**Saint-Cergue** (VD)
⛸		Chandolin	0274 751 412	**Saint-Luc** (VS)
⛸			0818 510 060	**Samedan** (GR)
⛸	🏊	Silvretta Arena : Ischgl (A)	0818 685 858	**Samnaun** (GR)
⛸	🏊	Top of Snow Corviglia : St. Moritz-Celerina	0818 373 333	**Sankt Moritz** (GR)
		Zweisimmen/Schönried/Saanenmöser	0337 298 046	**Sankt Stephan** (BE)
⛸	🏊		0816 591 616	**Savognin** (GR)
⛸			0264 121 313	**Schwarzsee** (FR)
⛸	🏊	Ftan/Sent	0818 612 222	**Scuol/Schuls** (GR)
	🏊		0819 204 030	**Sedrun** (GR)
⛸	🏊	Vallée de Joux	0218 451 777	**Le Sentier** (VD)
⛸		Silvaplana-Surlej	0818 385 050	**Sils-Maria** (GR)
⛸		Sils-Maria	0818 386 000	**Silvaplana** (GR)
	🏊		0414 881 185	**Sörenberg** (LU)
⛸			0816 509 030	**Splügen** (GR)
⛸	🏊		0818 612 052	**Tarasp-Vulpera** (GR)
	🏊	4 Vallées : Thyon/Veysonnaz/Nendaz/Verbier	0272 812 727	**Thyon-les Collons** (VS)
			0279 733 232	**Ulrichen** (VS)
	🏊		0554 141 010	**Unteriberg** (SZ)

	Voir p. S. Seite V.pagina	Alt./Höhe Mini/Maxi	Nombre Anzahl Numero	en/in km	Curling
Unterwasser (SG)	442	910 m./2262 m.	6	35	
Val Müstair : Müstair-Tschierv (GR)	344	2000 m./2700 m.	3	25	
Verbier (VS)	444	1526 m./3330 m.	38	10	●
Veysonnaz (VS)	451	1400 m./2700 m.	11	5	
Villars-sur-Ollon (VD)	451	1300 m./2120 m.	14	44	
Wengen (BE) (mit Zahnradbahn)	461	1274 m./2320 m.	7	8	●
Wildhaus (SG)	465	1050 m./2076 m.	8	40	●
Zermatt (VS) (mit Zahnradbahn)	471	1620 m./3820 m.	32	10	●
Zinal (VS)	477	1675 m./2895 m.	9	20	
Zuoz (GR)	480	1716 m./2460 m.	4	180	●
Zweisimmen (BE)	501	948 m./2063 m.	5	51	

Patinoire Eisbahn Pattinatoio	Pisc. couv. Hallenbad Pisc. coperta	Liaison avec Verbindung mit Collegate con	ℹ : ☎	
		Alt. St. Johann Wildhaus	0719 991 923	**Unterwasser** (SG)
⛸			0818 503 929	**Val Müstair : Müstair-Tschierv** (GR)
⛸	🏊	4 Vallées : Thyon/ Veysonnaz/Nendaz/ Verbier	0277 753 888	**Verbier** (VS)
⛸	🏊	4 Vallées : Thyon/ Veysonnaz/Nendaz/ Verbier	0272 071 053	**Veysonnaz** (VS)
⛸	🏊	Les Diablerets/Gryon	0244 953 232	**Villars-sur-Ollon** (VD)
⛸	🏊	Grindelwald/ Lauterbrunnen/Mürren/	0338 551 414	**Wengen** (BE) (mit Zahnradbahn)
⛸		Alt. St. Johann/ Unterwasser	0719 992 727	**Wildhaus** (SG)
⛸		Cervinia (I)/ Valtournenche (I)	0279 668 100	**Zermatt** (VS) (mit Zahnradbahn)
⛸	🏊		0274 751 370	**Zinal** (VS)
⛸			0848 986 946	**Zuoz** (GR)
		Sankt Stephan/ Schönried/Saanennöser	0337 221 133	**Zweisimmen** (BE)

Carte des stations de sports d'hiver

- ● Stations de sports d'hiver
- ▫-▪-▪-▫ Téléphérique
- ▫++++▫ Funiculaire, voie à crémaillère
- Transport des autos par voie ferrée

Etat des routes Informations routières : ☎ 163

11-5 Fermeture possible en période d'enneigement. (Ex : Nov.-Mai)

Karte der Wintersportorte

- ● Wintersportort
- ▫-▪-▪-▫ Seilbahn
- ▫++++▫ Standseilbahn, Zahnradbahn
- Autotransport per Bahn

Strassenzustand Telefonische Auskunft: ☎ 163

11-5 Ggf. Wintersperre. (Beisp. : Nov.-Mai)

Carte delle stazioni di sport invernali

- ● Stazione di sport invernali
- ▫-▪-▪-▫ Funivia
- ▫++++▫ Funicolare, ferrovia a cremagliera
- Trasporto auto su treno

Informazioni sullo stato delle strade: ☎ 163

11-5 Chiusura possibile in periodo d'innevamento. (Esempio : Nov.-Maggio)

Map of winter sports stations

- ● Winter sports resort
- ▫-▪-▪-▫ Cablecar
- ▫++++▫ Funicular, rack railway
- Transportation of vehicles by rail

For the latest road conditions: ☎ 163

11-5 Approximate period when roads are snowbound and possibly closed. (Ex : Nov.-May)

RHEIN
A 35
N 19
D 419
Belfort
BASEL
FRANCE
A 36
18
Doubs
Saignelégier
(Franches-Montagnes)
Solothurn
Besançon
N 57
Saint-Imier
A 5
Doubs
D 461
Biel/
Bienne
La Chaux-de-Fonds
A 1
Cernier
(Val-de-Ruz)
Neuchâtel
A 1
BERN
Fleurier
(Val-de-Travers)
Lac de Neuchâtel
5
Aare
A 6
N 57
Fribourg
A 1
Schwarzsee
11
Charmey
A 12
Zweisimmen
Le Sentier
(Vallée de Joux)
Saanenmöser
Sankt Stephan
LAUSANNE
Rougemont
A 9
Adelbo
Château-d'Oex
A 1
Gstaad
Lenk
Saint-Cergue
Montreux
LAC LÉMAN
Les Mosses
Crans-
Montana
Les
Diablerets
Leysin
N 5
11
1732
Col de la Croix
Anzère
Villars-
s-Ollon
11-5
Sion
A 9
N 5
Morgins
Veysonnaz
Champéry
A 9
Rhône
Haute-
Nendaz
Thyon-
Les Collons
GENÈVE
RHÔNE
FRANCE
Les Marécottes
Martigny
Verbier
A 40
Chamonix
Tunnel du Grd
St. Bernard
MONT BLANC

DEUTSCHLAND
RHEIN
Schaffhausen
BASEL
Winterthur
ZÜRICH
Aare
Reuss
Solothurn
Zug
Einsiedeln
Unteriberg
Oberiberg
Luzern
Braunwald
Hoch-Ybrig
BERN
Altdorf
1948
Klausenpass
Sörenberg
Engelberg
3239
Titlis
Hasliberg
Sedrun
Disentis/
Mustér
Meiringen
2259
Sustenpass
2044
Oberalppass
Interlaken
Andermatt
Grindelwald
Wengen
Realp
Furkapass
2431
Lauterbrunnen
Grimselpass
2165
2108
St. Gotthardpass
P.so del S. Gottardo
2970
Schilthorn
Mürren
4158
Jungfrau
Ulrichen
Oberwald
Zweisimmen
Sankt Stephan
Münster
Kandersteg
Adelboden
Lötschbergtunnel
Bettmeralp
Lenk
Lauchernalp
Riederalp
Rotten
Leukerbad
Belalp
Fiesch
Blatten bei Naters
Crans-Montana
Goppenstein
Brig
Visp
Simplonpass
2005
Anzère
Sion
Saint-Luc
Locarno
Veysonnaz
Grimentz
Grächen
Saas Grund
Thyon-Les Collons
Zinal
Täsch
Saas Fee
Verbier
ZERMATT
MATTERHORN
4478
MONTE ROSA
4634
ITALIA
Lago Maggiore
A 35
A 3
A 2
A 1
A 7
A 5
A 14
A 6
A 8
A 9
S 34
15
18
8
10
4
17
10-5
19
11
6
11-5
13
9

Konstanz
Bodensee
A 96
DEUTSCHLAND
Bregenz
A 1
Sankt Gallen
8
Appenzell
A 13
ÖSTERREICH
A 12
A 14
St. Anton
S 16
Unterwasser
Wildhaus
Alt Sankt Johann
Malbun
LIECHTENSTEIN
A 3
Flumserberg
17
28
Samnaun
Rhein
Klosters
Scuol
(Schuls)
27
Chur
Flims-
Waldhaus
Laax
DAVOS
Tarasp-Vulpera
Churwalden
2383
Susch
Breil/
Brigels
Arosa
Flüelapass
28
Zernez
Obersaxen
Lenzerheide/
Lai
11-5
Thusis
11-6
27
Tschierv
Müstair
Fuldera
Sta. Maria i. M.
(Val Müstair)
Albulapass
Zuoz
Savognin
2312
Bever
Celerina/
Schlarigna
Samedan
Splügen
11-5
3
Pontresina
Galleria
del
S. Bernardino
Splügenpass/
P.so dello Spluga
SANKT MORITZ
2328
Silvaplana
P.so del Bernina
Maloja
Sils-Maria
4049
10-5
Piz Bernina
S 36
3
A 13
S 39
S 38
Adda
Bellinzona
A 2
Como
Lago
di
Como
S 36
ITALIA
Oglio
Lugano
Como

Jours fériés en Suisse/*Feiertage in*

Date Datum Data	Jour férié Feiertag Giorno festivo	AI	AG	AR	BE	BL	BS	FR	GE	GL	GR	JU	LU	NE
1 janv./Jan./ gennaio	Nouvel An Neujahrstag Capodanno	•	•	•	•	•	•	•	•	•	•	•	•	•
2 janv./Jan./ gennaio	Berchtoldstag				•			•		•		•	•	•
6 janv./Jan. gennaio	Epiphanie Dreikönigstag Epifania													
1 mars/März/ marzo	Instauration de la République													•
19 mars/März/ marzo	Saint-Joseph Josephstag San Giuseppe												•	
1 avril/April/ aprile	Fahrtsfest									•				
9 avril/April/ aprile	Vendredi Saint Karfreitag Venerdì santo	•	•	•	•	•	•	•	•	•	•	•	•	•
12 avril/April/ aprile	Lundi de Pâques Ostermontag Lunedì di Pasqua	•	•	•	•	•	•	•	•	•	•	•	•	•
1 mai/Mai/ maggio	Fête du travail Tag der Arbeit Festa del lavoro					•	•					•		
20 mai/Mai/ maggio	Ascension/Auffahrt/ Ascensione	•	•	•	•	•	•	•	•	•	•	•	•	•
31 mai/Mai/ maggio	Lundi de Pentecôte/ Pfingstmontag/Lunedì di Pentecoste	•	•	•	•	•	•	•	•	•	•	•	•	•
10 juin/Juni/ giugno	Fête-Dieu Fronleichnam Corpus Domini	•	•					•				•	•	
23 juin/Juni/ giugno	Commémoration du Plébiscite jurassien											•		
29 juin/Juni/ giugno	Sts-Pierre-et-Paul Peter und Paul SS. Pietro e Paolo													
1 août/Aug./ agosto	Fête nationale Bundesfeier Festa nazionale	•	•	•	•	•	•	•	•	•	•	•	•	•
15 août/Aug./ agosto	Assomption Maria Himmelfahrt Assunzione	•	•					•				•	•	
9 sept./Sept./ settembre	Jeûne genevois Genfer Bettag Digiuno ginevrino								•					
20 sept./Sept./ settembre	Lundi du Jeûne fédéral/Bettagsmontag/ Lunedì del digiuno federale													•
25 sept./Sept./ settembre	Fête de St-Nicolas de Flüe/Bruderklausenfest/San Nicolao della Flüe													
1 nov./Nov./ novembre	Toussaint Allerheiligen Ognissanti	•	•					•		•		•	•	
8 déc./Dez./ dicembre	Immaculée Conception Maria Empfängnis Immacolata	•	•					•					•	
25 déc./Dez./ dicembre	Noël/Weihnachtstag Natale	•	•	•	•	•	•	•	•	•	•	•	•	•
26 déc./Dez./ dicembre	Saint-Etienne Stephanstag Santo Stefano	•	•	•	•	•	•	•		•	•		•	
31 déc./Dez./ dicembre	Restauration de la République								•					

der Schweiz/Giorni festivi in Svizzera

NW	OW	SG	SH	SO	SZ	TG	TI	UR	VD	VS	ZG	ZH	Jour férié Feiertag Giorno festivo	Date Datum Data
•	•	•	•	•	•	•	•	•	•	•	•	•	Nouvel An Neujahrstag Capodanno	**1 janv./Jan./ gennaio**
	•		•	•		•			•		•	•	Berchtoldstag	**2 janv./Jan./ gennaio**
					•		•	•					Epiphanie Dreikönigstag Epifania	**6 janv./Jan./ gennaio**
													Instauration de la République	**1 mars/März/ marzo**
•					•		•	•		•			Saint-Joseph Josephstag San Giuseppe	**19 mars/März/ marzo**
													Fahrtsfest	**1 avril/April/ aprile**
•	•	•	•	•	•	•		•	•		•	•	Vendredi Saint Karfreitag Venerdì santo	**9 avril/April aprile**
•	•	•	•	•	•	•	•	•	•		•	•	Lundi de Pâques Ostermontag Lunedì di Pasqua	**12 avril/April/ aprile**
			•			•	•					•	Fête du travail Tag der Arbeit Festa del lavoro	**1 mai/Mai/ maggio**
•	•	•	•	•	•	•	•	•	•	•	•	•	Ascension/Auffahrt/ Ascensione	**20 mai/Mai/ maggio**
•	•	•	•	•	•	•	•	•	•		•	•	Lundi de Pentecôte/ Pfingstmontag/Lunedì di Pentecoste	**31 mai/Mai/ maggio**
•	•			•	•		•	•		•	•		Fête-Dieu Fronleichnam Corpus Domini	**10 juin/Juni/ giugno**
													Commémoration du Plébiscite jurassien	**23 juin/Juni/ giugno**
							•						Sts-Pierre-et-Paul Peter und Paul SS. Pietro e Paolo	**29 juin/Juni/ giugno**
•	•	•	•	•	•	•	•	•	•	•	•	•	Fête nationale Bundesfeier Festa nazionale	**1 août/Aug./ agosto**
•	•			•	•		•	•		•	•		Assomption Maria Himmelfahrt Assunzione	**15 août/Aug./ agosto**
													Jeûne genevois Genfer Bettag Digiuno ginevrino	**9 sept./Sept./ settembre**
									•				Lundi du Jeûne fédéral/Bettagsmontag/ Lunedì del digiuno federale	**20 sept./Sept./ settembre**
	•												Fête de St-Nicolas de Flüe/Bruderklausenfest/San Nicolao della Flüe	**25 sept./Sept./ settembre**
•	•	•		•	•		•	•		•	•		Toussaint Allerheiligen Ognissanti	**1 nov./Nov./ novembre**
•	•				•		•	•		•	•		Immaculée Conception Maria Empfängnis Immacolata	**8 déc./Dez./ dicembre**
•	•	•	•	•	•	•	•	•	•	•	•	•	Noël/Weihnachtstag Natale	**25 déc./Dez./ dicembre**
•	•	•	•	•	•	•	•	•			•	•	Saint-Etienne Stephanstag Santo Stefano	**26 déc./Dez./ dicembre**
													Restauration de la République	**31 déc./Dez./ dicembre**

Adresses des marques automobiles

Adressen der Automobilfirmen

Indirizzi delle marche automobilistiche

Car manufacturer's addresses

ALFA ROMEO *Fiat Auto (Suisse) S.A.*
108, rue de Lyon
Tél. 0223 383 838
1203 Genève
Fax 0223 451 718

AUDI *Amag Automobil- und Motoren AG*
Aarauerstrasse 20
Tél. 0564 639 191
5116 Schinznach-Bad
Fax 0564 639 511

BMW *BMW (Schweiz) AG*
Industriestrasse 14
Tél. 018 553 111
8157 Dielsdorf
Fax 018 530 191

CHEVROLET
BUICK
CADILLAC
PONTIAC *Opel (Suisse) S.A.*
Salzhausstrasse 21
Tél. 0323 215 111
2501 Biel (Bienne)
Fax 0323 215 210

CHRYSLER
JEEP *DaimlerChrysler Schweiz AG*
Bernstrasse 55
Tél. 017 558 000
8952 Schlieren
Fax 017 558 080

CITROËN *Citroën (Suisse) S.A.*
27, Route des Acacias
Tél. 0223 080 111
1227 Les Acacias GE
Fax 0223 426 042

DAEWOO *Daewoo Automobile (Schweiz) AG*
Im Langhag 11
Tél. 0523 434 488
8307 Effretikon
Fax 0523 434 477

DAIHATSU *Ascar AG*
Import + Vertrieb
Industriestrasse
Tél. 0627 888 599
5745 Safenwil
Fax 0627 888 565

FERRARI *Ferrari (Suisse) S.A.*
2-8, rte de Gingins
Tél. 0223 638 989
1260 Nyon
Fax 0222 638 999

FIAT *Fiat Auto (Suisse) S.A.*
108, rue de Lyon
Tél. 0223 383 838
1203 Genève
Fax 0223 451 718

FORD *Ford Motor Company (Switzerland) S.A.*
Kurvenstrasse 35
Tél. 013 657 111
8006 Zürich
Fax 013 657 172

HONDA *Honda Automobiles (Suisse) S.A.*
5 rue de la Bergère
Tél. 0229 890 500
1242 Satigny GE
Fax 0229 890 660

HYUNDAI *Hyundai Auto Import AG*
Steigstrasse 26
Tél. 0522 082 600
8401 Winterthur
Fax 0522 082 629

JAGUAR *Jaguar Schweiz AG*
Industriestrasse
Tél. 0627 888 833
5745 Safenwil
Fax 0627 888 500

KIA *Kia Motors AG.*
Industriestrasse
Tél. 0627 888 899
5745 Safenwil
Fax. 0627 888 450

LADA *Lada (Suisse) S.A.*
Galtern
Tél. 0264 942 214
1712 Tafers
Fax 0264 942 241

LANCIA *Fiat Auto (Suisse) S.A.*
108, rue de Lyon
Tél. 0223 383 838
1203 Genève
Fax 0223 451 718

MAZDA *Mazda (Suisse) S.A.*
14, rue de Veyrot
Tél. 0227 193 300
1217 Meyrin
Fax 0227 829 719

MERCEDES *DaimlerChrysler (Schweiz) AG*
Bernstrasse 55
Tél. 017 558 000
8952 Schlieren
Fax 017 558 080

MITSUBISHI *MMC Automobile AG*
Steigstrasse 26
Tél. 0522 082 500
8401 Winterthur
Fax 0522 082 599

OPEL *Opel (Suisse) S.A.*
Salzhausstrasse 21
Tél. 0323 215 111
2501 Biel (Bienne)
Fax 0323 215 210

PEUGEOT *Peugeot (Suisse) S.A.*
Eigerplatz 2
Tél. 0313 874 111
3007 Bern
Fax 0313 874 120

PORSCHE *Amag Automobil- und Motoren AG*
Aarauerstrasse 20
Tél. 0564 639 191
5116 Schinznach-Bad
Fax 0564 639 393

RENAULT *Renault Nissan Suisse S.A.*
Bergermoosstrasse 4
Tél. 017 365 511
8902 Urdorf
Fax 017 340 122

ROVER
LAND ROVER *Rover Group Switzerland AG*
Industrie Nord
Tél. 0627 888 800
5745 Safenwil
Fax 0627 888 802

SAAB *Saab Automobile Schweiz AG*
Stelzenstrasse 4
Tél. 018 282 880
8152 Glattbrugg
Fax 018 282 869

SEAT *Amag Automobil- und Motoren AG*
Aarauerstrasse 20
Tél. 0564 639 969
5116 Schinznach-Bad
Fax 0564 639 516

SKODA *Amag Automobil- und Motoren AG*
Tél. 0564 639 697
5116 Schinznach Bad
Fax 0564 639 516

SMART *DaimlerChrysler (Schweiz) AG*
Smart Compact Car
Bernstrasse 55
Tél. 017 558 000
8952 Schlieren
Fax 017 558 080

SUBARU *Subaru Schweiz AG*
Industriestrasse
Tél. 0627 888 900
5745 Safenwil
Fax 0627 888 901

SUZUKI *Suzuki Automobile AG*
Brandbachstrasse 11
Tél. 018 056 666
8305 Dietlikon
Fax 018 056 615

TOYOTA *Toyota AG*
Schürmattstrasse 724
Tél. 0627 888 844
5745 Safenwil
Fax 0627 888 600

VOLVO *Volvo Automobile (Schweiz) AG*
Talackerstrasse 5
Tél. 018 742 100
8152 Glattbrugg
Fax 018 742 125

VOLKSWAGEN *Amag Automobil- und Motoren AG*
Aarauerstrasse 20
Tél. 0564 639 191
5116 Schinznach-Bad
Fax 0564 639 393

Principales foires
Wichtigste Messen
Principali fiere
Main fairs

Basel (BS)	*MUBA : Die Publikums- und Erlebnismesse (La foire-événement grand public)*	13.02 - 22.02
	BASELWORLD : Weltmesse für Uhren und Schmuck (Foire mondiale de l'horlogerie et de la bijouterie)	15.04 - 22.04
	ORBIT : Fachmesse für Informatik, Kommunikation und Organisation (Salon de l'informatique, de la communication et de l'organisation)	22.09 - 25.09
	Basler Herbstwarenmesse und Basler Weinmesse (Foire commerciale d'automne et foire aux vins de Bâle)	23.10 - 01.11
Bern (BE)	*BEA : Ausstellung für Gewerbe, Landwirtschaft, Handel und Industrie (Comptoir de Berne)*	23.04 - 02.05
Genève (GE)	*Salon international de l'automobile (Internationaler Automobil-Salon)*	04.03 - 14.03
	Salon international des inventions, des techniques et produits nouveaux (Internationale Messe für Erfindungen, neue Techniken und Produkte)	31.03 - 04.04
	Salon international du livre, de la presse et du multimédia (Internationale Messe für Buch, Presse und Multimedia)	28.04 - 02.05
	EUROP'ART : Foire internationale d'art ancien, moderne et actuel (Internationale Messe für alte, moderne und aktuelle Kunst)	28.04 - 02.05
	Foire de Genève, Salon des arts ménagers (Haus und Heim Ausstellung)	11.11 - 21.11
Lausanne (VD)	*Exposition Habitat et Jardin (Haus und Garten Ausstellung)*	06.03 - 14.03
	Comptoir Suisse : Foire nationale (Nationale Messe)	17.09 - 26.09
	GASTRONOMIA : Salon international de l'alimentation, de la restauration et de l'hôtellerie (Internationale Fachmesse für Lebensmittel, Hotel- und Gastgewerbe)	30.10 - 03.11
Luzern (LU)	*LUGA : Luzerner Landwirtschafts- und Gewerbeausstellung (Exposition pour l'agriculture et l'artisanat de la Suisse centrale)*	23.04 - 02.05
St-Gallen (SG)	*OFFA : Ostschweizer Frühlings- und Freizeitmesse mit OFFA-Pferdemesse (Foire du printemps et des loisirs de la Suisse orientale avec exposition internationale de chevaux)*	14.04 - 18.04
	OLMA : Schweizer Messe für Land- und Milchwirtschaft (Foire suisse de l'agriculture et de l'industrie laitière)	07.10 - 17.10
	Schweizer Spielmesse : Internationale Spiel- und Spielwarenmesse (Foire internationale du jeu et du jouet)	17.11 - 21.11
Zürich (ZH)	*ZÜSPA : Zürcher Herbstschau für Haushalt, Wohnen, Sport und Mode (Salon d'automne zurichois des arts ménagers, du logement, du sport et de la mode)*	23.09 - 03.10
	EXPOVINA : Zürcher Wein Ausstellung (Salon du vin)	28.10 - 11.11

Lexique
Lexikon
(siehe S. 530)
Lessico
(vedere p. 537)
Lexicon

A

à louer	*zu vermieten*	*a noleggio*	*for hire*
addition	*Rechnung*	*conto*	*bill, check*
aéroport	*Flughafen*	*aeroporto*	*airport*
agence de voyage	*Reisebüro*	*agenzia di viaggio*	*travel bureau*
agencement	*Einrichtung*	*installazione*	*installation*
agneau	*Lamm*	*agnello*	*lamb*
ail	*Knoblauch*	*aglio*	*garlic*
amandes	*Mandeln*	*mandorle*	*almonds*
ancien, antique	*ehemalig, antik*	*vecchio, antico*	*old, antique*
août	*August*	*agosto*	*August*
art-déco	*Jugendstil*	*art-déco, liberty*	*Art Deco*
artichaut	*Artischoke*	*carciofo*	*artichoke*
asperges	*Spargeln*	*asparagi*	*asparagus*
auberge	*Gasthaus*	*locanda*	*inn*
aujourd'hui	*heute*	*oggi*	*today*
automne	*Herbst*	*autunno*	*autumn*
avion	*Flugzeug*	*aereo*	*aeroplane*
avril	*April*	*aprile*	*April*

B

bac	*Fähre*	*traghetto*	*ferry*
bagages	*Gepäck*	*bagagli*	*luggage*
bateau	*Boot, Schiff*	*barca*	*ship*
bateau à vapeur	*Dampfer*	*batello a vapore*	*steamer*
baudroie	*Seeteufel*	*pescatrice*	*angler fish*
beau	*schön*	*bello*	*fine, lovely*
bette	*Mangold*	*bietola*	*chards*
beurre	*Butter*	*burro*	*butter*
bien, bon	*gut*	*bene, buono*	*good, well*
bière	*Bier*	*birra*	*beer*
billet d'entrée	*Eintrittskarte*	*biglietto d'ingresso*	*admission ticket*
blanchisserie	*Wäscherei*	*lavanderia*	*laundry*
bœuf bouilli	*Siedfleisch*	*bollito di manzo*	*boiled beef*
bouillon	*Fleischbrühe*	*brodo*	*clear soup*
bouquetin	*Steinbock*	*stambecco*	*ibex*
bouteille	*Flasche*	*bottiglia*	*bottle*
brochet	*Hecht*	*luccio*	*pike*

C

cabri, chevreau	*Zicklein, Gitzi*	*capretto*	*young goat*
café	*Kaffee*	*caffè*	*coffee*
café-restaurant	*Wirtschaft*	*ristorante-bar*	*café-restaurant*
caille	*Wachtel*	*quaglia*	*partridge*
caisse	*Kasse*	*cassa*	*cash desk*
campagne	*Land*	*campagna*	*country*

canard, caneton	*Ente, junge Ente*	*anatra*	*duck*
cannelle	*Zimt*	*cannella*	*cinnamon*
câpres	*Kapern*	*capperi*	*capers*
carvanal	*Fasnacht*	*carnevale*	*carnival*
carottes	*Karotten*	*carote*	*carrots*
carpe	*Karpfe*	*carpa*	*carp*
carte postale	*Postkarte*	*cartolina postale*	*postcard*
cascades, chutes	*Wasserfälle*	*cascate*	*waterfalls*
céleri	*Sellerie*	*sedano*	*celery*
cépage	*Rebsorte*	*ceppo*	*grape variety*
cèpes, bolets	*Steinpilze*	*boleto*	*ceps*
cerf	*Hirsch*	*cervo*	*stag (venison)*
cerises	*Kirschen*	*ciliegie*	*cherries*
cervelle de veau	*Kalbshirn*	*cervella di vitello*	*calf's brain*
chaînes	*Schneeketten*	*catene da neve*	*snow chain*
chambre	*Zimmer*	*camera*	*room*
chamois	*Gems*	*camoscio*	*chamois*
champignons	*Pilze*	*funghi*	*mushrooms*
change	*Geldwechsel*	*cambio*	*exchange*
charcuterie	*Aufschnitt*	*salumi*	*pork butcher's meat*
château	*Burg, Schloss*	*castello*	*castle*
chevreuil	*Reh*	*capriolo*	*roe deer (venison)*
chien	*Hund*	*cane*	*dog*
chou	*Kraut, Kohl*	*cavolo*	*cabbage*
chou de Bruxelles	*Rosenkohl*	*cavolini di Bruxelles*	*Brussel sprouts*
chou rouge	*Rotkraut*	*cavolo rosso*	*red cabbage*
chou-fleur	*Blumenkohl*	*cavolfiore*	*cauliflower*
choucroute	*Sauerkraut*	*crauti*	*sauerkraut*
circuit	*Rundfahrt*	*circuito*	*round tour*
citron	*Zitrone*	*limone*	*lemon*
clé	*Schlüssel*	*chiave*	*key*
col	*Pass*	*passo*	*pass*
collection	*Sammlung*	*collezione*	*collection*
combien ?	*wieviel ?*	*quanto ?*	*how much ?*
commissariat	*Polizeirevier*	*commissariato*	*police headquarters*
concombre	*Gurke*	*cetriolo*	*cucumber*
confiture	*Konfitüre*	*marmellata*	*jam*
coquille St-Jacques	*Jakobsmuschel*	*cappasanta*	*scallops*
corsé	*kräftig*	*robusto*	*full bodied*
côte de porc	*Schweinekotelett*	*braciola di maiale*	*pork chop*
côte de veau	*Kalbskotelett*	*costata di vitello*	*veal chop*
courge	*Kürbis*	*zucca*	*pumpkin*
courgettes	*Courgetten*	*zucchine*	*courgette*
crème	*Rahm*	*panna*	*cream*
crêpes	*Pfannkuchen*	*crespella*	*pancakes*
crevaison	*Reifenpanne*	*foratura*	*puncture*
crevettes	*Krevetten*	*gamberetti*	*shrimps, prawns*
crudités	*Rohkost*	*verdure crude*	*raw vegetables*
crustacés	*Krustentiere*	*crostacei*	*crustaceans*

D

débarcadère	*Schiffanlegestelle*	*pontile di sbarco*	*landing-wharf*
décembre	*Dezember*	*dicembre*	*December*
demain	*morgen*	*domani*	*tomorrow*
demander	*fragen, bitten*	*domandare*	*to ask for*
départ	*Abfahrt*	*partenza*	*departure*
dimanche	*Sonntag*	*domenica*	*Sunday*
docteur	*Arzt*	*dottore*	*doctor*
doux	*mild*	*dolce*	*sweet, mild*

E

eau gazeuse	*mit Kohlensäure (Wasser)*	*acqua gasata*	*sparkling water*
eau minérale	*Mineralwasser*	*acqua minerale*	*mineral water*
écrevisse	*Flusskrebs*	*gambero*	*crayfish*
église	*Kirche*	*chiesa*	*church*
émincé	*Geschnetzeltes*	*a fettine*	*thin slice*
en daube	*geschmort,*	*stracotto,*	*stewed,*
en sauce	*mit Sauce*	*in salsa*	*with sauce*
en plein air	*im Freien*	*all'aperto*	*outside*
endive	*Endivie*	*indivia*	*chicory*
entrecôte	*Zwischenrip-penstück*	*costata*	*sirloin steak*
enveloppes	*Briefumschläge*	*buste*	*envelopes*
épinards	*Spinat*	*spinaci*	*spinach*
escalope panée	*paniertes Schnitzel*	*cotoletta alla milanese*	*escalope in breadcrumbs*
escargots	*Schnecken*	*lumache*	*snails*
étage	*Stock, Etage*	*piano*	*floor*
été	*Sommer*	*estate*	*summer*
excursion	*Ausflug*	*escursione*	*excursion*
exposition	*Ausstellung*	*esposizione, mostra*	*exhibition, show*

F

faisan	*Fasan*	*fagiano*	*pheasant*
farci	*gefüllt*	*farcito*	*stuffed*
fenouil	*Fenchel*	*finocchio*	*fennel*
féra	*Felchen*	*coregone*	*dace*
ferme	*Bauernhaus*	*fattoria*	*farm*
fermé	*geschlossen*	*chiuso*	*closed*
fêtes, jours fériés	*Feiertage*	*giorni festivi*	*bank holidays*
feuilleté	*Blätterteig*	*sfoglia*	*puff pastry*
février	*Februar*	*febbraio*	*February*
filet de bœuf	*Rinderfilet*	*filetto di bue*	*fillet of beef*
filet de porc	*Schweinefilet*	*filetto di maiale*	*fillet of pork*
fleuve	*Fluss*	*fiume*	*river*
foie de veau	*Kalbsleber*	*fegato di vitello*	*calf's liver*
foire	*Messe, Ausstellung*	*fiera*	*fair*
forêt, bois	*Wald*	*foresta, bosco*	*forest, wood*
fraises	*Erdbeeren*	*fragole*	*strawberries*
framboises	*Himbeeren*	*lamponi*	*raspberries*
fresques	*Fresken*	*affreschi*	*frescoes*
frit	*fritiert*	*fritto*	*fried*
fromage	*Käse*	*formaggio*	*cheese*
fromage blanc	*Quark*	*formaggio fresco*	*curd cheese*
fruité	*fruchtig*	*fruttato*	*fruity*
fruits de mer	*Meeresfrüchte*	*frutti di mare*	*seafood*
fumé	*geräuchert*	*affumicato*	*smoked*

G

gare	*Bahnhof*	*stazione*	*station*
gâteau	*Kuchen*	*dolce*	*cake*
genièvre	*Wacholder*	*coccola*	*juniper berry*
gibier	*Wild*	*selvaggina*	*game*
gigue, cuissot	*Keule*	*cosciotto*	*leg*
gingembre	*Ingwer*	*zenzero*	*ginger*
girolles	*Pfifferlinge, Eierschwämme*	*gallinacci (funghi)*	*chanterelles*
glacier	*Gletscher*	*ghiacciaio*	*glacier*
grillé	*gegrillt*	*alla griglia*	*grilled*
grotte	*Höhle*	*grotta*	*cave*

H

habitants	*Einwohner*	*abitanti*	*residents, inhabitants*
hebdomadaire	*wöchentlich*	*settimanale*	*weekly*
hier	*gestern*	*ieri*	*yesterday*
hiver	*Winter*	*inverno*	*winter*
homard	*Hummer*	*astice*	*lobster*
hôpital	*Krankenhaus*	*ospedale*	*hospital*
hôtel de ville, mairie	*Rathaus*	*municipio*	*town hall*
huile d'olives	*Olivenöl*	*olio d'oliva*	*olive oil*
huîtres	*Austern*	*ostriche*	*oysters*

I - J

interdit	*verboten*	*vietato*	*prohibited*
jambon (cru, cuit)	*Schinken (roh, gekocht)*	*prosciutto (crudo, cotto)*	*ham (raw, cokked)*
janvier	*Januar*	*gennaio*	*January*
jardin, parc	*Garten, Park*	*giardino, parco*	*garden, park*
jeudi	*Donnerstag*	*giovedì*	*Thursday*
journal	*Zeitung*	*giornale*	*newspaper*
jours fériés	*Feiertage*	*festivi*	*bank holidays*
juillet	*Juli*	*luglio*	*July*
juin	*Juni*	*giugno*	*June*
jus de fruits	*Fruchtsaft*	*succo di frutta*	*fruit juice*

L

lac	*See*	*lago*	*lake*
lait	*Milch*	*latte*	*milk*
langouste	*Languste*	*aragosta*	*spiny lobster*
langoustines	*Langustinen*	*scampi*	*Dublin bay prawns*
langue	*Zunge*	*lingua*	*tongue*
lapin	*Kaninchen*	*coniglio*	*rabbit*
léger	*leicht*	*leggero*	*light*
légumes	*Gemüse*	*legume*	*vegetable*
lentilles	*Linsen*	*lenticchie*	*lentils*
lièvre	*Hase*	*lepre*	*hare*
lit	*Bett*	*letto*	*bed*
lit d'enfant	*Kinderbett*	*lettino*	*child's bed*
lotte	*Seeteufel*	*pescatrice*	*monkfish*
loup de mer	*Seewolf, Wolfsbarsch*	*branzino*	*sea bass*
lundi	*Montag*	*lunedì*	*Monday*

M

mai	*Mai*	*maggio*	*May*
maison	*Haus*	*casa*	*house*
maison corporative	*Zunfthaus*	*sede corporativa*	*guild house*
manoir	*Herrensitz*	*maniero*	*manor house*
mardi	*Dienstag*	*martedì*	*Tuesday*
mariné	*mariniert*	*marinato*	*marinated*
mars	*März*	*marzo*	*March*
mercredi	*Mittwoch*	*mercoledì*	*Wednesday*
miel	*Honig*	*miele*	*honey*
moelleux	*weich, gehaltvoll*	*vellutato*	*mellow*
monument	*Denkmal*	*monumento*	*monument*
morilles	*Morcheln*	*spugnole (funghi)*	*morels*
moules	*Muscheln*	*cozze*	*mussels*
moulin	*Mühle*	*mulino*	*mill*
moutarde	*Senf*	*senape*	*mustard*

N

navet	*weisse Rübe*	*navone*	*turnip*
neige	*Schnee*	*neve*	*snow*
Noël	*Weihnachten*	*Natale*	*Christmas*
noisettes, noix	*Haselnüsse, Nüsse*	*nocciole, noci*	*hazelnuts, nuts*
nombre de couverts limités	*Tischbestellung ratsam*	*coperti limitati-prenotare*	*booking essential*
nouilles	*Nudeln*	*tagliatelle, fettuccine*	*noodles*
novembre	*November*	*novembre*	*November*

O

octobre	*Oktober*	*ottobre*	*October*
œuf à la coque	*weiches Ei*	*uovo à la coque*	*soft-boiled egg*
office de tourisme	*Verkehrsverein*	*informazioni turistiche*	*tourist information office*
oignons	*Zwiebeln*	*cipolle*	*onions*
omble chevalier	*Saibling*	*salmerino*	*char*
ombragé	*schattig*	*ombreggiato*	*shaded*
oseille	*Sauerampfer*	*acetosella*	*sorrel*

P

pain	*Brot*	*pane*	*bread*
Pâques	*Ostern*	*pasqua*	*Easter*
pâtisseries	*Feingebäck, Kuchen*	*pasticceria*	*pastries*
payer	*bezahlen*	*pagare*	*to pay*
pêches	*Pfirsiche*	*pesche*	*peaches*
peintures, tableaux	*Malereien, Gemälde*	*dipinti, quadri*	*paintings*
perche	*Egli*	*persico*	*perch*
perdrix, perdreau	*Rebhuhn*	*pernice*	*partridge*
petit déjeuner	*Frühstück*	*prima colazione*	*breakfast*
petits pois	*grüne Erbsen*	*piselli*	*green peas*
piétons	*Fussgänger*	*pedoni*	*pedestrians*
pigeon	*Taube*	*piccione*	*pigeon*
pinacothèque	*Gemäldegalerie*	*pinacoteca*	*picture gallery*
pintade	*Perlhuhn*	*faraona*	*guinea fowl*
piscine, –	*Schwimmbad*	*piscina,*	*swimming pool,*
couverte	*– Hallen*	*– coperta*	*in-door –*
plage	*Strand*	*spiaggia*	*beach*
pleurotes	*Austernpilze*	*gelone*	*oyster mushrooms*
pneu	*Reifen*	*pneumatico*	*tyre*
poireau	*Lauch*	*porro*	*leek*
poires	*Birnen*	*pere*	*pears*
pois gourmands	*Zuckerschoten*	*taccole*	*mange tout*
poisson	*Fisch*	*pesce*	*fish*
poivre	*Pfeffer*	*pepe*	*pepper*
police	*Polizei*	*polizia*	*police*
pommes	*Äpfel*	*mele*	*apples*
pommes de terre,	*Kartoffeln,*	*patate,*	*potatoes,*
– à l'eau	*Salz –*	*– bollite*	*boiled –*
pont	*Brücke*	*ponte*	*bridge*
ponton d'amarrage	*Bootsteg*	*pontile*	*jetty*
poulet	*Hähnchen*	*pollo*	*chicken*
pourboire	*Trinkgeld*	*mancia*	*tip*
poussin	*Küken*	*pulcino*	*young chicken*
printemps	*Frühling*	*primavera*	*spring*
promenade	*Spaziergang*	*passeggiata*	*walk*
prunes	*Pflaumen*	*prugne*	*plums*

Q

quetsche	*Zwetschge*	*grossa susina*	*dark-red plum*
queue de bœuf	*Ochsenschwanz*	*coda di bue*	*oxtail*

R

raie	*Rochen*	*razza*	*skate*
raifort	*Meerrettich*	*rafano*	*horseradish*
raisin	*Traube*	*uva*	*grape*
régime	*Diät*	*dieta*	*diet*
remonte-pente	*Skilift*	*ski-lift*	*ski-lift*
renseignements	*Auskünfte*	*informazioni*	*information*
repas	*Mahlzeit*	*pasto*	*meal*
réservation	*Tischbestellung*	*prenotazione*	*booking*
résidents seulement	*nur Hotelgäste*	*solo per clienti alloggiati*	*residents only*
ris de veau	*Kalbsbries, Milken*	*animelle di vitello*	*sweetbread*
rive, bord	*Ufer*	*riva*	*shore, river bank*
rivière	*Fluss*	*fiume*	*river*
riz	*Reis*	*riso*	*rice*
roches, rochers	*Felsen*	*rocce*	*rocks*
rognons	*Nieren*	*rognone*	*kidneys*
rôti	*gebraten*	*arrosto*	*roasted*
rouget	*Rotbarbe*	*triglia*	*red mullet*
rue	*Strasse*	*strada*	*street*
rustique	*rustikal, ländlich*	*rustico*	*rustic*

S

saignant	*englisch gebraten*	*al sangue*	*rare*
St-Pierre (poisson)	*Sankt-Peters Fisch*	*sampietro (pesce)*	*John Dory (fish)*
safran	*Safran*	*zafferano*	*saffron*
salle à manger	*Speisesaal*	*sala da pranzo*	*dining-room*
salle de bain	*Badezimmer*	*stanza da bagno*	*bathroom*
samedi	*Samstag*	*sabato*	*Saturday*
sandre	*Zander*	*lucio perca*	*perch pike*
sanglier	*Wildschwein*	*cinghiale*	*wild boar*
saucisse	*Würstchen*	*salsiccia*	*sausage*
saucisson	*Trokenwurst*	*sausage*	
sauge	*Salbei*	*salvia*	*sage*
saumon	*Salm, Lachs*	*salmone*	*salmon*
sculptures sur bois	*Holzschnitzereien*	*sculture in legno*	*wood carvings*
sec	*trocken*	*secco*	*dry*
sel	*Salz*	*sale*	*salt*
semaine	*Woche*	*settimana*	*week*
septembre	*September*	*settembre*	*September*
service compris	*Bedienung inbegriffen*	*servizio incluso*	*service included*
site, paysage	*Landschaft*	*località, paesaggio*	*site, landscape*
soir	*Abend*	*sera*	*evening*
sole	*Seezunge*	*sogliola*	*sole*
sucre	*Zucker*	*zucchero*	*sugar*
sur demande	*auf Verlangen*	*a richiesta*	*on request*
sureau	*Holunder*	*sambuco*	*elderbarry*

T

tarte	*Torte*	*torta*	*tart*
téléphérique	*Luftseilbahn*	*funivia*	*cable car*
télésiège	*Sessellift*	*seggiovia*	*chair lift*

thé	*Tee*	*tè*	*tea*
thon	*Thunfisch*	*tonno*	*tuna*
train	*Zug*	*treno*	*train*
train à crémaillère	*Zahnradbahn*	*treno a cremagliera*	*rack railway*
tripes	*Kutteln*	*trippa*	*tripe*
truffes	*Trüffeln*	*tartufi*	*truffles*
truite	*Forelle*	*trota*	*trout*
turbot	*Steinbutt*	*rombo*	*turbot*

V

vacances, congés	*Ferien*	*vacanze*	*holidays*
vallée	*Tal*	*vallata*	*valley*
vendredi	*Freitag*	*venerdì*	*Friday*
verre	*Glas*	*bicchiere*	*glass*
viande séchée	*Trockenfleisch*	*carne secca*	*dried meats*
vignes, vignoble	*Reben, Weinberg*	*vite, vigneto*	*vines, vineyard*
vin blanc sec	*herber Weisswein*	*vino bianco secco*	*dry white wine*
vin rouge, rosé	*Rotwein, Rosé*	*vino rosso, rosato*	*red wine, rosé*
vinaigre	*Essig*	*aceto*	*vinegar*
voiture	*Wagen*	*machina*	*car*
volaille	*Geflügel*	*pollame*	*poultry*
vue	*Aussicht*	*vista*	*view*

Lexikon
Lexique
(voir page 523)
Lessico
(vedere p. 537)
Lexicon

A

Abend	*soir*	*sera*	*evening*
Abfahrt	*départ*	*partenza*	*departure*
Äpfel	*pommes*	*mele*	*apples*
April	*avril*	*aprile*	*April*
Artischoke	*artichaut*	*carciofo*	*artichoke*
Arzt	*docteur*	*dottore*	*doctor*
auf Verlangen	*sur demande*	*a richiesta*	*on request*
Aufschnitt	*charcuterie*	*salumi*	*pork butcher's meat*
August	*août*	*agosto*	*August*
Ausflug	*excursion*	*escursione*	*excursion*
Auskünfte	*renseignements*	*informazioni*	*information*
Aussicht	*vue*	*vista*	*view*
Ausstellung	*exposition*	*esposizione, mostra*	*exhibition, show*
Austern	*huîtres*	*ostriche*	*oysters*
Austernpilze	*pleurotes*	*gelone*	*oyster mushrooms*
Auto	*voiture*	*Vettura*	*car*

B

Badezimmer	*salle de bain*	*stanza da bagno*	*bathroom*
Bahnhof	*gare*	*stazione*	*station*
Bauernhaus	*ferme*	*fattoria*	*farm*
Bedienung inbegriffen	*service compris*	*servizio incluso*	*service included*
Bett	*lit*	*letto*	*bed*
bezahlen	*payer*	*pagare*	*to pay*
Bier	*bière*	*birra*	*beer*
Birnen	*poires*	*pere*	*pears*
Blätterteig	*feuilletage*	*pasta sfoglia*	*puff pastry*
Blumenkohl	*chou-fleur*	*cavolfiore*	*cauliflower*
Boot, Schiff	*bateau*	*barca*	*ship*
Bootsteg	*ponton d'amarrage*	*pontile*	*jetty*
Briefumschläge	*enveloppes*	*buste*	*envelopes*
Brot	*pain*	*pane*	*bread*
Brücke	*pont*	*ponte*	*bridge*
Burg, Schloss	*château*	*castello*	*castle*
Butter	*beurre*	*burro*	*butter*

C - D

Courgetten	*courgettes*	*zucchine*	*courgette*
Dampfer	*bateau à vapeur*	*batello a vapore*	*steamer*
Denkmal	*monument*	*monumento*	*monument*
Dezember	*décembre*	*dicembre*	*December*
Diät	*régime*	*dieta*	*diet*

Dienstag	*mardi*	*martedì*	*Tuesday*
Donnerstag	*jeudi*	*giovedì*	*Thursday*

E

Egli	*perche*	*persico*	*perch*
ehemalig, antik	*ancien, antique*	*vecchio, antico*	*old, antique*
Ei	*œuf*	*uovo*	*egg*
Einrichtung	*agencement*	*installazione*	*installation*
Eintrittskarte	*billet d'entrée*	*biglietto d'ingresso*	*admission ticket*
Einwohner	*habitants*	*abitanti*	*residents, inhabitants*
Endivie	*endive*	*indivia*	*chicory*
englisch gebraten	*saignant*	*al sangue*	*rare*
Ente, junge Ente	*canard, caneton*	*anatra*	*duck*
Erdbeeren	*fraises*	*fragole*	*strawberries*
Essig	*vinaigre*	*aceto*	*vinegar*

F

Fähre	*bac*	*traghetto*	*ferry*
Fasan	*faisan*	*fagiano*	*pheasant*
Fasnacht	*carnaval*	*carnevale*	*carnival*
Februar	*février*	*febbraio*	*February*
Feiertage	*jours fériés*	*festivi*	*bank holidays*
Feingebäck, Kuchen	*pâtisseries*	*pasticceria*	*pastries*
Felchen	*féra*	*coregone*	*dace*
Felsen	*roches, rochers*	*rocce*	*rocks*
Fenchel	*fenouil*	*finocchio*	*fennel*
Ferien	*vacances, congés*	*vacanze*	*holidays*
Fisch	*poisson*	*pesce*	*fish*
Flasche	*bouteille*	*bottiglia*	*bottle*
Fleischbrühe	*bouillon*	*brodo*	*clear soup*
Flughafen	*aéroport*	*aeroporto*	*airport*
Flugzeug	*avion*	*aereo*	*aeroplane*
Fluss	*fleuve, rivière*	*fiume*	*river*
Flusskrebs	*écrevisse*	*gambero*	*crayfish*
Forelle	*truite*	*trota*	*trout*
fragen, bitten	*demander*	*domandare*	*to ask for*
Freitag	*vendredi*	*venerdì*	*Friday*
Fresken	*fresques*	*affreschi*	*frescoes*
fruchtig	*fruité*	*fruttato*	*fruity*
Fruchtsaft	*jus de fruits*	*succo di frutta*	*fruit juice*
Frühling	*printemps*	*primavera*	*spring*
Frühstück	*petit déjeuner*	*prima colazione*	*breakfast*
Fussgänger	*piétons*	*pedoni*	*pedestrians*

G

Garten, Park	*jardin, parc*	*giardino, parco*	*garden, park*
Gasthaus	*auberge*	*locanda*	*inn*
gebacken	*frit*	*fritto*	*fried*
gebraten	*rôti*	*arrosto*	*roasted*
Geflügel	*volaille*	*pollame*	*poultry*
gefüllt	*farci*	*farcito*	*stuffed*
gegrillt	*grillé*	*alla griglia*	*grilled*
Geldwechsel	*change*	*cambio*	*exchange*
Gemäldegalerie	*pinacothèque*	*pinacoteca*	*picture gallery*
Gems	*chamois*	*camoscio*	*chamois*
Gemüse	*légumes*	*legume*	*vegetables*

Gepäck	*bagages*	*bagagli*	*luggage*
geräuchert	*fumé*	*affumicato*	*smoked*
geschlossen	*fermé*	*chiuso*	*closed*
geschmort, mit Sauce	*en daube, en sauce*	*stracotto, in salsa*	*stewed, with sauce*
Geschnetzeltes	*émincé*	*a fettine*	*thin slice*
gestern	*hier*	*ieri*	*yesterday*
Glas	*verre*	*bicchiere*	*glass*
Gletscher	*glacier*	*ghiacciaio*	*glacier*
grüne Erbsen	*petits pois*	*piselli*	*green peas*
Gurke	*concombre*	*cetriolo*	*cucumber*
gut	*bien, bon*	*bene, buono*	*good, well*
H			
Hähnchen	*poulet*	*pollo*	*chicken*
Hartwurst	*saucisson*	*salame*	*sausage*
Hase	*lièvre*	*lepre*	*hare*
Haselnüsse, Nüsse	*noisettes, noix*	*nocciole, noci*	*hazelnuts, nuts*
Haus	*maison*	*casa*	*house*
Hecht	*brochet*	*luccio*	*pike*
Herbst	*automne*	*autunno*	*autumn*
Herrensitz	*manoir*	*maniero*	*manor house*
heute	*aujourd'hui*	*oggi*	*today*
Himbeeren	*framboises*	*lamponi*	*raspberries*
Hirsch	*cerf*	*cervo*	*stag (venison)*
Höhle	*grotte*	*grotta*	*cave*
Holunder	*sureau*	*sambuco*	*elderbarry*
Holzschnitzereien	*sculptures sur bois*	*sculture in legno*	*wood carvings*
Honig	*miel*	*miele*	*honey*
Hummer	*homard*	*astice*	*lobster*
Hund	*chien*	*cane*	*dog*
I - J			
im Freien	*en plein air*	*all'aperto*	*outside*
Ingwer	*gingembre*	*zenzero*	*ginger*
Jakobsmuschel	*coquille St-Jacques*	*cappasanto*	*scallops*
Januar	*janvier*	*gennaio*	*January*
Jugendstil	*art-déco*	*art-déco, liberty*	*Art Deco*
Juli	*juillet*	*luglio*	*July*
Juni	*juin*	*giugno*	*June*
K			
Kaffee	*café*	*caffè*	*coffee*
Kalbshirn	*cervelle de veau*	*cervella di vitello*	*calf's brain*
Kalbskotelett	*côte de veau*	*costata di vitello*	*veal chop*
Kalbsleber	*foie de veau*	*fegato di vitello*	*calf's liver*
Kalbsbries, Milken	*ris de veau*	*animelle di vitello*	*sweetbread*
Kaninchen	*lapin*	*coniglio*	*rabbit*
Kapern	*câpres*	*capperi*	*capers*
Karotten	*carottes*	*carote*	*carrots*
Karpfe	*carpe*	*carpa*	*carp*
Kartoffeln, Salz –	*pommes de terre, – à l'eau*	*patate, bollite*	*potatoes, boiled*
Käse	*fromage*	*formaggio*	*cheese*
Kasse	*caisse*	*cassa*	*cash desk*
Keule	*gigue, cuissot*	*cosciotto*	*leg*
Kinderbett	*lit d'enfant*	*lettino*	*child's bed*
Kirche	*église*	*chiesa*	*church*

Kirschen	*cerises*	*ciliegie*	*cherries*
Knoblauch	*ail*	*aglio*	*garlic*
Konfitüre	*confiture*	*marmellata*	*jam*
kräftig	*corsé*	*robusto*	*full bodied*
Krankenhaus	*hôpital*	*ospedale*	*hospital*
Kraut, Kohl	*chou*	*cavolo*	*cabbage*
Krevetten	*crevettes*	*gamberetti*	*shrimps, prawns*
Krustentiere	*crustacés*	*crostacei*	*crustaceans*
Kuchen	*gâteau*	*dolce*	*cake*
Küken	*poussin*	*pulcino*	*young chicken*
Kürbis	*courge*	*zucca*	*pumpkin*
Kutteln	*tripes*	*trippa*	*tripe*

L

Lamm	*agneau*	*agnello*	*lamb*
Land	*campagne*	*campagna*	*country*
Landschaft	*site, paysage*	*località, paesaggio*	*site, landscape*
Languste	*langouste*	*aragosta*	*spiny lobster*
Langustinen	*langoustines*	*scampi*	*Dublin bay prawns*
Lauch	*poireau*	*porri*	*leek*
leicht	*léger*	*leggero*	*light*
Linsen	*lentilles*	*lenticchie*	*lentils*
Luftseilbahn	*téléphérique*	*funivia*	*cable car*

M

Mahlzeit	*repas*	*pasto*	*meal*
Mai	*mai*	*maggio*	*May*
Malereien, Gemälde	*peintures, tableaux*	*dipinti, quadri*	*paintings*
Mandeln	*amandes*	*mandorle*	*almonds*
Mangold	*bette*	*bietola*	*chards*
mariniert	*mariné*	*marinato*	*marinated*
März	*mars*	*marzo*	*March*
Meeresfrüchte	*fruits de mer*	*frutti di mare*	*seafood*
Meerrettich	*raifort*	*rafano*	*horseradish*
Messe, Ausstellung	*foire*	*fiera*	*fair*
Milch	*lait*	*latte*	*milk*
mild	*doux*	*dolce*	*sweet, mild*
Mineralwasser	*eau minérale*	*acqua minerale*	*mineral water*
mit Kohlensäure (Wasser)	*eau gazeuse*	*acqua gasata*	*sparkling water*
Mittwoch	*mercredi*	*mercoledì*	*Wednesday*
Montag	*lundi*	*lunedì*	*Monday*
Morcheln	*morilles*	*spugnole (funghi)*	*morels*
morgen	*demain*	*domani*	*tomorrow*
Mühle	*moulin*	*mulino*	*mill*
Muscheln	*moules*	*cozze*	*mussels*

N

Nieren	*rognons*	*rognone*	*kidneys*
November	*novembre*	*novembre*	*November*
nur für Hotelgäste	*résidents seulement*	*solo per clienti alloggiati*	*residents only*
Nudeln	*nouilles*	*fettucine*	*noodles*

O

Ochsenschwanz	*queue de bœuf*	*coda di bue*	*oxtail*
Oktober	*octobre*	*ottobre*	*October*
Olivenöl	*huile d'olives*	*olio d'oliva*	*olive oil*
Ostern	*Pâques*	*pasqua*	*Easter*

P

paniertes Schnitzel	*escalope panée*	*cotolet a alla milanese*	*escalope in breadcrumbs*
Pass	*col*	*passo*	*pass*
Perlhuhn	*pintade*	*faraona*	*guinea fowl*
Pfannkuchen	*crêpes*	*crespella*	*pancakes*
Pfeffer	*poivre*	*pepe*	*pepper*
Pfifferlinge, Eierschwämme	*girolles*	*gallinacci (funghi)*	*chanterelles*
Pfirsiche	*pêches*	*pesche*	*peaches*
Pflaumen	*prunes*	*prugne*	*plums*
Pilze	*champignons*	*funghi*	*mushrooms*
Polizei	*police*	*polizia*	*police*
Polizeirevier	*commissariat*	*commissariato*	*police headquarters*
Postkarte	*carte postale*	*cartolina postale*	*postcard*

Q

Quark	*fromage blanc*	*formaggio fresco*	*curd cheese*

R

Rahm	*crème*	*panna*	*cream*
Rathaus	*hôtel de ville, mairie*	*municipio*	*town hall*
Reben, Weinberg	*vignes, vignoble*	*vite, vigneto*	*vines, vineyard*
Rebhuhn	*perdrix, perdreau*	*pernice*	*partridge*
Rebsorte	*cépage*	*ceppo*	*grape variety*
Rechnung	*addition*	*conto*	*bill, check*
Reh	*chevreuil*	*capriolo*	*roe deer (venison)*
Reifen	*pneu*	*pneumatico*	*tyre*
Reifenpanne	*crevaison*	*foratura*	*puncture*
Reis	*riz*	*riso*	*rice*
Reisebüro	*agence de voyage*	*agenzia di viaggio*	*travel bureau*
Rinderfilet	*filet de bœuf*	*filetto di bue*	*fillet of beef*
Rochen	*raie*	*razza*	*skate*
Rohkost	*crudités*	*verdure crude*	*raw vegetables*
Rosenkohl	*chou de Bruxelles*	*cavolini di Bruxelles*	*Brussel sprouts*
Rotbarbe	*rouget*	*triglia*	*red mullet*
Rotkraut	*chou rouge*	*cavolo rosso*	*red cabbage*
Rotwein, Rosé	*vin rouge, rosé*	*vino rosso, rosato*	*red wine, rosé*
Rundfahrt	*circuit*	*circuito*	*round tour*
rustikal, ländlich	*rustique*	*rustico*	*rustic*

S

Safran	*safran*	*zafferano*	*saffron*
Saibling	*omble chevalier*	*salmerino*	*char*
Salbei	*sauge*	*salvia*	*sage*
Salm, Lachs	*saumon*	*salmone*	*salmon*
Salz	*sel*	*sale*	*salt*
Sammlung	*collection*	*collezione*	*collection*
Samstag	*samedi*	*sabato*	*Saturday*
Sankt-Peters Fisch	*St-Pierre (poisson)*	*sampietro (pesce)*	*John Dory (fish)*
Sauerkraut	*choucroute*	*crauti*	*sauerkraut*
Sauerampfer	*oseille*	*acetosella*	*sorrel*
schattig	*ombragé*	*ombreggiato*	*shaded*

Schiffanlegestelle	*débarcadère*	*pontile di sbarco*	*landing-wharf*
Schinken (roh, gekocht)	*jambon (cru, cuit)*	*prosciutto (crudo, cotto)*	*ham (raw, cokked)*
Schlüssel	*clé*	*chiave*	*key*
Schnecken	*escargots*	*lumache*	*snails*
Schnee	*neige*	*neve*	*snow*
Schneeketten	*chaînes*	*catene da neve*	*snow chain*
schön	*beau*	*bello*	*fine, lovely*
Schweinefilet	*filet de porc*	*filetto di maiale*	*fillet of pork*
Schweinekotelett	*côte de porc*	*braciola di maiale*	*pork chop*
Schwimmbad, Hallen –	*piscine, – couverte*	*piscina, – coperta*	*swimming pool, in-door –*
See	*lac*	*lago*	*lake*
Seeteufel	*baudroie, lotte*	*pescatrice*	*angler fish, monkfish*
Seewolf, Wolfsbarsch	*loup de mer*	*branzino*	*sea bass*
Seezunge	*sole*	*sogliola*	*sole*
Seilbahn	*téléphérique*	*funivia*	*cable car*
Sellerie	*céleri*	*sedano*	*celery*
Senf	*moutarde*	*senape*	*mustard*
September	*septembre*	*settembre*	*September*
Sessellift	*télésiège*	*seggiovia*	*chair lift*
Siedfleisch	*bœuf bouilli*	*bollito di manzo*	*boiled beef*
Skilift	*remonte-pente*	*ski-lift*	*ski-lift*
Sommer	*été*	*estate*	*summer*
Sonntag	*dimanche*	*domenica*	*Sunday*
Spargeln	*asperges*	*asparagi*	*asparagus*
Spaziergang	*promenade*	*passeggiata*	*walk*
Speisesaal	*salle à manger*	*sala da pranzo*	*dining-room*
Spinat	*épinards*	*spinaci*	*spinach*
Steinbock	*bouquetin*	*stambecco*	*ibex*
Steinbutt	*turbot*	*rombo*	*turbot*
Steinpilze	*cèpes, bolets*	*boleto*	*ceps*
Stock, Etage	*étage*	*piano*	*floor*
Strand	*plage*	*spiaggia*	*beach*
Strasse	*rue*	*strada*	*street*

T

Tal	*vallée*	*vallata*	*valley*
Taube	*pigeon,*	*piccione*	*pigeon*
Tee	*thé*	*tè*	*tea*
Thunfisch	*thon*	*tonno*	*tuna*
Tischbestellung	*réservation*	*prenotazione*	*booking*
Tischbestellung ratsam	*nombre de couverts limités*	*coperti limitati-prenotare*	*booking essential*
Torte	*tarte*	*torta*	*tart*
Traube	*raisin*	*uva*	*grape*
Trinkgeld	*pourboire*	*mancia*	*tip*
trocken	*sec*	*secco*	*dry*
trockener Weisswein	*vin blanc sec*	*vino bianco secco*	*dry white wine*
Trockenfleisch	*viande séchée*	*carne secca*	*dried meats*
Trüffeln	*truffes*	*tartufi*	*truffles*

U - V

Ufer	*rive, bord*	*riva*	*shore, river bank*
verboten	*interdit*	*vietato*	*prohibited*
Verkehrsverein	*office de tourisme*	*informazioni turistiche*	*tourist information office*

W

Wacholder	*genièvre*	*coccola*	*juniper berry*
Wachtel	*caille*	*quaglia*	*partridge*
Wald	*forêt, bois*	*foresta, bosco*	*forest, wood*
Wäscherei	*blanchisserie*	*lavanderia*	*laundry*
Wasserfälle	*cascades, chutes*	*cascate*	*waterfalls*
weich, gehaltvoll	*moelleux*	*vellutato*	*mellow*
weiches Ei	*œuf à la coque*	*uovo à la coque*	*soft-boiled egg*
Weihnachten	*Noël*	*Natale*	*Christmas*
weisse Rübe	*navet*	*navone*	*turnip*
wieviel ?	*combien ?*	*quanto ?*	*how much ?*
Wild	*gibier*	*selvaggina*	*game*
Wildschwein	*sanglier*	*cinghiale*	*wild boar*
Winter	*hiver*	*inverno*	*winter*
Wirtschaft	*café-restaurant*	*ristorante-bar*	*café-restaurant*
Woche	*semaine*	*settimana*	*week*
wöchentlich	*hebdomadaire*	*settimanale*	*weekly*
Würstchen	*saucisse*	*salsiccia*	*sausage*

Z

Zahnradbahn	*train à crémaillère*	*treno a cremagliera*	*rack railway*
Zander	*sandre*	*lucio perca*	*perch pike*
Zeitung	*journal*	*giornale*	*newspaper*
Zicklein, Gitzi	*chevreau, cabri*	*capretto*	*young goat*
Zimmer	*chambre*	*camera*	*room*
Zimt	*cannelle*	*cannella*	*cinnamon*
Zitrone	*citron*	*limone*	*lemon*
zu vermieten	*à louer*	*a noleggio*	*for hire*
Zucker	*sucre*	*zucchero*	*sugar*
Zuckerschoten	*pois gourmands*	*taccole*	*mange tout*
Zug	*train*	*treno*	*train*
Zunfthaus	*maison corporative*	*sede corporativa*	*guild house*
Zunge	*langue*	*lingua*	*tongue*
Zwetschge	*quetsche*	*grossa susina*	*dark-red plum*
Zwiebeln	*oignons*	*cipolle*	*onions*
Zwischenrippenstück	*entrecôte*	*costata*	*sirloin steak*

Lessico
Lexique
(voir page 523)
Lexikon
(siehe S. 530)
Lexicon

A

a fettine	*émincé*	*Geschnetzeltes*	*thin slice*
a noleggio	*à louer*	*zu vermieten*	*for hire*
a richiesta	*sur demande*	*auf Verlangen*	*on request*
abitanti	*habitants*	*Einwohner*	*residents, inhabitants*
aceto	*vinaigre*	*Essig*	*vinegar*
acetosella	*oseille*	*Sauerampfer*	*sorrel*
acqua gasata	*eau gazeuse*	*mit Kohlensäure (Wasser)*	*sparkling water*
acqua minerale	*eau minérale*	*Mineralwasser*	*mineral water*
aereo	*avion*	*Flugzeug*	*aeroplane*
aeroporto	*aéroport*	*Flughafen*	*airport*
affreschi	*fresques*	*Fresken*	*frescoes*
affumicato	*fumé*	*geräuchert*	*smoked*
agenzia di viaggio	*agence de voyage*	*Reisebüro*	*travel bureau*
aglio	*ail*	*Knoblauch*	*garlic*
agnello	*agneau*	*Lamm*	*lamb*
agosto	*août*	*August*	*August*
al sangue	*saignant*	*englisch gebraten*	*rare*
all'aperto	*en plein air*	*im Freien*	*outside*
alla griglia	*grillé*	*gegrillt*	*grilled*
anatra	*canard, caneton*	*Ente, junge Ente*	*duck*
animelle di vitello	*ris de veau*	*Kalbsbries, Milken*	*sweetbread*
aprile	*avril*	*April*	*April*
aragosta	*langouste*	*Languste*	*spiny lobster*
arrosto	*rôti*	*gebraten*	*roasted*
art-déco, liberty	*art-déco*	*Jugendstil*	*Art Deco*
asparagi	*asperges*	*Spargeln*	*asparagus*
astice	*homard*	*Hummer*	*lobster*
autunno	*automne*	*Herbst*	*autumn*

B

bagagli	*bagages*	*Gepäck*	*luggage*
barca	*bateau*	*Boot, Schiff*	*ship*
battello a vapore	*bateau à vapeur*	*Dampfer*	*steamer*
bello	*beau*	*schön*	*fine, lovely*
bene, buono	*bien, bon*	*gut*	*good, well*
bicchiere	*verre*	*Glas*	*glass*
bietola	*bette*	*Mangold*	*chards*
biglietto d'ingresso	*billet d'entrée*	*Eintrittskarte*	*admission ticket*
birra	*bière*	*Bier*	*beer*
boleti	*cèpes, bolets*	*Steinpilze*	*ceps*
bollito di manzo	*bœuf bouilli*	*Siedfleisch*	*boiled beef*
bottiglia	*bouteille*	*Flasche*	*bottle*
braciola di maiale	*côte de porc*	*Schweinekotelett*	*pork chop*

branzino	*loup de mer*	*Seewolf, Wolfsbarsch*	*sea bass*
brodo	*bouillon*	*Fleischbrühe*	*clear soup*
burro	*beurre*	*Butter*	*butter*
buste	*enveloppes*	*Briefumschläge*	*envelopes*

C

caffè	*café*	*Kaffee*	*coffee*
cambio	*change*	*Geldwechsel*	*exchange*
camera	*chambre*	*Zimmer*	*room*
camoscio	*chamois*	*Gems*	*chamois*
campagna	*campagne*	*Land*	*country*
cane	*chien*	*Hund*	*dog*
cannella	*cannelle*	*Zimt*	*cinnamon*
cappasanta	*coquille St-Jacques*	*Jakobsmuschel*	*scallops*
capperi	*câpres*	*Kapern*	*capers*
capretto	*cabri, chevreau*	*Zicklein, Gitzi*	*young goat*
capriolo	*chevreuil*	*Reh*	*roe deer (venison)*
carciofo	*artichaut*	*Artischoke*	*artichoke*
carne secca	*viande séchée*	*Trockenfleisch*	*dried meats*
carnevale	*carnaval*	*Fasnacht*	*carnival*
carote	*carottes*	*Karotten*	*carrots*
carpa	*carpe*	*Karpfe*	*carp*
cartolina postale	*carte postale*	*Postkarte*	*postcard*
casa	*maison*	*Haus*	*house*
cascate	*cascades, chutes*	*Wasserfälle*	*waterfalls*
cassa	*caisse*	*Kasse*	*cash desk*
castello	*château*	*Burg, Schloss*	*castle*
catene da neve	*chaînes*	*Schneeketten*	*snow chain*
cavolfiore	*chou-fleur*	*Blumenkohl*	*cauliflower*
cavolini di Bruxelles	*chou de Bruxelles*	*Rosenkohl*	*Brussel sprouts*
cavolo	*chou*	*Kraut, Kohl*	*cabbage*
cavolo rosso	*chou rouge*	*Rotkraut*	*red cabbage*
cervella di vitello	*cervelle de veau*	*Kalbshirn*	*calf's brain*
cervo	*cerf*	*Hirsch*	*stag (venison)*
cetriolo	*concombre*	*Gurke*	*cucumber*
chiave	*clé*	*Schlüssel*	*key*
chiesa	*église*	*Kirche*	*church*
chiuso	*fermé*	*geschlossen*	*closed*
ciliegie	*cerises*	*Kirschen*	*cherries*
cinghiale	*sanglier*	*Wildschwein*	*wild boar*
cipolle	*oignons*	*Zwiebeln*	*onions*
circuito	*circuit*	*Rundfahrt*	*round tour*
coda di bue	*queue de bœuf*	*Ochsenschwanz*	*oxtail*
collezione	*collection*	*Sammlung*	*collection*
commissariato	*commissariat*	*Polizeirevier*	*police headquarters*
coniglio	*lapin*	*Kaninchen*	*rabbit*
conto	*addition*	*Rechnung*	*bill, check*
coperti limitati-prenotare	*nombre de couverts limités*	*Tichbestellung ratsam*	*booking essential*
coregone	*féra*	*Felchen*	*dace*
costata	*entrecôte*	*Zwischenrip-penstück*	*sirloin steak*
cosciotto	*gigue, cuissot*	*Keule*	*leg*
costata di vitello	*côte de veau*	*Kalbskotelett*	*veal chop*
cotoletta alla milanese	*escalope panée*	*paniertes Schnitzel*	*escalope in breadcrumbs*
cozze	*moules*	*Muscheln*	*mussels*

crauti	*choucroute*	*Sauerkraut*	*sauerkraut*
cremagliera	*train à crémaillère*	*Zahnradbahn*	*rack railway*
crespella	*crêpes*	*Pfannkuchen*	*pancakes*
crostacei	*crustacés*	*Krustentiere*	*crustaceans*

D

dicembre	*décembre*	*Dezember*	*December*
dieta	*régime*	*Diät*	*diet*
dipinti, quadri	*peintures, tableaux*	*Malereien, Gemälde*	*paintings*
dolce	*gâteau*	*Kuchen*	*cake*
dolce	*doux*	*mild*	*sweet, mild*
domandare	*demander*	*fragen, bitten*	*to ask for*
domani	*demain*	*morgen*	*tomorrow*
domenica	*dimanche*	*Sonntag*	*Sunday*
dottore	*docteur*	*Arzt*	*doctor*

E

escursione	*excursion*	*Ausflug*	*excursion*
esposizione, mostra	*exposition*	*Ausstellung*	*exhibition, show*
estate	*été*	*Sommer*	*summer*

F

fagiano	*faisan*	*Fasan*	*pheasant*
faraona	*pintade*	*Perlhuhn*	*guinea fowl*
farcito	*farci*	*gefüllt*	*stuffed*
fattoria	*ferme*	*Bauernhaus*	*farm*
febbraio	*février*	*Februar*	*February*
fegato di vitello	*foie de veau*	*Kalbsleber*	*calf's liver*
festivi	*jours fériés*	*Feiertage*	*bank holidays*
fiera	*foire*	*Messe, Ausstellung*	*fair*
filetto di bue	*filet de bœuf*	*Rinderfilet*	*fillet of beef*
filetto di maiale	*filet de porc*	*Schweinefilet*	*fillet of pork*
finocchio	*fenouil*	*Fenchel*	*fennel*
fiume	*fleuve, rivière*	*Fluss*	*river*
foratura	*crevaison*	*Reifenpanne*	*puncture*
foresta, bosco	*forêt, bois*	*Wald*	*forest, wood*
formaggio	*fromage*	*Käse*	*cheese*
formaggio fresco	*fromage blanc*	*Quark*	*curd cheese*
fragole	*fraises*	*Erdbeeren*	*strawberries*
fritto	*frit*	*fritiert*	*fried*
fruttato	*fruité*	*fruchtig*	*fruity*
frutti di mare	*fruits de mer*	*Meeresfrüchte*	*seafood*
funghi	*champignons*	*Pilze*	*mushrooms*
funivia	*téléphérique*	*Luftseilbahn*	*cable car*

G

gallinacci (funghi)	*girolles*	*Pfifferlinge, Eierschwämme*	*chanterelles*
gamberetti	*crevettes*	*Krevetten*	*shrimps, prawns*
gambero	*écrevisse*	*Flusskrebs*	*crayfish*
gelone	*pleurotes*	*Austernpilze*	*oyster mushrooms*
gennaio	*janvier*	*Januar*	*January*
ghiacciaio	*glacier*	*Gletscher*	*glacier*
giardino, parco	*jardin, parc*	*Garten, Park*	*garden, park*
ginepro	*genièvre*	*Wacholder*	*juniper berry*
giornale	*journal*	*Zeitung*	*newspaper*
giorni festivi	*fêtes, jours fériés*	*Feiertage*	*bank holidays*

giovedì	*jeudi*	*Donnerstag*	*Thursday*
giugno	*juin*	*Juni*	*June*
grossa susina	*quetsche*	*Zwetschge*	*dark-red plum*
grotta	*grotte*	*Höhle*	*cave*

I

ieri	*hier*	*gestern*	*yesterday*
indivia	*endive*	*Endivie*	*chicory*
informazioni	*renseignements*	*Auskünfte*	*information*
informazioni turistiche	*office de tourisme*	*Verkehrsverein*	*tourist information office*
installazione	*agencement*	*Einrichtung*	*installation*
inverno	*hiver*	*Winter*	*winter*

L

lago	*lac*	*See*	*lake*
lamponi	*framboises*	*Himbeeren*	*raspberries*
latte	*lait*	*Milch*	*milk*
lavanderia	*blanchisserie*	*Wäscherei*	*laundry*
leggero	*léger*	*leicht*	*light*
legume	*légumes*	*Gemüse*	*vegetable*
lenticchia	*lentilles*	*Linsen*	*lentils*
lepre	*lièvre*	*Hase*	*hare*
lettino	*lit d'enfant*	*Kinderbett*	*child's bed*
letto	*lit*	*Bett*	*bed*
limone	*citron*	*Zitrone*	*lemon*
lingua	*langue*	*Zunge*	*tongue*
località, paesaggio	*site, paysage*	*Landschaft*	*site, landscape*
locanda	*auberge*	*Gasthaus*	*inn*
luccio	*brochet*	*Hecht*	*pike*
luccio perca	*sandre*	*Zander*	*perch pike*
luglio	*juillet*	*Juli*	*July*
lumache	*escargots*	*Schnecken*	*snails*
lunedì	*lundi*	*Montag*	*Monday*

M

maggio	*mai*	*Mai*	*May*
mancia	*pourboire*	*Trinkgeld*	*tip*
mandorle	*amandes*	*Mandeln*	*almonds*
maniero	*manoir*	*Herrensitz*	*manor house*
marinato	*mariné*	*mariniert*	*marinated*
marmellata	*confiture*	*Konfitüre*	*jam*
martedì	*mardi*	*Dienstag*	*Tuesday*
marzo	*mars*	*März*	*March*
mele	*pommes*	*Äpfel*	*apples*
mercoledì	*mercredi*	*Mittwoch*	*Wednesday*
miele	*miel*	*Honig*	*honey*
monumento	*monument*	*Denkmal*	*monument*
morbido, cremoso	*moelleux*	*weich, gehaltvoll*	*mellow*
mulino	*moulin*	*Mühle*	*mill*
municipio	*hôtel de ville, mairie*	*Rathaus*	*town hall*

N

Natale	*Noël*	*Weihnachten*	*Christmas*
navone	*navet*	*weisse Rübe*	*turnip*
neve	*neige*	*Schnee*	*snow*
nocciole, noci	*noisettes, noix*	*Haselnüsse, Nüsse*	*hazelnuts, nuts*
novembre	*novembre*	*November*	*November*

O

oggi	*aujourd'hui*	*heute*	*today*
olio d'oliva	*huile d'olives*	*Olivenöl*	*olive oil*
ombreggiato	*ombragé*	*schattig*	*shaded*
ospedale	*hôpital*	*Krankenhaus*	*hospital*
ostriche	*huîtres*	*Austern*	*oysters*
ottobre	*octobre*	*Oktober*	*October*

P

pagare	*payer*	*bezahlen*	*to pay*
pane	*pain*	*Brot*	*bread*
panna	*crème*	*Rahm*	*cream*
partenza	*départ*	*Abfahrt*	*departure*
Pasqua	*Pâques*	*Ostern*	*Easter*
passeggiata	*promenade*	*Spaziergang*	*walk*
passo	*col*	*Pass*	*pass*
pasticceria	*pâtisseries*	*Feingebäck, Kuchen*	*pastries*
pasto	*repas*	*Mahlzeit*	*meal*
patate,	*pommes de terre,*	*Kartoffeln, Salz –*	*potatoes,*
– bollite	*– à l'eau*		*boiled –*
pedoni	*piétons*	*Fussgänger*	*pedestrians*
pepe	*poivre*	*Pfeffer*	*pepper*
pere	*poires*	*Birnen*	*pears*
pernice	*perdrix, perdreau*	*Rebhuhn*	*partridge*
persico	*perche*	*Egli*	*perch*
pescatrice	*baudroie, lotte*	*Seeteufel*	*angler fish, monkfish*
pesce	*poisson*	*Fisch*	*fish*
pesche	*pêches*	*Pfirsiche*	*peaches*
piano	*étage*	*Stock, Etage*	*floor*
piccione	*pigeon, pigeonneau*	*Taube, junge Taube*	*pigeon*
pinacoteca	*pinacothèque*	*Gemäldegalerie*	*picture gallery*
piscina,	*piscine,*	*Schwimmbad,*	*swimming pool,*
– coperta	*– couverte*	*Hallen –*	*indoor –*
piselli	*petits pois*	*grüne Erbsen*	*green peas*
pneumatico	*pneu*	*Reifen*	*tyre*
polizia	*police*	*Polizei*	*police*
pollame	*volaille*	*Geflügel*	*poultry*
pollo	*poulet*	*Hähnchen*	*chicken*
ponte	*pont*	*Brücke*	*bridge*
pontile	*ponton d'amarrage*	*Bootsteg*	*jetty*
pontile di sbarco	*débarcadère*	*Schiffanlegestelle*	*landing-wharf*
porro	*poireau*	*Lauch*	*leek*
prenotazione	*réservation*	*Tischbestellung*	*booking*
prima colazione	*petit déjeuner*	*Frühstück*	*breakfast*
primavera	*printemps*	*Frühling*	*spring*
prosciutto (crudo, cotto)	*jambon (cru, cuit)*	*Schinken (roh, gekocht)*	*ham (raw, cokked)*
prugne	*prunes*	*Pflaumen*	*plums*
pulcino	*poussin*	*Küken*	*chick*

Q-R

quaglia	*caille*	*Wachtel*	*partridge*
quanto ?	*combien ?*	*wieviel ?*	*how much ?*
rafano	*raifort*	*Meerrettich*	*horseradish*
razza	*raie*	*Rochen*	*skate*

riso	*riz*	*Reis*	*rice*
ristorante-bar	*café-restaurant*	*Wirtschaft*	*café-restaurant*
riva	*rive, bord*	*Ufer*	*shore, river bank*
robusto	*corsé*	*kräftig*	*full bodied*
rocce	*roches, rochers*	*Felsen*	*rocks*
rognone	*rognons*	*Nieren*	*kidneys*
rombo	*turbot*	*Steinbutt*	*turbot*
rustico	*rustique*	*rustikal, ländlich*	*rustic*

S

sabato	*samedi*	*Samstag*	*Saturday*
sala da pranzo	*salle à manger*	*Speisesaal*	*dining-room*
salame	*saucisson*	*Hartwurst*	*sausage*
sale	*sel*	*Salz*	*salt*
salmerino	*omble chevalier*	*Saibling*	*char*
salmone	*saumon*	*Salm, Lachs*	*salmon*
salsiccia	*saucisse*	*Würstchen*	*sausage*
salumi	*charcuterie*	*Aufschnitt*	*pork butcher's meat*
salvia	*sauge*	*Salbei*	*sage*
sambuco	*sureau*	*Holunder*	*elderbarry*
sampietro (pesce)	*St-Pierre (poisson)*	*Sankt-Peters Fisch*	*John Dory (fish)*
scampi	*langoustines*	*Langustinen*	*Dublin bay prawns*
sculture in legno	*sculptures sur bois*	*Holzschnitzereien*	*wood carvings*
secco	*sec*	*trocken*	*dry*
sedano	*céleri*	*Sellerie*	*celery*
sede corporativa	*maison corporative*	*Zunfthaus*	*guild house*
seggiovia	*télésiège*	*Sessellift*	*chair lift*
Selvaggina	*gibier*	*Wild*	*game*
senape	*moutarde*	*Senf*	*mustard*
sera	*soir*	*Abend*	*evening*
servizio incluso	*service compris*	*Bedienung inbegriffen*	*service included*
settembre	*septembre*	*September*	*September*
settimana	*semaine*	*Woche*	*week*
settimanale	*hebdomadaire*	*wöchentlich*	*weekly*
sfoglia	*feuilleté*	*Blätterteig*	*puff pastry*
ski-lift	*remonte-pente*	*Skilift*	*ski-lift*
sogliola	*sole*	*Seezunge*	*sole*
solo per clienti alloggiati	*résidents seulement*	*nur für Hotelgäste*	*residents only*
spiaggia	*plage*	*Strand*	*beach*
spinaci	*épinards*	*Spinat*	*spinach*
spugnole (funghi)	*morilles*	*Morcheln*	*morels*
stambecco	*bouquetin*	*Steinbock*	*ibex*
stanza	*salle de bain*	*Badezimmer*	*bathroom*
da bagno stazione	*gare*	*Bahnhof*	*station*
stracotto,	*en daube, en sauce*	*geschmort, mit Sauce*	*stewed, with sauce*
in salsa strada	*rue*	*Strasse*	*street*
succo di frutta	*jus de fruits*	*Fruchtsaft*	*fruit juice*

T

taccole	*pois gourmands*	*Zuckerschoten*	*mange tout*
tartufi	*truffes*	*Trüffeln*	*truffles*
tè	*thé*	*Tee*	*tea*
tonno	*thon*	*Thunfisch*	*tuna*
torta	*tarte*	*Torte*	*tart*

traghetto	*bac*	*Fähre*	*ferry*
treno	*train*	*Zug*	*train*
triglia	*rouget*	*Rotbarbe*	*red mullet*
trippa	*tripes*	*Kutteln*	*tripe*
trota	*truite*	*Forelle*	*trout*

U - V

uovo à la coque	*œuf à la coque*	*weiches Ei*	*soft-boiled egg*
uva	*raisin*	*Traube*	*grape*
vacanze	*vacances, congés*	*Ferien*	*holidays*
vallata	*vallée*	*Tal*	*valley*
vecchio, antico	*ancien, antique*	*ehemalig, antik*	*old, antique*
venerdì	*vendredi*	*Freitag*	*Friday*
verdure crude	*crudités*	*Rohkost*	*raw vegetables*
vettura	*voiture*	*Auto*	*car*
vietato	*interdit*	*verboten*	*prohibited*
vino bianco secco	*vin blanc sec*	*herber Weisswein*	*dry white wine*
vino rosso, rosato	*vin rouge, rosé*	*Rotwein, Rosé*	*red wine, rosé*
vista	*vue*	*Aussicht*	*view*
vite, vigneto	*vignes, vignoble*	*Reben, Weinberg*	*vines, vineyard*
vitigno	*cépage*	*Rebsorte*	*grape variety*

Z

zafferano	*safran*	*Safran*	*saffron*
zenzero	*gingembre*	*Ingwer*	*ginger*
zucca	*courge*	*Kürbis*	*pumpkin*
zucchero	*sucre*	*Zucker*	*sugar*
zucchine	*courgettes*	*Courgetten*	*courgette*

Distances

Quelques précisions

Au texte de chaque localité vous trouverez la distance des villes environnantes et celle de Berne.

Les distances sont comptées à partir du centre-ville et par la route la plus pratique, c'est-à-dire celle qui offre les meilleures conditions de roulage, mais qui n'est pas nécessairement la plus courte.

Entfernungen

Einige Erklärungen

In jedem Ortstext finden Sie Entfernungen zu grösseren Städten in der Umgebung und nach Bern.

Die Entfernungen gelten ab Stadtmitte unter Berücksichtigung der günstigsten (nicht kürzesten) Strecke.

Distanze

Qualche chiarimento

Nel testo di ciascuna località troverete la distanza dalle città viciniori e da Berna.

Le distanze sono calcolate a partire dal centro delle città e seguendo la strada più pratica, ossia quella che offre le migliori condizioni di viaggio ma che non è necessariamente la più breve.

Distances

Commentary

The text of each town includes its distance from its immediate neighbours and from Bern.

Distances are calculated from centres and along the best roads from a motoring point of view – not necessarily the shortest.

Distances entre principales villes
Entfernungen zwischen den größeren Städten
Distanze tra le principali città
Distances between major towns

	Aarau	Baden	Basel	Bellinzona	Bern	Biel/Bienne	Brig	La-Chaux-de-Fonds	Chur	Davos	Delémont	Frauenfeld	Fribourg	Genève	Lausanne	Locarno	Lugano	Luzern	Martigny	Montreux	Morges	Neuchâtel	Nyon	Olten	St.Gallen	Schaffhausen	Schwyz	Sierre	Sion	Solothurn	Thun	Vevey	Winterthur	Yverdon-les-Bains	Zug
Baden	26																																		
Basel	53	62																																	
Bellinzona	190	191	237																																
Bern	80	101	95	249																															
Biel/Bienne	76	96	91	245	38																														
Brig	180	196	226	126	90	126																													
La-Chaux-de-Fonds	114	134	99	283	71	54	236																												
Chur	163	140	200	116	238	233	171	271																											
Davos	188	166	225	132	263	258	249	296	56																										
Delémont	76	95	40	245	90	47	235	57	233	258																									
Frauenfeld	86	64	123	227	161	156	231	194	147	172	156																								
Fribourg	111	132	126	280	32	69	177	65	270	295	121	192																							
Genève	237	257	252	335	159	157	210	139	395	420	203	318	134																						
Lausanne	179	199	194	272	99	109	147	92	337	362	156	260	71	60																					
Locarno	211	212	257	22	270	265	107	303	140	155	266	247	301	316	253																				
Lugano	215	216	262	27	275	270	151	308	144	160	271	252	305	364	297	38																			
Luzern	49	65	95	142	108	103	132	142	142	167	104	100	139	265	207	163	167																		
Martigny	208	228	222	206	128	166	81	159	250	391	217	289	100	132	70	187	231	235																	
Montreux	166	186	181	244	86	124	119	117	324	349	176	247	58	91	28	225	270	194	42																
Morges	189	209	204	287	111	109	162	92	347	372	155	270	86	49	13	268	312	217	85	43															
Neuchâtel	111	131	126	280	52	36	219	21	269	295	70	192	46	122	75	301	305	139	142	100	75														
Nyon	215	236	230	314	137	135	189	118	374	399	182	297	113	25	39	294	339	243	111	70	28	101													
Olten	13	45	49	194	65	60	184	99	183	208	61	106	96	222	164	214	219	53	193	151	174	95	201												
St.Gallen	127	104	163	215	202	197	231	235	101	127	196	47	233	358	300	238	242	140	329	287	310	232	337	146											
Schaffhausen	74	45	94	234	149	144	239	183	146	171	127	39	180	306	248	255	259	107	277	235	258	179	285	94	79										
Schwyz	73	72	133	122	146	141	135	179	116	142	142	99	177	302	244	143	147	44	273	231	255	176	281	90	98	106									
Sierre	249	269	263	164	169	207	38	200	208	288	258	330	141	174	111	144	189	169	44	83	126	183	152	234	370	317	168								
Sion	234	255	249	178	155	192	53	185	222	302	244	315	126	159	96	159	203	184	30	69	111	168	138	219	356	303	183	16							
Solothurn	52	72	67	221	40	26	127	64	210	235	41	133	71	182	138	241	246	80	167	125	134	61	161	37	173	121	117	208	194						
Thun	109	129	123	188	31	67	64	103	237	263	118	190	65	191	133	208	213	96	162	120	143	84	170	94	230	177	139	62	188	68					
Vevey	162	182	177	254	82	120	129	109	320	346	172	243	54	83	20	235	279	190	52	8	35	92	62	147	283	231	228	93	78	122	116				
Winterthur	69	46	105	208	144	139	213	177	121	147	138	16	175	300	242	229	233	82	271	229	252	174	279	88	56	28	81	312	298	115	172	225			
Yverdon-les-Bains	156	176	170	325	78	72	183	55	314	339	104	237	53	86	39	288	350	183	105	64	38	38	65	141	277	224	221	146	132	99	110	56	219		
Zug	54	48	107	144	133	128	157	166	118	143	129	76	164	289	231	165	170	31	260	218	241	163	268	77	116	83	26	194	209	104	126	214	58	208	
Zürich	48	25	84	182	123	118	187	156	119	144	117	45	153	279	221	203	207	56	250	208	231	152	258	67	85	52	55	291	276	94	151	204	27	198	32

Genève - Winterthur

300 km

Basel	Bern	Genève	Lugano	Zürich	
709	804	920	970	793	**Amsterdam**
1024	931	752	1047	1051	**Barcelona**
867	914	1070	962	846	**Berlin**
1009	1104	1066	1270	1093	**Birmingham**
871	850	692	1039	955	**Bordeaux**
893	931	1087	877	814	**Bratislava**
1322	1335	1305	1062	1268	**Brindisi**
547	642	719	808	631	**Bruxelles/Brussel**
1329	1307	1215	1510	1413	**Burgos**
870	944	893	1135	957	**Cherbourg**
505	479	322	674	600	**Clermont-Ferrand**
1271	1366	1328	1532	1355	**Dublin**
530	622	742	789	612	**Düsseldorf**
330	422	578	588	411	**FrankfurtamMain**
1482	1577	1539	1743	1566	**Glasgow**
821	913	1069	1043	865	**Hamburg**
1133	1225	1382	1356	1177	**København**
642	737	686	904	726	**Lille**
2035	2013	1921	2216	2119	**Lisboa**
807	902	865	1069	892	**London**
334	429	506	595	418	**Luxembourg**
408	309	151	484	429	**Lyon**
1620	1527	1348	1643	1648	**Madrid**
1977	1884	1705	2000	2005	**Málaga**
668	575	430	573	695	**Marseille**
337	349	322	77	282	**Milano**
386	424	581	416	308	**München**
854	884	762	1118	941	**Nantes**
1106	1119	1075	846	1051	**Napoli**
1639	1731	1888	1767	1683	**Oslo**
1106	1119	1076	846	1052	**Palermo**
504	586	536	768	591	**Paris**
1860	1839	1746	2042	1944	**Porto**
710	757	913	796	680	**Praha**
908	921	858	648	854	**Roma**
1109	1088	996	1291	1194	**SanSebastián**
1801	1893	2049	1827	1845	**Stockholm**
141	236	392	402	225	**Strasbourg**
404	310	249	182	388	**Torino**
924	831	652	947	951	**Toulouse**
1366	1273	1094	1389	1394	**Valencia**
588	601	583	328	534	**Venezia**
814	852	1008	798	735	**Wien**

Genève - Madrid **1348 km**

Oslo
Stockholm
København
Hamburg
Berlin
Amsterdam
London
Düsseldorf
Bruxelles
Brussel
Lille
Praha
Frankfurt
Luxembourg
Paris
Strasbourg
Wien
Bratislava
München
BASEL
ZÜRICH
BERN
GENÈVE
LUGANO
Venezia
Clermont-Ferrand
Lyon
Milano
Torino
Toulouse
Marseille
Roma
Barcelona
Napoli
Brindisi
Palermo

Principales routes

- Autoroute
- 1 — Numéro de route
- 20 — Distances partielles
- Transport des véhicules par voie ferrée
- Distances entre principales villes : voir tableau

Hauptverkehrsstrassen

- Autobahn
- 1 — Strassennummer
- 20 — Teilentfernungen
- Autotransport per Bahn
- Entfernungen zwischen den grösseren Städten : siehe Tabelle

Principali strade

- Autostrada
- 1 — Numero della strada
- 20 — Distanze parziali
- Trasporto auto su treno
- Distanze tra le principali città : vedere tabella

Main roads

- Motorway
- 1 — Road number
- 20 — Intermediary distances
- Transportation of vehicles by rail
- Distances between major towns : see table

Mulhouse
Belfort
Vesoul
Montbéliard
BASEL
Delémont
Solothurn
Besançon
FRANCE
Biel / Bienne
la Chaux-de-Fonds
Col des Roches
Neuchâtel
Lac de Neuchâtel
Murten
BERN
Pontarlier
Payerne
Fribourg
Thun
Yverdon-les-Bains
Bulle
LAUSANNE
Morges
Vevey
Montreux
Gstaad
Col de la Givrine
Col de la Faucille
Gex
Nyon
LAC LÉMAN
Thonon-les-Bains
Col des Mosses
Col du Pillon
Aigle
Crans
Sion
GENÈVE
FRANCE
Martigny
Col de la Forclaz
Col des Montets
Chamonix
Annecy
Megève
Tunnel du Grd St-Bernard
RHEIN
Doubs
Saane
Aare
Sarine
Rhône
RHÔNE
N 66
A 35-E 25
A 5-E 35
A 36-E 54
N 57-E 23
N 19-E 54
D 419
N 19-E 27
A 16-E 27
A 36-E 60
A 5
A 1-E 25
N 57-E 23
D 72
A 6
A 1-E 25
E 27
A 12
A 1
E 23-E 25
A 9-E 62
N 5
E 25-E 62
A 1
N 5
A 9-E 62
A 9-E 62
N 201
A 41
A 40
N 205
A 2-A 3

DEUTSCHLAND
ITALIA
Schaffhausen
Frauenfeld
Winterthur
BASEL
Liestal
Brugg
Baden
Aarau
Olten
ZÜRICH
Delémont
Solothurn
Langenthal
Zug
Einsiedeln
Luzern
Schwyz
Vierwald-
Stätter
See
Stans
Sarnen
Altdorf
Klausenpass
BERN
Langnau
Brünigpass
Sustenpass
Oberalppass
Thun
Interlaken
Andermatt
Grindelwald
Wengen
Furkapass
Grimselpass
St. Gotthardpass/
Pso del S. Gottardo
Ticino
Kandersteg
Rhône
Goppenstein
Brig
Crans
Visp
Simplonpass
Sion
Täsch
Zermatt
Toce
Locarno
Ascona
Maggiore
Stresa
Lago
Varese
RHEIN
Aare
Reuss

Ravensburg
DEUTSCHLAND
ÖSTERREICH
LIECHTENSTEIN
ITALIA
Konstanz
Bodensee
Bregenz
Arbon
Sankt Gallen
Herisau
Appenzell
Feldkirch
St. Anton
Landeck
Buchs
Vaduz
Glarus
Bad Ragaz
Rhein
Klosters
Chur
Davos
Scuol
Susch
Arosa
Flüelapass
Ofenpass/
Pass dal Fuorn
Reschenpaß/
P^so di Resia
Sankt Moritz
Pontresina
Julierpass
P^so del Bernina
P^so del Maloja
Splügenpass/
P^so dello Spluga
Galleria del
S. Bernardino
Sondrio
Adda
Bellinzona
Lago di Como
Lugano
Lecco
Como
Oglio
Bergamo
A 96
A 1
A 12
A 13-E 43
A 14-E 60
A 3
A 13
A 2-E 35
S 16
S 40
S 36
S 42
S 39
S 38
S 340

Index des localités

classées par canton

Ces localités sont toutes repérées sur la carte Michelin par un souligné rouge. Voir les numéros de carte et de pli au texte de chaque localité. Les symboles 🛏 et ✕ indiquent que vous trouverez un hôtel ou un restaurant dans ces localités.

Ortsverzeichnis

nach Kantonen geordnet

Diese Orte sind auf den Michelin-Karten angegeben und rot unterstrichen. Nummer und Falte der entsprechenden Karte ersehen Sie aus dem jeweiligen Ortstext. Die Symbole 🛏 und ✕ zeigen an, dass es in diesen Orten ein Hotel oder ein Restaurant gibt.

Indice delle località

suddivise per cantoni

Queste località sono tutte sottolineate in rosso sulla carta Michelin. Il numero della carta e della piega è riportato nel testo di ciascuna località. I simboli 🛏 e ✕ indicano che troverete in questa località un albergo o un ristorante.

List of localities

by "Cantons"

On Michelin maps all localities in the Guide are underlined in red. The entry of each locality gives the map number and fold. The symbols 🛏 and ✕ indicate that you will find a hotel or a restaurant in these towns.

Appenzell

AI *(Innerrhoden Rhodes intérieures)*

108 *Appenzell* 🛏 🍴
247 *Gonten* 🛏 🍴
108 *Schlatt b. Appenzell* 🛏 🍴
108 *Weissbad* 🛏 🍴

AR *(Ausserrhoden Rhodes extérieures)*

253 *Grub* 🛏 🍴
260 *Heiden* 🛏 🍴
261 *Herisau* 🛏 🍴
373 *Rehetobel* 🛏 🍴
410 *Schwägalp* 🛏 🍴
427 *Speicher* 🛏 🍴
434 *Teufen* 🛏 🍴
442 *Urnäsch* 🍴
456 *Wald* 🍴
457 *Wald bei St. Peterzell*
457 *Walzenhausen* 🛏 🍴

Aargau

(Argovie) **AG**

98 *Aarau* 🛏 🍴
100 *Aarburg* 🛏 🍴
120 *Baden* 🛏 🍴
139 *Beinwil am See* 🛏 🍴
141 *Berikon* 🛏 🍴
156 *Birmenstorf* 🛏 🍴
159 *Böttstein* 🛏 🍴
160 *Bremgarten* 🛏 🍴
165 *Brugg* 🛏 🍴
165 *Brunegg* 🛏
123 *Dättwil* 🍴
203 *Eggenwil* 🍴
122 *Ennetbaden* 🍴
209 *Fislisbach* 🛏 🍴
222 *Frick* 🛏 🍴
259 *Hägglingen* 🍴
273 *Kleindöttingen* 🛏 🍴
292 *Lenzburg* 🛏 🍴
322 *Magden* 🛏 🍴
328 *Meisterschwanden* 🛏 🍴
341 *Mülligen* 🍴
342 *Muri* 🛏 🍴
357 *Obererlinsbach* 🛏 🍴
470 *Oberzeihen* 🍴
374 *Rheinfelden* 🛏 🍴
376 *Riken* 🍴
100 *Rombach* 🛏 🍴
380 *Rothrist* 🛏 🍴
409 *Schneisingen* 🍴
416 *Seengen* 🛏 🍴
428 *Spreitenbach* 🛏 🍴
431 *Suhr* 🛏 🍴
462 *Wettingen* 🍴
463 *Widen* 🛏 🍴
465 *Wildegg* 🛏 🍴
468 *Würenlos* 🍴
470 *Zeihen* 🍴
478 *Zofingen* 🛏 🍴
500 *Zurzach* 🛏 🍴

Basel

(Bâle)

BL *(Basel-Landschaft Bâle-Campagne)*

102 *Aesch* 🛏 🍴
104 *Allschwil* 🛏 🍴
110 *Arlesheim* 🛏 🍴
296 *Bad Schauenburg* 🛏 🍴
137 *Binningen* 🛏 🍴
136 *Birsfelden* 🛏 🍴
155 *Bottmingen* 🍴
166 *Bubendorf* 🛏 🍴
169 *Burg im Leimental* 🍴
206 *Eptingen* 🛏 🍴
249 *Grellingen* 🍴
278 *Langenbruck* 🛏 🍴
280 *Läufelfingen* 🛏 🍴
280 *Laufen* 🛏 🍴
296 *Liestal* 🛏 🍴
136 *Muttenz* 🛏 🍴
361 *Ormalingen* 🛏 🍴
369 *Pratteln* 🍴
457 *Waldenburg* 🍴

BS *(Basel-Stadt Bâle-Ville)*

126 *Basel (Bâle)* 🛏 🍴
136 *Riehen* 🍴

Bern

(Berne) **BE**

100 *Aarberg* 🛏 🍴
101 *Adelboden* 🛏 🍴
102 *Aeschi bei Spiez* 🛏 🍴
102 *Aeschiried* 🍴
119 *Attiswil* 🍴
415 *Baggwil* 🍴
137 *Bätterkinden* 🍴 🛏
138 *Beatenberg* 🛏 🍴
142 *Bern* 🛏 🍴
153 *Biel (Bienne)* 🛏 🍴
271 *Blausee-Mitholz* 🛏 🍴
267 *Bönigen* 🛏 🍴
161 *Brienz* 🛏 🍴
169 *Büren a. d. Aare* 🍴
169 *Büren zum Hof* 🍴
169 *Burgdorf* 🛏 🍴
199 *Diessbach bei Büren* 🍴
201 *Dürrenroth* 🛏 🍴
203 *Eggiwil* 🛏 🍴
206 *Erlach* 🍴
427 *Faulensee* 🛏 🍴
215 *Fraubrunnen* 🍴
222 *Frutigen* 🛏 🍴
223 *Gals* 🍴
244 *Gerolfingen* 🍴
245 *Gerzensee* 🍴
161 *Giessbach* 🛏 🍴
267 *Goldswil* 🛏 🍴
250 *Grindelwald* 🛏 🍴
253 *Grosshöchstetten* 🛏 🍴
254 *Gstaad* 🛏 🍴

Fribourg (Freiburg) FR

Genève
(Genf) **GE**

Glarus
(Glaris) **GL**

Graubünden
(Grisons) **GR**

Jura
JU

185 *Courtemaîche* 🍴
196 *Delémont* 🛏 🍴
248 *Goumois* 🍴
331 *Miécourt* 🛏 🍴
354 *Le Noirmont* 🛏 🍴
368 *Porrentruy* 🛏 🍴
119 *Les Rangiers* 🛏 🍴
386 *Saignelégier* 🛏 🍴
404 *Saulcy* 🛏 🍴
198 *Soyhières* 🛏 🍴
443 *Vendlincourt* 🛏 🍴
447 *Vermes* 🛏 🍴

Luzern
(Lucerne) **LU**

102 *Adligenswil* 🍴
125 *Ballwil* 🍴
157 *Blatten bei Malters* 🍴
202 *Ebikon* 🛏 🍴
204 *Eich* 🛏 🍴
206 *Entlebuch* 🛏 🍴
208 *Escholzmatt* 🍴
214 *Flühli* 🛏 🍴
250 *Greppen* 🛏 🍴
253 *Grossdietwil* 🛏 🍴
261 *Herlisberg* 🍴
262 *Hildisrieden* 🛏 🍴
320 *Horw* 🛏 🍴
320 *Kastanienbaum* 🛏 🍴
321 *Kriens* 🛏
314 *Luzern* 🛏 🍴
328 *Meggen* 🛏 🍴
330 *Menzberg* 🛏 🍴
345 *Nebikon* 🍴
321 *Obernau* 🍴
373 *Reiden* 🍴
376 *Rigi-Kaltbad* 🛏 🍴
416 *Sempach-Station* 🛏 🍴
417 *Sigigen* 🍴
432 *Sursee* 🛏 🍴
440 *Udligenswil* 🍴
454 *Vitznau* 🛏 🍴

204 *Vogelsang* 🛏 🍴
458 *Weggis* 🛏 🍴
373 *Wikon* 🍴
470 *Zell* 🛏 🍴

Neuchâtel
(Neuenburg) **NE**

352 *Auvernier* 🍴
159 *Boudevilliers* 🛏 🍴
161 *Les Brenets* 🛏 🍴
176 *La Chaux-de-Fonds* 🛏 🍴
183 *Colombier* 🍴
184 *Cortaillod* 🛏 🍴
185 *Couvet* 🛏 🍴
201 *Dombresson* 🛏 🍴
206 *Enges* 🛏 🍴
352 *Hauterive* 🛏 🍴
301 *Le Locle* 🛏 🍴
352 *Monruz* 🛏 🍴
332 *Montézillon* 🛏 🍴
178 *Mont-Cornu* 🍴
348 *Neuchâtel* 🛏 🍴
352 *Peseux* 🍴
352 *Saint-Blaise* 🍴
439 *Travers* 🛏 🍴
441 *Les Verrières* 🛏 🍴

Unterwalden

Nidwalden
(Nidwald) **NW**

138 *Beckenried* 🛏 🍴
168 *Buochs* 🛏 🍴
170 *Bürgenstock* 🛏 🍴
204 *Emmetten* 🛏 🍴
429 *Fürigen* 🛏 🍴
260 *Hergiswil* 🛏 🍴
428 *Stans* 🛏 🍴
429 *Stansstad* 🛏 🍴

Obwalden
(Obwald) **OW**

104 *Alpnach* 🍴
205 *Engelberg* 🛏 🍴
246 *Giswil* 🛏 🍴
403 *Kägiswil* 🍴
272 *Kerns* 🛏 🍴
272 *Sand* 🛏 🍴
402 *Sankt Niklausen* 🍴
403 *Sarnen* 🛏 🍴
404 *Wilen* 🛏 🍴

Sankt Gallen
(Saint-Gall) **SG**

100 *Abtwil* 🛏 🍴
105 *Alt St. Johann* 🛏 🍴
106 *Altstätten* 🍴
106 *Amden* 🛏 🍴
106 *Arfenbühl* 🛏 🍴
110 *Arnegg* 🛏 🍴
119 *Au* 🛏 🍴
123 *Bad Ragaz* 🛏 🍴
125 *Balgach* 🛏 🍴
152 *Berneck* 🍴
464 *Bronschhofen* 🛏 🍴
166 *Buchs* 🛏 🍴
170 *Buriet* 🛏 🍴
196 *Degersheim* 🛏 🍴
202 *Ebnat-Kappel* 🛏 🍴
211 *Flawil* 🛏 🍴
214 *Flumserberg* 🛏 🍴
247 *Goldach* 🍴
248 *Gossau* 🛏 🍴
329 *Heiligkreuz* 🍴
372 *Jona* 🛏 🍴
372 *Kempraten* 🛏 🍴
302 *Lömmenschwil* 🍴
329 *Mels* 🍴
353 *Niederbüren* 🍴
354 *Niederuzwil* 🛏 🍴
357 *Oberriet* 🍴
358 *Oberschan* 🍴

371 Rapperswil 🛏 🍴
374 Ricken 🛏 🍴
380 Rorschach 🛏 🍴
380 Rorschacherberg 🛏 🍴
464 Rossrüti 🍴
393 Sankt Gallen 🛏 🍴
397 Sankt Georgen 🍴
402 Sankt Peterzell 🍴
405 Sax 🛏 🍴
409 Schmerikon 🛏 🍴
439 Tscherlach 🍴
439 Tübach 🍴
442 Unterwasser 🛏 🍴
443 Uzwil 🛏 🍴
457 Wald bei Sankt Peterzell 🛏 🍴
457 Walenstadt 🛏 🍴
458 Wattwil 🛏 🍴
458 Weesen 🛏 🍴
460 Weite 🍴
463 Widnau 🛏
464 Wil 🛏 🍴
465 Wildhaus 🛏 🍴

Schaffhausen
(Schaffhouse) **SH**

166 Buchberg 🍴
408 Herblingen 🛏 🍴
408 Neuhausen am Rheinfall 🍴
362 Osterfingen 🍴
406 Schaffhausen 🛏 🍴
430 Stein am Rhein 🛏 🍴
435 Thayngen 🛏 🍴

Schwyz
SZ

105 Altendorf 🛏 🍴
121 Bäch 🍴
165 Brunnen 🛏 🍴
204 Einsiedeln 🛏 🍴
208 Euthal 🍴
209 Feusisberg 🛏 🍴
244 Gersau 🛏 🍴
262 Hurden 🛏 🍴
263 Immensee 🍴
277 Küssnacht am Rigi 🛏 🍴
278 Lachen 🛏 🍴
279 Lauerz 🍴
331 Merlischachen 🛏 🍴
365 Pfäffikon 🛏 🍴
375 Ried-Muotathal 🍴
411 Schwyz 🛏 🍴
430 Steinen 🍴
431 Stoos 🛏 🍴
468 Wollerau 🛏 🍴

Solothurn
(Soleure) **SO**

376 Attisholz 🍴
125 Balsthal 🛏 🍴
152 Bettlach 🛏 🍴
201 Dornach 🛏 🍴
203 Egerkingen 🛏 🍴
214 Flüh 🍴
244 Gerlafingen 🍴
249 Grenchen 🛏 🍴
259 Hägendorf 🍴
271 Kappel 🛏 🍴
272 Kestenholz 🛏 🍴
276 Kriegstetten 🛏 🍴
426 Langendorf 🍴
312 Luterbach 🛏
327 Matzendorf 🛏 🍴
341 Mühledorf 🛏 🍴
426 Nennigkofen 🍴
353 Niedergösgen 🍴
358 Oensingen 🛏 🍴
359 Olten 🛏 🍴
376 Riedholz 🍴
410 Schönenwerd 🛏 🍴
424 Solothurn (Soleure) 🛏 🍴
431 Stüsslingen 🍴
360 Trimbach 🍴
426 Zuchwil 🛏 🍴

Ticino
(Tessin) **TI**

103 Agarone 🍴
103 Agno 🛏 🍴
103 Airolo 🛏 🍴
311 Aldesago 🛏 🍴
114 Ascona 🛏 🍴
138 Banco-Nerocco 🍴
138 Bedigliora 🍴
139 Bellinzona 🛏 🍴
153 Biasca 🛏 🍴
156 Bioggio 🛏 🍴
156 Bissone 🛏 🍴
158 Bosco/Gurin 🛏 🍴
159 Bosco-Luganese 🛏 🍴
164 Brissago 🛏 🍴
166 Brusino Arsizio 🛏 🍴
171 Cademario 🛏 🍴
171 Cadro 🍴
171 Cagiallo 🍴
171 Camorino 🍴
172 Capolago 🛏 🍴
140 Carasso 🍴
361 Carnago 🛏 🍴
172 Carona 🛏
172 Caslano 🛏 🍴
311 Castagnola 🛏 🍴
179 Chiasso 🛏 🍴
182 Colla 🍴
183 Comano 🛏 🍴
191 Davesco-Soragno 🍴
210 Figino 🛏 🍴
223 Gandria 🛏 🍴
246 Gnosca 🍴
247 Golino 🛏 🍴
247 Gordevio 🛏 🍴
258 Gudo 🛏 🍴
268 Intragna 🛏 🍴
269 Iragna 🍴
278 Lamone 🍴
291 Lavorgo 🍴
297 Locarno 🛏 🍴
301 Lodano 🛏
118 Losone 🛏 🍴
305 Lugano 🛏 🍴
172 Magliaso 🛏 🍴

324 *Manno* 🍴
311 *Massagno* 🍴
329 *Melide* 🛏 🍴
329 *Mendrisio* 🛏 🍴
330 *Meride* 🍴
300 *Minusio* 🛏 🍴
311 *Montagnola* 🍴
338 *Morbio Inferiore* 🍴
338 *Morcote* 🛏 🍴
359 *Olivone* 🛏 🍴
361 *Origlio* 🛏 🍴
300 *Orselina* 🛏 🍴
164 *Piodina* 🛏 🍴
366 *Ponte Brolla* 🛏 🍴
370 *Prosito* 🍴
377 *Rodi-Fiesso* 🛏 🍴
379 *Ronco sopra Ascona* 🛏 🍴
381 *Rovio* 🛏 🍴
330 *Salorino* 🍴
416 *Serpiano* 🛏 🍴
426 *Somazzo* 🍴
311 *Sorengo* 🍴
434 *Taverne* 🛏 🍴
434 *Tegna* 🛏
434 *Tesserete* 🛏 🍴
443 *Vacallo* 🛏 🍴
311 *Vezia* 🛏 🍴
338 *Vico Morcote* 🛏 🍴
453 *Vira Gambarogno* 🛏 🍴

Thurgau
(Thurgovie) **TG**

105 *Altnau* 🛏 🍴
109 *Arbon* 🛏 🍴
141 *Berlingen* 🛏 🍴
156 *Bischofszell* 🍴
199 *Diessenhofen* 🛏 🍴
200 *Dietingen* 🍴
203 *Egnach* 🛏 🍴
207 *Erlen* 🛏 🍴
207 *Ermatingen* 🛏 🍴
215 *Erzenholz* 🍴
207 *Eschikofen* 🛏 🍴
209 *Felben-Wellhausen* 🛏 🍴
215 *Frauenfeld* 🛏 🍴
222 *Fruthwilen* 🛏 🍴
275 *Gottlieben* 🛏 🍴
259 *Güttingen* 🛏 🍴
202 *Horn* 🛏 🍴
263 *Hüttwilen* 🍴
272 *Kesswil* 🛏 🍴
275 *Kreuzlingen* 🛏 🍴
323 *Mammern* 🛏 🍴
323 *Mannenbach* 🛏 🍴
341 *Müllheim-Wigoltingen* 🍴
341 *Münchwilen* 🛏
378 *Romanshorn* 🛏 🍴
402 *Sankt Pelagiberg* 🍴
429 *Steckborn* 🛏 🍴
275 *Tägerwilen* 🛏 🍴
442 *Uttwil* 🍴
460 *Weinfelden* 🛏 🍴
464 *Wigoltingen* 🍴

Uri
UR

104 *Altdorf* 🛏 🍴
106 *Andermatt* 🛏 🍴
137 *Bauen* 🍴
213 *Flüelen* 🛏 🍴
259 *Gurtnellen* 🛏 🍴
372 *Realp*

Valais
(Wallis) **VS**

103 *Agarn* 🛏 🍴
295 *Albinen* 🛏 🍴
110 *Ardon* 🛏 🍴
110 *Arolla* 🛏 🍴
120 *Ausserberg* 🛏 🍴
158 *Belalp* 🛏 🍴
140 *Bellwald* 🛏 🍴
152 *Bettmeralp* 🛏 🍴
423 *Binii* 🍴
157 *Blatten i. Lötschental* 🛏 🍴
157 *Blatten b. Naters* 🛏 🍴
158 *Blitzingen* 🛏 🍴
190 *Bluche* 🛏 🍴
162 *Brig* 🛏 🍴
451 *Brignon* 🍴
169 *Bürchen* 🛏 🍴
174 *Champéry* 🛏 🍴
175 *Champex* 🛏 🍴
327 *Chemin* 🍴
332 *Collombey-le-Grand* 🍴
438 *Les Collons* 🛏 🍴
423 *Conthey* 🛏 🍴
417 *Corin-de-la-Crête* 🍴
186 *Crans-Montana* 🛏 🍴
186 *Crans-sur-Sierre* 🛏 🍴
208 *Les Evouettes* 🍴
209 *Fiesch* 🛏 🍴
210 *Fiescheralp/Kühboden* 🛏 🍴
209 *Fieschertal* 🛏 🍴
215 *La Fouly* 🛏 🍴
223 *Fully* 🛏 🍴
245 *Geschinen* 🍴
247 *Goppenstein*
248 *Grächen* 🛏 🍴
175 *Grand-Paradis* 🍴
423 *Granois* 🛏
250 *Grimentz* 🛏 🍴
260 *Haute-Nendaz* 🛏 🍴
294 *Leukerbad (Loèche-les-Bains)* 🛏 🍴
295 *Leytron* 🍴
302 *Lourtier* 🛏 🍴
327 *Les Marécottes* 🛏 🍴
324 *Martigny* 🛏 🍴
296 *Montagnon* 🍴
188 *Montana* 🛏 🍴
332 *Monthey* 🍴
423 *La Muraz* 🍴
163 *Naters* 🛏 🍴
210 *Niederernen* 🛏 🍴
357 *Obergesteln* 🛏 🍴
358 *Oberwald* 🛏 🍴
362 *Orsières* 🛏 🍴
363 *Ovronnaz* 🛏 🍴
188 *Plans Mayens* 🛏 🍴
423 *Pont-de-la-Morge* 🍴
327 *Ravoire* 🛏 🍴
372 *Reckingen* 🛏 🍴
164 *Ried bei Brig* 🛏

Vaud
(Waadt) **VD**

Zug
ZG

169 *Buonas* 🍴
174 *Cham* 🍴
330 *Menzingen* 🍴
356 *Morgarten* 🛏 🍴
356 *Oberägeri* 🛏 🍴
377 *Risch* 🛏 🍴
430 *Steinhausen* 🛏 🍴
441 *Unterägeri* 🛏 🍴
456 *Walchwil* 🍴
478 *Zug* 🛏 🍴

Zürich
ZH

102 *Adliswil* 🛏 🍴
137 *Bauma* 🛏 🍴
166 *Bubikon* 🛏 🍴
167 *Buchs* 🍴
167 *Bülach* 🛏 🍴
199 *Dielsdorf* 🛏 🍴
199 *Dietikon* 🛏 🍴
201 *Dübendorf* 🛏 🍴
201 *Dürnten* 🛏 🍴
203 *Effretikon* 🍴
207 *Erlenbach* 🍴
211 *Flaach* 🍴
215 *Forch* 🛏 🍴
224 *Gattikon* 🍴
244 *Geroldswil* 🛏 🍴
245 *Girenbad bei Turbenhal* 🛏 🍴
498 *Glattbrugg* 🛏 🍴
500 *Gockhausen* 🍴
261 *Herrliberg* 🍴
262 *Herschmettlen* 🍴
262 *Horgen* 🛏
263 *Illnau* 🛏 🍴
428 *Kehlhof* 🍴
272 *Kilchberg* 🍴
499 *Kloten* 🛏 🍴
276 *Küsnacht* 🛏 🍴
296 *Lindau* 🍴
328 *Meilen* 🛏 🍴
345 *Nänikon* 🍴
465 *Niederrüti* 🍴
345 *Neftenbach* 🛏 🍴
354 *Nürensdorf* 🛏 🍴
328 *Obermeilen* 🛏 🍴
498 *Oerlikon* 🛏 🍴
363 *Ottenbach* 🍴
363 *Ottikon bei Kemptthal* 🍴
370 *Rafz* 🛏 🍴
373 *Regensdorf* 🛏 🍴
374 *Rheinau* 🍴
381 *Rümlang* 🛏
381 *Rüschlikon* 🛏 🍴
382 *Rüti* 🛏 🍴
498 *Seebach* 🛏 🍴
418 *Sihlbrugg* 🛏 🍴
428 *Stäfa* 🍴
440 *Uetikon am See* 🛏 🍴
500 *Uetliberg* 🛏 🍴
442 *Uster* 🛏 🍴
455 *Volketswil* 🛏 🍴
456 *Wädenswil* 🛏 🍴
499 *Wallisellen* 🛏 🍴
460 *Weiningen* 🍴
462 *Wermatswil* 🛏 🍴
462 *Wernetshausen* 🍴
463 *Wetzikon* 🍴
465 *Winkel* 🍴
466 *Winterthur* 🛏 🍴
467 *Wülflingen* 🍴
500 *Zollikon* 🍴
480 *Zumikon* 🍴
482 *Zürich* 🛏 🍴

Liechtenstein
(Fürstentum, Principauté)
FL

504 *Balzers* 🛏 🍴
508 *Malbun* 🛏 🍴
505 *Schaan* 🛏 🍴
505 *Triesen* 🛏 🍴
505 *Triesenberg* 🛏 🍴
506 *Vaduz* 🛏 🍴

Indicatifs Téléphoniques Internationaux

Important : pour les communications internationales, le zéro (0) initial de l'indicatif interurbain n'est pas à composer (excepté pour les appels vers l'Italie).

Prefissi Telefonici Internazionali

Importante : per comunicazioni internazionali, non bisogna comporre lo zero (0) iniziale dell'indicativo interurbano (escluse le chiamate per l'Italia).

from \ to	Ⓐ A	Ⓑ B	CH	CZ	D	DK	E	FIN	F	GB	GR	FL
A Austria	–	0032	0041	00420	0049	0045	0034	00358	0033	0044	0030	00423
B Belgium	0043	–	0041	00420	0049	0045	0034	00358	0033	0044	0030	00423
CH Switzerland	0043	0032	–	00420	0049	0045	0034	00358	0033	0044	0030	00423
CZ Czech Republic	0043	0032	0041	–	0049	0045	0034	00358	0033	0044	0030	00423
D Germany	0043	0032	0041	00420	–	0045	0034	00358	0033	0044	0030	00423
DK Denmark	0043	0032	0041	00420	0049	–	0034	00358	0033	0044	0030	00423
E Spain	0043	0032	0041	00420	0049	0045	–	00358	0033	0044	0030	00423
F France	0043	0032	0041	00420	0049	0045	0034	00358	–	0044	0030	00423
FIN Finland	99043	0032	99041	00420	0049	0045	0034	–	0033	0044	0030	990423
FL Liechtenstein	0043	0032	0041	00420	0049	0045	0034	00358	0033	0044	0030	–
GB United Kingdom	0043	0032	0041	00420	0049	0045	0034	00358	0033	–	0030	00423
GR Greece	0043	0032	0041	00420	0049	0045	0034	00358	0033	0044	–	00423
H Hungary	0043	0032	0041	00420	0049	0045	0034	00358	0033	0044	0030	00423
I Italy	0043	0032	0041	00420	0049	0045	0034	00358	0033	0044	0030	00423
IRL Ireland	0043	0032	0041	00420	0049	0045	0034	00358	0033	0044	0030	00423
J Japan	00143	00132	00141	001420	00149	00145	00134	001358	00133	00144	00130	001423
L Luxembourg	0043	0032	0041	00420	0049	0045	0034	00358	0033	0044	0030	00423
N Norway	0043	0032	0041	00420	0049	0045	0034	0358	0033	0044	0030	00423
NL Netherlands	0043	0032	0041	00420	0049	0045	0034	00358	0033	0044	0030	00423
P Portugal	0043	0032	0041	00420	0049	0045	0034	00358	0033	0044	0030	00423
PL Poland	0043	0032	0041	00420	0049	0045	0034	00358	0033	0044	0030	00423
S Sweden	00943	00932	00941	009420	00949	00945	00934	009358	00933	00944	00930	009423
USA	01143	01132	01141	011420	01149	01145	01134	011358	01133	01144	01130	011423

Internationale Telefon-Vorwahlnummern

Wichtig : bei Auslandsgesprächen darf die Null (0) der Ortsnetzkennzahl nicht gewählt werden (ausser bei Gesprächen nach Italien).

International Dialling Codes

Note : when making an internationall call, do not dial the first "0" of the city codes (except for calls to Italy).

H	I	IRL	J	L	N	NL	P	PL	S	USA	
0036	0039	00353	0081	00352	0047	0031	00351	0048	0046	001	**Austria A**
0036	0039	00353	0081	00352	0047	0031	00351	0048	0046	001	**Belgium B**
0036	0039	00353	0081	00352	0047	0031	00351	0048	0046	001	**Switzerland CH**
0036	0039	00353	0081	00352	0047	0031	00351	0048	0046	001	**Czech Republic CZ**
0036	0039	00353	0081	00352	0047	0031	00351	0048	0046	001	**Germany D**
0036	0039	00353	0081	00352	0047	0031	00351	0048	0046	001	**Denmark DK**
0036	0039	00353	0081	00352	0047	0031	00351	0048	0046	001	**Spain E**
0036	0039	00353	0081	00352	0047	0031	00351	0048	0046	191	**France F**
0036	0039	00353	0081	00352	0047	0031	00351	0048	0046	001	**Finland FIN**
0036	0039	00353	0081	00352	0047	0031	00351	0048	0046	001	**Liechtenstein FL**
0036	0039	00353	0081	00352	0047	0031	00351	0048	0046	001	**United Kingdom GB**
0036	0039	00353	0081	00352	0047	0031	00351	0048	0046	001	**Greece GR**
–	0039	00353	0081	00352	0047	0031	00351	0048	0046	001	**Hungary H**
0036	–	00353	0081	00352	0047	0031	00351	0048	0046	001	**Italy I**
0036	0039	–	0081	00352	0047	0031	00351	0048	0046	001	**Ireland IRL**
00136	00139	001353	–	001352	00147	00131	001351	00148	00146	0011	**Japan J**
0036	0039	00353	0081	–	0047	0031	00351	0048	0046	001	**Luxembourg L**
0036	0039	00353	0081	00352	–	0031	00351	0048	0046	001	**Norway N**
0036	0039	00353	0081	00352	0047	–	00351	0048	0046	001	**Netherlands NL**
0036	0039	00353	0081	00352	0047	0031	–	0048	0046	001	**Portugal P**
0036	0039	00353	0081	00352	0047	0031	00351	–	0046	001	**Poland PL**
00936	00939	009353	00981	009352	00947	00931	009351	00948	–	0091	**Sweden S**
01136	01139	011353	01181	011352	01147	01131	011351	01148	01146	–	**USA**